DER GROSSE KAMPF

W0348969

ELLEN G. WHITE

DER GROSSE KAMPF ZWISCHEN LICHT UND FINSTERNIS

Advent-Verlag GmbH, Hamburg 13 · Verlagsarchiv Nr. 1344685
Einbandgestaltung: Claus F. Weidmüller · Foto: The Image Bank/Mitchell Funk
Gesamtherstellung: Grindeldruck GmbH, Hamburg 13
Alle Rechte vorbehalten · Printed in Germany
ISBN 3-8150-0555-8

Vorwort

Was bedeuten die Vorgänge in der geistigen und religiösen Welt, die sich heute vor unseren Augen abspielen? Welches sind die Hintergründe der gewaltigen Umwälzungen, deren Zeuge wir sind? Welche Kräfte waren in der Vergangenheit am Werk, um im Geisteskampf der Gegenwart jene ungeheuren Spannungen hervorzurufen, in deren Kraftfeld wir hineingezogen sind? Wohin wird die Entwicklung schließlich führen? Was steht uns im weltweiten Ringen der verschiedenen Weltanschauungen und religiösen Systeme in allernächster Zukunft bevor?

Das sind Fragen, die in unserer aufgewühlten Zeit jeden nachdenklichen Menschen bewegen, — Fragen, die das vorliegende Buch nicht nur zu beantworten *versucht,* sondern auf die es Antworten von seltener Klarheit und Überzeugungskraft, schlechthin *die* Antwort bereithält. Der gottbegnadeten Verfasserin ist eine Schau welt-, geistes- und kirchengeschichtlicher Entwicklungen geschenkt worden, die ihresgleichen sucht. Von jeher haben sich die scharfsinnigsten Denker und Forscher bemüht, den Schleier zu lüften, der über viele welt- und kirchengeschichtliche Ereignisse gebreitet ist und sie anscheinend in ein undurchdringliches Dunkel hüllt. Über die widerspruchsvollsten Mutmaßungen sind sie dabei fast nie hinausgekommen. Mit den Ausführungen unseres Werkes ist uns dagegen ein Buch in die Hand gegeben, das wirklich die Hintergründe aufhellt, — das uns in geistige und religiöse Zusammenhänge Einblicke vermittelt, die jenseits aller menschlichen Spekulationen liegen und geradezu Offenbarungen sind.

Was besonders überrascht, ist der Umstand, daß diese geraffte Darstellung des inneren Ablaufs der Kirchengeschichte, obwohl sie bereits vor 80 Jahren entstanden ist, auch heute noch nichts von ihrer ursprünglichen Wucht und Leuchtkraft eingebüßt hat. Neuere Forschungen und jüngste Erkenntnisse mögen auf die geschilderten Vorgänge ein zusätzliches Licht geworfen haben; die scharf gezeichneten Linien der Schau dieses Buches aber haben sich bis in unsere Tage hinein bestätigt und durch letzte Entwicklungen gleichsam als prophetisch erwiesen. Gerade diese Tatsache hat den Verlag bewogen, auf vielfachen Wunsch das Werk neu herauszugeben, nachdem es vor 35 Jahren zuletzt in Deutschland herausgekommen ist und in der Zwischenzeit durch Übersetzungen in viele andere Sprachen eine mächtige Wirkung entfaltet hat.

So möge denn dieses Buch, das sich im Laufe der Jahre viele Freunde im In- und Ausland erworben hat, auch in seiner neuen Gestalt den Menschen unserer Zeit die Augen öffnen für die Bedeutung all der Geschehnisse, die oft so verwirrend und furchterregend auf sie einstürmen, und ihnen Kraft und Mut geben, durch alle Ungewitter der Gegenwart und Zukunft hindurch unbeirrt auf das Ziel zuzusteuern, das allen Kampf und jedes Opfer lohnt!

Der Verleger

Einführung

Ehe die Sünde in die Welt kam, erfreute sich Adam eines freien Verkehrs mit seinem Schöpfer; doch seit der Mensch sich durch die Übertretung von Gott trennte, wurde ihm diese hohe Segnung entzogen. Im Erlösungsplan entstand jedoch ein Weg, durch den die Bewohner der Erde noch immer mit dem Himmel in Verbindung treten können. Gott war durch seinen Geist mit den Menschen verbunden. Indem er sich seinen erwählten Dienern offenbarte, vermittelte er der Welt göttliches Licht. „Die heiligen Menschen Gottes haben geredet, getrieben von dem heiligen Geist“ (2. Petrus 1, 21).

Während der ersten 2500 Jahre der menschlichen Geschichte gab es keine geschriebene Offenbarung. Die Gott gelehrt hatte, teilten ihre Erkenntnis andern mit, die vom Vater über den Sohn auf die folgenden Geschlechter überliefert wurde. Die Niederschrift des überlieferten Wortes begann zur Zeit Moses. Die vom Geist Gottes eingegebenen Offenbarungen wurden damals zu einem Buch vereinigt, dessen Worte von Gottes Geist durchweht waren. Dies wiederholte sich während eines Zeitraumes von 1600 Jahren, beginnend mit Mose, dem Geschichtsschreiber der Schöpfung und der Gesetzgebung, bis zu Johannes, dem Schreiber der erhabensten Wahrheiten des Evangeliums.

Die Heilige Schrift bezeichnet Gott als ihren Urheber; doch sie wurde von Menschenhand geschrieben und zeigt auch in dem verschiedenartigen Stil ihrer einzelnen Bücher die wesenseigenen Züge der jeweiligen Verfasser. Ihre offenbarten Wahrheiten sind alle von Gott eingegeben (2. Timotheus 3, 16), werden aber in menschlichen Worten ausgedrückt. Der Unendliche hat durch seinen Heiligen Geist den Verstand und das Herz seiner Diener erleuchtet. Er hat Träume und Gesichte, Symbole und Bilder gegeben, und alle, denen die Wahrheit auf diese Weise offenbart wurde, haben die Gedanken mit ihren Worten zum Ausdruck gebracht.

Die Zehn Gebote sprach und schrieb Gott selbst. Sie sind göttlichen und nicht menschlichen Ursprungs. Die Heilige Schrift aber, mit ihren von Gott eingegebenen, in menschlichen Worten ausgedrückten Wahrheiten, stellt eine Verbindung des Göttlichen mit dem Menschlichen dar. Eine solche Verbindung bestand in Christus, der der Sohn Gottes und eines Menschen Sohn war. Mithin gilt von der Heiligen Schrift, was auch von Christus geschrieben steht: „Das Wort ward Fleisch und wohnte unter uns" (Johannes 1, 14).

In verschiedenen Zeitaltern von Menschen geschrieben, die ihrer gesellschaftlichen Stellung, ihrem Beruf, ihren geistigen und geistlichen Fähigkeiten nach sehr ungleich waren, sind die Bücher der Heiligen Schrift nicht nur besonders unterschiedlich in ihrem Stil, sondern auch mannigfaltig in der Art des dargebotenen Stoffes. Die verschiedenen Schreiber bedienen sich verschiedener Ausdrucksweisen; oft wird die gleiche Wahrheit von dem einen nachdrücklicher betont als von dem andern. Und wo mehrere Schreiber denselben Fall unter verschiedenen Gesichtspunkten und Beziehungen betrachten, mag der oberflächliche, nachlässige oder vorurteilsvolle Leser da Ungereimtheiten oder Widersprüche sehen, wo der nachdenkende, gottesfürchtige Forscher mit klarerer Einsicht die zugrunde liegende Übereinstimmung erblickt.

Da verschiedene Persönlichkeiten die Wahrheit dargelegt haben, sehen wir sie auch unter deren verschiedenen Gesichtspunkten. Der eine Schreiber zeigt sich von der einen Seite des Gegenstandes stärker beeindruckt; er erfaßt die Dinge, die mit seiner Erfahrung oder mit seinem Verständnis und seiner Vorstellung übereinstimmen. Ein zweiter nimmt sie unter einem andern Blickwinkel auf, aber jeder stellt unter der Leitung des Geistes Gottes das dar, was sein Gemüt am stärksten beeindruckte. So hat man in jedem eine bestimmte Seite der Wahrheit und doch eine vollkommene Übereinstimmung in allem. Die auf diese Weise offenbarten Wahrheiten verbinden sich zu einem vollkommenen Ganzen, das den Bedürfnissen der Menschen in allen Verhältnissen und Erfahrungen des Lebens angepaßt ist.

Es war Gottes Wille, der Welt die Wahrheit durch menschliche Werkzeuge mitzuteilen. Er selbst hat durch seinen Heiligen Geist die Menschen befähigt, diese Aufgabe durchzuführen. Was zu reden oder zu schreiben war, zu dieser Auswahl hat er die Gedanken geleitet. Der Schatz war irdischen Gefäßen anvertraut worden, aber nichtsdestoweniger ist er vom Himmel. Das Zeugnis wird mit Hilfe unvollkommener, menschlicher Worte mitgeteilt und ist dennoch das Zeugnis Gottes. Das gehorsame, gläubige Gotteskind sieht darin die Herrlichkeit einer göttlichen Macht voller Gnade und Wahrheit.

In seinem Wort hat Gott den Menschen die für das Seelenheil nötige Erkenntnis anvertraut. Die Heilige Schrift soll als eine maßgebende, untrügliche Offenbarung seines Willens angenommen werden. Sie ist der Maßstab für den Charakter, die Verkünderin der Grundsätze, der Prüfstein der Erfahrung. „Alle Schrift, von Gott eingegeben, ist nütze zur Lehre, zur Strafe, zur Besserung, zur Züchtigung in der Gerechtigkeit, daß ein Mensch Gottes sei vollkommen, zu allem guten Werk geschickt" (2. Timotheus 3, 16. 17).

Doch die Tatsache, daß Gott den Menschen seinen Willen durch sein Wort offenbart hat, ließ die beständige Gegenwart des Heiligen Geistes und seine Führung nicht überflüssig werden. Im Gegenteil, unser Heiland verhieß den Heiligen Geist, damit dieser seinen Dienern das Wort erschließe, dessen Lehren erhelle und bei ihrer Verwirklichung helfe. Da Gottes Geist die Heilige Schrift durchweht, ist es auch unmöglich, daß die Lehren des Geistes der Schrift je entgegen sein können.

Der Geist wurde nicht gegeben — und kann auch nie dazu verliehen werden —, um die Heilige Schrift zu verdrängen; denn die Schrift erklärt ausdrücklich, daß das Wort Gottes der Maßstab ist, an dem alle Lehren und jede Erfahrung geprüft werden müssen. Der Apostel Johannes sagt: „Glaubet nicht einem jeglichen Geist, sondern prüfet die Geister, ob sie von Gott sind; denn es sind viel falsche Propheten ausgegangen in die Welt" (1. Johannes 4, 1). Und Jesaja erklärt: „Ja, nach dem Gesetz und Zeugnis! Werden sie das nicht sagen, so werden sie die Morgenröte nicht haben" (Jesaja 8, 20).

Durch die Irrtümer etlicher Menschen ist auf das Werk des Heiligen Geistes große Schmach geworfen worden. Sie beanspruchen, von ihm erleuchtet zu sein, und behaupten, einer weiteren Führung nach Gottes Wort nicht mehr zu bedürfen. Sie lassen sich von Eindrücken leiten, die sie für die Stimme Gottes im Herzen halten, aber der Geist, der sie beherrscht, ist nicht der Geist Gottes. Gefühlen nachzugeben, durch die das Studium der Heiligen Schrift vernachlässigt wird, kann nur zu Verwirrung, Täuschung und Verderben führen. Sie dienen nur dazu, die Vorhaben des Bösen zu fördern. Da die Wirksamkeit des Heiligen Geistes für die Gemeinde Christi außerordentlich bedeutsam ist, gehört es auch zu den listigen Anschlägen Satans, durch die Irrtümer der Überspannten und Schwärmer das Werk des Geistes zu schmähen und das Volk Gottes zu veranlassen, diese Kraftquelle, die uns der Herr selbst gegeben hat, zu vernachlässigen.

In Übereinstimmung mit dem Worte Gottes sollte der Heilige Geist seine Aufgabe während der ganzen Zeit der Evangeliumsverkündigung fortsetzen. Selbst in der Zeit, da die Schriften des Alten und des Neuen Testaments gegeben wurden, hörte der Heilige Geist, abgesehen von den Offenbarungen, die dem heiligen Buche hinzugefügt werden sollten, nicht auf, auch die Seelen einzelner zu erleuchten. Die Heilige Schrift berichtet, daß Menschen durch den Heiligen Geist in Angelegenheiten, die in keiner Beziehung zur Übermittlung der Heiligen Schrift standen, gewarnt, getadelt, beraten und belehrt wurden. Zu verschiedenen Zeiten werden Propheten erwähnt, über deren Wirksamkeit nichts verzeichnet steht. Gleicherweise sollte auch nach Zusammenstellung des Kanons der Schrift der Heilige Geist seine Aufgabe, zu erleuchten, zu warnen und Gottes Kinder zu trösten, weiterführen.

Jesus verhieß seinen Jüngern: „Aber der Tröster, der heilige Geist, welchen mein Vater senden wird in meinem Namen, der wird euch alles lehren und euch erinnern alles des, das ich euch gesagt habe“ (Johannes 14, 26). „Wenn aber jener, der Geist der Wahrheit, kommen wird, der wird euch in alle Wahrheit leiten . . . und was zukünftig ist, wird er euch verkündigen“ (Johannes 16, 13). Die Schrift lehrt deutlich, daß diese Verheißungen, weit davon entfernt, auf die Zeit der Apostel beschränkt zu sein, für die Gemeinde Christi in allen Zeiten gelten. Der Heiland versicherte seinen Nachfolgern: „Siehe, ich bin bei euch alle Tage bis an der Welt Ende“ (Matthäus 28, 20), und

Paulus erklärte, daß die Gaben und Bekundungen des Geistes der Gemeinde gegeben worden seien, damit „die Heiligen zugerichtet werden zum Werk des Dienstes, dadurch der Leib Christi erbaut werde, bis daß wir alle hinankommen zu einerlei Glauben und Erkenntnis des Sohnes Gottes und ein vollkommener Mann werden, der da sei im Maße des vollkommenen Alters Christi“ (Epheser 4, 12, 13).

Für die Gläubigen zu Ephesus betete der Apostel: „Der Gott unsers Herrn Jesu Christi, der Vater der Herrlichkeit, gebe euch den Geist der Weisheit und der Offenbarung zu seiner selbst Erkenntnis und erleuchtete Augen eures Verständnisses, daß ihr erkennen möget, welche da sei die Hoffnung eurer Berufung, ... und welche da sei die überschwengliche Größe seiner Kraft an uns, die wir glauben“ (Epheser 1, 17—19). Die Wirksamkeit des Geistes Gottes in der Erleuchtung des Verständnisses und dem Auftun der Tiefe der Heiligen Schrift war der Segen, den Paulus auf die Gemeinde zu Ephesus herabgefleht hatte.

Nach der wunderbaren Ausgießung des Heiligen Geistes am Pfingsttage ermahnte Petrus das Volk zur Buße und Taufe auf den Namen Jesu Christi zur Vergebung ihrer Sünden, und er schloß mit den Worten: „So werdet ihr empfangen die Gabe des heiligen Geistes. Denn euer und eurer Kinder ist diese Verheißung und aller, die ferne sind, welche Gott, unser Herr, herzurufen wird“ (Apostelgeschichte 2, 38. 39).

In unmittelbarem Zusammenhang mit dem Geschehen des großen Tages Gottes hat der Herr durch den Propheten Joel eine besondere Offenbarung seines Geistes verheißen (Joel 3, 1). Diese Prophezeiung erfüllte sich teilweise in der Ausgießung des Heiligen Geistes am Pfingsttage; ihre volle Erfüllung wird sie jedoch in der Offenbarung der göttlichen Gnade erreichen, die die abschließende Verkündigung des Evangeliums begleiten wird.

Der große Kampf zwischen dem Guten und dem Bösen wird bis zum Ende hin an Heftigkeit zunehmen. Zu allen Zeiten trat der Zorn Satans der Gemeinde Christi entgegen. Gott hat seinem Volk seine Gnade und seinen Geist verliehen, um es zu stärken, damit es vor der Macht des Bösen bestehe. Als die Apostel das Evangelium in die Welt hinaustragen und für alle Zukunft überliefern sollten, wurden sie in besonderer Weise von dem Geist Gottes erleuchtet. Wenn sich aber der Gemeinde Gottes die endgültige Befreiung naht, wird Satan mit größerer Macht wirken. Er kommt herab „und hat einen großen Zorn und weiß, daß er wenig Zeit hat" (Offenbarung 12, 12). Er wird „mit allerlei lügenhaftigen Kräften und Zeichen und Wundern" wirken (2. Thessalonicher 2, 9). Sechstausend Jahre lang hat jener mächtige Geist, einst der höchste unter den Engeln Gottes, es völlig auf Täuschung und Verderben abgesehen. In dem letzten Kampf wird er alle Mittel der Verlogenheit, Verschlagenheit und Grausamkeit, die er jahrhundertelang erprobt hat, in Vollendung gegen Gottes Volk einsetzen. In dieser gefahrvollen Zeit sollen die Nachfolger Christi der Welt die Botschaft von der Wiederkunft des Herrn bringen; ein Volk muß zubereitet werden, das bei seinem Kommen „unbefleckt und unsträflich" vor ihm stehen kann (2. Petrus 3, 14). Zu dieser Zeit bedarf die Gemeinde der besonderen Gabe der göttlichen Gnade und Macht nicht weniger als in den Tagen der Apostel.

Durch die Erleuchtung des Heiligen Geistes sind mir, der Verfasserin dieser Seiten, die Ereignisse des langanhaltenden Kampfes zwischen dem Guten und dem Bösen enthüllt worden. Von Zeit zu Zeit wurde es mir gestattet, den großen Kampf zwischen Christus, dem Fürsten des Lebens, dem Herzog unserer Seligkeit, und Satan, dem Fürsten des Bösen, dem Urheber der Sünde, dem ersten Übertreter des heiligen Gesetzes Gottes, in verschiedenen Zeitaltern zu schauen. Satans Feindschaft gegen Christus bekundet sich gegen dessen Nachfolger. Der gleiche Haß gegen die Grundsätze des Gesetzes Gottes, die gleichen trügerischen Pläne, durch die der Irrtum als Wahrheit erscheint, durch die menschliche Gesetze an die Stelle des Gesetzes Gottes gestellt und die Menschen verleitet werden, eher das Geschöpf als den Schöpfer anzubeten, können durch die ganze Vergangenheit hindurch verfolgt werden. Satan ist seit jeher bemüht, Gottes Wesen falsch darzustellen, damit die Menschen dem Schöpfer nicht mit Liebe, sondern in Furcht und Haß begegnen. Aus diesem Grunde bemüht sich Satan, die Menschen dahin zu bringen, das göttliche Gesetz beiseite zu setzen und sie glauben zu machen, daß sie von den Forderungen Gottes entbunden seien. In allen Jahrhunderten wurden nachweisbar alle, die sich seinen Täuschungen widersetzten, um ihres Glaubens willen verfolgt. Diese Verfolgung zeichnet sich ab in der

Geschichte der Patriarchen, Propheten und Apostel, der Märtyrer und Reformatoren.

In dem letzten großen Kampf wird Satan dieselbe Klugheit anwenden, denselben Geist bekunden und nach demselben Ziel streben wie in allen vergangenen Zeitaltern. Was gewesen ist, wird wieder sein. Jedoch wird der kommende Kampf alles bisher Dagewesene an Heftigkeit übertreffen. Satans Täuschungen werden listiger, seine Angriffe entschlossener sein. Wenn es möglich wäre, würde er selbst die Auserwählten verführen (Markus 13, 22).

Als mir durch den Geist Gottes die großen Wahrheiten seines Wortes und die Ereignisse der Vergangenheit und der Zukunft erschlossen wurden, erhielt ich den Auftrag, anderen weiterzugeben, was mir offenbart worden war: die Geschichte des Kampfes in der Vergangenheit zu verfolgen und sie so nachzuzeichnen, daß dadurch Licht auf den rasch herannahenden Kampf der Zukunft geworfen werde. Um dieser Absicht zu dienen, habe ich mich bemüht, Ereignisse aus der Kirchengeschichte auszuwählen und so zusammenzustellen, daß sie die Entfaltung der großen entscheidenden Wahrheiten zeigen, die zu verschiedenen Zeiten der Welt gegeben wurden, die den Zorn Satans und die Feindschaft einer verweltlichten Kirche erregten und die durch das Zeugnis derer aufrechterhalten werden, die ihr Leben nicht geliebt haben bis an den Tod (Offenbarung 12, 11).

In diesen Berichten können wir ein Bild des uns bevorstehenden Kampfes erblicken. Wenn wir sie in dem Licht des Wortes Gottes und durch die Erleuchtung seines Geistes betrachten, sehen wir unverhüllt die Anschläge des Bösen und die Gefahren, denen alle ausweichen müssen, die beim Kommen des Herrn „unsträflich" gefunden werden wollen.

Die großen Ereignisse, die den Fortschritt der geistlichen Erneuerung in den vergangenen Jahrhunderten kennzeichneten, sind wohlbekannte und von der protestantischen Welt allgemein bestätigte geschichtliche Tatsachen, die niemand bestreiten kann. Dieses Geschehen habe ich in Übereinstimmung mit der Aufgabe des Buches und der Kürze, die notwendigerweise beachtet werden mußte, deutlich dargestellt und so weit zusammengedrängt, wie es zu ihrem richtigen Verständnis möglich war. In etlichen Fällen, in denen ein Historiker die Ereignisse so zusammengestellt hat, daß sie in aller Kürze einen umfassenden Überblick gewährten, oder wo er die Einzelheiten in passender Weise zusammenfaßte, ist er wörtlich zitiert worden; aber in einigen Fällen wurden keine Namen angegeben, da die Zitate nicht in der Absicht angeführt wurden, den betreffenden Verfasser als Autorität hinzustellen, sondern weil seine Aussagen eine treffende und kraftvolle Darstellung der historischen Ereignisse boten. Von den Erfahrungen und den Ansichten der Männer, die das Erneuerungswerk in unserer Zeit vorwärtsführen, wurde aus ihren veröffentlichten Werken in ähnlicher Weise zitiert.

Es ist nicht so sehr die Absicht dieses Buches, neue Wahrheiten über die Kämpfe früherer Zeiten zu bringen, als vielmehr Tatsachen und Grundsätze hervorzuheben, die die kommenden Ereignisse beeinflussen werden. Diese Berichte über die Vergangenheit erlangen, angesehen als ein Teil des Kampfes zwischen den Mächten des Lichts und der Finsternis, eine neue Bedeutung. Durch sie scheint ein Licht auf die Zukunft und erhellt den Pfad derer, die selbst auf die Gefahr hin, alle irdischen Güter zu verlieren, wie die früheren Reformatoren berufen werden, Zeugnis abzulegen um des Wortes Gottes und des Zeugnisses Jesu Christi willen.

Die Begebenheiten des großen Kampfes zwischen Wahrheit und Irrtum zu beschreiben, Satans listige Anschläge und die Möglichkeiten, durch die wir ihm widerstehen können, zu offenbaren, eine befriedigende Lösung des großen Problems der Sünde zu geben, indem der Ursprung und die endgültige Abrechnung mit allem Bösen so erhellt werden, daß sich dadurch die Gerechtigkeit und die Güte Gottes in all seinem Handeln mit seinen Geschöpfen eindeutig bekundet, sowie die Heiligkeit und ewige Gültigkeit seines Gesetzes zu zeigen, das ist die Aufgabe dieses Buches. Möge der Einfluß dieses Buches helfen, Seelen von der Macht der Finsternis zu befreien, damit sie teilhaben am „Erbe der Heiligen im Licht“ zum Lobe dessen, der uns geliebt und sich selbst für uns gegeben hat! Dies ist mein aufrichtiges Gebet.

E. G. White

Ein Stern (*) bezeichnet die Dinge, zu denen im Anhang Anmerkungen und nähere Erläuterungen gegeben wurden.

Untreue und Abfall in der Christenheit

Die Zerstörung Jerusalems | 1

Vom Gipfel des Ölberges herab schaute Jesus auf Jerusalem. Lieblich und friedvoll breitete sich die Landschaft vor ihm aus. Es war die Zeit des Passahfestes, und aus allen Ländern hatten sich die Kinder Jakobs versammelt, um dies große Nationalfest zu feiern. Inmitten von Gärten, Weinbergen und grünen, mit Zelten der Pilger übersäten Abhängen erhoben sich die terrassenförmig abgestuften Hügel, die stattlichen Paläste und massiven Bollwerke der Hauptstadt Israels. Die Tochter Zion schien in ihrem Stolz zu sagen: „Ich sitze als Königin ..., und Leid werde ich nicht sehen.“ [1] Sie war so anmutig und wähnte sich der Gunst des Himmels sicher wie ehedem, als der königliche Sänger ausrief: „Schön ragt empor der Berg Zion, des sich das ganze Land tröstet; ... die Stadt des großen Königs.“ [2] Unmittelbar vor ihm lagen die prächtigen Gebäude des Tempels. Die Strahlen der sinkenden Sonne ließen das schneeige Weiß seiner marmornen Mauern aufblitzen und leuchteten von dem goldenen Tor, dem Turm und der Zinne wider. In vollendeter Schönheit stand Zion da, der Stolz der jüdischen Nation. Welches Kind Israels konnte dieses Bild ohne Freude und Bewunderung betrachten! Doch Jesus dachte an etwas ganz anderes. „Als er nahe hinzukam, sah er die Stadt an und weinte über sie.“ [3]

In der allgemeinen Freude des triumphierenden Einzuges, während Palmzweige ihm entgegenwehten, fröhliche Hosiannarufe von den Hügeln widerhallten und Tausende von Stimmen ihn zum König ausriefen, überwältigte den Welterlöser ein plötzlicher und geheimnisvoller Schmerz. Der Sohn Gottes, der Verheißene Israels, dessen Macht den Tod besiegt und seine Gefangenen aus den Gräbern

1 Offb. 18, 7 2 Ps. 48, 3 3 Luk. 19, 41

hervorgerufen hatte, weinte – keine Tränen gewöhnlichen Wehs, sondern Tränen eines unaussprechlichen, seelischen Schmerzes.

Christi Tränen flossen nicht um seinetwillen, obgleich er genau wußte, wohin sein Weg ihn führte. Vor ihm lag Gethsemane, der Schauplatz seines bevorstehenden Leidens. Das Schaftor, durch das seit Jahrhunderten die Schlachtopfer geführt worden waren, und das sich auch vor ihm auftun sollte, wenn er wie ein Lamm zur Schlachtbank geführt würde, war ebenfalls zu sehen.[4] Nicht weit davon lag Golgatha, die Stätte der Kreuzigung. Auf den Pfad, den er bald zu betreten hatte, mußten die Schatten tiefer Finsternis fallen, da Christus seine Seele zu einem Sühnopfer für die Sünde geben sollte. Doch es war nicht der Anblick dieser Schauplätze, der in dieser Stunde allgemeiner Fröhlichkeit Schatten auf ihn warf. Keinerlei Ahnungen von seiner eigenen übermenschlichen Angst trübten das selbstlose Gemüt. Er beweinte das Los der Tausende in Jerusalem, die Blindheit und Unbußfertigkeit derer, die zu segnen und zu retten er gekommen war.

„Wenn doch auch du erkenntest zu dieser deiner Zeit, was zu deinem Frieden dient! Aber nun ist's vor deinen Augen verborgen. Denn es wird die Zeit über dich kommen, daß deine Feinde werden um dich und deine Kinder mit dir eine Wagenburg schlagen, dich belagern und an allen Orten ängsten; und werden dich schleifen und keinen Stein auf dem andern lassen, darum daß du nicht erkannt hast die Zeit, darin du heimgesucht bist.“[5]

Die Geschichte der besonderen Gunst und Fürsorge Gottes, die er seit über tausend Jahren dem auserwählten Volk bekundet hatte, lag offen vor den Blicken Jesu. Dort erhob sich der Berg Morija, auf dem der Sohn der Verheißung, ein ergebenes Opfer, auf dem Altar gebunden worden war[6] – ein Sinnbild des Opferweges des Sohnes Gottes. Dort war der Bund des Segens, die glorreiche messianische Verheißung, dem Vater der Gläubigen bestätigt worden.[7] Dort hatten die gen Himmel aufsteigenden Flammen des Opfers auf der Tenne Ornans das Schwert des Würgeengels abgewandt[8] – ein passendes Symbol von des Heilandes Opfer für die schuldigen Menschen. Jerusalem war von Gott vor der ganzen Erde geehrt worden. Der Herr

4 Jes. 53, 7
5 Luk. 19, 42–44
6 1. Mose 22, 9
7 1. Mose 22, 16–18
8 1. Chron. 21

hatte „Zion erwählt“, er hatte „Lust, daselbst zu wohnen“.[9] Dort hatten die heiligen Propheten jahrhundertelang ihre Warnungsbotschaften verkündigt. Die Priester hatten ihre Rauchnäpfe geschwungen, und der Weihrauch war mit den Gebeten der Frommen zu Gott aufgestiegen. Auf diesem Berg hatte man täglich das Blut der geopferten Lämmer, die auf das Lamm Gottes hinwiesen, dargebracht. Dort hatte der Herr in der Wolke der Herrlichkeit über dem Gnadenstuhl seine Gegenwart offenbart. Dort hatte der Fuß jener geheimnisvollen Leiter geruht, die die Erde mit dem Himmel verband[10] – jener Leiter, auf der die Engel Gottes auf- und niederstiegen und die der Welt den Weg in das Allerheiligste öffnete. Hätte Israel als Nation dem Himmel seine Treue bewahrt, so würde Jerusalem, die auserwählte Stadt Gottes, ewig gestanden haben.[11] Aber die Geschichte jenes bevorzugten Volkes war ein Bericht über Abtrünnigkeit und Empörung. Es hatte sich der Gnade des Himmels widersetzt und die ihm gestellte Aufgabe mißachtet.

Die Israeliten „spotteten der Boten Gottes und verachteten seine Worte und äfften seine Propheten“,[12] und doch hatte Gott sich ihnen immer noch als der „Herr, Gott, barmherzig und gnädig und geduldig und von großer Gnade und Treue“[13] erwiesen. Ungeachtet wiederholter Zurückweisungen war ihnen immer wieder seine Gnade nachgegangen. Mit mehr als väterlicher, mitleidsvoller Liebe für das Kind seiner Fürsorge sandte Gott „zu ihnen durch seine Boten früh und immerfort; denn er schonte seines Volks und seiner Wohnung“.[14] Nachdem alle Ermahnungen, Bitten und Zurechtweisungen erfolglos geblieben waren, sandte er ihnen die beste Gabe des Himmels, ja, er schüttete den ganzen Himmel in jener einen Gabe über sie aus.

Der Sohn Gottes selbst wurde gesandt, um die unbußfertige Stadt zur Umkehr zu bewegen. War es doch Christus, der Israel als einen guten Weinstock aus Ägypten geholt hatte.[15] Seine eigene Hand hatte die Heiden vor ihm her ausgetrieben. Den Weinstock pflanzte er „an einen fetten Ort“. In seiner Fürsorge baute er einen Zaun um ihn herum und sandte seine Knechte aus, seinen Weinberg zu pflegen. „Was sollte man doch mehr tun an meinem Weinberge, das ich nicht

9 Ps. 132, 13
10 1. Mose 28, 12; Joh. 1, 51
11 Jer. 17, 21–25
12 2. Chron. 36, 15. 16
13 2. Mose 34, 6
14 2. Chron. 36, 15
15 Ps. 80, 9

getan habe an ihm?“, ruft er aus. Doch als er „wartete, daß er Trauben brächte“, hat er „Herlinge gebracht“.[16] Dennoch kam er mit einer noch immer sehnsüchtigen Hoffnung auf Fruchtbarkeit persönlich in seinen Weinberg, damit dieser, wenn möglich, vor dem Verderben bewahrt bliebe. Er lockerte die Erde um den Weinstock herum; er beschnitt und pflegte ihn. Unermüdlich waren seine Bemühungen, diesen mit eigenen Händen gepflanzten Weinstock zu retten.

Drei Jahre lang war der Herr des Lichts und der Herrlichkeit unter seinem Volk ein- und ausgegangen. Er war umhergezogen und hatte wohlgetan und gesund gemacht alle, die vom Teufel überwältigt waren; er hatte die zerstoßenen Herzen geheilt, die Gefangenen befreit, die Blinden sehend gemacht. Er hieß die Lahmen gehen und die Tauben hören, er reinigte die Aussätzigen, weckte die Toten auf und verkündigte den Armen das Evangelium.[17] Allen Menschen ohne Unterschied galt die gnadenreiche Einladung: „Kommet her zu mir alle, die ihr mühselig und beladen seid; ich will euch erquicken.“[18]

Obgleich ihm Gutes mit Bösem und Liebe mit Haß gelohnt wurde,[19] war er doch unverwandt seiner Mission der Barmherzigkeit nachgegangen. Nie waren die Menschen abgewiesen worden, die seine Gnade gesucht hatten. Selbst ein heimatloser Wanderer, dessen tägliches Teil Schmach und Entbehrung hieß, hatte er gelebt, um den Bedürftigen zu dienen, das Leid der Menschen zu lindern und Seelen zur Annahme der Gabe des Lebens zu bewegen. Wenn sich auch die Wogen der Gnade an widerspenstigen Herzen brachen, sie kehrten mit einer noch stärkeren Flut mitleidsvoller, unaussprechlicher Liebe zurück. Aber Israel hatte sich von seinem besten Freund und einzigen Helfer abgewandt, hatte die Mahnungen seiner Liebe verachtet, seine Ratschläge verschmäht, seine Warnungen verlacht.

Die Stunde der Hoffnung und der Gnade neigte sich dem Ende zu; die Schale des lange zurückgehaltenen Zornes Gottes war nahezu gefüllt. Die nunmehr unheildrohende Wolke, die sich in den Jahren des Abfalls und der Empörung gebildet hatte, war im Begriff, sich über ein schuldiges Volk zu entladen. Der allein sie vor dem bevorstehenden Schicksal hätte bewahren können, war verachtet, mißhandelt, ver-

16 Jes. 5, 1–4
17 Apg. 10, 38; Luk. 4, 18; Matth. 11, 5
18 Matth. 11, 28
19 Ps. 109, 5

worfen worden und sollte bald gekreuzigt werden. Christi Kreuzestod auf Golgatha würde Israels Zeit als einer von Gott begünstigten und gesegneten Nation beenden. Der Verlust auch nur einer Seele ist ein Unglück, das unendlich schwerer wiegt als die Vorteile und Reichtümer der Welt. Als Christus auf Jerusalem blickte, sah er das Schicksal einer ganzen Stadt, einer ganzen Nation vor seinem inneren Auge abrollen — jener Stadt, jener Nation, die einst die Auserwählte Gottes, sein ausschließliches Eigentum gewesen war.

Propheten hatten über den Abfall der Kinder Israel und über die schrecklichen Verwüstungen, die ihre Sünden heraufbeschworen, geweint. Jeremia wünschte, daß seine Augen Tränenquellen wären, um Tag und Nacht die Erschlagenen der Tochter seines Volkes und des Herrn Herde, die gefangengenommen worden war, beweinen zu können.[20] Welchen Schmerz muß da Christus empfunden haben, dessen prophetischer Blick nicht Jahre, sondern ganze Zeitalter umfaßte! Er sah den Würgeengel mit dem gegen die Stadt erhobenen Schwert, die so lange Wohnstätte des Höchsten gewesen war. Von der Spitze des Ölberges, von derselben Stelle, die später von Titus und seinem Heer besetzt wurde, schaute er über das Tal auf die heiligen Höfe und Säulenhallen, und vor seinem tränenumflorten Auge tauchte eine schreckliche Vision auf: die Stadtmauern waren von einem feindlichen Heer umzingelt. Er hörte das Stampfen der sich sammelnden Horden, vernahm die Stimmen der in der belagerten Stadt nach Brot schreienden Mütter und Kinder. Er sah ihren heiligen, prächtigen Tempel, die Paläste und Türme den Flammen preisgegeben, und dort, wo diese Bauwerke sich einst erhoben, schaute er nur einen rauchenden Trümmerhaufen.

Den Zeitenfluß überblickend, sah er das Bundesvolk in alle Länder zerstreut wie Schiffbrüchige an einem öden Strand. In der irdischen Vergeltung, die sich anschickte, seine Kinder heimzusuchen, sah er die ersten Tropfen aus jener Zornesschale, die sie beim Gericht bis zur Neige leeren müssen. Sein göttliches Erbarmen und seine mitleidsvolle Liebe fanden ihren Ausdruck in den klagenden Worten: „Jerusalem, Jerusalem, die du tötest die Propheten und steinigst, die zu dir gesandt sind! wie oft habe ich deine Kinder versammeln wollen,

20 Jer. 8, 23; 13, 17

wie eine Henne versammelt ihre Küchlein unter ihre Flügel; und ihr habt nicht gewollt!"[21] Oh, hättest du, das vor allen andern bevorzugte Volk, die Zeit deiner Heimsuchung und das, was zu deinem Frieden diente, erkannt! Ich habe den Engel des Gerichts aufgehalten, ich habe dich zur Buße gerufen, aber umsonst. Nicht nur Knechte, Boten und Propheten hast du abgewiesen, auch den Heiligen Israels, deinen Erlöser, hast du verworfen. Wenn du vernichtet wirst, so bist du allein dafür verantwortlich. „Ihr wollt nicht zu mir kommen, daß ihr das Leben haben möchtet."[22]

Christus sah in Jerusalem ein Sinnbild der in Unglauben und Empörung verhärteten Welt, die dem vergeltenden Gericht Gottes entgegeneilt. Die Leiden eines gefallenen Geschlechtes bedrückten seine Seele, und seinen Lippen entrang sich jener außerordentlich bittere Aufschrei. Er sah im menschlichen Elend, in Tränen und Blut die Spuren der Sünde, sein Herz wurde von unendlichem Mitleid mit den Bedrängten und Leidenden auf dieser Erde bewegt; er sehnte sich danach, ihnen allen Erleichterung zu verschaffen. Aber selbst seine Hand konnte nicht die Flut menschlichen Elends abwenden; denn nur wenige würden die Quelle ihrer einzigen Hilfe suchen. Er war bereit, in den Tod zu gehen, um ihnen die Erlösung zu ermöglichen; aber nur wenige kämen zu ihm, um das Leben zu ererben.

Die Majestät des Himmels in Tränen! Der Sohn des ewigen Gottes niedergebeugt von Seelenangst! Dieser Anblick setzte den ganzen Himmel in Erstaunen. Jene Szene offenbart uns die überaus große Verderbtheit der Sünde; sie zeigt, welch eine schwere Aufgabe es selbst für die göttliche Allmacht ist, die Schuldigen von den Folgen der Übertretung des Gesetzes zu retten. Auf das letzte Geschlecht herabblickend, sah Jesus die Welt von einer Täuschung befallen, ähnlich der, die zur Zerstörung Jerusalems führen sollte. Die große Sünde der Juden war die Verwerfung Christi; das große Vergehen der christlichen Welt wäre die Verwerfung des Gesetzes Gottes, der Grundlage seiner Regierung im Himmel und auf Erden. Die Gebote des Herrn würden verachtet und verworfen werden. Millionen Menschen in den Banden der Sünde, Sklaven Satans, verurteilt, den ewigen Tod zu erleiden, würden sich in den Tagen ihrer Heimsuchung weigern, auf die

21 Matth. 23, 37 22 Joh. 5, 40

Worte der Wahrheit zu lauschen. Schreckliche Blindheit! Seltsame Verblendung!

Als Christus zwei Tage vor dem Passahfest zum letztenmal den Tempel verließ, wo er die Scheinheiligkeit der jüdischen Obersten bloßgestellt hatte, ging er abermals mit seinen Jüngern nach dem Ölberg und setzte sich mit ihnen auf einen grasbewachsenen Abhang, von dem man die Stadt gut überblicken konnte. Noch einmal schaute er auf ihre Mauern, Türme und Paläste; noch einmal betrachtete er den Tempel in seiner blendenden Pracht, dieses Diadem der Schönheit, das den heiligen Berg krönte.

Tausend Jahre zuvor war die Güte Gottes gegenüber Israel von dem Psalmisten gepriesen worden, weil er ihr heiliges Haus zu seiner Wohnstätte gemacht hatte: „Zu Salem ist sein Gezelt, und seine Wohnung zu Zion.“ Er „erwählte den Stamm Juda, den Berg Zion, welchen er liebte. Und baute sein Heiligtum hoch, wie die Erde, die ewiglich fest stehen soll“.[23] Der erste Tempel war in der Glanzzeit der Geschichte Israels errichtet worden. Große Vorräte an Schätzen hatte einst zu diesem Zweck König David angesammelt. Die Baupläne waren durch göttliche Eingebung entworfen worden.[24] Salomo, der weiseste der Herrscher Israels, hatte das Werk vollendet. Dieser Tempel war das herrlichste Gebäude, das die Welt je gesehen hatte. Doch der Herr erklärte durch den Propheten Haggai betreffs des zweiten Tempels: „Es soll die Herrlichkeit dieses letzten Hauses größer werden, denn des ersten gewesen ist.“ „Ja, alle Heiden will ich bewegen. Da soll dann kommen aller Heiden Bestes; und ich will dies Haus voll Herrlichkeit machen, spricht der Herr Zebaoth.“[25]

Nach der Zerstörung des Tempels durch Nebukadnezar wurde er von 520 bis 516 v. Chr. wieder erbaut von einem Volk, das aus einer ein Menschenleben währenden Gefangenschaft in ein verwüstetes und nahezu verlassenes Land zurückgekehrt war. Darunter befanden sich bejahrte Männer, die die Herrlichkeit des salomonischen Tempels gesehen hatten und nun bei der Grundsteinlegung des neuen Gebäudes weinten, daß es so sehr hinter dem ersten zurückstehen müsse. Das damals herrschende Gefühl wird von dem Propheten eindringlich beschrieben: „Wer ist unter euch übriggeblieben, der dies Haus in

23 Ps. 76, 3; 78, 68, 69 24 1. Chron. 28, 12. 19 25 Hagg. 2, 9. 7

seiner vorigen Herrlichkeit gesehen hat? und wie seht ihr's nun an? Ist's nicht also, es dünkt euch nichts zu sein?" [26] Dann wurde die Verheißung gegeben, daß die Herrlichkeit dieses letzten Hauses größer sein sollte denn die des vorigen.

Der zweite Tempel erreichte jedoch weder die Großartigkeit des ersten, noch wurde er durch jene sichtbaren Zeichen der göttlichen Gegenwart geheiligt, die dem ersten Tempel eigen waren. Keine übernatürliche Macht offenbarte sich bei seiner Einweihung; die Wolke der Herrlichkeit erfüllte nicht das neu errichtete Heiligtum; kein Feuer fiel vom Himmel hernieder, um das Opfer auf dem Altar zu verzehren. Die Herrlichkeit Gottes thronte nicht mehr zwischen den Cherubim im Allerheiligsten; die Bundeslade, der Gnadenstuhl und die Gesetzestafeln wurden nicht darin gefunden. Keine Stimme erscholl vom Himmel, um dem fragenden Priester den Willen des Höchsten kundzutun.

Jahrhundertelang versuchten die Juden vergebens zu zeigen, inwiefern jene durch Haggai ausgesprochene Verheißung Gottes erfüllt worden war. Stolz und Unglaube verblendeten jedoch ihren Geist, so daß sie die wahre Bedeutung der Worte des Propheten nicht verstehen konnten. Der zweite Tempel wurde nicht durch die Wolke der Herrlichkeit des Herrn geehrt, sondern durch die lebendige Gegenwart des Einen, in dem die Fülle der Gottheit leibhaftig wohnte — der selbst Gott war, offenbart im Fleisch. Als der Mann von Nazareth in den heiligen Vorhöfen lehrte und heilte, war er tatsächlich als „aller Heiden Bestes" zu seinem Tempel gekommen. Durch die Gegenwart Christi, und nur dadurch, übertraf der zweite Tempel die Herrlichkeit des ersten. Aber Israel stieß die angebotene Gabe des Himmels von sich. Mit dem demütigen Lehrer, der an jenem Tage durch das goldene Tor hinausging, wich die Herrlichkeit für immer vom Tempel, und damit waren die Worte des Heilandes schon erfüllt: „Siehe, euer Haus soll euch wüst gelassen werden." [27]

Die Jünger waren bei Jesu Prophezeiung von der Zerstörung des Tempels mit Scheu und mit Staunen erfüllt worden, und sie wünschten, daß er ihnen die Bedeutung seiner Worte erläutere. Reichtum, Arbeit und Baukunst waren über vierzig Jahre lang in freigebiger

26 Hagg. 2, 3; Esra 3, 12 27 Matth. 23, 38

Weise zur Verherrlichung des Tempels eingesetzt worden. Herodes der Große hatte dafür sowohl römischen Reichtum als auch jüdische Schätze aufgewandt, und sogar der römische Kaiser hatte ihn mit seinen Geschenken bereichert. Massive Blöcke weißen Marmors von geradezu unwahrscheinlicher Größe, zu diesem Zweck aus Rom herbeigeschafft, bildeten einen Teil seines Baues; und darauf lenkten die Jünger die Aufmerksamkeit ihres Meisters, als sie sagten: „Meister, siehe, welche Steine und welch ein Bau ist das!“ [28]

Auf diese Worte gab Jesus die ernste und bestürzende Erwiderung: „Wahrlich ich sage euch: Es wird hier nicht ein Stein auf dem andern bleiben, der nicht zerbrochen werde.“ [29]

Die Jünger verbanden mit der Zerstörung Jerusalems die Ereignisse der persönlichen Wiederkunft Christi in zeitlicher Herrlichkeit, um den Thron des Weltreiches einzunehmen, die unbußfertigen Juden zu strafen und das römische Joch zu zerbrechen. Der Herr hatte ihnen gesagt, daß er wiederkommen werde; deshalb richteten sich ihre Gedanken bei der Erwähnung der göttlichen Strafgerichte über Jerusalem auf jene Wiederkunft. Und als sie auf dem Ölberg um den Heiland versammelt waren, fragten sie ihn: „Sage uns, wann wird das geschehen? Und welches wird das Zeichen sein deiner Zukunft und des Endes der Welt?“ [30]

Die Zukunft war den Jüngern barmherzigerweise verhüllt. Hätten sie zu jener Zeit die zwei furchtbaren Tatsachen – des Heilandes Leiden und Tod sowie die Zerstörung ihrer Stadt und des Tempels – völlig verstanden, so wären sie von Entsetzen überwältigt worden. Christus gab ihnen einen Umriß der wichtigsten Ereignisse, die vor dem Ende der Zeit eintreten sollen. Seine Worte wurden damals nicht völlig begriffen; aber ihr Sinn sollte enthüllt werden, sobald sein Volk der darin gegebenen Belehrung bedurfte. Die von ihm ausgesprochene Prophezeiung galt einem doppelten Geschehen: sie bezog sich auf die Zerstörung Jerusalems, und gleichzeitig schilderte sie die Schrecken des Jüngsten Tages.

Jesus erzählte den lauschenden Jüngern von den Strafgerichten, die über das abtrünnige Israel kommen würden, und sprach besonders von der vergeltenden Heimsuchung, die es wegen der Verwerfung und

28 Mark. 13, 1 29 Matth. 24, 2 30 Matth. 24, 3

Kreuzigung des Messias ereilen sollte. Untrügliche Zeichen würden dem furchtbaren Ende vorausgehen. Die gefürchtete Stunde bräche schnell und unerwartet herein. Der Heiland warnte seine Nachfolger: „Wenn ihr nun sehen werdet den Greuel der Verwüstung (davon gesagt ist durch den Propheten Daniel), daß er steht an der heiligen Stätte (wer das liest, der merke darauf!), alsdann fliehe auf die Berge, wer im jüdischen Lande ist.“ [31] Wenn die Römer ihre Standarten mit den heidnischen Symbolen auf dem heiligen Boden, der sich auch auf einige hundert Meter Landes außerhalb der Stadtmauern erstreckte, aufgepflanzt hätten, dann sollten sich die Nachfolger Christi durch die Flucht retten. Sobald das Warnungszeichen sichtbar würde, dürften alle, die entrinnen wollen, nicht zögern; im ganzen Land Judäa wie in Jerusalem selbst müßte man dem Zeichen zur Flucht sofort gehorchen. Wer gerade auf dem Dach wäre, dürfte nicht ins Haus gehen, selbst nicht, um seine wertvollsten Schätze zu retten. Wer auf dem Feld oder im Weinberg arbeitete, sollte sich nicht die Zeit nehmen, wegen des Oberkleides, das er während der Hitze des Tages abgelegt hatte, zurückzukehren. Sie dürften keinen Augenblick zögern, wenn sie nicht bei der allgemeinen Zerstörung mit zugrunde gehen wollten.

Während der Regierungszeit des Herodes war Jerusalem nicht nur bedeutend verschönert worden, sondern durch die Errichtung von Türmen, Mauern und Festungswerken war die von Natur schon geschützte Stadt, wie es schien, uneinnehmbar geworden. Wer zu dieser Zeit öffentlich ihre Zerstörung vorhergesagt hätte, wäre wie einst Noah ein verrückter Schwarzseher genannt worden. Christus hatte jedoch gesagt: „Himmel und Erde werden vergehen; aber meine Worte werden nicht vergehen.“ [32] Weil die Kinder Israel gesündigt hatten, war Jerusalem Gottes Zorn angedroht worden. Ihr hartnäckiger Unglaube besiegelte ihr Schicksal.

Der Herr hatte durch den Propheten Micha erklärt: „So höret doch dies, ihr Häupter im Hause Jakob und ihr Fürsten im Hause Israel, die ihr das Recht verschmähet und alles, was aufrichtig ist, verkehret; die ihr Zion mit Blut bauet und Jerusalem mit Unrecht: Ihre Häupter richten um Geschenke, ihre Priester lehren um Lohn, und ihre Propheten wahrsagen um Geld, verlassen sich auf den Herrn und

31 Matth. 24, 15. 16; Luk. 21, 20   32 Matth. 24, 35

sprechen: Ist nicht der Herr unter uns? Es kann kein Unglück über uns kommen." [33]

Diese Worte schildern genau die verderbten und selbstgerechten Einwohner Jerusalems. Während sie behaupteten, die Vorschriften des Gesetzes Gottes streng zu beachten, übertraten sie alle seine Grundsätze. Sie haßten Christus, weil seine Reinheit und Heiligkeit ihre Bosheit offenbarte. Sie klagten ihn an, die Ursache all des Unglücks zu sein, das infolge ihrer Sünden sie bedrängte. Obwohl sie wußten, daß er sündlos war, erklärten sie für die Sicherheit ihrer Nation seinen Tod als notwendig. „Lassen wir ihn also", sagten die jüdischen Obersten, „so werden sie alle an ihn glauben; so kommen dann die Römer und nehmen uns Land und Leute." Wenn Christus geopfert würde, könnten sie noch einmal ein starkes, einiges Volk werden, so urteilten sie und stimmten der Entscheidung ihres Hohenpriesters zu, daß es besser sei, „*ein* Mensch sterbe ... denn daß das ganze Volk verderbe".[34]

Auf diese Weise hatten die führenden Juden „Zion mit Blut ... und Jerusalem mit Unrecht" gebaut, und während sie ihren Heiland töteten, weil er ihre Sünden getadelt hatte, war ihre Selbstgerechtigkeit so groß, daß sie sich als das begnadete Volk Gottes betrachteten und vom Herrn erwarteten, er werde sie von ihren Feinden befreien. „Darum", fuhr der Prophet fort, „wird Zion um euretwillen wie ein Acker gepflügt werden, und Jerusalem wird zum Steinhaufen werden und der Berg des Tempels zu einer wilden Höhe." [35]

Nachdem das Schicksal Jerusalems von Christus selbst verkündet worden war, hielt der Herr seine Strafgerichte über Stadt und Volk fast vierzig Jahre zurück. Bewundernswert war die Langmut Gottes gegen jene, die sein Evangelium verworfen und seinen Sohn gemordet hatten. Das Gleichnis vom unfruchtbaren Feigenbaum zeigt uns das Verhalten Gottes gegenüber dem jüdischen Volk. Das Gebot war ausgegangen: „Haue ihn ab! was hindert er das Land?" [36] Aber die göttliche Gnade verschonte das Volk noch eine letzte Zeit. Es gab noch viele Juden, denen der Charakter und das Werk Christi unbekannt waren; die Kinder hatten nicht die günstigen Gelegenheiten gehabt und nicht das Licht empfangen, das ihre Eltern zurückgewiesen hatten. Durch die Predigt der Apostel und ihrer Glaubensgefährten wollte

33 Micha 3, 9–11 34 Joh. 11, 48, 50 35 Micha 3, 10. 12 36 Luk. 13, 7

Gott auch ihnen das Licht scheinen lassen; sie durften erkennen, wie die Prophezeiung nicht nur durch die Geburt und das Leben Christi, sondern auch durch seinen Tod und seine Auferstehung erfüllt worden war. Die Kinder wurden nicht um der Sünden ihrer Eltern willen verurteilt; sobald sie aber trotz der Kenntnis alles Lichtes, das ihren Eltern gegeben worden war, das hinzugekommene, ihnen selbst gewährte Licht verwarfen, wurden sie Teilhaber der Sünden ihrer Eltern und füllten das Maß ihrer Missetat.

Gottes Langmut gegen Jerusalem bestärkte die Juden nur in ihrer hartnäckigen Unbußfertigkeit. In ihrem Haß und in ihrer Grausamkeit gegen die Jünger Jesu verwarfen sie das letzte Anerbieten der Gnade. Daraufhin entzog Gott ihnen seinen Schutz; er beschränkte die Macht Satans und seiner Engel nicht länger, und die jüdische Nation wurde der Herrschaft des Führers überlassen, den sie sich erwählt hatte. Ihre Kinder verschmähten die Gnade Christi, die sie befähigt hätte, ihre bösen Triebe zu unterdrücken, und diese bekamen nun die Oberhand. Satan erweckte die heftigsten und niedrigsten Leidenschaften der Seele. Die Menschen handelten ohne Überlegung; sie waren von Sinnen, nur noch erfüllt von Begierde und blinder Wut. Sie wurden satanisch in ihrer Grausamkeit. In der Familie wie unter dem Volk, unter den höchsten wie unter den niedrigsten Klassen herrschten Argwohn, Neid, Haß, Streit, Empörung, Mord. Nirgends war Sicherheit zu finden. Freunde und Verwandte verrieten einander. Eltern erschlugen ihre Kinder und Kinder ihre Eltern. Die Führer des Volkes hatten nicht die Kraft, sich selbst zu beherrschen. Ungezügelte Leidenschaften machten sie zu Tyrannen. Die Juden hatten ein falsches Zeugnis angenommen, um den unschuldigen Gottessohn zu verurteilen. Jetzt machten falsche Anklagen ihr eigenes Leben unsicher. Durch ihre Handlungen hatten sie lange genug zu erkennen gegeben: „Lasset den Heiligen Israels aufhören bei uns!“ [37] Nun war ihr Wunsch erfüllt; Gottesfurcht beunruhigte sie nicht länger. Satan stand an der Spitze der Nation, und er beherrschte die höchste zivile und religiöse Obrigkeit.

Die Führer der Gegenparteien vereinigten sich zeitweise, um ihre unglücklichen Opfer zu plündern und zu martern, und dann fielen sie

37 Jes. 30, 11

übereinander her und mordeten ohne Gnade. Selbst die Heiligkeit des Tempels konnte ihre schreckliche Grausamkeit nicht zügeln. Die Anbetenden wurden vor dem Altar niedergemetzelt und das Heiligtum durch die Leichname der Erschlagenen verunreinigt. Dennoch erklärten die Anstifter dieses höllischen Werkes in ihrer blinden und gotteslästerlichen Vermessenheit öffentlich, daß sie nicht fürchteten, Jerusalem könnte zerstört werden; denn es sei Gottes eigene Stadt. Um ihre Macht zu stärken, bestachen sie falsche Propheten, die, selbst als die römischen Legionen bereits den Tempel belagerten, verkündigen mußten, daß das Volk der Befreiung durch Gott harren solle. Bis zum Ende hielt die Menge an dem Glauben fest, daß sich der Allerhöchste zur Vernichtung der Gegner ins Mittel legen werde. Israel aber hatte die göttliche Hilfe verschmäht und war nun den Feinden schutzlos preisgegeben. Unglückliches Jerusalem! Durch innere Zwistigkeiten zerrissen, die Straßen vom Blut seiner Söhne gefärbt, die sich gegenseitig erwürgten, während fremde Heere seine Festungswerke niederwarfen und seine Krieger erschlugen, so erfüllten sich buchstäblich alle Weissagungen Christi über die Zerstörung Jerusalems. Das jüdische Volk mußte die Wahrheit der Warnungsbotschaften Christi am eigenen Leibe erfahren: „Mit welcherlei Maß ihr messet, wird euch gemessen werden.“ [38]

Als Vorboten des Unglücks und Untergangs erschienen Zeichen und Wunder. Mitten in der Nacht schwebte ein unnatürliches Licht über Tempel und Altar. Die Abendwolken glichen in ihren Umrissen sich zum Kampfe sammelnden Kriegern und Streitwagen. Die nachts im Heiligtum dienenden Priester wurden durch geheimnisvolle Töne erschreckt; die Erde erbebte, und einen Chor von Stimmen hörte man sagen: „Lasset uns von hinnen gehen!“ Das große östliche Tor, das so schwer war, daß es von zwanzig Männern nur mit Mühe geschlossen werden konnte und dessen ungeheure eiserne Riegel tief in der Steinschwelle befestigt waren, tat sich um Mitternacht von selbst auf.

Sieben Jahre lang ging ein Mann durch die Straßen Jerusalems und verkündigte den der Stadt drohenden Untergang. Tag und Nacht sang er das wilde Trauerlied: „Stimme von Morgen, Stimme von Abend, Stimme von den vier Winden, Stimme über Jerusalem und den Tempel,

38 Matth. 7, 2

Stimme über den Bräutigam und die Braut, Stimme über das ganze Volk." Dies seltsame Wesen wurde eingekerkert und gegeißelt; aber keine Klage kam über seine Lippen. Auf Schmähungen und Mißhandlungen antwortete er nur: „Wehe, wehe Jerusalem! Wehe, wehe der Stadt, dem Volk und dem Tempel!" Dieser Warnungsruf hörte nicht auf, bis der Mann bei der Belagerung, die er vorhergesagt hatte, getötet wurde.[39]

Nicht ein Christ kam bei der Zerstörung Jerusalems ums Leben. Christus hatte seine Jünger gewarnt, und alle, die seinen Worten glaubten, warteten auf das verheißene Zeichen. „Wenn ihr aber sehen werdet Jerusalem belagert mit einem Heer", sagte Jesus, „so merket, daß herbeigekommen ist seine Verwüstung. Alsdann, wer in Judäa ist, der fliehe auf das Gebirge, und wer drinnen ist, der weiche heraus."[40] Nachdem die Römer unter Cestius die Stadt eingeschlossen hatten, hoben sie unerwartet die Belagerung auf, gerade zu einer Zeit, als alles für den Erfolg eines sofortigen Angriffs sprach. Die Belagerten, die an einem erfolgreichen Widerstand zweifelten, waren im Begriff, sich zu ergeben, als der römische Feldherr ohne ersichtlichen Grund plötzlich seine Streitkräfte zurückzog. Gottes gnädige Vorsehung gestaltete die Ereignisse zum Besten seines Volkes. Das war das verheißene Zeichen für die wartenden Christen. Nun wurde allen, die der Warnung des Heilandes Folge leisten wollten, dazu Gelegenheit geboten, und zwar konnten nach Gottes Willen weder die Juden noch die Römer die Flucht der Christen verhindern. Nach dem Rückzug des Cestius machten die Juden einen Ausfall aus Jerusalem und verfolgten das sich zurückziehende Heer, und während beider Streitkräfte auf diese Weise völlig in Anspruch genommen waren, verließen die Christen die Stadt. Um diese Zeit war auch das Land von Feinden frei, die hätten versuchen können, sie aufzuhalten. Zur Zeit der Belagerung waren die Juden in Jerusalem versammelt, um das Laubhüttenfest zu feiern, und dadurch hatten die Christen im ganzen Land die Möglichkeit, sich unbehelligt in Sicherheit zu bringen. Ohne Zögern flohen sie nach einem sicheren Ort — nach der Stadt Pella im Lande Peräa, jenseits des Jordans.

39 Josephus, „Geschichte des Jüdischen Krieges", VI, Kap. 5
40 Luk. 21, 20. 21

Die jüdischen Streiter, die Cestius und sein Heer verfolgten, warfen sich mit solcher Wut auf dessen Nachhut, daß ihr vollständige Vernichtung drohte. Nur unter großen Schwierigkeiten gelang es den Römern, sich zurückzuziehen. Die Juden blieben nahezu ohne Verluste und kehrten mit ihrer Beute triumphierend nach Jerusalem zurück. Doch dieser scheinbare Erfolg brachte ihnen nur Unheil. Er beseelte sie mit einem außerordentlich hartnäckigen Widerstandsgeist gegen die Römer, wodurch schnell unaussprechliches Weh über die verurteilte Stadt hereinbrach.

Schrecklich war das Unglück, das über Jerusalem kam, als Titus die Belagerung wiederaufnahm. Die Stadt wurde zur Zeit des Passahfestes umlagert, als Millionen Juden in ihren Mauern weilten. Die Lebensmittelvorräte, die, sorgfältig aufbewahrt, jahrelang für die Bewohner ausgereicht hätten, waren schon durch die Mißgunst und Rache der streitenden Parteien zerstört worden, und jetzt erlitten sie alle Schrecken der Hungersnot. Ein Maß Weizen wurde für ein Talent verkauft. Die Hungerqualen waren so schrecklich, daß manche an dem Leder ihrer Gürtel, an ihren Sandalen und an den Bezügen ihrer Schilde nagten. Viele Bewohner schlichen zur Nachtzeit aus der Stadt, um wilde Kräuter zu sammeln, die außerhalb der Stadtmauern wuchsen, obwohl etliche ergriffen und unter grausamen Martern getötet wurden, während man anderen, die wohlbehalten zurückgekehrt waren, die Kräuter wegnahm, die sie unter so großen Gefahren gesammelt hatten. Die unmenschlichsten Qualen wurden von den Machthabern auferlegt, um den vom Mangel Bedrückten die letzten spärlichen Vorräte, die sie möglicherweise verborgen hatten, abzuzwingen. Nicht selten begingen diese Grausamkeiten wohlgenährte Menschen, die nur danach trachteten, einen Lebensmittelvorrat für die Zukunft aufzuspeichern.

Tausende starben an Hunger und Seuchen. Die natürlichen Bande der Liebe schienen zerstört zu sein. Der Mann beraubte seine Frau und die Frau ihren Mann. Man sah Kinder, die den greisen Eltern das Brot vom Munde wegrissen. Der Frage des Propheten: „Kann auch ein Weib ihres Kindleins vergessen?“ [41] wurde innerhalb der Mauern jener verurteilten Stadt die Antwort zuteil: „Es haben die barmherzigsten

41 Jes. 49, 15

Weiber ihre Kinder selbst müssen kochen, daß sie zu essen hätten in dem Jammer der Tochter meines Volkes." [42] Wiederum erfüllte sich die warnende Weissagung, die vierzehn Jahrhunderte zuvor gegeben worden war: „Ein Weib unter euch, das zuvor zärtlich und in Üppigkeit gelebt hat, daß sie nicht versucht hat, ihre Fußsohle auf die Erde zu setzen, vor Zärtlichkeit und Wohlleben, die wird dem Manne in ihren Armen und ihrem Sohne und ihrer Tochter nicht gönnen die Nachgeburt, ... dazu ihre Söhne, die sie geboren hat; denn sie werden sie vor Mangel an allem heimlich essen in der Angst und Not, womit dich dein Feind bedrängen wird in deinen Toren." [43]

Die römischen Anführer versuchten, die Juden mit Schrecken zu erfüllen und dadurch zur Übergabe zu bewegen. Israeliten, die sich ihrer Gefangennahme widersetzten, wurden gegeißelt, gefoltert und vor der Stadtmauer gekreuzigt. Hunderte erlitten täglich auf diese Weise den Tod, und dieses grauenvolle Werk setzte man so lange fort, bis im Tal Josaphat und auf Golgatha soviel Kreuze aufgerichtet waren, daß kaum Raum blieb, sich zwischen ihnen zu bewegen. Schrecklich erfüllte sich die frevelhafte, vor dem Richterstuhl des Pilatus ausgesprochene Verwünschung: „Sein Blut komme über uns und über unsre Kinder!" [44]

Titus hätte der Schreckensszene gern ein Ende gemacht und damit der Stadt Jerusalem das volle Maß ihres Gerichtes erspart. Entsetzen packte ihn, als er die Leichname der Erschlagenen haufenweise in den Tälern liegen sah. Wie überwältigt schaute er vom Gipfel des Ölberges auf den herrlichen Tempel und gab Befehl, nicht einen Stein davon zu berühren. Ehe er daranging, diese Stätte einzunehmen, beschwor er die jüdischen Führer in einem ernsten Aufruf, ihn nicht zu zwingen, die heilige Stätte mit Blut zu entweihen. Wenn sie herauskommen und an irgendeinem andern Ort kämpfen wollten, so sollte kein Römer die Heiligkeit des Tempels verletzen. Josephus gar forderte sie mit höchst beredten Worten auf, den Widerstand einzustellen und sich selbst, ihre Stadt und die Stätte der Anbetung zu retten. Aber seine Worte wurden mit bitteren Verwünschungen beantwortet. Wurfspieße schleuderte man nach ihm, ihrem letzten menschlichen Vermittler, als er vor ihnen stand, um mit ihnen zu verhandeln. Die Juden hatten

42 Klagel. 4, 10 43 5. Mose 28, 56. 57 44 Matth. 27, 25

die Bitten des Sohnes Gottes verworfen, und nun machten die ernsten Vorstellungen und flehentlichen Bitten sie nur um so entschiedener, bis zum letzten Widerstand zu leisten. Die Bemühungen des Titus, den Tempel zu retten, waren vergeblich. Ein Größerer als er hatte erklärt, daß nicht ein Stein auf dem andern bleiben sollte.

Die blinde Hartnäckigkeit der führenden Juden und die verabscheuungswürdigen Verbrechen, die in der belagerten Stadt verübt wurden, erweckten bei den Römern Entsetzen und Entrüstung, und endlich beschloß Titus, den Tempel im Sturm zu nehmen, ihn aber, wenn möglich, vor der Zerstörung zu bewahren. Seine Befehle wurden jedoch mißachtet. Als er sich abends in sein Zelt zurückgezogen hatte, unternahmen die Juden einen Ausfall aus dem Tempel und griffen die Soldaten draußen an. Im Handgemenge wurde von einem Soldaten ein Feuerbrand durch die Öffnung der Halle geschleudert, und unmittelbar darauf standen die mit Zedernholz getäfelten Räume des heiligen Gebäudes in Flammen. Titus eilte mit seinen Obersten und Legionären herbei und befahl den Soldaten, die Flammen zu löschen. Seine Worte blieben unbeachtet. In ihrer Wut schleuderten die Legionäre Feuerbrände in die an den Tempel stoßenden Gemächer und metzelten viele, die dort Zuflucht gesucht hatten, mit dem Schwert nieder. Das Blut floß gleich Wasser die Tempelstufen hinunter. Tausende und aber Tausende von Juden kamen um. Das Schlachtgetöse wurde übertönt von dem Ruf: „Ikabod!", das heißt die Herrlichkeit ist dahin.

„Titus war es unmöglich, der Wut der Soldaten Einhalt zu gebieten; er trat mit seinen Offizieren ein und besichtigte das Innere des heiligen Gebäudes. Der Glanz erregte ihre Bewunderung, und da die Flammen noch nicht bis zum Heiligtum vorgedrungen waren, unternahm er einen letzten Versuch, es zu retten. Er sprang hervor und forderte die Mannschaften auf, das Umsichgreifen der Feuersbrunst zu verhindern. Der Hauptmann Liberalis versuchte mit seinem Stab Gehorsam zu erzwingen; doch selbst die Achtung vor ihrem Feldherrn verging vor der rasenden Feindseligkeit gegen die Juden, der heftigen Aufregung des Kampfes und der unersättlichen Beutegier. Die Soldaten sahen alles um sich herum von Gold blitzen, das in dem wilden Lodern der Flammen einen blendenden Glanz ausstrahlte; sie wähnten unermeßliche Schätze im Heiligtum aufgespeichert. Unbemerkt warf ein Soldat eine brennende Fackel zwischen die Angeln der Tür, und im Nu stand das ganze Gebäude in Flammen. Die dichten Rauchschwaden und das Feuer zwangen die Offiziere, sich zurückzuziehen und das herrliche Gebäude seinem Schicksal zu überlassen.

War es schon für die Römer ein erschreckendes Schauspiel, wie mögen es erst die Juden empfunden haben! Die ganze Höhe, die die Stadt weit überragte, erschien wie ein feuerspeiender Berg. Ein Gebäude nach dem andern stürzte mit furchtbarem Krachen zusammen und wurde von dem feurigen Abgrund verschlungen. Die Dächer aus Zedernholz glichen einem Feuermeer, die vergoldeten Zinnen glänzten wie flammende Feuerzungen, die Türme der Tore schossen Flammengarben und Rauchsäulen empor. Die benachbarten Hügel waren erleuchtet; gespenstisch wirkende Zuschauergruppen verfolgten in fürchterlicher Angst die fortschreitende Zerstörung; auf den Mauern und Höhen der oberen Stadt drängte sich Kopf an Kopf. Manche waren bleich vor Angst und Verzweiflung, andere blickten düster, in ohnmächtiger Rache. Die Rufe der hin und her eilenden römischen Soldaten, das Heulen der Aufständischen, die in den Flammen umkamen, vermischten sich mit dem Brüllen der Feuersbrunst und dem donnernden Krachen des stürzenden Gebälks. Das Echo antwortete von den Bergen und ließ die Schreckensrufe des Volkes auf den Höhen widerhallen; entlang der Wälle erscholl Angstgeschrei und Wehklagen; Menschen, die von der Hungersnot erschöpft im Sterben lagen, rafften alle Kraft zusammen, um einen letzten Schrei der Angst und der Verlassenheit auszustoßen. Das Blutbad im Innern war noch schrecklicher als der Anblick von außen. Männer und Frauen, alt und jung, Aufrührer und Priester, Kämpfende und um Gnade Flehende wurden unterschiedslos niedergemetzelt. Die Anzahl der Erwürgten überstieg die der Würger. Die Legionäre mußten über Berge von Toten hinwegsteigen, um ihr Vertilgungswerk fortsetzen zu können." [45]

Nach der Zerstörung des Tempels fiel bald die ganze Stadt in die Hände der Römer. Die Obersten der Juden gaben ihre uneinnehmbar scheinenden Türme auf, und Titus fand sie alle verlassen. Staunend blickte er auf sie und erklärte, daß Gott sie in seine Hände gegeben

45 Josephus, „Geschichte des Jüdischen Krieges", VI, Kap. 5; Milman, „History of the Jews", 13. Buch

habe; denn keine Kriegsmaschine, wie gewaltig sie auch sein mochte, hätte jene staunenswerten Festungsmauern bezwingen können. Sowohl die Stadt als auch der Tempel wurden bis auf die Grundmauern geschleift, und der Boden, auf dem das heilige Gebäude gestanden hatte, wurde „wie ein Acker gepflügt".[46] Während der Belagerung und bei dem darauffolgenden Gemetzel kamen über eine Million Menschen ums Leben; die Überlebenden wurden in die Gefangenschaft geführt, als Sklaven verkauft, nach Rom geschleppt, um den Triumph des Eroberers zu zieren, sie wurden in den Amphitheatern den wilden Tieren vorgeworfen oder als heimatlose Wanderer über die ganze Erde zerstreut.

Die Juden hatten sich selbst die Fesseln geschmiedet, sich selbst den Becher der Rache gefüllt. In der vollständigen Vernichtung, die ihnen als Nation widerfuhr, und in all dem Weh, das ihnen in die Diaspora (Zerstreuung) nachfolgte, ernteten sie nur, was sie mit eigenen Händen gesät hatten. Ein Prophet schrieb einst: „Israel, du bringst dich in Unglück! ... denn du bist gefallen um deiner Missetat willen."[47] Ihre Leiden werden oft als eine Strafe hingestellt, mit der sie auf direkten Befehl Gottes heimgesucht wurden. Auf diese Weise sucht der große Betrüger sein eigenes Werk zu verbergen. Durch eigensinnige Verwerfung der göttlichen Liebe und Gnade hatten die Juden den Schutz Gottes verwirkt, so daß Satan sie nach seinem Willen beherrschen konnte. Die schrecklichen Grausamkeiten, die bei der Zerstörung Jerusalems verübt worden waren, kennzeichnen Satans rachsüchtige Macht über jene, die sich seiner verderbenbringenden Herrschaft unterstellen.

Wir können nicht ermessen, wieviel wir Christus für den Frieden und Schutz schuldig sind, deren wir uns erfreuen. Es ist die mäßigende Kraft Gottes, die verhindert, daß die Menschen völlig unter die Herrschaft Satans geraten. Die Ungehorsamen und die Undankbaren haben allen Grund, Gott für seine Gnade und Langmut dankbar zu sein, weil er die grausame, boshafte Macht des Bösen im Zaum hält. Überschreiten aber die Menschen die Grenzen der göttlichen Nachsicht, dann wird jene Einschränkung aufgehoben. Gott tritt dem Sünder nicht als Scharfrichter gegenüber, sondern er überläßt jene, die seine

46 Jer. 26, 18 47 Hos. 13, 9; 14, 2

Gnade verwerfen, sich selbst, damit sie ernten, was sie gesät haben. Jeder verworfene Lichtstrahl, jede verschmähte oder unbeachtete Warnung, jede geduldete Leidenschaft, jede Übertretung des Gesetzes Gottes ist eine Saat, die ihre bestimmte Ernte hervorbringen wird. Der Geist Gottes wird sich schließlich von dem Sünder, der sich ihm beharrlich widersetzt, zurückziehen, und dann bleibt dem Betreffenden weder die Kraft, die bösen Leidenschaften der Seele zu beherrschen, noch der Schutz, der ihn vor der Bosheit und Feindschaft Satans bewahrt. Die Zerstörung Jerusalems ist eine furchtbare und ernste Warnung an alle, die das Anerbieten der göttlichen Gnade geringachten und den Mahnrufen der Barmherzigkeit Gottes widerstehen. Niemals wurde ein entschiedeneres Zeugnis für den Abscheu Gottes gegenüber der Sünde und für die sichere Bestrafung der Schuldigen gegeben.

Die Weissagung des Heilandes, die die göttliche Heimsuchung Jerusalems ankündigte, wird noch eine andere Erfüllung finden, von der jene schreckliche Verwüstung nur ein schwacher Abglanz ist. In dem Schicksal der auserwählten Stadt können wir das Los einer Welt sehen, die Gottes Barmherzigkeit von sich gewiesen und sein Gesetz mit Füßen getreten hat. Grauenhaft sind die Berichte des menschlichen Elends, das die Erde während der langen Jahrhunderte des Verbrechens erlebte. Das Herz wird beklommen und der Geist verzagt, wenn wir über diese Dinge nachdenken. Schrecklich waren die Folgen, als die Macht des Himmels verworfen wurde. Doch ein noch furchtbareres Bild wird uns in den Offenbarungen über die Zukunft enthüllt. Die Berichte der Vergangenheit — die lange Reihe von Aufständen, Kämpfen und Revolutionen, alle Kriege „mit Ungestüm. . . und die blutigen Kleider“ [48] —, was sind sie im Vergleich zu den Schrecken jenes Tages, an dem der mäßigend wirkende Geist Gottes den Gottlosen gänzlich entzogen und nicht länger die Ausbrüche menschlicher Leidenschaften und satanischer Wut zügeln wird! Dann wird die Welt wie niemals zuvor die entsetzlichen Folgen der Herrschaft Satans erkennen.

An jenem Tage aber wird, wie zur Zeit der Zerstörung Jerusalems, Gottes Volk errettet werden, „ein jeglicher, der geschrieben ist unter

48 Jes. 9, 4

die Lebendigen".[49] Christus hat vorhergesagt, daß er wiederkommen will, um seine Getreuen um sich zu sammeln: „Und alsdann werden heulen alle Geschlechter auf Erden und werden sehen kommen des Menschen Sohn in den Wolken des Himmels mit großer Kraft und Herrlichkeit. Und er wird senden seine Engel mit hellen Posaunen, und sie werden sammeln seine Auserwählten von den vier Winden, von einem Ende des Himmels zu dem andern." [50] Dann werden alle, die dem Evangelium nicht gehorchten, „mit dem Geist seines Mundes" umgebracht und „durch die Erscheinung seiner Zukunft" vernichtet werden.[51] Gleichwie einst Israel, so bringen auch die Gottlosen sich selbst um; sie fallen infolge ihrer Übertretungen. Durch ein sündenreiches Leben haben sie so wenig Gemeinschaft mit Gott, und ihr Wesen ist durch das Böse so verderbt und entwürdigt worden, daß die Offenbarung seiner Herrlichkeit für sie zu einem verzehrenden Feuer werden wird.

Hüteten sich die Menschen doch davor, die ihnen in Christi Worten gegebenen Lehren geringzuschätzen! Gleichwie er seine Jünger vor der Zerstörung Jerusalems warnte, indem er ihnen ein Zeichen des herannahenden Untergangs nannte, damit sie fliehen könnten, ebenso hat er die Welt vor dem Tag der endgültigen Vernichtung gewarnt und ihr Zeichen seines Nahens gegeben, damit alle, die dem zukünftigen Zorn entrinnen wollen, ihm auch entrinnen können. Jesus erklärt: „Es werden Zeichen geschehen an Sonne und Mond und Sternen; und auf Erden wird den Leuten bange sein." [52] Wer diese Vorboten seines Kommens sieht, soll wissen, „daß es nahe vor der Tür ist". „So wachet nun!" lauten seine mahnenden Worte.[53] Alle, die auf diese Stimme achten, sollen nicht in Finsternis bleiben, damit jener Tag sie nicht unvorbereitet überfalle; aber über alle, die nicht wachen wollen, wird der Tag des Herrn kommen wie ein Dieb in der Nacht.

Die Welt ist jetzt nicht geneigter, die Warnungsbotschaften für diese Zeit anzunehmen, als damals die Juden, die sich der Botschaft unseres Heilandes über Jerusalem widersetzten. Mag er kommen, wann er will – der Tag des Herrn wird die Gottlosen unvorbereitet finden. Wenn das Leben seinen gewöhnlichen Gang geht, wenn die Menschheit von

49 Jes. 4, 3
50 Matth. 24, 30. 31
51 2. Thess. 2, 8
52 Luk. 21, 25; Matth. 24. 29; Mark. 13, 24–26; Offb. 6, 12–17
53 Matth. 24, 33; Mark. 13, 35

Vergnügungen, Geschäften, Handel und Gelderwerb in Anspruch genommen ist, wenn religiöse Führer den Fortschritt und die Aufklärung der Welt verherrlichen, wenn das Volk in falsche Sicherheit gewiegt ist –, dann wird, wie ein Dieb sich um Mitternacht in die unbewachte Behausung einschleicht, das plötzliche Verderben die Sorglosen und Bösewichte überfallen, und sie werden keine Gelegenheit mehr haben, dem Verhängnis zu entfliehen.[54]

54 1. Thess. 5, 2–5

Verfolgung in den ersten Jahrhunderten

2

Als Christus auf dem Ölberg seinen Jüngern das Schicksal Jerusalems und die Ereignisse seiner Wiederkunft enthüllte, sprach er auch über die zukünftigen Erfahrungen seines Volkes von seiner Himmelfahrt an bis zu seiner Wiederkunft in Macht und Herrlichkeit zur Befreiung seines Volkes. Er sah die bald über die apostolische Gemeinde hereinbrechenden Stürme, und weiter in die Zukunft dringend, erblickte sein Auge die grimmigen, verwüstenden Wetter, die in den kommenden Zeiten der Finsternis und der Verfolgung über seine Nachfolger heraufziehen werden. In wenigen kurzen Äußerungen von furchtbarer Bedeutsamkeit sagte er ihnen voraus, in welchem Ausmaß die Herrscher dieser Welt die Gemeinde Gottes verfolgen werden.[1] Die Nachfolger Christi müssen den gleichen Weg der Demütigung, der Schmach und des Leidens beschreiten, den ihr Meister ging. Die Feindschaft, die dem Erlöser der Welt entgegenschlug, erhebt sich auch gegen alle, die an seinen Namen glauben.

Die Geschichte der ersten Gemeinde zeugt von der Erfüllung der Worte Jesu. Die Mächte der Erde und der Hölle vereinigten sich gegen den in seinen Nachfolgern lebendigen Christus. Das Heidentum sah sehr wohl voraus, daß seine Tempel und Altäre niedergerissen würden, falls das Evangelium triumphierte; deshalb bot es alle Kräfte auf, um das Christentum zu vernichten. Die Feuer der Verfolgung wurden angezündet. Christen beraubte man ihrer Besitztümer und vertrieb sie aus ihren Heimstätten. Sie erduldeten „einen großen Kampf des Leidens".[2] Sie „haben Spott und Geißeln erlitten, dazu Bande und Gefängnis; sie wurden gesteinigt, zerhackt, zerstochen, durchs Schwert

1 Matth. 24, 9. 21. 22 2 Hebr. 10, 32

getötet".[3] Eine große Anzahl besiegelte ihr Zeugnis mit ihrem Blut. Edelmann und Sklave, reich und arm, Gelehrte und Unwissende wurden ohne Unterschied erbarmungslos umgebracht.

Diese Verfolgungen, die unter Nero etwa zur Zeit des Märtyrertums des Paulus begannen, dauerten mit größerer oder geringerer Heftigkeit jahrhundertelang fort. Christen wurden zu Unrecht der abscheulichsten Verbrechen angeklagt und als die Ursache großer Unglücksfälle, wie Hungersnot, Pestilenz und Erdbeben, hingestellt. Da sie allgemein gehaßt und verdächtigt wurden, fanden sich auch leicht Ankläger, die um des Gewinns willen Unschuldige verrieten. Die Christen wurden als Empörer gegen das Reich, als Feinde der Religion und als Schädlinge der Gesellschaft verurteilt. Viele warf man wilden Tieren vor oder verbrannte sie lebendig in den Amphitheatern. Manche wurden gekreuzigt, andere in die Felle wilder Tiere eingenäht und in die Arena geworfen, um von Hunden zerrissen zu werden. Die ihnen gewärtige Strafe bildete oft die Hauptunterhaltung bei öffentlichen Festen. Viele Menschen kamen zusammen, um sich an dem Anblick der Gepeinigten zu ergötzen. Sie begrüßten deren Todesschmerzen mit Gelächter und Beifallklatschen.

Wo die Nachfolger Christi auch Zuflucht fanden, immer wurden sie gleich Raubtieren aufgejagt. Sie waren genötigt, sich an öden und verlassenen Stätten zu verbergen. „Mit Mangel, mit Trübsal, mit Ungemach (deren die Welt nicht wert war)", sind sie „im Elend umhergeirrt in den Wüsten, auf den Bergen und in den Klüften und Löchern der Erde".[4] Die Katakomben boten Tausenden eine Zufluchtsstätte. Unter den Hügeln außerhalb der Stadt Rom gab es lange, durch Erde und Felsen getriebene Gänge, deren dunkles, verschlungenes Netzwerk sich kilometerweit über die Stadtmauern hinaus erstreckte. In diesen unterirdischen Zufluchtsorten begruben die Nachfolger Christi ihre Toten, und hier fanden sie auch, wenn sie verdächtigt und geächtet wurden, eine Heimstätte. Wenn der Heiland alle, die den guten Kampf gekämpft haben, auferwecken wird, werden viele, die um seinetwillen Märtyrer geworden sind, aus jenen Höhlen hervorkommen.

Selbst unter heftigster Verfolgung hielten diese Zeugen für Jesus ihren Glauben rein. Obwohl jeder Bequemlichkeit beraubt, abge-

3 Hebr. 11, 36 4 Hebr. 11, 37. 38

schlossen vom Licht der Sonne, im dunklen aber freundschaftlichen Schoß der Erde ihre Wohnung aufschlagend, klagten sie nicht. Mit Worten des Glaubens, der Geduld und der Hoffnung ermutigten sie einander, Entbehrungen und Trübsale zu ertragen. Der Verlust aller irdischen Segnungen vermochte sie nicht zu zwingen, ihrem Glauben an Christus zu entsagen. Prüfungen und Verfolgungen waren nur Stufen, um sie ihrer Ruhe und ihrem Lohn näher zu bringen.

Viele wurden gleich den Dienern Gottes vorzeiten „zerschlagen und haben keine Erlösung angenommen, auf daß sie die Auferstehung, die besser ist, erlangten".[5] Sie riefen sich die Worte ihres Meisters ins Gedächtnis zurück, daß sie bei Verfolgungen um Christi willen fröhlich und getrost sein sollten; denn wunderbar würde ihr Lohn im Himmel sein. Auch die Propheten vor ihnen waren in gleicher Weise verfolgt worden. Die Nachfolger Jesu freuten sich, würdig erachtet worden zu sein, für die Wahrheit zu leiden, und Triumphgesänge stiegen aus den prasselnden Flammen empor. Im Glauben aufwärtsschauend, erblickten sie Christus und heilige Engel, die sich zu ihnen herabneigten, sie mit innigster Anteilnahme beobachteten und wohlgefällig ihre Standhaftigkeit betrachteten. Eine Stimme kam vom Thron Gottes zu ihnen hernieder: „Sei getreu bis an den Tod, so will ich dir die Krone des Lebens geben."[6]

Vergeblich waren Satans Anstrengungen, die Gemeinde Christi mit Gewalt zu zerstören. Der große Kampf, in dem Christi Jünger ihr Leben hingaben, hörte nicht auf, als diese treuen Bannerträger auf ihrem Posten fielen. Durch ihre Niederlage blieben sie Sieger. Gottes Mitarbeiter wurden erschlagen; sein Werk aber ging stetig vorwärts. Das Evangelium breitete sich aus, die Schar seiner Anhänger nahm zu, es drang in Gebiete ein, die selbst dem römischen Adler unzugänglich geblieben waren. Ein Christ, der mit den heidnischen Herrschern verhandelte, welche die Verfolgung eifrig betrieben, sagte: „Kreuzigt, martert, verurteilt uns, reibt uns auf, und ein Beweis unserer Unschuld ist eure Ungerechtigkeit! Und doch hilft all eure noch so ausgeklügelte Grausamkeit nichts; ein Lockmittel ist sie eher für unsere Gemeinschaft. Nur zahlreicher werden wir, so oft wir von euch niedergemäht werden: ein Same ist das Blut der Christen."[7]

5 Hebr. 11, 35 6 Offb. 2, 10 7 Tertullian, „Apologeticum", Kap. 50

Tausende wurden eingekerkert und umgebracht; aber andere standen auf, um diese Lücken auszufüllen. Die um ihres Glaubens willen den Märtyrertod erlitten, waren Christus gewiß und wurden von ihm als Überwinder angesehen. Sie hatten den guten Kampf gekämpft und werden die Krone der Gerechtigkeit empfangen, wenn Christus wiederkommt. Die Leiden, die die Christen erduldeten, verbanden sie inniger miteinander und mit ihrem Erlöser. Ihr beispielhaftes Leben, ihr Bekenntnis im Sterben waren ein unvergängliches Zeugnis für die Wahrheit. Wo es vielfach am wenigsten zu erwarten war, verließen Untertanen Satans seinen Dienst und stellten sich entschlossen unter das Banner Christi.

Satan versuchte, erfolgreicher gegen die Herrschaft Gottes Krieg zu führen, indem er sein Banner in der christlichen Gemeinde aufpflanzte. Könnten die Nachfolger Christi getäuscht und verleitet werden, Gott zu mißfallen, dann wären ihre Kraft, Festigkeit und Beharrlichkeit dahin, ja, sie fielen ihm als leichte Beute zu.

Der große Gegner suchte durch Hinterlist das zu erreichen, was er sich mit Gewalt nicht zu sichern vermochte. Die Verfolgungen hörten auf; an ihre Stelle traten die gefährlichen Lockungen irdischen Wohllebens und weltlichen Ruhms. Götzendiener wurden veranlaßt, einen Teil des christlichen Glaubens anzunehmen, wogegen sie andere wesentliche Wahrheiten verwarfen. Sie gaben vor, Jesus als den Sohn Gottes anzuerkennen und an seinen Tod und an seine Auferstehung zu glauben; aber sie erkannten nicht ihre Sünden und fühlten nicht das Bedürfnis, sie zu bereuen oder die Gesinnung ihres Herzens zu ändern. Zu einigen Zugeständnissen bereit, schlugen sie den Christen vor, um eines einheitlichen Glaubensbekenntnisses an Christus willen, auch ihrerseits Entgegenkommen zu zeigen.

Die Gemeinde befand sich in einer furchtbaren Gefahr, gegen die Gefängnis, Folter, Feuer und Schwert als Segnungen gelten konnten. Einige Christen blieben fest und erklärten, daß sie auf keine Vergleichslösungen eingehen könnten. Andere stimmten für ein Entgegenkommen oder für Abänderung einiger ihrer Glaubensregeln und verbanden sich mit denen, die das Christentum teilweise angenommen hatten, indem sie geltend machten, es möchte jenen zur vollständigen Bekehrung dienen. Dies war für die treuen Nachfolger Christi eine angsterfüllte Zeit. Unter dem Deckmantel eines angeblichen Christentums verstand es Satan, sich in die Gemeinde einzuschleichen, um ihren Glauben zu verfälschen und ihre Sinne vom Wort der Wahrheit abzulenken.

Der größte Teil der Christen war schließlich bereit, von seiner höheren Ebene herabzusteigen, und eine Vereinigung zwischen Christentum und Heidentum kam zustande. Obwohl die Götzendiener angeblich bekehrt waren und sich der Gemeinde anschlossen, hielten sie doch noch am Götzendienst fest; sie wechselten nur den Gegenstand ihrer Anbetung; an die Stelle ihrer Götzen setzten sie Abbildungen von Jesus, von Maria und den Heiligen. Ungesunde Lehren, abergläubische Gebräuche und götzendienerische Zeremonien wurden mit ihrem Glauben und ihrem Gottesdienst vereinigt. Als sich die Nachfolger Christi mit den Götzendienern verbanden, verderbte die christliche Gemeinde und ihre Reinheit und Kraft ging verloren. Immerhin gab es etliche, die durch diese Täuschungen nicht irregeleitet wurden, die dem Fürsten der Wahrheit ihre Treue bewahrten und Gott allein anbeteten.

Unter denen, die vorgaben Christi Nachfolger zu sein, hat es jederzeit zwei Gruppen gegeben. Während die eine das Leben des Heilandes erforscht und sich ernstlich bemüht, jeden ihrer Fehler zu verbessern und ihrem Vorbilde ähnlich zu werden, scheut die andere die klaren, praktischen Wahrheiten, die ihre Irrtümer bloßstellen. Selbst in ihrer besten Verfassung bestand die Gemeinde nicht nur aus wahren, reinen und aufrichtigen Seelen. Unser Heiland lehrte, daß die, welche sich willig der Sünde hingeben, nicht in die Gemeinde aufgenommen werden sollen; dennoch verband er sich mit Männern fehlerhaften Charakters und gewährte ihnen den Nutzen seiner Lehren und seines Beispiels, damit sie Gelegenheit hätten, ihre Fehler zu erkennen und zu berichtigen. Unter den zwölf Aposteln befand sich ein Verräter. Judas wurde nicht wegen, sondern trotz seiner Charakterfehler aufgenommen. Er wurde als Jünger berufen, damit er durch Christi Lehre und Vorbild lernte, worin ein christlicher Charakter besteht. Auf diese Weise sollte er seine Fehler erkennen, Buße tun und mit Hilfe der göttlichen Gnade seine Seele reinigen „im Gehorsam der Wahrheit". Aber Judas wandelte nicht in dem Licht, das ihm so gnädig schien; er gab der Sünde nach und forderte dadurch die Versuchungen Satans heraus. Seine bösen Charakterzüge gewannen die Oberhand. Er ließ sich von den Mächten der Finsternis leiten, wurde zornig, wenn man seine Fehler tadelte, und gelangte auf diese Weise dahin, den furchtbaren Verrat an seinem Meister zu begehen. So hassen alle, die unter dem Schein eines gottseligen Wesens das Böse lieben, diejenigen, die ihren Frieden stören und dadurch ihren sündhaften Lebenswandel verurteilen. Bietet sich ihnen eine günstige Gelegenheit, so werden sie, wie auch Judas, die verraten, die versucht haben, sie zu ihrem Besten zurechtzuweisen.

Die Apostel fanden angeblich fromme Glieder in der Gemeinde, die jedoch im geheimen der Sünde huldigten. Ananias und Saphira waren Betrüger, denn sie behaupteten, Gott ein vollständiges Opfer darzubringen, obwohl sie habsüchtig einen Teil davon für sich zurückbehielten. Der Geist der Wahrheit offenbarte den Aposteln den wirklichen Charakter dieser Scheinheiligen, und Gottes Gericht befreite die Gemeinde von diesem Makel, der ihre Reinheit beschmutzte. Dieser offenkundige Beweis, daß der scharfsichtige Geist Christi in der Gemeinde gegenwärtig war, erschreckte die Heuchler und Übeltäter, die nicht lange mit jenen in Verbindung bleiben konnten, die ihrem Handeln und ihrer Gesinnung nach beständig Stellvertreter Christi waren. Als schließlich Prüfungen und Verfolgungen über seine Nachfolger hereinbrachen, wünschten nur die seine Jünger zu werden, die bereit waren, um der Wahrheit willen alles zu verlassen. Dadurch blieb die Gemeinde, solange die Verfolgung andauerte, verhältnismäßig rein. Nachdem aber die Verfolgung aufgehört hatte und Neubekehrte, die weniger aufrichtig waren, zur Gemeinde kamen, öffnete sich für Satan der Weg, in der Gemeinde Fuß zu fassen.

Es gibt jedoch keine Gemeinschaft zwischen dem Fürsten des Lichts und dem Fürsten der Finsternis, mithin auch keine Verbindung zwischen ihren Nachfolgern. Als die Christen einwilligten, sich mit Seelen zu verbinden, die dem Heidentum nur halb abgesagt hatten, betraten sie einen Pfad, der sie von der Wahrheit immer weiter wegführte. Satan aber frohlockte, daß es ihm gelungen war, eine so große Zahl der Nachfolger Christi zu täuschen. Er übte nun seine Macht in noch stärkerem Grade über die Betrogenen aus und trieb sie an, die

Gott Treugebliebenen zu verfolgen. Niemand konnte dem wahren Christenglauben so gut entgegentreten, wie jene, die ihn einst verteidigt hatten; und diese abtrünnigen Christen zogen, mit ihren halbheidnischen Gefährten vereint, gegen die wesentlichsten Lehren in den Kampf.

Es bedurfte eines verzweifelten Ringens der Getreuen, festzustehen gegen die Betrügereien und Greuel, die in priesterlichem Gewande in die Gemeinde eingeführt wurden. Man bekannte sich nicht mehr zur Heiligen Schrift als Richtschnur des Glaubens. Der Grundsatz von wahrer Religionsfreiheit wurde als Ketzerei gebrandmarkt, seine Verteidiger gehaßt und geächtet.

Nach langem und schwerem Kampf entschlossen sich die wenigen Getreuen, jede Gemeinschaft mit der abtrünnigen Kirche aufzuheben, falls diese sich beharrlich weigere, dem Irrtum und dem Götzendienst zu entsagen. Sie erkannten, daß die Trennung eine unbedingte Notwendigkeit war, wenn sie selbst dem Worte Gottes gehorchen wollten. Sie wagten weder Irrtümer zu dulden, die für ihre eigenen Seelen gefährlich waren, noch ein Beispiel zu geben, das den Glauben ihrer Kinder und Kindeskinder gefährden würde. Um Frieden und Einheit zu wahren, zeigten sie sich bereit, irgendwelche mit ihrer Gottestreue vereinbare Zugeständnisse zu machen; sie fühlten aber, daß selbst der Friede unter Aufopferung ihrer Grundsätze zu teuer erkauft wäre. Einer Übereinstimmung auf Kosten der Wahrheit und Rechtschaffenheit zogen sie jedoch lieber die Uneinigkeit, ja selbst den Kampf vor.

Es wäre für die Gemeinde und die Welt gut, wenn die Grundsätze, die jene standhaften Seelen zum Handeln bewogen, in den Herzen des Volkes Gottes wiederbelebt würden. Es herrscht eine beunruhigende Gleichgültigkeit bezüglich der Lehren, die Träger des christlichen Glaubens sind. Es tritt die Meinung stärker hervor, daß sie nicht so wichtig seien. Diese Geringschätzung stärkt die Hände der Vertreter Satans so sehr, daß jene falschen Lehrbegriffe und verhängnisvollen Täuschungen, zu deren Bekämpfung und Enthüllung die Getreuen in vergangenen Zeiten ihr Leben wagten, jetzt von Tausenden sogenannter Nachfolger Christi wohlgefällig betrachtet werden.

Die ersten Christen waren in der Tat ein besonderes Volk. Ihr tadelloses Betragen und ihr unwandelbarer Glaube bildeten einen beständigen Vorwurf, der die Ruhe der Sünder störte. Obwohl gering an Zahl, ohne Reichtum, Stellung oder Ehrentitel, waren sie überall, wo ihr Charakter und ihre Lehren bekannt wurden, den Übeltätern ein Schrecken. Deshalb wurden sie von den Gottlosen gehaßt, wie ehedem Abel von dem gottlosen Kain gehaßt worden war. Die gleiche Ursache, die Kain zu Abels Mörder werden ließ, veranlaßte diejenigen, die sich von dem zügelnden Einfluß des Geistes Gottes zu befreien suchten, Gottes Kinder zu töten. Aus dem gleichen Grunde verwarfen und kreuzigten die Juden den Heiland; denn die Reinheit und die Heiligkeit seines Charakters waren eine fortwährende Anklage gegen ihre Selbstsucht und Verderbtheit. Von den Tagen Christi an bis in unsere Zeit hinein haben seine getreuen Jünger den Haß und den Widerspruch der Menschen erweckt, die die Wege der Sünde lieben und ihnen nachgehen.

Wie kann dann aber das Evangelium eine Botschaft des Friedens genannt werden? Als Jesaja die Geburt des Messias vorhersagte, gab er ihm den Titel „Friedefürst". Als die Engel den Hirten verkündigten, daß Christus geboren sei, sangen sie über den Ebenen Bethlehems: „Ehre sei Gott in der Höhe und Friede auf Erden und den Menschen ein Wohlgefallen!"[8] Zwischen diesen prophetischen Aussagen und den Worten Christi: „Ich bin nicht gekommen, Frieden zu senden, sondern das Schwert",[9] scheint ein Widerspruch zu bestehen. Doch richtig verstanden, stimmen beide Aussprüche vollkommen überein. Das Evangelium ist eine Botschaft des Friedens. Das Christentum verbreitet, wenn es angenommen und ausgelebt wird, Frieden, Eintracht und Freude über die ganze Erde. Die Religion Christi verbindet alle, die ihre Lehren annehmen, in inniger Bruderschaft miteinander. Es war Jesu Aufgabe, die Menschen mit Gott und somit auch miteinander zu versöhnen. Aber die Welt befindet sich im großen und ganzen unter der Herrschaft Satans, des bittersten Feindes Christi. Das Evangelium zeigt ihr die Grundsätze des Lebens, die mit ihren Sitten und Wünschen völlig im Widerspruch stehen, und gegen die sie sich empört. Sie haßt die Reinheit, die ihre Sünden offenbart und verurteilt, und sie verfolgt und vernichtet alle, die ihr jene gerechten und heiligen Ansprüche vor Augen halten. In diesem Sinne — da die erhabenen

8 Luk. 2, 14 9 Matth. 10, 34

Wahrheiten, die das Evangelium bringt, Haß und Streit zeitigen — wird es ein Schwert genannt.

Das geheimnisvolle Wirken der Vorsehung, die zuläßt, daß der Gerechte von der Hand des Gottlosen Verfolgung erleidet, hat viele, die schwach im Glauben sind, schon in größte Verlegenheit gebracht. Manche sind sogar bereit, ihr Vertrauen zu Gott wegzuwerfen, weil er es zuläßt, daß es den niederträchtigsten Menschen wohlergeht, während die besten und aufrichtigsten von ihrer grausamen Macht bedrängt und gequält werden. Wie, so fragt man, kann ein Gerechter und Barmherziger, dessen Macht unendlich ist, solche Ungerechtigkeit und Unterdrückung dulden? — Mit einer solchen Frage haben wir nichts zu tun. Gott hat uns ausreichende Beweise seiner Liebe gegeben, und wir sollen nicht an seiner Güte zweifeln, weil wir das Wirken seiner Vorsehung nicht zu ergründen vermögen. Der Heiland sagte zu seinen Jüngern, als er die Zweifel voraussah, die in den Tagen der Prüfung und der Finsternis ihre Seele bestürmen würden: „Gedenket an mein Wort, das ich euch gesagt habe: ‚Der Knecht ist nicht größer denn sein Herr.‘ Haben sie mich verfolgt, sie werden euch auch verfolgen.“ [10] Jesus hat für uns mehr gelitten, als irgendeiner seiner Nachfolger durch die Grausamkeit gottloser Menschen jemals zu leiden haben kann. Wer berufen ist, Qualen und Märtyrertod zu erdulden, folgt nur den Fußtapfen des teuren Gottessohnes.

„Der Herr verzieht nicht die Verheißung.“ [11] Er vergißt oder vernachlässigt seine Kinder nicht; er gestattet aber den Gottlosen, ihren wahren Charakter zu offenbaren, damit keiner, der seinem Willen folgen will, über sie getäuscht werden kann. Wiederum läßt er die Gerechten durch den Feuerofen der Trübsal gehen, damit sie selbst gereinigt werden, damit ihr Beispiel andere von der Wirklichkeit des Glaubens und der Gottseligkeit überzeuge und ihr treuer Wandel die Gottlosen und Ungläubigen verurteile.

Gott läßt es zu, daß die Bösen gedeihen und ihre Feindschaft gegen ihn bekunden, damit, wenn das Maß ihrer Ungerechtigkeit voll ist, alle Menschen in ihrer vollständigen Vernichtung seine Gnade und Gerechtigkeit sehen können. Der Tag seiner Vergeltung rückt rasch näher, da allen, die sein Gesetz übertreten und sein Volk unterdrückt

10 Joh. 15, 20 11 2. Petr. 3, 9

haben, der gerechte Lohn für ihre Taten zuteil werden wird; da jede grausame und ungerechte Handlung gegen die Getreuen Gottes bestraft werden wird, als wäre sie Christus selbst angetan worden.

Es gibt eine andere und wichtigere Frage, auf die sich die Aufmerksamkeit der Kirchen unserer Tage richten sollte. Der Apostel Paulus erklärt, daß „alle, die gottselig leben wollen in Christo Jesu, müssen Verfolgung leiden".[12] Wie kommt es dann, daß die Verfolgung gewissermaßen zu schlummern scheint? Der einzige Grund ist, daß die Kirchen sich der Welt angepaßt haben und deshalb keinen Widerstand erwecken. Die heutzutage im Volk verbreitete Religion hat nicht den reinen und heiligen Charakter, der den christlichen Glauben in den Tagen Christi und seiner Apostel kennzeichnete. Weil man mit der Sünde gemeinsame Sache macht, weil man die großen Wahrheiten des Wortes Gottes so gleichgültig betrachtet und weil wenig echte Gottseligkeit in der Gemeinde herrscht, deshalb ist anscheinend das Christentum in der Welt so beliebt. Sobald eine Wiederbelebung des Glaubens und der Stärke der ersten Christengemeinde geschähe, erwachte auch wieder der Geist der Verfolgung und schürte aufs neue die Feuer der Trübsal.

12 2. Tim. 3, 12

Der Abfall | 3

In seinem zweiten Brief an die Thessalonicher erklärte der Apostel Paulus, daß der Tag Christi nicht kommen werde, „es sei denn, daß zuvor der Abfall komme und offenbart werde der Mensch der Sünde, das Kind des Verderbens, der da ist der Widersacher und sich überhebt über alles, was Gott oder Gottesdienst heißt, also daß er sich setzt in den Tempel Gottes als ein Gott und gibt sich aus, er sei Gott". Und weiter warnt der Apostel seine Brüder: „Es regt sich bereits das Geheimnis der Bosheit." [1] Schon zu jener frühen Zeit sah er, daß sich Irrtümer in die Gemeinde einschlichen, die den Weg für die Entwicklung des geweissagten Abfalls vorbereiteten.

Das Geheimnis der Bosheit führte nach und nach, erst verstohlen und stillschweigend, dann, als es an Kraft zunahm und die Herrschaft über die Gemüter der Menschen gewann, offener sein betrügerisches und verderbliches Werk aus. Beinahe unmerklich fanden heidnische Gebräuche ihren Weg in die christliche Gemeinde. Zwar wurde der Geist des Ausgleichs und der Anpassung eine Zeitlang durch die heftige Verfolgung, die die Gemeinde unter dem Heidentum zu erdulden hatte, zurückgehalten; als aber die Verfolgung aufhörte und das Christentum die Höfe und Paläste der Könige betrat, vertauschte es die demütige Schlichtheit Christi und seiner Apostel mit dem Gepränge und dem Stolz der heidnischen Priester und Herrscher und ersetzte die Forderungen Gottes durch menschliche Theorien und Überlieferungen. Mit der angeblichen Bekehrung Konstantins Anfang des vierten Jahrhunderts, die große Freude auslöste, fanden jedoch unter dem Deckmantel der Gerechtigkeit weltliche Sitten und Gebräuche Eingang in die Kirche. Das Verderben schritt jetzt schnell

1 2. Thess. 2, 3. 4. 7

voran. Das Heidentum wurde, während es besiegt schien, zum Sieger. Sein Geist beherrschte die Kirche. Seine Lehren, seine Zeremonien und seine Abgöttereien wurden mit dem Glauben und der Gottesverehrung der erklärten Nachfolger Christi vermischt.

Aus diesem Ausgleich zwischen Heidentum und Christentum folgte die Entwicklung des „Menschen der Sünde", der nach der Prophezeiung der Widersacher ist und sich über Gott erhebt.

Satan versuchte einmal, mit Christus zu einer Übereinkunft zu gelangen. Er kam in der Wüste der Versuchung zum Sohne Gottes, zeigte ihm alle Reiche der Welt und ihre Herrlichkeit und bot ihm an, alles in seine Hände zu geben, wenn er nur die Oberherrschaft des Fürsten der Finsternis anerkennte. Christus schalt den verwegenen Versucher und zwang ihn, sich zu entfernen. Satan hat aber größeren Erfolg, wenn er mit den gleichen Versuchungen an die Menschen herantritt. Um sich irdischen Gewinn und weltliche Ehren zu sichern, wurde die Kirche dazu verleitet, die Gunst und den Beistand der Großen dieser Erde zu suchen.

Es ist eine der Hauptlehren der römischen Kirche, daß der Papst das sichtbare Haupt der allgemeinen Kirche Christi sei, angetan mit höchster Autorität über Bischöfe und Geistliche in allen Teilen der Welt. Mehr noch, man hat dem Papst sogar die Titel der Gottheit beigelegt. Er ist „der Herr Gott Papst" * genannt und als unfehlbar ** erklärt worden. Er verlangt, daß alle Menschen ihm huldigen. Der gleiche Anspruch, den Satan in der Wüste bei der Versuchung Jesu geltend machte, wird auch heute noch von ihm erhoben, und zahllose Menschen sind nur allzugern bereit, ihm die geforderte Verehrung zu zollen.

Jene aber, die Gott fürchten und ihn verehren, begegnen dieser den Himmel herausfordernden Anmaßung ebenso, wie Christus den Verlockungen des verschlagenen Feindes begegnete: „Du sollst Gott, deinen Herrn, anbeten und ihm allein dienen." Gott gab in seinem Wort keinerlei Hinweise, daß er irgendeinen Menschen zum Oberhaupt der Gemeinde bestimmt hätte. Die Lehre von der päpstlichen Obergewalt steht den Aussprüchen der Heiligen Schrift entgegen. Der Papst kann nicht über die Gemeinde Christi herrschen, es sei denn, er maßt sich diese Gewalt widerrechtlich an.

Die Katholiken haben darauf beharrt, die Protestanten der Ketzerei und der eigenwilligen Trennung von der wahren Kirche zu beschuldigen. Doch diese Anklagen lassen sich eher auf sie selbst anwenden; denn sie sind diejenigen, die das Banner Jesu Christi niederwarfen und von dem Glauben abwichen, „der einmal den Heiligen übergeben ist".

Satan wußte gar wohl, daß die Heilige Schrift die Menschen befähigen würde, seine Täuschungen zu erkennen und seiner Macht zu widerstehen; hatte doch selbst der Heiland der Welt seinen Angriffen durch das Wort Gottes widerstanden. Bei jedem Ansturm hielt Christus ihm den Schild der ewigen Wahrheit entgegen und sagte: „Es steht geschrieben."[2] Jeder Einflüsterung des Feindes widerstand er durch die Weisheit und Macht des Wortes. Um die Herrschaft über die Menschen aufrechtzuerhalten und seine Autorität zu festigen, mußte Satan das Volk über die Heilige Schrift in Unwissenheit lassen. Die Bibel würde Gott erheben und den sterblichen Menschen ihre wahre Stellung anweisen; deshalb mußten ihre heiligen Wahrheiten geheimgehalten und unterdrückt werden. Diese Überlegung machte sich die Kirche zu eigen. Jahrhundertelang war die Verbreitung der Heiligen Schrift verboten;* das Volk durfte sie weder lesen noch im Hause haben, und gewissenlose Geistliche legten ihre Lehren zur Begründung ihrer eigenen Behauptungen aus. Auf diese Weise wurde das Kirchenoberhaupt fast überall als Statthalter Gottes auf Erden anerkannt, der mit Autorität über Kirche und Staat ausgestattet worden sei.

Da das einzig zuverlässige Mittel zur Entdeckung des Irrtums beseitigt worden war, wirkte Satan ganz nach seiner Willkür. In der Prophezeiung war erklärt worden, der Abtrünnige werde „sich unterstehen, Zeit und Gesetz zu ändern",[3] und er war nicht müßig, dies zu versuchen. Um den vom Heidentum Bekehrten einen Ersatz für die Anbetung von Götzen zu bieten und so ihre rein äußerliche Annahme des Christentums zu fördern, wurde stufenweise die Verehrung von Bildern und Reliquien in den christlichen Gottesdienst eingeführt. Der Beschluß eines allgemeinen Konzils endlich bestätigte dieses System der Abgötterei. Um das entheiligende Werk zu vervollständigen, maßte sich die Kirche an, das zweite Gebot des Gesetzes Gottes, das die

2 Luk. 4, 1–13 3 Dan. 7, 25

Bilderanbetung* verbietet, als selbständiges Gebot aufzuheben und das zehnte zu teilen, um die Zehnzahl beizubehalten.

Die Zugeständnisse gegenüber dem Heidentum öffneten den Weg für eine noch größere Mißachtung der Autorität des Himmels. Satan tastete auch das vierte Gebot an und versuchte, den seit alters bestehenden Sabbat, den Tag, den Gott gesegnet und geheiligt hatte,[4] beiseitezusetzen und statt seiner den von den Heiden als „ehrwürdigen Tag der Sonne“ begangenen Festtag zu erheben.

Diese Veränderung wurde anfangs nicht offen versucht. In den ersten Jahrhunderten war der wahre Sabbat von allen Christen gehalten worden. Sie eiferten für die Ehre Gottes, und da sie glaubten, sein Gesetz sei unveränderlich, wahrten sie eifrig die Heiligkeit seiner Vorschriften. Aber mit großer Schlauheit wirkte Satan durch seine Werkzeuge, um sein Ziel zu erreichen. Um die Aufmerksamkeit des Volkes auf den Sonntag zu richten, wurde dieser zu einem Festtag zu Ehren der Auferstehung Christi erklärt und an diesem Tag Gottesdienst gehalten; dennoch betrachtete man ihn nur als einen Tag der Erholung und hielt den Sabbat noch immer heilig.

Damit der Weg für das von ihm beabsichtigte Werk vorbereitet würde, hatte Satan die Juden vor der Ankunft Christi verleitet, den Sabbat mit übermäßig strengen Anforderungen zu belasten, so daß seine Feier zur Bürde wurde. Jetzt benutzte er das falsche Licht, in dem er ihn auf diese Weise hatte erscheinen lassen, um auf diesen Tag, der eine jüdische Einrichtung war, Verachtung zu häufen. Während die Christen im allgemeinen fortfuhren, den Sonntag als einen Freudentag zu betrachten, veranlaßte Satan sie, um ihren Haß gegen alles Jüdische zu zeigen, den Sabbat zu einem Fasttag, einem Tag der Trauer und des Trübsinns zu gestalten.

Anfang des vierten Jahrhunderts erließ Kaiser Konstantin eine für das ganze Römische Reich gültige Verordnung, derzufolge der Sonntag als öffentlicher Festtag eingesetzt wurde. Der Tag der Sonne wurde von den heidnischen Untertanen verehrt und von den Christen geachtet, und der Kaiser verfolgte die Absicht, die widerstreitenden Ansichten des Christentums und des Heidentums zu vereinen.* Er wurde dazu von den Bischöfen der Kirche gedrängt, die, von Ehrgeiz und Macht-

4 1. Mose 2, 2. 3

gier beseelt, einsahen, daß den Heiden die äußerliche Annahme des Christentums erleichtert und somit die Macht und Herrlichkeit der Kirche gefördert würde, wenn sowohl Christen als auch Heiden denselben Tag heilighielten. Aber während viele fromme Christen allmählich dahin kamen, dem heidnischen Sonntag einen gewissen Grad von Heiligkeit beizumessen, hielten sie doch den wahren Sabbat dem Herrn heilig und beachteten ihn im Gehorsam gegen das vierte Gebot.

Der Erzbetrüger hatte sein Werk nicht vollendet. Er war entschlossen, die ganze christliche Welt unter sein Banner zu sammeln und seine Macht geltend zu machen.

Durch halbbekehrte Heiden, ehrgeizige kirchliche Würdenträger und weltliebende Geistliche erreichte er seine Absicht. Von Zeit zu Zeit wurden große Kirchenversammlungen abgehalten, zu denen die geistlichen Würdenträger aus allen Weltgegenden zusammenkamen. Auf fast jedem Konzil wurde der von Gott eingesetzte Sabbat mehr und mehr erniedrigt und der Sonntag entsprechend erhöht. So wurde der heidnische Festtag schließlich als eine göttliche Einrichtung verehrt, während man den biblischen Sabbat als Überbleibsel des Judentums verschrie und alle, die ihn feierten, verfluchte.

Dem großen Abtrünnigen war es gelungen, sich über „alles, was Gott oder Gottesdienst heißt",[5] zu erheben. Er hatte sich erkühnt, das einzige Gebot des göttlichen Gesetzes, das unverkennbar alle Menschen auf den wahren und lebendigen Gott hinweist, zu verändern. Im vierten Gebot wird Gott als der Schöpfer Himmels und der Erde offenbart und dadurch von allen falschen Göttern unterschieden. Zur Erinnerung an das Schöpfungswerk wurde der siebente Tag als Ruhetag für die Menschen geheiligt. Er war dazu bestimmt, den Menschen den lebendigen Gott als Quelle des Seins und Ziel der Verehrung und Anbetung ständig vor Augen zu halten. Satan ist jedoch bemüht, die Menschen von ihrer Treue zu Gott und vom Gehorsam gegen sein Gesetz abwendig zu machen. Deshalb richtet er seine Angriffe besonders gegen jenes Gebot, das Gott als den Schöpfer kennzeichnet.

Die Protestanten machen geltend, die Auferstehung Christi am Sonntag erhebe diesen Tag zum Ruhetag der Christen; hierfür fehlen

5 2. Thess. 2, 4

jedoch die Beweise aus der Heiligen Schrift. Weder Christus noch seine Apostel haben diesem Tag eine solche Ehre beigelegt. Die Feier des Sonntags als eine christliche Einrichtung hat ihren Ursprung in jenem „Geheimnis der Bosheit", das sich schon in den Tagen des Paulus regte.[6] Wo und wann aber hat der Herr den Sonntag, dieses Erzeugnis des Abfalls, angenommen? Welcher rechtsgültige Grund kann für eine Veränderung genannt werden, die die Heilige Schrift nicht billigt?

Im sechsten Jahrhundert hatte das Papsttum bereits eine feste Grundlage gewonnen. Der Sitz seiner Macht war in der kaiserlichen Stadt aufgerichtet und der Bischof von Rom zum Oberhaupt der ganzen Kirche bestimmt worden. Das Heidentum war dem Papsttum gewichen, der Drache hatte dem Tier „seine Kraft und seinen Thron und große Macht" gegeben. Damit begannen die 1260 Jahre der Unterdrückung der Heiligen, die in der Prophezeiung von Daniel und der Offenbarung vorhergesagt sind.[7]* Die Christen wurden gezwungen zu wählen, ob sie entweder ihre Unbescholtenheit aufgeben und päpstliche Gebräuche und den päpstlichen Gottesdienst annehmen oder ihr Leben in Kerkerzellen verbringen, auf der Folterbank, auf dem Scheiterhaufen oder durch das Henkerbeil den Tod erleiden wollten. Jetzt wurden die Worte Jesu erfüllt: „Ihr werdet aber überantwortet werden von den Eltern, Brüdern, Gefreunden und Freunden; und sie werden euer etliche töten. Und ihr werdet gehaßt sein von jedermann um meines Namens willen."[8] Verfolgungen erhoben sich mit größerer Wut über die Gläubigen als je zuvor, und die Welt wurde ein ausgedehntes Schlachtfeld. Jahrhundertelang fand die Gemeinde Zuflucht in der Einsamkeit und Verborgenheit. So sagt der Prophet: „Und das Weib entfloh in die Wüste, wo sie einen Ort hat, bereitet von Gott, daß sie daselbst ernährt würde tausendzweihundertundsechzig Tage."[9]

Der Aufstieg der römischen Kirche zur Macht kennzeichnet den Beginn des finsteren Mittelalters. Je mehr ihre Macht zunahm, desto dichter wurde die Finsternis. Der Glaube wurde von Christus, dem wahren Grund, auf den Statthalter in Rom übertragen. Statt für die

6 2. Thess. 2, 7; Grundtext: „Geheimnis der Gesetzlosigkeit"
7 Dan. 7, 25; Offb. 13, 5–7
8 Luk. 21, 16. 17
9 Offb. 12, 6

Vergebung der Sünden und das ewige Heil auf den Sohn Gottes zu vertrauen, sah das Volk auf den Papst und auf die von ihm bevollmächtigten Priester und Prälaten. Es wurde gelehrt, der Papst sei der irdische Mittler und niemand könne sich Gott nähern, es sei denn durch ihn. Ferner wurde verkündet, daß er für die Menschen Gottes Stelle einnehme und ihm deshalb unbedingt zu gehorchen sei. Ein Abweichen von seinen Forderungen genügte, um die Schuldigen mit härtesten Strafen für Leib und Seele zu belegen. So wurden die Gemüter des Volkes von Gott abgelenkt und auf fehlbare, irrende und grausame Menschen gerichtet, ja, mehr noch auf den Fürsten der Finsternis selbst, der durch diese Menschen seine Macht ausübte. Die Sünde war unter dem Gewand der Heiligkeit verborgen. Wenn die Heilige Schrift unterdrückt wird und Menschen sich selbst an die oberste Stelle setzen, können wir nichts anderes erwarten als Betrug, Täuschung und erniedrigende Ungerechtigkeit. Mit der Höherstellung menschlicher Gesetze, Überlieferungen und Verordnungen wurde die Verderbnis offenbar, die stets aus der Verwerfung göttlicher Gebote hervorgeht.

Dies waren Tage der Gefahr für die Gemeinde Christi. Der treuen Bannerträger waren wahrlich wenige. Obwohl die Wahrheit nicht ohne Zeugen blieb, schien es doch zuweilen, als ob Irrtum und Aberglaube vollständig überhandnehmen wollten und die wahre Religion von der Erde verbannt würde. Man verlor das Evangelium aus den Augen, religiöse Bräuche hingegen wurden vermehrt und die Menschen mit übermäßig harten Anforderungen belastet.

Sie wurden nicht nur gelehrt, den Papst als ihren Mittler zu betrachten, sondern auch zur Versöhnung ihrer Sünden auf ihre eigenen Werke zu vertrauen. Lange Pilgerfahrten, Bußübungen, die Anbetung von Reliquien, die Errichtung von Kirchen, Kapellen und Altären, das Bezahlen hoher Geldsummen an die Kirche – diese und viele ähnliche Werke wurden den Menschen auferlegt, um den Zorn Gottes zu besänftigen oder sich seiner Gunst zu versichern, als ob Gott, gleich einem Menschen, wegen Kleinigkeiten erzürnt oder durch Gaben und Bußübungen zufriedengestellt werden könnte.

Obgleich die Sünde selbst unter den Führern der römischen Kirche überhandnahm, der Einfluß der Kirche schien dennoch ständig zu wachsen. Etwa Mitte des achten Jahrhunderts erhoben die Verteidiger des Papsttums den Anspruch, daß im ersten Zeitalter der Kirche die Bischöfe von Rom die gleiche geistliche Macht besessen hätten, die sie sich jetzt anmaßten. Um diesen Anspruch geltend zu machen, mußte irgendein Mittel angewandt werden, um ihm den Schein von Autorität zu verleihen, und dies wurde von dem Vater der Lüge bereitwillig ins Werk gesetzt. Alte Handschriften wurden von Mönchen nachgeahmt; bis dahin unbekannte Beschlüsse von Kirchenversammlungen wurden entdeckt, die die allgemeine Oberherrschaft des Papstes von den frühesten Zeiten an bestätigten. Und eine Kirche, die die Wahrheit verworfen hatte, nahm diese Fälschungen begierig an.*

Die wenigen Getreuen, die auf den wahren Grund bauten,[10] wurden verwirrt und gehindert, als das Durcheinander falscher Lehren das Werk lähmte. Gleich den Bauleuten auf den Mauern Jerusalems in den Tagen Nehemias waren einige bereit zu sagen: „Die Kraft der Träger ist zu schwach, und des Schuttes ist zu viel; wir können an der Mauer nicht bauen."[11]

Zutiefst ermüdet von dem ständigen Kampf gegen Verfolgung, Betrug, Ungerechtigkeit und jedes andere Hindernis, das Satan ersinnen konnte, um ihren Fortschritt zu hindern, wurden manche, die treue Bauleute gewesen waren, entmutigt und wandten sich, um des Friedens, der Sicherheit ihres Eigentums und ihres Lebens willen von dem wahren Grund ab. Andere, unerschrocken bei dem Widerstand ihrer Feinde, erklärten furchtlos: „Fürchtet euch nicht vor ihnen; gedenket an den großen schrecklichen Herrn und streitet für eure Brüder, Söhne, Töchter, Weiber und Häuser!" Und entschlossen setzten die Bauleute ihre Arbeit fort, jeder sein Schwert um seine Lenden gegürtet.[12]

Der gleiche Geist des Hasses und des Widerstandes gegen die Wahrheit hat zu allen Zeiten Gottes Feinde angefeuert, und die gleiche Wachsamkeit und Treue ist von seinen Dienern verlangt worden. Die an die ersten Jünger gerichteten Worte Christi gelten allen seinen Nachfolgern bis ans Ende der Zeit: „Was ich aber euch sage, das sage ich allen: Wachet!"[13]

10 Vgl. 1. Kor. 3, 10. 11
11 Neh. 4, 4
12 Neh. 4, 8; vgl. Eph. 6, 17
13 Mark. 13, 37

Die Finsternis schien dichter zu werden. Die Bilderverehrung breitete sich immer mehr aus. Vor den Bildern wurden Kerzen angezündet und Gebete dargebracht. Die widersinnigsten und abergläubischsten Gebräuche nahmen überhand. Die Gemüter der Menschen wurden so völlig vom Aberglauben beherrscht, daß die Vernunft ihre Macht verloren zu haben schien. Wenn Priester und Bischöfe vergnügungssüchtig, sinnlich und verderbt waren, konnte nichts anderes erwartet werden, als daß das zu ihnen als geistlichen Führern aufschauende Volk in Unwissenheit und Laster versank.

Ein weiterer Schritt in der päpstlichen Anmaßung erfolgte, als im elften Jahrhundert Papst Gregor VII. die Vollkommenheit der römischen Kirche verkündigte.* In den von ihm veröffentlichten Thesen erklärte er unter anderem, daß die Kirche nie geirrt habe und nach der Heiligen Schrift niemals irren werde; aber biblische Beweise stützten diese Behauptung nicht. Der stolze Oberpriester beanspruchte auch die Macht, Kaiser absetzen zu können, und erklärte, daß kein von ihm verkündeter Rechtsspruch von irgend jemand umgestoßen werden könne, während er berechtigt sei, die Beschlüsse anderer aufzuheben.*

Einen schlagenden Beweis seines despotischen Charakters lieferte dieser Befürworter der Unfehlbarkeit in der Behandlung des deutschen Kaisers Heinrich IV. Weil dieser Fürst gewagt hatte, die Macht des Papstes zu mißachten, wurde er in den Kirchenbann getan und für entthront erklärt. Erschreckt über die Untreue und die Drohungen seiner eigenen Fürsten, die in ihrer Empörung gegen ihn durch den päpstlichen Erlaß ermutigt wurden, hielt Heinrich es für notwendig, mit Rom Frieden zu schließen. In Begleitung seiner Gemahlin und eines treuen Dieners überschritt er im Winter die Alpen, um sich vor dem Papst zu demütigen. Als er das Schloß Canossa, wohin Gregor sich zurückgezogen hatte, erreichte, wurde er ohne seine Leibwache in einen Vorhof geführt, und dort erwartete er in der strengen Kälte des Winters, mit unbedecktem Haupt und nackten Füßen, bekleidet mit einem Büßergewand, die Erlaubnis des Papstes, vor ihm erscheinen zu dürfen. Erst nachdem er drei Tage mit Fasten und Beichten zugebracht hatte, ließ sich der Papst herab, ihm Verzeihung zu gewähren, und selbst dann geschah es nur unter der Bedingung, daß der Kaiser seine [des Papstes] Genehmigung abwarte, ehe er sich aufs neue mit dem Zeichen seiner Würde schmücke oder sein Königtum ausübe. Gregor aber, durch seinen Sieg kühn gemacht, prahlte, daß es seine Pflicht sei, den Stolz der Könige zu demütigen.

Wie auffallend ist der Unterschied zwischen der Überheblichkeit dieses Priesterfürsten und der Sanftmut und Milde Christi, der sich selbst als der an der Tür des Herzens um Einlaß Bittende darstellt, damit er einkehren kann, um Vergebung und Frieden zu bringen, und der seine Jünger lehrt: „Wer da will der Vornehmste sein, der sei euer Knecht.“ [14]

Die folgenden Jahrhunderte zeugen von einer beständigen Zunahme des Irrtums in den von Rom ausgehenden Lehren. Schon vor der Aufrichtung des Papsttums war den Lehren heidnischer Philosophen Aufmerksamkeit geschenkt worden, und sie hatten einen gewissen Einfluß in der Kirche ausgeübt. Viele angeblich Bekehrte hingen noch immer an den Lehrsätzen ihrer heidnischen Philosophie. Sie fuhren nicht nur fort, sie weiterhin zu erforschen, sondern drängten sie auch andern auf, um ihren Einfluß unter den Heiden auszudehnen. Auf diese Weise wurden bedenkliche Irrtümer in den christlichen Glauben eingeschleppt. An erster Stelle stand dabei der Glaube an die natürliche [seelische] Unsterblichkeit des Menschen und an sein Bewußtsein nach dem Tode. Auf der Grundlage dieser Lehre führte Rom die Anrufung der Heiligen und die Verehrung der Jungfrau Maria ein. Hieraus entsprang auch die dem päpstlichen Glauben schon früh hinzugefügte Irrlehre einer ewigen Qual für die bis zuletzt Unbußfertigen.

Damit war der Weg für die Einführung einer weiteren Erfindung vorbereitet, die Rom das Fegfeuer nannte und anwandte, um der leichtgläubigen und abergläubischen Menge Furcht einzujagen. In dieser Irrlehre wird behauptet, daß es einen Ort der Qual gebe, an dem die Seelen derer, die keine ewige Verdammnis verdient haben, für ihre Sünden bestraft werden. Sobald sie von aller Unreinigkeit frei sind, werden auch sie in den Himmel aufgenommen. *

Noch eine andere Verfälschung war notwendig, um Rom in den Stand zu setzen, die Furcht und die Untugenden seiner Anhänger für sich auszunutzen. Diese fand sich in der Ablaßlehre. Volle Vergebung der vergangenen, gegenwärtigen und zukünftigen Sünden, Erlaß aller

14 Matth. 20, 27

sich dadurch zugezogenen Strafen und Qualen wurde allen zugesichert, die sich an den Kriegen des Papsttums beteiligten, sei es, um seine weltliche Herrschaft zu erweitern, seine Feinde zu züchtigen oder jene auszutilgen, die sich erkühnten, seiner geistlichen Oberherrschaft die Anerkennung zu versagen. Es wurde ferner gelehrt, daß man sich durch Zahlen von Geldern an die Kirche von Sünden nicht nur befreien, sondern daß man auch die Seelen verstorbener Freunde, die in den peinigenden Flammen gefangengehalten würden, erlösen könnte. Durch solche Mittel füllte Rom seine Kassen und unterhielt den Prunk, das Wohlleben und die Laster der angeblichen Vertreter dessen, der nicht hatte, wo er sein Haupt hinlegte.*

Die schriftgemäße Verordnung des Abendmahls war durch das Meßopfer verdrängt worden. Die Priester behaupteten, daß einfaches Brot und Wein in den persönlichen Leib und das wirkliche Blut Christi verwandelt würden. Mit geradezu gotteslästerlicher Anmaßung beanspruchten sie öffentlich die Macht, Gott, den Schöpfer aller Dinge, „zu schaffen".** Von den Christen wurde bei Todesstrafe verlangt, ihren Glauben an diese entsetzliche, himmelschmähende Lehre zu bekennen. Scharenweise wurden solche, die sich weigerten, den Flammen übergeben.

Im 13. Jahrhundert wurde jenes schrecklichste Mittel des Papsttums eingeführt: die Inquisition. Der Fürst der Finsternis wirkte mit den Würdenträgern der päpstlichen Hierarchie zusammen. In ihren geheimen Beratungen beherrschten Satan und seine Engel die Gemüter von schlechten Menschen, während ein Engel Gottes unsichtbar in ihrer Mitte stand und den furchtbaren Bericht ihrer ungerechten, gottlosen Verordnungen aufnahm und die Geschichte ihrer Taten niederschrieb, die zu scheußlich sind, um menschlichen Augen unterbreitet zu werden. Die große Babylon war „trunken von dem Blut der Heiligen". Die verstümmelten Leiber von Millionen Blutzeugen schrien zu Gott um Vergeltung gegen jene abtrünnige Macht.

Das Papsttum war zum Zwingherrn der Welt geworden. Könige und Kaiser beugten sich den Erlassen des römischen Bischofs. Das Schicksal der Menschen schien für Zeit und Ewigkeit von ihm abhängig zu sein. Jahrhundertelang waren die Lehren Roms weithin und unbedingt angenommen, seine Zeremonien ehrfurchtsvoll vollzogen, seine Feste allgemein beachtet worden. Seine Geistlichkeit wurde geehrt und freigebig unterstützt. Nie hat die römische Kirche größere Würde, Herrlichkeit oder Macht erlangt.

Die Glanzzeit des Papsttums war für die Welt eine Zeit tiefster Finsternis. Die Heilige Schrift war nicht nur dem Volk, sondern auch den Priestern nahezu unbekannt. Gleich den Pharisäern vor alters haßten die päpstlichen Würdenträger das Licht, das ihre Sünden aufdecken würde. Da sie Gottes Gesetz, das Richtmaß der Gerechtigkeit, beiseite getan hatten, übten sie schrankenlos ihre Gewalt aus und verfielen moralischer Verderbtheit. Betrug, Habsucht und Verschwendung waren an der Tagesordnung. Die Menschen schreckten vor keiner Gewalttat zurück, wenn sie dadurch Reichtum oder Ansehen gewinnen konnten. Die Paläste der Päpste und Prälaten waren Schauplatz wüster Ausschweifungen. Manche der regierenden Päpste hatten sich derartig empörender Verbrechen schuldig gemacht, daß weltliche Herrscher diese Würdenträger der Kirche abzusetzen versuchten, die sich zu niederträchtig gebärdeten, als daß man sie hätte länger dulden können. Jahrhundertelang machte Europa auf wissenschaftlichem, kulturellem oder zivilisatorischem Gebiet keine Fortschritte. Eine sittliche und geistliche Lähmung hatte das Christentum befallen.

Der Zustand der unter Roms Herrschaft stehenden Welt veranschaulicht deutlich die furchtbare und genaue Erfüllung der Worte des Propheten Hosea: „Mein Volk ist dahin, darum daß es nicht lernen will. Denn du verwirfst Gottes Wort; darum will ich dich auch verwerfen... Du vergissest das Gesetz deines Gottes; darum will ich auch deine Kinder vergessen." „Es ist keine Treue, keine Liebe, keine Erkenntnis Gottes im Lande; sondern Gotteslästern, Lügen, Morden, Stehlen und Ehebrechen hat überhandgenommen, und eine Blutschuld kommt nach der andern."[15] Derart waren die Folgen, die sich aus der Verbannung des Wortes Gottes ergaben.

15 Hos. 4, 6. 1. 2

Die Waldenser | 4

Inmitten der Dunkelheit, die sich während der langen päpstlichen Herrschaft über die Erde lagerte, konnte das Licht der Wahrheit nicht völlig ausgelöscht werden. Zu jeder Zeit gab es Zeugen für Gott – Menschen, die den Glauben an Christus als den einzigen Vermittler zwischen Gott und den Menschen werthielten, denen die Bibel als einzige Richtschnur des Lebens galt und die den wahren Sabbat feierten. Wieviel die Welt diesen Menschen schuldet, wird die Nachwelt nie erkennen. Sie wurden als Ketzer gebrandmarkt, ihr Charakter verleumdet, ihre Beweggründe angefochten, ihre Schriften unterdrückt, mißdeutet oder entstellt; dennoch standen sie fest und bewahrten von Jahrhundert zu Jahrhundert ihren Glauben in seiner Reinheit als heiliges Erbteil für die kommenden Geschlechter.

Die Geschichte des treuen Volkes Gottes während der langen Zeit der Finsternis, die dem Beginn der Oberherrschaft Roms folgte, steht im Himmel verzeichnet, aber in den menschlichen Berichten wird ihr nur wenig Platz eingeräumt. Außer den Anklagen ihrer Verfolger zeugen nur wenige Spuren von dem einstigen Dasein dieser Menschen. Es war Roms Verfahrensweise, die geringste sich zeigende Spur einer Abweichung von seinen Grundsätzen oder Verordnungen radikal auszulöschen. Alles Ketzerische, ob Menschen oder Schriften, suchte es auszutilgen. Geäußerte Zweifel oder Fragen hinsichtlich der Autorität der päpstlichen Glaubenssätze genügten, daß Reiche oder Arme, Hohe oder Niedrige ihr Leben verwirkten. Rom war bemüht, jeden Bericht über seine Grausamkeiten gegen Andersgläubige zu vernichten. Päpstliche Konzilien beschlossen, daß Bücher und Aufzeichnungen derartigen Inhalts den Flammen zu übergeben seien. Vor Erfindung der Buchdruckerkunst gab es nur wenige Bücher, die sich zudem kaum zur

Aufbewahrung eigneten; daher fiel es Rom nicht schwer, seine Absicht zu verwirklichen.

Keine Gemeinde innerhalb der Grenzen der römischen Gerichtsbarkeit blieb lange ungestört im Genuß der Gewissensfreiheit. Kaum hatte das Papsttum Macht erlangt, als es schon seine Arme ausstreckte, um alles zu vernichten, was sich weigerte, seine Oberherrschaft anzuerkennen. Eine Gemeinde nach der andern unterwarf sich seiner Gewalt.

In Großbritannien hatte das Urchristentum schon sehr früh Wurzel gefaßt. * Das von den Briten in den ersten Jahrhunderten angenommene Evangelium war damals noch frei von abtrünnigen römischen Lehren. Die Verfolgung durch heidnische Kaiser, die sich bis nach diesen entfernten Küsten ausdehnte, war das einzige „Geschenk", das die ersten Gemeinden der Briten von Rom empfingen. Viele Christen, die vor der Verfolgung aus England flohen, fanden Zuflucht in Schottland, von dort wurde die Wahrheit nach Irland getragen, und in allen diesen Ländern nahm man sie mit Freuden auf.

Als die Sachsen in Britannien eindrangen, gewann das Heidentum die Herrschaft. Die Eroberer verschmähten es, sich von ihren Sklaven unterweisen zu lassen und zwangen die Christen, sich in die Berge und wilden Moore zurückzuziehen. Doch das eine Zeitlang verborgene Licht brannte weiter. In Schottland schien es ein Jahrhundert später mit einem Glanz, der sich über weit entlegene Länder erstreckte. Von Irland kamen der fromme Columban und seine Mitarbeiter; sie sammelten die zerstreuten Gläubigen auf der einsamen Insel Hy-Jona um sich, die sie zum Mittelpunkt ihrer Missionstätigkeit machten. Unter diesen Evangelisten befand sich einer, der den biblischen Sabbat hielt, und so wurde diese Wahrheit unter das Volk verbreitet. Auf Hy-Jona wurde ein Kloster errichtet, von dem aus Evangelisten nicht nur nach Schottland und England, sondern auch nach Deutschland, der Schweiz und sogar nach Italien gingen.

Aber Rom hatte seine Augen auf Britannien gerichtet und war entschlossen, es seinem Machtbereich einzugliedern. Im sechsten Jahrhundert begannen seine Sendboten die Bekehrung der heidnischen Sachsen. Sie wurden von den stolzen Barbaren günstig aufgenommen und brachten viele Tausende zum Bekenntnis des römischen Glaubens.

Beim Fortschritt des Werkes trafen die päpstlichen Führer und ihre Bekehrten mit Gläubigen zusammen, die am ursprünglichen Christenglauben festhielten, die in ihrem Charakter, in ihrer Lehre und Lebensart einfach, bescheiden und schriftgemäß lebten. Die römischen Abgesandten verlangten, daß die Christengemeinden die Oberherrschaft des Papstes anerkennen sollten. Die Briten erwiderten freundlich, daß sie alle Menschen zu lieben wünschten, daß jedoch der Papst nicht zur Oberherrschaft in der Kirche berechtigt sei und sie ihm nur jene Untertänigkeit erweisen könnten, die jedem Nachfolger Christi gebühre. Wiederholte Versuche wurden unternommen, um sich ihrer Untertanentreue gegen Rom zu versichern; aber diese demütigen Christen, erstaunt über den von Roms Sendlingen zur Schau getragenen Stolz, erwiderten standhaft, daß sie keinen andern Herrn als Christus kennten. Nun offenbarte sich der wahre Geist des Papsttums. Der Vertreter Roms sagte: „Wenn ihr die Bruderhand, die euch den Frieden bringen will, nicht annehmen mögt, so sollt ihr Feinde bekommen, die euch den Krieg bringen. Wenn ihr nicht mit uns den Sachsen den Weg des Lebens verkündigen wollt, so sollt ihr von ihrer Hand den Todesstreich empfangen.“[1] Das waren keine leeren Drohungen. Krieg, Intrigen und Betrügereien wurden gegen diese Zeugen eines biblischen Glaubens angewandt, bis die Gemeinden Britanniens zugrunde gerichtet waren oder sich gezwungen sahen, die Herrschaft des Papstes anzuerkennen.

In Ländern außerhalb der Gerichtsbarkeit Roms bestanden jahrhundertelang Gemeinschaften von Christen, die sich von der päpstlichen Verderbnis beinahe frei hielten. Sie waren vom Heidentum umgeben und litten im Laufe der Jahre durch dessen Irrtümer; aber sie betrachteten weiterhin die Bibel als alleinige Richtschnur des Glaubens und hielten an manchen Wahrheiten fest. Sie glaubten an die ewige Gültigkeit des Gesetzes Gottes und feierten den Sabbat des vierten Gebotes. Derartige Gemeinden fanden sich in Afrika und unter den Armeniern in Kleinasien.

Unter denen aber, die sich den Eingriffen der päpstlichen Macht widersetzten, standen die Waldenser mit an erster Stelle. Gerade in

1 Beda, „Historia ecclesiastica gentis Anglorum“, II, 2, 4. Abschnitt, Oxford, 1896; Neander, „Allg. Geschichte der christlichen Religion und Kirche“, 3. Per., 1. Abschnitt, S. 9, Gotha, 1856.

dem Lande, in dem das Papsttum seinen Sitz aufgeschlagen hatte, wurde seiner Falschheit und seiner Verderbtheit der entschlossenste Widerstand geleistet. Jahrhundertelang erhielten sich die Gemeinden in Piemont ihre Unabhängigkeit, aber schließlich kam die Zeit, da Rom auf ihrer Unterwerfung bestand. Nach erfolglosen Kämpfen gegen die römische Tyrannei erkannten die Leiter dieser Gemeinden widerstrebend die Oberherrschaft der Macht an, der sich die ganze Welt zu beugen schien. Eine Anzahl jedoch weigerte sich, der Autorität des Papstes oder der geistlichen Würdenträger nachzugeben, und war entschlossen, Gott die Treue zu halten und die Reinheit und Klarheit des Glaubens zu bewahren. Als Folge dieser Entwicklung zerfiel die Einheit dieser Gemeinden. Die dem alten Glauben treu blieben, zogen sich zurück; einige verließen ihre heimatlichen Alpen und richteten das Banner der Wahrheit in fremden Ländern auf; andere zogen sich in entlegene Schluchten und felsige Bergfesten zurück und bewahrten sich dort ihre Freiheit, Gott zu verehren.

Der Glaube, der Jahrhunderte hindurch von den Waldensern bewahrt und gelehrt wurde, stand in scharfem Gegensatz zu den von Rom verkündeten Lehrsätzen. Ihre religiöse Auffassung gründete sich auf das geschriebene Wort Gottes, auf die Grundsätze des wahren Christentums. Doch waren jene einfachen Landleute in ihren dunklen Zufluchtsorten, abgeschlossen von der Welt und an ihre täglichen Pflichten unter ihren Herden und in ihren Weingärten gebunden, nicht von selbst zu der Wahrheit gekommen, die im Widerspruch zu den Lehrsätzen und Irrlehren der gefallenen Kirche stand; ihre religiöse Überzeugung war nicht erst neu angenommen worden, sondern sie war ein Erbgut ihrer Väter. Sie kämpften für den Glauben der apostolischen Kirche, „der einmal den Heiligen übergeben ist“.[2] Die Gemeinde in der Wüste und nicht die stolze Priesterherrschaft auf dem Thron Roms war die wahre Gemeinde Christi, der Wächter der Schätze der Wahrheit, die Gott seinem Volk anvertraut hatte, um sie der Welt zu übermitteln.

Zu den hauptsächlichsten Ursachen, die zur Trennung der wahren Gemeinde von Rom geführt hatten, gehörte dessen Haß gegen den biblischen Sabbat. Wie von der Prophezeiung vorhergesagt, warf die

2 Jud. 3

päpstliche Macht die Wahrheit zu Boden. Das Gesetz Gottes wurde in den Staub getreten, während man die Überlieferungen und Gebräuche der Menschen erhob. Die Kirchen, die unter der Herrschaft des Papsttums standen, zwang man schon sehr früh, den Sonntag als einen heiligen Tag zu ehren. Der vorherrschende Irrtum und Aberglauben verwirrte selbst viele Angehörige des wahren Volkes Gottes, so daß sie den Sabbat feierten und auch am Sonntag nicht arbeiteten. Dies aber genügte den päpstlichen Würdenträgern nicht. Sie verlangten, daß der Sonntag geheiligt und der Sabbat entheiligt würde, und sie verurteilten mit den stärksten Ausdrücken alle jene, die es wagten, nach wie vor den biblischen Sabbat zu feiern. Nur wer der römischen Macht entronnen war, konnte dem Gesetz Gottes in Frieden gehorchen.

Die Waldenser gehörten mit zu den ersten Völkern Europas, die in den Besitz einer Übersetzung der Heiligen Schrift gelangten.* Jahrhunderte vor der Reformation besaßen sie eine Abschrift der Bibel in ihrer Muttersprache; damit besaßen sie die Wahrheit unverfälscht und zogen sich dadurch in besonderer Weise Haß und Verfolgung zu. Sie erklärten die römische Kirche für das abtrünnige Babylon aus der Offenbarung und erhoben sich unter Gefahr ihres Lebens, um seinen Verführungen zu widerstehen.[3] Unter dem Druck einer langanhaltenden Verfolgung wurden etliche in ihrem Glauben schwankend und ließen nach und nach seine unterscheidenden Grundsätze fahren; andere hielten an der Wahrheit fest. Auch in den finsteren Zeiten des Abfalls gab es Waldenser, die die Oberherrschaft Roms bestritten, die Bilderverehrung als Götzendienst verwarfen und den wahren Sabbat feierten.** Unter den grimmigsten Stürmen des Widerstandes bewahrten sie ihren Glauben. Obwohl von savoyischen Speeren durchbohrt und von römischen Brandfackeln versengt, standen sie unentwegt für Gottes Wort und Gottes Ehre ein.

Hinter den hohen Bollwerken des Gebirges — zu allen Zeiten der Zufluchtsort für die Verfolgten und Unterdrückten — fanden die Waldenser ein Versteck. Hier leuchtete das Licht der Wahrheit auch während der Finsternis des Mittelalters; hier bewahrten tausend Jahre lang Zeugen der Wahrheit den alten Glauben.

3 „Vom Antichrist"; siehe Hahn, „Geschichte der Waldenser", S. 80–88

Gott hatte für sein Volk ein Heiligtum von erhabener Würde vorgesehen, den gewaltigen Wahrheiten entsprechend, die ihm anvertraut worden waren. Jenen getreuen Verbannten waren die Berge ein Sinnbild der unwandelbaren Gerechtigkeit des Höchsten. Sie wiesen ihre Kinder auf die Höhen hin, die sich in unveränderlicher Majestät vor ihnen auftürmten, und erzählten ihnen von dem Allmächtigen, bei dem weder Unbeständigkeit noch Wechsel ist, dessen Wort ebenso fest gegründet ist wie die ewigen Hügel. Gott hatte die Berge gesetzt und sie mit Stärke umgürtet; kein Arm außer dem der unendlichen Macht konnte sie von ihrem Ort bewegen. In gleicher Weise hatte Gott sein Gesetz, die Grundlage seiner Regierung im Himmel und auf Erden, aufgerichtet. Wohl konnte der Arm des Menschen seine Mitmenschen erreichen und deren Leben vernichten; aber er vermochte ebensowenig die Berge aus ihren Grundfesten zu reißen und sie ins Meer zu schleudern wie eines der Gebote Gottes zu verändern oder eine seiner Verheißungen auszutilgen, die denen gegeben sind, die seinen Willen tun. In ihrer Treue zu Gottes Gesetz sollten seine Diener ebenso fest stehen wie die unveränderlichen Berge.

Die Gebirge, die ihre tiefen Täler umrahmten, waren ständige Zeugen von Gottes Schöpfungsmacht und eine untrügliche Bürgschaft seiner schützenden Fürsorge. Jene Pilger gewannen die stummen Sinnbilder der Gegenwart des Allmächtigen lieb. Sie klagten nicht über die Härte ihres Schicksals und fühlten sich inmitten der Einsamkeit der Berge nie allein. Sie dankten Gott, daß er ihnen einen Zufluchtsort vor dem Zorn und der Grausamkeit der Menschen bereitet hatte. Sie freuten sich ihrer Freiheit, vor ihm anzubeten. Oft, wenn sie von ihren Feinden verfolgt wurden, erwies sich die Feste der Höhen als sicherer Schutz. Von manchem hohen Felsen sangen sie das Lob Gottes, und die Heere Roms konnten ihre Dankeslieder nicht zum Schweigen bringen.

Rein, einfältig und inbrünstig war die Frömmigkeit dieser Nachfolger Christi. Sie schätzten die Grundsätze der Wahrheit höher als Häuser, Güter, Freunde, Verwandte, ja selbst höher als das Leben. Ernstlich versuchten sie, diese Grundsätze den Herzen der Jugend einzuprägen. Von frühester Kindheit an wurden die Kinder in der Heiligen Schrift unterwiesen und gelehrt, die Forderungen des Gesetzes

Gottes unverbrüchlich zu achten. Da es nur wenige Abschriften der Bibel gab, wurden ihre köstlichen Worte dem Gedächtnis eingeprägt, und viele Waldenser wußten große Teile des Alten und Neuen Testaments auswendig. Gedanken an Gott wurden sowohl mit der majestätischen Natur als auch mit den bescheidenen Segnungen des täglichen Lebens verknüpft. Bereits die Kleinsten wurden angehalten, dankbar zu Gott als dem Geber aller Hilfe und allen Trostes aufzublicken.

Die Eltern, so zärtlich und liebevoll sie auch ihren Kindern entgegenkamen, in ihrer Liebe zu ihnen waren sie zu klug, um sie daran zu gewöhnen, gegen sich selbst nachsichtig zu sein. Vor ihnen lag ein Leben voller Prüfungen und Schwierigkeiten, vielleicht der Märtyrertod. Sie wurden von Kindheit an dazu erzogen, Schwierigkeiten zu ertragen, etwaige Befehle zu befolgen und doch selbständig zu denken und zu handeln. Schon früh wurden sie gelehrt, Verantwortungen zu übernehmen, ihre Worte genau zu wägen und die Klugheit des Schweigens zu verstehen. Ein unbedachtes Wort, das in Gegenwart von Feinden fiel, konnte nicht nur das Leben des Sprechers, sondern auch das von Hunderten seiner Brüder gefährden; denn gleich den Wölfen, die ihre Beute jagen, verfolgten die Feinde der Wahrheit jene, die es wagten, Glaubensfreiheit zu beanspruchen.

Die Waldenser hatten ihre weltliche Wohlfahrt um der Wahrheit willen geopfert und arbeiteten mühselig und beharrlich für ihr tägliches Brot. Jeder Fleck bestellbaren Bodens in den Gebirgen wurde sorgfältig ausgenutzt; die Täler und die wenigen fruchtbaren Abhänge wurden urbar gemacht. Sparsamkeit und strenge Selbstverleugnung bildeten einen Teil der Erziehung, die die Kinder als einziges Vermächtnis erhielten. Man lehrte sie, daß Gott das Leben zu einer Schule bestimmt habe und daß ihre Bedürfnisse nur durch persönliche Arbeit, durch Vorsorge, Mühe und Glauben gedeckt werden könnten. Wohl war diese Methode mühevoll und beschwerlich, aber es war heilsam und gerade das, was allen Menschen in ihrem gefallenen Zustand not tut; es war die Schule, die Gott für ihre Erziehung und Entwicklung vorgesehen hatte. Während die Jugend an Mühsal und Ungemach gewöhnt wurde, vernachlässigte man nicht die Bildung des Verstandes. Man lehrte, daß alle Kräfte Gott gehören und daß sie für seinen Dienst vervollkommnet und entfaltet werden müssen.

Die Gemeinden der Waldenser glichen in ihrer Reinheit und Schlichtheit der Gemeinde zu den Zeiten der Apostel. Indem sie die Oberherrschaft des Papstes und seiner Würdenträger verwarfen, hielten sie die Heilige Schrift für die höchste und einzig unfehlbare Autorität. Ihre Prediger folgten dem Beispiel ihres Meisters, der nicht gekommen war, „daß er sich dienen lasse, sondern, daß er diene". Sie weideten die Herde Gottes, indem sie sie auf die grüne Aue und zu dem frischen Wasser seines heiligen Wortes führten. Weit abgelegen von den Denkmälern weltlicher Pracht und Ehre versammelte sich das Volk nicht in stattlichen Kirchen oder großartigen Kathedralen, sondern im Schatten der Gebirge, in den Alpentälern oder in Zeiten der Gefahr in dieser oder jener Felsenfeste, um den Worten der Wahrheit aus dem Munde der Diener Christi zu lauschen. Die Geistlichen predigten nicht nur das Evangelium, sie besuchten auch die Kranken, unterrichteten die Kinder, ermahnten die Irrenden und versuchten, Streitigkeiten zu schlichten und Eintracht und brüderliche Liebe zu fördern. In friedlichen Zeiten wurden sie durch die freiwilligen Gaben des Volkes unterhalten; doch gleich Paulus, dem Zeltmacher, erlernte jeder ein Handwerk oder einen Beruf, durch den er im Notfall für seinen eigenen Unterhalt sorgen konnte.

Die Prediger unterrichteten die Jugend. Während die Zweige des allgemeinen Wissens beachtet wurden, gehörte doch der Bibel das Hauptstudium. Die Schüler lernten neben vielen paulinischen Briefen das Matthäus- und das Johannesevangelium auswendig und befaßten sich mit dem Abschreiben der Heiligen Schrift. Etliche Handschriften enthielten die ganze Bibel, andere nur kurze Auszüge, denen von Personen, die imstande waren, die Bibel auszulegen, einige einfache Texterklärungen beigefügt waren. Auf diese Weise wurden die Schätze der Wahrheit zutage gefördert, die jene, die sich über Gott erheben wollten, so lange verborgen hatten.

Durch geduldige, unermüdliche Arbeit, oft in den tiefen, finsteren Felsenhöhlen bei Fackellicht, wurden die heiligen Schriften Vers für Vers, Kapitel für Kapitel abgeschrieben. So ging das Werk voran, indem der offenbarte Wille Gottes wie reines Gold hervorleuchtete; wieviel strahlender, klarer und mächtiger infolge der Prüfungen, die um seinetwillen erduldet wurden, konnten nur die erkennen, die sich an dieser großartigen Aufgabe beteiligten. Engel Gottes umgaben ständig diese treuen Diener des Evangeliums.

Priester und Prälaten versuchten das Wort der Wahrheit unter dem Schutt des Irrtums, der Ketzerei und des Aberglaubens zu begraben; aber in höchst wunderbarer Weise wurde es in dem finsteren Zeitalter unverfälscht bewahrt. Es trug nicht das Gepräge des Menschen, sondern das Siegel Gottes. Die Menschen sind unermüdlich gewesen in ihren Anstrengungen, die klare, einfache Bedeutung der Schrift zu verdunkeln und sie so hinzustellen, als widerspräche sie ihrem eigenen Zeugnis; aber gleich der Arche auf den Wogen der Tiefe widerstand das Wort Gottes den Stürmen, die ihm mit Vernichtung drohten. Wie eine Mine reiche Gold- und Silberadern durchziehen, die unter der Oberfläche verborgen liegen, so daß alle, die ihre köstlichen Schätze entdecken wollen, danach graben müssen, hat die Heilige Schrift Schätze der Wahrheit, die nur dem ernsten, demütigen, inständig betenden Sucher offenbar werden. Daß die Bibel ein Lehrbuch für alle Menschen, und zwar für die Kinder, Jugendlichen und Erwachsenen sein soll, ist Gottes eindeutiger Wille. Immer sollte es erforscht werden. Gott gab den Menschen sein Wort als eine Offenbarung seines Wesens. Mit jeder neuerkannten Wahrheit wird der Charakter ihres Urhebers deutlicher enthüllt. Das Studium der Heiligen Schrift ist das von Gott verordnete Mittel, Menschen in engere Verbindung mit ihrem Schöpfer zu bringen und ihnen eine klarere Erkenntnis seines heiligen Willens zu geben. Es knüpft die Verbindung zwischen Gott und dem Menschen.

Während die Waldenser die Furcht des Herrn als der Weisheit Anfang erkannten, übersahen sie keineswegs die Wichtigkeit einer Berührung mit der Welt, einer Kenntnis der Menschen und des tätigen Lebens, um den Geist zu erweitern und den Verstand zu schärfen. Aus ihren Schulen in den Bergen wurden etliche Jünglinge auf Erziehungsanstalten in Frankreich oder Italien gesandt, wo sie ein ausgedehnteres Feld zum Studieren, Denken und Beobachten haben konnten als in ihren heimatlichen Alpen. Die auf diese Weise hinausgesandten Jünglinge waren Versuchungen ausgesetzt; sie sahen Laster und begegneten Satans verschlagenen Dienern, die ihnen die verfänglichsten Irrlehren und die gefährlichsten Täuschungen aufzudrängen suchten.

Aber ihre Erziehung von Kind auf war dazu angelegt, sie auf alle diese Gefahren vorzubereiten.

In den Schulen, die sie besuchten, sollten sie niemanden zum Vertrauten machen. Ihre Kleider waren so zugeschnitten, daß sie ihren größten Schatz – die wertvollen Abschriften der Heiligen Schrift – darin verbergen konnten. Diese Handschriften, die Frucht monate- und jahrelanger harter Arbeit, führten sie mit sich, und wenn es ihnen, ohne Verdacht zu erregen, möglich war, boten sie diese denen an, deren Herzen für die Wahrheit empfänglich zu sein schienen. Von klein auf waren die waldensischen Jünglinge mit diesem Ziel vor Augen erzogen worden; sie verstanden ihr Werk und führten es gewissenhaft aus. Viele wurden in diesen Lehranstalten zum wahren Glauben bekehrt, ja, häufig durchdrangen dessen Grundsätze die ganze Schule, und doch konnten die päpstlichen Leiter trotz sorgfältigen Nachforschens der sogenannten verderblichen Ketzerei nicht auf den Grund kommen. Der Geist Christi offenbart sich als ein Missionsgeist. Das erneuerte Herz drängt zu allererst dahin, andere Menschen zum Heiland zu bringen. Derart war auch der Geist der Waldenser. Sie fühlten, daß Gott mehr von ihnen verlangte, als nur die Wahrheit in ihrer Lauterkeit unter den eigenen Gemeinden zu erhalten; daß auf ihnen die feierliche Verpflichtung ruhte, ihr Licht denen leuchten zu lassen, die in der Finsternis waren, und durch die gewaltige Macht des Wortes suchten sie die Knechtschaft, die Rom auferlegt hatte, zu sprengen. Die Prediger der Waldenser wurden als Missionare ausgebildet, und jeder, der ins Predigtamt eintreten wollte, mußte zuerst Erfahrungen als Evangelist sammeln – mußte drei Jahre lang in dem einen oder andern Missionsfeld wirken, ehe er als Leiter einer Gemeinde in der Heimat eingesetzt wurde. Dieser Dienst, der von vornherein Selbstverleugnung und Opfer forderte, war eine geeignete Einführung in die Erfahrungen eines Predigers in jenen Zeiten, welche die Menschenherzen auf die Probe stellten. Die jungen Menschen, die zum heiligen Amt eingesegnet wurden, hatten keineswegs irdische Reichtümer und Ehren in Aussicht, sondern sahen einem Leben voller Mühen und Gefahren und möglicherweise dem Märtyrertod entgegen. Die Sendboten gingen zu zweien hinaus, wie Jesus einst seine Jünger ausgesandt hatte. Jeden Jüngling begleitete gewöhnlich ein erfahrener

Alter, der dem Jüngeren als Führer diente und für dessen Ausbildung er verantwortlich war. Seinen Anweisungen mußte jener folgen. Diese Mitarbeiter waren nicht immer beisammen, trafen sich aber oft, um zu beten und zu beraten. Auf diese Weise stärkten sie sich gegenseitig im Glauben.

Es würde sicherlich zu Niederlagen geführt haben, wenn diese Leute das Ziel ihrer Missionstätigkeit bekanntgegeben hätten; deshalb verbargen sie sorgfältig ihre wirkliche Aufgabe. Jeder Prediger verstand irgendein Handwerk oder Gewerbe, und diese Glaubensboten führten ihre Aufgabe unter dem Gewand eines weltlichen Berufes, gewöhnlich dem eines Verkäufers oder Hausierers, durch. „Sie boten Seide, Schmucksachen und andere Gegenstände, die zu jener Zeit nur aus weit entfernten Handelsplätzen zu beziehen waren, zum Verkauf an und wurden dort als Handelsleute willkommen geheißen, wo sie als Missionare zurückgewiesen worden wären."[4] Sie erhoben ihre Herzen zu Gott um Weisheit, damit sie einen Schatz, köstlicher als Gold und Edelsteine, ausbreiten konnten. Sie trugen Abschriften der ganzen Heiligen Schrift oder Teile derselben verborgen bei sich, und wenn sich eine Gelegenheit bot, lenkten sie die Aufmerksamkeit ihrer Kunden auf diese Handschriften. Oft wurde auf diese Weise das Verlangen wachgerufen, Gottes Wort zu lesen, und ein Teil der Schrift denen mit Freuden überlassen, die es annehmen wollten.

Das Werk dieser Sendboten begann in den Ebenen und Tälern am Fuße ihrer eigenen Berge, erstreckte sich jedoch weit über diese Grenzen hinaus. Barfuß, in groben, von der Reise beschmutzten Gewändern, gleich denen ihres Herrn, zogen sie durch große Städte und drangen bis in entlegene Länder vor. Überall streuten sie die köstliche Saat aus. Gemeinden entstanden auf ihrem Wege, und das Blut von Märtyrern zeugte für die Wahrheit. Der Tag Gottes wird eine reiche Ernte an Seelen offenbaren, die durch die Arbeit dieser Männer eingesammelt wurde. Heimlich und schweigend bahnte sich Gottes Wort seinen Weg durch die Christenheit und fand in vieler Menschen Herz und Haus freundliche Aufnahme.

Den Waldensern war die Heilige Schrift nicht nur ein Bericht über Gottes Handlungsweise mit den Menschen in der Vergangenheit und

4 Wylie, „History of Protestantism", 1. Buch, Kap. 4

eine Offenbarung der Verantwortungen und Pflichten in der Gegenwart, sondern auch eine Enthüllung der Gefahren, aber auch der Herrlichkeit der Zukunft. Sie glaubten, daß das Ende aller Dinge nicht mehr fern sei. Indem sie die Heilige Schrift unter Gebet und Tränen erforschten, machten ihre köstlichen Aussagen einen um so tieferen Eindruck, und sie erkannten deutlicher ihre Pflicht, anderen die darin enthaltenen heilsbringenden Wahrheiten mitzuteilen. Durch das heilige Buch wurde vor ihnen der Erlösungsplan klar ausgebreitet, und sie fanden Trost, Hoffnung und Frieden im Glauben an Jesus. Je mehr das Licht ihr Verständnis erleuchtete und ihre Herzen fröhlich machte, desto stärker sehnten sie sich danach, seine Strahlen auch auf die zu lenken, die noch in der Finsternis des päpstlichen Irrtums schmachteten.

Sie sahen, daß sich unter Führung des Papstes und der Priester viele Menschen umsonst mühten, durch Peinigung ihrer Leiber Vergebung der Sünden zu empfangen. Belehrt, ihre Seligkeit durch gute Werke zu verdienen, waren diese Menschen ständig mit sich selbst beschäftigt; ihre Gedanken verweilten bei ihrem sündigen Zustand, sie wähnten sich dem Zorn Gottes ausgesetzt, kasteiten den Leib und fanden doch keine Erleichterung. So wurden gewissenhafte Menschen durch die Lehren Roms gebunden. Tausende verließen Freunde und Verwandte und brachten ihr Leben in Klosterzellen zu. Durch häufiges Fasten und grausame Geißelungen, durch nächtliche Andachten und stundenlanges Knien auf den kalten, feuchten Steinen ihrer armseligen Behausungen, durch lange Pilgerfahrten, erniedrigende Bußübungen und furchtbare Qualen versuchten Tausende vergebens den Frieden des Gewissens zu erlangen. Niedergebeugt von dem Bewußtsein der Sünde und verfolgt von der Furcht vor dem strafenden Zorn Gottes litten viele Menschen so lange, bis ihre erschöpfte Natur vollständig unterlag und sie schließlich ohne einen Licht- oder Hoffnungsstrahl ins Grab sanken.

Diesen schmachtenden Seelen das Brot des Lebens zu brechen, ihnen die Botschaft des Friedens in den Verheißungen Gottes zu erschließen und sie auf Christus, des Menschen einzige Hoffnung, hinzuweisen, war das Lebensziel der Waldenser. Die Lehre, daß gute Werke die Übertretungen des Gesetzes Gottes aufzuheben vermögen, betrachteten sie als Irrtum. Sich auf menschliches Verdienst zu verlassen, versperrt dem Blick die unendliche Liebe Christi. Jesus starb als Opfer für die Menschen, weil die sündige Menschheit nichts tun kann, um das Wohlgefallen Gottes zu erringen. Die Verdienste eines gekreuzigten und auferstandenen Heilandes bilden die Grundlage des christlichen Glaubens. Die Seele ist von Christus genauso abhängig wie ein Glied von dem Leibe oder eine Rebe von dem Weinstock; ebenso innig, wie diese verbunden sind, muß die Verbindung mit ihm durch den Glauben sein.

Die Lehren der Päpste und Priester hatten die Menschen verleitet, Gottes und selbst Christi Charakter für hart, finster und abstoßend zu halten. Der Heiland wurde dargestellt, als ob es ihm an Anteilnahme mit den Menschen in ihrem gefallenen Zustand so sehr fehlte, daß die Vermittlung von Priestern und Heiligen notwendig sei. Die Gläubigen, deren Verständnis durch das Wort Gottes erleuchtet war, verlangten danach, diese Menschen auf Jesus als ihren barmherzigen, liebenden Heiland hinzuweisen, der mit ausgestreckten Armen alle einlädt, mit ihren Sündenlasten, ihren Sorgen und Schwierigkeiten zu ihm zu kommen. Sie sehnten sich danach, die Hindernisse wegzuräumen, die Satan aufgetürmt hatte, damit die Menschen weder die Verheißungen erkennen noch unmittelbar zu Gott kommen sollten, um ihre Sünden zu bekennen und Vergebung und Frieden zu erlangen.

Eifrig enthüllte der waldensische Glaubensbote den forschenden Seelen die köstlichen Wahrheiten des Evangeliums und holte vorsichtig die sorgfältig geschriebenen Teile der Heiligen Schrift hervor. Es bereitete ihm die größte Freude, solchen aufrichtig Suchenden, die von ihren Sünden überzeugt waren, die Hoffnung einzuflößen, daß sie es nicht mit einem Gott der Rache zu tun haben, der nur darauf wartet, seiner Gerechtigkeit freien Lauf lassen zu können. Mit bebenden Lippen und tränenden Augen, manchmal kniend, entfaltete er seinen Brüdern die köstlichen Verheißungen, die des Sünders einzige Hoffnung offenbaren. Auf diese Weise durchdrang das Licht der Wahrheit manches verfinsterte Gemüt und vertrieb die dunkle Wolke, bis die Sonne der Gerechtigkeit mit ihren heilenden Strahlen in das Herz schien. Oft wurde ein Teil der Heiligen Schrift immer wieder gelesen, weil der Hörer es wünschte, als ob er sich vergewissern wollte, daß er recht gehört habe. Besonders jene Worte wollten die Gläubigen immer wieder hören: „Das Blut Jesu Christi, seines Sohnes, macht uns rein von aller Sünde.“ [5] – „Wie Mose in der Wüste eine Schlange erhöht hat, also muß des Menschen Sohn erhöht werden, auf daß alle, die an ihn glauben, nicht verloren werden, sondern das ewige Leben haben.“ [6]

Vielen wurden die Ansprüche Roms deutlich vor Augen geführt. Sie erkannten, wie vergeblich die Vermittlung von Menschen oder Engeln zugunsten des Sünders ist. Als ihnen das Licht aufging, riefen sie mit Freuden aus: „Christus ist mein Priester, sein Blut ist mein Opfer; sein Altar ist mein Beichtstuhl.“ Sie stützten sich völlig auf die Verdienste Jesu und wiederholten die Worte: „Ohne Glauben ist's unmöglich, Gott zu gefallen.“ Es ist „kein anderer Name unter dem Himmel den Menschen gegeben, darin wir sollen selig werden“. [7]

Die Gewißheit der Liebe des Heilandes schien einigen dieser armen, sturmumwehten Seelen unfaßbar. Die verursachte Erleichterung war so groß, die Flut des Lichtes so hell, daß sie sich in den Himmel versetzt glaubten. Ihre Hand ruhte vertrauensvoll in der Hand Christi, ihre Füße standen auf dem Fels des Heils. Alle Todesfurcht war verbannt, ja, sie wollten gern Gefängnis und Scheiterhaufen auf sich nehmen, wenn sie dadurch den Namen ihres Erlösers preisen konnten.

An geheimen Orten wurde das Wort Gottes hervorgeholt und vorgelesen, zuweilen einem einzelnen, manchmal einer kleinen Schar, die sich nach Licht und Wahrheit sehnte. Oft brachte man die ganze Nacht auf diese Weise zu. Das Erstaunen und die Bewunderung der Zuhörer waren so groß, daß der Evangeliumsbote sich nicht selten gezwungen sah, mit dem Lesen innezuhalten, bis der Verstand die frohe Botschaft des Heils erfassen konnte. Häufig wurden ähnliche Worte wie diese laut: „Wird Gott wirklich *mein* Opfer annehmen? Wird er gnädig auf *mich* herabschauen? Wird er *mir* vergeben?“ Als Antwort wurde gelesen: „Kommet her zu mir alle, die ihr mühselig und beladen seid; ich will euch erquicken.“ [8]

Der Glaube erfaßte die Verheißung, und als freudige Erwiderung vernahm man die Worte: Keine langen Pilgerfahrten mehr; keine beschwerlichen Reisen nach heiligen Reliquienschreinen! Ich kann zu Jesus kommen, so wie ich bin, sündhaft und unrein, und er wird das

5 1. Joh. 1, 7 6 Joh. 3, 14. 15 7 Hebr. 11, 6; Apg. 4, 12 8 Matth. 11, 28

bußfertige Gebet nicht verachten. „Deine Sünden sind dir vergeben"; auch meine — sogar meine können vergeben werden!

Eine Flut heiliger Freude erfüllte die Herzen, und der Name Jesu wurde durch Lobgesänge und Danksagungen verherrlicht. Jene glücklichen Seelen kehrten in ihre Wohnungen zurück, um Licht zu verbreiten und andern, so gut sie konnten, ihre neue Erfahrung zu wiederholen, daß sie den wahren und lebendigen Weg gefunden hätten. Es lag eine seltsame und feierliche Macht in den Worten der Heiligen Schrift, die jenen, die sich nach der Wahrheit sehnten, unmittelbar zu Herzen ging. Es war die Stimme Gottes, welche die Hörer zur Überzeugung führte.

Der Bote der Wahrheit ging seinen Weg; doch waren sein demütiges Auftreten, seine Aufrichtigkeit, sein Ernst und seine tiefe Inbrunst häufig Gegenstand von Gesprächen. In vielen Fällen hatten seine Zuhörer ihn weder gefragt, woher er käme noch wohin er ginge. Sie waren erst so überrascht und später dankbar und freudig überwältigt gewesen, daß sie nicht daran gedacht hatten, Fragen an ihn zu richten. Hatten sie ihn gebeten, sie nach ihren Wohnungen zu begleiten, so hatte er erwidert, daß er die verlorenen Schafe der Herde besuchen müsse. Konnte es möglich sein, daß er ein Engel Gottes gewesen war? fragten sie sich.

In vielen Fällen sahen sie den Wahrheitsboten nie wieder. Er war vielleicht in andere Länder gegangen oder verbrachte sein Leben in irgendeinem unbekannten Gefängnis oder seine Gebeine bleichten gar dort, wo er für die Wahrheit gezeugt hatte. Die Worte aber, die er zurückließ, konnten nicht ausgelöscht werden; sie arbeiteten in den Menschenherzen, und ihr segensreiches Wirken wird erst im Gericht völlig erkannt werden.

Die waldensischen Sendboten fielen in Satans Reich ein und regten dadurch die Kräfte der Finsternis zu größerer Wachsamkeit an. Jeder Versuch, die Wahrheit zu fördern, wurde von dem Fürsten der Bosheit überwacht, und er erweckte die Befürchtungen seiner Helfershelfer. Die führenden Männer der Kirche sahen in dem Wirken dieser bescheidenen Wanderer ein Anzeichen der Gefahr für ihre Sache. Wenn sie das Licht der Wahrheit ungehindert scheinen ließen, zerstreute es die schweren Wolken des Irrtums, die das Volk einhüllten, lenkte die

Gemüter der Menschen auf Gott allein und richtete am Ende die Herrschaft Roms zugrunde.

Schon allein das Vorhandensein dieser Leute, die den Glauben der alten Gemeinde aufrechterhielten, war ein beständiges Zeugnis für Roms Abfall und erregte deshalb bittersten Haß und Verfolgung. Ihre Weigerung, die Heilige Schrift auszuliefern, galt ebenfalls als eine Beleidigung, die Rom nicht zu dulden gewillt war. Es beschloß deshalb, die Anhänger des wahren Glaubens von der Erde zu vertilgen. Jetzt begannen die schrecklichsten Kreuzzüge gegen Gottes Volk in seinen Gebirgswohnungen. Inquisitoren spürten ihm nach, und oft geschahen Dinge, die den Brudermord Kains an dem unschuldigen Abel von einst wiederholten.

Immer wieder wurden ihre fruchtbaren Äcker verwüstet, ihre Wohnungen und Kapellen dem Erdboden gleichgemacht, so daß dort, wo einst blühende Felder und die Behausungen eines unschuldigen, arbeitsamen Volkes standen, nur eine wüste Einöde übrigblieb. Viele dieser Zeugen eines reinen Glaubens wurden bis über die Berge verfolgt und in den Tälern aufgescheucht, in denen sie sich, von mächtigen Wäldern und Felsspitzen umgeben, verborgen hatten.

Der sittliche Charakter dieser geächteten Christen war über jede Beschuldigung erhaben. Sogar ihre Feinde bezeugten, daß sie ein friedfertiges, stilles, frommes Volk seien. Ihr großes Vergehen lag nur darin, daß sie Gott nicht nach dem Willen des Papstes dienen wollten. Wegen dieses Vergehens erlitten sie jede Demütigung, Beschimpfung und Folter, die Menschen oder Teufel nur ersinnen können.

Als Rom einst beschloß, diese verhaßte Sekte auszurotten, wurde eine Bulle erlassen, die die Waldenser als Ketzer verdammte und sie der Niedermetzelung preisgab.* Sie wurden nicht als Müßiggänger wegen Unredlichkeit oder Ausschweifung angeklagt, sondern es wurde erklärt, sie bewahrten einen Schein von Frömmigkeit und Heiligkeit, die die Schafe der wahren Herde verführte. Deshalb wurde angeordnet, diese heimtückische und abscheuliche Sekte von Bösewichtern gleich giftigen Schlangen zu zermalmen, falls sie sich weigerte, abzuschwören.[9] Erwarteten die Machthaber diese Worte je wieder zu hören?

9 Wylie, „History of Protestantism", 16. Buch, Kap. 1; Bender, „Geschichte der Waldenser", S. 81. 125, Ulm, 1850; Hahn, „Geschichte der Waldenser", S. 744 ff.

Wußten sie, daß diese in den Büchern des Himmels aufgezeichnet wurden, um ihnen beim Gericht vorgehalten zu werden? Jesus sagte: „Was ihr getan habt einem unter diesen meinen geringsten Brüdern, das habt ihr mir getan.“ [10]

Eine Bulle forderte alle Glieder der Kirche auf, sich dem Kreuzzug gegen die Ketzer anzuschließen. Zur Ermunterung zu diesem grausamen Werk sprach sie alle, die am Kreuzzug teilnahmen, von allen Kirchenbußen und von allen Strafen, den allgemeinen und den persönlichen, frei, entband sie von sämtlichen Eiden, die sie geleistet haben mochten, erklärte ihre etwaigen unrechtmäßigen Ansprüche auf irgendein Besitztum als rechtsgültig und verhieß jedem, der einen Ketzer tötete, den Erlaß aller Sünden. Sie erklärte alle zugunsten der Waldenser geschlossenen Verträge für nichtig, befahl den Dienstboten, ihren Dienst bei den Waldensern aufzugeben, verbot allen, jenen irgendwelche Hilfe zu gewähren, und berechtigte jeden, sich des Eigentums jener zu bemächtigen. Dies Schriftstück offenbarte deutlich den Geist, der diese Maßnahmen beherrschte; das Gebrüll des Drachen, und nicht die Stimme Christi war hier zu vernehmen.

Die päpstlichen Würdenträger waren nicht bereit, ihren Charakter dem Anspruch des Gesetzes Gottes zu unterwerfen; sie schufen sich selbst einen ihnen passenden Maßstab. Sie beschlossen, alle zu zwingen, sich danach zu richten, weil Rom es so wünsche. Die schrecklichsten Tragödien spielten sich ab. Unwürdige und gotteslästerliche Priester und Päpste erfüllten den Auftrag, den Satan ihnen zugewiesen hatte. Die Barmherzigkeit fand keinen Raum in ihren Herzen. Der gleiche Geist, der Christus kreuzigte, die Apostel tötete und den blutdürstigen Nero gegen die treuen Christen wüten ließ, war auch am Wirken, um die Erde von denen zu befreien, die von Gott geliebt wurden.

Die Verfolgungen, von denen diese gottesfürchtigen Menschen viele Jahrhunderte lang heimgesucht wurden, ertrugen sie mit einer Geduld und Ausdauer, die ihren Erlöser ehrte. Ungeachtet der gegen sie unternommenen Kreuzzüge, ungeachtet der unmenschlichen Metzelei, der sie ausgesetzt waren, sandten sie weiterhin ihre Sendboten aus, um die köstliche Wahrheit zu verbreiten. Sie wurden zu Tode gejagt, doch

10 Matth. 25, 40

ihr Blut tränkte die ausgestreute Saat, die gute Frucht brachte. So zeugten die Waldenser für Gott schon Hunderte von Jahren vor der Geburt Luthers. Über viele Länder verstreut, warfen sie den Samen der Reformation aus, die zur Zeit Wiklifs begann, in den Tagen Luthers weit um sich griff und bis zum Ende der Zeit von denen fortgeführt werden soll, die ebenfalls willig sind, alles zu leiden „um des Wortes Gottes willen und des Zeugnisses Jesu Christi".[11]

11 Offb. 1, 9

John Wiklif | 5

Vor der Reformation waren zeitweise nur wenige Exemplare der Bibel vorhanden, aber Gott hatte sein Wort nicht völlig untergehen lassen. Seine Wahrheiten sollten nicht für immer verborgen bleiben. Er konnte ebenso leicht das Wort des Lebens entketten wie Gefängnistüren öffnen und eiserne Tore entriegeln, um seine Diener zu befreien. In den verschiedenen Ländern Europas wurden Menschen vom Geist Gottes angetrieben, nach der Wahrheit wie nach verborgenen Schätzen zu suchen. Durch die Vorsehung zur Heiligen Schrift geführt, erforschten sie diese mit größtem Eifer. Sie waren willig, das Licht anzunehmen, koste es, was es wolle. Konnten sie auch nicht alles deutlich wahrnehmen, so wurden sie doch befähigt, manche lange Zeit begrabene Wahrheit zu erkennen. Als vom Himmel gesandte Boten gingen sie hinaus, zerbrachen die Ketten des Aberglaubens und des Irrtums und forderten Menschen auf, die lange Sklaven gewesen waren, sich zu erheben und ihre Freiheit zu behaupten.

Das Wort Gottes war, ausgenommen bei den Waldensern, jahrhundertelang durch die Sprachen, die nur den Gelehrten verständlich waren, versiegelt geblieben; doch die Zeit kam, da es übersetzt und den Völkern verschiedener Länder in ihrer Muttersprache in die Hand gegeben werden sollte. Die Welt hatte ihre Mitternachtszeit überschritten. Die Stunden der Finsternis schwanden dahin, und in vielen Ländern erschienen Anzeichen der anbrechenden Morgendämmerung.

Im 14. Jahrhundert ging in England der „Morgenstern der Reformation“ auf. John Wiklif war der Herold der Erneuerung nicht allein für England, sondern für die ganze Christenheit. Der mächtige Protest gegen Rom, den er einleiten durfte, konnte nicht mehr zum Schweigen gebracht werden, sondern er sollte den Kampf eröffnen, der zur

Befreiung des einzelnen, zur Befreiung der Gemeinden und der Völker führte.

Wiklif erhielt eine gute Erziehung. Für ihn galt die Furcht des Herrn als der Weisheit Anfang. Er war auf der Universität seiner inbrünstigen Frömmigkeit, seiner hervorragenden Talente und seiner gründlichen Gelehrsamkeit wegen bekannt. In seinem Wissensdrang suchte er jeden Zweig der Wissenschaft kennenzulernen. Er wurde mit den Gedanken der Scholastik, mit den Glaubensvorschriften der Kirche und den bürgerlichen Gesetzen, besonders denen seines eigenen Landes, vertraut gemacht. In seiner späteren Arbeit trat der Wert seiner genossenen Schulung klar zutage. Seine gründliche Kenntnis der spekulativen Philosophie seiner Zeit befähigte ihn, deren Irrtümer bloßzustellen, und durch seine Studien der Landes- und Kirchenrechte war er vorbereitet, sich an dem großen Kampf um die bürgerliche und religiöse Freiheit zu beteiligen. Während er die dem Wort Gottes entnommenen Waffen zu führen verstand, hatte er sich auch die Geisteswelt der Schulen erarbeitet und war mit der Kampfesweise der Gelehrten vertraut. Dank seiner natürlichen Anlagen und dem Umfang und der Gründlichkeit seines Wissens erwarb er sich die Achtung von Freund und Feind. Wiklifs Anhänger sahen mit Genugtuung, daß er unter den tonangebenden Geistern der Nation einen führenden Platz einnahm, und seinen Feinden war es nicht möglich, die Sache der Erneuerung durch Bloßstellen irgendeiner Unwissenheit oder Schwäche ihres Verteidigers in Verruf zu bringen.

Noch auf der Universität nahm Wiklif das Studium der Heiligen Schrift auf. In den damaligen Zeiten, als es nur Bibeln in den alten Sprachen gab, waren allein die Gelehrten imstande, den Pfad zur Quelle der Wahrheit zu finden, der den in den Sprachen ungebildeten Klassen verschlossen blieb. Somit war der Weg für Wiklifs zukünftiges Werk als Reformator bereits gebahnt worden. Gelehrte Männer hatten die Heilige Schrift studiert und die große Wahrheit von der darin offenbarten freien Gnade Gottes gefunden. In ihrem Unterricht hatten sie die Erkenntnis dieser Wahrheit ausgestreut und andere veranlaßt, sich zu dem lebendigen Gotteswort zu kehren.

Als Wiklif seine Aufmerksamkeit auf die Heilige Schrift richtete, machte er sich mit derselben Gründlichkeit an ihre Erforschung, die es ihm ermöglicht hatte, das Schulwissen zu meistern. Bisher hatte er sich unbefriedigt gefühlt; dieses Gefühl des Unbefriedigtseins konnte weder durch sein Studium noch durch die Lehren der Kirche behoben werden. Im Wort Gottes fand er, was er zuvor vergebens gesucht hatte; er sah darin den Erlösungsplan offenbart und Christus als den alleinigen Fürsprecher für die Menschen dargestellt. Er widmete sich dem Dienst Christi und beschloß, die entdeckten Wahrheiten zu verkündigen.

Gleich späteren Reformern sah Wiklif anfangs nicht voraus, wohin ihn sein Wirken führen würde. Er widersetzte sich Rom nicht vorsätzlich; doch war bei seiner Hingabe an die Wahrheit eine Auseinandersetzung mit dem Irrtum unvermeidlich. Je deutlicher er die Irrtümer des Papsttums erkannte, desto ernsthafter trug er die Lehren der Bibel vor. Er sah, daß Rom Gottes Wort wegen menschlicher Überlieferungen verlassen hatte; er beschuldigte unerschrocken die Geistlichkeit, die Heilige Schrift verbannt zu haben, und verlangte, daß die Bibel dem Volk wiedergegeben und ihre Autorität in der Kirche wieder aufgerichtet werde. Er war ein fähiger, eifriger Lehrer, ein beredter Prediger, und sein tägliches Leben zeugte für die Wahrheiten, die er predigte. Seine Schriftkenntnis, sein durchdringender Verstand, die Reinheit seines Lebens sowie sein unbeugsamer Mut und seine Rechtschaffenheit gewannen ihm Achtung und allgemeines Zutrauen. Viele aus dem Volk waren mit ihrem Glauben unzufrieden, als sie die Ungerechtigkeit sahen, die in der römischen Kirche herrschte, und sie begrüßten die Wahrheiten, die nun durch Wiklif ans Licht gebracht wurden, mit unverhohlener Freude. Die päpstlichen Führer aber rasten vor Wut, als sie wahrnahmen, daß dieser Reformator einen größeren Einfluß gewann als sie selbst besaßen.

Wiklif war ein scharfsinniger Entdecker des Irrtums und griff furchtlos viele der von Rom gebilligten Mißbräuche an. Während er als Kaplan des Königs tätig war, behauptete er kühn seinen Standpunkt gegen die Abgaben, die der Papst von dem englischen Monarchen verlangte, und zeigte, daß die päpstliche Anmaßung der Gewalt über weltliche Herrscher sowohl der Vernunft als auch der Offenbarung zuwider sei. Die Ansprüche des Papstes hatten große Entrüstung hervorgerufen, und Wiklifs Lehren blieben nicht ohne Einfluß auf die tonangebenden Geister des Volkes. Der König und der Adel vereinigten sich, den Anspruch des Papstes auf weltliche Machtstellung zu verneinen und die Zahlung der verlangten Steuer zu verweigern. Auf diese Weise wurde ein kräftiger Schlag gegen die päpstliche Oberherrschaft in England geführt.

Ein anderes Übel, gegen das der Reformator einen langen und entschlossenen Kampf führte, war der Orden der Bettelmönche. Diese Mönche schwärmten in England umher und übten einen Einfluß aus, der sich auf die Größe und Wohlfahrt der Nation schädlich auswirkte und vor allem Wirtschaft, Wissenschaft und Volksmoral lähmte. Das träge Bettlerleben der Mönche stellte nicht nur schwere Anforderungen an die Mittel des Volkes, sondern machte nützliche Arbeit verächtlich. Die Jugend wurde entsittlicht und verderbt. Durch den Einfluß der Mönche ließen sich viele zum Mönchsleben verleiten und traten nicht nur ohne Einwilligung, sondern sogar ohne das Wissen ihrer Eltern und entgegen ihren Anordnungen ins Kloster ein. Einer der ersten Väter der römischen Kirche, der die Ansprüche des Mönchstums den Verpflichtungen der kindlichen Liebe und des Gehorsams gegenüber als erhaben hinstellte, hatte behauptet: „Sollte auch dein Vater weinend und jammernd vor deiner Tür liegen und deine Mutter dir den Leib zeigen, der dich getragen, und die Brüste, die dich gesäugt, so siehe zu, daß du sie mit Füßen trittst und dich unverwandt zu Christus begibst." Durch dies „greulich ungeheuer Ding", wie Luther es später kennzeichnete, das mehr an einen Wolf und Tyrannen als an einen Christen und Mann erinnert, wurden die Herzen der Kinder gegen ihre Eltern verhärtet.[1] So haben die päpstlichen Führer wie einst die Pharisäer die Gebote Gottes um ihrer Satzungen willen aufgehoben; die Heime verödeten, und die Eltern mußten die Gesellschaft ihrer Söhne und Töchter entbehren.

Selbst die Studenten auf den Universitäten wurden durch die falschen Vorspiegelungen der Mönche verlockt und dazu bewogen, deren Orden beizutreten. Viele bereuten später diesen Schritt und sahen ein, daß sie ihr Lebensglück zerstört und ihren Eltern Kummer bereitet hatten; aber saßen sie einmal in dieser Schlinge gefangen, war es ihnen unmöglich, ihre Freiheit wiederzugewinnen. Viele Eltern lehnten

1 Luthers Werke, Erlanger Ausgabe, XXV, S. 337 (396); Op. lat. X, 269

es aus Furcht vor dem Einfluß der Mönche ab, ihre Söhne auf die Universitäten zu schicken. Dies hatte eine erhebliche Abnahme der Zahl der Studierenden in den großen Bildungszentren zur Folge. Die Schulen lagen danieder; Unwissenheit herrschte vor.

Der Papst hatte jenen Mönchen das Recht übertragen, Beichten abzunehmen und Vergebung zu erteilen. Dies wurde zu einer Quelle großen Übels. Entschlossen, ihre Einkünfte zu erhöhen, gewährten die Bettelmönche die Absolution unter so leichten Bedingungen, daß Verbrecher aller Art zu ihnen strömten; infolgedessen nahmen die schrecklichsten Laster schnell überhand. Die Armen und Kranken ließ man leiden, während die Gaben, die ihre Bedürfnisse hätten befriedigen können, den Mönchen zuteil wurden, die unter Drohungen die Almosen des Volkes forderten und jene für gottlos erklärten, die ihrem Orden Geschenke verweigerten. Ungeachtet ihres Bekenntnisses zur Armut nahm der Reichtum der Bettelmönche ständig zu, und ihre prächtigen Gebäude und ihre reichgedeckten Tafeln ließen die wachsende Armut des Volkes um so augenscheinlicher werden. Die Mönche verbrachten ihre Zeit in Üppigkeit und Freuden und sandten an ihrer Statt unwissende Männer aus, die wunderbare Geschichten, Legenden und Sp ïße zur Unterhaltung der Leute erzählen mußten und sie dadurch noch vollkommener in den Täuschungen der Mönche ver fingen. Diesen hingegen gelang es, ihren Einfluß auf die abergläubische Menge zu wahren und sie glauben zu machen, daß die Oberhoheit des Papstes anzuerkennen, die Heiligen zu verehren und den Mönchen Almosen zu geben die Summe aller religiösen Pflichten sei und hinreiche, ihnen einen Platz im Himmel zu sichern.

Gelehrte und fromme Männer hatten sich vergebens bemüht, unter diesen Mönchsorden eine Reform durchzuführen; Wiklif jedoch ging dem Übel mit klarer Einsicht an die Wurzel und erklärte, daß das System selbst unrichtig sei und abgetan werden müsse. Jetzt erhoben sich Debatten und Fragen. Als die Mönche das Land durchzogen und den Ablaß verkauften, begannen viele die Möglichkeit, sich Vergebung mit Geld zu erkaufen, anzuzweifeln, und sie fragten sich, ob sie die Vergebung der Sünden nicht lieber bei Gott statt bei dem Priesterfürsten zu Rom suchen sollten.* Nicht wenige waren über die Raubgier der Bettelmönche beunruhigt, deren Habsucht nie befriedigt zu werden schien. „Die Mönche und Priester", sagten sie, „fressen uns wie ein Krebsschaden; Gott muß uns helfen, sonst geht alles zugrunde." [2] Um ihre Habsucht zu verdecken, behaupteten diese Bettelmönche, daß sie des Heilandes Beispiel befolgten, da auch Christus und seine Apostel von den Almosen des Volkes gelebt hätten. Diese Behauptung jedoch schadete ihrer Sache, da sie viele veranlaßte, zur Bibel zu greifen, um selbst die Wahrheit zu erforschen – eine Folge, wie sie Rom am allerwenigsten wünschte. Die Gemüter der Menschen wurden auf die Quelle der Wahrheit gelenkt, und gerade sie suchte Rom zu verbergen.

Wiklif begann, kurze Abhandlungen gegen die Bettelmönche zu schreiben und zu veröffentlichen, damit er mit ihnen so weit in ein Streitgespräch käme, wie nötig war, um das Volk auf die Lehren der Bibel und ihres Urhebers aufmerksam machen zu können. Er erklärte, daß der Papst die Macht der Sündenvergebung und des Kirchenbannes in keinem höheren Grade besitze als die gewöhnlichen Priester und daß niemand rechtsgültig ausgeschlossen werden könne, es sei denn, er habe sich zuerst die Verdammung Gottes zugezogen. In keiner wirksameren Weise hätte er den Umsturz des riesenhaften Machwerkes geistlicher und weltlicher Herrschaft, die der Papst aufgerichtet hatte, und in der Leib und Seele von Millionen Menschen gefangengehalten wurden, unternehmen können.

Wiederum wurde Wiklif berufen, die Rechte der englischen Krone gegen die Übergriffe Roms zu verteidigen, und er brachte als königlicher Gesandter zwei Jahre in den Niederlanden zu, wo er mit Abgeordneten des Papstes verhandelte. Hier kam er mit den französischen, italienischen und spanischen Würdenträgern der Kirche zusammen und hatte Gelegenheit, hinter die Kulissen zu schauen und einen Einblick in manche Dinge zu gewinnen, die ihm in England verborgen geblieben wären. Er erfuhr manches, das seinem späteren Wirken das Gepräge und die Schärfe gab. In diesen Gesandten des päpstlichen Hofes las er den wahren Charakter und die echten Absichten der Priesterherrschaft. Er kehrte nach England zurück, wiederholte seine früheren Lehren offener und mit größerem Eifer und erklärte, Habsucht, Stolz und Betrug seien die Götter Roms.

2 D'Aubigné, „Geschichte der Reformation", 17. Buch, Kap. 7, Stuttgart, 1854

In einer seiner Abhandlungen schrieb er wider die Geldgier Roms: Der Papst und seine Einsammler „ziehen aus unserm Lande, was zum Lebensunterhalt der Armen dienen sollte, und viele tausend Mark aus dem Schatz des Königs für die Sakramente und die geistlichen Dinge". Diese letzten Worte sind gegen die von Rom geförderte Simonie[3] gerichtet. „Gewiß, wenn unser Reich einen ungeheuren Berg von Gold hätte und keiner davon nähme, als nur der Einsammler dieses hochmütigen, weltlichen Priesters, so würde im Laufe der Zeit dieser Berg verzehrt werden. Er zieht alles Geld aus unserem Lande und gibt nichts dafür zurück als Gottes Fluch für seine Simonie."[4]

Bald nach der Rückkehr nach England wurde Wiklif vom König zum Pfarrer von Lutterworth ernannt — ein Beweis, daß wenigstens der König kein Mißfallen an seiner offenen Rede gefunden hatte. Wiklifs Einfluß verspürte man sowohl in der Umgangsweise am Hofe als auch in der Umgestaltung des Glaubens der Nation.

Roms Donner trafen ihn bald. Drei Bullen wurden nach England gesandt: an die Universität, an den König und an die Prälaten. In ihnen war befohlen, unverzügliche und entscheidende Maßregeln zu treffen, um den ketzerischen Lehrer zum Schweigen zu bringen.* Die Bischöfe hatten jedoch in ihrem Eifer Wiklif schon vor der Ankunft der Bullen zu einem Verhör vorgeladen. Zwei der mächtigsten Fürsten des Reiches begleiteten ihn zum Gerichtshof, und das Volk, welches das Gebäude umgab und hineindrang, schüchterte die Richter derart ein, daß die Verhandlungen einstweilen ausgesetzt wurden und man dem Reformator gestattete, friedlich seines Weges zu gehen. Bald darauf starb Eduard III., den die römischen Geistlichen in seinen alten Tagen gegen den Reformator zu beeinflussen gesucht hatten, und Wiklifs einstiger Beschützer[5] wurde Herrscher des Reiches.

Die päpstlichen Bullen legten ganz England den unbedingten Befehl auf, den Ketzer festzunehmen und einzukerkern. Diese Maßregeln wiesen unmittelbar auf den Scheiterhaufen, und es schien sicher, daß

3 Simonie ist der Erwerb geistlicher Ämter durch Kauf, sie war im Mittelalter weit verbreitet. Von Simon Magus abgeleitet (Apg. 8, 18), der von den Aposteln die Mitteilung des Heiligen Geistes für Geld zu erlangen suchte.

4 Lewis, „The History of the Life and Sufferings of the Reverend and Learned John Wicliffe", Kap. 3, S. 37; Neander, „Kirchengeschichte", 6. Per., 2. Abschnitt, § 2.

5 Johann von Gent, der Herzog von Lancaster, übernahm als Vormund Richards II. die Regentschaft bis 1389.

Wiklif bald der Rache Roms anheimfallen würde. Der aber, der zu seinem Knecht vor alters gesagt hatte: „Fürchte dich nicht... Ich bin dein Schild",[6] streckte seine Hand aus, um seinen Diener zu beschützen. Der Tod kam, aber nicht zu dem Reformator, sondern zu dem Papst, der Wiklifs Untergang beschlossen hatte. Gregor XI. starb, und die Geistlichen, die sich zu Wiklifs Verhör versammelt hatten, gingen wieder auseinander.

Gottes Vorsehung leitete auch weiterhin die Ereignisse, um die Reformation voranzutreiben. Auf den Tod Gregors folgte die Wahl zweier Gegenpäpste. Zwei streitende Mächte, jede, wie sie erklärten, unfehlbar, verlangten Gehorsam.* Jede forderte die Gläubigen auf, ihr beizustehen, um gegen die andere Macht Krieg zu führen, und bekräftigte ihre Forderungen mit schrecklichen Bannflüchen gegen ihre Gegner und mit Versprechungen himmlischen Lohnes für die Helfer. Dieser Vorfall schwächte die Macht des Papsttums ganz außerordentlich. Die nebenbuhlerischen Parteien hatten vollauf damit zu tun, sich gegenseitig zu bekämpfen, dadurch blieb Wiklif eine Zeitlang unbehelligt. Bannflüche und Gegenbeschuldigungen flogen von Papst zu Papst, und Ströme von Blut flossen, um ihre widersprechenden Ansprüche durchzusetzen. Verbrechen und Schandtaten überfluteten die Kirche. Währenddessen war der Reformator in der stillen Zurückgezogenheit seiner Pfarrei zu Lutterworth eifrig damit beschäftigt, die Menschen von den streitenden Päpsten ab- und zu Jesus, dem Fürsten des Friedens, hinzulenken.

Diese Spaltung mit allem Streit und aller Verderbnis, die daraus hervorgingen, bereitete der geistlichen Erneuerung den Weg; denn dadurch erkannte das Volk das wirkliche Wesen des Papsttums. In einer Abhandlung über die Kirche und ihre Regierung forderte Wiklif das Volk auf, zu überlegen, ob diese *beiden* Päpste nicht die Wahrheit sagten, wenn sie sich gegenseitig als Antichrist verurteilten. Und so „wollte Gott nicht länger leiden", sagte er, „daß der Feind in einem einzigen solcher Priester herrschte, sondern ... machte eine Spaltung zwischen zweien, so daß man in Christi Namen leichter beide sollte überwinden können".[7]

6 1. Mose 15, 1
7 Neander, „Kirchengeschichte", 6. Per., 2. Abschnitt, § 28; Vaughan, „Life and Opinions of John de Wycliffe", Bd. II, S. 6

Wiklif predigte das Evangelium wie sein Meister den Armen. Nicht damit zufrieden, das Licht in den bescheidenen Familien seines Kirchspiels Lutterworth zu verbreiten, beschloß er, daß es in alle Gebiete Englands getragen werden sollte. Um dies auszuführen, scharte er eine Gruppe einfacher, gottergebener Männer um sich, welche die Wahrheit liebten und nichts so sehr begehrten, als sie zu verbreiten. Diese Männer gingen überallhin, lehrten auf den Marktplätzen, auf den Straßen der Großstädte und auf den Landwegen, suchten die Betagten, Kranken und Armen auf und verkündigten ihnen die frohe Botschaft von der Gnade Gottes.

Als Professor der Theologie in Oxford predigte Wiklif das Wort Gottes in den Hörsälen der Universität. Er lehrte die Studenten, die seine Vorlesungen besuchten, die Wahrheit so gewissenhaft, daß er den Titel „der evangelische Doktor" erhielt. Die größte Aufgabe seines Lebens jedoch sollte die Übersetzung der Heiligen Schrift ins Englische sein. In seinem Buch „Über die Wahrheit und den Sinn der Heiligen Schrift" drückte er seine Absicht aus, die Bibel zu übersetzen, damit sie jeder Engländer in seiner Muttersprache lesen könne.

Plötzlich wurde seiner Arbeit Halt geboten. Obwohl noch nicht sechzig Jahre alt, hatten unaufhörliche Arbeit, rastloses Studium und die Angriffe seiner Feinde seine Kräfte geschwächt und ihn vor der Zeit altern lassen. Eine gefährliche Krankheit[8] warf ihn nieder. Diese Kunde bereitete den Mönchen große Freude. Jetzt, dachten sie, werde er das Übel, das er der Kirche zugefügt hatte, bitter bereuen; sie eilten in sein Haus, um seine Beichte zu hören. Vertreter der vier religiösen Orden mit vier weltlichen Beamten versammelten sich um den Mann, der sich nach ihrer Meinung zu sterben anschickte. „Der Tod sitzt euch auf den Lippen", sagten sie, „denket bußfertig an eure Sünden, und nehmet in unserer Gegenwart alles zurück, was ihr gegen uns gesagt habt." Der Reformator hörte schweigend zu; dann bat er seinen Diener, ihn im Bett aufzurichten. Seinen Blick ernst auf die Wartenden heftend, sagte er mit der festen, starken Stimme, die sie so oft zittern gemacht hatte: „Ich werde nicht sterben, sondern leben und die Greuel der Mönche erzählen."[9] Bestürzt und verwirrt eilten diese aus dem Zimmer.

8 Wiklif erlitt einen Schlaganfall
9 Neander, „Kirchengeschichte", 6. Per., 2. Abschnitt, § 10; Schröckh, „Christliche Kirchengeschichte", XXXIV, S. 525

Wiklifs Worte erfüllten sich. Er blieb am Leben, um seinen Landsleuten die Bibel, die mächtigste aller Waffen gegen Rom, das vom Himmel bestimmte Werkzeug zur Befreiung, Erleuchtung und Evangelisation des Volkes, in die Hände zu legen. Bei der Ausführung dieser Aufgabe galt es, viele Hindernisse zu überwinden. Wiklif war von körperlicher Schwäche niedergebeugt; er wußte, daß ihm nur noch wenige Jahre zur Arbeit blieben; er sah den Widerstand, dem er entgegentreten mußte; aber durch die Verheißungen des Wortes Gottes ermutigt, ging er unerschrocken voran. In voller geistiger Kraft und reich an Erfahrungen hatte Gottes besondere Vorsehung ihn für diese größte seiner Aufgaben vorbereitet und erhalten. Während die ganze Christenheit in Aufregung war, widmete sich der Reformator in seiner Pfarre zu Lutterworth seiner selbstgewählten Arbeit, ohne das Rasen des Sturmes zu beachten, der draußen tobte.

Endlich war die erste englische Übersetzung der Heiligen Schrift vollendet. Das Wort Gottes war England zugänglich. Jetzt fürchtete der Reformator weder das Gefängnis noch den Scheiterhaufen, hatte er doch dem englischen Volk ein Licht in die Hände gegeben, das nie ausgelöscht werden sollte. Indem er seinen Landsleuten die Bibel gab, hatte er mehr getan, die Fesseln der Unwissenheit und des Lasters abzustreifen und sein Land zu befreien und zu erheben, als je durch den glänzendsten Sieg auf dem Schlachtfeld erreicht wurde noch auch in Zukunft erreicht werden sollte.

Da die Buchdruckerkunst noch unbekannt war, konnten nur durch mühevolle Arbeit Abschriften der Bibel hergestellt werden. So groß war das Verlangen, das Buch zu erhalten, daß viele freiwillig die Heilige Schrift abschrieben, und doch konnten die Abschreiber nur mit Mühe der Nachfrage gerecht werden. Manche wohlhabende Käufer verlangten die ganze Bibel, andere schafften sich nur Teile des Wortes Gottes an. In vielen Fällen taten sich mehrere Familien zusammen, um ein Exemplar zu kaufen. So fand Wiklifs Bibel in kurzer Zeit ihren Weg in die Wohnungen des Volkes.

Wiklifs Appell an den klaren Menschenverstand weckte das Volk aus seiner widerstandslosen Unterwerfung unter die päpstlichen Glaubenssätze. Er lehrte die spätere Auffassung des Protestantismus: Erlösung durch den Glauben an Christus und alleinige Unfehlbarkeit der Heiligen Schrift. Die Prediger, die er ausgesandt hatte, verbreiteten die Bibel und des Reformators Schriften mit solchem Erfolg, daß nahezu die Hälfte des englischen Volkes voller Begeisterung den neuen Glauben annahm.

Das Erscheinen der Heiligen Schrift versetzte die kirchlichen Behörden in Bestürzung. Sie hatten es nun mit einem mächtigeren Gegner zu tun, als es Wiklif war, einem Gegner, gegen den ihre Waffen nicht viel ausrichten konnten. Zu jener Zeit bestand in England kein Gesetz, das die Bibel verbot; denn sie war nie zuvor in der Sprache dieses Landes veröffentlicht worden. Solche Gesetze wurden erst später erlassen und streng gehandhabt. Unterdessen gab es trotz der Bemühungen der Priester mancherlei Möglichkeiten, das Wort Gottes zu verbreiten.

Aufs neue versuchte die päpstliche Kirche, die Stimme des Reformators zum Schweigen zu bringen. Dreimal wurde er zum Verhör vor ein geistliches Gericht geladen, aber ohne Erfolg wieder entlassen. Dann erklärte eine Synode von Bischöfen seine Schriften für ketzerisch, und indem sie den jungen König Richard II. für sich gewann, erlangte sie einen königlichen Erlaß, der alle, die sich zu den verurteilten Lehren bekannten, dem Gefängnis überwies.

Wiklif wandte sich an das Parlament, beschuldigte die Hierarchie furchtlos vor der nationalen Ratsversammlung und verlangte die Abkehr von den ungeheuren Mißbräuchen, die von der Kirche gebilligt wurden. Mit überzeugender Kraft schilderte er die Übergriffe und die Verderbnis des päpstlichen Stuhles. Seine Feinde wurden verwirrt. Die Freunde und Helfer Wiklifs waren zum Nachgeben gezwungen worden, man hatte zuversichtlich erwartet, daß sich der betagte Reformator, allein und ohne Freunde, der vereinten Macht der Krone und der Mitra beugen würde. Statt dessen sahen sich die Römlinge geschlagen. Das Parlament, durch die erregenden Ansprachen Wiklifs angefeuert, widerrief das Edikt zu seiner Verfolgung, und der Reformator war wiederum frei.

Zum drittenmal wurde er verhört, und zwar vor dem höchsten kirchlichen Gerichtshof des Reiches. Hier würde der Ketzerei keine Gunst erwiesen werden; hier würde endlich Rom siegen und das Werk des Reformators zum Stillstand gebracht werden. So dachten die Römlinge.

Konnten sie ihre Absicht erreichen, dann wäre Wiklif gezwungen, seiner Lehre abzuschwören, oder den Gerichtshof zu verlassen, um den Scheiterhaufen zu besteigen.

Wiklif widerrief nicht; er wollte nicht heucheln. Furchtlos verteidigte er seine Lehren und widerlegte die Anklagen seiner Verfolger. Sich selbst, seine Stellung und den Anlaß dieser Versammlung vergessend, forderte er seine Zuhörer vor das göttliche Gericht und wog ihre Sophistereien und Täuschungen auf der Waage der ewigen Wahrheit. Die Macht des Heiligen Geistes wurde im Gerichtssaal spürbar. Gott hielt die Zuhörer in Bann; sie schienen keine Macht zu haben, die Stätte zu verlassen. Wie Pfeile aus dem Köcher des Herrn durchbohrten die Worte des Reformators ihre Herzen. Die Anklage der Ketzerei, die sie gegen ihn vorgebracht hatten, schleuderte er mit überzeugender Macht auf sie zurück. Aus welchem Grunde, fragte er, hätten sie sich erkühnt, ihre Irrtümer zu verbreiten? – Um des Gewinnes willen, um mit der Gnade Gottes Handel zu treiben.

„Mit wem, glaubt ihr", sagte er zum Schluß, „daß ihr streitet? Mit einem alten Manne am Rande des Grabes? – Nein! Mit der Wahrheit, die stärker ist als ihr und euch überwinden wird." [10] Mit diesen Worten verließ er die Versammlung. Keiner seiner Feinde versuchte ihn daran zu hindern.

Wiklifs Aufgabe war nahezu erfüllt; das Banner der Wahrheit, das er so lange getragen hatte, sollte bald seiner Hand entfallen. Doch noch einmal mußte er für das Evangelium zeugen. Die Wahrheit sollte mitten aus der Festung des Reiches des Irrtums verkündigt werden. Wiklif wurde aufgefordert, sich vor dem päpstlichen Gerichtshof zu Rom, der so oft das Blut der Heiligen vergossen hatte, zu verantworten. Er war durchaus nicht blind gegen die ihm drohende Gefahr, wäre dieser Aufforderung aber dennoch gefolgt, hätte ihm nicht ein Schlaganfall die Reise unmöglich gemacht. Konnte er nun auch seine Stimme in Rom nicht persönlich zu Gehör bringen, so wollte er doch durch einen Brief sprechen, und dazu war er bereit. – Von seiner Pfarre aus schrieb der Reformator einen Brief an den Papst, der, obwohl in achtungsvollem Ton und christlichem Geist gehalten, den Pomp und den Stolz des päpstlichen Stuhles heftig tadelte.

10 Wylie, „History of Protestantism", 2. Buch, Kap. 13

„Wahrlich, ich freue mich“, sagte er, „jedem *den* Glauben, den ich halte, kundzutun und zu erklären und besonders dem Bischof von Rom, der bereitwilligst meinen dargelegten Glauben, soviel ich für richtig und wahr halte, bestätigen, oder falls er irrtümlich ist, berichtigen wird.

Erstens setze ich voraus, daß das Evangelium Christi die Gesamtheit des Gesetzes Gottes ist... Ich halte dafür, daß der Bischof von Rom, insofern er Statthalter Christi auf Erden ist, vor allen anderen Menschen am meisten an das Gesetz des Evangeliums gebunden ist. Denn die Größe der Jünger bestand nicht in weltlicher Würde oder Ehre, sondern in der nahen und genauen Nachfolge des Lebens und des Wandels Christi... Christus war während der Zeit seiner Pilgerschaft hier ein sehr armer Mann, der alle weltliche Herrschaft und Ehre verwarf und von sich stieß...

Kein treuer Mensch sollte weder dem Papst noch irgendeinem Heiligen nachfolgen, außer in den Punkten, in denen dieser Jesus Christus nachgefolgt ist; denn Petrus und die Söhne Zebedäi sündigten, indem sie nach weltlicher Ehre verlangten, die der Nachfolge Christi zuwider ist; deshalb sollte man ihnen in jenen Irrtümern nicht nachfolgen...

Der Papst sollte allen irdischen Besitz und alle Herrschaft der weltlichen Macht überlassen und dazu seine ganze Geistlichkeit nachdrücklich bewegen und ermahnen; denn so tat Christus, und besonders durch seine Apostel.

Habe ich in irgendeinem dieser Punkte geirrt, so will ich mich demütigst der Zurechtweisung unterwerfen, selbst dem Tode, falls die Notwendigkeit es so verlangt. Könnte ich nach meinem Wunsch und Willen in eigener Person wirken, so würde ich mich dem Bischof von Rom persönlich vorstellen, aber der Herr hat mich auf eine andere Art heimgesucht und mich gelehrt, Gott mehr zu gehorchen als Menschen.“

Am Ende seines Briefes sagte er: „Deshalb beten wir zu Gott, daß er unseren Papst Urban VI. so anregen wolle, daß er mit seiner Geistlichkeit dem Herrn Jesus Christus in Leben und Sitten nachfolge, daß sie das Volk wirksam lehren und daß das Volk ihnen wiederum in denselben Stücken getreulich nachfolge.“ [11]

11 Foxe, „Acts and Monuments“, Bd. III, S. 49. 50; Neander, „Kirchengeschichte“, 6. Per., 2. Abschnitt, § 29

Auf diese Weise zeigte Wiklif dem Papst und seinen Kardinälen die Sanftmut und Demut Christi, wobei er nicht nur ihnen, sondern der ganzen Christenheit den Gegensatz zwischen ihnen und dem Meister, dessen Vertreter sie sein wollten, darlegte.

Wiklif erwartete nichts anderes, als daß seine Treue ihm das Leben kosten werde. König, Papst und Bischöfe hatten sich vereint, um seinen Untergang herbeizuführen, und es schien unausweichlich, daß er in spätestens einigen Monaten den Scheiterhaufen würde besteigen müssen. Aber sein Mut war unerschüttert. „Man braucht nicht weit zu gehen, um die Palme der Märtyrer zu suchen", sagte er. „Nur das Wort Christi stolzen Bischöfen verkündigt und das Märtyrertum wird nicht ausbleiben! Leben und schweigen? Niemals! Mag das Schwert, das über meinem Haupte hängt, getrost fallen! Ich erwarte den Streich!"[12]

Immer noch beschützte Gottes Vorsehung seinen Diener. Der Mann, der ein ganzes Leben lang unter Lebensgefahr kühn die Wahrheit verteidigt hatte, sollte dem Haß seiner Feinde nicht zum Opfer fallen. Wiklif hatte sich nie selbst zu schützen gesucht, sondern der Herr war sein Schutz gewesen. Als seine Feinde sich ihrer Beute sicher glaubten, entrückte ihn Gott ihrem Bereich. Als er im Begriff war, in seiner Kirche zu Lutterworth das Abendmahl auszuteilen, fiel er, vom Schlag getroffen, nieder und verschied kurze Zeit darauf.

Gott hatte Wiklif zu seiner Aufgabe berufen. Er hatte das Wort der Wahrheit in seinen Mund gelegt und ihn allezeit bewahrt, damit dies Wort durch ihn ins Volk gelangte. Sein Leben wurde beschützt und sein Wirken verlängert, bis ein Grundstein für das große Werk der Erneuerung gelegt war.

Wiklif kam aus der Finsternis des Mittelalters. Niemand war ihm vorausgegangen, nach dessen Werk er seine reformatorische Aufgabe hätte planen können. Gleich Johannes dem Täufer erweckt, eine besondere Mission auszuführen, war er der Herold eines neuen Zeitalters. In dem Gebäude der Wahrheit, die er verkündigte, bestand eine Einheit und Vollständigkeit, die von nach ihm aufgetretenen Reformatoren nicht übertroffen, von etlichen sogar hundert Jahre später nicht erreicht wurde. So breit und tief, so fest und sicher war das

12 D'Aubigné, „Geschichte der Reformation", 17. Buch, Kap. 8

Fundament angelegt, daß die Reformatoren, die nach ihm kamen, darauf weiterbauen konnten.

Die große Bewegung, die Wiklif anbahnte, die das Gewissen und den Verstand frei machte und die so lange an den Triumphwagen Roms gespannten Völker befreite, hatte ihren Ursprung in der Heiligen Schrift. Diese war die Quelle des Segensstromes, der seit dem 14. Jahrhundert wie Lebenswasser durch die Zeiten fließt. Wiklif nahm die Heilige Schrift in unbedingtem Glauben als eine von Gott eingegebene Offenbarung des göttlichen Willens an, als eine untrügliche Richtschnur des Glaubens und Handelns. Er war erzogen worden, die römische Kirche als göttliche, unfehlbare Autorität zu betrachten und die bestehenden Lehren und Gebräuche eines Jahrtausends mit kritikloser Verehrung anzunehmen; aber er wandte sich von all diesem ab, um den Lehren des heiligen Wortes Gottes zu lauschen. Dies war die Autorität, an die zu glauben er das Volk nachdrücklich aufforderte. Er erklärte, daß nicht die durch den Papst vertretene Kirche, sondern der in der Heiligen Schrift sich offenbarende Gott die einzig wahre Autorität sei. Er lehrte nicht nur, daß die Bibel eine vollkommene Offenbarung des göttlichen Willens ist, sondern auch, daß der Heilige Geist ihr einziger Ausleger ist und jedermann durch das Erforschen ihrer Lehren selbst seine Pflicht erkennen muß. Auf diese Weise lenkte er die Gemüter der Menschen vom Papst und von der römischen Kirche auf das Wort Gottes.

Wiklif war einer der größten Reformatoren. An Größe des Verstandes, an Klarheit der Gedanken, an Festigkeit, die Wahrheit zu behaupten, und an Kühnheit, sie zu verteidigen, kamen ihm nur wenige gleich. Reinheit des Lebens, unermüdlicher Fleiß im Studium und in der Arbeit, unantastbare Rechtschaffenheit und eine Christus ähnliche Liebe und Treue in seinem Amt kennzeichneten diesen ersten Reformator in einem Zeitalter geistiger Finsternis und sittlicher Verderbtheit.

Wiklifs Charakter ist ein Zeugnis für die bildende, umgestaltende Macht der Heiligen Schrift. Die Bibel machte ihn zu dem, was er war. Das Streben, die großen Wahrheiten der Offenbarung zu erfassen, erfrischt und kräftigt alle unsere Fähigkeiten, erweitert den Verstand, schärft die Vorstellungskraft und reift das Urteilsvermögen. Das Studium der Heiligen Schrift veredelt wie kein anderes Studium die

Gedanken, Gefühle und jegliches Trachten; es verleiht Zielstrebigkeit, Geduld, Mut und Geistesstärke; es läutert den Charakter und heiligt die Seele. Ein ernstes, andachtsvolles Studium der Heiligen Schrift, welches das Gemüt des Forschers in unmittelbare Berührung mit dem unendlichen Geist bringt, würde der Welt Menschen bescheren, die einen schärferen und gesünderen Menschenverstand und edlere Grundsätze besäßen, als sie je der beste menschliche Weisheitslehrer hervorgebracht hat. „Wenn dein Wort offenbar wird", sagt der Psalmist, „so erfreut es und macht klug." [13]

Die Wahrheiten, die Wiklif gelehrt hatte, breiteten sich eine Zeitlang weiter aus. Seine als Wiklifiten und Lollarden bekannten Nachfolger durchzogen nicht nur England, sondern zerstreuten sich auch in andere Länder und brachten ihnen die Kenntnis des Evangeliums. Jetzt, da ihr geistiger Führer von ihnen genommen war, arbeiteten die Prediger mit noch größerem Eifer als zuvor; große Volksmengen strömten zusammen, ihren Lehren zu lauschen. Einige Adlige und sogar die Gemahlin des Königs waren unter den Bekehrten. An vielen Orten zeigte sich eine bemerkenswerte Umgestaltung der Gebräuche des Volkes, und auch die irreführenden Sinnbilder des Papsttums wurden aus den Kirchen entfernt. Bald jedoch brach der erbarmungslose Sturm der Verfolgung über jene los, die es gewagt hatten, die Heilige Schrift als ihren Führer anzunehmen. Die englischen Fürsten, eifrig darauf bedacht, ihre Macht zu stärken, indem sie sich Roms Beistand sicherten, zögerten nicht, die Reformatoren dem Untergang zu weihen. Zum erstenmal in der Geschichte Englands wurde der Scheiterhaufen für die Jünger des Evangeliums aufgerichtet. Ein Märtyrertum folgte dem andern. Die geächteten und gefolterten Verteidiger der Wahrheit konnten nur zu Gott, dem Herrn, schreien. Als Kirchenfeinde und Landesverräter verfolgt, ließen sie dennoch nicht ab, an geheimen Orten zu predigen, wobei sie, so gut es ging, in den bescheidenen Wohnungen der Armen Zuflucht fanden und sich oft in Gruben und Höhlen verbargen.

Trotz des Rasens der Verfolgung wurde jahrhundertelang ein ruhiger, in christlichem Geist geführter, ernster und geduldiger Widerstand gegen die vorherrschende Verderbnis der Religion fortgesetzt.

13 Ps. 119, 130

Die Christen der damaligen Zeit kannten die Wahrheit nur teilweise, aber sie hatten gelernt, Gottes Wort zu lieben, ihm zu gehorchen und um seinetwillen geduldig zu leiden. Gleich den Gläubigen in den apostolischen Tagen opferten viele ihren weltlichen Besitz für die Sache Christi. Die in ihren eigenen Wohnungen sein durften, gewährten ihren vertriebenen Brüdern freudig Obdach, und als auch sie vertrieben wurden, nahmen sie das Los der Verstoßenen freudig auf sich. Allerdings erkauften Tausende, erschreckt durch die Wut ihrer Verfolger, ihre Freiheit, indem sie ihren Glauben opferten. Sie verließen ihre Gefängnisse in Bußkleidern, um ihren Widerruf öffentlich bekanntzumachen. Doch die Zahl derer – und darunter befanden sich Männer von adliger Herkunft ebenso wie Geringe und Niedrige –, die in Gefängniszellen, in „Lollarden-Türmen", bei Folterschmerzen und Flammen furchtlos für die Wahrheit zeugten und sich freuten, daß sie würdig erachtet wurden, „die Gemeinschaft der Leiden" Christi zu erfahren, war nicht gering.

Es war Rom nicht gelungen, Wiklif bei Lebzeiten den Willen der Kirche aufzuzwingen, und Roms Haß konnte nicht befriedigt werden, solange dessen Leib friedlich im Grabe ruhte. Einem Erlaß des Konzils zu Konstanz zufolge wurden seine Gebeine mehr als vierzig Jahre nach seinem Tode ausgegraben, öffentlich verbrannt und die Asche in einen benachbarten Bach gestreut. „Der Bach", sagt ein alter Schriftsteller, „führte seine Asche mit sich in den Avon, der Avon in die Severn, die Severn in die Meerengen und diese in den großen Ozean; und somit ist Wiklifs Asche ein Sinnbild seiner Lehre, die jetzt über die ganze Welt verbreitet ist."[14] Seine Feinde erkannten kaum die Bedeutung ihrer gehässigen Tat.

Von Wiklifs Schriften angeregt, sagte sich Jan Hus in Böhmen von vielen Irrtümern der römischen Kirche los und begann eine auf Erneuerung abzielende Tätigkeit zu entfalten. So wurde in diesen beiden so weit voneinander entfernten Ländern der Same der Wahrheit gesät. Von Böhmen erstreckte sich das Werk auf andere Länder. Der Sinn der Menschen wurde auf das lange Zeit vergessen gewesene Wort Gottes gerichtet. Gott bereitete der großen Reformation den Weg.

14 Fuller, „Church History of Britain", 4. Buch, 2. Abschnitt, § 54

Hus und Hieronymus | 6

Das Evangelium war schon im neunten Jahrhundert nach Böhmen gebracht worden. Die Bibel wurde übersetzt und der öffentliche Gottesdienst in der Sprache des Volkes gehalten. Aber wie die Macht des Papsttums zunahm, wurde auch das Wort Gottes verdunkelt. Gregor VII., der es sich zur Aufgabe gesetzt hatte, den Stolz der Fürsten zu demütigen, war nicht weniger darauf bedacht, das Volk zu knechten. Demgemäß erließ er eine Bulle, die den öffentlichen Gottesdienst in tschechischer Sprache untersagte. Der Papst erklärte, es sei dem Allmächtigen angenehm, daß seine Anbetung in einer unbekannten Sprache geschehe und daß viele Übel und Irrlehren aus der Nichtbeachtung dieser Regel entstanden seien.[1] Auf diese Weise verfügte Rom, das Licht des Wortes Gottes auszulöschen und das Volk in Finsternis zu belassen. Aber der Himmel hatte andere Mittel und Wege zur Erhaltung der Gemeinde vorgesehen. Viele Waldenser und Albigenser, die durch die Verfolgung aus ihrer französischen und italienischen Heimat vertrieben worden waren, hatten sich in Böhmen angesiedelt. Wenn sie es auch nicht wagten, öffentlich zu lehren, arbeiteten sie doch eifrig im geheimen. Auf diese Weise wurde der wahre Glaube von Jahrhundert zu Jahrhundert bewahrt.

Schon vor Hus gab es in Böhmen Männer, die die Verderbnis der Kirche und die Laster des Volkes öffentlich verurteilten. Ihr Wirken erweckte große Anteilnahme. Die Befürchtungen der Priester wurden wachgerufen, und man begann die Jünger des Evangeliums zu verfolgen. Gezwungen, ihren Gottesdienst in den Wäldern und Bergen zu halten, wurden sie von Soldaten aufgespürt und viele umgebracht.

1 Comenius, „Historia Persecutionum Ecclesiae Bohemicae", S. 16; Wylie, „History of Protestantism", 3. Buch, Kap. 1

Später wurde von Rom beschlossen, daß alle, die die römischen Gottesdienste verließen, verbrannt werden sollten. Während diese Christen ihr Leben dahingaben, richteten sie den Blick auf den Sieg ihrer Sache. Einer von denen, die lehrten, daß das Heil nur durch den Glauben an den gekreuzigten Heiland zu finden sei, erklärte im Sterben: „Jetzt hat die Wut der Feinde die Oberhand über uns, aber es wird nicht für immer sein; es wird sich einer aus dem gemeinen Volk erheben, ohne Schwert und Autorität, gegen den sie nichts vermögen werden."[2] Luthers Zeit war noch weit entfernt; aber schon trat einer auf, dessen Zeugnis gegen Rom die Völker bewegen sollte.

Jan Hus war von geringer Herkunft und wurde durch den Tod seines Vaters frühzeitig Halbwaise. Seine fromme Mutter, die eine Erziehung in der Furcht Gottes als das wertvollste Besitztum ansah, wollte ihrem Sohn dieses Erbgut vermitteln. Hus besuchte erst die Kreisschule und begab sich dann auf die Universität in Prag, wo man ihm eine Freistelle gewährte. Seine Mutter begleitete ihn auf der Reise.* Da sie arm und verwitwet war, konnte sie ihrem Sohn keine weltlichen Güter mitgeben; doch als sie sich der großen Stadt näherten, kniete sie mit dem vaterlosen Jüngling nieder und erflehte für ihn den Segen ihres himmlischen Vaters. Wie wenig ahnte diese Mutter, auf welche Weise ihr Gebet erhört werden sollte!

Auf der Universität zeichnete sich Hus bald durch seinen unermüdlichen Fleiß und seine raschen Fortschritte aus. Sein tadelloser Wandel und sein freundliches, liebenswürdiges Betragen erwarben ihm allgemeine Achtung. Er war ein aufrichtiger Anhänger der römischen Kirche, und ihn verlangte ernstlich nach dem von ihr versprochenen Segen. Anläßlich einer Jubiläumsfeier ging er zur Beichte, gab seine letzten wenigen Geldstücke hin, die er besaß, und schloß sich der Prozession an, damit er der verheißenen Absolution teilhaftig würde. Nachdem er seine Studien vollendet hatte, trat er in den Priesterstand, in dem er rasch zu Ehren kam und bald an den königlichen Hof gezogen wurde. Auch wurde er zum Professor und später zum Rektor** der Universität ernannt, an der er studiert hatte. In wenigen Jahren war der bescheidene Freischüler der Stolz seines Vaterlandes geworden, und sein Name wurde in ganz Europa berühmt.

2 Comenius, „Hist. Pers. Eccl. Bohem.", S. 20; Wylie, ebd., 3. Buch, Kap. 3

Auf einem andern Gebiet jedoch begann Hus das Werk der Erneuerung. Einige Jahre nach Empfang der Priesterweihe wurde er zum Prediger an der Bethlehemskapelle ernannt. Der Gründer dieser Kapelle sah das Predigen der Heiligen Schrift in der Landessprache als außerordentlich wichtig an. Obwohl dieser Brauch den schärfsten Widerstand Roms hervorrief, war er doch in Böhmen nicht völlig eingestellt worden. Dennoch blieb die Unkenntnis der Heiligen Schrift groß, und die schlimmsten Laster herrschten unter den Menschen aller Klassen. Schonungslos trat Hus diesen Übelständen entgegen, indem er sich auf das Wort Gottes berief, die Grundsätze der Wahrheit und Reinheit durchzusetzen, welche er einschärfte.

Ein Bürger von Prag, Hieronymus, der sich später so innig mit Hus verband, hatte bei seiner Rückkehr aus England Wiklifs Schriften mitgebracht. Die Königin von England, die sich zu Wiklifs Lehren bekannte, war eine böhmische Prinzessin, und durch ihren Einfluß wurden die Schriften des Reformators auch in ihrem Heimatland weit verbreitet. Mit größtem Interesse las Hus diese Werke; er hielt den Verfasser für einen aufrichtigen Christen und war geneigt, die Reform, die dieser vertrat, wohlwollend zu betrachten. Schon hatte Hus, ohne es zu wissen, einen Pfad betreten, der ihn weit von Rom wegführen sollte.

Ungefähr um diese Zeit kamen in Prag zwei Freunde aus England an, Gelehrte, die das Licht empfangen hatten und in diesem entlegenen Land verbreiten wollten. Da sie mit einem offenen Angriff auf die Oberherrschaft des Papstes begannen, wurden sie von den Behörden zum Schweigen gebracht; weil sie aber nicht willens waren, ihre Absicht aufzugeben, nahmen sie Zuflucht zu andern Mitteln. Sie waren sowohl Prediger als auch Künstler und versuchten es mit ihrer Geschicklichkeit. An einem dem Volke zugänglichen Ort zeichneten sie zwei Bilder: eins stellte Jesus bei seinem Einzug in Jerusalem dar, sanftmütig und auf einem Esel reitend,[3] gefolgt von seinen Jüngern, barfuß und mit von der Reise abgetragenen Kleidern. Das andere Bild zeigte eine päpstliche Prozession – den Papst bekleidet mit seinen reichen Gewändern und der dreifachen Krone, auf einem prächtig geschmückten Pferd sitzend; vor ihm her gingen Trompeter, und

3 Matth. 21, 5

hinter ihm folgten die Kardinäle, Priester und Prälaten in verwirrender Pracht.

Das war eine Predigt, die die Aufmerksamkeit aller Klassen auf sich zog. Ganze Scharen kamen herbei, um die Zeichnungen anzustaunen. Niemandem blieb die darin enthaltene Lehre verborgen, und auf viele machte der große Unterschied zwischen der Sanftmut und Demut Christi, des Meisters, und dem Stolz und der Anmaßung des Papstes, seines angeblichen Dieners, einen tiefen Eindruck. In Prag entstand große Aufregung, und nach einer Weile fanden es die Fremdlinge für ihre eigene Sicherheit am besten, weiterzuziehen. Die Lehre aber, die sie verkündigt hatten, wurde nicht vergessen. Hus zeigte sich von diesen Bildern tief beeindruckt, und sie veranlaßten ihn zu einem eingehenderen Erforschen der Bibel und der Schriften Wiklifs. Obwohl er auch jetzt noch nicht vorbereitet war, alle von Wiklif befürworteten Reformen anzunehmen, sah er doch deutlicher den wahren Charakter des Papsttums und brandmarkte mit größerem Eifer den Stolz, die Anmaßung und die Verderbtheit der Priesterherrschaft.

Von Böhmen breitete sich das Licht nach Deutschland aus; denn Unruhen an der Universität in Prag bewirkten, daß Hunderte von deutschen Studenten die dortige Universität verließen. Viele von ihnen hatten von Hus die erste Kenntnis der Bibel erhalten und verkündigten nach ihrer Rückkehr in ihr Vaterland das Evangelium.

Die Kunde von den Prager Geschehnissen gelangte nach Rom, und bald wurde Hus aufgefordert, vor dem Papst zu erscheinen. Gehorchen hätte hier bedeutet, sich dem sicheren Tode aussetzen; deshalb verfaßten der König und die Königin von Böhmen, die Universität, Mitglieder des Adels und etliche Regierungsbeamte eine Bittschrift an den Papst, es Hus zu gestatten, in Prag zu bleiben und einen Bevollmächtigten nach Rom zu schicken.[4] Statt diese Bitte zu gewähren, nahm der Papst die Untersuchung selbst in die Hand, verurteilte Hus und verhängte über die Stadt Prag den Bann.

Zu jener Zeit rief ein solches Urteil, wo es auch ausgesprochen wurde, große Bestürzung hervor. Die begleitenden Umstände waren wohl geeignet, das Volk, das den Papst als den Stellvertreter Gottes ansah, der die Schlüssel Himmels und der Hölle sowie die Macht

4 Palacky, „Geschichte Böhmens", Bd. III, 6. Buch, S. 257 f.

besäße, weltliche und auch geistliche Strafgerichte herabzubeschwören, mit Schrecken zu erfüllen. Man glaubte, daß die Tore des Himmels für die mit dem Bann belegten Gebiete verschlossen seien und daß die Toten von den Wohnungen der Glückseligkeit ausgeschlossen wären, bis es dem Papst gefalle, den Bann aufzuheben. Als Zeichen dieses schrecklichen Zustandes wurden alle Gottesdienste eingestellt, die Kirchen geschlossen, die Hochzeiten auf den Kirchhöfen vollzogen und die Toten, da ihnen die Bestattung in geweihtem Boden versagt war, ohne die übliche Begräbnisfeier in Gräben oder Feldern zur Ruhe gelegt. Durch diese Maßnahmen, die tief auf das Vorstellungsvermögen einwirkten, versuchte Rom, die Gewissen der Menschen zu beherrschen.

In Prag herrschte Aufruhr. Ein großer Teil klagte Hus als den Urheber alles Unglücks an und verlangte, daß er der Vergeltung Roms übergeben werde. Um den Aufruhr zu beruhigen, zog sich der Reformator eine Zeitlang zu Freunden nach Kozi Hrádek und später nach der Burg Krakovec zurück. In seinen Briefen an seine Freunde in Prag schrieb er: „Wisset also, daß ich, durch diese Ermahnung Christi und sein Beispiel geleitet, mich zurückgezogen habe, um nicht den Bösen Gelegenheit zur ewigen Verdammnis und den Guten zur Bedrückung und Betrübnis Ursache zu werden; und dann auch, damit nicht die gottlosen Priester die Predigt des göttlichen Worts ganz verhindern sollten. Ich bin also nicht deshalb gewichen, damit durch mich die göttliche Wahrheit verleugnet würde, für welche ich mit Gottes Beistand zu sterben hoffe.“ [5]

Hus gab sein Wirken nicht auf, sondern bereiste die umliegende Gegend und predigte der begierigen Menge. Auf diese Weise wurden die Maßnahmen, deren sich der Papst bediente, um das Evangelium zu unterdrücken, zur Ursache seiner weiteren Ausbreitung. „Denn wir können nichts wider die Wahrheit, sondern für die Wahrheit.“ [6]

„Hus muß in dieser Zeit seiner Laufbahn einen schmerzlichen Kampf durchgemacht haben. Obgleich die Kirche ihn durch die Verhängung des Bannes zu überwältigen suchte, hatte er sich nicht von ihrer Autorität losgesagt. Die römische Kirche war für ihn immer noch die Braut Christi, und der Papst Gottes Stellvertreter und Statthalter.

5 Neander, „Kirchengeschichte“, 6. Per., 2. Abschnitt, 2. Teil, § 47; Bonnechose, „Les réformateurs avant la réforme du XVI. siècle“, 1. Buch, S. 94. 95, Paris, 1845

6 2. Kor. 13, 8

Hus kämpfte gegen den Mißbrauch der Autorität und nicht gegen den Grundsatz selbst. Dadurch entstand ein fürchterlicher Kampf zwischen den Überzeugungen seiner Vernunft und den Forderungen seines Gewissens. War die Autorität gerecht und unfehlbar, wie er doch glaubte, wie kam es, daß er sich gezwungen fühlte, ihr ungehorsam zu sein? Gehorchen hieß für ihn sündigen; aber warum sollte der Gehorsam gegen eine unfehlbare Kirche zu solchen Folgen führen? Dies war eine Frage, die er nicht beantworten konnte; es war der Zweifel, der ihn von Stunde zu Stunde quälte. Die größte Annäherung an eine Lösung, die er zu machen vermochte, setzte die Verhältnisse gleich mit denen, die in den Tagen des Heilandes herrschten, daß die Priester der Kirche gottlos geworden waren und sich ihrer rechtmäßigen Autorität zu unrechtmäßigen Zwecken bedienten. Dies veranlaßte ihn, sich selbst den Grundsatz zur Richtschnur zu machen und ihn andern als den ihrigen einzuschärfen, daß die Lehren der Heiligen Schrift durch das Verständnis unser Gewissen beherrschen sollen; in andern Worten, daß Gott, der in der Heiligen Schrift spricht und nicht in der Kirche, die durch die Priester redet, der eine unfehlbare Führer sei." [7]

Als sich die Erregung in Prag nach einiger Zeit legte, kehrte Hus zu seiner Bethlehemskapelle zurück, um mit größerem Eifer und Mut die Predigt des Wortes Gottes fortzusetzen. Seine Feinde waren tätig und mächtig, aber die Königin und viele der Adligen galten als seine Freunde, und große Teile des Volkes hielten zu ihm. Sie verglichen seine reinen und erhebenden Lehren und sein heiliges Leben mit den entwürdigenden Glaubenssätzen, die die Römlinge predigten, und mit dem Geiz und der Schwelgerei, die jene trieben, und rechneten es sich zur Ehre an, auf seiner Seite zu stehen.

Bis dahin hatte Hus in seiner Arbeit allein gestanden, nun aber verband sich mit ihm in seiner reformatorischen Aufgabe Hieronymus, der während seines Aufenthalts in England die Lehren Wiklifs angenommen hatte. Die beiden wirkten von da an in ihrem Leben Hand in Hand und sollten auch im Tode nicht getrennt werden.

Hieronymus besaß glänzende Anlagen, große Beredsamkeit und hohe Bildung – Gaben, welche die öffentliche Gunst fesseln; doch in den Eigenschaften, die die wahre Charakterstärke ausmachen, war Hus

7 Wylie, „History of Protestantism", 3. Buch, Kap. 2

der größere. Dessen besonnenes Urteil zügelte den ungestümen Geist des Hieronymus, und da dieser in christlicher Demut Hus' Bedeutung erkannte, fügte er sich seinen Ratschlägen. Durch ihre gemeinsame Arbeit breitete sich die Reformbewegung schneller aus.

Gott erleuchtete den Verstand dieser auserwählten Männer und offenbarte ihnen viele der Irrtümer Roms; doch sie empfingen nicht alles Licht, das der Welt gegeben werden sollte. Durch diese seine Diener führte Gott seine Kinder aus der Finsternis der römischen Kirche. Weil es jedoch viele und große Hindernisse zu überwinden gab, führte er sie Schritt für Schritt, wie sie es bewältigen konnten. Sie waren nicht vorbereitet, alles Licht auf einmal zu empfangen. Wie der volle Glanz der Mittagssonne solche, die lange im Dunkeln waren, blendet, so würden sie sich auch von diesem Licht abgewandt haben, falls es ihnen sogleich in seiner Fülle gestrahlt hätte. Deshalb offenbarte Gott es den Führern nach und nach, wie das Volk das Licht aufzunehmen in der Lage war. Von Jahrhundert zu Jahrhundert sollten immer wieder andere treue Verkünder des Evangeliums folgen, um das Volk auf dem Pfad der geistlichen Erneuerung weiterzuführen.

Die Spaltung in der Kirche dauerte an.* Drei Päpste stritten um die Oberherrschaft, und ihre Kämpfe erfüllten die Christenheit mit Verbrechen und Aufruhr. Nicht damit zufrieden, ihre Bannstrahlen zu schleudern, griffen sie auch zu weltlichen Mitteln. Jeder trachtete danach, Waffen zu kaufen und Söldner zu werben. Natürlich mußte Geld herbeigeschafft werden, und um dieses zu erlangen, wurden alle Gaben, Ämter und Segnungen der Kirche zum Verkauf angeboten.** Desgleichen nahmen die Priester, dem Beispiel ihrer Vorgesetzten folgend, ihre Zuflucht zur Simonie und zum Krieg, um ihre Rivalen zu demütigen und ihre eigene Macht zu stärken. Mit täglich wachsender Kühnheit donnerte Hus gegen die Greuel, die im Namen der Religion geduldet wurden; und das Volk klagte öffentlich die römischen Oberhäupter als Ursache des Elends an, das die Christenheit überflutete.

Wiederum schien Prag an der Schwelle eines blutigen Kampfes zu stehen. Wie in früherer Zeit wurde der Diener Gottes angeklagt, der zu sein, „der Israel verwirrt".[8] Die Stadt wurde abermals in den Bann getan, und Hus zog sich in seine heimatliche Umgebung zurück. Die

8 1. Kön. 18, 17

Zeit, da er in seiner geliebten Bethlehemskapelle so treulich Zeugnis abgelegt hatte, war zu Ende; er sollte von einer größeren Bühne herab zu der ganzen Christenheit reden, ehe er sein Leben als Zeuge für die Wahrheit dahingab.

Um die Übelstände, die Europa zerrütteten, zu beseitigen, wurde ein allgemeines Konzil nach Konstanz einberufen. Das Konzil kam durch die beharrlichen Bemühungen Sigismunds zustande, der einen der drei Gegenpäpste, Johann XXIII., dazu veranlaßte. Diese Aufforderung war zwar dem Papst Johann unwillkommen, denn sein Charakter und seine Absichten konnten eine Untersuchung schlecht vertragen, nicht einmal von solchen Prälaten, die in ihren Sitten ebenso locker waren wie die Geistlichkeit jener Zeit im allgemeinen. Er wagte es jedoch nicht, sich dem Willen Sigismunds zu widersetzen.*

Das Hauptanliegen dieses Konzils war die Beseitigung der Kirchenspaltung und die Ausrottung der Ketzerei. Es wurden deshalb die beiden Gegenpäpste sowie der Hauptvertreter der neuen Ansichten, Jan Hus, aufgefordert, vor ihm zu erscheinen. Jene erschienen aus Rücksicht auf ihre eigene Sicherheit nicht persönlich, sondern ließen sich durch ihre Gesandten vertreten. Papst Johann, dem Anschein nach der Einberufer des Konzils, erschien selbst nur unter vielen Besorgnissen, denn er vermutete, der Kaiser habe die heimliche Absicht, ihn abzusetzen, und er fürchtete, für die Laster, die die päpstliche Krone entwürdigt, und die Verbrechen, die ihn auf den Thron gehoben hatten, zur Rechenschaft gezogen zu werden. Doch hielt er seinen Einzug in Konstanz mit großem Gepränge, umgeben von Geistlichen höchsten Ranges und gefolgt von einem Zug von Höflingen. Der ganze Klerus und die Würdenträger der Stadt mit einer riesigen Menschenmenge kamen heraus, um ihn willkommen zu heißen. Über seinem Haupt schwebte ein goldener Baldachin, getragen von vier höchsten Beamten; vor ihm her trug man die Hostie. Die reichen Gewänder der Kardinäle und des Adels ergaben ein eindrucksvolles Bild.

Unterdessen näherte sich ein anderer Reisender Konstanz. Hus war sich der Gefahren, die ihm drohten, bewußt. Er schied von seinen Freunden, als käme er nie wieder mit ihnen zusammen, und machte sich mit dem Gefühl auf den Weg, daß dieser ihn zum Scheiterhaufen führen werde. Obgleich er ein Sicherheitsgeleit vom König von Böhmen erhalten hatte und ihm auf der Reise noch ein Geleitbrief von Kaiser Sigismund zugestellt wurde, traf er doch alle Vorbereitungen im Hinblick auf seinen wahrscheinlichen Tod.

In einem an seine Freunde in Prag gerichteten Brief schrieb er: „Ich hoffe auf Gott, meinen allmächtigen Heiland, daß er seiner Verheißung wegen und wegen eures heißen Gebets mir Weisheit verleihen wird und eine geschickte Zunge, so daß ich ihnen zu widerstehen vermögen werde. Er wird mir auch verleihen ein Gemüt, zu verachten die Versuchungen, den Kerker, den Tod; wie wir sehen, daß Christus selbst gelitten hat um seiner Auserwählten willen, indem er uns ein Beispiel gab, für ihn und unser Heil alles zu erdulden. Gewiß kann nicht umkommen, wer an ihn glaubt und in seiner Wahrheit verharrt... Wenn mein Tod seinen Ruhm verherrlichen kann, so möge er ihn beschleunigen und mir die Gnade geben, alles Übel, welches es auch sei, guten Muts ertragen zu können. Wenn es aber für mein Heil besser ist, daß ich zu euch zurückkehre, so wollen wir Gott darum bitten, daß ich ohne Unrecht vom Konzil wieder zu euch komme; das heißt ohne Beeinträchtigung seiner Wahrheit, so daß wir dieselbe nachher reiner erkennen können, die Lehre des Antichrist vertilgen und unseren Brüdern ein gutes Beispiel zurücklassen... Vielleicht werdet ihr mich in Prag nicht wiedersehen; wenn aber Gott nach seiner Gnade mich euch wiederschenken will, so werden wir mit desto freudigerem Gemüt in dem Gesetz des Herrn fortschreiten."[9]

In einem andern Brief an einen Priester, der ein Jünger des Evangeliums geworden war, sprach Hus mit tiefer Demut von seinen Fehlern und klagte sich an, mit Genugtuung reiche Gewänder getragen und Stunden mit wertlosen Dingen vergeudet zu haben. Er fügte folgende rührende Ermahnung hinzu: „Möge die Herrlichkeit Gottes und das Heil von Seelen dein Gemüt in Anspruch nehmen und nicht der Besitz von Pfründen und Vermögen. Hüte dich, dein Haus mehr zu schmücken als deine Seele, und verwende deine größte Sorgfalt auf das geistliche Gebäude. Sei liebevoll und demütig den Armen gegenüber und verschwende deine Habe nicht durch Festgelage. Solltest du dein Leben nicht bessern und dich des Überflüssigen enthalten, so fürchte ich, wirst du hart gezüchtigt werden, wie ich selbst es bin...

9 Neander, „Kirchengeschichte", 6. Per., 2. Abschnitt, 2. Teil, § 49

Du kennst meine Lehre, denn du hast meine Unterweisungen von deiner Kindheit an empfangen, deshalb ist es unnütz für mich, dir weiter zu schreiben. Aber ich beschwöre dich bei der Gnade unseres Herrn, mich nicht in irgendeiner der Eitelkeiten nachzuahmen, in welche du mich fallen sahest." Auf dem Umschlag des Briefes fügte er bei: „Ich beschwöre dich, mein Freund, diese Siegel nicht zu erbrechen, bis du die Gewißheit erlangt hast, daß ich tot bin." [10]

Auf seiner Reise sah Hus überall Anzeichen der Verbreitung seiner Lehren und der Zuneigung, die für seine Sache empfunden wurde. Das Volk scharte sich zusammen, um ihn zu begrüßen, und in einigen Städten begleitete ihn der Magistrat durch die Straßen.

Nach seiner Ankunft in Konstanz konnte sich Hus zuerst völlig frei bewegen. Dem Sicherheitsgeleit des Kaisers fügte man noch eine Versicherung des päpstlichen Schutzes hinzu. Trotz dieser feierlichen und wiederholten Erklärungen wurde der Reformator bald danach mit Zustimmung des Papstes und der Kardinäle verhaftet und in einem ekelerregenden Verlies festgehalten. Später brachte man ihn nach der starken Burg Gottlieben jenseits des Rheins und hielt ihn dort gefangen. Dem Papst aber nützte seine Treulosigkeit nichts, denn er war bald danach auf derselben Burg eingekerkert. [11] Er wurde von dem Konzil der gemeinsten Verbrechen schuldig gesprochen – Mord, Simonie, Unkeuschheit und „anderer Sünden, die nicht passend sind, genannt zu werden", wie das Konzil selbst erklärte. Die Krone wurde ihm genommen und er ins Gefängnis geworfen. [12] Die Gegenpäpste setzte man ebenfalls ab; dann wählten die Versammelten einen neuen Papst.

Obwohl der Papst selbst größerer Verbrechen überführt worden war, als Hus je den Priestern zur Last gelegt und abzustellen verlangt hatte, schritt doch dasselbe Konzil, das den Papst abgesetzt hatte, zur Vernichtung des Reformators. Hus' Gefangennahme rief große Entrüstung in Böhmen hervor. Mächtige Adlige protestierten gegen diese Schmach. [13] Der Kaiser, der die Verletzung eines Sicherheitsgeleites ungern zugab, widersetzte sich dem Vorgehen gegen ihn. [14] Aber die

10 Bonnechose, „Les réformateurs avant la réforme du XVI. siècle", 1. Buch, S. 163. 164
11 Bonnechose, ebd., S. 269
12 Hefele, „Konziliengeschichte", Bd. VII, S. 139–141
13 v. Höfler, „Die Geschichtsschreiber der hussitischen Bewegung", S. 179 f.
14 Palacky, „Geschichte Böhmens", Bd. VI, S. 327 f.

Feinde des Reformators waren gehässig und entschlossen, ihren Vorsatz auszuführen. Sie nutzten des Kaisers Vorurteile, seine Furchtsamkeit und seinen Eifer für die Kirche aus. Sie brachten weitschweifige Beweise vor, um darzutun, daß es vollkommen freistehe, „Ketzern und Leuten, die unter dem Verdacht der Ketzerei stünden, Wort zu halten, selbst wenn sie auch mit Sicherheitsgeleit von Kaiser und Königen versehen seien".[15] Auf diese Weise setzten sie ihren Willen durch.

Durch Krankheit und Gefangenschaft geschwächt – die feuchte, verdorbene Luft seines Kerkers verursachte Fieber, das sein Leben ernstlich bedrohte – wurde Hus endlich vor das Konzil geführt. Mit Ketten beladen stand er vor dem Kaiser, der seine Ehre und sein Wort verpfändet hatte, ihn zu beschützen.* Während seines langen Verhörs vertrat er standhaft die Wahrheit und schilderte vor den versammelten Würdenträgern der Kirche und des Reiches ernst und gewissenhaft die Verderbtheit der Priesterherrschaft. Als man ihm die Wahl ließ, seine Lehren zu widerrufen oder zu sterben, zog er das Schicksal des Märtyrers vor.

Gottes Gnade hielt ihn aufrecht. Während der Leidenswochen, die seiner endgültigen Verurteilung vorausgingen, erfüllte der Friede des Himmels seine Seele. In einem Abschiedsbrief an einen Freund schrieb er: „Ich schrieb diesen Brief im Kerker und in Ketten, mein Todesurteil morgen erwartend... Was der gnädige Gott an mir bewirkt und wie er mir beisteht in wunderlichen Versuchungen, werdet ihr erst dann einsehen, wenn wir uns bei unserem Herrn Gott durch dessen Gnade in Freuden wiederfinden."[16]

In der Dunkelheit seines Kerkers sah er den Sieg des wahren Glaubens voraus. In seinen Träumen wurde er in die Bethlehemskapelle zu Prag zurückversetzt, wo er das Evangelium gepredigt hatte, und er sah, wie der Papst und seine Bischöfe die Bilder Jesu Christi, die er an die Wände der Kirche hatte malen lassen, auslöschten. Dies Traumbild betrübte ihn, aber „am andern Tage stand er auf und sah viele Maler, welche noch mehr Bilder und schönere entworfen hatten, die er mit Freuden anblickte. Und die Maler sprachen, umgeben von

15 Lenfant, „Histoire du concile de Constance", Bd. I, S. 516; Ranke, „Weltgeschichte", Bd. XIII, S. 131. 132; Oncken, „Allgemeine Geschichte", dort: Prutz, „Staatengeschichte des Abendlandes im Mittelalter", Bd. II, S. 377. 378

16 Neander, „Kirchengeschichte", 6. Per., 2. Abschnitt, 2. Teil, § 73

vielem Volk: ‚Mögen die Bischöfe und Priester kommen und diese Bilder zerstören!'" Der Reformator setzte hinzu: „So hoffe ich doch, daß das Leben Christi, das in Bethlehem durch mein Wort in den Gemütern der Menschen abgebildet worden ... durch eine größere Anzahl von besseren Predigern, als ich bin, besser wird abgebildet werden, zur Freude des Volkes, welches das Leben Christi liebt."[17]

Zum letztenmal wurde Hus vor das Konzil gestellt. Es war eine große und glänzende Versammlung: der Kaiser, Reichsfürsten, königliche Abgeordnete, Kardinäle, Bischöfe, Priester und eine große Volksmenge, die als Zuschauer dem Ereignis beiwohnten. Aus allen Teilen der Christenheit waren Zeugen dieses ersten großen Opfers in dem lange währenden Kampf, durch den die Gewissensfreiheit gesichert werden sollte, versammelt.

Als Hus zu einer letzten Aussage aufgefordert wurde, beharrte er auf seiner Weigerung, abzuschwören, und seinen durchdringenden Blick auf den Fürsten richtend, dessen verpfändetes Wort so schamlos verletzt worden war, erklärte er: „Ich bin aus eigenem freien Entschluß vor dem Konzil erschienen, unter dem öffentlichen Schutz und dem Ehrenwort des hier anwesenden Kaisers."[18] Tiefe Röte überzog das Angesicht Sigismunds, als sich die Augen der ganzen Versammlung auf ihn richteten.

Das Urteil wurde gefällt, und die Zeremonie der Amtsenthebung begann. Die Bischöfe kleideten ihren Gefangenen in das priesterliche Gewand. Als er es anlegte, sagte er: „Unser Herr Jesus Christus wurde zum Zeichen der Schmähung mit einem weißen Mantel bedeckt, als Herodes ihn vor Pilatus bringen ließ."[19] Abermals zum Widerruf ermahnt, sprach er zum Volk: „Mit welchem Auge könnte ich den Himmel anblicken, mit welcher Stirn könnte ich auf diese Menschenmenge sehen, der ich das reine Evangelium gepredigt habe? Nein, ich erachte ihre Seligkeit höher als diesen armseligen Leib, der nun zum Tode bestimmt ist." Dann wurden ihm die Teile des Priesterornats nacheinander abgenommen. Während dieser Handlung sprach jeder Bischof einen Fluch über ihn aus. Schließlich „wurde ihm eine hohe Papiermütze aufgesetzt, mit Teufeln bemalt, welche vorn die auffällige

17 Neander, „Kirchengeschichte", 6. Per., 2. Abschnitt, 2. Teil, § 73
18 Bonnechose, ebd., 2. Buch, S. 84; Palacky, „Geschichte Böhmens", Bd. VI, S. 364
19 Bonnechose, ebd., 3. Buch, S. 95. 96

Inschrift trug: ‚Haeresiarcha‘ [Erzketzer]. ‚Mit größter Freude‘, sagte Hus, ‚will ich diese Krone der Schmach um deinetwillen tragen, o Jesus, der du für mich die Dornenkrone getragen hast.‘ “

Als er so aufgeputzt war, sprachen die Prälaten: „Nun übergeben wir deine Seele dem Teufel.“ „Aber ich“, sprach Hus, seine Augen zum Himmel erhoben, „befehle meinen Geist in deine Hände, o Herr Jesus, denn du hast mich erlöst.“

Dann wurde er der weltlichen Obrigkeit übergeben und nach dem Richtplatz geführt. Ein riesiger Zug folgte nach, Hunderte von Bewaffneten, Priestern und Bischöfen in ihren kostbaren Gewändern und die Einwohner von Konstanz. Als er gebunden am Pfahl stand und alles zum Anzünden des Feuers bereit war, wurde er nochmals ermahnt, sich durch Widerruf seiner Irrtümer zu retten. „Welche Irrtümer“, sagte Hus, „sollte ich widerrufen, da ich mir keines Irrtums bewußt bin? Ich rufe Gott zum Zeugen an, daß ich das, was falsche Zeugen gegen mich behaupteten, weder gelehrt noch gepredigt habe! Ich wollte die Menschen von ihren Sünden abbringen! Was immer ich sagte und schrieb, war stets für die Wahrheit; deshalb stehe ich bereit, die Wahrheit, welche ich geschrieben und gepredigt habe, freudigst mit meinem Blut zu besiegeln.“ [20] Als das Feuer ihn umflammte, begann Hus laut zu singen: „Christe, du Sohn des lebendigen Gottes, erbarme dich meiner!“ [21] Er sang so lange, bis seine Stimme für immer verstummte.

Selbst seine Feinde bewunderten seine heldenmütige Haltung. Ein päpstlicher Schriftsteller, der den Märtyrertod des Hus und des Hieronymus, der ein Jahr darauf starb, beschreibt, sagt: „Beide ertrugen den gewaltsamen Tod mit standhaftem Gemüt und bereiteten sich auf das Feuer vor, als ob sie zu einem Hochzeitsfest geladen wären. Sie gaben keinen Schmerzenslaut von sich. Als die Flammen emporschlugen, fingen sie an, Loblieder zu singen, und kaum vermochte die Heftigkeit des Feuers ihrem Gesang Einhalt zu tun.“ [22]

Als Hus' Körper völlig verbrannt war, wurde seine Asche samt der Erde, auf der sie lag, gesammelt, in den Rhein geworfen und auf diese

20 Wylie, „History of Protestantism“, 3. Buch, Kap. 7; Nigg, „Geschichte der Ketzer“

21 Neander, „Kirchengeschichte“, 6. Per., 2. Abschnitt, 2. Teil, § 69; Hefele, „Konziliengeschichte“, Bd. VI, S. 209 f.

22 Aeneas Sylvius, „Hist. Bohem.“

Weise dem Meer zugeführt. Seine Verfolger bildeten sich törichterweise ein, sie hätten die von ihm verkündeten Wahrheiten ausgerottet. Schwerlich ahnten sie, daß die Asche, die an jenem Tage dem Meer zuströmte, dem Samen gleichen sollte, der über alle Lande der Erde ausgestreut wird, und daß er in noch unbekannten Ländern eine reiche Ernte an Zeugen für die Wahrheit hervorbringen würde. Durch die Stimme, die im Konziliumssaal zu Konstanz gesprochen hatte, war ein Widerhall erweckt worden, der durch alle künftigen Zeitalter fortgepflanzt werden sollte. Hus war nicht mehr; aber die Wahrheit, für die er gestorben war, konnte nicht untergehen. Sein Beispiel des Glaubens und der Standhaftigkeit würde viele ermutigen, trotz Qual und Tod entschieden für die Wahrheit einzustehen. Seine Verbrennung hatte der ganzen Welt die hinterlistige Grausamkeit Roms offenbart. Unbewußt hatten die Feinde der Wahrheit die Sache gefördert, die sie zu vernichten gedachten.

Noch ein zweiter Scheiterhaufen sollte in Konstanz aufgerichtet werden. Das Blut eines andern Märtyrers sollte für die Wahrheit zeugen. Als Hus sich vor seiner Abreise zum Konzil von Hieronymus verabschiedete, wurde er von diesem zu Mut und Standhaftigkeit ermahnt. Hieronymus erklärte Hus, er werde zu seinem Beistand herbeieilen, falls er in irgendeine Gefahr gerate. Als er von der Einkerkerung des Reformators hörte, bereitete sich der treue Jünger sofort vor, sein Versprechen einzulösen. Ohne Sicherheitsgeleit machte er sich mit einem einzigen Gefährten auf den Weg nach Konstanz. Nach seiner Ankunft mußte er sich überzeugen lassen, daß er sich nur in Gefahr begeben hatte, ohne etwas für Hus' Befreiung tun zu können. Er floh aus der Stadt, wurde aber auf der Heimreise verhaftet und mit Ketten beladen, von Soldaten bewacht, zurückgebracht. Bei seinem ersten Erscheinen vor dem Konzil wurden seine Versuche, auf die gegen ihn vorgebrachten Anklagen zu antworten, mit dem Ruf erwidert: „In die Flammen mit ihm, in die Flammen!"[23] Man warf ihn in ein Verlies, kettete ihn in einer Lage an, die ihm große Schmerzen verursachte, und gab ihm nur Wasser und Brot. Nach einigen Monaten erkrankte Hieronymus unter den Grausamkeiten seiner Gefangenschaft lebensgefährlich, und da seine Feinde befürchteten, er könnte seiner Strafe

23 Bonnechose, ebd., 2. Buch, S. 256

entrinnen, behandelten sie ihn weniger hart; dennoch brachte er insgesamt ein Jahr im Gefängnis zu.

Hus' Tod hatte nicht die Wirkung gehabt, die Rom erhofft hatte. Die Verletzung des Sicherheitsgeleites hatte einen Sturm der Entrüstung hervorgerufen, und um einen sicheren Weg einzuschlagen, beschloß das Konzil, Hieronymus nicht zu verbrennen, sondern ihn, wenn möglich, zum Widerruf zu zwingen.[24] Man brachte ihn vor die Versammlung und ließ ihn wählen, entweder zu widerrufen oder auf dem Scheiterhaufen zu sterben. Am Anfang seiner Kerkerhaft wäre der Tod für ihn eine Wohltat gewesen im Vergleich mit den schrecklichen Leiden, die er ausgestanden hatte; aber jetzt, geschwächt durch Krankheit, durch die strenge Haft und die Qualen der Angst und Ungewißheit, getrennt von seinen Freunden und entmutigt durch den Tod seines Glaubensfreundes Hus, ließ seine Standhaftigkeit nach, und er willigte ein, sich dem Konzil zu unterwerfen. Er verpflichtete sich, am katholischen Glauben festzuhalten, und stimmte dem Konzil in der Verdammung der Lehren Wiklifs und Hus' bei, ausgenommen die „heiligen Wahrheiten",[25] die sie gelehrt hatten.

Durch diesen Ausweg versuchte Hieronymus, die Stimme des Gewissens zu beruhigen und seinem Schicksal zu entrinnen. Doch in der Einsamkeit seines Gefängnisses sah er klarer, was er getan hatte. Er dachte an den Mut und die Treue seines Freundes und erwog im Gegensatz dazu sein eigenes Verleugnen der Wahrheit. Er dachte an seinen göttlichen Meister, dem zu dienen er sich verpflichtet hatte, und der um seinetwillen ans Kreuz gegangen war. Vor seinem Widerruf hatte er in all seinen Leiden in der Gewißheit der Gnade Gottes Trost gefunden; jetzt aber quälten ihn Reue und Zweifel. Er wußte, daß er sich nur durch weitere Widerrufe mit Rom versöhnen konnte. Der Pfad, den er jetzt betrat, mußte zum völligen Abfall führen. Sein Entschluß war daher gefaßt: Er wollte seinen Herrn nicht verleugnen, um einer kurzen Zeit des Leidens zu entrinnen.

Hieronymus wurde abermals vor das Konzil gestellt. Seine Unterwerfung hatte seine Richter nicht befriedigt. Ihr durch Hus' Tod gereizter Blutdurst verlangte nach neuen Opfern. Nur durch eine be-

24 Bonnechose, ebd., 3. Buch, S. 156; Palacky, „Geschichte Böhmens", Bd. VI, S. 312
25 Vrie, „Hist. Conc. Const.", Bd. 1, S. 173–175; Hefele, „Konziliengeschichte", Bd. VII, S. 235; Schröckh, „Christliche Kirchengeschichte", XXXIV, S. 662 ff.

dingungslose Absage an die Wahrheit konnte Hieronymus sein Leben erhalten. Aber er hatte sich nunmehr fest entschlossen, seinen Glauben zu bekennen und seinem Leidensbruder unbeirrt auf den Scheiterhaufen zu folgen.

Er nahm seinen Widerruf zurück und verlangte als ein dem Tode Verfallener feierlich eine Gelegenheit, sich zu verteidigen. Die Folgen seiner Worte fürchtend, bestanden die Kirchenfürsten darauf, daß er einfach die Wahrheit der gegen ihn erhobenen Anklagen bestätigen oder ableugnen solle. Hieronymus erhob Einwände gegen solche Grausamkeit und Ungerechtigkeit: „Ganze 340 Tage habt ihr mich in dem schwersten, schrecklichsten Gefängnis, da nichts als Unflat, Gestank, Kot und Fußfesseln neben höchstem Mangel aller notwendigsten Dinge, gehalten. Meinen Feinden gewährt ihr gnädige Audienz, mich aber wollt ihr nicht eine Stunde hören... Ihr werdet Lichter der Welt und verständige Männer genannt, so sehet zu, daß ihr nichts unbedachtsam wider die Gerechtigkeit tut. Ich bin zwar nur ein armer Mensch, welches Haut es gilt. Ich sage auch dies nicht, der ich sterblich bin, meinetwegen. Das verdrießt mich, daß ihr als weise, verständige Männer wider alle Billigkeit ein Urteil fällt." [26]

Sein Gesuch wurde ihm schließlich gewährt. In Gegenwart seiner Richter kniete Hieronymus nieder und betete, der göttliche Geist möge seine Gedanken und Worte leiten, damit er nichts spreche, was gegen die Wahrheit oder seines Meisters unwürdig sei. An ihm erfüllte sich an jenem Tag die den ersten Jüngern gegebene Verheißung Gottes: „Und man wird euch vor Fürsten und Könige führen um meinetwillen... Wenn sie euch nun überantworten werden, so sorget nicht, wie oder was ihr reden sollt; denn es soll euch zu der Stunde gegeben werden, was ihr reden sollt. Denn ihr seid es nicht, die da reden, sondern eures Vaters Geist ist es, der durch euch redet." [27]

Hieronymus' Worte erregten selbst bei seinen Feinden Staunen und Bewunderung. Ein ganzes Jahr hatte er hinter Kerkermauern gesessen, ohne die Möglichkeit zu lesen oder etwas zu sehen, in großen körperlichen Leiden und in Seelenangst. Doch er trug seine Beweise so klar und machtvoll vor, als hätte er ungestört Gelegenheit zum Studium gehabt. Er verwies seine Zuhörer auf die lange Reihe

26 Theobald, „Hussitenkrieg", S. 158

27 Matth. 10, 18–20

vortrefflicher Männer, die von ungerechten Richtern verurteilt worden waren. In fast jeder Generation habe es Männer gegeben, die das Volk ihrer Zeit zu läutern suchten, aber mit Vorwürfen überhäuft und ausgestoßen wurden; erst später habe sich herausgestellt, daß sie aller Ehren würdig waren. Christus selbst sei von einem ungerechten Gericht als Übeltäter verdammt worden.

Hieronymus hatte bei seinem Widerruf der Rechtlichkeit des Urteils zugestimmt, das Hus verdammt hatte; nun bereute er seine Handlungsweise und zeugte von der Unschuld und Heiligkeit des Märtyrers. „Ich kannte ihn von seiner Kindheit an", sagte er, „er war ein außerordentlich begabter Mann, gerecht und heilig; er wurde trotz seiner Unschuld verurteilt... Ich bin ebenfalls bereit zu sterben. Ich schrecke nicht zurück vor den Qualen, die mir von meinen Feinden und falschen Zeugen bereitet werden, welche eines Tages vor dem großen Gott, den nichts täuschen kann, für ihre Verleumdungen Rechenschaft ablegen müssen." [28]

Sich selbst wegen seiner Verleugnung der Wahrheit anklagend, fuhr Hieronymus fort: „Überdem nagt und plagt mich keine Sünde, die ich von Jugend an getan habe, so hart, als die an diesem pestilenzischen Ort begangene, da ich dem unbilligen Urteil, so über Wiklif und den heiligen Märtyrer Hus, meinen getreuen Lehrer, verhängt wurde, beistimmte und aus Zagheit und Todesfurcht sie verfluchte. Deshalb ich an derselben Stelle dagegen durch Hilfe, Trost und Beistand Gottes und des Heiligen Geistes frei öffentlich mit Herz und Mund und Stimme bekenne, daß ich meinen Feinden zu Gefallen sehr viel Übels getan habe. Ich bitte Gott, mir solches aus Gnaden zu verzeihen und aller meiner Missetaten, worunter diese die größte ist, nicht zu gedenken." [29]

Dann wandte sich Hieronymus an seine Richter mit den kühnen Worten: „Ihr habt Wiklif und Hus verdammt, nicht etwa, weil sie an den Lehren der Kirche gerüttelt, sondern weil sie die Schandtaten der Geistlichkeit, ihren Aufwand, Hochmut und ihre Laster gebrandmarkt hatten. Ihre Behauptungen sind unwiderlegbar, auch ich halte daran fest, gleichwie sie."

28 Bonnechose, ebd., 2. Buch, S. 151
29 Theobald, „Hussitenkrieg", S. 162; Vrie, „Hist. Conc. Const.", S. 183

Die vor Wut bebenden geistlichen Würdenträger unterbrachen ihn mit den Worten: „Was bedarf es weiteren Beweises? Wir sehen mit unseren eigenen Augen den halsstarrigsten Ketzer!“

Von ihrem Rasen unberührt, rief Hieronymus aus: „Was! Meint ihr, ich fürchte mich, zu sterben? Ihr habt mich ein ganzes Jahr in einem fürchterlichen Verlies gehalten, schrecklicher als der Tod selbst. Ihr habt mich grausamer behandelt denn einen Türken, Juden oder Heiden; mein Fleisch ist mir buchstäblich auf meinen Knochen bei lebendigem Leibe verfault; und dennoch erhebe ich keine Anklage, denn Klagen ziemen sich nicht für einen Mann von Herz und Mut; ich wundere mich nur über so unmenschliche, will nicht sagen, unchristliche Grausamkeit.“ [30]

Abermals brach ein wütender Sturm los, und Hieronymus mußte wieder ins Gefängnis. Doch waren unter den Zuhörern etliche, auf die seine Worte tiefen Eindruck gemacht hatten und die sein Leben retten wollten. Hohe Würdenträger kamen zu ihm ins Gefängnis und drangen in ihn, sich dem Konzil zu unterwerfen. Die großartigsten Aussichten wurden ihm vor Augen gestellt, wenn er seinen Widerstand gegen Rom aufgäbe.

Aber gleich seinem Meister, als ihm die Herrlichkeit der Welt angeboten wurde, blieb Hieronymus standhaft und anwortete: „Kann ich aus der Heiligen Schrift überführt werden, will ich von Herzen um Vergebung bitten; wo nicht, will ich nicht weichen, auch nicht einen Schritt.“ Darauf sagte einer der Versucher: „Muß alles aus der Schrift beurteilt werden? Wer kann sie verstehen? Muß man nicht die Kirchenväter zu ihrer Auslegung heranziehen?“

Hieronymus erwiderte: „Was höre ich da? Soll das Wort falsch sein oder urteilen? Soll es nicht allein gehört werden? Sollen die Menschen mehr gelten als das heilige Wort Gottes? ... Warum hat Paulus seine Bischöfe nicht ermahnt, den Ältesten zu hören, sondern gesagt, die Heilige Schrift kann dich unterweisen? Nein, das nehme ich nicht an, es koste mein Leben. Gott kann es wiedergeben.“ Da sah ihn der Frager an und sagte mit scharfer Stimme: „Du Ketzer; es reut mich, daß ich soviel deinetwegen getan habe. Ich sehe wohl, daß der Teufel dich regiert.“ [31]

30 Bonnechose, ebd., 3. Buch, S. 168. 169

31 Theobald, „Hussitenkrieg“, S. 162–164

Bald darauf fällte man das Todesurteil über ihn. Er wurde an denselben Ort geführt, an dem Hus den Flammentod gestorben war. Singend ging er seinen Weg und auf seinem Angesicht leuchteten Freude und Frieden. Sein Blick war auf Christus gerichtet, und der Tod hatte für ihn seine Schrecken verloren. Als der Henker im Begriff war, hinter seinem Rücken den Holzstoß anzuzünden, rief der Märtyrer aus: „Kommt mutig nach vorn und zündet ihn vor meinen Augen an. Wenn ich mich gefürchtet hätte, wäre ich nicht hier."

Die letzten Worte, die er sprach, als die Flammen um ihn herum schon emporschlugen, waren ein Gebet: „Herr, allmächtiger Vater, erbarme dich mein und vergib mir meine Sünde; denn du weißt, daß ich deine Wahrheit allezeit geliebt habe." [32] Seine Stimme verstummte; aber seine Lippen bewegten sich weiter im Gebet. Als das Feuer sein Werk getan hatte, wurde die Asche des Märtyrers samt der Erde, auf der sie lag, aufgenommen und gleich der Asche des Hus in den Rhein geworfen. [33]

So starben Gottes treue Lichtträger. Das Licht der Wahrheiten aber, die sie verkündigt hatten, das Licht des heldenmütigen Beispiels, konnte nicht ausgelöscht werden. Die Menschen hätten ebensogut versuchen können, die Sonne in ihrem Lauf zurückzuhalten, wie die Dämmerung jenes Tages zu verhindern, der damals gerade über die Welt hereinzubrechen begann.

Hus' Hinrichtung hatte in Böhmen eine Flamme der Entrüstung und des Schreckens angefacht. Die ganze Nation empfand es, daß er der Ruchlosigkeit der Priester und der Treulosigkeit des Kaisers zum Opfer gefallen war. Man sagte, er sei ein treuer Lehrer der Wahrheit gewesen, und erklärte das Konzil, das ihn zum Tode verurteilt hatte, des Mordes schuldig. Seine Lehren erregten nun größere Aufmerksamkeit als je zuvor. Wiklifs Schriften waren durch päpstliche Erlasse den Flammen übergeben worden; alle, die jedoch der Vernichtung entgangen waren, wurden nun aus ihren Verstecken hervorgeholt und in Verbindung mit der Bibel oder Teilen der Bibel, die das Volk sich zu verschaffen vermochte, studiert. Viele Seelen fühlten sich auf diese Weise gedrungen, den reformierten Glauben anzunehmen und ihn auszuleben.

32 Bonnechose, ebd., 3. Buch, S. 185. 186

33 Theobald, „Hussitenkrieg", S. 168

Hus' Mörder sahen dem Sieg seiner Sache keineswegs tatenlos zu. Papst und Kaiser vereinigten sich, um der Bewegung ein Ende zu machen, und Sigismunds Heere stürzten sich auf Böhmen.

Aber es erstand Böhmen ein Befreier. Ziska, der bald nach Beginn des Krieges völlig sein Augenlicht verlor, aber dennoch einer der tüchtigsten Feldherrn seines Zeitalters war, führte die Böhmen. Auf die Hilfe Gottes und die Gerechtigkeit seiner Sache vertrauend, widerstand dies Volk den mächtigsten Heeren, die ihm gegenübergestellt werden konnten. Wiederholt hob der Kaiser neue Armeen aus und drang in Böhmen ein, um erneut schimpflich zurückgeschlagen zu werden. Die Hussiten waren über die Todesfurcht erhaben, und nichts konnte ihnen standhalten. Wenige Jahre nach Kriegsbeginn starb der tapfere Ziska; seine Stelle füllte Prokop der Große aus, ein ebenso mutiger und geschickter Feldherr, ja in mancher Beziehung ein noch fähigerer Anführer.

Als der blinde Krieger tot war, betrachteten die Feinde der Böhmen die Gelegenheit für günstig, alles, was sie verloren hatten, wiederzugewinnen. Der Papst kündigte einen Kreuzzug gegen die Hussiten an; wiederum warf sich eine ungeheure Streitmacht auf Böhmen, und abermals wurde sie vernichtend geschlagen. Ein neuer Kreuzzug wurde angekündigt. In allen katholischen Ländern Europas wurden Männer zusammengerufen, Geld und Waffen gesammelt. Große Scharen strömten unter der päpstlichen Fahne zusammen im Vertrauen darauf, daß den hussitischen Ketzern schließlich ein Ende gemacht werde. Siegesgewiß drang das riesige Heer in Böhmen ein. Das Volk sammelte sich, um es zurückzuschlagen. Die beiden Heere marschierten aufeinander zu, bis nur noch ein Fluß zwischen ihnen lag. Die Kreuzfahrer waren an Zahl weit überlegen; doch anstatt kühn über den Fluß zu setzen und die Hussiten anzugreifen, wozu sie doch von so weit her gekommen waren, standen sie schweigend und blickten auf die Krieger. Die Scharen des Kaisers überkam plötzlich ein seltsamer Schrecken. Fast ohne Schwertstreich wich das kaiserliche Heer vor den anmarschierenden Hussiten zurück, löste sich schließlich auf und zerstreute sich, von der furchtgebietenden Streitmacht der Hussiten verjagt. Sehr viele wurden von dem hussitischen Heer, das die Flüchtlinge verfolgte, erschlagen, und ungeheure Beute fiel in die Hände der

Sieger, so daß der Krieg, statt die Böhmen arm zu machen, sie bereicherte.[34]

Wenige Jahre später wurde unter einem neuen Papst wiederum ein Kreuzzug unternommen, und zwar schaffte man wie zuvor aus allen päpstlichen Ländern Europas Männer und Mittel herbei. Große Vorteile wurden denen, die sich an diesem gefährlichen Unternehmen beteiligen würden, in Aussicht gestellt, so eine völlige Vergebung der abscheulichsten Sünden. Allen, die im Kriege umkämen, verhieß man eine reichliche Belohnung im Himmel, und die Überlebenden sollten auf dem Schlachtfeld Ehre und Reichtum ernten. Ein großes Heer wurde zusammengestellt, das die Grenze überschreitend in Böhmen eindrang. Die hussitischen Streitkräfte zogen sich bei seinem Herannahen zurück, lockten die Eindringlinge immer tiefer ins Land und verleiteten sie dadurch zu der Annahme, den Sieg bereits in der Tasche zu haben. Schließlich machte das Heer des Prokop halt, wandte sich gegen den Feind und ging zum Angriff über. Die Kreuzfahrer, ihren Irrtum entdeckend, blieben in ihrem Lager und erwarteten den Angriff. Als sie das Getöse der herannahenden Streitkräfte vernahmen, ergriff sie Schrecken,* noch ehe sie die Hussiten zu Gesicht bekamen; Fürsten, Feldherrn und gemeine Soldaten warfen ihre Rüstungen weg und flohen in alle Richtungen. Umsonst versuchte der päpstliche Gesandte, der Anführer des eingefallenen Heeres, seine erschreckten und aufgelösten Truppen wieder zu sammeln. Trotz seiner äußersten Bemühungen wurde er selbst vom Strom der Fliehenden mitgerissen. Die Niederlage war vollständig, und wieder fiel ungeheure Beute in die Hände der Sieger.

So floh zum zweitenmal ein gewaltiges Heer, eine Schar tapferer, kriegstüchtiger, zur Schlacht geschulter und gerüsteter Männer, die von den mächtigsten Nationen Europas ausgesandt worden waren, fast ohne einen Schwertstreich vor den Verteidigern eines unbedeutenden und bisher schwachen Volkes. Hier offenbarte sich göttliche Macht. Die kaiserlichen Soldaten waren von einem übernatürlichen Schrecken erfaßt worden. Der die Scharen Pharaos im Roten Meer vernichtete, der die Midianiter vor Gideon und seinen dreihundert Mann in die

34 Wylie, „History of Protestantism", 3. Buch, Kap. 17; Oncken, „Allgemeine Geschichte", dort: Prutz, „Staatengeschichte des Abendlandes im Mittelalter", Bd. II, S. 397–408

Flucht schlug, der in einer Nacht die Streitkräfte der stolzen Assyrer zerstörte, hatte abermals seine Hand ausgestreckt, die Macht der Gegner zu verderben. „Da fürchten sie sich aber, wo nichts zu fürchten ist; denn Gott zerstreut die Gebeine derer, die dich belagern. Du machst sie zu Schanden; denn Gott verschmäht sie." [35]

Als schließlich die päpstlichen Führer am Widerstand der Hussiten zu verzweifeln drohten, hielten sie sich an den Verhandlungsweg, und es kam ein Vergleich zustande, der, während er scheinbar den Böhmen Gewissensfreiheit gewährte, sie eigentlich in die Gewalt Roms verriet. Die Böhmen hatten vier Punkte als Bedingung eines Friedens mit Rom angegeben: freie Predigt des göttlichen Wortes; die Berechtigung der ganzen Gemeinde zum Brot und Wein beim Abendmahl und den Gebrauch der Muttersprache beim Gottesdienst; den Ausschluß der Geistlichkeit von allen weltlichen Ämtern und weltlicher Gewalt; und bei Vergehen gegen das Gesetz die gleiche Gerichtsbarkeit bürgerlicher Gerichtshöfe über Geistliche und Laien. Die päpstlichen Machthaber kamen „schließlich dahin überein, die vier Artikel der Hussiten anzunehmen; aber das Recht ihrer Auslegung, also die Bestimmung ihrer genauen Bedeutung sollte dem Konzil – mit andern Worten dem Papst und dem Kaiser – zustehen". [36] Auf dieser Grundlage wurde eine Übereinkunft geschlossen, und Rom gewann durch Hinterlist und Betrug, was es durch Waffengewalt vergebens zu erlangen gesucht hatte; denn indem es die hussitischen Artikel,* wie auch die Bibel, auf seine Weise auslegte, konnte es ihren Sinn verdrehen und dabei an seinen eigenen Absichten festhalten.

Viele Böhmen konnten, weil sie sahen, daß dadurch ihre Freiheit verraten wurde, dem Vertrag nicht zustimmen. Es entstanden Uneinigkeit und Spaltungen, die unter ihnen selbst zu Streit und Blutvergießen führten. In diesem Kampf fiel der edle Prokop, und die Freiheit Böhmens ging unter.

Sigismund, der Verräter des Hus und des Hieronymus, wurde nun König von Böhmen, und ohne Rücksicht auf seinen Eid, die Rechte der Böhmen zu unterstützen, begann er, das Papsttum wiedereinzuführen. Durch seine Willfährigkeit gegenüber Rom hatte er jedoch wenig

35 Ps. 53, 6

36 Wylie, ebd., 3. Buch, Kap. 18; Czerwenka, „Geschichte der evangelischen Kirche in Böhmen", Bd. I, S. 197

gewonnen. Zwanzig Jahre lang war sein Leben mit Arbeit und Gefahren angefüllt gewesen; seine Heere waren aufgerieben und seine Schätze durch einen langen und fruchtlosen Kampf erschöpft; und nun, nachdem er ein Jahr regiert hatte, starb er und ließ sein Reich am Rande eines Bürgerkrieges, der Nachwelt aber einen schmachbedeckten Namen zurück.

Aufruhr, Streit und Blutvergießen folgten einander; fremde Heere drangen wiederum in Böhmen ein, und innere Zwietracht zerrüttete weiterhin das Volk. Die dem Evangelium treu blieben, waren einer blutigen Verfolgung ausgesetzt.

Während ihre früheren Brüder einen Vertrag mit Rom schlossen und dessen Irrtümer annahmen, bildeten die, welche zum alten Glauben hielten, unter dem Namen „Vereinte Brüder" eine getrennte Gemeinde. Dieser Schritt zog ihnen die Verwünschung aller Klassen zu. Dennoch blieb ihre Festigkeit unerschüttert. Gezwungen, in den Wäldern und Höhlen Zuflucht zu suchen, versammelten sie sich auch dann noch in ihren Zufluchtsstätten, um Gottes Wort zu lesen und ihn gemeinsam anzubeten.

Durch Boten, die sie heimlich in verschiedene Länder aussandten, erfuhren sie, daß hier und da „vereinzelte Bekenner der Wahrheit lebten, etliche in dieser, etliche in jener Stadt, die wie sie verfolgt wurden, und daß es in den Alpen eine alte Gemeinde gebe, die auf der Grundlage der Schrift stehe und gegen die abgöttischen Verderbnisse Roms Einspruch erhebe".[37] Diese Kunde wurde mit großer Freude begrüßt und ein schriftlicher Verkehr mit den Waldensern, um die es sich hierbei handelte, aufgenommen.

Dem Evangelium treu, harrten die Böhmen die lange Nacht ihrer Verfolgung hindurch aus, selbst in der dunkelsten Stunde ihre Augen dem Horizont zugewandt, wie Menschen, die auf den Morgen warten. „Ihr Los fiel in böse Tage; aber sie erinnerten sich der Worte, die Hus ausgesprochen und Hieronymus wiederholt hatte, daß ein Jahrhundert verstreichen müsse, ehe der Tag hereinbrechen könne. Diese Worte waren für die Taboriten [Hussiten] das, was Josephs Worte den Stämmen im Hause der Knechtschaft waren: ‚Ich sterbe, und Gott wird euch heimsuchen und aus diesem Lande führen.' "[38]

37 Wylie, ebd., 3. Buch, Kap. 19

38 Wylie, ebd.

„Die letzten Jahre des 15. Jahrhunderts bezeugen den langsamen aber sicheren Zuwachs der Brüdergemeinden. Obgleich sie durchaus nicht unbelästigt blieben, erfreuten sie sich verhältnismäßiger Ruhe. Am Anfang des 16. Jahrhunderts zählten sie in Böhmen und Mähren über zweihundert Gemeinden.“ [39] – „So groß war die Zahl der Übriggebliebenen, die der verheerenden Wut des Feuers und des Schwertes entgangen waren und die Dämmerung jenes Tages sehen durften, den Hus vorhergesagt hatte.“ [40]

39 Gillett, „The Life and Times of John Huss“, 3. Aufl., Bd. II, S. 570
40 Wylie, ebd., 3. Buch, Kap. 19

Luthers Trennung von Rom | 7

Unter denen, die berufen wurden, die Gemeinde aus der Finsternis in das Licht eines reineren Glaubens zu führen, stand Martin Luther an vorderster Stelle. Eifrig, feurig und hingebungsvoll kannte er kein Bangen außer der Gottesfurcht und ließ keine andere Grundlage für den religiösen Glauben gelten als die Heilige Schrift. Luther war der Mann für seine Zeit; durch ihn führte Gott ein großes Werk für die Reformation der Kirche und die Erleuchtung der Welt aus.

Gleich den ersten Herolden des Evangeliums stammte Luther aus einer einfachen, wenig begüterten Familie. Seine frühe Kindheit brachte er in dem bescheidenen Heim eines deutschen Landmannes zu. Durch tägliche harte Arbeit als Bergmann verdiente sein Vater die Mittel zu seiner Erziehung. Er bestimmte ihn zum Rechtsgelehrten; aber nach Gottes Willen sollte aus ihm ein Baumeister werden an dem großen Tempel, der sich im Laufe der Jahrhunderte langsam erhob. Mühsal, Entbehrung und strenge Manneszucht waren die Schule, in der die unendliche Weisheit Luther für seine außerordentliche Lebensaufgabe vorbereitete.

Luthers Vater war ein Mann von tatkräftigem, emsigem Geist und großer Charakterstärke, ehrlich, entschlossen und aufrichtig. Er stand zu dem, was er als seine Pflicht erkannt hatte, ganz gleich, welche Folgen dies haben mochte. Sein echter, gesunder Menschenverstand ließ ihn das Mönchswesen mit Mißtrauen betrachten. Er war höchst unzufrieden, als Luther ohne seine Einwilligung in ein Kloster eintrat. Es dauerte zwei Jahre, ehe sich der Vater mit seinem Sohn ausgesöhnt hatte, und selbst dann blieben seine Ansichten dieselben.

Luthers Eltern verwandten große Sorgfalt auf die Erziehung und Ausbildung ihrer Kinder. Sie bemühten sich, sie in der Gotteserkenntnis und in der Ausübung christlicher Tugenden zu unterweisen. Oft hörte der Sohn das Gebet des Vaters zum Himmel emporsteigen, daß das Kind des Namens des Herrn gedenken und einmal die Wahrheit mit fördern helfen möge. Soweit es ihr arbeitsreiches Leben zuließ, nutzten die Eltern eifrig jede Möglichkeit, sittlich und geistig weiterzukommen. Ihre Bemühungen, ihre Kinder für ein Leben der Frömmigkeit und Nützlichkeit zu erziehen, waren ernsthaft und ausdauernd. In ihrer Entschiedenheit und Charakterfestigkeit verlangten sie von ihren Kindern zuweilen etwas zu viel; aber der Reformator selbst fand an ihrer Erziehungsweise mehr zu billigen als zu tadeln, obwohl er sich in mancher Beziehung bewußt war, daß sie geirrt hatten.

In der Schule, die er schon in jungen Jahren besuchte, wurde Luther streng, ja geradezu hart behandelt. Die Armut seiner Eltern war so groß, daß er, als er das Vaterhaus verließ, um die Schule eines andern Ortes zu besuchen, eine Zeitlang genötigt war, sich seinen Unterhalt als Kurrende-Sänger zu erwerben, wobei er oft Hunger litt. Die damals herrschenden finsteren, abergläubischen Vorstellungen von der Religion erfüllten ihn mit Furcht. Er legte sich abends mit sorgenschwerem Herzen nieder, sah mit Zittern in die dunkle Zukunft und schwebte in ständiger Furcht, wenn er an Gott dachte, in dem er mehr einen harten, unerbittlichen Richter und grausamen Tyrannen als einen liebevollen himmlischen Vater sah.

Dennoch strebte Luther unter sehr vielen und großen Entmutigungen entschlossen vorwärts, dem hohen Ziel sittlicher und geistiger Vortrefflichkeit zu, das seine Seele anzog. Ihn dürstete nach Erkenntnis, und sein ernster und praktisch veranlagter Charakter verlangte eher nach dem Dauerhaften und Nützlichen als nach Schein und Oberflächlichkeiten.

Als er mit achtzehn Jahren die Universität in Erfurt bezog, war seine Lage günstiger und seine Aussichten waren erfreulicher als in seinen jüngeren Jahren. Da es seine Eltern durch Fleiß und Sparsamkeit zu einigem Wohlstand gebracht hatten, waren sie imstande, ihm alle nötige Hilfe zu gewähren; auch hatte der Einfluß verständiger Freunde die düsteren Wirkungen seiner früheren Erziehung etwas gemildert. Er studierte nun eifrig die besten Schriftsteller, bereicherte sein Verständnis mit ihren wichtigsten Gedanken und eignete sich die

Weisheit der Weisen an. Sogar unter der rauhen Zucht seiner ehemaligen Lehrmeister hatte er schon früh zu Hoffnungen berechtigt, daß er sich einmal auszeichnen könnte, und unter günstigen Einflüssen entwickelte sich sein Geist jetzt schnell. Ein gutes Gedächtnis, ein lebhaftes Vorstellungsvermögen, eine überzeugende Urteilskraft und unermüdlicher Fleiß ließen ihn bald einen Platz in den vordersten Reihen seiner Gefährten gewinnen. Die geistige Erziehung reifte seinen Verstand und erweckte eine Geistestätigkeit und einen Scharfblick, die ihn für die Kämpfe seines Lebens vorbereiteten.

Die Furcht des Herrn wohnte in Luthers Herzen; sie befähigte ihn, an seinen Vorsätzen festzuhalten und führte ihn zu tiefer Demut vor Gott. Er war sich ständig seiner Abhängigkeit von der göttlichen Hilfe bewußt und versäumte nicht, jeden Tag mit Gebet zu beginnen, während sein Herz ständig um Führung und Beistand flehte. Oft sagte er: „Fleißig gebetet ist über die Hälfte studiert.“[1]

Als Luther eines Tages in der Universitätsbibliothek die Bücher durchschaute, entdeckte er eine lateinische Bibel. Solch ein Buch hatte er nie zuvor gesehen, wie er selbst bezeugte: „Da ich zwanzig Jahr alt war, hatte ich noch keine gesehen. Ich meinte, es wären keine Evangelien noch Episteln mehr, denn die in den Postillen sind.“[2] Nun blickte er zum erstenmal auf das ganze Wort Gottes. Mit ehrfürchtigem Staunen wendete er die heiligen Blätter um; mit beschleunigtem Puls und klopfendem Herzen las er selbst die Worte des Lebens, hin und wieder anhaltend, um auszurufen: „Oh, daß Gott mir solch ein Buch als mein Eigentum geben wollte!“ Engel Gottes standen ihm zur Seite, und Strahlen des Lichtes vom Thron des Höchsten enthüllten seinem Verständnis die Schätze der Wahrheit. Er hatte sich stets gefürchtet, Gott zu beleidigen; jetzt aber ergriff ihn wie nie zuvor eine tiefe Überzeugung seines sündhaften Zustandes.

Das aufrichtige Verlangen, von Sünden frei zu sein und Frieden mit Gott zu haben, veranlaßte ihn schließlich, in ein Kloster einzutreten und ein Mönchsleben zu führen. Hier mußte er sich den niedrigsten Arbeiten unterziehen und von Haus zu Haus betteln. Er stand in dem Alter, in dem man sich am meisten nach Achtung und Anerkennung

1 Mathesius, „Luther-Historien“, S. 3
2 „D. Martin Luthers sämtliche Werke“, Erlanger Ausgabe, LX, S. 255

sehnt, und fühlte sich in seinen natürlichen Gefühlen durch diese niedrige Beschäftigung tief gekränkt; aber geduldig ertrug er die Demütigung, weil er glaubte, daß es um seiner Sünden willen notwendig sei.

Jeden Augenblick, den er von seinen täglichen Pflichten erübrigen konnte, verwandte er aufs Studium; er gönnte sich wenig Schlaf und nahm sich kaum die Zeit für seine bescheidenen Mahlzeiten. Vor allem andern erfreute ihn das Studium des Wortes Gottes. Er hatte an der Klostermauer angekettet eine Bibel gefunden und zog sich oft zu ihr zurück. Je mehr er von seinen Sünden überzeugt wurde, desto stärker suchte er durch eigene Werke Vergebung und Frieden zu erlangen. Er führte ein außerordentlich strenges Leben und bemühte sich, das Böse seines Wesens, von dem sein Mönchstum ihn nicht zu befreien vermocht hatte, durch Fasten, Wachen und Kasteien zu besiegen. Er schreckte vor keinem Opfer zurück, das ihm möglicherweise zur Reinheit des Herzens verhelfen könnte, die ihm vor Gott Anerkennung brächte. „Wahr ist's, ein frommer Mönch bin ich gewesen, und habe so gestrenge meinen Orden gehalten, daß ich's sagen darf: ist je ein Mönch gen Himmel gekommen durch Möncherei, so wollte ich auch hineingekommen sein; denn ich hätte mich (wo es länger gewährt hätte) zu Tode gemartert mit Wachen, Beten, Lesen und anderer Arbeit."[3] Infolge dieser schmerzhaften Zucht wurde er immer schwächer und litt an Ohnmachtsanfällen, von deren Auswirkungen er sich nie ganz erholte. Aber trotz aller Anstrengungen fand seine angsterfüllte Seele keine Erleichterung, sondern wurde immer verzweifelter.

Als es Luther schien, daß alles verloren sei, erweckte Gott ihm einen Helfer und Freund. Der fromme Staupitz öffnete seinem Verständnis das Wort Gottes und riet ihm, seine Aufmerksamkeit von sich selbst abzulenken und mit den Betrachtungen über eine ewige Strafe für die Übertretung des Gesetzes Gottes aufzuhören und auf Jesus, seinen sündenvergebenden Heiland, zu schauen. „Statt dich wegen deiner Sünden zu kasteien, wirf dich in die Arme des Erlösers. Vertraue auf ihn – auf die Gerechtigkeit seines Lebens – auf die Versöhnung in seinem Tode. Horch auf den Sohn Gottes. Er ist Mensch geworden, dir die Gewißheit seiner göttlichen Gunst zu geben." – „Liebe ihn, der

3 Luther, EA, XXXI, S. 273

dich zuerst geliebt hat.“ [4] So sprach dieser Bote der Gnade. Seine Worte machten tiefen Eindruck auf Luthers Gemüt. Nach manchem Kampf mit langgehegten Irrtümern erfaßte er die Wahrheit, und Friede zog in seine gequälte Seele ein.

Luther wurde zum Priester geweiht und aus dem Kloster als Professor an die Universität Wittenberg berufen. Hier widmete er sich dem Studium der Heiligen Schrift in den Grundtexten, begann darüber Vorlesungen zu halten und erschloß das Buch der Psalmen, die Evangelien und Briefe dem Verständnis von Scharen begeisterter Zuhörer. Staupitz nötigte ihn, die Kanzel zu besteigen und das Wort Gottes zu predigen. Luther zögerte, da er sich unwürdig fühlte, als Bote Christi zum Volk zu reden. Nur nach langem Widerstreben gab er den Bitten seiner Freunde nach. Die Wahrheiten der Heiligen Schrift erfüllten ihn schon stark, und Gottes Gnade ruhte auf ihm. Seine Beredsamkeit fesselte die Zuhörer, die Klarheit und Macht in der Darstellung der Wahrheit überzeugte ihren Verstand, und seine Inbrunst bewegte die Herzen.

Luther war noch immer ein treuer Sohn der päpstlichen Kirche und dachte nicht daran, je etwas anderes zu sein. Nach der Vorsehung Gottes bot sich ihm Gelegenheit, Rom zu besuchen. Er machte die Reise zu Fuß, wobei er in den am Wege liegenden Klöstern Herberge fand. Verwunderung erfüllte ihn, als er in einem Kloster in Italien den Reichtum, die Pracht und den Aufwand dieser Stätten sah. Mit einem fürstlichen Einkommen beschenkt, wohnten die Mönche in glänzenden Gemächern, kleideten sich in die reichsten und köstlichsten Gewänder und führten eine üppige Tafel. Schmerzlich besorgt, verglich Luther dieses Schauspiel mit der Selbstverleugnung und der Mühsal seines eigenen Lebens. Seine Gedanken wurden verwirrt.

Endlich erblickte er aus der Ferne die Stadt der sieben Hügel. Tief bewegt warf er sich auf die Erde nieder und rief: „Sei mir gegrüßt, du heiliges Rom!“ Er betrat die Stadt, besuchte die Kirchen, lauschte den von den Priestern und Mönchen vorgetragenen Wundererzählungen und erfüllte alle vorgeschriebenen Zeremonien. Überall boten sich ihm Szenen, die ihn in Erstaunen und Schrecken versetzten. Er sah, daß unter allen Klassen der Geistlichkeit das Laster herrschte. Von den

4 Walch, „D. Martin Luthers sämtliche Schriften“, II, S. 264

Lippen der Geistlichen mußte er unanständige Redensarten hören. Ihr gottloses Wesen, selbst während der Messe, entsetzte ihn. Als er sich unter die Mönche und Bürger mischte, fand er Verschwendung und Ausschweifung. Wohin er sich auch wandte, er traf statt Heiligkeit Entweihung. „Niemand glaubt, was zu Rom für Büberei und greulich Sünde und Schande gehen . . . er sehe, höre und erfahre es denn. Daher sagt man: ‚Ist irgendeine Hölle, so muß Rom drauf gebaut sein; denn da gehen alle Sünden im Schwang.' "[5]

Durch einen kurz vorher veröffentlichten Erlaß war vom Papst allen denen Ablaß verheißen worden, die auf den Knien die „Pilatusstiege" hinaufrutschen würden, von der gesagt wird, unser Heiland sei darauf herabgestiegen, als er das römische Gerichtshaus verließ, und sie sei durch ein Wunder von Jerusalem nach Rom gebracht worden.[6] Luther erklomm eines Tages andächtig diese Treppe, als plötzlich eine donnerähnliche Stimme zu ihm zu sagen schien: „Der Gerechte wird seines Glaubens leben!"[7] In Scham und Schrecken sprang er auf und floh von dieser Stätte. Jene Bibelstelle verlor nie ihre Wirkung auf seine Seele. Von jener Zeit an sah er deutlicher als je zuvor die Täuschung, auf Menschenwerke zu vertrauen, um Erlösung zu erlangen, und ebenso deutlich sah er die Notwendigkeit eines unerschütterlichen Glaubens an die Verdienste Christi. Seine Augen waren geöffnet worden, um nie wieder verschlossen zu werden. Als er Rom den Rücken kehrte, hatte er sich auch in seinem Herzen von Rom abgewandt, und von jener Zeit an wurde die Kluft immer tiefer, bis er schließlich alle Verbindung mit der päpstlichen Kirche abschnitt.

Einige Zeit nach seiner Rückkehr aus Rom wurde Luther von der Universität zu Wittenberg der Titel eines Doktors der Theologie verliehen. Nun stand es ihm frei, sich wie nie zuvor der Heiligen Schrift zu widmen, die er liebte. Er hatte das feierliche Gelöbnis abgelegt, alle Tage seines Lebens Gottes Wort, und nicht die Aussprüche und Lehren der Päpste, zu studieren und gewissenhaft zu predigen. Er war nicht länger der einfache Mönch oder Professor, sondern der bevollmächtigte Verkünder der Heiligen Schrift; er war zu einem Hirten berufen, die Herde zu weiden, die nach der Wahrheit hungerte und dürstete.

5 Luther, EA, LXII, S. 441
6 Ranke, „Geschichte im Zeitalter der Reformation", 8. Auflage, I, S. 200
7 Röm. 1, 17

Mit Bestimmtheit erklärte er, die Christen sollten keine anderen Lehren annehmen, als die, welche auf der Autorität der Heiligen Schrift beruhten. Diese Worte trafen ganz und gar die Grundlage der päpstlichen Oberherrschaft; sie enthielten den wesentlichen Grundsatz der Reformation.

Luther erkannte die Gefahr, menschliche Lehrsätze über das Wort Gottes zu erheben. Furchtlos griff er den spitzfindigen Unglauben der Schulgelehrten an und trat der Philosophie und Theologie, die so lange einen herrschenden Einfluß auf das Volk ausgeübt hatten, entgegen. Er verwarf deren Bemühen nicht nur als wertlos, sondern auch als verderblich und suchte die Gemüter seiner Zuhörer von den Trugschlüssen der Philosophen und Theologen abzuwenden und auf die ewigen Wahrheiten hinzulenken, die die Propheten und Apostel verkündigten.

Köstlich war die Botschaft, die er der lebhaft anteilnehmenden Menge, die an seinen Lippen hing, bringen durfte. Nie zuvor waren solche Lehren an ihre Ohren gedrungen. Die frohe Kunde von der Liebe des Heilandes, die Gewißheit der Vergebung und des Friedens durch das versöhnende Blut Christi erfreute ihre Herzen und füllte sie mit einer unvergänglichen Hoffnung. In Wittenberg war ein Licht angezündet worden, dessen Strahlen die fernsten Teile der Erde erreichen und bis zum Ende der Zeit an Glanz und Klarheit mehr und mehr zunehmen sollten.

Aber Licht und Finsternis können sich nicht vertragen, und zwischen Wahrheit und Irrtum besteht ein unvermeidbarer Kampf. Das eine aufrechterhalten und verteidigen heißt das andere angreifen und umstürzen. Unser Heiland selbst erklärte: „Ich bin nicht gekommen, Frieden zu senden, sondern das Schwert",[8] und Luther schrieb einige Jahre nach Beginn der Reformation: „Gott reißt, treibt und führt mich; ich bin meiner nicht mächtig; ich will stille sein und werde mitten in den Tumult hineingerissen."[9] – Er sollte nun in den Kampf gedrängt werden.

Die katholische Kirche hatte die Gnade Gottes zu einem Handelsgut herabgewürdigt. Die Tische der Geldwechsler waren neben den Altären

8 Matth. 10, 34
9 Enders, „D. Martin Luthers Briefwechsel", Bd. I, S. 430, 20. Februar 1519

aufgestellt, und das Geschrei der Käufer und Verkäufer erfüllte die Luft.[10] Unter dem Vorwand, Mittel für den Bau der Peterskirche in Rom zu erheben, wurden namens der Autorität des Papstes öffentlich Sündenablässe zum Verkauf angeboten. Mit Frevelgeld sollte ein Tempel zur Anbetung Gottes errichtet, der Grundstein mit dem Lösegeld von der Sünde gelegt werden. Aber gerade das zu Roms Erhebung ergriffene Mittel veranlaßte den tödlichsten Schlag gegen seine Macht und Größe, erweckte die entschlossensten und erfolgreichsten Gegner des Papsttums und führte zu dem Kampf, der den päpstlichen Thron erschütterte und die dreifache Krone auf dem Haupt des römischen Oberpriesters ins Wanken brachte.

Der römische Beauftragte Tetzel, dazu bestimmt in Deutschland den Verkauf von Ablässen zu leiten, war der gemeinsten Vergehen gegen die menschliche Gesellschaft und das Gesetz Gottes überführt worden; nachdem er jedoch der seinen Verbrechen angemessenen Strafe entronnen war, wurde er mit der Förderung der gewinnsüchtigen und gewissenlosen Pläne des Papstes beauftragt. In herausfordernder Weise wiederholte er die schamlosesten Lügen und erzählte Wundergeschichten, um das unwissende, leichtgläubige und abergläubische Volk zu täuschen. Hätten sie das Wort Gottes besessen, wären sie nicht so hintergangen worden. Die Heilige Schrift wurde ihnen vorenthalten, damit sie unter der Herrschaft des Papsttums blieben und dazu beitrügen, die Macht und den Reichtum seiner ehrgeizigen Führer zu mehren.

Wenn der Dominikaner Tetzel, der den Ablaßhandel leitete,* eine Stadt betrat, ging ein Bote vor ihm her und verkündigte: „Die Gnade Gottes und des heiligen Vaters ist vor den Toren." Und das Volk bewillkommnete den gotteslästerlichen Betrüger, daß „man hätte nicht wohl Gott selber schöner empfangen und halten können".[11] Der schändliche Handel ging in der Kirche vor sich; Tetzel bestieg die Kanzel und pries die Ablässe als eine kostbare Gabe Gottes. Er erklärte, daß durch seine Ablaßzettel dem Käufer alle Sünden, „auch noch so ungeheuerliche, welche der Mensch noch begehen möchte", verziehen würden. „Es wäre nicht Not, Reue noch Leid oder Buße für die Sünde zu haben." Seine Ablässe besäßen die Kraft, Lebende und

10 Vgl. Matth. 21, 12 11 v. Dorneth, „Martin Luther", S. 102

Tote zu retten; „wenn einer Geld in den Kasten legt für eine Seele im Fegfeuer, sobald der Pfennig auf den Boden fiel und klünge, so führe die Seele heraus gen Himmel“. [12]

Als Simon der Zauberer sich von den Aposteln die Macht, Wunder zu wirken, erkaufen wollte, antwortete ihm Petrus: „Daß du verdammt werdest mit deinem Gelde, darum daß du meinst, Gottes Gabe werde durch Geld erlangt!“ [13] Aber Tetzels Anerbieten wurde von Tausenden gierig ergriffen. Gold und Silber flossen in seinen Kasten. Eine Seligkeit, die mit Geld erkauft werden konnte, war leichter zu erlangen als eine solche, die Reue, Glauben und eifrige Anstrengungen erforderte, der Sünde zu widerstehen und sie zu überwinden.

Der Ablaßlehre hatten sich schon gelehrte und fromme Männer in der römischen Kirche widersetzt, und es gab viele, welche den Behauptungen, die der Vernunft und der Offenbarung zuwider waren, nicht vertrauten. Kein Geistlicher wagte es indessen, seine Stimme gegen diesen gottlosen Handel zu erheben; aber die Gemüter der Menschen wurden beunruhigt und ängstlich, und viele fragten sich ernsthaft, ob Gott nicht durch irgendein Werkzeug die Reinigung seiner Kirche bewirken würde.

Obwohl Luther noch immer ein sehr eifriger Anhänger des Papstes war, erfüllten ihn die gotteslästerlichen Anmaßungen der Ablaßkrämer mit Entsetzen. Viele aus seiner eigenen Gemeinde hatten sich Ablaßbriefe gekauft und kamen bald zu ihrem Beichtvater, bekannten ihre verschiedenen Sünden und erwarteten Freisprechung, nicht weil sie bußfertig waren und sich bessern wollten, sondern auf Grund des Ablasses. Luther verweigerte ihnen die Freisprechung und warnte sie, daß sie, wenn sie nicht bereuten und ihren Wandel änderten, in ihren Sünden umkämen. In großer Bestürzung suchten sie Tetzel auf und klagten ihm, daß ihr Beichtvater seine Briefe verworfen habe; ja, einige forderten kühn die Rückgabe ihres Geldes. Der Mönch wurde zornig. Er äußerte die schrecklichsten Verwünschungen, ließ etliche Male auf dem Markt ein Feuer anzünden und „weiset damit, wie er vom Papste Befehl hätte, die Ketzer, die sich wider den Allerheiligsten, den Papst und seinen allerheiligsten Ablaß legten, zu verbrennen“. [14]

12 Luther, EA, XXVI, S. 69 f., „Wider Hans Wurst“
13 Apg. 8, 20
14 Luther, Walch XV, S. 471

Luther nahm nun kühn sein Werk als Kämpfer für die Wahrheit auf. Seine Stimme war in ernster, feierlicher Warnung von der Kanzel zu hören. Er zeigte dem Volk das Schädliche der Sünde und lehrte, daß es für den Menschen unmöglich sei, durch seine eigenen Werke die Schuld zu verringern oder der Strafe zu entrinnen. Nichts als die Buße vor Gott und der Glaube an Christus könne den Sünder retten. Gottes Gnade könne nicht erkauft werden; sie sei eine freie Gabe. Er riet dem Volk, keine Ablässe zu kaufen, sondern gläubig auf den gekreuzigten Erlöser zu schauen. Er erzählte seine eigene schmerzliche Erfahrung, als er umsonst versucht hatte, sich durch Demütigung und Buße Erlösung zu verschaffen, und versicherte seinen Zuhörern, daß er Friede und Freude gefunden habe, als er von sich selbst wegsah und an Christus glaubte.

Als Tetzel seinen Handel und seine gottlosen Behauptungen fortsetzte, entschloß sich Luther zu einem wirksameren Widerstand gegen die schreienden Mißbräuche. Bald bot sich hierzu Gelegenheit. Die Schloßkirche zu Wittenberg war im Besitz vieler Reliquien, die an gewissen Festtagen für das Volk ausgestellt wurden. Vergebung der Sünden gewährte man allen, die dann die Kirche besuchten und beichteten. Demzufolge war das Volk an diesen Tagen in großer Zahl dort zu finden.

Eine der wichtigsten Gelegenheiten, das Fest „Allerheiligen", stand vor der Tür. Am Tage zuvor schloß Luther sich der Menge an, die bereits auf dem Wege nach der Kirche war und heftete einen Bogen mit 95 Thesen gegen die Ablaßlehre an die Kirchentür. Er erklärte sich bereit, am folgenden Tag in der Universität diese Sätze gegen alle, die sie angreifen würden, zu verteidigen.

Seine Thesen zogen die allgemeine Aufmerksamkeit auf sich. Sie wurden wieder und wieder gelesen und nach allen Richtungen hin wiederholt. Große Aufregung entstand in der Universität und in der ganzen Stadt. Durch diese Thesen wurde gezeigt, daß die Macht, Vergebung der Sünden zu gewähren und ihre Strafe zu erlassen, nie dem Papst oder irgendeinem andern Menschen übergeben worden war. Der ganze Plan sei ein Betrug, ein Kunstgriff, um Geld zu erpressen, indem man den Aberglauben des Volkes ausbeute — eine List Satans, um die Seelen aller zu verderben, die sich auf seine lügenhaften

Vorspiegelungen verließen. Ferner wurde klar dargelegt, daß das Evangelium Christi der kostbarste Schatz der Kirche ist und daß die darin offenbarte Gnade Gottes allen frei gewährt wird, die sie in Reue und Glauben suchen.

Luthers Thesen forderten zur Diskussion heraus; aber niemand wagte es, die Herausforderung anzunehmen. Die von ihm gestellten Fragen waren in wenigen Tagen in ganz Deutschland bekannt und erschollen in wenigen Wochen durch die ganze Christenheit. Viele ergebene Römlinge, welche die in der Kirche herrschende schreckliche Ungerechtigkeit gesehen und beklagt, aber nicht gewußt hatten, wie sie deren Fortgang aufhalten sollten, lasen die Sätze mit großer Freude und erkannten in ihnen die Stimme Gottes. Sie fühlten, daß der Herr gnädig seine Hand ausgestreckt hatte, um die rasch anschwellende Flut der Verderbnis aufzuhalten, die vom römischen Stuhl ausging. Fürsten und Beamte freuten sich im geheimen, daß der anmaßenden Gewalt, die behauptete, gegen ihre Beschlüsse dürfe kein Einwand erhoben werden, Zügel angelegt werden sollten.

Aber die sündenliebende und abergläubische Menge entsetzte sich, als die Spitzfindigkeiten, die ihre Furcht beseitigt hatten, hinweggefegt wurden. Verschlagene Geistliche, die in ihrem Treiben, das Verbrechen zu billigen, gestört wurden und ihren Gewinn gefährdet sahen, gerieten in Wut und vereinigten sich in dem Bemühen, ihre Behauptungen aufrechtzuerhalten. Der Reformator stieß auf erbitterte Ankläger. Einige beschuldigten ihn, übereilt und impulsiv gehandelt zu haben. Andere nannten ihn vermessen und erklärten, daß er nicht von Gott geleitet werde, sondern aus Stolz und Voreiligkeit handle. „Wer kann eine neue Idee vorbringen", antwortete er, „ohne einen Anschein von Hochmut, ohne Beschuldigung der Streitlust? Weshalb sind Christus und alle Märtyrer getötet worden? Weil sie stolze Verächter der Wahrheit ihrer Zeit schienen und neue Ansichten aussprachen, ohne die Organe der alten Meinung demütiglich um Rat zu fragen. Ich will nicht, daß nach Menschen Rat, sondern nach Gottes Rat geschehe, was ich tue; ist das Werk von Gott, wer möcht's hindern, ist's nicht aus Gott, wer möcht's fördern? Es geschehe nicht mein, noch ihr, noch euer, sondern *Dein* Wille, heiliger Vater im Himmel!" [15]

15 Enders, Bd. I, S. 126, an Lang 11. 10. 1517

Obwohl Luther vom Geist Gottes getrieben worden war, sein Werk zu beginnen, sollte er es doch nicht ohne schwere Kämpfe fortführen. Die Vorwürfe seiner Feinde, ihre Mißdeutung seiner Absichten und ihre ungerechten und boshaften Bemerkungen über seinen Charakter und seine Beweggründe ergossen sich gleich einer überstürzenden Flut über ihn und blieben nicht ohne Wirkung. Er hatte zuversichtlich damit gerechnet, daß die Führer des Volkes sowohl in der Kirche als auch in der Universität sich ihm bereitwillig in seinen Bemühungen zugunsten der Reformation anschließen würden. Ermutigende Worte von hochgestellten Persönlichkeiten hatten ihm Freude und Hoffnung eingeflößt. In der Vorahnung hatte er bereits einen helleren Tag für die Gemeinde anbrechen sehen. Doch die Ermutigung verwandelte sich in Vorwurf und Verurteilung. Viele staatliche und kirchliche Würdenträger waren von der Wahrheit seiner Thesen überzeugt; aber sie sahen bald, daß die Annahme dieser Wahrheiten große Umwälzungen mit sich bringen würden. Das Volk zu erleuchten und umzugestalten hieße in Wirklichkeit die Autorität Roms zu untergraben, Tausende von Strömen, die nun in seine Schatzkammer flossen, aufzuhalten und auf diese Weise die Verschwendung und den Aufwand der Herren Roms in hohem Grade zu beschränken. Noch mehr: Das Volk zu lehren, als verantwortliche Geschöpfe zu denken und zu handeln und allein auf Christus zu blicken, um selig zu werden, würde den Thron des Papstes stürzen und am Ende auch die Autorität seiner Würdenträger zugrunde richten. Aus dieser Ursache heraus wiesen sie die von Gott dargebotene Erkenntnis zurück und erhoben sich durch ihren Widerstand gegen den Mann, den Gott zu ihrer Erleuchtung gesandt hatte, wider Christus und die Wahrheit.

Luther zitterte, als er auf sich sah, „mehr eine Leiche, denn einem Menschen gleich", den gewaltigsten Mächten der Erde gegenübergestellt. Zuweilen zweifelte er, ob ihn der Herr in seinem Widerstand wider die Autorität der Kirche wirklich leitete.Er schrieb: „Wer war ich elender, verachteter Bruder dazumal, der sich sollte wider des Papstes Majestät setzen, vor welcher die Könige auf Erden und der ganze Erdboden sich entsetzten und allein nach seinen Winken sich mußten richten? Was mein Herz in jenen zwei Jahren ausgestanden und erlitten habe und in welcherlei Demut, ja Verzweiflung ich da schwebte, ach! da wissen die sichern Geister wenig von, die hernach des Papstes Majestät mit großem Stolz und Vermessenheit angriffen." [16] Doch er wurde nicht gänzlich entmutigt. Fehlten menschliche Stützen, so schaute er auf Gott allein und lernte, daß er sich in vollkommener Sicherheit auf dessen allmächtigen Arm verlassen konnte.

Einem Freund der Reformation schrieb Luther: „Es ist vor allem gewiß, daß man die Heilige Schrift weder durch Studium noch mit dem Verstand erfassen kann. Deshalb ist es zuerst Pflicht, daß du mit dem Gebet beginnst und den Herrn bittest, er möge dir zu seiner Ehre, nicht zu deiner, in seiner großen Barmherzigkeit das wahre Verständnis seiner Worte schenken. Das Wort Gottes wird uns von seinem Urheber ausgelegt, wie er sagt, daß sie alle von Gott gelehrt sind. Hoffe deshalb nichts von deinem Studium und Verstand; vertraue allein auf den Einfluß des Geistes. Glaube meiner Erfahrung." [17] Hier wird eine außerordentlich wichtige Erfahrung mitgeteilt für alle, die sich von Gott berufen fühlen, andern die ernsten Wahrheiten für die gegenwärtige Zeit zu verkündigen. Diese Wahrheiten erregen die Feindschaft Satans und der Menschen, welche die Fabeln lieben, die er erdichtet hat. Zum Kampf mit den bösen Mächten ist mehr vonnöten als Verstandeskraft und menschliche Weisheit.

Beriefen sich die Gegner auf Gebräuche und Überlieferungen oder auf die Behauptungen und die Autorität des Papstes, so trat Luther ihnen mit der Bibel, nur mit der Bibel entgegen. Darin standen Beweisführungen, die sie nicht widerlegen konnten; deshalb schrien die Sklaven des Formenwesens und des Aberglaubens nach seinem Blut, wie die Juden nach dem Blut Christi geschrien hatten. „Er ist ein Ketzer!" riefen die römischen Eiferer. „Es ist Hochverrat gegen die Kirche, wenn ein so schändlicher Ketzer noch eine Stunde länger lebt. Auf den Scheiterhaufen mit ihm!" [18] Aber Luther fiel ihrer Wut nicht zum Opfer. Gott hatte eine Aufgabe für ihn bereit, und himmlische Engel wurden ausgesandt, ihn zu beschützen. Viele jedoch, die von Luther das köstliche Licht empfangen hatten, wurden die Zielscheibe der Wut Satans und erlitten um der Wahrheit willen furchtlos Marter und Tod.

16 Seckendorff, „Commentarius historicus et apologeticus de Lutheranismo seu de reformatione", Bd. I, S. 119 f.

17 Enders, Bd. I, S. 142, 18. 1. 1518

18 Seckendorff, ebd., S. 104

Luthers Lehren zogen die Aufmerksamkeit denkender Geister in ganz Deutschland auf sich. Seine Predigten und Schriften verbreiteten Lichtstrahlen, die Tausende erschreckten und erleuchteten. Ein lebendiger Glaube trat an die Stelle toten Formenwesens, in welchem die Kirche so lange gehalten worden war. Das Volk verlor täglich mehr das Zutrauen zu den abergläubischen Lehren der römischen Religion. Die Schranken des Vorurteils gaben nach. Das Wort Gottes, nach dem Luther jede Lehre und jede Behauptung prüfte, war gleich einem zweischneidigen Schwert, das sich seinen Weg in die Herzen des Volkes bahnte. Überall erwachte das Verlangen nach geistlichem Wachstum; überall entstand ein so großer Hunger und Durst nach Gerechtigkeit, wie man ihn seit Jahrhunderten nicht gekannt hatte. Die bis dahin auf menschliche Gebräuche und irdische Vermittler gerichteten Blicke des Volkes wandten sich nun reuevoll und gläubig auf Christus, den Gekreuzigten.

Dieses weitverbreitete Heilsverlangen erweckte noch mehr die Furcht der päpstlichen Autoritäten. Luther erhielt eine Vorladung, in Rom zu erscheinen, um sich gegen die Beschuldigung, Ketzerei getrieben zu haben, zu verantworten. Diese Aufforderung erfüllte seine Freunde mit Schrecken. Sie kannten nur zu gut die Gefahr, die ihm in jener verderbten, vom Blut der Zeugen Jesu trunkenen Stadt drohte. Sie erhoben Einspruch gegen seine Reise nach Rom und befürworteten ein Gesuch, ihn in Deutschland verhören zu lassen.

Dies wurde schließlich genehmigt und der päpstliche Gesandte Cajetan dazu bestimmt, den Fall anzuhören. In den ihm mitgegebenen Anweisungen hieß es, daß Luther bereits als Ketzer erklärt worden sei. Der päpstliche Gesandte wurde deshalb beauftragt, „ihn zu verfolgen und unverzüglich in Haft zu nehmen". Falls Luther standhaft bliebe oder der Legat seiner nicht habhaft würde, war der Vertreter Roms bevollmächtigt, ihn an allen Orten Deutschlands zu ächten, zu verbannen, zu verfluchen und alle seine Anhänger in den Bann zu tun.[19] Um die pestartige Ketzerei auszurotten, befahl der Papst seinem Gesandten, außer dem Kaiser alle ohne Rücksicht auf ihr Amt in Kirche und Staat in die Acht zu erklären, falls sie es unterließen, Luther und seine Anhänger zu ergreifen und der Rache Roms auszuliefern.

19 Luther, EA, op. lat. XXXIII, S. 354 f.

Hier zeigte sich der wahre Geist des Papsttums. Nicht ein Anzeichen christlicher Grundsätze oder auch nur gewöhnlicher Gerechtigkeit war aus dem ganzen Schriftstück ersichtlich. Luther war weit von Rom entfernt; ihm war keine Gelegenheit gegeben gewesen, seinen Standpunkt zu erklären oder zu verteidigen, sondern er war, bevor man seinen Fall untersucht hatte, ohne weiteres als Ketzer erklärt und am selben Tag ermahnt, angeschuldigt, gerichtet und verurteilt worden, und zwar von dem, der sich selbst „Heiliger Vater" nannte, der alleinigen höchsten, unfehlbaren Autorität in Kirche und Staat!

Um diese Zeit, da Luther der Liebe und des Rates eines treuen Freundes so sehr bedurfte, sandte Gottes Vorsehung Melanchthon nach Wittenberg. Jung an Jahren, bescheiden und zurückhaltend in seinem Benehmen, gewannen Melanchthons gesundes Urteil, umfassendes Wissen und gewinnende Beredsamkeit im Verein mit der Reinheit und Redlichkeit seines Charakters ihm allgemeine Achtung und Bewunderung. Seine glänzenden Talente waren nicht bemerkenswerter als die Sanftmut seines Gemüts. Er wurde bald ein eifriger Jünger des Evangeliums und Luthers vertrautester Freund und wertvollster Helfer; seine Sanftmut, Vorsicht und Genauigkeit ergänzten Luthers Mut und Tatkraft. Ihr vereintes Wirken gab der Reformation die erforderliche Kraft und war für Luther eine Quelle großer Ermutigung.

Augsburg war als Ort des Verhörs bestimmt worden. Der Reformator trat die Reise zu Fuß an. Man hegte seinetwegen ernste Befürchtungen. Es war ihm öffentlich gedroht worden, daß er auf dem Wege ergriffen und ermordet würde, und seine Freunde baten ihn, sich dem nicht auszusetzen. Sie drangen sogar in ihn, Wittenberg eine Zeitlang zu verlassen und sich dem Schutz derer anzuvertrauen, die ihn bereitwillig beschirmen würden. Er aber wollte den Platz nicht verlassen, auf den Gott ihn gestellt hatte. Ungeachtet der über ihn hereinbrechenden Stürme mußte er getreulich die Wahrheit weiterführen. Er sagte sich: „Ich bin mit Jeremia gänzlich der Mann des Haders und der Zwietracht ... je mehr sie drohen, desto freudiger bin ich ... mein Name und Ehre muß auch jetzt gut herhalten; also ist mein schwacher und elender Körper noch übrig, wollen sie den hinnehmen, so werden sie mich etwa um ein paar Stunden Leben ärmer machen, aber die Seele werden sie mir doch nicht nehmen ... wer Christi Wort in die Welt tragen will, muß mit den Aposteln stündlich gewärtig sein, mit Verlassung und Verleugnung aller Dinge den Tod zu leiden." [20]

Die Nachricht von Luthers Ankunft in Augsburg erfüllte den päpstlichen Gesandten mit großer Genugtuung. Der unruhestiftende Ketzer, der die Aufmerksamkeit der ganzen Welt erregte, schien nun in der Gewalt Roms zu sein, und der Legat war entschlossen, ihn nicht entrinnen zu lassen. Der Reformator hatte versäumt, sich mit einem Sicherheitsgeleit zu versehen. Seine Freunde überredeten ihn, nicht ohne Geleit vor dem Gesandten zu erscheinen, und versuchten, ihm eins vom Kaiser zu verschaffen. Der Vertreter Roms hatte die Absicht, Luther – wenn möglich – zum Widerruf zu zwingen oder, falls ihm dies nicht gelänge, ihn nach Rom bringen zu lassen, damit er dort das Schicksal eines Hus und Hieronymus teile. Deshalb versuchte er durch seine Beauftragten Luther zu bewegen, ohne Sicherheitsgeleit zu erscheinen und sich seiner Gnade anzuvertrauen. Der Reformator lehnte dies jedoch ab und erschien nicht eher vor dem päpstlichen Gesandten, bis er den Brief, der den Schutz des Kaisers verbürgte, erhalten hatte.

Klüglich hatten sich die Römlinge entschlossen, Luther durch scheinbares Wohlwollen zu gewinnen. Der Legat zeigte sich in seinen Unterredungen mit ihm sehr freundlich, verlangte aber, daß Luther sich der Autorität der Kirche bedingungslos unterwerfen und in jedem Punkt ohne Beweis oder Frage nachgeben solle. Er hatte den Charakter des Mannes, mit dem er verhandelte, nicht richtig eingeschätzt. Luther drückte in Erwiderung seine Achtung vor der Kirche aus, sein Verlangen nach der Wahrheit, seine Bereitwilligkeit, alle Einwände gegen das, was er gelehrt hatte, zu beantworten und seine Lehren dem Entscheid gewisser führender Universitäten zu unterbreiten. Gleichzeitig aber protestierte er gegen die Verfahrensweise des Kardinals, von ihm einen Widerruf zu verlangen, ohne ihm den Irrtum bewiesen zu haben.

Die einzige Antwort war: „Widerrufe! Widerrufe!" Der Reformator berief sich auf die Heilige Schrift und erklärte entschlossen, daß er die Wahrheit nicht aufgeben könne. Der Legat, den Beweisführungen Luthers nicht gewachsen, überhäufte ihn so mit Vorwürfen, Spott und

20 Enders, Bd. I, S. 211 f., 10. 7. 1518

Schmeicheleien, vermengt mit Zitaten der Kirchenväter und aus der Überlieferung, daß der Reformator nicht recht zu Worte kam. Luther, der die Nutzlosigkeit einer derartigen Unterredung einsah, erhielt schließlich die mit Widerstreben erteilte Erlaubnis, seine Verteidigung schriftlich einzureichen.

Dadurch erzielte Luther trotz seiner Bedrückung einen doppelten Gewinn. Er konnte seine Verteidigung der ganzen Welt zur Beurteilung unterbreiten und auch besser durch eine gut ausgearbeitete Schrift auf das Gewissen und die Furcht eines anmaßenden und geschwätzigen Tyrannen einwirken, der ihn immer wieder überschrie. [21]

Bei der nächsten Zusammenkunft gab Luther eine klare, gedrängte und eindrucksvolle Erklärung ab, die er durch viele Schriftstellen begründete, und überreichte sie dann dem Kardinal. Dieser warf sie jedoch verächtlich beiseite mit der Bemerkung, sie enthalte nur eine Menge unnützer Worte und unzutreffender Schriftstellen. Luther, dem jetzt die Augen aufgegangen waren, begegnete dem überheblichen Prälaten auf dessen ureigenstem Gebiet, den Überlieferungen und Lehren der Kirche, und widerlegte dessen Darlegungen gründlich und völlig.

Als der Prälat sah, daß Luthers Gründe unwiderlegbar waren, verlor er seine Selbstbeherrschung und rief zornig aus: „Widerrufe!" Wenn er dies nicht sofort täte oder in Rom sich seinen Richtern stellte, so würde er über ihn und alle, die ihm gewogen seien, den Bannfluch, und über alle, zu denen er sich hinwendete, das kirchliche Interdikt verhängen. Zuletzt erhob sich der Kardinal mit den Worten: „Geh! widerrufe oder komm mir nicht wieder vor die Augen." [22]

Der Reformator zog sich sofort mit seinen Freunden zurück und gab deutlich zu verstehen, daß man keinen Widerruf von ihm erwarten könne. Das entsprach keineswegs der Hoffnung des Kardinals. Er hatte sich geschmeichelt, Luther mit Gewalt und Einschüchterung zur Unterwerfung zwingen zu können. Mit seinen Helfern jetzt allein gelassen, blickte er höchst ärgerlich über das unerwartete Mißlingen seiner Anschläge von einem zum andern.

Luthers Bemühungen bei diesem Anlaß waren nicht ohne gute Folgen. Die anwesende große Versammlung hatte Gelegenheit, die beiden

21 Luther, EA, XVII, S. 209; LIII, S. 3 f.

22 Luther, EA, LXIV, S. 361–365; LXII, S. 71 f.

Männer zu vergleichen und sich selbst ein Urteil zu bilden über den Geist, der sich in ihnen offenbarte, und über die Stärke und die Wahrhaftigkeit ihrer Stellung. Welch bezeichnender Unterschied! Luther, einfach, bescheiden, entschieden, stand da in der Kraft Gottes, die Wahrheit auf seiner Seite; der Vertreter des Papstes, eingebildet, anmaßend, hochmütig und unverständig, ohne auch nur einen einzigen Beweis aus der Heiligen Schrift, laut schreiend: Widerrufe oder du wirst nach Rom geschickt werden, um dort die verdiente Strafe zu erleiden!

Das Sicherheitsgeleit Luthers nicht achten wollend, planten die Römlinge, ihn zu ergreifen und einzukerkern. Seine Freunde baten ihn dringend, da es für ihn nutzlos sei, seinen Aufenthalt zu verlängern, ohne Aufschub nach Wittenberg zurückzukehren, dabei aber äußerst vorsichtig zu Werke zu gehen, um seine Absichten zu verbergen. Demgemäß verließ er Augsburg vor Tagesanbruch zu Pferde, nur von einem Führer begleitet, der ihm vom Stadtoberhaupt zur Verfügung gestellt wurde. Unter trüben Ahnungen nahm er heimlich seinen Weg durch die dunklen, stillen Straßen der Stadt, sannen doch wachsame und grausame Feinde auf seinen Untergang! Würde er den ausgelegten Schlingen entrinnen? Dies waren Augenblicke der Besorgnis und ernsten Gebets. Er erreichte ein kleines Tor in der Stadtmauer. Man öffnete ihm, und ohne gehindert zu werden, zog er mit seinem Führer hinaus. Sich außerhalb des Stadtbezirks sicherer fühlend, beschleunigten die Flüchtlinge ihren Ritt, und ehe noch der Legat von Luthers Abreise Kenntnis erhielt, befand dieser sich außerhalb des Bereiches seiner Verfolger. Satan und seine Abgesandten waren überlistet. Der Mann, den sie in ihrer Gewalt glaubten, war entkommen wie der Vogel den Schlingen des Voglers.

Die Nachricht von Luthers Flucht überraschte und ärgerte den Legaten. Er hatte erwartet, für die Klugheit und Entschiedenheit bei seinen Verhandlungen mit diesem Unruhestifter in der Kirche große Ehren zu empfangen, fand sich jedoch in seiner Hoffnung getäuscht. Er gab seinem Zorn in einem Brief an den Kurfürsten von Sachsen, Friedrich den Weisen, Ausdruck, in dem er Luther bitter anschuldigte und verlangte, Friedrich solle den Reformator nach Rom senden oder aus Sachsen verbannen.

Zu seiner Rechtfertigung verlangte Luther, daß der Legat oder der Papst ihn seiner Irrtümer aus der Heiligen Schrift überführen solle, und verpflichtete sich feierlichst, seine Lehren zu widerrufen, falls nachgewiesen werden könne, daß sie dem Worte Gottes widersprächen. Er dankte Gott, daß er für würdig erachtet worden sei, um einer so heiligen Sache willen zu leiden.

Der Kurfürst wußte bis dahin nur wenig von den reformierten Lehren; aber die Aufrichtigkeit, die Kraft und die Klarheit der Worte Luthers machten einen tiefen Eindruck auf ihn, und er beschloß, so lange als des Reformators Beschützer aufzutreten, bis dieser des Irrtums überführt würde. Als Erwiderung auf die Forderung des päpstlichen Gesandten schrieb er: „Weil der Doktor Martinus vor euch zu Augsburg erschienen ist, so könnt ihr zufrieden sein. Wir haben nicht erwartet, daß ihr ihn, ohne ihn widerlegt zu haben, zum Widerruf zwingen wollt. Kein Gelehrter in unsern Fürstenhäusern hat behauptet, daß die Lehre Martins gottlos, unchristlich und ketzerisch sei." [23] Der Fürst weigerte sich, Luther nach Rom zu schicken oder ihn aus seinem Lande zu vertreiben.

Der Kurfürst sah, daß die sittlichen Schranken der Gesellschaft allgemein zusammenbrachen. Eine große Reform war nötig geworden. Die verwickelten und kostspieligen polizeilichen und juristischen Einrichtungen wären unnötig, wenn die Menschen Gottes Gebote und die Vorschriften eines erleuchteten Gewissens anerkennten und ihnen Gehorsam leisteten. Er sah, daß Luther darauf hinarbeitete, dieses Ziel zu erreichen, und er freute sich heimlich, daß ein besserer Einfluß in der Kirche fühlbar wurde.

Er sah auch, daß Luther als Professor an der Universität ungemein erfolgreich war. Nur ein Jahr war verstrichen, seit der Reformator seine Thesen an die Schloßkirche geschlagen hatte; die Zahl der Pilger, welche die Kirche aus Anlaß des Allerheiligenfestes besuchten, war geringer geworden. Rom war seiner Anbeter und Opfergaben beraubt worden; aber ihr Platz wurde von einer andern Gruppe eingenommen, die jetzt nach Wittenberg kam — es waren nicht etwa Pilger, die hier Reliquien verehren wollten, sondern Studenten, die die Hörsäle füllten. Luthers Schriften hatten überall ein neues Verlangen nach der

23 Luther, EA, op. lat. XXXIII, S. 409 f.; D'Aubigné, „Geschichte der Reformation", 4. Buch, 10. Abschnitt

Heiligen Schrift wachgerufen, und nicht nur aus allen Teilen Deutschlands, sondern auch aus andern Ländern strömten der Universität Studenten zu. Jünglinge, die zum erstenmal der Stadt Wittenberg ansichtig wurden, „erhoben die Hände gen Himmel, lobten Gott, daß er wie einst in Zion das Licht der Wahrheit leuchten lasse und es in die fernsten Lande schicke". [24]

Luther sagte: „Ich sah damals noch sehr wenige Irrtümer des Papstes." [25] Als er aber Gottes Wort mit den päpstlichen Erlassen verglich, schrieb er voll Erstaunen: „Ich gehe die Dekrete der Päpste für meine Disputation durch und bin — ich sage dir's ins Ohr — ungewiß, ob der Papst der Antichrist selbst ist oder ein Apostel des Antichrist; elendiglich wird Christus, d. h. die Wahrheit von ihm in den Dekreten gekreuzigt." [26] Aber noch immer war Luther ein Anhänger der römischen Kirche und dachte nicht daran, sich von ihr leichtfertig und unüberlegt zu trennen.

Die Schriften und Lehren des Reformators gingen zu allen Nationen der Christenheit. Das Werk dehnte sich bis in die Schweiz und nach Holland aus. Abschriften seiner Werke fanden ihren Weg nach Frankreich und Spanien. In England wurden seine Lehren als das Wort des Lebens aufgenommen. Auch nach Belgien und Italien drang die Wahrheit. Tausende erwachten aus einer todesähnlichen Erstarrung zu der Freude und Hoffnung eines Glaubenslebens.

Die Angriffe Luthers erbitterten Rom mehr und mehr, und einige seiner fanatischen Gegner, ja selbst Doktoren katholischer Universitäten erklärten, daß, wer Luther ermorde, keine Sünde begehe. Eines Tages näherte sich dem Reformator ein Fremder, der eine Pistole unter dem Mantel verborgen hatte, und fragte ihn, warum er so allein gehe. „Ich stehe in Gottes Hand", antwortete Luther. „Er ist meine Kraft und mein Schild. Was kann mir ein Mensch tun?" [27] Als der Unbekannte diese Worte hörte, erblaßte er und floh wie vor himmlischen Engeln.

Rom hatte die Vernichtung Luthers beschlossen; aber Gott war seine Wehr. Überall vernahm man seine Lehren, „in Hütten und Klöstern, in Ritterburgen, in Akademien und königlichen Palästen"; und überall

24 D'Aubigné, ebd.
25 Luther, EA, LXII, S. 73
26 Enders. Bd. I, S. 450, 13. 3. 1519
27 Luther, EA, LXIV, S. 365 f.

erhoben sich edle, aufrichtige Männer, um seine Anstrengungen zu unterstützen.

Um diese Zeit las Luther Hus' Werke, und als er dabei fand, daß auch der böhmische Reformator die große Wahrheit der Rechtfertigung durch den Glauben hochgehalten hatte, schrieb er: „Ich habe bisher unbewußt alle seine Lehren vorgetragen und behauptet... Wir sind Hussiten, ohne es zu wissen; schließlich sind auch Paulus und Augustin bis aufs Wort Hussiten. Ich weiß vor starrem Staunen nicht, was ich denken soll, wenn ich die schrecklichen Gerichte Gottes in der Menschheit sehe, daß die offenkundige evangelische Wahrheit schon seit über hundert Jahren öffentlich verbrannt ist und für verdammt gilt." [28]

In einem Sendbrief an den Kaiser und den christlichen Adel deutscher Nation zur Besserung des christlichen Standes schrieb Luther über den Papst: „Es ist greulich und erschrecklich anzusehen, daß der Oberste in der Christenheit, der sich Christi Statthalter und Petri Nachfolger rühmt, so weltlich und prächtig fährt, daß ihn darin kein König, kein Kaiser mag erlangen und gleich werden... Gleicht sich das mit dem armen Christus und St. Peter, so ist's ein neues Gleichen." „Sie sprechen, er sei ein Herr der Welt; das ist erlogen, denn Christus, des Statthalter und Amtmann er sich rühmet, sprach vor Pilatus: ‚Mein Reich ist nicht von dieser Welt.' Es kann doch kein Statthalter weiter regieren denn sein Herr." [29]

Von den Universitäten schrieb er folgendes: „Ich habe große Sorge, die hohen Schulen seien große Pforten der Hölle, so sie nicht emsiglich die Heilige Schrift üben und treiben ins junge Volk." „Wo aber die Heilige Schrift nicht regiert, da rate ich fürwahr niemand, daß er sein Kind hintue. Es muß verderben alles, was nicht Gottes Wort ohne Unterlaß treibt." [29]

Dieser Aufruf verbreitete sich mit Windeseile über ganz Deutschland und übte einen mächtigen Einfluß auf das Volk aus. Die ganze Nation war in Erregung, und große Scharen wurden angetrieben, sich um die Fahne der Reformation zu sammeln. Luthers Gegner drangen voller Rachegelüste in den Papst, entscheidende Maßnahmen gegen

28 Enders, Bd. II, S. 345, Februar 1520
29 Luther, „Ausgewählte Werke", Bd. II, München, 1948; D'Aubigné, „Geschichte der Reformation", 6. Buch, 3. Abschnitt, S. 77. 81, Stuttgart, 1848

ihn zu treffen. Es wurde beschlossen, Luthers Lehren sofort zu verdammen. Sechzig Tage wurden dem Reformator und seinen Anhängern gewährt, zu widerrufen; nach dieser Zeit sollten sie sonst aus der Gemeinschaft der Kirche ausgeschlossen werden.

Dies war die Zeit einer großen Entscheidung für die Reformation. Jahrhundertelang hatte Rom durch das Verhängen des Kirchenbannes mächtigen Monarchen Schrecken eingeflößt und gewaltige Reiche mit Elend und Verwüstung erfüllt. Alle von Roms Fluch Betroffenen wurden allgemein mit Furcht und Entsetzen angesehen; sie wurden von dem Verkehr mit ihren Glaubensbrüdern ausgeschlossen und als Geächtete behandelt, die man hetzen müsse, bis sie ausgerottet seien. Luther war nicht blind gegen den über ihn hereinbrechenden Sturm; aber er stand fest, vertrauend auf Christus, der sein Helfer und sein Schirm sei. Mit dem Glauben und dem Mut eines Märtyrers schrieb er: „Wie soll es werden? Ich bin blind für die Zukunft und nicht darum besorgt sie zu wissen... Wohin der Schlag fällt, wird mich ruhig lassen... Kein Baumblatt fällt auf die Erde ohne den Willen des Vaters, wieviel weniger wir... Es ist ein geringes, daß wir um des Wortes willen sterben oder umkommen, da er selbst im Fleisch erst für uns gestorben ist. Also werden wir mit demselben aufstehen, mit welchem wir umkommen und mit ihm durchgehen, wo er zuerst durchgegangen ist, daß wir endlich dahin kommen, wohin er auch gekommen ist und bei ihm bleiben ewiglich." [30]

Als die päpstliche Bulle Luther erreichte, schrieb er: „Endlich ist die römische Bulle mit Eck angekommen... Ich verlache sie nur und greife sie jetzt als gottlos und lügenhaft ganz eckianisch an. Ihr sehet, daß Christus selbst darin verdammt werde... Ich freue mich aber doch recht herzlich, daß mir um der besten Sache willen Böses widerfahre. ... Ich bin nun viel freier, nachdem ich gewiß weiß, daß der Papst als der Antichrist und des Satans Stuhl offenbarlich erfunden sei." [31]

Doch der Erlaß Roms blieb nicht wirkungslos. Gefängnis, Folter und Schwert erwiesen sich als mächtige Waffen, um Gehorsam zu erzwingen. Schwache und Abergläubische erzitterten vor dem Erlaß des Papstes. Während man Luther allgemein Teilnahme bekundete, hielten

30 Enders, Bd. II, S. 484. 485, 1. 10. 1520; D'Aubigné, ebd., 6. Buch, Kap. 1, S. 113
31 Enders, Bd. II, S. 491, 12. 10. 1520

doch viele ihr Leben für zu kostbar, um es für die Reformation zu wagen. Alles schien darauf hinzudeuten, daß sich das Werk des Reformators seinem Abschluß näherte.

Luther aber blieb noch immer furchtlos. Rom hatte seine Bannflüche gegen ihn geschleudert, und die Welt schaute zu in der sicheren Erwartung, daß er verderben oder sich unterwerfen müsse. Doch mit schrecklicher Gewalt schleuderte er das Verdammungsurteil auf seinen Urheber zurück und erklärte öffentlich seinen Entschluß, auf immer mit Rom zu brechen. In Gegenwart einer großen Anzahl von Studenten, Gelehrten und Bürgersleuten jeglichen Ranges verbrannte Luther die päpstliche Bulle, auch die Dekretalien und andere Schriftstücke seiner Gegner, die Roms Macht unterstützten. Er begründete sein Vorgehen mit den Worten: „Dieweil durch ihr solch Bücherverbrennen der Wahrheit ein großer Nachteil und bei dem schlechten, gemeinen Volk ein Wahn dadurch erfolgen möchte zu vieler Seelen Verderben, habe ich ... der Widersacher Bücher wiederum verbrannt." „Es sollen diese ein Anfang des Ernstes sein; denn ich bisher doch nur gescherzt und gespielt habe mit des Papstes Sache. Ich habe es in Gottes Namen angefangen; hoffe, es sei an der Zeit, daß es auch in demselben ohne mich sich selbst ausführe." [32]

Auf die Vorwürfe seiner Feinde, die ihn mit der Schwäche seiner Sache stichelten, erwiderte Luther: „Wer weiß, ob mich Gott dazu berufen und erweckt hat und ihnen zu fürchten ist, daß sie nicht Gott in mir verachten... Mose war allein im Ausgang von Ägypten, Elia allein zu König Ahabs Zeiten, Elisa auch allein nach ihm; Jesaja war allein in Jerusalem... Hesekiel allein zu Babylon... Dazu hat er noch nie den obersten Priester oder andere hohe Stände zu Propheten gemacht; sondern gemeiniglich niedrige, verachtete Personen auferweckt, auch zuletzt den Hirten Amos... Also haben die lieben Heiligen allezeit wider die Obersten, Könige, Fürsten, Priester, Gelehrten predigen und schelten müssen, den Hals daran wagen und lassen... Ich sage nicht, daß ich ein Prophet sei; ich sage aber, daß ihnen so vielmehr zu fürchten ist, ich sei einer, so vielmehr sie mich verachten und sich selbst achten ... so bin ich jedoch gewiß für mich selbst, daß das Wort Gottes bei mir und nicht bei ihnen ist." [33]

32 Luther, EA, XXIV, S. 155. 164

33 Luther, EA, XXIV, S. 58. 59

Aber nicht ohne gewaltigen inneren Kampf entschloß sich Luther schließlich zu einer Trennung von Rom. Etwa um diese Zeit schrieb er: „Ich empfinde täglich bei mir, wie gar schwer es ist, langwährige Gewissen, und mit menschlichen Satzungen gefangen, abzulegen. Oh, mit wie viel großer Mühe und Arbeit, auch durch gegründete Heilige Schrift, habe ich mein eigen Gewissen kaum können rechtfertigen, daß ich einer allein wider den Papst habe dürfen auftreten, ihn für den Antichrist halten... Wie oft hat mein Herz gezappelt, mich gestraft, und mir vorgeworfen ihr einig stärkstes Argument: Du bist allein klug? Sollten die andern alle irren, und so eine lange Zeit geirrt haben? Wie, wenn du irrest und so viele Leute in den Irrtum verführest, welche alle ewiglich verdammt würden? Bis so lang, daß mich Christus mit seinem einigen gewissen Wort befestigt und bestätigt hat, daß mein Herz nicht mehr zappelt." [34]

Der Papst hatte Luther den Kirchenbann angedroht, falls er nicht widerrufen sollte, und die Drohung wurde jetzt ausgeführt. Eine neue Bulle erschien, welche die endgültige Trennung des Reformators von der römischen Kirche aussprach, ihn als vom Himmel verflucht erklärte und in die gleiche Verdammung alle einschloß, die seine Lehren annehmen würden. Der große Kampf hatte nun mit aller Gewalt begonnen.

Widerstand ist das Schicksal aller, die Gott benutzt, um Wahrheiten, die besonders für ihre Zeit gelten, zu verkündigen. Es gab eine gegenwärtige Wahrheit in den Tagen Luthers — eine Wahrheit, die zu jener Zeit von besonderer Wichtigkeit war; es gibt auch eine gegenwärtige Wahrheit für die heutige Kirche. Gott, der alles nach dem Rat seines Willens vollzieht, hat es gefallen, die Menschen in verschiedene Verhältnisse zu bringen und ihnen Pflichten aufzuerlegen, die der Zeit, in der sie leben, und den Umständen, in denen sie sich befinden, entsprechen. Würden sie das ihnen verliehene Licht wertschätzen, so würde ihnen auch die Wahrheit in höherem Maße offenbart werden. Aber die Mehrzahl der Menschen begehrt die Wahrheit heutzutage ebensowenig zu wissen wie damals die Römlinge, die Luther widerstanden. Es besteht noch heute die gleiche Neigung wie in früheren Zeiten, statt des Wortes Gottes Überlieferungen und menschliche

34 Luther, EA, LIII, S. 93. 94; Martyn, „Life and Times of Luther", S. 372. 373

Theorien anzunehmen. Wer die Wahrheit für diese Zeit bringt, darf nicht erwarten, eine günstigere Aufnahme zu finden als die früheren Reformatoren. Der große Kampf zwischen Wahrheit und Irrtum, zwischen Christus und Satan wird bis zum Ende der Geschichte dieser Welt an Heftigkeit zunehmen.

Jesus sagte zu seinen Jüngern: „Wäret ihr von der Welt, so hätte die Welt das Ihre lieb; weil ihr aber nicht von der Welt seid, sondern ich habe euch von der Welt erwählt, darum haßt euch die Welt. Gedenket an mein Wort, das ich euch gesagt habe: ‚Der Knecht ist nicht größer denn sein Herr.‘ Haben sie mich verfolgt, sie werden euch auch verfolgen; haben sie mein Wort gehalten, so werden sie eures auch halten.“ [35] Anderseits erklärte unser Heiland deutlich: „Weh euch, wenn euch jedermann wohlredet! Desgleichen taten ihre Väter den falschen Propheten auch.“ [36] Der Geist der Welt steht heute dem Geist Christi nicht näher als in früheren Zeiten. Wer das Wort Gottes in seiner Reinheit verkündigt, wird heute nicht willkommener sein als damals. Die Art und Weise des Widerstandes gegen die Wahrheit mag sich ändern, die Feindschaft mag weniger offen sein, weil sie verschlagener ist; aber dieselbe Feindschaft besteht noch und wird bis zum Ende der Zeit sichtbar sein.

35 Joh. 15, 19. 20 — 36 Luk. 6, 26

Luther vor dem Reichstag | 8

Ein neuer Kaiser, Karl V., hatte den deutschen Thron bestiegen, und die römischen Legaten beeilten sich, um ihre Glückwünsche darzubringen und den Monarchen zu bewegen, seine Macht gegen die Reformation einzusetzen. Auf der andern Seite ersuchte ihn der Kurfürst von Sachsen, dem der Kaiser zum großen Teil seine Krone verdankte, keine Schritte gegen Luther zu unternehmen, bevor er ihn gehört hätte. Der Kaiser sah sich auf diese Weise in eine sehr schwierige Lage versetzt. Die Römlinge würden mit nichts Geringerem als einem kaiserlichen Erlaß zufrieden sein, der Luther zum Tode verurteilte. Der Kurfürst hatte nachdrücklich erklärt, weder Seine Kaiserliche Majestät noch sonst jemand hätte nachgewiesen, daß Luthers Schriften widerlegt seien; er verlange deshalb, daß Luther unter sicherem Geleit vor gelehrten, frommen und unparteiischen Richtern erscheine.[1]

Die Aufmerksamkeit aller Parteien richtete sich nun auf die Versammlung der deutschen Länder, die kurz nach Karls Thronbesteigung in Worms tagte. Wichtige politische Fragen und Belange sollten auf diesem Reichstag erörtert werden; zum erstenmal sollten die deutschen Fürsten ihrem jugendlichen Monarchen auf einer Ratsversammlung begegnen. Aus allen deutschen Landen hatten sich die Würdenträger der Kirche und des Reiches eingefunden. Der weltliche Adel, gewaltig und eifersüchtig auf seine Erbrechte bedacht; Kirchenfürsten, stolz in dem Bewußtsein ihrer Überlegenheit an Rang und Macht; höfische Ritter und ihr bewaffnetes Gefolge; Gesandte aus fremden und fernen Ländern – alle versammelten sich in Worms. Und auf dieser großartigen Versammlung erregte die Sache des sächsischen Reformators die größte Aufmerksamkeit.

1 Köstlin, „Martin Luther“, Bd. I, S. 367. 384

Karl hatte zuvor den Kurfürsten angewiesen, Luther mit auf den Reichstag zu bringen; er hatte ihn seines Schutzes versichert und ihm eine freie Erörterung mit maßgebenden Personen zugesagt, um die strittigen Punkte zu besprechen. Luther sah seinem Erscheinen vor dem Kaiser mit Spannung entgegen. Seine Gesundheit hatte zu jener Zeit sehr gelitten; doch schrieb er an den Kurfürsten: „Ich werde, wenn man mich ruft, kommen, so weit an mir liegt, ob ich mich auch krank müßte hinfahren lassen, denn man darf nicht zweifeln, daß ich von dem Herrn gerufen werde, wenn der Kaiser mich ruft. Greifen sie zur Gewalt, wie es wahrscheinlich ist – denn dazu, um belehrt zu werden, lassen sie mich nicht rufen –, so muß man dem Herrn die Sache befehlen; dennoch lebt und regiert derselbige, der die drei Knaben im Feuerofen des Königs von Babylon erhalten hat. Will er mich nicht erhalten, so ist's um meinen Kopf eine geringe Sache ... man muß nur dafür sorgen, daß wir das Evangelium, das wir begonnen, den Gottlosen nicht zum Spott werden lassen... Wir wollen lieber unser Blut dafür vergießen. Wir können nicht wissen, ob durch unser Leben oder unsern Tod dem allgemeinen Wohle mehr genützt werde... Nimm von mir alles, nur nicht, daß ich fliehe oder widerrufe: Fliehen will ich nicht, widerrufen noch viel weniger."[2]

Als sich in Worms die Nachricht verbreitete, daß Luther vor dem Reichstag erscheinen sollte, rief sie allgemeine Aufregung hervor. Der päpstliche Gesandte, Aleander, dem der Fall besonders anvertraut worden war, geriet in Unruhe und Wut. Er sah, daß die Folgen für die päpstliche Sache unheilvoll werden würden. Eine Untersuchung anzustellen in einem Fall, in dem der Papst bereits das Verdammungsurteil ausgesprochen hatte, hieße die Autorität des unumschränkten Priesterfürsten geringzuschätzen. Er befürchtete auch, daß die beredten und eindringlichen Beweisführungen dieses Mannes viele Fürsten von der Sache des Papstes abspenstig machen könnten. Er erhob deshalb vor Kaiser Karl in dringlicher Weise Einwendungen gegen das Erscheinen Luthers vor dem Reichstag. Ungefähr um diese Zeit wurde die Bulle, welche Luthers Exkommunikation erklärte, veröffentlicht. Diese Tatsache sowie die Vorstellungen des Legaten veranlaßten den Kaiser nachzugeben. Er schrieb dem Kurfürsten von Sachsen, Friedrich dem

2 Enders, Bd. III, S. 24, 21. 12. 1520

Weisen, daß der Martinus Luther in Wittenberg bleiben müsse, wenn er nicht widerrufen wolle.

Nicht zufrieden mit diesem Sieg, wirkte Aleander mit aller ihm zu Gebote stehenden Macht und Schlauheit darauf hin, Luthers Verurteilung zu erreichen. Mit einer Beharrlichkeit, die einer besseren Sache würdig gewesen wäre, lenkte er die Aufmerksamkeit der Fürsten, Prälaten und anderer Mitglieder der Versammlung auf Luther, indem er den Reformator des Aufstandes, der Empörung, der Gottlosigkeit und Gotteslästerung beschuldigte. Aber die Heftigkeit und Leidenschaft, die der Legat an den Tag legte, zeigten nur zu deutlich, wessen Geist ihn antrieb. Man fühlte allgemein, „es sei mehr Neid und Rachelust als Eifer der Frömmigkeit, die ihn aufreizten".[3] Die Mehrzahl der Reichsstände war geneigter denn je, Luthers Sache günstig zu beurteilen.

Mit doppeltem Eifer drang Aleander in den Kaiser, daß es seine Pflicht sei, die päpstlichen Erlasse auszuführen. Das konnte jedoch unter den bestehenden deutschen Gesetzen nicht ohne die Zustimmung der Fürsten geschehen. Schließlich gestattete Karl dem Legaten, seine Sache vor den Reichstag zu bringen. „Es war ein großer Tag für den Nuntius. Die Versammlung war groß; noch größer war die Sache. Aleander sollte für Rom, die Mutter und Herrin aller Kirchen, das Wort führen." Er sollte vor den versammelten Machthabern der Christenheit das Fürstentum Petri rechtfertigen. „Er hatte die Gabe der Beredsamkeit und zeigte sich der Erhabenheit des Anlasses gewachsen. Die Vorsehung wollte es, daß Rom vor dem erlauchtesten Tribunal erscheinen und seine Sache durch den begabtesten seiner Redner vertreten werden sollte, ehe es verdammt würde."[4] Mit Besorgnis sahen die Gönner des Reformators der Wirkung der Rede Aleanders entgegen. Der Kurfürst von Sachsen war nicht zugegen, doch wohnten nach seiner Bestimmung etliche seiner Räte bei, um die Rede des Nuntius berichten zu können.

Aleander bot alle Gelehrsamkeit und Redekunst auf, um die Wahrheit zu stürzen. Beschuldigung auf Beschuldigung schleuderte er gegen Luther, den er einen Feind der Kirche und des Staates, der Lebenden

3 Cochlaeus, „Commentaria de actis et scriptis Lutheri", S. 54 f., Köln, 1568
4 Wylie, „History of Protestantism", 6. Buch, Kap. 4

und der Toten, der Geistlichkeit und der Laien, der Konzilien und der einzelnen Christen nannte. Er sagte, in Luthers Schriften seien so viele Irrtümer, daß hunderttausend Ketzer ihrethalben verbrannt werden könnten.

Zum Schluß versuchte er, die Anhänger der Reformation verächtlich zu machen. „Wieviel zahlreicher, gelehrter und an jenen Gaben, die im Wettstreit den Ausschlag geben, überlegener ist doch die katholische Partei! Die berühmtesten Universitäten haben Luther verurteilt. Wer dagegen sind diese Lutheraner? Ein Haufe unverschämter Universitätslehrer, verderbter Priester, unordentlicher Mönche, unwissender Advokaten, herabgekommener Adliger und verführten Pöbels. Ein einstimmiger Beschluß dieser erlauchten Versammlung wird die Einfältigen belehren, die Unklugen warnen, die Schwankenden festigen und die Schwachen stärken.“ [5]

Mit solchen Waffen sind die Verteidiger der Wahrheit zu jeder Zeit angegriffen worden. Die gleichen Beweise werden noch immer gegen alle vorgebracht, die es wagen, den eingebürgerten Irrtümern die klaren und deutlichen Lehren des Wortes Gottes gegenüberzustellen. Wer sind diese Prediger neuer Lehren? rufen die aus, welche eine volkstümliche Religion begehren. Es sind Ungebildete, gering an Zahl und aus dem ärmeren Stande; doch behaupten sie, die Wahrheit zu haben und das auserwählte Volk Gottes zu sein. Sie sind unwissend und betrogen. Wie hoch steht unsere Kirche an Zahl und Einfluß über ihnen! Wie viele gelehrte und große Männer sind in unseren Reihen, wieviel mehr Macht auf unserer Seite! — Dies sind Beweise, die einen entscheidenden Einfluß auf die Welt haben, die heute genauso verfangen wie in den Tagen des Reformators.

Die Reformation endete nicht mit Luther, wie viele annehmen; sie muß bis zum Ende der Geschichte dieser Welt fortgesetzt werden. Luthers großes Werk bestand darin, das Licht, das Gott ihm scheinen ließ, auf andere geworfen zu haben; doch er hatte nicht alles Licht empfangen, das der Welt scheinen sollte. Von jener Zeit an bis in die Gegenwart haben fortwährend neue Erkenntnisse die Heilige Schrift erhellt, und seither sind ständig neue göttliche Wahrheiten enthüllt worden.

5 D'Aubigné, „Geschichte der Reformation“, 7. Buch, Kap. 3

Die Ansprache des Legaten machte auf die Großen des Reiches tiefen Eindruck.[6] Kein Luther war da, um den päpstlichen Vertreter durch die klaren und überzeugenden Wahrheiten des Wortes Gottes entgegenzutreten. Kein Versuch wurde gemacht, den Reformator zu verteidigen. Man war allgemein geneigt, nicht nur ihn und seine Lehren zu verdammen, sondern wenn möglich auch alle Ketzerei auszurotten.

Rom hatte die günstigste Gelegenheit gehabt, seine Sache zu verteidigen. Alles, was es zu seiner Rechtfertigung sagen konnte, war gesagt worden. Aber der scheinbare Sieg trug die Zeichen der Niederlage. Künftighin würde der Gegensatz zwischen Wahrheit und Irrtum deutlicher erkannt werden, da beide sich in offenem Kampf messen sollten. Von jenem Tage an sollte Rom nie mehr so sicher stehen, wie es bis dahin gestanden hatte.

Während die meisten Mitglieder des Reichstages Luther der Rache Roms übergeben wollten, sahen und beklagten viele die in der Kirche herrschende Verderbtheit und wünschten die Beseitigung der Mißbräuche, die das deutsche Volk infolge der Verkommenheit und der Gewinnsucht der Priesterherrschaft dulden mußte. Der Legat hatte Roms Herrschaft im günstigsten Licht dargestellt. Nun bewog der Herr ein Mitglied des Reichstages, die Wirkung der päpstlichen Gewaltherrschaft wahrheitsgetreu zu schildern. Mit edler Entschiedenheit erhob sich Herzog Georg von Sachsen in jener fürstlichen Versammlung und beschrieb mit unerbittlicher Genauigkeit die Betrügereien und Greuel des Papsttums und deren schlimme Folgen. Zum Schluß sagte er:

„Da ist keine Scham in Herausstreichung und Erhebung des Ablasses, man suchet nur, daß man viel Geld zusammenbringe; also geschieht, daß die Prediger, welche die Wahrheit lehren sollten, nichts als Lügen und Betrug den Leuten vorschwatzen. Das duldet man und diesen Leuten lohnet man, weil je mehr Geld in den Kasten kommt, je mehr die Leute beschwatzt werden. Aus diesem verderbten Brunnen fließt ein groß Ärgernis in die Bäche heraus ... plagen die Armen mit Bußen ihrer Sünden wegen, verschonen die Reichen, übergehen die Priester... Daher nötig ist eine allgemeine Reformation anzustellen,

6 Hefele, „Konziliengeschichte", Bd. IX, S. 202

welche nicht füglicher als in einem allgemeinen Konzil zu erhalten ist; darum bitten wir alle, solches mit höchstem Fleiß zu fördern." [7]

Luther selbst hätte die Mißbräuche Roms nicht vortrefflicher und wirksamer geißeln können. Die Tatsache aber, daß der Redner ein entschlossener Feind des Reformators war, verlieh seinen Worten desto mehr Nachdruck.

Wären den Versammelten die Augen geöffnet worden, so hätten sie Engel Gottes in ihrer Mitte erblickt, die durch die Finsternis des Irrtums Strahlen des Lichts aussandten und Gemüter und Herzen der Wahrheit öffneten. Selbst die Gegner der Reformation zeigten sich von der Macht des Gottes der Wahrheit und Weisheit beeinflußt, und auf diese Weise wurde der Weg für das große Werk bereitet, das nun vollbracht werden sollte. Martin Luther war nicht anwesend, aber man hatte eine einflußreichere Stimme als die Luthers in jener Versammlung gehört.

Sofort wurde vom Reichstag ein Ausschuß bestimmt, um eine Liste der päpstlichen Mißbräuche aufzustellen, die so schwer auf dem deutschen Volk lasteten. Dieses Verzeichnis, das 101 Beschwerden enthielt, wurde dem Kaiser mit dem Gesuch unterbreitet, sofortige Schritte zur Beseitigung dieser Mißbräuche zu unternehmen. „Es gehen so viele Seelen verloren", sagten die Bittenden, „so viele Räubereien, Bestechungen finden statt, weil das geistliche Oberhaupt der Christenheit sie gestattet. Es muß dem Untergang und der Schande unseres Volkes vorgebeugt werden. Wir bitten euch untertänigst und inständigst, dahin zu wirken, daß eine Besserung und gemeine Reformation geschehe." [8]

Die Reichsstände drangen auf das Erscheinen Luthers. Ungeachtet aller Bitten, Einwände und Drohungen Aleanders willigte der Kaiser schließlich doch ein, und Luther wurde aufgefordert, vor dem Reichstag zu erscheinen. Mit der Aufforderung wurden ihm die nötigen Geleitsbriefe ausgestellt, die ihm auch seine Rückkehr nach einem sicheren Ort verbürgten. [9] Ein Herold, der beauftragt war, ihn sicher nach Worms zu geleiten, brachte die Briefe nach Wittenberg.

7 Seckendorff, ebd., S. 328–330
8 Kapp, „Nachlese reformatorischer Urkunden", Bd. III., S. 275
9 Der Kurfürst von Sachsen und Herzog Georg von Sachsen sowie auch der Kaiser stellten Geleitsbriefe aus

Luthers Freunde wurden von Schrecken und Bestürzung ergriffen. Sie kannten das Vorurteil und die gegen ihn herrschende Feindschaft und befürchteten, selbst das Sicherheitsgeleit würde nicht beachtet werden, und sein Leben sei gefährdet. Auf ihr Bitten, diese Reise nicht anzutreten, erwiderte er einem, die Römlinge wollten ihn nicht in Worms sehen, doch „ich schreibe auch jetzt und bitte dich, bete nicht für mich, sondern für das Wort Gottes. Jener Widersacher Christi setzt alle Kräfte ein, mich zu verderben. Der Wille Gottes geschehe! Christus wird mir seinen Geist geben, daß ich diese Widersacher verachte im Leben, besiege im Tode... Sie arbeiten, daß ich viele Artikel widerrufe; aber mein Widerruf wird also lauten: Ich habe früher gesagt, der Papst sei der Statthalter Christi, jetzt widerrufe ich und sage, der Papst ist der Widersacher Christi..."

Luther sollte seine gefahrvolle Reise nicht allein unternehmen. Außer dem kaiserlichen Boten hatten sich drei seiner treuesten Freunde entschlossen, ihn zu begleiten. Es verlangte Melanchthon herzlich, sich ihnen anzuschließen. Sein Herz hing an Luther, und er sehnte sich, ihm zu folgen, wenn es sein müsse, auch ins Gefängnis oder in den Tod. Seine Bitte wurde jedoch nicht erfüllt. Sollte Luther etwas zustoßen, so ruhte die Hoffnung der Reformation allein auf seinem jugendlichen Mitarbeiter.

Unterwegs nahmen sie wahr, daß die Gemüter des Volkes von düsteren Vorahnungen beschwert waren. In einigen Städten erwies man ihnen keine Achtung. Als sie übernachteten, gab ein freundlich gesinnter Priester seinen Befürchtungen Ausdruck und zeigte Luther das Bild eines italienischen Reformators, der den Scheiterhaufen besteigen mußte. Am andern Tag erfuhren sie, daß seine Schriften in Worms verdammt worden seien. Boten verkündigten des Kaisers Erlaß und forderten jedermann auf, die geächteten Bücher den Behörden auszuliefern. Der Herold, der um Luthers Sicherheit auf dem Reichstag fürchtete und meinte, dessen Entschluß könnte dadurch erschüttert sein, fragte: „Herr Doktor, wollt ihr fortziehen? Da antwortete ich [Luther]: Ja, unangesehen, daß man mich hätte in den Bann getan und das in allen Städten veröffentlicht, so wollt ich doch fortziehen." [10]

10 Luther, EA, LXIV, S. 367

In Erfurt wurde Luther mit großen Ehren empfangen. Von der bewundernden Menge umgeben, durchschritt er die Straßen, in denen er oft mit seinem Bettelsack einhergegangen war. Er besuchte seine Klosterzelle und gedachte der Kämpfe, durch die das nun Deutschland überflutende Licht auch seine Seele erleuchtet hatte. Man nötigte ihn zum Predigen. Zwar war ihm dies verboten, aber der Herold gestattete es dennoch. Der Mönch, einst im Kloster jedermanns Handlanger gewesen, bestieg die Kanzel.

In einer überfüllten Versammlung predigte er über die Worte Christi: „Friede sei mit euch!" „Ihr wisset auch, daß alle Philosophen, Doktoren und Skribenten sich beflissen zu lehren und schreiben, wie sich der Mensch zur Frömmigkeit halten soll, haben sich des sehr bemüht, aber wie man sieht, wenig ausgerichtet... Denn Gott, der hat auserwählet einen Menschen, den Herrn Jesum Christ, daß der soll den Tod zerknirschen, die Sünde zerstören und die Hölle zerbrechen... Also daß wir durch seine Werke ... und nicht mit unseren Werken selig werden... Unser Herr Christus hat gesagt: Habt Frieden und sehet meine Hände. Sieh Mensch, ich bin der allein, der deine Sünde hat hinweggenommen, der dich erlöste. Nun habe Frieden."

„So soll ein jeglicher Mensch sich besinnen und bedenken, daß wir uns nicht helfen können, sondern Gott, auch daß unsere Werke gar gering sind: so haben wir den Frieden Gottes; und ein jeglicher Mensch soll sein Werk also schicken, daß ihm nicht allein nutz sei, sondern auch einem andern, seinem Nächsten. Ist er reich, so soll sein Gut den Armen nutz sein; ist er arm, soll sein Verdienst den Reichen zugute kommen... Denn wenn du merkst, daß du deinen Nutzen allein schaffst, so ist dein Dienst falsch." [11]

Das Volk lauschte wie gebannt seinen Worten. Das Brot des Lebens wurde jenen hungernden Seelen gebrochen. Christus erschien darin als der, der über Papst, Legat, Kaiser und König steht. Luther machte keinerlei Andeutungen über seine gefährliche Lage. Weder versuchte er, sich selbst in den Mittelpunkt zu stellen, noch suchte er Mitgefühl zu erwecken. Sein Ich trat ganz hinter die Betrachtung Christi zurück. Er verbarg sich hinter dem Gekreuzigten von Golgatha und verlangte nur danach, Jesus als den Erlöser des Sünders darzustellen.

11 Luther, EA, XVI, S. 249–257

Auf der Weiterreise brachte das Volk dem Reformator die größte Anteilnahme entgegen. Eine neugierige Menge drängte sich überall um ihn, und freundschaftliche Stimmen warnten ihn vor den Absichten der Römlinge. Einige sagten: Man wird dich verbrennen wie den Hus. Luther antwortete: „Und wenn sie gleich ein Feuer machten, das zwischen Wittenberg und Worms bis an den Himmel reicht, weil es aber gefordert wäre, so wollte ich doch im Namen des Herrn erscheinen und dem Behemoth zwischen seine großen Zähne treten und Christum bekennen und denselben walten lassen." [12]

Die Kunde, Luther nähere sich Worms, rief große Erregung hervor. Seine Freunde zitterten um seine Sicherheit; seine Feinde fürchteten für den Erfolg ihrer Sache. Ernsthaft bemühte man sich, ihm von dem Betreten der Stadt abzuraten. Auf Anstiften der Römlinge drang man in ihn, sich auf das Schloß eines befreundeten Ritters zu begeben, wo nach ihrer Darstellung dann alle Schwierigkeiten auf freundschaftlichem Wege beigelegt werden könnten. Freunde versuchten, ihm durch Vorstellungen der ihm drohenden Gefahr Furcht einzuflößen. Alle Bemühungen blieben nutzlos. Luther wankte nicht, sondern erklärte: „Ich will gen Worms, wenn gleich so viel Teufel drinnen wären, als immer Ziegel auf ihren Dächern!"

Bei seiner Ankunft in Worms war die Zahl derer, die sich an den Toren drängten, ihn willkommen zu heißen, sogar noch größer als beim Einzug des Kaisers. Es herrschte eine ungeheure Erregung, und aus der Mitte der Volksmenge sang eine durchdringende, klagende Stimme ein Grablied, um Luther vor dem ihm bevorstehenden Schicksal zu warnen. „Gott wird mit mir sein", sprach er mutig beim Verlassen des Wagens.

Die Anhänger des Papstes hatten nicht erwartet, daß Luther es wirklich wagen würde, in Worms zu erscheinen, und seine Ankunft bestürzte sie außerordentlich. Der Kaiser rief sofort seine Räte zusammen, um das einzuschlagende Verfahren zu erwägen. Einer der Bischöfe, ein unbeugsamer Anhänger Roms, erklärte: „Wir haben uns schon lange darüber beraten. Kaiserliche Majestät möge diesen Mann beiseite tun und ihn umbringen lassen. Sigismund hat den Johann Hus ebenso behandelt; einem Ketzer braucht man kein Geleit zu geben

12 Luther, Walch, XV, S. 2172. 2173

oder zu halten." Karl verwarf diesen Vorschlag, man müsse halten, was man versprochen habe. Der Reformator sollte also vorgeladen werden.[13]

Die ganze Stadt wollte diesen merkwürdigen Mann sehen, und bald füllte sich sein Quartier mit vielen Besuchern. Luther hatte sich kaum von einer kürzlich überstandenen Krankheit erholt; er war ermüdet von der Reise, die zwei Wochen in Anspruch genommen hatte; er mußte sich auf die wichtigsten Ereignisse des morgigen Tages vorbereiten und brauchte Stille und Ruhe. Das Verlangen, ihn zu sehen, war jedoch so groß, daß er sich nur einiger Ruhestunden erfreut hatte, als sich Edelleute, Ritter, Priester und Bürger um ihn sammelten. Unter ihnen waren viele der Adligen, die vom Kaiser so kühn eine Reform der kirchlichen Mißbräuche verlangt hatten, und die, wie Luther sich ausdrückte, „alle durch mein Evangelium frei geworden waren". Feinde wie Freunde kamen, um den furchtlos-kühnen Mönch zu sehen; er empfing sie mit unerschütterlicher Ruhe und antwortete allen mit Würde und Weisheit. Seine Haltung war fest und mutig; sein bleiches, abgezehrtes Gesicht, das die Spuren der Anstrengung und Krankheit nicht verleugnen konnte, zeigte einen freundlichen, ja sogar freudigen Ausdruck. Die Feierlichkeit und der tiefe Ernst seiner Worte verliehen ihm eine Kraft, der selbst seine Feinde nicht gänzlich widerstehen konnten. Freund und Feind waren voller Bewunderung. Manche waren überzeugt, daß ein göttlicher Einfluß ihn begleite; andere erklärten, wie die Pharisäer hinsichtlich Christi, er habe den Teufel.

Am folgenden Tag wurde Luther aufgefordert, vor dem Reichstag zu erscheinen. Ein kaiserlicher Beamter sollte ihn in den Empfangssaal führen; nur mit Mühe erreichte er diesen Ort. Jeder Zugang war mit Schaulustigen verstopft, die den Mönch sehen wollten, der es gewagt hatte, der Autorität des Papstes zu widerstehen.

Als Luther vor seine Richter treten wollte, sagte ein Feldherr, der Held mancher Schlacht, freundlich zu ihm: „Mönchlein, Mönchlein, du gehst jetzt einen Gang, einen Stand zu tun, dergleichen ich und mancher Oberster auch in unsern allerernstesten Schlachtordnungen nicht getan haben; bist du auf rechter Meinung und deiner Sache gewiß, so

13 D'Aubigné, „Geschichte der Reformation", 7. Buch, 8. Abschnitt, S. 195; Ranke, „Geschichte im Zeitalter der Reformation", I, S. 330 f.

fahre in Gottes Namen fort und sei nur getrost, Gott wird dich nicht verlassen." [14]

Endlich stand Luther vor dem Reichstag. Der Kaiser saß auf dem Thron. Er war von den erlauchtesten Persönlichkeiten des Kaiserreichs umgeben. Nie zuvor war je ein Mensch vor einer bedeutsameren Versammlung erschienen als jene war, vor welcher Martin Luther seinen Glauben verantworten sollte. „Sein Erscheinen allein war ein außerordentlicher Sieg über das Papsttum. Der Papst hatte diesen Mann verurteilt, und dieser stand jetzt vor einem Gericht, das sich dadurch über den Papst stellte. Der Papst hatte ihn in den Bann getan, von aller menschlichen Gesellschaft ausgestoßen, und dennoch war er mit höflichen Worten vorgeladen und erschien nun vor der erlauchtesten Versammlung der Welt. Der Papst hatte ihn zu ewigem Schweigen verurteilt und jetzt sollte er vor Tausenden aufmerksamer Zuhörer aus den verschiedensten Landen der Christenheit reden. So kam durch Luther eine gewaltige Revolution zustande: Rom stieg von seinem Thron herab, und das Wort eines Mönches gab die Veranlassung dazu." [15]

Angesichts jener gewaltigen, aus Adligen bestehenden Versammlung schien der Reformator, der von niedriger Geburt war, eingeschüchtert und verlegen. Mehrere Fürsten, die seine Gefühle bemerkten, näherten sich ihm, und einer von ihnen flüsterte: „Fürchtet euch nicht vor denen, die den Leib töten und die Seele nicht mögen töten." Ein anderer sagte: „Wenn ihr vor Fürsten und Könige geführt werdet um meinetwillen, wird es euch durch den Geist eures Vaters gegeben werden, was ihr reden sollt." [16] Auf diese Weise wurden Christi Worte von den Großen dieser Erde gebraucht, um Gottes Diener in der Stunde der Prüfung zu stärken.

Luther wurde ein Platz unmittelbar vor dem kaiserlichen Thron angewiesen. Tiefes Schweigen herrschte in der großen Versammlung. Der vom Kaiser beauftragte Redner erhob sich und verlangte, indem er auf eine Sammlung von Luthers Schriften wies, daß der Reformator zwei Fragen beantworte: Ob er die hier vorliegenden Bücher als die

14 Spangenberg, Cyriakus, „Adelsspiegel", III, S. 54. – Der Landsknechtsführer Georg von Frundsberg hatte Luther mit den zitierten Worten ermutigend auf die Schulter geklopft.
15 D'Aubigné, „Geschichte der Reformation", 7. Buch, 8. Abschnitt, S. 199
16 Melanchthon, „Leben Luthers", S. 53

seinigen anerkenne oder nicht; und ob er die Ansichten, die er darin verbreitet habe, widerrufe. Nachdem die Titel der Bücher vorgelesen worden waren, erwiderte Luther, daß er hinsichtlich der ersten Frage jene Bücher als von ihm geschrieben annehme und nichts je davon ableugne. Aber was da folge, „weil dies eine Frage vom Glauben und der Seelen Seligkeit sei und das göttliche Wort betreffe, was das höchste sei im Himmel und auf Erden..., da wäre es vermessen und sehr gefährlich, etwas Unbedachtes auszusprechen. Ich könnte ohne vorherige Überlegung leicht weniger behaupten als die Sache erfordere, oder mehr als der Wahrheit gemäß wäre, und durch das eine und andere jenem Urteile Christi verfallen: Wer mich verleugnet vor den Menschen, den werde ich vor meinem himmlischen Vater auch verleugnen.[17] Deshalb bitte ich von Kaiserlicher Majestät aufs alleruntertänigste um Bedenkzeit, damit ich ohne Nachteil für das göttliche Wort und ohne Gefahr für meine Seele dieser Frage genugtue".[18]

Luther handelte sehr klug, daß er dieses Gesuch stellte. Sein Benehmen überzeugte die Versammlung, daß er nicht aus Leidenschaft oder bloßem Antrieb handle. Solche Ruhe und Selbstbeherrschung, die man von einem, der so kühn und unnachgiebig war, nicht erwartet hätte, erhöhten Luthers Stärke und befähigten ihn später, mit einer Vorsicht, Entschiedenheit, Weisheit und Würde zu antworten, daß seine Gegner überrascht und enttäuscht, ihre Anmaßung und ihr Stolz aber beschämt wurden.

Am nächsten Tag sollte er erscheinen, um seine endgültige Antwort zu geben. Als er sich die gegen die Wahrheit verbündeten Mächte nochmals vor Augen führte, verließ ihn für einen Augenblick der Mut. Sein Glaube schwankte, Furcht und Zittern ergriffen ihn, und Grauen lastete auf ihm. Die Gefahren vervielfältigten sich vor seinen Augen, seine Feinde schienen zu siegen und die Mächte der Finsternis die Oberhand zu gewinnen. Wolken sammelten sich um ihn und drohten ihn von Gott zu trennen. Er sehnte sich nach der Gewißheit, daß der Herr der Heerscharen mit ihm sei. In seiner Seelennot warf er sich mit dem Angesicht auf die Erde und stieß jene gebrochenen, herzzerreißenden Angstrufe aus, die Gott allein in der Lage ist, völlig zu verstehen.

17 Matth. 10, 33

18 Luther, EA, LXIV, S. 377 ff.; op. lat. XXXVII, S. 5–8

Er betete: „Allmächtiger, ewiger Gott! Wie ist es nur ein Ding um die Welt! Wie sperrt sie den Leuten die Mäuler auf! Wie klein und gering ist das Vertrauen der Menschen auf Gott ... und siehet nur allein bloß an, was prächtig und gewaltig, groß und mächtig ist und ein Ansehen hat. Wenn ich auch meine Augen dahin wenden soll, so ist's mit mir aus, die Glocke ist schon gegossen und das Urteil gefällt. Ach Gott! o du mein Gott, stehe du mir bei wider alle Welt, Vernunft und Weisheit. Tue du es; du mußt es tun, du allein. Ist es doch nicht mein, sondern deine Sache. Habe ich doch für meine Person hier nichts zu schaffen und mit diesen großen Herrn der Welt zu tun... Aber dein ist die Sache, Herr, die gerecht und ewig ist. Stehe mir bei, du treuer, ewiger Gott! ich verlasse mich auf keinen Menschen. Es ist umsonst und vergebens, es hinket alles, was fleischlich ist... Hast du mich dazu erwählet? Ich frage dich; wie ich es denn gewiß weiß; ei, so walt es Gott... Steh mir bei in dem Namen deines lieben Sohnes Jesu Christi, der mein Schutz und Schirm sein soll, ja meine feste Burg." [19]

Eine allweise Vorsehung hatte Luther seine Gefahr erkennen lassen, damit er weder auf seine eigene Kraft baute noch sich vermessen in Gefahr stürzte. Es war jedoch nicht die Furcht zu leiden, nicht die Angst vor der ihm scheinbar unmittelbar bevorstehenden Qual oder vor dem Tod, die ihn mit ihrem Schrecken überwältigte; er hatte einen entscheidenden Zeitpunkt erreicht und fühlte seine Untüchtigkeit, in ihm zu bestehen. Er könnte der Sache der Wahrheit infolge seiner Schwäche schaden. Er rang mit Gott, nicht um seiner eigenen Sicherheit, sondern um des Sieges des Evangeliums willen. Die Angst und das Ringen seiner Seele glich jenem nächtlichen Kampf Jakobs am einsamen Bach; wie jener trug auch er den Sieg davon. In seiner gänzlichen Hilflosigkeit klammerte sich sein Glaube an Christus, den mächtigen Befreier. Er wurde durch die Versicherung gestärkt, daß er nicht allein vor dem Reichstag erscheinen sollte; Friede zog wiederum in seine Seele ein, und er freute sich, daß es ihm vergönnt war, das heilige Wort Gottes vor den Herrschern des Volkes emporzuhalten.

Mit festem Gottvertrauen bereitete sich Luther auf den ihm bevorstehenden Kampf vor. Er plante seine Antwort, prüfte etliche Stellen

19 Luther, EA, LXIV, S. 289 f.

seiner eigenen Schriften und suchte in der Bibel passende Belege, um seine Behauptungen zu stützen. Dann gelobte er, seine Linke auf das offen vor ihm liegende Buch legend und seine Rechte zum Himmel erhebend, „dem Evangelium treu zu bleiben und seinen Glauben frei zu bekennen, sollte er ihn auch mit seinem Blute besiegeln". [20]

Als er wieder vor den Reichstag geführt wurde, war sein Angesicht frei von Furcht und Verlegenheit. Ruhig und friedvoll, dennoch mutig und edel stand er als Gottes Zeuge unter den Großen der Erde. Der kaiserliche Beamte verlangte nun die Entscheidung, ob er gewillt sei, seine Lehren zu widerrufen. Luther gab die Antwort in einem unterwürfigen und bescheidenen Ton ohne Heftigkeit oder Erregung. Sein Benehmen war maßvoll und ehrerbietig; dennoch offenbarte er eine Zuversicht und eine Freudigkeit, die die Versammlung überraschte.

Seine Antwort lautete: „Allerdurchlauchtigster, großmächtigster Kaiser, durchlauchtigste Fürsten, gnädigste und gnädige Herren! Auf die Bedenkzeit, mir auf gestrigen Abend ernannt, erscheine ich gehorsam und bitte durch die Barmherzigkeit Gottes Eure Kaiserliche Majestät um Gnaden, daß sie wollen, wie ich hoffe, diese Sachen der Gerechtigkeit und Wahrheit gnädiglich zuhören, und so ich von wegen meiner Unerfahrenheit ... wider die höfischen Sitten handle, mir solches gnädig zu verzeihen als einem, der nicht an fürstlichen Höfen erzogen, sondern in Mönchswinkeln aufkommen." [21]

Dann zu der ihm aufgegebenen Frage übergehend, erklärte er, daß seine Bücher nicht einerlei Art seien. Einige behandelten den Glauben und die guten Werke, so daß auch seine Widersacher sie für nützlich und unschädlich anerkannt hätten. Diese zu widerrufen, wäre ein Verdammen der Wahrheiten, die Freunde und Feinde zugleich bekennen. Die zweite Art bestände aus Büchern, welche die Verderbtheiten und Übeltaten des Papsttums darlegten. Diese Werke zu widerrufen, würde die Gewaltherrschaft Roms nur stärken und vielen und großen Gottlosigkeiten die Tür noch weiter öffnen. In der dritten Art seiner Bücher habe er einzelne Personen angegriffen, die bestehende Übelstände verteidigt hätten. Im Hinblick auf diese Bücher bekenne er, heftiger gewesen zu sein, als es sich gezieme. Er beanspruche keineswegs, fehlerfrei zu sein. Aber auch diese Bücher könne er nicht widerrufen, denn

20 D'Aubigné, ebd., 7. Buch, S. 8 — 21 Luther, EA, LXIV, S. 378

dann würden die Feinde der Wahrheit nur noch kühner werden und das Volk Gottes mit noch größerer Grausamkeit als bisher unterdrücken wollen.

„Dieweil aber ich ein Mensch und nicht Gott bin, so mag ich meine Büchlein anders nicht verteidigen, denn mein Herr Jesus Christus seine Lehre unterstützt hat: ‚Habe ich übel geredet, so beweise es.'[22] Derhalben bitte ich durch die Barmherzigkeit Gottes Eure Kaiserliche Majestät und Gnaden, oder aber alle andern Höchsten und Niedrigen mögen mir Zeugnis geben, mich Irrtums überführen, mich mit prophetischen und evangelischen Schriften überwinden. Ich will auf das allerwilligste bereit sein, so ich dessen überwiesen werde, alle Irrtümer zu widerrufen und der allererste sein, meine Bücher in das Feuer zu werfen; aus welchem allem ist, meine ich, offenbar, daß ich genügsam bedacht, erwogen und ermessen habe die Gefahr, Zwietracht, Aufruhr und Empörung, so wegen meiner Lehre in der Welt erwachsen ist... Wahrlich, mir ist das Liebste zu hören, daß wegen des göttlichen Wortes sich Mißhelligkeit und Uneinigkeit erheben; denn das ist der Lauf, Fall und Ausgang des göttlichen Wortes, wie der Herr selbst sagt: ‚Ich bin nicht gekommen, Frieden zu senden, sondern das Schwert'[23] ... Darum müssen wir bedenken, wie wunderbar und schrecklich unser Gott ist in seinen Gerichten, auf daß nicht das, was jetzt unternommen wird, um die Uneinigkeit beizulegen, hernach, so wir den Anfang dazu mit Verdammung des göttlichen Wortes machen, vielmehr zu einer Sintflut unerträglicher Übel ausschlage; bedenken müssen wir und fürsorgen, daß nicht diesem jungen, edlen Kaiser Karl, von welchem nächst Gott vieles zu hoffen ist, ein unseliger Eingang und ein unglücklich Regiment zuteil werde. Ich könnte dafür reichliche Exempel bringen aus der Heiligen Schrift, von Pharao, vom König zu Babel und von den Königen Israels, welche gerade dann am meisten Verderben sich bereitet haben, wenn sie mit den klügsten Reden und Anschlägen ihr Reich zu befrieden und zu befestigen gedachten. Denn der Herr ist's, der die Klugen erhascht in ihrer Klugheit und die Berge umkehrt, ehe sie es innewerden; darum tut's not, Gott zu fürchten."[24]

22 Joh. 18, 23
23 Matth. 10, 34
24 Luther, EA, LXIV, S. 379–382; op. lat. XXXVII, S. 11–13

Luther hatte deutsch gesprochen; er wurde nun aufgefordert, dieselben Worte in lateinischer Sprache zu wiederholen. Wiewohl er durch die voraufgegangene Anstrengung erschöpft war, willfahrte er doch dieser Bitte und trug dieselbe Rede noch einmal ebenso deutlich und kraftvoll vor, so daß ihn alle verstehen konnten. Gottes Vorsehung waltete in dieser Sache. Viele Fürsten waren durch Irrtum und Aberglauben so verblendet, daß sie bei Luthers erster Rede die Gewichtigkeit seiner Gründe nicht klar erfassen konnten; durch diese Wiederholung aber wurden ihnen die angeführten Punkte klar verständlich.

Solche, die ihre Herzen dem Licht hartnäckig verschlossen und sich durchaus nicht von der Wahrheit überzeugen lassen wollten, wurden durch die Gewalt seiner Worte in höchsten Zorn versetzt. Als er seine Rede beendet hatte, mahnte der Wortführer des Reichstages in strafendem Ton, Luther hätte nicht zur Sache geantwortet, und es gehöre sich nicht, hier Verdammungsurteile und Feststellungen von Konzilien in Frage zu ziehen. Luther solle klar und deutlich antworten, ob er widerrufen wolle oder nicht.

Darauf erwiderte der Reformator: „Weil denn Eure Majestät und die Herrschaften eine einfache Antwort begehren, so will ich eine geben, die weder Hörner noch Zähne hat, dermaßen: Wenn ich nicht durch Schriftzeugnisse oder helle Gründe werde überwunden werden (denn ich glaube weder dem Papst noch den Konzilien allein, weil feststeht, daß sie öfter geirrt und sich selbst widersprochen haben), so bin ich überwunden durch die von mir angeführten Schriften und mein Gewissen gefangen in Gottes Worten; widerrufen kann ich nichts und will ich nichts, weil wider das Gewissen zu handeln beschwerlich, unsicher und nicht lauter ist. Hier stehe ich, ich kann nicht anders, Gott helf mir, Amen." [25]

So stand dieser rechtschaffene Mann auf dem sicheren Grund des göttlichen Wortes. Des Himmels Licht erleuchtete sein Angesicht. Die Größe und Reinheit seines Charakters, der Friede und die Freude seines Herzens offenbarten sich allen, als er die Macht des Irrtums bloßstellte und die Überlegenheit jenes Glaubens bezeugte, der die Welt überwindet.

25 Luther, EA, LXIV, S. 382 f.

Die Versammlung staunte über diese kühne Verteidigung. Seine erste Antwort hatte Luther mit gedämpfter Stimme in achtungsvoller, beinahe unterwürfiger Haltung gegeben. Die Römlinge hatten dies als einen Beweis gedeutet, daß sein Mut angefangen habe zu wanken. Sie betrachteten sein Gesuch um Bedenkzeit nur als Vorspiel seines Widerrufs. Sogar Kaiser Karl, der halbverächtlich die gebeugte Gestalt des Mönches, sein schlichtes Gewand und die Einfachheit seiner Ansprache wahrnahm, hatte erklärt: „Der soll mich nicht zum Ketzer machen." Der Mut aber und die Festigkeit, die Luther nun an den Tag legte, überraschte, ebenso wie die Kraft und Klarheit seiner Beweisführung, alle Parteien. Von Bewunderung hingerissen, rief der Kaiser: „Dieser Mönch redet unerschrocken, mit getrostem Mut!" Viele Fürsten blickten mit Stolz und Freude auf diesen Vertreter ihrer Nation.

Die Anhänger Roms waren geschlagen, und ihre Sache erschien in einem sehr ungünstigen Licht. Sie suchten nicht etwa dadurch ihre Macht aufrechtzuerhalten, indem sie sich auf die Heilige Schrift beriefen, sondern sie nahmen ihre Zuflucht zu Roms nie versagendem Beweismittel: zur Drohung. Der Wortführer des Reichstages sagte: Widerruft er nicht, so werden der Kaiser samt den Fürsten und Ständen des Reiches beraten, wie sie mit einem solchen Ketzer verfahren wollen.

Luthers Freunde hatten seiner glänzenden Verteidigungsrede mit großer Freude gelauscht, doch diese Worte ließen sie für seine Sicherheit fürchten. Luther selbst aber sagte gelassen: „So helf mir Gott, denn einen Widerruf kann ich nicht tun." [26]

Luther verließ den Tagungsort, damit die Fürsten sich beraten konnten. Sie fühlten, daß sie vor einem großen Wendepunkt standen. Luthers beharrliche Weigerung, sich zu unterwerfen, könnte die Geschichte der Kirche auf Jahrhunderte hinaus beeinflussen. Es wurde beschlossen, ihm nochmals Gelegenheit zum Widerruf zu geben. Zum letztenmal wurde er vor die Versammlung gebracht. Der Wortführer der Fürsten fragte ihn nochmals im Namen des Kaisers, ob er nicht widerrufen wolle. Darauf erwiderte Luther: „Ich weiß keine andere Antwort zu geben, wie die bereits vorgebrachte." [27] Er könne nicht widerrufen, er wäre denn aus Gottes Wort eines besseren überführt.

26 Luther, Walch, XV, S. 2234. 2235

27 Luther, Leipziger Ausgabe, XVII, S. 580

Es war offenbar, daß weder Versprechungen noch Drohungen ihn zur Nachgiebigkeit gegenüber Roms Befehlen bewegen konnten.

Die Vertreter Roms ärgerten sich, daß ihre Macht, die Könige und Adlige zum Erzittern gebracht hatte, auf diese Weise von einem einfachen Mönch mißachtet werden sollte; sie verlangten danach, ihn ihren Zorn fühlen zu lassen und ihn zu Tode zu martern. Aber Luther, der die ihm drohende Gefahr begriff, hatte zu allen in christlicher Würde und Gelassenheit gesprochen. Seine Worte waren frei von Stolz, Leidenschaft oder Täuschung gewesen. Er hatte sich selbst und die großen Männer, die ihn umgaben, aus den Augen verloren und fühlte nur, daß er in der Gegenwart Gottes war, der unendlich erhaben über Päpsten, Prälaten, Königen und Kaisern thront. Christus hatte durch Luthers Zeugnis mit einer Macht und Größe gesprochen, die für den Augenblick Freunden und Feinden Ehrfurcht und Erstaunen einflößte. Der Geist Gottes war in jener Versammlung gegenwärtig gewesen und hatte die Herzen der Großen des Reiches ergriffen. Mehrere Fürsten anerkannten offen die Gerechtigkeit der Sache Luthers.

Viele waren von der Wahrheit überzeugt; bei einigen jedoch dauerte dieser Eindruck nicht lange an. Andere hielten mit ihrer Meinung zurück, wurden aber später, nachdem sie die Heilige Schrift für sich selbst durchforscht hatten, furchtlose Anhänger der Reformation.

Der Kurfürst Friedrich von Sachsen hatte mit großer Besorgnis dem Erscheinen Luthers vor dem Reichstag entgegengesehen und lauschte jetzt tief bewegt seiner Rede. Mit Stolz und Freude sah er den Mut, die Entschiedenheit und die Selbstbeherrschung des Doktors und nahm sich vor, ihn entschiedener als je zu verteidigen. Er verglich die streitenden Parteien und erkannte, daß die Weisheit der Päpste, der Könige und Prälaten durch die Macht der Wahrheit zunichte gemacht worden war. Diese Niederlage des Papsttums sollte unter allen Nationen und zu allen Zeiten fühlbar sein.

Als der Legat die Wirkung der Rede Luthers wahrnahm, fürchtete er wie nie zuvor für die Sicherheit der römischen Macht, und er entschloß sich, alle ihm zu Gebote stehenden Mittel anzuwenden, um den Untergang des Reformators herbeizuführen. Mit all der Beredsamkeit und dem diplomatischen Geschick, das ihn in so hohem Grade auszeichnete, stellte er dem jugendlichen Kaiser die Torheit und die Gefahr dar, wegen eines unbedeutenden Mönches die Freundschaft und Hilfe des mächtigen Rom zu opfern.

Seine Worte blieben nicht wirkungslos. Schon am nächsten Tag ließ Kaiser Karl den Reichsständen seinen Beschluß melden, daß er nach der Weise seiner Vorfahren fest entschlossen sei, ihren Glauben zu unterstützen und zu schützen. Da Luther sich geweigert hatte, seinen Irrtümern zu entsagen, sollten die strengsten Maßregeln gegen ihn und die Ketzereien, die er lehrte, angewandt werden. „Es sei offenkundig, daß ein durch seine eigene Torheit verleiteter Mönch der Lehre der ganzen Christenheit widerstreite ... so bin ich fest entschlossen, alle meine Königreiche, das Kaisertum, Herrschaften, Freunde, Leib, Blut und das Leben und mich selbst daran zu setzen, daß dies gottlose Vornehmen nicht weiter um sich greife... Gebiete demnach, daß er sogleich nach der Vorschrift des Befehls wieder heimgebracht werde und sich laut des öffentlichen Geleites in acht nehme, nirgends zu predigen, noch dem Volk seine falschen Lehren weiter vorzutragen. Denn ich habe fest beschlossen, wider ihn als einen offenbaren Ketzer zu verfahren. Und begehre daher von euch, daß ihr in dieser Sache dasjenige beschließet, was rechten Christen gebührt und wie ihr zu tun versprochen habt."[28] Der Kaiser erklärte, Luther müsse das sichere Geleit gehalten werden, und ehe Maßregeln gegen ihn getroffen werden könnten, müsse ihm gestattet werden, seine Heimat sicher und unbehelligt zu erreichen.

Wiederum wurden zwei entgegengesetzte Meinungen der Reichsstände offenbar. Die Legaten und Vertreter des Papstes forderten von neuem, das Sicherheitsgeleit für Luther nicht zu beachten, und sagten: Der Rhein muß seine Asche aufnehmen wie die des Hus vor einem Jahrhundert.[29] Doch deutsche Fürsten, obwohl päpstlich gesinnt und offene Feinde Luthers, wandten sich gegen einen öffentlichen Treubruch als einen Schandfleck für die Ehre der Nation. Sie wiesen auf die folgenschweren Auseinandersetzungen hin, die auf den Tod des Hus gefolgt waren, und erklärten, daß sie es nicht wagten, eine Wiederholung dieser schrecklichen Ereignisse über Deutschland und auf das Haupt ihres jugendlichen Kaisers zu bringen.

28 Luther, Walch, XIV, S. 2236. 2237

29 D'Aubigné, ebd., 7. Buch, Kap. 9

Karl selbst erwiderte auf den niederträchtigen Vorschlag: „Wenn Treue und Glauben nirgends mehr gelitten würden, sollten doch solche an den fürstlichen Höfen ihre Zuflucht finden." [30] Die unerbittlichsten der römischen Feinde Luthers drangen noch weiter auf den Kaiser ein, mit dem Reformator zu verfahren, wie Sigismund Hus behandelt hatte, und ihn der Gnade und Ungnade der Kirche zu überlassen. Karl V. aber, der sich ins Gedächtnis zurückrief, wie Hus in der öffentlichen Versammlung auf seine Ketten hingewiesen und den Kaiser an seine verpfändete Treue erinnert hatte, erklärte entschlossen: „Ich will nicht wie Sigismund erröten!" [31]

Karl hatte jedoch wohlüberlegt die von Luther verkündigten Wahrheiten verworfen. „Ich bin", schrieb der Herrscher, „fest entschlossen, in die Fußtapfen meiner Ahnen zu treten." Er hatte entschieden, nicht von dem Pfad des herkömmlichen Glaubens abzuweichen, selbst nicht, um in den Wegen der Wahrheit und der Gerechtigkeit zu wandeln. Weil seine Väter dem römischen Glauben gefolgt waren, wollte auch er das Papsttum mit all seiner Grausamkeit und Verderbtheit aufrechterhalten. Bei diesem Entscheid blieb er, und er weigerte sich, irgendwelches weitere Licht, das über die Erkenntnis seiner Väter hinausging, anzunehmen oder irgendeine Pflicht auszuüben, die sie nicht ausgeübt hatten.

Viele halten heute in gleicher Weise an den Gebräuchen und Überlieferungen der Väter fest. Schickt der Herr ihnen weiteres Licht, so weigern sie sich, es anzunehmen, weil ihre Väter es auch nicht angenommen hatten, ohne zu bedenken, daß es jenen gar nicht gewährt worden war. Wir sind viel weiter vorwärts geschritten als unsere Väter waren, infolgedessen sind unsere Pflichten und Verantwortlichkeiten auch nicht die gleichen. Gott wird es nicht gutheißen, wenn wir auf das Beispiel unserer Väter blicken, statt das Wort der Wahrheit für uns selbst zu untersuchen, um unsere Pflichten zu erkennen. Unsere Verantwortung ist größer als die unserer Vorfahren. Wir sind verantwortlich für das Licht, das sie erhielten und das uns als Erbgut zuteil wurde. Wir müssen aber auch Rechenschaft ablegen über das neu hinzugekommene Licht, das jetzt aus dem Worte Gottes auf uns scheint.

30 Seckendorff, ebd., S. 357

31 Lenfant, „Histoire du concile de Constance", Bd. I, 3. Buch, S. 404

Christus sagte von den ungläubigen Juden: „Wenn ich nicht gekommen wäre und hätte es ihnen gesagt, so hätten sie keine Sünde; nun aber können sie nichts vorwenden, ihre Sünde zu entschuldigen." [32] Dieselbe göttliche Macht hatte durch Luther zum Kaiser und zu den Fürsten Deutschlands gesprochen. Und als das Licht aus dem Worte Gottes strahlte, sprach sein Geist für viele in jener Versammlung zum letzenmal. Wie Pilatus Jahrhunderte zuvor dem Stolz und der Gunst des Volkes gestattet hatte, dem Erlöser der Welt sein Herz zu verschließen; wie der zitternde Felix den Boten der Wahrheit gebeten hatte: „Gehe hin auf diesmal; wenn ich gelegene Zeit habe, will ich dich herrufen lassen"; [33] wie der stolze Agrippa bekannt hatte: „Es fehlt nicht viel, du überredest mich, daß ich ein Christ würde", [34] und sich doch von der vom Himmel gesandten Botschaft abwandte — so entschied sich Karl V., den Eingebungen weltlichen Stolzes und der Staatsklugheit folgend, das Licht der Wahrheit zu verwerfen.

Gerüchte über die Absichten gegen Luther wurden weithin laut und verursachten große Aufregung in der ganzen Stadt. Der Reformator hatte sich viele Freunde erworben, die beschlossen, da sie die verräterische Grausamkeit Roms gegen alle kannten, welche es wagten, seine Verkommenheit bloßzustellen, daß er nicht geopfert werden sollte. Hunderte von Edelleuten verpflichteten sich, ihn zu beschützen. Nicht wenige rügten die kaiserliche Botschaft öffentlich als einen Beweis der Schwäche gegenüber der beherrschenden Macht Roms. An Haustüren und auf öffentlichen Plätzen wurden Plakate angebracht, von denen manche Luther verurteilten, andere ihn unterstützten. Auf einem von ihnen standen nur die bedeutsamen Worte des weisen Salomo: „Weh dir, Land, dessen König ein Kind ist!" [35] Die Begeisterung des Volkes für Luther, die in ganz Deutschland herrschte, überzeugte sowohl den Kaiser als auch den Reichstag, daß irgendein ihm zugefügtes Leid den Frieden des Reiches und selbst die Sicherheit des Thrones gefährden würde.

Friedrich von Sachsen hielt sich wohlweislich zurück und verbarg sorgfältig seine wirklichen Gefühle gegen den Reformator, während er ihn gleichzeitig mit unermüdlicher Wachsamkeit beschützte und sowohl seine als auch seiner Feinde Schritte scharf beobachtete. Viele

32 Joh. 15, 22 33 Apg. 24, 25 34 Apg. 26, 28 35 Pred. 10, 16

jedoch brachten ihre Sympathie für Luther offen zum Ausdruck. Er wurde von vielen Fürsten, Grafen, Baronen und andern einflußreichen weltlichen und kirchlichen Persönlichkeiten besucht. „Das kleine Zimmer des Doktors konnte die vielen Besucher, die sich vorstellten, nicht fassen", schrieb Spalatin.[36] Selbst solche, die seine Lehren nicht glaubten, mußten doch jene stolze Größe bewundern, die ihn antrieb, eher in den Tod zu gehen als sein Gewissen zu verletzen.

Weitere ernstliche Anstrengungen wurden unternommen, um Luther zu einem Ausgleich mit Rom zu bewegen. Besondere kleine Ausschüsse, aus Fürsten, Prälaten und Gelehrten bestehend, bemühten sich weiter um ihn, und sein Geleitsbrief wurde gegen den Wunsch des Legaten um fünf Tage verlängert. Fürsten und Adlige stellten ihm vor Augen, der Kaiser würde ihn aus dem Reich vertreiben und ihm in ganz Deutschland keine Zuflucht lassen, wenn er hartnäckig sein eigenes Urteil gegen das der Kirche und Konzilien aufrechterhielte. Luther antwortete auf diese ernste Vorstellung: „Ich weigere mich nicht, Leib, Leben und Blut dahinzugeben, nur will ich nicht gezwungen werden, Gottes Wort zu widerrufen, in dessen Verteidigung man Gott mehr als den Menschen gehorchen muß. Auch kann ich nicht das Ärgernis des Glaubens verhüten, sintemal Christus ein Stein des Ärgernisses ist."[37]

Erneut drang man in ihn, seine Bücher dem Urteil des Kaisers und des Reiches furchtlos zu unterwerfen. Luther erwiderte: „Ich habe nichts dawider, daß der Kaiser oder die Fürsten oder der geringste Christ meine Bücher prüfen, aber nur nach dem Worte Gottes. Die Menschen müssen diesem allein gehorchen. Mein Gewissen ist in Gottes Wort und Heiliger Schrift gebunden."[38]

Auf einen andern Überredungsversuch gab er zur Antwort: „Ich will eher das Geleit aufgeben, meine Person und mein Leben dem Kaiser preisgeben, aber niemals Gottes Wort." Er erklärte seine Bereitschaft, sich dem Entscheid eines allgemeinen Konzils zu unterwerfen, aber nur unter der Bedingung, daß es nach der Schrift entscheide. „Was das Wort Gottes und den Glauben anbelangt", fügte er hinzu, „so kann jeder Christ ebensogut urteilen wie der Papst es

36 Luther, EA, op. lat. XXXVII, S. 15. 16
37 Luther, EA, op. lat. XXXVII, S. 18
38 D'Aubigné, ebd., 7. Buch, 7. Abschnitt, S. 221. 224

für ihn tun könnte, sollten ihn auch eine Million Konzilien unterstützen."[39] Freunde und Gegner waren schließlich überzeugt, daß weitere Versöhnungsversuche nutzlos seien.

Hätte der Reformator nur in einem einzigen Punkt nachgegeben, so würden die Mächte der Finsternis den Sieg davongetragen haben. Aber sein felsenfestes Ausharren beim Worte Gottes war das Mittel zur Befreiung der Gemeinde und der Anfang eines neuen und besseren Zeitalters. Indem Luther in religiösen Dingen selbständig zu denken und zu handeln wagte, beeinflußte er nicht nur die Kirche, ja die ganze Welt seiner Zeit, sondern auch alle künftigen Geschlechter. Seine Standhaftigkeit und Treue sollten bis zum Ende der Tage alle stärken, die ähnliche Erfahrungen zu bestehen haben werden. Gottes Macht und Majestät standen erhaben über dem Rat der Menschen und über der gewaltigen Macht des Bösen.

Bald darauf erging an Luther der kaiserliche Befehl, in seine Heimat zurückzukehren, und er wußte, daß dieser Weisung bald seine Verurteilung folgen würde. Drohende Wolken hingen über seinem Pfad. Doch als er Worms verließ, erfüllten Freude und Dank sein Herz. „Der Teufel hat auch wohl verwahret des Papstes Regiment und wollte es verteidigen; aber Christus machte ein Loch darein."[40]

Auf seiner Heimreise schrieb Luther, der noch immer von dem Wunsch beseelt war, daß seine Festigkeit nicht als Empörung mißdeutet werden möchte, an den Kaiser: „Gott, der ein Herzenskündiger ist, ist mein Zeuge, daß ich in aller Untertänigkeit Eurer Kaiserlichen Majestät Gehorsam zu leisten ganz willig und bereit bin, es sei durch Leben oder Tod, durch Ehre, durch Schande, Gut oder Schaden. Ich habe auch nichts vorbehalten als allein das göttliche Wort, in welchem der Mensch nicht allein lebt, sondern wonach es auch den Engeln gelüstet zu schauen." — „In zeitlichen Sachen sind wir schuldig, einander zu vertrauen, weil derselben Dinge Unterwerfung, Gefahr und Verlust der Seligkeit keinen Schaden tut. Aber in Gottes Sache und ewigen Gütern leidet Gott solche Gefahr nicht, daß der Mensch dem Menschen solches unterwerfe." — „Solcher Glaube und Unterwerfung ist das wahre rechte Anbeten und der eigentliche Gottesdienst."[41]

39 Luthers Werke, Bd. II, S. 107, Hallenser Ausgabe
40 Luther. Leipziger Ausgabe, XVII, S. 589
41 Enders, Bd. III, S. 129–141, 28. 4. 1521

Auf der Rückreise von Worms war Luthers Empfang in den einzelnen Städten sogar noch großartiger als auf der Hinreise. Hochstehende Geistliche bewillkommneten den mit dem Bann belegten Mönch, und weltliche Beamte ehrten den vom Kaiser geächteten Mann. Er wurde aufgefordert, zu predigen und betrat auch trotz des kaiserlichen Verbots die Kanzel. Er selbst hatte keine Bedenken; „denn er habe nicht darein gewilligt, daß Gottes Wort gebunden werde“.[42]

Die Legaten des Papstes erpreßten bald nach seiner Abreise vom Kaiser die Erklärung der Reichsacht.[43] Darin wurde Luther „nicht als ein Mensch, sondern als der böse Feind in Gestalt eines Menschen mit angenommener Mönchskutte“[44] gebrandmarkt. Es wurde befohlen, nach Ablauf seines Sicherheitsgeleites Maßregeln gegen ihn zu ergreifen, um sein Werk aufzuhalten. Es war jedermann verboten, ihn zu beherbergen, ihm Speise oder Trank anzubieten, ihm durch Wort oder Tat öffentlich oder geheim zu helfen oder ihn zu unterstützen. Er sollte, gleich wo er auch war, festgenommen und der Obrigkeit ausgeliefert werden. Seine Anhänger sollten ebenfalls gefangengesetzt und ihr Eigentum beschlagnahmt werden. Seine Schriften sollten vernichtet und schließlich alle, die es wagen würden, diesem Erlaß entgegenzuhandeln, in seine Verurteilung eingeschlossen werden. Der Kurfürst von Sachsen und die Fürsten, die Luther am günstigsten gesonnen waren, hatten Worms bald nach seiner Abreise verlassen. Der Reichstag bestätigte nun den Erlaß des Kaisers. Jetzt frohlockten die Römlinge. Sie betrachteten das Schicksal der Reformation als besiegelt.

Gott hatte für seinen Diener in dieser Stunde der Gefahr einen Weg der Rettung vorbereitet. Ein wachsames Auge war Luthers Schritten gefolgt, und ein treues und edles Herz hatte sich zu seiner Rettung entschlossen. Es war deutlich, daß Rom nichts Geringeres als seinen Tod fordern würde; nur indem er sich verbarg, konnte er vor dem Rachen des Löwen bewahrt werden. Gott gab Friedrich von Sachsen Weisheit, einen Plan zu entwerfen, der den Reformator am Leben erhalten sollte. Unter der Mitwirkung treuer Freunde wurde des Kurfürsten Absicht ausgeführt und Luther erfolgreich vor Freunden und Feinden verborgen. Auf seiner Heimreise wurde er gefangengenom-

42 Enders, Bd. III, S. 154, 14. 5. 1521
43 Luther, EA, XXIV, S. 223–240
44 D'Aubigné, ebd., 7. Buch, 11. Abschnitt, S. 232

men, von seinen Begleitern getrennt und in aller Eile durch die Wälder nach der Wartburg, einer einsamen Burgfeste, gebracht. Seine Gefangennahme und auch sein Verschwinden geschahen unter so geheimnisvollen Umständen, daß selbst Friedrich lange nicht wußte, wohin Luther entführt worden war. Mit voller Absicht blieb der Kurfürst in Unkenntnis; denn solange er von Luthers Aufenthalt nichts wußte, konnte er keine Auskunft geben. Er vergewisserte sich, daß der Reformator in Sicherheit war, und damit gab er sich zufrieden.

Frühling, Sommer und Herbst gingen vorüber, der Winter kam, und Luther blieb noch immer ein Gefangener. Aleander und seine Anhänger frohlockten, daß das Licht des Evangeliums dem Verlöschen nahe schien. Statt dessen aber füllte der Reformator seine Lampe aus dem Vorratshaus der Wahrheit, damit ihr Licht um so heller leuchte.

In der freundlichen Sicherheit der Wartburg erfreute sich Luther eine Zeitlang eines Daseins ohne die Hitze und das Getümmel des Kampfes. Aber in der Ruhe und Stille konnte er nicht lange Befriedigung finden. An ein Leben der Tat und harten Kampfes gewöhnt, konnte er es schwer ertragen, untätig zu sein. In jenen einsamen Tagen vergegenwärtigte er sich den Zustand der Kirche, und er rief in seiner Not: „Aber, es ist niemand, der sich aufmache und zu Gott halte oder sich zur Mauer stelle für das Haus Israel an diesem letzten Tage des Zorns Gottes!“ [45] Wiederum richteten sich seine Gedanken auf seine Person, und er fürchtete, er könnte durch seinen Rückzug vom Kampf der Feigheit beschuldigt werden. Dann machte er sich Vorwürfe wegen seiner Lässigkeit und Bequemlichkeit. Und doch vollbrachte er zur selben Zeit täglich mehr, als ein Mann zu leisten imstande schien. Seine Feder war nie müßig. Während seine Feinde sich schmeichelten, ihn zum Schweigen gebracht zu haben, wurden sie in Erstaunen versetzt und verwirrt durch handgreifliche Beweise seines Wirkens. Eine Fülle von Abhandlungen,* die aus seiner Feder flossen, machten die Runde durch ganz Deutschland. Vor allem leistete er seinen Landsleuten einen außerordentlich wichtigen Dienst, indem er das Neue Testament in die deutsche Sprache übersetzte. Auf seinem felsigen Patmos arbeitete er fast ein Jahr lang, durch Schriften das Evangelium zu verkündigen und die Sünden und Irrtümer der Zeit zu rügen.

45 Enders, Bd. III, S. 148, 12. 5. 1521 an Melanchthon

Gott hatte seinen Diener dem Schauplatz des öffentlichen Lebens nicht nur deshalb entrückt, um ihn vor dem Zorn seiner Feinde zu bewahren oder um ihm für jene wichtigen Aufgaben eine Zeitlang Ruhe zu verschaffen. Köstlichere Erfolge als diese sollten erzielt werden. In der Einsamkeit und Verborgenheit seiner bergigen Zufluchtsstätte war Luther allen irdischen Stützen fern und ohne menschlichen Lobpreis. Somit blieb er vor Stolz und dem Auf-sich-selbst-Verlassen bewahrt, die so oft durch Erfolg verursacht werden. Durch Leiden und Demütigung wurde er vorbereitet, wiederum sicher die schwindelnden Höhen zu betreten, zu denen er so plötzlich erhoben worden war.

Wenn Menschen sich der Freiheit erfreuen, welche die Wahrheit ihnen bringt, sind sie geneigt, die zu verherrlichen, deren sich Gott bedient, um die Ketten des Irrtums und des Aberglaubens zu brechen. Satan versucht, der Menschen Gedanken und Neigungen von Gott abzuwenden und auf menschliche Werkzeuge zu richten. Er veranlaßt sie, das bloße Werkzeug zu ehren und die Hand, die alle Ereignisse der Vorsehung leitet, unbeachtet zu lassen. Nur zu oft verlieren religiöse Verantwortungsträger, die auf diese Weise gepriesen und verehrt werden, ihre Abhängigkeit von Gott aus den Augen und verlassen sich auf sich selbst. Sie suchen dann die Gemüter und Gewissen des Volkes zu beherrschen, das eher bereit ist, auf sie, statt auf das Wort Gottes zu sehen. Das Werk einer Umgestaltung wird oft gehemmt, weil dieser Geist von ihren Anhängern genährt wird. Vor dieser Gefahr wollte Gott die Reformation bewahren. Er wünschte, dieses Werk solle sein Gepräge nicht durch Menschen, sondern durch ihn selbst erhalten. Die Augen der Menschen hatten sich auf Luther, den Ausleger der Wahrheit, gewandt; dieser trat nun zurück, damit sich all unser Schauen auf den Einen richten kann, in dem die Wahrheit gegründet ist.

Der Reformator der Schweiz | 9

In der Wahl der Werkzeuge für eine Reform der Kirche zeigt sich der gleiche göttliche Plan wie bei der Gründung der Gemeinde. Der himmlische Lehrer ging an den Großen der Erde, an den Angesehenen und Reichen, die gewohnt waren, als Führer des Volkes Lob und Huldigung zu empfangen, vorüber. Diese waren so stolz und vertrauten so sehr auf ihre vielgerühmte Überlegenheit, daß sie nicht umgeformt werden konnten, um mit ihren Mitmenschen zu fühlen und Mitarbeiter des demütigen Nazareners zu werden. An die ungelehrten, schwer arbeitenden Fischer aus Galiläa erging der Ruf: „Folget mir nach; ich will euch zu Menschenfischern machen!“ [1] Diese Jünger waren demütig und ließen sich belehren. Je weniger sie von den falschen Lehren ihrer Zeit beeinflußt waren, desto erfolgreicher konnte Christus sie unterrichten und für seinen Dienst heranbilden. So war es auch in den Tagen der großen Reformation. Die leitenden Reformatoren waren von geringer Herkunft – Männer, die unter ihren Zeitgenossen am wenigsten von Dünkel und vom Einfluß der Scheinfrömmigkeit und des Priestertrugs belastet waren. Es liegt im Plan Gottes, sich bescheidener Mitarbeiter zu bedienen, um große Erfolge zu erreichen. Dann werden Ruhm und Ehre nicht den Menschen zufallen, sondern dem, der durch sie das Wollen und das Vollbringen nach seinem Wohlgefallen wirkt.

Nur wenige Wochen nach Luthers Geburt in der Hütte eines sächsischen Bergmannes wurde Ulrich Zwingli als Sohn eines Landamtmannes in den Alpen geboren. Zwinglis Umgebung in seiner Kindheit und seine erste Erziehung waren eine gute Vorbereitung für seine künftige Aufgabe. Inmitten einer Umgebung von natürlicher Pracht,

1 Matth. 4, 19

Schönheit und Erhabenheit erzogen, wurde sein Gemüt frühzeitig von einem Gefühl der Größe, Macht und Majestät Gottes erfüllt. Die Berichte von den auf seinen heimatlichen Bergen vollbrachten tapferen Taten entzündete seine jugendliche Sehnsucht. Zu den Füßen seiner frommen Großmutter lauschte er den köstlichen Erzählungen aus der Bibel, die sie aus den Legenden und Überlieferungen der Kirche ausgewählt hatte. Mit tiefer Anteilnahme hörte er von den großen Taten der Erzväter und Propheten, von den Hirten, die auf den Hügeln Palästinas ihre Herden geweidet hatten, wo Engel mit ihnen von dem Kindlein zu Bethlehem und dem Mann von Golgatha redeten.

Gleich Hans Luther wollte auch Zwinglis Vater seinem Sohn eine gute Ausbildung mitgeben. Der Knabe wurde sehr bald aus seinem heimatlichen Tal fortgeschickt. Sein Verstand entwickelte sich rasch, und bald tauchte die Frage auf, wo man fähige Lehrer für ihn finden könne. Mit dreizehn Jahren ging er nach Bern, wo sich damals die hervorragendste Schule der Schweiz befand. Hier jedoch erstand eine Gefahr, die sein vielversprechendes Leben zu vernichten drohte. Die Mönche bemühten sich beharrlich, ihn zum Eintritt in ein Kloster zu bewegen. Dominikaner und Franziskaner wetteiferten um die Gunst des Volkes, die sie durch den glänzenden Schmuck ihrer Kirchen, das Gepränge ihrer Zeremonien, den Reiz berühmter Reliquien und Wunder wirkender Bilder zu erreichen suchten.

Die Dominikaner von Bern erkannten, daß sie sich Gewinn und Ehre verschaffen würden, wenn sie diesen begabten jungen Studenten gewönnen. Seine außerordentliche Jugend, seine natürliche Fähigkeit als Redner und Schreiber sowie seine Begabung für Musik und Dichtkunst wären wirksamer, das Volk zu ihren Gottesdiensten herbeizuziehen und die Einkünfte ihres Ordens zu mehren, als all ihr Prunk und Aufwand. Durch Täuschung und Schmeichelei versuchten sie Zwingli zu verleiten, in ihr Kloster einzutreten. Luther hatte sich während seiner Studienzeit in einer Klosterzelle vergraben und wäre für die Welt verloren gewesen, hätte nicht Gottes Vorsehung ihn daraus befreit. Zwingli geriet nicht in diese Gefahr. Die Vorsehung fügte es, daß sein Vater von den Absichten der Mönche erfuhr. Da er nicht gewillt war, seinen Sohn dem müßigen und nutzlosen Leben der Mönche frönen zu lassen, und außerdem erkannte, daß dessen zukünftige Brauchbarkeit auf dem Spiel stand, wies er ihn an, unverzüglich nach Hause zurückzukehren.

Der Jüngling gehorchte; doch blieb er nicht lange in seinem heimatlichen Tal, sondern nahm bald seine Studien wieder auf und begab sich wenig später nach Basel. Hier hörte Zwingli zum erstenmal das Evangelium von der freien Gnade Gottes. Wyttenbach, ein Lehrer der alten Sprachen, war durch das Studium des Griechischen und Hebräischen zur Heiligen Schrift geführt worden. Durch ihn wurden seinen Studenten „gewisse Samenkörner mitgeteilt und der Antrieb geweckt, ohne weitere Rücksicht auf die sophistischen Torheiten dem Lesen der Schrift selbst sich zuzuwenden“.[2] „Er widerlegte den päpstlichen Ablaß und die Verdienstlichkeit der sogenannten guten Werke und behauptete, der Tod Christi sei die einzige Genugtuung für unsere Sünden.“[3] Auf Zwingli wirkten diese Worte wie der erste Lichtstrahl, mit dem die Morgendämmerung anbricht.

Bald wurde Zwingli von Basel abberufen, um seine Lebensaufgabe anzutreten. Sein erstes Arbeitsfeld war eine Pfarrei in den Alpen, nicht weit von seinem heimatlichen Tal. Nachdem Zwingli die Priesterweihe empfangen hatte, widmete er sich ganz der Erforschung der göttlichen Wahrheit, „denn er wußte“, fügte Myconius hinzu, „wie vieles derjenige zu wissen nötig hat, welchem das Amt anvertraut ist, die Herde Christi zu lehren“.[4]

Je mehr der junge Priester in der Heiligen Schrift forschte, desto deutlicher sah er den Gegensatz zwischen ihren Wahrheiten und den Irrlehren Roms. Er unterwarf sich der Bibel als dem Worte Gottes, der allein hinreichenden, unfehlbaren Richtschnur. Er erkannte, daß sie sich selbst auslegen müsse und wagte es deshalb nicht, die Heilige Schrift auszulegen, um eine angenommene Ansicht oder Lehre zu beweisen, sondern hielt es für seine Pflicht, ihre unmittelbaren, deutlichen Aussagen zu erforschen. Er bediente sich jedes Hilfsmittels, um ein volles und richtiges Verständnis ihres Sinnes zu erlangen und erflehte den Beistand des Heiligen Geistes, der nach seiner Überzeugung allen, die ihn aufrichtig und unter Gebet suchen, das göttliche Wort offenbart.

2 Staehelin, „Huldreich Zwingli, sein Leben und Wirken nach den Quellen“, Bd. I, S. 41
3 Wirz, „Helvetische Kirchengeschichte“, Bd. III, S. 452
4 Staehelin, ebd., S. 45

Zwingli schrieb hierüber: „Die Schrift ist von Gott und nicht von Menschen hergekommen“ (2. Petrus 1, 21). „Eben der Gott, der ihn erleuchtet, der wird auch dir zu verstehen geben, daß seine Rede von Gott kommt.“ – „Das Wort Gottes ist gewiß, fehlt nicht, es ist klar, läßt nicht in der Finsternis irren, es lehrt sich selbst, tut sich selbst auf und bescheint die menschliche Seele mit allem Heil und Gnaden, tröstet sie in Gott, demütigt sie, so daß sie selbst verliert, ja verwirft und faßt Gott in sich, in dem lebt sie, darnach fechtet sie.“ [5] Zwingli hatte die Wahrheit dieser Worte an sich selbst erfahren. Später spricht er noch einmal von dieser Erfahrung: „Als ich vor sieben oder acht Jahren anhub, mich ganz an die Heilige Schrift zu lassen, wollte mir die Philosophie und Theologie der Zänker immerdar ihre Einwürfe machen. Da kam ich zuletzt dahin, daß ich dachte (doch mit Schrift und Wort Gottes dazu geleitet): Du mußt das alles lassen liegen und die Meinung Gottes lauter aus seinem eigenen einfältigen Wort lernen. Da hub ich an, Gott um sein Licht zu bitten, und fing mir an, die Schrift viel heller zu werden.“ [6]

Die Lehre, die Zwingli verkündigte, hatte er nicht von Luther empfangen: es war die Lehre Christi. „Predigt Luther Christus“, schrieb der schweizerische Reformator, „so tut er eben dasselbe, was ich tue; wiewohl, Gott sei gelobt, durch ihn eine unzählbare Welt mehr als durch mich und andere zu Gott geführt werden. Dennoch will ich keinen andern Namen tragen als den meines Hauptmanns Christi, dessen Kriegsmann ich bin; der wird mir Amt und Sold geben, so viel ihm gut dünkt.“ – „Dennoch bezeuge ich vor Gott und allen Menschen, daß ich keinen Buchstaben alle Tage meines Lebens Luther geschrieben habe, noch er mir, noch habe ich solches veranstaltet. Solches habe ich nicht unterlassen aus Menschenfurcht, sondern weil ich dadurch habe allen Menschen offenbaren wollen, wie einhellig der Geist Gottes sei, daß wir so weit voneinander wohnen, dennoch so einhellig die Lehre Christi lehren, obwohl ich ihm nicht anzuzählen bin, denn jeder von uns tut, soviel ihm Gott weist.“ [7]

Zwingli wurde 1516 eine Pfarrstelle am Kloster zu Einsiedeln angeboten. Hier erhielt er einen klareren Einblick in die Verderbtheit

5 Zwingli (Schuler und Schultheß), Bd. I, S. 81
6 Zwingli, Bd. I, S. 79
7 Zwingli, Bd. I, S. 256 f.

Roms. Er übte einen reformerischen Einfluß aus, der sich weit über seine heimatlichen Alpen hinaus fühlbar machen sollte. Ein angeblich Wunder wirkendes Gnadenbild der Jungfrau Maria gehörte zu den Hauptanziehungspunkten in Einsiedeln. Über der Eingangspforte des Klosters prangte die Inschrift: „Hier findet man volle Vergebung der Sünden."[8] Das ganze Jahr hindurch zogen Pilger zum Altar der Maria. Doch einmal im Jahr kamen sie in großer Zahl aus allen Teilen der Schweiz und auch aus Deutschland und Frankreich. Dieser Anblick schmerzte Zwingli sehr, und er benutzte solche Gelegenheiten, ihnen die herrliche Freiheit des Evangeliums zu verkündigen.

Die Vergebung der Sünden und das ewige Leben seien „bei Christo und nicht bei der heiligen Jungfrau zu suchen; der Ablaß, die Wallfahrt und Gelübde, die Geschenke, die man den Heiligen mache, haben wenig Wert. Gottes Gnade und Hilfe sei allen Orten gleich nahe und er höre das Gebet anderswo nicht weniger als zu Einsiedeln". — „Wir ehren Gott mit Plappergebeten, mit auswendigem Schein der Kutten, mit weißem Geschleife, mit säuberlich geschorenen Glatzen, mit langen, schön gefalteten Röcken, mit wohlvergüldeten Mauleseln." — „Aber das Herz ist fern von Gott." — „Christus, der sich einmal für uns geopfert, ist ein in Ewigkeit währendes und bezahlendes Opfer für die Sünden aller Gläubigen."[9]

Nicht allen seiner vielen Zuhörer war diese Lehre willkommen. Manche zeigten sich sehr enttäuscht, daß ihre lange und mühsame Pilgerreise vergebens unternommen worden war. Sie konnten die ihnen in Christus frei angebotene Vergebung nicht fassen. Sie waren zufrieden mit dem alten Weg zum Himmel, den Rom ihnen vorgezeichnet hatte. Die Schwierigkeit, nach etwas Besserem zu suchen, schreckte sie zurück. Ihre Seligkeit Papst und Priestern anzuvertrauen, fiel ihnen leichter, als nach Reinheit des Herzens zu trachten.

Andere aber freuten sich über die frohe Kunde der Erlösung in Christus. Ihnen hatten die von Rom auferlegten Bürden keinen Seelenfrieden gebracht, und gläubig nahmen sie des Heilandes Blut zu ihrer Versöhnung an. Sie kehrten in ihre Heimat zurück, um andern das köstliche Licht zu offenbaren, das sie empfangen hatten. Auf diese Weise pflanzte sich die Wahrheit von Weiler zu Weiler und von Stadt

8 Wirz, ebd., Bd. IV, S. 142

9 Zwinglis Werke, Bd. I, S. 216. 232

zu Stadt fort; die Zahl der Pilger zu dem Altar der Jungfrau dagegen nahm ab, die Gaben verringerten sich, und somit auch Zwinglis Gehalt, das aus diesen Einkünften bestritten werden mußte. Trotz alledem verursachte es ihm nur Freude zu sehen, daß die Macht des Fanatismus und Aberglaubens auch hier gebrochen wurde.

Seine Vorgesetzten wußten um sein Bemühen. Er drang in sie, die Mißstände abzustellen; aber sie schritten nicht ein, sondern hofften, ihn durch Schmeichelei für ihre Sache zu gewinnen. Unterdessen schlug die Wahrheit in den Herzen des Volkes Wurzel. Zwinglis Wirken in Einsiedeln hatte ihn für ein größeres Feld vorbereitet, das er bald betreten sollte. Im Dezember 1518 wurde er zum Leutpriester am Großmünster zu Zürich berufen. Zürich war damals schon die bedeutendste Stadt der schweizerischen Genossenschaft, so daß der dort ausgeübte Einfluß weithin fühlbar wurde. Die Domherren, auf deren Einladung Zwingli nach Zürich gekommen war, schärften ihm, da sie Neuerungen befürchteten, bei seiner Amtsübernahme folgende Hauptpflichten ein:

„Du mußt nicht versäumen, für die Einkünfte des Domkapitels zu sorgen und auch das Geringste nicht verachten. Ermahne die Gläubigen von der Kanzel und dem Beichtstuhle, alle Abgaben und Zehnten zu entrichten und durch Gaben ihre Anhänglichkeit an die Kirche zu bewähren. Auch die Einkünfte von Kranken, von Opfern und jeder andern kirchlichen Handlung mußt du zu mehren suchen. Auch gehört zu deinen Pflichten die Verwaltung des Sakramentes, die Predigt und die Seelsorge. In mancher Hinsicht, besonders in der Predigt, kannst du dich durch einen Vikar ersetzen lassen. Die Sakramente brauchst du nur den Vornehmen, wenn sie dich fordern, zu reichen; du darfst es sonst ohne Unterschied der Personen nicht tun.“ [10]

Ruhig hörte Zwingli diesem Auftrag zu, drückte auch seinen gebührenden Dank aus für die Ehre, zu einem so wichtigen Amt berufen worden zu sein, versicherte, alles treu und redlich ausführen zu wollen, fuhr dann aber fort: „Von der Geschichte Christi, des Erlösers, wie sie der Evangelist Matthäus beschrieben hat, sei wohl schon der Titel länger bekannt, aber deren Vortrefflichkeit sei schon lange Zeit nicht ohne Verlust des göttlichen Ruhmes und der Seelen verborgen ge-

10 Schuler, „Zwingli“, S. 227; Hottinger, J. H., „Historia ecclesiastica“, Bd. IV, S. 63–85

blieben. Dasselbe sei nicht nach menschlichem Gutdünken zu erklären, sondern im Sinne des Geistes mit sorgfältigem Vergleich und innigem Gebet",[11] „alles zur Ehre Gottes und seines einigen Sohnes und dem rechten Heil der Seelen und Unterrichtung der frommen und biedern Leute."[12] Obwohl etliche der Domherren diesen Plan nicht billigten und ihn davon abzubringen suchten, blieb Zwingli doch standhaft und erklärte, so zu predigen sei nicht neu, sondern es sei die alte und ursprüngliche Predigtweise, wie sie die Kirche in ihrem reineren Zustand geübt habe.

Da das Interesse für die von ihm gelehrten Wahrheiten bereits geweckt war, strömte das Volk in großer Zahl zu seinen Predigten. Unter seinen Zuhörern befanden sich viele, die schon lange keine Gottesdienste besucht hatten. Er begann sein Amt mit dem ersten Kapitel des Matthäusbriefes und erklärte, wie ein Zuhörer dieser ersten Predigt berichtet, „das Evangelium so köstlich durch alle Propheten und Patriarchen, desgleichen auch nach aller Urteil nie gehört worden war".[13] Wie in Einsiedeln, so stellte er auch hier das Wort Gottes als die alleinige unfehlbare Autorität und den Tod Christi als das einzige hinreichende Opfer dar. Seine Hauptaufgabe sah er darin, „Christus aus der Quelle zu predigen und den reinen Christus in die Herzen einzupflanzen".[14] Alle Stände des Volkes, Ratsherren und Gelehrte, Handwerker und Bauern, scharten sich um diesen Prediger. Mit tiefer Anteilnahme lauschten sie seinen Worten. Er verkündigte nicht nur das Anerbieten der freien Erlösung, sondern rügte auch furchtlos die Übelstände und Verderbnisse seiner Zeit. Viele priesen Gott bei ihrer Rückkehr aus dem Großmünster und sprachen: „Dieser ist ein rechter Prediger der Wahrheit, der wird sagen, wie die Sachen stehn und als ein Mose uns aus Ägypten führen."[15]

Seine Bemühungen wurden zuerst mit großer Begeisterung aufgenommen; doch mit der Zeit regte sich immer häufiger Widerspruch. Die Mönche versuchten, sein Werk zu hindern und seine Lehren zu verurteilen. Viele bestürmten ihn mit Hohn und Spott; andere drohten und schmähten. Zwingli trug alles in christlicher Geduld und sagte:

11 Myconius, „Zwingli", S. 6
12 Bullinger, „Reformationsgeschichte", Bd. I, Kap. 12
13 Füßli, „Beiträge", Bd. IV, S. 34
14 Zwingli, Bd. VII, S. 142 f.
15 Hottinger, J. J., „Helvetische Kirchengeschichte", Bd. IV, S. 40

„Wenn man die Bösen zu Christus führen will, so muß man bei manchem die Augen zudrücken." [16]

Um diese Zeit kam ein neues Mittel hinzu, um die Erneuerung der Kirche zu fördern. Der Humanist Beatus Rhenanus in Basel, ein Freund des evangelischen Glaubens, sandte einen gewissen Lucian mit etlichen Büchern Luthers nach Zürich. Er sah in der Verbreitung solcher Bücher ein mächtiges Mittel zur Förderung des Lichtes und schrieb Zwingli: „Wenn nun dieser Lucian Klugheit und Geschmeidigkeit genügend zu haben scheint, so muntere ihn auf, daß er Luthers Schriften, vor allem die für Laien gedruckte Auslegung des Herrn Gebets, in allen Städten, Flecken, Dörfern, auch von Haus zu Haus verbreite. Je mehr man ihn kennt, desto mehr Absatz hat er. Doch soll er sich hüten, gleichzeitig andere Bücher zu verkaufen, denn je mehr er gezwungen ist, nur diese anzupreisen, eine desto größere Menge solcher Bücher verkauft er." [17] Auf diese Weise fand das Licht Eingang in die Herzen vieler Menschen.

Doch wenn Gott sich anschickt, die Fesseln der Unwissenheit und des Aberglaubens zu sprengen, dann wirkt auch Satan mit größter Macht, die Menschen in Finsternis zu hüllen und ihre Bande noch fester zu schmieden. In verschiedenen Ländern erhoben sich Männer, um den Menschen die freie Vergebung und Rechtfertigung durch das Blut Christi zu verkündigen; Rom aber begann mit erneuerter Tatkraft in der ganzen Christenheit seinen Handel, Vergebung gegen Geld feilzubieten.

Jede Sünde hatte ihren Preis, und den Menschen wurde volle Freiheit für grobe Vergehen gewährt, wenn damit nur der Schatzkasten der Kirche wohl zu füllen war. So schritten beide Bewegungen voran, die eine bot Freisprechung von Sünden durch Geld, die andere Vergebung durch Christus. Rom erlaubte die Sünde und machte sie zu einer Quelle seiner Einnahmen; die Reformer verurteilten die Sünde und wiesen auf Christus hin als den einzigen Versöhner und Befreier.

In Deutschland war der Verkauf von Ablässen den Dominikanermönchen anvertraut worden, wobei Tetzel eine berüchtigte Rolle spielte. In der Schweiz lag der Handel in den Händen der Franziskaner und wurde von Samson, einem italienischen Mönch, geleitet. Samson hatte der Kirche bereits gute Dienste geleistet, als von ihm in

16 Salats, „Ref.-Chr.", S. 155

17 Zwingli, Bd. VII, S. 81, 2. 7. 1519

Deutschland und in der Schweiz ungeheure Summen für die Schatzkammer des Papstes gesammelt worden waren. Jetzt durchreiste er die Schweiz unter großem Zuzug, beraubte die armen Landsleute ihres dürftigen Einkommens und erpreßte Geschenke von den wohlhabenden Klassen. Doch der Einfluß der Reformbestrebungen machte sich bereits bemerkbar, und der Ablaßhandel wurde, wenn ihm auch nicht völlig Einhalt geboten werden konnte, sehr beschnitten. Zwingli weilte noch in Einsiedeln, als Samson, kurz nachdem er in die Schweiz gekommen war, den Ablaß in einem benachbarten Ort anbot. Kaum hatte er von dessen Kommen gehört, als er sich ihm auch schon widersetzte. Die beiden trafen sich nicht, doch stellte Zwingli die Anmaßungen des Mönches mit solchem Erfolg bloß, daß Samson die Gegend verlassen mußte.

Auch in Zürich predigte Zwingli eifrig gegen den Ablaßhandel, und als Samson sich später dieser Stadt näherte, bedeutete ihm ein Ratsbote, er solle weiterziehen. Schließlich gelang es ihm, durch eine List sich Eingang zu verschaffen; er wurde jedoch fortgeschickt, ohne einen einzigen Ablaß verkauft zu haben, und bald darauf verließ er die Schweiz.[18]

Das Auftreten der Pest, des sogenannten „schwarzen Todes", die 1519 die Schweiz heimsuchte, verlieh den Erneuerungsbestrebungen starken Auftrieb. Als die Menschen auf diese Weise dem Verderben unmittelbar gegenübergestellt wurden, sahen viele ein, wie nichtig und wertlos die Ablässe waren, die sie kürzlich erst gekauft hatten, und sie sehnten sich nach einem sicheren Grund für ihren Glauben. In Zürich wurde auch Zwingli aufs Krankenlager geworfen. Er lag so schwer danieder, daß man auf seine Genesung nicht mehr zu hoffen wagte und das Gerücht sich verbreitete, er sei tot. In jener schweren Stunde der Prüfung blieben jedoch seine Hoffnung und sein Mut unerschüttert. Im Glauben blickte er auf das Kreuz von Golgatha und vertraute auf die allgenügsame Versöhnung für die Sünde. Als er von der Pforte des Todes zurückgekehrt war, predigte er das Evangelium mit größerer Kraft als je zuvor, und seine Worte übten eine ungewöhnliche Macht aus. Das Volk begrüßte freudig seinen verehrten Seelsorger, der ihm wiedergeschenkt war. Mit der Besorgung der Kranken und Sterbenden

18 Staehelin, Bd. I, S. 144 f.

selbst beschäftigt gewesen, fühlte es wie nie zuvor den Wert des Evangeliums.

Zwingli war zu einem klareren Verständnis der Evangeliumswahrheiten gelangt und hatte an sich selbst deren neugestaltende Macht völliger erfahren. Der Sündenfall und der Erlösungsplan waren die Themen, mit denen er sich beschäftigte. Er schrieb: „In Adam sind wir alle tot und in Verderbnis und Verdammnis versunken", aber Christus ist „wahrer Mensch gleichwie wahrer Gott und ein ewig währendes Gut". „Sein Leiden ist ewig gut und fruchtbar, tut der göttlichen Gerechtigkeit in Ewigkeit für die Sünden aller Menschen genug, die sich sicher und gläubig darauf verlassen." Doch lehrte er deutlich, daß es den Menschen unter der Gnade Christi nicht freistehe, weiterhin zu sündigen. „Siehe, wo der wahre Glaube ist (der von der Liebe nicht geschieden), da ist Gott. Wo aber Gott ist, da geschieht nichts Arges ... da fehlt es nicht an guten Werken." [19]

Zwinglis Predigten erregten solches Aufsehen, daß das Großmünster die Menge nicht fassen konnte, die ihm zuhören wollte. Nach und nach, wie sie es aufnehmen konnten, öffnete er seinen Zuhörern die Wahrheit. Er war sorgfältig darauf bedacht, nicht gleich am Anfang Lehren einzuführen, die sie erschrecken und die Vorurteile erregen würden. Seine Aufgabe hieß, ihre Herzen für die Lehren Christi zu gewinnen, sie durch dessen Liebe zu erweichen und ihnen dessen Beispiel vor Augen zu halten. Nähmen sie die Grundsätze des Evangeliums an, schwänden unvermeidlich ihre abergläubischen Begriffe und Gebräuche.

Schritt für Schritt ging die Reformation in Zürich vorwärts. Schrekkensvoll erhoben sich ihre Feinde zu tatkräftigem Widerstand. Ein Jahr zuvor hatte der Mönch von Wittenberg in Worms Papst und Kaiser sein „Nein" entgegengehalten, und nun schien in Zürich alles auf ein ähnliches Widerstreben gegen die päpstlichen Ansprüche hinzudeuten. Zwingli wurde wiederholt angegriffen. In den päpstlichen Kantonen wurden von Zeit zu Zeit Jünger des Evangeliums auf den Scheiterhaufen gebracht, doch das genügte nicht; der Lehrer der Ketzerei mußte zum Schweigen gebracht werden. Deshalb sandte der Bischof von Konstanz drei Abgeordnete zu dem Rat zu Zürich, die

19 Zwingli, Bd. I, Art. 5, S. 182 f.

Zwingli anklagten, er lehre das Volk, die Gesetze der Kirche zu übertreten, und gefährde so den Frieden und die Ordnung des Volkes. Sollte aber die Autorität der Kirche unberücksichtigt bleiben, so träte ein Zustand allgemeiner Gesetzlosigkeit ein. Zwingli antwortete: „Ich habe schon beinahe vier Jahre lang das Evangelium Jesu mit saurer Mühe und Arbeit gepredigt. Zürich ist ruhiger und friedlicher, als jeder andere Ort der Eidgenossenschaft, und dies schreiben alle guten Bürger dem Evangelium zu." [20]

Die Abgeordneten des Bischofs hatten die Räte ermahnt, in der Kirche zu bleiben, da es außer ihr kein Heil gebe. Zwingli erwiderte: „Laßt euch, liebe Herrn und Bürger, durch diese Ermahnung nicht auf den Gedanken führen, daß ihr euch jemals von der Kirche Christi gesondert habt. Ich glaube zuversichtlich, daß ihr euch noch wohl zu erinnern wißt, was ich euch in meiner Erklärung über Matthäus gesagt habe, daß jener Fels, welcher dem ihn redlich bekennenden Jünger den Namen Petrus gab, das Fundament der Kirche sei. In jeglichem Volk, an jedem Ort, wer mit seinem Munde Jesum bekennt und im Herzen glaubt, Gott habe ihn von den Toten auferweckt, wird selig werden. Es ist gewiß, daß niemand außer derjenigen Kirche selig werden kann." [21] Die Folge dieser Verhandlung war, daß bald darauf Wanner, einer der drei Abgesandten des Bischofs, sich offen zum Evangelium bekannte. [22]

Der Zürcher Rat lehnte jedes Vorgehen gegen Zwingli ab, und Rom rüstete sich zu einem neuen Angriff. Als Zwingli von den Plänen der Römlinge hörte, schrieb er von ihnen als solchen, „welche ich weniger fürchte, wie ein hohes Ufer die Wellen drohender Flüsse". [23] Die Anstrengungen der Priester förderten nur die Sache, die sie zu vernichten trachteten. Die Wahrheit breitete sich immer weiter aus. In Deutschland faßten die Anhänger Luthers, die durch dessen Verschwinden entmutigt waren, neuen Mut, als sie von dem Wachstum des Evangeliums in der Schweiz hörten.

Als die Reformation in Zürich Wurzel gefaßt hatte, sah man ihre Früchte in der Unterdrückung des Lasters und in der Förderung der Ordnung und friedlichen Einvernehmens, so daß Zwingli schreiben konnte: „Der Friede weilt in unserer Stadt. Zu dieser Ruhe hat aber

20 Wirz, Bd. IV, S. 226. 227
21 Wirz, Bd. IV, S. 233
22 Staehelin, Bd. I, 212
23 Zwingli, Bd. VII, S. 202, 22. 5. 1522

wohl die Einigkeit der Prediger des Worts nicht das geringste beigetragen. Zwischen uns gibt es keine Spannung, keine Zwietracht, keinen Neid, keine Zänkereien und Streitigkeiten. Wem könnte man aber diese Übereinstimmung der Gemüter mehr zuschreiben als wie dem höchsten, besten Gott?"[24]

Die von der Reformation errungenen Erfolge reizten die Anhänger Roms zu noch größeren Anstrengungen, sie zu vernichten. Da die Unterdrückung der Sache Luthers in Deutschland durch Verfolgungen so wenig fruchtete, entschlossen sie sich, die Reformbestrebungen mit ihren eigenen Waffen zu schlagen. Es sollte ein Streitgespräch mit Zwingli stattfinden, und da die Anordnung dieses Gespräches in ihren Händen lag, wollten sie sich dadurch den Sieg sichern, indem sie den Kampfplatz und die Richter, die zwischen den Streitenden entscheiden sollten, wählten. Konnten sie erst einmal Zwingli in ihre Gewalt bekommen, dann wollten sie schon dafür sorgen, daß er ihnen nicht entwischte. Und war der führende Kopf zum Schweigen gebracht, dann konnte die Reformationsbewegung rasch erstickt werden. Doch sorgfältig verheimlichten sie ihre Absicht.

Das Religionsgespräch sollte in Baden stattfinden; Zwingli aber war nicht dabei. Der Zürcher Rat mißtraute den Absichten Roms, auch das Auflodern der in den katholischen Kantonen für die evangelischen Gläubigen angezündeten Scheiterhaufen diente als Warnung; deshalb verbot er seinem Seelsorger, sich dieser Gefahr auszusetzen. Zwingli war bereit, sich allen Römlingen in Zürich zu stellen; aber nach Baden zu gehen, wo eben erst das Blut der Märtyrer um der Wahrheit willen vergossen worden war, hätte für ihn den sicheren Tod bedeutet. Ökolampadius und Haller vertraten die Reformation, während der bekannte Dr. Eck, den eine Schar päpstlicher Gelehrter und Kirchenfürsten unterstützte, der Vertreter Roms war.

Nahm Zwingli auch an dem Gespräch nicht teil, sein Einfluß war doch spürbar. Die Katholiken selbst hatten die Schreiber bestimmt; allen andern war jede Aufzeichnung bei Todesstrafe verboten. Dennoch erhielt Zwingli täglich von den in Baden abgehaltenen Reden genauen Bericht. Ein bei den Verhandlungen anwesender Student schrieb jeden Abend die Beweisführungen auf. Zwei andere Studenten

24 Zwingli, Bd. VII, S. 389, 5. 4. 1525

übernahmen es, diesen Verhandlungsbericht sowie die brieflichen Anfragen Ökolampads und seiner Glaubensbrüder an Zwingli zu befördern. Die Antworten des Reformators, die Ratschläge und Winke enthielten, mußten nachts geschrieben werden. Frühmorgens kehrten dann die Boten nach Baden zurück. Um der Wachsamkeit der an den Stadttoren postierten Hüter zu entgehen, trugen sie auf ihren Köpfen Körbe mit Federvieh und konnten so ungehindert durchgehen.

Auf diese Weise kämpfte Zwingli mit seinen verschlagenen Gegnern. „Er hat", schreibt Myconius, „während des Gesprächs durch Nachdenken, Wachen, Raten, Ermahnen und Schreiben mehr gearbeitet, als wenn er der Disputation selbst beigewohnt hätte." [25]

Die Römlinge hatten sich im Vorgefühl ihres vermeintlichen Triumphes in ihren schönsten Kleidern und funkelndsten Juwelen nach Baden begeben. Sie lebten schwelgerisch; ihre Tafeln waren mit den köstlichsten Leckerbissen und ausgesuchtesten Weinen besetzt. Die Last ihrer geistlichen Pflichten wurde durch Schmausen und Lustbarkeiten erleichtert. In bezeichnendem Gegensatz dazu erschienen die Reformatoren, die vom Volk kaum höher angesehen wurden denn eine Schar von Bettlern, und deren anspruchslose Mahlzeiten sie nur kurze Zeit bei Tische hielten. Ökolampads Hauswirt, der den Anhänger Zwinglis auf seinem Zimmer zu überwachen suchte, fand ihn stets beim Studium oder im Gebet und sagte sehr verwundert: „Man muß gestehen, das ist ein sehr frommer Ketzer." [26]

Bei der Versammlung betrat Eck „eine prächtig verzierte Kanzel, der einfach gekleidete Ökolampad mußte ihm gegenüber auf ein grobgearbeitetes Gerüste treten". [27] Ecks mächtige Stimme und unbegrenzte Zuversicht ließen ihn nie im Stich. Sein Eifer wurde durch die Aussicht auf Gold und Ruhm angespornt, war doch dem Verteidiger des Glaubens eine ansehnliche Belohnung zugesichert. Wo es ihm an besseren Belegen mangelte, überschrie er seinen Gegner und griff zu Schimpf- und Schandworten.

Der bescheidene Ökolampad, der kein Selbstvertrauen hatte, war vor dem Streit zurückgeschreckt und erklärte am Anfang feierlich, daß

25 Zwingli, Bd. VII, S. 517; Myconius, „Zwingli", S. 10

26 D'Aubigné, „Geschichte der Reformation", 11. Buch, 13. Abschnitt, S. 271; Bullinger, „Reformationsgeschichte", Bd. I, S. 351

27 D'Aubigné, ebd., S. 270

alles nach Gottes Wort als Richtschnur ausgemacht werden sollte. Sein Auftreten war bescheiden und geduldig, doch erwies er sich als fähig und tapfer. „Eck, der mit der Schrift nicht zurechtkommen konnte, berief sich immer wieder auf Überlieferung und Herkommen. Ökolampad antwortete: ‚*Über* allen Übungen steht in unserm Schweizerlande das Landrecht. *Unser* Landbuch aber (in Glaubenssachen) ist die Bibel.‘“[28]

Der Gegensatz zwischen den beiden Hauptrednern verfehlte seine Wirkung nicht. Die ruhige, klare Beweisführung Ökolampads und sein bescheidenes Betragen gewannen die Gemüter für ihn, die sich mit Widerwillen von den prahlerischen und lauten Behauptungen Ecks abwandten.

Das Religionsgespräch dauerte achtzehn Tage. Am Ende beanspruchten die Anhänger Roms zuversichtlich den Sieg. Die meisten Abgesandten standen auf Roms Seite, und die Versammelten erklärten die Reformatoren für unterlegen und einschließlich ihres Oberhauptes Zwingli für aus der Kirche ausgeschlossen. Die Früchte dieses Religionsgespräches offenbarten jedoch, auf welcher Seite die Überlegenheit lag. Das Streitgespräch verlieh der protestantischen Sache starken Auftrieb, und wenig später bekannten sich die wichtigen Städte Bern und Basel zur Reformation.

28 Hagenbach, „Leben und ausgewählte Schriften der Väter und Begründer der reformierten Kirche“, Bd. II, S. 94

Fortschritt der Reformation in Deutschland | 10

Ganz Deutschland war bestürzt über Luthers geheimnisvolles Verschwinden. Überall forschte man nach seinem Verbleib. Die wildesten Gerüchte wurden in Umlauf gesetzt, und viele glaubten, er sei ermordet worden. Es erhob sich großes Wehklagen, nicht nur unter seinen offenen Freunden, sondern auch unter Tausenden, die sich nicht öffentlich zur Reformation bekannt hatten. Manche banden sich durch einen feierlichen Eid, seinen Tod zu rächen.

Die römischen Machthaber sahen mit Schrecken, bis zu welcher Stärke die Stimmung gegen sie angeschwollen war. Obgleich sie anfangs über den vermeintlichen Tod Luthers frohlockten, wünschten sie bald, sich vor dem Zorn des Volkes zu verbergen. Seine Feinde waren durch die kühnsten Handlungen während seines Verweilens unter ihnen nicht so beunruhigt worden wie durch sein Verschwinden. Die in ihrer Wut den kühnen Reformator umbringen wollten, wurden mit Furcht erfüllt, als er ein hilfloser Gefangener war. „Es bleibt uns nur das Rettungsmittel übrig", sagte einer, „daß wir Fackeln anzünden und Luther in der Welt aufsuchen, um ihn dem Volke, das nach ihm verlangt, wiederzugeben."[1] Der Erlaß des Kaisers schien wirkungslos zu sein, und die päpstlichen Gesandten zeigten sich entrüstet, als sie sahen, daß dem Erlaß des Kaisers weit weniger Aufmerksamkeit geschenkt wurde als dem Schicksal Luthers.

Die Kunde, daß er, wenngleich ein Gefangener, doch in Sicherheit sei, beruhigte zwar die Befürchtungen des Volkes, steigerte aber noch dessen Begeisterung für ihn. Seine Schriften wurden mit größerem Verlangen gelesen als je zuvor. Eine stetig wachsende Zahl schloß sich

1 D'Aubigné, „Geschichte der Reformation", 9. Buch, 1. Abschnitt, S. 5

der Sache des heldenmütigen Mannes an, der gegen eine so ungeheure Übermacht das Wort Gottes verteidigt hatte. Die Reformation gewann fortwährend an Stärke. Der von Luther gesäte Same ging überall auf. In seiner Abwesenheit wuchs eine Bewegung, die sich in seiner Anwesenheit niemals entfaltet hätte. Andere Mitarbeiter fühlten jetzt, da der große Reformator verschwunden war, eine ernste Verantwortlichkeit. Mit neuem Glauben und Eifer strebten sie voran, um alles in ihrer Macht stehende zu tun, damit das so vortrefflich begonnene Werk nicht gehindert würde.

Satan war jedoch auch nicht müßig. Er versuchte, was er bei jeder andern Reformbestrebung versucht hatte – das Volk zu täuschen und zu verderben, indem er an Stelle des wahren Werkes eine Nachahmung unterschob. Wie im ersten Jahrhundert der christlichen Gemeinde immer wieder falsche Christusse aufstanden, so erhoben sich auch im sechzehnten Jahrhundert verschiedene falsche Propheten.

Etliche Männer, durch die Erregung in der religiösen Welt tief ergriffen, bildeten sich ein, besondere Offenbarungen vom Himmel erhalten zu haben, und erhoben den Anspruch, von Gott beauftragt zu sein, das Werk der Reformation, das Luther nur eben erst begonnen hatte, zu vollenden. In Wahrheit rissen sie gerade das nieder, was er aufgebaut hatte. Sie verwarfen den Hauptgrundsatz, die wahre Grundlage der Reformation – das Wort Gottes als die allgenügsame Glaubens- und Lebensregel –, und setzten an die Stelle jener untrüglichen Richtschnur den veränderlichen, unsicheren Maßstab ihrer eigenen Gefühle und Eindrücke. Dadurch wurde der große Prüfstein des Irrtums und des Betrugs beseitigt und Satan der Weg geöffnet, die Gemüter zu beherrschen, wie es ihm am besten gefiel.

Einer dieser Propheten behauptete, von dem Engel Gabriel unterrichtet worden zu sein. Ein Student, der sich mit ihm zusammentat, verließ seine Studien und erklärte, von Gott selbst die Weisheit empfangen zu haben, die Schrift auslegen zu können. Andere, die von Natur aus zur Schwärmerei neigten, verbanden sich mit ihnen. Das Vorgehen dieser Schwarmgeister rief keine geringe Aufregung hervor. Luthers Predigten hatten überall das Volk geweckt, um die Notwendigkeit einer Reform einzusehen, und nun wurden manche wirklich redlichen Seelen durch die Behauptungen der neuen Propheten irregeleitet.

Die Anführer dieser Bewegung begaben sich nach Wittenberg und nötigten Melanchthon und seinen Mitarbeitern ihre Ansprüche auf. Sie sagten: „Wir sind von Gott gesandt, das Volk zu unterweisen. Wir haben vertrauliche Gespräche mit Gott und sehen in die Zukunft, wir sind Apostel und Propheten und berufen uns auf den Doktor Luther."[2]

Die Reformatoren waren erstaunt und verlegen. Diese Richtung hatten sie nie zuvor angetroffen, und sie wußten nicht, welchen Weg sie nun einschlagen sollten. Melanchthon sagte: „Diese Leute sind ungewöhnliche Geister, aber was für Geister? . . . Wir wollen den Geist nicht dämpfen, aber uns auch vom Teufel nicht verführen lassen."[2]

Die Früchte dieser neuen Lehre wurden bald offenbar. Das Volk wurde verleitet, die Bibel zu vernachlässigen oder gänzlich zu verwerfen. Die Hochschulen wurden in Verwirrung gestürzt. Studenten widersetzten sich allen Verboten, gaben ihr Studium auf und zogen sich von der Universität zurück. Die Männer, die sich selbst als zuständig betrachteten, das Werk der Reformation wieder zu beleben und zu leiten, brachten sie bis an den Rand des Untergangs. Die Römlinge gewannen nun ihre Zuversicht wieder und riefen frohlockend aus: „Noch ein Versuch . . . und alles wird wiedergewonnen."[2]

Als Luther auf der Wartburg hörte, was vorging, sagte er in tiefem Kummer: „Ich habe immer gewartet, daß Satan uns eine solche Wunde versetzen würde."[2]

Der Reformator erkannte den wahren Charakter jener angeblichen Propheten und sah die Gefahr, die der Wahrheit drohte. Der Widerstand des Papstes und des Kaisers hatte ihm nicht so große Unruhe und Kummer verursacht, wie er nun durchlebte. Aus den angeblichen Freunden der Reformation waren die schlimmsten Feinde geworden. Gerade die Wahrheiten, die ihm in erheblichem Maße Freude und Trost gebracht hatten, wurden jetzt benutzt, um Zwiespalt und Verwirrung in der Gemeinde zu stiften.

Bei den Reformbestrebungen war Luther vom Geist Gottes angetrieben und über sich selbst hinausgeführt worden. Er hatte nicht beabsichtigt, die Stellung, die er jetzt einnahm, jemals einzunehmen oder so durchgreifende Veränderungen durchzuführen. Er war nur das

2 D'Aubigné, ebd., 9. Buch, 7. Abschnitt, S. 42 f.

Werkzeug Gottes gewesen. Doch fürchtete er oft die Folgen seines Werkes und sagte einmal: „Wüßte ich, daß meine Lehre einem einfältigen Menschen schadete (und das kann sie nicht, denn sie ist das Evangelium selbst), so möchte ich eher zehn Tode leiden, als nicht widerrufen." [2]

Jetzt aber fiel Wittenberg selbst, der eigentliche Mittelpunkt der Reformation, schnell unter die Macht des Fanatismus und der Gesetzlosigkeit. Dieser schreckliche Zustand wurde nicht durch Luthers Lehren verursacht, und doch warfen seine Feinde in ganz Deutschland die Schuld auf ihn. Bitterkeit in seinem Herzen, fragte er zuweilen: „Dahin sollte es mit der Reformation kommen?" Wenn er aber mit Gott im Gebet rang, zog Friede in sein Herz ein: „Gott hat das angefangen, Gott wird es wohl vollenden." [2] „Du wirst es nicht dulden, daß es durch Aberglauben und Fanatismus verderbt wird." Doch der Gedanke, in dieser entscheidenden Zeit noch länger von dem Schauplatz des Kampfes fern zu sein, wurde ihm unerträglich; er entschloß sich, nach Wittenberg zurückzukehren.

Unverzüglich trat er seine gefahrvolle Reise an. Er stand unter der Reichsacht. Seine Feinde konnten ihm jederzeit ans Leben gehen; seinen Freunden war es untersagt, ihm zu helfen oder ihn zu beschützen. Die kaiserliche Regierung ergriff die strengsten Maßregeln gegen seine Anhänger. Aber er sah, das Evangeliumswerk war gefährdet, und im Namen des Herrn ging er furchtlos für die Wahrheit in den Kampf.

In einem Schreiben an den Kurfürsten erklärte Luther, nachdem er seine Absicht, die Wartburg zu verlassen, ausgesprochen hatte: „Eure Kurfürstliche Gnaden wisse, ich komme gen Wittenberg in gar viel einem höhern Schutz denn des Kurfürsten. Ich hab's auch nicht im Sinne, von Eurer Kurfürstlichen Gnaden Schutz zu begehren. Ja, ich halt, ich wolle Eure Kurfürstlichen Gnaden mehr schützen, denn sie mich schützen könnte. Dazu wenn ich wüßte, daß mich Eure Kurfürstlichen Gnaden könnte und wollte schützen, so wollte ich nicht kommen. Dieser Sache soll noch kann kein Schwert raten oder helfen, Gott muß hier allein schaffen, ohne alles menschliche Sorgen und Zutun. Darum, wer am meisten glaubt, der wird hier am meisten schützen." [3]

2 D'Aubigné, ebd., 9. Buch, 7. Abschnitt, S. 42 f.

3 D'Aubigné, ebd., 9. Buch, 8. Abschnitt, S. 53 f.

In einem zweiten Brief, den er auf dem Weg nach Wittenberg verfaßte, fügte Luther hinzu: „Ich will Eurer Kurfürstlichen Gnaden Ungunst und der ganzen Welt Zorn ertragen. Die Wittenberger sind meine Schafe. Gott hat sie mir anvertraut. Ich muß mich für sie in den Tod begeben. Ich fürchte in Deutschland einen großen Aufstand, wodurch Gott unser Volk strafen will.“ [3]

Vorsichtig und demütig, doch fest und entschlossen begann er sein Werk. „Mit dem Worte“, sagte er, „müssen wir streiten, mit dem Worte stürzen, was die Gewalt eingeführt hat. Ich will keinen Zwang gegen Aber- und Ungläubige... Keiner soll zum Glauben und zu dem, was des Glaubens ist, gezwungen werden.“ [3]

Bald wurde in Wittenberg bekannt, daß Luther zurückgekehrt sei und predigen wolle. Das Volk strömte aus allen Richtungen herbei, und die Kirche war überfüllt. Luther bestieg die Kanzel und lehrte, ermahnte und tadelte mit großer Weisheit und Güte. Indem er auf die Handlungsweise etlicher hinwies, die sich der Gewalt bedient hatten, um die Messe abzuschaffen, sagte er:

„Die Messe ist ein böses Ding, und Gott ist ihr feind; sie muß abgetan werden, und ich wollte, daß in der ganzen Welt allein die gemeine evangelische Messe gehalten würde. Doch soll man niemand mit dem Haar davonreißen, denn Gott soll man hierin die Ehre geben und sein Wort allein wirken lassen, nicht unser Zutun und Werk. Warum? Ich habe nicht in meiner Hand die Herzen der Menschen, wie der Hafner den Leimen. Wir haben wohl das Recht der Rede, aber nicht das Recht der Vollziehung. Das Wort sollen wir predigen, aber die Folge soll allein in seinem Gefallen sein. So ich nun darein falle, so wird dann aus dem Gezwang oder Gebot ein Spiegelfechten, ein äußerlich Wesen, ein Affenspiel, aber da ist kein gut Herz, kein Glaube, keine Liebe. Wo diese drei fehlen, ist ein Werk nichts; ich wollte nicht einen Birnstiel darauf geben... Also wirkt Gott mit seinem Wort mehr, denn wenn du und ich alle Gewalt auf einen Haufen schmelzen. Also wenn du das Herz hast, so hast du ihn nun gewonnen...

Predigen will ich's, sagen will ich's, schreiben will ich's; aber zwingen, dringen mit der Gewalt will ich niemand, denn der Glaube will

3 D'Aubigné, ebd., 9. Buch, 8. Abschnitt, S. 53 f.

willig und ohne Zwang angezogen werden. Nehmt ein Exempel an mir. Ich bin dem Ablaß und allen Papisten entgegen gewesen, aber mit keiner Gewalt. Ich hab allein Gottes Wort getrieben, gepredigt und geschrieben, sonst hab ich nichts getan. Das hat, wenn ich geschlafen habe ... also viel getan, daß das Papsttum also schwach geworden ist, daß ihm noch nie kein Fürst noch Kaiser so viel abgebrochen hat. Ich habe nichts getan, das Wort Gottes hat es alles gehandelt und ausgericht. Wenn ich hätte wollen mit Ungemach fahren, ich wollte Deutschland in ein groß Blutvergießen gebracht haben. Aber was wär es? Ein Verderbnis an Leib und Seele. Ich habe nichts gemacht, ich habe das Wort Gottes lassen handeln."[3]

Tag um Tag, eine Woche lang, predigte Luther der aufmerksam lauschenden Menge. Das Wort Gottes brach den Bann der fanatischen Erregung. Die Macht des Evangeliums brachte das irregeleitete Volk auf den Weg der Wahrheit zurück. –

Luther zeigte kein Verlangen, den Schwärmern zu begegnen, deren Verhalten so viel Unheil angerichtet hatte. Er kannte sie als Menschen mit unzuverlässigem Urteil und unbeherrschten Leidenschaften, die zwar behaupteten, vom Himmel besonders erleuchtet zu sein, aber weder geringsten Widerspruch noch wohlwollenden Tadel oder Rat vertrugen. Sie maßten sich höchste Autorität an und verlangten von allen, als solche ohne jeden Widerspruch anerkannt zu werden. Als sie aber auf eine Unterredung drangen, willigte er ein. Bei dieser Gelegenheit entlarvte er ihre Anmaßungen so gründlich, daß die Betrüger Wittenberg sofort wieder verließen.

Der Schwärmerei war eine Zeitlang Einhalt geboten; einige Jahre später brach sie jedoch heftiger und schrecklicher wieder hervor. Luther sagte über die Führer dieser Bewegung: „Die Heilige Schrift war für sie nichts als ein toter Buchstabe, und alle schrien: Geist! Geist! Aber wahrlich, ich gehe nicht mit ihnen, wohin ihr Geist sie führt. Der barmherzige Gott behüte mich ja vor *der* christlichen Kirche, darin lauter Heilige sind. Ich will da bleiben, wo es Schwache, Niedrige, Kranke gibt, welche ihre Sünde kennen und empfinden, welche unablässig nach Gott seufzen und schreien aus Herzensgrund, um seinen Trost und Beistand zu erlangen."

3 D'Aubigné, ebd., 9. Buch, 8. Abschnitt, S. 53 f.

Thomas Münzer,* der eifrigste unter den Schwärmern, war ein Mann mit bemerkenswerten Anlagen, die ihn, richtig geleitet, befähigt hätten, Gutes zu tun; aber er hatte nicht einmal die einfachsten Grundsätze wahrer Religion begriffen. „Er war von dem Wunsche besessen, die Welt zu reformieren, und vergaß dabei, wie alle Schwärmer, daß die Reform bei ihm selbst beginnen mußte." Er hatte den Ehrgeiz, Stellung und Einfluß zu gewinnen und wollte niemandem nachstehen, nicht einmal Luther. Er erklärte, daß die Reformatoren, die die Autorität des Papstes durch die der Heiligen Schrift ersetzten, nur eine andere Form des Papsttums aufrichteten. Er selbst betrachtete sich als von Gott berufen, die wahre Reformation einzuführen. „Wer diesen Geist besitzt", sagte Münzer, „besitzt den wahren Glauben, und wenn er niemals in seinem Leben die Heilige Schrift zu Gesicht bekäme."

Die schwärmerischen Lehrer ließen sich von Eindrücken leiten, indem sie jeden Gedanken und jede Eingebung als die Stimme Gottes ansahen; infolgedessen begingen sie die größten Übertreibungen. Einige verbrannten sogar ihre Bibeln, wobei sie ausriefen: „Der Buchstabe tötet, aber der Geist macht lebendig." Münzers Lehre kam dem Verlangen der Menschen nach dem Wunderbaren entgegen, während es ihren Stolz befriedigte, wenn menschliche Ideen und Meinungen über das Wort Gottes erhoben wurden. Tausende nahmen seine Lehren an. Er rügte jede Art öffentlichen Gottesdienstes und erklärte, den Fürsten gehorchen hieße versuchen, Gott und Belial zu dienen.

Die Menschen, die das Joch des Papsttums abzuwerfen begannen, wurden nunmehr auch ungeduldig unter den Einschränkungen der weltlichen Obrigkeit. Münzers revolutionäre Lehren, für die er göttliche Eingebung beanspruchte, führten sie dahin, allen Zwang abzuschütteln und ihren Vorurteilen und Leidenschaften freien Lauf zu lassen. Schreckliche Szenen von Aufruhr und Aufständen folgten, und der Boden Deutschlands wurde mit Blut getränkt.

Der Seelenkampf, den Luther lange vorher in Erfurt durchlebt hatte, bedrängte ihn nun doppelt, als er die Folgen der Schwärmerei sah, die man der Reformation zur Last legte. Die päpstlichen Fürsten erklärten – und viele waren bereit, dem Glauben zu schenken –, der Bürgerkrieg sei die natürliche Folge der Lehren Luthers. Obwohl diese Behauptung jeder Grundlage entbehrte, brachte sie den Reformator doch in große

Verlegenheit. Daß die Sache der Wahrheit mit der niedrigsten Schwärmerei auf eine Stufe gestellt und auf diese Weise herabgewürdigt wurde, schien Luther unerträglich. Anderseits haßten die empörerischen Führer ihn, weil er nicht nur ihre Lehren angriff und ihren Anspruch auf göttliche Eingebung bestritt, sondern weil er sie als Rebellen gegen die weltliche Obrigkeit bezeichnete. Als Vergeltung nannten sie ihn einen Erzscharlatan. Ihm schien es, als habe er sowohl die Feindschaft der Fürsten als auch die des Volkes auf sich gezogen.

Die Katholiken frohlockten und erwarteten, Zeugen des baldigen Niedergangs der Reformation zu sein; und sie beschuldigten Luther sogar der Irrtümer, um deren Richtigstellung er am meisten bemüht gewesen war. Der schwärmerischen Partei gelang es schließlich mit der Behauptung, ungerecht behandelt worden zu sein, immer mehr Sympathien unter dem Volk zu gewinnen und, wie dies oft der Fall ist bei denen, die einen falschen Weg einschlagen, für Märtyrer gehalten zu werden. So wurden diejenigen, die sich der Reformation mit aller Energie widersetzten, als Opfer der Grausamkeit und Unterdrückung bemitleidet und gepriesen. Das war Satans Werk, angetrieben von dem gleichen aufrührerischen Geist, der sich zuerst im Himmel bekundet hatte.

Satan ist ständig bemüht, die Menschen zu täuschen und zu verleiten, die Sünde Gerechtigkeit und die Gerechtigkeit Sünde zu nennen. Wie erfolgreich ist sein Werk gewesen! Wie oft werden Gottes treue Diener getadelt und mit Vorwürfen überhäuft, weil sie furchtlos die Wahrheit verteidigen! Menschen, die nur Werkzeuge Satans sind, werden gepriesen und mit Schmeicheleien überschüttet, ja sogar als Märtyrer angesehen, während die, welche wegen ihrer Treue zu Gott geachtet und unterstützt werden sollten, unter Verdacht und Mißtrauen alleinstehen müssen.

Unechte Heiligkeit und falsche Heiligung verrichten noch immer ihr betrügerisches Werk. In ihren verschiedenen Formen zeigen sie den gleichen Geist wie in Luthers Tagen, lenken die Gemüter von der Heiligen Schrift ab und verleiten die Menschen, lieber ihren eigenen Gefühlen und Eindrücken zu folgen, als dem Gesetz Gottes Gehorsam zu zollen. Hierin liegt einer der erfolgreichsten Anschläge Satans, die Reinheit und die Wahrheit herabzuwürdigen.

Furchtlos verteidigte Luther das Evangelium gegen die von allen Seiten losbrechenden Angriffe. Das Wort Gottes erwies sich als eine mächtige Waffe in jedem Streit. Mit diesem Wort kämpfte er gegen die angemaßte Autorität des Papstes und die vernunftgemäße Philosophie der Gelehrten, und damit widerstand er ebenso fest wie ein Fels der Schwärmerei, die sich mit der Reformation vergeblich zu verbinden suchte.

Alle gegnerischen Strömungen setzten auf ihre Art die Heilige Schrift beiseite und erhoben menschliche Weisheit zur Quelle religiöser Wahrheit und Erkenntnis. Der Rationalismus vergöttert die Vernunft und macht sie zum Maßstab der Religion. Die römisch-katholische Kirche, die für den Papst eine unmittelbar von den Aposteln überkommene und für alle Zeiten unwandelbare Inspiration (göttliche Eingebung) beansprucht, bietet genügend Beispiele von Ausschweifung und Entartung, was allerdings unter der Heiligkeit des apostolischen Auftrags verheimlicht bleiben mußte. Die Eingebung, auf die sich Münzer und seine Anhänger beriefen, stammte aus den wunderlichen Einfällen ihrer Einbildungskraft; ihr Einfluß untergrub sowohl die menschliche als auch die göttliche Autorität. Wahre Christen betrachten die Heilige Schrift als die Schatzkammer der von Gott eingegebenen Wahrheit und als Prüfstein für jede Eingebung.

Nach seiner Rückkehr auf die Wartburg vollendete Luther seine Übersetzung des Neuen Testaments, und bald wurde das Evangelium dem deutschen Volk in seiner eigenen Sprache gegeben. Diese Übersetzung nahmen alle, die die Wahrheit liebten, mit großer Freude auf, wurde aber von denen, die menschliche Überlieferungen und Menschengebote vorzogen, höhnisch verworfen.

Die Priester beunruhigte der Gedanke, daß das gemeine Volk jetzt fähig sein würde, mit ihnen die Lehren des Wortes Gottes zu besprechen und daß ihre eigene Unwissenheit dadurch ans Licht käme. Die Waffen ihrer menschlichen Vernunft waren machtlos gegen das Schwert des Geistes. Rom bot seinen ganzen Einfluß auf, um die Verbreitung der Heiligen Schrift zu hindern; aber Dekrete, Bannflüche und Folter blieben gleich wirkungslos. Je entschiedener die Bibel verdammt und verboten wurde, desto stärker verlangte das Volk zu erfahren, was sie wirklich lehre. Alle, die lesen konnten, waren begierig, das Wort

Gottes selber zu erforschen. Sie trugen das Neue Testament bei sich, sie lasen es wieder und wieder und waren nicht eher zufrieden, bis sie große Teile auswendig gelernt hatten. Als Luther sah, mit welcher Gunst das Neue Testament aufgenommen wurde, machte er sich unverzüglich an die Übersetzung des Alten Testaments und veröffentlichte Teile davon, sobald sie fertig waren.

Luthers Schriften wurden in Stadt und Land gleich günstig aufgenommen. „Was Luther und seine Freunde schrieben, wurde von andern verbreitet. Mönche, welche sich von der Ungesetzlichkeit der Klostergelübde überzeugt hatten und nach ihrer langen Untätigkeit ein arbeitsames Leben führen wollten, aber für die Predigt des göttlichen Wortes zu geringe Kenntnisse besaßen, durchstreiften die Provinzen, um Luthers Bücher zu verkaufen. Es gab bald sehr viele dieser mutigen Hausierer."[4]

Sehr aufmerksam wurden diese Schriften von Reichen und Armen, Gelehrten und Laien durchforscht. Abends lasen die Dorfschullehrer sie kleinen um den Herd versammelten Gruppen laut vor. Bei jeder dieser Bemühungen wurden einige Seelen von der Wahrheit überzeugt, nahmen das Wort freudig auf und erzählten andern wiederum die frohe Kunde.

Die Worte der Bibel bewahrheiteten sich: „Wenn dein Wort offenbar wird, so erfreut es und macht klug die Einfältigen."[5] Das Erforschen der Heiligen Schrift bewirkte eine durchgreifende Veränderung in den Gemütern und Herzen des Volkes. Die päpstliche Herrschaft hatte ihren Untertanen ein eisernes Joch auferlegt, das sie in Unwissenheit und Erniedrigung hielt. Gewissenhaft hatte man eine abergläubische Wiederholung von Formen befolgt; aber an all diesem Dienst war der Anteil von Herz und Verstand nur gering. Luthers Predigten, die die eindeutigen Wahrheiten des Wortes Gottes hervorhoben, und das Wort selbst, das, in die Hände des Volkes gelegt, seine schlafenden Kräfte geweckt hatte, reinigten und veredelten nicht nur die geistliche Wesensart, sondern verliehen dem Verstand neue Kraft und Stärke.

Personen aller Stände konnte man mit der Bibel in der Hand die Lehren der Reformation verteidigen sehen. Die Päpstlichen, die das

4 D'Aubigné, ebd., 9. Buch, 11. Abschnitt, S. 88

5 Ps. 119, 130

Studium der Heiligen Schrift den Priestern und Mönchen überlassen hatten, forderten diese jetzt auf, herauszugehen und die neuen Lehren zu widerlegen. Aber die Priester und Mönche, welche die Heilige Schrift und die Kraft Gottes nicht kannten, waren denen, die sie als ketzerisch und ungelehrt angeklagt hatten, vollkommen unterlegen. „Leider“, sagte ein katholischer Schriftsteller, „hatte Luther den Seinigen eingebildet, man dürfe nur den Aussprüchen der heiligen Bücher Glauben schenken.“ [6] Ganze Scharen versammelten sich, um zu hören, wie Männer von nur geringer Bildung die Wahrheit verteidigten, ja sich sogar mit gelehrten und beredten Theologen auseinandersetzten. Die schmähliche Unwissenheit der großen Männer wurde offenbar, als man ihren Beweisführungen die einfachen Lehren des Wortes Gottes entgegenstellte. Handwerker und Soldaten, Frauen und selbst Kinder waren mit den Lehren der Bibel vertrauter als die Priester und die gelehrten Doktoren.

Der Unterschied zwischen den Jüngern des Evangeliums und den Verteidigern des päpstlichen Aberglaubens gab sich nicht minder in den Reihen der Gelehrten als unter dem gewöhnlichen Volk zu erkennen. „Die alten Stützen der Hierarchie hatten die Kenntnis der Sprachen und das Studium der Wissenschaft vernachlässigt, ihnen trat eine studierende, in der Schrift forschende, mit den Meisterwerken des Altertums sich befreundende Jugend entgegen. Diese aufgeweckten Köpfe und unerschrockenen Männer erwarben sich bald solche Kenntnisse, daß sich lange Zeit keiner mit ihnen messen konnte. . . Wo die jungen Verteidiger der Reformation mit den römischen Doktoren zusammentrafen, griffen sie diese mit solcher Ruhe und Zuversicht an, daß diese unwissenden Menschen zögerten, verlegen wurden und sich allgemein gerechte Verachtung zuzogen.“ [6]

Als die römischen Geistlichen sahen, daß ihre Zuhörerschar geringer wurde, riefen sie die Hilfe der Behörden an und versuchten, mit allen ihnen zu Gebote stehenden Mitteln ihre Anhänger zurückzugewinnen. Aber das Volk hatte in den neuen Lehren das gefunden, was die Bedürfnisse der Seele befriedigte, und wandte sich von jenen ab, die es so lange mit wertlosen Trebern abergläubischer Gebräuche und menschlicher Überlieferungen gespeist hatten.

6 D'Aubigné, ebd., 9. Buch, 11. Abschnitt, S. 86 f.

Als gegen die Lehrer der Wahrheit die Verfolgung entbrannte, beachteten diese die Worte Christi: „Wenn sie euch aber in einer Stadt verfolgen, so fliehet in eine andere.“ [7] Das Licht drang überallhin. Die Flüchtenden fanden irgendwo eine gastfreundliche Tür, die sich ihnen auftat, und dort einkehrend, predigten sie Christus, ganz gleich, ob es in der Kirche war oder, wenn ihnen dieser Vorzug versagt wurde, in Privatwohnungen oder unter freiem Himmel. Wo man ihnen Gehör schenkte, war für sie ein geweihter Tempel. Die mit solcher Tatkraft und Zuversicht verkündigte Wahrheit verbreitete sich mit unwiderstehlicher Kraft.

Vergebens riefen die Römlinge die kirchliche und die weltliche Obrigkeit an, die Ketzerei zu unterdrücken. Ohne Erfolg blieben Gefängnis, Folter, Feuer und Schwert. Tausende von Gläubigen besiegelten ihren Glauben mit ihrem Blut, und doch ging das Werk vorwärts. Die Verfolgung diente nur dazu, die Wahrheit auszubreiten, und die auf Satans Antrieb mit ihr verbundene Schwärmerei bewirkte, daß der Unterschied zwischen dem Werk Gottes und dem Werk Satans um so deutlicher hervortrat.

7 Matth. 10, 23

Der Protest der Fürsten | 11

Eines der mächtigsten je für die Reformation abgelegten Bekenntnisse ist der von den christlichen Fürsten Deutschlands 1529 auf dem zweiten Reichstag zu Speyer erhobene Protest. Der Mut, die Zuversicht und die Entschiedenheit dieser frommen Männer bahnten kommenden Geschlechtern den Weg zu Glaubens- und Gewissensfreiheit. Wegen dieses Protestes hießen die Anhänger des neuen Glaubens fortan Protestanten; die Grundsätze ihres Protestes „sind der wesentliche Inhalt des Protestantismus".[1]

Ein dunkler und drohender Tag war für die Reformation angebrochen. Der Erlaß von Worms hatte Luther für vogelfrei erklärt und die Verbreitung des evangelischen Glaubens untersagt; doch beließ man es im Reich bei einer religiösen Duldung. Die göttliche Vorsehung hatte die der Wahrheit widerstreitenden Mächte im Zaum gehalten. Wohl war Karl V. entschlossen, die Reformation auszurotten; so oft er aber die Hand zum Streich ausholte, zwangen ihn immer wieder besondere Umstände, davon abzusehen. Mehrmals schien der unmittelbare Untergang aller Gegner Roms unausbleiblich; aber in diesen kritischen Zeitpunkten bewahrte sie einmal das Erscheinen des türkischen Heeres an der Ostgrenze vor Verfolgung, zum andern zogen der König von Frankreich, ja gar der Papst, mißgünstig gestimmt über die zunehmende Größe des Kaisers, gegen diesen in den Krieg. Dadurch bot sich der Reformation inmitten der Streitigkeiten der Völker Gelegenheit, sich innerlich zu festigen und auszubreiten.

Schließlich hatten die katholischen Fürsten ihre Zwistigkeiten beigelegt, um gemeinsam gegen die Reformatoren vorgehen zu können.

1 D'Aubigné, „Geschichte der Reformation", 13. Buch, 6. Abschnitt, S. 59

Der Reichstag zu Speyer im Jahre 1526 hatte jedem der deutschen Länder völlige Freiheit in Religionssachen zugebilligt bis zur Einberufung eines allgemeinen Konzils. Doch kaum waren die Gefahren, unter denen dieses Übereinkommen vereinbart wurde, vorüber, berief der Kaiser 1529 einen weiteren Reichstag nach Speyer, um die Ketzerei zu vernichten. Die Fürsten sollten womöglich durch friedliche Mittel veranlaßt werden, sich gegen die Reformation zu erklären; sollte das jedoch ergebnislos sein, wollte der Kaiser zum Schwert greifen.

Die päpstlich Gesinnten stellten sich in gehobener Stimmung zahlreich in Speyer ein und legten ihre Feindseligkeit gegen die Reformatoren und ihre Gönner offen an den Tag. Da sagte Melanchthon: „Wir sind der Abschaum und der Kehrricht der Welt; aber Christus wird auf sein armes Volk herabsehen und es bewahren." Den evangelischen Kirchenfürsten, die an dem Reichstag teilnahmen, wurde es sogar untersagt, das Evangelium in ihrer Wohnung predigen zu lassen. Doch die Menschen in Speyer dürsteten nach dem Worte Gottes, und Tausende strömten trotz des Verbotes zu den Gottesdiensten, die in der Kapelle des Kurfürsten von Sachsen abgehalten wurden.

Dies beschleunigte die Entscheidung. Eine kaiserliche Botschaft forderte den Reichstag auf, den Gewissensfreiheit gewährenden Beschluß, da er zu großen Unordnungen Anlaß gegeben habe, für null und nichtig zu erklären. Diese willkürliche Handlung erregte bei den evangelischen Christen Entrüstung und Bestürzung. Einer sagte: „Christus ist wieder in den Händen von Kaiphas und Pilatus."[2] Die Römlinge wurden immer heftiger. Ein von blindem Eifer ergriffener Päpstlicher erklärte: „Die Türken sind besser als die Lutheraner; denn die Türken beobachten das Fasten, und diese verletzen es. Man darf eher die Schrift als die alten Irrtümer der Kirche verwerfen." Melanchthon schrieb über Faber, den Beichtvater König Ferdinands und späteren Bischof von Wien: „Täglich schleuderte er in seinen Predigten einen neuen Pfeil gegen die Evangelischen."[2]

Die religiöse Duldung war gesetzlich eingeführt worden, und die evangelischen Länder waren entschlossen, sich jedem Eingriff in ihre Rechte zu widersetzen. Luther, der noch immer unter der durch das Edikt von Worms auferlegten Reichsacht stand, durfte in Speyer nicht

2 D'Aubigné, ebd., 13. Buch, 5. Abschnitt, S. 51 ff.

teilnehmen; seine Stelle nahmen seine Mitarbeiter und die Fürsten ein, die Gott erweckt hatte, seine Sache bei diesem Anlaß zu verteidigen. Der edle Kurfürst Friedrich von Sachsen, Luthers früherer Beschützer, war gestorben; aber auch Kurfürst Johann, sein Bruder und Nachfolger, hatte die Reformation freudig begrüßt. Während er sich als ein Freund des Friedens erwies, legte er gleichzeitig in allen Glaubensangelegenheiten Mut und große Tatkraft an den Tag.

Die Priester verlangten, die Länder, die sich zur Reformation bekannt hatten, sollten sich der römischen Gerichtsbarkeit bedingungslos unterwerfen. Die Reformatoren auf der andern Seite machten die Freiheit geltend, die ihnen früher gewährt worden war. Sie konnten nicht einwilligen, daß Rom jene Länder unter seine Herrschaft brächte, die das Wort Gottes mit so großer Freude aufgenommen hatten.

Man schlug schließlich vor, das Edikt von Worms solle dort streng gehandhabt werden, wo die Reformation noch nicht Fuß gefaßt hätte; „wo man aber davon abgewichen und wo dessen Einführung ohne Volksaufruhr nicht möglich sei, solle man wenigstens nicht weiter reformieren, keine Streitfragen verhandeln, die Messe nicht verbieten, keinen Katholiken zum Luthertum übertreten lassen".[2] Dieser Vorschlag wurde zur großen Genugtuung der päpstlichen Priester und Prälaten vom Reichstag genehmigt.

Falls diese Maßregel „Gesetzeskraft erhielt, so konnte sich die Reformation weder weiter ausbreiten ... wo sie noch nicht war, noch wo sie bestand, festen Boden gewinnen".[2] Die Freiheit der Rede würde dadurch verboten, keine Bekehrungen mehr gestattet werden. Von den Freunden der Reformation wurde verlangt, sich diesen Einschränkungen und Verboten ohne weiteres zu unterwerfen. Die Hoffnung der Welt schien dem Erlöschen nahe. „Die ... Wiederherstellung der römischen Hierarchie mußte die alten Mißbräuche hervorrufen", und leicht konnte eine Gelegenheit gefunden werden, „das so stark erschütterte Werk durch Schwärmerei und Zwiespalt vollends zu vernichten".[2]

Als die evangelische Partei zur Beratung zusammentrat, blickte man sich bestürzt an. Von einem zum andern ging die Frage: „Was ist zu tun?" Gewaltige Folgen für die Welt standen auf dem Spiel. „Sollten

2 D'Aubigné, ebd., 13. Buch, 5. Abschnitt, S. 51 ff.

die führenden Köpfe der Reformation nachgeben und das Edikt annehmen? Wie leicht hätten die Reformatoren in diesem entscheidenden Augenblick, der in der Tat außerordentlich wichtig war, sich dazu überreden können, einen falschen Weg einzuschlagen. Wie viele glaubhafte Vorwände und annehmbare Gründe für ihre Unterwerfung hätten sich finden lassen! Den lutherisch gesinnten Fürsten war die freie Ausübung ihres Glaubens zugesichert. Dieselbe Begünstigung erstreckte sich auch auf alle ihre Untertanen, die, noch ehe die Maßregeln getroffen wurden, die reformierte Lehre angenommen hatten. Konnte sie dies nicht zufriedenstellen? Wie vielen Gefahren würde man durch eine Unterwerfung ausweichen! Doch auf welch unbekannte Wagnisse und Kämpfe würde der Widerstand sie treiben! Wer weiß, ob sich in Zukunft je wieder solch eine Gelegenheit bieten würde! Lasset uns den Frieden annehmen; lasset uns den Ölzweig ergreifen, den Rom uns entgegenhält, und die Wunden Deutschlands schließen. Mit derartigen Beweisgründen hätten die Reformatoren sich bei der Annahme eines Weges, der unvermeidlich bald darauf den Umsturz ihrer Sache herbeigeführt haben würde, rechtfertigen können.

Glücklicherweise erkannten sie den Grundsatz, auf dem diese Anordnung beruhte, und handelten im Glauben. Was war das für ein Grundsatz? – Es war das Recht Roms, das Gewissen zu zwingen und eine freie Untersuchung zu untersagen. Sollten aber sie selbst und ihre protestantischen Untertanen sich nicht der Religionsfreiheit erfreuen? – Ja, als eine Gunst, die in der Anordnung besonders vorgesehen war, nicht aber als ein Recht. In allem, was in diesem Abkommen nicht einbegriffen war, sollte der herrschende Grundsatz der Autorität maßgebend sein; das Gewissen wurde nicht berücksichtigt; Rom war der unfehlbare Richter, und ihm muß man gehorchen. Die Annahme der vorgeschlagenen Vereinbarung wäre ein tatsächliches Zugeständnis gewesen, daß die Religionsfreiheit auf das protestantische Sachsen beschränkt werden müßte; was aber die übrige Christenheit angehe, so seien freie Untersuchung und das Bekenntnis des reformierten Glaubens Verbrechen, die mit Kerker und Scheiterhaufen zu ahnden wären. Dürften sie der örtlichen Beschränkung der Religionsfreiheit zustimmen, daß man verkündige, die Reformation habe ihren letzten Anhänger gewonnen, ihren letzten Fußbreit erobert? Und sollte dort, wo

Rom zu dieser Stunde sein Zepter schwang, seine Herrschaft ständig aufgerichtet bleiben? Könnten die Reformatoren sich unschuldig fühlen an dem Blut jener Hunderte und Tausende, die in Erfüllung dieser Anordnung ihr Leben in päpstlichen Ländern opfern müßten? Dies hieße, in jener so verhängnisvollen Stunde die Sache des Evangeliums und die Freiheit der Christenheit zu verraten." „Lieber wollten sie ... ihre Länder, ihre Kronen, ihr Leben opfern."[2]

„Wir verwerfen diesen Beschluß", sagten die Fürsten. „In Gewissensangelegenheiten hat die Mehrheit keine Macht." Die Abgesandten erklärten: „Das Dekret von 1526 hat den Frieden im Reich gestiftet; hebt man es auf, so heißt das, Deutschland in Hader und Zank zu stürzen. Der Reichstag hat keine weitere Befugnis als die Aufrechterhaltung der Glaubensfreiheit bis zu einem Konzil."[2] Die Gewissensfreiheit zu schützen, ist die Pflicht des Staates, und dies ist die Grenze seiner Machtbefugnis in religiösen Dingen. Jede weltliche Regierung, die versucht, mit Hilfe der Staatsgewalt religiöse Gebräuche zu regeln oder durchzusetzen, opfert gerade den Grundsatz, für den die evangelischen Christen in so edler Weise kämpften.

Die Päpstlichen beschlossen, das, was sie „frechen Trotz" nannten, zu unterdrücken. Sie versuchten die Anhänger der Reformation zu spalten, und alle, die sich nicht offen für sie erklärt hatten, einzuschüchtern. Die Vertreter der freien Reichsstädte wurden schließlich vor den Reichstag geladen und aufgefordert, zu sagen, ob sie auf die Bedingungen jenes Vorschlages eingehen wollten. Sie baten um Bedenkzeit, aber vergebens. Als sie auf die Probe gestellt wurden, schloß sich fast die Hälfte von ihnen den Reformatoren an. Die sich auf diese Weise weigerten, die Gewissensfreiheit und das Recht des persönlichen Urteils zu opfern, wußten wohl, daß ihre Stellung sie künftigem Tadel, Verurteilung und Verfolgung aussetzen würde. Einer der Abgeordneten bemerkte: „Das ist die erste Probe ... bald kommt die zweite: das Wort Gottes widerrufen oder brennen."[2]

König Ferdinand, der Stellvertreter des Kaisers auf dem Reichstag, sah, daß das Dekret ernstliche Spaltungen hervorriefe, falls die Fürsten nicht veranlaßt würden, es anzunehmen und zu unterstützen. Er versuchte es deshalb mit der Überredungskunst, wohl wissend, daß

2 D'Aubigné, ebd., 13. Buch, 5. Abschnitt, S. 51 ff.

Gewaltanwendung solche Männer nur noch entschiedener machen würde. Er „bat die Fürsten um Annahme des Dekrets, für welchen Schritt der Kaiser ihnen großen Dank wissen würde".[2] Aber diese treuen Männer erkannten eine Autorität an, welche die irdischer Herrscher überstieg, und sie antworteten: „Wir gehorchen dem Kaiser in allem, was zur Erhaltung des Friedens und zur Ehre Gottes dienen kann."[2]

In Gegenwart des Reichstages kündigte der König dem Kurfürsten und seinen Freunden schließlich an, daß die Entschließung bald als kaiserliches Dekret abgefaßt werden sollte und sie sich der Mehrheit unterwerfen müßten. Als er dies gesagt hatte, zog er sich aus der Versammlung zurück und gab den Protestanten keine Gelegenheit zur Beratung oder zur Erwiderung. Diese schickten eine Abordnung an den König und baten ihn, zurückzukommen. Umsonst! Auf ihre Vorstellungen antwortete er nur: „Die Artikel sind beschlossen; man muß sich unterwerfen."[2]

Die kaiserliche Partei war überzeugt, daß die christlichen Fürsten an der Heiligen Schrift festhalten würden, da sie über menschlichen Lehren und Vorschriften steht; und sie wußten, daß die Annahme dieses Grundsatzes am Ende zum Sturz des Papsttums führen mußte. Aber sie schmeichelten sich wie auch Tausende nach ihnen, indem sie nur „auf das Sichtbare" schauten, daß die stärkeren Trümpfe beim Kaiser und beim Papst lägen, während die Seite der Reformation nur schwach sei. Hätten sich die Reformatoren einzig auf ihre menschliche Macht verlassen, wären sie so hilflos gewesen, wie die Päpstlichen vermuteten. Obgleich gering an Zahl und uneins mit Rom, waren sie doch stark. „Vielmehr appellierten sie vom Beschluß des Reichstages an Gottes Wort, von Kaiser Karl an Jesus Christus, den König aller Könige, den Herrn aller Herren."[2]

Da Ferdinand sich geweigert hatte, ihre Gewissensüberzeugung zu berücksichtigen, beschlossen die Fürsten, ungeachtet seiner Abwesenheit ihren Protest unverzüglich vor die versammelten Stände zu bringen. Eine feierliche Erklärung wurde aufgesetzt und dem Reichstag unterbreitet: „Wir protestieren durch diese Erklärung vor Gott, unserm einigen Schöpfer, Erhalter, Erlöser und Seligmacher, der einst uns richten wird, und erklären vor allen Menschen und Kreaturen, daß

2 D'Aubigné, ebd., 13. Buch, 5. Abschnitt, S. 51 ff.

wir für uns und die Unsrigen in keiner Weise dem vorgelegten Dekret beipflichten oder beitreten, und allen den Punkten, welche Gott, seinem heiligen Worte, unserem guten Gewissen, unserer Seligkeit zuwiderlaufen.

Wie sollten wir das Edikt billigen können und dadurch erklären, daß, wenn der allmächtige Gott einen Menschen zu seiner Erkenntnis beruft, dieser Mensch nicht die Freiheit hat, diese Erkenntnis anzunehmen! ... Da nur die Lehre, welche Gottes Wort gemäß ist, gewiß genannt werden kann, da der Herr eine andere zu lehren verbietet, da jeder Text der Heiligen Schrift durch deutlichere Stellen derselben ausgelegt werden soll, da dieses heilige Buch in allem, was dem Christen not tut, leicht verständlich ist und das Dunkel zu zerstreuen vermag: so sind wir mit Gottes Gnade entschlossen, allein die Predigt des göttlichen Wortes, wie es in den biblischen Büchern des Alten und Neuen Testaments enthalten ist, lauter und rein, und nichts, was dawider ist, aufrechtzuerhalten. Dieses Wort ist die einige Wahrheit, die alleinige Richtschnur aller Lehre und alles Lebens und kann nicht fehlen noch trügen. Wer auf diesen Grund baut, besteht gegen alle Mächte der Hölle; alle Menschentorheit, die sich dawiderlegt, verfällt vor Gottes Angesicht...

Deshalb verwerfen wir das Joch, das man uns auflegt... Wir hoffen, Ihre Kaiserliche Majestät werde als ein christlicher Fürst, der Gott vor allen Dingen liebt, in unserer Sache verfahren, und erklären uns bereit, ihm, wie euch, gnädige Herren, alle Liebe und allen Gehorsam zu erzeigen, welches unsere gerechte und gesetzliche Pflicht ist."[3]

Diese Protestation machte auf den Reichstag tiefen Eindruck. Die Mehrheit wurde ob der Kühnheit der Protestierenden mit Erstaunen und Bestürzung erfüllt. Die Zukunft stellte sich ihnen stürmisch und ungewiß vor. Uneinigkeit, Streit und Blutvergießen schienen unvermeidlich. Die Protestanten aber, von der Gerechtigkeit ihrer Sache überzeugt und sich auf den Arm des Allmächtigen verlassend, „blieben fest und mutig".[3]

„Die in dieser berühmten Protestation ... ausgesprochenen Grundsätze sind der wesentliche Inhalt des Protestantismus. Die Protestation tritt gegen zwei menschliche Mißbräuche in Glaubenssachen auf: gegen

3 D'Aubigné, ebd., 13. Buch, 6. Abschnitt

die Einmischung der weltlichen Macht und gegen die Willkür des Klerus. Sie setzt an die Stelle der weltlichen Behörde die Macht des Gewissens, und an die Stelle des Klerus die Autorität des Wortes Gottes. Der Protestantismus erkennt die weltliche Gewalt in göttlichen Dingen nicht an und sagt, wie die Apostel und die Propheten: Man muß Gott mehr gehorchen als den Menschen. Ohne Karls V. Krone anzutasten, hält er die Krone Jesu Christi aufrecht, und noch weitergehend stellt er den Satz auf, daß alle Menschenlehre den Aussprüchen Gottes untergeordnet sein soll."[3] Die Protestierenden hatten ferner ihr Recht geltend gemacht, ihre religiöse Überzeugung frei aussprechen zu können. Sie wollten nicht nur glauben und befolgen, was das Wort Gottes ihnen nahebrachte, sondern es auch lehren, und sie stellten das Recht der Priester oder Behörden in Abrede, sich hierbei einzumischen. Der Protest zu Speyer war ein feierliches Zeugnis gegen religiöse Unduldsamkeit und eine Behauptung des Rechtes aller Menschen, Gott nach ihrem eigenen Gewissen anzubeten.

Die Erklärung war abgegeben. Sie war Tausenden ins Gedächtnis geschrieben und in die Bücher des Himmels eingetragen worden, wo keine menschliche Anstrengung sie auslöschen konnte. Das ganze evangelische Deutschland nahm den Protest als Ausdruck seines Glaubens an. Überall erblickten die Menschen in dieser Erklärung den Anfang einer neuen und besseren Zeit. Einer der Fürsten sagte den Protestanten in Speyer: „Der allmächtige Gott, der euch die Gnade verliehen, ihn kräftig, frei und furchtlos zu bekennen, bewahre euch in dieser christlichen Standhaftigkeit bis zum Tage des Gerichts!"[3]

Hätte die Reformation nach einem erfolgreichen Anfang eingewilligt, sich den Zeitumständen anzupassen, um sich die Gunst der Welt zu erwerben, so wäre sie Gott und sich selbst untreu geworden und hätte auf diese Weise selbst ihren Untergang bewirkt. Die Erfahrung jener prächtigen Reformatoren enthält eine Lehre für alle späteren Zeiten. Satans Art und Weise, gegen Gott und sein Wort zu wirken, hat sich nicht verändert; er stellt sich noch immer ebenso sehr dagegen, die Heilige Schrift zum Führer des Lebens zu machen, wie im 16. Jahrhundert. Heutzutage weicht man stark von ihren Lehren und Geboten ab, und eine Rückkehr zu dem protestantischen Grundsatz, die Bibel

3 D'Aubigné, ebd., 13. Buch, 6. Abschnitt

und nur die Bibel als Richtschnur des Glaubens und der Pflicht zu betrachten, ist notwendig. Satan wirkt noch immer mit allen Mitteln, über die er verfügt, um die religiöse Freiheit zu unterdrücken. Die Macht, die die protestierenden Fürsten in Speyer verwarfen, suchte nun mit erneuerter Kraft die verlorene Oberherrschaft wiederzugewinnen. Das gleiche unwandelbare Festhalten am Worte Gottes, das sich in jener Entscheidungsstunde der Reformation bekundete, ist die einzige Hoffnung für eine Reform der Gegenwart.

Die Protestanten erkannten Anzeichen der Gefahr. Es gab aber auch Anzeichen, daß die göttliche Hand ausgestreckt war, um die Getreuen zu beschützen. „Kurz vorher hatte Melanchthon seinen Freund Simon Grynäus rasch durch die Stadt an den Rhein geführt mit der Bitte, sich übersetzen zu lassen. Als dieser über das hastige Drängen erstaunt war, erzählte ihm Melanchthon: Eine ernste, würdige Greisengestalt, die er nicht gekannt, sei ihm entgegengetreten mit der Nachricht, Ferdinand habe Häscher abgeschickt, um den Grynäus zu verhaften." [3]

Am Tage hatte sich Grynäus über eine Predigt Fabers, eines führenden katholischen Gelehrten, entrüstet; nach der Predigt machte er ihm Vorhaltungen darüber und bat ihn, „die Wahrheit nicht länger zu bekämpfen. Faber hatte seinen Zorn nicht merken lassen, sich aber gleich zum König begeben und von diesem einen Haftbefehl gegen den unbequemen Heidelberger Professor erwirkt. Melanchthon glaubte fest, Gott habe einen Engel vom Himmel gesandt, um seinen Freund zu retten; er blieb am Rhein stehen, bis der Fluß zwischen ihm und seinen Verfolgern war, und als er ihn am entgegengesetzten Ufer angekommen sah, rief er: ‚Endlich ist er denen entrissen, welche nach dem Blute der Unschuldigen dürsten!' Nachher erfuhr Melanchthon, daß man unterdessen nach Grynäus in dessen Wohnung gesucht hatte." [3]

Die Reformation sollte vor den Gewaltigen dieser Erde zu noch größerer Bedeutung gelangen. Den evangelischen Fürsten war von König Ferdinand versagt worden, gehört zu werden; aber es sollte ihnen Gelegenheit geboten werden, ihre Sache in Gegenwart des Kaisers und der Würdenträger des Staates und der Kirche vorzutragen. Um den Zwiespalt beizulegen, der das Reich beunruhigte, rief Karl V.

3 D'Aubigné, ebd., 13. Buch, 6. Abschnitt

im folgenden Jahr nach dem Protest von Speyer den Reichstag nach Augsburg zusammen und gab bekannt, daß er die Absicht habe, persönlich den Vorsitz zu führen. Dorthin wurden die Führer der Protestanten geladen.

Angesichts der drohenden Gefahren stellten die Fürsprecher der Reformation ihre Sache Gott anheim und gelobten, am Evangelium festzuhalten. Der Kurfürst von Sachsen wurde von seinen Räten gedrängt, nicht auf dem Reichstag zu erscheinen; denn der Kaiser verlange nur die Anwesenheit der Fürsten, um sie in eine Falle zu locken. Es sei „ein Wagnis, sich mit einem so mächtigen Feinde in dieselben Mauern einzuschließen".[4] Doch andere erklärten hochherzig, „die Fürsten sollten Mut haben, und Gottes Sache werde gerettet".[4] Luther sagte: „Gott ist treu – und wird uns nicht lassen."[4] Der Kurfürst und sein Gefolge begaben sich nach Augsburg. Alle kannten die Gefahren, die ihm drohten, und viele gingen mit düsteren Blicken und beunruhigten Herzen einher. Doch Luther, der sie bis Coburg begleitete, ließ ihren sinkenden Glauben wieder aufleben, indem er ihnen das Lied: „Ein' feste Burg ist unser Gott" vorsang. Manche bange Ahnung wurde verscheucht, manches schwere Herz fühlte unter den Klängen dieses begeisternden Liedes den auf ihm lastenden Druck weichen.

Die reformierten Fürsten hatten beschlossen, eine Darlegung ihrer Auffassungen in systematischer Zusammenstellung mit Beweisstellen aus der Heiligen Schrift auszuarbeiten, um sie dem Reichstag vorzulegen; die Aufgabe dieser Bearbeitung wurde Luther und Melanchthon sowie ihren Gefährten übertragen. Das auf diese Weise zum Ausdruck gebrachte Bekenntnis wurde von den Protestanten als eine Erklärung ihres Glaubens angenommen, und sie versammelten sich, um dem wichtigen Schriftstück ihre Unterschriften beizufügen. Es war eine ernste Zeit der Prüfung. Die Reformatoren waren ängstlich darauf bedacht, daß ihre Sache nicht mit politischen Fragen verwechselt werde; sie fühlten, die Reformation sollte keinen andern Einfluß ausüben als den, der vom Wort Gottes bestimmt wird. Als die christlichen Fürsten die Konfession unterzeichnen wollten, trat Melanchthon dazwischen und sprach: „Die Theologen, die Diener Gottes, müssen das vorlegen, und das Gewicht der Großen der Erde muß man für andere Dinge auf-

4 D'Aubigné, ebd., 14. Buch, 2. Abschnitt, S. 110

sparen." – „Gott gebe", antwortete Johann von Sachsen, „daß ihr mich nicht ausschließet, ich will tun, was recht ist, unbekümmert um meine Krone; ich will den Herrn bekennen. Das Kreuz Jesu Christi ist mehr wert als mein Kurhut und mein Hermelin."[5] Als er dies gesagt, schrieb er seinen Namen nieder. Ein anderer Fürst sprach, als er die Feder ergriff: „Wo es die Ehre meines Herrn Jesu Christi gilt, bin ich bereit, Gut und Leben aufzugeben... Ehe ich eine andere Lehre als die, welche in der Konfession enthalten ist, annehme, will ich lieber Land und Leute aufgeben, und mit dem Stabe in der Hand aus meiner Väter Heimat auswandern."[5] In dieser Weise bekundete sich der Glaube und die Unerschrockenheit dieser Gottesmänner.

Es kam die Zeit, da sie vor dem Kaiser zu erscheinen hatten. Karl V., auf seinem Thron sitzend, umgeben von den Kurfürsten und Fürsten des Reiches, schenkte den protestantischen Reformatoren Gehör. Das Bekenntnis ihres Glaubens wurde verlesen. In jener erlauchten Versammlung wurden die Wahrheiten des Evangeliums klar dargelegt und die Irrtümer der päpstlichen Kirche bloßgestellt. Mit Recht ist jener Tag als der größte der Reformation, als einer der schönsten in der Geschichte des Christentums und der Menschheit bezeichnet worden.[6]

Nur wenige Jahre waren vergangen, seit der Mönch von Wittenberg in Worms allein vor dem Reichstag Jesus Christus bekannt hatte. Nun standen an seiner Stelle die edelsten und mächtigsten Fürsten des Reiches vor dem Kaiser. Es war Luther untersagt worden, in Augsburg zu erscheinen; doch mit seinen Worten und Gebeten war er dabei. „Ich bin über alle Maßen froh", schrieb er, „daß ich bis zu der Stunde gelebt habe, in welcher Christus durch solche Bekenner vor solcher Versammlung in einem herrlichen Bekenntnisse verkündigt worden ist."[6] Auf diese Weise erfüllte sich, was die Schrift sagt: „Ich rede von deinen Zeugnissen vor Königen!"[7]

In den Tagen des Paulus war das Evangelium, um deswillen er sich in Gefangenschaft befand, in der gleichen Weise vor die Fürsten und Edlen der kaiserlichen Stadt gebracht worden. Auch bei diesem Anlaß hier wurde das, was der Kaiser von der Kanzel zu predigen untersagt hatte, im Palast verkündigt; was viele sogar für die Dienerschaft als

5 D'Aubigné, ebd., 14. Buch, 6. Abschnitt S. 147 f.
6 D'Aubigné, ebd., 14. Buch, 7. Abschnitt, S. 156 f.
7 Ps. 119, 46

unpassend angesehen hatten, wurde nun von den Herrschern und Herren des Reiches mit Verwunderung vernommen. Könige und große Männer waren die Zuhörer, gekrönte Fürsten die Prediger, und die Predigt enthielt die Wahrheit Gottes. Ein Zeitgenosse, Mathesius, sagte, seit den Zeiten der Apostel hätte es kein größer und höher Werk gegeben.

„Was die Lutheraner vorgelesen haben, ist wahr, es ist die reine Wahrheit, wir können es nicht leugnen", erklärte ein päpstlicher Bischof. „Könnet ihr das vom Kurfürsten abgefaßte Bekenntnis mit guten Gründen widerlegen?" fragte ein anderer Dr. Eck. „Nicht mit den Schriften der Apostel und Propheten", antwortete Dr. Eck, „aber wohl mit denen der Väter und Konzilien." — „Also sind die Lutheraner", entgegnete der Fragende, „in der Schrift, und wir daneben." [8] Einige der deutschen Fürsten waren für den reformierten Glauben gewonnen worden. Der Kaiser selbst erklärte, die protestantischen Artikel seien die reine Wahrheit. Das Bekenntnis wurde in viele Sprachen übersetzt und in ganz Europa verbreitet, und es ist von Millionen Menschen der folgenden Geschlechter als Bekundung ihres Glaubens angenommen worden.

Gottes treue Diener arbeiteten nicht allein. Während sie es „mit Fürsten und Gewaltigen, nämlich mit den Herren der Welt, die in der Finsternis dieser Welt herrschen, mit den bösen Geistern unter dem Himmel", [9] die sich gegen sie verbanden, zu tun hatten, verließ der Herr sein Volk nicht. Wären die Augen der Kinder Gottes geöffnet gewesen, hätten sie ebenso deutliche Beweise der Gegenwart und Hilfe Gottes erkannt, wie sie einst den Propheten gewährt worden waren. Als Elisas Diener seinen Meister auf das sie umgebende feindliche Heer aufmerksam machte, das jede Gelegenheit zum Entrinnen nahm, betete der Prophet: „Herr, öffne ihm die Augen, daß er sehe!" [10] Und siehe, der Berg war voll Kriegswagen und feuriger Rosse, das Heer des Himmels stand bereit, den Mann Gottes zu beschützen. So bewachten Engel auch die Mitarbeiter der Reformationsbewegung.

Einer der von Luther am entschiedensten vertretenen Grundsätze sprach sich gegen eine Unterstützung der Reformation durch weltliche Gewalt aus. Es sollte keine Forderung an ihre Waffen gestellt werden,

8 D'Aubigné, ebd., 14. Buch, 8. Abschnitt, S. 167 9 Eph. 6, 12 10 2. Kön. 6, 17

um sie zu verteidigen. Er freute sich, daß sich Fürsten des Reiches zum Evangelium bekannt hatten; doch als sie vorschlugen, sich zu einem Verteidigungsbund zusammenzuschließen, „wollte Luther die evangelische Lehre nur von Gott allein verteidigt wissen, je weniger sich die Menschen darein mischten, desto herrlicher werde sich Gottes Dazwischenkunft offenbaren. Alle Umtriebe, wie die beabsichtigten, deuteten ihm auf feige Ängstlichkeit und sündhaftes Mißtrauen“.[11]

Als sich mächtige Feinde vereinten, um den reformierten Glauben zu Fall zu bringen, und sich Tausende von Schwertern gegen ihn zu erheben schienen, schrieb Luther: „Satan läßt seine Wut aus, gottlose Pfaffen verschwören sich, man bedroht uns mit Krieg. Ermahne das Volk weiterzukämpfen vor Gottes Thron mit Glauben und Gebet, so daß unsere Feinde, vom Geiste Gottes besiegt, zum Frieden gezwungen werden. Das erste, was not tut, die erste Arbeit, ist das Gebet. Angesichts der Schwerter und der Wut Satans hat das Volk nur eins zu tun: es muß *beten.*“[11]

Bei einem späteren Anlaß erklärte Luther, sich wiederum auf den von den protestantischen Fürsten beabsichtigten Bund beziehend, daß die einzige in diesem Streit anzuwendende Waffe „das Schwert des Geistes“ sei. Er schrieb an den Kurfürsten von Sachsen: „Wir mögen in unserem Gewissen solch Verbündnis nicht billigen. Wir möchten lieber zehnmal tot sein, denn solche Genossen haben, daß unser Evangelium sollte Ursach gewesen sein einiges Bluts. Wir sollen wie die Schlachtschafe gerechnet sein. Es muß ja Christi Kreuz getragen sein. Euer Kurfürstliche Gnaden seien getrost und unerschrocken, wir wollen mit Beten mehr ausrichten, denn sie mit all ihrem Trotzen. Allein daß wir unsere Hände rein von Blut behalten, und wo der Kaiser mich und die anderen forderte, so wollen wir erscheinen. Euer Kurfürstliche Gnaden soll weder meinen noch eines anderen Glauben verteidigen, sondern ein jeder soll auf sein eigen Fahr glauben.“[12]

Aus dem Gebetskämmerlein kam die Macht, die bei dieser großen Reformation die Welt erschütterte. Dort setzten die Diener Gottes in heiliger Stille ihre Füße auf den Felsen seiner Verheißungen. Während des Streites in Augsburg verfehlte Luther nicht, täglich „drei Stunden

11 D'Aubigné, ebd., 10. Buch, 14. Abschnitt, S. 187 f.
12 D'Aubigné, ebd., 14. Buch, 1. Abschnitt, S. 104

dem Gebet zu widmen; und zwar zu einer Zeit, die dem Studium am günstigsten gewesen wäre".[13] In der Zurückgezogenheit seines Kämmerleins schüttete er sein Herz vor Gott aus „mit solchem Glauben und Vertrauen ... als ob er mit seinem Freund und Vater rede. ‚Ich weiß', sagte der Reformator, ‚daß du unser Vater und unser Gott bist, daß du die Verfolger deiner Kinder zerstreuen wirst, denn du selbst bist mit uns in der Gefahr. Diese ganze Sache ist dein, nur weil du sie gewollt hast, haben wir sie unternommen. Schütze du uns, o Herr!'".[13]

An Melanchthon, der von der Last der Angst und Sorge niedergedrückt war, schrieb er: „Gnade und Friede in Christo! in Christo, sage ich, nicht in der Welt. Amen! Ich hasse deine Besorgnisse, die dich, wie du schreibst, verzehren, gewaltig. Wenn die Sache falsch ist, so wollen wir widerrufen; wenn sie gerecht ist, weshalb machen wir den, welcher uns ruhig schlafen heißt, bei so vielen Verheißungen zum Lügner? ... Christus entzieht sich nicht der Sache der Gerechtigkeit und Wahrheit; er lebt und regiert, und welche Angst können wir noch haben?"[13]

Gott hörte das Flehen seiner Diener. Er gab den Fürsten und Predigern Gnade und Mut, gegenüber den Herrschern der Finsternis dieser Welt die Wahrheit zu behaupten. Der Herr spricht: „Siehe da, ich lege einen auserwählten, köstlichen Eckstein in Zion; und wer an ihn glaubt, der soll nicht zu Schanden werden."[14] Die protestantischen Reformatoren hatten auf Christus gebaut, und die Pforten der Hölle konnten sie nicht überwältigen.

13 D'Aubigné, ebd., 14. Buch, 6. Abschnitt, S. 152 f.

14 1. Petr. 2, 6

Die Reformation in Frankreich | 12

Dem Protest zu Speyer und der Konfession zu Augsburg, die den Sieg der Reformation in Deutschland ankündeten, folgten Jahre des Kampfes und der Finsternis. Durch Uneinigkeiten der Anhänger geschwächt und von gewaltigen Feinden bestürmt, schien der Protestantismus dem vollständigen Untergang geweiht zu sein. Tausende besiegelten ihr Zeugnis mit ihrem Blut. Kriege brachen aus, die protestantische Sache wurde von einem ihrer vornehmsten Anhänger verraten, die edelsten der reformierten Fürsten fielen in die Hände des Kaisers und wurden als Gefangene von Stadt zu Stadt geschleppt. Aber im Augenblick seines augenscheinlichen Sieges erlitt der Kaiser eine schwere Niederlage. Er sah die Beute seinen Händen entrissen und war schließlich genötigt, den Lehren, deren Vernichtung seine Lebensaufgabe galt, Duldung zu gewähren. Er hatte sein Reich, seine Schätze und selbst das Leben aufs Spiel gesetzt, um die Ketzerei zu vertilgen. Jetzt sah er seine Heere durch Schlachten aufgerieben, seine Schätze erschöpft, viele Teile seines Reiches von Empörung bedroht, während sich der Glaube, den er vergebens zu unterdrücken gesucht hatte, überall ausbreitete. Karl V. war gegen die Macht des Allmächtigen angegangen. Gott hatte gesagt: Es werde Licht; aber der Kaiser hatte danach getrachtet, die Finsternis unerhellt zu erhalten. Seine Absichten waren fehlgeschlagen, und in frühem Alter, erschöpft von dem langen Kampf, entsagte er dem Thron und trat in ein Kloster ein, wo er nach zwei Jahren starb.

In der Schweiz und auch in Deutschland kamen dunkle Tage für die Reformation. Während viele Kantone den reformierten Glauben annahmen, hingen andere mit blinder Beharrlichkeit an dem Glaubensbekenntnis Roms und verfolgten die, welche die Wahrheit annehmen wollten, was schließlich zum Bruderkrieg führte. Zwingli und viele seiner Reformationsfreunde fielen auf dem blutigen Schlachtfeld von Kappel. Ökolampad, von diesem furchtbaren Mißgeschick überwältigt, starb bald darauf. Rom jubelte und schien an vielen Orten alles, was es verloren hatte, wiederzugewinnen. Der aber, dessen Ratschläge von Ewigkeit her sind, hatte weder seine Sache noch sein Volk verlassen. Seine Hand brachte ihnen Befreiung. Er hatte schon in andern Ländern Mitarbeiter erweckt, um die Reformation weiterzuführen.

In Frankreich hatte der Tag bereits zu dämmern begonnen, noch ehe man etwas von dem Reformator Luther wußte. Einer der ersten, der das Licht erfaßte, war der bejahrte Lefèvre (Faber Stapulensis), ein Mann von umfassender Gelehrsamkeit, Professor an der Sorbonne und aufrichtiger und eifriger Anhänger des Papsttums. Bei den Untersuchungen über die alte Literatur war seine Aufmerksamkeit auf die Bibel gerichtet worden, und er führte ihr Studium bei seinen Studenten ein.

Faber war ein schwärmerischer Verehrer der Heiligen und hatte es unternommen, eine Geschichte der Heiligen und Märtyrer nach den Legenden der Kirche zu verfassen. Dies war eine mühsame Arbeit, und er hatte bereits bedeutende Fortschritte gemacht, als er mit dem Gedanken, die Bibel könne ihm dabei gute Dienste leisten, sie zu studieren begann. Hier fand er in der Tat Heilige beschrieben, aber nicht solche, wie der römische Heiligenkalender sie darstellte. Eine Flut göttlichen Lichtes erleuchtete seinen Verstand. Erstaunt und widerwillig wandte er sich von seiner geplanten Aufgabe ab und widmete sich dem Wort Gottes. Bald begann er, die köstlichen, in der Heiligen Schrift entdeckten Wahrheiten zu lehren.

Weder Luther noch Zwingli hatten das Werk der Reformation begonnen, da schrieb Faber schon im Jahre 1512: „Gott allein gibt uns die Gerechtigkeit durch den Glauben, rechtfertigt uns allein durch seine Gnade zum ewigen Leben.“ [1] Sich in das Geheimnis der Erlösung vertiefend, rief er aus: „O wunderbarer Austausch: die Unschuld wird verurteilt, der Schuldige freigesprochen; der Gesegnete verflucht, der Verfluchte gesegnet; das Leben stirbt, der Tote erhält das Leben; die Ehre ist mit Schmach bedeckt, der Geschmähte wird geehrt.“ [1]

1 D'Aubigné, „Geschichte der Reformation“, 12. Buch, 2. Abschnitt, S. 290

Und während er lehrte, daß die Ehre der Erlösung nur Gott zukomme, erklärte er auch, daß die Pflicht des Gehorsams dem Menschen obliege. „Bist du der Kirche Christi angehörig", sagte er, „so bist du ein Glied am Leibe Christi und als solches mit Göttlichkeit erfüllt... Wenn die Menschen dieses Vorrecht begriffen, so würden sie sich rein, keusch und heilig halten, alle Ehre dieser Welt für eine Schmach achten im Vergleich zu der inneren Herrlichkeit, welche den fleischlichen Augen verborgen ist."[1]

Unter Fabers Schülern befanden sich etliche, die eifrig seinen Worten lauschten, und die lange, nachdem die Stimme ihres Lehrers zum Schweigen gebracht worden war, fortfahren sollten, die Wahrheit zu verkündigen. Zu diesen gehörte William Farel. Als Sohn frommer Eltern erzogen, die Lehren der Kirche in unbedingtem Glauben hinzunehmen, hätte er mit dem Apostel Paulus von sich selbst erklären können: „Ich bin ein Pharisäer gewesen, welches ist die strengste Sekte unsers Gottesdienstes."[2] Als ergebener Anhänger Roms brannte er vor Eifer, alle jene zu vernichten, die es wagen sollten, sich der Kirche zu widersetzen. „Ich knirschte mit den Zähnen wie ein wütender Wolf, wenn sich irgendeiner gegen den Papst äußerte",[3] sagte er später über diesen Abschnitt seines Lebens. Er war unermüdlich gewesen in seiner Verehrung der Heiligen und hatte gemeinschaftlich mit Faber die Runde in den Kirchen gemacht, in denen er an den Altären anbetete und die Heiligenschreine mit Gaben schmückte. Aber diese äußerliche Frömmigkeit konnte ihm keinen Seelenfrieden verschaffen. Ein Bewußtsein der Sünde, das alle Bußübungen, die er sich auferlegte, nicht verbannen konnten, bemächtigte sich seiner. Er lauschte den Worten des Reformators, wie auf eine Stimme vom Himmel: „Das Heil ist aus Gnaden; der Unschuldige wird verurteilt, der Schuldige freigesprochen." „Das Kreuz Christi allein öffnet den Himmel, schließt allein das Tor der Hölle."[3]

Freudig nahm Farel die Wahrheit an. Durch eine Bekehrung, die der des Apostels Paulus ähnlich war, wandte er sich von der Knechtschaft menschlicher Satzungen zu der Freiheit der Kinder Gottes und „war so umgewandelt, daß er nicht mehr die Mordlust eines wilden

1 D'Aubigné, „Geschichte der Reformation", 12. Buch, 2. Abschnitt, S. 290
2 Apg. 26, 5
3 Wylie, „History of Protestantism", 13. Buch, Kap. 2, S. 129

Wolfes hatte, sondern einem sanften Lamme glich, nachdem er sich vom Papst entfernt und ganz Christus hingegeben hatte".[4]

Während Faber fortfuhr, das Licht unter seinen Schülern auszubreiten, trat Farel, der im Werke Christi ebenso eifrig wirkte wie ehedem in jenem des Papstes, öffentlich auf, um die Wahrheit zu verkündigen. Ein Würdenträger der Kirche, der Bischof von Meaux, schloß sich ihnen bald darauf an; andere Lehrer, die wegen ihrer Fähigkeiten und ihrer Gelehrsamkeit hohes Ansehen genossen, vereinten sich mit ihnen in der Verkündigung des Evangeliums, das Anhänger unter allen Ständen gewann, von der Wohnung des Handwerkers und des Bauern an bis zum Palast des Königs. Die Schwester Franz' I., der damals auf dem Thron saß, nahm den reformierten Glauben an. Der König und die Königinmutter schienen ihm eine Zeitlang wohlwollend gegenüberzustehen, und mit großen Hoffnungen sahen die Reformatoren der Zeit entgegen, da Frankreich für das Evangelium gewonnen wäre.

Doch ihre Hoffnungen sollten sich nicht erfüllen. Prüfungen und Verfolgungen erwarteten die Jünger Christi, obgleich sie vor ihren Augen gnädig verhüllt waren. Eine Zeit des Friedens trat ein, auf daß sie Kraft gewönnen, dem Sturm zu begegnen. Die Reformation machte rasche Fortschritte. Der Bischof von Meaux bemühte sich eifrig in seiner Diözese, sowohl die Geistlichen als auch das Volk zu unterweisen. Ungebildete und unsittliche Priester wurden entlassen und soweit als möglich durch fromme und gebildete Männer ersetzt. Der Bischof wünschte sehr, seine Leute möchten selbst Zugang zum Worte Gottes haben, und dies wurde bald erreicht. Faber nahm die Übersetzung des Neuen Testaments in Angriff, und gerade zur selben Zeit, als Luthers deutsche Bibel in Wittenberg die Presse verließ, wurde in Meaux das französische Neue Testament veröffentlicht. Der Bischof sparte weder Mühe noch Ausgaben, um es in seinen Pfarreien zu verbreiten, und bald waren die Bauern von Meaux im Besitz der Heiligen Schrift.

Wie der vor Durst verschmachtende Wanderer mit Freuden eine sprudelnde Wasserquelle begrüßt, so nahmen diese Seelen die Botschaft des Himmels auf. Die Arbeiter auf dem Felde und die Hand-

4 D'Aubigné, ebd., 12. Buch, 3. Abschnitt, S. 295

werker in ihren Werkstätten erleichterten sich die tägliche Arbeit, indem sie von den köstlichen Wahrheiten der Bibel redeten. Statt am Abend ins Wirtshaus zu gehen, versammelten sie sich in ihren Wohnungen, um das Wort Gottes zu lesen und sich in Gebet und Lobpreisungen zu vereinen. Bald machte sich in diesen Gemeinden eine große Veränderung bemerkbar. Obwohl sie der bescheidensten Klasse angehörten, ungebildet waren und schwere Landarbeit verrichteten, wurde doch die umgestaltende, erhebende Kraft der göttlichen Gnade in ihrem Leben sichtbar. Demütig, liebend und heilig erfüllten sie das Zeugnis ihres Glaubens; eine Haltung, die das Evangelium für alle vollbringt, die es aufrichtig annehmen.

Das zu Meaux angezündete Licht ließ seine Strahlen weit hinausleuchten. Täglich nahm die Zahl der Neubekehrten zu. Die Wut der Priester wurde vom König, der den engherzigen, blinden Eifer der Mönche verachtete, eine Zeitlang im Zaum gehalten; aber schließlich gewannen die päpstlichen Führer die Oberhand. Der Scheiterhaufen wurde aufgerichtet. Der Bischof von Meaux, gezwungen zwischen Feuer und Widerruf zu entscheiden, wählte den leichteren Weg. Obwohl der Anführer fiel, die Herde blieb standhaft. Viele zeugten noch inmitten der Flammen für die Wahrheit. Durch ihren Mut und ihre Treue auf dem Scheiterhaufen sprachen diese demütigen Christen zu tausenden Menschen, die in den Tagen des Friedens ihr Zeugnis nie vernommen hätten.

Nicht nur die Niedrigen und Armen wagten es, sich inmitten von Spott und Leiden zu Christus zu bekennen. Auch in den fürstlichen Gemächern der Schlösser und Paläste gab es edle Seelen, denen die Wahrheit mehr galt als Reichtum, Rang oder selbst das Leben. Die ritterliche Rüstung barg einen erhabeneren und standhafteren Geist als der Bischofsmantel und die Bischofsmütze. Ludwig von Berquin war von adliger Abkunft, ein tapferer höfischer Ritter, dem Studium zugetan, von feiner Lebensart und tadellosen Sitten. „Er war", sagt ein Schriftsteller, „ein sehr eifriger Beobachter aller päpstlichen Einrichtungen, wohnte aufs genaueste allen Messen und Predigten bei ... und setzte allen seinen übrigen Tugenden dadurch die Krone auf, daß er das Luthertum ganz besonders verabscheute." Doch gleich vielen andern Menschen, die die göttliche Vorsehung zum Studium der Bibel geführt hatte, war er erstaunt, hier nicht etwa „die Satzungen Roms, sondern die Lehren Luthers“ [5] zu finden, und er widmete sich von nun an ganz der Sache des Evangeliums.

Berquin schien bestimmt, der Reformator seines Vaterlandes zu werden, nannten doch viele diesen Günstling des Königs wegen seiner Begabung, seiner Beredsamkeit, seines unbeugsamen Mutes, seines Heldeneifers und seines Einflusses am Hofe „den Gelehrtesten unter den Adligen“. Nach Beza wäre Berquin vielleicht ein zweiter Luther geworden, hätte er in Franz I. einen zweiten Kurfürsten gefunden. Die Römlinge aber verschrien ihn, daß er schlimmer wäre als Luther; sicher ist, daß sie ihn mehr fürchteten. Sie warfen ihn als Ketzer ins Gefängnis, doch ließ ihn der König wieder frei. Jahrelang zog sich der Kampf hin. Franz, zwischen Rom und der Reformation schwankend, duldete und zügelte abwechselnd den grimmigen Eifer der Mönche. Dreimal wurde Berquin von den päpstlichen Behörden eingekerkert, jedoch von dem Monarchen, der sich in Bewunderung seiner Geistesgaben und seines edlen Charakters weigerte, ihn der Bosheit der Priesterherrschaft preiszugeben, immer wieder freigelassen.

Berquin wurde wiederholt vor der ihm in Frankreich drohenden Gefahr gewarnt, und man drang in ihn, den Schritten derer zu folgen, die in einem freiwilligen Exil Sicherheit gefunden hatten. Der furchtsame, unbeständige Erasmus, der trotz all seiner glänzenden Gelehrsamkeit jener moralischen Größe ermangelte, die das Leben und die Ehre der Wahrheit unterordnet, schrieb an Berquin: „Halte darum an, als Gesandter ins Ausland geschickt zu werden. Bereise Deutschland. Du kennst Beda und seinesgleichen – er ist ein tausendköpfiges Ungeheuer, das Gift nach allen Seiten ausspeit. Deine Feinde heißen Legion. Selbst wenn deine Sache besser wäre als Jesu Christi, so würden sie dich nicht gehen lassen, bis sie dich elendiglich umgebracht haben. Verlasse dich nicht allzusehr auf den Schutz des Königs. Auf jeden Fall bringe mich *nicht in Ungelegenheiten bei der theologischen Fakultät.*“ [6]

Doch als sich die Gefahren häuften, wurde Berquins Eifer um so größer. Weit davon entfernt, auf die weltklugen und eigennützigen Ratschläge des Erasmus einzugehen, entschloß er sich zu noch kühne-

5 Wylie, ebd., 13. Buch, Kap. 9, S. 159

6 Erasmus, „Opus epistolarum“, Bd. II, S. 1206

ren Maßnahmen. Er wollte nicht nur die Wahrheit verteidigen, sondern auch den Irrtum angreifen. Die Anschuldigung der Ketzerei, welche die Katholiken gegen ihn geltend zu machen suchten, wandte er gegen sie. Die rührigsten und erbittertsten seiner Gegner waren die gelehrten Doktoren und Mönche an der theologischen Fakultät der großen Universität Paris, eine der höchsten kirchlichen Autoritäten sowohl für die Stadt als auch für die Nation. Den Schriften dieser Doktoren entnahm Berquin zwölf Sätze, die er öffentlich als der Heiligen Schrift zuwiderlaufend und ketzerisch erklärte; und er wandte sich an den König mit der Bitte, in dieser Sache zu entscheiden.

Der Monarch, der nicht abgeneigt war, die Kraft und den Scharfsinn der sich bekämpfenden Führer zu messen, freute sich, eine Gelegenheit zu haben, den Hochmut dieser stolzen Mönche zu demütigen, und gebot ihnen, ihre Sache mit der Bibel zu verteidigen. Diese Waffe konnte ihnen, wie sie wohl wußten, wenig helfen; Einkerkerung, Marterqualen und der Scheiterhaufen waren Waffen, die sie besser zu gebrauchen verstanden. Die Lage hatte sich gewendet, und sie sahen sich im Begriff, selbst in die Grube zu fallen, in die sie Berquin stürzen wollten. Ratlos sannen sie auf einen Weg, wie sie entkommen könnten.

Um diese Zeit war ein an einer Straßenecke aufgestelltes Standbild der Jungfrau Maria verstümmelt worden. In der Stadt herrschte große Aufregung. Scharenweise strömte das Volk zu der Stätte und gab seinem Bedauern und seiner Entrüstung über diese Freveltat Ausdruck. Auch der König war tief betroffen. Hier bot sich eine Gelegenheit, aus welcher die Mönche großen Vorteil ziehen konnten, und sie zögerten nicht lange. „Dies sind die Früchte der Lehren Berquins", riefen sie. „Alles geht seinem Umsturz entgegen — die Religion, die Gesetze, ja selbst der Thron — infolge dieser lutherischen Verschwörung." [7]

Wiederum setzte man Berquin gefangen. Der König verließ Paris, und so hatten die Mönche Freiheit, nach eigenem Willen zu handeln. Der Reformator wurde verhört und zum Tode verurteilt, und damit Franz zuletzt nicht noch einschritte, ihn zu retten, vollzog man das Urteil am gleichen Tage, da es ausgesprochen worden war. Um die Mittagsstunde führte man Berquin zum Richtplatz. Eine ungeheure Menschenmenge hatte sich versammelt, um der Hinrichtung

7 Wylie, ebd., 12. Buch, Kap. 9, S. 159

beizuwohnen, und viele erkannten mit Staunen und Besorgnis, daß das Opfer den besten und rechtschaffensten Adelsfamilien Frankreichs angehörte. Bestürzung, Entrüstung, Verachtung und bitterer Haß verfinsterten die Angesichter jener wogenden Menge; aber auf *einem* Antlitz ruhte kein Schatten. Die Gedanken des Märtyrers weilten weitab von jenem Schauplatz der Aufregung; er war sich nur der Gegenwart seines Herrn bewußt.

Der elende Sturzkarren, auf dem er saß, die düsteren Gesichtszüge seiner Verfolger, der schreckliche Tod, dem er entgegenging – all dies beachtete er nicht. Der da lebendig ist von Ewigkeit zu Ewigkeit und die Schlüssel der Hölle und des Todes hat, war ihm zur Seite. Auf Berquins Antlitz leuchtete des Himmels Licht und Friede. „Er war mit einem Samtrock sowie mit Gewändern von Atlas und Damast angetan und trug goldbestickte Beinkleider.“ [8] Er stand im Begriff, seinen Glauben in Gegenwart des Königs aller Könige und vor dem ganzen Weltall zu bekennen, und kein Anzeichen der Trauer sollte seine Freude Lügen strafen.

Als der Zug sich langsam durch die von der Menge umdrängten Straßen bewegte, nahm das Volk mit Bewunderung den unumwölkten Frieden und die freudige Siegesgewißheit seines Blickes und seiner Haltung wahr. „Er ist“, sagten einige, „wie einer, der in einem Tempel sitzt und über heilige Dinge nachdenkt.“ [9]

Auf dem Scheiterhaufen versuchte Berquin einige Worte an die Menge zu richten; aber die Mönche begannen, da sie deren Folgen fürchteten, zu schreien und die Soldaten klirrten mit ihren Waffen, daß der Lärm die Stimme des Märtyrers übertönte. „Auf diese Weise setzte im Jahre 1529 die höchste gelehrte und kirchliche Autorität in dem gebildeten Paris der Bevölkerung von 1793 das gemeine Beispiel, auf dem Schafott die ehrwürdigen Worte eines Sterbenden zu ersticken.“ [9]

Berquin blieb bis zum letzten Augenblick standhaft. Er wurde vom Henker erdrosselt und sein Leichnam den Flammen übergeben. Die Kunde von seinem Tode rief in ganz Frankreich unter den Freunden der Reformation Trauer hervor; aber sein Beispiel war nicht vergebens.

8 D'Aubigné, „Geschichte der Reformation zu den Zeiten Calvins“, 2. Buch, Kap. 16
9 Wylie, ebd., 13. Buch, Kap. 9

„Wir wollen", sagten die Wahrheitszeugen, „mit gutem Mut dem Tod entgegengehen, indem wir unseren Blick nach dem jenseitigen Leben richten."[10]

Während der Verfolgung in Meaux wurde den Lehrern des reformierten Glaubens das Recht zu predigen entzogen. Daraufhin begaben sie sich in andere Gebiete. Faber ging bald darauf nach Deutschland, während Farel in seine Geburtsstadt im östlichen Frankreich zurückkehrte, um das Licht in der Heimat seiner Kindheit zu verbreiten. Dort waren die Vorgänge von Meaux bereits bekannt geworden, und es fanden sich Zuhörer, als er die Wahrheit mit unerschrockenem Eifer lehrte. Die Behörden aber fühlten sich veranlaßt, ihn zum Schweigen zu bringen und wiesen ihn aus der Stadt. Wenn er nun auch nicht länger öffentlich arbeiten konnte, durchzog er doch die Ebenen und Dörfer, lehrte in Privatwohnungen und auf einsam gelegenen Wiesen und fand Schutz in den Wäldern und felsigen Höhlen, die ihm in seiner Jugend als Schlupfwinkel gedient hatten. Gott bereitete ihn für größere Prüfungen vor. „Kreuz und Verfolgung und die Umtriebe Satans", schrieb er, „haben mir nicht gefehlt; sie sind stärker gewesen, als daß ich aus eigener Kraft sie hätte aushalten können; aber Gott ist mein Vater, er hat mir alle nötige Kraft verliehen und wird es auch ferner tun."[11]

Wie in den apostolischen Tagen war die Verfolgung „nur mehr zur Förderung des Evangeliums geraten".[12] Aus Paris und Meaux waren sie vertrieben worden, und „die nun zerstreut waren, gingen um und predigten das Wort".[13] Auf diese Weise fand das Licht seinen Weg in viele der entlegensten Provinzen Frankreichs.

Gott bereitete noch immer Mitarbeiter darauf vor, seine Sache auszudehnen. In einer der Schulen in Paris war ein tiefsinniger, ruhiger Jüngling, der bereits Beweise eines gewaltigen, durchdringenden Verstandes gegeben hatte und sich nicht weniger durch die Reinheit seines Lebens als durch vernünftigen Eifer und religiöse Hingabe auszeichnete. Seine Talente und sein Fleiß machten ihn bald zum Stolz der Schule, und man sagte sich zuversichtlich, daß Johannes Calvin einer der tüchtigsten und geehrtesten Verteidiger der Kirche werden würde.

10 D'Aubigné, ebd., 2. Buch, Kap. 16
11 D'Aubigné, „Geschichte der Reformation", 12. Buch, 9. Abschnitt, S. 344
12 Phil. 1, 12
13 Vgl. Apg. 8, 4

Aber ein Strahl göttlichen Lichtes durchdrang sogar die Mauern der Schulweisheit und des Aberglaubens, von denen Calvin umgeben war. Mit Schaudern hörte er von den neuen Lehren, ohne den geringsten Zweifel zu hegen, daß die Ketzer das Feuer, dem sie übergeben wurden, vollständig verdienten. Ganz unwissentlich jedoch kam er mit der Ketzerei unmittelbar in Berührung und wurde gezwungen, die Macht der päpstlichen Theologie zu prüfen, um die protestantischen Lehren zu bekämpfen.

Ein Vetter Calvins, der sich der Reformation angeschlossen hatte, befand sich in Paris. Die beiden Verwandten trafen sich oft und besprachen miteinander die Angelegenheiten, welche die Christenheit beunruhigten. „Es gibt nur zwei Religionen in der Welt", sagte Olivetan, der Protestant, „die eine ist die, welche die Menschen erfunden haben und nach der die Menschen sich durch Zeremonien und gute Werke retten; die andere ist die Religion, welche in der Bibel offenbart ist und die lehrt, daß die Menschen nur durch die freie Gnade Gottes selig werden können."

„Weg mit euren neuen Lehren!" rief Calvin aus. „Bildet ihr euch ein, daß ich mein ganzes Leben lang im Irrtum gewesen bin?"[14]

Aber in ihm waren Gedanken erweckt worden, die er nicht willkürlich verbannen konnte. Allein in seinem Zimmer, dachte er über die Worte seines Vetters nach. Ein Bewußtsein der Sünde bemächtigte sich seiner; er sah sich ohne Mittler in der Gegenwart eines heiligen und gerechten Richters. Die Fürsprache der Heiligen, gute Werke, die Zeremonien der Kirche, sie alle waren machtlos, für die Sünde Genugtuung zu leisten. Calvin sah nichts vor sich als das Dunkel ewiger Verzweiflung. Vergebens bemühten sich die Gelehrten der Kirche, seiner Angst abzuhelfen, vergebens nahm er seine Zuflucht zu Beichte und Bußübungen: seine Seele konnten sie nicht mit Gott versöhnen.

Während Calvin noch diese vergeblichen Kämpfe durchlebte, kam er eines Tages wie von ungefähr an einem der öffentlichen Plätze vorbei und wurde dort Augenzeuge der Verbrennung eines Ketzers. Er war betroffen über den Ausdruck des Friedens, der auf dem Angesicht des Märtyrers ruhte. Unter den Qualen jenes furchtbaren Todes und unter der noch schrecklicheren Verdammung der Kirche bekundete er

14 Wylie, 13. Buch, Kap. 7

einen Glauben und Mut, den der junge Student schmerzlich mit seiner eigenen Verzweiflung und Finsternis verglich, während er doch in strengstem Gehorsam gegen die Kirche lebte. Auf die Bibel, so wußte er, stützten die Ketzer ihren Glauben, und er entschloß sich, die Heilige Schrift zu studieren, um womöglich das Geheimnis ihrer Freude zu entdecken.

In der Bibel fand er Christus. „O Vater!“ rief er aus, „sein Opfer hat deinen Zorn besänftigt, sein Blut hat meine Flecken gereinigt, sein Kreuz hat meinen Fluch getragen, sein Tod hat für mich Genugtuung geleistet. Wir hatten viel unnütze Torheiten geschmiedet; aber du hast mir dein Wort gleich einer Fackel gegeben, und du hast mein Herz gerührt, damit ich jedes andere Verdienst, ausgenommen das des Erlösers, verabscheue.“ [15]

Calvin war für das Priesteramt erzogen worden. Schon im Alter von zwölf Jahren wurde er zum Kaplan einer kleinen Gemeinde ernannt. Sein Haupt hatte der Bischof nach den Verordnungen der Kirche geschoren. Er erhielt weder eine Weihe noch erfüllte er die Pflichten eines Priesters, aber er war Mitglied der Geistlichkeit, trug den Titel seines Amtes und erhielt in Anbetracht dessen ein Gehalt.

Als er nun fühlte, daß er nie ein Priester werden würde, widmete er sich eine Zeitlang dem Studium der Rechte, gab aber schließlich seinen Vorsatz auf und entschloß sich, sein Leben dem Evangelium zu weihen. Er zögerte jedoch, öffentlich zu lehren; denn er war von Natur aus schüchtern. Das Bewußtsein der großen Verantwortlichkeit einer solchen Stellung lastete schwer auf ihm, und es verlangte ihn nach weiterem Studium. Schließlich willigte er doch auf die ernsten Bitten seiner Freunde hin ein. „Wunderbar ist es“, sagte er, „daß einer von so niedriger Herkunft zu so hoher Würde erhoben werden sollte.“ [16]

Ruhig trat Calvin sein Werk an, und seine Worte waren wie der Tau, der niederfällt, um die Erde zu erquicken. Er hatte Paris verlassen und hielt sich nun in einer Stadt in der Provinz unter dem Schutz der Prinzessin Margarete auf, den sie auch seinen Jüngern zuteil werden ließ, weil sie das Evangelium liebte. Calvin war noch immer ein Jüngling, freundlich und anspruchslos in seinem Wesen.

15 Calvin, opun. lat., S. 123   16 Wylie, 13. Buch, Kap. 9

Er begann seine Aufgabe bei den Leuten in ihren Wohnungen. Umgeben von den Angehörigen des Haushaltes las er die Bibel und erklärte die Heilswahrheiten. Die Zuhörer brachten andern die frohe Kunde, und bald ging Calvin von der Stadt in die umliegenden kleineren Städte und Dörfer. Er fand ebenso in Schlössern wie in Hütten Eingang; er machte Fortschritte und legte den Grund zu Gemeinden, aus denen unerschrockene Zeugen für die Wahrheit hervorgehen sollten.

Einige Monate später war er wieder in Paris. Im Kreise der Gebildeten und Gelehrten herrschte eine ungewohnte Aufregung. Das Studium der alten Sprachen hatte die Menschen zur Bibel geführt, und viele, deren Herzen von ihren Wahrheiten unberührt waren, besprachen sie eifrig und stritten sogar mit den Verfechtern der römischen Kirche. Calvin, ein tüchtiger Kämpfer auf dem Gebiete theologischer Streitigkeiten, hatte einen höheren Auftrag zu erfüllen als diese lärmenden Schulgelehrten. Die Gemüter der Menschen waren geweckt, und jetzt war die Zeit gekommen, ihnen die Wahrheit nahezubringen. Während die Hörsäle der Universitäten von dem Geschrei theologischer Streitfragen erfüllt waren, ging Calvin von Haus zu Haus, öffnete den Menschen das Verständnis der Heiligen Schrift und sprach zu ihnen von Christus, dem Gekreuzigten.

Durch Gottes gnädige Vorsehung sollte Paris wiederum eine Einladung erhalten, das Evangelium anzunehmen. Es hatte den Ruf Fabers und Farels verworfen; doch erneut sollten alle Stände in jener großen Hauptstadt die Botschaft vernehmen. Der König hatte sich politischer Rücksichten halber noch nicht völlig für Rom und gegen die Reformation entschieden. Margarete hegte noch immer die Hoffnung, daß der Protestantismus in Frankreich siegen würde. Sie bestimmte, daß in Paris der reformierte Glaube gepredigt werden sollte. Während der Abwesenheit des Königs ließ sie einen protestantischen Prediger in den Kirchen der Stadt den wahren Bibelglauben verkündigen. Als dies von den päpstlichen Würdenträgern verboten wurde, stellte die Fürstin ihren Palast zur Verfügung. Ein Gemach wurde als Kapelle hergerichtet, und dann gab man bekannt, daß täglich zu einer bestimmten Stunde eine Predigt stattfände und daß das Volk aller Stände dazu eingeladen sei. Große Scharen strömten zum Gottesdienst. Nicht nur die Kapelle, sondern auch die Vorzimmer und Hallen waren gedrängt voll. Tausende kamen jeden Tag zusammen: Adlige, Staatsmänner, Rechtsgelehrte, Kaufleute und Handwerker. Statt die Versammlungen zu untersagen, befahl der König, in Paris zwei Kirchen zu öffnen. Nie zuvor war die Stadt so vom Worte Gottes bewegt worden. Es schien, als wäre der Geist des Lebens vom Himmel auf das Volk gekommen. Mäßigkeit, Reinheit, Ordnung und Fleiß traten an die Stelle von Trunkenheit, Ausschweifung, Zwietracht und Müßiggang.

Die Priesterschaft war jedoch nicht müßig. Da der König sich weigerte, einzuschreiten und die Predigt zu verbieten, wandte sie sich an die Bevölkerung. Kein Mittel wurde gespart, um die Furcht, die Vorurteile und den Fanatismus der unwissenden und abergläubischen Menge zu erregen. Und Paris, das sich seinen falschen Lehrern blindlings ergab, erkannte wie einst Jerusalem weder die Zeit seiner Heimsuchung noch was zu seinem Frieden diente. Zwei Jahre lang wurde das Wort Gottes in der Hauptstadt verkündigt; doch während viele das Evangelium annahmen, verwarf es die Mehrheit des Volkes. Franz hatte, nur um seinem eigenen Zweck zu dienen, eine gewisse religiöse Duldung an den Tag gelegt, und es gelang den päpstlichen Anhängern, wieder die Oberhand zu gewinnen. Abermals wurden die Kirchen geschlossen und Scheiterhaufen aufgerichtet.

Calvin war noch in Paris, bereitete sich durch Studium, tiefes Nachdenken und Gebet auf seine künftige Arbeit vor und fuhr fort, das Licht auszubreiten. Schließlich geriet auch er in den Verdacht der Ketzerei. Die Behörden beschlossen, ihn den Flammen zu übergeben. Da er sich in seiner Abgeschiedenheit außer jeder Gefahr wähnte, dachte er an nichts Böses. Plötzlich eilten Freunde auf sein Zimmer mit der Nachricht, daß Beamte auf dem Wege seien, ihn zu verhaften. Im selben Augenblick vernahmen sie lautes Klopfen am äußeren Eingang. Es galt, keine Zeit zu verlieren. Einige Freunde hielten die Beamten an der Tür auf, während andere dem Reformator behilflich waren, sich durchs Fenster hinunterzulassen und schnell aus der Stadt zu entkommen. Er fand Zuflucht in der Hütte eines Arbeiters, der ein Freund der Reformation war; dort verkleidete er sich, indem er einen Anzug seines Gastgebers anzog, und setzte mit einer Hacke auf der

Schulter die Reise fort. Seine Schritte nach dem Süden lenkend, fand er wiederum eine Zuflucht, diesmal auf den Besitzungen Margaretes von Parma.[17]

Hier blieb er einige Monate, sicher unter dem Schutz mächtiger Freunde, und befaßte sich wie zuvor mit seinen Studien. Aber sein Herz war auf die Verbreitung des Evangeliums in Frankreich bedacht, er konnte nicht lange untätig bleiben. Sobald der Sturm sich etwas gelegt hatte, suchte er ein neues Arbeitsfeld in Poitiers, wo eine Universität war, und wo man die neuen Auffassungen bereits günstig aufgenommen hatte. Leute aller Stände lauschten freudig dem Evangelium. Es wurde nicht öffentlich gepredigt; aber im Hause des Oberbürgermeisters, in seiner eigenen Wohnung und zuweilen in einer öffentlichen Gartenanlage erschloß Calvin die Worte des Lebens denen, die sie hören wollten. Als die Zahl seiner Zuhörer wuchs, hielt man es für sicherer, sich außerhalb der Stadt zu versammeln. Eine Höhle an der Seite einer tiefen, engen Bergschlucht, wo Bäume und überhängende Felsen die Abgeschiedenheit vervollständigten, wurde als Versammlungsort gewählt. Kleine Gruppen, die die Stadt auf verschiedenen Wegen verließen, fanden ihren Weg dorthin. An diesem abgelegenen Ort wurde die Bibel gelesen und ausgelegt. Hier wurde zum erstenmal von den Protestanten Frankreichs das heilige Abendmahl gefeiert. Diese kleine Gemeinde sandte mehrere treue Evangelisten aus.

Noch einmal kehrte Calvin nach Paris zurück. Auch jetzt konnte er die Hoffnung noch nicht aufgeben, daß Frankreich als Ganzes die Reformation annehmen werde. Aber er fand fast überall verschlossene Türen. Das Evangelium lehren, hieß den geraden Weg auf den Scheiterhaufen einschlagen, und er entschloß sich schließlich, nach Deutschland zu gehen. Kaum hatte Calvin Frankreich verlassen, brach der Sturm über die Protestanten herein, der ihn, wäre er länger dort geblieben, sicherlich mit in das allgemeine Verderben gerissen hätte.

Die französischen Reformatoren, die ernstlich wünschten, daß ihr Land mit Deutschland und der Schweiz Schritt hielte, beschlossen gegen die abergläubischen Gebräuche Roms einen kühnen Streich zu führen, der die ganze Nation aufwecken sollte. Demgemäß wurden in

17 D'Aubigné, „Geschichte der Refomation zu den Zeiten Calvins", 2. Buch, Kap. 30

einer Nacht in ganz Frankreich Plakate gegen die Messe angeschlagen. Statt die Reformation zu fördern, brachte jedoch dieser eifrige aber unkluge Schritt nicht nur seinen Urhebern, sondern auch den Freunden des reformierten Glaubens in ganz Frankreich Verderben. Er lieferte den Katholiken den schon lange erwünschten Vorwand, um die gänzliche Ausrottung der Ketzer als Aufrührer, die der Sicherheit des Thrones und dem Frieden der Nation gefährlich wären, zu verlangen.

Von unbekannter Hand – ob der eines unbesonnnen Freundes oder eines verschlagenen Feindes stellte sich nie heraus – wurde eines der Plakate an der Tür des königlichen Privatgemaches befestigt. Der Monarch war entsetzt. In dieser Schrift wurden abergläubische Gebräuche, die jahrhundertelang bestanden hatten, schonungslos angegriffen. Die beispiellose Verwegenheit, diese ungeschminkten und erschreckenden Äußerungen vor ihn zu bringen, erregte seinen Zorn. Vor Entsetzen stand er einen Augenblick bebend und sprachlos, dann brach seine Wut mit den schrecklichen Worten los: „Man ergreife ohne Unterschied alle, die des Luthertums verdächtig sind. . . Ich will sie alle ausrotten.“[18] Die Würfel waren gefallen. Der König hatte entschieden, sich ganz auf die Seite Roms zu stellen.

Sofort wurden Maßnahmen ergriffen, jeden Lutheraner in Paris zu verhaften. Ein armer Handwerker, Anhänger des reformierten Glaubens, der die Gläubigen zu ihren geheimen Versammlungen aufzufordern pflegte, wurde festgenommen, und man gebot ihm unter Androhung des sofortigen Todes auf dem Scheiterhaufen, den päpstlichen Boten in die Wohnung eines jeden Protestanten in der Stadt zu führen. Entsetzt schreckte er vor diesem gemeinen Antrag zurück; doch schließlich siegte die Furcht vor den Flammen, und er willigte ein, der Verräter seiner Brüder zu werden. Mit der vor ihm hergetragenen Hostie und von einem Gefolge von Priestern, Weihrauchträgern, Mönchen und Soldaten umgeben, zog Morin, der königliche Kriminalrichter, mit dem Verräter langsam und schweigend durch die Straßen der Stadt. Der Zug sollte scheinbar zu Ehren „des heiligen Sakramentes“ sein, eine versöhnende Handlung für die Beleidigungen, welche die Protestierenden der Messe zugefügt hatten. Doch unter diesem Aufzug verbarg sich eine tödliche Absicht. Kamen sie an dem Hause eines Lutheraners

18 D'Aubigné, ebd., 4. Buch, Kap. 10

vorbei, gab der Verräter ein Zeichen; kein Wort wurde gesprochen. Der Zug machte Halt, das Haus wurde betreten, die Familie herausgeschleppt und in Ketten gelegt, und die schreckliche Schar ging weiter, um neue Opfer aufzusuchen. „Er schonte weder große noch kleine Häuser noch die Gebäude der Universität... Vor Morin zitterte die ganze Stadt... Es war eine Zeit der Schreckensherrschaft.“ [18]

Die Opfer wurden unter grausamen Schmerzen getötet; denn ein besonderer Befehl war ergangen, das Feuer abzuschwächen, um die Qualen der Opfer zu verlängern. Sie starben jedoch als Sieger. Ihre Standhaftigkeit blieb unerschüttert, ihr Friede ungetrübt. Ihre Verfolger, die ihrer unbeugsamen Festigkeit gegenüber machtlos waren, fühlten sich geschlagen. „Scheiterhaufen wurden in allen Stadtteilen von Paris errichtet, und das Verbrennen erfolgte an verschiedenen aufeinanderfolgenden Tagen in der Absicht, durch Ausdehnung der Hinrichtungen Furcht vor der Ketzerei zu verbreiten. Der Vorteil blieb jedoch schließlich auf der Seite des Evangeliums. Ganz Paris konnte sehen, was für Männer die neuen Lehren hervorbrachten! Keine Kanzel konnte so beredt sein wie der Scheiterhaufen des Märtyrers. Die stille Freude, die auf den Angesichtern jener Männer ruhte, wenn sie dem Richtplatz zuschritten, ihr Heldenmut inmitten der peinigenden Flammen, ihr sanftmütiges Vergeben der Beleidigungen wandelten nicht selten den Zorn in Mitleid und den Haß in Liebe um und zeugten mit unwiderstehlicher Beredsamkeit für das Evangelium.“ [19]

Die Priester, die es darauf abgesehen hatten, die Wut des Volkes aufrechtzuerhalten, verbreiteten die schrecklichsten Anklagen gegen die Protestanten. Man beschuldigte sie, sich verbunden zu haben, den König zu ermorden, die Katholiken hinzuschlachten und die Regierung zu stürzen. Aber sie konnten nicht den geringsten Beweis zur Unterstützung dieser Behauptungen erbringen. Doch sollten diese Vorhersagen kommenden Unheils erfüllt werden, wenn auch unter ganz andersartigen Umständen und aus entgegengesetzten Ursachen. Die von den Katholiken an den unschuldigen Protestanten verübten Grausamkeiten häuften sich zu einer Last der Vergeltung und beschworen in späteren Jahrhunderten gerade das Schicksal herauf, das sie dem König, seiner Regierung und seinen Untertanen prophezeit hatten;

18 D'Aubigné, ebd., 4. Buch, Kap. 10

19 Wylie, 13. Buch, Kap. 20

aber es wurde durch Ungläubige und durch die päpstlichen Anhänger selbst herbeigeführt. Es war nicht die Aufrichtung, sondern die Unterdrückung des Protestantismus, die dreihundert Jahre später diese schrecklichen Heimsuchungen über Frankreich bringen sollte.

Argwohn, Mißtrauen und Entsetzen durchdrangen nun alle Klassen der Gesellschaft. Inmitten der allgemeinen Aufregung zeigte es sich, wie tief die lutherische Lehre in den Herzen der Männer Wurzel gefaßt hatte, die sich durch ihre Bildung, ihren Einfluß und ihren vorzüglichen Charakter auszeichneten. Vertrauensstellungen und Ehrenposten fand man plötzlich unbesetzt. Handwerker, Drucker, Gelehrte, Professoren der Universitäten, Schriftsteller, ja sogar Höflinge verschwanden. Hunderte flohen aus Paris und verließen freiwillig ihre Heimat und gaben dadurch in vielen Fällen kund, daß sie den reformierten Glauben begünstigten. Die Katholiken blickten erstaunt um sich bei dem Gedanken an die Ketzer, die man ahnungslos in ihrer Mitte geduldet hatte. Ihre Wut ließen sie an den zahlreichen niedrigeren Opfern aus, die sich in ihrer Gewalt befanden. Die Gefängnisse waren gedrängt voll und der Himmel schien verdunkelt durch den Rauch der brennenden Scheiterhaufen, die für die Bekenner des Evangeliums angezündet waren.

Franz I. hatte sich gerühmt, ein Bahnbrecher der Wiederbelebung der Gelehrsamkeit zu sein, die den Beginn des 16. Jahrhunderts kennzeichnete. Es hatte ihm Freude gemacht, gelehrte Männer aus allen Ländern an seinem Hof zu versammeln. Seiner Liebe zur Gelehrsamkeit und seiner Verachtung der Unwissenheit und des Aberglaubens der Mönche verdankte man wenigstens zum Teil den Grad religiöser Duldung, die der Reformation gewährt worden war. Aber von dem Eifer angetrieben, die Ketzerei auszurotten, erließ dieser Schutzherr der Wissenschaft ein Edikt, welches in ganz Frankreich das Drucken verbot. Franz I. lieferte eins der vielen Beispiele in der Geschichte, die beweisen, daß geistige Bildung nicht vor religiöser Unduldsamkeit und Verfolgung schützt.

Durch eine feierliche und öffentliche Handlung sollte Frankreich sich völlig zur Vernichtung des Protestantismus hergeben. Die Priester verlangten, daß der dem Himmel durch Verdammung der Messe widerfahrene Schimpf durch Blut gesühnt werden müsse, und daß der König um seines Volkes willen dieses schreckliche Werk öffentlich gutheißen solle.

Der 21. Januar 1535 wurde für diese schreckliche Handlung bestimmt. Die abergläubischen Befürchtungen und der blinde Haß des gesamten Volkes waren geweckt worden. Die Straßen von Paris füllte eine Menschenmenge, die sich aus der ganzen umliegenden Gegend eingefunden hatte. Der Tag sollte durch eine großartige, prunkvolle Prozession eingeleitet werden. Die Häuser, an denen der Zug vorüberführen sollte, waren mit Trauerflor behangen, und hier und da erhoben sich Altäre. Vor jeder Tür befand sich zu Ehren des „heiligen Sakramentes" eine brennende Fackel. Der Festzug bildete sich vor Tagesanbruch im königlichen Palast. „Zuerst kamen die Banner und Kreuze der verschiedenen Kirchspiele, dann erschienen paarweise Bürger mit Fackeln in den Händen." Ihnen folgten die Vertreter der vier Mönchsorden, jeder in seiner ihm eigenen Tracht. Dann kam eine große Sammlung berühmter Reliquien. Hinter diesen ritten Kirchenfürsten in ihren Purpur- und Scharlachgewändern und ihrem Juwelenschmuck — eine prunkvolle, glänzende Anordnung.

„Die Hostie wurde von dem Bischof von Paris unter einem kostbaren Baldachin, . . . der von vier Prinzen von Geblüt gehalten wurde, einhergetragen. . . Hinter der Hostie ging der König. . . Franz I. trug weder Krone noch königliche Gewänder; mit entblößtem Haupt und gesenktem Blick, in der Hand eine brennende Kerze haltend", erschien der König von Frankreich „als ein Büßender".[20] Vor jedem Altar verneigte er sich in Demut, nicht wegen der Laster, die seine Seele verunreinigten, oder um des unschuldigen Blutes willen, das seine Hände befleckte, sondern um die Todsünde seiner Untertanen zu versöhnen, die es gewagt hatten, die Messe zu verdammen. Ihm folgten die Königin und paarweise die Würdenträger des Staates, jeder mit einer brennenden Kerze.

Als einen Teil des Dienstes an jenem Tage hielt der Monarch selbst im großen Saal des bischöflichen Palastes eine Ansprache an die hohen Beamten des Reiches. Mit sorgenvoller Miene erschien er vor ihnen und beklagte mit bewegten Worten „den Frevel, die Gotteslästerung, den Tag des Schmerzes und der Schande", der über das Volk herein-

20 Wylie, 13. Buch, Kap. 21

gebrochen sei. Dann forderte er jeden treuen Untertanen auf, an der Ausrottung der verderblichen Ketzerei mitzuhelfen, die Frankreich mit dem Untergang bedrohe. „So wahr ich euer König bin, ihr Herren, wüßte ich eines meiner eigenen Glieder von dieser abscheulichen Fäulnis befleckt und angesteckt, ich ließe es mir von euch abhauen... Noch mehr: sähe ich eines meiner Kinder damit behaftet, ich würde sein nicht schonen... Ich würde es selbst ausliefern und Gott zum Opfer bringen!" Tränen erstickten seine Rede, die ganze Versammlung weinte und rief einstimmig: „Wir wollen leben und sterben für den katholischen Glauben!" [21]

Schrecklich war die Finsternis des Volkes geworden, welches das Licht der Wahrheit verworfen hatte. „Die heilsame Gnade" war ihm erschienen; doch Frankreich hatte sich, nachdem es ihre Macht und Heiligkeit geschaut, nachdem Tausende von ihrem göttlichen Reiz gefesselt, Städte und Weiler von ihrem Glanz erleuchtet worden waren, abgewandt und die Finsternis dem Licht vorgezogen. Es hatte die himmlische Gabe von sich gewiesen, als sie ihm angeboten wurde. Es hatte Böses gut und Gutes böse geheißen, bis es ein Opfer seiner hartnäckigen Selbsttäuschung geworden war. Und wenn es jetzt auch wirklich glauben mochte, Gott einen Dienst zu erweisen, indem es dessen Kinder verfolgte, so konnte seine Aufrichtigkeit doch nicht seine Schuld abtragen. Frankreich hatte das Licht, das es vor Täuschung und vor dem Makel der Blutschuld hätte bewahren können, eigenwillig verworfen.

In der großen Kathedrale, wo fast drei Jahrhunderte später die „Göttin der Vernunft" von einem Volk auf den Thron gehoben wurde, das den lebendigen Gott vergessen hatte, dort legten die Teilnehmer der Prozession einen feierlichen Eid ab, die Ketzerei auszurotten. Von neuem bildete sich der Zug, und die Vertreter Frankreichs schickten sich an, das Werk zu beginnen, das sie geschworen hatten, auszuführen. „In geringen Zwischenräumen waren Gerüste errichtet worden, auf denen gewisse Protestanten lebendig verbrannt werden sollten, und es war bestimmt worden, die Holzscheite beim Herannahen des Königs anzuzünden, damit die Prozession anhalten und Augenzeuge der Hinrichtung sein möchte." [22] Die Einzelheiten der von diesen

21 D'Aubigné, 4. Buch, Kap. 12

22 Wylie, 13. Buch, Kap. 21

Zeugen für Christus ausgestandenen Qualen sind zu schauerlich, um angeführt zu werden; doch die Opfer wurden nicht schwankend. Als man auf sie eindrang, zu widerrufen, antwortete einer der Märtyrer: „Ich glaube nur, was die Propheten und Apostel ehemals gepredigt haben und was die ganze Gemeinschaft der Heiligen geglaubt hat. Mein Glaube setzt seine Zuversicht auf Gott und wird aller Gewalt der Hölle widerstehen." [23]

Immer wieder hielt die Prozession an den Marterstätten an. Nachdem sie zu ihrem Ausgangspunkt, dem königlichen Palast, zurückgekehrt war, verlief sich die Menge, und der König und die Prälaten zogen sich, mit den Vorgängen des Tages zufrieden, zurück und beglückwünschten sich in der Hoffnung, daß das eben begonnene Werk bis zur gänzlichen Ausrottung der Ketzerei erfolgreich fortgesetzt werden könnte.

Das Evangelium des Friedens, das Frankreich verworfen hatte, war nur zu sicher ausgewurzelt worden, und schrecklich sollten die Folgen sein. Am 21. Januar 1793, 258 Jahre nach jenen Tagen der Verfolgung der Reformation in Frankreich, zog ein anderer Zug mit einem ganz anderen Zweck durch die Straßen von Paris. „Abermals war der König die Hauptperson, abermals erhoben sich Tumult und Lärm; wiederum wurde der Ruf nach mehr Opfern laut; aufs neue gab es schwarze Schafotte, und nochmals wurden die Auftritte des Tages mit schrecklichen Hinrichtungen beschlossen. Ludwig XVI., der sich den Händen seiner Kerkermeister und Henker zu entwinden strebte, wurde auf den Henkerblock geschleppt und hier mit Gewalt gehalten, bis das Beil gefallen war und sein abgeschlagenes Haupt auf das Schafott rollte." [24] Doch der König war nicht das einzige Opfer; nahe an der gleichen Stätte kamen während der blutigen Tage der Schreckensherrschaft 2800 Menschen durch die Guillotine ums Leben.

Die Reformation hatte der Welt eine allen zugängliche Bibel angeboten, indem sie das Gesetz Gottes aufschloß und seine Ansprüche auf das Gewissen des Volkes geltend machte. Die unendliche Liebe hatte den Menschen die Grundsätze und Ordnungen des Himmels entfaltet. Gott hatte gesagt: „So behaltet's nun und tut es. Denn das wird eure Weisheit und Verstand sein bei allen Völkern, wenn sie

23 D'Aubigné, 4. Buch, Kap. 12 24 Wylie, 13. Buch, Kap. 21

hören werden alle diese Gebote, daß sie müssen sagen: Ei, welch weise und verständige Leute sind das und ein herrlich Volk!"[25]

Als Frankreich die Gabe des Himmels verwarf, säte es den Samen der Gesetzlosigkeit und des Verderbens; und die unausbleibliche Entwicklung von Ursache und Wirkung gipfelte in der Revolution und der Schreckensherrschaft.

Schon lange vor der durch jene Plakate heraufbeschworenen Verfolgung hatte sich der kühne und eifrige Farel gezwungen gesehen, aus seinem Vaterland zu fliehen. Er begab sich in die Schweiz, trug durch sein Wirken, Zwinglis Werk unterstützend, dazu bei, den Ausschlag zugunsten der Reformation zu geben. Seine späteren Jahre verbrachte er hier, fuhr jedoch fort, einen entschiedenen Einfluß auf die Reformation in Frankreich auszuüben. Während der ersten Jahre seiner freiwilligen Verbannung waren seine Bemühungen ganz besonders auf die Ausbreitung der Reformation in seinem Geburtsland gerichtet. Er verwandte viel Zeit auf die Predigt des Evangeliums unter seinen Landsleuten nahe der Grenze, wo er mit unermüdlicher Wachsamkeit den Kampf verfolgte und mit ermutigenden Worten und Ratschlägen half. Mit Hilfe anderer Verbannter wurden die Schriften der deutschen Reformatoren ins Französische übersetzt und zusammen mit der französischen Bibel in großen Auflagen gedruckt. Wandernde Buchhändler verkauften diese Werke in ganz Frankreich, und da sie ihnen zu niedrigen Preisen geliefert wurden, ermöglichte es ihnen der Gewinn aus dieser Arbeit, diese Aufgabe fortzusetzen.

Farel trat seine Arbeit in der Schweiz unter dem bescheidenen Gewande eines Schullehrers an. Auf einem abgeschiedenen Kirchspiel widmete er sich der Erziehung der Kinder. Außer den gewöhnlichen Lehrfächern führte er vorsichtig die Wahrheiten der Bibel ein und hoffte, durch die Kinder die Eltern zu erreichen. Etliche glaubten; aber die Priester traten dazwischen, um das Werk Christi aufzuhalten, und die abergläubischen Landleute wurden aufgehetzt, sich ihm zu widersetzen. Das könne nicht das Evangelium Christi sein, betonten die Priester, wenn dessen Predigt keinen Frieden, sondern Krieg bringe. Gleich den ersten Jüngern floh Farel, wenn er in einer Stadt verfolgt wurde, in eine andere, wanderte von Dorf zu Dorf, von Stadt zu Stadt,

25 5. Mose 4, 6

ertrug Hunger, Kälte und Müdigkeit und war überall in Lebensgefahr. Er predigte auf Marktplätzen, in Kirchen, mitunter auf den Kanzeln der Kathedralen. Manchmal fand er die Kirche ohne Zuhörer; zuweilen wurde seine Predigt von Geschrei und Spott unterbrochen, ja, er wurde sogar gewaltsam von der Kanzel heruntergerissen. Mehr als einmal griff ihn der Pöbel an und schlug ihn fast tot. Dennoch drängte Farel vorwärts, wenn er auch oft zurückgeschlagen wurde. Mit unermüdlicher Ausdauer wandte er sich immer wieder dem Kampfe zu, und nach und nach sah er Dörfer und Städte, die zuvor Hochburgen des Papsttums gewesen waren, dem Evangelium ihre Tore öffnen. Das kleine Kirchspiel, in dem er mit seiner Arbeit begonnen hatte, nahm bald den reformierten Glauben an. Auch die Städte Murten und Neuenburg gaben die römischen Bräuche auf und entfernten die Bilder aus ihren Kirchen.

Schon lange hatte Farel gewünscht, die protestantische Fahne in Genf aufzupflanzen. Könnte diese Stadt gewonnen werden, sie wäre der Mittelpunkt für die Reformation in Frankreich, in der Schweiz und in Italien. Mit diesem Ziel im Auge hatte er seine Arbeit fortgesetzt, bis viele der umliegenden Städte und Ortschaften gewonnen worden waren. Dann ging er mit einem einzigen Gefährten nach Genf. Aber nur zwei Predigten durfte er dort halten. Die Priester, die sich umsonst bemüht hatten, von den zivilen Behörden seine Verurteilung zu erlangen, beschieden ihn jetzt vor einen Kirchenrat, zu dem sie sich mit unter den Kleidern verborgenen Waffen begaben, entschlossen, ihn zu töten. Vor der Halle sammelte sich eine wütende Menge mit Knütteln und Schwertern, um ihn umzubringen, falls es ihm gelingen sollte, dem Rat zu entrinnen. Die Anwesenheit weltlicher Beamter und eine bewaffnete Macht retteten ihn jedoch. Früh am nächsten Morgen wurde er mit seinem Gefährten über den See an einen sicheren Ort gebracht. So endete dieser Versuch, Genf das Evangelium zu verkündigen.

Für den nächsten Versuch wurde ein einfacheres Werkzeug erwählt – ein junger Mann von so bescheidenem Aussehen, daß ihn sogar die offenherzigen Freunde der Reformation kalt behandelten. Was konnte ein solcher auch da tun, wo Farel verworfen worden war? Wie konnte einer, der wenig Mut und Erfahrung besaß, dem Sturm widerstehen, der die Stärksten und Tapfersten zur Flucht gezwungen hatte? „Es soll nicht durch Heer oder Kraft, sondern durch meinen Geist geschehen, spricht der Herr Zebaoth."[26] „Was töricht ist vor der Welt, das hat Gott erwählt, daß er die Weisen zu Schanden mache", „denn die göttliche Torheit ist weiser, als die Menschen sind; und die göttliche Schwachheit ist stärker, als die Menschen sind."[27]

Froment begann seine Aufgabe als Schulmeister. Die Wahrheiten, die er die Kinder in der Schule lehrte, wiederholten diese zu Hause; bald kamen die Eltern, um den Bibelerklärungen zu lauschen, und das Schulzimmer füllte sich mit aufmerksamen Zuhörern. Neue Testamente und kleinere Schriften wurden reichlich verteilt und erreichten viele Menschen, die es nicht wagten, offen zu kommen, um die neuen Lehren zu hören. Bald wurde auch dieser Prediger des Wortes Gottes zur Flucht gezwungen; aber die Wahrheiten, die er gelehrt hatte, waren in die Herzen des Volkes gedrungen. Die Reformation war gepflanzt worden, sie wurde stärker und dehnte sich aus. Die Prediger kehrten zurück, und durch ihre Arbeit wurde schließlich der protestantische Gottesdienst in Genf eingeführt.

Die Stadt hatte sich bereits zur Reformation bekannt, als Calvin nach verschiedenen Wanderungen und Wechselfällen ihre Tore betrat. Von einem letzten Besuch seines Geburtsortes zurückkehrend, befand er sich auf dem Wege nach Basel; doch da er die direkte Straße von den Truppen Karls V. besetzt fand, sah er sich gezwungen, den Umweg über Genf zu nehmen.

In diesem Besuch erkannte Farel die Hand Gottes. Obgleich Genf den reformierten Glauben angenommen hatte, blieb dort noch immer eine große Aufgabe zu erfüllen. Nicht als Gemeinschaften, sondern als Einzelwesen müssen Menschen zu Gott bekehrt werden; das Werk der Wiedergeburt muß im Herzen und Gewissen durch die Kraft des Heiligen Geistes und nicht durch Konzilienbeschlüsse bewirkt werden. Während die Genfer wohl die Botmäßigkeit Roms abgeschüttelt hatten, waren sie jedoch noch nicht bereit, die Laster zu fliehen, welche unter Roms Herrschaft gediehen waren. Hier die reinen Grundsätze des Evangeliums einzuführen und dies Volk zuzubereiten, würdig die Stellung auszufüllen, zu der die Vorsehung es berufen zu haben schien, das war keine leichte Aufgabe.

26 Sach. 4, 6　　27 1. Kor. 1, 27. 25

Farel war überzeugt, daß er in Calvin jemand gefunden hatte, der sich ihm bei dieser Aufgabe anschließen konnte. Im Namen Gottes beschwor er den jungen Prediger feierlich, in Genf zu bleiben und da zu arbeiten. Calvin erschrak sehr. Furchtsam und friedliebend, schreckte er zurück vor der Berührung mit dem kühnen, unabhängigen, ja sogar heftigen Geist der Genfer. Seine geschwächte Gesundheit und die Gewohnheit, zu studieren und zu forschen, veranlaßten ihn, die Zurückgezogenheit zu suchen. In der Meinung, der Reformation am besten durch seine Feder dienen zu können, wünschte er sich ein ruhiges Plätzchen zum Studium, um dort vermittels der Druckpresse die Gemeinden zu unterweisen und aufzubauen. Aber Farels feierliche Ermahnung kam zu ihm wie ein Ruf vom Himmel, und er wagte es nicht, sich zu widersetzen. Es schien ihm, wie er sagte, „als ob die Hand Gottes vom Himmel herab ausgereckt ihn ergriffen und unwiderruflich an den Ort gesetzt habe, den er so gern verlassen wollte". [28]

Zu dieser Zeit umgaben die protestantische Sache große Gefahren. Die Bannflüche des Papstes donnerten gegen die Stadt Genf, und mächtige Nationen bedrohten sie mit Vernichtung. Wie sollte diese kleine Stadt der gewaltigen Priestermacht widerstehen, die so oft Könige und Kaiser gezwungen hatte, sich zu unterwerfen? Wie könnte sie den Heeren der großen Eroberer der Welt standhalten?

In der ganzen Christenheit drohten dem Protestantismus furchtbare Feinde. Als die ersten Siege der Reformation erfochten waren, sammelte Rom neue Kräfte in der Hoffnung, ihre Vernichtung zu vollführen. Um diese Zeit wurde der Jesuitenorden gestiftet. Von irdischen Banden und menschlichen Beziehungen abgeschnitten, den Ansprüchen natürlicher Neigungen abgestorben, die Vernunft und das Gewissen völlig zum Schweigen gebracht, kannten seine Mitglieder keine Herrschaft, keine Verbindung als nur die ihres Ordens und keine andere Pflicht als die, seine Macht auszudehnen.* Das Evangelium Christi hatte seine Anhänger befähigt, ungeachtet der Kälte, des Hungers, der Mühe und Armut Gefahren zu begegnen und Leiden zu erdulden und das Banner der Wahrheit angesichts des Kerkers, der Folter und des Scheiterhaufens hochzuhalten. Um diese Männer zu bekämpfen,

28 D'Aubigné, 9. Buch, Kap. 17

begeisterte das Jesuitentum seine Anhänger mit einem fanatischen Glaubenseifer, der ihnen die Möglichkeit gab, gleiche Gefahren zu erdulden und der Macht der Wahrheit alle Waffen der Täuschung gegenüberzustellen. Durch ein Gelübde an ständige Armut und Niedrigkeit gebunden, richtete sich ihr Streben darauf, Reichtum und Macht zu erlangen, um beides zum Sturz des Protestantismus und zur Wiederherstellung der päpstlichen Oberherrschaft zu verwenden.

Als Mitglieder ihres Ordens erschienen sie unter dem Deckmantel der Heiligkeit, besuchten Gefängnisse und Krankenhäuser, halfen den Kranken und Armen, gaben vor, der Welt entsagt zu haben und trugen den heiligen Namen Jesu, der umhergegangen war, Gutes zu tun. Aber unter diesem tadellosen Äußeren wurden oft die gewissenlosesten und tödlichsten Absichten verborgen. Es war ein Hauptgrundsatz des Ordens, daß der Zweck die Mittel heilige. Durch diese Regel wurden Lüge, Diebstahl, Meineid, Meuchelmord nicht nur verzeihlich, sondern sogar lobenswert, wenn sie dem Interesse der Kirche dienten. Unter den verschiedensten Masken bahnten sich die Jesuiten ihren Weg zu Staatsämtern, arbeiteten sich zu Ratgebern der Könige empor und leiteten die Politik der Nationen. Sie wurden Diener, um als Spione ihre Herren zu überwachen. Sie errichteten Hochschulen für die Söhne der Fürsten und Adligen und Schulen für das gewöhnliche Volk und brachten die Kinder protestantischer Eltern dahin, daß sie päpstlichen Gebräuchen huldigten. Der ganze äußerliche Glanz und Prunk des päpstlichen Gottesdienstes sollte darauf hinwirken, den Verstand zu verwirren, das Gemüt zu beeindrucken und die Einbildungskraft zu blenden und zu fesseln. Auf diese Weise wurde die Freiheit, für die die Väter gearbeitet und geblutet hatten, von den Söhnen verraten. Rasch breitete sich die jesuitische Bewegung über ganz Europa aus, und wohin sie auch kamen, bewirkten sie eine Wiederbelebung des Papsttums.

Um ihnen größere Macht zu geben, wurde eine Bulle erlassen, die die Inquisition wieder einführte.* Trotz des allgemeinen Abscheus, mit dem man die Inquisition sogar in katholischen Ländern betrachtete, wurde dieses schreckliche Gericht von päpstlichen Herrschern aufs neue eingesetzt, und Abscheulichkeiten, die zu schrecklich sind, um ans Tageslicht gebracht zu werden, wurden in den verborgenen Kerkern wieder begangen. In zahlreichen Ländern wurden Tausende und aber Tausende, die Blüte der Nation, die Reinsten und Edelsten, die Intelligentesten und Gebildetsten, fromme und ergebene Prediger, arbeitsame und vaterlandsliebende Bürger, große Gelehrte, begabte Künstler und tüchtige Gewerbetreibende erschlagen oder gezwungen, in andere Länder zu fliehen.

Das waren die Mittel, die Rom ersonnen hatte, um das Licht der Reformation auszulöschen, den Menschen die Bibel zu entziehen und die Unwissenheit und den Aberglauben des Mittelalters wiederherzustellen. Aber durch Gottes Segen und durch die Bemühungen jener edlen Männer, die der Herr als Luthers Nachfolger erweckt hatte, wurde der Protestantismus nicht besiegt. Nicht der Gunst oder dem Arm der Fürsten sollte er seine Stärke verdanken. Die kleinsten Länder, die bescheidensten und am wenigsten mächtig zu nennenden Völker wurden seine Bollwerke. Da war das kleine Genf inmitten starker Feinde, die auf seinen Untergang bedacht waren; da war Holland mit seinen sandigen Küsten an der Nordsee, das gegen die Tyrannei Spaniens kämpfte, damals das größte der Königreiche; da war das rauhe, unfruchtbare Schweden; sie alle errangen Siege für die Reformation.

Fast dreißig Jahre lang arbeitete Calvin in Genf, einmal, um dort eine Gemeinde zu gründen, die sich an die reine Sittlichkeit der Bibel hielte, und dann, um die Reformation über ganz Europa auszudehnen. Seine Art und Weise als öffentlicher Lehrer war nicht ohne Fehler, noch waren seine Lehren frei von Irrtum. Aber er war das Werkzeug der Verkündigung der großen Wahrheiten, die in seiner Zeit von besonderer Wichtigkeit waren, zur Aufrechterhaltung der Grundsätze des Protestantismus gegen die rasch zurückkehrende Flut des Papsttums und zur Förderung eines reinen und einfachen Lebens in den reformierten Gemeinden an Stelle des Stolzes und der Verderbnis, die durch die päpstlichen Lehren genährt wurden.

Von Genf gingen nicht nur Schriften hinaus, sondern auch Lehrer wurden ausgesandt, um die reformierten Lehren zu vertreten. Nach Genf schauten die Verfolgten aller Länder, um Belehrung, Rat und Ermutigung zu erlangen. Die Stadt Calvins wurde zu einer Zufluchtsstätte für die verfolgten Reformatoren des ganzen westlichen Europa. Auf der Flucht vor den schrecklichen Stürmen, die jahrhundertelang anhielten, kamen die Flüchtlinge an die Tore Genfs. Ausgehungert, verwundet, der Heimat und der Verwandten beraubt, wurden sie herzlich empfangen und liebevoll versorgt. Die hier eine Heimat fanden, gereichten der Stadt, die sie aufgenommen hatte, durch ihre Frömmigkeit, Gelehrsamkeit und Tüchtigkeit zum Segen. Viele, die hier eine Zuflucht gesucht hatten, kehrten in ihre Heimat zurück, um der Tyrannei Roms Widerstand zu bieten. John Knox, der wackere schottische Reformator, nicht wenige der englischen Puritaner, die Protestanten aus Holland und Spanien und die Hugenotten aus Frankreich trugen die Fackel der Wahrheit von Genf hinaus, um die Finsternis ihres Heimatlandes zu erleuchten.

Die Niederlande und Skandinavien | 13

In den Niederlanden rief die päpstliche Tyrannei schon sehr früh entschiedenen Widerstand hervor. Bereits siebenhundert Jahre vor der Zeit Luthers waren zwei Bischöfe mit einem Auftrag nach Rom gesandt worden. Dort hatten sie den wahren Charakter des „Heiligen Stuhles" kennengelernt und klagten nun unerschrocken den Papst an: Gott „hat seine Königin und Braut, die Gemeinde, zu einer edlen und ewigen Einrichtung für ihre Familie gesetzt mit einer Mitgift, die weder vergänglich noch verderbbar ist, und hat ihr eine ewige Krone, ein Zepter gegeben... Wohltaten, die du wie ein Dieb abschneidest. Du setzest dich in den Tempel Gottes als ein Gott; statt ein Hirte zu sein, bist du den Schafen zum Wolf geworden... Du willst, daß wir dich für einen hohen Bischof halten; aber du beträgst dich vielmehr wie ein Tyrann... Statt ein Knecht aller Knechte zu sein, wie du dich nennst, bemühst du dich, ein Herr aller Herren zu werden... Du bringst die Gebote Gottes in Verachtung... Der Heilige Geist ist der Erbauer aller Gemeinden, so weit sich die Erde ausdehnt... Die Stadt unseres Gottes, deren Bürger wir sind, reicht zu allen Teilen des Himmels, und sie ist größer als die Stadt, welche die heiligen Propheten Babylon nannten, die vorgibt, göttlich zu sein, sich zum Himmel erhebt und sich rühmt, daß ihre Weisheit unsterblich sei, und schließlich, wenn auch ohne Grund, daß sie nie irre noch irren könne".[1]

Andere Stimmen erhoben sich von Jahrhundert zu Jahrhundert, um diesen Protest von neuem erschallen zu lassen. Und jene ersten Lehrer, die verschiedene Länder durchzogen, unter verschiedenen Namen bekannt waren, den Charakter der waldensischen Missionare hatten und überall die Erkenntnis des Evangeliums ausbreiteten, drangen

1 Brandt, „Geschichte der niederländischen Reformation", 1. Buch, S. 6

auch in die Niederlande ein. Rasch verbreiteten sich ihre Lehren. Die waldensische Bibel übersetzten sie in Versen in die holländische Sprache. Sie erklärten, „daß ein großer Vorteil darin sei, daß sich in ihr keine Scherze, keine Fabeln, kein Spielwerk, kein Betrug, nichts als Worte der Wahrheit befänden, daß allerdings hier und da eine harte Kruste sei, aber dadurch nur der Kern und die Süßigkeit alles dessen, was gut und heilig ist, leichter entdeckt werde".[2] So schrieben die Freunde des alten Glaubens im zwölften Jahrhundert.

Auch als die päpstlichen Verfolgungen begannen, wuchs trotz Scheiterhaufen und Folter die Zahl der Gläubigen, und diese erklärten standhaft, daß die Bibel die einzige untrügliche Autorität in Religionssachen sei, und daß „niemand gezwungen werden solle zu glauben, sondern durch die Predigt gewonnen werden müsse".[2]

Luthers Lehren fanden in den Niederlanden einen günstigen Boden; ernste, aufrechte Männer traten auf, um das Evangelium zu predigen. Aus einer Provinz Hollands kam Menno Simons. Römisch-katholisch erzogen und zum Priester geweiht, war er der Bibel völlig unkundig und fürchtete sich, sie zu lesen, um nicht zur Ketzerei verführt zu werden. Als sich ihm ein Zweifel über die Verwandlungslehre (Transsubstantiationslehre) aufdrängte, betrachtete er dies als eine Versuchung Satans und suchte sich durch Gebet und Beichte davon zu befreien – aber vergebens. In weltlichen Vergnügungen wollte er die anklagende Stimme des Gewissens zum Schweigen bringen; aber auch das ohne Erfolg. Nach einiger Zeit begann er mit dem Studium des Neuen Testaments, das ihn, nebst Luthers Schriften, veranlaßte, den protestantischen Glauben anzunehmen. Bald darauf war er in einem benachbarten Dorf Augenzeuge der Enthauptung eines Mannes, der getötet wurde, weil er sich hatte wiedertaufen lassen. Daraufhin studierte Simons die Bibel auf ihre Aussagen hinsichtlich der Kindertaufe. Er konnte keine Beweise dafür in der Heiligen Schrift finden, sah aber, daß Reue und Glauben in allen Texten die Bedingung zum Empfang der Taufe waren.

Menno zog sich von der römischen Kirche zurück und widmete sich der Verkündigung der Wahrheiten, die er empfangen hatte. Sowohl in Deutschland als auch in den Niederlanden waren Schwärmer

2 Brandt, ebd., S. 14

aufgetreten, die aufrührerische Lehren vertraten, Ordnung und Sittsamkeit schmähten und zu Gewalt und Empörung schritten. Menno erkannte die schrecklichen Folgen, welche dieses Vorgehen unvermeidlich nach sich ziehen mußte, und widersetzte sich heftig den irrigen Lehren und wilden Hirngespinsten dieser Schwärmer. Es gab viele durch die Schwärmer irregeleitete Menschen, die später deren verführerischen Lehren entsagten; auch waren noch viele Nachkommen der alten Christen, die Früchte der waldensischen Lehren, übriggeblieben. Unter diesen Klassen arbeitete Menno mit großem Eifer und Erfolg.

Fünfundzwanzig Jahre reiste er mit seiner Frau und seinen Kindern umher, erduldete große Mühsale und Entbehrungen und war oft in Lebensgefahr. Er durchreiste die Niederlande und das nördliche Deutschland, arbeitete hauptsächlich unter den niedrigeren Klassen, übte jedoch einen weitreichenden Einfluß aus. Von Natur beredt, wenn auch von begrenzter Bildung, war er ein Mann von unerschütterlicher Rechtschaffenheit, demütigem Geist, freundlichem Wesen und von aufrichtiger und ernster Frömmigkeit, der die Grundsätze, die er lehrte, in seinem eigenen Leben bekundete und sich das Vertrauen des Volkes erwarb. Seine Nachfolger wurden zerstreut und unterdrückt. Sie litten viel, weil sie mit den Schwärmern aus Münster verwechselt wurden. Durch sein Wirken bekehrten sich viele Seelen zur Wahrheit.

Nirgends faßten die reformierten Lehren auf breiterem Boden Fuß als in den Niederlanden. In wenigen Ländern erduldeten ihre Anhänger aber auch eine schrecklichere Verfolgung. In Deutschland hatte Karl V. die Reformation geächtet und hätte gern alle ihre Anhänger auf den Scheiterhaufen gebracht; aber die Fürsten stellten sich gegen seine Willkür. In den Niederlanden war seine Macht größer, und in kurzen Abständen kam ein Verfolgungsbefehl nach dem andern. Die Bibel zu lesen, sie zu predigen oder zu hören oder auch nur von ihr zu reden, wurde als ein Verbrechen angesehen, das mit dem Tod auf dem Scheiterhaufen bestraft werden sollte. Die geheime Anrufung Gottes, die Weigerung, vor einem Heiligenbild die Knie zu beugen, oder das Singen eines Psalms wurde gleichfalls mit dem Tode bestraft. Selbst die ihrem Glauben abschworen, wurden verurteilt: Die Männer starben durch das Schwert; die Frauen begrub man lebendigen Leibes.

Tausende kamen unter der Regierung Karls V. und Philipps II. ums Leben.

Einmal wurde eine ganze Familie vor die Inquisitionsrichter gebracht und angeklagt, von der Messe weggeblieben zu sein und zu Hause Gottesdienst gehalten zu haben. Als der jüngste Sohn über ihre geheimen Gewohnheiten befragt wurde, antwortete er: „Wir fallen auf unsere Knie und beten, daß Gott unsere Gemüter erleuchten und unsere Sünden verzeihen wolle. Wir beten für unseren Landesfürsten, daß seine Regierung gedeihlich und sein Leben glücklich sein möge. Wir beten für unsere Stadtbehörde, daß Gott sie erhalten wolle.“ [3] Etliche Richter waren tief bewegt, dennoch wurden der Vater und einer seiner Söhne zum Scheiterhaufen verurteilt.

Der Wut der Verfolger stand der Glaubensmut der Märtyrer nicht nach. Nicht nur Männer, sondern auch zarte Frauen und junge Mädchen legten einen unerschütterlichen Mut an den Tag. „Frauen stellten sich neben den Marterpfahl ihrer Gatten, und während diese das Feuer erduldeten, flüsterten sie ihnen Worte des Trostes zu oder sangen Psalmen, um sie aufzumuntern.“ — „Jungfrauen legten sich lebendig in ihr Grab, als ob sie das Schlafgemach zur nächtlichen Ruhe beträten, oder sie gingen in ihren besten Gewändern auf das Schafott oder in den Feuertod, als ob sie zur Hochzeit gingen.“ [3]

Wie in den Tagen, da das Heidentum das Evangelium zu vernichten suchte, wirkte das Blut der Christen als ein Same. [4] Die Verfolgung ließ die Zahl der Wahrheitszeugen wachsen. Jahr für Jahr betrieb der durch die unbesiegbare Entschlossenheit des Volkes zur Wut gereizte Monarch sein grausames Werk, ohne sein Ziel zu erreichen. Der Aufstand unter dem edlen Prinzen Wilhelm von Oranien brachte Holland schließlich die Freiheit, Gott zu dienen.

Auf den Bergen von Piemont, in den Ebenen Frankreichs und an den Küsten Hollands war der Fortschritt des Evangeliums durch das Blut seiner Jünger gekennzeichnet; aber in den Ländern des Nordens fand das Evangelium friedlichen Eingang. Wittenbergische Studenten brachten bei der Rückkehr in ihre Heimat den evangelischen Glauben nach Skandinavien; auch durch die Veröffentlichung von Luthers Schriften wurde das Licht ausgebreitet. Das einfache, abgehärtete Volk

3 Wylie, „History of Protestantism“, 18. Buch, Kap. 6

4 Tertullian, „Apologeticum“, Kap. 50

des Nordens wandte sich von der Verderbnis, dem pomphaften Gepränge und dem finsteren Aberglauben Roms ab, um Reinheit, Schlichtheit sowie die lebenspendenden Wahrheiten der Bibel willkommen zu heißen.

Tausen, der Reformator Dänemarks, war der Sohn eines Landmannes. Frühzeitig gab der Knabe Beweise eines scharfen Verstandes. Ihn verlangte nach einer ordentlichen Ausbildung, die ihm aber die beschränkten Verhältnisse seiner Eltern nicht erlaubten. Deshalb trat er in ein Kloster ein. Hier gewannen ihm die Lauterkeit seines Lebens sowie sein Fleiß und seine Treue die Gunst seines Vorgesetzten. Eine Prüfung zeigte, daß er Gaben besaß, die der Kirche für die Zukunft gute Dienste versprachen. Man beschloß, ihn an einer deutschen oder niederländischen Universität studieren zu lassen. Dem jungen Studenten gestattete man, sich seine Universität selbst zu wählen, jedoch unter dem Vorbehalt, nicht nach Wittenberg zu gehen. Er, der sich für den Dienst in der Kirche vorbereitete, sollte nicht durch das Gift der Ketzerei gefährdet werden, sagten die Mönche.

Tausen ging nach Köln, das damals wie auch heute noch eine Hochburg des Katholizismus war. Hier widerte ihn bald der Mystizismus der Schulgelehrten an. Etwa um diese Zeit kam er zum erstenmal in den Besitz von Luthers Schriften. Er las sie mit Freude und Erstaunen und wünschte sehnlich, den persönlichen Unterricht des Reformators zu genießen. Um dies zu ermöglichen, mußte er sich der Gefahr aussetzen, seinen klösterlichen Oberen zu beleidigen und seine Unterstützung zu verwirken. Sein Entschluß war bald gefaßt, und nicht lange danach wurde er in Wittenberg als Student eingetragen.

Bei seiner Rückkehr nach Dänemark begab er sich wieder in sein Kloster. Keiner verdächtigte ihn des Luthertums; er behielt sein Geheimnis für sich, bemühte sich aber, ohne das Vorurteil seiner Gefährten zu erregen, sie zu einem reineren Glauben und heiligeren Leben zu führen. Er erschloß ihnen die Bibel, erklärte deren wahren Sinn und predigte schließlich offen Christus als des Sünders Gerechtigkeit und einzige Hoffnung zur Seligkeit. Gewaltig war der Zorn des Priors, der große Hoffnungen auf ihn als tapferen Verteidiger Roms gesetzt hatte. Tausen wurde ohne weiteres nach einem anderen Kloster versetzt und unter strenger Aufsicht auf seine Zelle beschränkt.

Zum Schrecken seiner neuen Hüter bekannten sich bald mehrere der Mönche zum Protestantismus. Durch das Gitter seiner Zelle hindurch sprechend, hatte Tausen seine Gefährten zur Erkenntnis der Wahrheit gebracht. Wären diese dänischen Väter mit der Art und Weise bewandert gewesen, wie die Kirche mit der Ketzerei umging, so wäre Tausens Stimme nie wieder gehört worden; statt ihn dem Grabe in irgendeinem unterirdischen Kerker zu übergeben, jagten sie ihn aus dem Kloster. Nun waren sie machtlos. Ein soeben veröffentlichter königlicher Erlaß bot den Verkündigern der neuen Lehre Schutz, und Tausen begann zu predigen. Die Kirchen öffneten sich ihm, und das Volk strömte herzu, ihn zu hören. Auch andere predigten das Wort Gottes. Das Neue Testament in dänischer Sprache wurde überall verbreitet. Die Anstrengungen der Päpstlichen, das Werk zu stürzen, bewirkte nur seine weitere Ausdehnung, und es dauerte nicht lange, bis Dänemark offiziell den reformierten Glauben annahm.

Auch in Schweden brachten junge Männer, die von der Quelle Wittenbergs getrunken hatten, das Wasser des Lebens zu ihren Landsleuten. Zwei der ersten Förderer der schwedischen Reformbestrebungen, die Brüder Olaus und Lorenz Petri, Söhne eines Schmiedes in Oerebro, hatten unter Luther und Melanchthon studiert und lehrten nun eifrig die Wahrheit, die ihnen auf diese Weise bekannt geworden war. Gleich dem großen Reformator weckte Olaus das Volk durch seinen Eifer und seine Beredsamkeit auf, während Lorenz sich wie Melanchthon durch Gelehrsamkeit, Denkkraft und Ruhe auszeichnete. Beide waren Männer von glühender Frömmigkeit, vorzüglichen theologischen Kenntnissen und unerschütterlichem Mut bei der Verbreitung der Wahrheit. An päpstlichem Widerstand fehlte es nicht. Die katholischen Priester wiegelten das unwissende und abergläubische Volk auf. Olaus Petri wurde oft von der Menge angegriffen und kam verschiedentlich nur knapp mit dem Leben davon. Diese Reformatoren wurden jedoch vom König beschützt und begünstigt.

Unter der Herrschaft der römischen Kirche war das Volk in Armut versunken und durch Unterdrückung geplagt. Es besaß keine Heilige Schrift, hatte aber eine Religion, deren Inhalt in Bildern und Zeremonien bestand, die jedoch dem Gemüt kein Licht zuführten, so daß es zum Aberglauben und zu den Gewohnheiten seiner heidnischen

Vorfahren zurückkehrte. Das Volk teilte sich in streitende Parteien, deren endlose Kämpfe das Elend aller vermehrten. Der König entschloß sich zu einer Reformation in Staat und Kirche und begrüßte diese fähigen Helfer [die Brüder Petri] im Kampfe gegen Rom.

In Gegenwart des Königs und der ersten Männer Schwedens verteidigte Olaus Petri sehr geschickt die Lehren des reformierten Glaubens gegen die Verfechter Roms. Olaus erklärte, daß die Lehren der Kirchenväter nur angenommen werden dürften, wenn sie mit der Heiligen Schrift übereinstimmten, und fügte hinzu, alle wesentlichen Glaubenslehren seien in der Bibel in so klarer und einfacher Weise dargestellt worden, daß alle Menschen sie verstehen könnten. Christus sagte: „Meine Lehre ist nicht mein, sondern des, der mich gesandt hat.“ [5] Und Paulus erklärte, daß er verflucht wäre, falls er ein anderes Evangelium predigte als jenes, das er empfangen hatte.[6] „Wie denn“, sagte der Reformator, „sollen andere sich anmaßen, nach ihrem Wohlgefallen Lehrsätze aufzustellen und sie als zur Seligkeit notwendige Dinge aufzubürden?“ [7] Er zeigte, daß die Erlasse der Kirche keine Autorität besitzen, wenn sie den Geboten Gottes zuwiderlaufen, und hielt den maßgebenden protestantischen Grundsatz aufrecht, daß die Heilige Schrift, und nur die Heilige Schrift, Richtschnur des Glaubens und des Wandels sei.

Obgleich dieser Kampf auf einem verhältnismäßig unbekannten Schauplatz vor sich ging, zeigt er uns doch, „aus welchen Männern das Heer der Reformatoren bestand. Es waren keine ungebildeten sektiererischen, lärmenden Wortfechter – weit davon entfernt; es waren Männer, die das Wort Gottes studiert hatten und wohl verstanden, die Waffen zu führen, mit denen die Rüstkammer der Bibel sie versehen hatte. Bezüglich der Ausbildung waren sie ihrer Zeit weit voraus. Wenn wir unsere Aufmerksamkeit auf solch glänzende Mittelpunkte wie Wittenberg und Zürich und auf solch glorreiche Namen wie die Luthers und Melanchthons, Zwinglis und Ökolampads richten, so könnte man uns sagen, das seien die Leiter der Bewegung, und wir würden natürlicherweise eine ungeheure Kraft und große Errungenschaften bei ihnen erwarten; die Untergeordneten hingegen seien ihnen nicht gleich. Wenden wir uns aber dem entlegenen Schauplatz

5 Joh. 7, 16 6 Gal. 1, 8 7 Wylie, ebd., 10. Buch, Kap. 4

Schweden, den schlichten Namen Olaus und Lorenz Petri zu – von den Meistern zu den Jüngern –, so finden wir desgleichen Gelehrte und Theologen, Männer, die gründlich die gesamte Evangeliumswahrheit kennen und einen leichten Sieg über die Sophisten der Schulen und die Würdenträger Roms gewinnen."[7]

Als Ergebnis dieser Aussprache nahm der König von Schweden den protestantischen Glauben an. Bald darauf bekannte sich auch die Nationalversammlung zur Reformation. Das Neue Testament war von Olaus Petri ins Schwedische übersetzt worden. Auf Wunsch des Königs übernahmen die beiden Brüder die Übersetzung der ganzen Bibel. So erhielt das schwedische Volk zum erstenmal das Wort Gottes in seiner Muttersprache. Der Reichstag ordnete an, daß im ganzen Lande Prediger die Bibel auslegen sollten. Auch die Kinder in der Schule sollten unterrichtet werden, darin zu lesen.

Allmählich aber sicher wurde das Dunkel der Unwissenheit und des Aberglaubens durch das herrliche Licht des Evangeliums zerteilt. Von der römischen Unterdrückung befreit, stieg die Nation zu einer Stärke und Größe empor, die sie noch nie zuvor erreicht hatte. Schweden wurde eines der Bollwerke des Protestantismus. Ein Jahrhundert später, in einer Zeit höchster Gefahr, kam diese kleine und bis dahin schwache Nation – die einzige in Europa, die es wagte, eine rettende Hand auszustrecken – Deutschland in den schrecklichen Kämpfen des Dreißigjährigen Krieges zu Hilfe. Das ganze nördliche Europa schien so weit zu sein, daß es wieder unter die Gewaltherrschaft Roms gebracht werden könnte. Da waren es die schwedischen Truppen, die es Deutschland ermöglichten, die Zeit der römischen Erfolge zu wenden, Duldung für die Protestanten, Reformierte wie Lutheraner, zu erringen, und den Ländern, die die Reformation angenommen hatten, die Gewissensfreiheit wiederzugeben.

7 Wylie, ebd., 10. Buch, Kap. 4

Spätere englische Reformatoren | 14

Während Luther dem deutschen Volk die Bibel erschloß, wurde Tyndale vom Geist Gottes angetrieben, das gleiche für England zu tun. Wiklifs Bibel war aus dem lateinischen Text übersetzt worden, der viele Irrtümer enthielt. Man hatte sie nie gedruckt; und der Preis eines geschriebenen Exemplars war so hoch, daß außer den Reichen oder Adligen nur wenige sie sich verschaffen konnten. Da die Kirche sie überdies aufs schärfste geächtet hatte, war diese Ausgabe nur verhältnismäßig wenig verbreitet. Im Jahre 1516, ein Jahr vor Luthers Thesenanschlag, hatte Erasmus seine griechische und lateinische Fassung des Neuen Testaments veröffentlicht, und damit wurde das Wort Gottes zum erstenmal in der Ursprache gedruckt. In diesem Werk sind viele Irrtümer der früheren Fassungen berichtigt und der Sinn deutlicher wiedergegeben. Dies führte viele der gebildeten Klassen zu einem besseren Verständnis der Wahrheit und gab den reformatorischen Bestrebungen neuen Auftrieb. Doch den meisten Menschen aus dem gewöhnlichen Volk war das Wort Gottes noch immer unzugänglich. Tyndale sollte Wiklifs Werk vollenden und seinen Landsleuten die Bibel geben.

Als eifriger Schüler, der ernstlich nach Wahrheit suchte, hatte er das Evangelium aus dem griechischen Neuen Testament des Erasmus empfangen. Furchtlos predigte er seine Überzeugung und drang darauf, alle Lehren durch das Wort Gottes zu prüfen. Auf die päpstliche Behauptung, daß die Kirche die Bibel gegeben habe und sie allein erklären könne, sagte Tyndale: „Wer hat denn den Adler gelehrt, seine Beute zu finden? Derselbe Gott lehrt seine hungrigen Kinder ihren Vater in seinem Worte finden. Nicht ihr habt uns die Schrift gegeben, vielmehr habt ihr sie uns vorenthalten; ihr seid es, die solche verbrennen, die sie predigen, ja ihr würdet die Schrift selbst verbrennen, wenn ihr könntet."[1]

Tyndales Predigten machten großen Eindruck; viele nahmen die Wahrheit an. Aber die Priester waren auf der Hut, und sobald er das Feld verlassen hatte, versuchten sie mit ihren Drohungen und Entstellungen sein Werk zu vernichten. Nur zu oft gelang es ihnen. „Was soll ich tun?" rief Tyndale aus. „Während ich hier säe, reißt der Feind dort wieder alles aus, wo ich gerade herkomme. Ich kann nicht überall zugleich sein. Oh, daß die Christen die Heilige Schrift in ihrer Sprache besäßen, so könnten sie den Sophisten selbst widerstehen! Ohne die Bibel ist es unmöglich, die Laien in der Wahrheit zu gründen."[1]

Ein neuer Vorsatz reifte jetzt in ihm. Er sagte: „In Israels eigener Sprache erschollen die Psalmen im Tempel des Herrn, und das Evangelium sollte unter uns nicht reden dürfen in der Sprache Englands? Die Kirche sollte weniger Licht haben jetzt im hohen Mittag als ehemals in den ersten Stunden der Dämmerung? Das Neue Testament muß in der Volkssprache gelesen werden können."[1] Die Doktoren und Lehrer der Kirche stimmten nicht miteinander überein. Nur durch die Heilige Schrift konnte das Volk zur Wahrheit gelangen. Der eine hatte diese Lehre, der andere jene; ein Gelehrter widersprach dem andern. „Wie sollen wir da das Wahre vom Falschen unterscheiden? Allein durch das Wort Gottes."[1]

Nicht lange danach erklärte ein katholischer Gelehrter, mit dem er in eine Auseinandersetzung geriet, daß es besser wäre, ohne das Gesetz Gottes als ohne das Gesetz des Papstes zu sein, worauf Tyndale erwiderte: „Ich trotze dem Papst samt all seinen Gesetzen. Wenn Gott mir das Leben schenkt, so soll in wenig Jahren ein Bauernknecht, der den Pflug führt, die Schrift noch besser verstehen als ich."[1]

Er wurde in seiner Absicht, die Heilige Schrift in seiner eigenen Sprache zu schaffen, dadurch bestärkt, und sofort begab er sich an die Arbeit. Durch die Verfolgung aus der Heimat vertrieben, ging er nach London und arbeitete dort eine Zeitlang ungestört. Aber wiederum zwang ihn die Gewalttätigkeit der Päpstlichen zur Flucht. Ganz England schien ihm verschlossen zu sein, und er entschied sich, in Deutschland Zuflucht zu suchen. Hier begann er das englische Neue Testament

1 D'Aubigné, „Geschichte der Reformation", 18. Buch, 4. Abschnitt

zu drucken. Zweimal wurde sein Vorhaben aufgehalten; und wenn es ihm verboten wurde, in einer Stadt zu drucken, ging er in eine andere. Schließlich kam er nach Worms, wo Luther wenige Jahre zuvor das Evangelium vor dem Reichstag verteidigt hatte. In jener alten Stadt lebten viele Freunde der Reformation, und Tyndale setzte dort sein Werk ohne weitere Behinderungen fort. Dreitausend Exemplare des Neuen Testaments waren bald fertig, und eine neue Auflage folgte noch im selben Jahre.

Mit großem Eifer und unermüdlicher Ausdauer führte er seine Arbeit fort. Obwohl die englischen Behörden ihre Häfen mit größter Wachsamkeit hüteten, gelangte das Wort Gottes auf verschiedene Weise heimlich nach London. Von dort aus wurde es über das ganze Land verbreitet. Die Päpstlichen suchten die Wahrheit zu unterdrücken, aber vergebens. Der Bischof von Durham kaufte einmal von einem Buchhändler, der ein Freund Tyndales war, seinen ganzen Vorrat an Bibeln auf, um sie zu vernichten, in der Meinung, daß dadurch das Werk gehindert würde. Doch mit dem auf diese Weise gewonnenen Geld wurde das Material zu einer neuen und verbesserten Auflage gekauft, die sonst nicht hätte erscheinen können. Als Tyndale später gefangengesetzt wurde, bot man ihm die Freiheit unter der Bedingung an, daß er die Namen derer angäbe, die ihm geholfen hatten, die Ausgaben für den Druck seiner Bibeln zu bestreiten. Er antwortete, daß der Bischof von Durham mehr getan habe als sonst jemand; denn da dieser für die vorrätigen Bücher einen hohen Preis bezahlt habe, sei er, Tyndale, in die Lage versetzt worden, guten Mutes weiterzuarbeiten.

Tyndale wurde seinen Feinden in die Hände gespielt und mußte viele Monate im Kerker zubringen. Schließlich bezeugte er seinen Glauben mit dem Märtyrertod; doch die von ihm zubereiteten Waffen haben andere Streiter befähigt, den Kampf durch alle Jahrhunderte hindurch bis in unsere Zeit weiterzuführen.

Latimer verfocht von der Kanzel herab die Auffassung, daß die Bibel in der Sprache des Volkes gelesen werden müsse. „Der Urheber der Heiligen Schrift“, sagte er, „ist Gott selbst, und diese Schrift hat einen Anteil an der Macht und Ewigkeit ihres Urhebers. Es gibt weder Könige, Kaiser, Obrigkeiten noch Herrscher, . . . die nicht gebunden wären, . . . seinem heiligen Wort zu gehorchen. . . Laßt uns keine Nebenwege einschlagen, sondern laßt das Wort Gottes uns leiten; laßt uns nicht unsern Vätern nachfolgen und auf das sehen, was sie getan haben, sondern auf das, was sie hätten tun sollen."[2]

Barnes und Frith, die treuen Freunde Tyndales, erhoben sich, um die Wahrheit zu verteidigen. Ihnen folgten die Gebrüder Ridley und Cranmer. Diese führenden Köpfe in der englischen Reformationsbewegung galten als gebildete Männer, und die meisten von ihnen waren ihres Eifers oder ihrer Frömmigkeit wegen in der römischen Kirche hoch geachtet gewesen. Ihr Widerstand gegen das Papsttum rührte daher, daß sie die Irrtümer des „Heiligen Stuhles" kannten. Ihre Kenntnis der Geheimnisse Babylons verlieh ihrem Zeugnis gegen ihre Macht um so größeres Gewicht.

„Ich muß euch eine seltsame Frage stellen", sagte Latimer, „wißt ihr, wer der eifrigste Bischof und Prälat in England ist? ... Ich sehe, ihr horcht und wartet auf seinen Namen... Ich will ihn nennen: Es ist der Teufel... Er entfernt sich nie aus seinem Kirchsprengel; ... sucht ihn, wann ihr wollt, er ist immer zu Hause, ... er ist stets bei der Arbeit... Ihr werdet ihn nie träge finden, dafür bürge ich euch... Wo der Teufel wohnt, ... dort weg mit den Büchern, und Kerzen herbei; weg mit den Bibeln, und Rosenkränze herbei; weg mit dem Licht des Evangeliums, und Wachsstöcke hoch, ja sogar am hellen Mittag; ... nieder mit dem Kreuz Christi, es lebe das Fegefeuer, das die Taschen leert; ... hinweg mit dem Bekleiden der Nackten, Armen und Lahmen; herbei mit der Verzierung von Bildern und der bunten Schmückung von Stock und Stein; herbei mit menschlichen Überlieferungen und Gesetzen; nieder mit Gottes Einrichtungen und seinem allerheiligsten Worte... Oh, daß unsere Prälaten so eifrig wären, die Körner guter Lehre auszustreuen, wie Satan fleißig ist, allerlei Unkraut zu säen!"[3]

Die unfehlbare Autorität und Macht der Heiligen Schrift als Richtschnur des Glaubens und des Wandels war der große, von diesen Reformatoren aufgestellte Grundsatz, den auch die Waldenser, den Wiklif, Jan Hus, Luther, Zwingli und ihre Mitarbeiter hochgehalten hatten. Sie verwarfen die Anmaßung des Papstes, der Konzilien, der

2 Latimer, „First Sermon Preached before King Edward VI."
3 Latimer, „Sermon of the Plough"

Väter und der Könige, in religiösen Dingen das Gewissen zu beherrschen. Die Bibel war ihnen Autorität, und mit ihren Lehren prüften sie alle Lehrsätze und Ansprüche. Der Glaube an Gott und sein Wort stärkte diese heiligen Männer, als ihr Leben auf dem Scheiterhaufen endete. „Sei guten Mutes", rief Latimer seinem Leidensgefährten zu, als die Flammen begannen, ihre Stimme zum Schweigen zu bringen, „wir werden heute durch Gottes Gnade ein Licht in England anzünden, das, wie ich hoffe, nie ausgelöscht werden wird."[4]

In Schottland war der von Columban und seinen Mitarbeitern ausgestreute Same der Wahrheit nie völlig vernichtet worden. Nachdem sich die Kirchen Englands Rom unterworfen hatten, hielten jene in Schottland jahrhundertelang ihre Freiheit aufrecht. Im zwölften Jahrhundert jedoch faßte das Papsttum auch hier Fuß, und in keinem Lande hat es eine unumschränktere Herrschaft ausgeübt als in Schottland. Nirgends war die Finsternis dichter. Dennoch kamen auch Strahlen des Lichts dahin, um das Dunkel zu durchdringen und den kommenden Tag anzukünden. Die mit der Heiligen Schrift und den Lehren Wiklifs aus England kommenden Lollarden trugen viel dazu bei, die Kenntnis des Evangeliums zu erhalten. Jedes Jahrhundert hatte somit seine Zeugen und Märtyrer.

Am Anfang der großen Reformation erschienen Luthers Schriften; wenig später Tyndales Neues Testament in englischer Sprache. Unbemerkt von der Priesterschaft wanderten diese Boten schweigend über Berge und Täler, fachten, wo sie auch hinkamen, die Fackel der Wahrheit, die in Schottland nahezu ausgegangen war, zu neuer Flamme an und machten das Werk der Unterdrückung zunichte, das Rom vier Jahrhunderte hindurch getrieben hatte.

Dann gab das Blut der Märtyrer der Bewegung neuen Auftrieb. Die päpstlichen Anführer, die plötzlich zur Erkenntnis der ihrer Sache drohenden Gefahr kamen, brachten etliche der edelsten und gelehrtesten Söhne Schottlands auf den Scheiterhaufen. Sie errichteten aber damit nur eine Kanzel, von der aus die Worte der sterbenden Zeugen im ganzen Lande zu hören waren, die das Herz des Volkes mit einem unerschütterlichen Vorsatz erfüllten: die Fesseln der römischen Herrschaft abzustreifen.

4 „Works of Hugh Latimer", Bd. I, S. 13

Hamilton und Wishart, zwei junge Menschen von adligem Geschlecht und ebensolchem Charakter, gaben mit einer großen Anzahl geringerer Jünger ihr Leben auf dem Scheiterhaufen hin. Aber aus dem brennenden Scheiterhaufen Wisharts ging einer hervor, den die Flammen nicht zum Schweigen bringen sollten, einer, dem mit Gottes Beistand bestimmt war, dem Papsttum in Schottland die Sterbeglocke zu läuten.

John Knox hatte sich von den Überlieferungen und dem Wunderglauben der Kirche abgewandt, um von den Wahrheiten des Wortes Gottes zu leben. Wisharts Lehren hatten seinen Entschluß bestärkt, die Gemeinschaft Roms zu verlassen und sich den verfolgten Reformatoren anzuschließen.

Von seinen Gefährten gebeten, das Amt eines Predigers anzunehmen, schreckte er zaghaft vor dessen Verantwortung zurück. In der Abgeschiedenheit rang er tagelang mit sich selbst, ehe er einwilligte. Nachdem er diese Stellung einmal angenommen hatte, drängte er mit unbeugsamer Entschlossenheit und unverzagtem Mut vorwärts, solange er lebte. Dieser unerschrockene Reformator fürchtete keine Menschen. Die Feuer des Märtyrertums, die um ihn herum aufloderten, dienten nur dazu, seinen Eifer um so mehr anzufachen. Ungeachtet des drohend über seinem Haupte schwebenden Henkerbeils des Tyrannen behauptete er seine Stellung und teilte nach rechts und nach links kräftige Schläge aus, um den Götzendienst zu zertrümmern.

Als er der Königin von Schottland, in deren Gegenwart der Eifer vieler führender protestantischer Männer abgenommen hatte, gegenübertrat, zeugte John Knox unerschütterlich für die Wahrheit. Er war nicht durch Schmeicheleien zu gewinnen; er verzagte nicht vor Drohungen. Die Königin beschuldigte ihn der Ketzerei. Sie erklärte, er habe das Volk verleitet, eine vom Staat verbotene Religion anzunehmen und damit Gottes Gebot, das den Untertanen befehle, ihren Fürsten zu gehorchen, übertreten. Knox antwortete fest:

„Da die richtige Religion weder ihren Ursprung noch ihre Autorität von weltlichen Fürsten, sondern von dem ewigen Gott allein erhielt, so sind die Untertanen nicht gezwungen, ihren Glauben nach dem Geschmack ihrer Fürsten zu richten. Denn oft kommt es vor, daß die Fürsten vor allen andern in der wahren Religion am allerunwissendsten sind... Hätte aller Same Abrahams die Religion Pharaos angenommen, dessen Untertanen sie lange waren, welche Religion, ich bitte Sie, Madame, würde dann in der Welt gewesen sein? Oder wenn in den Tagen der Apostel alle Menschen die Religion der römischen Kaiser gehabt hätten, welche Religion würde dann auf Erden gewesen sein? ... Und so, Madame, können Sie sehen, daß Untertanen nicht von der Religion ihrer Fürsten abhängen, wenn ihnen auch geboten wird, ihnen Ehrfurcht zu erzeigen."

Da sagte Maria: „Ihr legt die Heilige Schrift auf diese Weise aus, sie [die römischen Lehrer] auf eine andere; wem soll ich glauben, und wer soll Richter sein?"

„Sie sollen Gott glauben, der deutlich spricht in seinem Worte", antwortete der Reformator, „und weiter als das Wort lehrt, brauchen Sie weder das eine noch das andere zu glauben. Das Wort Gottes ist klar in sich selbst, und wenn irgendeine Stelle dunkel ist, so erklärt der Heilige Geist, der sich nie widerspricht, sie deutlicher an andern Stellen, so daß kein Zweifel obwalten kann, es sei denn für die, welche hartnäckig unwissend sind." [5]

Solche Wahrheiten verkündete der furchtlose Reformator unter Lebensgefahr vor den Ohren seiner Regentin. Mit dem gleichen unerschrockenen Mut hielt er an seinem Vorhaben fest und betete und kämpfte für den Herrn so lange, bis Schottland vom Papsttum frei war.

In England wurde durch die Einführung des Protestantismus als Staatsreligion die Verfolgung zwar vermindert, aber nicht völlig zum Stillstand gebracht. Während man vielen Lehren Roms absagte, blieben nicht wenige seiner Gebräuche erhalten. Die oberste Autorität des Papstes wurde verworfen, aber an seiner Stelle wurde der Landesherr als Haupt der Kirche eingesetzt. Der Gottesdienst wich noch immer erheblich von der Reinheit und Einfachheit des Evangeliums ab. Der große Grundsatz religiöser Freiheit wurde noch nicht verstanden. Wenn auch die schrecklichen Grausamkeiten, die Rom gegen die Ketzerei angewandt hatte, von protestantischen Herrschern nur selten ausgeübt wurden, so anerkannte man doch nicht das Recht eines jeden einzelnen, Gott nach seinem eigenen Gewissen zu verehren. Von allen wurde verlangt, die Lehren anzunehmen und die gottes-

5 Laing, „The Works of John Knox", Bd. II, S. 281. 284

dienstlichen Formen zu beachten, welche die Staatskirche vorschrieb. Andersdenkende waren mehr oder weniger der Verfolgung ausgesetzt. Jahrhundertelang blieben diese Methoden bestehen.

Im 17. Jahrhundert wurden Tausende von Predigern aus ihren Ämtern vertrieben. Dem Volk war es bei Androhung schwerer Geldbußen, von Gefängnis und Verbannung untersagt, irgendwelche religiöse Versammlungen zu besuchen, die die Kirche nicht genehmigt hatte. Jene treuen Seelen, die sich nicht enthalten konnten, zur Anbetung Gottes zusammenzukommen, waren genötigt, sich in dunklen Gassen, in finsteren Bodenkammern und zu gewissen Jahreszeiten mitternachts in den Wäldern zu versammeln. In den schützenden Tiefen des Waldes, dem von Gott selbst erbauten Tempel, kamen jene zerstreuten und verfolgten Kinder des Herrn zusammen, um in Gebet und Lobpreis ihre Herzen auszuschütten. Aber ungeachtet all ihrer Vorsichtsmaßregeln mußten viele um ihres Glaubens willen leiden. Die Gefängnisse waren überfüllt, Familien wurden getrennt, und viele Menschen aus dem Lande vertrieben. Doch Gott hielt zu seinem Volk, und die Verfolgung vermochte dessen Zeugnis nicht zum Schweigen zu bringen. Viele lenkten ihre Schritte nach Amerika, wo sie den Grundstein zu der bürgerlichen und religiösen Freiheit legten, die das Bollwerk und der Ruhm jenes Landes gewesen ist.

Auch hier diente wie in den Tagen der Apostel die Verfolgung der Förderung des Evangeliums. In einem abscheulichen, mit Verworfenen und Verbrechern belegten Kerker schien John Bunyan Himmelsluft zu atmen. Er schrieb dort sein wunderbares Gleichnis von der Reise des Pilgers aus dem Lande des Verderbens nach der Himmelsstadt. Länger als zweihundert Jahre sprach jene Stimme des Gefangenen zu Bedford mit durchdringender Macht zu den Herzen der Menschen. Bunyans „Pilgerreise“ und „Überschwengliche Gnade für den größten der Sünder“ haben manchen irrenden Fuß auf den Weg des Lebens geleitet.

Baxter, Flavel, Alleine und andere talentvolle, gebildete Männer mit tiefer christlicher Erfahrung erhoben sich zu kühner Verteidigung des Glaubens, „der einmal den Heiligen übergeben ist“.[6] Das Werk, das diese von den Herrschern dieser Welt verfemten und geächteten

6 Jud. 3

Männer vollbrachten, kann niemals untergehen. Flavels „Brunnquell des Lebens" und „Wirkung der Gnade" haben Tausende gelehrt, wie sie ihre Seelen Christus anbefehlen können. Baxters „Der umgewandelte Pfarrer" hat sich vielen, die eine Wiederbelebung des Werkes Gottes wünschten, als Segen erwiesen; seine „Ewige Ruhe der Heiligen" hat insofern Erfolg gehabt, als diese Schrift Seelen zu der Ruhe führte, die noch für das Volk Gottes vorhanden ist.

Hundert Jahre später erschienen zu einer Zeit großer Finsternis Whitefield und die Gebrüder Wesley als Lichtträger für Gott. Unter der Herrschaft der Staatskirche war das Volk einem religiösen Verfall ausgeliefert, der sich vom Heidentum nur wenig unterschied. Eine Naturreligion erwies sich als das bevorzugte Studiengebiet der Geistlichkeit und schloß auch den größten Teil ihrer Theologie ein. Die höheren Klassen verspotteten die Frömmigkeit und brüsteten sich damit, über solche Schwärmereien, wie sie es nannten, erhaben zu sein. Die niederen Stände waren in großer Unwissenheit befangen und dem Laster ergeben, während die Kirche weder den Mut noch den Glauben aufbrachte, die in Verfall geratene Sache der Wahrheit länger zu unterstützen.

Die von Luther so klar und eindeutig gelehrte große Wahrheit von der Rechtfertigung durch den Glauben war nahezu völlig aus den Augen verloren worden, während der römische Grundsatz, daß die Seligkeit durch gute Werke erlangt werde, deren Stelle eingenommen hatte. Whitefield und die beiden Wesleys, die Glieder der Landeskirche waren, suchten aufrichtig nach der Gnade Gottes, die, wie man sie gelehrt hatte, durch ein tugendhaftes Leben und durch die Beachtung der religiösen Verordnungen erlangt werden konnte.

Als Charles Wesley einst erkrankte und seinen Tod erwartete, wurde er gefragt, worauf er seine Hoffnung auf ein ewiges Leben stütze. Seine Antwort lautete: „Ich habe mich nach Kräften bemüht, Gott zu dienen." Als der Freund, der ihm die Frage gestellt hatte, mit seiner Antwort nicht völlig zufrieden zu sein schien, dachte Wesley: „Sind meine Bemühungen nicht ein genügender Grund der Hoffnung? Würde er mir diese rauben, so hätte ich nichts anderes, worauf ich vertrauen könnte."[7] Derart dicht war die Finsternis, die sich auf die Kirche

7 Whitehead, „Life of the Rev. Charles Wesley", S. 102

gesenkt hatte, welche die Versöhnung verbarg, Christus seiner Ehre beraubte, und den Geist der Menschen von der einzigen Hoffnung auf die Seligkeit, dem Blute des gekreuzigten Erlöser, abwandte.

Wesley und seine Mitarbeiter kamen zu der Einsicht, daß die wahre Religion im Herzen wohnt, und daß sich das Gesetz Gottes sowohl auf die Gedanken als auch auf die Worte und Handlungen erstreckt. Von der Notwendigkeit eines heiligen Herzens und eines rechten Wandels überzeugt, trachteten sie jetzt ernstlich nach einem neuen Leben. Durch Fleiß und Gebet versuchten sie, das Böse ihres natürlichen Herzens zu überwinden. Sie lebten ein Leben der Selbstverleugnung, Liebe und Demut und beachteten streng und genau jede Maßregel, die ihnen zur Erfüllung ihres größten Wunsches – jene Heiligkeit zu erlangen, welche die Huld Gottes verschaffen kann – dienlich schien. Aber sie erreichten das vorgesteckte Ziel nicht. Vergebens waren ihre Bemühungen, sich von der Verdammnis der Sünde zu befreien oder deren Macht zu brechen. Es war das gleiche Ringen, das auch Luther in seiner Zelle in Erfurt durchzustehen hatte, es war die gleiche Frage, die auch seine Seele gemartert hatte: „Wie mag ein Mensch gerecht sein bei Gott?“[8]

Das auf den Altären des Protestantismus nahezu ausgelöschte Feuer der göttlichen Wahrheit sollte von der alten Fackel, die die böhmischen Christen brennend erhalten hatten, wieder angezündet werden. Nach der Reformation war der Protestantismus in Böhmen von den römischen Horden niedergetreten worden. Alle, die der Wahrheit nicht entsagen wollten, wurden zur Flucht gezwungen. Etliche von diesen fanden eine Zuflucht in Sachsen, wo sie den alten Glauben aufrechterhielten. Über die Nachkommen dieser Christen gelangte das Licht zu Wesley und seinen Gefährten.

Nachdem John und Charles Wesley zum Predigtamt eingesegnet worden waren, wurden sie mit einem Missionsauftrag nach Amerika gesandt. An Bord des Schiffes befand sich eine Gesellschaft mährischer Brüder. Während der Überfahrt gab es heftige Stürme, und als John Wesley den Tod vor Augen sah, fühlte er, daß er nicht die Gewißheit des Friedens mit Gott hatte. Die mährischen Brüder hingegen bekundeten eine Ruhe und ein Vertrauen, die ihm fremd waren.

8 Hiob 9, 2, Parallelbibel

Er sagte: „Ich hatte lange zuvor den großen Ernst in ihrem Benehmen beobachtet. Sie hatten beständig ihre Demut an den Tag gelegt, indem sie für die andern Reisenden niedrige Dienstleistungen verrichteten, deren sich keiner der Engländer unterziehen wollte. Sie hatten dafür keine Bezahlung verlangt, sondern sie ausgeschlagen, indem sie sagten, es wäre gut für ihre stolzen Herzen, und ihr Heiland hätte noch mehr für sie getan. Jeder Tag hatte ihnen Gelegenheit geboten, eine Sanftmut zu zeigen, die keine Beleidigung beseitigen konnte. Wurden sie gestoßen, geschlagen oder niedergeworfen, so erhoben sie sich wieder und gingen weg; aber keine Klage wurde in ihrem Munde gefunden. Jetzt sollten sie geprüft werden, ob sie von dem Geist der Furcht ebenso frei waren wie von dem des Stolzes, des Zornes und der Rachsucht. Während sie gerade einen Psalm sangen, mit dem ihr Gottesdienst begann, brach eine Sturzwelle herein, riß das große Segel in Stücke, bedeckte das Schiff und ergoß sich zwischen die Decks, so daß es schien, als ob die große Tiefe uns bereits verschlungen hätte. Unter den Engländern erhob sich ein furchtbares Angstgeschrei. Die Brüder aber sangen ruhig weiter. Ich fragte nachher einen von ihnen: ‚Waren Sie nicht erschrocken?' Er antwortete: ‚Gott sei Dank nicht.' ‚Aber', sagte ich, ‚waren Ihre Weiber und Kinder nicht erschrocken?' Er erwiderte mild: ‚Nein, unsere Weiber und Kinder fürchten sich nicht, zu sterben.'" [9]

Nach der Ankunft in Savannah weilte Wesley kurze Zeit bei den mährischen Brüdern und war tief beeindruckt von ihrem christlichen Verhalten. Über einen ihrer Gottesdienste, die in auffallendem Gegensatz zu dem leblosen Formenwesen der anglikanischen Kirche standen, schrieb er: „Sowohl die große Einfachheit als auch die Feierlichkeit des Ganzen ließen mich die dazwischenliegenden 1700 Jahre beinahe vergessen und versetzten mich in eine Versammlung, wo Form und Staat nicht galten, sondern wo Paulus, der Zeltmacher, oder Petrus, der Fischer, unter Bekundung des Geistes und der Kraft den Vorsitz hatten." [9]

Auf seiner Rückreise nach England gelangte Wesley unter der Belehrung eines mährischen Predigers zu einem klareren Verständnis des biblischen Glaubens. Er ließ sich überzeugen, daß sein Seelenheil

9 Whitehead, „Life of the Rev. John Wesley", S. 10 ff.

nicht von seinen eigenen Werken abhängt, sondern daß er einzig auf „Gottes Lamm, welches der Welt Sünde trägt", vertrauen müsse. Auf einer in London tagenden Versammlung der mährischen Brüder wurde eine Schrift Luthers vorgelesen [Luthers Vorrede zum Römerbrief, enthaltend die Lehre von der Rechtfertigung durch den Glauben], welche die Veränderung beschrieb, die der Geist Gottes im Herzen des Gläubigen bewirkt. Während Wesley zuhörte, entzündete sich auch in seiner Seele der Glaube. „Ich fühlte mein Herz seltsam erwärmt", sagte er. „Ich fühlte, daß ich mein ganzes Vertrauen für mein Seelenheil auf Christus, ja auf Christus allein setzte, und ich erhielt die Versicherung, daß er meine — ja meine Sünden weggenommen und mich von dem Gesetz der Sünde und des Todes erlöst hatte." [10]

Während langer Jahre mühsamen und unbequemen Ringens, Jahre strenger Selbstverleugnung, der Schmach und Erniedrigung, hatte Wesley unverwandt den einen Vorsatz festgehalten: Gott zu suchen. Nun hatte er ihn gefunden, und er erfuhr, daß die Gnade, die er durch Beten und Fasten, durch Almosengeben und Selbstverleugnung erlangen wollte, eine Gabe war „ohne Geld und umsonst".

Einmal gegründet im Glauben Christi, brannte seine Seele vor Verlangen, überall das herrliche Evangelium von der freien Gnade Gottes zu verkündigen. „Ich betrachte die ganze Welt als mein Kirchspiel", sagte er, „und wo ich auch immer sein mag, erachte ich es als passend, recht und meine Pflicht und Schuldigkeit, allen, die willens sind zuzuhören, die frohe Botschaft des Heils zu verkündigen." [11]

Er setzte sein strenges, selbstverleugnendes Leben fort, das nun nicht mehr der Grund, sondern die Folge des Glaubens, nicht mehr die Wurzel, sondern die Frucht der Heiligung war. Die Gnade Gottes in Christus ist die Grundlage der Hoffnung des Christen, und diese Gnade wird offenbar im Gehorsam. Wesleys Leben war der Verkündigung jener großen Wahrheiten gewidmet, die er empfangen hatte: Gerechtigkeit durch den Glauben an das versöhnende Blut Christi, und die herzerneuernde Macht des Heiligen Geistes, die sich in einem neuen Leben erweist, das mit dem Beispiel Christi übereinstimmt.

Whitefield und die beiden Wesleys waren durch eine lange und tiefe persönliche Überzeugung von ihrem menschlichen Verlorensein für

10 Whitehead, ebd., S. 52 11 Whitehead, ebd., S. 74

ihre Aufgabe vorbereitet worden. Damit sie fähig wären, als gute Streiter Christi Schwierigkeiten zu erdulden, waren sie der Feuerprobe des Spottes, des Hohnes und der Verfolgung sowohl an der Universität als auch beim Antritt ihres Predigtamtes ausgesetzt gewesen. Sie und einige andere, die mit ihnen übereinstimmten, wurden von ihren gottlosen Kommilitonen verächtlich Methodisten genannt – ein Name, der von einer der größten christlichen Gemeinschaften in England und Amerika als ehrenvoll angesehen wird.

Als Glieder der anglikanischen Kirche waren sie den Formen ihres Gottesdienstes sehr ergeben; aber der Herr hatte ihnen in seinem Wort ein höheres Ziel gezeigt. Der Heilige Geist nötigte sie, Christus, den Gekreuzigten, zu predigen. Die Macht des Höchsten begleitete ihre Arbeit. Tausende wurden überzeugt und wahrhaft bekehrt. Diese Schafe mußten vor den reißenden Wölfen geschützt werden. Wesley dachte zwar nicht im geringsten daran, eine neue Gemeinschaft zu gründen, doch vereinigte er seine Anhänger in einer sogenannten methodistischen Verbindung.

Geheimnisvoll und schwierig war der Widerstand, den diese Prediger von der anglikanischen Kirche erfuhren; doch Gott hatte in seiner Weisheit diese Ereignisse gelenkt, um die Reformation in der Kirche selbst zu beginnen. Wäre sie völlig von außen gekommen, so hätte sie dort nicht durchdringen können, wo sie so sehr vonnöten war. Da aber die Erweckungsprediger Kirchenmänner waren und im Bereich der Kirche arbeiteten, wo sie gerade Gelegenheit hatten, fand die Wahrheit in jene Bezirke Eingang, in denen sonst die Türen verschlossen geblieben wären. Einige Geistliche wurden aus ihrer sittlichen Erstarrung aufgerüttelt und begannen eifrig in ihren eigenen Pfarreien zu predigen. Gemeinden, die durch ein veräußerlichtes Formenwesen versteinert waren, erwachten zu geistlichem Leben.

Zu Wesleys Zeiten wie zu allen Zeiten der Kirchengeschichte vollzogen verschieden begabte Männer den ihnen zugewiesenen Auftrag. Sie stimmten nicht in jedem Lehrpunkt überein, waren aber alle vom Geist Gottes getrieben und nur von dem einen Wunsch beseelt, Seelen für Christus zu gewinnen. Meinungsverschiedenheiten drohten einst Whitefield und die Wesleys zu entfremden; als sie aber in der Schule Christi Sanftmut lernten, versöhnte sie gegenseitige Geduld und christliche Liebe. Sie hatten keine Zeit zum Streit, denn überall machten sich Sünde und Irrtum breit, und Sünder gingen dem Verderben entgegen.

Gottes Diener wandelten auf einem rauhen Pfad. Einflußreiche und gebildete Männer traten ihnen entgegen. Nach einiger Zeit bekundeten viele Geistliche eine ausgesprochene Feindschaft gegen sie, und die Türen der Kirche wurden dem reinen Glauben sowie denen, die ihn verkündigten, verschlossen. Das Verfahren der Geistlichkeit, sie von der Kanzel herab zu verdammen, rief die Mächte der Finsternis, der Unwissenheit und der Ungerechtigkeit hervor. Zu wiederholten Malen entging John Wesley dem Tode nur durch ein Wunder der göttlichen Gnade. Wenn die Wut des Pöbels gegen ihn aufgestachelt war und es keinen Weg des Entrinnens mehr zu geben schien, trat ein Engel in Menschengestalt an seine Seite, und die Menge wich zurück, und der Diener Gottes verließ unbehelligt die Stätte der Gefahr.

Über seine Errettung vor dem aufgebrachten Pöbel bei einem solchen Anlaß sagte Wesley: „Viele versuchten mich hinzuwerfen, während wir auf einem schlüpfrigen Pfade bergab zur Stadt gingen, da sie richtig urteilten, daß ich wohl kaum wieder aufstehen würde, wenn ich einmal zu Fall gebracht wäre. Aber ich fiel nicht, glitt nicht einmal im geringsten aus, bis ich gänzlich aus ihren Händen war... Obgleich viele sich Mühe gaben, mich am Kragen oder an meinem Rock zu fassen, um mich niederzuziehen, konnten sie doch keinen Halt gewinnen; nur einem gelang es, einen Zipfel meines Rockschoßes festzuhalten, der bald in seiner Hand blieb, während die andere Hälfte, in der sich eine Tasche mit einer Banknote befand, nur halb abgerissen wurde. Ein derber Mensch unmittelbar hinter mir holte mehrmals aus, mich mit einem dicken Eichenstock zu schlagen; hätte er mich nur einmal damit auf den Hinterkopf getroffen, so würde er sich jede weitere Mühe erspart haben können. Aber jedesmal wurde der Schlag abgewendet, ich weiß nicht wie; denn ich konnte mich weder zur Rechten noch zur Linken bewegen. Ein anderer stürzte sich durch das Gedränge, erhob seinen Arm zum Schlag, ließ ihn aber plötzlich sinken und streichelte mir den Kopf mit den Worten: ‚Was für weiches Haar er hat!' ... Die allerersten, deren Herzen verwandelt wurden, waren die Gassenhelden, bei allen Anlässen die Anführer des Pöbelhaufens, von denen einer als Ringkämpfer im Bärengarten auftrat...

Wie allmählich bereitet Gott uns auf seinen Willen vor! Vor zwei Jahren streifte ein Stück von einem Ziegelstein meine Schultern, ein Jahr später traf mich ein Stein zwischen die Augen, letzten Monat empfing ich einen Schlag und heute abend zwei, einen ehe wir in die Stadt kamen, und einen nachdem wir hinausgegangen waren; doch beide waren wie nichts; denn obgleich mich ein Mann mit aller Gewalt auf die Brust schlug und der andere mit solcher Wucht auf den Mund, daß das Blut sofort hervorströmte, so fühlte ich doch nicht mehr Schmerz von beiden Schlägen, als wenn sie mich mit einem Strohhalm berührt hätten.“ [12]

Die Methodisten jener Zeit – das Volk und auch die Prediger – ertrugen Spott und Verfolgung sowohl von Kirchengliedern als auch von den offenbar Gottlosen, die sich durch die falschen Darstellungen jener anstacheln ließen. Sie wurden vor Gerichte gestellt, die freilich nur dem Namen nach als solche angesprochen werden konnten; denn Gerechtigkeit fand sich selten in den Gerichtshöfen jener Zeit. Oft wurden die Gläubigen von ihren Verfolgern gepeinigt. Der Mob ging von Haus zu Haus, zerstörte Hausgeräte und Güter, plünderte, was ihm gefiel, und mißhandelte in brutaler Weise Männer, Frauen und Kinder. Durch öffentliche Bekanntmachungen wurden alle, die sich am Einwerfen von Fenstern und am Plündern der Häuser der Methodisten zu beteiligen wünschten, aufgefordert, sich zu gegebener Stunde an einem bestimmten Ort zu versammeln. Diese offene Verletzung menschlicher wie auch göttlicher Gesetze ließ man ungetadelt zu. Man verfolgte planmäßig die Menschen, deren einziger Fehler es war, daß sie versuchten, den Fuß des Sünders vom Pfad des Verderbens auf den Weg der Heiligkeit zu lenken.

John Wesley sagte über die Anschuldigungen gegen ihn und seine Gefährten: „Manche machen geltend, daß die Lehren dieser Männer falsch, irrig, schwärmerisch, daß sie neu und bis kürzlich unbekannt gewesen und daß sie Quäkerismus, Schwärmerei und Papsttum seien. Diese ganze Behauptung ist bereits an der Wurzel abgehauen worden, da ausführlich gezeigt wurde, daß jeder Zweig dieser Lehre die deutliche Lehre der Heiligen Schrift ist, wie sie von unserer eigenen Kirche ausgelegt wird, und die deshalb nicht falsch oder irrtümlich sein kann,

12 Wesley's Works, Bd. III, S. 297. 298

vorausgesetzt, daß die Heilige Schrift wahr ist... Andere geben vor: ‚Ihre Lehre ist zu streng, sie machen den Weg zum Himmel zu schmal.' Und dies ist in Wahrheit der ursprüngliche Einwand (der eine Zeitlang der einzige war), und liegt heimlich tausend andern zugrunde, die in verschiedener Gestalt erscheinen. Aber machen sie den Weg himmelwärts schmaler als unser Herr und seine Apostel ihn machten? Ist ihre Lehre strenger als die der Bibel? Betrachtet nur einige deutliche Bibelstellen: ‚Du sollst Gott, deinen Herrn, lieben von ganzem Herzen, von ganzer Seele, von allen Kräften und von ganzem Gemüte.' ‚Die Menschen müssen Rechenschaft geben am Jüngsten Gericht von einem jeglichen unnützen Wort, das sie geredet haben.' ‚Ihr esset nun oder trinket oder was ihr tut, so tut es alles zu Gottes Ehre.'[13]

Wenn ihre Lehre strenger ist als dies, so sind sie zu tadeln; ihr seid aber in eurem Gewissen überzeugt, daß dem nicht so ist. Und wer kann um ein Jota weniger genau sein, ohne das Wort Gottes zu verdrehen? Kann irgendein Haushalter des Geheimnisses Gottes treu erfunden werden, wenn er irgendeinen Teil jenes heiligen Unterpfandes verändert? Nein, er kann nichts umstoßen; er kann nichts gelinder machen; er ist gezwungen, allen Menschen zu erklären: Ich darf die Heilige Schrift nicht zu eurem Geschmack herabwürdigen. Ihr müßt euch nach ihr richten oder auf ewig zugrunde gehen. Dies gibt allerdings Veranlassung zu dem volkstümlichen Geschrei: die Lieblosigkeit dieser Menschen! Lieblos sind sie? In welcher Beziehung? Speisen sie nicht die Hungrigen und kleiden die Nackten? Ja, aber das ist nicht die Sache; diesbezüglich mangelt es ihnen nicht; aber sie sind lieblos im Urteil; sie denken, es könne niemand gerettet werden außer jenen, die auf dem von ihnen vorgeschriebenen Weg gehen."[14]

Das geistliche Siechtum, das sich in England unmittelbar vor Wesleys Zeit bekundet hatte, war in hohem Grade die Folge der gesetzesfeindlichen Lehre. Viele behaupteten, Christus habe das Sittengesetz abgeschafft, die Christen ständen deshalb nicht mehr unter der Verpflichtung, nach ihm zu handeln; denn ein Gläubiger sei von der „Knechtschaft der guten Werke" befreit. Obgleich andere die Fortdauer des Gesetzes zugaben, erklärten sie es für unnötig, daß die Prediger das Volk zur Beachtung seiner Vorschriften anhielten, da die

13 Luk. 10, 27; Matth. 12, 36; 1. Kor. 10, 31

14 Wesley's Works, Bd. III, S. 152. 153

Menschen, die Gott zum Heil bestimmt habe, „durch den unwiderstehlichen Antrieb der göttlichen Gnade zu Frömmigkeit und Tugend angeleitet würden", wogegen die zur ewigen Verdammnis Bestimmten „nicht die Kraft hätten, dem göttlichen Gesetz Gehorsam zu leisten".

Andere, die gleichfalls behaupteten, daß die Auserwählten weder von der Gnade abfallen noch der göttlichen Gunst verlustig gehen könnten, kamen zu der noch schrecklicheren Annahme, daß „die bösen Handlungen, welche sie begehen, in Wirklichkeit nicht sündhaft seien noch als Übertretung des göttlichen Gesetzes betrachtet werden könnten, und daß sie folglich keinen Grund hätten, ihre Sünden zu bekennen, noch sich von ihnen durch Buße abzuwenden".[15] Deshalb erklärten sie, daß selbst eine der gröbsten Sünden, „die allgemein als eine schreckliche Übertretung des Gesetzes Gottes betrachtet werde, in Gottes Augen keine Sünde sei", wenn sie von einem seiner Auserwählten begangen werde, „da es eins der wesentlichen und auszeichnenden Merkmale der Auserwählten des Herrn sei, nichts tun zu können, das entweder nicht wohlgefällig vor Gott oder durch das Gesetz verboten ist".

Diese ungeheuerlichen Lehren sind wesentlich die gleichen wie die späteren Lehren der beim Volke beliebten Erzieher und Theologen: daß es kein unveränderliches göttliches Gesetz als Richtmaß des Rechtes gebe, sondern daß der Maßstab der Sittlichkeit durch die Gesellschaft selbst bestimmt wird und beständig dem Wechsel unterworfen war. Alle diese Gedanken sind von demselben Geisterfürsten eingegeben, der einst unter den sündlosen Bewohnern des Himmels sein Werk anfing und versuchte, die gerechten Einschränkungen des Gesetzes Gottes zu beseitigen.

Die Lehre von der Unverbrüchlichkeit der göttlichen Verordnung, die ein für allemal das Wesen des Menschen bestimmt, hat viele zu einer wirklichen Verwerfung des Gesetzes Gottes geführt. Wesley trat den Irrtümern der gesetzesfeindlichen (antinomistischen) Lehrer standhaft entgegen und zeigte, daß diese Lehre, die zur Gesetzesverwerfung führte, der Heiligen Schrift zuwiderlief. „Denn es ist erschienen die heilsame Gnade Gottes *allen Menschen.*" — „Denn solches ist gut und angenehm vor Gott, unserm Heiland, welcher will,

15 McClintock und Strongs Enzyklopädie, Art. Antinomians

daß *allen Menschen* geholfen werde und sie zur Erkenntnis der Wahrheit kommen. Denn es ist *ein* Gott und *ein* Mittler zwischen Gott und den Menschen, nämlich der Mensch Christus Jesus, der sich selbst gegeben hat für *alle* zur Erlösung."[16] Der Geist Gottes wird in reichlichem Maße verliehen, um jeden Menschen zu befähigen, das Heil zu ergreifen. So erleuchtet Christus, „das wahrhaftige Licht, ... alle Menschen ..., die in diese Welt kommen".[17] Die Menschen verlieren das Heil durch ihre eigene vorsätzliche Weigerung, die Gabe des Lebens anzunehmen.

Als Antwort auf den Anspruch, daß beim Tode Christi die Zehn Gebote mit dem Zeremonialgesetz abgeschafft worden seien, entgegnete Wesley: „Das Sittengesetz, wie es in den Zehn Geboten enthalten und von den Propheten eingeschärft worden ist, hat er nicht abgetan. Es war nicht der Zweck seines Kommens, irgendeinen Teil davon abzuschaffen. Es ist dies ein Gesetz, das nie gebrochen werden kann, das feststeht wie der treue Zeuge im Himmel... Es war von Anbeginn der Welt und wurde nicht auf steinerne Tafeln, sondern in die Herzen aller Menschenkinder geschrieben, als sie aus der Hand des Schöpfers hervorgingen. Und wie sehr auch die einst von Gottes Finger geschriebenen Buchstaben jetzt durch die Sünde verwischt sein mögen, so können sie doch nicht gänzlich ausgetilgt werden, solange uns ein Bewußtsein von gut und böse bleibt. Jeder Teil dieses Gesetzes muß für alle Menschen und zu allen Zeitaltern in Kraft bleiben; da es nicht von Zeit oder Ort noch von irgendwelchen andern dem Wechsel unterworfenen Umständen, sondern von der Natur Gottes und der Natur der Menschen und ihren unveränderlichen Beziehungen zueinander abhängig ist.

‚Ich bin nicht gekommen, aufzulösen, sondern zu erfüllen...'[18] Unzweifelhaft meint er hier (in Übereinstimmung mit alledem, was vorangeht und folgt): Ich bin gekommen, es in seiner Vollkommenheit aufzurichten, trotz aller menschlichen Deutungen; ich bin gekommen, alles, was in ihm dunkel und undeutlich war, in ein volles und klares Licht zu stellen; ich bin gekommen, die wahre und volle Bedeutung jedes Teiles zu erklären, die Länge und Breite und die ganze Tragweite eines jeglichen darin enthaltenen Gebotes sowie die Höhe und Tiefe,

16 Tit. 2, 11; 1. Tim. 2, 3–6 17 Joh. 1, 9 18 Matth. 5, 17

dessen unbegreifliche Reinheit und Geistlichkeit in allen seinen Zweigen zu zeigen." [19]

Wesley verkündigte die vollkommene Übereinstimmung zwischen Gesetz und Evangelium und erklärte: „Es besteht deshalb die denkbar innigste Verbindung zwischen dem Gesetz und dem Evangelium. Einerseits bahnt das Gesetz beständig den Weg für das Evangelium und weist uns darauf hin, anderseits führt uns das Evangelium beständig zu einer genaueren Erfüllung des Gesetzes. Das Gesetz zum Beispiel verlangt von uns, Gott und den Nächsten zu lieben und sanftmütig, demütig oder heilig zu sein. Wir fühlen, daß wir hierzu nicht tüchtig sind, ja daß dies dem Menschen unmöglich ist. Aber wir sehen eine Verheißung Gottes, uns diese Liebe zu geben und uns demütig, sanftmütig und heilig zu machen. Wir ergreifen dies Evangelium, diese frohe Botschaft; uns geschieht nach unserem Glauben, und die Gerechtigkeit des Gesetzes wird in uns erfüllt durch den Glauben an Christus Jesus...

Die größten Feinde des Evangeliums Christi sind die, welche offen und ausdrücklich das Gesetz richten und übel davon reden, welche die Menschen lehren, das ganze Gesetz, nicht nur eins seiner Gebote, sei es das geringste oder das größte, sondern sämtliche Gebote zu brechen (aufzuheben, zu lösen, seine Verbindlichkeit zu beseitigen)... Höchst erstaunlich ist es, daß die, welche sich dieser starken Täuschung ergeben haben, wirklich glauben, Christus dadurch zu ehren, daß sie sein Gesetz umstoßen, und wähnen, sein Amt zu verherrlichen, während sie seine Lehre vernichten! Ach, sie ehren ihn gerade wie Judas tat, als er sagte: ‚Gegrüßet seist du, Rabbi! und küßte ihn.' Wohl mag der Herr ebenso billig zu einem jeglichen von ihnen sagen: ‚Verrätst du des Menschen Sohn mit einem Kuß?' [20] Irgendeinen Teil seines Gesetzes auf leichtfertige Weise beiseitezusetzen unter dem Vorwand, sein Evangelium zu fördern, ist nichts anderes, als ihn mit einem Kuß zu verraten, von seinem Blute zu reden und seine Krone wegzunehmen. In der Tat kann keiner dieser Anschuldigung entgehen, der den Glauben in einer Weise verkündigt, die direkt oder indirekt dahin führt, irgendeinen Teil des Gehorsams beiseitezusetzen – keiner, der Jesus Christus also predigt, daß dadurch irgendwie selbst das geringste der

19 Wesley's Works, „Sermon 25"

20 Matth. 26, 49; Luk. 22, 48

heiligen Gebote Gottes ungültig gemacht, geschwächt oder aufgehoben werde."[21]

Denen, die darauf bestanden, daß „das Predigen des Evangeliums allen Zwecken des Gesetzes entspreche", erwiderte Wesley: „Dies leugnen wir gänzlich. Es kommt schon dem allerersten Endzweck des Gesetzes nicht nach, nämlich die Menschen der Sünde zu überführen und die, welche noch immer am Rande der Hölle schlafen, aufzurütteln." Der Apostel Paulus erklärt: „Durch das Gesetz kommt Erkenntnis der Sünde";[22] „und nicht ehe der Mensch sich der Schuld bewußt ist, wird er wirklich die Notwendigkeit des versöhnenden Blutes Christi fühlen... Wie unser Heiland auch selbst sagt: ‚Die Gesunden bedürfen des Arztes nicht, sondern die Kranken.'[23] Es ist deshalb töricht, den Gesunden oder denen, die sich gesund wähnen, einen Arzt aufzudrängen. Sie müssen erst überzeugt sein, daß sie krank sind, sonst werden sie keine Hilfe verlangen. Ebenso töricht ist es, demjenigen Christus anzubieten, dessen Herz noch ganz und unzerbrochen ist."[24]

So bemühte sich Wesley, während er das Evangelium von der Gnade Gottes predigte, gleich seinem Herrn, „das Gesetz herrlich und groß" zu machen. Gewissenhaft führte er das ihm von Gott anvertraute Werk aus, und herrlich waren die Ergebnisse, die er sehen durfte. Am Ende eines über achtzigjährigen Lebens, von dem er mehr als ein halbes Jahrhundert als Wanderprediger zugebracht hatte, betrug die Zahl der sich zu ihm bekennenden Anhänger mehr als eine halbe Million Seelen. Doch die Menge, die durch sein Wirken aus dem Verderben und der Erniedrigung der Sünde zu einem höheren und reinerem Leben erhoben worden war, und die Zahl derer, die durch seine Lehre eine tiefere und reichere Erfahrung gewonnen hatten, werden wir erst erfahren, wenn die gesamte Familie der Erlösten in das Reich Gottes gesammelt werden wird. Wesleys Leben bietet jedem Christen eine Lehre von unschätzbarem Wert. Mögen sich doch der Glaube und die Demut, der unermüdliche Eifer und die Selbstaufopferung und Hingabe dieses Dieners Jesu Christi in den heutigen Gemeinden widerspiegeln!

21 Wesley's Works, „Sermon 25"
22 Röm. 3, 20
23 Luk. 5, 31
24 Wesley's Works, „Sermon 35"

Die Bibel und die Französische Revolution

15

Im 16. Jahrhundert hatte die Reformation, die dem Volk die Bibel zugänglich machte, in allen Ländern Europas Eingang gesucht. Einige Nationen hießen sie mit Freuden als einen Boten vom Himmel willkommen. In andern Ländern gelang es dem Papsttum in erheblichem Maße, ihren Eingang zu verhindern. Das Licht biblischer Erkenntnis mit seinem veredelnden Einfluß war nahezu gänzlich erloschen. In einem Lande allerdings wurde das Licht, obgleich es Eingang gefunden hatte, von der Finsternis nicht begriffen. Jahrhundertelang kämpften Wahrheit und Irrtum um die Oberherrschaft. Schließlich siegte das Böse, und die Wahrheit des Himmels wurde hinausgestoßen. „Das ist aber das Gericht, daß das Licht in die Welt gekommen ist, und die Menschen liebten die Finsternis mehr als das Licht."[1] Diese Nation mußte die Folgen ihrer Wahl tragen. Der Einhalt gebietende Einfluß des Geistes Gottes wurde einem Volk, das seine Gnadengabe verachtet hatte, entzogen. Gott ließ das Böse ausreifen, und alle Welt sah die Früchte der vorsätzlichen Verwerfung des Lichtes.

Der in Frankreich viele Jahrhunderte lang gegen die Bibel geführte Kampf erreichte in den Geschehnissen der Revolution* seinen Höhepunkt. Jener schreckliche Ausbruch war die unausbleibliche Folge der von Rom geübten Unterdrückung der Heiligen Schrift.** Er bot der Welt das schlagendste Beispiel von der Wirkung der päpstlichen Politik: eine Darstellung der Folgen, auf die die Lehren der römischen Kirche mehr als ein Jahrtausend zugesteuert hatten.

Die Unterdrückung der Heiligen Schrift während der päpstlichen Oberherrschaft wurde von den Propheten vorhergesagt; auch der

1 Joh. 3, 19

Schreiber der Offenbarung weist auf die schrecklichen Folgen hin, die besonders Frankreich von der Herrschaft des „Menschen der Sünde“ [2] erwachsen sollten.

Der Engel des Herrn sagte: „Die heilige Stadt werden sie zertreten zweiundvierzig Monate. Und ich will meinen zwei Zeugen geben, daß sie sollen weissagen tausendzweihundertundsechzig Tage, angetan mit Säcken... Und wenn sie ihr Zeugnis geendet haben, so wird das Tier, das aus dem Abgrund aufsteigt, mit ihnen einen Streit halten und wird sie überwinden und wird sie töten. Und ihre Leichname werden liegen auf der Gasse der großen Stadt, die da heißt geistlich ‚Sodom und Ägypten‘, da auch ihr Herr gekreuzigt ist... Und die auf Erden wohnen, werden sich freuen über sie und wohlleben und Geschenke untereinander senden; denn diese zwei Propheten quälten die auf Erden wohnten. Und nach drei Tagen und einem halben fuhr in sie der Geist des Lebens von Gott, und sie traten auf ihre Füße; und eine große Furcht fiel über die, so sie sahen.“ [3]

Die hier erwähnten „zweiundvierzig Monate“ und „tausendzweihundertsechzig Tage“ sind ein und dieselbe Zeitangabe. Beide bezeichnen die Zeit, als die Gemeinde Christi von Rom unterdrückt wurde. Die 1260 Jahre päpstlicher Oberherrschaft begannen mit dem Jahre 538 n. Chr. und mußten demnach 1798 ablaufen. * Zu dieser Zeit drang eine französische Armee in Rom ein und nahm den Papst gefangen, der später in der Verbannung starb. Wenn auch bald darauf ein neuer Papst gewählt wurde, so hat die päpstliche Priesterherrschaft doch nie wieder die Macht auszuüben vermocht, die sie ehedem besessen hatte.

Die Verfolgung der Gemeinde Christi erstreckte sich nicht bis an das Ende der 1260 Jahre. Aus Erbarmen mit seinem Volk verkürzte Gott die Zeit der Feuerprobe. In seiner Weissagung von der „großen Trübsal“, welche die Gemeinde heimsuchen sollte, sagte der Heiland: „Wo diese Tage nicht würden verkürzt, so würde kein Mensch selig; aber um der Auserwählten willen werden die Tage verkürzt.“ [4] Durch den Einfluß der Reformation wurde die Verfolgung schon vor dem Jahre 1798 eingestellt.

Über die zwei Zeugen sagt der Prophet ferner: „Diese sind die zwei Ölbäume und zwei Fackeln, stehend vor dem Herrn der Erde.“ Der

2 2. Thess. 2, 3 3 Offb. 11, 2–11 4 Matth. 24, 22

Psalmist erklärt: „Dein Wort ist meines Fußes Leuchte und ein Licht auf meinem Wege."[5] Die beiden Zeugen stellen die Schriften des Alten und Neuen Testaments dar. Beide sind wichtige Zeugnisse für den Ursprung und die Fortdauer des Gesetzes Gottes. Beide sind gleichfalls Zeugen für den Heilsplan. Die Vorbilder, die Opfer und die Weissagungen des Alten Testaments weisen auf den kommenden Erlöser hin. Die Evangelien und die Briefe des Neuen Testaments berichten von einem Heiland, der genauso gekommen ist, wie es die Vorbilder und die Weissagungen vorhergesagt hatten.

„Sie sollen weissagen tausendzweihundertsechzig Tage, angetan mit Säcken." Während des größeren Teiles dieser Zeit blieben Gottes Zeugen im Verborgenen. Die päpstliche Macht versuchte das Wort der Wahrheit vor dem Volk zu verbergen und stellte falsche Zeugen auf, die dem Zeugnis des Volkes widersprechen sollten. Als die Bibel von kirchlichen und weltlichen Behörden verbannt* und ihr Zeugnis verfälscht wurde und man allerlei Versuche unternahm, die Menschen und Dämonen nur ersinnen konnten, um die Gemüter des Volkes von ihr abzulenken; als die, welche es wagten, ihre heiligen Wahrheiten zu verkündigen, gehetzt, verraten, gequält, in Gefängniszellen begraben, um ihres Glaubens willen getötet oder in die Festen der Berge und in die Schluchten und Höhlen der Erde zu fliehen gezwungen wurden, — da weissagten die Zeugen in Säcken. Dennoch setzten sie ihr Zeugnis während der ganzen 1260 Jahre fort. In den dunkelsten Zeiten gab es treue Männer, die Gottes Wort liebten und um seine Ehre eiferten. Diesen treuen Knechten wurde Weisheit, Macht und Stärke verliehen, während dieser ganzen Zeit seine Wahrheit zu verkündigen.

„Und so jemand sie will schädigen, so geht Feuer aus ihrem Munde und verzehrt ihre Feinde; und so jemand sie will schädigen, der muß also getötet werden."[6] Die Menschen können nicht ungestraft das Wort Gottes mit Füßen treten. Die Bedeutung dieser schrecklichen Drohung wird uns im letzten Kapitel der Offenbarung gegeben: „Ich bezeuge allen, die da hören die Worte der Weissagung in diesem Buch: So jemand dazusetzt, so wird Gott zusetzen auf ihn die Plagen, die in diesem Buch geschrieben stehen. Und so jemand davontut von den Worten des Buchs dieser Weissagung, so wird Gott abtun sein

5 Offb. 11, 4; Ps. 119, 105 6 Offb. 11, 5

Teil vom Holz des Lebens und von der heiligen Stadt, davon in diesem Buch geschrieben ist.“ [7]

Das sind Warnungen, die Gott gegeben hat, um den Menschen zu wehren, auf irgendeine Weise zu verändern, was er offenbart oder geboten hat. Diese ernsten Drohungen richten sich an alle, die durch ihren Einfluß die Menschen veranlassen, das Gesetz Gottes geringzuachten. Sie sollen jene in Furcht und Zittern versetzen, die leichtfertig behaupten, es bedeute wenig, ob wir Gottes Gesetz halten oder nicht. Alle, die ihre eigenen Ansichten über die göttliche Offenbarung erheben; alle, die die klaren Aussagen des Wortes Gottes ihrer eigenen Bequemlichkeit oder der Meinung der Welt anpassen möchten, laden eine furchtbare Verantwortung auf sich. Das geschriebene Wort, das Gesetz Gottes, wird den Charakter aller messen und alle verdammen, deren Charakter diesem unfehlbaren Prüfstein nicht entspricht.

„Wenn sie ihr Zeugnis geendet haben“: der Zeitabschnitt, in dem die zwei Zeugen, mit Säcken angetan, weissagten, endete 1798. Wenn ihr Werk im Verborgenen sich seinem Ende nähern würde, sollte die Macht, die als „das Tier, das aus dem Abgrund aufsteigt“, dargestellt wird, mit ihnen in Streit geraten. In vielen europäischen Nationen waren die Mächte, die in Kirche und Staat das Zepter führten, seit Jahrhunderten von Satan beherrscht worden. Doch hier wird uns eine neue Bekundung satanischer Macht vor Augen geführt.

Unter dem Vorwand der Ehrfurcht vor der Bibel hatte Roms Politik diese in einer unbekannten Sprache verschlossen und vor dem Volke verborgen gehalten. Unter dieser Herrschaft weissagten die Zeugen „angetan mit Säcken“. Aber eine andere Macht — das Tier aus dem Abgrund — sollte sich erheben und Gottes Wort den Krieg erklären.

Die „große Stadt“, in deren Gassen die Zeugen erschlagen wurden und wo ihre Leichname lagen, heißt „geistlich ... Ägypten“. Die biblische Geschichte sagt uns von keiner Nation, die das Dasein des lebendigen Gottes dreister verleugnete und sich seinen Geboten mehr widersetzte als Ägypten. Kein Monarch wagte je eine offenere oder vermessenere Empörung gegen die Autorität des Himmels als der König Ägyptens. Als Mose ihm im Namen des Herrn dessen Botschaft brachte, gab Pharao stolz zur Antwort: „Wer ist der Herr, des Stimme

7 Offb. 22, 18. 19

ich hören müsse und Israel ziehen lassen? Ich weiß nichts von dem Herrn, will auch Israel nicht lassen ziehen." [8] Dies ist Gottesleugnung, und die durch Ägypten versinnbildete Nation sollte die Ansprüche des lebendigen Gottes in ähnlicher Weise verleugnen und den gleichen ungläubigen und herausfordernden Geist an den Tag legen. Die „große Stadt" wird auch geistlich mit Sodom verglichen. Die Verderbtheit Sodoms in der Übertretung des Gesetzes Gottes bekundete sich ganz besonders in seinem zuchtlosen Verhalten. Diese Sünde war ebenfalls ein sehr hervorstechender Zug des Volkes, das die Einzelheiten dieser Schriftstelle erfüllen sollte.

Nach den Angaben des Propheten sollte sich kurz vor dem Jahre 1798 eine Macht satanischen Ursprungs und Charakters wider die Bibel erheben. Und in dem Lande, in dem das Zeugnis der beiden Zeugen Gottes auf diese Weise zum Schweigen gebracht werden sollte, würde sich die Gottesleugnung Pharaos und die Unzucht Sodoms offenbaren.

Diese Weissagung hat in der Geschichte Frankreichs eine überaus genaue und treffende Erfüllung gefunden. Während der Revolutionszeit, im Jahre 1793, „hörte die Welt zum erstenmal, daß eine Versammlung von Männern, die gesittet geboren und erzogen waren und sich das Recht anmaßten, eine der schönsten Nationen Europas zu regieren, ihre vereinte Stimme erhob, um die feierlichste Wahrheit, welche die Seele des Menschen empfangen kann, zu verleugnen und einstimmig den Glauben an Gott und die Anbetung der Gottheit zu verwerfen". [9] – „Frankreich ist die einzige Nation in der Welt, von der berichtet wird, daß sie als Nation ihre Hand in offener Empörung gegen den Schöpfer des Weltalls erhoben hat. Es gab und gibt noch eine Menge von Lästerern und Ungläubigen in England, Deutschland, Spanien und anderswo; aber Frankreich steht in der Weltgeschichte als einziger Staat da, der durch den Erlaß seiner gesetzgebenden Versammlung erklärte, daß es keinen Gott gebe, in dessen Hauptstadt sämtliche Bewohner, und eine ungeheure Menge anderswo, Weiber und Männer, vor Freude sangen und tanzten, als sie die Bekanntmachung empfingen." [10]

8 2. Mose 5, 2
9 Scott, „Life of Napoleon Buonaparte", Bd. I, Kap. 17
10 Blackwood's Magazine, November 1870

Frankreich zeigte die Merkmale, die Sodom besonders gekennzeichnet hatten. Während der Revolution herrschte ein Zustand sittlicher Erniedrigung und Verderbtheit ähnlich dem, der einst den Untergang über die Städte Sodom und Gomorra brachte. Ein Historiker spricht über die Gottesleugnung und die Unzucht Frankreichs, wie sie uns in der Weissagung vorhergesagt sind: „Eng verbunden mit diesen religionsfeindlichen Gesetzen war jenes, welches das Ehebündnis — die heiligste Verbindung, das menschliche Wesen eingehen können, und deren Dauerhaftigkeit am meisten zur Festigung der Gesellschaft beiträgt — auf die Stufe eines rein bürgerlichen Übereinkommens vorübergehender Natur herabwürdigte, welches irgendwelche zwei Personen miteinander treffen und nach Willkür wieder lösen konnten... Hätten böse Geister es unternommen, ein Verfahren zu entdecken, welches auf die wirksamste Weise alles zugrunde richtet, was sich an Ehrwürdigem, Anmutigem oder Dauerhaftem im Familienleben bietet, und hätten sie gleicherzeit die Zusicherung gehabt, daß das Unheil, das sie anzurichten beabsichtigten, von einem Geschlecht auf das andere fortgepflanzt werden sollte, so hätten sie keinen wirksameren Plan ersinnen können als die Herabwürdigung der Ehe... Sophie Arnould, eine durch ihren geistreichen Witz berühmte Sängerin, beschrieb die republikanische Hochzeit als das ‚Sakrament des Ehebruchs'." [11]

„Da auch ihr Herr gekreuzigt ist." Dieses Merkmal der Weissagung erfüllte Frankreich ebenfalls. In keinem Land hatte sich der Geist der Feindschaft wider Christus auffallender entfaltet. Nirgends ist die Wahrheit auf bittereren oder grausameren Widerstand gestoßen. In den Verfolgungen, mit denen Frankreich die Bekenner des Evangeliums heimsuchte, hatte es Christus in der Person seiner Jünger gekreuzigt.

Jahrhundertelang war das Blut der Heiligen vergossen worden. Während die Waldenser in den Gebirgen Piemonts um des Wortes Gottes und des Zeugnisses Jesu Christi willen ihr Leben ließen, hatten ihre Brüder, die Albigenser in Frankreich, ein ähnliches Zeugnis für die Wahrheit abgelegt. In den Tagen der Reformation waren ihre Anhänger unter schrecklichsten Qualen hingerichtet worden. König und Adel, hochgeborene Frauen und zarte Mädchen, der Stolz und Glanz

11 Scott, Bd. I, Kap. 17

der Nation, ergötzten sich an den Leiden der Märtyrer Jesu. Die tapferen Hugenotten hatten im Kampf um die Rechte, die das menschliche Herz für die heiligsten hält, ihr Blut auf manchem heftig umstrittenen Feld dahingegeben. Die Protestanten wurden für vogelfrei erklärt. Man setzte Kopfpreise aus und hetzte sie von Ort zu Ort wie wilde Tiere.

Im 18. Jahrhundert hielt die „Gemeinde in der Wüste", die wenigen Nachkommen der alten Christen, die versteckt in den Gebirgen des südlichen Frankreichs übriggeblieben waren, noch immer am ehrwürdigen Glauben ihrer Väter fest. Wagten sie es, sich nachts an den Gebirgsabhängen oder auf der einsamen Heide zu versammeln, wurden sie von den Dragonern verfolgt und zu lebenslänglicher Gefangenschaft auf die Galeeren geschleppt. Die Reinsten, die Gebildetsten und Verständigsten der Franzosen wurden unter schrecklichen Qualen mit Räubern und mit Meuchelmördern zusammengekettet.[12] Andern widerfuhr eine barmherzigere Behandlung: sie wurden, während sie unbewaffnet und hilflos betend auf die Knie fielen, kaltblütig niedergeschossen. Hunderte von betagten Männern, wehrlosen Frauen und unschuldigen Kindern wurden am Versammlungsort tot auf dem Boden liegend zurückgelassen. Beim Durchstreifen der Gebirgsabhänge oder der Wälder, wo sie sich gewöhnlich versammelten, waren nicht selten „alle vier Schritte Leichname auf dem Rasen oder an den Bäumen hängend zu finden". Ihr Land, von Schwert, Henkerbeil und Feuerbrand verwüstet, „wurde zu einer großen düsteren Wildnis... Diese Greuel wurden nicht in dem finsteren Zeitalter ..., sondern in jener glänzenden Zeitperiode Ludwigs XIV. begangen. Die Wissenschaften wurden damals gepflegt, die Literatur blühte, die Geistlichkeit des Hofes und der Hauptstadt waren gelehrte und beredte Männer, welche sich gern mit dem Anschein der Demut und der Liebe zierten."[13]

Doch das schwärzeste in dem schwarzen Verzeichnis der Verbrechen, die schrecklichste unter den höllischen Taten aller Schreckensjahrhunderte war die blutige Bartholomäusnacht (1572). Noch erinnert sich die Welt mit Schaudern und Entsetzen jenes besonders grausamen und feigen Gemetzels. Der König von Frankreich genehmigte, durch römische Priester und Prälaten gedrängt, das schreckliche Werk. Eine

12 Wylie, „History of Protestantism", 22. Buch, Kap. 6

13 Wylie, 22. Buch, Kap. 7

Glocke gab in nächtlicher Stille das Zeichen zum Blutbad. Tausende von Hugenotten, die ruhig in ihren Wohnungen schliefen und sich auf die verpfändete Ehre des Königs verließen, wurden ohne Warnung hervorgeschleppt und kaltblütig niedergemacht.

Wie Christus unsichtbar sein Volk aus der ägyptischen Knechtschaft führte, so unsichtbar leitete Satan seine Untertanen in diesem schrecklichen Werk, die Zahl der Märtyrer zu vergrößern. Sieben Tage lang wurde das Gemetzel in Paris fortgesetzt; an den ersten drei Tagen mit unbegreiflicher Raserei. Auf besonderen Befehl des Königs erstreckte es sich nicht nur auf Paris selbst, sondern auch auf alle Provinzen und Städte, in denen sich Protestanten befanden. Weder Alter noch Geschlecht wurde geachtet, weder der unschuldige Säugling noch der Greis blieben verschont. Der Adlige wie der Bauer, alt und jung, Mutter und Kind wurden zusammen niedergehauen. Das Gemetzel hielt in ganz Frankreich zwei Monate lang an. Siebzigtausend der Besten der Nation kamen ums Leben.

„Als die Nachricht von dem Blutbad Rom erreichte, kannte die Freude der Geistlichkeit keine Grenzen. Der Kardinal von Lothringen belohnte den Boten mit tausend Kronen, der Domherr von St. Angelo ließ hundert Freudenschüsse abgeben, die Glocken läuteten von jedem Turm, Freudenfeuer verwandelten die Nacht in einen Tag, und Gregor XIII. zog, begleitet von den Kardinälen und andern geistlichen Würdenträgern, in einer großen Prozession nach der Kirche von St. Ludwig, wo der Kardinal von Lothringen ein Tedeum sang... Zur Erinnerung an das Gemetzel wurde eine Gedenkmünze geprägt, und im Vatikan kann man drei Freskogemälde von Vasari sehen, welche den Angriff auf den Admiral, den König, wie er im Rate das Hinschlachten plante, und das Blutbald selbst darstellen. Gregor sandte Karl die goldene Rose und hörte vier Monate später ... ruhigen Gemüts die Predigt eines französischen Priesters an ..., der von jenem ‚Tage des Glücks und der Freude sprach, als der Heilige Vater die Nachricht empfing und höchst feierlich hinging, um Gott und St. Ludwig seinen Dank darzubringen'." [14]

Der gleiche mächtige Geist, der zu dem Blutbad in der Bartholomäusnacht den Antrieb gab, bekundete sich auch in den Ereignissen

14 White, „The Massacre of St. Bartholomew", Kap. 14, 34. Abschnitt

der Revolution. Jesus Christus wurde als Betrüger hingestellt, und der gemeinsame Kampfruf der französischen Gottesleugner hieß: „Nieder mit dem Elenden!“, womit sie Christus meinten. Den Himmel herausfordernde Lästerung und abscheuliche Gottlosigkeit gingen Hand in Hand. Die gemeinsten Menschen, die verwahrlosesten Ungeheuer, voller Grausamkeit und Laster, wurden aufs höchste erhoben. Durch all dieses Geschehen wurde Satan die äußerste Huldigung gezollt, während man Christus mit seinen Eigenschaften der Wahrheit, der Reinheit und der selbstlosen Liebe kreuzigte.

„So wird das Tier, das aus dem Abgrund aufsteigt, mit ihnen einen Streit halten und wird sie überwinden und wird sie töten.“ Die gottesleugnerische Macht, die in Frankreich während der Revolution und der nachfolgenden Schreckensherrschaft das Zepter führte, unternahm einen solchen Krieg gegen Gott und sein heiliges Wort, wie ihn die Welt noch nie gesehen hatte. Die Anbetung Gottes wurde von der Nationalversammlung verboten. Bibeln wurden eingesammelt und unter jedem möglichen Zeichen der Verachtung öffentlich verbrannt. Das Gesetz Gottes trat man mit Füßen. Biblische Einrichtungen wurden abgeschafft. Den wöchentlichen Ruhetag hob man auf; statt diesem widmete man jeden zehnten Tag der Lustbarkeit und der Gotteslästerung. Taufe und Abendmahl wurden verboten. Über den Grabstätten deutlich sichtbar angebrachte Inschriften erklärten den Tod für einen ewigen Schlaf.

Die Gottesfurcht, behauptete man, sei nicht der Anfang der Weisheit, sondern vielmehr der Anfang der Torheit. Jegliche Verehrung, ausgenommen die der Freiheit und des Vaterlandes, wurde untersagt. Der „konstitutionelle Bischof von Paris wurde herbeigeholt, um in der schamlosesten und anstößigsten Posse, die sich je vor einer Nationalvertretung abspielte, die Hauptrolle zu übernehmen... Man führte ihn in einer förmlichen Prozession vor, um der Versammlung zu erklären, daß die Religion, welche er so viele Jahre lang gelehrt hatte, in jeglicher Hinsicht ein Stück Pfaffentrug ohne irgendeinen Grund in der Geschichte noch in der heiligen Wahrheit sei. Er verleugnete mit feierlichen und deutlichen Worten das Dasein der Gottheit, zu deren Dienst er eingesegnet worden war, und widmete sich in Zukunft der Verehrung der Freiheit, Gleichheit, Tugend und Sittlichkeit. Dann legte er seinen bischöflichen Schmuck auf den Tisch und empfing eine brüderliche Umarmung von dem Präsidenten des Konvents. Verschiedene abgefallene Priester folgten dem würdelosen Beispiel dieses Prälaten." [15]

„Und die auf Erden wohnen, werden sich freuen über sie und wohlleben und Geschenke untereinander senden; denn diese zwei Propheten quälten die auf Erden wohnten." Das ungläubige Frankreich hatte die strafende Stimme jener beiden Zeugen Gottes zum Schweigen gebracht. Das Wort Gottes lag erstorben auf seinen Straßen, und alle, die die Einschränkungen und Forderungen des Gesetzes Gottes haßten, frohlockten. Öffentlich forderten Menschen den König des Himmels heraus. Wie vor alters die Sünder, riefen sie aus: „Was merkt Gott? Weiß der Höchste überhaupt etwas?" [16]

Mit lästerlicher Vermessenheit, die beinahe alle Glaubwürdigkeit übersteigt, sagte einer der Priester dieser neuen Art: „Gott, so du existierst, räche deinen beleidigten Namen. Ich biete dir Trotz! Du schweigst! Du wagst es nicht, deine Donner zu schleudern! Wer wird hinfort an dein Dasein glauben?" [17] Welch ein Widerhall der Forderung Pharaos: „Wer ist der Herr, des Stimme ich hören müsse? ... Ich weiß nichts von dem Herrn."

„Die Toren sprechen in ihrem Herzen: Es ist kein Gott." [18] Und der Herr erklärt von den Verfälschern seiner Wahrheit: „Ihre Torheit wird offenbar werden jedermann." [19] Nachdem Frankreich sich von der Anbetung des lebendigen Gottes, des „Hohen und Erhabenen, der ewiglich wohnt", losgesagt hatte, verstrich nur kurze Zeit, bis es zu erniedrigendem Götzendienst herabsank, indem es die Göttin der Vernunft in der Person eines lasterhaften Frauenzimmers anbetete — dies in der Nationalversammlung, durch die Vertreter des Volkes und durch seine höchsten zivilen und gesetzgebenden Behörden! Ein Geschichtsschreiber sagt: „Eine der Zeremonien dieser wahnsinnigen Zeit steht unübertroffen da wegen ihrer mit Gottlosigkeit verbundenen Abgeschmacktheit. Die Tore des Konvents wurden einer Schar von Musikanten geöffnet, der in feierlichem Zuge die Mitglieder der Stadtbehörde folgten, während sie ein Loblied auf die Freiheit sangen und

15 Scott, Bd. I, Kap. 17
16 Ps. 73, 11, Schlachter
17 Lacretelle, „Histoire de la Révolution française jusqu'au 18 et 19 brumaire", Bd. IX, S. 309
18 Ps. 14, 1
19 2. Tim. 3, 9

den Gegenstand ihrer zukünftigen Anbetung, ein verschleiertes Frauenzimmer, welches sie die Göttin der Vernunft nannten, geleiteten. Als man sie innerhalb der Schranken gebracht, mit großer Förmlichkeit entschleiert und zur Rechten des Präsidenten hingesetzt hatte, erkannte man sie allgemein als eine Tänzerin aus der Oper... Dieser Person, der passendsten Vertreterin jener Vernunft, die man anbetete, brachte die Nationalversammlung Frankreichs öffentliche Huldigung dar.

Jene gottlose und lächerliche Mummerei wurde zu einem gewissen Brauch, und die Einsetzung der Göttin der Vernunft wurde in der ganzen Nation an allen Orten, wo die Bewohner sich auf der Höhe der Revolution zeigen wollten, erneuert und nachgeahmt." [20]

Der Redner, der die Anbetung der Vernunft einführte, sagte: „Mitglieder der gesetzgebenden Versammlung! Der Fanatismus ist der Vernunft gewichen. Seine getrübten Augen konnten den Glanz des Lichtes nicht ertragen. Heute hat sich eine unermeßliche Menge in den gotischen Gewölben versammelt, welche zum erstenmal von der Stimme der Wahrheit widerhallen. Dort haben die Franzosen die wahre Anbetung der Freiheit und der Vernunft vollzogen; dort haben wir neue Wünsche für das Glück der Waffen der Republik ausgesprochen; dort haben wir die leblosen Götzen gegen die Vernunft, dieses belebte Bild, das Meisterwerk der Natur, eingetauscht." [21]

Als die Göttin in den Konvent geführt wurde, nahm der Redner sie bei der Hand und sagte, indem er sich an die Versammlung wandte: „‚Sterbliche, hört auf vor dem ohnmächtigen Donner eines Gottes zu beben, den eure Furcht geschaffen hat. Hinfort erkennet keine Gottheit außer der Vernunft. Ich stelle euch ihr reinstes und edelstes Bild vor; müßt ihr Götter haben, so opfert nur solchen wie dieser... O Schleier der Vernunft, falle vor dem erlauchten Senat der Freiheit!...'

Nachdem der Präsident die Göttin umarmt hatte, wurde sie auf einen prächtigen Wagen gesetzt und inmitten eines ungeheuren Gedränges zur Liebfrauenkirche geführt, damit sie dort die Stelle der Gottheit einnehme. Dann wurde sie auf den Hochaltar gehoben und von allen Anwesenden verehrt." [22]

20 Scott, Bd. I, Kap. 17
21 Thiers, „Histoire de la Révolution française", Bd. II, S. 370. 371
22 Alison, „History of Europe from the Commencement of the French Revolution in 1789 to the Restoration of the Bourbons in 1815", Bd. I, Kap. 10

Bald darauf erfolgte die öffentliche Verbrennung der Bibel. Bei einem derartigen Anlaß betrat die „Gesellschaft der Volksfreunde" den Saal der höchsten Behörde mit dem Ruf: „Es lebe die Vernunft!" Auf der Spitze einer Stange trugen sie die halbverbrannten Überreste verschiedener Bücher, darunter Gebetbücher, Meßbücher und das Alte und Neue Testament, die, wie der Präsident sich ausdrückte, „in einem großen Feuer die gesamten Torheiten sühnten, die zu begehen sie das menschliche Geschlecht veranlaßt hatten".[23]

Das Papsttum hatte das Werk begonnen, das die Gottesleugner nun vollendeten. Roms Politik hatte jene gesellschaftlichen, politischen und religiösen Zustände zur Folge, die Frankreich dem Verderben zutrieben. Schriftsteller, die die Schrecken der Revolution schildern, sagen, daß jene Ausschreitungen dem Thron und der Kirche zur Last gelegt werden müssen. Ein gerechtes Urteil muß sie der Kirche zurechnen. Das Papsttum hatte Voreingenommenheit gegen die Reformation in die Gemüter der Könige gesät, als wäre sie ein Feind der Krone, eine Ursache zur Uneinigkeit, die sich dem Frieden und der Eintracht der Nation verhängnisvoll erwiese. Der Einfluß Roms führte auf diese Weise zu den entsetzlichsten Grausamkeiten und zur bittersten Unterdrückung, die je von einem Thron ausgegangen sind.

Der Geist der Freiheit zog mit der Bibel in die Herzen der Menschen ein. Wo das Evangelium Aufnahme fand, wurden die Gemüter der Menschen belebt. Sie fingen an, die Fesseln, die sie als Sklaven der Unwissenheit, des Lasters und des Aberglaubens gehalten hatten, abzuschütteln und wie Männer zu denken und zu handeln. Die Herrscher sahen es und fürchteten für ihre unumschränkte Gewalt.

Rom versäumte es nicht, ihre eifersüchtigen Befürchtungen zu nähren. Der Papst sagte im Jahre 1525 zu dem Regenten Frankreichs: „Diese Tollwut [der Protestantismus] wird nicht nur die Religion verwirren und verderben, sondern außerdem auch alle Fürsten- und Adelswürden, Gesetze, Orden und Rangunterschiede."[24] Einige Jahre später warnte ein päpstlicher Gesandter den König: „Sire, täuschen Sie sich nicht, die Protestanten werden die bürgerliche wie die religiöse Ordnung untergraben. . . Der Thron ist ebensosehr in Gefahr wie der

23 Jurnal von Paris, 1793, Nr. 318
24 Félice, „Geschichte der Protestanten Frankreichs", 1. Buch, Kap. 2, 8. Abschnitt, Leipzig, 1855

Altar. . . Die Einführung einer neuen Religion bringt notwendigerweise die einer neuen Regierung mit sich."[25] Theologen machten sich das Vorurteil des Volkes zunutze, indem sie erklärten, daß die protestantische Lehre „die Leute zu Neuerungen und Torheiten verlocke, dem Könige die aufopfernde Liebe seiner Untertanen raube und Kirche und Staat verheere". So gelang es Rom, Frankreich dahin zu bringen, daß es sich gegen die Reformation erhob. „Zur Erhaltung des Thrones, zur Bewahrung des Adels und zur Aufrechterhaltung der Gesetze wurde das Schwert der Verfolgung in Frankreich zuerst gezogen."[26]

Die Herrscher jenes Landes waren weit davon entfernt, die Folgen dieser verhängnisvollen Politik vorauszusehen. Die Lehren der Heiligen Schrift hätten in die Gemüter und Herzen des Volkes jene Grundsätze der Gerechtigkeit, Mäßigkeit, Wahrheit, Gleichheit und Wohltätigkeit eingepflanzt, die die eigentliche Grundlage zu seiner Wohlfahrt sind. „Gerechtigkeit erhöhet ein Volk"; „durch Gerechtigkeit wird der Thron befestigt".[27] „Und der Gerechtigkeit Frucht wird Friede sein", ja „ewige Stille und Sicherheit".[28] Wer das göttliche Gesetz hält, wird auch aufs getreueste die Gesetze seines Landes achten und ihnen gehorchen. Wer Gott fürchtet, wird den König in der Ausübung aller gerechten und gesetzlichen Macht ehren. Aber das unglückliche Frankreich verbot die Heilige Schrift und verbannte deren Anhänger. Ein Jahrhundert nach dem andern mußten aufrichtige, unbescholtene Männer – Männer mit guten Grundsätzen, von geistigem Scharfblick und sittlicher Kraft, die den Mut hatten, ihrer Überzeugung treu zu bleiben, und den Glauben besaßen, für die Wahrheit leiden zu können – als Sklaven auf den Galeeren arbeiten, auf dem Scheiterhaufen zugrunde gehen, in dumpfen Kerkerzellen vermodern, während sich Tausende und aber Tausende nur durch die Flucht den Verfolgungen entziehen konnten; und dies dauerte noch 250 Jahre nach Beginn der Reformation fort.

„Während jener langen Zeitspanne gab es unter den Franzosen wohl kaum ein Geschlecht, das nicht Zeuge gewesen wäre, wie Jünger des Evangeliums vor der wahnsinnigen Wut der Verfolger flohen und Bildung, Künste, Gewerbefleiß und Ordnungsliebe, in denen sie sich

25 D'Aubigné, Geschichte der Reformation zu den Zeiten Calvins", 2. Buch, Kap. 36
26 Wylie, 13. Buch, Kap. 4
27 Spr. 14, 34; 16, 12
28 Jes. 32, 17

in der Regel auszeichneten, mit sich nahmen und damit das Land, das ihnen Zuflucht bot, bereicherten. Im gleichen Verhältnis, wie andere Länder mit diesen guten Gaben beglückt wurden, verarmte ihr eigenes Land. Wären alle, die vertrieben wurden, in Frankreich geblieben, hätte die Geschicklichkeit dieser Verbannten in ihren Gewerben während der 300 Jahre auf heimatlicher Scholle befruchtend wirken können, wären in dieser langen Zeit ihre künstlerischen Anlagen dem heimatlichen Gewerbefleiß zugute gekommen, hätte ihr schöpferischer Geist und forschender Verstand die Literatur des Landes befruchtet und seine Wissenschaften gepflegt, hätte ihre Weisheit seine Beratungen geleitet, ihre Tapferkeit seine Schlachten geschlagen, ihre Unparteilichkeit seine Gesetze aufgestellt, hätte die Religion der Bibel den Geist des Volkes gestärkt und dessen Gewissen beherrscht – welche Herrlichkeit würde Frankreich an dem Tage umgeben haben! Welch großes, blühendes und glückliches Land – den Nationen ein Vorbild – würde es gewesen sein!

Aber eine blinde und unerbittliche Frömmelei jagte von seinem Boden jeden Lehrer der Tugend, jeden Streiter für Ordnung, jeden ehrlichen Verteidiger des Thrones; sie sagte zu den Menschen, die ihr Land zu einem Ruhm und zu einer Herrlichkeit auf Erden gemacht haben würden: Wählet, was ihr haben wollt, den Marterpfahl oder die Verbannung! Schließlich war das Verderben des Staates vollständig. Es blieb kein Gewissen mehr, das man ächten, keine Religion, die man auf den Scheiterhaufen schleppen, kein Patriotismus, den man in die Verbannung jagen konnte." Die Revolution mit all ihren Schrecken war die entsetzliche Folge.*

„Mit der Flucht der Hugenotten geriet Frankreich in allgemeinen Verfall. Blühende Fabrikstädte gingen zugrunde, fruchtbare Strecken verfielen in ihre ursprüngliche Wildnis, geistiger Stumpfsinn und sittlicher Verfall folgten einer Zeit ungewöhnlichen Fortschritts. Paris wurde ein ungeheures Armenhaus; man sagt, daß beim Ausbruch der Revolution 200 000 Arme um Unterstützung von der Hand des Königs nachsuchten. Nur der Jesuitenorden blühte in der verfallenden Nation und herrschte mit fürchterlicher Willkür über Kirchen und Schulen, über Gefängnisse und Galeeren." [29]

29 Wylie, 13. Buch, Kap. 20

Das Evangelium hätte Frankreich die Lösung jener politischen und sozialen Fragen gebracht, die die Geschicklichkeit seines Klerus, seines Königs und seiner Gesetzgeber durchkreuzten und schließlich die Nation in Zuchtlosigkeit und Verderben stürzten. Doch unter der Herrschaft Roms hatte das Volk die segensreichen Lehren des Heilandes über die Selbstaufopferung und selbstlose Liebe vergessen; man hatte es davon abgebracht, für das Wohl anderer Selbstverleugnung zu üben. Die Reichen wurden nicht dafür gerügt, daß sie die Armen unterdrückten; und die Armen blieben in ihrer Erniedrigung und Knechtschaft ohne Hilfe. Die Selbstsucht der Wohlhabenden und Mächtigen wurde immer augenscheinlicher und drückender. Jahrhundertelang hatte die Habgier und die Ruchlosigkeit des Adels die Bauern grausam erpreßt. Die Reichen übervorteilten die Armen, und die Armen haßten die Reichen.

In vielen Provinzen besaßen die Adligen das Land, und die arbeitenden Klassen waren nur Pächter, die von der Gnade der Gutsbesitzer abhingen und sich gezwungen sahen, deren übermäßigen Forderungen nachzukommen. Die Last, die Kirche und den Staat zu unterhalten, ruhte auf den mittleren und niederen Klassen, die von den zivilen Behörden und der Geistlichkeit schwer besteuert wurden. „Die Willkür des Adels galt als das höchste Gesetz; die Bauern und Landbewohner konnten verhungern, ohne daß die Unterdrücker sich darum gekümmert hätten. . . Die Leute sahen sich bei jeder Gelegenheit gezwungen, einzig und allein den Vorteil des Gutsbesitzers zu berücksichtigen. Das Leben der Landarbeiter war nichts als beständige Mühsal und ungelindertes Elend; ihre Klagen, falls sie es überhaupt wagten, solche vorzubringen, wurden mit beleidigender Verachtung abgewiesen. Die Gerichtshöfe liehen eher einem Adligen als einem Bauern Gehör. Bestechung der Richter wurde offenkundig betrieben, und die geringste Laune der Vornehmen hatte infolge dieser allgemeinen Verderbtheit Gesetzeskraft. Nicht einmal die Hälfte der den arbeitenden Klassen von den weltlichen Großen einerseits und der Geistlichkeit anderseits abgepreßten Steuern gelangten in die königliche oder kirchliche Schatzkammer; alles andere wurde in schändlicher Genußsucht verschleudert. Und die Leute, die auf diese Weise ihre Mitmenschen an den Bettelstab brachten, waren selbst aller Steuern enthoben und durch

Gesetze oder Brauchtum zu allen Staatsämtern berechtigt. Zu den bevorzugten Klassen zählten 150 000 Personen, und für deren Annehmlichkeiten wurden Millionen zu einem hoffnungslosen und herabwürdigenden Leben verdammt." *

Der Hof ergab sich der Üppigkeit und der Ausschweifung. Zwischen den Regierenden und den Untertanen bestand nur wenig Vertrauen. An alle Maßnahmen der Regierung heftete sich der Verdacht, daß sie hinterlistig und selbstsüchtig seien. Mehr als ein halbes Jahrhundert vor der Revolution bestieg Ludwig XV., der sich selbst in jenen bösen Zeiten als ein träger, leichtfertiger und sinnlicher Fürst auszeichnete, den Thron. Angesichts des verderbten und grausamen Adels, der verarmten und unwissenden unteren Klasse, der finanzieilen Verlegenheit des Staates und der Erbitterung des Volkes bedurfte es keines prophetischen Auges, um einen schrecklichen Ausbruch vorauszusehen. Auf die Warnungen seiner Ratgeber erwiderte der König gewöhnlich: „Bemüht euch, alles im Gang zu erhalten, solange ich leben mag; nach meinem Tode mag es kommen, wie es will." Vergebens drang man auf die Notwendigkeit einer Reform. Er sah die Übelstände, hatte aber weder den Mut noch die Macht, ihnen zu begegnen. Das Schicksal, das Frankreich bevorstand, wurde nur zu deutlich durch seine lässige und selbstsüchtige Antwort gekennzeichnet: „Nach mir die Sintflut!"

Rom hatte durch ständiges Schüren der Eifersucht der Könige und der herrschenden Klassen diese beeinflußt, das Volk in Knechtschaft zu halten, wohl wissend, daß der Staat dadurch geschwächt würde; damit wollte es jedoch sowohl die Herrscher als auch das Volk zu seinen Sklaven machen. Mit weitsichtiger Politik erkannte die päpstliche Macht, daß man, um die Menschen endgültig zu unterjochen, ihren Seelen Fesseln anlegen müsse; daß es am sichersten sei, sie für die Freiheit unfähig zu machen, um ihr Entrinnen aus der Knechtschaft zu verhindern. Tausendmal schrecklicher als die körperlichen Leiden, die aus solcher Politik hervorgingen, war die sittliche Erniedrigung. Der Bibel beraubt, den Lehren der Frömmelei und der Selbstsucht preisgegeben, wurde das Volk in Unwissenheit und Aberglauben eingehüllt, so daß es in Laster versank und völlig untüchtig wurde, sich selbst zu beherrschen.

Doch die Ergebnisse dieser Bemühungen unterschieden sich erheblich von dem, was Rom angestrebt hatte. Statt daß sich die Massen blind ergeben seinen Lehrsätzen unterstellten, wurden sie zu Gottesleugnern und Revolutionären. Die Politik, die Lehren und Gebräuche der Kirche verachteten sie als Pfaffentrug und betrachteten die Geistlichkeit als mitverantwortlich für ihr elendes Dasein. Der Gott Roms war der einzige Gott, den sie kannten, Roms Lehre ihre einzige Religion.

Rom hatte den Charakter Gottes falsch dargestellt und seine Forderungen verdreht, und nun verwarfen die Menschen sowohl die Bibel als auch ihren Urheber. Rom hatte einen blinden Glauben an seine Lehrsätze gefordert, und dabei die Schrift angeblich gutgeheißen. Die Rückwirkung sah so aus, daß Voltaire und die ihm Geistesverwandten das Wort Gottes gänzlich beiseitesetzten und überall das Gift des Unglaubens verbreiteten. Rom hatte das Volk unter seinen eisernen Füßen niedergetreten, und nun brachen die entwürdigten und verrohten Massen als Erwiderung auf die Zwangsherrschaft alle Schranken. Rasend vor Wut über den gleißenden Betrug, dem sie so lange gehuldigt hatten, verwarfen sie Wahrheit und Irrtum zusammen. Indem sie die Zügellosigkeit für Freiheit hielten, jubelten die Sklaven des Lasters in ihrer vermeintlichen Freiheit.

Nach Beginn der Revolution räumte der König dem Volk eine Vertretung ein, die die gemeinsame des Adels und der Geistlichkeit überwog. Somit befand sich das Übergewicht der Macht in der Hand des Volkes, das aber nicht imstande war, sie zu benutzen. Eifrig bestrebt, das erlittene Unrecht zu ahnden, beschloß es, die Erneuerung der Gesellschaft vorzunehmen. Die schimpflich behandelten Volksmassen, deren Gemüter mit bitteren, seit langem angehäuften Erinnerungen an Ungerechtigkeiten erfüllt waren, erklärten, den unerträglich gewordenen Zustand des Elends ändern und sich an denen rächen zu wollen, die sie als Urheber ihrer Leiden ansahen. Die Unterdrückten setzten die Lehre, die sie unter der Gewaltherrschaft gelernt hatten, in die Tat um und tyrannisierten jetzt die, von denen sie unterdrückt worden waren.

Das unglückliche Frankreich heimste eine blutige Ernte der ausgestreuten Saat ein. Schrecklich waren die Folgen seiner Unterwerfung unter die beherrschende Macht Roms. Wo Frankreich unter dem Einfluß Roms beim Beginn der Reformation den ersten Scheiterhaufen errichtet hatte, stellte die Revolution ihre erste Guillotine auf. An derselben Stätte, wo die ersten Märtyrer des protestantischen Glaubens im 16. Jahrhundert verbrannt wurden, fielen die ersten Opfer der Revolution im 18. Jahrhundert unter der Guillotine. Indem Frankreich das Evangelium verwarf, das ihm Heilung hätte bringen können, öffnete es dem Unglauben und dem Verderben die Tür. Als das Volk die Schranken des Gesetzes Gottes niedergeworfen hatte, stellte es sich heraus, daß die menschlichen Gesetze unzulänglich waren, um die mächtige Flut menschlicher Leidenschaften zu hemmen, und im Lande herrschten Empörung und Gesetzlosigkeit. Der Krieg gegen die Bibel eröffnete eine Zeitperiode, die in die Weltgeschichte als „die Schreckensherrschaft“ eingegangen ist. Friede und Glück waren aus den Wohnungen und den Herzen der Menschen verbannt. Keiner war sicher. Wer heute triumphierte, wurde morgen verdächtigt und verdammt. Gewalt und Wollust führten unbestritten das Zepter.

Der König, die Geistlichkeit und der Adel waren genötigt, sich der Grausamkeit eines erregten und sich wie toll gebärdenden Volkes zu fügen. Der Rachedurst wurde durch die Hinrichtung des Königs nur noch stärker, und die seinen Tod bestimmt hatten, folgten ihm bald aufs Schafott. Man beschloß eine allgemeine Niedermetzelung aller, die verdächtig waren, der Revolution feindlich gesonnen zu sein. Die Gefängnisse waren überfüllt und bargen zu einer Zeit mehr als 200 000 Häftlinge. In den Städten des Königreichs spielten sich die furchtbarsten Schreckensszenen ab. Die revolutionären Parteien bekämpften sich gegenseitig. Frankreich wurde zu einem ungeheuren Schlachtfeld streitender Volksmassen, die sich von der Wut ihrer Leidenschaften beherrschen ließen. „In Paris folgte ein Aufstand dem andern, und die Bürger waren in viele Parteien zerplittert, die es auf nichts anderes als auf ihre gegenseitige Ausrottung abgesehen zu haben schienen.“ Zu dem allgemeinen Elend kam noch hinzu, daß die Nation in einen langen, verheerenden Krieg mit den europäischen Großmächten verwickelt wurde.

„Das Land war beinahe bankrott, die Truppen schrien nach ihrem rückständigen Sold, die Pariser waren am Verhungern, die Provinzen wurden von Räubern verwüstet und die Zivilisation ging beinahe unter im Aufruhr und in der Zügellosigkeit."

Nur zu genau hatte das Volk die Lehren der Grausamkeit und der Folter gelernt, die Rom mit solchem Fleiß erteilt hatte. Jetzt war der Tag der Vergeltung gekommen. Aber es waren nicht mehr die Jünger Jesu, die in Kerker geworfen und auf Scheiterhaufen geschleppt wurden; denn diese waren längst umgekommen oder aus ihrer Heimat vertrieben worden. Das unbarmherzige Rom selbst fühlte die tödliche Macht derer, die es ausgebildet hatte, sich an Bluttaten zu vergnügen. „Das Beispiel der Verfolgung, das die französische Geistlichkeit so lange gegeben hatte, wurde ihr nun mit großem Nachdruck vergolten. Die Schafotte färbten sich rot von dem Blut der Priester. Die Galeeren und Gefängnisse, die einst Hugenotten bargen, wurden jetzt mit deren Verfolgern angefüllt. An die Ruderbank gekettet und mühsam am Riemen ziehend, machte die katholische Geistlichkeit alle Qualen durch, die sie so reichlich über die friedliebenden Ketzer gebracht hatte." *

„Dann kamen jene Tage, als die grausamsten aller Gesetze von dem unmenschlichsten aller Gerichtshöfe gehandhabt wurden, als niemand seinen Nachbar grüßen oder sein Gebet verrichten konnte . . ., ohne Gefahr zu laufen, ein Kapitalverbrechen zu begehen, als in jedem Winkel Spione lauerten, als allmorgendlich die Guillotine lange und schwer arbeitete, die Gefängnisse so gedrängt voll waren wie die Räume eines Sklavenschiffes, in den Straßenrinnen das Blut schäumend der Seine zueilte. . . Während täglich Wagenladungen mit Opfern durch die Straßen von Paris ihrem Schicksal entgegengefahren wurden, schwelgten die Kommissare, die der Konvent in die Provinzen gesandt hatte, in übermäßiger Grausamkeit, wie man sie selbst in der Hauptstadt nicht kannte. Das Messer der Todesmaschine stieg und fiel zu langsam für das Werk der Metzelei. Lange Reihen von Gefangenen mähte man mit Kartätschen nieder. Besetzte Boote wurden angebohrt. Lyon wurde zur Wüste. In Arras blieb den Gefangenen selbst die grausame Barmherzigkeit eines schnellen Todes versagt. Die ganze Loire hinab, von Saumur bis zum Meer, fraßen Scharen von Krähen und Weihen [habichtartige Falken] an den nackten Leichnamen, die in abscheulichen Umarmungen miteinander verschlungen waren. Weder dem Geschlecht noch dem Alter erwies man Barmherzigkeit.

Die Anzahl der Jünglinge und Mädchen von siebzehn Jahren, die von dieser fluchwürdigen Regierung ermordet wurde, läßt sich nach Hunderten berechnen. Der Brust entrissene Säuglinge wurden von Spieß zu Spieß die Reihen der Jakobiner entlang geworfen." * In dem kurzen Zeitraum von zehn Jahren kamen Scharen von Menschen ums Leben.

All dies war nach Satans Sinn; dies zu erreichen, hatte er sich seit Jahrhunderten bemüht. Sein Plan beruhte von Anfang bis Ende auf Täuschung, und sein unverwandter Vorsatz ist, Leid und Elend über die Menschen zu bringen, Gottes Werke zu entstellen und zu beflecken, die göttliche Absicht der Liebe und des Wohlwollens zu vereiteln und dadurch Trauer im Himmel zu verursachen. Dann verblendet er durch seine täuschenden Künste die Sinne der Menschen und verleitet sie, statt ihn, Gott zu tadeln, als sei alles Elend die Folge des göttlichen Planes. Auf die gleiche Weise treibt er alle, die durch seine grausame Macht in einen erniedrigenden und entmenschten Zustand geraten sind, wenn sie ihre Freiheit erringen, zu allerlei Ausschreitungen und Greueltaten, und dann weisen grausame und gewissenlose Tyrannen auf dieses Bild zügelloser Ausgelassenheit hin als ein Beispiel, welche Folgen die Freiheit habe.

Wird der Irrtum in *einem* Gewand entdeckt, so hüllt Satan ihn einfach in ein anderes, und die Menge nimmt ihn ebenso gierig an wie zuerst. Als das Volk fand, daß die römisch-katholischen Lehren und Gebräuche eine Täuschung waren, als Satan es nicht mehr dadurch zur Übertretung des Gesetzes Gottes bringen konnte, nötigte er es, alle Religion als einen Betrug und die Heilige Schrift als ein Märchen zu betrachten. Das Volk setzte die göttlichen Grundsätze beiseite und gab sich der ungezügelten Gesetzlosigkeit hin.

Der verderbliche Irrtum, der solches Weh über die Bewohner Frankreichs brachte, bestand darin, daß sie die große Wahrheit verachteten und nicht erkannten, daß die wahre Freiheit innerhalb der Schranken des Gesetzes Gottes liegt. „O daß du auf meine Gebote merktest, so würde dein Friede sein wie ein Wasserstrom, und deine Gerechtigkeit wie Meereswellen... Aber die Gottlosen, spricht der Herr, haben keinen Frieden." — „Wer aber mir gehorcht, wird sicher bleiben und genug haben und kein Unglück fürchten." [30]

30 Jes. 48, 18. 22; Spr. 1, 33

Gottesleugner, Ungläubige und Abtrünnige widersetzen sich Gottes Gesetz und verwerfen es; aber die Folgen ihres Einflusses beweisen, daß die Wohlfahrt des Menschen mit dem Gehorsam gegen die göttlichen Verordnungen verbunden ist. Wer diese Lehre nicht aus dem Buche Gottes erkennen will, muß sie in der Geschichte der Nation erkennen lernen.

Als Satan die Menschen durch die römische Kirche vom Gehorsam wegzuführen versuchte, war seine Tätigkeit derart verborgen und sein Wirken so verstellt, daß die Entartung und das Elend, die daraus entstanden, nicht als Früchte der Übertretung erkannt wurden; aber das Wirken des Geistes Gottes vereitelte des Bösen Macht so weit, daß seine Absichten nicht zur vollen Reife gelangten. Das Volk schloß nicht von den Wirkungen auf die Ursache; ihm blieb daher die Quelle seines Elends verborgen. Bei der Revolution aber wurde das Gesetz Gottes von der Nationalversammlung öffentlich beiseitegesetzt, und während der darauf folgenden Schreckensherrschaft konnten alle den wahren Zusammenhang zwischen Ursache und Wirkung deutlich erkennen.

Als Frankreich öffentlich Gott leugnete und die Bibel beiseitesetzte, frohlockten böse Menschen und Geister der Finsternis, daß sie das so lang erwünschte Ziel, ein Reich, frei von den Schranken des Gesetzes Gottes, erreicht hatten. „Weil nicht alsbald geschieht ein Urteil über die bösen Werke, dadurch wird das Herz der Menschen voll, Böses zu tun.“ [31] Aber die Übertretung eines gerechten und heiligen Gesetzes muß unvermeidlich in Elend und Verderben enden. Wenn die Menschen auch nicht sofort von Strafgerichten heimgesucht werden, so bewirkt ihre Gottlosigkeit doch ihr sicheres Verderben. Jahrhunderte des Abfalls und des Verbrechens hatten den Zorn auf den Tag der Vergeltung angehäuft, und als das Maß ihrer Ungerechtigkeit voll war, erfuhren die Verächter Gottes zu spät, daß es etwas Schreckliches ist, die göttliche Geduld verwirkt zu haben. Der zügelnde Geist Gottes, der der grausamen Macht Satans Schranken setzt, wurde in hohem Maße hinwegetan, und der, dessen einzige Freude das Elend der Menschen ist, durfte nach seinem Willen handeln. Alle, die sich dem Aufruhr ergaben, ernteten dessen Früchte, bis das Land von Verbrechen

31 Pred. 8, 11

erfüllt war, die jeder Beschreibung spotteten. Aus den verwüsteten Provinzen und zerstörten Städten erhob sich ein schrecklicher Schrei – ein Schrei furchtbarster Angst. Frankreich wurde erschüttert, als bebte die Erde. Religion, Gesetz, soziale Ordnung, Familie, Staat und Kirche – alles wurde von der ruchlosen Hand niedergestreckt, was sich gegen das Gesetz Gottes erhoben hatte. Wahr ist das Wort des weisen Mannes: „Der Gottlose wird fallen durch sein gottlos Wesen." „Ob ein Sünder hundertmal Böses tut und lange lebt, so weiß ich doch, daß es wohl gehen wird denen, die Gott fürchten, die sein Angesicht scheuen. Aber dem Gottlosen wird es nicht wohl gehen." „Darum, daß sie haßten die Lehre und wollten des Herrn Furcht nicht haben, ... so sollen sie essen von den Früchten ihres Wesens und ihres Rats satt werden." [32]

Gottes treue Zeugen, die durch die lästerliche Macht, die „aus dem Abgrund aufsteigt", erschlagen wurden, sollten nicht lange schweigen. „Nach drei Tagen und einem halben fuhr in sie der Geist des Lebens von Gott, und sie traten auf ihre Füße, und eine große Furcht fiel über die, so sie sahen." [33] Es war im Jahre 1793, als die französische Nationalversammlung die Erlasse genehmigte, welche die christliche Religion abschafften und die Bibel verboten. Dreieinhalb Jahre später wurde von der gleichen Versammlung ein Beschluß angenommen, der diese Erlasse widerrief und somit der Heiligen Schrift Duldung gewährte. Die Welt war über die ungeheure Schuld, die aus der Verwerfung des lebendigen Wortes Gottes hervorgegangen war, bestürzt, und die Menschen erkannten die Notwendigkeit des Glaubens an Gott und sein Wort als die Grundlage von Tugend und Sittlichkeit. Der Herr sagt: „Wen hast du geschmäht und gelästert? Über wen hast du die Stimme erhoben? Du hebst deine Augen empor wider den Heiligen in Israel." „Darum siehe, nun will ich sie lehren und meine Hand und Gewalt ihnen kundtun, daß sie erfahren sollen, ich heiße der Herr." [34]

Über die zwei Zeugen sagt der Prophet ferner: „Und sie hörten eine große Stimme vom Himmel zu ihnen sagen: Steiget herauf! Und sie stiegen auf in den Himmel in einer Wolke, und es sahen sie ihre Feinde." [35] Seit Frankreich sich gegen Gottes beide Zeugen erhoben

32 Spr. 11, 5; Pred. 8, 12. 13; Spr. 1, 29. 31
33 Offb. 11, 11
34 Jes. 37, 23; Jer. 6, 21
35 Offb. 11, 12

hatte, sind diese wie nie zuvor geehrt worden. Im Jahre 1804 wurde die Britische und die Ausländische Bibelgesellschaft gegründet. Es folgten ähnliche Einrichtungen mit zahlreichen Zweigen auf dem europäischen Festland. Im Jahre 1816 nahm die amerikanische Bibelgesellschaft ihre Tätigkeit auf. Zur Gründungszeit der britischen Gesellschaft war die Bibel in fünfzig Sprachen gedruckt und verbreitet worden. Seitdem hat man sie in mehr als vierhundert Sprachen und Mundarten übersetzt.[36]*

Während der letzten fünfzig Jahre vor dem Jahre 1792 wurde dem ausländischen Missionswerk nur wenig Aufmerksamkeit geschenkt. Es gab keine neuen Missionsgesellschaften und nur wenige Gemeinschaften, die sich irgendwie bemühten, das Christentum in heidnischen Ländern zu verbreiten. Erst gegen Ende des 18. Jahrhunderts änderte sich das. Man wurde unzufrieden mit den Ergebnissen des Vernunftglaubens und erkannte die Notwendigkeit einer göttlichen Offenbarung und einer Erfahrungsreligion. Von dieser Zeit an wuchs das Werk der äußeren Mission mit bis dahin noch nie dagewesener Schnelligkeit.**

Die Verbesserungen der Buchdruckerkunst haben der Verbreitung der Bibel neuen Auftrieb gegeben. Durch die zahlreichen Verkehrserleichterungen zwischen verschiedenen Ländern, den Zusammenbruch althergebrachter Schranken, sei es Vorurteil oder nationale Abgeschlossenheit, und durch den Verlust der weltlichen Macht des Papstes wurde der Weg für den Eingang des Wortes Gottes gebahnt. Schon seit langem ist die Bibel ohne irgendwelche Behinderungen auf den Straßen Roms verkauft und jetzt auch nach allen Teilen der bewohnten Erdkugel getragen worden.

Prahlend sagte einst der ungläubige Voltaire: „Ich habe es satt, die Leute immer wieder sagen zu hören, daß zwölf Männer die christliche Religion gegründet haben. Ich will beweisen, daß *ein* Mann genügt, sie umzustoßen." Ein Jahrhundert ist seit seinem Tode verstrichen.[37] Millionen haben sich dem Kampf gegen die Heilige Schrift angeschlossen. Aber statt ausgerottet zu sein, sind dort, wo zu Voltaires Zeit hundert Bibeln waren, nun zehntausend, ja hunderttausend Exemplare der

36 Übersetzungen aus der Heiligen Schrift gibt es gegenwärtig in rund 1150 Sprachen und Dialekten, und jedes Jahr werden zwischen 40 und 50 Millionen Bibeln und Bibelteile in der Welt verbreitet.
37 Voltaire lebte von 1694 bis 1778. Zeit der Niederschrift dieses Buches.

Heiligen Schrift. Die Worte eines der ersten Reformatoren über die christliche Lehre lauten: „Die Bibel ist ein Amboß, der viele Männer abgenutzt hat." Der Herr sagt: „Einer jeglichen Waffe, die wider dich zubereitet wird, soll es nicht gelingen; und alle Zunge, so sich wider dich setzt, sollst du im Gericht verdammen."[38]

„Das Wort unsres Gottes bleibt ewiglich." „Alle seine Gebote sind rechtschaffen. Sie werden erhalten immer und ewiglich und geschehen treulich und redlich."[39] Was immer auf menschliche Macht gebaut ist, wird umgestoßen werden; was aber auf den Felsen des unveränderlichen Wortes Gottes gegründet ist, wird ewiglich bestehen.

38 Jes. 54, 17 39 Jes. 40, 8; Ps. 111, 7. 8

Erweckung und Hinkehr zum wahren Glauben

Ein Zufluchtsort | 16

Die englischen Reformatoren hatten, während sie den Lehren der römisch-katholischen Kirche entsagten, viele ihrer Formen beibehalten. Wenn auch der Anspruch und das Glaubensbekenntnis Roms verworfen war, wurden doch im Gottesdienst der anglikanischen Kirche viele seiner Sitten und Gebräuche geübt. Man behauptete, daß diese Dinge keine Gewissensfragen seien, weil sie in der Heiligen Schrift nicht geboten, deshalb auch nicht wesentlich, und weil sie nicht verboten, auch eigentlich nicht unrecht seien. Ihre Befolgung diene dazu, die Kluft, welche die protestantischen Kirchen von Rom trenne, zu verringern, und man betonte, daß sie die Annahme des protestantischen Glaubens durch die Anhänger Roms erleichtere.

Den bewahrenden und ausgleichenden Kräften schienen diese Gründe überzeugend zu sein. Es gab jedoch noch eine andere Gruppe, die nicht so urteilte. Die Tatsache, daß diese Gebräuche „dahin zielten, die Kluft zwischen Rom und der Reformation zu überbrücken",[1] war in ihren Augen ein endgültiges Argument gegen ihre Beibehaltung. Sie sahen sie als Zeichen der Sklaverei an, von der sie befreit worden waren und zu der sie nicht zurückkehren wollten. Sie waren der Ansicht, daß Gott die Verordnungen zu seiner Verehrung in seinem Wort niedergelegt habe, und daß es den Menschen nicht freistehe, etwas hinzuzufügen oder davon wegzunehmen. Der erste Beginn des großen Abfalls bestand darin, daß man die Autorität Gottes durch die Kirche zu ergänzen suchte. Rom machte zur Pflicht, was Gott nicht verboten hatte, und verbot schließlich das, was Gott ausdrücklich befohlen hatte.

Viele wünschten ernstlich, zu der Reinheit und Schlichtheit zurückzukehren, welche die erste Gemeinde ausgezeichnet hatten. Viele der

1 Martyn, „Life and Time of Luther", Bd. V, S. 22

in der anglikanischen Kirche eingeführten Gebräuche betrachteten sie als Denkmäler des Götzendienstes, und sie konnten sich nicht mit gutem Gewissen an ihrem Gottesdienst beteiligen. Die Kirche jedoch, vom Staat unterstützt, duldete keine Abweichung von ihren gottesdienstlichen Formen. Der Besuch ihrer Gottesdienste wurde vom Gesetz verlangt, und unerlaubte religiöse Versammlungen waren bei Androhung von Kerker, Verbannung und Todesstrafe untersagt.

Am Anfang des 17. Jahrhunderts erklärte der eben auf den Thron von England gelangte König seine Entschlossenheit, die Puritaner zu zwingen, sich „entweder den andern anzupassen, oder er würde sie aus dem Lande hinaushetzen oder ihnen noch Schlimmeres tun".[2] Gejagt, verfolgt und eingekerkert, konnten sie in der Zukunft keine Hoffnung auf bessere Tage erspähen, und viele kamen zu der Überzeugung, daß für solche, die Gott nach ihrem eigenen Gewissen dienen wollten, „England für immer aufgehört habe, ein bewohnbares Land zu sein".[3] Etliche entschlossen sich schließlich, in Holland Zuflucht zu suchen. Sie mußten Schwierigkeiten, Verluste und Gefängnis erleiden; ihre Absichten wurden durchkreuzt und sie selbst ihren Feinden verraten; aber ihre unerschütterliche Beharrlichkeit setzte sich endlich durch, und sie fanden Zuflucht an den freundschaftlichen Gestaden Hollands.

Durch die Flucht hatten sie ihre Häuser, ihre Güter und ihren Lebensunterhalt verloren; sie waren Fremdlinge in einem fremden Land, unter einem Volk von anderer Sprache und anderen Sitten. Sie mußten neue und ungewohnte Beschäftigungen ergreifen, um ihr Brot zu verdienen. Männer von mittlerem Alter, die ihr Leben bisher mit Ackerbau zugebracht hatten, waren gezwungen, nun dies oder jenes Handwerk zu erlernen. Aber freudig fügten sie sich in jede Lage und verschwendeten keine Zeit mit Müßiggang oder Unzufriedenheit. Oft von Armut bedrängt, lobten sie Gott für die Segnungen, die er ihnen gewährte, und fanden ihre Freude in ungestörter geistlicher Gemeinschaft. „Sie wußten, daß sie Pilger waren, und sie schauten nicht viel auf irdische Dinge, sondern hoben ihre Augen auf gen Himmel, ihrem liebsten Heimatland, und beruhigten ihr Gemüt."[4]

2 Bancroft, „History of the United States from the discovery of the Continent", 1. Teil, Kap. 12, 6. Abschnitt

3 Palfrey, „History of New England", Kap. 3, 43. Abschnitt

4 Bancroft, 1. Teil, Kap. 12, 15. Abschnitt

In Verbannung und Ungemach erstarkten ihre Liebe und ihr Glaube. Sie vertrauten auf die Verheißungen Gottes, und er verließ sie in Zeiten der Not nicht. Seine Engel standen ihnen zur Seite, um sie zu ermutigen und zu unterstützen. Und als Gottes Hand sie übers Meer nach einem Lande zu weisen schien, in dem sie für sich selbst einen Staat gründen und ihren Kindern das kostbare Erbe religiöser Freiheit hinterlassen konnten, folgten sie ohne Zagen willig dem Pfad der Vorsehung.

Gott hatte Prüfungen über sein Volk kommen lassen, um es auf die Erfüllung seiner Gnadenabsichten vorzubereiten. Die Gemeinde war erniedrigt worden, damit sie erhöht würde. Gott stand im Begriff, seine Macht zu ihren Gunsten zu entfalten und der Welt aufs neue einen Beweis zu geben, daß er die nicht verlassen will, die ihm vertrauen. Er hatte die Ereignisse so gelenkt, daß der Zorn Satans und die Anschläge böser Menschen seine Ehre fördern und sein Volk an einen Ort der Sicherheit bringen mußten. Verfolgung und Auswanderung bahnten den Weg in die Freiheit.

Als sich die Puritaner zuerst gezwungen fühlten, sich von der anglikanischen Kirche zu trennen, schlossen sie untereinander einen feierlichen Bund, als freies Volk des Herrn in „allen seinen Wegen, die ihnen bekannt waren oder noch bekanntgemacht würden, gemeinsam zu wandeln".[5] Dies war der wahre Geist der Freiheit, die lebendige Grundlage des Protestantismus. Mit diesem Vorsatz verließen die Pilger Holland, um in der Neuen Welt eine Heimat zu suchen. John Robinson, ihr Prediger, der durch göttliche Vorsehung verhindert war, sie zu begleiten, sagte in seiner Abschiedsrede an die Auswanderer:

„Geschwister, wir gehen nun voneinander, und der Herr weiß, ob ich euch, solange ich lebe, je wiedersehen werde. Wie der Herr es aber fügt, ich befehle euch vor Gott und seinen heiligen Engeln, mir nicht weiter zu folgen, als ich Christus gefolgt bin. Falls Gott euch durch ein anderes Werkzeug irgend etwas offenbaren sollte, so seid ebenso bereit es anzunehmen wie zu der Zeit, da ihr die Wahrheit durch meine Predigt annahmt; denn ich bin sehr zuversichtlich, daß der Herr noch mehr Wahrheit und Licht aus seinem heiligen Wort hervorbrechen lassen wird."[6]

5 Brown, „The Pilgrim Fathers", S. 74

6 Martyn, Bd. V, S. 70 f.

„Was mich anbetrifft, so kann ich den Zustand der reformierten Kirchen nicht genug beklagen, die in der Religion bis zu einer gewissen Stufe gelangt sind und nicht weitergehen wollen, als die Werkzeuge ihrer Erneuerungsbewegung gegangen sind. Die Lutheraner sind nicht zu veranlassen, über das hinauszugehen, was Luther sah... Und die Calvinisten bleiben, wie ihr seht, da stehen, wo sie von jenem großen Gottesmann, der noch nicht alle Dinge sah, zurückgelassen wurden. Dies ist ein sehr beklagenswertes Elend; denn wenn jene Männer in ihrer Zeit auch brennende und leuchtende Lichter waren, so erkannten sie doch nicht alle Ratschläge Gottes; sie würden aber, lebten sie jetzt, ebenso bereit sein, weiteres Licht anzunehmen, wie sie damals bereit waren, das erste zu empfangen." [7]

„Denkt an euer Gemeindegelöbnis, in dem ihr euch verpflichtet habt, in allen Wegen des Herrn zu wandeln, wie sie euch bekannt geworden sind oder noch bekannt werden. Denkt an euer Versprechen und an euren Bund mit Gott und miteinander, alles Licht und alle Wahrheit, so euch noch aus seinem geschriebenen Wort kundgetan werden soll, anzunehmen. Dennoch achtet darauf, darum bitte ich euch, was ihr als Wahrheit annehmt; vergleicht sie, wägt sie mit andern Schriftstellen der Wahrheit, ehe ihr sie annehmt, denn es ist nicht möglich, daß die christliche Welt so plötzlich aus solch einer dichten antichristlichen Finsternis herauskomme und ihr dann auf einmal die vollkommene Erkenntnis aufgehe." [8]

Es war das Verlangen nach Gewissensfreiheit, das die Pilger begeisterte, den Schwierigkeiten der langen Reise über das Meer mutig zu begegnen, die Beschwerden und die Gefahren der Wildnis zu erdulden und unter Gottes Segen an der Küste Amerikas den Grundstein zu einer mächtigen Nation zu legen. Doch so aufrichtig und gottesfürchtig die Pilger auch waren, den großen Grundsatz religiöser Freiheit begriffen sie noch nicht. Die Unabhängigkeit, die für sich zu erwerben sie soviel geopfert hatten, gewährten sie andern nicht bereitwillig in gleichem Maße. „Sehr wenige selbst der hervorragendsten Denker und Sittenlehrer des 17. Jahrhunderts hatten einen richtigen Begriff von jenem herrlichen, dem Neuen Testament entstammenden Grundsatz, der Gott als den einzigen Richter des menschlichen Glau-

7 Neal, „History of the Puritans", Bd. I, S. 269   8 Martyn, Bd. V, S. 70 f.

bens anerkennt."[9] Die Lehre, daß Gott der Gemeinde das Recht verliehen habe, die Gewissen zu beherrschen und eine bestimmte Haltung als Ketzerei zu bezeichnen und zu bestrafen, ist einer der tief eingewurzelten päpstlichen Irrtümer. Während die Reformatoren das Glaubensbekenntnis Roms verwarfen, waren sie doch nicht ganz frei von seinem unduldsamen Geist. Die dichte Finsternis, in die das Papsttum während der langen Zeit seiner Herrschaft die gesamte Christenheit eingehüllt hatte, war selbst jetzt noch nicht völlig gewichen.

Einer der leitenden Prediger in der Kolonistensiedlung in der Bucht von Massachusetts sagte: „Duldung machte die Welt antichristlich; und die Kirche hat sich durch die Bestrafung der Ketzer nie geschadet."[10] In den Kolonien wurde die Verordnung eingeführt, daß in der zivilen Regierung nur Kirchenglieder eine Stimme haben sollten. Es wurde eine Art Staatskirche gegründet; jeder mußte zum Unterhalt der Geistlichkeit beitragen, und die Behörden wurden beauftragt, die Ketzerei zu unterdrücken. Somit war die weltliche Macht in die Hände der Kirche gegeben. Es dauerte nicht lange, bis diese Maßnahmen das unvermeidliche Ergebnis nach sich zogen — Verfolgungen.

Elf Jahre nach der Gründung der ersten Kolonie kam Roger Williams nach der Neuen Welt. Gleich den früheren Pilgervätern kam er, um sich der Religionsfreiheit zu erfreuen; aber im Gegensatz zu ihnen sah er — was so wenige zu seiner Zeit sahen —, daß diese Freiheit das unveräußerliche Recht aller Menschen ist, wie ihr Glaubensbekenntnis auch lauten mag. Williams war ein ernster Forscher nach Wahrheit und hielt es, wie auch Robinson, für unmöglich, daß sie schon alles Licht aus dem Worte Gottes erhalten hätten. Er „war der erste Mann im neueren Christentum, der die zivile Verwaltung auf die Lehre von der Gewissensfreiheit und der Gleichberechtigung der Anschauungen vor dem Gesetz gründete".[11] Er erklärte, daß es die Pflicht der Behörde sei, Verbrechen zu verhindern, daß sie aber nie das Gewissen beherrschen dürfe. „Das Volk oder die Behörden", sagte er, „mögen entscheiden, was der Mensch dem Menschen schuldig ist; versuchen sie aber einem Menschen seine Pflicht gegen Gott vorzuschreiben, so tun sie, was nicht ihres Amtes ist, und man kann sich auf sie nicht

9 Martyn, Bd. V, S.297 10 Martyn, Bd. V, S. 335 11 Bancroft, 1. Teil, Kap. 15, 16. Abschnitt

mit Sicherheit verlassen; denn es ist klar, daß der Magistrat, wenn er die Macht hat, heute diese und morgen jene Meinungen oder Bekenntnisse vorschreiben mag, wie es in England von den verschiedenen Königen und Königinnen und in der römischen Kirche von etlichen Päpsten und Konzilien getan wurde, so daß der Glaube zu einem einzigen Chaos würde."[12]

Den Gottesdiensten der Staatskirche beizuwohnen, wurde unter Androhung von Geld- oder Gefängnisstrafe verlangt. „Williams mißbilligte dieses Gesetz; denn die schlimmste Satzung im englischen Gesetzbuch sei die, welche den Besuch der Landeskirche verlange. Leute zu zwingen, sich mit Andersgläubigen zu vereinen, betrachtete er als eine offene Verletzung ihrer natürlichen Rechte; Religionsverächter und Unwillige zum öffentlichen Gottesdienst zu schleppen, hieße Heuchelei verlangen... ‚Niemand sollte zur Anbetung oder Unterstützung eines Gottesdienstes gegen seine Zustimmung gezwungen werden', fügte er hinzu. — ‚Was!' riefen seine Gegner über seine Grundsätze erstaunt aus, ‚ist nicht der Arbeiter seines Lohnes wert?' — ‚Ja', erwiderte er, ‚von denen, die ihn dingen.'"[13]

Roger Williams wurde als ein getreuer Prediger, als ein Mann von seltenen Gaben, von unbeugsamer Rechtschaffenheit und echter Güte geachtet und geliebt; doch konnte man es nicht vertragen, daß er den zivilen Behörden so entschieden das Recht absprach, über der Kirche zu stehen, und daß er religiöse Freiheit verlangte. Die Anwendung dieser neuen Lehre, behauptete man, „würde die Grundlage der Regierung des Landes untergraben".[14] Er wurde aus den Kolonien verbannt und sah sich schließlich, um der Verhaftung zu entgehen, gezwungen, inmitten der Kälte und der Stürme des Winters in die noch dichten, unberührten Wälder zu fliehen.

„Vierzehn Wochen lang", so schrieb er, „mußte ich mich in der bitteren Jahreszeit herumschlagen, und ich wußte nicht, was Brot oder Bett heißt. Die Raben speisten mich in der Wüste."[15] Ein hohler Baum diente ihm oft als Obdach. Auf diese Weise setzte er seine mühevolle Flucht durch Schnee und pfadlose Wälder fort, bis er bei einem Indianerstamm Zuflucht fand, dessen Vertrauen und Liebe er gewann,

12 Martyn, Bd. V, S. 340
13 Bancroft, 1. Teil, Kap. 15, 2. Abschnitt
14 Bancroft, 1. Teil, Kap. 15, 10. Abschnitt
15 Martyn, Bd. V, S. 349 f.

während er sich bemühte, ihnen die Wahrheiten des Evangeliums zu predigen.

Nach Monaten wechselvollen Wanderns kam er schließlich an die Küste der Narragansett-Bucht und legte dort den Grund zu dem ersten Staat der Neuzeit, der im vollsten Sinne das Recht auf religiöse Freiheit anerkannte. Der Grundsatz, auf dem die Kolonie Roger Williams' beruhte, lautete, „daß jedermann das Recht haben sollte, Gott nach seinem eigenen Gewissen zu verehren". [15] Sein kleiner Staat, Rhode Island, wurde der Zufluchtsort der Unterdrückten, und er wuchs und gedieh, bis seine Grundfesten – die bürgerliche und religiöse Freiheit – auch die Ecksteine der amerikanischen Republik wurden.

In jenem bedeutenden alten Schriftstück, das diese Männer als ihre Verfassung – Unabhängigkeitserklärung – aufstellten, sagten sie: „Wir halten diese Wahrheiten als selbstverständlich: daß alle Menschen gleich geschaffen sind; daß ihnen der Schöpfer gewisse unveräußerliche Rechte verliehen hat; daß zu diesen Leben, Freiheit und die Erlangung des Glückes gehören." Und die Verfassung schützt in den deutlichsten Ausdrücken die Unverletzlichkeit des Gewissens: „Keine Religionsprüfung soll je erforderlich sein zur Bekleidung irgendeines öffentlichen Vertrauenspostens in den Vereinigten Staaten." – „Der Kongreß soll kein Gesetz erlassen, das die Einführung einer Religion bezweckt oder deren freie Ausübung verbietet."

„Die Verfasser der Konstitution erkannten den ewigen Grundsatz an, daß die Beziehungen des Menschen zu seinem Gott über der menschlichen Gesetzgebung stehen, und daß sein Gewissensrecht unveräußerlich ist. Es waren zur Begründung dieser Wahrheit keine Vernunftschlüsse erforderlich; wir sind uns ihrer in unserem eigenen Herzen bewußt. Dies Bewußtsein ist es, das, den menschlichen Gesetzen Trotz bietend, so viele Märtyrer in Qualen und Flammen standhaft machte. Sie fühlten, daß ihre Pflicht gegen Gott über menschliche Verordnungen erhaben sei, und daß Menschen keine Autorität über ihr Gewissen ausüben könnten. Es ist dies ein angeborener Grundsatz, den nichts auszutilgen vermag." [16]

Als sich die Kunde von einem Lande, in dem jeder die Frucht seiner eigenen Arbeit genießen und der Überzeugung seines eigenen

15 Martyn, Bd. V, S. 349 f.

16 Congressional Documents (USA), Serien-Nr. 200, Urk. 271

Gewissens folgen könnte, in Europa verbreitete, wanderten Tausende nach Nordamerika aus. In schneller Folge wurde Kolonie auf Kolonie gegründet. „Massachusetts bot durch eine besondere Verordnung den Christen jeder Nation, die sich über den Atlantischen Ozean flüchteten, ‚um Kriegen, Hungersnot oder der Unterdrückung ihrer Verfolger zu entgehen', freundliche, unentgeltliche Aufnahme und Hilfe an. Somit wurden die Flüchtlinge und die Unterdrückten durch gesetzliche Verordnungen Gäste des Staates."[17] In den ersten zwanzig Jahren nach der Landung in Plymouth hatten sich ebenso viele tausend Pilger in Neuengland niedergelassen.

Um ihr Ziel zu erreichen, „waren sie zufrieden, sich durch ein enthaltsames und arbeitsames Leben einen kargen Unterhalt verdienen zu können. Sie verlangten von dem Boden nur einen leidlichen Ertrag ihrer Arbeit. Keine goldenen Aussichten warfen ihren trügerischen Schein auf ihren Pfad... Sie waren mit dem langsamen aber beständigen Fortschritt ihres gesellschaftlichen Gemeinwesens zufrieden. Sie ertrugen geduldig die Entbehrungen der Wildnis, netzten den Baum der Freiheit mit ihren Tränen und mit dem Schweiß ihres Angesichts, bis er im Lande tief Wurzel geschlagen hatte".

Die Bibel galt ihnen als Grundlage des Glaubens, als Quelle der Weisheit und als Freiheitsbrief. Ihre Grundsätze wurden zu Hause, in der Schule und in der Kirche fleißig gelehrt, und ihre Früchte offenbarten sich in Wohlstand, Bildung, sittlicher Reinheit und Mäßigkeit. Man konnte jahrelang in den puritanischen Niederlassungen wohnen, ohne „einen Trunkenbold zu sehen, einen Fluch zu hören oder einem Bettler zu begegnen".[18] Es wurde der Beweis erbracht, daß die Grundsätze der Heiligen Schrift der sicherste Schutz für nationale Größe sind. Die schwachen und isolierten Kolonien wuchsen zu einer Verbindung mächtiger Staaten heran, und die Welt nahm mit Bewunderung den Frieden und das Gedeihen „einer Kirche ohne Papst und eines Staates ohne König" wahr.

Doch ständig wachsende Scharen, angetrieben von Gründen, die sich von denen der ersten Pilgerväter stark unterschieden, zog es an die Küsten Amerikas. Obgleich der einfache Glaube und der lautere Wandel eine weitverbreitete und bildende Macht ausübten, wurde

17 Martyn, Bd. V, S. 417

18 Bancroft, 1. Teil, Kap. 19, 25. Abschnitt

deren Einfluß doch immer schwächer, als die Zahl derer wuchs, die nur weltlichen Vorteil suchten.

Die von den ersten Kolonisten angenommene Verordnung, das Stimmrecht und die Besetzung von Staatsämtern nur Gemeindegliedern zu gestatten, wirkte sich äußerst schädlich aus. Diese Maßnahme war getroffen worden, um die Reinheit des Staates zu bewahren; aber sie wurde der Kirche zum Verderben. Das Stimmrecht zu erhalten und zu öffentlichen Ämtern zugelassen zu werden, setzte ein Religionsbekenntnis voraus, so daß sich viele einzig und allein aus weltlicher Klugheit der Kirche anschlossen, ohne eine Änderung ihres Herzens erfahren zu haben. So kam es, daß zur Kirche zum großen Teil nur unbekehrte Menschen zählten, und daß sich selbst unter den Predigern solche befanden, die nicht nur irrige Lehren aufstellten, sondern auch nichts von der erneuernden Kraft des Heiligen Geistes wußten. Auf diese Weise zeigte es sich abermals, wie schon oft in der Kirchengeschichte seit den Tagen Konstantins bis in unsere Zeit, daß es verderblich ist, die Kirche mit Hilfe des Staates aufbauen zu wollen und die weltliche Macht aufzufordern, das Evangelium Jesu Christi zu unterstützen, der erklärt hat: „Mein Reich ist nicht von dieser Welt.“ [19] Die Verbindung zwischen Kirche und Staat, wäre sie noch so gering, führt, während sie die Welt der Kirche näherzubringen scheint, in Wirklichkeit die Kirche näher zur Welt.

Den von Robinson und Roger Williams auf so edle Weise verteidigten Grundsatz, daß die Wahrheit sich entfaltet, und daß die Christen bereit sein sollten, alles Licht anzunehmen, das aus Gottes heiligem Wort scheinen mag, verloren ihre Nachkommen aus den Augen. Die protestantischen Kirchen Amerikas und auch Europas, die so sehr begünstigt worden waren, indem sie die Segnungen der Reformation empfingen, drangen auf dem Pfad der Reform nicht weiter vor. Wenn auch von Zeit zu Zeit etliche treue Männer auftraten, um neue Wahrheiten zu verkündigen und lang gehegte Irrtümer bloßzustellen, so war doch die Mehrzahl, wie die Juden in den Tagen Christi oder die Päpstlichen zur Zeit Luthers, damit zufrieden, zu glauben, was ihre Väter geglaubt, und zu leben, wie ihre Väter gelebt hatten. Deshalb artete ihre Religion abermals in Formenwesen aus, und Irrtümer und

19 Joh. 18, 36

Aberglaube die man verworfen hätte, wäre die Gemeinde weiterhin im Lichte des Wortes Gottes gewandelt, wurden beibehalten und gepflegt. Auf diese Weise starb der von der Reformation eingeflößte Geist allmählich aus, bis sich in den protestantischen Kirchen ein beinahe ebenso großes Bedürfnis nach einer Reformation einstellte wie in der römischen Kirche zur Zeit Luthers. Es herrschte die gleiche weltliche Gesinnung, die gleiche geistliche Abgestumpftheit, eine ähnliche Ehrfurcht vor den Ansichten der Menschen, und man ersetzte die Lehren des Wortes Gottes durch menschliche Theorien.

Der weiten Verbreitung der Bibel zu Anfang des 19. Jahrhunderts und dem vielen Licht, das auf diese Weise über die Welt gekommen war, folgte kein entsprechender Fortschritt in der Erkenntnis der offenbarten Wahrheit oder in der religiösen Erfahrung. Satan konnte nicht wie in früheren Zeiten dem Volke das Wort Gottes vorenthalten, weil es allen erreichbar war; um aber dennoch seine Absichten ausführen zu können, veranlaßte er viele, die Heilige Schrift geringzuachten. Die Menschen versäumten es, in der Heiligen Schrift zu forschen und nahmen dadurch ständig falsche Auslegungen an und pflegten Lehren, die mit den Aussagen der Heiligen Schrift nicht übereinstimmten.

Als Satan bemerkte, daß seine Anstrengungen, die Wahrheit durch Verfolgung zu unterdrücken, fehlschlugen, nahm er seine Zuflucht wieder zu Zugeständnissen, wodurch einst der große Abfall und das Aufkommen der römischen Kirche veranlaßt wurden. Er verleitete die Christen, sich, wenn nicht mit Heiden, so doch mit denen zu verbinden, die sich durch die Verehrung der Dinge dieser Welt ebensosehr als wahre Götzendiener erwiesen hatten wie die Anbeter der Götzenbilder. Die Folgen dieser Verbindung waren jetzt nicht weniger verderblich als damals; unter dem Deckmantel der Religion pflegte man Stolz und Verschwendung, und dunkle Machenschaften herrschten in der Kirche. Satan fuhr fort, die Lehren der Bibel zu verdrehen, und die Überlieferungen, die Millionen zugrunde richten sollten, faßten tief Wurzel. Die Kirche hielt an diesen Überlieferungen fest und verteidigte sie, statt um den Glauben zu kämpfen, „der einmal den Heiligen übergeben ist“.[20] So wurden die Grundsätze, um derentwillen die Reformatoren so viel getan und gelitten hatten, herabgewürdigt.

20 Jud. 3

Herolde des Morgens | 17

Eine der feierlichsten und zugleich köstlichsten aller in der Bibel offenbarten Wahrheiten ist die von der Wiederkunft Christi zur Vollendung des großen Erlösungswerkes. Dem Pilgervolk Gottes, das so lange „in Finsternis und Schatten des Todes“ [1] wandern muß, bedeutet die Verheißung der Erscheinung Christi, der „die Auferstehung und das Leben“ [2] ist, der die Verbannten wieder heimbringen wird, eine herrliche, beglückende Hoffnung. Die Lehre von der Wiederkunft Christi ist der eigentliche Grundton der Heiligen Schrift. Von dem Tage an, da das erste Menschenpaar traurigen Schrittes Eden verließ, haben die Glaubenskinder auf die Ankunft des Verheißenen geharrt, der die Macht des Zerstörers brechen und sie wiederum in das verlorene Paradies zurückbringen würde. Die heiligen Männer vor alters hatten auf das Kommen des Messias in Herrlichkeit als die Erfüllung ihrer Hoffnung gewartet. Schon Henoch, der siebente nach denen, die im Paradiese wohnten, und der drei Jahrhunderte lang auf Erden nach dem Willen Gottes gewandelt war, durfte von fern die Ankunft des Erlösers schauen. „Siehe“, sagte er, „der Herr kommt mit vielen tausend Heiligen, Gericht zu halten über alle.“ [3] Der Patriarch Hiob rief in der Nacht seiner Leiden mit unerschütterlichem Vertrauen aus: „Ich weiß, daß mein Erlöser lebt; und als der letzte wird er über dem Staube sich erheben... und werde [in meinem Fleisch] Gott sehen. Denselben werde ich mir sehen, und meine Augen werden ihn schauen, und kein Fremder.“ [4]

Das Kommen Christi, um die Herrschaft der Gerechtigkeit aufzurichten, hat die heiligen Schreiber zu besonders erhabenen und begeisternden Aussprüchen veranlaßt. Die Dichter und Propheten der

1 Luk. 1, 79 2 Joh. 11, 25 3 Jud. 14. 15 4 Hiob 19, 25–27

Heiligen Schrift haben darüber Worte gefunden, die von himmlischem Feuer durchglüht sind. Der Psalmist sang von der Macht und Majestät des Königs von Israel: „Aus Zion bricht an der schöne Glanz Gottes. Unser Gott kommt und schweigt nicht... Er ruft Himmel und Erde, daß er sein Volk richte." „Der Himmel freue sich, und die Erde sei fröhlich ... vor dem Herrn; denn er kommt, denn er kommt, zu richten das Erdreich. Er wird den Erdboden richten mit Gerechtigkeit und die Völker mit seiner Wahrheit." [5]

Der Prophet Jesaja sagte: „Wachet auf und rühmet, die ihr liegt unter der Erde! Denn dein Tau ist ein Tau des grünen Feldes; aber das Land der Toten wirst du stürzen." „Aber deine Toten werden leben, meine Leichname werden auferstehen." „Er wird den Tod verschlingen ewiglich; und der Herr Herr wird die Tränen von allen Angesichtern abwischen und wird aufheben die Schmach seines Volks in allen Landen; denn der Herr hat's gesagt. Zu der Zeit wird man sagen: Siehe, das ist unser Gott, auf den wir harren, und er wird uns helfen; das ist der Herr, auf den wir harren, daß wir uns freuen und fröhlich seien in seinem Heil." [6]

In einem heiligen Gesicht entrückt, schaute auch Habakuk Christi Erscheinen: „Gott kam vom Mittag und der Heilige vom Gebirge Pharan. Seines Lobes war der Himmel voll, und seiner Ehre war die Erde voll. Sein Glanz war wie Licht... Er stand und maß die Erde, er schaute und machte beben die Heiden, daß zerschmettert wurden die Berge, die von alters her sind, und sich bücken mußten die ewigen Hügel, da er wie vor alters einherzog, ... da du auf deinen Rossen rittest und deine Wagen den Sieg behielten? ... Die Berge sahen dich, und ihnen ward bange; ... die Tiefe ließ sich hören, die Höhe hob die Hände auf. Sonne und Mond standen still. Deine Pfeile fuhren mit Glänzen dahin und deine Speere mit Leuchten des Blitzes... Du zogest aus, deinem Volk zu helfen, zu helfen deinem Gesalbten." [7]

Kurz bevor sich der Heiland von seinen Jüngern trennte, tröstete er sie in ihrem Leid mit der Versicherung, daß er wiederkommen wolle: „Euer Herz erschrecke nicht! ... In meines Vaters Hause sind viele Wohnungen... Ich gehe hin, euch die Stätte zu bereiten. Und wenn ich hingehe, euch die Stätte zu bereiten, so will ich wiederkommen und

5 Ps. 50, 2–4; 96, 11. 13 6 Jes. 26, 19; 25, 8. 9 7 Hab. 3, 3. 4. 6. 8. 10. 11. 13

euch zu mir nehmen." [8] „Wenn aber des Menschen Sohn kommen wird in seiner Herrlichkeit und alle heiligen Engel mit ihm, dann wird er sitzen auf dem Stuhl seiner Herrlichkeit, und werden vor ihm alle Völker versammelt werden." [9]

Die Engel, die nach der Himmelfahrt Christi auf dem Ölberg weilten, wiederholten den Jüngern die Verheißung seiner Wiederkunft: „*Dieser* Jesus, welcher von euch ist aufgenommen gen Himmel, wird kommen, *wie* ihr ihn gesehen habt gen Himmel fahren." [10] Der Apostel Paulus bezeugt unter Eingebung des Heiligen Geistes: „Denn er *selbst,* der Herr, wird mit einem Feldgeschrei und der Stimme des Erzengels und mit der Posaune Gottes herniederkommen vom Himmel." [11] Der Prophet von Patmos sagt: „Siehe, er kommt mit den Wolken, und es werden ihn sehen alle Augen." [12]

Um sein Kommen reiht sich all die Herrlichkeit jener Zeit, „da herwiedergebracht werde alles, was Gott geredet hat durch den Mund aller seiner heiligen Propheten von der Welt an". [13] Dann wird die so lang bestandene Herrschaft des Bösen gebrochen werden; „es sind die Reiche der Welt unsers Herrn und seines Christus geworden, und er wird regieren von Ewigkeit zu Ewigkeit". [14] „Denn die Herrlichkeit des Herrn soll offenbart werden, und alles Fleisch miteinander wird es sehen." „Gleichwie Gewächs aus der Erde wächst und Same im Garten aufgeht, also wird Gerechtigkeit und Lob vor allen Heiden aufgehen aus dem Herrn Herrn." „Zu der Zeit wird der Herr Zebaoth sein eine liebliche Krone und ein herrlicher Kranz den Übriggebliebenen seines Volks." [15]

Dann wird das friedevolle und lang ersehnte Reich des Messias unter dem ganzen Himmel aufgerichtet werden. „Denn der Herr tröstet Zion, er tröstet alle ihre Wüsten und macht ihre Wüste wie Eden und ihr dürres Land wie den Garten des Herrn." „Denn die Herrlichkeit des Libanon ist ihr gegeben, der Schmuck Karmels und Sarons." „Man soll dich nicht mehr die Verlassene noch dein Land eine Wüstung heißen; sondern du sollst ‚Meine Lust an ihr' und dein Land ‚Liebes Weib' heißen; denn . . . wie sich ein Bräutigam freut über die Braut, so wird sich dein Gott über dich freuen." [16]

8 Joh. 14, 1–3
9 Matth. 25, 31. 32
10 Apg. 1, 11
11 1. Thess. 4, 16
12 Offb. 1, 7
13 Apg. 3, 21
14 Offb. 11, 15
15 Jes. 40, 5; 61, 11; 28, 5
16 Jes. 51, 3; 35, 2; 62, 4. 5

Die Wiederkunft des Herrn war in allen Zeiten die Hoffnung seiner wahren Nachfolger. Die Abschiedsverheißung des Heilandes auf dem Ölberg, daß er wiederkommen werde, erhellte den Jüngern die Zukunft und erfüllte ihre Herzen mit einer Freude und Hoffnung, die weder Sorgen dämpfen noch Prüfungen schwächen konnten. Inmitten von Leiden und Verfolgungen war die „Erscheinung der Herrlichkeit des großen Gottes und unsers Heilandes, Jesu Christi", die selige Hoffnung.[17] Als die Christen in Thessalonich bei der Bestattung ihrer Lieben, die gehofft hatten, das Kommen des Herrn zu erleben, von Leid erfüllt waren, verwies Paulus, ihr Lehrer, sie auf die Auferstehung, die bei der Wiederkunft Christi stattfinden würde. Dann sollen die Toten in Christus auferstehen und zusammen mit den Lebenden dem Herrn entgegengerückt werden. „Und werden also", sagte er, „bei dem Herrn sein allezeit. So tröstet euch nun mit diesen Worten untereinander."[18]

Auf dem felsigen Patmos hörte der geliebte Jünger die Verheißung: „Siehe, ich komme bald", und seine sehnsuchtsvolle Antwort klingt in dem Gebet der Gemeinde auf der ganzen Pilgerreise: „Ja komm, Herr Jesu!"[19]

Aus dem Kerker, vom Scheiterhaufen und Schafott herunter, wo die Heiligen und Märtyrer für die Wahrheit zeugten, vernimmt man durch alle Jahrhunderte hindurch die Äußerungen ihres Glaubens und ihrer Hoffnung. Von der persönlichen Auferstehung Christi und damit auch von ihrer eigenen zur Zeit seines Kommens überzeugt, verachteten diese Christen den Tod und fürchteten ihn nicht. Sie waren bereit, in das Grab hinabzusteigen, damit sie frei auferstünden. Sie warteten auf das „Erscheinen des Herrn in den Wolken in der Herrlichkeit des Vaters, der den Gerechten das Himmelreich bringen würde". Die Waldenser hegten den gleichen Glauben. Wiklif erwartete in der Erscheinung des Heilandes die Hoffnung der Kirche.

Luther erklärte: „Ich sage mir wahrlich, der Tag des Gerichtes könne keine volle dreihundert Jahre mehr ausbleiben. Gott will und kann diese gottlose Welt nicht länger dulden. Der große Tag naht, an dem das Reich der Greuel gestürzt werden wird."[20]

17 Tit. 2, 13
18 1. Thess. 4, 17. 18
19 Offb. 22, 7. 20
20 Taylor, „Stimme der Kirche", S. 129 ff.

„Diese alte Welt ist nicht fern von ihrem Ende“, sagte Melanchthon. Calvin forderte die Christen auf, nicht unschlüssig zu sein, sondern eifrig nach dem Tag der Wiederkunft des Herrn als des heilsamsten aller Tage zu verlangen; er erklärte weiter, daß die ganze Familie der Getreuen diesen Tag vor Augen haben wird und sagt: „Wir müssen nach Christus hungern, ihn suchen, erforschen, bis zum Anbrechen jenes großen Tages, an dem unser Herr die Herrlichkeit seines Reiches völlig offenbaren wird.“ [21]

„Ist nicht unser Herr Jesus leiblich gen Himmel gefahren, und wird er nicht wiederkommen?“ fragte Knox, der schottische Reformator. „Wir wissen, daß er wiederkommen wird, und das in Kürze.“ Ridley und Latimer, die beide ihr Leben für die Wahrheit ließen, sahen im Glauben der Wiederkunft des Herrn entgegen. Ridley schrieb: „Die Welt geht unzweifelhaft – dies glaube ich, und deshalb sage ich es – dem Ende entgegen. Laßt uns mit Johannes, dem Knecht Christi, rufen: Komme bald, Herr Jesus!“ [21]

Baxter sagte: „Der Gedanke an das Kommen des Herrn ist mir überaus köstlich und freudevoll... Seine Erscheinung liebzuhaben und der seligen Hoffnung entgegenzusehen, ist das Werk des Glaubens und kennzeichnet seine Heiligen... Wenn der Tod der letzte Feind ist, der bei der Auferstehung vernichtet werden soll, so können wir begreifen, wie ernsthaft Gläubige nach der Wiederkunft Christi [wann dieser völlige und endgültige Sieg errungen werden wird] verlangen und dafür beten sollten.“ [22] „Dies ist der Tag, auf den alle Gläubigen harren, hoffen und warten sollten, da er das ganze Werk ihrer Erlösung und die Erfüllung aller ihrer Wünsche und Bestrebungen verwirklicht... Beschleunige, o Herr, diesen segenbringenden Tag.“ [23] Das war die Hoffnung der apostolischen Kirche, der „Gemeinde der Wüste“, und der Reformatoren.

Die Prophezeiungen sagen nicht nur das „Wie“ und das „Warum“ der Wiederkunft Christi voraus, sondern geben auch Zeichen an, die uns erkennen lassen, wann sie nahe ist. Jesus sagte: „Es werden Zeichen geschehen an Sonne und Mond und Sternen.“ „Aber zu der Zeit, nach dieser Trübsal, werden Sonne und Mond ihren Schein

21 Taylor, ebd.
22 Baxter, „Practical Works“, Bd. XVII, S. 555
23 Baxter, ebd., Bd. XVII, S. 182 f.

verlieren, und die Sterne werden vom Himmel fallen, und die Kräfte der Himmel werden sich bewegen. Und dann werden sie sehen des Menschen Sohn kommen in den Wolken mit großer Kraft und Herrlichkeit." [24] Johannes schildert in der Offenbarung das erste der Zeichen, die der Wiederkunft Christi vorausgehen: „Die Sonne ward schwarz wie ein härener Sack, und der Mond ward wie Blut." [25]

Diese Zeichen wurden vor dem Anfang des 19. Jahrhunderts wahrgenommen. In Erfüllung dieser Weissagung fand im Jahre 1755 das allerschrecklichste Erdbeben * statt, das je berichtet worden ist. Obgleich allgemein als das Erdbeben von Lissabon bekannt, dehnte es sich doch über den größeren Teil von Europa, Afrika und Amerika aus. Es wurde in Grönland, in West-Indien und auf der Insel Madeira, in Schweden und Norwegen, Großbritannien und Irland verspürt. Es erstreckte sich über einen Flächenraum von nicht weniger als 10 360 000 qkm. In Afrika war die Erschütterung beinahe ebenso heftig wie in Europa. Ein großer Teil von Algerien wurde zerstört, und in nur geringer Entfernung von Marokko wurde ein Dorf mit 8000–10 000 Einwohnern verschlungen. Eine ungeheure Woge, die Städte fortriß und große Zerstörung verursachte, fegte über die Küsten von Spanien und Afrika.

In Spanien und Portugal zeigten sich äußerst heftige Erdstöße. In Cadiz soll die heranstürzende Flut 18 m hoch gewesen sein. „Etliche der größten Berge in Portugal wurden stark, gewissermaßen vom Grunde aus, erschüttert. Die Gipfel einiger Berge öffneten sich und wurden auf erstaunliche Weise gespalten und zerrissen. Dabei flogen ungeheure Steinmassen in die umliegenden Täler. Man erzählt, daß diesen Bergen Flammen entstiegen." [26]

In Lissabon wurde ein unterirdischer Donner vernommen, und unmittelbar darauf stürzte durch einen heftigen Stoß der größere Teil der Stadt ein. Im Zeitraum von etwa sechs Minuten kamen 60 000 Menschen ums Leben. Die Wogen gingen anfangs zurück und gaben die Sandbank frei, dann fluteten sie herein und hoben sich mehr als 15 m über ihre normale Höhe. „Zu anderen außerordentlichen Ereignissen, die sich während der Katastrophe in Lissabon zutrugen, zählt das Versinken des neuen Kais, der mit einem ungeheuren Kostenaufwand ganz aus Marmor hergestellt war. Eine große Menschenmenge hatte

24 Luk. 21, 25; Mark. 13, 24–26 25 Offb. 6, 12 26 Lyell, „Principles of Geology", S. 495

sich hier sicherheitshalber gesammelt, weil sie glaubte, außerhalb des Bereiches der fallenden Trümmer zu sein; doch plötzlich versank der Kai mit der ganzen Menschenmenge, und nicht einer der Leichname kam je wieder an die Oberfläche." [26]

„Dem Stoß" des Erdbebens „folgte unmittelbar der Einsturz sämtlicher Kirchen und Klöster, fast aller großen öffentlichen Bauten und mehr als eines Viertels der Häuser. Ungefähr zwei Stunden nach dem Erdstoß brach in den verschiedenen Stadtvierteln Feuer aus und wütete beinahe drei Tage lang mit solcher Gewalt, daß die Stadt völlig verwüstet wurde. Das Erdbeben geschah an einem Feiertag, als die Kirchen und Klöster voller Menschen waren, von denen nur sehr wenige entkamen". [27] „Der Schrecken des Volkes überstieg alle Beschreibung. Niemand weinte; das Unglück war zu groß. Die Menschen liefen hin und her, wahnsinnig vor Schrecken und Entsetzen, schlugen sich ins Gesicht und an die Brust und riefen: ‚Erbarmen! Die Welt geht unter!' Mütter vergaßen ihre Kinder und rannten mit Kruzifixen umher. Unglücklicherweise liefen viele in die Kirchen, um Schutz zu suchen; aber vergebens wurde ununterbrochen die Messe gelesen und die Hostie enthüllt; vergebens klammerten sich die armen Geschöpfe an die Altäre. Kruzifixe, Priester und Volk, alle wurden bei dem allgemeinen Untergang verschlungen." Man hat geschätzt, daß an jenem verhängnisvollen Tag 90000 Menschen ums Leben gekommen sind.

Fünfundzwanzig Jahre später erschien das nächste in der Weissagung erwähnte Zeichen — die Verfinsterung der Sonne und des Mondes, und zwar war dies um so auffallender, da die Zeit seiner Erfüllung genau und bestimmt angegeben worden war. Der Heiland erwähnte in seiner Unterredung mit den Jüngern auf dem Ölberg nach der Schilderung der langen Trübsalszeit der Gemeinde — den 1260 Jahren der päpstlichen Verfolgung, derentwegen er verheißen hatte, die Tage der Trübsal zu verkürzen — gewisse Ereignisse, die seinem Kommen vorausgingen. Dabei nannte er die Zeit, wann das erste dieser Zeichen gesehen werden sollte. „Aber zu der Zeit, *nach* dieser Trübsal, werden Sonne und Mond ihren Schein verlieren." [28] Die 1260 Tage oder Jahre liefen mit dem Jahre 1798 ab. Ein Vierteljahrhundert

26 Lyell, „Principles of Geology", S. 495
27 Encyclopaedia Americana, 1831, Art. Lisbon
28 Mark. 13, 24

vorher hatten die Verfolgungen beinahe gänzlich aufgehört. Nach diesen Verfolgungen sollte nach den Worten Christi die Sonne verdunkelt werden. Am 19. Mai 1780 ging diese Weissagung in Erfüllung.

„Als die geheimnisvollste und bis dahin unerklärbare, wenn nicht gänzlich ohne Beispiel dastehende Naturerscheinung ... erwies sich der finstere Tag vom 19. Mai 1780 – eine höchst sonderbare Verfinsterung des ganzen sichtbaren Himmels Neuenglands.“ [29]

Ein in Massachusetts lebender Augenzeuge beschreibt das Ereignis wie folgt: „Am Morgen ging die Sonne klar auf, bald aber bezog sich der Himmel. Die Wolken sanken immer tiefer, und während sie dunkler und unheildrohender wurden, zuckten die Blitze, und der Donner rollte, und etwas Regen fiel. Gegen neun Uhr lichtete sich die Wolkendecke und nahm ein messing- oder kupferfarbenes Aussehen an, so daß Erde, Felsen, Bäume, Gebäude, das Wasser und die Menschen in diesem seltsamen, unheimlichen Licht ganz verändert erschienen. Wenige Minuten später breitete sich eine schwere, schwarze Wolke über das ganze Himmelsgewölbe aus, mit Ausnahme eines schmalen Streifens am Horizont, und es war so dunkel, wie es gewöhnlich im Sommer um neun Uhr abends ist...

Furcht, Angst und heilige Scheu bemächtigten sich der Menschen. Frauen standen vor den Türen und schauten in die dunkle Landschaft, die Männer kehrten von ihrer Feldarbeit zurück, der Zimmermann verließ sein Werkzeug, der Schmied seine Werkstatt, der Kaufmann den Laden. Die Schulen wurden geschlossen, und die zitternden Kinder rannten heim. Reisende suchten Unterkunft in den nächsten Bauernhäusern. ‚Was soll das werden?‘ fragten bebende Lippen und Herzen. Es schien, als ob ein großer Sturm über das Land hereinbrechen wollte, oder als ob das Ende aller Dinge gekommen sei.

Lichter wurden angezündet, und das Feuer im offenen Kamin brannte so hell wie an einem Herbstabend ohne Mondlicht... Die Hühner erklommen ihre Ruhestangen und schliefen ein, das Vieh ging an die Wiesenpforten und brüllte, die Frösche quakten, die Vögel sangen ihr Abendlied, und die Fledermäuse begannen ihren nächtlichen Flug. Aber die Menschen wußten, daß die Nacht nicht hereingebrochen war...

29 Devens, „Our First Century“, S. 89

Dr. Nathanael Whittaker, Geistlicher in Salem, hielt Gottesdienst im Versammlungssaal und behauptete in seiner Predigt, daß die Dunkelheit übernatürlich sei. An vielen Orten wurden Versammlungen durchgeführt, und die Bibeltexte für die unvorbereiteten Predigten waren ausschließlich solche, die andeuteten, daß die Finsternis in Übereinstimmung mit der biblischen Weissagung war... Etwas nach elf Uhr war die Dunkelheit am stärksten.“ [30] „An den meisten Orten war die Finsternis so dicht, daß man weder nach der Uhr sehen noch die häuslichen Arbeiten ohne Kerzenlicht ausführen konnte...

Die Finsternis dehnte sich außergewöhnlich weit aus. Nach Osten erstreckte sie sich bis Falmouth, nach Westen erreichte sie den äußersten Teil von Connecticut und Albany, nach Süden hin wurde sie an der ganzen Seeküste entlang beobachtet, und nach Norden reichte sie, so weit sich die amerikanischen Niederlassungen ausdehnten.“ [31]

Der dichten Finsternis dieses Tages folgte eine oder zwei Stunden vor Sonnenuntergang ein teilweise klarer Himmel; die Sonne brach wieder hervor, obgleich ihr Schein noch von einem schwarzen, schweren Schleier getrübt wurde. „Die Dunkelheit der Nacht war ebenso ungewöhnlich und erschreckend wie die des Tages, denn obgleich es fast Vollmond war, ließ sich doch kein Gegenstand ohne künstliches Licht unterscheiden, und dieses nahm sich von den Nachbarhäusern und andern Orten aus, als ob es durch eine ägyptische Finsternis schien, die für die Strahlen nahezu undurchdringlich war.“ [32] Ein Augenzeuge dieses Ereignisses sagte: „Ich konnte mich des Gedankens nicht erwehren, daß, wenn alle leuchtenden Himmelskörper in solch undurchdringliche Finsternis gehüllt oder gänzlich verschwunden wären, die Finsternis nicht vollständiger sein könnte.“ Obgleich neun Uhr abends der Mond voll aufging, „vermochte er nicht im geringsten den todesähnlichen Schatten zu zerteilen“. [33] Nach Mitternacht verzog sich die Finsternis, und als der Mond sichtbar wurde, sah er zuerst aus wie Blut.

Der 19. Mai 1780 steht als „der finstere Tag“ in der Geschichte verzeichnet. Seit Moses Zeit ist keine Finsternis von gleicher Dichte,

30 Essex Antiquarian, Salem, Mass., April 1899

31 Gordon, „History of the Rise, Progress, and Establishment of the Independence of the USA“, Bd. III, S. 57

32 Massachusetts Spy, 25. Mai 1780

33 Massachusetts Historial Society Collections, 1792, 1. Serie, Bd. I, S. 97

Ausdehnung und Dauer je berichtet worden. Die Beschreibung dieses Ereignisses, wie sie von Augenzeugen gegeben wurde, ist nur ein Widerhall der Worte des Herrn, die der Prophet Joel 2500 Jahre vor ihrer Erfüllung kundtat: „Die Sonne soll in Finsternis und der Mond in Blut verwandelt werden, ehe denn der große und schreckliche Tag des Herrn kommt.“ [34]

Christus hatte seinem Volk geboten, auf die Zeichen seiner Wiederkunft zu achten und sich zu freuen, wenn es die Vorläufer seines zukünftigen Königs erkennen würde. Seine Worte lauteten: „Wenn aber dieses anfängt zu geschehen, so sehet auf und erhebet eure Häupter, darum daß sich eure Erlösung naht.“ Er machte seine Nachfolger auf die knospenden Bäume des Frühlings aufmerksam und sagte: „Wenn sie jetzt ausschlagen, so sehet ihr's an ihnen und merket, daß jetzt der Sommer nahe ist. Also auch ihr: wenn ihr dies alles sehet angehen, so wisset, daß das Reich Gottes nahe ist.“ [35]

Doch als der Geist der Demut und Frömmigkeit in der Kirche von dem Stolz und dem Formenwesen verdrängt wurde, war die Liebe zu Christus und der Glaube an seine Wiederkunft erkaltet. Das bekennende Volk Gottes war ganz in Weltlichkeit und Vergnügungssucht aufgegangen und dadurch blind geworden für die Lehren des Heilandes hinsichtlich der Zeichen vor seinem Kommen. Die Lehre von der Wiederkunft Christi hatte man vernachlässigt, die sich darauf beziehenden Schriftstellen waren durch falsche Auslegung verdunkelt worden, bis man sie in hohem Maße einfach übersah und vergaß. Ganz besonders war dies mit den Kirchen Amerikas der Fall. Die Freiheit und Bequemlichkeit, deren sich alle Gesellschaftsklassen erfreuten, das ehrgeizige Verlangen nach Reichtum und Überfluß, das eine verzehrende Sucht nach Gelderwerb hervorrief, das begierige Streben nach Volkstümlichkeit und Macht, die allen erreichbar schienen, verleiteten die Menschen, sich den Dingen des Lebens zuzuneigen und auf sie zu hoffen und jenen ernsten Tag, an dem der gegenwärtige Lauf der Dinge ein Ende haben wird, weit von sich zu weisen.

Als der Heiland seine Nachfolger auf die Zeichen seiner Wiederkunft hinwies, weissagte er ihnen den Zustand des Abfalls, wie er unmittelbar vor seiner Wiederkunft bestehen würde. Da zeigte sich,

34 Joel 3, 4 35 Luk. 21, 28. 30. 31

gleichwie in den Tagen Noahs, rege Tätigkeit in weltlichen Unternehmungen und Vergnügungssucht – Kaufen, Verkaufen, Pflanzen, Bauen, Freien und sich freien lassen –, wobei Gott und das zukünftige Leben vergessen würden. Denen, die zu dieser Zeit leben werden, galt Christi Ermahnung: „Hütet euch aber, daß eure Herzen nicht beschwert werden mit Fressen und Saufen und mit Sorgen der Nahrung und komme dieser Tag schnell über euch; denn wie ein Fallstrick wird er kommen über alle, die auf Erden wohnen. So seid nun wach allezeit und betet, daß ihr würdig werden möget, zu entfliehen diesem allem, das geschehen soll, und zu stehen vor des Menschen Sohn." [36]

Den Zustand der Kirche zu dieser Zeit schildern die Worte des Heilandes in der Offenbarung: „Du hast den Namen, daß du lebest, und bist tot." Und an jene, die sich weigern, aus ihrer gleichgültigen Sorglosigkeit herauszutreten, ergeht die ernste Warnung: „So du nicht wirst wachen, werde ich über dich kommen wie ein Dieb, und wirst nicht wissen, welche Stunde ich über dich kommen werde." [37]

Die Menschen mußten auf die Gefahr, in der sie schwebten, aufmerksam gemacht werden, sie mußten aufgeweckt werden, damit sie sich auf die ernsten, mit dem Ablauf der Gnadenzeit in Verbindung stehenden Ereignisse vorbereiten könnten. Der Prophet Gottes erklärt: „Der Tag des Herrn ist groß und sehr erschrecklich: wer kann ihn leiden?" [38] Ja, wer wird bestehen, wenn der erscheint, von dem es heißt: „Deine Augen sind rein, daß du Übles nicht sehen magst, und dem Jammer kannst du nicht zusehen." [39] Denen, die rufen: „Du bist mein Gott; wir ... kennen dich", und die seinen Bund übertreten und einem andern Gott nacheilen, die lasterhaft sind und die Pfade der Ungerechtigkeit lieben, wird des Herrn Tag „finster und nicht licht sein, dunkel und nicht hell". [40] „Zur selben Zeit", spricht der Herr, „will ich Jerusalem mit Leuchten durchsuchen und will heimsuchen die Leute, die auf ihren Hefen liegen und sprechen in ihrem Herzen: Der Herr wird weder Gutes noch Böses tun." [41] „Ich will den Erdboden heimsuchen um seiner Bosheit willen und die Gottlosen um ihrer Untugend willen und will dem Hochmut der Stolzen ein Ende machen und die Hoffart der Gewaltigen demütigen." „Es wird sie ihr Silber und Gold

36 Luk. 21, 34. 36
37 Offb. 3, 1. 3
38 Joel 2, 11
39 Hab. 1, 13
40 Hos. 8, 2; Ps. 16, 4; Amos 5, 20
41 Zeph. 1, 12

nicht erretten können am Tage des Zorns des Herrn", „und ihre Güter sollen zum Raub werden und ihre Häuser zur Wüste".[42]

Der Prophet Jeremia ruft im Hinblick auf diese schreckliche Zeit: „Wie ist mir so herzlich weh! ... und habe keine Ruhe; denn meine Seele hört der Posaune Hall und eine Feldschlacht und einen Mordschrei über den andern."[43]

„Dieser Tag ist ein Tag des Grimmes, ein Tag der Trübsal und Angst, ein Tag des Wetters und Ungestüms, ein Tag der Finsternis und Dunkels, ein Tag der Wolken und Nebel, ein Tag der Posaune und Drommete." „Denn siehe, des Herrn Tag kommt ... das Land zu verstören und die Sünder daraus zu vertilgen."[44]

Im Hinblick auf jenen großen Tag fordert Gottes Wort in nachdrücklichster und feierlichster Sprache sein Volk auf, die geistliche Trägheit abzuschütteln und reuig und demütig des Herrn Angesicht zu suchen: „Blaset mit der Posaune zu Zion, rufet auf meinem heiligen Berge; erzittert, alle Einwohner im Lande! denn der Tag des Herrn kommt und ist nahe; ... heiliget ein Fasten, rufet die Gemeinde zusammen! Versammelt das Volk, heiliget die Gemeinde, sammelt die Ältesten, bringet zuhauf die jungen Kinder... Der Bräutigam gehe aus seiner Kammer und die Braut aus ihrem Gemach. Laßt die Priester, des Herrn Diener, weinen zwischen Halle und Altar." „Bekehret euch zu mir von ganzem Herzen mit Fasten, mit Weinen, mit Klagen! Zerreißet eure Herzen und nicht eure Kleider, und bekehret euch zu dem Herrn, eurem Gott! denn er ist gnädig, barmherzig, geduldig und von großer Güte."[45]

Um ein Volk vorzubereiten, am Tage des Herrn bestehen zu können, mußte eine große Aufgabe der Erneuerung erfüllt werden. Gott sah, daß viele Glieder seines erklärten Volkes nicht für die Ewigkeit lebten. So wollte er ihnen in seiner Barmherzigkeit eine Warnungsbotschaft senden, um sie aus ihrer Erstarrung aufzurütteln und sie zu veranlassen, sich auf die Zukunft des Herrn vorzubereiten.

Diese Warnung ist in Offenbarung 14 aufgezeichnet. Hier wird die dreifache Botschaft, von himmlichen Wesen verkündigt, dargestellt, der unmittelbar das Kommen des Menschensohnes folgt, um die Ernte der Erde einzuholen. Die erste dieser Warnungen kündigt das nahende

42 Jes. 13, 11; Zeph. 1, 18. 13 43 Jer. 4, 19. 20 44 Zeph. 1, 15. 16; Jes. 13, 9 45 Joel 2, 1. 15–17. 12. 13

Gericht an. Der Prophet „sah einen Engel fliegen mitten durch den Himmel, der hatte ein ewiges Evangelium zu verkündigen denen, die auf Erden wohnen, und allen Heiden und Geschlechtern und Sprachen und Völkern, und sprach mit großer Stimme: Fürchtet Gott und gebet ihm die Ehre, denn die Zeit seines Gerichts ist gekommen! Und betet an den, der gemacht hat Himmel und Erde und Meer und die Wasserbrunnen.“ [46]

Diese Botschaft wird ein Teil des „ewigen Evangeliums“ genannt. Die Verkündigung des Evangeliums ist nicht Engeln, sondern Menschen anvertraut worden. Wohl sind heilige Engel beauftragt, dies Werk zu leiten; sie lenken die großen Maßnahmen zum Heil der Menschen; aber die tatsächliche Verkündigung des Evangeliums wird von den Dienern Christi auf Erden durchgeführt.

Treue Männer, die den Eingebungen des Geistes Gottes und den Lehren seines Wortes gehorsam waren, sollten der Welt diese Warnung verkünden. Sie hatten auf das feste prophetische Wort geachtet, auf jenes „Licht, das da scheint in einem dunkeln Ort, bis der Tag anbreche und der Morgenstern aufgehe“.[47] Sie hatten die Erkenntnis Gottes mehr gesucht als alle verborgenen Reichtümer und schätzten sie höher als Silber. Ihr Ertrag ist besser als Gold.[48] Der Herr offenbarte ihnen die großen Dinge seines Reiches. „Das Geheimnis des Herrn ist unter denen, die ihn fürchten; und seinen Bund läßt er sie wissen.“ [49]

Es waren nicht die gelehrten Theologen, die für diese Wahrheit Verständnis hatten und sich mit ihrer Verkündigung befaßten. Wären sie treue Wächter gewesen, die die Schrift fleißig und unter Gebet erforscht hätten, so würden sie die Zeit der Nacht erkannt haben, und die Weissagungen hätten ihnen die Ereignisse erschlossen, die unmittelbar bevorstanden. Sie nahmen jedoch nicht diese Haltung ein, und die Botschaft wurde einfacheren Männern übertragen. Jesus sagte: „Wandelt, dieweil ihr das Licht habt, daß euch die Finsternis nicht überfalle.“ [50] Wer sich von dem von Gott verliehenen Licht abwendet oder es versäumt, danach zu trachten, wenn es in seinem Bereich ist, bleibt in der Finsternis. Aber der Heiland erklärt: „Wer mir nachfolgt,

46 Offb. 14, 6. 7
47 2. Petr. 1, 19
48 Spr. 3, 14
49 Ps. 25, 14
50 Joh. 12, 35

der wird nicht wandeln in der Finsternis, sondern wird das Licht des Lebens haben." [51] Wer beharrlich das Ziel verfolgt, nach Gottes Willen zu handeln, und ernstlich auf das bereits empfangene Licht achtet, wird mehr Licht empfangen; ihm wird ein Stern von himmlischem Glanz gesandt werden, um ihn in alle Wahrheit zu leiten.

Zur Zeit des ersten Kommens Christi hätten die Priester und die Schriftgelehrten der heiligen Stadt, denen das lebendige Wort Gottes anvertraut worden war, die Zeichen der Zeit erkennen und die Ankunft des Verheißenen verkündigen können. Die Weissagung Michas nannte den Geburtsort; Daniel gab die Zeit seines Kommens an. [52] Gott hatte diese Weissagungen den Ältesten der Juden anvertraut; es gab für sie keine Entschuldigung, wenn sie es nicht wußten und dem Volke nicht verkündigten, daß die Ankunft des Messias unmittelbar bevorstand. Ihre Unwissenheit war die Folge sündhafter Vernachlässigung. Die Juden bauten Denkmäler für die erschlagenen Propheten Gottes, während sie durch ihre Nachgiebigkeit gegenüber den Großen der Erde den Knechten Satans huldigten. Von ihrem ehrgeizigen Streben nach Ansehen und Macht unter den Menschen völlig in Anspruch genommen, hatten sie die ihnen von dem König des Himmels angebotenen göttlichen Ehren aus den Augen verloren.

Mit tiefer und ehrfurchtsvoller Hingabe hätten die Ältesten Israels Ort, Zeit und Umstände des größten Ereignisses in der Weltgeschichte — der Ankunft des Sohnes Gottes zur Erlösung der Menschen — erforschen sollen. Alle Juden hätten wachen und harren sollen, um unter den ersten zu sein, die den Erlöser der Welt begrüßten. Doch siehe, in Bethlehem wanderten zwei müde Reisende von den Hügeln Nazareths die ganze Länge der engen Straße bis zum östlichen Ende der Stadt entlang und spähten vergebens nach einer Rast- und Ruhestätte für die Nacht. Keine Tür stand ihnen offen. In einem elenden Schuppen, der für das Vieh hergerichtet war, fanden sie schließlich Unterkommen, und hier wurde der Heiland der Welt geboren.

Die Engel hatten die Herrlichkeit gesehen, die der Sohn Gottes mit dem Vater teilte, ehe die Welt war, und sie hatten mit lebhaftem Anteil seinem Erscheinen auf Erden als dem freudvollsten Ereignis für alle Völker entgegengesehen. Es wurden Engel bestimmt, die frohe Bot-

51 Joh. 8, 12 52 Micha 5, 1; Dan. 9, 25

schaft denen zu bringen, die auf ihren Empfang vorbereitet waren, und die sie mit Freuden den Bewohnern der Erde bekanntmachen würden. Christus hatte sich erniedrigt, menschliche Natur anzunehmen; er trug unendlich viel Leid, als er sein Leben als Opfer für die Sünde darbringen sollte; und doch wünschten die Engel, daß der Sohn des Allerhöchsten selbst in seiner Erniedrigung mit einer seinem Charakter entsprechenden Würde und Herrlichkeit vor den Menschen erscheinen möchte. Würden die Großen der Erde sich in der Hauptstadt Israels versammeln, um sein Kommen zu begrüßen? Würden Legionen Engel ihn vor die harrende Menge führen?

Ein Engel besuchte die Erde, um zu sehen, wer vorbereitet war, Jesus willkommen zu heißen. Aber er konnte kein Zeichen der Erwartung erkennen. Er hörte weder Lob noch Jubel darüber, daß die Zeit der Ankunft des Messias da war. Der Engel schwebte eine Zeitlang über der auserwählten Stadt und dem Tempel, wo Jahrhunderte hindurch die göttliche Gegenwart offenbar geworden war; doch auch hier herrschte dieselbe Gleichgültigkeit. Die Priester in ihrem Gepränge und Stolz brachten unreine Opfer im Tempel dar. Die Pharisäer redeten mit lauter Stimme zum Volk oder beteten in prahlerischer Weise an den Ecken der Straßen. In den Palästen der Könige, in den Versammlungen der Philosophen, in den Schulen der Rabbiner achtete niemand auf die wunderbare Tatsache, die den ganzen Himmel mit Lob und Freude erfüllte: daß der Erlöser der Menschen sich anschickte, auf Erden zu erscheinen.

Nirgends zeigte sich ein Beweis, daß Christus erwartet wurde, daß Vorbereitungen für den Fürsten des Lebens getroffen waren. Erstaunt wollte der himmlische Bote mit der schmählichen Kunde wieder gen Himmel zurückkehren, als er einige Hirten entdeckte, die ihre Herden nachts bewachten und, zum sternbesäten Himmel aufblickend, über die Weissagung von einem Messias, der auf Erden erscheinen sollte, nachdachten und sich nach der Ankunft des Welterlösers sehnten. Hier waren Menschen, die sich auf den Empfang der himmlischen Botschaft vorbereitet hatten. Und plötzlich erschien der Engel des Herrn und verkündigte die frohe Botschaft. Himmlische Herrlichkeit überflutete die ganze Ebene, eine große Schar Engel wurde sichtbar, und als ob die Freude zu groß wäre, um nur von einem himmlischen Boten offenbart zu werden, hob ein stimmgewaltiger Chor den Gesang an, den einst alle Erlösten singen werden: „Ehre sei Gott in der Höhe und Friede auf Erden und den Menschen ein Wohlgefallen!“ [53]

Oh, welch eine Lehre birgt diese wunderbare Geschichte von Bethlehem! Wie straft sie unseren Unglauben, unseren Stolz und Eigendünkel! Wie warnt sie uns, auf der Hut zu sein, damit wir durch unsere Gleichgültigkeit nicht auch verfehlen, die Zeichen der Zeit zu verstehen und dadurch den Tag unserer Heimsuchung zu erkennen!

Nicht nur auf den Höhen Judäas, nicht allein unter den einfachen Hirten fanden die Engel Menschen, die die Ankunft des Messias erwarteten. Im Heidenlande waren ebenfalls etliche, die seiner harrten. Es waren weise, reiche und edle Männer — Philosophen des Ostens. Naturforscher und Weise hatten Gott in seiner Schöpfung erkannt. Aus den hebräischen Schriften hatten sie von dem Stern erfahren, der aus Jakob aufgehen sollte, und mit begierigem Verlangen warteten sie auf sein Erscheinen, der nicht nur der „Trost Israels“, sondern auch ein Licht zu erleuchten die Heiden, das Heil bis an das Ende der Erde sein sollte.[54] Sie suchten nach Licht, und Licht vom Throne Gottes erleuchtete den Pfad vor ihren Füßen. Während die Priester und Schriftgelehrten Jerusalems, die verordneten Hüter und Erklärer der Wahrheit, in Finsternis gehüllt waren, leitete der vom Himmel gesandte Stern diese heidnischen Fremdlinge zur Geburtsstätte des neugeborenen Königs.

„Denen, die auf ihn warten“, wird Christus „zum andernmal ... ohne Sünde erscheinen ... zur Seligkeit“.[55] Gleich der Kunde von der Geburt des Heilandes wurde auch die Botschaft von seiner Wiederkunft nicht den religiösen Führern des Volkes anvertraut. Sie hatten es versäumt, ihre Verbindung mit Gott zu bewahren, und hatten das Licht vom Himmel von sich gewiesen. Darum gehörten sie nicht zu den Menschen, denen der Apostel Paulus sagt: „Ihr aber, liebe Brüder, seid nicht in der Finsternis, daß euch der Tag wie ein Dieb ergreife. Ihr seid allzumal Kinder des Lichtes und Kinder des Tages; wir sind nicht von der Nacht noch von der Finsternis.“ [56]

Die Wächter auf den Mauern Zions hätten die ersten sein sollen, die Botschaft von der Ankunft des Heilandes zu vernehmen; die ersten,

53 Luk. 2, 14 54 Luk. 2, 25. 32; Apg. 13, 47 55 Hebr. 9, 28 56 1. Thess. 5, 4. 5

ihre Stimme zu erheben, um seine Nähe zu verkündigen; die ersten, das Volk zu warnen, sich auf sein Kommen vorzubereiten. Aber sie ließen sich's wohl sein und träumten von Frieden und Sicherheit, während das Volk in seinen Sünden schlief. Jesus sah seine Gemeinde, dem unfruchtbaren Feigenbaum gleich, im Schmuck der Blätter prangen, doch ohne köstliche Frucht. Prahlerisch hielt man auf religiöse Formen, während der Geist wahrer Demut, der Reue und des Glaubens fehlten, die allein den Dienst für Gott hätten annehmbar machen können. Statt der Früchte des Geistes bekundeten sich Stolz, Formenwesen, Prahlerei, Selbstsucht, Unterdrückung. Eine von Gott abgewichene Gemeinde verschloß ihre Augen vor den Zeichen der Zeit. Gott verließ sie nicht, er ließ es auch nicht an seiner Treue fehlen; aber seine Gemeinde fiel von ihm ab und trennte sich von seiner Liebe. Da sie sich weigerte, den Forderungen Gottes nachzukommen, wurden auch seine Verheißungen an ihnen nicht erfüllt.

Das sind die sicheren Folgen, wenn man versäumt, das Licht und die Gnadengaben, die Gott schenkt, anzuerkennen und auszunutzen. Wenn die Gemeinde nicht den Weg verfolgt, den Gottes Vorsehung vor ihr auftut, nicht jeden Lichtstrahl annimmt und jede ihr gezeigte Pflicht erfüllt, wird die Religion unausbleiblich in einen Formendienst ausarten, und der Geist der lebendigen Gottseligkeit wird verschwinden. Diese Wahrheit hat die Geschichte der Kirche wiederholt veranschaulicht. Gott verlangt von seinem Volk Werke des Glaubens und des Gehorsams, den verliehenen Segnungen und Gaben entsprechend. Der Gehorsam verlangt ein Opfer und schließt Leiden ein, deshalb weigern sich auch so viele erklärte Nachfolger Christi, das Licht vom Himmel anzunehmen, und sie erkennen gleich den Juden vor alters nicht die Zeit, darin sie heimgesucht werden.[57] Weil sie stolz und ungläubig waren, ging der Herr an ihnen vorüber und offenbarte seine Wahrheit denen, die wie die Hirten von Bethlehem und die Weisen aus dem Morgenlande alles Licht, das ihnen gegeben worden war, beachtet hatten.

57 Luk. 19, 44

Ein Glaubensmann der letzten Zeit | 18

Ein biederer und schlichter Landmann, der verleitet worden war, die Autorität der Heiligen Schrift zu bezweifeln, aber dennoch aufrichtig danach verlangte, die Wahrheit zu erkennen, wurde von Gott in besonderer Weise auserwählt, bei der Verkündigung der Wiederkunft Christi eine führende Stellung einzunehmen. Gleich vielen andern Glaubensmännern hatte William Miller* in seiner Jugend mit Armut zu kämpfen gehabt und auf diese Weise Strebsamkeit und Selbstverleugnung gelernt. Die Glieder seiner Familie zeichneten sich durch einen unabhängigen, freiheitsliebenden Geist, durch Ausdauer und glühende Vaterlandsliebe aus – Eigenschaften, die auch seinen Charakter bestimmten. Sein Vater war Hauptmann bei der amerikanischen Revolutionsarmee gewesen, und die Opfer, die er in den Kämpfen und Leiden jener stürmischen Zeit gebracht hatte, werden wohl die drückenden Verhältnisse in Millers ersten Lebensjahren verursacht haben.

Er war von gesundem, kräftigem Körperbau und zeigte schon in der Kindheit eine ungewöhnliche Verstandeskraft. Als er älter wurde, trat dies noch mehr hervor. Sein Geist war tätig und gut entwickelt, und ihn dürstete nach größerem Wissen. Obwohl er sich nicht der Vorteile einer akademischen Bildung erfreuen konnte, machten ihn doch seine Liebe zum Studium und die Gewohnheit sorgfältigen Denkens und scharfer Unterscheidung zu einem Mann von gesundem Urteil und umfassender Anschauung. Er besaß einen untadeligen sittlichen Charakter, einen beneidenswerten Ruf und war allgemein wegen seiner Rechtschaffenheit, Sparsamkeit und Wohltätigkeit geachtet. Durch seine Tatkraft und seinen Fleiß erwarb er sich schon früh sein Auskommen, obgleich er an seiner Gewohnheit, zu studieren, noch immer festhielt. Er bekleidete mit Erfolg verschiedene zivile und militärische Ämter, und der Weg zu Reichtum und Ansehen schien ihm offen zu stehen.

Seine Mutter war eine Frau von echter Frömmigkeit, und er selbst war in seiner Kindheit für religiöse Eindrücke empfänglich. Im frühen Mannesalter jedoch geriet er in die Gesellschaft von Deisten, die um so größeren Einfluß auf ihn ausübten, da die meisten gute Bürger, menschenfreundliche und wohltätige Leute waren, deren Charakter, da sie inmitten christlicher Einrichtungen wohnten, teilweise das Gepräge ihrer Umgebung angenommen hatte. Die Vorzüge, die ihnen Achtung und Vertrauen gewannen, hatten sie der Bibel zu verdanken; und doch waren diese guten Gaben so verfälscht worden, daß sie einen dem Worte Gottes zuwiderlaufenden Einfluß ausübten. Der Umgang mit ihnen ließ Miller ihre Anschauungen teilen. Die allgemein übliche Auslegung der Schrift schien ihm unüberwindliche Schwierigkeiten zu bieten, doch auch seine neue Glaubensüberzeugung, die die Bibel beiseitesetzte, hatte nichts Besseres zu geben, das ihre Stelle hätte einnehmen können, und er fühlte sich keineswegs befriedigt. Immerhin bekannte er sich ungefähr zwölf Jahre zu diesen Auffasungen. Als er vierunddreißig Jahre alt war, bewirkte der Heilige Geist in ihm die Überzeugung, daß er ein Sünder sei. Er fand in seinem früheren Glauben nicht die Gewißheit einer Glückseligkeit jenseits des Grabes. Die Zukunft war düster und unheimlich. Von seinen Gefühlen zu jener Zeit sagte er später:

„Vernichtet zu werden, das war ein kalter, schauriger Gedanke, und Rechenschaft ablegen zu müssen, wäre der sichere Untergang aller gewesen. Der Himmel über meinem Haupte war wie Erz, und die Erde unter meinen Füßen wie Eisen. Die Ewigkeit — was war sie? Und der Tod — warum war er? Je mehr ich diese Dinge zu ergründen suchte, desto weiter entfernte ich mich von der Beweisführung. Je mehr ich darüber nachdachte, desto zerfahrener wurden meine Schlüsse. Ich versuchte, dem Denken Einhalt zu gebieten, aber meine Gedanken ließen sich nicht beherrschen. Ich fühlte mich wahrhaft elend, wußte jedoch nicht warum. Ich murrte und klagte, ohne zu wissen über wen. Ich war überzeugt, daß irgendwo ein Fehler lag, wußte aber nicht, wo oder wie das Richtige zu finden sei. Ich trauerte, jedoch ohne Hoffnung."

In diesem Zustand verharrte Miller mehrere Monate. „Plötzlich", sagt er, „prägte sich meinem Gemüt lebhaft der Charakter eines Heilandes ein. Es schien mir, als gebe es ein Wesen, so gut und barmherzig, daß es sich selbst für unsere Übertretungen als Sühne anbietet und uns dadurch vor der Strafe für die Sünde rettet. Unmittelbar fühlte ich, wie liebreich ein solches Wesen sein müsse und stellte mir vor, daß ich mich in seine Arme werfen und seiner Gnade vertrauen könnte. Aber es erhob sich die Frage: Wie kann bewiesen werden, daß es ein solches Wesen gibt? Ich fand, daß ich außerhalb der Bibel keinen Beweis für das Vorhandensein eines solchen Heilandes oder gar eines zukünftigen Daseins entdecken konnte...

Ich sah, daß die Bibel gerade von einem solchen Heiland berichtete, wie ich nötig hatte, und ich wunderte mich, wie ein nicht inspiriertes Buch Grundsätze entwickeln konnte, die den Bedürfnissen einer gefallenen Welt so vollkommen angepaßt waren. Ich sah mich gezwungen, zuzugeben, daß die Heilige Schrift eine Offenbarung Gottes sein müsse. Sie wurde mein Entzücken, und in Jesus fand ich einen Freund. Der Heiland wurde für mich der Auserkorene unter vielen Tausenden, und die Heilige Schrift, die zuvor dunkel und voller Widersprüche schien, erwies sich als meines Fußes Leuchte und als ein Licht auf meinem Wege. Ruhe und Zufriedenheit zogen in mein Gemüt ein. Ich erkannte Gott den Herrn als einen Fels inmitten der Fülle des Lebens. Der Bibel widmete ich nun mein Hauptstudium, und ich kann wahrlich sagen, daß ich sie mit großer Freude durchforschte. Ich fand, daß mir nie die Hälfte gesagt worden war. Es wunderte mich, daß ich ihre Zierde und Herrlichkeit nicht eher gesehen hatte, und ich war erstaunt darüber, wie ich sie je hatte verwerfen können. Mir wurde alles offenbart, was mein Herz sich wünschen konnte; ich fand ein Heilmittel für jeden Schaden meiner Seele. Ich verlor den Gefallen an anderem Lesestoff und ließ es mir angelegen sein, Weisheit von Gott zu erlangen."[1]

Miller bekannte sich nun öffentlich zu der Glaubensüberzeugung, die er ehedem verachtet hatte. Aber seine ungläubigen Gefährten waren nicht müßig, jene Beweisführungen vorzubringen, die er selbst oft gegen die göttliche Autorität der Heiligen Schrift angewandt hatte.

1 Bliß, „Memoirs of William Miller", S. 65–67

Er war damals nicht vorbereitet, sie zu beantworten, folgerte aber, daß die Bibel, wäre sie eine Offenbarung Gottes, mit sich selbst übereinstimmen müsse. Was zur Belehrung des Menschen gegeben war, mußte auch seinem Verständnis angepaßt sein. Er entschloß sich, die Heilige Schrift selbst zu durchforschen und sich zu vergewissern, ob nicht die scheinbaren Widersprüche in Einklang gebracht werden könnten.

Er bemühte sich, alle vorurteilsvollen Auffassungen beiseitezusetzen und verglich ohne irgendwelche Kommentare Bibelstelle mit Bibelstelle, wobei er sich der angegebenen Parallelstellen und der Konkordanz bediente. Regelmäßig und planvoll verfolgte er sein Studium, fing mit dem ersten Buch Mose an, las Vers für Vers und ging nur so schnell voran, wie sich ihm die Bedeutung der verschiedenen Stellen erschloß, so daß ihm nichts unklar blieb. War ihm eine Stelle unverständlich, verglich er sie mit allen andern Texten, die irgendwelche Beziehung zu dem betrachteten Thema zu haben schienen. Jedes Wort prüfte er bezüglich seiner Stellung zum Inhalt der Bibelstelle, und wenn seine Ansicht dann mit jedem gleichlaufenden Text übereinstimmte, so war die Schwierigkeit überwunden. Auf diese Weise fand er immer in irgendeinem andern Teil der Heiligen Schrift eine Erklärung für eine schwerverständliche Stelle. Da er unter ernstem Gebet um göttliche Erleuchtung forschte, wurde das, was ihm vorher dunkel erschienen war, nun seinem Verständnis klar. Er erfuhr die Wahrheit der Worte des Psalmisten: „Wenn dein Wort offenbar wird, so erfreut es und macht klug die Einfältigen.“ [2]

Mit ungemeiner Wißbegier studierte er das Buch Daniel und die Offenbarung, wobei er, um diese Bücher zu verstehen, dasselbe Verfahren anwandte wie bei den andern Teilen der Heiligen Schrift. Zu seiner großen Freude fand er, daß die prophetischen Sinnbilder verstanden werden können. Er sah, daß die Weissagungen, sofern sie schon eingetroffen waren, sich buchstäblich erfüllt hatten; daß all die verschiedenen Darstellungen, Bilder, Gleichnisse, Ausdrücke usw. entweder in ihrem unmittelbaren Zusammenhang erklärt waren, oder daß die Worte, die dieses ausdrückten, an andern Stellen näher bestimmt wurden, so daß sie, auf diese Weise erklärt, buchstäblich

2 Ps. 119, 130

verstanden werden konnten. Er sagt: „So wurde ich überzeugt, daß die Bibel eine Kette offenbarter Wahrheiten ist, so deutlich und einfach mitgeteilt, daß selbst der einfache Mann nicht zu irren braucht." [3] Seine Anstrengungen wurden belohnt: Glied um Glied der Kette der Wahrheit öffnete sich seinem Verständnis, als er Schritt für Schritt die großen Umrisse der Weissagungen erkannte. Engel des Himmels lenkten seine Gedanken und führten ihn zum Verständnis des Wortes Gottes.

Indem er die Weissagungen, die sich noch erfüllen sollten, danach beurteilte, wie sich die Prophezeiungen in der Vergangenheit erfüllt hatten, wurde er überzeugt, daß die volkstümliche Ansicht von der geistigen Regierung Christi — einem irdischen tausendjährigen Reich vor dem Ende der Welt — im Worte Gottes keine Unterstützung findet. Diese Lehre, die auf ein Jahrtausend der Gerechtigkeit und des Friedens vor der persönlichen Wiederkunft des Herrn hinwies, schob die Schrecken des Tages Jesu Christi weit hinaus in die Zukunft. Wenn dies auch vielen sehr angenehm gewesen sein dürfte, so ist es doch den Lehren Christi und seiner Apostel völlig entgegen; denn sie erklärten, daß der Weizen und das Unkraut zusammen wachsen müssen bis zur Zeit der Ernte, dem Ende der Welt; daß es „mit den bösen Menschen aber und verführerischen wird's je länger, je ärger"; „daß in den letzten Tagen werden greuliche Zeiten kommen" und daß das Reich der Finsternis fortbestehen müsse bis zur Ankunft des Herrn, wenn es verzehrt werden soll „mit dem Geist seines Mundes" und ihm ein Ende gemacht werde „durch die Erscheinung seiner Zukunft". [4]

Die apostolische Kirche glaubte nicht an die Lehre von der Bekehrung der Welt und der geistlichen Herrschaft Christi. Erst ungefähr zu Anfang des 18. Jahrhunderts bürgerte sie sich ein. Wie jeder andere Irrtum hatte auch dieser schlimme Folgen. Er lehrte die Menschen, die Wiederkunft des Herrn erst in ferner Zukunft zu erwarten und hielt sie davon ab, die Zeichen seiner nahenden Wiederkunft zu beachten. Er erzeugte ein Gefühl der Sorglosigkeit und Sicherheit, das keineswegs begründet war, aber viele veranlaßte, die notwendige Vorbereitung zu versäumen, um ihrem Herrn begegnen zu können.

Miller fand, daß die Heilige Schrift deutlich das buchstäbliche, persönliche Kommen Christi lehrt. Paulus sagt: „Er selbst, der Herr, wird

3 Bliß, S. 70   4 Matth. 13, 30. 38–41; 2. Tim. 3, 1. 13; 2. Thess. 2, 8

mit einem Feldgeschrei und der Stimme des Erzengels und mit der Posaune Gottes herniederkommen vom Himmel." [5] Und der Heiland erklärt, das letzte Geschlecht werde *„sehen* kommen des Menschen Sohn in den Wolken des Himmels mit großer Kraft und Herrlichkeit". „Denn gleichwie der Blitz ausgeht vom Aufgang und scheint bis zum Niedergang, also wird auch sein die Zukunft des Menschensohnes." [6] Er wird von all den Scharen des Himmels begleitet werden. Des Menschen Sohn wird kommen „in seiner Herrlichkeit und alle heiligen Engel mit ihm".[7]

Bei seinem Kommen werden die gerechten Toten auferweckt und die gerechten Lebenden verwandelt werden. Paulus sagte: „Wir werden nicht alle entschlafen, wir werden aber alle verwandelt werden; und dasselbe plötzlich, in einem Augenblick, zur Zeit der letzten Posaune. Denn es wird die Posaune schallen, und die Toten werden auferstehen unverweslich, und wir werden verwandelt werden. Denn dies Verwesliche muß anziehen die Unverweslichkeit, und dies Sterbliche muß anziehen die Unsterblichkeit." [8] Und in seinem Brief an die Thessalonicher schrieb er, nachdem er ihnen das Kommen des Herrn vor Augen gestellt hatte: „Die Toten in Christo werden auferstehen zuerst. Darnach wir, die wir leben und übrig bleiben, werden zugleich mit ihnen hingerückt werden in den Wolken, dem Herrn entgegen in der Luft, und werden also bei dem Herrn sein allezeit." [9]

Erst zur Zeit der persönlichen Ankunft Christi kann sein Volk das Reich ererben. Der Heiland sagte: „Wenn aber des Menschen Sohn kommen wird in seiner Herrlichkeit und alle heiligen Engel mit ihm, dann wird er sitzen auf dem Stuhl seiner Herrlichkeit, und werden vor ihm alle Völker versammelt werden. Und er wird sie voneinander scheiden, gleich als ein Hirte die Schafe von den Böcken scheidet, und wird die Schafe zu seiner Rechten stellen und die Böcke zur Linken. Da wird dann der König sagen zu denen zu seiner Rechten: Kommt her, ihr Gesegneten meines Vaters, ererbet das Reich, das euch bereitet ist von Anbeginn der Welt!" [10] Wir haben aus den angeführten Schriftworten gesehen, daß bei der Wiederkunft des Menschensohns die Toten unverweslich auferweckt und die Lebenden verwandelt werden.

5 1. Thess. 4, 16
6 Matth. 24, 30. 27
7 Matth. 25, 31
8 1. Kor. 15, 51–53
9 1. Thess. 4, 16. 17
10 Matth. 25, 31–34

Durch die große Verwandlung werden sie zubereitet, in das Reich Gottes einzugehen; denn Paulus sagte, „daß Fleisch und Blut nicht können das Reich Gottes ererben; auch wird das Verwesliche nicht erben das Unverwesliche".[11] Der Mensch in seinem gegenwärtigen Zustand ist sterblich, verweslich; das Reich Gottes hingegen wird unverweslich, ewig sein. Deshalb kann der Mensch in seinem gegenwärtigen Zustand nicht das Reich ererben. Kommt aber Jesus, so wird er seinem Volk die Unsterblichkeit verleihen; dann ruft er sie, das Reich einzunehmen, dessen Erben sie bisher nur waren.

Diese und andere Bibelstellen waren für Miller deutliche Beweise, daß die Ereignisse, von denen man allgemein annahm, daß sie vor der Wiederkunft Christi stattfinden würden, wie die allgemeine Friedensherrschaft und die Aufrichtung des Reiches Gottes auf Erden, der Wiederkunft Christi nachfolgen müßten. Ferner fand er, daß alle Zeichen der Zeit und der Zustand der Welt der prophetischen Beschreibung der letzten Tage entsprachen. Nur durch das Studium der Bibel kam er zu dem Schluß, daß die Zeit, die für das Fortbestehen der Erde in ihrem jetzigen Zustand bestimmt war, dem Ende nahe sei.

„Ein anderer Beweis, der mich wesentlich beeinflußte", sagte er, „war die Zeitrechnung der Heiligen Schrift... Ich fand, daß sich vorhergesagte Ereignisse, die sich in der Vergangenheit erfüllt hatten, oft innerhalb einer bestimmten Zeit zutrugen. Die hundertzwanzig Jahre bis zur Sintflut (1. Mose 6, 3), die sieben Tage, die ihr vorhergehen sollten, mit vierzig Tagen vorhergesagten Regens (1. Mose 7, 4); der vierhundertjährige Aufenthalt der Kinder Abrahams im fremden Land (1. Mose 15, 13); die drei Tage in den Träumen des Mundschenken und des Bäckers (1. Mose 40, 12—20); Pharaos sieben Jahre (1. Mose 41, 28—54); die vierzig Jahre in der Wüste (4. Mose 14, 34); die dreieinhalb Jahre der Hungersnot (1. Könige 17, 1; Jakobus 5, 17)[12]; ... die siebzig Jahre der Gefangenschaft (Jeremia 25, 11); Nebukadnezars sieben Zeiten (Daniel 4, 13—16) und die sieben Wochen, die 62 Wochen und eine Woche, welche zusammen 70 Wochen ergeben, die für die Juden bestimmt waren (Daniel 9, 24—27). Die durch diese Zeiten begrenzten Ereignisse waren alle einst nur Sache der Weissagung und erfüllten sich in Übereinstimmung mit den Prophezeiungen."[13]

11 1. Kor. 15, 50 12 Vgl. Luk. 4, 25 13 Bliß, S. 74. 75

Als er deshalb beim Bibelstudium verschiedene Zeitabschnitte fand, die sich, wie er sie verstand, bis auf die Wiederkunft Christi erstreckten, konnte er sie nur als „vorher bestimmte Zeiten" ansehen, dic Gott seinen Knechten enthüllt hatte. Mose sagt: „Das Geheimnis [Verborgene] ist des Herrn, unsers Gottes; was aber offenbart ist, das ist unser und unserer Kinder ewiglich." Und der Herr erklärt durch den Propheten Amos, er „tut nichts, er offenbare denn sein Geheimnis den Propheten, seinen Knechten".[14] Die Forscher im Worte Gottes dürfen deshalb zuversichtlich erwarten, die gewaltigsten Ereignisse, die in der menschlichen Geschichte stattfinden werden, in den Schriften der Wahrheit deutlich angegeben zu finden.

Miller sagte: „Da ich völlig überzeugt war, daß ‚alle Schrift, von Gott eingegeben', nützlich ist, daß sie ‚nie ... aus menschlichem Willen hervorgebracht' wurde, sondern daß ‚die heiligen Menschen Gottes haben geredet, getrieben von dem heiligen Geist', und sie ‚uns zur Lehre geschrieben' ist, ‚auf daß wir durch Geduld und Trost der Schrift Hoffnung haben',[15] konnte ich die chronologischen Teile der Bibel unserer ernsten Aufmerksamkeit ebenso wert erachten wie irgendeinen andern Teil der Heiligen Schrift. Ich dachte deshalb, daß ich bei meinen Bemühungen, das zu verstehen, was Gott in seiner Barmherzigkeit für gut gefunden hatte, uns zu offenbaren, keineswegs die prophetischen Zeitangaben zu übergehen berechtigt war."[16]

Die Weissagung, welche die *Zeit* der Wiederkunft Christi am deutlichsten zu enthüllen schien, war die in Daniel 8, 14: „Bis zweitausenddreihundert Abende und Morgen um sind; dann wird das Heiligtum wieder geweiht werden." Seinem Grundsatz folgend, das Wort Gottes sich selbst auslegen zu lassen, entdeckte Miller, daß in der sinnbildlichen Weissagung ein Tag ein Jahr bedeutet.[17] Er sah, daß der Zeitraum von zweitausenddreihundert prophetischen Tagen oder buchstäblichen Jahren sich weit über den des Alten Bundes hinaus erstreckte und sich somit nicht auf das Heiligtum jenes Bundes beziehen konnte. Miller teilte die allgemeine Ansicht, daß im christlichen Zeitalter die Erde das Heiligtum sei, und nahm deshalb an, daß die Reinigung des Heiligtums, wovon in Daniel 8, 14 gesprochen wird, die

14 5. Mose 29, 28; Amos 3, 7
15 2. Tim. 3, 16; 2. Petr. 1, 21; Röm. 15, 4
16 Bliß, S. 75
17 4. Mose 14, 34; Hes. 4, 6

Reinigung der Erde durch Feuer bei der Wiederkunft Christi darstelle. Wenn also der richtige Ausgangspunkt für die zweitausenddreihundert Tage gefunden werden könnte, wäre man auch leicht in der Lage, meinte er, die Zeit der Wiederkunft Christi festzustellen. Auf diese Weise würde die Zeit jener großen Vollendung offenbar werden, die Zeit, da der gegenwärtige Zustand mit „all seinem Stolz und seiner Macht, seinem Gepränge und seiner Eitelkeit, seiner Gottlosigkeit und Unterdrückung ein Ende hat"; da der Fluch „von der Erde hinweggenommen, der Tod vernichtet, die Knechte Gottes, die Propheten, die Heiligen und alle, die seinen Namen fürchten, belohnt, und diejenigen, die die Erde verderben, vernichtet werden".[18]

Mit neuem und größerem Ernst setzte Miller die Prüfung der Weissagungen fort und widmete Tag und Nacht dem Studium der Dinge, die ihm so überragend wichtig und außerordentlich bedeutungsvoll zu sein schienen. In Daniel 8 konnte er keinen Anhalt für den Ausgangspunkt der zweitausenddreihundert Tage finden. Obgleich der Engel Gabriel beauftragt war, Daniel das Gesicht zu erklären, gab er ihm nur eine teilweise Auslegung. Als der Prophet die schreckliche Verfolgung schaute, die über die Gemeinde kommen sollte, schwanden seine Kräfte. Er konnte nicht mehr ertragen, und der Engel verließ ihn einstweilen. Daniel „ward schwach und lag etliche Tage krank... Und [ich] verwunderte mich des Gesichts", sagt er, „und niemand war, der mir's auslegte".[19]

Doch Gott hatte seinem Boten befohlen: „Lege diesem das Gesicht aus, daß er's verstehe!"[20] Dieser Auftrag mußte erfüllt werden, und deshalb kehrte der Engel später zu Daniel zurück und sagte: „Jetzt bin ich ausgegangen, dich zu unterrichten... So merke nun darauf, daß du das Gesicht verstehest."[21] In dem in Kap. 8 berichteten Gesicht war eine wichtige Frage nicht erklärt worden: der Zeitraum der zweitausenddreihundert Tage; deshalb verweilte der Engel, nachdem er die Erläuterung des Gesichtes wiederaufgenommen hatte, hauptsächlich bei diesem Thema.

„Siebzig Wochen sind bestimmt über dein Volk und über deine heilige Stadt... So wisse nun und merke: von der Zeit an, da ausgeht der Befehl, daß Jerusalem soll wiederum gebaut werden, bis auf den

18 Bliß, S. 76 19 Dan. 8, 27 20 Dan. 8, 16 21 Dan. 9, 22–27

Gesalbten, den Fürsten, sind sieben Wochen; und zweiundsechzig Wochen, so werden die Gassen und Mauern wieder gebaut werden, wiewohl in kümmerlicher Zeit. Und nach den zweiundsechzig Wochen wird der Gesalbte ausgerottet werden und nichts mehr sein. . . Er wird aber vielen den Bund stärken eine Woche lang. Und mitten in der Woche wird das Opfer und Speisopfer aufhören." [21]

Der Engel war mit der besonderen Absicht zu Daniel gesandt worden, ihm zu erklären, was er in dem Gesicht in Kap. 8 nicht verstanden hatte, nämlich die Zeitbestimmung: „Bis zweitausenddreihundert Abende und Morgen um sind; dann wird das Heiligtum wieder geweiht werden." Nachdem der Engel Daniel aufgefordert hatte: „So merke nun darauf, daß du das Gesicht verstehest", sagte er weiter: „Siebzig Wochen sind bestimmt über dein Volk und über deine heilige Stadt."

Das hier mit „bestimmt" übersetzte Wort heißt wörtlich „abgeschnitten". Der Engel erklärte, daß siebzig Wochen, also vierhundertneunzig Jahre, als besonders den Juden gehörig abgeschnitten seien. Wovon aber waren sie abgeschnitten? Da die zweitausenddreihundert Tage die einzige in Kap. 8 erwähnte Zeitspanne sind, so müssen die siebzig Wochen von diesem Zeitraum abgeschnitten sein, also zu den zweitausenddreihundert Tagen gehören, und zwar müssen diese beiden Abschnitte denselben Ausgangspunkt haben. Der Beginn der siebzig Wochen sollte nach der Erklärung des Engels mit dem Ausgang des Befehls zum Wiederaufbau Jerusalems zusammenfallen. Ließe sich das Datum dieses Befehls finden, so wäre auch der Ausgangspunkt der großen Periode von zweitausenddreihundert Tagen festgestellt.

Im Buch Esra steht dieser Befehl verzeichnet.[22] Er wurde in seiner vollständigen Form von Artaxerxes, dem König von Persien, im Jahre 457 v. Chr. erlassen. In Esra 6, 14 heißt es jedoch, daß das Haus des Herrn zu Jerusalem gebaut worden sei „nach dem Befehl des Kores [Cyrus], Darius und Arthahsastha [Artaxerxes], der Könige in Persien". Diese drei Könige verfaßten, bestätigten und vervollständigten den Erlaß, der dann die für die Weissagung notwendige Vollkommenheit hatte, um den Ausgangspunkt der zweitausenddreihundert Tage

21 Dan. 9, 22–27 22 Esra 7, 12–16

zu bezeichnen. Man nahm das Jahr 457 v. Chr., in dem der Erlaß vollendet wurde, als die Zeit an, da der Befehl ausging, und es zeigte sich, daß jede Einzelheit der Weissagung hinsichtlich der siebzig Wochen erfüllt war.

„Von der Zeit an, da ausgeht der Befehl, daß Jerusalem soll wiederum gebaut werden, bis auf den Gesalbten, den Fürsten, sind sieben Wochen; und zweiundsechzig Wochen" — also neunundsechzig Wochen oder vierhundertdreiundachtzig Jahre. Der Erlaß des Artaxerxes trat im Herbst des Jahres 457 v. Chr. in Kraft. Von diesem Zeitpunkt an gerechnet erstreckten sich die vierhundertdreiundachtzig Jahre bis in den Herbst des Jahres 27 n. Chr.* Zu jener Zeit ging die Weissagung in Erfüllung. Im Herbst des Jahres 27 n. Chr. wurde Christus von Johannes getauft und empfing die Salbung des Heiligen Geistes. Der Apostel Petrus legte Zeugnis ab, daß „Gott diesen Jesus von Nazareth gesalbt hat mit dem heiligen Geist und Kraft".[23] Und der Heiland selbst erklärte: „Der Geist des Herrn ist bei mir, darum daß er mich gesalbt hat; er hat mich gesandt, zu verkündigen das Evangelium den Armen."[24] Nach seiner Taufe im Jordan durch Johannes den Täufer „kam Jesus nach Galiläa und predigte das Evangelium vom Reich Gottes und sprach: Die *Zeit* ist erfüllet".[25]

„Er wird aber vielen den Bund stärken eine Woche lang." Die hier erwähnte Woche ist die letzte der siebzig; es sind die letzten sieben Jahre der den Juden besonders zugemessenen Zeitspanne. Während dieser Zeit, die sich von 27 bis 34 n. Chr. erstreckte, verkündigte Jesus ganz besonders den Juden das Evangelium, erst persönlich, dann durch seine Jünger. Als die Apostel mit der frohen Botschaft vom Reiche Gottes hinausgingen, lautete die Anweisung des Heilandes: „Gehet nicht auf der Heiden Straße und ziehet nicht in der Samariter Städte, sondern gehet hin zu den verlorenen Schafen aus dem Hause Israel."[26]

„Mitten in der Woche wird das Opfer und Speisopfer aufhören." Im Jahre 31 n. Chr., dreieinhalb Jahre nach seiner Taufe, wurde der Herr gekreuzigt. Mit diesem großen, auf Golgatha dargebrachten Opfer hörten die Opferordnungen auf, die vier Jahrtausende lang in die Zukunft, auf das Lamm Gottes, gewiesen hatten. Der Schatten war im

23 Apg. 10, 38 24 Luk. 4, 18 25 Mark. 1, 14. 15 26 Matth. 10, 5. 6

Wesen aufgegangen, und alle Opfer und Gaben des Zeremonialgesetzes hatten ihre Erfüllung gefunden.

Die besonders für die Juden bestimmten siebzig Wochen oder vierhundertneunzig Jahre liefen, wie wir gesehen haben, im Jahre 34 n. Chr. ab. Zu jener Zeit besiegelte das jüdische Volk durch den Beschluß des Hohen Rates die Verwerfung des Evangeliums, indem es Stephanus steinigte und die Nachfolger Christi verfolgte. Dann wurde der Welt die Heilsbotschaft verkündigt, die hinfort nicht länger auf das auserwählte Volk beschränkt blieb. Die Jünger, durch Verfolgungen gezwungen, Jerusalem zu verlassen, „gingen um und predigten das Wort. Philippus aber kam hinab in eine Stadt in Samarien und predigte ihnen von Christo".[27] Petrus, von Gott geleitet, erschloß dem Hauptmann von Cäsarea, dem gottesfürchtigen Kornelius, das Evangelium, und der für den Glauben an Jesus gewonnene eifrige Paulus wurde beauftragt, die frohe Botschaft „ferne unter die Heiden" zu tragen.[28]

Soweit ist jede Angabe der Weissagung auffallend erfüllt und der Anfang der siebzig Wochen ohne irgendwelchen Zweifel auf 457 v. Chr., ihr Ende auf 34 n. Chr. festgestellt worden. Durch diese Angaben ist es nicht schwer, das Ende der zweitausenddreihundert Tage zu ermitteln. Da die siebzig Wochen oder vierhundertneunzig Tage von den zweitausenddreihundert abgeschnitten sind, bleiben noch achtzehnhundertzehn Tage übrig. Nach Ablauf der vierhundertneunzig Tage hatten sich noch die achtzehnhundertzehn Tage zu erfüllen. Vom Jahre 34 n. Chr. reichen weitere achtzehnhundertzehn Jahre bis 1844. Folglich enden die zweitausenddreihundert Tage von Daniel 8, 14 im Jahre 1844. Nach dem Ablauf dieser großen prophetischen Zeitspanne sollte nach dem Zeugnis des Engels Gottes „das Heiligtum wieder geweiht [gereinigt] werden". Somit war die Zeit der [Weihe oder] Reinigung des Heiligtums, die, wie man nahezu allgemein glaubte, zur Zeit der Wiederkunft stattfinden sollte, genau und bestimmt angegeben.

Miller und seine Mitarbeiter glaubten anfangs, die zweitausenddreihundert Tage würden im Frühjahr 1844 ablaufen, wohingegen die Weissagung auf den Herbst jenes Jahres verweist. Dieses Mißverständnis brachte denen, die das frühere Datum als die Zeit der

27 Apg. 8, 4. 5 28 Apg. 22, 21

Wiederkunft des Herrn angenommen hatten, Enttäuschung und Unruhe. Aber dies beeinträchtigte durchaus nicht die Kraft der Beweisführung, daß die zweitausenddreihundert Tage im Jahre 1844 zu Ende gingen und daß das große, als Reinigung des Heiligtums bezeichnete Ereignis dann stattfinden mußte.

Als Miller sich an das Studium der Heiligen Schrift begeben hatte, um zu beweisen, daß sie eine Offenbarung Gottes ist, hatte er nicht die geringste Ahnung, daß er zu dem Schluß kommen würde, zu dem er dann gelangt ist. Er konnte die Ergebnisse seiner Forschungen selbst kaum glauben; aber der schriftgemäße Beweis war zu klar und zu stark, als daß er ihn hätte unbeachtet lassen können.

Er hatte zwei Jahre auf das Studium der Bibel verwandt, als er im Jahre 1818 zu der ernsten Überzeugung kam, daß Christus in ungefähr fünfundzwanzig Jahren zur Erlösung seines Volkes erscheinen würde. „Ich brauche", sagte Miller, „nicht von der Freude zu reden, die im Hinblick auf die entzückende Aussicht mein Herz erfüllte, oder von dem heißen Sehnen meiner Seele nach einem Anteil an den Freuden der Erlösten. Die Bibel galt mir nun als ein neues Buch. Sie bedeutete mir in der Tat ein angenehmes, geistreiches Gespräch; alles, was mir finster, geheimnisvoll oder dunkel erschien in ihren Lehren, war durch das helle Licht, das nun aus ihren heiligen Blättern hervorbrach, zerstreut worden. Oh, wie glänzend und herrlich zeigte sich die Wahrheit! Alle Widersprüche und Ungereimtheiten, die ich vorher in dem Worte gefunden hatte, waren verschwunden; und wenn es auch noch viele Stellen gab, die ich, wie ich überzeugt war, nicht völlig verstand, so war doch so viel Licht zur Erleuchtung meines vorher finsteren Gemütes daraus hervorgegangen, daß ich beim Studium der Heiligen Schrift ein Entzücken empfand, das ich nie geglaubt hätte durch ihre Lehren erlangen zu können." [29]

„Bei der ernsten Überzeugung, daß so überwältigende Ereignisse, wie sie in der Heiligen Schrift vorhergesagt waren, sich in einem kurzen Zeitraum erfüllen sollten, trat mit gewaltiger Macht die Frage an mich heran, welche Pflicht ich angesichts der Beweise, die mein eigenes Gemüt ergriffen hatten, der Welt gegenüber hätte." [30] Miller fühlte, daß es seine Pflicht sei, das Licht, das er empfangen hatte, andern

29 Bliß, S. 76. 77 30 Bliß, S. 81

mitzuteilen. Er erwartete von seiten der Gottlosen Widerspruch, war aber voll Zuversicht, daß sich alle Christen der Hoffnung freuen würden, dem Heiland, den sie liebten, zu begegnen. Seine einzige Befürchtung ging dahin, daß viele in der großen Freude auf die herrliche Erlösung, die sich so bald erfüllen sollte, die Lehre annehmen könnten, ohne hinreichend die Schriftstellen geprüft zu haben, die diese Wahrheit enthielten. Er zögerte noch sie vorzutragen, damit er nicht, falls er selber irrte, andere verführte. Das veranlaßte ihn, die Beweise seiner Schlußfolgerungen nochmals zu prüfen und jede Schwierigkeit, die sich ihm entgegenstellte, sorgfältig zu untersuchen. Er fand, daß die Einwände vor dem Licht des Wortes Gottes verschwanden wie der Nebel vor den Strahlen der Sonne. Nach fünf Jahren, die er in dieser Weise zugebracht hatte, war er von der Richtigkeit seiner Auslegung vollständig überzeugt.

Jetzt drängte sich ihm mit neuer Kraft die Pflicht auf, andern das nahezubringen, was, wie er glaubte, die Heilige Schrift klar lehrte. Er sagte: „Wenn ich meinen Geschäften nachging, tönte es beständig in meinen Ohren: ‚Geh und erzähle der Welt von ihrer Gefahr.' Folgende Bibelstelle kam mir immer wieder in den Sinn: ‚Wenn ich nun dem Gottlosen sage: Du Gottloser mußt des Todes sterben! und du sagst ihm solches nicht, daß sich der Gottlose warnen lasse vor seinem Wesen, so wird wohl der Gottlose um seines gottlosen Wesens willen sterben; aber sein Blut will ich von deiner Hand fordern. Warnest du aber den Gottlosen von seinem Wesen, daß er sich davon bekehre, und er will sich nicht von seinem Wesen bekehren, so wird er um seiner Sünde willen sterben, und du hast deine Seele errettet.'[31] Ich fühlte, daß sehr viele Gottlose, falls sie nachdrücklich gewarnt werden könnten, Buße täten; daß aber, wenn das nicht geschähe, ihr Blut von meiner Hand gefordert würde."[32]

Miller begann seine Ansichten im stillen zu verbreiten, wie sich ihm Gelegenheit bot. Er betete darum, daß irgendein Prediger ihre Kraft erkennen und sich ihrer Ausbreitung widmen möchte. Aber er konnte die Überzeugung nicht aus seinem Herzen bannen, daß er bei der Verkündigung der Warnungsbotschaft eine persönliche Pflicht zu erfüllen habe. Beständig standen ihm die Worte vor Augen: Geh und

31 Hes. 33, 8. 9 32 Bliß, S. 92

sage es der Welt; ihr Blut werde ich von deiner Hand fordern. – Neun Jahre wartete er, und immer noch lastete die Bürde auf seiner Seele, bis er im Jahre 1831 zum erstenmal öffentlich die Gründe seines Glaubens darlegte.

Wie Elisa von seinen Ochsen auf dem Felde weggerufen wurde, um den Mantel zu empfangen, der ihn zum Prophetenamt weihte, so wurde William Miller aufgefordert, seinen Pflug zu verlassen und dem Volk die Geheimnisse des Reiches Gottes zu verkünden. Mit Zittern begann er seine Aufgabe und führte seine Zuhörer Schritt für Schritt durch die prophetischen Abschnitte hindurch bis in die Zeit der Wiederkunft Christi. Mit jeder Anstrengung gewann er Kraft und Mut, denn er bemerkte das weitverbreitete Aufsehen, das seine Worte hervorriefen.

Nur dadurch, daß seine Glaubensbrüder, in deren Worten er den Ruf Gottes vernahm, ihn dazu aufforderten, ließ sich Miller bewegen, seine Auffassungen öffentlich vorzutragen. Er war nun fünfzig Jahre alt und des öffentlichen Auftretens ungewohnt. Er hatte das Gefühl, der vor ihm liegenden Aufgabe nicht gewachsen zu sein. Aber von Anfang an wurden seine Bemühungen zur Rettung von Seelen in bemerkenswerter Weise gesegnet. Seinem ersten Vortrag folgte eine religiöse Erweckung, bei der dreizehn Familien mit Ausnahme von zwei Personen bekehrt wurden. Man bat ihn sofort, auch an andern Orten zu sprechen, und fast überall zeigte sich eine Wiederbelebung der Sache Gottes. Sünder wurden bekehrt, Christen zu größerer Hingabe angeregt und Deisten und Ungläubige zur Anerkennung der Bibelwahrheiten und der christlichen Religion gebracht. Diejenigen, unter denen er arbeitete, bezeugten: „Er erreicht eine Klasse von Menschen, die sich von andern Männern nicht beeinflussen lassen.“ [33] Seine Predigt war darauf abgestellt, allgemeines Verständnis für die religiösen Grundlinien zu erwecken und die überhandnehmende Weltlichkeit und Sinnlichkeit der Zeit im Zaum zu halten.

Nahezu in jeder Stadt wurden durch seine Predigt viele, an etlichen Orten Hunderte, bekehrt. In vielen Orten öffnete man ihm die protestantischen Kirchen fast aller Bekenntnisse. Die Einladungen an Miller kamen gewöhnlich von den Predigern der verschiedenen Gemeinden.

33 Bliß, S. 138

Es war sein unabänderlicher Grundsatz, nur an den Orten zu wirken, wohin er eingeladen wurde; doch er sah sich bald außerstande, auch nur der Hälfte dieser Aufforderungen, mit denen man ihn überhäufte, nachzukommen.

Viele, die seine Ansichten hinsichtlich der genauen Zeit der zweiten Erscheinung Christi nicht annahmen, wurden doch von der Gewißheit und Nähe seines Kommens und der Notwendigkeit einer Vorbereitung überzeugt. In einigen großen Städten machte Millers Wirken sichtbaren Eindruck. Schankwirte gaben ihren Handel auf und verwandelten ihre Trinkstuben in Versammlungssäle; Spielhöllen schlossen; Ungläubige, Deisten, Universalisten und selbst die verkommensten Bösewichte, von denen etliche jahrelang kein Gotteshaus betreten hatten, änderten ihre Gesinnung. Die verschiedenen Gemeinschaften führten in den einzelnen Stadtteilen zu fast jeder Tagesstunde Gebetsversammlungen ein. Geschäftsleute versammelten sich mittags zu Gebet und Lobgesang. Es herrschte keine schwärmerische Erregung, sondern ein allgemeiner feierlicher Ernst hatte die Gemüter des Volkes ergriffen. Millers Wirken überzeugte gleich dem der Reformatoren weit mehr den Verstand und erweckte eher das Gewissen, als es die Gefühle erregte.

Im Jahre 1833 erhielt Miller von der Baptistenkirche, der er angehörte, die Erlaubnis zu predigen. Viele Prediger seiner Gemeinschaft billigten seine Tätigkeit und bestätigten sie formell, so daß er sein Wirken fortsetzte. Er reiste und predigte unaufhörlich, wenn auch sein persönliches Wirken hauptsächlich auf Neuengland und die mittleren Staaten beschränkt blieb. Jahrelang bestritt er sämtliche Auslagen aus seiner eigenen Kasse und erhielt auch später nicht genug, um die Reisekosten nach den verschiedenen Orten, wohin er geladen wurde, zu decken. So belastete seine öffentliche Arbeit, statt ihm finanziellen Gewinn zu bringen, sein Eigentum, das während dieses Abschnitts seines Lebens immer weniger wurde. Er war Vater einer großen Familie; da sich aber alle genügsam und fleißig zeigten, reichte sein Landgut sowohl für ihren als auch für seinen eigenen Unterhalt aus.

Im Jahre 1833, zwei Jahre, nachdem Miller angefangen hatte, die Beweise der baldigen Wiederkunft Christi öffentlich zu verkündigen, erschien das letzte der von Christus erwähnten Zeichen, die er als

Vorläufer seiner Wiederkunft angekündigt hatte. Jesus sagte: „Die Sterne werden vom Himmel fallen", und Johannes erklärte in der Offenbarung, als er im Gesicht die Vorgänge erblickte, die den Tag Gottes ankündigen sollten: „Die Sterne des Himmels fielen auf die Erde, gleichwie ein Feigenbaum seine Feigen abwirft, wenn er von großem Wind bewegt wird."[34] Diese Weissagung erfüllte sich treffend und nachdrücklich durch den großen Meteorregen vom 13. November 1833. Es war das ausgedehnteste und wunderbarste Schauspiel fallender Sterne, von dem je berichtet worden ist. „Das ganze Himmelsgewölbe über den gesamten Vereinigten Staaten war damals stundenlang in feuriger Bewegung. Noch nie hatte sich von der ersten Ansiedlung an in jenem Lande eine Naturerscheinung gezeigt, die von dem einen Teil der Bevölkerung mit so großer Bewunderung und von dem andern mit so viel Schaudern und Bestürzung betrachtet wurde." „Die Erhabenheit und feierliche Pracht lebt noch heute in manchem Gedächtnis... Niemals ist Regen dichter zur Erde gefallen als jene Meteore; und in allen Himmelsrichtungen die gleiche Erscheinung. Mit einem Wort, das ganze Himmelsgewölbe schien in Bewegung zu sein... Das Schauspiel, wie Prof. Sillimans Journal es schildert, war in ganz Nordamerika sichtbar... Bei vollkommen klarem und heiterem Himmel dauerte das unaufhörliche Spiel blendend glänzender Lichtkörper am ganzen Himmel von zwei Uhr bis zum Tagesanbruch."[35]

„Keine Sprache kann der Pracht jenes herrlichen Schauspiels gerecht werden; ... niemand, der es nicht selbst gesehen hat, kann sich eine entsprechende Vorstellung von seiner Herrlichkeit machen. Es schien, als ob der ganze Sternenhimmel sich ... in einem Punkt gesammelt hätte und mit Blitzesschnelle gleichzeitig nach allen Richtungen des Horizontes hin seine Sterne hervorschösse; und doch hörte es nicht auf: Tausende folgten schnell der Bahn, die Tausende schon durcheilt hatten, als seien sie für diese Gelegenheit erschaffen gewesen."[36] „Ein genaueres Bild von einem Feigenbaum, der seine Feigen abwirft, wenn ein heftiger Wind durch ihn hindurchfährt, hätte man nicht sehen können."[37]

34 Matth. 24, 29; Offb. 6, 13
35 Devens, „American Progress or The Great Events of the Greatest Century", Kap. 28, 1.–5. Abschnitt
36 Christian Advocate and Journal, 13. 12. 1833
37 Portland Advertiser, 26. 11. 1833

Im Neuyorker „Journal of Commerce“ vom 14. November 1833 erschien ein ausführlicher Artikel über diese wundersame Naturerscheinung, in dem es heißt: „Kein Weiser oder Gelehrter hat je, wie ich annehme, eine Erscheinung wie die von gestern morgen mündlich oder schriftlich berichtet. Vor achtzehnhundert Jahren hat ein Prophet sie genau vorausgesagt, so wir uns nur die Mühe nehmen wollen, unter einem Sternenfall fallende Sterne ... in dem allein möglichen Sinne, in dem es buchstäblich wahr sein kann, zu verstehen.“

So erschien das letzte jener Zeichen seines Kommens, worüber Jesus seinen Jüngern sagte: „Also auch wenn ihr das alles sehet, so *wisset,* daß es nahe vor der Tür ist.“ [38] Als das nächste große Ereignis, das nach diesen Zeichen geschah, sah Johannes, daß „der Himmel entwich wie ein zusammengerolltes Buch“, während die Erde erbebte, die Berge und Inseln bewegt wurden und die Gottlosen vor der Gegenwart des Menschensohnes entsetzt zu fliehen suchten. [39] Womit dann aber die Wiederkunft Christi bereits beginnt.

Viele Augenzeugen sahen den Sternenfall als den Vorboten des kommenden Gerichts an, „als ein schreckliches Vorbild, einen sicheren Vorläufer, ein barmherziges Zeichen jenes großen und schrecklichen Tages“. [40] Auf diese Weise wurde die Aufmerksamkeit auf die Erfüllung der Weissagung gerichtet und viele dadurch veranlaßt, die Botschaft von der Wiederkunft Christi zu beachten.

Im Jahre 1840 erregte eine andere merkwürdige Erfüllung der Weissagung große Aufmerksamkeit. Zwei Jahre vorher hatte Josia Litch, einer der leitenden Prediger, welche die Wiederkunft Christi verkündigten, eine Auslegung von Offenbarung 9 veröffentlicht, in welcher der Fall des Osmanischen Reiches* vorhergesagt wurde. Seiner Berechnung gemäß sollte diese Macht im Monat August des Jahres 1840 gestürzt werden, und nur wenige Tage vor ihrer Erfüllung schrieb Josia Litch:

„Wenn wir zugeben, daß der erste Zeitabschnitt von hundertfünfzig Jahren sich genau erfüllt hatte, ehe Konstantin XI. mit der Erlaubnis der Türken den Thron bestieg, und daß die dreihunderteinundneunzig Jahre und fünfzehn Tage am Schluß des ersten Zeitabschnittes anfingen, so müssen sie am 11. August enden, wenn man erwarten darf,

38 Matth. 24, 33 39 Offb. 6, 12–17 40 Portland Advertiser, 26. 11. 1833

daß die osmanische Macht in Konstantinopel gebrochen werden wird. Und ich glaube gewiß, daß dies eintreten wird." [41]

Genau zur bezeichneten Zeit nahm die Türkei durch ihre Gesandten den Schutz der vereinigten Großmächte Europas an und stellte sich auf diese Weise unter die Aufsicht der christlichen Nationen. Dieses Ereignis erfüllte genau die Weissagung. Als dies bekannt wurde, gewannen viele die Überzeugung, daß die Grundsätze der prophetischen Auslegung, wie Miller und seine Gefährten sie angenommen hatten, richtig seien, und so erhielt die Adventbewegung einen wunderbaren Antrieb. Gelehrte und angesehene Männer vereinigten sich mit Miller, um seine Auffassungen zu predigen und zu veröffentlichen. Das Werk dehnte sich von 1840 bis 1844 rasch aus.

William Miller besaß große geistige Gaben, geschult durch Denken und Studium. Ihnen fügte er die Weisheit des Himmels hinzu, indem er sich mit der Quelle der Weisheit verband. Er war ein Mann von echtem Ansehen, der Achtung und Wertschätzung einflößen mußte, wo Rechtschaffenheit des Charakters und sittliche Vorzüge geschätzt wurden. Er besaß wahre Herzensgüte und zeigte sich demütig und beherrscht, war aufmerksam und liebenswürdig gegen alle und bereit, auf die Meinungen anderer zu hören und ihre Beweisgründe zu prüfen. Sachlich und leidenschaftslos verglich er alle Theorien und Lehren mit dem Worte Gottes; und sein gesundes Denken sowie seine gründliche Kenntnis der Heiligen Schrift befähigten ihn, Irrtum zu widerlegen und Lügen bloßzustellen.

Dennoch konnte er seiner Aufgabe nicht ohne schweren Widerstand folgen. Es erging ihm wie den Reformatoren vor ihm; die Wahrheiten, die er verkündigte, wurden von den beim Volk beliebten religiösen Lehrern ungünstig aufgenommen. Da diese ihre Stellung nicht durch die Heilige Schrift aufrechterhalten konnten, waren sie gezwungen, ihre Zuflucht zu den Aussprüchen und Lehren der Menschen, den Überlieferungen der Väter zu nehmen. Doch Gottes Wort war das einzige von den Predigern der Adventwahrheit angenommene Zeugnis. „Die Bibel, und nur die Bibel!" hieß ihre Losung. Der Mangel an biblischen Beweisen seitens ihrer Gegner wurde durch Hohn und Spott ersetzt. Zeit, Geld und Fähigkeiten wurden angewandt, um die zu verunglimp-

41 Signs of the Times and Expositors of Prophecy, 1. 8. 1840

fen, welche nur dadurch Anstoß gaben, daß sie mit Freuden die Wiederkehr ihres Herrn erwarteten und danach strebten, ein heiliges Leben zu führen und andere zu ermahnen, sich auf sein Erscheinen vorzubereiten.

Es wurden ernsthafte Anstrengungen unternommen, die Gemüter des Volkes von der Wiederkunft Christi abzulenken. Die Weissagungen zu erforschen, die sich auf das Kommen Christi und das Ende der Welt beziehen, wurde als Sünde hingestellt, als etwas, dessen sich die Menschen schämen müßten. Auf diese Weise untergruben die beim Volk beliebten Prediger den Glauben an das Wort Gottes. Ihre Lehren machten die Menschen zu Ungläubigen, und viele fühlten sich berechtigt, nach ihren eigenen, gottlosen Lüsten zu wandeln. Die Urheber des Übels aber legten alles den Adventisten zur Last.

Während Millers Name Scharen verständiger und aufmerksamer Zuhörer anzog, wurde er in der religiösen Presse selten genannt, es sei denn, man zog ihn ins Lächerliche oder beschuldigte ihn. Die Gleichgültigen und Gottlosen, die durch die Stellungnahme mancher religiösen Lehrer kühn geworden waren, griffen in ihren Bemühungen, ihn und sein Werk zu schmähen, zu schimpflichen Ausdrücken, zu gemeinen und gotteslästerlichen Witzeleien. Der altersgraue Mann, der die Bequemlichkeiten seines häuslichen Herdes verlassen hatte, um auf eigene Kosten von Stadt zu Stadt, von Dorf zu Dorf zu reisen, der sich unaufhörlich abmühte, der Welt die ernste Warnung von dem bevorstehenden Gericht zu verkündigen, wurde höhnisch als Schwärmer, Lügner und vorwitziger Bube verschrien.

Der auf ihn gehäufte Spott, die Verleumdungen und Schmähungen riefen sogar bei der weltlichen Presse entrüsteten Widerstand hervor. „Eine Sache von so überwältigender Hoheit und furchtbaren Folgen leichtfertig und mit unzüchtigen Reden zu behandeln, so erklärten weltlich gesinnte Männer, hieße nicht nur sich über die Gefühle ihrer Vertreter und Verteidiger zu belustigen, sondern auch den Tag des Gerichts ins Lächerliche zu ziehen, die Gottheit selbst zu verhöhnen und die Schrecken jenes Gerichts geringschätzig zu betrachten."[42]

Der Anstifter alles Übels versuchte nicht nur der Wirkung der Adventbotschaft entgegenzuarbeiten, sondern auch den Botschafter

42 Bliß, S. 183

selbst zu vernichten. Miller wandte die biblische Wahrheit praktisch auf die Herzen seiner Zuhörer an, rügte ihre Sünden und beunruhigte ihre Selbstzufriedenheit; seine einfachen, treffenden Worte erregten ihre Feindschaft. Durch den offenen Widerstand der Kirchenglieder wurden die unteren Volksschichten ermutigt, noch weiterzugehen. Feinde schmiedeten Pläne, um ihn beim Verlassen der Versammlung zu töten. Doch heilige Engel befanden sich unter der Menge, und einer von ihnen nahm in Gestalt eines Mannes diesen Knecht Gottes beim Arm und geleitete ihn durch den zornigen Pöbel hindurch in Sicherheit. Sein Werk war noch nicht beendet; Satan und seine Sendboten fanden sich in ihren Absichten getäuscht. Ungeachtet des Widerstandes hatte die Anteilnahme an der Adventbewegung zugenommen. Von Dutzenden und Hunderten von Zuhörern waren die Versammlungen auf viele Tausende angewachsen. Die verschiedenen Gemeinschaften hatten großen Zuwachs erfahren. Nach etlicher Zeit offenbarte sich der Geist des Widerstandes auch gegen diese Bekehrten, und die Gemeinden begannen die Menschen zu maßregeln, die Millers Ansichten teilten. Dieses Vorgehen veranlaßte ihn zu einer Erwiderung in Form einer Denkschrift an die Christen aller Gemeinschaften, in der er nachdrücklich darauf bestand, daß man ihm seinen Irrtum aus der Bibel beweisen solle, falls seine Lehren falsch seien.

„Was haben wir geglaubt", sagte er, „das zu glauben uns nicht durch das Wort Gottes geboten ist, das, wie ihr selbst zugebt, die Regel, und zwar die einzige unseres Glaubens und Wandels ist? Was haben wir getan, das solche giftigen Anschuldigungen von der Kanzel und in der Presse gegen uns herausfordern und euch eine gerechte Ursache geben konnte, uns [Adventisten] aus euren Kirchen und eurer Gemeinschaft auszuschließen?" „Haben wir unrecht, so zeigt uns, worin unser Unrecht besteht; zeigt uns aus dem Worte Gottes, daß wir im Irrtum sind. Verspottet wurden wir genug; das kann uns nie überzeugen, daß wir unrecht haben; das Wort Gottes allein kann unsere Ansichten ändern. Unsere Schlüsse wurden überlegt und unter Gebet gezogen, da wir die Beweise in der Heiligen Schrift fanden." [43]

Von Jahrhundert zu Jahrhundert sind den Warnungen, die Gott durch seine Diener der Welt gesandt hat, der gleiche Zweifel und

43 Bliß, S. 250–252

Unglaube entgegengebracht worden. Als die Gottlosigkeit der vorsintflutlichen Menschen Gott veranlaßte, eine Wasserflut über die Erde zu bringen, gab er ihnen erst seine Absicht kund, damit sie Gelegenheit hätten, sich von ihren bösen Wegen abzuwenden. Hundertundzwanzig Jahre lang tönte der Warnungsruf an ihre Ohren, Buße zu tun, damit sich der Zorn Gottes nicht in ihrem Untergang offenbare. Aber die Botschaft schien ihnen wie eine eitle Mär, und sie glaubten ihr nicht. In ihrer Gottlosigkeit bestärkt, verspotteten sie den Boten Gottes, verschmähten seine Bitten und klagten ihn sogar der Vermessenheit an. Wie darf es ein Mann wagen, gegen alle Großen der Erde aufzutreten? Wäre Noahs Botschaft wahr, warum würde dann nicht alle Welt sie erkennen und glauben? Was ist die Behauptung eines Mannes gegenüber der Weisheit von Tausenden! – Sie wollten weder der Warnung Glauben schenken noch in der Arche Zuflucht suchen.

Spötter wiesen auf die Vorgänge in der Natur hin, auf die unveränderliche Reihenfolge der Jahreszeiten, auf den blauen Himmel, der noch nie Regen herabgesandt hatte, auf die grünen Gefilde, erfrischt von morgendlichem Tau, und riefen aus: Redet er nicht in Gleichnissen? – Geringschätzig erklärten sie den Prediger der Gerechtigkeit für einen wilden Schwärmer, jagten eifriger ihren Vergnügungen nach und beharrten mehr denn je auf ihren bösen Wegen. Doch ihr Unglaube verhinderte nicht das vorhergesagte Ereignis. Gott duldete ihre Gottlosigkeit lange und gab ihnen reichlich Gelegenheit zur Buße; aber seine Gerichte kamen zur bestimmten Zeit über die, die seine Gnade verwarfen.

Christus erklärte, daß bei seiner Wiederkunft ein ähnlicher Unglaube herrschen werde. Die Menschen zu Noahs Zeiten „achteten's nicht, bis die Sintflut kam und nahm sie alle dahin –, also wird auch sein die Zukunft des Menschensohnes“, wie der Heiland selbst sagte.[44] Wenn sich das bekennende Volk Gottes mit der Welt vereint und wandelt, wie sie wandelt, und mit ihr teilnimmt an ihren verbotenen Vergnügungen; wenn die Üppigkeit der Welt zur Üppigkeit der Gemeinde wird; wenn die Hochzeitsglocken klingen und alle Menschen vielen Jahren weltlichen Gedeihens entgegensehen – dann wird so

44 Matth. 24, 39

plötzlich, wie der Blitz vom Himmel herabfährt, das Ende ihrer glänzenden Vorspiegelungen und trügerischen Hoffnungen kommen.

Wie Gott seinen Diener sandte, um die Welt vor der kommenden Sintflut zu warnen, so sandte er auserwählte Boten, um das Nahen des Jüngsten Gerichts zu verkünden. Und wie Noahs Zeitgenossen die Vorhersagen des Predigers der Gerechtigkeit höhnend verlachten, so spotteten auch zur Zeit Millers viele über diese Warnung, ja sogar solche, die sich zum Volk Gottes bekannten.

Warum war den Kirchen die Lehre und die Predigt von der Wiederkunft Christi so unwillkommen? Während die Ankunft des Herrn den Gottlosen Wehe und Verderben bringt, ist sie für die Gerechten voller Freude und Hoffnung. Diese große Wahrheit gereichte den Gottgetreuen aller Zeitalter zum Trost. Warum war sie jetzt wie ihr Urheber seinem sich zu ihm bekennenden Volk zu einem Stein des Anstoßes und einem Fels des Ärgernisses geworden? Hatte doch unser Heiland selbst seinen Jüngern die Verheißung gegeben: „Wenn ich hingehe, euch die Stätte zu bereiten, so will ich wiederkommen und euch zu mir nehmen.“ [45] Als der mitleidsvolle Erlöser die Verlassenheit und den Kummer seiner Nachfolger voraussah, beauftragte er Engel, sie mit der Versicherung zu trösten, daß er persönlich wiederkäme, und zwar ebenso, wie er gen Himmel gefahren war. Als die Jünger standen und zum Himmel aufschauten, um einen letzten Blick auf den zu werfen, den sie liebten, wurde ihre Aufmerksamkeit von den Worten in Anspruch genommen: „Ihr Männer von Galiläa, was stehet ihr und sehet gen Himmel? Dieser Jesus, welcher von euch ist aufgenommen gen Himmel, wird kommen, wie ihr ihn gesehen habt gen Himmel fahren.“ [46] Durch die Botschaft des Engels wurde ihre Hoffnung neu angefacht. Die Jünger „kehrten wieder gen Jerusalem mit großer Freude und waren allewege im Tempel, priesen und lobten Gott“. [47] Sie freuten sich nicht, weil Jesus von ihnen getrennt war und sie im Kampf mit den Prüfungen und Versuchungen der Welt alleinstanden, sondern sie frohlockten über die Versicherung des Engels, daß Jesus wiederkommen würde.

Die Verkündigung des Kommens Christi sollte wie damals, als sie durch die Engel den Hirten von Bethlehem gebracht wurde, eine Bot-

45 Joh. 14, 3 46 Apg. 1, 11 47 Luk. 24, 52. 53

schaft großer Freude sein. Alle, die den Heiland wahrhaft liebhaben, können die auf Gottes Wort gegründete Botschaft nur freudig begrüßen, jene Botschaft, daß der, welcher der Mittelpunkt ihrer Hoffnung auf ein ewiges Leben ist, wiederkommen soll – nicht, um wie bei seinem ersten Kommen geschmäht, verachtet und verworfen zu werden, sondern in Macht und Herrlichkeit, um sein Volk zu erlösen. Alle, die den Heiland nicht lieben, wünschen, daß er wegbleiben möge, und es kann keinen überzeugenderen Beweis für den Abfall der Kirchen von Gott geben, als die Erbitterung und die Feindseligkeit, die diese von Gott gesandte Botschaft auslöst.

Wer die Botschaft von der Wiederkunft Christi annahm, erkannte die Notwendigkeit der Reue und Demütigung vor Gott. Viele hatten lange zwischen Christus und der Welt hin und her geschwankt, fühlten aber nun, daß es Zeit sei, einen festen Standpunkt einzunehmen. „Alles, was die Ewigkeit angeht, nahm für sie eine ungewöhnliche Wirklichkeit an. Der Himmel wurde ihnen nahegebracht, und sie fühlten sich vor Gott schuldig.“ [48] Christen erwachten zu neuem geistlichen Leben. Sie erfaßten, daß die Zeit kurz sei und daß bald getan werden müsse, was sie für ihre Mitmenschen tun wollten. Das Irdische trat in den Hintergrund, die Ewigkeit schien frei vor ihnen zu liegen, und die das ewige Wohl und Wehe der Seele betreffenden Dinge stellten alle zeitlichen Fragen in den Schatten. Der Geist Gottes ruhte auf ihnen und verlieh ihrem ernsten Aufruf an ihre Brüder und an die Sünder, sich auf den Tag Gottes vorzubereiten, besondere Kraft. Das stille Zeugnis ihres täglichen Wandels war für die scheinheiligen und unbekehrten Kirchenglieder ein beständiger Vorwurf. Sie wünschten in ihrer Jagd nach Vergnügungen, Gelderwerb und weltlicher Ehre nicht gestört zu werden. Auf diese Weise entstand Feindschaft und Widerstreit gegen die Adventwahrheit und ihre Verkünder.

Da die Beweisführungen aus den prophetischen Zeitabschnitten nicht erschüttert werden konnten, bemühten sich die Gegner, von der Untersuchung dieses Themas abzuraten, indem sie lehrten, die Weissagungen seien versiegelt. Also folgten die Protestanten den Fußtapfen der römisch-katholischen Kirche. Während die päpstliche Kirche den Laien die Bibel * vorenthielt, behaupteten die protestantischen Kirchen,

48 Bliß, S. 146

daß ein wichtiger Teil des heiligen Wortes nicht verstanden werden könne, und zwar jener Teil, der vor allem Wahrheiten enthält, die auf unsere Zeit verweisen.

Prediger und Volk erklärten, die Weissagungen Daniels und der Offenbarung seien unverständliche Geheimnisse. Aber Christus hatte seine Jünger hinsichtlich der Ereignisse, die in ihrer Zeit stattfinden sollten, auf die Worte des Propheten Daniel verwiesen und gesagt: „Wer das liest, der *merke darauf!*“ [49] Der Behauptung, daß die Offenbarung ein Geheimnis sei, das nicht verstanden werden könne, widerspricht schon der Titel dieses Buches: „Dies ist die *Offenbarung* Jesu Christi, die ihm Gott gegeben hat, seinen Knechten zu *zeigen,* was in der Kürze geschehen soll. . . Selig ist, der da *liest* und die da *hören* die Worte der Weissagung und *behalten,* was darin geschrieben ist; denn die Zeit ist nahe.“ [50]

Der Prophet sagt: „Selig ist, der da liest.“ Es gibt solche, die nicht lesen wollen; so gilt ihnen auch der Segen nicht. „Und die da hören“: Es gibt auch etliche, die sich weigern, etwas von den Weissagungen anzuhören; auch dieser Gruppe von Menschen gilt der Segen nicht. „Und behalten, was darin geschrieben ist“: Viele weigern sich, auf die in der Offenbarung enthaltenen Warnungen und Unterweisungen achtzugeben; auch sie können den verheißenen Segen nicht beanspruchen. Alle, welche die Weissagungen ins Lächerliche ziehen und über ihre feierlich gegebenen Sinnbilder spotten; alle, die sich weigern, ihr Leben umzugestalten und sich auf die Zukunft des Menschensohnes vorzubereiten, werden ohne Segen bleiben.

Wie können Menschen es angesichts des Zeugnisses der göttlichen Eingebung wagen, zu lehren, daß die Offenbarung ein Geheimnis sei, das über den Bereich des menschlichen Verständnisses hinausgeht? Sie ist ein offenbartes Geheimnis, ein geöffnetes Buch. Das Studium der Offenbarung lenkt die Gedanken auf die Weissagungen Daniels, und beide enthalten außerordentlich wichtige Unterweisungen, die Gott den Menschen über die am Ende der Weltgeschichte stattfindenden Ereignisse gegeben hat.

Johannes wurde ein tiefer und durchdringender Einblick in die Erfahrungen der Gemeinde gewährt. Er schaute die Stellung, die Ge-

49 Matth. 24, 15 50 Offb. 1, 1–3

fahren, die Kämpfe und die endliche Befreiung des Volkes Gottes. Er vernahm die Schlußbotschaften, welche die Ernte der Erde zur Reife bringen werden, entweder als Garben für die himmlischen Scheunen oder als Reisigbündel für das Feuer der Vernichtung. Besonders wichtige Dinge wurden ihm vor allem für die Gemeinde offenbart, damit die, welche sich vom Irrtum zur Wahrheit wenden sollten, über die ihnen bevorstehenden Gefahren und Kämpfe unterrichtet wären. Niemand braucht über das zukünftige Geschehen auf Erden im unklaren zu sein.

Warum denn diese weitverbreitete Unkenntnis über einen wichtigen Teil der Schrift? Woher diese allgemeine Abneigung, ihre Lehren zu untersuchen? Es ist die Folge eines wohlberechneten Planes Satans, des Fürsten der Finsternis, vor den Menschen das zu verbergen, was seine Täuschungen offenbar werden läßt. Aus diesem Grunde segnete Christus, der Offenbarer, indem er den Kampf gegen das Studium der Offenbarung voraussah, alle Menschen, die die Worte der Weissagung lesen, hören und beachten.

Licht durch Finsternis | 19

Das Werk Gottes auf Erden zeigt durch alle Jahrhunderte hindurch in jeder großen Reformation oder religiösen Bewegung eine auffallende Gleichartigkeit. Die Grundzüge des Handelns Gottes mit den Menschen sind stets die gleichen. Die wichtigsten Bewegungen der Gegenwart haben ihre Parallelen in denen der Vergangenheit, und die Erfahrungen der Gemeinde früherer Zeiten bieten wertvolle Lehren für unsere heutige Zeit.

Daß Gott durch seinen Heiligen Geist seine Diener auf Erden in ganz besonderer Weise in den großen Bewegungen zur Weiterführung des Heilswerkes lenkt, lehrt die Bibel mit aller Deutlichkeit. Menschen sind Werkzeuge in Gottes Hand; er bedient sich ihrer, um seine Absichten der Gnade und der Barmherzigkeit auszuführen. Jeder hat seine Aufgabe; jedem ist ein Maß an Erkenntnis verliehen, das den Erfordernissen seiner Zeit entspricht und hinreicht, ihn zur Durchführung des Werkes zu befähigen, das Gott ihm auferlegt hat. Aber kein Mensch, wie sehr er auch vom Himmel geehrt werden mag, hat den großen Erlösungsplan völlig verstanden oder auch nur die göttliche Absicht in dem Werk für seine Zeit erkannt. Die Menschen verstehen nicht restlos, was Gott durch die Aufgabe, die er ihnen auferlegt, ausführen möchte; sie begreifen die Botschaft, die sie in seinem Namen verkündigen, nicht in ihrer ganzen Tragweite.

„Meinst du, daß du wissest, was Gott weiß, und wollest es so vollkommen treffen wie der Allmächtige?" „Denn meine Gedanken sind nicht eure Gedanken, und eure Wege sind nicht meine Wege, spricht der Herr; sondern soviel der Himmel höher ist denn die Erde, so sind auch meine Wege höher denn eure Wege und meine Gedanken denn eure Gedanken." „Ich bin Gott, und keiner mehr, ein Gott, desgleichen nirgend ist, der ich verkündige zuvor, was hernach kommen soll, und vorlängst, ehe denn es geschieht." [1]

Selbst die Propheten, die durch die besondere Erleuchtung des Geistes begünstigt worden waren, erfaßten die Bedeutung der ihnen anvertrauten Offenbarungen nur zum Teil. Der Sinn sollte nach und nach entfaltet werden, je nachdem das Volk Gottes die darin enthaltenen Belehrungen benötigen würde.

Petrus schrieb von der durch das Evangelium offenbarten Erlösung und sagte: „Nach dieser Seligkeit haben gesucht und geforscht die Propheten, die von der Gnade geweissagt haben, so auf euch kommen sollte, und haben geforscht, *auf welche* und *welcherlei Zeit* deutete der Geist Christi, der in ihnen war und zuvor bezeugt hat die Leiden, die über Christum kommen sollten, und die Herrlichkeit darnach; welchen es offenbart ist. Denn sie haben's nicht *sich selbst, sondern uns* dargetan." [2]

Obgleich es den Propheten nicht gegeben war, die ihnen offenbarten Dinge völlig zu verstehen, suchten sie doch ernsthaft alle Erkenntnis zu gewinnen, die ihnen zu gewähren Gott für gut befand. Sie suchten und forschten, auf welche und welcherlei Zeit der Geist Christi deutete, der in ihnen war. Welch eine Lehre für die Kinder Gottes im christlichen Zeitalter, zu deren Nutzen diese Weissagungen den Dienern Gottes gegeben wurden! Nicht für sie selbst, sondern für uns wurden sie gegeben. Schaut diese heiligen Männer Gottes an, die in den ihnen gegebenen Offenbarungen für die noch nicht geborenen Geschlechter gesucht und geforscht haben. Stellt ihren heiligen Eifer der sorglosen Gleichgültigkeit gegenüber, mit der die Bevorzugten späterer Jahrhunderte diese Gabe des Himmels behandelten. Welch ein Vorwurf für die bequeme, weltliebende Gleichgültigkeit, die sich mit der Erklärung zufrieden gibt, die Weissagungen seien nicht zu verstehen!

Obwohl der beschränkte menschliche Verstand unzulänglich ist, den Rat des Ewigen zu erforschen oder das Ende seiner Absichten völlig zu verstehen, so liegt es doch häufig an einem Irrtum oder einer Vernachlässigung seitens der Menschen, daß sie die Botschaften vom Himmel so unklar erfassen. Häufig sind die Gemüter, sogar die der Knechte Gottes, durch menschliche Anschauungen, Satzungen und

1 Hiob 11, 7; Jes. 55, 8. 9; 46, 9. 10 2 1. Petr. 1, 10–12

falsche Lehren so verblendet, daß sie die großen Gedanken, die er in seinem Wort offenbart hat, nur teilweise begreifen können. So verhielt es sich mit den Jüngern Christi, selbst als der Heiland bei ihnen war. Ihr Verständnis war durchdrungen von den volkstümlichen Begriffen vom Messias, die in ihm einen weltlichen Fürsten sahen, der Israel zu einer weltumspannenden Großmacht emporbringen sollte, und sie konnten die Bedeutung seiner Worte, die seine Leiden und seinen Tod voraussagten, nicht begreifen.

Christus selbst hatte sie mit der Botschaft hinausgesandt: „Die Zeit ist erfüllet, und das Reich Gottes ist herbeigekommen. Tut Buße und glaubt an das Evangelium!“ [3] Diese Botschaft gründete sich auf Daniel 9. Der Engel hatte einst erklärt, daß die neunundsechzig Wochen bis auf Christus, den Fürsten, reichen sollten; und mit großen Hoffnungen und freudigen Erwartungen blickten die Jünger vorwärts auf die Errichtung des messianischen Reiches in Jerusalem, das die ganze Erde beherrschen sollte.

Sie predigten die ihnen von Christus anvertraute Botschaft, obgleich sie ihren Sinn mißverstanden. Während sich ihre Verkündigung auf Daniel 9, 25 stützte, übersahen sie, daß — nach dem nächsten Vers des gleichen Kapitels — der Gesalbte ausgerottet werden sollte. Von ihrer frühesten Jugend an hing ihr Herz an der vorausempfundenen Herrlichkeit eines irdischen Reiches. Dadurch befanden sie sich, was sowohl die prophetischen Angaben als auch die Worte Christi betrifft, in einem Zustand geistiger Blindheit.

Sie erfüllten ihre Pflicht, indem sie der jüdischen Nation die Einladung der Barmherzigkeit anboten, und dann, gerade zu der Zeit, als sie erwarteten, daß ihr Herr den Thron Davids einnehmen werde, sahen sie ihn wie einen Übeltäter ergriffen, gegeißelt, verspottet, verurteilt und an das Kreuz von Golgatha geschlagen. Welche Verzweiflung und seelischen Qualen marterte die Herzen der Jünger während der Tage, da ihr Herr im Grabe schlief!

Christus war zur vorhergesagten Zeit und auf die in der Weissagung angedeutete Art und Weise gekommen. Das Zeugnis der Schrift war in jeder Einzelheit seines Lehramtes erfüllt worden. Er hatte die Botschaft des Heils verkündigt, und „seine Rede war gewaltig“ gewesen. [4]

3 Mark. 1, 15   4 Luk. 4, 32

Seine Zuhörer hatten es an ihren Herzen erfahren, daß sie göttlichem Geist entstammte. Das Wort und der Geist Gottes bestätigten die göttliche Sendung seines Sohnes.

Die Jünger hingen noch immer mit unveränderter Hingabe an ihrem geliebten Meister; und doch waren ihre Gemüter in Ungewißheit und Zweifel gehüllt. In ihrer Seelenangst dachten sie nicht an die Worte Christi, die auf seine Leiden und auf seinen Tod hinwiesen. Wäre Jesus von Nazareth der wahre Messias gewesen, würden sie dann auf solche Weise in Täuschung und Schmerz gestürzt worden sein? Diese Frage quälte ihre Seelen, als der Heiland während der hoffnungslosen Stunden jenes Sabbats, der zwischen seinem Tode und seiner Auferstehung lag, im Grabe ruhte.

Obgleich die Nacht der Sorgen finster über diese Nachfolger Christi hereinbrach, waren sie doch nicht verlassen. Der Prophet sagte: „So ich im Finstern sitze, so ist doch der Herr mein Licht ... er wird mich ans Licht bringen, daß ich meine Lust an seiner Gnade sehe.“ „Denn auch Finsternis nicht finster ist bei dir, und die Nacht leuchtet wie der Tag, Finsternis ist wie das Licht.“ Gott hatte gesagt: „Den Frommen geht das Licht auf in der Finsternis.“ „Aber die Blinden will ich auf dem Wege leiten, den sie nicht wissen; ich will sie führen auf den Steigen, die sie nicht kennen; ich will die Finsternis vor ihnen her zum Licht machen und das Höckerichte zur Ebene. Solches will ich ihnen tun und sie nicht verlassen.“ [5]

Die Verkündigung, die die Jünger im Namen des Herrn hinausgetragen hatten, war in jeder Hinsicht richtig, und die Ereignisse, auf die sie verwiesen, spielten sich gerade zu der Zeit ab. „Die Zeit ist erfüllet, und das Reich Gottes ist herbeigekommen!“ [6] war ihre Botschaft gewesen. Beim Ablauf der Zeit — der neunundsechzig Wochen aus Daniel 9, die bis auf den Messias, den Gesalbten, reichen sollten — hatte Christus nach seiner Taufe durch Johannes im Jordan die Salbung des Heiligen Geistes empfangen. Und das Himmelreich, das sie als herbeigekommen erklärt hatten, wurde beim Tode Christi aufgerichtet. Dies Reich war nicht, wie man sie gelehrt hatte, ein irdisches Reich; auch war es nicht das zukünftige unvergängliche Reich, das erst aufgerichtet werden wird, wenn „das Reich, Gewalt und Macht unter

5 Micha 7, 8. 9; Ps. 139, 12; 112, 4; Jes. 42, 16 6 Mark. 1, 15

dem ganzen Himmel wird dem heiligen Volk des Höchsten gegeben werden, des Reich ewig ist", und alle Gewalt ihm dienen und gehorchen wird.[7] In der Bibel werden mit dem Ausdruck „Himmelreich" sowohl das Reich der Gnade wie das Reich der Herrlichkeit bezeichnet. Das Reich der Gnade wird uns von Paulus im Hebräerbrief vor Augen geführt. Nach dem Hinweis auf Christus, den barmherzigen Fürsprecher, der sich unserer Schwachheit annimmt, fährt der Apostel fort: „Darum lasset uns hinzutreten mit Freudigkeit zu dem Gnadenstuhl, auf daß wir Barmherzigkeit empfangen und Gnade finden."[8] Der Gnadenstuhl oder Gnadenthron vergegenwärtigt das Gnadenreich, denn das Vorhandensein eines Thrones setzt das Bestehen eines Reiches voraus. In vielen seiner Gleichnisse wendet Christus den Ausdruck „das Himmelreich" an, um das Werk der göttlichen Gnade an den Herzen der Menschen zu bezeichnen.

So vergegenwärtigt der Stuhl der Herrlichkeit das Reich der Herrlichkeit; und auf dieses Reich beziehen sich die Worte des Heilandes: „Wenn aber des Menschen Sohn kommen wird in seiner Herrlichkeit und alle heiligen Engel mit ihm, dann wird er sitzen auf dem Stuhl seiner Herrlichkeit, und werden vor ihm alle Völker versammelt werden."[9] Dieses Reich liegt noch in der Zukunft, es wird erst bei der Wiederkunft Christi aufgerichtet werden.

Das Reich der Gnade wurde unmittelbar nach dem Sündenfall eingesetzt, als ein Plan zur Erlösung des schuldigen Menschengeschlechts entstand. Es offenbarte sich damals in der Absicht und in der Verheißung Gottes, und durch den Glauben konnten die Menschen seine Untertanen werden. Tatsächlich wurde es jedoch erst beim Tode Christi aufgerichtet. Noch nach dem Antritt seiner irdischen Mission hätte sich der Heiland, ermattet von der Hartnäckigkeit und Undankbarkeit der Menschen, dem auf Golgatha darzubringenden Opfer entziehen können. In Gethsemane zitterte der Leidenskelch in seiner Hand. Selbst da noch hätte er den Blutschweiß von seiner Stirn wischen und das schuldige Geschlecht in seiner Sünde zugrunde gehen lassen können. Dann aber wäre die Erlösung für den gefallenen Menschen unmöglich geworden. Doch als der Heiland sein Leben hingab und mit seinem letzten Atemzug ausrief: „Es ist vollbracht!",[10] da war die

7 Dan. 7, 27 8 Hebr. 4, 16 9 Matth. 25, 31. 32 10 Joh. 19, 30

Durchführung des Erlösungsplanes gesichert. Die dem sündigen Paar in Eden gegebene Verheißung des Heils war bestätigt. Das Reich der Gnade, das zuvor in der Verheißung Gottes bestanden hatte, war nun aufgerichtet.

Somit gereichte der Tod Christi – gerade das Ereignis, das die Jünger als den gänzlichen Untergang ihrer Hoffnung betrachtet hatten – dazu, diese für ewig zu gründen. Während der Tod Jesu sie grausam enttäuscht hatte, bedeutete er doch den höchsten Beweis, daß ihr Glaube richtig gewesen war. Das Ereignis, das sie mit Trauer und Verzweiflung erfüllt hatte, öffnete jedem Kind Adams die Tür der Hoffnung. Im Tode Jesu gipfelt das zukünftige Leben und die ewige Glückseligkeit der Gottgetreuen aller Zeitalter.

Absichten voll unendlicher Barmherzigkeit gingen gerade durch die Enttäuschung der Jünger in Erfüllung. Während ihre Herzen von der göttlichen Anmut und von der Macht der Lehre dessen, der da redete, wie noch nie ein Mensch geredet[11] hatte, gewonnen worden waren, zeigte es sich, daß mit dem reinen Gold ihrer Liebe zu Jesus doch noch die wertlose Schlacke weltlichen Stolzes und selbstsüchtigen Ehrgeizes vermengt war. Noch im oberen Saal, wo alles für das Essen des Passahlammes vorbereitet stand, in jener feierlichen Stunde, da der Meister schon in den Schatten Gethsemanes trat, „erhob sich ... ein Zank unter ihnen, welcher unter ihnen sollte für den Größten gehalten werden“.[12] Ihnen schwebte das Bild des Thrones, der Krone und der Herrlichkeit vor Augen, während doch die Schmach und Seelenangst im Garten Gethsemane, das Richthaus und das Kreuz auf Golgatha vor ihnen lagen. Der Stolz ihres Herzens, ihr Verlangen nach weltlichem Ruhm verleitete sie, hartnäckig an den falschen Lehren ihrer Zeit festzuhalten und die Worte des Heilandes, welche die wahre Beschaffenheit seines Reiches beschrieben und auf seine Leiden und seinen Tod hinwiesen, unbeachtet zu lassen. Und diese Irrtümer führten zu der schweren aber notwendigen Prüfung, die zu ihrer Besserung zugelassen wurde. Obgleich die Jünger den Sinn ihrer Botschaft verkehrt aufgefaßt hatten und sie ihre Erwartungen nicht verwirklicht sahen, so hatten sie doch die ihnen von Gott aufgetragene Warnung verkündigt, und der Herr wollte ihren Glauben belohnen

11 Joh. 7, 46 12 Luk. 22, 24

und ihren Gehorsam ehren. Ihnen sollte das Werk anvertraut werden, das herrliche Evangelium von ihrem auferstandenen Herrn unter allen Völkern zu verbreiten. Um sie darauf vorzubereiten, mußten sie durch die ihnen so bitter erscheinende Erfahrung hindurchgehen.

Nach seiner Auferstehung erschien Jesus seinen Jüngern auf dem Wege nach Emmaus und „fing an von Mose und allen Propheten und legte ihnen alle Schriften aus, die von ihm gesagt waren". [13] Die Herzen der Jünger wurden bewegt. Ihr Glaube entbrannte. Sie wurden „wiedergeboren ... zu einer lebendigen Hoffnung", [14] noch ehe sich Jesus ihnen zu erkennen gab. Es lag in seiner Absicht, ihren Verstand zu erleuchten und ihren Glauben auf das feste prophetische Wort zu gründen. Er wünschte, daß die Wahrheit in ihren Herzen fest Wurzel faßte, nicht nur weil sie von seinem persönlichen Zeugnis unterstützt war, sondern auch um des untrüglichen Beweises willen, der in den Symbolen und Schattenbildern des Zeremonialgesetzes sowie in den Weissagungen des Alten Testaments lag. Es war für die Nachfolger Christi notwendig, einen verständigen Glauben zu haben, nicht nur um ihrer selbst willen, sondern auch, um der Welt die Erkenntnis Christi verkündigen zu können. Für den allerersten Schritt im Weitergeben dieser Erkenntnis verwies Jesus die Jünger auf Mose und die Propheten. In der Weise zeugte der auferstandene Heiland von dem Wert und der Wichtigkeit der alttestamentlichen Schriften.

Welch eine Veränderung ging in den Herzen der Jünger vor, als sie noch einmal in das geliebte Antlitz ihres Meisters blickten! [15] In einem vollkommeneren und vollständigeren Sinn als je zuvor hatten sie den „gefunden, von welchem Mose im Gesetz und die Propheten geschrieben haben". [16] Ungewißheit, Angst und Verzweiflung wichen vollkommener Zuversicht und felsenfestem Glauben. So war es nicht verwunderlich, daß sie nach seiner Auferstehung „waren allewege im Tempel, priesen und lobten Gott". [17] Das Volk, das nur von des Heilandes schmachvollem Tode wußte, erwartete in ihren Mienen einen Ausdruck von Trauer, Verwirrung und Enttäuschung zu finden; statt dessen sah es Freude und Siegesgefühl. Welch eine Vorbereitung hatten diese Jünger für die ihnen bevorstehende Aufgabe empfangen! Sie waren durch die schwerste Prüfung hindurchgegangen, die sie

13 Luk. 24, 27 14 1. Petr. 1, 3 15 Luk. 24. 32 16 Joh. 1, 45 17 Luk. 24, 53

treffen konnte, und hatten gesehen, daß das Wort Gottes sieghaft in Erfüllung ging, als nach menschlichem Urteil alles verloren war. Was vermochte ihren Glauben hinfort zu erschüttern oder ihre glühende Liebe zu dämpfen? In ihren bittersten Ängsten hatten sie „einen starken Trost", eine Hoffnung, „einen sichern und festen Anker" der Seele.[18] Sie waren Zeugen der Weisheit und Macht Gottes gewesen und wußten „gewiß, daß weder Tod noch Leben, weder Engel noch Fürstentümer noch Gewalten, weder Gegenwärtiges noch Zukünftiges, weder Hohes noch Tiefes noch keine andere Kreatur" sie zu scheiden vermochte „von der Liebe Gottes, die in Christo Jesu ist, unserm Herrn". „In dem allem", sagten sie, „überwinden wir weit um deswillen, der uns geliebt hat."[19] „Aber des Herrn Wort bleibt in Ewigkeit." „Wer will verdammen? Christus ist hier, der gestorben ist, ja vielmehr, *der auch auferwecket ist,* welcher ist zur Rechten Gottes und vertritt uns."[20]

Der Herr sagt: „Mein Volk soll nicht mehr zu Schanden werden." „Den Abend lang währt das Weinen, aber des Morgens ist Freude."[21] Hätten die Jünger ihre gegenwärtige Hoffnung wohl gegen die Hoffnung ihrer früheren Jüngerschaft tauschen mögen, als sie den Heiland an seinem Auferstehungstag trafen und ihre Herzen brannten, während sie seinen Worten lauschten? Was ging in ihnen vor, als sie auf Haupt, Hände und Füße blickten, die um ihretwillen verwundet worden waren? Welche Gedanken erfüllten sie, als Jesus sie vor seiner Himmelfahrt gen Bethanien führte, segnend seine Hände erhob und ihnen gebot: „Gehet hin in alle Welt und prediget das Evangelium aller Kreatur", und dann hinzusetzte, „denn siehe, ich bin bei euch alle Tage"?[22] Wo war nur ihre Angst vor dem Weg, der sie durch Opfer und Martertod führen sollte, als am Tage der Pfingsten der verheißene Tröster herabkam, ihnen die Kraft aus der Höhe vermittelte und die Gläubigen sich der Gegenwart ihres aufgefahrenen Herrn bewußt wurden? Ob die Jünger angesichts aller dieser Erfahrungen wohl das Amt des Evangeliums seiner Gnade und „die Krone der Gerechtigkeit",[23] die sie bei seinem Erscheinen empfangen sollten, gegen die Herrlichkeit eines irdischen Thrones hätten vertauschen wollen? Der

18 Hebr. 6, 18. 19
19 Röm. 8, 38. 39. 37
20 1. Petr. 1, 25; Röm. 8, 34
21 Joel 2, 26; Ps. 30, 6
22 Mark. 16, 15; Matth. 28, 20
23 2. Tim. 4, 8

„aber, der überschwenglich tun kann über alles, das wir bitten oder verstehen", hatte ihnen mit der Gemeinschaft seiner Leiden auch die Gemeinschaft seiner Freude verliehen, – der Freude, „viel Kinder ... zur Herrlichkeit" zu führen; es ist eine unaussprechliche Freude, „eine ewige und über alle Maßen wichtige Herrlichkeit", und „unsre Trübsal, die zeitlich und leicht", ist ihr gegenüber, wie Paulus sagt, „nicht wert".[24]

Die Erfahrung der Jünger, die beim ersten Kommen Christi „das Evangelium vom Reich" verkündigten, hat ihr Gegenstück in der Erfahrung derer, die die Botschaft seiner Wiederkunft verbreiteten. Gleichwie die Jünger hinausgingen und predigten: „Die Zeit ist erfüllet, das Reich Gottes ist herbeigekommen", so verkündigten Miller und seine Mitarbeiter, daß der längste und letzte prophetische Zeitabschnitt, den die Bibel erwähnt, fast abgelaufen sei, daß das Gericht unmittelbar bevorstände und das ewige Reich bald anbrechen würde. Die Predigt der Jünger gründete sich hinsichtlich der Zeit auf die siebzig Wochen in Daniel 9. Die von Miller und seinen Gefährten verbreitete Botschaft kündete den Ablauf der zweitausenddreihundert Tage an, von denen die siebzig Wochen einen Teil bilden. Mithin hatte die Predigt sowohl der Jünger als auch Millers die Erfüllung je eines Teiles derselben prophetischen Zeitspanne zu ihrer festen Grundlage.

Gleich den ersten Jüngern verstanden William Miller und seine Freunde selbst nicht völlig die Tragweite der Botschaft, die sie verkündigten. Lange in der Kirche genährte Irrtümer hinderten sie, zur richtigen Auslegung einer wichtigen Seite der Weissagung zu gelangen. Obgleich sie die Botschaft predigten, die Gott ihnen zur Verkündigung an die Welt anvertraut hatte, wurden sie dennoch durch eine falsche Auffassung ihrer Bedeutung enttäuscht.

Bei der Erklärung von Daniel 8, 14: „Bis zweitausenddreihundert Abende und Morgen um sind, dann wird das Heiligtum wieder geweiht werden", teilte Miller die allgemein herrschende Ansicht, daß die Erde das Heiligtum sei. Er glaubte, daß die Weihe des Heiligtums, die Läuterung der Erde durch Feuer, am Tage der Wiederkunft des Herrn stattfände. Als er fand, daß der Ablauf der zweitausenddreihundert Tage

24 Eph. 3, 20; Hebr. 2, 10; 2. Kor. 4, 17; Röm. 8, 18

bestimmt angegeben worden war, schloß er daraus, daß dies die Zeit der Wiederkunft offenbare. Sein Irrtum entstand dadurch, daß er bezüglich des Heiligtums die volkstümliche Ansicht annahm.

Im Schattendienst, der ein Hinweis auf das Opfer und die Priesterschaft war, bildete die Reinigung [Weihe] des Heiligtums den letzten Dienst, der vom Hohenpriester in der jährlichen Amtsführung ausgeübt wurde. Es war dies das abschließende Werk der Versöhnung, ein Wegschaffen oder Abtun der Sünde von Israel, und versinnbildete das Schlußwerk im Amte unseres Hohenpriesters im Himmel, wobei er die Sünden seines Volkes, die in den himmlischen Büchern verzeichnet stehen, hinwegnimmt oder austilgt. Dieser Dienst schließt eine Untersuchung, einen Gerichtsprozeß ein, der der Wiederkunft Christi in den Wolken des Himmels mit großer Macht und Herrlichkeit unmittelbar voraufgeht; denn wenn er erscheint, ist jeder Fall schon entschieden worden. Jesus sagt: „Siehe, ich komme bald und mein Lohn mit mir, zu geben einem jeglichen, *wie seine Werke sein werden.*“[25] Dieses Gericht vor der Wiederkunft wird in der ersten Engelsbotschaft von Offenbarung 14, 7 angekündigt: „Fürchtet Gott und gebet ihm die Ehre; denn die Zeit seines Gerichts ist gekommen!“

Alle, die diese Warnung verkündigten, gaben die richtige Botschaft zur rechten Zeit. Doch wie die ersten Jünger auf Grund der Weissagung in Daniel 9 erklärten: „Die Zeit ist erfüllet, und das Reich Gottes ist herbeigekommen“ und dennoch nicht erkannten, daß der Tod des Messias in der gleichen Schriftstelle angekündigt wurde, so predigten auch Miller und seine Mitarbeiter die auf Daniel 8, 14 und Offenbarung 14, 7 beruhende Botschaft, ohne zu erkennen, daß in Offenbarung 14 noch andere Botschaften dargelegt waren, die ebenfalls vor der Wiederkunft Christi verkündigt werden sollten. Wie sich die Jünger über das Reich getäuscht hatten, das am Ende der siebzig Wochen aufgerichtet werden sollte, so befanden sich die Adventisten bezüglich des Ereignisses, das für das Ende der zweitausenddreihundert Tage verheißen war, im Irrtum. Beide Male war es eine Annahme oder vielmehr ein Festhalten an den volkstümlichen Irrtümern, das den Sinn für die Wahrheit verdunkelte. Jünger wie Adventisten erfüllten den Willen Gottes, indem sie die Botschaft predigten, die

25 Offb. 22, 12

verkündigt werden sollte; beide Gruppen wurden infolge ihrer verkehrten Auffassung von der Botschaft Gottes enttäuscht.

Dennoch erreichte Gott seine wohltätige Absicht, und er ließ es zu, daß die Gerichtswarnung auf die erwähnte Weise verkündigt wurde. Der große Tag stand nahe bevor, und in Gottes Vorsehung wurden die Menschen bezüglich einer bestimmten Zeit geprüft, um ihnen zu offenbaren, was in ihren Herzen war. Die Botschaft war zur Prüfung und Reinigung der Gemeinden bestimmt. Diese sollten dahin gebracht werden, zu erkennen, ob ihre Herzen auf diese Welt oder auf Christus und den Himmel gerichtet waren. Sie gaben vor, den Heiland zu lieben; nun sollten sie ihre Liebe beweisen. Waren sie bereit, ihre weltlichen Hoffnungen und ehrgeizigen Pläne fahren zu lassen und mit Freuden die Ankunft ihres Herrn zu erwarten? Die Botschaft sollte sie befähigen, ihren wahren geistlichen Zustand zu erkennen; sie war in Gnaden gesandt worden, um sie anzuspornen, den Herrn reuig und demütig zu suchen.

Auch die Fehlrechnung, die sie verkündigten — obgleich sie die Folge ihrer eigenen verkehrten Auffassung der Botschaft war —, sollte zum Besten gewendet werden. Sie stellte die Herzen derer, die vorgegeben hatten, die Warnung anzunehmen, auf die Probe. Würden sie angesichts ihrer Enttäuschung ihre Erfahrung aufgeben und ihr Vertrauen auf das Wort Gottes wegwerfen? Oder würden sie demütig und unter Gebet zu entdecken suchen, wo sie die Weissagung falsch verstanden hatten? Wie viele hatten aus Furcht, aus blindem Antrieb und in Erregung gehandelt? Wie viele waren halbherzig und ungläubig? Tausende bekannten, die Erscheinung des Herrn liebzuhaben. Würden sie unter dem Spott und der Schmach der Welt, unter der Verzögerung und Enttäuschung den Glauben verleugnen? Würden sie, weil sie Gottes Handlungsweise mit ihnen nicht gleich verstehen konnten, Wahrheiten beiseitesetzen, die auf den sehr klaren Aussagen seines Wortes beruhten?

Diese Probe sollte die Standhaftigkeit derer offenbaren, die im Glauben gehorsam gewesen waren gegen das, was sie als Lehre des Wortes Gottes angenommen hatten. Diese Erfahrung war wie keine andere bestimmt, ihnen die Gefahren zu zeigen, die damit verknüpft sind, wenn Theorien und Auslegungen der Menschen angenommen werden, statt die Bibel sich selbst erklären zu lassen. In den Kindern des Glaubens würden die aus ihrem Irrtum hervorgehenden Schwierigkeiten und Sorgen die nötige Besserung wirken; sie würden zu einem gründlicheren Studium des prophetischen Wortes veranlaßt werden und lernen, die Grundlagen ihres Glaubens sorgfältiger zu prüfen und alles Unbiblische, wie verbreitet es auch in der Christenheit sein mochte, zu verwerfen.

Diese Gläubigen sollten wie die ersten Jünger über das, was sie in der Stunde der Prüfung nicht verstanden, später aufgeklärt werden. Sähen sie „das Ende des Herrn",[26] dann wüßten sie, daß sich seine Liebesabsichten ihnen gegenüber trotz der Schwierigkeiten, die sich aus ihren Irrtümern ergaben, erfüllt hatten. Sie erkennten durch eine segenbringende Erfahrung, daß der Herr „barmherzig und ein Erbarmer" ist; daß alle seine Wege „sind eitel Güte und Wahrheit denen, die seinen Bund und seine Zeugnisse halten".[27]

26 Jak. 5, 11 27 Ps. 25, 10

Eine große religiöse Erweckung | 20

In der Weissagung über die erste Engelsbotschaft in Offenbarung 14 wird unter der Verkündigung der baldigen Ankunft Christi eine große religiöse Erweckung vorhergesagt. Johannes sieht „einen Engel fliegen mitten durch den Himmel, der hatte ein ewiges Evangelium zu verkündigen denen, die auf Erden wohnen, und allen Heiden und Geschlechtern und Sprachen und Völkern". Mit großer Stimme verkündete er die Botschaft: „Fürchtet Gott und gebet ihm die Ehre; denn die Zeit seines Gerichts ist gekommen! Und betet an den, der gemacht hat Himmel und Erde und Meer und die Wasserbrunnen."[1]

Die Tatsache, daß ein Engel als Herold dieser Warnung bezeichnet wird, ist bedeutungsvoll. Es hat der göttlichen Weisheit gefallen, durch die Reinheit, Herrlichkeit und Macht des himmlischen Boten die Erhabenheit des durch die Botschaft auszuführenden Werkes sowie die Macht und Herrlichkeit, die sie begleiten sollten, darzustellen. Der „mitten durch den Himmel" fliegende Engel, die „große Stimme", mit der die Botschaft verkündigt wird, und ihre Verbreitung unter allen, „die auf Erden wohnen" – „allen Heiden und Geschlechtern und Sprachen und Völkern" –, bekunden die Schnelligkeit und die weltweite Ausdehnung der Bewegung.

Die Botschaft erhellt die Zeit, wann diese Bewegung stattfinden soll. Es heißt, daß sie ein Teil des „ewigen Evangeliums" sei, und sie kündigt den Beginn des Gerichts an. Die Heilsbotschaft ist zu allen Zeiten verkündigt worden; aber diese Botschaft hier ist ein Teil des Evangeliums, das nur in den letzten Tagen verkündigt werden kann, denn nur dann würde es wahr sein, daß die Stunde des Gerichts *gekommen ist*. Die Weissagungen zeigen eine Reihe von Ereignissen,

1 Offb. 14, 6. 7

die bis zum Beginn des Gerichts reichen. Dies ist besonders bei dem Buche Daniel der Fall. Jenen Teil seiner Weissagungen aber, der sich auf die letzten Tage bezieht, sollte Daniel verbergen und versiegeln „bis auf die letzte Zeit". Erst dann, als diese Zeit erreicht war, konnte die Botschaft des Gerichts, die sich auf die Erfüllung dieser Weissagung gründet, verkündigt werden. Aber in der letzten Zeit, sagt der Prophet, „werden viele darüberkommen und großen Verstand finden".[2]

Der Apostel Paulus warnte die Gemeinde, die Wiederkunft Christi in seinen Tagen zu erwarten: „Denn er [der Tag Christi] kommt nicht, es sei denn, daß zuvor der Abfall komme und offenbart werde der Mensch der Sünde."[3] Erst nach dem großen Abfall und der langen Regierungszeit des „Menschen der Sünde" dürfen wir die Ankunft unseres Herrn erwarten. Diese Zeit endete im Jahre 1798. Das Kommen Christi konnte nicht vor jener Zeit stattfinden. Die Warnung des Paulus erstreckt sich über die lange christliche Bundeszeit bis zum Jahre 1798. Erst danach sollte die Botschaft von der Wiederkunft Christi verkündigt werden.

Eine solche Botschaft wurde in den vergangenen Zeiten nie gepredigt. Paulus verkündigte sie, wie wir gesehen haben, nicht, er verwies seine Brüder in der Frage der Wiederkunft des Herrn in die damals weit entfernte Zukunft. Die Reformatoren verkündigten sie nicht. Martin Luther erwartete das Gericht ungefähr dreihundert Jahre nach seiner Zeit. Aber seit dem Jahre 1798 ist das Buch Daniel entsiegelt worden, das Verständnis der Weissagungen hat zugenommen, und viele haben die feierliche Botschaft von dem nahen Gericht verkündigt.

Wie die große Reformation im 16. Jahrhundert, so kam die Adventbewegung gleichzeitig in verschiedenen Ländern der Christenheit auf. Sowohl in Europa als auch in Amerika studierten Männer des Glaubens und des Gebets die Weissagungen, verfolgten die von Gott eingegebenen Berichte und fanden überzeugende Beweise, daß das Ende aller Dinge nahe war. In verschiedenen Ländern entstanden vereinzelte Gruppen von Christen, die allein durch das Studium der Heiligen Schrift zu der Überzeugung gelangten, daß die Ankunft des Heilandes bevorstand.

2 Dan. 12, 4 3 2. Thess. 2, 3

Im Jahre 1821, drei Jahre nachdem Miller das Verständnis der Weissagungen aufgegangen war, die auf die Zeit des Gerichts hinwiesen, begann Dr. Joseph Wolff, „der Missionar für die ganze Welt", das baldige Kommen des Herrn zu verkündigen. Wolff war Jude, aus Deutschland gebürtig; sein Vater war Rabbiner. Schon sehr früh wurde Wolff von der Wahrheit der christlichen Religion überzeugt. Von tätigem und forschendem Verstand, hatte er aufmerksam den im elterlichen Hause stattfindenden Gesprächen gelauscht, wenn sich dort täglich fromme Juden einfanden, um die Hoffnungen und Erwartungen ihres Volkes, die Herrlichkeit des kommenden Messias und die Wiederaufrichtung Israels zu besprechen. Als der Knabe eines Tages den Namen Jesus von Nazareth hörte, fragte er, wer das sei. Die Antwort lautete: „Ein höchst begabter Jude; weil er aber vorgab, der Messias zu sein, verurteilte ihn das jüdische Gericht zum Tode." — „Warum ist Jerusalem zerstört", fuhr der Fragesteller fort, „und warum sind wir in Gefangenschaft?" — „Ach", antwortete der Vater, „weil die Juden die Propheten umbrachten." Dem Kind kam sofort der Gedanke: „Vielleicht war auch Jesus von Nazareth ein Prophet, und die Juden haben ihn getötet, obgleich er unschuldig war." [4] Dies Gefühl war so stark, daß er, obwohl es ihm untersagt war, eine christliche Kirche zu betreten, doch oft draußen stehenblieb, um der Predigt zuzuhören.

Als er erst sieben Jahre alt war, prahlte er vor einem betagten christlichen Nachbar von dem zukünftigen Triumph Israels beim Kommen des Messias, worauf der alte Mann freundlich sagte: „Mein Junge, ich will dir sagen, wer der wirkliche Messias war: Es war Jesus von Nazareth, ... den deine Vorfahren kreuzigten, wie sie vorzeiten auch die Propheten umbrachten. Geh heim und lies das 53. Kapitel des Jesaja, und du wirst überzeugt werden, daß Jesus Christus der Sohn Gottes ist."

Wolff war sofort davon überzeugt, ging nach Hause, las den betreffenden Abschnitt und gewahrte mit Verwunderung, wie vollkommen dieser in Jesus von Nazareth erfüllt worden war. Konnten die Worte des Christen wahr sein? Der Knabe bat seinen Vater um eine Erklärung der Weissagung; dieser aber trat ihm mit einem so

4 Wolff, „Reiseerfahrungen", Bd. I, S. 6f.

finsteren Schweigen entgegen, daß er es nie wieder wagte, darauf zurückzukommen. Immerhin verstärkte sich hierdurch sein Verlangen, mehr von der christlichen Religion zu erfahren.

Die Erkenntnis, die er suchte, wurde in seinem jüdischen Familienkreis sorgfältig von ihm ferngehalten; aber als er elf Jahre alt war, verließ er seines Vaters Haus, um in die Welt hinauszugehen, sich eine Ausbildung zu verschaffen und Religion und Beruf zu wählen. Er fand eine Zeitlang bei Verwandten Unterkunft, wurde aber bald als Abtrünniger von ihnen vertrieben und mußte sich allein und mittellos seinen Weg unter Fremden bahnen. Er zog von Ort zu Ort, studierte fleißig und verdiente sich seinen Unterhalt durch hebräischen Sprachunterricht. Durch den Einfluß eines katholischen Lehrers wurde er zum päpstlichen Glauben geführt, und er faßte den Entschluß, Missionar unter seinem eigenen Volk zu werden. In dieser Absicht ging er wenige Jahre später an das katholische Missionsinstitut[5] nach Rom, um dort seine Studien fortzusetzen. Hier trug ihm seine Gewohnheit, unabhängig zu denken und offen zu reden, den Vorwurf der Ketzerei ein. Er griff vorbehaltlos die Mißbräuche der Kirche an und betonte die Notwendigkeit einer Umgestaltung. Obgleich er zuerst von den päpstlichen Würdenträgern mit besonderer Gunst behandelt worden war, mußte er doch nach einiger Zeit Rom verlassen. Unter der Aufsicht der Kirche ging er von Ort zu Ort, bis man sich überzeugt hatte, daß er sich niemals dem Joch der römischen Kirche unterwerfen würde. Man nannte ihn unverbesserlich und ließ ihn gehen, wohin er wollte. Er schlug nun den Weg nach England ein und trat, indem er den protestantischen Glauben annahm, zur anglikanischen Kirche über. Nach zweijährigem intensivem Studium begann er im Jahre 1821 sein Lebenswerk.

Während Wolff die große Wahrheit von der ersten Ankunft Christi als „des Allerverachtetsten und Unwertesten, voller Schmerzen und Krankheit“ annahm, erkannte er, daß die Weissagungen mit gleicher Deutlichkeit seine Wiederkunft in Macht und Herrlichkeit vor Augen führten. Und während er sein Volk zu Jesus von Nazareth, dem Verheißenen, führen und dessen Erscheinen in Niedrigkeit als ein

5 Das „Collegium pro fide Propaganda“, an dem außer Theologie, Philosophie und Kirchenrecht noch Hebräisch, Arabisch, Syrisch, Griechisch und Armenisch gelehrt wurde.

Opfer für die Sünden der Menschen zeigen wollte, wies er sie gleichzeitig auf Christi Wiederkunft als König und Erlöser hin.

Er sagte: „Jesus von Nazareth, der wahre Messias, dessen Hände und Füße durchbohrt wurden, der wie ein Lamm zur Schlachtbank geführt wurde, der ein Mann der Schmerzen und Leiden war, der zum erstenmal kam, nachdem das Zepter von Juda und der Herrscherstab von seinen [Judas] Füßen gewichen war, wird zum zweiten Male kommen in den Wolken des Himmels mit der Posaune des Erzengels." [6] Er wird „auf dem Ölberge stehen; und jene Herrschaft über die Schöpfung, die einst Adam zugewiesen war und von ihm verwirkt wurde (1. Mose 1, 26; 3, 17), wird Jesus gegeben werden. Er wird König sein über die ganze Erde. Das Seufzen und Klagen der Schöpfung wird aufhören, und Lob- und Danklieder werden erschallen... Wenn Jesus in der Herrlichkeit seines Vaters mit seinen heiligen Engeln kommt... werden die ‚Toten in Christo' zuerst auferstehen (1. Thessalonicher 4, 16; 1. Korinther 15, 23). Dies nennen wir Christen die erste Auferstehung. Danach wird die Tierwelt ihren Charakter ändern (Jesaja 11, 6—9) und Jesus untertan werden. (Psalm 8.) Allgemeiner Friede wird herrschen". „Der Herr wird wiederum auf die Erde niederschauen und sagen: Siehe, es ist sehr gut." [7]

Wolff glaubte, daß das Kommen des Herrn nahe sei. Seine Auslegung der prophetischen Zeitangaben wich nur um wenige Jahre von der Zeit ab, in der Miller die große Vollendung erwartete. Denen, die auf Grund des Textes: „Von dem Tage aber und von der Stunde weiß niemand" [8] geltend zu machen suchten, daß den Menschen die Nähe der Wiederkunft Christi unbekannt bleiben sollte, antwortete Wolff: „Sagte unser Herr, daß der Tag und die Stunde *nie* bekannt werden sollten? Hat er uns nicht Zeichen der Zeit gegeben, damit wir wenigstens das *Herannahen* seiner Wiederkunft erkennen könnten, so wie man an dem Feigenbaum, wenn er Blätter treibt, weiß, daß der Sommer nahe ist? (Matthäus 24, 32.) Sollen wir jene Zeit nie erkennen können, obgleich er selbst uns ermahnt, den Propheten Daniel nicht nur zu lesen, sondern auch zu verstehen? Gerade in Daniel heißt es, daß diese Worte bis auf die Zeit des Endes verborgen bleiben sollten (was zu

6 Wolff, „Forschungen und Missionswirken", S. 62

7 Wolff, „Tagebuch", S. 378. 379. 294

8 Matth. 24, 36

seiner Zeit der Fall war), und daß ‚viele darüberkommen' (hebräischer Ausdruck für betrachten und nachdenken über die Zeit) und *‚großen Verstand'* (hinsichtlich der Zeit) finden würden. (Daniel 12, 4.) Überdies will unser Herr damit nicht sagen, daß das *Herannahen* der Zeit unbekannt bleiben soll, sondern nur, daß niemand den *bestimmten Tag* und die *genaue Stunde* weiß. Er sagt, es soll genügend durch die Zeichen der Zeit bekannt werden, um uns anzutreiben, uns auf seine Wiederkunft vorzubereiten, gleichwie Noah die Arche baute." [9] Soweit Wolff zu den Einwänden, daß niemand Zeit und Stunde wisse.

Hinsichtlich der volkstümlichen Auslegung oder Mißdeutung der Heiligen Schrift schrieb Wolff: „Der größere Teil der christlichen Kirche ist von dem klaren Sinn der Heiligen Schrift abgewichen und hat sich der trügerischen Lehre des Buddhismus zugewandt, die vorgibt, daß das zukünftige Glück der Menschen in einem Hin- und Herschweben in der Luft bestehe; sie nimmt an, daß *Heiden* darunter zu verstehen seien, wenn sie *Juden* lesen; daß die *Kirche* gemeint sei, wenn sie *Jerusalem* lesen; daß es *Himmel* bedeute, wenn es heißt *Erde;* daß an den *Fortschritt der Missionsgesellschaften* zu denken sei, wenn vom *Kommen des Herrn* die Rede ist; und daß unter dem Ausdruck ‚auf den Berg des Hauses Gottes gehen' *eine große Versammlung der Methodisten* zu verstehen sei." [10]

Während der vierundzwanzig Jahre von 1821 bis 1845 bereiste Wolff viele Länder. In Afrika besuchte er Ägypten und Abessinien; in Asien Palästina, Syrien, Persien, Buchara (Turkestan) und Indien. Auch nach den Vereinigten Staaten kam er. Bei der Hinreise predigte er auf der Insel St. Helena. Im August des Jahres 1837 traf er in Neuyork ein; nachdem er in jener Stadt gesprochen hatte, predigte er in Philadelphia und Baltimore und ging schließlich nach Washington. „Hier wurde mir", sagte er, „auf Vorschlag des Expräsidenten John Quincy Adams in einem der Häuser des Kongresses einstimmig die Benutzung des Kongreßsaales für einen Vortrag zur Verfügung gestellt, den ich an einem Samstag in Gegenwart sämtlicher Mitglieder des Kongresses, des Bischofs von Virginia sowie der Geistlichkeit und der Bürger von Washington hielt. Die Mitglieder der Regierung von New Jersey und Pennsylvanien zollten mir die gleiche Ehre. In ihrer

9 Wolff, „Forschungen und Missionswirken", S. 404. 405

10 Wolff, „Tagebuch", S. 96

Gegenwart hielt ich Vorlesungen über meine Forschungen in Asien sowie auch über die persönliche Regierung Jesu Christi." [11]

Dr. Wolff bereiste die unzivilisiertesten Länder ohne den Schutz irgendeiner europäischen Regierung; er erduldete viele Mühsale und war von zahllosen Gefahren umgeben. Er bekam Stockschläge auf die Fußsohlen, mußte hungern, wurde als Sklave verkauft und dreimal zum Tode verurteilt. Räuber fielen ihn an, und manchmal wäre er fast verdurstet. Einmal verlor er alle seine Habe und mußte zu Fuß Hunderte von Meilen durch das Gebirge wandern, während ihm der Schnee ins Gesicht trieb und seine nackten Füße durch die Berührung mit dem gefrorenen Boden erstarrten.

Warnte man ihn davor, unbewaffnet unter wilde und feindselige Stämme zu gehen, so erklärte er, daß er mit Waffen versehen sei, mit dem Gebet, mit Eifer für Christus und mit Vertrauen auf seine Hilfe. „Ich habe auch", sagte er, „die Liebe zu Gott und meinem Nächsten im Herzen und trage die Bibel in meiner Hand." Er führte, wohin er auch ging, eine hebräische und eine englische Bibel bei sich. Von einer seiner späteren Reisen sagt er: „Ich ... hielt die Bibel offen in meiner Hand. Ich fühlte, daß meine Kraft in dem Buche war und daß seine Macht mich erhalten würde." [12]

Auf diese Weise harrte er in seiner Arbeit aus, bis die Gerichtsbotschaft über einen großen Teil des bewohnten Erdballs gegangen war. Unter Juden, Türken, Parsen, Hindus und vielen andern Nationen und Stämmen teilte er das Wort Gottes in den verschiedenen Sprachen aus und verkündigte überall die kommende Herrschaft des Messias.

Auf seinen Reisen fand er die Lehre von der baldigen Wiederkunft des Herrn in Buchara bei einem entlegenen abgesonderten Volksstamm. Er sagte ferner: „Die Araber des Jemen sind im Besitz eines Buches, ‚Seera' genannt, das Kunde gibt von der Wiederkunft Christi und seiner Regierung in Herrlichkeit, und sie erwarten für das Jahr 1840 große Ereignisse." [13] „Im Jemen ... verbrachte ich sechs Tage mit den Rechabiten. Sie trinken keinen Wein, pflanzen keine Weinberge, säen keine Saat, wohnen in Zelten und gedenken der Worte Jonadabs, des Sohnes Rechabs. Es befanden sich auch Israeliten aus dem Stamm

11 Wolff, „Tagebuch", S. 377 12 Adams, „In Perils Oft", S. 192 f. 13 Wolff, ebd., S. 398. 399

Dan bei ihnen, ... die gemeinsam mit den Kindern Rechabs die baldige Ankunft des Messias in den Wolken des Himmels erwarten." [14]

Einen ähnlichen Glauben fand ein anderer Missionar bei den Tataren. Ein tatarischer Priester stellte an einen Missionar die Frage, wann denn Christus wiederkäme. Als der Missionar antwortete, daß er nichts davon wisse, schien der Priester sehr überrascht zu sein ob solcher Unwissenheit bei einem, der vorgab, Bibellehrer zu sein, und erklärte seinen eigenen auf die Weissagung gegründeten Glauben, daß Christus ungefähr im Jahre 1844 kommen würde.

In England fing man schon im Jahre 1826 an, die Adventbotschaft zu predigen. Die Bewegung nahm hier keine so entschiedene Form an wie in Amerika; die genaue Zeit der Wiederkunft Christi lehrte man nicht so allgemein, aber die große Wahrheit von dem baldigen Kommen Christi in Macht und Herrlichkeit wurde überall verkündigt; und dies nicht nur unter denen, die nicht zur anglikanischen Kirche gehörten. Mourant Brock, ein englischer Schriftsteller, gibt an, daß sich ungefähr siebenhundert Prediger der anglikanischen Kirche mit der Verkündigung dieses „Evangeliums vom Reich" befaßten. Auch in Großbritannien wurde die Botschaft seines Kommens, die auf das Jahr 1844 hinwies, verkündigt. Drucksachen über die Adventbewegung wurden von den Vereinigten Staaten aus überallhin versandt. In England gab man wieder Bücher und Zeitschriften heraus, und im Jahre 1842 kehrte Robert Winter, ein gebürtiger Engländer, der den Adventglauben in Amerika angenommen hatte, in seine Heimat zurück, um das Kommen des Herrn zu verkündigen. Viele vereinten sich mit ihm in dieser Aufgabe; die Gerichtsbotschaft wurde in verschiedenen Teilen Englands verbreitet.

In Südamerika fand Lacunza, ein Spanier und Jesuit, inmitten von Priestertrug und roher Unwissenheit seinen Weg zur Heiligen Schrift und erkannte die Wahrheit von der baldigen Wiederkunft Christi. Innerlich getrieben, die Warnung zu erteilen, und doch darauf bedacht, den Kirchenstrafen Roms zu entrinnen, veröffentlichte er seine Ansichten unter dem Decknamen „Rabbi Ben-Esra", indem er sich für einen bekehrten Juden ausgab. Lacunza lebte im 18. Jahrhundert; sein Buch, das den Weg nach London gefunden hatte, wurde ungefähr im

14 Wolff, „Tagebuch", S. 389

Jahre 1825 in die englische Sprache übersetzt. Seine Herausgabe diente dazu, die in England erwachte Aufmerksamkeit hinsichtlich der Wiederkunft Christi zu steigern.

In Deutschland war diese Lehre im 18. Jahrhundert von Bengel, dem berühmten Bibelgelehrten und Kritiker, einem Prälaten der lutherischen Kirche, gepredigt worden. Nach Vollendung seiner Schulbildung hatte Bengel „sich dem Studium der Theologie gewidmet, wozu ihn sein tiefernstes und frommes Gemüt, durch seine frühe Bildung und Zucht erweitert und verstärkt, von Natur hinzog. Wie andere denkende junge Männer vor und nach ihm hatte auch er mit religiösen Zweifeln und Schwierigkeiten zu kämpfen, und mit tiefem Gefühl spricht er von den ‚vielen Pfeilen, die sein armes Herz durchbohrten und seine Jugend schwer erträglich machten'." [15] Als er Mitglied des Württembergischen Konsistoriums [Landeskirchenbehörde] wurde, trat er für die Religionsfreiheit ein. „Indem er alle Rechte und Vorrechte der Kirche aufrechterhielt, befürwortete er, jede billige Freiheit denen zu gewähren, die sich aus Gewissensgründen gebunden fühlten, sich von ihrer Gemeinschaft zurückzuziehen." [15] Die guten Wirkungen dieser klugen Entscheidung werden in dem Landstrich, dem er entstammte, noch immer verspürt.

Während sich Bengel auf die Predigt für einen Adventsonntag (über Offenbarung 21) vorbereitete, ging ihm plötzlich die Erkenntnis von der Wiederkunft Christi auf. Die Weissagungen der Offenbarung erschlossen sich seinem Verständnis wie nie zuvor. Das Bewußtsein von der ungeheuren Wichtigkeit und unübertrefflichen Herrlichkeit der von dem Propheten vorausgesagten Ereignisse überwältigte ihn derart, daß er gezwungen war, sich eine Zeitlang von der Betrachtung dieses Themas abzuwenden. Auf der Kanzel jedoch stand dieser Fragenkreis in aller Lebendigkeit und Stärke wieder vor ihm. Von der Zeit an studierte er die Weissagungen, besonders die der Offenbarung, und gelangte bald zu dem Glauben, daß sie darauf hinwiesen, daß das Kommen Christi nahe bevorsteht. Das Datum, das er als die Zeit der Wiederkunft Christi errechnete, wich nur wenige Jahre von dem später von Miller angenommenen Termin ab.

15 Encyclopaedia Britannica, art. Bengel; Real-Enzyklopädie für protestantische Theologie und Kirche, Bd. II, S. 295–301, Leipzig, 1878

Bengels Schriften sind in der ganzen Christenheit verbreitet worden. In seiner Heimat Württemberg, und bis zu einem gewissen Grade auch in andern Teilen Deutschlands, nahm man seine Ansichten über die Weissagung fast allgemein an. Die auf Bengels Auffassungen beruhende geistliche Bewegung dauerte nach seinem Tode fort, und die Adventbotschaft wurde in Deutschland zur selben Zeit vernommen, zu der sie in andern Ländern die Aufmerksamkeit auf sich zog. Schon früh gingen einige Gläubige nach Rußland und gründeten dort Kolonistensiedlungen; und der Glaube an das baldige Kommen Christi wird in den deutschen Gemeinden jenes Landes noch immer bewahrt.

In Frankreich und in der Schweiz war die Erkenntnis ebenfalls aufgeflammt. In Genf, wo Farel und Calvin die Wahrheiten der Reformation ausgebreitet hatten, predigte Gaussen die Botschaft von der Wiederkunft Christi. Als Student hatte er jenen Geist des Rationalismus eingesogen, der in der letzten Hälfte des 18. Jahrhunderts ganz Europa durchdrang, und als er ins Predigtamt eintrat, war er nicht allein des wahren Glaubens unkundig, sondern er neigte sogar zur Zweifelsucht. In seiner Jugend hatte er begeistert die Weissagungen studiert. Als er Rollins „Alte Geschichte" las, wurde seine Aufmerksamkeit auf das zweite Kapitel Daniels gerichtet, und er staunte über die wunderbare Genauigkeit, mit der sich die Weissagung erfüllt hatte, wie aus dem Bericht des Geschichtsschreibers ersichtlich war. Hierin lag ein Zeugnis für die göttliche Eingebung der Heiligen Schrift, das ihm inmitten der Gefahren späterer Jahre als Anker diente. Ihn befriedigten die Lehren des Rationalismus nicht mehr, sondern er gelangte durch das Forschen in der Bibel und das Suchen nach klarerer Erkenntnis nach einiger Zeit zu einem festen Glauben.

Als er die Weissagungen weiter durchforschte, kam er zu der Überzeugung, daß das Kommen des Herrn nahe bevorstehe. Unter dem Eindruck des Ernstes und der Wichtigkeit dieser großen Wahrheit wünschte er, sie dem Volk nahezubringen; aber der volkstümliche Glaube, daß die Weissagungen Daniels Geheimnisse und darum nicht zu verstehen seien, wurde für ihn zu einem schweren Hindernis. Endlich entschloß er sich, wie es vor ihm Farel schon getan hatte, als er Genf das Evangelium brachte, bei den Kindern zu beginnen, durch die er die Eltern anzuziehen hoffte.

Als er später einmal von seinem Ziel bei diesem Vorhaben sprach, sagte er: „Ich möchte dies verstanden wissen, daß es nicht wegen der geringen Bedeutung, sondern im Gegenteil des hohen Wertes wegen ist, daß ich diese Sache in dieser vertraulichen Form darzustellen wünschte und mich damit an die Kinder wandte. Ich wollte gehört werden und hatte befürchtet, keine Aufmerksamkeit zu erregen, falls ich mich an die Erwachsenen wenden würde... Ich beschloß deshalb, zu den Jüngsten zu gehen. Ich versammelte eine Schar von Kindern um mich. Wenn die Zahl der Anwesenden zunimmt, wenn man sieht, daß sie zuhören, Gefallen daran finden, angezogen werden, daß sie das Thema verstehen und erklären können, dann werde ich sicherlich bald einen zweiten Kreis von Zuhörern haben, und die Erwachsenen ihrerseits werden sehen, daß es die Mühe lohnt, sich hinzusetzen und zu studieren. Geschieht das, dann ist die Sache gewonnen." [16]

Gaussens Bemühungen waren erfolgreich. Während er sich an die Kinder wandte, kamen ältere Leute, um ihm zu lauschen. Die Emporen seiner Kirche füllten sich mit aufmerksamen Zuhörern. Unter ihnen befanden sich gelehrte und angesehene Männer sowie Ausländer und Fremde, die Genf besuchten, und durch sie wurde die Botschaft in andere Gegenden getragen.

Durch diesen Erfolg ermutigt, veröffentlichte Gaussen seine Unterweisungen in der Hoffnung, das Studium der prophetischen Bücher in den Gemeinden der französisch sprechenden Volksteile zu fördern. Er sagte: „Durch die Veröffentlichung des den Kindern erteilten Unterrichts rufen wir den Erwachsenen zu, die oft solche Bücher vernachlässigen unter dem falschen Vorwand, daß sie unverständlich seien: Wie können sie unverständlich sein, da eure Kinder sie verstehen? ... Ich hatte das dringliche Bestreben", fügte er hinzu, „die bekannten Weissagungen bei unseren Gemeinden, wenn möglich, allgemein bekanntzumachen... Es gibt in der Tat kein Studium, das, wie mir scheint, den Bedürfnissen der Zeit besser entspräche... Hierdurch müssen wir uns vorbereiten auf die bevorstehende Trübsal und warten auf Jesus Christus."

Wenngleich Gaussen einer der hervorragendsten und beliebtesten französisch sprechenden Prediger war, wurde er doch nach einiger

16 Gaussen, „Der Prophet Daniel", Bd. II, Vorwort

Zeit seines Amtes enthoben, hauptsächlich weil er statt des Kirchenkatechismus', eines faden und rationalistischen Lehrbuches fast ohne positiven Glauben, beim Unterricht der Jugend die Bibel gebraucht hatte. Später wurde er Lehrer an einer theologischen Schule und setzte sonntags seinen Unterricht mit den Kindern fort, indem er sie in der Heiligen Schrift unterwies. Seine Werke über die Weissagungen erregten großes Aufsehen. Vom Katheder aus, durch die Presse und in seiner Lieblingsbeschäftigung als Lehrer der Kinder konnte er viele Jahre lang einen ausgedehnten Einfluß ausüben und die Aufmerksamkeit vieler Menschen auf das Studium der Weissagungen richten, die zeigten, daß das Kommen des Herrn nahe ist.

Auch in Skandinavien wurde die Adventbotschaft verkündigt und eine weitverbreitete Aufmerksamkeit hervorgerufen. Viele wurden aus ihrer sorglosen Sicherheit aufgerüttelt, um ihre Sünden zu bekennen und aufzugeben und im Namen Christi Vergebung zu suchen. Aber die Geistlichkeit der Staatskirche widersetzte sich der Bewegung, und durch ihren Einfluß wurden etliche, welche die Botschaft predigten, ins Gefängnis geworfen. An vielen Orten, wo die Verkündiger des baldigen Kommens Christi auf solche Weise zum Schweigen gebracht worden waren, gefiel es Gott, die Botschaft in wunderbarer Weise durch kleine Kinder bekanntzumachen. Da sie noch minderjährig waren, konnte das Staatsgesetz sie nicht hindern, und sie durften unbelästigt reden.

Die Bewegung fand besonders in den niederen Ständen Eingang. In den bescheidenen Wohnungen der Arbeiter versammelte sich das Volk, um die Warnung zu vernehmen. Die Kinderprediger selbst waren meist arme Hüttenbewohner. Etliche waren nicht älter als sechs bis acht Jahre, und während ihr Leben bezeugte, daß sie den Heiland liebten und sie sich bemühten, den heiligen Vorschriften Gottes gehorsam zu sein, legten sie im allgemeinen nur den Kindern ihres Alters üblichen Verstand und nicht mehr als gewöhnliche Fähigkeiten an den Tag. Standen sie aber vor den Menschen, dann wurde es offenbar, daß sie von einem über ihre natürliche Begabung hinausgehenden Einfluß bewegt wurden. Ihre Stimme, ihr ganzes Wesen veränderte sich, und mit eindringlicher Kraft kündigten sie das Gericht an, sich genau der Worte der Heiligen Schrift bedienend: „Fürchtet Gott und gebet ihm die Ehre; denn die Zeit seines Gerichts ist gekommen!" Sie rügten die Sünden des Volkes, verurteilten nicht nur Unsittlichkeit und Laster, sondern tadelten auch Weltlichkeit und Abtrünnigkeit und ermahnten ihre Zuhörer, sich eilends aufzumachen, um dem zukünftigen Zorn zu entrinnen.

Die Leute lauschten mit Zittern. Der überzeugende Geist Gottes sprach zu ihren Herzen. Viele wurden veranlaßt, die Heilige Schrift mit neuem und tieferem Eifer zu durchforschen. Die Unmäßigen und Unsittlichen begannen einen neuen Lebenswandel; andere gaben ihre unlauteren Gewohnheiten auf. Es wurde ein so auffälliges Werk vollbracht, daß selbst die Geistlichen der Staatskirche gestehen mußten, die Hand Gottes sei mit dieser Bewegung.

Es war Gottes Wille, daß die Kunde von der Wiederkunft des Heilandes in den skandinavischen Ländern verbreitet werden sollte, und als die Stimmen seiner Diener zum Schweigen gebracht worden waren, legte er seinen Geist auf die Kinder, damit das Werk vollbracht würde. Als Jesus sich Jerusalem näherte, von einer frohen Menge begleitet, die ihn unter Frohlocken und mit wehenden Palmzweigen als den Sohn Davids ausrief, forderten die eifersüchtigen Pharisäer ihn auf, dem Volke Schweigen zu gebieten; aber Jesus antwortete ihnen, daß all dies die Erfüllung der Weissagung wäre und, falls die Menschen schwiegen, die Steine reden würden. Das durch die Drohungen der Priester und Obersten eingeschüchterte Volk hielt in seiner freudigen Verkündigung inne, als es durch die Tore Jerusalems zog; aber die Kinder im Tempelhof nahmen den Ruf auf und sangen, ihre Palmzweige schwingend: „Hosianna dem Sohn Davids!" Als die Priester in ärgerlichem Mißfallen zu Jesus sprachen: „Hörst du auch, was diese sagen?", antwortete er: „Ja! Habt ihr nie gelesen: ‚Aus dem Munde der Unmündigen und Säuglinge hast du Lob zugerichtet'?" [17]

Wie Gott zur Zeit Christi durch Kinder wirkte, so bediente er sich auch bei der Ankündigung seiner Wiederkunft der Kinder. Gottes Wort, daß die Botschaft von dem Kommen des Heilandes an alle Völker, Sprachen und Zungen ergehen sollte, muß erfüllt werden.

William Miller und seinen Mitarbeitern war die Aufgabe zuteil geworden, die Warnungsbotschaft in Amerika zu predigen. Dieses

17 Matth. 21, 9. 16

Land wurde der Mittelpunkt der großen Adventbewegung. Hier fand die Weissagung von der ersten Engelsbotschaft ihre unmittelbare Erfüllung. Die Schriften Millers und seiner Gefährten wurden in entfernte Länder getragen. Überall, wohin die Missionare gedrungen waren, wurde auch die frohe Kunde von der baldigen Wiederkunft Christi hingesandt. Allenthalben erscholl der Ruf des ewigen Evangeliums: Fürchtet Gott und gebet ihm die Ehre; denn die Stunde seines Gerichts ist gekommen!

Das Zeugnis der Weissagungen, das auf das Kommen Christi im Frühling des Jahres 1844 zu deuten schien, drang tief in die Gemüter des Volkes ein. Als die Botschaft von Staat zu Staat ging, erregte sie überall beträchtliches Aufsehen. Viele wurden überzeugt, daß die auf den prophetischen Zeitrechnungen beruhenden Beweise richtig waren und nahmen, nachdem sie ihren Meinungsstolz fahren ließen, die Wahrheit freudig an. Einige Prediger entsagten ihren sektiererischen Ansichten und Gefühlen, gaben ihre finanzielle Sicherheit und ihre Gemeinde auf und schlossen sich der Verkündigung der Wiederkunft Jesu an. Es waren jedoch verhältnismäßig wenige Prediger, die diese Botschaft annahmen; deshalb wurde sie meistens bescheidenen Laien anvertraut. Landleute verließen ihre Felder, Handwerker ihre Werkstätten, Händler ihre Waren, andere berufstätige Männer ihre Stellung; und doch war die Zahl der Mitarbeiter im Verhältnis zu der durchzuführenden Aufgabe gering. Der Zustand einer gottlosen Kirche und einer in Bosheit liegenden Welt lastete auf den Seelen der treuen Wächter; willig ertrugen sie Mühsal, Entbehrung und Leiden, um Menschen zur Buße und zum Heil rufen zu können. Obwohl Satan ihnen widerstand, ging das Werk doch stetig vorwärts, und viele Tausende nahmen die Adventwahrheit an.

Überall vernahm man das herzergründende Zeugnis, das die Sünder, Weltmenschen wie Gemeindeglieder, aufforderte, dem zukünftigen Zorn zu entfliehen. Gleich Johannes dem Täufer, dem Vorläufer Christi, legten die Prediger die Axt an die Wurzel des Baumes und nötigten alle, rechtschaffene Früchte der Buße zu bringen. Ihre ergreifenden Aufrufe standen in auffallendem Gegensatz zu den Versicherungen des Friedens und der Sicherheit, die man von den volkstümlichen Kanzeln herab hörte. Wo die Botschaft verkündigt wurde, bewegte sie das Volk. Das einfache, unmittelbare Zeugnis der Heiligen Schrift, das den Menschen durch die Macht des Heiligen Geistes ans Herz gelegt wurde, rief eine gewichtige Überzeugung hervor, der nur wenige völlig widerstehen konnten. Bekennende Christen wurden aus ihrer falschen Sicherheit aufgeschreckt und erkannten ihre Abtrünnigkeit, ihre Weltlichkeit und ihren Unglauben, ihren Stolz und ihre Selbstsucht. Viele suchten demütig und bußbereit den Herrn. Neigungen, die bisher auf irdische Dinge gerichtet waren, wandten sich jetzt dem Himmel zu. Gottes Geist ruhte auf ihnen, und mit besänftigtem und gedemütigtem Herzen stimmten sie ein in den Ruf: Fürchtet Gott und gebet ihm die Ehre; denn die Stunde seines Gerichts ist gekommen!

Sünder fragten weinend: „Was soll ich tun, daß ich selig werde?“ [18] Wer einen unlauteren Wandel geführt hatte, war besorgt, sein Unrecht gutzumachen. Alle, die in Christus Frieden fanden, sehnten sich danach, auch andere an den Segnungen teilhaben zu sehen. Die Herzen der Eltern wandten sich ihren Kindern, und die Herzen der Kinder ihren Eltern zu. Die Schranken des Stolzes und der Zurückhaltung setzte man beiseite. Tiefempfundene Bekenntnisse wurden abgelegt, und Familienmitglieder arbeiteten für das Heil derer, die ihnen am nächsten und teuersten waren. Oft hörte man ernste Fürbitten. Überall beteten Seelen in tiefer Angst zu Gott. Viele rangen die ganze Nacht im Gebet um die Gewißheit, daß ihre Sünden vergeben seien, oder um die Bekehrung ihrer Verwandten oder Nachbarn.

Menschenklassen aller Art strömten zu den Versammlungen der Adventisten. Reich und arm, hoch und niedrig wollte aus verschiedenen Gründen die Lehre von der Wiederkunft Christi vernehmen. Während seine Diener die Gründe des Glaubens darlegten, hielt der Herr den Geist des Widerstandes im Zaum. Oft war das Werkzeug schwach, aber der Geist Gottes gab seiner Wahrheit Macht. Die Gegenwart heiliger Engel bekundete sich in diesen Versammlungen, und täglich stellten sich viele auf die Seite der Gläubigen. Wenn die Beweise für die baldige Ankunft Christi wiederholt wurden, lauschte eine große Menge in atemlosem Schweigen den feierlichen Worten. Himmel und Erde schienen sich einander zu nähern. Jung und alt verspürte die Macht Gottes. Die Menschen suchten ihre Wohnungen auf mit Lob-

18 Apg. 16, 30

preisungen Gottes auf ihren Lippen, und der fröhliche Klang ertönte durch die Stille der Nacht. Niemand, der jenen Versammlungen beiwohnte, kann je jene bedeutungsvollen Vorgänge vergessen.

Die Verkündigung einer bestimmten Zeit für das Kommen Christi rief unter vielen Menschen aus allen Klassen großen Widerstand hervor, angefangen von den Predigern auf der Kanzel bis zum verwegensten dem Himmel trotzenden Sünder. Die Worte der Weissagung gingen in Erfüllung: „Und wisset das aufs erste, daß in den letzten Tagen kommen werden Spötter, die nach ihren eigenen Lüsten wandeln und sagen: Wo ist die Verheißung seiner Zukunft? denn nachdem die Väter entschlafen sind, bleibt es alles, wie es von Anfang der Kreatur gewesen ist."[19] Viele, die vorgaben, ihren Heiland zu lieben, erklärten, daß sie keine Einwände gegen die Lehre von seiner Wiederkunft zu machen hätten; sie seien nur gegen die festgesetzte Zeit. Gottes Auge las jedoch, was in ihrem Herzen war. Sie wünschten nichts davon zu hören, daß Christus kommen werde, um die Welt in Gerechtigkeit zu richten. Sie waren ungetreue Diener, ihre Werke konnten die Prüfung Gottes nicht ertragen, und sie fürchteten sich, ihrem Herrn zu begegnen. Gleich den Juden zur Zeit Christi waren sie nicht vorbereitet, Jesus zu begrüßen. Sie weigerten sich nicht nur, die deutlichen Beweise aus der Schrift zu hören, sondern verlachten auch die, welche auf den Herrn warteten. Satan und seine Engel frohlockten und schleuderten Christus und den heiligen Engeln Schmähungen ins Angesicht, daß sein angebliches Volk ihn so wenig liebe und sein Erscheinen nicht wünsche.

„Niemand weiß den Tag oder die Stunde", lautete die von den Verwerfern des Adventglaubens am häufigsten vorgebrachte Entgegnung. Die Bibelstelle heißt: „Von dem Tage aber und von der Stunde weiß niemand, auch die Engel nicht im Himmel, sondern allein mein Vater."[20] Eine klare und zutreffende Auslegung dieser Bibelstelle gaben die, welche auf ihren Herrn warteten, und der falsche Gebrauch, den ihre Gegner davon machten, zeigte sich deutlich. Jene Worte sprach Christus in der denkwürdigen Unterhaltung mit seinen Jüngern auf dem Ölberg, als er zum letztenmal aus dem Tempel gegangen war. Die Jünger hatten die Frage gestellt: „Welches wird das Zeichen

19 2. Petr. 3, 3. 4 20 Matth. 24, 36

sein deiner Zukunft und des Endes der Welt?" Jesus nannte ihnen bestimmte Zeichen und sagte: „Wenn ihr das alles sehet, so *wisset*, daß es nahe vor der Tür ist." [21] *Ein* Ausspruch des Heilandes darf nicht so dargestellt werden, daß er dem andern widerspricht. Wenn auch niemand *Tag* und *Stunde* seines Kommens weiß, so werden wir doch unterrichtet, und wir müssen wissen, wann die Zeit nahe ist. Wir werden ferner belehrt, daß es ebenso verderblich für uns ist, seine Warnung zu mißachten und der Zeit seines Kommens keine Beachtung zu schenken oder die Annahme dieser Erkenntnis zu verweigern, wie es für die in den Tagen Noahs Lebenden verderblich war, nicht zu wissen, wann die Sintflut kommen sollte. Das Gleichnis im selben Kapitel, das den treuen Knecht mit dem ungetreuen vergleicht und das Urteil dessen anführt, der in seinem Herzen sagte: „Mein Herr kommt noch lange nicht", zeigt, wie Christus bei seiner Wiederkunft die Gläubigen ansehen und belohnen wird, welche wachen und sein Kommen verkündigen, und die, welche es in Abrede stellen. „Darum wachet!" sagt er. „Selig ist der Knecht, wenn sein Herr kommt und findet ihn also tun." [22] „So du nicht wirst wachen, werde ich über dich kommen wie ein Dieb, und wirst nicht wissen, welche Stunde ich über dich kommen werde." [23]

Paulus spricht von den Menschen, denen die Erscheinung des Herrn unerwartet kommen wird. „Der Tag des Herrn wird kommen wie ein Dieb in der Nacht. Denn wenn sie werden sagen: Es ist Friede, es hat keine Gefahr, – so wird sie das Verderben schnell überfallen . . . und werden nicht entfliehen." Für die, welche die Warnung des Herrn beachten, fügt er hinzu: „Ihr aber, liebe Brüder, seid nicht in der Finsternis, daß euch der Tag wie ein Dieb ergreife. Ihr seid allzumal Kinder des Lichtes und Kinder des Tages; wir sind nicht von der Nacht noch von der Finsternis." [24]

Somit war deutlich erwiesen, daß die Bibel den Menschen keinen Vorschub leistet, hinsichtlich der Nähe des Kommens Christi unwissend zu bleiben. Wer aber eine Entschuldigung suchte, nur um die Wahrheit zu verwerfen, verschloß dieser Erklärung sein Ohr, und die Worte: „Von dem Tage aber und von der Stunde weiß niemand", wurden von dem kühnen Spötter und sogar von dem angeblichen

21 Matth. 24, 3. 33 22 Matth. 24, 42–51 23 Offb. 3, 3 24 1. Thess. 5, 2–5

Diener Christi beständig wiederholt. Als die Leute erweckt wurden und anfingen, nach dem Weg des Heils zu fragen, stellten sich Religionslehrer zwischen sie und die Wahrheit und versuchten, ihre Befürchtungen mittels falscher Auslegungen des Wortes Gottes zu zerstreuen. Untreue Wächter verbanden sich mit dem Werk des großen Betrügers und schrien: „Friede! Friede!", wo Gott nicht von Frieden gesprochen hatte. Gleich den Pharisäern zur Zeit Christi weigerten sich viele, in das Himmelreich einzugehen, und hinderten die, welche hineingehen wollten. Das Blut dieser Seelen wird von ihrer Hand gefordert werden.

Die Demütigsten und Ergebensten in den Gemeinden waren gewöhnlich die ersten, welche die Botschaft annahmen. Wer die Bibel selbst studierte, mußte unvermeidlich den schriftwidrigen Charakter der volkstümlichen Ansichten über die Weissagungen erkennen, und wo das Volk nicht durch den Einfluß der Geistlichkeit geleitet wurde, sondern das Wort Gottes selber erforschte, brauchte die Adventbotschaft nur mit der Heiligen Schrift verglichen zu werden, um deren göttliche Autorität zu bestätigen.

Viele wurden von ihren ungläubigen Brüdern verfolgt. Um ihre Stellung in der Gemeinde zu bewahren, willigten einige ein, ihre Hoffnung zu verschweigen; andere aber fühlten, daß die Treue zu Gott ihnen verbiete, die Wahrheiten, die er ihrer Obhut anvertraut hatte, zu verbergen. Nicht wenige wurden aus der Kirche ausgeschlossen, und zwar nur aus dem Grund, weil sie ihren Glauben an die Wiederkunft Christi verkündet hatten. Köstlich klangen die Worte des Propheten denen, die die Prüfung ihres Glaubens bestanden hatten. „Eure Brüder, die euch hassen und sondern euch ab um meines Namens willen, sprechen: ‚Laßt sehen, wie herrlich der Herr sei, laßt ihn erscheinen zu eurer Freude'; die sollen zu Schanden werden."[25]

Engel Gottes überwachten mit größter Anteilnahme den Erfolg der Warnung. Als die Kirchen die Botschaft allgemein verwarfen, wandten sich die Engel betrübt ab. Aber es gab noch viele Seelen, die in der Adventwahrheit noch nicht geprüft waren; viele, die durch Ehemänner, Frauen, Eltern oder Kinder irregeleitet worden waren und die glaubten, es sei eine Sünde, solche Ketzereien, wie sie von den Adventisten

25 Jes. 66, 5

gelehrt wurden, auch nur anzuhören. Den Engeln wurde befohlen, über diese Seelen treulich zu wachen; denn es sollte noch ein anderes Licht vom Throne Gottes auf sie scheinen.

Mit unaussprechlichem Verlangen harrten alle, welche die Botschaft angenommen hatten, der Ankunft des Heilandes. Die Zeit, da sie erwarteten, ihm zu begegnen, stand nahe bevor. Sie näherten sich dieser Stunde mit stillem Ernst. Sie ruhten in freundlicher Gemeinschaft mit Gott – ein Pfand des Friedens, der ihnen in der zukünftigen Herrlichkeit zuteil werden sollte. Keiner, der diese Hoffnung und dies Vertrauen erfuhr, kann jene köstlichen Stunden des Wartens vergessen. Schon einige Wochen vor der Zeit wurden die weltlichen Geschäfte von den meisten beiseitegelegt. Die aufrichtigen Gläubigen prüften sorgfältig jeden Gedanken und jede Regung ihres Herzens, als lägen sie auf dem Totenbett und müßten in wenigen Stunden vor allem Irdischen ihre Augen schließen. Da wurden keine Himmelfahrtskleider* angefertigt, sondern alle fühlten die Notwendigkeit eines inneren Zeugnisses, daß sie zubereitet waren, dem Heiland zu begegnen; ihre weißen Kleider versinnbildeten die Reinheit der Seele, einen durch das versöhnende Blut Christi gereinigten Charakter. Hätte doch das Volk Gottes noch den gleichen herzerforschenden Geist, den gleichen, ernsten, entschiedenen Glauben! Hätte es weiterhin sich auf diese Weise vor dem Herrn gedemütigt und seine Bitten zum Gnadenthron emporgesandt, so wäre es jetzt im Besitze weit köstlicherer Erfahrungen. Das Volk Gottes betet zu wenig, wird zu wenig wirklich überzeugt von der Sünde, und der Mangel an lebendigem Glauben läßt viele unberührt von der Gnadengabe, die unser Erlöser so reichlich vorgesehen hat.

Gott wollte sein Volk prüfen. Seine Hand bedeckte den in der Berechnung der prophetischen Zeitabschnitte gemachten Fehler. Die Adventisten entdeckten den Irrtum nicht; er wurde auch nicht von den Gelehrtesten ihrer Gegner entdeckt. Diese sagten: „Eure Berechnung der prophetischen Zeitabschnitte** ist richtig. Irgendein großes Ereignis wird stattfinden; aber es ist nicht die Wiederkunft."

Die Zeit der Erwartung ging vorüber, und Christus erschien nicht, um sein Volk zu befreien. Alle, die mit aufrichtigem Glauben und herzlicher Liebe auf ihren Heiland gewartet hatten, zeigten sich bitter enttäuscht. Doch Gottes Absicht wurde erreicht; er prüfte die Herzen derer, die vorgaben, auf seine Erscheinung zu warten. Es waren unter ihnen viele, die aus keinem höheren Beweggrund getrieben worden waren als aus Furcht. Ihr Glaube hatte weder ihre Herzen noch ihren Lebenswandel beeinflußt. Als das erwartete Ereignis ausblieb, erklärten diese Menschen, daß sie nicht enttäuscht seien; sie hätten nie geglaubt, daß Christus kommen werde; und sie gehörten zu den ersten, die den Schmerz der wahrhaft Gläubigen verspotteten.

Aber Jesus und die himmlischen Scharen sahen mit liebevoller Teilnahme auf die geprüften und doch enttäuschten Gläubigen herab. Hätte der Schleier, der die sichtbare Welt von der unsichtbaren trennt, fortgezogen werden können, so wäre sichtbar geworden, wie Engel sich jenen standhaften Seelen genähert und sie vor den Pfeilen Satans beschützt haben.

Eine verworfene Warnung | 21

William Miller und seine Mitarbeiter hatten bei der Verkündigung der Wiederkunft Christi den alleinigen Zweck im Auge, ihre Mitmenschen zu einer Vorbereitung auf das Gericht anzuspornen. Sie hatten versucht, angebliche Gläubige zur Erkenntnis der wahren Hoffnung der Gemeinde und zur Notwendigkeit einer tieferen christlichen Erfahrung zu erwecken; auch arbeiteten sie darauf hin, die Unbekehrten von ihrer Pflicht unverzüglicher Buße und gründlicher Bekehrung zu Gott zu überzeugen. „Sie versuchten nicht, irgend jemand zu einer Sekte oder Religionsgemeinschaft zu bekehren, und arbeiteten daher unter allen Gruppen und Sekten, ohne in ihre Organisation oder Kirchenzucht einzugreifen."

Miller sagte: „In allen meinen Arbeiten habe ich nie gewünscht oder beabsichtigt, irgendeine Sonderrichtung außerhalb der bestehenden Gemeinschaften hervorzurufen oder eine auf Kosten einer andern zu begünstigen. Ich gedachte, ihnen allen zu nützen. In der Annahme, daß alle Christen sich auf das Kommen Jesu freuten, und daß die, welche nicht so sehen konnten wie ich, nichtsdestoweniger jene lieben würden, die diese Lehre annähmen, ahnte ich nicht, daß jemals abgesonderte Versammlungen nötig werden könnten. Mein einziges Ziel war, Seelen zu Gott zu bekehren, der Welt das kommende Gericht kundzutun und meine Mitmenschen zu jener Vorbereitung des Herzens zu bewegen, die sie befähigt, ihrem Gott in Frieden zu begegnen. Die große Mehrheit derer, die unter meinem Wirken bekehrt wurden, vereinigte sich mit den verschiedenen bestehenden Gemeinden."[1]

Da Millers Werk dem Aufbau der Gemeinden diente, so stand man ihm eine Zeitlang wohlwollend gegenüber. Doch als Prediger und

1 Bliß, „Memoirs of William Miller", S. 328

religiöse Leiter sich gegen die Adventlehre entschieden und alle Erörterung dieses Themas zu unterdrücken wünschten, traten sie nicht nur von der Kanzel herab dagegen auf, sondern gestatteten ihren Mitgliedern auch nicht die Freiheit, Predigten über die Wiederkunft Christi zu besuchen oder in den Erbauungsstunden der Gemeinde auch nur ihre Hoffnung auszusprechen. So befanden sich die Gläubigen in einer sehr schwierigen Lage. Sie liebten ihre Gemeinden und wollten sich ungern von ihnen trennen; doch als sie sahen, daß das Zeugnis des Wortes Gottes unterdrückt wurde und daß man ihnen das Recht versagte, in den Weissagungen zu forschen, da erkannten sie, daß die Treue gegen Gott ihnen verbot, sich zu fügen. Die das Zeugnis des Wortes Gottes verwarfen, konnten sie nicht als die Gemeinde Christi, als „Pfeiler und ... Grundfeste der Wahrheit“ [2] ansehen, und daher fühlten sie sich gerechtfertigt, sich von ihren früheren Verbindungen zu lösen. Im Sommer des Jahres 1844 zogen sich ungefähr fünfzigtausend Glieder aus den Gemeinden zurück.

Um diese Zeit wurde in den meisten Kirchen der Vereinigten Staaten eine auffällige Veränderung erkennbar. Schon seit vielen Jahren hatte eine allmählich aber beständig zunehmende Anpassung an die weltlichen Gebräuche und Gewohnheiten und eine dementsprechende Abnahme des wirklichen geistlichen Lebens bestanden. Doch in diesem Jahre zeigten sich in fast allen Gemeinschaften des Landes Spuren eines plötzlichen und entschiedenen Verfalls. Während niemand imstande zu sein schien, die Ursache dafür zu ergründen, wurde die Tatsache selbst doch von der Presse und von der Kanzel herunter weit und breit bemerkt und besprochen.

Anläßlich einer Versammlung des Presbyteriums von Philadelphia stellte Herr Barnes, Verfasser eines bekannten Bibelwerkes und Pastor an einer der hervorragendsten Kirchen jener Stadt, fest, „daß er seit zwanzig Jahren das geistliche Amt ausübe und noch nie, bis auf die letzte Abendmahlsfeier, das Abendmahl ausgeteilt habe, ohne mehr oder weniger Glieder in die Gemeinde aufzunehmen. Aber nun gäbe es *keine Erweckungen, keine Bekehrungen* mehr, nicht viel offenbares Wachstum in der Gnade unter den Bekennern, und niemand komme in sein Studierzimmer, um mit ihm über sein Seelenheil zu sprechen.

2 1. Tim. 3, 15

Mit der Zunahme des Geschäftsverkehrs und den blühenden Aussichten des Handels und der Industrie gehe eine Zunahme der weltlichen Gesinnung Hand in Hand. *So sei es mit allen religiösen Gemeinschaften.*"[3]

Im Februar desselben Jahres sagte Prof. Finney vom Oberlin-College: „Wir haben die Tatsachen vor Augen gehabt, daß im großen ganzen die protestantischen Kirchen unseres Landes als solche entweder beinahe allen sittlichen Reformen des Zeitalters abgeneigt waren oder feindlich gegenüberstanden. Es gibt teilweise Ausnahmen, doch nicht genug, um diese Tatsachen anders denn allgemein erscheinen zu lassen. Noch eine andere bestätigte Tatsache besteht: das fast gänzliche Fehlen des Erweckungsgeistes in den Gemeinden. Die geistliche Abgestumpftheit durchdringt beinahe alles und geht ungeheuer tief; das bezeugt die religiöse Presse des ganzen Landes... In sehr ausgedehntem Maße ergeben sich die Gemeindeglieder der Mode und gehen Hand in Hand mit den Gottlosen zu Ausflügen, zum Tanz und zu andern Festlichkeiten usw... Doch wir brauchen uns nicht weiter über dieses peinliche Thema auszusprechen. Es genügt, daß die Beweise sich mehren und uns schwer bedrücken, daß *die Kirchen im allgemeinen auf traurige Weise entarten.* Sie sind sehr weit von dem Herrn abgewichen, und er hat sich von ihnen zurückgezogen."

Und ein Schreiber im „Religious Telescope" bezeugt: „Wir haben nie einen so allgemeinen Verfall wahrgenommen wie gerade jetzt. Wahrlich, die Kirche sollte aufwachen und die Ursache dieses Notstandes zu ergründen suchen; denn als einen solchen muß jeder, der Zion liebt, diesen Zustand ansehen. Wenn wir die wenigen und vereinzelten Fälle wahrer Bekehrung und die nahezu beispiellose Unbußfertigkeit und Härte der Sünder erwägen, so rufen wir fast unwillkürlich aus: Hat Gott vergessen gnädig zu sein, oder ist die Tür der Barmherzigkeit geschlossen?"

Der Grund eines solchen Zustandes liegt stets in der Gemeinde selbst. Die geistliche Finsternis, die Völker, Gemeinden und einzelne befällt, beruht keineswegs auf einer willkürlichen Entziehung der helfenden göttlichen Gnade durch den Herrn, sondern auf einer Vernachlässigung oder Verwerfung des göttlichen Lichtes durch die Men-

3 Congregational Journal, 23. 5. 1844

schen. Ein treffendes Beispiel dieser Wahrheit bietet uns die Geschichte der Juden zur Zeit Christi. Dadurch daß sie sich der Welt hingaben und Gott und sein Wort vergaßen, waren ihre Sinne verfinstert und ihre Herzen irdisch und sinnlich geworden; sie lebten in Unwissenheit hinsichtlich der Ankunft des Messias und verwarfen in ihrem Stolz und Unglauben den Erlöser. Gott entzog auch dann noch nicht der jüdischen Nation die Erkenntnis oder einen Anteil an den Segnungen des Heils; aber alle, welche die Wahrheit verwarfen, verloren jegliches Verlangen nach der Gabe des Himmels. Sie hatten „aus Finsternis Licht und aus Licht Finsternis" gemacht, bis das Licht, das in ihnen war, zur Finsternis wurde; wie groß war da erst die Finsternis![4]

Es entspricht den Absichten Satans, den Schein der Religion zu wahren, wenn nur der Geist der lebendigen Gottseligkeit fehlt. Nach der Verwerfung des Evangeliums hielten die Juden sehr eifrig an den gewohnten Zeremonien fest; sie wahrten streng ihre nationale Abgeschlossenheit, während sie sich selbst eingestehen mußten, daß sich die Gegenwart Gottes nicht mehr in ihrer Mitte offenbarte. Die Weissagung Daniels verwies so unverkennbar auf die Zeit der Ankunft des Messias und sagte seinen Tod so deutlich voraus, daß sie das Studium des Buches Daniel umgingen. Schließlich sprachen die Rabbiner einen Fluch aus über alle, die eine Berechnung der Zeit versuchen sollten. Achtzehnhundert Jahre lang war das Volk Israel in Blindheit und Unbußfertigkeit gewandelt, gleichgültig gegen die gnädigen Heilsgaben, rücksichtslos gegen die Segnungen des Evangeliums, eine ernste und schreckliche Warnung vor der Gefahr, das göttliche Licht zu verwerfen.

Gleiche Ursachen haben gleiche Wirkungen. Wer absichtlich sein Pflichtgefühl unterdrückt, weil es seinen Neigungen entgegen ist, wird schließlich nicht mehr die Wahrheit vom Irrtum unterscheiden können; der Verstand wird verfinstert, das Gewissen verhärtet, das Herz verstockt und die Seele von Gott getrennt. Wo man die Botschaft der göttlichen Wahrheit geringschätzt und verachtet, dort wird Finsternis die Gemeinde überziehen; der Glaube und die Liebe erkalten und Entfremdung und Spaltungen treten ein. Gemeindeglieder richten ihre Bestrebungen und ihre Kräfte auf weltliche Unternehmungen, und Sünder werden in ihrer Unbußfertigkeit verhärtet.

4 Jes. 5, 20; Matth. 6, 23

Die erste Engelsbotschaft in Offenbarung 14, welche die Zeit des Gerichtes Gottes anzeigt und jeden auffordert, ihn anzubeten, war dazu bestimmt, das wahre Volk Gottes von den verderblichen Einflüssen der Welt zu trennen und es zu erwecken, um seinen wahren Zustand der Weltlichkeit und der Abtrünnigkeit zu erkennen. In dieser Botschaft hatte Gott der Kirche eine Warnung gesandt, die, falls sie angenommen worden wäre, den Übelständen abgeholfen hätte, welche die Menschen von ihm trennten. Hätten sie die Botschaft vom Himmel angenommen, ihre Herzen vor dem Herrn gedemütigt und aufrichtig die Vorbereitung gesucht, um in seiner Gegenwart bestehen zu können, so wäre der Geist und die Macht Gottes unter ihnen offenbart worden. Die Gemeinde würde abermals den glücklichen Zustand der Einheit, des Glaubens und der Liebe erreicht haben, der in den Tagen der Apostel bestand, als alle Gläubigen „ein Herz und eine Seele" waren und „das Wort Gottes mit Freudigkeit" redeten, als der Herr hinzutat „täglich, die da selig wurden, zu der Gemeinde".[5]

Nähmen die bekennenden Christen das Licht an, wie es aus dem Worte Gottes auf sie scheint, so erreichten sie jene Einigkeit, um die der Heiland für sie bat und die der Apostel beschreibt als „die Einigkeit im Geist durch das Band des Friedens". Das ist, sagt er, „*ein* Leib und *ein* Geist, wie ihr auch berufen seid auf *einerlei* Hoffnung eurer Berufung; *ein* Herr, *ein* Glaube, *eine* Taufe".[6]

Derart segensreich waren die Folgen für die, welche die Adventbotschaft annahmen. Jene Gläubigen kamen aus verschiedenen religiösen Gemeinschaften; aber die trennenden Schranken wurden niedergerissen. Einander widersprechende Glaubensbekenntnisse wurden vernichtet, die schriftwidrige Hoffnung eines tausendjährigen Friedensreiches auf Erden aufgegeben, falsche Ansichten über die Wiederkunft Christi berichtigt, Stolz und Gleichstellung mit der Welt beseitigt, Unrecht wiedergutgemacht, Herzen in inniger Gemeinschaft vereint, und Liebe und Freude herrschten. Vollbrachte die Lehre dies für die wenigen, die sie annahmen, so würde sie das gleiche für alle vollbracht haben, falls alle sie angenommen hätten.

Aber die Kirchen als Ganzes nahmen die Warnung nicht an. Ihre Prediger, die als Wächter als erste dazu bestimmt gewesen wären, die

5 Apg. 4, 31. 32; 2, 47 6 Eph. 4, 3–5

Anzeichen der Wiederkunft Christi zu erkennen, hatten die Wahrheit weder aus den Zeugnissen der Propheten noch an den Zeichen der Zeit erkannt. Da weltliche Hoffnungen und Ehrgeiz ihr Herz erfüllten, war die Liebe zu Gott und der Glaube an sein Wort erkaltet, und als die Adventlehre gepredigt wurde, erweckte sie bei ihnen nur Vorurteil und Unglauben. Die Tatsache, daß die Botschaft größtenteils von Laien verkündigt wurde, führte man als einen Beweis gegen sie an. Wie vor alters wurde dem deutlichen Zeugnis des Wortes Gottes die Frage entgegengehalten: „Glaubt auch irgend ein Oberster oder Pharisäer an ihn?“ [7] Und da sie fanden, daß es eine schwierige Aufgabe war, die aus den prophetischen Zeitangaben gezogenen Beweise zu widerlegen, rieten viele vom Studium der Weissagungen ab und lehrten, die prophetischen Bücher seien versiegelt und sollten nicht verstanden werden. Viele weigerten sich in blindem Vertrauen auf ihre Seelsorger, der Warnung Gehör zu schenken; andere wagten es nicht, sie zu bekennen, auf „daß sie nicht in den Bann getan würden“, [8] obgleich sie von der Wahrheit überzeugt waren. Die von Gott zur Prüfung und Läuterung der Kirche gesandte Botschaft offenbarte deutlich, wie groß die Zahl derer war, die ihr Herz dieser Welt statt Christus zugewandt hatte. Die Bande, die sie mit der Erde verknüpften, waren stärker als die, welche sie himmelwärts zogen. Sie gehorchten der Stimme weltlicher Weisheit und wandten sich von der herzergründenden Botschaft der Wahrheit ab.

Indem sie die Warnung des ersten Engels zurückwiesen, verwarfen sie das Mittel, das der Himmel für ihre geistliche Erneuerung vorgesehen hatte. Sie verachteten den gnadenreichen Boten, der den Übelständen, die sie von Gott trennten, hätte abhelfen können, und kehrten sich mit größerer Zuneigung der Freundschaft der Welt zu. Hier lag die Ursache jenes bedenklichen Zustandes der Verweltlichung, der Abtrünnigkeit und des geistlichen Todes, wie er in den Kirchen im Jahre 1844 vorherrschte.

In Offenbarung 14 folgt dem ersten Engel ein zweiter mit dem Ruf: „Sie ist gefallen, sie ist gefallen, Babylon, die große Stadt; denn sie hat mit dem Wein ihrer Hurerei getränkt alle Heiden.“ [9] Babylon bedeutet Verwirrung. Dieser Name wird in der Heiligen Schrift angewandt,

7 Joh.7, 48 8 Joh. 12, 42 9 Offb. 14, 8

um die verschiedenen Formen einer falschen oder abgefallenen Religion zu bezeichnen. In Offenbarung 17 wird Babylon als Weib dargestellt. Dies ist ein Bild, dessen sich die Bibel als Symbol einer Gemeinde bedient, und zwar versinnbildet ein tugendhaftes Weib eine reine Gemeinde und ein gefallenes Weib eine abtrünnige Kirche.

In der Bibel wird der heilige und bleibende Charakter des zwischen Christus und seiner Gemeinde bestehenden Verhältnisses durch den Ehebund dargestellt. Der Herr hat seine Gemeinde durch einen feierlichen Bund mit sich vereint, seinerseits durch die Verheißung, ihr Gott zu sein, und ihrerseits durch die Verpflichtung, ihm allein angehören zu wollen. Er sagt: „Ich will mich mit dir verloben in Ewigkeit; ich will mich mit dir vertrauen in Gerechtigkeit und Gericht, in Gnade und Barmherzigkeit." Und abermals: „Ich will euch mir vertrauen."[10] Paulus bedient sich derselben Redewendung im Neuen Testament, wenn er sagt: „Ich habe euch vertraut einem Manne, daß ich eine reine Jungfrau Christo zubrächte."[11]

Die Untreue der Gemeinde gegen Christus dadurch, daß sie ihr Vertrauen und ihre Liebe vom Herrn abwandte und Weltliebe von ihrer Seele Besitz nehmen ließ, wird mit dem Bruch des Ehegelübdes verglichen. Israels Sünde, die Trennung von dem Herrn, wird unter diesem Bild dargestellt, und Gottes wunderbare Liebe, die es auf diese Weise verachtete, wird eindrucksvoll geschildert: „Ich gelobte dir's und begab mich mit dir in einen Bund, spricht der Herr Herr, daß du solltest mein sein ... und warst überaus schön und bekamst das Königreich. Und dein Ruhm erscholl unter die Heiden deiner Schöne halben, welche ganz vollkommen war durch den Schmuck, so ich an dich gehängt hatte... Aber du verließest dich auf deine Schöne; und weil du so gerühmt warst, triebst du Hurerei." „Das Haus Israel achtete mich nicht, gleichwie ein Weib ihren Buhlen nicht mehr achtet, spricht der Herr." Wie die „Ehebrecherin, die anstatt ihres Mannes andere zuläßt"![12]

Im Neuen Testament werden ganz ähnliche Worte an bekennende Christen gerichtet, welche die Freundschaft der Welt vor der Gunst Gottes suchen. Der Apostel Jakobus sagt: „Ihr Ehebrecher und Ehebrecherinnen, wisset ihr nicht, daß der Welt Freundschaft Gottes

10 Hos. 2, 21; Jer. 3, 14 11 2. Kor. 11, 2 12 Hes. 16, 8. 13–15; Jer. 3, 20; Hes. 16, 32

Feindschaft ist? Wer der Welt Freund sein will, der wird Gottes Feind sein." [13]

Babylon, das Weib aus Offenbarung 17, wird uns geschildert als „bekleidet mit Purpur und Scharlach und übergoldet mit Gold und edlen Steinen und Perlen und hatte einen goldenen Becher in der Hand, voll Greuel und Unsauberkeit ihrer Hurerei, und an ihrer Stirn geschrieben einen Namen, ein Geheimnis: Die große Babylon, die Mutter der Hurerei". Der Prophet sagt weiter: „Und ich sah das Weib trunken von dem Blut der Heiligen und von dem Blut der Zeugen Jesu." [14] Von Babylon wird ferner gesagt, sie sei „die große Stadt, die das Reich hat über die Könige auf Erden". [15] Die Macht, die so viele Jahrhunderte hindurch unumschränkt über die Fürsten der Christenheit geherrscht hat, ist Rom. Purpur und Scharlach, Gold, Edelstein und Perlen schildern lebhaft die Pracht und das mehr als königliche Gepränge, das der anmaßende römische Stuhl zur Schau trägt. Von keiner andern Macht konnte man so sehr mit Recht sagen, daß sie trunken war von dem Blut der Heiligen, wie von jener Kirche, welche die Nachfolger Christi auf so grausame Weise verfolgt hat. Babylon war ebenfalls der Sünde der gesetzwidrigen Verbindung mit „den Königen auf Erden" angeklagt.

Babylon wird „die *Mutter* der Hurerei" genannt. Unter den *Töchtern* müssen Kirchen zu verstehen sein, die ihre Lehren und Überlieferungen festhalten und ihrem Beispiel folgen, indem sie die Wahrheit und das Wohlwollen Gottes darangeben, um eine gesetzwidrige Verbindung mit der Welt einzugehen. Die Botschaft aus Offenbarung 14, die den Fall Babylons verkündigt, muß auf religiöse Gemeinschaften Anwendung finden, die einst rein waren, aber verderbt geworden sind. Da diese Botschaft der Gerichtsankündigung folgt, so muß sie in den letzten Tagen verkündigt werden und kann sich deshalb nicht allein auf die römische Kirche beziehen, denn diese befand sich schon seit vielen Jahrhunderten in einem gefallenen Zustand. Weiterhin wird im 18. Kapitel der Offenbarung das Volk Gottes aufgefordert, aus Babylon herauszugehen; demzufolge müssen noch viele vom Volk Gottes in Babylon sein. In welchen religiösen Gemeinschaften ist aber jetzt der größere Teil der Nachfolger Christi zu

13 Jak. 4, 4 14 Offb. 17, 4–6 15 Offb. 17, 18

finden? Zweifellos in den verschiedenen Gemeinschaften, die sich zum protestantischen Glauben bekennen. Zur Zeit ihres Aufkommens nahmen diese Gemeinschaften eine ehrliche Stellung zu Gott und seiner Wahrheit ein, und Gottes Segen war mit ihnen. Selbst die ungläubige Welt mußte die wohltätigen Ergebnisse, die der Annahme der Evangeliumsgrundsätze folgten, anerkennen, wie der Prophet zu Israel sagte: „Dein Ruhm erscholl unter die Heiden deiner Schöne halben, welche ganz vollkommen war durch den Schmuck, so ich an dich gehängt hatte, spricht der Herr Herr." [16] Aber die Gemeinschaften fielen durch die gleichen Gelüste, die Israel zum Fluch und zum Verderben gereichten: — durch das Verlangen, die Sitten der Gottlosen nachzuahmen und ihre Freundschaft zu erwerben. „Du verließest dich auf deine Schöne; und weil du so gerühmt warst, triebst du Hurerei, also daß du dich einem jeglichen, wer vorüberging, gemein machtest und tatest seinen Willen." [17]

Viele der protestantischen Kirchen folgen Roms Beispiel der schriftwidrigen Verbindung mit „den Königen auf Erden" — die Staatskirchen durch ihre Beziehung zu den weltlichen Regierungen, und andere Gemeinschaften, indem sie die Gunst der Welt suchen. Der Ausdruck Babylon (Verwirrung) mag mit Recht auf diese Gemeinschaften angewandt werden, da alle bekennen, ihre Lehren der Heiligen Schrift zu entnehmen, und doch in fast unzählige Sekten und Gruppen zersplittert sind mit weit voneinander abweichenden Glaubensbekenntnissen und Lehren.

Außer einer sündhaften Verbindung mit der Welt weisen die Gemeinden, die sich von Rom getrennt haben, noch andere seiner Merkmale auf.

Ein römisch-katholisches Werk behauptet: „Falls die römische Kirche sich in der Verehrung der Heiligen je der Abgötterei schuldig machte, so steht ihre Tochter, die anglikanische Kirche, ihr nicht nach; denn sie hat zehn Kirchen, die der Jungfrau Maria gewidmet sind, gegen eine, die Christus geweiht ist." [18]

Dr. Hopkins machte in einer Abhandlung über das Tausendjährige Reich folgende Aussage: „Wir haben keinen Grund, den antichrist-

16 Hes. 16, 14
17 Hes. 16, 15
18 Challoner, „The Catholic Christian Instructed", S. 21. 22, Vorwort

lichen Geist und seine Gebräuche auf die sogenannte römische Kirche zu beschränken. Die protestantischen Kirchen tragen viel von dem Antichristen in sich und sind weit davon entfernt, frei von der Verderbtheit und Gottlosigkeit zu sein." [19]

Über die Trennung der presbyterianischen Kirche von Rom schrieb Dr. Guthrie: „Vor dreihundert Jahren verließ unsere Kirche mit einer offenen Bibel auf ihrer Fahne und dem Wahlspruch ‚Erforschet die Schrift!' auf ihrer Urkunde die Tore Roms." Dann stellt er die bedeutungsvolle Frage: „Verließ sie *rein* die Tore Babylons?" [20]

Spurgeon äußerte sich folgendermaßen: „Die anglikanische Kirche scheint ganz und gar durchsäuert zu sein von der Lehre, daß das Heil in den Sakramenten liege; aber diejenigen, welche von dieser Kirche getrennt sind, sind gleichermaßen von philosophischem Unglauben durchdrungen. Auch die, von denen wir bessere Dinge erwartet hätten, wenden sich, einer nach dem andern, von den Grundpfeilern des Glaubens ab. Das innerste Herz Englands ist, glaube ich, ganz durchlöchert von einem verderblichen Unglauben, der es noch wagt, auf die Kanzel zu steigen und sich christlich zu nennen."

Worin lag der Ursprung des großen Abfalls? Wie ist die Kirche zuerst von der Einfachheit des Evangeliums abgewichen? – Indem sie sich den Gebräuchen des Heidentums anpaßte, um den Heiden die Annahme des Christentums zu erleichtern. Der Apostel Paulus erklärte schon in seinen Tagen: „Es regt sich bereits das Geheimnis der Bosheit." [21] Solange die Apostel lebten, erhielt sich die Gemeinde verhältnismäßig rein. Doch „gegen Ende des 2. Jahrhunderts wandelten sich die meisten Gemeinden; als die alten Jünger gestorben waren, schwand unter ihren Kindern und den Neubekehrten die frühere Einfachheit ... und nahm kaum merkbar neue Formen an". [22] Um Anhänger zu gewinnen, nahm man es mit dem ehrwürdigen Richtmaß des christlichen Glaubens weniger genau; infolgedessen brachte „eine heidnische Flut, die in die Kirche hineinströmte, ihre Gewohnheiten, Gebräuche und Götzen mit". [23] Da sich die christliche Religion die Gunst und Unterstützung der weltlichen Herrscher sicherte, wurde sie dem Namen nach von Scharen von Menschen angenommen; viele

19 Hopkins, „Works", Bd. II, S. 328
20 Guthrie, „The Gospel in Ezekiel", S. 237
21 2. Thess. 2, 7
22 Robinson, „Ecclesiastical Researches", Kap. 6, 17. Abschnitt
23 Gavazzi, „Lectures", S. 278

waren nur dem Schein nach Christen, blieben aber in Wirklichkeit Heiden und beteten im geheimen ihre Götzen weiter an.

Wiederholt sich derselbe Vorgang nicht in beinahe jeder Kirche, die sich protestantisch nennt? Mit dem Dahinscheiden ihrer Gründer, die von dem wahren Geist der Erneuerung beseelt waren, treten ihre Nachfahren in den Vordergrund und gestalten die Sache neu. Während die Kinder der Reformer blind vertrauend zu den Glaubenssätzen ihrer Väter halten und sich weigern, eine Wahrheit anzunehmen, die über den Gesichtskreis jener hinausgeht, weichen sie von deren Beispiel der Demut, Selbstverleugnung und Weltentsagung weit ab. So „verschwindet die erste Einfalt". Eine Welle der Weltlichkeit mit ihren Gewohnheiten, Gebräuchen und Götzen überschwemmt die Kirche.

Ach, wie sehr wird jene Freundschaft der Welt, die „Gottes Feindschaft" [24] ist, jetzt unter den erklärten Nachfolgern Christi gehegt! Wie weit sind die allgemeinen Kirchen im ganzen Christentum von dem biblischen Maßstab der Demut, der Selbstverleugnung, der Einfachheit und der Gottseligkeit abgewichen! John Wesley sagte einmal, als er von dem richtigen Gebrauch des Geldes redete: „Verschwendet keinen Teil einer so köstlichen Gabe in bloßer Befriedigung der Augenlust durch überflüssige oder kostspielige Kleidung oder unnötigen Putz. Verschwendet keinen Teil mit der künstlichen Ausschmückung eurer Häuser, in überflüssigen oder teuren Einrichtungen, in kostbaren Bildern, Gemälden, Vergoldungen... Gebt nichts aus, um hoffärtigem Leben zu frönen, um die Bewunderung oder das Lob der Menschen zu gewinnen... Solange es dir wohlgeht, wird man Gutes von dir reden. Solange du dich kleidest mit Purpur und köstlicher Leinwand und alle Tage herrlich und in Freuden lebst, werden ohne Zweifel viele deinen erlesenen Geschmack, deine Freigebigkeit und Gastfreundschaft loben. Erkaufe aber ihren Beifall nicht so teuer; begnüge dich lieber mit der Ehre, die von Gott kommt." [25] In vielen Kirchen jedoch werden heutzutage solche Lehren verachtet.

In dieser Welt ist es üblich, irgendeinem Religionsbekenntnis anzugehören. Herrscher, Politiker, Juristen, Doktoren, Kaufleute treten der Kirche bei, um sich die Achtung und das Vertrauen der Gesellschaft

24 Jak. 4, 4 25 Wesley's Works, „Sermon 50"

zu erwerben und ihre eigenen weltlichen Angelegenheiten zu fördern. Auf diese Weise suchen sie ihre ungerechten Handlungen unter einem christlichen Bekenntnis zu verbergen. Die verschiedenen religiösen Gemeinschaften bieten, verstärkt durch den Reichtum und den Einfluß dieser getauften Weltmenschen, noch mehr auf, um Volkstümlichkeit und Gönnerschaft zu gewinnen. Prächtige Kirchen, die auf die verschwenderischste Weise ausgeschmückt sind, werden in belebten Straßen errichtet. Die Kirchgänger sind kostbar und nach der neuesten Mode gekleidet. Man zahlt einem begabten Prediger ein hohes Gehalt, damit er das Volk unterhalte und fessele. Seine Predigten dürfen die allgemein verbreiteten Sünden nicht rügen, sondern müssen dem zeitbejahenden Ohr weich und gefällig klingen. Auf diese Weise werden der Zeitmode huldigende Sünder in die Kirchenbücher eingetragen und sogenannte Modesünden unter dem Deckmantel der Gottseligkeit verborgen.

Eine führende weltliche Zeitung, die sich über die gegenwärtige Haltung der bekenntlichen amerikanischen Christen der Welt gegenüber ausspricht, schrieb: „Allmählich hat sich die Kirche dem Zeitgeist ergeben und ihre gottesdienstlichen Formen den modernen Bedürfnissen angepaßt. . . In der Tat verwendet die Kirche alles als ihr Werkzeug, was hilft, die Religion anziehend zu machen." Ein Schreiber im Neuyorker „Independent" sprach folgendermaßen vom Methodismus, wie er ist: „Die Trennungslinie zwischen den Gottesfürchtigen und den Gottlosen verblaßt zu einem Halbschatten, und auf beiden Seiten sind eifrige Männer bemüht, alle Unterschiede zwischen ihrer Handlungsweise und ihren Vergnügungen zu verwischen. . . Die Volkstümlichkeit der Religion trägt ungeheuer viel dazu bei, die Zahl derer zu vermehren, die sich ihre Segnungen verschaffen möchten, ohne redlich ihren Pflichten nachzukommen."

Howard Crosby sagte: „Es ist eine sehr ernste Sache, daß Christi Kirche so wenig den Absichten des Herrn nachkommt. Wie die Juden vor alters durch ein freundschaftliches Verhältnis mit Götzendienern ihre Herzen von Gott abwandten, . . . so verläßt die heutige Kirche Christi durch ihre falsche Partnerschaft mit der ungläubigen Welt die göttlichen Richtlinien ihres wahren Lebens und gibt sich den verderblichen, wenngleich oft scheinbar richtigen Gewohnheiten einer unchristlichen Gesellschaft hin und benutzt Beweisführungen und kommt zu Schlüssen, die den Offenbarungen Gottes fremd und dem Wachstum in der Gnade zuwider sind." [26]

In dieser Flut von Weltlichkeit und Vergnügungssucht gehen Selbstverleugnung und Selbstaufopferung um Christi willen beinahe gänzlich verloren. „Manche Männer und Frauen, die sich jetzt in unsern Kirchen rege betätigen, wurden als Kinder dazu angehalten, Opfer zu bringen, damit sie imstande wären, für Christus etwas zu geben oder zu tun." Doch „falls es nun an Mitteln fehlt, ... darf niemand aufgefordert werden, etwas zu geben. O nein, haltet einen Basar ab, veranstaltet eine Schau lebender Bilder, ein Scheinverhör, ein altertümliches Abendessen oder eine Mahlzeit — irgend etwas, um das Volk zu belustigen."

Gouverneur Washburn von Wisconsin erklärte in seiner Jahresbotschaft vom 9. Januar 1873: „Es scheinen Gesetze notwendig zu werden, um Schulen schließen zu können, die geradezu Spieler heranzüchten. Man findet solche überall. Selbst die Kirche (ohne Zweifel unwissentlich) läßt sich oft darüber ertappen, daß sie des Teufels Werk ausführt. Wohltätigkeitskonzerte, Prämienunternehmungen, Verlosungen, oft um religiösen und Wohltätigkeitszwecken, häufig aber auch um weit geringeren Absichten zu dienen, werden veranstaltet; Lotterien, Preispakete usw. erfüllen den Zweck, Geld zu erlangen, ohne den entsprechenden Wert dafür zu geben. Nichts ist so entsittlichend, so berauschend, besonders für die Jugend, als der Gewinn von Geld oder Gut, ohne dafür zu arbeiten. Wenn sich achtbare Personen mit derartigen Glücksunternehmen befassen und ihr Gewissen damit beruhigen, daß das Geld für einen guten Zweck angewandt werde, dann kann man sich nicht wundern, wenn die Jugend so oft in solche Gewohnheiten verfällt, die durch die Erregung der Glücksspiele leicht hervorgerufen werden."

Der Geist, sich der Welt anzupassen, durchdringt alle Kirchen des ganzen Christentums. Robert Atkins malte in einer in London gehaltenen Predigt ein dunkles Bild von dem geistlichen Verfall, der in England herrschte. Er sagte: „Die wahrhaft Gerechten auf Erden werden weniger, und niemand nimmt es zu Herzen. Die heutigen Be-

26 Crosby, „The Healthy Christian: An Appeal to the Church", S. 141. 142

kenner der Religion in jeder Kirche lieben die Welt, passen sich ihr an, trachten nach persönlicher Bequemlichkeit und streben nach Ansehen. Sie sind berufen, mit Christus zu leiden, aber sie schrecken schon vor einem Schmähwort zurück... *Abfall, Abfall, Abfall!* steht vorn an jeder Kirche geschrieben, und wüßten sie es nur und könnten sie es fühlen, so wäre noch Hoffnung da; doch ach! sie rufen: Wir sind reich und haben gar satt und bedürfen nichts."[27]

Die große, Babylon zur Last gelegte Sünde ist, daß es mit dem Wein ihrer Hurerei alle Heiden getränkt hat. Dieser betäubende Becher, den es der Welt anbietet, stellt die falschen Lehren dar, die es als Folge seiner ungesetzlichen Verbindung mit den Großen der Erde angenommen hat. Freundschaft mit der Welt verdirbt den Glauben und übt einen verderblichen Einfluß auf die Welt aus, indem sie Lehren verbreitet, die den deutlichsten Aussagen der Heiligen Schrift zuwiderlaufen.

Rom enthielt dem Volk die Bibel vor und verlangte von allen, daß man statt ihrer seine Lehren annehmen solle. Es war die Aufgabe der Reformation, der Menschheit das Wort Gottes wiederzugeben; und doch ist es wahr, daß die Menschen in den Kirchen unserer Zeit gelehrt werden, ihren Glauben mehr auf die Glaubensbekenntnisse und die Satzungen ihrer Kirche zu gründen als auf die Heilige Schrift. Charles Beecher sagte von den protestantischen Kirchen: „Sie schrecken vor irgendeinem rauhen Wort gegen die Glaubensbekenntnisse mit der gleichen Empfindlichkeit zurück, mit der jene heiligen Väter sich über irgendein hartes Wort, das der aufkommenden Verehrung der Heiligen und Märtyrer gegolten hätte, entsetzt haben würden... Die protestantisch evangelischen Gemeinschaften haben sich gegenseitig und sich selbst derartig die Hände gebunden, daß unter ihnen allen niemand Prediger werden kann, ohne das eine oder andere Buch außer der Bibel anzunehmen... Es ist keine Einbildung, wenn man sagt, daß die Macht der Glaubensbekenntnisse anfängt, die Bibel ebenso wirklich zu verbieten, wie Rom dies getan hat, wenn auch auf eine listigere Weise."[28]

Wenn treue Lehrer das Wort Gottes auslegen, dann erheben sich gelehrte Männer, Prediger, die behaupten, die Schrift zu verstehen,

27 Atkins, „Second Advent Library", Traktat Nr. 39
28 Beecher, „The Bible a Sufficient Creed", Predigt – gehalten 1846

rügen gesunde Lehren als Ketzerei und machen auf diese Weise die nach Wahrheit Suchenden abspenstig. Wäre die Welt nicht hoffnungslos trunken von dem Wein Babylons, so würden durch die klaren, durchdringenden Wahrheiten des Wortes Gottes sehr viele überzeugt und bekehrt werden. Aber der christliche Glaube erscheint so verwirrt und voller Widersprüche, daß das Volk nicht weiß, was als Wahrheit zu glauben ist. Die Schuld an der Unbußfertigkeit der Welt lastet auf der Kirche.

Die zweite Engelsbotschaft aus Offenbarung 14 wurde zum erstenmal im Sommer 1844 gepredigt und fand damals unmittelbare Anwendung auf die Kirchen in den Vereinigten Staaten, wo die Gerichtswarnung am ausgedehntesten verkündigt und zugleich auch verworfen worden war, und wo der Verfall in den Kirchen am schnellsten um sich gegriffen hatte. Aber die Botschaft des zweiten Engels fand im Jahre 1844 nicht ihre vollständige Erfüllung. Damals erlitten die Kirchen durch ihre Weigerung, das Licht der Adventbotschaft anzunehmen, einen sittlichen Fall, der aber noch nicht vollständig war. Da sie weiterhin die besonderen Wahrheiten für diese Zeit verwarfen, sind sie immer tiefer gefallen; jedoch läßt sich noch nicht sagen: Babylon ist gefallen; „denn sie hat mit dem Wein ihrer Hurerei getränkt *alle* Heiden". Sie hat noch nicht alle Heiden oder Völker dahin gebracht, dies zu tun. Der Geist der Verweltlichung und der Gleichgültigkeit gegen die prüfenden Wahrheiten für unsere Zeit besteht und hat in den Kirchen des protestantischen Glaubens in allen Ländern der Christenheit Boden gewonnen; diese Kirchen schließt die feierliche und schreckliche Beschuldigung des zweiten Engels mit ein. Doch der Abfall hat seinen Höhepunkt noch nicht erreicht.

Die Heilige Schrift sagt uns, daß vor der Wiederkunft des Herrn Satan wirken wird „mit allerlei lügenhaftigen Kräften und Zeichen und Wundern und mit allerlei Verführung zur Ungerechtigkeit", und die, welche „die Liebe zur Wahrheit nicht haben angenommen, auf daß sie selig würden", werden kräftige Irrtümer empfangen, „daß sie glauben der Lüge".[29] Nicht eher als bis dieser Zustand eingetreten und die Vereinigung der Kirche mit der Welt über die ganze Christenheit hergestellt ist, wird der Fall Babylons vollständig sein. Die Verände-

29 2. Thess. 2, 9–11

rung schreitet voran, aber die vollkommene Erfüllung von Offenbarung 14, 8 ist noch zukünftig.

Trotz der geistlichen Finsternis und der Trennung von Gott, die in den Kirchen, die Babylon bilden, bestehen, findet sich die Mehrzahl der wahren Nachfolger Christi noch immer in ihrer Gemeinschaft. Es gibt viele unter ihnen, die noch nie die besonderen Wahrheiten für diese Zeit gehört haben. Nicht wenige sind unzufrieden mit ihrem gegenwärtigen Zustand und sehnen sich nach hellerem Licht. Sie schauen sich in den Kirchen, mit denen sie in Verbindung stehen, vergebens nach dem Ebenbild Christi um. Indem diese Gemeinden immer mehr von der Wahrheit abweichen und sich immer enger mit der Welt verbinden, wird der Unterschied zwischen diesen beiden Gruppen immer größer und schließlich zu einer Trennung führen. Die Zeit wird kommen, da die, welche Gott über alles lieben, nicht länger mit denen in Verbindung bleiben können, die „mehr lieben Wollust denn Gott, die da haben den Schein eines gottseligen Wesens, aber seine Kraft verleugnen“.[30]

Offenbarung 18 verweist auf die Zeit, da die Kirche infolge der Verwerfung der dreifachen Warnungsbotschaft aus Offenbarung 14, 6–12 völlig den Zustand erreicht haben wird, der durch den zweiten Engel vorhergesagt ist, und das Volk Gottes, das sich noch immer in Babylon befindet, aufgefordert werden wird, sich von ihrer Gemeinschaft zu trennen. Diese Botschaft ist die letzte, die die Welt erhalten wird, und sie wird ihre Aufgabe erfüllen. Wenn die Seelen, die der Wahrheit nicht glaubten, sondern Lust hatten an der Ungerechtigkeit,[31] kräftigen Irrtümern preisgegeben werden, daß sie der Lüge glauben, dann wird das Licht der Wahrheit allen strahlen, deren Herzen offenstehen, es zu empfangen, und alle Kinder Gottes, die in Babylon ausharren, werden dem Ruf folgen: „Gehet aus von ihr, mein Volk!“[32]

30 2. Tim. 3, 4. 5 31 2. Thess. 2, 12 32 Offb. 18, 4

Erfüllte Weissagungen | 22

Als im Frühling des Jahres 1844 die Zeit vorüberging, zu der die Ankunft Christi erwartet wurde, gerieten die, welche im Glauben auf seine Erscheinung gewartet hatten, eine Zeitlang in Zweifel und Verlegenheit. Während die Welt sie als gänzlich geschlagen ansah und ihnen beweisen wollte, daß sie einem Irrtum erlegen wären, war das Wort Gottes immer noch die Quelle ihres Trostes. Viele suchten erneut in der Schrift, prüften abermals die Grundlage ihres Glaubens und erforschten sorgfältig die Weissagungen, um weiteres Licht zu erlangen. Das biblische Zeugnis schien ihre Stellung klar und entscheidend zu bestätigen. Zeichen, die nicht mißverstanden werden konnten, wiesen darauf hin, daß das Kommen Christi nahe bevorstand. Der besondere Segen des Herrn durch die Bekehrung von Sündern und die Erweckung des geistlichen Lebens unter Christen hatte Zeugnis abgelegt, daß die Botschaft vom Himmel war; und obgleich diese Gläubigen ihre Enttäuschung nicht erklären konnten, fühlten sie doch die Versicherung, daß Gott sie in ihrer früheren Erfahrung geführt hatte.

Unter den Weissagungen, die sie als Hinweis auf die Zeit der Wiederkunft Christi ansahen, fanden sich Belehrungen, welche auf ihren ungewissen und erwartungsvollen Zustand besonders paßten und sie ermutigten, geduldig in dem Glauben auszuharren, daß das, was ihrem Verstand jetzt dunkel schien, zur rechten Zeit erhellt würde.

Zu diesen Weissagungen gehörte jene aus Habakuk 2, 1—4: „Hier stehe ich auf meiner Hut und trete auf meine Feste und schaue und sehe zu, was mir gesagt werde und was meine Antwort sein solle auf mein Rechten. Der Herr aber antwortete mir und spricht: Schreib das Gesicht und male es auf eine Tafel, daß es lesen könne, wer vorüberläuft! Die Weissagung wird ja noch erfüllt werden zu seiner Zeit und wird endlich frei an den Tag kommen und nicht ausbleiben. Ob sie aber verzieht, so harre ihrer: sie wird gewiß kommen und nicht verziehen. Siehe, wer halsstarrig ist, der wird keine Ruhe in seinem Herzen haben; der Gerechte aber wird seines Glaubens leben."

Schon im Jahre 1842 hatte die im prophetischen Wort gegebene Anweisung: „Schreib das Gesicht und male es auf eine Tafel, daß es lesen könne, wer vorüberläuft", Charles Fitch auf den Gedanken gebracht, eine prophetische Karte zu entwerfen, um die Gesichte Daniels und der Offenbarung bildlich darzustellen. Die Veröffentlichung dieser Karte wurde als eine Erfüllung des durch Habakuk gegebenen Auftrages angesehen. Niemand jedoch beachtete zu der Zeit, daß in der betreffenden Weissagung ein offenbarer Verzug der Erfüllung des Gesichtes, eine Zeit des Harrens, angedeutet wird. Nach der Enttäuschung aber erschien folgender Teil des Schriftwortes höchst bedeutungsvoll: „Die Weissagung wird ja noch erfüllt werden zu seiner Zeit und wird endlich frei an den Tag kommen und nicht ausbleiben. Ob sie aber verzieht, so harre ihrer: sie wird gewiß kommen und nicht verziehen...; der Gerechte aber wird seines *Glaubens* leben."

Eine der Weissagungen Hesekiels war ebenfalls eine Quelle der Kraft und des Trostes für die Gläubigen: „Und des Herrn Wort geschah zu mir und sprach: Du Menschenkind, was habt ihr für ein Sprichwort im Lande Israel und sprecht: Weil sich's so lange verzieht, so wird nun hinfort nichts aus der Weissagung? Darum sprich zu ihnen: So spricht der Herr Herr: ... Die Zeit ist nahe und alles, was geweissagt ist... Denn ich bin der Herr; was ich rede, das soll geschehen und nicht länger verzogen werden; ... das Haus Israel spricht: Das Gesicht, das dieser sieht, da ist noch lange hin; und er weissagt auf die Zeit, so noch ferne ist. Darum sprich zu ihnen: So spricht der Herr Herr: Was ich rede, soll nicht länger verzogen werden, sondern soll geschehen, spricht der Herr Herr." [1]

Die Harrenden freuten sich dieser Worte und glaubten, daß der, der das Ende von Anbeginn weiß, die Jahrhunderte überschaut und ihnen, weil er ihre Enttäuschung voraussah, Worte der Ermutigung und der Hoffnung geschenkt hatte. Hätten nicht solche Schriftstellen sie

1 Hes. 12, 21–25. 27. 28

ermahnt, geduldig auszuharren und an ihrem Vertrauen auf Gottes Wort festzuhalten, so wäre ihr Glaube in jener schweren Prüfungszeit erloschen.

Das Gleichnis von den zehn Jungfrauen in Matthäus 25 veranschaulicht ebenfalls die Erfahrungen des Adventvolkes. In Matthäus 24 hatte der Herr, als ihn seine Jünger hinsichtlich der Zeichen seines Kommens und des Endes der Welt befragten, etliche der wichtigsten Ereignisse in der Geschichte der Welt und der Kirche von seinem ersten Kommen an bis zu seiner Wiederkunft bezeichnet: die Zerstörung Jerusalems, die große Trübsal der Kirche unter den heidnischen und päpstlichen Verfolgungen, die Verfinsterung der Sonne und des Mondes und den Sternenfall. Darauf sprach er von seinem Kommen in seinem Reich und erzählte das Gleichnis von den beiden Knechten, die in verschiedener Weise an sein Erscheinen glaubten. Kapitel 25 hebt an mit den Worten: „*Dann* wird das Himmelreich gleich sein zehn Jungfrauen." Hier wird die Gemeinde der letzten Zeit, dieselbe, die am Schluß von Kapitel 24 gezeigt wird, dargestellt. In diesem Gleichnis wird ihre Erfahrung durch die Ereignisse bei einer morgenländischen Hochzeit veranschaulicht.

„Dann wird das Himmelreich gleich sein zehn Jungfrauen, die ihre Lampen nahmen und gingen aus, dem Bräutigam entgegen. Aber fünf unter ihnen waren töricht, und fünf waren klug. Die törichten nahmen ihre Lampen; aber sie nahmen nicht Öl mit sich. Die klugen aber nahmen Öl in ihren Gefäßen samt ihren Lampen. Da nun der Bräutigam verzog, wurden sie alle schläfrig und schliefen ein. Zur Mitternacht aber ward ein Geschrei: Siehe, der Bräutigam kommt; gehet aus, ihm entgegen!"

Das Kommen Christi, wie die erste Engelsbotschaft es verkündigte, sollte durch das Kommen des Bräutigams dargestellt werden. Die weitverbreitete Reformation unter der Verkündigung seines baldigen Kommens entsprach der Zeit, da die Jungfrauen ausgingen. In diesem Gleichnis wie in jenem von Matthäus 24 werden uns zwei verschiedene Klassen vor Augen geführt. Alle hatten ihre Lampen, die Heilige Schrift, genommen und waren in ihrem Licht dem Bräutigam entgegengegangen. „Die törichten nahmen ihre Lampen; aber sie nahmen nicht Öl mit sich. Die klugen aber nahmen Öl mit in ihren Gefäßen samt ihren Lampen." Die letztere Gruppe hatte die Gnade Gottes, die erneuernde, erleuchtende Macht des Heiligen Geistes empfangen, die sein Wort zu ihres Fußes Leuchte und zu einem Licht auf dem Wege macht. Sie hatte die Heilige Schrift in der Furcht Gottes durchforscht, um die Wahrheit zu erfahren, und hatte ernstlich nach Reinheit des Herzens und des Lebens gestrebt. Diese Jungfrauen hatten eine persönliche Erfahrung und einen Glauben an Gott und sein Wort, die nicht durch Enttäuschungen und Verzögerungen überwunden werden konnten. Andere „nahmen ihre Lampen; aber sie nahmen nicht Öl mit sich". Sie hatten nach ihrem Gefühl gehandelt. Durch die feierliche Botschaft war Furcht in ihnen erweckt worden; aber sie hatten sich auf den Glauben ihrer Brüder gestützt und waren mit dem flackernden Licht guter Anregungen ohne ein gründliches Verständnis der Wahrheit oder ein echtes Werk der Gnade an ihren Herzen zufrieden gewesen. Diese waren dem Herrn voller Hoffnung auf die Aussicht sofortiger Belohnung entgegengegangen; aber sie waren nicht auf Verzögerung und Enttäuschung vorbereitet. Als Prüfungen kamen, wankte ihr Glaube, und ihre Lichter brannten trübe.

„Da nun der Bräutigam verzog, wurden sie alle schläfrig und schliefen ein." Durch das Verzögern des Bräutigams wird das Vergehen der Zeit dargestellt, da der Herr erwartet wurde, die Enttäuschung und der scheinbare Verzug. In dieser Zeit der Ungewißheit erlahmte die Anteilnahme der Oberflächlichen und Halsstarrigen, und ihre Anstrengungen ließen nach; die aber, deren Glaube sich auf eine persönliche Kenntnis der Heiligen Schrift gründete, hatten einen Felsen unter ihren Füßen, den die Wogen der Enttäuschung nicht wegspülen konnten. Sie wurden „alle schläfrig und schliefen ein": Eine Klasse ließ ihren Glauben gleichgültig fahren, die andere harrte geduldig auf klareres Licht. Doch schienen diese in der Nacht der Prüfung bis zu einem gewissen Grade ihren Eifer und ihre Hingabe zu verlieren. Die Halsstarrigen und Oberflächlichen konnten sich nicht länger auf den Glauben ihrer Brüder stützen. Jeder mußte für sich selbst stehen oder fallen.

Etwa um diese Zeit tauchte die Schwärmerei auf. Einige, die vorgegeben hatten, eifrige Gläubige der Botschaft zu sein, verwarfen das Wort Gottes als den einzigen untrüglichen Führer und stellten sich, indem sie behaupteten, vom Geist Gottes geleitet zu sein, unter die Herrschaft ihrer eigenen Gefühle, Eindrücke und Vorstellungen. Manche bekundeten einen blinden, scheinheiligen Eifer und verurteilten alle, die ihr Benehmen nicht billigen wollten. Ihre schwärmerischen Ideen und Handlungen fanden bei der großen Mehrheit der Adventisten keinen Anklang; doch dienten sie dazu, die Sache der Wahrheit in Verruf zu bringen.

Satan suchte in dieser Weise sich dem Werk Gottes zu widersetzen und es zu vernichten. Das Volk war durch die Adventbewegung sehr aufgerüttelt worden; Tausende von Sündern hatten sich bekehrt, und treue Männer verkündigten sogar während der Zeit der Verzögerung die Wahrheit. Der Fürst des Bösen verlor seine Untertanen, und um die Sache Gottes in Verruf zu bringen, trachtete er danach, etliche, die den Glauben bekannten, zu täuschen und sie zu Übertreibungen zu verleiten. Dann standen seine Werkzeuge bereit, dem Volk jeden Irrtum, jeden Fehlschlag, jede unschickliche Handlung in den grellsten Farben darzustellen, um die Adventisten und ihren Glauben verhaßt zu machen. Je größer deshalb die Zahl derer war, die er zu dem Bekenntnis des Glaubens an die Wiederkunft bewegen konnte, während er ihre Herzen beherrschte, einen um so größeren Vorteil konnte er erreichen, wenn er die Aufmerksamkeit auf sie als die Vertreter der Gemeinschaft der Gläubigen lenkte.

Satan ist „der Verkläger unserer Brüder"; es ist sein Geist, der die Menschen antreibt, auf die Irrtümer und Gebrechen des Volkes Gottes zu achten, um sie an die Öffentlichkeit zu bringen, während ihre guten Taten nicht erwähnt werden. Er ist stets tätig, wenn Gott für die Rettung von Seelen wirkt. Wenn die Kinder Gottes kommen und vor den Herrn treten, so ist Satan unter ihnen. Bei jeder Erweckung versucht er solche hinzuzubringen, die ungeheiligten Herzens und unsteten Gemütes sind. Haben sie einige Wahrheiten angenommen und einen Platz bei den Gläubigen erlangt, so wirkt er durch sie, um Lehren zu verkünden, welche die Unbedachten täuschen. Niemand erweist sich nur dadurch als guter Christ, daß er in Gesellschaft der Kinder Gottes, im Hause Gottes oder selbst am Tisch des Herrn gefunden wird. Satan nimmt oft an den feierlichsten Anlässen in der Gestalt jener teil, die er als seine Werkzeuge benutzen kann.

Der Fürst des Bösen macht dem Volke Gottes jeden Zollbreit Bodens streitig, auf dem es sich bei seiner Reise zur himmlischen Stadt ihr nähert. In der ganzen Kirchengeschichte hat nie eine Erneuerung stattgefunden, die dabei nicht auf ernstliche Hindernisse gestoßen ist. So war es in den Tagen des Apostels Paulus. Wo der Apostel eine Gemeinde gründete, waren etliche da, die angeblich den Glauben annahmen, aber dennoch Irrlehren hineinbrachten, deren Annahme die Liebe zur Wahrheit schließlich verdrängt hätte. Luther erduldete ebenfalls große Unruhe und Bedrängnis durch die Handlungsweise schwärmerischer Leute, die behaupteten, Gott habe unmittelbar durch sie gesprochen, und die deshalb ihre eigenen Ideen und Meinungen über das Zeugnis der Heiligen Schrift stellten. Viele, denen es an Glauben und Erfahrung mangelte, die aber einen beträchtlichen Eigendünkel besaßen und es liebten, irgend etwas Neues zu hören oder zu erzählen, wurden durch die anmaßenden Behauptungen der neuen Lehrer betört und vereinigten sich mit den Werkzeugen Satans, das niederzureißen, was Luther durch Gottes Antrieb aufgebaut hatte. Auch die beiden Wesleys und andere, die der Welt durch ihren Einfluß und ihren Glauben zum Segen gereichten, waren bei jedem Schritt auf Satans Verschlagenheit gestoßen, die Übereifrigen, Unsteten und Ungeheiligten in allerlei Schwärmerei zu treiben.

William Miller war jenen Einflüssen, die zur Schwärmerei führten, abhold. Er erklärte mit Luther, daß jeder Geist durch das Wort Gottes geprüft werden solle. „Der Teufel", sagte Miller, „hat große Macht über die Gemüter mancher Menschen in der gegenwärtigen Zeit. Und wie sollen wir wissen, wes Geistes Kinder sie sind? Die Bibel antwortet: An ihren Früchten werdet ihr sie erkennen... Es sind viele Geister in die Welt hinausgegangen, und es ist uns geboten, die Geister zu prüfen. Der Geist, der uns nicht antreibt, in dieser gegenwärtigen Welt bescheiden, gerecht und gottesfürchtig zu leben, ist nicht der Geist Christi. Ich werde immer mehr davon überzeugt, daß Satan viel mit diesen wilden Bewegungen zu tun hat... Viele unter uns, die angeblich völlig geheiligt sein wollen, folgen Menschensatzungen und scheinen ebensowenig von der Wahrheit zu wissen wie andere, die nicht solche Ansprüche erheben."[2] „Der Geist des Irrtums lenkt uns

2 Bliß, „Memoirs of William Miller", S. 236, 237. 282

von der Wahrheit ab, aber der Geist Gottes führt uns in die Wahrheit. Doch, so sagt ihr, ein Mensch kann im Irrtum sein und wähnen, er sei in der Wahrheit. Was dann? Wir antworten: Der Geist und das Wort stimmen miteinander überein. So ein Mensch sich nach dem Wort Gottes beurteilt und sich mit dem ganzen Wort vollkommen in Übereinstimmung findet, dann muß er glauben, daß er die Wahrheit hat; findet er aber, daß der Geist, der ihn leitet, nicht mit dem ganzen Sinn des Gesetzes oder des Buches Gottes übereinstimmt, dann wandle er vorsichtig, damit er nicht in der Schlinge des Teufels gefangen werde." [3] „Ich habe oft mehr Beweise innerer Frömmigkeit durch eine Träne im Auge, eine feuchte Wange, ein ersticktes Wort erhalten als von all dem Lärmen in der ganzen Christenheit."

Zur Zeit der Reformation legten deren Feinde alle Übel der Schwärmerei gerade denen zur Last, die ihr mit dem größten Eifer entgegenwirkten. Eine ähnliche Handlungsweise wandten die Gegner der Adventbewegung an. Nicht zufrieden damit, die Irrtümer der Überspannten und Schwärmer zu entstellen und zu übertreiben, setzten sie mißgünstige Gerüchte in Umlauf, die nicht im geringsten mit der Wahrheit übereinstimmten. Vorurteil und Haß hatten diese Menschen beeinflußt. Ihre Ruhe war durch die Verkündigung, daß Christus vor der Tür stehe, gestört. Sie fürchteten die Wahrheit der Verkündigung, hofften jedoch, daß es nicht wahr sein möge, und dies war die Triebfeder ihrer Feindseligkeit gegen die Adventisten und deren Glauben.

Die Tatsache, daß einige Fanatiker ihren Weg in die Reihen der Adventisten fanden, ist ebensowenig ein Grund zu der Behauptung, die Bewegung wäre nicht von Gott, wie das Vorhandensein von Fanatikern und Betrügern in der Gemeinde zu des Paulus oder Luthers Zeit eine hinreichende Entschuldigung war, um ihr Werk zu verwerfen. Laßt das Volk Gottes aus seinem Schlaf erwachen und ernsthaft das Werk der Reue und Erneuerung beginnen; laßt es in der Schrift forschen, damit es die Wahrheit erkenne, wie sie in Jesus ist; laßt es sich vollständig Gott weihen, dann wird sich erweisen, daß Satan doch noch tätig und wachsam ist. Mit allem möglichen Trug wird er seine Macht bekunden und alle gefallenen Engel seines Reiches zu Hilfe rufen.

3 The Advent Herald and Signs of the Times Reporter, Bd. VIII, Nr. 23, 1845

Nicht durch die Verkündigung der Wiederkunft Christi entstanden Schwärmerei und Uneinigkeit. Diese zeigten sich im Sommer 1844, als die Adventisten sich hinsichtlich ihrer wirklichen Stellung in Unwissenheit und Verlegenheit befanden. Die Predigt der ersten Engelsbotschaft und der „Mitternachtsruf" waren gerade dazu angetan, der Schwärmerei und dem Zwiespalt zu steuern. Die an dieser feierlichen Bewegung teilnahmen, waren zueinander und zu Jesus, den sie bald zu sehen erwarteten, von Liebe erfüllt. Der eine Glaube, die eine beseligende Hoffnung erhob sie über alle menschlichen Einflüsse und erwies sich als Schild gegen die Anläufe Satans.

„Da nun der Bräutigam verzog, wurden sie alle schläfrig und schliefen ein. Zur Mitternacht aber ward ein Geschrei: Siehe, der Bräutigam kommt; gehet aus, ihm entgegen! Da standen diese Jungfrauen alle auf und schmückten ihre Lampen."[4] Im Sommer 1844, zwischen der Zeit, die man zuerst als das Ende der zweitausenddreihundert Tage angenommen hatte, und dem Herbst desselben Jahres, in dem, wie man später fand, diese Tage endeten, erhob sich der Ruf genau in den biblischen Worten: „Siehe, der Bräutigam kommt!"

Die Ursache dieser Bewegung war die Entdeckung, daß der Erlaß des Artaxerxes (in der Bibel Arthahsastha genannt) zur Wiederherstellung Jerusalems, der den Ausgangspunkt für die Zeit von zweitausenddreihundert Tagen bildete, im Herbst des Jahres 457 v. Chr. in Kraft trat, und nicht am Anfang jenes Jahres, wie man früher geglaubt hatte. Gehen wir nun vom Herbst des Jahres 457 v. Chr. aus, so enden die zweitausenddreihundert Jahre im Herbst des Jahres 1844 n. Chr.*

Auf den alttestamentlichen Schattendienst gestützte Beweisführungen verwiesen ebenfalls auf den Herbst, in dem das als Weihe des Heiligtums bezeichnete Ereignis stattfinden müsse. Dies zeigte sich sehr deutlich, als die Aufmerksamkeit auf die Art und Weise gelenkt wurde, in der sich die Kennzeichen des ersten Erscheinens Christi erfüllt hatten.

Das Schlachten des Passahlammes war ein Schatten des Todes Christi. Paulus sagte: „Wir haben auch ein Osterlamm, das ist Christus, für uns geopfert."[5] Die Garbe der Erstlinge der Ernte, die zur Zeit des Passahfestes vor dem Herrn gewoben wurde, war ein Sinnbild

4 Matth. 25, 5–7 5 1. Kor. 5, 7

auf die Auferstehung Christi. Von der Auferstehung des Herrn und seines ganzen Volkes sagte Paulus: „Der Erstling Christus; darnach die Christo angehören, wenn er kommen wird.“ [6] Gleichwie die Webegarbe das erste reife, geerntete Korn war, so wird Christus der Erstling jener unsterblichen Ernte der Erlösten, die bei der zukünftigen Auferstehung in die Vorratskammer Gottes gesammelt werden sollen.

Diese Vorbilder erfüllten sich nicht nur hinsichtlich des Ereignisses, sondern auch hinsichtlich der Zeit. Am vierzehnten Tag des ersten jüdischen Monats, dem gleichen Tag und Monat, an dem fünfzehn Jahrhunderte lang das Passahlamm geschlachtet worden war, setzte Christus, nachdem er das Passahlamm mit seinen Jüngern genommen hatte, jene Feier ein, die an seinen eigenen Tod als „Gottes Lamm, welches der Welt Sünde trägt“, [7] erinnern sollte. In derselben Nacht wurde er von gottlosen Händen ergriffen, um gekreuzigt und getötet zu werden. Und als Gegenbild der Webegarbe wurde unser Heiland am dritten Tag von den Toten auferweckt, „der Erstling ... unter denen, die da schlafen“; ein Beispiel aller auferstehenden Gerechten, deren „nichtiger Leib“ verklärt werden soll, „daß er ähnlich werde seinem verklärten Leibe“. [8]

Auf gleiche Weise müssen die auf die Wiederkunft bezüglichen Vorbilder zu der im Schattendienst angedeuteten Zeit in Erfüllung gehen. Unter dem mosaischen Gottesdienst fand die Reinigung des Heiligtums oder der große Versöhnungstag am zehnten Tag des siebenten jüdischen Monats statt, [9] wenn der Hohepriester, nachdem er eine Versöhnung für alle Israeliten erwirkt und auf diese Weise ihre Sünden aus dem Heiligtum entfernt hatte, herauskam und das Volk segnete. So, glaubte man, würde Christus, unser großer Hoherpriester, erscheinen, um die Erde von der Zerstörung durch Sünde und Sünder zu reinigen und sein harrendes Volk mit Unsterblichkeit zu segnen. Der zehnte Tag des siebenten Monats, der große Versöhnungstag, die Zeit der Reinigung des Heiligtums, der im Jahre 1844 auf den 22. Oktober fiel, wurde als Tag der Wiederkunft Christi betrachtet. Dies stand in Einklang mit den bereits dargelegten Beweisen, daß die zweitausenddreihundert Tage im Herbst ablaufen würden, und der Schluß schien untrüglich.

6 1. Kor. 15, 23 7 Joh. 1, 29 8 1. Kor. 15, 20; Phil. 3, 21 9 3. Mose 16, 26–34

In dem Gleichnis in Matthäus 25 folgt auf die Zeit des Harrens und Schlafens das Kommen des Bräutigams. Dies stimmte überein mit den soeben angeführten Beweisgründen sowohl aus der Weissagung als auch aus den Vorbildern, die mit gewaltiger Kraft von ihrer Wahrhaftigkeit zeugten, und der „Mitternachtsruf" wurde von Tausenden von Gläubigen verkündigt.

Einer Flutwelle gleich breitete sich die Bewegung über das Land aus; von Stadt zu Stadt, von Dorf zu Dorf und nach entlegenen Orten, bis das wartende Volk Gottes völlig aufgeweckt war. Vor dieser Verkündigung verschwand die Schwärmerei wie der Frühreif vor der aufgehenden Sonne. Die Gläubigen sahen ihre Ungewißheit und ihre Verlegenheit beseitigt, und Hoffnung und Mut beseelte ihre Herzen. Das Werk war frei von jenen Übertreibungen, die sich immer da offenbaren, wo die menschliche Erregung ohne den beherrschenden Einfluß des Wortes und des Geistes Gottes auftritt. In seinem Wirken glich es jenen Zeiten der Demütigung und der Rückkehr zum Herrn, die unter dem alten Israel den Botschaften des Tadels durch Gottes Diener folgten; es trug die Merkmale, die zu jeder Zeit das Werk des Herrn kennzeichnen. Es gab da wenig begeisterte Freude, sondern vielmehr wurde das Herz gründlich erforscht, die Sünden bekannt und der Welt entsagt. Vorbereitet zu sein auf die Begegnung mit dem Herrn, diesem galt die Sorge der geängsteten Seelen. Anhaltendes Gebet und ungeteilte Hingabe an Gott war in ihren Herzen.

Miller sagte in seiner Beschreibung jenes Werkes: „Es zeigt sich keine große Freudenkundgebung; diese wird sozusagen für eine zukünftige Gelegenheit aufbewahrt, da Himmel und Erde in unaussprechlicher Freude und Herrlichkeit jauchzen werden. Man hört auch kein Geschrei. Die Sänger schweigen; sie warten, um sich mit den Engelscharen, dem Chor des Himmels, zu vereinen... Man streitet nicht über Gefühle; alle sind eines Herzens und eines Sinnes." [10]

Ein anderer Teilnehmer an der Bewegung bezeugte: „Sie hat allenthalben eine gründliche Prüfung und Demütigung der Herzen vor Gott hervorgerufen, hat veranlaßt, daß sich die Menschen frei machten von der Liebe zu den Dingen dieser Welt, Streitigkeiten schlichteten, Sünden bekannten und zerknirscht, reuevoll und zerschlagenen Geistes

10 Bliß, S. 270. 271

zu Gott um Gnade und Annahme flehten. Sie war Anlaß, daß man sich vor Gott demütigte, wie wir es noch nie zuvor gesehen hatten. Wie der Herr durch den Propheten Joel gesagt hat, daß es beim Herannahen des großen Tages Gottes sein soll, wurden die Herzen, nicht die Kleider zerrissen; man wandte sich zum Herrn mit Fasten, Weinen und Klagen. Wie Gott durch Sacharja sagen ließ, so wurde ein Geist der Gnade und des Gebets über seine Kinder ausgegossen; sie sahen ihn, den sie zerstochen hatten; es herrschte große Trauer im Lande ... und die, welche des Herrn harrten, kasteiten ihre Seelen vor ihm." [11]

Von den großen religiösen Bewegungen seit den Tagen der Apostel war keine freier von menschlichen Unvollkommenheiten und Tücken Satans als jene im Herbst 1844. Selbst jetzt, nach vielen Jahren, fühlen alle, die an jener Bewegung teilgenommen haben und fest auf dem Boden der Wahrheit geblieben sind, noch immer den heiligen Einfluß jenes gesegneten Werkes und bezeugen, daß es von Gott kam.

Bei dem Ruf: „Der Bräutigam kommt; gehet aus, ihm entgegen!", standen die Wartenden „alle auf und schmückten ihre Lampen"; sie studierten das Wort Gottes mit bisher nie gekanntem Eifer. Engel wurden vom Himmel gesandt, um die Entmutigten aufzurütteln und sie zuzubereiten, die Botschaft anzunehmen. Das Werk beruhte nicht auf der Weisheit und Gelehrsamkeit der Menschen, sondern auf Gottes Macht. Nicht die Begabtesten, sondern die Demütigsten und Ergebensten waren die ersten, die den Ruf hörten und ihm gehorchten. Bauern ließen ihre Ernte auf dem Felde stehen, Handwerker legten ihre Werkzeuge nieder und gingen mit Tränen und Freuden hinaus, um die Warnungsbotschaft zu verkündigen. Die früheren Leiter gehörten zu den letzten, die sich an dieser Bewegung beteiligten. Die Kirchen verschlossen im allgemeinen ihre Türen vor dieser Botschaft, und viele Menschen, die sie annahmen, trennten sich von ihrer Kirche. Nach Gottes Ratschluß verband sich diese Verkündigung mit der zweiten Engelsbotschaft und gab dem Werke besondere Kraft.

Die Botschaft: „Siehe, der Bräutigam kommt!" war nicht so sehr eine Sache der Beweisführung, obwohl der Beweis aus der Heiligen Schrift deutlich und überzeugend war; sie wurde begleitet von einer vorwärtstreibenden Macht, welche die Seele bewegte. Es herrschte kein

11 Bliß in „Advent Shield and Review", Jan. 1845

Zweifel, keine Frage. Anläßlich des siegesfrohen Einzuges Christi in Jerusalem strömte das Volk, das sich aus allen Teilen des Landes versammelt hatte, um das Fest zu feiern, nach dem Ölberg, und als es sich der Menge anschloß, die Jesus begleitete, wurde es von der Begeisterung des Augenblicks erfaßt und stimmte ein in den Ruf: „Gelobt sei, der da kommt in dem Namen des Herrn!“ [12] In gleicher Weise fühlten Ungläubige, die den Versammlungen der Adventisten beiwohnten — einige aus Neugier, andere aus Spottlust — die überzeugende Macht, welche die Botschaft „Siehe der Bräutigam kommt!“ begleitete.

Zu jener Zeit herrschte ein Glaube, der eine Erhörung der Gebete zur Folge hatte, ein Glaube, „der sah an die Belohnung“. [13] Wie der Regenschauer auf das durstige Erdreich fiel der Geist der Gnade auf die ernstlich Suchenden. Die Seelen, die ihren Erlöser bald von Angesicht zu Angesicht zu sehen erwarteten, empfanden ehrfurchtsvolle, unaussprechliche Freude. Die besänftigende, überwältigende Kraft des Heiligen Geistes ließ die Herzen auftauen, als Gottes Segen den treuen Gläubigen in reichem Maße gewährt wurde.

Bedächtig und feierlich näherten sich jene, welche die Botschaft angenommen hatten, der Zeit, da sie ihrem Herrn zu begegnen hofften. Sie hielten es für ihre erste Pflicht, sich jeden Morgen ihrer Annahme bei Gott zu vergewissern. Ihre Herzen waren innig vereint, und sie beteten viel miteinander und füreinander. Oft kamen sie an abgelegenen Orten zusammen, um mit Gott Zwiesprache zu halten, und fürbittende Stimmen stiegen von Feld und Hain zum Himmel empor. Die Gewißheit, die Billigung ihres Heilandes zu besitzen, hielten sie für notwendiger als ihre tägliche Nahrung. Verdunkelte eine Wolke ihre Gemüter, so ruhten sie nicht, bis sie beseitigt war, und da sie das Zeugnis der vergebenden Gnade empfanden, sehnten sie sich danach, ihn, den ihre Seele liebte, zu sehen. Aber wiederum sollten sie enttäuscht werden. Die Wartezeit ging vorüber, und ihr Heiland erschien nicht. Mit festem Vertrauen hatten sie seinem Kommen entgegengesehen, und nun empfanden sie wie Maria, als sie zu des Heilandes Grab kam, es leer fand und weinend ausrief: „Sie haben meinen Herrn weggenommen, und ich weiß nicht, wo sie ihn hin gelegt haben.“ [14]

12 Matth. 21, 9 13 Hebr. 11, 26 14 Joh. 20, 13

Ein Gefühl heiliger Scheu, die Befürchtung, die Botschaft könnte wahr sein, hatte der ungläubigen Welt eine Zeitlang Schranken auferlegt, und auch als die Zeit vorüber war, sind diese nicht sofort niedergebrochen. Zuerst wagten es die Ungläubigen nicht, über die Enttäuschung zu jubeln; als sich aber keine Anzeichen des Zornes Gottes zeigten, erholten sie sich von ihren Befürchtungen und begannen aufs neue zu schmähen und ihren Spott auszustreuen. Eine große Anzahl derer, die an das baldige Kommen des Herrn geglaubt hatten, gaben ihren Glauben auf. Manche, die sehr zuversichtlich gewesen waren, zeigten sich so tief in ihrem Stolz gekränkt, daß sie gerne aus der Welt geflohen wären. Gleich Jona klagten sie Gott an und wollten lieber sterben als leben. Die ihren Glauben auf die Meinung anderer und nicht auf das Wort Gottes gegründet hatten, waren nun bereit, ihre Ansichten abermals zu ändern. Die Spötter zogen die Schwachen und Feigen auf ihre Seite; diese alle schlossen sich zusammen und erklärten, daß nun nichts mehr zu befürchten oder zu erwarten sei. Die Zeit sei vorübergegangen, der Herr nicht gekommen, und die Welt könnte Tausende von Jahren so bleiben.

Die ernsten, aufrichtigen Gläubigen hatten alles für Christus aufgegeben und seine Nähe wie nie zuvor verspürt. Sie hatten, wie sie glaubten, der Welt die letzte Warnung gegeben und sich in der Erwartung, bald in die Gemeinschaft ihres göttlichen Meisters und der himmlischen Engel aufgenommen zu werden, größtenteils von der Verbindung mit denen zurückgezogen, welche die Botschaft nicht annahmen. Mit heißer Sehnsucht hatten sie gebetet: „Komm, Herr Jesus, komme bald!" Aber er war nicht gekommen. Nun abermals die schwere Bürde der Sorgen und Schwierigkeiten dieses Lebens aufzunehmen, die Sticheleien und den Hohn der spottenden Welt zu ertragen, war in der Tat eine schwere Glaubens- und Geduldsprüfung.

Und doch war diese Enttäuschung nicht so groß wie jene, welche die Jünger zur Zeit Christi erlebt hatten. Bei Jesu glorreichem Einzug in Jerusalem glaubten seine Anhänger, daß er im Begriff wäre, den Thron Davids zu besteigen und Israel von seinen Unterdrückern zu befreien. Mit stolzen Hoffnungen und freudigen Erwartungen wetteiferten sie miteinander, ihren König zu ehren. Viele breiteten ihre Mäntel wie einen Teppich auf seinem Wege aus oder streuten grüne Palmenzweige vor ihm her. In ihrer Begeisterung vereinten sie sich in dem freudigen Beifallsruf: „Hosianna dem Sohn Davids!" Als die Pharisäer, beunruhigt und erzürnt über diese Freudenrufe, wünschten, daß Jesus seine Jünger tadelte, erwiderte dieser: „Wo diese werden schweigen, so werden die Steine schreien." [15] Die Weissagung mußte erfüllt werden. Die Jünger führten Gottes Absicht aus; und doch mußten sie eine bittere Enttäuschung erfahren. Nur wenige Tage verstrichen, und sie wurden Augenzeugen des martervollen Todes des Heilandes und mußten ihn ins Grab legen. Ihre Erwartungen hatten sich auch nicht in einem einzigen Punkt erfüllt; ihre Hoffnungen starben mit Jesus. Erst nachdem ihr Herr sieghaft aus dem Grabe hervorgegangen war, konnten sie erfassen, daß alles durch die Weissagung vorhergesagt worden war, und „daß Christus mußte leiden und auferstehen von den Toten". [16]

Fünfhundert Jahre früher hatte der Herr durch den Propheten Sacharja erklärt: „Du, Tochter Zion, freue dich sehr, und du, Tochter Jerusalem, jauchze! Siehe, dein König kommt zu dir, ein Gerechter und ein Helfer, arm, und reitet auf einem Esel und auf einem jungen Füllen der Eselin." [17] Hätten die Jünger gewußt, daß Jesus zum Gericht und zum Tode ging, sie hätten diese Weissagung nicht erfüllen können.

Auf die gleiche Weise erfüllten Miller und seine Gefährten die Weissagung und verkündigten eine Botschaft, von der die Schrift vorausgesagt hatte, daß sie der Welt gebracht werden sollte. Sie hätten diese aber nicht bringen können, wenn sie die Weissagungen völlig verstanden hätten, die auf ihre Enttäuschung hinwiesen und noch eine andere Botschaft darlegten, die vor der Wiederkunft des Herrn allen Nationen gepredigt werden sollte. Die erste und die zweite Engelsbotschaft wurden zur rechten Zeit gepredigt und erfüllten die Aufgabe, die Gott durch sie vollbringen wollte.

Die Welt hatte in der Erwartung zugesehen, daß, falls die Zeit vorüberginge und Christus nicht käme, die ganze Lehre des Adventismus aufgegeben würde. Während viele unter der starken Versuchung ihren Glauben aufgaben, hielten etliche daran fest. Die Früchte der Adventbewegung, der Geist der Demut und der eigenen Herzenserforschung, des Verzichtes auf die Welt und die Umgestaltung des Lebens, die das Werk begleitet hatten, bezeugten, daß es von Gott war. Sie wagten

15 Luk. 19, 40 16 Apg. 17, 3 17 Sach. 9, 9

nicht, in Abrede zu stellen, daß die Kraft des Heiligen Geistes die Predigt der Botschaft von der Wiederkunft Christi bezeugte, und sie konnten keinen Fehler in ihrer Berechnung der prophetischen Perioden entdecken. Den tüchtigsten ihrer Gegner war es nicht gelungen, ihre Methode der prophetischen Auslegung umzustoßen. Ohne biblische Beweise konnten sie den Standpunkt nicht aufgeben, den sie durch ernstes Forschen in der Heiligen Schrift mit vom Geiste Gottes erleuchteten Sinnen und mit von seiner lebendigen Kraft brennenden Herzen erreicht hatten; den Standpunkt, der den scharfsinnigsten Beurteilungen und den bittersten Anfeindungen allgemein beliebter religiöser Lehrer und weltweiser Männer widerstanden hatte und der von den vereinten Anstrengungen der Gelehrsamkeit und der Beredsamkeit, vor den Witzen und Spötteleien achtbarer und niedrig gesinnter Menschen fest und unerschüttert geblieben war.

Freilich, das erwartete Ereignis war nicht eingetroffen; aber selbst dadurch konnte ihr Vertrauen auf Gottes Wort nicht erschüttert werden. Als Jona auf den Straßen Ninives verkündigte, daß die Stadt innerhalb von vierzig Tagen zerstört würde, nahm der Herr die Demütigung der Niniviten an und verlängerte ihre Gnadenzeit; und doch war Jonas Botschaft von Gott gesandt und Ninive seinem Willen gemäß geprüft worden. Die Adventisten glaubten, der Herr habe sie bei der Verkündigung der Gerichtsbotschaft auf die gleiche Weise geführt. „Sie hat“, erklärten sie, „die Herzen aller, die sie hörten, geprüft und eine Liebe zur Wiederkunft des Herrn erweckt oder einen mehr oder weniger wahrnehmbaren Gott bekannten Haß gegen Christi Kommen erregt. Sie hat eine Grundlinie gezogen, so daß die, welche ihre eigenen Herzen untersuchen wollen, wissen können, auf welcher Seite man sie gefunden hätte, falls der Herr damals gekommen wäre: Ob sie ausgerufen hätten: Siehe, das ist unser Gott, auf den wir harren, und er wird uns helfen! oder ob sie die Felsen und Berge angerufen hätten, auf sie zu fallen und sie zu verbergen vor dem Angesicht dessen, der auf dem Stuhl sitzt, und vor dem Zorn des Lammes. Gott hat, wie wir glauben, auf diese Weise seine Kinder geprüft und festgestellt, ob sie . . . diese Welt fahren ließen und unbedingtes Vertrauen auf das Wort Gottes setzten.“ [18]

18 The Advent Herald and Signs of the Times Reporter, Bd. VIII, Nr. 14, 1844

Die Empfindungen derer, die immer noch glaubten, daß Gott sie in der vergangenen Erfahrung geleitet habe, fanden sinnfälligen Ausdruck in den Worten Millers: „Hätte ich meine Zeit in derselben Gewißheit, wie ich sie damals besaß, noch einmal zu durchleben, so würde ich, um vor Gott und den Menschen aufrichtig zu sein, so handeln, wie ich gehandelt habe... Ich hoffe, daß ich meine Kleider vom Blut der Seelen gereinigt habe; ich bin gewiß, daß ich mich, soweit es in meiner Macht stand, von aller Schuld an ihrer Verdammung befreit habe... Wenn ich auch zweimal enttäuscht wurde", schrieb dieser Gottesmann, „bin ich doch nicht niedergeschlagen oder entmutigt... Meine Hoffnung auf das Kommen Christi ist größer denn je. Ich habe nur das getan, was ich nach Jahren ernstlicher Betrachtung für meine heilige Pflicht hielt. Habe ich geirrt, so geschah es aus christlicher Liebe, aus Liebe zu meinen Mitmenschen und aus Überzeugung von meiner Pflicht gegen Gott... Eines weiß ich: Ich habe nur das gepredigt, was ich glaubte, und Gott ist mit mir gewesen, seine Macht hat sich in dem Werke offenbart, und viel Gutes ist gewirkt worden... Viele Tausende sind allem Anschein nach durch die Verkündigung des Endes der Zeit dahin gebracht worden, die Heilige Schrift zu erforschen. Sie sind dadurch und durch die Besprengung mit dem Blut Christi mit Gott versöhnt worden."[19] „Ich habe mich weder um die Gunst der Stolzen beworben noch den Mut sinken lassen, wenn die Welt drohte. Ich werde auch jetzt ihren Beifall nicht erhandeln oder über die Pflicht hinausgehen, um ihren Haß zu reizen. Ich werde nie mein Leben in ihren Händen suchen noch, wie ich hoffe, zurückschrecken, es zu verlieren, falls es Gott in seiner gütigen Vorsehung so bestimmt."[20]

Gott verließ sein Volk nicht; sein Geist wohnte noch immer bei denen, die das Licht, das sie empfangen hatten, nicht voreilig verleugneten oder die Adventbewegung öffentlich verachteten. Im Brief an die Hebräer stehen für die Geprüften und Wartenden in dieser Zeit Worte der Ermutigung und Warnung: „Werfet euer Vertrauen nicht weg, welches eine große Belohnung hat. Geduld aber ist euch not, auf daß ihr den Willen Gottes tut und die Verheißung empfanget. Denn ‚noch über eine kleine Weile, so wird kommen, der da kommen soll,

19 Bliß, „Memoirs of William Miller", S. 256. 255. 277. 280. 281
20 White, J., „Life of William Miller", S. 315

und nicht verziehen. Der Gerechte aber wird des Glaubens leben. Wer aber weichen wird, an dem wird meine Seele kein Gefallen haben.' Wir aber sind ... von denen, die da glauben und die Seele erretten." [21]

Daß diese Ermahnung an die Gemeinde in den letzten Tagen gerichtet ist, geht aus den Worten hervor, die auf die Nähe der Zukunft des Herrn hinweisen: „Denn noch über eine kleine Weile, so wird kommen, der da kommen soll, und nicht verziehen." Es wird daraus auch klar, daß ein Verzug stattfinden und der Herr scheinbar zögern würde. Die hier gegebene Belehrung paßt besonders auf die Erfahrung der Adventisten zu jener Zeit. Die hier Angesprochenen waren in Gefahr, an ihrem Glauben Schiffbruch zu erleiden. Sie hatten Gottes Willen getan, indem sie sich der Führung seines Geistes und seinem Worte anvertrauten; doch konnten sie weder Absicht in ihrer vergangenen Erfahrung verstehen, noch den vor ihnen liegenden Pfad erkennen, und sie wurden versucht zu zweifeln, ob Gott sie wirklich geleitet habe. Damals trafen besonders die Worte zu: „Der Gerechte aber wird des Glaubens leben." Als das glänzende Licht des Mitternachtsrufes auf ihren Weg schien, als ihnen die Weissagungen entsiegelt wurden und als die rasche Erfüllung der Zeichen erzählte, daß die Wiederkunft Christi nahe bevorstand, waren sie tatsächlich im Schauen gewandelt. Aber nun vermochten sie, niedergebeugt durch die enttäuschten Hoffnungen, nur durch den Glauben an Gott und an sein Wort aufrecht zu stehen. Die spottende Welt sagte: „Ihr seid betrogen worden. Entsagt eurem Glauben und gesteht, daß die Adventbewegung satanischen Ursprungs ist." Gottes Wort erklärte jedoch: „Wer aber weichen wird, an dem wird meine Seele kein Gefallen haben." Ihren Glauben aufzugeben und die Macht des Heiligen Geistes, welche die Botschaft begleitet hatte, zu verleugnen, wäre ein Rückzug ins Verderben gewesen. Die Worte jenes Schreibers ermutigten sie zur Standhaftigkeit: „Werfet euer Vertrauen nicht weg, ... Geduld ... ist euch not, ... ,noch über eine kleine Weile, so wird kommen, der da kommen soll, und nicht verziehen'." Ihr einzig sicheres Verhalten war, das Licht zu pflegen, das sie bereits von Gott empfangen hatten, an Gottes Verheißungen festzuhalten und in der Heiligen Schrift zu forschen und geduldig zu warten und zu wachen, um weiteres Licht aufzunehmen.

21 Hebr. 10, 35–39

Was ist das Heiligtum? | 23

Die Bibelstelle, die vor allen andern die Grundlage und der Hauptpfeiler des Adventglaubens war, ist die in Daniel 8, 14 gegebene Erklärung: „Bis zweitausenddreihundert Abende und Morgen um sind; dann wird das Heiligtum wieder geweiht werden." Dies waren allen denen vertraute Worte, die an das baldige Kommen des Herrn geglaubt hatten. Von tausenden Lippen klang diese Weissagung als das Losungswort ihres Glaubens. Alle fühlten, daß von den darin dargelegten Ereignissen ihre strahlendsten Erwartungen und liebsten Hoffnungen abhingen. Sie hatten gezeigt, daß diese prophetischen Tage im Herbst des Jahres 1844 zu Ende gingen. Mit der übrigen christlichen Welt glaubten die Adventisten, daß die Erde oder ein Teil von ihr das Heiligtum sei und daß die Weihe des Heiligtums die Reinigung der Erde durch das Feuer des letzten großen Tages bedeutete und bei der Wiederkunft Christi stattfände. Daraus entstand die Schlußfolgerung, daß Christus im Jahre 1844 auf die Erde zurückkehren würde.

Aber die festgesetzte Zeit war vorübergegangen und der Herr — nicht erschienen. Die Gläubigen wußten, daß das Wort Gottes nicht irren konnte; ihre Auslegung der Weissagung mußte also auf falscher Fährte sein; aber wo steckte der Fehler? Viele zerhieben voreilig diese Schwierigkeit, indem sie in Abrede stellten, daß die zweitausenddreihundert Tage im Jahre 1844 endeten. Dafür konnten sie jedoch keinen andern Grund anführen als den, daß Christus nicht zu der Zeit gekommen war, da sie ihn erwartet hatten. Sie schlossen daraus, daß, wenn die prophetischen Tage im Jahre 1844 zu Ende gegangen wären, Christus dann gekommen sein würde, um durch die Läuterung der Erde mit Feuer das Heiligtum zu reinigen, und daß, weil er nicht gekommen sei, die Tage auch nicht verstrichen sein könnten.

Durch Annahme dieser Schlußfolgerung verwarfen sie die ehemalige Berechnung der prophetischen Zeitangaben. Wie man gefunden hatte, fingen die zweitausenddreihundert Tage an, als das Gebot des Artaxerxes (oder Arthahsastha), das die Wiederherstellung und den Aufbau von Jerusalem befahl, in Kraft trat: im Herbst des Jahres 457 v. Chr. Dies als Ausgangspunkt annehmend, ergab sich in der Auslegung jener Periode eine vollkommene Übereinstimmung mit allen in Daniel 9, 25—27 vor Augen geführten Ereignissen. Neunundsechzig Wochen, die ersten vierhundertdreiundachtzig von den zweitausenddreihundert Jahren, sollten sich bis auf Christus, den Gesalbten, erstrecken. Christi Taufe und die Salbung mit dem Heiligen Geist im Jahre 27 n. Chr. erfüllten diese Angabe genau. In der Mitte der siebzigsten Woche sollte der Gesalbte ausgerottet werden. Dreieinhalb Jahre nach seiner Taufe, im Frühling des Jahres 31 n. Chr., wurde Christus gekreuzigt. Die siebzig Wochen oder vierhundertneunzig Jahre sollten insbesondere den Juden gehören. Am Schluß jenes Zeitraumes besiegelte diese Nation die Verwerfung Christi durch die Verfolgung seiner Jünger, und die Apostel wandten sich im Jahre 34 n. Chr. zu den Heiden. Nachdem vierhundertneunzig Jahre von den zweitausenddreihundert verstrichen waren, blieben noch achtzehnhundertzehn Jahre übrig. Vom Jahre 34 n. Chr. erstrecken sich achtzehnhundertzehn Jahre bis ins Jahr 1844. „Dann", sagte der Engel, „wird das Heiligtum wieder geweiht werden." Alle vorhergehenden Angaben der Weissagung waren unverkennbar zur bestimmten Zeit erfüllt worden.

Alles war bei dieser Berechnung klar und zutreffend, nur ließ sich nicht erkennen, daß irgendein Ereignis, das der Weihe des Tempels entspräche, im Jahre 1844 stattgefunden habe. Wollte man verneinen, daß die Tage zu jener Zeit endeten, so hieße das Verwirrung in die ganze Sache bringen und Grundsätze umstoßen, die durch untrügliche Erfüllungszeichen der Weissagung ihre Bestätigung erhalten hatten.

Aber Gott war in der großen Adventbewegung der Leiter seines Volkes gewesen; seine Macht und Herrlichkeit hatten das Werk begleitet, und er wollte es nicht in Finsternis und Enttäuschung enden lassen, damit man es nicht beschuldigen könne, eine falsche und schwärmerische Bewegung gewesen zu sein. Er konnte sein Wort nicht im Lichte des Zweifels und der Ungewißheit erscheinen lassen. Wenn auch viele ihre frühere Berechnung der prophetischen Zeitangaben fahren ließen und die Richtigkeit der darauf gegründeten Bewegung verneinten, so waren andere doch nicht willens, Glaubenspunkte und Erfahrungen aufzugeben, die durch die Heilige Schrift und das Zeugnis des Geistes Gottes erhärtet wurden. Sie glaubten, daß sie in ihrem Studium der Weissagungen diese richtig ausgelegt hätten und daß es ihre Pflicht sei, an den bereits gewonnenen Wahrheiten festzuhalten und ihre biblischen Forschungen fortzusetzen. Mit ernstem Gebet prüften sie ihre Auffassungen und forschten in der Heiligen Schrift, um ihren Fehler zu entdecken. Da sie in ihrer Berechnung der prophetischen Zeitabschnitte keinen Irrtum entdecken konnten, fühlten sie sich veranlaßt, das „Heiligtum“ näher zu prüfen.

Ihre Untersuchung ergab, daß keine biblischen Beweise die allgemeine Ansicht, daß die Erde das Heiligtum sei, unterstützten. Aber sie fanden in der Bibel eine vollständige Auslegung über das Heiligtum, seine Beschaffenheit, seinen Standort und den in ihm stattfindenden Dienst. Das Zeugnis der heiligen Schreiber war so klar und ausführlich, daß es keinen Zweifel darüber aufkommen ließ. Paulus sagt in dem Brief an die Hebräer: „Es hatte zwar auch das erste seine Rechte des Gottesdienstes und das äußerliche Heiligtum. Denn es war da aufgerichtet das Vorderteil der Hütte, darin der Leuchter war und der Tisch und die Schaubrote; und dies heißt das Heilige. Hinter dem andern Vorhang aber war die Hütte, die da heißt das Allerheiligste; die hatte das goldene Räuchfaß und die Lade des Testaments allenthalben mit Gold überzogen, in welcher war der goldene Krug mit dem Himmelsbrot und die Rute Aarons, die gegrünt hatte, und die Tafeln des Testaments; oben darüber aber waren die Cherubim der Herrlichkeit, die überschatteten den Gnadenstuhl.“ [1]

Das Heiligtum, auf das der Apostel hier hinweist, war die von Mose nach dem Befehl Gottes als die irdische Wohnstätte des Allerhöchsten erbaute Stiftshütte. „Und sie sollen mir ein Heiligtum machen, daß ich unter ihnen wohne“, [2] lautete die an Mose gerichtete Anweisung zu der Zeit, da er mit Gott auf dem Berge war. Die Israeliten zogen durch die Wüste, und die Stiftshütte war so gebaut, daß sie von Ort zu Ort

1 Hebr. 9, 1–5 2 2. Mose 25, 8

mitgenommen werden konnte. Dennoch war sie ein großartiger Bau. Ihre Wände bildeten aufrechtstehende, mit schwerem Gold belegte Bretter, die in silberne Sockel eingelassen waren, während das Dach aus Teppichen oder Decken bestand, deren äußerste aus Fellen und deren innerste aus feiner, mit prächtigen Cherubim durchwirkter Leinwand hergestellt waren. Ohne den Vorhof, in dem der Brandopferaltar stand, gehörten zur Stiftshütte selbst zwei Abteilungen, das Heilige und das Allerheiligste, die durch einen schönen und kostbaren Vorhang voneinander getrennt waren; ein ähnlicher Vorhang verschloß den Eingang in die erste Abteilung.

Im Heiligen, nach Süden hin, befand sich der Leuchter mit seinen sieben Lampen, die das Heiligtum Tag und Nacht erleuchteten; nach Norden hin stand der Schaubrottisch und vor dem Vorhang, der das Heilige vom Allerheiligsten trennte, der goldene Räuchaltar, von dem die Wolke des Wohlgeruchs mit den Gebeten Israels täglich zu Gott emporstieg.

Im Allerheiligsten stand die Bundeslade aus kostbarem, mit Gold belegtem Holz, der Aufbewahrungsort der zwei Steintafeln, auf die Gott die Zehn Gebote eingegraben hatte. Über der Lade bildete der Gnadenthron den Deckel der heiligen Truhe. Er war ein prächtiges Kunstwerk, auf dem sich zwei Cherubim erhoben, an jeder Seite einer, aus reinem Golde gearbeitet. In dieser Abteilung offenbarte sich die göttliche Gegenwart in der Wolke der Herrlichkeit zwischen den Cherubim.

Nachdem sich die Hebräer in Kanaan niedergelassen hatten, wurde die Stiftshütte durch den Tempel Salomos ersetzt, der, obwohl ein fester Bau und von größerem Umfang, doch die gleichen Größenverhältnisse beibehielt und auf ähnliche Weise ausgestattet war. In dieser Form bestand das Heiligtum, ausgenommen die Zeit Daniels, als es in Trümmern lag, bis zu seiner Zerstörung durch die Römer im Jahre 70 n. Chr.

Dies ist das einzige Heiligtum, das je auf Erden bestanden hat und über das die Bibel irgendwelche Auskunft gibt. Paulus nennt es das Heiligtum des ersten Bundes. Aber hat der Neue Bund kein Heiligtum?

Als sich die nach Wahrheit Forschenden in den Hebräerbrief vertieften, fanden sie, daß das Vorhandensein eines zweiten oder neutestamentlichen Heiligtums in den bereits angeführten Worten des Apostels angedeutet war: „Es hatte zwar auch das erste [d. h. das Alte Testament] seine Rechte des Gottesdienstes und das äußerliche Heiligtum." Der Gebrauch des Wortes „auch" deutet an, daß Paulus dieses Heiligtum zuvor erwähnt hat. Als sie zum vorhergehenden Kapitel zurückgingen, lasen sie am Anfang: „Das ist nun die Hauptsache, davon wir reden: Wir haben einen solchen Hohenpriester, der da sitzt zu der Rechten auf dem Stuhl der Majestät im Himmel und ist ein Pfleger des Heiligen und der wahrhaftigen Hütte, welche Gott aufgerichtet hat und kein Mensch."[3]

Hier wird das Heiligtum des Neuen Bundes offenbart. Das Heiligtum des ersten Bundes war von Menschen aufgerichtet, von Mose erbaut worden; dieses hier ist vom Herrn und nicht von Menschen aufgerichtet. In jenem Heiligtum vollzogen die irdischen Priester ihren Dienst; in diesem hier dient Christus, unser großer Hoherpriester, zur Rechten Gottes. Das eine Heiligtum befand sich auf Erden, das andere ist im Himmel.

Ferner war das von Mose erbaute Heiligtum nach einem Vorbild aufgerichtet worden. Der Herr hatte ihn angewiesen: „Wie ich dir ein Vorbild der Wohnung und alles ihres Gerätes zeigen werde, so sollt ihr's machen." Und wiederum war ihm der Auftrag erteilt worden: „Siehe zu, daß du es machst nach dem Bilde, das du auf dem Berge gesehen hast."[4] Der Apostel erklärt dazu, daß die erste Hütte „ist ein Gleichnis auf die gegenwärtige Zeit, nach welchem Gaben und Opfer geopfert werden"; daß die heiligen Stätten „der himmlischen Dinge Vorbilder" waren; daß die Priester, die nach dem Gesetz Gaben darbrachten, „dem Vorbilde und dem Schatten des Himmlischen" dienten, und daß „Christus ist nicht eingegangen in das Heilige, so mit Händen gemacht ist (welches ist ein Gegenbild des wahrhaftigen), sondern in den Himmel selbst, nun zu erscheinen vor dem Angesicht Gottes für uns".[5]

Das Heiligtum im Himmel, in dem Christus um unsertwillen dient, ist das große Urbild des von Mose erbauten Heiligtums. Gott legte seinen Geist auf die Bauleute des irdischen Heiligtums. Die bei seiner Erbauung entfaltete Kunstfertigkeit war eine Offenbarung der

3 Hebr. 8, 1. 2 4 2. Mose 25, 9. 40 5 Hebr. 9, 9. 23; 8, 5; 9, 24

göttlichen Weisheit. Die Wände hatten das Aussehen massiven Goldes und warfen das Licht des siebenarmigen goldenen Leuchters in alle Richtungen zurück. Der Schaubrottisch und der Räucheraltar glänzten wie reines Gold. Die prächtigen Teppiche, die die Decke bildeten und mit Engelsgestalten in Blau, Purpur und Scharlach durchwirkt waren, trugen zur Schönheit des Anblicks bei. Hinter dem zweiten Vorhang über dem Gnadenstuhl war der Ort der sichtbaren Offenbarung der Herrlichkeit Gottes, vor den außer dem Hohenpriester niemand treten und am Leben bleiben konnte.

Der unvergleichliche Glanz der irdischen Stiftshütte strahlte dem menschlichen Anblick die Herrlichkeit jenes himmlischen Tempels wider, in dem Christus, unser Vorläufer, für uns vor dem Thron Gottes dient. Die Wohnstätte des Königs der Könige, wo tausendmal tausend ihm dienen und zehntausendmal zehntausend vor ihm stehen;[6] jener Tempel voll der Herrlichkeit des ewigen Thrones, wo Seraphim, die strahlenden Hüter, anbetend ihre Angesichter verhüllen, konnte in dem denkwürdigsten Bau, den Menschenhände je errichteten, nur einen matten Abglanz seiner Größe und Herrlichkeit finden. Doch wurden durch das Heiligtum und seine Gottesdienste wichtige Wahrheiten hinsichtlich des himmlischen Heiligtums und des großen Werkes, das dort zur Erlösung des Menschen ausgeführt wird, gelehrt.

Die heiligen Stätten des Heiligtums im Himmel werden durch die zwei Abteilungen im irdischen Heiligtum dargestellt. Als dem Apostel Johannes in einem Gesicht ein Blick auf den Tempel Gottes im Himmel gewährt wurde, sah er, wie dort „sieben Fackeln mit Feuer brannten vor dem Stuhl".[7] Er erblickte einen Engel, der „hatte ein goldenes Räuchfaß; und ihm ward viel Räuchwerk gegeben, daß er es gäbe zum Gebet aller Heiligen auf den goldenen Altar vor dem Stuhl".[8] Hier wurde dem Propheten gestattet, die erste Abteilung des himmlischen Heiligtums zu schauen; und er sah dort die „sieben Fackeln mit Feuer" und „den goldenen Altar", dargestellt durch den goldenen Leuchter und den Räucheraltar im irdischen Heiligtum. Wiederum heißt es: „Der Tempel Gottes ward aufgetan im Himmel",[9] und er schaute in das Innere, hinter den zweiten Vorhang, in das Allerheiligste. Hier erblickte er „die Lade des Bundes", dargestellt durch die heilige Lade,

6 Dan. 7, 10 7 Offb. 4, 5 8 Offb. 8, 3 9 Offb. 11, 19

die Mose anfertigen ließ, um das Gesetz Gottes darin aufzubewahren. So fanden die, die sich mit diesem Problem befaßten, unbestreitbare Beweise für das Vorhandensein eines Heiligtums im Himmel. Mose baute das irdische Heiligtum nach einem Vorbild, das ihm gezeigt worden war. Paulus lehrt, daß jenes Vorbild das wahrhaftige Heiligtum sei, das im Himmel ist; und Johannes bezeugt, daß er es im Himmel gesehen habe.

Im himmlischen Tempel, der Wohnstätte Gottes, ist sein Thron auf Gerechtigkeit und Gericht gegründet. Im Allerheiligsten ist sein Gesetz der große Maßstab des Rechts, nach dem alle Menschen geprüft werden. Die Bundeslade, welche die Tafeln des Gesetzes birgt, ist mit dem Gnadenstuhl bedeckt, vor dem Christus sein Blut zugunsten des Sünders darbietet. Auf diese Weise wird die Verbindung von Gerechtigkeit und Gnade im Plan der menschlichen Erlösung dargestellt. Diese Vereinigung konnte allein ewige Weisheit ersinnen und unendliche Macht vollbringen; es ist eine Verbindung, die den ganzen Himmel mit Staunen und Anbetung erfüllt. Die ehrerbietig auf den Gnadenstuhl niederschauenden Cherubim des irdischen Heiligtums versinnbilden die Anteilnahme, mit der die himmlischen Heerscharen das Werk der Erlösung betrachten. Dies ist das Geheimnis der Gnade, das auch die Engel verlangt zu schauen: daß Gott gerecht sein kann, während er den reumütigen Sünder rechtfertigt und seine Verbindung mit dem gefallenen Geschlecht erneuert; daß Christus sich herablassen konnte, unzählige Scharen aus dem Abgrund des Verderbens herauszuheben und sie mit den fleckenlosen Gewändern seiner eigenen Gerechtigkeit zu bekleiden, damit sie sich mit Engeln, die nie gefallen sind, vereinen und ewig in der Gegenwart Gottes wohnen können.

Christi Werk als Fürsprecher der Menschen wird in der schönen Weissagung Sacharjas von dem, „der heißt Zemach" (Zweig), veranschaulicht. Der Prophet sagt: „Den Tempel des Herrn wird er bauen und wird den Schmuck tragen und wird sitzen und herrschen auf seinem [des Vaters] Thron, wird auch Priester sein auf seinem Thron, und es wird Friede sein zwischen den beiden."[10]

„Den Tempel des Herrn wird er bauen." Durch sein Opfer und sein Mittleramt ist Christus beides, der Grund und der Baumeister der

10 Sach. 6, 13

Gemeinde Gottes. Der Apostel Paulus verweist auf ihn als den Eckstein, „auf welchem der ganze Bau ineinandergefügt wächst zu einem heiligen Tempel in dem Herrn, auf welchem auch ihr mit erbaut werdet zu einer Behausung Gottes im Geist“.[11]

„Und wird den Schmuck tragen.“ Der Schmuck, die Herrlichkeit der Erlösung des gefallenen Geschlechts, gebührt Christus. In der Ewigkeit wird das Lied der Erlösten sein: Dem, „der uns geliebt hat und gewaschen von den Sünden mit seinem Blut . . ., dem sei Ehre und Gewalt von Ewigkeit zu Ewigkeit! Amen“.[12]

Er „wird sitzen und herrschen auf seinem Thron, wird auch Priester sein auf seinem Thron“. Jetzt sitzt er noch nicht auf dem Stuhl seiner Herrlichkeit; denn das Reich der Herrlichkeit ist noch nicht aufgerichtet. Erst nach der Vollendung seines Werkes wird Gott „ihm den Stuhl seines Vaters David geben“, ein Reich, dessen „kein Ende sein“ wird.[13] Als Priester sitzt Christus jetzt mit seinem Vater auf dessen Stuhl.[14] Auf dem Throne mit dem Ewigen, der in sich selbst Dasein hat, sitzt er, der da „trug unsre Krankheit und lud auf sich unsre Schmerzen“, „der versucht ist allenthalben gleichwie wir, doch ohne Sünde“, damit er könnte „helfen denen, die versucht werden“. „Ob jemand sündigt, so haben wir einen Fürsprecher bei dem Vater.“[15] Seine Vermittlung geschieht durch einen durchbohrten und gebrochenen Leib, durch sein makelloses Leben. Die verwundeten Hände, die durchstochene Seite, die durchbohrten Füße legen Fürsprache ein für den gefallenen Menschen, dessen Heil so unermeßlich teuer erkauft wurde.

„Und es wird Friede [der Rat des Friedens] sein zwischen den beiden.“ Die Liebe des Vaters ist nicht weniger als die des Sohnes die Quelle des Heils für die verlorene Menschheit. Jesus sagte zu seinen Jüngern, ehe er wegging: „Ich sage euch nicht, daß ich den Vater für euch bitten will; denn er selbst, der Vater, hat euch lieb.“[16] „Gott war in Christo und versöhnte die Welt mit ihm selber.“[17] Und in dem Dienst des Heiligtums droben ist der Rat des Friedens zwischen den beiden. „*Also* hat Gott die Welt geliebt, daß er seinen eingeborenen Sohn gab, auf daß alle, die an ihn glauben, nicht verloren werden, sondern das ewige Leben haben.“[18]

11 Eph. 2, 21. 22
12 Offb. 1, 5. 6
13 Luk. 1, 32. 33
14 Offb. 3, 21
15 Jes. 53, 4; Hebr. 4, 15; 2, 18; 1. Joh. 2, 1
16 Joh. 16, 26. 27
17 2. Kor. 5, 19
18 Joh. 3, 16

Die Frage: Was ist das Heiligtum? ist in der Heiligen Schrift klar beantwortet. Der Ausdruck „Heiligtum“, wie er in der Bibel gebraucht wird, bezieht sich zunächst auf die von Mose als Abbild der himmlischen Dinge errichtete Stiftshütte, und zweitens auf die wahrhaftige Hütte im Himmel, auf die das irdische Heiligtum hinwies. Mit dem Tode Christi endete der bildliche Dienst. Die wahre Hütte im Himmel ist das Heiligtum des Neuen Bundes. Und da die Weissagung aus Daniel 8, 14 ihre Erfüllung in diesem Bund findet, muß das Heiligtum, auf das sie sich bezieht, das Heiligtum des Neuen Bundes sein. Am Ende der zweitausenddreihundert Tage, im Jahre 1844, hatte sich schon seit vielen Jahrhunderten kein Heiligtum mehr auf Erden befunden. Somit verweist die Weissagung: „Bis zweitausenddreihundert Abende und Morgen um sind; dann wird das Heiligtum wieder geweiht werden“ ohne Zweifel auf das Heiligtum im Himmel.

Aber noch bleibt die wichtigste Frage zu beantworten. Was ist unter der Weihe oder Reinigung des Heiligtums zu verstehen? Das Alte Testament berichtet, daß ein solcher Dienst in Verbindung mit dem irdischen Heiligtum bestand. Aber kann im Himmel irgend etwas zu reinigen sein? In Hebräer 9 wird die Reinigung des irdischen sowie des himmlischen Heiligtums deutlich gelehrt: „Und es wird fast alles mit Blut gereinigt nach dem Gesetz; und ohne Blutvergießen geschieht keine Vergebung. So mußten nun der himmlischen Dinge Vorbilder mit solchem [dem Blut von Tieren] gereinigt werden; aber sie selbst, die himmlischen, müssen bessere Opfer haben, denn jene waren“ [19] – nämlich das köstliche Blut Christi.

Die Reinigung muß sowohl im Schattendienst als auch im wahrhaftigen Dienst mit Blut vollzogen werden; in jenem mit dem Blut von Tieren, in diesem mit dem Blut Christi. Paulus nennt den Grund, warum diese Reinigung mit Blut vollzogen werden mußte: weil ohne Blutvergießen *keine Vergebung* geschieht. Vergebung zu erlangen oder die Sünde auszutilgen, das ist das zu vollbringende Werk. Aber wie konnte die Sünde mit dem Heiligtum, sei es im Himmel oder auf Erden, verbunden sein? Das können wir aus dem gegenbildlichen Dienst erkennen; denn die Priester, die ihr Amt auf Erden versahen, dienten „dem Vorbilde und dem Schatten des Himmlischen“.[20]

19 Hebr. 9, 22. 23 20 Hebr. 8, 5

Der Dienst im irdischen Heiligtum war ein zweifacher: die Priester dienten täglich im Heiligen, während der Hohepriester einmal im Jahr im Allerheiligsten ein besonderes Werk der Versöhnung zur Reinigung des Heiligtums darbrachte. Tag für Tag führte der reumütige Sünder sein Opfer zur Tür der Stiftshütte und bekannte, seine Hand auf den Kopf des Opfertieres legend, seine Sünden, die er damit bildlich von sich auf das unschuldige Opfer übertrug. Dann wurde das Tier geschlachtet. „Ohne Blutvergießen", sagt der Apostel, „geschieht keine Vergebung." „Des Leibes Leben ist im Blut." [21] Das gebrochene Gesetz Gottes forderte das Leben des Übertreters. Das Blut, welches das verwirkte Leben des Sünders darstellte, dessen Schuld das Opfertier trug, wurde vom Priester in das Heilige getragen und vor den Vorhang gesprengt, hinter dem sich die Bundeslade mit den Tafeln des Gesetzes befand, das der Sünder übertreten hatte. Durch diese Handlung wurde die Sünde durch das Blut bildlich auf das Heiligtum übertragen. In einigen Fällen wurde das Blut nicht in das Heilige getragen; dann jedoch wurde das Fleisch von dem Priester gegessen, wie Mose die Söhne Aarons anwies und sagte: „Er [Gott] hat's euch gegeben, daß ihr die Missetat der Gemeinde tragen sollt." [22] Beide Handlungen versinnbildeten gleicherweise die Übertragung der Sünde von dem Bußfertigen auf das Heiligtum.

So geschah der Dienst, der das ganze Jahr über Tag für Tag vor sich ging. Die Sünden Israels wurden auf diese Weise auf das Heiligtum übertragen, und eine besondere Handlung war nötig, um sie wegzuschaffen. Gott befahl, daß jede der heiligen Abteilungen versöhnt werden sollte. „Und soll also versöhnen das Heiligtum von der Unreinigkeit der Kinder Israel und von ihrer Übertretung in allen ihren Sünden. Also soll er auch tun der Hütte des Stifts; denn sie sind unrein, die umher lagern." Es mußte ferner die Versöhnung vollzogen werden für den Altar, um ihn zu „reinigen und heiligen von der Unreinigkeit der Kinder Israel". [23]

Einmal im Jahr, am großen Versöhnungstag, ging der Priester in das Allerheiligste, um das Heiligtum zu reinigen. Das dort vollzogene Werk vollendete die jährliche Runde des Dienstes im Heiligtum. Am Versöhnungstag wurden zwei Ziegenböcke vor die Tür der Stiftshütte

21 3. Mose 17, 11 22 3. Mose 10, 17 23 3. Mose 16, 16. 19

gebracht und das Los über sie geworfen, „ein Los dem Herrn und das andere dem Asasel".[24] Der Bock, auf den des Herrn Los fiel, sollte als Sündopfer für das Volk geschlachtet werden, und der Priester mußte dessen Blut hinter den Vorhang bringen und es auf den Gnadenstuhl und vor den Gnadenstuhl sprengen. Auch mußte es auf den Räucheraltar, der vor dem Vorhang stand, gesprengt werden.

„Da soll denn Aaron seine beiden Hände auf sein [des lebenden Bockes] Haupt legen und bekennen auf ihn alle Missetat der Kinder Israel und alle ihre Übertretung in allen ihren Sünden, und soll sie dem Bock auf das Haupt legen und ihn durch einen Mann, der bereit ist, in die Wüste laufen lassen, daß also der Bock alle ihre Missetat auf sich in eine Wildnis trage."[25] Der Sündenbock kam nicht mehr in das Lager Israels, und der Mann, der ihn weggeführt hatte, mußte sich und seine Kleider mit Wasser waschen, ehe er ins Lager zurückkehren durfte.

Die ganze Handlung war dazu bestimmt, den Israeliten die Heiligkeit Gottes und seinen Abscheu vor der Sünde einzuprägen und ihnen ferner zu zeigen, daß sie mit der Sünde nicht in Berührung kommen konnten, ohne befleckt zu werden. Jeder wurde, während dieses Versöhnungswerk vor sich ging, aufgefordert, seine Seele zu demütigen. Alle Beschäftigung mußte beiseite gelegt werden, und die Israeliten hatten den Tag in feierlicher Demütigung vor Gott mit Gebet, Fasten und gründlicher Herzenserforschung zuzubringen.

Der sinnbildliche Dienst ließ wichtige Wahrheiten über die Versöhnung offenbar werden. Ein Stellvertreter wurde statt des Sünders angenommen; aber die Sünde konnte durch das Blut des Opfertieres nicht ausgetilgt werden. Es wurde dadurch nur ein Mittel vorgesehen, sie auf das Heiligtum zu übertragen. Durch das Darbringen des Blutes erkannte der Sünder die Autorität des Gesetzes an, bekannte seine Schuld der Übertretung und drückte sein Verlangen nach Vergebung aus, und zwar im Glauben an einen zukünftigen Erlöser; aber noch war er von der Verdammung des Gesetzes nicht gänzlich befreit. Am Versöhnungstag ging der Hohepriester, nachdem er von der Gemeinde ein Opfer genommen hatte, mit dem Blut dieses Opfers in das Allerheiligste und sprengte es auf den Gnadenstuhl, unmittelbar über das

24 3. Mose 16, 8   25 3. Mose 16, 21. 22

Gesetz, um für dessen Ansprüche Genugtuung zu leisten. Dann nahm er als Mittler die Sünden auf sich selbst und trug sie aus dem Heiligtum. Er legte seine Hände auf den Kopf des lebenden Bockes, bekannte auf ihn alle diese Sünden und übertrug sie damit von sich auf den Bock, den man dann hinwegjagte. Diese Sünden wurden jetzt als für immer vom Volk geschieden betrachtet.

So geschah der in dem „Vorbild und dem Schatten des Himmlischen" vollzogene Dienst. Und was sinnbildlich im Dienst des irdischen Heiligtums getan wurde, geschieht im Wesen während des Dienstes im himmlischen Heiligtum. Nach seiner Himmelfahrt begann unser Heiland seinen Dienst als Hoherpriester. Paulus sagt: „Denn Christus ist nicht eingegangen in das Heilige, so mit Händen gemacht ist (welches ist ein Gegenbild des wahrhaftigen), sondern in den Himmel selbst, nun zu erscheinen vor dem Angesicht Gottes für uns." [26]

Der Dienst des Priesters während des ganzen Jahres in der ersten Abteilung des Heiligtums, „im Inwendigen des Vorhangs", der die Tür bildete und das Heilige vom Vorhof trennte, stellt den Dienst dar, den Christus mit seiner Himmelfahrt angetreten hat. Es war die Aufgabe des Priesters während des täglichen Dienstes, vor Gott das Blut des Sündopfers und den Weihrauch darzubringen, der mit den Gebeten Israels emporstieg. So machte Christus vor dem Vater sein Blut für die Sünder geltend und brachte ihm ferner mit dem köstlichen Wohlgeruch seiner eigenen Gerechtigkeit die Gebete der reumütigen Gläubigen dar. Das war der Dienst in der ersten Abteilung des himmlischen Heiligtums.

Dorthin folgte Christus der Glaube seiner Jünger, als er, ihren Blicken entschwindend, gen Himmel fuhr. Hier wurzelte ihre Hoffnung, „welche wir", wie Paulus sagt, „haben als einen sichern und festen Anker unsrer Seele, der auch hineingeht in das Inwendige des Vorhangs, dahin der Vorläufer für uns eingegangen, Jesus, ein Hoherpriester geworden in Ewigkeit". Christus ist „nicht durch der Böcke oder Kälber Blut, sondern durch sein eigen Blut *einmal* in das Heilige eingegangen und hat eine ewige Erlösung erfunden". [27]

Achtzehn Jahrhunderte lang wurde dieser Dienst im ersten Teil des Heiligtums fortgeführt. Das Blut Christi legte Fürbitte für reumütige

26 Hebr. 9, 24

27 Hebr. 6, 19. 20; 9, 12

Gläubige ein und verschaffte ihnen Vergebung und Annahme beim Vater, doch standen ihre Sünden noch immer in den Büchern verzeichnet. Wie im irdischen Heiligtum am Ende des Jahres ein Versöhnungsdienst stattfand, so muß, ehe Christi Aufgabe der Erlösung der Menschen vollendet werden kann, das himmlische Heiligtum durch die Entfernung der Sünden versöhnt werden. Dies ist der Dienst, der am Ende der zweitausenddreihundert Tage begann. Zu jener Zeit trat, wie vom Propheten Daniel vorhergesagt wurde, unser großer Hoherpriester in das Allerheiligste, um den letzten Teil seines feierlichen Werkes, die Reinigung des Heiligtums, zu vollziehen.

Wie die Sünden des Volkes vor alters durch den Glauben auf das Sündopfer gelegt und bildlich durch dessen Blut auf das irdische Heiligtum übertragen wurden, so werden im Neuen Bund die Sünden der Bußfertigen durch den Glauben auf Christus gelegt und in Wirklichkeit auf das himmlische Heiligtum übertragen. Und wie im Schattendienst die Reinigung des irdischen Heiligtums durch das Wegschaffen der Sünden, durch die es befleckt worden war, vollbracht wurde, so soll die Reinigung des himmlischen durch das Wegschaffen oder Austilgen der dort aufgezeichneten Sünden vollzogen werden. Ehe dies aber geschehen kann, müssen die Bücher untersucht werden, um zu entscheiden, wer, durch Bereuen der Sünden und den Glauben an Christus, der Wohltaten seiner Versöhnung teilhaftig werden kann. Die Reinigung des Heiligtums schließt deshalb eine Untersuchung, ein Gericht ein. Diese Untersuchung muß stattfinden, ehe Christus kommt, um sein Volk zu erlösen; denn wenn er kommt, ist sein Lohn mit ihm, „zu geben einem jeglichen, wie seine Werke sein werden". [28]

Auf diese Weise erkannten die, welche dem Licht des prophetischen Wortes folgten, daß Christus, statt am Ende der zweitausenddreihundert Tage im Jahre 1844 auf die Erde zu kommen, damals in das Allerheiligste des himmlischen Heiligtums einging, um das abschließende Werk der Versöhnung, die Vorbereitung auf sein Kommen, zu vollziehen.

Man erkannte nicht nur, daß der geschlachtete Bock auf Christus als ein Opfer hinwies und den Hohenpriester Christus als einen Mittler darstellte, sondern auch, daß der Sündenbock Satan, den Urheber der

28 Offb. 22, 12

Sünde, versinnbildete, auf den die Sünden der wahrhaft Reumütigen schließlich gelegt werden sollen. Wenn der Hohepriester – kraft des Blutes des Sündopfers – die Sünden vom Heiligtum wegschaffte, legte er sie auf den Sündenbock; wenn Christus am Ende seines Dienstes – kraft seines eigenen Blutes – die Sünden seines Volkes aus dem himmlischen Heiligtum fortnimmt, wird er sie auf Satan legen, der bei der Vollstreckung des Gerichts die endgültige Schuld tragen muß. Der Sündenbock wurde in die Wüste gejagt, damit er nie wieder in die Gemeinschaft der Kinder Israel zurückkommen konnte. Ebenso wird Satan auf ewig aus der Gegenwart Gottes und seines Volkes verbannt und bei der endgültigen Vernichtung der Sünde und der Sünder vertilgt werden.

Im Allerheiligsten 24

Das Heiligtum war der Schlüssel zu dem Geheimnis der Enttäuschung vom Jahre 1844. Ein vollständiges System der Wahrheit, harmonisch miteinander verbunden, wurde sichtbar und zeigte, daß Gott die große Adventbewegung geleitet hatte. Offenbar wurde die gegenwärtige Aufgabe des Volkes Gottes, indem seine Stellung und Pflicht ans Licht kam. Gleichwie Jesu Jünger nach der schrecklichen Nacht ihres Schmerzes und ihrer Enttäuschung froh wurden, „daß sie den Herrn sahen",[1] so freuten sich nun die, welche im Glauben seiner Wiederkunft entgegengesehen hatten. Sie waren der Hoffnung nachgegangen, daß er in seiner Herrlichkeit erscheinen werde, um seine Knechte zu belohnen. Als ihre Hoffnungen enttäuscht wurden, hatten sie Jesus aus den Augen verloren und wie Maria am Grabe gerufen: „Sie haben den Herrn weggenommen ..., und wir wissen nicht, wo sie ihn hingelegt haben." Nun sahen sie ihn, ihren barmherzigen Hohenpriester, der bald als ihr König und Befreier erscheinen sollte, im Allerheiligsten wieder. Licht aus dem Heiligtum erhellte Vergangenheit, Gegenwart und Zukunft. Sie wußten, daß Gott sie in seiner untrüglichen Vorsehung geführt hatte. Wenn sie auch wie die ersten Jünger die Botschaft nicht verstanden, die sie verkündigten, so war sie doch in jeder Hinsicht richtig gewesen. Durch ihre Verkündigung hatten sie Gottes Absicht erfüllt, und ihre Arbeit war vor dem Herrn nicht vergebens gewesen. „Wiedergeboren ... zu einer lebendigen Hoffnung", freuten sie sich „mit unaussprechlicher und herrlicher Freude".[2]

Sowohl die Weissagung in Daniel 8, 14: „Bis zweitausenddreihundert Abende und Morgen um sind; dann wird das Heiligtum wieder

1 Joh. 20, 20 2 1. Petr. 1, 3. 8

geweiht werden" als auch die erste Engelsbotschaft: „Fürchtet Gott und gebet ihm die Ehre; denn die Zeit seines Gerichts ist gekommen" wiesen auf den Dienst Christi im Allerheiligsten, auf das Untersuchungsgericht hin, nicht aber auf das Kommen Christi zur Erlösung seines Volkes und zur Vernichtung der Gottlosen. Der Fehler lag nicht in der Berechnung der prophetischen Zeitangaben, sondern in dem *Ereignis,* das am Ende der zweitausenddreihundert Tage stattfinden sollte. Durch diesen Irrtum waren die Gläubigen enttäuscht worden, obwohl sich alles, was durch die Weissagung vorhergesagt war und was sie nach der Schrift erwarten konnten, erfüllt hatte. Zur selben Zeit, als sie den Fehlschlag ihrer Hoffnungen beklagten, hatte das vorhergesagte Ereignis stattgefunden, das sich erfüllen mußte, ehe der Herr erscheinen konnte, um seine Diener zu belohnen.

Christus war gekommen, nicht auf die Erde, wie sie erwartet hatten, sondern, wie im Schatten angedeutet ist, in das Allerheiligste des Tempels Gottes im Himmel. Von dem Propheten Daniel wird dargestellt, wie er zu dieser Zeit vor den Alten der Tage kommt: „Ich sah in diesem Gesichte des Nachts, und siehe, es kam einer in des Himmels Wolken wie eines Menschen Sohn [nicht zur Erde, sondern] bis zu dem Alten und ward vor ihn gebracht." [3]

Dieses Kommen wird uns auch von dem Propheten Maleachi vor Augen geführt: „Bald wird kommen zu seinem Tempel der Herr, den ihr suchet; und der Engel des Bundes, des ihr begehret, siehe, er kommt! spricht der Herr Zebaoth." [4] Das Kommen des Herrn zu seinem Tempel geschah für seine Kinder plötzlich, unerwartet. *Dort* suchten sie ihn nicht, sondern sie erwarteten, daß er auf die Erde käme „mit Feuerflammen, Rache zu geben über die, so Gott nicht erkennen, und über die, so nicht gehorsam sind dem Evangelium". [5]

Aber auch sie waren noch nicht bereit, ihrem Herrn zu begegnen. Sie mußten noch darauf vorbereitet werden. Ein Licht mußte ihnen leuchten, das ihre Gedanken auf den Tempel Gottes im Himmel richtete, und falls sie im Glauben ihrem Hohenpriester in seinem Dienst dorthin folgten, sollten ihnen neue Pflichten gezeigt werden. Die Gemeinde mußte noch belehrt werden und eine Warnungsbotschaft empfangen.

3 Dan. 7, 13 4 Mal. 3, 1 5 2. Thess. 1, 8

Der Prophet sagt: „Wer wird aber den Tag seiner Zukunft erleiden können, und wer wird bestehen, wenn er wird erscheinen? Denn er ist wie das Feuer eines Goldschmieds und wie die Seife der Wäscher. Er wird sitzen und schmelzen und das Silber reinigen; er wird die Kinder Levi reinigen und läutern wie Gold und Silber. Dann werden sie dem Herrn Speisopfer bringen in Gerechtigkeit."[6] Die auf Erden leben, wenn die Fürbitte Christi im Heiligtum droben aufhören wird, werden vor den Augen eines heiligen Gottes ohne einen Vermittler bestehen müssen. Ihre Kleider müssen fleckenlos, ihre Charaktere durch das Blut der Besprengung von Sünde gereinigt sein. Durch Gottes Gnade und durch ihre eigenen fleißigen Anstrengungen müssen sie im Kampf mit dem Bösen siegreich bleiben. Während das Untersuchungsgericht im Himmel vor sich geht, während die Sünden reumütiger Gläubiger aus dem Heiligtum entfernt werden, muß sich das Volk Gottes auf Erden in besonderer Weise läutern, d. h. seine Sünden ablegen. Das wird in den Botschaften von Offenbarung 14 deutlich ausgesagt.

Nachdem das geschehen ist, werden die Nachfolger Christi für sein Erscheinen bereit sein. Dann „wird dem Herrn wohl gefallen das Speisopfer Juda's und Jerusalems wie vormals und vor langen Jahren".[7] Dann wird die Gemeinde, die der Herr bei seinem Kommen zu sich nehmen wird, herrlich sein, eine Gemeinde, „die nicht habe einen Flecken oder Runzel oder des etwas".[8] Dann wird sie hervorbrechen „wie die Morgenröte, schön wie der Mond, auserwählt wie die Sonne, schrecklich wie die Heerscharen".[9]

Außer dem Eingang des Herrn in seinen Tempel sagt Maleachi auch seine Wiederkunft zur Ausführung des Gerichtes mit folgenden Worten voraus: „Und ich will zu euch kommen und euch strafen und will ein schneller Zeuge sein wider die Zauberer, Ehebrecher und Meineidigen und wider die, so Gewalt und Unrecht tun den Tagelöhnern, Witwen und Waisen und den Fremdling drücken und mich nicht fürchten, spricht der Herr Zebaoth."[10] Judas verweist auf dasselbe Ereignis, wenn er sagt: „Siehe, der Herr kommt mit vielen tausend Heiligen, Gericht zu halten über alle und zu strafen alle Gottlosen um alle Werke ihres gottlosen Wandels, womit sie gottlos gewesen sind,

6 Mal. 3, 2. 3 7 Mal. 3, 4 8 Eph. 5, 27 9 Hohel. 6, 10 10 Mal. 3, 5

und um all das Harte, das die gottlosen Sünder wider ihn geredet haben." [11] Dieses Kommen [Wiederkunft] und der Eingang des Herrn in seinen Tempel sind zwei bestimmte und voneinander verschiedene Ereignisse.

Der Eingang als unser Hoherpriester in das Allerheiligste, um das Heiligtum zu reinigen, wie es in Daniel 8, 14 dargelegt ist, das Kommen des Menschensohns zu dem Hochbetagten, das in Daniel 7, 13 vor Augen geführt wird, und das Kommen des Herrn zu seinem Tempel, wie es von Maleachi vorausgesagt wird, sind Beschreibungen ein und desselben Ereignisses, das auch durch das Erscheinen des Bräutigams zur Hochzeit dargestellt wird, wie es von Christus in dem Gleichnis von den zehn Jungfrauen in Matthäus 25 beschrieben ist.

Im Sommer und Herbst des Jahres 1844 erging der Ruf: „Siehe, der Bräutigam kommt!" Es hatten sich damals die beiden Gruppen der klugen und der törichten Jungfrauen gebildet: eine Gruppe, die mit Freuden auf das Erscheinen des Herrn wartete und sich ernstlich vorbereitet hatte, ihm zu begegnen; eine andere Gruppe, die, furchterfüllt und nur aus Gefühlsantrieben handelnd, sich mit der Wahrheit als Theorie zufriedengegeben hatte, aber der Gnade Gottes ermangelte. Im Gleichnis gingen die mit dem Bräutigam zur Hochzeit hinein, welche bereit waren, als er kam. Das hier erwähnte Kommen des Bräutigams findet vor der Hochzeit statt. Die Hochzeit stellt Christi Übernahme seines Reiches dar. Die heilige Stadt, das neue Jerusalem, das die Hauptstadt und Vertreterin des Reiches ist, wird das Weib, die „Braut des Lammes" genannt. So sagte der Engel zu Johannes: „Komm, ich will dir das Weib zeigen, die Braut des Lammes." „Und führte mich hin im Geist...", erzählt dieser, „und zeigte mir die große Stadt, das heilige Jerusalem, herniederfahren aus dem Himmel von Gott." [12] Demnach stellt offenbar die Braut die heilige Stadt dar, und die Jungfrauen, die dem Bräutigam entgegengehen, sind ein Sinnbild der Gemeinde. Nach der Offenbarung sollen die Kinder Gottes die Gäste beim Hochzeitsmahl sein. [13] Sind sie die *Gäste,* so können sie nicht zu gleicher Zeit als *Braut* dargestellt werden. Christus wird, wie uns der Prophet Daniel dies schildert, von dem Alten „Gewalt, Ehre und Reich" entgegennehmen. Er wird das neue Jerusalem, die Stadt

11 Jud. 14. 15 12 Offb. 21, 9. 10 13 Offb. 19, 9

seines Reiches, empfangen, „bereitet als eine geschmückte Braut ihrem Mann".[14] Nachdem er das Reich empfangen hat, wird er in seiner Herrlichkeit als König der Könige und Herr der Herren kommen, um sein Volk zu erlösen, das „mit Abraham und Isaak und Jakob im Himmelreich sitzen"[15] wird an seinem Tisch in seinem Reich, um an dem Hochzeitsmahl des Lammes teilzunehmen.

Die Verkündigung: „Siehe, der Bräutigam kommt!", wie sie im Sommer des Jahres 1844 erging, veranlaßte Tausende, die unmittelbare Ankunft des Herrn zu erwarten. Zur vermuteten Zeit kam der Bräutigam, aber nicht, wie sein Volk erwartete, auf die Erde, sondern zum Alten im Himmel, zur Hochzeit, zur Übernahme seines Reiches. „Die bereit waren, gingen mit ihm hinein zur Hochzeit, und die Tür ward verschlossen." Sie waren bei der Hochzeit nicht anwesend, denn diese fand im Himmel statt, während sie noch auf Erden lebten. Die Nachfolger Christi sollen „auf ihren Herrn warten, wann er *aufbrechen wird* von der Hochzeit".[16] Aber sie müssen sein Werk verstehen und ihm im Glauben folgen, wenn er hineingeht vor den Thron Gottes. In diesem Sinne kann von ihnen gesagt werden, daß sie hineingehen zur Hochzeit.

Im Gleichnis nahmen die, welche Öl in ihren Gefäßen und ihren Lampen hatten, an der Hochzeit teil. Alle, die mit der Erkenntnis der Wahrheit aus der Heiligen Schrift auch den Geist und die Gnade Gottes besaßen, die in der Nacht ihrer bitteren Prüfung geduldig gewartet und in der Bibel nach hellerem Licht geforscht hatten, erkannten die Wahrheit bezüglich des Heiligtums im Himmel und des veränderten Dienstes des Heilandes und folgten ihm im Glauben in seinem Dienst im himmlischen Heiligtum. Und alle, die durch das Zeugnis der Heiligen Schrift dieselben Wahrheiten annehmen und Christus im Glauben folgen, wenn er vor Gott tritt, das letzte Werk der Fürsprache zu vollziehen, um bei dessen Abschluß sein Reich zu empfangen, werden als solche dargestellt, die zur Hochzeit hineingehen.

In dem Gleichnis in Matthäus 22 wird das gleiche Bild von der Hochzeit angewandt, und es wird deutlich gezeigt, daß das Untersuchungsgericht vor der Hochzeit stattfindet. Vor der Hochzeit ging der König

14 Dan. 7, 14; Offb. 21, 2 15 Matth. 8, 11; Luk. 22, 30 16 Luk. 12, 36

hinein, um zu sehen,[17] ob alle Gäste mit dem hochzeitlichen Kleid, dem fleckenlosen Gewand, dem Charakter, der gewaschen und hell gemacht ist „im Blut des Lammes",[18] angetan waren. Wer nicht mit einem solchen Gewand bekleidet ist, wird hinausgeworfen werden, aber alle, die bei der Prüfung in einem hochzeitlichen Kleid angetroffen werden, wird Gott annehmen und für würdig erachten, einen Anteil an seinem Reich und einen Sitz auf seinem Thron zu haben. Diese Charakterprüfung, die Entscheidung, wer für das Reich Gottes bereit ist, bedeutet das Untersuchungsgericht, das Schlußwerk im himmlischen Heiligtum.

Wenn diese Untersuchung beendet ist, wenn die Fälle derer, die sich von jeher als Nachfolger Christi bekannt haben, geprüft und entschieden worden sind, dann und nicht eher wird die Prüfungszeit zu Ende gehen und die Gnadentür geschlossen werden. Somit führt uns der kurze Satz: „Die bereit waren, gingen mit ihm hinein zur Hochzeit, und die Tür ward verschlossen" durch den letzten Dienst Christi bis zur Vollendung des großen Erlösungswerkes.

Im Dienst des irdischen Heiligtums, der, wie wir gesehen haben, ein Abbild des Dienstes im himmlischen war, ging der Dienst in der ersten Abteilung zu Ende, wenn der Hohepriester am Versöhnungstag das Allerheiligste betrat. Gott befahl: „Kein Mensch soll in der Hütte des Stifts sein, wenn er hineingeht, zu versöhnen im Heiligtum, bis er herausgehe."[19] So beschloß Christus, als er das Allerheiligste betrat, um die letzte Aufgabe der Versöhnung zu vollziehen, seinen Dienst in der ersten Abteilung. Doch als dieser endete, begann der Dienst in der zweiten Abteilung. Wenn der Hohepriester im Schattendienst am Versöhnungstag das Heilige verließ, betrat er den Ort der Gegenwart Gottes, um für alle Israeliten, die ihre Sünden wahrhaft bereuten, das Blut des Sündopfers darzubringen. So hatte Christus nur einen Teil seines Werkes als unser Vermittler vollendet, um einen andern Teil desselben Werkes zu beginnen, wobei er noch immer kraft seines Blutes für die Sünder beim Vater Fürbitte einlegte.

Dies verstanden die Adventisten im Jahre 1844 nicht. Nachdem die Zeit, da der Heiland erwartet wurde, verstrichen war, glaubten sie noch immer, daß sein Kommen nahe sei, daß sie einen entscheidenden

17 Matth. 22, 11 18 Offb. 7, 14 19 3. Mose 16, 17

Augenblick erreicht hätten und daß das Werk Christi als Mittler des Menschen vor Gott zu Ende sei. Es schien ihnen, die Bibel lehre, daß die Prüfungszeit des Menschen kurz vor der wirklichen Ankunft des Herrn in den Wolken des Himmels zu Ende ginge. Dies glaubten sie aus jenen Schriftstellen herauszulesen, die auf eine Zeit hinweisen, in der die Menschen die Tür der Gnade suchen, anklopfen und rufen, ihnen aber nicht geöffnet wird. Sie fragten sich nun, ob die Zeit, zu der sie die Wiederkunft Christi erwartet hatten, nicht vielmehr den Anfang dieses Zeitabschnittes bezeichnete, der seinem Kommen unmittelbar vorausgehen sollte. Da sie die Warnungsbotschaft von dem nahenden Gericht verkündigt hatten, meinten sie, daß ihre Arbeit für die Welt getan sei. Sie verloren ihre Verantwortung für die Errettung von Sündern aus den Augen, und der kühne und gotteslästerliche Spott der Gottlosen schien ihnen ein weiterer Beweis dafür zu sein, daß sich der Geist Gottes von den Verwerfern seiner Gnade zurückgezogen hatte. All dies bestärkte sie in der Überzeugung, daß die Gnadenzeit beendet oder, wie sie sich damals ausdrückten, daß „die Tür der Gnade verschlossen“ sei.

Aber mit der Untersuchung der Heiligtumsfrage kam helleres Licht. Sie sahen jetzt, daß sie recht hatten zu glauben, das Ende der zweitausenddreihundert Jahre im Jahre 1844 bezeichne einen entscheidenden Zeitpunkt. Wenn es auch wahr ist, daß die Tür der Hoffnung und Gnade, durch welche die Menschen achtzehnhundert Jahre lang Zugang zu Gott gefunden hatten, geschlossen war, so wurde doch eine andere Tür geöffnet und den Menschen durch die Vermittlung Christi im Allerheiligsten, das im Himmel ist, die Vergebung der Sünden angeboten. Ein Teil seines Dienstes war beendet, um einem andern Platz zu machen. Noch immer stand eine Tür zum himmlischen Heiligtum offen, wo Christus um der Sünder willen diente.

Nun wußte man jene Worte Christi in der Offenbarung anzuwenden, die gerade an die Gemeinde zu dieser Zeit gerichtet sind: „Das sagt der Heilige, der Wahrhaftige, der da hat den Schlüssel Davids, der auftut, und niemand schließt zu, der zuschließt, und niemand tut auf: Ich weiß deine Werke. Siehe, ich habe vor dir gegeben eine offene Tür, und niemand kann sie zuschließen.“ [20]

20 Offb. 3, 7. 8

Alle, die Christus durch den Glauben in dem großen Erlösungswerk folgen, empfangen die Segnungen seiner Vermittlung, während jene, die das Licht über seinen Dienst verwerfen, keinen Nutzen davon haben. Die Juden, die das bei der ersten Ankunft Christi gegebene Licht verwarfen und sich weigerten, an ihn als den Heiland der Welt zu glauben, konnten durch ihn keine Vergebung erlangen. Als Jesus nach seiner Himmelfahrt durch sein eigenes Blut in das himmlische Heiligtum trat, um seinen Jüngern die Segnungen seiner Fürbitte angedeihen zu lassen, verblieben die Juden in vollständiger Finsternis und setzten ihre nutzlosen Opfer und Gaben fort. Der Dienst der Vorbilder und Schatten war zu Ende gegangen. Jene Tür, durch welche die Menschen früher Zugang zu Gott gefunden hatten, stand nicht länger offen. Die Juden hatten sich geweigert, den Herrn auf dem richtigen Weg zu suchen, auf dem er damals zu finden war: durch den Dienst im himmlischen Heiligtum. Deshalb fanden sie keine Gemeinschaft mit Gott. Für sie war die Tür verschlossen. Sie erkannten in Christus nicht das wahre Opfer und den einzigen Mittler vor Gott und konnten deshalb auch nicht den Segen seiner Fürsprache empfangen.

Der Zustand der ungläubigen Juden veranschaulicht die Verfassung der Sorglosen und Ungläubigen unter den angeblichen Christen, die absichtlich nichts von dem Werk unseres gnädigen Hohenpriesters wissen wollen. Wenn im sinnbildlichen Dienst der Hohepriester das Allerheiligste betrat, wurden alle Israeliten aufgefordert, sich um das Heiligtum zu versammeln und in der feierlichsten Weise ihre Seelen vor Gott zu demütigen, damit ihnen ihre Sünden vergeben und sie nicht aus der Gemeinde ausgeschlossen wurden. Wieviel wichtiger ist es, daß wir an diesem gegenbildlichen Versöhnungstag das Werk unseres Hohenpriesters verstehen und erkennen, welche Pflichten uns obliegen.

Die Menschen können nicht ungestraft die Warnungen verwerfen, die Gott ihnen in Gnaden sendet. In den Tagen Noahs wurde der Welt eine Botschaft vom Himmel gesandt, und ihre Rettung hing davon ab, wie sie diese Warnungsbotschaft aufnehmen würde. Weil man sie verwarf, zog sich der Geist Gottes von jenem sündigen Geschlecht zurück, das in den Wassern der Sintflut ums Leben kam. Zur Zeit Abrahams hörte die Gnade auf, mit den schuldbeladenen Einwohnern

Sodoms zu rechten, und alle außer Lot mit seinem Weibe und seinen beiden Töchtern wurden von dem Feuer verzehrt, das vom Himmel herabfiel. So war es auch in den Tagen Christi. Der Sohn Gottes sagte den ungläubigen Juden jenes Geschlechts: „Euer Haus soll euch wüst gelassen werden.“ [21] Die letzten Tage ins Auge fassend, erklärte dieselbe unendliche Macht hinsichtlich derer, welche „die Liebe zur Wahrheit nicht haben angenommen, auf daß sie selig würden“: „Darum wird ihnen Gott kräftige Irrtümer senden, daß sie glauben der Lüge, auf daß gerichtet werden alle, die der Wahrheit nicht glauben, sondern haben Lust an der Ungerechtigkeit.“ [22] Wenn sie die Lehren seines Wortes verwerfen, entzieht Gott ihnen seinen Geist und überläßt sie den Irrtümern, die sie lieben.

Aber Christus tritt dennoch für die Menschen ein, und Licht wird denen gegeben, die danach suchen. Obwohl die Adventisten dies zuerst nicht verstanden, wurde es ihnen später klar, als sich ihnen die Schriftstellen erschlossen, die ihre wahre Stellung kennzeichneten.

Nach Ablauf des Jahres 1844 folgte ein Abschnitt großer Prüfung für alle, die den Adventglauben noch immer bewahrten. Ihre einzige Hilfe, soweit dies die Vergewisserung ihrer wahren Stellung anbetraf, war das Licht, das ihre Aufmerksamkeit auf das Heiligtum droben richtete. Manche sagten sich von ihrem Glauben an die frühere Berechnung der prophetischen Ketten los und schrieben den gewaltigen Einfluß des Heiligen Geistes, der die Adventbewegung begleitet hatte, menschlichen oder satanischen Kräften zu. Andere hielten daran fest, daß der Herr sie in ihrer vergangenen Erfahrung geführt habe; und da sie warteten, wachten und beteten, um den Willen des Herrn zu erfahren, sahen sie, daß ihr großer Hoherpriester einen andern Dienst angetreten hatte. Ihm gläubig folgend, verstanden sie auch das abschließende Werk der Gemeinde. Die erste und zweite Engelsbotschaft wurde ihnen klarer, und sie waren vorbereitet, die feierliche Warnung des dritten Engels aus Offenbarung 14 zu empfangen und der Welt zu verkünden.

21 Matth. 23, 38 22 2. Thess. 2, 10–12

Gottes Gesetz ist unveränderlich | 25

„Der Tempel Gottes ward aufgetan im Himmel, und die Lade seines Bundes ward in seinem Tempel gesehen.“ [1] Die Lade des Bundes Gottes steht im Allerheiligsten, der zweiten Abteilung des Heiligtums. Im Dienst der irdischen Hütte, der „dem Vorbild und dem Schatten des Himmlischen“ diente, wurde diese Abteilung nur am großen Versöhnungstag zur Reinigung des Heiligtums geöffnet. Darum verweist die Ankündigung, daß der Tempel Gottes im Himmel geöffnet und die Lade des Bundes darin gesehen wurde, auf das Auftun des Allerheiligsten im himmlischen Heiligtum, auf das Jahr 1844, als Christus dort eintrat, um das Schlußwerk der Versöhnung zu vollziehen. Alle, die ihrem großen Hohenpriester im Glauben folgten, als er seinen Dienst im Allerheiligsten antrat, sahen die Bundeslade. Weil sie das Heiligtum erforscht hatten, verstanden sie den Wechsel im Dienst des Heilandes und erkannten, daß er jetzt vor der Lade Gottes diente und dort sein Blut für die Sünder geltend machte.

Die Lade in der Hütte auf Erden enthielt die zwei steinernen Tafeln, auf denen die Gebote des Gesetzes Gottes eingegraben waren. Die Lade war ein Behälter für die Gesetzestafeln; das Vorhandensein der göttlichen Gebote verlieh ihr Wert und Heiligkeit. Als der Tempel Gottes im Himmel aufgetan wurde, war die Lade des Bundes zu sehen. Im Allerheiligsten des himmlischen Heiligtums wird das göttliche Gesetz unverletzlich aufbewahrt, das Gesetz, das unter dem Donner am Sinai von Gott selbst gesprochen und von ihm selbst auf steinerne Tafeln geschrieben worden war.

Das Gesetz Gottes im himmlischen Heiligtum ist die große Urschrift, wovon die auf steinerne Tafeln geschriebenen, in den Büchern Mose

1 Offb. 11, 19

verzeichneten Gebote eine untrügliche Abschrift waren. Alle, die diese wichtige Wahrheit verstehen lernten, kamen auf diese Weise dahin, die Heiligkeit und Unveränderlichkeit des göttlichen Gesetzes zu erkennen. Wie nie zuvor wurde ihnen die Kraft der Worte des Heilandes verständlich. „Bis daß Himmel und Erde zergehe, wird nicht zergehen der kleinste Buchstabe noch ein Tüttel vom Gesetz, bis daß es alles geschehe.“ [2] Das Gesetz Gottes, eine Offenbarung seines Willens, ein Abbild seines Wesens, muß als ein treuer Zeuge ewig bestehen. Auch nicht ein Gebot ist aufgehoben; nicht der kleinste Buchstabe oder Tüttel ist verändert worden. Der Psalmist sagt: „Herr, dein Wort bleibt ewiglich, soweit der Himmel ist.“ „Alle seine Gebote sind rechtschaffen. Sie werden erhalten immer und ewiglich.“ [3]

Gerade im Herzen der Zehn Gebote steht das vierte Gebot, wie es zuerst verkündigt wurde: „Gedenke des Sabbattags, daß du ihn heiligest. Sechs Tage sollst du arbeiten und alle deine Dinge beschicken; aber am siebenten Tage ist der Sabbat des Herrn . . .; da sollst du kein Werk tun noch dein Sohn noch deine Tochter noch dein Knecht noch deine Magd noch dein Vieh noch dein Fremdling, der in deinen Toren ist. Denn in sechs Tagen hat der Herr Himmel und Erde gemacht und das Meer und alles, was darinnen ist, und ruhete am siebenten Tage. Darum segnete der Herr den Sabbattag und heiligte ihn.“ [4]

Der Geist Gottes beeinflußte die Herzen derer, die sein Wort erforschten. Ihnen drängte sich die Überzeugung auf, daß sie dieses Gebot unwissentlich übertreten und den Ruhetag des Schöpfers mißachtet hatten. Sie begannen, die Gründe für die Feier des ersten Wochentages statt des von Gott geheiligten Tages zu prüfen. Sie konnten in der Heiligen Schrift keinen Beweis für die Aufhebung oder Veränderung des vierten Gebots finden; der Segen, der den siebenten Tag heiligte, war ihm nie entzogen worden. Aufrichtig hatten sie danach gesucht, Gottes Willen zu erfahren und nach ihm zu handeln; jetzt erkannten sie sich als Übertreter seines Gesetzes. Tiefer Schmerz erfüllte ihre Herzen, und sie bewiesen ihre Treue gegen Gott dadurch, daß sie den Sabbat heiligten.

Viele ernste Anstrengungen wurden unternommen, um ihren Glauben umzustoßen. Es war deutlich, daß, wenn das irdische Heiligtum

2 Matth. 5, 18 3 Ps. 119, 89; 111, 7. 8 4 2. Mose 20, 8–11

ein Abbild des himmlischen war, auch das in der irdischen Bundeslade aufbewahrte Gesetz eine genaue Abschrift des Gesetzes in der himmlischen Bundeslade darstellte, und daß die Annahme der Wahrheit von dem himmlischen Heiligtum die Anerkennung der Ansprüche des Gesetzes Gottes und somit auch die Verbindlichkeit gegen den Sabbat des vierten Gebotes einschloß. Hier lag das Geheimnis des bitteren und entschlossenen Widerstandes gegen jene übereinstimmende Auslegung der Heiligen Schrift, die den Dienst Christi im himmlischen Heiligtum offenbarte. Menschen versuchten die Tür zu schließen, die Gott geöffnet hatte, und die Tür zu öffnen, die er geschlossen hatte. Aber „der auftut, und niemand schließt zu; der zuschließt, und niemand tut auf", hatte gesagt: „Siehe, ich habe vor dir gegeben eine offene Tür, und niemand kann sie zuschließen."[5] Christus hatte die Tür aufgeschlossen, d. h. den Dienst im Allerheiligsten aufgenommen. Aus jener offenen Tür des himmlischen Heiligtums strahlte Licht, das uns zeigte, daß das vierte Gebot in das dort aufbewahrte Gesetz eingeschlossen ist. Was Gott eingesetzt hatte, konnte kein Mensch aufheben.

Seelen, die das Licht über die Mittlerschaft Christi und die Beständigkeit des Gesetzes Gottes angenommen hatten, fanden, daß dies die in Offenbarung 14 offenbarten Wahrheiten waren. Die Botschaften dieses Kapitels enthalten eine dreifache Warnung,* die die Bewohner der Erde auf die Wiederkunft des Herrn vorbereiten soll. Die Ankündigung: „Die Zeit seines Gerichts ist gekommen" weist auf das Schlußwerk des Dienstes Christi für die Erlösung der Menschen hin. Sie erklärt eine Wahrheit, die verkündigt werden muß, ehe die Fürbitte des Heilandes aufhört und er zur Erde zurückkehrt, um sein Volk zu sich zu nehmen. Das Gericht, das im Jahre 1844 seinen Anfang nahm, muß so lange dauern, bis die Schicksale aller, der Lebendigen und der Toten, entschieden sind, also bis zum Ende der Gnadenzeit. Damit die Menschen vorbereitet sein möchten, im Gericht zu bestehen, verlangt die Botschaft: „Fürchtet Gott und gebet ihm die Ehre", „und betet an den, der gemacht hat Himmel und Erde und Meer und die Wasserbrunnen". Das Ergebnis der Annahme dieser Botschaft zeigen die Worte an: „Hier sind, die da halten die Gebote Gottes und den Glau-

5 Offb. 3, 7. 8

ben an Jesum." Um auf das Gericht vorbereitet zu sein, ist es nötig, das Gesetz Gottes zu beachten. Nach diesem Gesetz wird im Gericht der Charakter beurteilt werden. Der Apostel Paulus erklärt: „Welche unter dem Gesetz gesündigt haben, die werden durchs Gesetz verurteilt werden ... auf den Tag, da Gott das Verborgene der Menschen durch Jesum Christum richten wird." Weiter sagt er: „Die das Gesetz tun, werden gerecht sein."[6] Der Glaube ist notwendig, um das göttliche Gesetz halten zu können; denn „ohne Glauben ist's unmöglich, Gott zu gefallen". „Was aber nicht aus dem Glauben geht, das ist Sünde."[7]

Durch den ersten Engel werden die Menschen aufgefordert, Gott zu fürchten, ihm die Ehre zu geben und ihn als den Schöpfer des Himmels und der Erde anzubeten. Um dies tun zu können, müssen sie seinem Gesetz gehorchen. Salomo sagte: „Fürchte Gott und halte seine Gebote; denn das gehört allen Menschen zu."[8] Ohne Gehorsam gegen seine Gebote kann kein Gottesdienst dem Herrn gefallen. „Das ist die Liebe zu Gott, daß wir seine Gebote halten." „Wer sein Ohr abwendet, das Gesetz zu hören, des Gebet ist ein Greuel."[9]

Die Verpflichtung, Gott anzubeten, beruht auf der Tatsache, daß er der Schöpfer ist und daß ihm alle andern Wesen ihr Dasein verdanken. Wo immer in der Bibel hervorgehoben wird, daß er ein größeres Anrecht auf Ehrfurcht und Anbetung hat als die Götter der Heiden, da werden die Beweise seiner Schöpfermacht angeführt. „Denn alle Götter der Völker sind Götzen; aber der Herr hat den Himmel gemacht."[10] „Wem wollt ihr denn mich nachbilden, dem ich gleich sei? spricht der Heilige. Hebet eure Augen in die Höhe und sehet! Wer hat solche Dinge geschaffen? ... So spricht der Herr, der den Himmel geschaffen hat, der Gott, der die Erde bereitet hat... Ich bin der Herr, und ist keiner mehr."[11] Der Psalmist sagt: „Erkennet, daß der Herr Gott ist! Er hat uns gemacht — und nicht wir selbst." „Kommt, laßt uns anbeten ... und niederfallen vor dem Herrn, der uns gemacht hat."[12] Und die heiligen Wesen, die Gott im Himmel droben anbeten, erklären als Grund ihrer Huldigung: „Herr, du bist würdig, zu nehmen Preis und Ehre und Kraft; denn du hast alle Dinge geschaffen."[13]

6 Röm. 2, 12–16
7 Hebr. 11, 6; Röm. 14, 23
8 Pred. 12, 13
9 1. Joh. 5, 3; Spr. 28, 9
10 Ps. 96, 5
11 Jes. 40, 25. 26; 45, 18
12 Ps. 100, 3; 95, 6
13 Offb. 4, 11

In Offenbarung 14 werden die Menschen aufgefordert, den Schöpfer anzubeten; und die Weissagung führt uns Menschen vor Augen, die zufolge der drei Botschaften die Gebote Gottes halten. Eines dieser Gebote weist unmittelbar auf Gott als den Schöpfer hin. Das vierte Gebot erklärt: „Am siebenten Tage ist der Sabbat des Herrn, deines Gottes... Denn in sechs Tagen hat der Herr Himmel und Erde gemacht und das Meer und alles, was darinnen ist, und ruhete am siebenten Tage. Darum segnete der Herr den Sabbattag und heiligte ihn."[14] Vom Sabbat sagte der Herr, daß er „ein Zeichen" sei, „damit ihr wisset, daß ich, der Herr, euer Gott bin".[15] Und der dafür angegebene Grund lautet: „Denn in sechs Tagen machte der Herr Himmel und Erde; aber am siebenten Tage ruhte er und erquickte sich."[16]

Der Sabbat ist darum als Gedächtnistag der Schöpfung wichtig, weil er immer den wahren Grund vor Augen führt, warum die Anbetung Gott gebührt: weil Gott der Schöpfer ist und wir seine Geschöpfe sind. Der Sabbat bildet daher die eigentliche Grundlage aller Gottesdienste; denn er lehrt diese große Wahrheit in der eindrucksvollsten Weise. Von keiner andern Verordnung kann dies gesagt werden. Der wahre Grund der Gottesanbetung, nicht nur am siebenten Tage, sondern überhaupt, liegt in dem Unterschied zwischen dem Schöpfer und seinen Geschöpfen. Diese großartige Tatsache kann nie veralten und darf nie vergessen werden.[17] Um diese Wahrheit den Menschen stets vor Augen zu halten, setzte Gott in Eden den Sabbat ein; und solange der Anspruch fortbesteht, daß wir ihn anbeten sollen, weil er unser Schöpfer ist, so lange wird auch der Sabbat das Zeichen und Gedächtnis sein. Hätten alle den Sabbat gehalten, so wären die Gedanken und Neigungen dem Schöpfer voller Ehrfurcht und Anbetung zugewandt worden, und es würde nie einen Götzendiener, einen Gottesleugner oder einen Ungläubigen gegeben haben. Die Beachtung des Sabbats ist ein Zeichen der Treue gegen den wahren Gott, „der gemacht hat Himmel und Erde und Meer und die Wasserbrunnen". Daraus ergibt sich, daß die Botschaft, die den Menschen gebietet, Gott anzubeten und seine Gebote zu halten, sie besonders auffordert, das vierte Gebot zu befolgen.

14 2. Mose 20, 10. 11
15 Hes. 20, 20
16 2. Mose 31, 17
17 Conradi, „Geschichte des Sabbats", S. 691

Im Gegensatz zu denen, welche die Gebote Gottes halten und den Glauben Jesu haben, verweist der Engel auf andere, gegen deren Irrtümer eine feierliche und schreckliche Warnung ausgesprochen wird: „So jemand das Tier anbetet und sein Bild und nimmt das Malzeichen an seine Stirn oder an seine Hand, der wird von dem Wein des Zorns Gottes trinken.“ [18] Zum Verständnis dieser Botschaft ist eine richtige Auslegung der angewandten Sinnbilder erforderlich. Was wird durch das Tier, das Bild, das Malzeichen dargestellt?

Die prophetische Kette, in der wir diesen Sinnbildern begegnen, beginnt in Offenbarung 12 mit dem Drachen, der Christus bei seiner Geburt umzubringen versuchte. Der Drache ist Satan; [19] dieser veranlaßte Herodes, den Heiland zu töten. Sein hauptsächliches Werkzeug, um in den ersten Jahrhunderten des christlichen Zeitalters Christus und sein Volk zu bekriegen, war das Römische Reich mit seiner vorwiegend heidnischen Religion. Während daher der Drache in erster Linie Satan darstellt, so versinnbildet er anderseits das heidnische Rom.

In Offenbarung 13, 1—10 wird ein anderes Tier beschrieben, „gleich einem Parder“, dem der Drache „seine Kraft und seinen Stuhl und große Macht“ gab. Dies Sinnbild veranschaulicht, wie auch die meisten Protestanten geglaubt haben, das Papsttum, das die Kraft, den Stuhl und die Macht des alten Römischen Reiches einnahm.

„Und ward ihm gegeben, daß es mit ihm währte zweiundvierzig Monate lang.“ Der Prophet sagt ferner: „Ich sah seiner Häupter eines, als wäre es tödlich wund“; und weiter berichtet er: „So jemand in das Gefängnis führt, der wird in das Gefängnis gehen; so jemand mit dem Schwert tötet, der muß mit dem Schwert getötet werden.“ Die zweiundvierzig Monate bezeichnen dasselbe wie die „eine Zeit und zwei Zeiten und eine halbe Zeit“, die dreieinhalb Jahre oder zwölfhundertsechzig Tage aus Daniel 7, nämlich die Zeit, während der die päpstliche Macht das Volk Gottes unterdrücken sollte. Dieser Zeitabschnitt begann, wie in früheren Kapiteln angegeben ist, im Jahre 538 n. Chr. mit der Oberherrschaft des Papsttums und endete im Jahre 1798. Zu dieser Zeit wurde der Papst von der französischen Armee gefangengenommen; die päpstliche Macht erhielt eine tödliche Wunde, und es erfüllte sich

18 Offb. 14, 9. 10 19 Offb. 12, 9

die Weissagung: „So jemand in das Gefängnis führt, der wird in das Gefängnis gehen."

Ein neues Sinnbild wird uns vor Augen geführt. Der Prophet sagt: „Ich sah ein anderes Tier aufsteigen aus der Erde; das hatte zwei Hörner gleichwie ein Lamm."[20] Sowohl das Aussehen dieses Tieres als auch die Art und Weise seines Emporkommens zeigen an, daß die Nation, welche es versinnbildet, sich von den Völkern unterscheidet, die durch die vorhergehenden Sinnbilder dargestellt sind. Die großen Königreiche, welche die Welt regiert haben, wurden dem Propheten Daniel als Raubtiere gezeigt, die sich erhoben, als „die vier Winde unter dem Himmel stürmten widereinander auf dem großen Meer".[21] In Offenbarung 17 erklärte ein Engel, daß die Wasser „Völker und Scharen und Heiden und Sprachen" seien.[22] Winde sind das Sinnbild des Krieges. Die vier Winde des Himmels, die auf dem großen Meer stürmen, veranschaulichen die schrecklichen Eroberungs- und Umwälzungsvorgänge, wodurch Königreiche zur Macht gelangten.

Aber das Tier mit den lammähnlichen Hörnern sah der Prophet „aufsteigen aus der Erde". Statt andere Mächte zu stürzen, um deren Stelle einzunehmen, mußte die so dargestellte Nation auf bis dahin weitgehend unbewohntem Gebiet auftreten und sich allmählich und friedlich zur Großmacht entwickeln. Das konnte demnach nicht unter den zusammengedrängt lebenden und miteinander ringenden Völkern der Alten Welt, jenem unruhigen Meer der „Völker und Scharen und Heiden und Sprachen", geschehen; es mußte auf dem westlichen Teil der Erde zu suchen sein.

Welches Volk der Neuen Welt begann sich im Jahre 1798 zu Macht und Größe zu entwickeln und die Aufmerksamkeit der Welt auf sich zu ziehen? Die Anwendung des Sinnbildes bedarf keiner Erörterung. Nur eine Nation entspricht den Angaben der Weissagung, die unverkennbar auf die Vereinigten Staaten von Amerika weist. Zu wiederholten Malen ist der Gedanke, ja manchmal nahezu der genaue Wortlaut des Propheten unbewußt von Rednern und Geschichtsschreibern angewandt worden, wenn sie das Emporkommen und Wachstum dieser Nation beschrieben. Das Tier sah man „aufsteigen aus der Erde"; nach einigen Übersetzungen hat das hier mit „aufsteigen"

20 Offb. 13, 11 21 Dan. 7 2 22 Offb. 17, 15

wiedergegebene Wort den Sinn von „aufsprießen oder aufwachsen wie eine Pflanze".

Wie wir gesehen haben, mußte diese Nation in einem bis dahin unbesiedelten Gebiet aufkommen. Ein hervorragender Schriftsteller, der die Entstehung der Vereinigten Staaten schildert, spricht von *„dem Geheimnis ihres Emporkommens aus der Leere"* und sagt: „Wie ein *stiller Same* wuchsen wir zu einem Reich heran."[23] Eine europäische Zeitung sprach im Jahre 1850 von den Vereinigten Staaten von Amerika als einem wunderbaren Reich, das „hervorbrach und *unter dem Schweigen der Erde* täglich seine Macht und seinen Stolz vermehrte".[24]

Edward Everett sagte in einer Rede über die Pilgerväter dieser Nation: „Sie sahen sich nach einem zurückgezogenen Ort um, arglos durch seine Verborgenheit und sicher durch seine Abgelegenheit, wo die kleine Gemeinde aus Leyden sich der Gewissensfreiheit erfreuen könnte. Seht die *ausgedehnten Gebiete,* über die sie in *friedlicher Eroberung* ... die Fahnen des Kreuzes getragen haben."[25]

„Und ... hatte zwei Hörner gleichwie ein Lamm." Die lammähnlichen Hörner kennzeichnen Jugend, Unschuld und Milde und stellen treffend den Charakter der Vereinigten Staaten dar zu der Zeit, die dem Propheten als Zeit ihres Aufstiegs gezeigt worden war: 1798. Unter den verbannten Christen, die zuerst nach Amerika geflohen waren und eine Zufluchtsstätte vor der Unterdrückung durch ihren Landesherrn und die priesterliche Unduldsamkeit gesucht hatten, waren viele entschlossen, eine Regierung auf der breiten Grundlage bürgerlicher und religiöser Freiheit zu errichten. Ihre Auffassungen legten sie in der Unabhängigkeitserklärung nieder, welche die große Wahrheit enthielt, daß „alle Menschen gleich geboren und mit den unveräußerlichen Rechten des Lebens, der Freiheit und des Strebens nach Glück begabt seien". Die Verfassung sicherte dem Volk das Recht der Selbstverwaltung, indem die durch allgemeines Stimmrecht gewählten Vertreter Gesetze erlassen und durchführen. Glaubensfreiheit wurde gewährt und jedem gestattet, Gott nach seinem Gewissen anzubeten. Republikanismus und Protestantismus wurden die ersten

23 Townsend, „The New World Compared with the Old", S. 462
24 The Dublin Nation
25 Everett, „Speech delivered at Plymouth", Mass., 1824

Grundsätze der Nation und sind das Geheimnis ihrer Macht und ihres Gedeihens. Die Unterdrückten und in den Staub Getretenen in der ganzen Christenheit haben sich zu Millionen mit Vorliebe nach diesem Lande gewandt. Die Vereinigten Staaten haben einen Platz unter den mächtigsten Nationen der Erde erlangt.

Aber das Tier mit den Hörnern gleichwie ein Lamm „redete wie ein Drache. Und es übt alle Macht des ersten Tiers vor ihm; und es macht, daß die Erde und die darauf wohnen anbeten das erste Tier, dessen tödliche Wunde heil geworden war; und tut große Zeichen, daß es auch macht Feuer vom Himmel fallen vor den Menschen; und verführt, die auf Erden wohnen, um der Zeichen willen, die ihm gegeben sind zu tun vor dem Tier; und sagt denen, die auf Erden wohnen, daß sie ein Bild machen sollen dem Tier, das die Wunde vom Schwert hatte und lebendig geworden war".[26]

Die Hörner gleich denen eines Lammes und die Drachenstimme des Sinnbildes weisen auf einen grellen Widerspruch zwischen dem Bekenntnis und der Handlungsweise der so beschriebenen Nation hin. Das „Reden" eines Volkes sind die Beschlüsse seiner gesetzgebenden und richterlichen Behörden. Diese werden die freien und friedlichen Grundsätze, die es als Grundlage seiner Regierungspolitik aufgestellt hat, Lügen strafen. Die Weissagung, daß es „wie ein Drache" reden und „alle Macht des ersten Tiers vor ihm" ausüben wird, sagt deutlich eine Entwicklung des Geistes der Unduldsamkeit und der Verfolgung voraus, der von den Mächten bekundet wurde, die durch den Drachen und das Tier gleich einem Parder dargestellt sind. Und die Aussage, daß das Tier mit zwei Hörnern so wirkt, „daß die Erde und die darauf wohnen anbeten das erste Tier", zeigt an: diese Nation wird ihre Macht dazu benutzen, einen Gehorsam zu erzwingen, welcher dem Papsttum huldigt.

Ein solches Handeln würde den Grundsätzen dieser Regierung, dem Geist ihrer freien Einrichtungen, dem klaren und feierlichen Bekenntnis der Unabhängigkeitserklärung und der Verfassung zuwider sein. Die Gründer des Staates suchten sich weislich gegen die Anwendung der Staatsgewalt seitens der Kirche mit ihren unvermeidlichen Folgen — Unduldsamkeit und Verfolgung — zu sichern. Die Verfassung

26 Offb. 13, 11–14

schreibt vor: „Der Kongreß soll kein Gesetz zur Einführung der Religion oder auch gegen ihre freie Ausübung erlassen"; auch soll die „religiöse Haltung niemals als Befähigung zu irgendeiner öffentlichen Vertrauensstellung in den Vereinigten Staaten zur Bedingung gemacht werden". Nur durch offenkundige Verletzung dieser Schutzmauer nationaler Freiheit kann irgendein religiöser Zwang durch die Staatsbehörden ausgeübt werden. Der innere Widerspruch solchen Handelns ist nicht größer, als er im Sinnbild dargelegt ist. Wir haben es mit einem zweihörnigen Tier gleich einem Lamm zu tun, das, in seinem Bekenntnis rein, mild und harmlos, wie ein Drache redet.

„Und sagt denen, die auf Erden wohnen, daß *sie* ein Bild machen sollen dem Tier." Hier wird offenbar eine Regierungsform geschildert, bei der die gesetzgebende Macht in den Händen des Volkes ruht; eine sehr treffende Bestätigung, daß die Vereinigten Staaten die in der Weissagung angedeutete Nation sind.

Aber was ist das Bild des Tieres, und wie soll es gestaltet werden? Dem ersten Tier wird von dem zweihörnigen Tier ein Bild errichtet. Es wird auch „Bild des Tiers" genannt. Um daher zu erfahren, was das Bild ist und wie es gestaltet werden soll, müssen wir die Merkmale des „Tieres" selbst, des Papsttums, betrachten.

Als die Kirche am Anfang dadurch verderbt wurde, daß sie von der Einfachheit des Evangeliums abwich und heidnische Gebräuche und Gewohnheiten annahm, verlor sie den Geist und die Kraft Gottes. Um die Gewissen der Menschen zu beherrschen, suchte sie den Beistand der Staatsgewalt. Die Folge war das Papsttum, eine Kirchenmacht, welche die Staatsgewalt beherrschte und sie zur Förderung ihrer eigenen Absichten, vornehmlich zur Bestrafung der Ketzerei, einsetzte. Damit die Vereinigten Staaten dem Tier ein Bild machen können, muß die religiöse Macht den Staat so beherrschen, daß dieser auch von der Kirche zur Durchführung ihrer eigenen Absichten eingesetzt wird.

Wo immer die Kirche die Staatsgewalt erlangte, setzte sie ihre Macht ein, um Abweichungen von ihren Lehren zu bestrafen. Protestantische Kirchen, die, den Fußtapfen Roms folgend, mit weltlichen Mächten Verbindungen eingingen, haben ein ähnliches Verlangen bekundet, die Gewissensfreiheit zu beschränken. Ein Beispiel dafür bieten uns die lange fortgesetzten Verfolgungen der Dissenter (Andersgläubigen) der anglikanischen Kirche. Während des 16. und 17. Jahrhunderts waren Tausende der nonkonformistischen (andersdenkenden) Prediger gezwungen, ihre Gemeinden zu verlassen, und viele Prediger und Gemeindeglieder mußten Strafe, Gefängnis, Folter und Marterqualen auf sich nehmen.

Es war der Abfall, der die frühe Kirche dahin brachte, die Hilfe des Staates zu suchen, und dadurch wurde der Weg für die Entwicklung des Papsttums, des Tieres, vorbereitet. Paulus sagte, „daß zuvor der Abfall komme und offenbart werde der Mensch der Sünde".[27] Demnach wird der Abfall in der Gemeinde den Weg für das Bild des Tieres vorbereiten.

Die Bibel erklärt, daß vor dem Kommen des Herrn ein religiöser Verfall, ähnlich dem der ersten Jahrhunderte, eintreten würde. „In den letzten Tagen werden greuliche Zeiten kommen. Denn es werden Menschen sein, *die viel von sich halten,* geizig, ruhmredig, hoffärtig, Lästerer, den Eltern ungehorsam, undankbar, ungeistlich, lieblos, unversöhnlich, Verleumder, unkeusch, wild, ungütig, Verräter, Frevler, aufgeblasen, *die mehr lieben Wollust denn Gott, die da haben den Schein eines gottseligen Wesens,* aber seine Kraft verleugnen sie." „Der Geist aber sagt deutlich, daß in den letzten Tagen werden etliche von dem Glauben abtreten und anhangen den verführerischen Geistern und Lehren der Teufel." Satan wird wirken „mit allerlei lügenhaftigen Kräften und Zeichen und Wundern und mit allerlei Verführung zur Ungerechtigkeit". Und alle, welche „die Liebe zur Wahrheit nicht haben angenommen, auf daß sie selig würden", werden, sich selbst überlassen, „kräftige Irrtümer" annehmen, „daß sie glauben der Lüge".[28] Wenn dieser Zustand der Gottlosigkeit erreicht sein wird, wird er auch die gleichen Früchte zeitigen wie in den ersten Jahrhunderten.

Die in den protestantischen Kirchen herrschende große Glaubensverschiedenheit wird von vielen als ein entscheidender Beweis angesehen, daß niemals ein Versuch unternommen werden kann, eine Gleichschaltung zu erzwingen. Und doch besteht in den protestantischen Kirchen schon jahrelang ein starkes, wachsendes Bestreben

27 2. Thess. 2, 3
28 2. Tim. 3, 1–5; 1. Tim. 4, 1; 2. Thess. 2, 9–11

zugunsten einer auf gemeinschaftlichen Lehrpunkten beruhenden Vereinigung. Um diese zu erreichen, müßte die Erörterung der Themen, worüber nicht alle einig sind, wie wichtig sie auch vom biblischen Standpunkt aus sein mögen, notwendigerweise unterbleiben.

Charles Beecher, ein hervorragender amerikanischer Redner, erklärte in einer Predigt im Jahre 1846, daß die Geistlichkeit „der evangelisch-protestantischen Gemeinschaften nicht nur von Anfang an unter einem gewaltigen Druck rein menschlicher Furcht stehe, sondern auch in einem von der Wurzel aus verderbten Zustand lebe, atme und sich bewege und sich mit jeder Stunde an jegliches niedere Element ihrer Natur wenden müsse, um die Wahrheit zum Schweigen zu bringen und die Knie vor der Macht des Abfalls zu beugen. Ging es nicht so mit Rom? Leben wir nicht das gleiche Leben? Und was sehen wir gerade vor uns? – Ein zweites allgemeines Konzil! eine kirchliche Weltvereinigung! eine evangelische Allianz und ein allumfassendes Glaubensbekenntnis!“ [29] Ist dies erst einmal erreicht, dann wird es bei dem Bemühen, vollständige Übereinstimmung zu erzielen, nur noch ein Schritt sein bis zur Gewaltanwendung.

Wenn sich die führenden Kirchen der Vereinigten Staaten in den Lehrpunkten, die sie gemeinsam haben, vereinigen und den Staat beeinflussen, daß er ihre Verordnungen durchsetze und ihre Satzungen unterstütze, wird das protestantische Amerika ein Bild von der römischen Priesterherrschaft errichtet haben, und die Verhängung von Strafen über Andersgläubige wird die unausbleibliche Folge sein. Das Tier mit zwei Hörnern „macht [bestimmt], daß die Kleinen und Großen, die Reichen und Armen, die Freien und Knechte – allesamt sich ein Malzeichen geben an ihre rechte Hand oder an ihre Stirn, daß niemand kaufen oder verkaufen kann, er habe denn das Malzeichen, nämlich den Namen des Tiers oder die Zahl seines Namens“. [30]

Die Warnung des dritten Engels lautet: „So jemand das Tier anbetet und sein Bild und nimmt das Malzeichen an seine Stirn oder an seine Hand, der wird von dem Wein des Zorns Gottes trinken.“ Das Tier, das in dieser Botschaft erwähnt und dessen Anbetung durch das zweihörnige Tier erzwungen wird, ist das erste, parderähnliche Tier aus Offenbarung 13, das Papsttum. Das Bild des Tieres stellt jene

29 Beecher, „The Bible a Sufficient Creed“, Predigt – gehalten 1845

30 Offb. 13, 16. 17

Form des abgefallenen Protestantismus dar, die sich entwickeln wird, wenn die protestantischen Kirchen zur Erzwingung ihrer Lehrsätze die Hilfe des Staates suchen werden. Nun haben wir noch das Malzeichen des Tieres zu beschreiben.

Nach der Warnung vor der Anbetung des Tieres und seines Bildes erklärt die Weissagung: „Hier sind, die da halten die Gebote Gottes und den Glauben an Jesum." Da die Menschen, die Gottes Gebote halten, auf diese Weise denen gegenübergestellt werden, die das Tier und sein Bild anbeten und sein Malzeichen annehmen, so folgt daraus, daß die Beachtung des Gesetzes Gottes einerseits und dessen Übertretung anderseits den Unterschied zwischen den Anbetern Gottes und den Anbetern des Tieres bilden wird.

Das besondere Merkmal des Tieres und mithin auch seines Bildes ist die Übertretung der Gebote Gottes. Daniel sagte von dem kleinen Horn, dem Papsttum: „Er . . . wird sich unterstehen, Zeit und Gesetz zu ändern." [31] Und Paulus nannte dieselbe Macht den „Menschen der Sünde", der sich über Gott erheben würde. Eine Weissagung ergänzt die andere. Nur indem es das göttliche Gesetz veränderte, konnte sich das Papsttum über Gott erheben. Wer aber wissentlich das so veränderte Gesetz hält, zollt dadurch jener Macht die höchste Ehre, die es verändert hat. Ein solcher Gehorsam gegen die päpstlichen Gesetze würde ein Zeichen des Bündnisses mit dem Papsttum anstatt mit Gott sein.

Das Papsttum hat versucht, das Gesetz Gottes zu verändern. Das zweite Gebot, das die Anbetung von Bildern verbietet, ist aus dem Gesetz entfernt, und das vierte ist so verändert worden, daß es die Feier des ersten Wochentages statt des siebenten als Sabbat gutheißt. Doch die Römlinge bestanden darauf, daß das zweite Gebot ausgelassen wurde, weil es in dem ersten enthalten und deshalb überflüssig sei, und daß sie das Gesetz genauso gäben, wie Gott es verstanden haben wollte. Eine solche Veränderung hat der Prophet nicht geweissagt. Es ist von einer absichtlichen, reiflich überlegten Abänderung die Rede: „Er . . . wird sich *unterstehen,* Zeit und Gesetz zu ändern." Die am vierten Gebot vorgenommene Veränderung entspricht genau den Angaben der Weissagung. Als einziger Urheber

31 Dan. 7, 25

hierfür kommt die Kirche in Betracht. Dadurch erhebt sich die päpstliche Macht offen über Gott.

Während sich die Anbeter Gottes ganz besonders durch die Beachtung des vierten Gebotes auszeichnen, da dies das Zeichen der göttlichen Schöpfungsmacht ist und bezeugt, daß Gott Anspruch auf die Ehrfurcht und Huldigung der Menschen hat, so werden sich die Anbeter des Tieres durch ihre Bemühungen kennzeichnen, den Gedächtnistag des Schöpfers zu beseitigen, um die Einrichtung Roms zu erheben. Zum erstenmal machte das Papsttum zugunsten des Sonntags seine anmaßenden Ansprüche geltend,* und den Staat rief es das erstemal zu Hilfe, als es die Feier des Sonntags als des „Tages des Herrn" erzwingen wollte. Doch die Bibel verweist auf den siebenten und nicht auf den ersten Tag als „Tag des Herrn". Christus sagte: „So ist des Menschen Sohn ein Herr auch des Sabbats." Das vierte Gebot erklärt: „Am siebenten Tage ist der Sabbat des Herrn, deines Gottes." Und der Herr selbst spricht durch den Propheten Jesaja vom Sabbat als von „meinem heiligen Tage".[32]

Die so oft wiederholte Behauptung, daß Christus den Sabbat verändert habe, wird durch seine eigenen Worte widerlegt. In der Bergpredigt sagte er: „Ihr sollt nicht wähnen, daß ich gekommen bin, das Gesetz oder die Propheten aufzulösen; ich bin nicht gekommen, aufzulösen, sondern zu erfüllen. Denn ich sage euch wahrlich: Bis daß Himmel und Erde zergehe, wird nicht zergehen der kleinste Buchstabe noch ein Tüttel vom Gesetz... Wer nun eins von diesen kleinsten Geboten auflöst ..., der wird der Kleinste heißen im Himmelreich; wer es aber tut und lehrt, der wird groß heißen im Himmelreich."[33]

Es ist eine von den Protestanten allgemein zugestandene Tatsache, daß die Heilige Schrift keinen Beweis für die Veränderung des Sabbats bietet. Dies wird in den verschiedensten Veröffentlichungen deutlich gelehrt. So rechnet die Augsburgische Konfession den Sonntag zu den menschlichen Satzungen, um guter Ordnung, Einigkeit und des Friedens willen erfunden.[34] Ein berühmter deutscher Theologe erklärt, daß wir den Sonntag nicht aus „dem Neuen Testament, sondern aus der kirchlichen Überlieferung" haben. Ja, er behauptet: „Daß Christus oder seine Apostel ... den Sonntag und die Feiertage verordnet, läßt

32 Mark. 2, 28; 2. Mose 20, 10; Jes. 58, 13   33 Matth. 5, 17–19   34 Apologia der Konfession, Art. 15

sich nicht nur nicht erweisen, sondern es läßt sich sogar das Gegenteil zu aller nach Lage der Zeugnisse denkbaren Evidenz bringen." [35]

Das gleiche sagen die Schriften der von den verschiedenen protestantischen Gemeinden gebildeten amerikanischen Traktatgesellschaft und der amerikanischen Sonntagsschulunion aus. Eines dieser Werke anerkennt „das gänzliche Schweigen des Neuen Testaments, soweit dies ein bestimmtes Gebot für den Sabbat [Sonntag, den ersten Wochentag] oder besondere Vorschriften für dessen Beachtung anbelangt". [36]

Ein anderer sagt: „Bis zum Tode Christi war keine Veränderung des Tages vorgenommen worden"; und „soweit der Bericht zeigt, gaben sie [die Apostel] keinen ausdrücklichen Befehl zur Aufhebung des Siebenten-Tag-Sabbats und zu dessen Feier am ersten Wochentag". [37]

Die Katholiken geben zu, daß die Veränderung des Sabbats von ihrer Kirche vorgenommen wurde und erklären, daß die Protestanten durch die Sonntagsfeier ihre [der Katholiken] Macht anerkennen. Der „Katholische Katechismus der christlichen Religion" beantwortet die Frage, welchen Tag man nach dem vierten Gebot halten solle, wie folgt: „Unter dem alten Gesetz war der Samstag der geheiligte Tag; aber die Kirche, angewiesen durch Jesum Christum und geleitet von dem Geist Gottes, hat den Sonntag an die Stelle des Sabbats gesetzt, so daß wir nun den ersten, nicht aber den siebenten Tag heiligen. Sonntag bedeutet und ist jetzt der Tag des Herrn."

Als Zeichen der päpstlichen Autorität führen päpstliche Schriftsteller „gerade die Verlegung des Sabbats auf den Sonntag an, was die Protestanten zugeben, ... da sie durch die Beachtung des Sonntags die Macht der Kirche, Feste einzusetzen und die Übertretung als Sünde zu rechnen, anerkennen." [38] Dies wird aufs deutlichste in der Augsburgischen Konfession, Art. 28, bezeugt, die erklärt, daß von der katholischen Kirche „wird kein Exempel so hoch getrieben und angezogen als die Verwandlung des Sabbats, und wollen damit erhalten (beweisen), daß die Gewalt der Kirchen groß sei, dieweil sie mit den Zehn Geboten dispensiert und etwas daran verändert hat". Was ist daher die Veränderung des Sabbats anderes als das „Malzeichen des Tiers"?

35 Beyschlag, „Der Altkatholizismus", S. 52. 53
36 Elliott, „The Abiding Sabbath", S. 184
37 Waffle, „The Lord's Day", S. 186
38 Tuberville, „An Abridgement of the Christian Doctrine", S. 58

Die römische Kirche hat ihre Ansprüche auf die Oberherrschaft nicht aufgegeben, und wenn die Welt und die protestantischen Kirchen einen von ihr geschaffenen Sabbat annehmen und den biblischen Sabbat verwerfen, so stimmen sie im Grunde dieser Anmaßung zu. Sie mögen sich für die Veränderung wohl auf die Autorität der Väter oder der Überlieferungen berufen; doch indem sie das tun, verleugnen sie gerade den Grundsatz, der sie von Rom trennt: daß die Heilige Schrift, und zwar die Heilige Schrift allein, die Religion der Protestanten enthält. Der Anhänger Roms kann sehen, daß sie sich selbst betrügen und ihre Augen absichtlich vor den gegebenen Tatsachen verschließen. Wenn die Bewegung, den Sonntag zu erzwingen, Anklang findet, freut er sich in der Gewißheit, daß mit der Zeit die ganze protestantische Welt unter das Banner Roms kommen werde.

Die Katholiken behaupten, „die Feier des Sonntags seitens der Protestanten sei eine Huldigung, die sie, sich selbst zum Trotz, der Macht der [katholischen] Kirche zollen".[39] Die Erzwingung der Sonntagsfeier seitens der protestantischen Kirchen ist eine Erzwingung der Anbetung des Papsttums, des Tieres. Wer die Ansprüche des vierten Gebotes versteht und doch die Beachtung des falschen statt des wahren Sabbats wählt, huldigt dadurch jener Macht, die sie befohlen hat. Gerade durch ihre Handlungsweise, durch den Staat eine religiöse Pflicht zu erzwingen, errichten die Kirchen dem Tier ein Bild; demnach ist die Durchführung der Sonntagsfeier ein Erzwingen der Anbetung des Tieres und seines Bildes.

Doch die Christen vergangener Zeiten hielten den Sonntag in der Meinung, dadurch den biblischen Sabbat zu feiern. Es gibt heute noch in jeder Kirche, die römisch-katholische nicht ausgenommen, wahre Christen, die aufrichtig glauben, der Sonntag sei der von Gott verordnete Sabbattag. Gott nimmt ihre aufrichtige Absicht und ihre Redlichkeit vor ihm an. Doch wenn die Sonntagsfeier durch Gesetze eingeführt und die Welt über die Verpflichtungen gegen den wahren Sabbat aufgeklärt werden wird, dann werden alle, die Gottes Gebot übertreten, um einer Verordnung nachzukommen, die keine höhere Autorität als die Roms hat, dadurch das Papsttum mehr ehren als Gott. Sie zollen Rom und der Macht, die eine von Rom eingeführte

39 Plain Talk about Protestantism, S. 213

Verordnung erzwingt, ihre Huldigung; sie beten das Tier und sein Bild an. Wenn Menschen die Einrichtung verwerfen, von der Gott gesagt hat, sie sei das Zeichen seiner Autorität, und statt dessen das ehren, was Rom als Zeichen seiner Oberherrschaft erwählt hat, so nehmen sie dadurch das Merkmal der Huldigung Roms, das Malzeichen des Tieres an. Erst wenn die Entscheidung auf diese Weise den Menschen deutlich entgegentritt, wenn sie zwischen den Geboten Gottes und Menschengeboten zu wählen haben, dann werden die Menschen, die in ihrer Übertretung beharren, „das Malzeichen des Tiers" empfangen.

Die schrecklichste Drohung, die je an Sterbliche gerichtet wurde, findet sich in der dritten Engelsbotschaft. Es muß eine furchtbare Sünde sein, die den Zorn Gottes ohne jede Gnade auf die Häupter der Schuldigen herabbeschwört. Die Menschen sollen über diese wichtige Angelegenheit nicht im ungewissen bleiben; die Warnung vor dieser Sünde muß an die Welt ergehen, ehe Gottes Gerichte sie heimsuchen, damit alle wissen können, warum sie erfolgen, und Gelegenheit haben, ihnen zu entrinnen. Das prophetische Wort sagt, daß der erste Engel seine Botschaft an „alle Heiden und Geschlechter und Sprachen und Völker" richtet. Die Warnung des dritten Engels, die einen Teil dieser dreifachen Botschaft bildet, soll keine geringere Ausdehnung haben. Nach der Weissagung wird sie von einem Engel, der mitten durch den Himmel fliegt, mit lauter Stimme verkündigt und daher die Aufmerksamkeit der ganzen Welt auf sich lenken.

Beim Ausgang des Kampfes wird die gesamte Christenheit in zwei Klassen geteilt sein: in die, welche die Gebote Gottes und den Glauben Jesu hält, und in jene, die das Tier und sein Bild anbetet und sein Malzeichen annimmt. Wenn auch Kirche und Staat ihre Macht vereinigen werden, um „die Kleinen und Großen, die Reichen und Armen, die Freien und Knechte" zu zwingen, das Malzeichen des Tieres anzunehmen,[40] so wird doch Gottes Volk diesem Zwang widerstehen. Der Prophet sah schon auf Patmos „die den Sieg behalten hatten an dem Tier und an seinem Bilde und seinem Malzeichen und seines Namens Zahl"; sie „standen an dem gläsernen Meer und hatten Harfen Gottes" und sangen „das Lied Moses" und „das Lied des Lammes".[41]

40 Offb. 13, 16 41 Offb. 15, 2. 3

Ein Werk der Erneuerung | 26

Die Sabbatreform, die in den letzten Tagen vollbracht werden soll, ist in der Weissagung Jesajas vorhergesagt: „So spricht der Herr: Haltet das Recht und tut Gerechtigkeit; denn mein Heil ist nahe, daß es komme, und meine Gerechtigkeit, daß sie offenbart werde. Wohl dem Menschen, der solches tut, und dem Menschenkind, der es festhält, daß er den Sabbat halte und nicht entheilige und halte seine Hand, daß er kein Arges tue! ... Und die Fremden, die sich zum Herrn getan haben, daß sie ihm dienen und seinen Namen lieben, auf daß sie seine Knechte seien, ein jeglicher, der den Sabbat hält, daß er ihn nicht entweihe, und meinen Bund festhält, die will ich zu meinem heiligen Berge bringen und will sie erfreuen in meinem Bethause."[1]

Diese Worte beziehen sich auf das christliche Zeitalter, wie der Zusammenhang zeigt: „Der Herr Herr, der die Verstoßenen aus Israel sammelt, spricht: Ich will noch mehr zu dem Haufen derer, die versammelt sind, sammeln."[2] Hier ist das Sammeln der Heiden durch die Verkündigung des Evangeliums vorausgeschaut. Über die, welche dann den Sabbat ehren, ist ein Segen ausgesprochen. So erstreckt sich die Verbindlichkeit des vierten Gebotes weit über die Kreuzigung, die Auferstehung und die Himmelfahrt Christi hinaus bis auf die Zeit, da seine Diener allen Völkern die frohe Kunde predigen.

Der Herr befiehlt durch den Propheten Jesaja: „Binde zu das Zeugnis, versiegle das Gesetz meinen Jüngern."[3] Das Siegel des Gesetzes Gottes findet sich im vierten Gebot. Dieses ist das einzige unter allen zehn, das sowohl den Namen als auch den Titel des Gesetzgebers anzeigt. Es erklärt Gott als den Schöpfer des Himmels und der Erde und rechtfertigt so seinen Anspruch auf Anbetung vor allen andern.

1 Jes. 56, 1. 2. 7 2 Jes. 56, 8 3 Jes. 8, 16

Außer dieser Angabe enthalten die Zehn Gebote nichts, das die Urheberschaft des Gesetzes anzeigt. Als die päpstliche Macht den Sabbat veränderte, wurde das Gesetz seines Siegels beraubt. Die Nachfolger Jesu sind berufen, es wiederherzustellen, indem sie den Sabbat des vierten Gebotes in seine rechtmäßige Stellung als Gedächtnistag des Schöpfers und Zeichen seiner Machtfülle erheben.

„Nach dem Gesetz und Zeugnis!" Während widerstreitende Lehren und Theorien im Überfluß vorhanden sind, ist das Gesetz Gottes die einzige untrügliche Richtschnur, nach der alle Meinungen, Lehren und Theorien geprüft werden sollen. Darum sagt der Prophet: „Werden sie das nicht sagen, so werden sie die Morgenröte [d. h. das Licht der Wahrheit] nicht haben." [4]

Ferner wird das Gebot gegeben: „Rufe getrost, schone nicht, erhebe deine Stimme wie eine Posaune und verkündige meinem Volk ihr Übertreten und dem Hause Jakob ihre Sünden." Nicht die gottlose Welt, sondern die der Herr als „mein Volk" bezeichnet, sollen wegen ihrer Übertretungen zurechtgewiesen werden. Es heißt weiterhin: „Sie suchen mich täglich und wollen meine Wege wissen wie ein Volk, das Gerechtigkeit schon getan und das Recht ihres Gottes nicht verlassen hätte." [5] Hier werden uns Menschen gezeigt, die sich für gerechtfertigt halten und großen Eifer für Gottes Sache an den Tag zu legen scheinen; aber der ernste und feierliche Tadel dessen, der die Herzen erforscht, beweist, daß sie die göttlichen Verordnungen mit Füßen treten.

Der Prophet bezeichnet das unbeachtet gelassene Gebot wie folgt: „Und soll durch dich gebaut werden, was lange wüst gelegen ist; und wirst Grund legen, der für und für bleibe; und sollst heißen: Der die Lücken verzäunt und die Wege bessert, daß man da wohnen möge. So du deinen Fuß von dem Sabbat kehrst, daß du nicht tust, was dir gefällt an meinem heiligen Tage, und den Sabbat eine Lust heißest und den Tag, der dem Herrn heilig ist, ehrest, so du ihn also ehrest, daß du nicht tust deine Wege, noch darin erfunden werde, was dir gefällt, oder leeres Geschwätz: alsdann wirst du Lust haben am Herrn." [6] Diese Weissagung bezieht sich ebenfalls auf unsere Zeit. Die Lücke kam in das Gesetz Gottes, als Rom den Sabbat veränderte. Aber die Zeit ist gekommen, da jene göttliche Einrichtung wieder-

4 Jes. 8, 20 5 Jes. 58. 1. 2 6 Jes. 58, 12. 13

hergestellt werden soll. Die Lücke soll verzäunt und ein Fundament gelegt werden, das für und für bleibe.

Diesen durch des Schöpfers Ruhe und Segen geheiligten Sabbat feierte Adam in seiner Unschuld im Garten Eden und auch dann noch, als er gefallen, aber reumütig aus seiner glücklichen Heimat vertrieben war. Alle Patriarchen von Abel bis zu dem gerechten Noah, bis zu Abraham und Jakob hielten den Sabbat. Als sich das auserwählte Volk in der ägyptischen Knechtschaft befand, verloren viele unter der herrschenden Abgötterei ihre Kenntnis des göttlichen Gesetzes; aber als der Herr Israel erlöst hatte, verkündete er der versammelten Menge in ehrfurchtgebietender Majestät sein Gesetz, damit alle seinen Willen wissen, ihn fürchten und ihm ewig gehorchen möchten.

Von jenem Tage an bis heute ist die Kenntnis des göttlichen Gesetzes auf Erden bewahrt und der Sabbat des vierten Gebots gehalten worden. Obgleich es dem „Menschen der Sünde" gelang, Gottes heiligen Tag mit Füßen zu treten, so lebten doch, selbst zur Zeit seiner Oberherrschaft, an geheimen Orten treue Seelen, die den Sabbat ehrten. Seit der Reformation hat es stets Menschen gegeben, die ihn feierten. Wenngleich oft unter Schmach und Verfolgung, so wurde doch ununterbrochen Zeugnis abgelegt für die Fortdauer des Gesetzes Gottes und für die feierliche Verpflichtung gegenüber dem Sabbat der Schöpfung.

Diese Wahrheiten, wie sie Offenbarung 14 im Zusammenhang mit dem „ewigen Evangelium" vor Augen führt, werden die Gemeinde Christi zur Zeit seines Erscheinens kennzeichnen. Denn als Folge der dreifachen Botschaft wird vorausgesagt: „Hier sind, die da halten die Gebote Gottes und den Glauben an Jesum." Und diese Botschaft ist die letzte, die vor der Wiederkunft des Herrn verkündigt werden soll. Unmittelbar nach ihrer Verkündigung sieht der Prophet des Menschen Sohn in Herrlichkeit kommen, um die Ernte der Erde einzuholen.

Alle, die das Licht über das Heiligtum und die Unveränderlichkeit des göttlichen Gesetzes annahmen, wurden mit Freude und Staunen erfüllt, als sie die Erhabenheit und die Übereinstimmung der Wahrheiten erkannten, die sich ihrem Verständnis erschlossen. Sie wünschten, daß die Erkenntnis, die ihnen so köstlich schien, allen Christen zuteil würde, und sie glaubten zuversichtlich, daß diese sie mit

Freuden annähmen. Aber Wahrheiten, die sie in Widerspruch mit der Welt brachten, waren vielen angeblichen Nachfolgern Christi nicht willkommen. Der Gehorsam gegen das vierte Gebot forderte ein Opfer, vor dem die große Masse zurückschreckte.

Als die Ansprüche des Sabbats dargelegt wurden, urteilten viele nach weltlichem Ermessen und sagten: „Wir haben immer den Sonntag gehalten, unsere Väter hielten ihn, und viele gute und fromme Menschen sind selig gestorben, obgleich sie den Sonntag gefeiert haben. Die Feier dieses neuen Sabbats wäre entgegen den Gewohnheiten der Welt, und wir würden keinen Einfluß auf sie gewinnen. Was vermag ein kleines Häuflein, das den siebenten Tag hält, gegen die ganze Welt, die den Sonntag feiert?" Durch ähnliche Schlußfolgerungen versuchten die Juden, die Verwerfung Christi zu rechtfertigen. Ihre Väter waren von Gott angenommen worden, als sie die Opfer darbrachten, und warum konnten nicht die Kinder Heil finden, wenn sie den gleichen Weg verfolgten? Genauso beruhigten viele Menschen zur Zeit Luthers ihr Gewissen, daß treue Christen im katholischen Glauben gestorben seien, weshalb diese Religion zur Seligkeit genüge. Solche Behauptungen ließen sich als ein wirksames Hindernis gegen jeglichen Fortschritt in Glaubensdingen aufstellen.

Viele brachten vor, daß die Sonntagsfeier eine festgegründete Lehre und ein seit vielen Jahrhunderten weitverbreiteter Brauch der Kirche sei. Es ließ sich jedoch beweisen, daß der Sabbat und seine Feier weit älter, ja sogar ebenso alt wie die Welt selber ist und die Bestätigung Gottes und der Engel hat. Als der Erde Grund gelegt wurde, die Morgensterne miteinander sangen und alle Kinder Gottes vor Freude jauchzten, da wurde auch der Grund zum Sabbat gelegt.[7] Mit Recht erheischt diese Einrichtung unsere Ehrfurcht, wurde sie doch durch keine menschliche Gewalt eingesetzt, auch beruht sie nicht auf menschlichen Überlieferungen; sie wurde von dem „Alten an Tagen" gegründet und durch sein ewiges Wort geboten.

Als die Aufmerksamkeit des Volkes auf die Erneuerung des Sabbats gelenkt wurde, verdrehten beim Volk beliebte Prediger das Wort Gottes und legten sein Zeugnis so aus, wie man am besten die fragenden Gemüter beruhigen konnte. Wer die Heilige Schrift nicht selber er-

7 Hiob 38, 6. 7; 1. Mose 2, 1–3

forschte, gab sich mit Ansichten zufrieden, die mit seinen Wünschen übereinstimmten. Gestützt auf Behauptungen, Spitzfindigkeiten, Überlieferungen der Väter und die Autorität der Kirche versuchten viele die Wahrheit zu verwerfen. Ihre Verteidiger wurden zu ihren Bibeln gelenkt, um die Gültigkeit des vierten Gebotes zu beweisen. Demütige, allein mit dem Wort Gottes ausgerüstete Männer widerstanden den Angriffen der Gelehrten, die erstaunt und zornig erkannten, daß ihre beredten Spitzfindigkeiten machtlos waren gegenüber der einfachen, offenen Darstellungsweise jener Männer, die mehr in der Schrift als in der Schulweisheit bewandert waren.

In Ermangelung günstiger biblischer Belege machten viele, die vergaßen, daß die gleichen Einwände gegen Christus und seine Jünger vorgebracht worden waren, mit unermüdlicher Beharrlichkeit geltend: „Warum verstehen unsere Großen diese Sabbatfrage nicht? Nur wenige glauben ihr. Es kann nicht sein, daß ihr recht habt und alle Gelehrten der Welt unrecht haben."

Um solche Beweisgründe zu widerlegen, war es nur erforderlich, die Lehren der Heiligen Schrift anzuführen und darauf zu verweisen, wie der Herr zu allen Zeiten mit seinem Volke verfuhr. Gott wirkt durch die, welche seine Stimme hören und ihr gehorchen, die nötigenfalls unangenehme Wahrheiten aussprechen und sich nicht fürchten, im Volk verbreitete Sünden zu rügen. Gott bedient sich nicht oft gelehrter und hochgestellter Männer als Leiter von Reformbestrebungen, weil diese auf ihre Glaubensbekenntnisse, Theorien und theologischen Lehrgebäude vertrauen und nicht das Bedürfnis fühlen, von Gott gelehrt zu werden. Nur wer mit der Quelle der Weisheit verbunden ist, kann die Schrift verstehen oder auslegen. Manchmal werden Männer von nur geringer Schulbildung berufen, die Wahrheit zu verkündigen, nicht etwa weil sie ungelehrt, sondern weil sie nicht zu dünkelhaft sind, um sich von Gott belehren zu lassen. Sie lernen in der Schule Christi, und ihre Demut und ihr Gehorsam machen sie groß. Indem Gott ihnen die Kenntnis seiner Wahrheit anvertraut, erweist er ihnen eine Ehre, der gegenüber irdische Ehren und menschliche Größe in Nichts versinken.

Die Mehrzahl der Adventisten verwarf die Wahrheiten hinsichtlich des Heiligtums und des göttlichen Gesetzes; viele ließen auch ihr

Vertrauen auf die Adventbewegung fahren und nahmen irrige und sich widersprechende Ansichten über die Weissagungen an, die sich auf dieses Werk bezogen. Einige verfielen in den Irrtum, wiederholt eine bestimmte Zeit für die Wiederkunft Christi festzusetzen. Das Licht, das jetzt die Heiligtumswahrheit erhellt, hätte ihnen gezeigt, daß kein prophetischer Zeitabschnitt bis zur Wiederkunft reicht und daß die genaue Zeit dieses Ereignisses nicht vorausgesagt ist. Indem sie sich vom Lichte abwandten, setzten sie weiterhin die Zeit fest, wann der Herr kommen sollte, und wurden ebensooft enttäuscht.

Als die Gemeinde zu Thessalonich irrige Ansichten über die Wiederkunft Christi annahm, gab der Apostel Paulus ihnen den Rat, ihre Hoffnungen und Erwartungen sorgfältig nach dem Worte Gottes zu prüfen. Er verwies sie auf die Weissagungen, welche die Ereignisse offenbarten, die vor der Wiederkunft Christi stattfinden sollten, und zeigte, daß sie keinerlei Ursache hatten, den Heiland in ihren Tagen zu erwarten. „Lasset euch niemand verführen in keinerlei Weise!“[8] lauteten seine warnenden Worte. Hegten sie aber Erwartungen, wozu die Schrift nicht berechtigt, so würden sie zu falscher Handlungsweise angeleitet werden, und Enttäuschung würde sie dem Spott der Ungläubigen aussetzen. Sie liefen Gefahr, entmutigt zu werden und in die Versuchung zu fallen, die für ihr Seelenheil wesentlichen Wahrheiten zu bezweifeln. Die Mahnung des Apostels an die Thessalonicher enthält eine wichtige Lehre für die, welche in den letzten Tagen leben. Viele Adventisten glauben, nicht eifrig und fleißig im Werke der Vorbereitung sein zu können, wenn sie ihren Glauben nicht auf eine im voraus bestimmte Zeit der Wiederkunft des Herrn richten. Wenn aber ihre Hoffnung immer wieder erregt wird, nur damit sie wieder vernichtet werde, dann erfährt ihr Glaube dadurch eine solche Erschütterung, daß es für sie beinahe unmöglich ist, von den großen Wahrheiten der Weissagung beeindruckt zu sein.

Die Verkündigung einer bestimmten Zeit für das Gericht durch die Verbreitung der ersten Engelsbotschaft geschah auf Gottes Befehl. Die Berechnung der prophetischen Zeitangaben, die die Grundlage jener Botschaft war und den Ablauf der zweitausenddreihundert Tage für den Herbst des Jahres 1844 festlegte, steht unbestritten da. Wieder-

8 2. Thess. 2, 3

holte Versuche, neue Daten für den Anfang und das Ende der prophetischen Zeitangaben zu finden, und unbegründete Behauptungen, die notwendig sind, um den neu eingenommenen Standpunkt zu verteidigen, lenken die Gedanken nicht nur von der gegenwärtigen Wahrheit ab, sondern häufen auch Verachtung auf jeglichen Versuch, die Weissagungen zu erklären. Je häufiger eine bestimmte Zeit für die Wiederkunft festgesetzt und je weiter sie verbreitet wird, desto besser paßt es in die Absichten Satans. Ist dann diese Zeit ergebnislos verstrichen, so bringt er Spott und Hohn über die Vertreter solcher Ansichten und häuft dadurch Schmach auf die große Adventbewegung von 1843 und 1844. Die in diesem Irrtum beharren, werden schließlich eine zu weit in die Zukunft hinausgerückte Zeit für die Wiederkunft Christi festsetzen. Sie werden sich in falscher Sicherheit wiegen, und viele werden erst Aufklärung finden, wenn es zu spät ist.

Die Geschichte Israels vor alters ist eine treffliche Veranschaulichung der vergangenen Erfahrung der Adventisten. Gott leitete sein Volk in der Adventbewegung, gleichwie er die Kinder Israel bei ihrem Auszug aus Ägypten führte. Durch die große Enttäuschung wurde ihr Glaube geprüft, wie der der Hebräer am Roten Meer. Hätten sie immer der leitenden Hand vertraut, die in ihrer vergangenen Erfahrung mit ihnen gewesen war, so würden sie das Heil Gottes gesehen haben. Wenn alle, die in der Bewegung des Jahres 1844 vereint arbeiteten, die dritte Engelsbotschaft angenommen und sie in der Kraft des Heiligen Geistes verkündigt hätten, so würde der Herr mächtig durch ihre Bemühungen gewirkt haben. Eine Flut von Licht hätte sich über die Welt ergossen, die Bewohner der Erde wären schon vor Jahren gewarnt, das Schlußwerk vollendet worden, und Christus wäre zur Erlösung seines Volkes gekommen.

Es lag nicht im Willen Gottes, daß Israel vierzig Jahre in der Wüste umherziehen sollte; er wollte es unmittelbar ins Land Kanaan führen und es dort als ein heiliges und glückliches Volk ansiedeln. Aber „wir sehen, daß sie nicht haben können hineinkommen um des Unglaubens willen“.[9] Infolge ihres beständigen Abfalls kamen sie in der Wüste um, und es wurden andere erweckt, um in das Gelobte Land einzuziehen. Ebenso war es nicht der Wille Gottes, daß die Wiederkunft

9 Hebr. 3, 19

Christi so lange verziehen und sein Volk so viele Jahre in dieser sünden- und sorgenbeladenen Welt verweilen sollte. Aber der Unglaube trennte die Menschen von Gott. Als sie sich weigerten, die Aufgabe zu erfüllen, die er ihnen angewiesen hatte, wurden andere berufen, die Botschaft zu verkündigen. Aus Barmherzigkeit gegen die Welt verzögert Christus sein Kommen, damit den Sündern Gelegenheit geboten werde, die Warnung zu vernehmen und in ihm Zuflucht zu finden vor dem Zorn Gottes, der ausgegossen werden soll.

Heute wie damals erregt die Verkündigung einer Wahrheit Widerstand, die die Sünden und Irrtümer der Zeit rügt. „Wer Arges tut, der haßt das Licht und kommt nicht an das Licht, auf daß seine Werke nicht gestraft werden."[10] Wenn Menschen sehen, daß sie ihre Auffassung nicht durch die Heilige Schrift begründen können, entschließen sich viele, ihren Standpunkt um jeden Preis zu verteidigen, und greifen mit boshaftem Geist den Charakter und die Beweggründe derer an, die die unbeliebten Wahrheiten verteidigen. Diese Handlungsweise ist in allen Zeiten verfolgt worden. Elia wurde angeschuldigt, daß er Israel verwirrte, Jeremia, daß er es verriete, Paulus, daß er den Tempel schändete. Von jener Zeit bis auf den heutigen Tag sind die, welche der Wahrheit treu bleiben wollten, als Empörer, Ketzer und Abtrünnige gebrandmarkt worden. Die vielen, die zu ungläubig sind, das feste prophetische Wort anzunehmen, werden mit einer Leichtgläubigkeit, die keinen Zweifel zuläßt, den Anklagen gegen diejenigen Glauben schenken, die es wagen, volkstümliche Sünden zu rügen. Dieser Geist wird beständig zunehmen. Die Bibel lehrt deutlich, daß eine Zeit naht, in der die staatlichen Gesetze derart mit den göttlichen Gesetzen in Widerspruch geraten, daß jeder, der alle göttlichen Vorschriften halten will, Schmach und Strafe wie ein Übeltäter herausfordern muß.

Was ist angesichts dieser Aussichten die Pflicht des Boten der Wahrheit? Soll er annehmen, daß die Wahrheit nicht vorgetragen werden darf, da ihre einzige Wirkung oft nur darin besteht, daß die Menschen aufgestachelt werden, ihren Forderungen auszuweichen oder ihnen zu widerstehen? Nein; er hat nicht mehr Ursache, das Zeugnis des Wortes Gottes zurückzuhalten, weil es Widerstand erweckt, als früher die Reformatoren. Das Bekenntnis des Glaubens, das Heilige und Mär-

10 Joh. 3, 20

tyrer ablegten, wurde zum Nutzen der nachfolgenden Geschlechter berichtet. Diese lebendigen Beispiele der Heiligkeit und unverwandten Aufrichtigkeit sind uns erhalten worden, damit alle, die jetzt als Zeugen für den Herrn berufen sind, gestärkt werden können. Sie empfingen Gnade und Wahrheit nicht für sich allein, sondern damit durch sie die Erde von der Erkenntnis Gottes erleuchtet würde. Hat Gott seinen Dienern in diesem Geschlecht Licht gegeben? Dann sollen sie es vor der Welt leuchten lassen.

Vor alters erklärte der Herr einem, der in seinem Namen redete: „Das Haus Israel will dich nicht hören, denn sie wollen mich selbst nicht hören." Dennoch sollst du „ihnen meine Worte sagen, sie gehorchen oder lassen's".[11] An den Diener Gottes heute ergeht der Auftrag: „Rufe getrost, schone nicht, erhebe deine Stimme wie eine Posaune und verkündige meinem Volk ihr Übertreten und dem Hause Jakob ihre Sünden."[12]

Soweit die Gelegenheiten reichen, steht jeder, der das Licht der Wahrheit erhalten hat, unter der gleichen ernsten und furchtbaren Verantwortung wie der Prophet Israels, dem das Wort des Herrn galt: „Du Menschenkind, ich habe dich zu einem Wächter gesetzt über das Haus Israel, wenn du etwas aus meinem Munde hörst, daß du sie von meinetwegen warnen sollst. Wenn ich nun zu dem Gottlosen sage: Du Gottloser mußt des Todes sterben! und du sagst ihm solches nicht, daß sich der Gottlose warnen lasse vor seinem Wesen, so wird wohl der Gottlose um seines gottlosen Wesens willen sterben; aber sein Blut will ich von deiner Hand fordern. Warnest du aber den Gottlosen vor seinem Wesen, daß er sich davon bekehre, und er will sich nicht von seinem Wesen bekehren, so wird er um seiner Sünde willen sterben, und du hast deine Seele errettet."[13]

Was die Annahme und Verbreitung der Wahrheit am meisten hindert, ist die Tatsache, daß sie Unannehmlichkeiten und Vorwürfe mit sich bringt. Dies ist das einzige Argument, das ihre Verteidiger nie zu widerlegen vermochten. Das aber kann die wahren Nachfolger Christi nicht abschrecken. Sie warten nicht darauf, bis die Wahrheit volkstümlich ist. Von ihrer Pflicht überzeugt, nehmen sie mit Vorbedacht das Kreuz an und sind mit dem Apostel Paulus überzeugt, daß „unsre

11 Hes. 3, 7; 2, 7 12 Jes. 58, 1 13 Hes. 33, 7–9

Trübsal, die zeitlich und leicht ist, schafft eine ewige und über alle Maßen wichtige Herrlichkeit",[14] und halten gleich den Alten „die Schmach Christi für größern Reichtum denn die Schätze Ägyptens".[15]

Nur solche, die von Herzen der Welt dienen, werden, was auch immer ihr Bekenntnis sein mag, in religiösen Dingen mehr aus Weltklugheit als nach echten Grundsätzen handeln. Wir sollten das Rechte wählen, weil es das Rechte ist, und die Folgen Gott anheimstellen. Grundsatztreuen, glaubensstarken und mutigen Männern hat die Welt ihre großen Reformen zu danken. Von ebenso gesinnten Männern muß das Werk der Erneuerung in unserer Zeit weitergeführt werden.

So spricht der Herr: „Höret mir zu, die ihr die Gerechtigkeit kennt, du Volk, in dessen Herzen mein Gesetz ist! Fürchtet euch nicht, wenn euch die Leute schmähen; und wenn sie euch lästern, verzaget nicht! Denn die Motten werden sie fressen wie ein Kleid, und Würmer werden sie fressen wie wollenes Tuch; aber meine Gerechtigkeit bleibt ewiglich und mein Heil für und für."[16]

14 2. Kor. 4, 17 15 Hebr. 11, 26 16 Jes. 51, 7. 8

Erweckungen der Neuzeit | 27

Wo jemals das Wort Gottes gewissenhaft gepredigt wurde, zeitigte es Früchte, die seinen göttlichen Ursprung bezeugten. Der Geist Gottes begleitete die Botschaft seiner Diener, und das Wort wirkte mächtig. Sünder fühlten ihr Gewissen angerührt. Das „Licht, welches alle Menschen erleuchtet, die in diese Welt kommen",[1] erhellte das Innerste ihrer Seelen, und die verborgenen Dinge der Finsternis wurden offenbar. Sie zeigten sich von der Sünde, der Gerechtigkeit und dem kommenden Gericht überzeugt; ihre Gemüter und Herzen waren davon ergriffen. Sie hatten einen Begriff von der Gerechtigkeit des Herrn und erschraken bei dem Gedanken, in ihrer Schuld und Unreinigkeit vor dem zu erscheinen, der die Herzen erforscht. In ihrer Angst riefen sie aus: „Wer wird mich erlösen von dem Leibe dieses Todes?"[2] Als das Kreuz auf Golgatha mit seinem unermeßlichen Opfer für die Sünden der Menschheit offenbar wurde, erkannten sie, daß nichts anderes als die Verdienste Christi genügen, ihre Übertretungen zu sühnen; sie allein können den Menschen wieder mit Gott versöhnen. Gläubig und demütig nahmen sie das Lamm Gottes an, das der Welt Sünde trägt. Durch Jesu Blut hatten sie Vergebung ihrer Sünden erlangt.

Diese Seelen brachten rechtschaffene Früchte der Buße hervor. Sie glaubten, ließen sich taufen und standen auf zu einem neuen Leben, zu neuen Kreaturen in Jesus Christus, nicht etwa um nach ihren früheren Lüsten zu wandeln, sondern um durch den Glauben an den Sohn Gottes seinen Fußspuren zu folgen, seinen Charakter widerzuspiegeln und sich zu reinigen, gleichwie er rein ist. Was sie einst haßten, liebten sie nun, und was ihnen einst angenehm war, verabscheuten sie jetzt. Die Hochmütigen und Rechthaberischen wurden

1 Joh. 1, 9 2 Röm. 7, 24

demütig und sanftmütig, die Eitlen und Anmaßenden bescheiden und zurückhaltend, die Lästerer ehrfurchtsvoll, die Säufer nüchtern und die Verworfenen tugendhaft. Die eitlen Moden der Welt legten sie beiseite. Christen suchten nicht den äußerlichen Schmuck „mit Haarflechten und Goldumhängen oder Kleideranlegen", sondern ihre Zierde war „der verborgene Mensch des Herzens unverrückt mit sanftem und stillem Geiste; das ist köstlich vor Gott".[3]

Erweckungen führten zu gründlicher Selbstprüfung und zu Demut. Sie waren gekennzeichnet durch feierliche, ernste Aufrufe an die Sünder und inniges Erbarmen mit denen, die durch Christi Blut erkauft waren. Männer und Frauen beteten und rangen mit Gott um die Errettung von Seelen. Die Früchte solcher Erweckungen waren Menschen, die vor Selbstverleugnung und Opfer nicht zurückschreckten, sondern sich freuten, daß man sie für würdig befunden hatte, um Christi willen Schmach und Anfechtung zu erdulden. In dem Leben derer, die den Namen Jesu bekannt hatten, nahm man eine Wandlung wahr. Ihr Einfluß belebte die Gemeinde. Sie sammelten mit Christus und säten auf den Geist, um das ewige Leben zu ernten.

Man konnte von ihnen sagen: „Daß ihr seid betrübt worden ... zur Reue... Denn die göttliche Traurigkeit wirkt zur Seligkeit eine Reue, die niemand gereut; die Traurigkeit aber der Welt wirkt den Tod. Siehe, daß ihr göttlich seid betrübt worden, welchen Fleiß hat das in euch gewirkt, dazu Verantwortung, Zorn, Furcht, Verlangen, Eifer, Rache! Ihr habt euch bewiesen in allen Stücken, daß ihr rein seid in der Sache."[4]

So wirkt der Geist Gottes. Erneuerung unseres Wesens ist der Beweis echter Reue. Wenn der Sünder sein Gelübde erfüllt, zurückgibt, was er geraubt hat, seine Sünden bekennt und Gott und seine Mitmenschen liebt, dann darf er sicher sein, Frieden mit Gott gefunden zu haben. Derart waren die Wirkungen, die in früheren Jahren den Zeiten religiöser Erweckung folgten. Indem man nach ihren Früchten urteilte, erkannte man, daß der Herr sie bei dem Bemühen, Seelen zu retten und die Menschheit zu erheben, segnete.

Viele Erweckungen der Neuzeit zeigen jedoch einen bedeutenden Unterschied gegenüber den Bekundungen der göttlichen Gnade, die in

3 1. Petr. 3, 3. 4 4 2. Kor. 7, 9–11

früheren Zeiten das Wirken der Diener Gottes begleiteten. Wohl wird weit und breit Anteilnahme hervorgerufen; viele geben vor, bekehrt zu sein, und die Kirchen verzeichnen großen Zuwachs; dennoch sind die Ergebnisse nicht so, daß sie die Annahme rechtfertigten, auch das wirkliche geistliche Leben hätte entsprechend zugenommen. Das nur kurz aufflammende Feuer verlöscht bald wieder und hinterläßt dichtere Finsternis als zuvor.

Volkstümliche Erweckungen werden zu oft dadurch bewirkt, daß man sich an die Einbildungskraft wendet, die Gefühle anregt und die Liebe zu etwas Neuem und Aufregendem befriedigt. Die auf solche Weise gewonnenen Bekehrten haben nur wenig Verlangen nach biblischen Wahrheiten und kaum Interesse an dem Zeugnis der Propheten und Apostel. Es sei denn, ein Gottesdienst trägt einen aufsehenerregenden Charakter, sonst hat er nichts Anziehendes für sie. Eine Botschaft, die sich an den nüchternen Verstand richtet, findet keinen Anklang. Die einfachen Warnungen des Wortes Gottes, die sich unmittelbar auf ihr ewiges Wohl beziehen, bleiben unbeachtet.

Die große Lebensfrage jeder wahrhaft bekehrten Seele wird die Stellung zu Gott und Ewigkeit sein. Doch wo findet sich in den allgemeinen Kirchen der Gegenwart der Geist der Hingabe an Gott? Die Bekehrten entsagen weder ihrem Hochmut noch ihrer Weltliebe. Sie zeigen jetzt nicht mehr Bereitschaft als vor ihrer Bekehrung, sich selbst zu verleugnen, ihr Kreuz auf sich zu nehmen und dem sanftmütigen und demütigen Jesus nachzufolgen. Die Religion ist den Ungläubigen und Zweiflern zum Hohn geworden, weil so viele, die ihren Namen tragen, mit ihren Grundsätzen nicht bekannt sind. Die Kraft der Gottseligkeit ist fast aus den Kirchen gewichen. Ausflüge, Schauspiele, Basare, großartige Wohnungen und persönlicher Aufwand haben die Gedanken an Gott verbannt. Hab und Gut sowie weltliche Beschäftigungen nehmen die Gedanken in Anspruch, und Dinge von Ewigkeitswert finden kaum vorübergehende Beachtung.

So sehr auch Glaube und Frömmigkeit schwinden, so gibt es in den Kirchen doch noch wahre Nachfolger Christi. Ehe Gott zum letztenmal die Welt mit seinen Gerichten heimsucht, wird sein Volk erweckt werden zu der ursprünglichen Gottseligkeit, wie sie seit dem apostolischen Zeitalter nicht gesehen wurde. Der Geist und die Kraft Gottes werden über seine Kinder ausgegossen werden. Zu der Zeit werden sich viele von den Kirchen trennen, in denen die Liebe zur Welt die Stelle der Liebe zu Gott und seinem Wort eingenommen hat. Viele Prediger und Laien werden mit Freuden jene großen Wahrheiten annehmen, die Gott hat verkündigen lassen, um ein Volk auf die Wiederkunft des Herrn vorzubereiten. Der Seelenfeind möchte dieses Werk gern verhindern und wird, ehe die Zeit dieser Bewegung anbricht, versuchen, es zu verfälschen. In den Kirchen, die er unter seine betrügerische Macht bringen kann, wird er den Anschein erwecken, als würde der besondere Segen Gottes auf sie ausgegossen, weil sich hier, wie man meint, ein tiefes religiöses Erwachen bekundet. Viele Menschen werden jubeln, daß Gott auf wunderbare Weise für sie wirke, während doch diese Bewegung das Wirken eines andern Geistes ist. In religiösem Gewande wird Satan versuchen, seinen Einfluß über die ganze christliche Welt auszubreiten.

Bei vielen Erweckungen, die sich während der letzten fünfzig Jahre zugetragen haben, waren mehr oder weniger die gleichen Einflüsse am Wirken, die sich auch in den ausgedehnteren Bewegungen der Zukunft zeigen werden. Es herrscht schon jetzt eine Gefühlserregung, eine Vermischung des Wahren mit dem Falschen, die trefflich dazu angetan ist, irrezuführen. Doch niemand braucht sich täuschen zu lassen. Im Lichte des Wortes Gottes wird es nicht schwer sein, das Wesen dieser Bewegungen festzustellen. Wir dürfen sicher sein, daß Gottes Segen nicht dort ausgeteilt wird, wo man das Zeugnis der Bibel vernachlässigt, indem man sich von den deutlichen, die Seele prüfenden Wahrheiten, die Selbstverleugnung und ein Sichlossagen von der Welt erfordern, abwendet. Nach dem Maßstab, den Christus selbst seinen Jüngern gegeben hat: „An ihren Früchten sollt ihr sie erkennen!“,[5] wird es offenbar, daß diese Bewegungen nicht das Werk des Geistes Gottes sind.

In den Wahrheiten seines Wortes hat Gott den Menschen eine Offenbarung seiner selbst geschenkt; und allen, die sie annehmen, sind sie ein Schild gegen die Täuschungen Satans. Die Vernachlässigung dieser Wahrheiten hat den Übeln, die sich jetzt in der religiösen Welt so weit verbreiten, die Tore geöffnet. Das Wesen und die Wichtig-

5 Matth. 7, 16

keit des Gesetzes Gottes hat man in erheblichem Maße aus den Augen verloren. Da man den Charakter, die Wichtigkeit und die Verbindlichkeit des göttlichen Gesetzes verkannte, ist man auch bezüglich der Bekehrung und Heiligung irregegangen und hat dadurch den Maßstab der Frömmigkeit in den Kirchen herabgedrückt. Hier liegt das Geheimnis, weshalb den Erweckungen unserer Zeit der Geist und die Kraft Gottes fehlen.

Es gibt in den verschiedenen religiösen Gemeinschaften Männer, die sich durch ihre Frömmigkeit auszeichnen und die jene Tatsachen eingestehen und beklagen. Prof Eduard Park sagte bezüglich der landläufigen religiösen Gefahren Amerikas treffend: „Eine Quelle der Gefahr ist die Vernachlässigung der Kanzel, das göttliche Gesetz einzuschärfen. In früheren Tagen war die Kanzel ein Widerhall der Stimme des Gewissens. . . Unsere glänzendsten Prediger verliehen ihren Predigten eine wunderbare Majestät dadurch, daß sie dem Beispiel des Meisters folgten und das Gesetz, seine Gebote und seine Drohungen hervorhoben. Sie wiederholten die beiden großen Grundsätze, daß das Gesetz ein Abbild der göttlichen Vollkommenheit ist, und daß ein Mensch, der das Gesetz nicht liebt, auch das Evangelium nicht liebt; denn das Gesetz sowie das Evangelium sind ein Spiegel, der den wahren Charakter Gottes widerstrahlt. Diese Gefahr führt zu einer anderen, nämlich die Schlechtigkeit der Sünde, ihre Ausdehnung und Strafwürdigkeit zu unterschätzen. Wie das Gesetz recht ist, ist der Ungehorsam unrecht. . .

Verwandt mit den bereits erwähnten Gefahren ist das Wagnis, die Gerechtigkeit Gottes zu unterschätzen. Die Neigung des modernen Kanzelredners geht dahin, die göttliche Gerechtigkeit von der göttlichen Güte abzusondern und die Güte mehr zu einem Gefühl herabzuwürdigen, als zu einem Grundsatz zu erheben. Die neue theologische Schau scheidet, was der Herr zusammengefügt hat. Ist das göttliche Gesetz etwas Gutes oder Böses? – Es ist etwas Gutes. Dann ist auch die Gerechtigkeit gut; denn sie ist die Willensneigung, das Gesetz auszuführen. Aus der Gewohnheit, die göttliche Gerechtigkeit und das göttliche Gesetz, die Ausdehnung und Strafbarkeit menschlichen Ungehorsams zu unterschätzen, neigt der Mensch leicht dazu, die Gnade geringzuachten, die eine Sühne für die Sünde gebracht hat."

Auf diese Weise verliert das Evangelium seinen Wert und seine Wichtigkeit in den Gemütern der Menschen, die bald darauf bereit sind, in Wirklichkeit die Bibel selbst zu verwerfen.

Viele Religionslehrer behaupten, Christus habe durch seinen Tod das Gesetz abgeschafft und die Menschen seien künftig von seinen Anforderungen entbunden. Es gibt etliche, die es als ein schweres Joch hinstellen und im Gegensatz zu der Gebundenheit des Gesetzes die unter dem Evangelium zu genießende Freiheit hochhalten.

Ganz anders jedoch betrachteten die Propheten und Apostel das heilige Gesetz Gottes. David sagte: „Ich wandle fröhlich; denn ich suche deine Befehle."[6] Der Apostel Jakobus, der nach Christi Tod schrieb, nennt die Zehn Gebote „das königliche Gesetz", „das vollkommene Gesetz der Freiheit".[7] Die Offenbarung spricht mehr als ein halbes Jahrhundert nach der Kreuzigung einen Segen über die aus, „die seine Gebote halten, auf daß sie Macht haben an dem Holz des Lebens und zu den Toren eingehen in die Stadt".[8]

Die Behauptung, daß Christus durch seinen Tod das Gesetz seines Vaters abgeschafft habe, entbehrt jeder Grundlage. Wäre es möglich gewesen, das Gesetz zu verändern oder zu beseitigen, dann hätte Christus nicht zu sterben brauchen, um den Menschen von der Strafe der Sünde zu retten. Weit davon entfernt, das Gesetz abzuschaffen, beweist der Tod Christi, daß es unveränderlich ist. Der Sohn Gottes ist gekommen, „daß er das Gesetz herrlich und groß mache".[9] Er sprach: „Ihr sollt nicht wähnen, daß ich gekommen bin, das Gesetz oder die Propheten aufzulösen... Bis daß Himmel und Erde zergehe, wird nicht zergehen der kleinste Buchstabe noch *ein* Tüttel vom Gesetz, bis daß es alles geschehe."[10] Und von sich selbst sagt er: „Deinen Willen, mein Gott, tue ich gern, und dein Gesetz habe ich in meinem Herzen."[11]

Das Gesetz Gottes ist schon von Natur aus unwandelbar. Es ist eine Offenbarung des Willens und des Wesens seines Urhebers. Gott ist die Liebe und sein Gesetz ist Liebe. Die beiden großen Grundsätze des Gesetzes sind Liebe zu Gott und Liebe zu den Menschen. „So ist nun die Liebe des Gesetzes Erfüllung."[12] Das Wesen Gottes ist Ge-

6 Ps. 119, 45
7 Jak. 2, 8; 1, 25
8 Offb. 22, 14
9 Jes. 42, 21
10 Matth. 5, 17. 18
11 Ps. 40, 9
12 Röm. 13, 10

rechtigkeit und Wahrheit; so ist auch sein Gesetz. Der Psalmist sagt: „Dein Gesetz ist Wahrheit"; „alle deine Gebote sind recht".[13] Und Paulus erklärt: „Das Gesetz ist ja heilig, und das Gebot ist heilig, recht und gut."[14] Solch ein Gesetz, das Ausdruck des Geistes und des Willens Gottes ist, muß ebenso beständig sein wie sein Gesetzgeber.

Es ist das Werk der Bekehrung und der Heiligung, die Menschen dadurch mit Gott zu versöhnen, daß sie mit den Grundsätzen seines Gesetzes in Einklang gebracht werden. Am Anfang wurde der Mensch nach dem Ebenbild Gottes geschaffen. Er lebte in vollkommener Übereinstimmung mit der Natur und mit dem Gesetz Gottes; die Grundsätze der Gerechtigkeit waren ihm ins Herz geschrieben. Doch die Sünde entfremdete ihn seinem Schöpfer. Er spiegelte nicht länger das göttliche Ebenbild wider. Sein Herz stand den Grundsätzen des Gesetzes Gottes feindlich gegenüber. „Denn fleischlich gesinnt sein ist eine Feindschaft wider Gott, sintemal das Fleisch dem Gesetz Gottes nicht untertan ist; denn es vermag's auch nicht."[15] Doch „also hat Gott die Welt geliebt, daß er seinen eingeborenen Sohn gab", damit der Mensch mit Gott versöhnt werden könne. Durch die Verdienste Christi kann er mit seinem Schöpfer in Übereinstimmung gebracht werden. Sein Herz muß durch die göttliche Gnade erneuert werden; er muß ein neues Leben von oben empfangen. Diese Umwandlung ist die Wiedergeburt, ohne die, wie Jesus sagt, niemand das Reich Gottes sehen kann.

Der erste Schritt in der Versöhnung mit Gott ist die Überzeugung von der Sünde. „Die Sünde besteht in der Übertretung des Gesetzes." „Durch das Gesetz kommt Erkenntnis der Sünde."[16] Um seine Schuld zu erkennen, muß sich der Sünder nach Gottes großem Maßstab der Gerechtigkeit prüfen. Das Gesetz ist ein Spiegel, der die Vollkommenheit eines gerechten Charakters zeigt und den Menschen befähigt, seine Fehler einzusehen.

Das Gesetz offenbart dem Menschen seine Sünde; aber es sieht keinen Heilsweg vor. Während es dem Gehorsamen Leben verheißt, erklärt es, daß der Tod das Los des Übertreters ist. Das Evangelium Christi allein vermag ihn von der Verdammnis oder von der Befleckung der Sünde zu befreien. Er muß Buße tun vor Gott, dessen

13 Ps. 119, 142. 172
14 Röm. 7, 12
15 Röm. 8, 7
16 1. Joh. 3, 4, v. Eß und Grundtext: Röm. 3, 20

Gesetz er übertreten hat, und an Christus, sein Sühnopfer, glauben. Dadurch werden ihm seine Sünden vergeben, und er wird Teilhaber der göttlichen Natur. Er ist ein Kind Gottes und hat den Geist der Kindschaft empfangen, durch den er ausruft: „Abba, lieber Vater!“ [17]

Steht es ihm nun frei, Gottes Gesetz zu übertreten? Paulus fragt: „Wie? Heben wir denn das Gesetz auf durch den Glauben? Das sei ferne! sondern wir richten das Gesetz auf.“ „Wie sollten wir in der Sünde wollen leben, der wir abgestorben sind?“ Und Johannes erklärt: „Das ist die Liebe zu Gott, daß wir seine Gebote halten; und seine Gebote sind nicht schwer.“ [18] Bei der Wiedergeburt wird das Herz in Harmonie mit Gott, in Einklang mit seinem Gesetz gebracht. Ist diese gewaltige Umgestaltung im Herzen des Sünders erfolgt, so hat er den Weg vom Tode zum Leben, von der Sünde zur Heiligkeit, von der Übertretung und Empörung zum Gehorsam und zur Treue beschritten. Das alte Leben der Entfremdung von Gott hat aufgehört; das neue Leben der Versöhnung, des Glaubens und der Liebe hat begonnen. Dann wird „die Gerechtigkeit, vom Gesetz erfordert, in uns erfüllt ..., die wir nun nicht nach dem Fleische wandeln, sondern nach dem Geist“; [19] und der Mensch spricht: „Wie habe ich dein Gesetz so lieb! Täglich rede ich davon.“ [20]

„Durch das Gesetz kommt Erkenntnis der Sünde.“ Ohne das Gesetz hat der Mensch keinen richtigen Begriff von der Reinheit und Heiligkeit Gottes oder von seiner eigenen Schuld und Unreinheit. Er ist von der Sünde nicht wirklich überzeugt und fühlt nicht das Verlangen, zu bereuen. Da er seinen verlorenen Zustand als Übertreter des Gesetzes Gottes nicht erkennt, ist er sich nicht bewußt, daß er des versöhnenden Blutes Christi bedarf. Die Hoffnung des Heils wird ohne eine gründliche Umgestaltung des Herzens oder Änderung des Lebenswandels angenommen. Auf diese Weise gibt es viele oberflächliche Bekehrungen, und ganze Scharen schließen sich der Kirche an, die nie mit Christus vereint worden sind.

Irrige Lehren der Heiligung, die ebenfalls der Vernachlässigung oder Verwerfung des göttlichen Gesetzes entspringen, nehmen in den heutigen religiösen Bewegungen einen hervorragenden Platz ein. Diese Ansichten sind nicht nur falsch in der Lehre, sondern auch gefährlich

17 Röm. 8, 15 18 Röm. 3, 31; 6, 2; 1. Joh. 5, 3 19 Röm. 8, 4 20 Ps. 119, 97

in ihrer praktischen Wirkung; durch die Tatsache, daß sie eine so allgemeine Annahme finden, ist es doppelt notwendig, daß alle deutlich verstehen, was die Schrift darüber lehrt.

Wahre Heiligung ist eine biblische Lehre. Der Apostel Paulus erklärte in seinem Brief an die Thessalonicher: „Das ist der Wille Gottes, eure Heiligung." Und er betete: „Er aber, der Gott des Friedens, heilige euch durch und durch."[21] Die Bibel lehrt eindeutig, was Heiligung ist und wie sie erlangt werden kann. Der Heiland betete für seine Jünger: „Heilige sie in deiner Wahrheit; dein Wort ist die Wahrheit."[22] Und Paulus lehrte, daß die Gläubigen durch den Heiligen Geist geheiligt werden sollen.[23] Was ist das Werk des Heiligen Geistes? Jesus sagte zu seinen Jüngern: „Wenn aber jener, der Geist der Wahrheit, kommen wird, der wird euch in alle Wahrheit leiten."[24] Auch der Psalmist sprach davon: „Dein Gesetz ist Wahrheit." Durch das Wort und den Geist Gottes werden den Menschen die erhabenen, im Gesetz Gottes verkörperten Grundsätze der Gerechtigkeit erschlossen. Und da das Gesetz Gottes „heilig, recht und gut" ist, ein Abbild der göttlichen Vollkommenheit, so folgt daraus, daß ein im Gehorsam gegen jenes Gesetz geformter Charakter auch heilig sein wird. Christus ist ein vollkommenes Beispiel eines solchen Charakters. Er sagt: „Gleichwie ich meines Vaters Gebote halte." „Ich tue allezeit, was ihm gefällt."[25] Die Nachfolger Christi sollen ihm gleich werden, sollen durch Gottes Gnade Charaktere entwickeln, die mit den Grundsätzen seines heiligen Gesetzes übereinstimmen. Nur so kann biblische Heiligung verstanden werden.

Sie kann nur durch den Glauben an Christus, durch die Macht des innewohnenden Geistes Gottes erreicht werden. Paulus ermahnt die Gläubigen: „Schaffet, daß ihr selig werdet, mit Furcht und Zittern. Denn Gott ist's, der in euch wirkt beides, das Wollen und das Vollbringen, nach seinem Wohlgefallen."[26] Der Christ wird den Reiz der Sünde fühlen; aber er wird sie beständig bekämpfen. Hier ist die Hilfe Christi vonnöten. Menschliche Schwäche verbindet sich mit der göttlichen Kraft, und der Glaube ruft aus: „Gott aber sei Dank, der uns den Sieg gegeben hat durch unsern Herrn Jesus Christus!"[27]

21 1. Thess. 4, 3; 5, 23
22 Joh. 17, 17
23 Röm. 15, 16
24 Joh. 16, 13
25 Joh. 15, 10; 8, 29
26 Phil. 2, 12. 13
27 1. Kor. 15, 57

Die Heilige Schrift zeigt deutlich den sich aufwärts entwickelnden Charakter der Heiligung. Wenn der Sünder bei seiner Bekehrung durch das Blut der Versöhnung Frieden mit Gott findet, so hat das christliche Leben eben erst begonnen. Jetzt muß er „zur Vollkommenheit fahren", heranwachsen zu einem vollkommenen Menschen, „der da sei im Maße des vollkommenen Alters Christi".[28] Der Apostel Paulus schreibt: „Eines aber sage ich: Ich vergesse, was dahinten ist, und strecke mich zu dem, das da vorne ist, und jage — nach dem vorgesteckten Ziel — nach dem Kleinod, welches vorhält die himmlische Berufung Gottes in Christo Jesu."[29] Petrus zeigt uns die Schritte, die zum Erlangen biblischer Heiligung erforderlich sind: „So wendet allen euren Fleiß daran und reichet dar in eurem Glauben Tugend und in der Tugend Erkenntnis und in der Erkenntnis Mäßigkeit und in der Mäßigkeit Geduld und in der Geduld Gottseligkeit und in der Gottseligkeit brüderliche Liebe und in der brüderlichen Liebe allgemeine Liebe...; denn wo ihr solches tut, werdet ihr nicht straucheln."[30]

Wer die biblische Heiligung an sich erfahren hat, wird einen demütigen Geist bekunden. Gleichwie Mose wird er die ehrfurchtgebietende Majestät der Heiligkeit erblickt und seine eigene Unwürdigkeit im Gegensatz zu der Reinheit und der erhabenen Vollkommenheit des Ewigen gesehen haben.

Der Prophet Daniel gab ein Beispiel wahrer Heiligung. Sein langes Leben war ausgefüllt mit edlem Dienst für seinen Meister. Der Bote vom Himmel nannte ihn „lieber Daniel".[31] Statt jedoch zu behaupten, er sei rein und heilig, rechnete dieser geehrte Prophet sich selbst zu dem wahrhaft sündigen Israel, als er vor Gott für sein Volk Fürbitte einlegte. „Wir liegen vor dir mit unserm Gebet, nicht auf unsre Gerechtigkeit, sondern auf deine große Barmherzigkeit." „Wir haben ja gesündigt und sind leider gottlos gewesen... Als ich noch so redete und betete und meine und meines Volks Israel Sünde bekannte." Als ihm zu späterer Zeit der Sohn Gottes erschien, um ihn zu belehren, erklärte er: „Ich ward sehr entstellt und hatte keine Kraft mehr."[32]

Als Hiob die Stimme des Herrn aus dem Wetter hörte, rief er aus: Ich „spreche ... mich schuldig und tue Buße in Staub und Asche".[33]

28 Hebr. 6, 1; Eph. 4, 13
29 Phil. 3, 13. 14
30 2. Petr. 1, 5–10
31 Dan. 10, 11
32 Dan. 9, 18. 15. 20; 10, 8
33 Hiob 42, 6

Als Jesaja die Herrlichkeit Gottes sah und die Cherubim rufen hörte: „Heilig, heilig, heilig ist der Herr Zebaoth!", schrie er auf: „Weh mir, ich vergehe!"[34] Nachdem Paulus in den dritten Himmel entzückt worden war und unaussprechliche Worte hörte, die kein Mensch sagen kann, sprach er von sich selbst als „dem allergeringsten unter allen Heiligen".[35] Der geliebte Johannes, der an der Brust Jesu geruht und seine Herrlichkeit gesehen hatte, fiel dem Menschensohn wie tot zu Füßen.[36]

Bei denen, die im Schatten des Kreuzes von Golgatha wandeln, gibt es keine Selbsterhebung, keinen prahlerischen Anspruch, frei von Sünden zu sein. Sie sind sich bewußt, daß es ihre Sünde war, die die Seelenqual verursachte, die dem Sohne Gottes das Herz brach; und dieser Gedanke wird zur Selbsterniedrigung führen. Die am innigsten mit Jesus verbunden sind, erkennen am deutlichsten die Schwächen und die Sündhaftigkeit der Menschen, und ihre einzige Hoffnung stützt sich auf das Verdienst eines gekreuzigten und auferstandenen Heilandes.

Die Heiligung, die jetzt in der Christenheit hervortritt, offenbart einen Geist der Selbsterhebung und eine Gleichgültikeit gegen das Gesetz Gottes, die mit der Religion der Bibel nichts mehr gemein hat. Ihre Anhänger lehren, die Heiligung sei ein Werk des Augenblicks, durch das sie im Glauben allein vollkommene Heiligkeit erlangten. Glaube nur, sagen sie, und du wirst den Segen erhalten. Weitere Anstrengungen werden für unnötig angesehen. Zu gleicher Zeit leugnen sie die Gültigkeit des göttlichen Gesetzes und behaupten, sie seien von der Verpflichtung, die Gebote zu halten, befreit. Ist es jedoch möglich, daß Menschen heilig sein und in Übereinstimmung mit dem Willen und Charakter Gottes leben können, ohne mit den Grundsätzen in Einklang zu leben, die ein Ausdruck der Natur und des Willens Gottes sind, und die dartun, was ihm wohlgefällig ist?

Das Verlangen nach einer bequemen Religion, die weder Anstrengung und Selbstverleugnung noch Trennung von den Torheiten der Welt erfordert, hat die Lehre vom Glauben, und zwar vom Glauben allein, volkstümlich gemacht. Was sagt aber Gottes Wort? Der Apostel Jakobus spricht: „Was hilft's, liebe Brüder, so jemand sagt, er habe

34 Jes. 6, 3. 5 35 2. Kor. 12, 2–4; Eph. 3, 8 36 Offb. 1, 17

den Glauben, und hat doch die Werke nicht? Kann auch der Glaube ihn selig machen? ... Willst du aber erkennen, du eitler Mensch, daß der Glaube ohne Werke tot sei? Ist nicht Abraham, unser Vater, durch die Werke gerecht geworden, da er seinen Sohn Isaak auf dem Altar opferte? Da siehest du, daß der Glaube mitgewirkt hat an seinen Werken, und durch die Werke ist der Glaube vollkommen geworden... So sehet ihr nun, daß der Mensch durch die Werke gerecht wird, nicht durch den Glauben allein." [37]

Das Zeugnis des göttlichen Wortes ist wider diese verstrickende Lehre vom Glauben ohne Werke. Die Gunst des Himmels zu beanspruchen, ohne den Bedingungen nachzukommen, unter denen Barmherzigkeit gewährt wird, ist nicht Glaube, sondern Vermessenheit; denn der echte Glaube hat seinen Grund in den Verheißungen und Verordnungen der Heiligen Schrift.

Niemand täusche sich in dem Glauben, heilig werden zu können, während vorsätzlich eins der Gebote Gottes übertreten wird. Wer bewußt eine Sünde begeht, bringt damit die überzeugende Stimme des Heiligen Geistes zum Schweigen und trennt die Seele von Gott. Sünde ist Übertretung des Gesetzes. Und „wer da sündigt [das Gesetz übertritt], der hat ihn nicht gesehen noch erkannt". [38] Obgleich Johannes in seinen Briefen so ausführlich von der Liebe spricht, zögert er dennoch nicht, den wahren Charakter jener zu enthüllen, die beanspruchen, geheiligt zu sein, während sie in Übertretung des göttlichen Gesetzes leben. „Wer da sagt: Ich kenne ihn, – und hält seine Gebote nicht, der ist ein Lügner, und in solchem ist keine Wahrheit. Wer aber sein Wort hält, in solchem ist wahrlich die Liebe Gottes vollkommen." [39] Das ist der Prüfstein jedes Bekenntnisses. Wir können keinen Menschen als heilig ansehen, ohne ihn mit Gottes einzigem Maßstab für die Heiligkeit im Himmel und auf Erden gemessen zu haben. Wenn Menschen das Gewicht des Sittengesetzes nicht erkennen, wenn sie Gottes Gebote geringschätzen und leichtfertig behandeln, wenn sie eines der geringsten dieser Gebote übertreten und die Menschen also lehren, so werden sie vor dem Himmel keinerlei Achtung genießen, und wir erkennen daran, daß ihre Ansprüche jeder Grundlage entbehren.

37 Jak. 2, 14–24 38 1. Joh. 3, 6 39 1. Joh. 2, 4. 5

Die Behauptung, ohne Sünde zu sein, ist schon an sich ein Beweis, daß der, welcher solche Ansprüche erhebt, weit davon entfernt ist, heilig zu sein. Weil der Mensch keine echte Vorstellung von der unendlichen Reinheit und Heiligkeit Gottes besitzt oder davon, was aus denen werden muß, die mit seinem Charakter übereinstimmen sollen; weil er weder von der Reinheit und erhabenen Lieblichkeit Jesu noch von der Bosheit und dem Unheil der Sünde einen richtigen Begriff hat, darum sieht er sich selbst als heilig an. Je größer die Entfernung zwischen ihm und Christus ist, je unzulänglicher seine Vorstellungen von dem Charakter und den Anforderungen Gottes sind, um so gerechter wird er in seinen eigenen Augen erscheinen.

Die in der Heiligen Schrift verordnete Heiligung schließt das ganze Wesen ein: Leib, Seele und Geist. Paulus betete für die Thessalonicher, daß ihr „Geist ganz samt Seele und Leib müsse bewahrt werden unsträflich auf die Zukunft unsers Herrn Jesu Christi".[40] Ein andermal schrieb er an Gläubige: „Ich ermahne euch nun, liebe Brüder, durch die Barmherzigkeit Gottes, daß ihr eure Leiber begebet zum Opfer, das da lebendig, heilig und Gott wohlgefällig sei."[41] Zur Zeit des alten Israel wurde jede Gott zum Opfer dargebrachte Gabe sorgfältig untersucht. Fand man irgendeinen Makel an dem Opfertier, so wurde es abgewiesen; denn Gott hatte befohlen, daß „kein Fehl"[42] am Opfer sein sollte. So wird auch den Christen geboten, ihre Leiber zum Opfer zu begeben, das da lebendig, heilig und Gott wohlgefällig sei. Dazu müssen aber alle ihre Kräfte in dem bestmöglichen Zustand erhalten werden. Jede Handlung, die die körperliche oder geistige Kraft schwächt, macht den Menschen für den Dienst seines Schöpfers untauglich. Könnte Gott Wohlgefallen an etwas finden, das nicht unser Bestes ist? Christus sagte: „Du sollst lieben Gott, deinen Herrn, von ganzem Herzen."[43] Alle, die Gott von ganzem Herzen lieben, werden ihm den besten Dienst ihres Lebens weihen wollen und beständig danach trachten, jede Kraft ihrer Persönlichkeit mit den Gesetzen in Übereinstimmung zu bringen, die ihre Fähigkeit, seinen Willen zu tun, fördern. Sie werden nicht, indem sie ihre Genußsucht oder Leidenschaften befriedigen, das Opfer schwächen oder verunreinigen, das sie ihrem himmlischen Vater darbringen.

40 1. Thess. 5, 23 41 Röm. 12, 1 42 2. Mose 12, 5 f. 43 Matth. 22, 37

Petrus sagt: „Enthaltet euch von fleischlichen Lüsten, welche wider die Seele streiten."[44] Jede sündhafte Befriedigung führt zur Abstumpfung der Geisteskräfte und schwächt das geistige und geistliche Wahrnehmungsvermögen, so daß das Wort oder der Geist Gottes das Herz nur schwach beeindrucken kann. Paulus schreibt an die Korinther: „Lasset uns von aller Befleckung des Fleisches und des Geistes uns reinigen und fortfahren mit der Heiligung in der Furcht Gottes."[45] Und den Früchten des Geistes: „Liebe, Freude, Friede, Geduld, Freundlichkeit, Gütigkeit, Glaube, Sanftmut", reiht er die „Keuschheit" an.[46]

Wie viele, die sich Christen nennen, schwächen aber ungeachtet dieser von Gott eingegebenen Aussagen ihre Kräfte, indem sie nach Gewinn jagen oder der Mode huldigen; wie viele würdigen ihr gottebenbildliches Menschentum durch Prasserei, Weintrinken und verbotene Genüsse herab! Und die Kirche, anstatt das Übel zu rügen, ermutigt es nur zu oft, indem sie die Eßlust, das Verlangen nach Gewinn oder die Liebe zu Vergnügungen herausfordert, um ihre Kasse wieder zu füllen, wozu die Liebe zu Christus zu schwach ist. Würde Jesus die Kirchen von heute betreten und dort den unheiligen Verkehr und die Schwelgerei wahrnehmen, die im Namen der Religion veranstaltet werden, triebe er da nicht diese Tempelschänder hinaus, wie er einst jene Geldwechsler aus dem Tempel jagte?

Der Apostel Jakobus sagt uns, daß die Weisheit, die von oben kommt, „aufs erste rein" ist.[47] Wäre er Männern begegnet, die den köstlichen Namen Jesu auf ihre vom Tabak verunreinigten Lippen genommen hätten und deren Atem und Gestalt von dem ekelhaften Geruch durchdrungen gewesen wäre, die die Luft des Himmels verpestet und ihre Umgebung gezwungen hätten, das Gift einzuatmen — wäre der Apostel auf einen der Reinheit des Evangeliums so sehr entgegengesetzten Brauch gestoßen, würde er ihn nicht als irdisch, sinnlich, teuflisch verurteilt haben? Sklaven des Tabaks mögen behaupten, völlig geheiligt zu sein, mögen von ihrer Hoffnung auf den Himmel reden; aber Gottes Wort sagt deutlich: „Es wird nicht hineingehen irgend ein Gemeines."[48]

44 1. Petr. 2, 11
45 2. Kor. 7, 1
46 Gal. 5, 22
47 Jak. 3, 17, Elberf. Übers.
48 Offb. 21, 27

„Wisset ihr nicht, daß euer Leib ein Tempel des heiligen Geistes ist, der in euch ist, welchen ihr habt von Gott, und seid nicht euer selbst? Denn ihr seid teuer erkauft; darum so preiset Gott an eurem Leibe und in eurem Geiste, welche sind Gottes." [49] Der Mensch, dessen Leib ein Tempel des Heiligen Geistes ist, wird sich nicht durch eine verderbliche Gewohnheit zum Sklaven machen lassen. Seine Kräfte gehören Christus, der ihn mit seinem Blut erkauft hat. Seine Güter sind des Herrn. Wie könnte er sich der Vergeudung der ihm anvertrauten Habe schuldig machen? Bekenntliche Christen geben alljährlich ungeheure Summen für nutzlose und schädliche Liebhabereien aus, während Menschen aus Mangel an dem Brot des Lebens zugrunde gehen; sie berauben Gott an Gaben und Opfern und verbrauchen mehr auf dem Altar verderblicher Lüste, als sie zur Unterstützung der Armen oder zur Verbreitung des Evangeliums beitragen. Wenn alle, die sich Nachfolger Christi nennen, wahrhaft geheiligt wären, so würden sie ihre Mittel, statt sie für nutzlose und sogar schädliche Liebhabereien auszugeben, in die Schatzkammer des Herrn fließen lassen und andern ein Beispiel in Mäßigkeit, Selbstverleugnung und Selbstaufopferung geben. Dann wären sie das Licht der Welt.

Die Welt gibt sich zügelloser Genußsucht hin. „Des Fleisches Lust und der Augen Lust und hoffärtiges Leben" [50] beherrschen das Volk. Aber Christi Nachfolger haben eine heiligere Berufung: „Darum gehet aus von ihnen und sondert euch ab, spricht der Herr, und rühret kein Unreines an." Im Lichte des Wortes Gottes dürfen wir mit Recht sagen, daß keine Heiligung echt sein kann, die nicht bewirkt, daß dem sündhaften Trachten und den Vergnügungen der Welt gänzlich entsagt wird.

Denen, die der Bedingung: „Gehet aus von ihnen und sondert euch ab ... und rührt kein Unreines an" nachkommen, gilt Gottes Verheißung: „So will ich euch annehmen und euer Vater sein, und ihr sollt meine Söhne und Töchter sein, spricht der allmächtige Herr." [51] Es ist eines jeden Christen Pflicht und Freude, reiche und kostbare Erfahrung mit dem Göttlichen zu machen. „Ich bin das Licht der Welt", sagt der Heiland, „wer mir nachfolgt, der wird nicht wandeln in der Finsternis, sondern wird das Licht des Lebens haben." [52] „Der Gerechten Pfad glänzt wie das Licht, das immer heller leuchtet bis auf

49 1. Kor. 6, 19. 20 50 1. Joh. 2, 16 51 2. Kor. 6, 17. 18 52 Joh. 8, 12

den vollen Tag.“[53] Jeder Schritt des Glaubens und des Gehorsams bringt die Seele in engere Verbindung mit dem Licht der Welt, in dem „keine Finsternis“ ist. Die hellen Strahlen der Sonne der Gerechtigkeit scheinen auf Gottes Diener, die sein Licht zurückwerfen sollen. Wie uns die Sterne lehren, daß ein großes Licht am Himmel ist, dessen Glanz sie erhellt, ebenso sollen die Christen bekunden, daß auf dem Thron des Weltalls ein Gott sitzt, dessen Wesen des Lobes und der Nachahmung würdig ist. Die Früchte seines Geistes, die Reinheit und Heiligkeit seines Wesens werden sich in seinen Zeugen offenbaren.

Paulus beschreibt in seinem Brief an die Kolosser die reichen Segnungen, die den Kindern Gottes verliehen werden: Wir hören „nicht auf, für euch zu beten und zu bitten, daß ihr erfüllt werdet mit Erkenntnis seines Willens in allerlei geistlicher Weisheit und Verständnis, daß ihr wandelt würdig dem Herrn zu allem Gefallen und fruchtbar seid in allen guten Werken und wachset in der Erkenntnis Gottes und gestärkt werdet mit aller Kraft nach seiner herrlichen Macht zu aller Geduld und Langmütigkeit mit Freuden“.[54]

An anderer Stelle schreibt er von seinem Wunsch, daß die Brüder in Ephesus die Größe der christlichen Freiheiten völlig erkennen möchten. Er erschließt ihnen in außerordentlich deutlichen Worten die wunderbare Macht und Erkenntnis, die sie als Söhne und Töchter des Allerhöchsten haben können. Es war Gnade, „stark zu werden durch seinen Geist an dem inwendigen Menschen“, „durch die Liebe eingewurzelt und gegründet“ zu werden, zu „begreifen ... mit allen Heiligen, welches da sei die Breite und die Länge und die Tiefe und die Höhe“, und zu „erkennen die Liebe Christi, die doch alle Erkenntnis übertrifft“. Aber das Gebet des Apostels erreicht den Höhepunkt der Gnadengaben, wenn er betet, „daß ihr erfüllt werdet mit allerlei Gottesfülle“.[55]

Hier wird uns das erhabene Ziel gezeigt, das wir durch den Glauben an die Verheißungen unseres himmlischen Vaters erreichen können, wenn wir seinen Ansprüchen nachkommen. Durch Christi Verdienst haben wir Zugang zum Thron der unendlichen Macht. „Welcher auch seines eigenen Sohnes nicht hat verschont, sondern hat ihn für uns alle dahingegeben; wie sollte er uns mit ihm nicht alles schenken?“[56]

53 Spr. 4, 18 54 Kol. 1, 9–11 55 Eph. 3, 16–19 56 Röm. 8, 32

Dem Sohne schenkte der Vater seinen Geist in Fülle; auch wir dürfen an seiner Fülle teilhaben. Jesus sagt: „So denn ihr, die ihr arg seid, könnet euren Kindern gute Gaben geben, wie viel mehr wird der Vater im Himmel den heiligen Geist geben denen, die ihn bitten!" – „Was ihr bitten werdet in meinem Namen, das will ich tun." – „Bittet, so werdet ihr nehmen, daß eure Freude vollkommen sei."[57]

Während sich des Christen Leben durch Demut auszeichnet, sollte es doch ohne Traurigkeit oder eigene Herabsetzung sein. Es gehört zur Freiheit jedes einzelnen, so zu wandeln, wie es dem Herrn wohlgefällt und er ihn segnen kann. Unser himmlischer Vater will nicht, daß wir uns ständig verdammt und in Finsternis fühlen sollen. Es ist kein Beweis echter Demut, mit gebeugtem Haupt und einem grüblerischen Herzen einherzugehen. Wir dürfen zu Jesus kommen, uns von ihm reinigen lassen und ohne Scham oder Gewissensbisse vor dem Gesetz bestehen. „So ist nun nichts Verdammliches an denen, die in Christo Jesu sind, die nicht nach dem Fleisch wandeln, sondern nach dem Geist."[58]

Durch Jesus werden die gefallenen Söhne Adams „Kinder Gottes", „sintemal sie alle von einem kommen, beide, der da heiligt und die da geheiligt werden. Darum schämt er sich auch nicht, sie Brüder zu heißen".[59] Das Leben des Christen sollte ein Leben des Glaubens, des Sieges und der Freude in Gott sein. „Denn alles, was von Gott geboren ist, überwindet die Welt; und unser Glaube ist der Sieg, der die Welt überwunden hat."[60] In Wahrheit sagte Gottes Diener Nehemia: „Die *Freude* am Herrn ist eure Stärke."[61] Und Paulus schreibt: „Freuet euch in dem Herrn allewege! Und abermals sage ich: Freuet euch!" „Seid allezeit fröhlich, betet ohne Unterlaß, seid dankbar in allen Dingen; denn das ist der Wille Gottes in Christo Jesu an euch."[62]

Das sind die Früchte biblischer Bekehrung und Heiligung; und weil die trefflichen Grundsätze der Gerechtigkeit, wie das Gesetz Gottes sie veranschaulicht, von der christlichen Welt gleichgültig behandelt werden, sind diese Früchte so selten zu sehen. Aus diesem Grunde offenbart sich auch so wenig von jenem tiefen, bleibenden Wirken des Geistes Gottes, das die Erweckungen früherer Jahre kennzeichnete.

57 Luk. 11, 13; Joh. 14, 14; 16, 24
58 Röm. 8, 1
59 Hebr. 2, 11
60 1. Joh. 5, 4
61 Neh. 8, 10
62 Phil. 4, 4; 1. Thess. 5, 16–18

Indem wir auf den Herrn schauen, werden wir verwandelt. Und weil jene heiligen Verordnungen, in denen Gott den Menschen die Vollkommenheit und Heiligkeit seines Charakters offenbart, vernachlässigt werden und weil das Denken des Volkes von menschlichen Lehren und Ansichten gefesselt wird, so ist es nicht verwunderlich, daß die lebendige Frömmigkeit in der Kirche abgenommen hat. Der Herr sagte: „Mich, die lebendige Quelle, verlassen sie und machen sich hie und da ausgehauene Brunnen, die doch löcherig sind und kein Wasser geben."[63]

„Wohl dem, der nicht wandelt im Rat der Gottlosen . . ., sondern hat Lust zum Gesetz des Herrn und redet von seinem Gesetz Tag und Nacht! Der ist wie ein Baum, gepflanzt an den Wasserbächen, der seine Frucht bringt zu seiner Zeit, und seine Blätter verwelken nicht; und was er macht, das gerät wohl."[64] Nur dadurch, daß dem Gesetz Gottes seine rechtmäßige Stellung wieder eingeräumt wird, kann der ursprüngliche Glaube und die erste Gottseligkeit unter seinem bekennenden Volk wieder erweckt werden. „So spricht der Herr: Tretet auf die Wege und schauet und fraget nach den vorigen Wegen, welches der gute Weg sei, und wandelt darin, so werdet ihr Ruhe finden für eure Seele!"[65]

63 Jer. 2, 13 64 Ps. 1, 1–3 65 Jer. 6, 16

Das Untersuchungsgericht | 28

„Solches sah ich“, schreibt der Prophet Daniel, „bis daß Stühle gesetzt wurden; und der Alte setzte sich. Des Kleid war schneeweiß, und das Haar auf seinem Haupt wie reine Wolle; sein Stuhl war eitel Feuerflammen, und dessen Räder brannten mit Feuer. Und von ihm ging aus ein langer feuriger Strahl. Tausendmal tausend dienten ihm, und zehntausendmal zehntausend standen vor ihm. Das Gericht ward gehalten, und die Bücher wurden aufgetan.“ [1]

So wurde dem Propheten im Gesicht der große und feierliche Tag vor sein geistiges Auge geführt, da der Charakter und das Leben eines jeden Menschen von dem großen Richter des Alls geprüft wird. Der Alte ist Gott der Vater. Der Psalmist sagt: „Ehe denn die Berge wurden und die Erde und die Welt geschaffen wurden, bist du, Gott, von Ewigkeit zu Ewigkeit.“ [2] Der Urheber alles Daseins und aller Gesetze wird im Gericht den Vorsitz führen. Heilige Engel, „tausendmal tausend und zehntausendmal zehntausend“, werden diesem großen Gericht als Diener und Zeugen beiwohnen.

„Und siehe, es kam einer in des Himmels Wolken wie eines Menschen Sohn bis zu dem Alten und ward vor ihn gebracht. Der gab ihm Gewalt, Ehre und Reich, daß ihm alle Völker, Leute und Zungen dienen sollten. Seine Gewalt ist ewig, die nicht vergeht, und sein Königreich hat kein Ende.“ [3] Das hier beschriebene Kommen Christi ist nicht seine Wiederkunft zur Erde. Er kommt vor den „Alten“ im Himmel, um Gewalt, Ehre und Reich zu empfangen, die ihm am Ende seines Vermittlungswerkes gegeben werden. Von diesem Kommen, und nicht von seiner Wiederkunft zur Erde, wird in der Weissagung bezeugt, daß es am Ende der zweitausenddreihundert Tage, im Jahre 1844, stattfinden

1 Dan. 7, 9. 10 2 Ps. 90, 2 3 Dan. 7, 13. 14

werde. In Begleitung himmlischer Engel betritt unser Hoherpriester das Allerheiligste und erscheint dort vor Gott, die letzten Handlungen seines Dienstes für die Menschen vorzubereiten, um das Untersuchungsgericht auszuführen und alle die zu versöhnen, die sich der Wohltaten dieser Versöhnung würdig erweisen.

Im sinnbildlichen Dienst hatten nur die, welche zu Gott kamen, um zu bekennen und zu bereuen, deren Sünden durch das Blut des Sündopfers auf das Heiligtum übertragen worden waren, einen Anteil am Dienste des Versöhnungstages. So werden auch an dem großen Tag der Endversöhnung und des Untersuchungsgerichts nur die Fälle des bekennenden Volkes Gottes in Betracht gezogen. Das Gericht über die Gottlosen ist eine besondere, von diesem getrennte, später stattfindende Maßnahme. „Denn es ist Zeit, daß anfange das Gericht an dem Hause Gottes. So aber zuerst an uns, was will's für ein Ende werden mit denen, die dem Evangelium Gottes nicht glauben?"[4]

Die Bücher des Himmels, in denen die Namen und Taten der Menschen verzeichnet stehen, werden die Entscheidungen des Gerichts bestimmen. Der Prophet Daniel sagt: „Das Gericht ward gehalten, und die Bücher wurden aufgetan." Der Schreiber der Offenbarung fügt bei der Schilderung desselben Vorganges hinzu: „Ein anderes Buch ward aufgetan, welches ist das Buch des Lebens. Und die Toten wurden gerichtet nach der Schrift in den Büchern, nach ihren Werken."[5]

Das Buch des Lebens enthält die Namen aller, die jemals in den Dienst Gottes getreten waren. Jesus sagte zu seinen Jüngern: „Freuet euch ..., daß eure Namen im Himmel geschrieben sind."[6] Paulus spricht von seinen getreuen Mitarbeitern, deren „Namen sind in dem Buch des Lebens".[7] Im Hinblick auf „eine solche trübselige Zeit", „wie sie nicht gewesen ist", erklärte Daniel, daß Gottes Volk errettet werden soll, und zwar „alle, die im Buch geschrieben stehen".[8] In der Offenbarung heißt es, daß nur solche Menschen die Stadt Gottes betreten dürfen, deren Namen „geschrieben sind in dem Lebensbuch des Lammes".[9]

„Ein Gedächtnisbuch" ist vor dem Herrn geschrieben worden, worin die guten Taten aller Menschen berichtet stehen, die „den Herrn

4 1. Petr. 4, 17
5 Offb. 20, 12
6 Luk. 10, 20
7 Phil. 4, 3
8 Dan. 12, 1
9 Offb. 21, 27

fürchten und an seinen Namen gedenken".[10] Ihre Worte des Glaubens, ihre Taten der Liebe stehen im Himmel verzeichnet. Nehemia bezieht seine Worte darauf, wenn er sagt: „Gedenke, mein Gott, mir daran und tilge nicht aus meine Barmherzigkeit, die ich an meines Gottes Hause und an seinem Dienst getan habe!"[11] Im Gedächtnisbuch Gottes wird jede gerechte Tat verewigt. Dort findet sich jede widerstandene Versuchung, jegliches überwundene Übel, jedes ausgesprochene Wort zärtlichen Mitleids gewissenhaft berichtet; jede aufopfernde Tat, jeder um Christi willen ausgestandene Schmerz oder Kummer sind dort eingetragen. Der Psalmist sagt: „Zähle die Wege meiner Flucht; fasse meine Tränen in deinen Krug. Ohne Zweifel, du zählst sie [‚Stehen sie nicht in deinem Buche?']."[12]

Es wird dort auch ein Bericht über die Sünden der Menschen geführt. „Denn Gott wird alle Werke vor Gericht bringen, alles, was verborgen ist, es sei gut oder böse."[13] Der Heiland sagte: „Die Menschen müssen Rechenschaft geben am Jüngsten Gericht von einem jeglichen unnützen Wort, das sie geredet haben. Aus deinen Worten wirst du gerechtfertigt werden, und aus deinen Worten wirst du verdammt werden."[14] Die geheimen Absichten und Beweggründe erscheinen in jenem unfehlbaren Verzeichnis; denn Gott „wird ans Licht bringen, was im Finstern verborgen ist, und den Rat der Herzen offenbaren".[15] „Siehe, es steht vor mir geschrieben ... beide, ihre Missetaten und ihrer Väter Missetaten miteinander, spricht der Herr."[16]

Eines jeden Taten werden einer Untersuchung vor Gott unterzogen und als treu oder untreu eingetragen. In die himmlischen Bücher wird gegenüber dem Namen eines jeden mit peinlicher Genauigkeit jedes schlechte Wort, jede selbstsüchtige Handlung, jede unerfüllte Pflicht, jegliche verborgene Sünde und jede listige Verstellung eingeschrieben. Vom Himmel gesandte Warnungen oder Rügen, die vernachlässigt wurden, verschwendete Augenblicke, unbenutzte Gelegenheiten, der zum Guten oder Bösen ausgeübte Einfluß mit seinen weitreichenden Folgen, alles wird von dem berichtführenden Engel niedergeschrieben.

Das Gesetz Gottes ist das Richtmaß, nach dem das Leben und der Charakter des Menschen im Gericht gemessen werden. Der weise

10 Mal. 3, 16, Grundtext
11 Neh. 13, 14
12 Ps. 56, 9
13 Pred. 12, 14
14 Matth. 12, 36. 37
15 1. Kor. 4, 5
16 Jes. 65, 6. 7

Mann sprach: „Fürchte Gott und halte seine Gebote; denn das gehört allen Menschen zu. Denn Gott wird alle Werke vor Gericht bringen, alles, was verborgen ist, es sei gut oder böse.“ [17] Und der Apostel Jakobus ermahnte seine Brüder: „Also redet und also tut, als die da sollen durchs Gesetz der Freiheit gerichtet werden.“ [18]

Wer im Gericht für würdig befunden wird, wird an der Auferstehung der Gerechten teilhaben. Jesus sagte: „Welche aber würdig sein werden, jene Welt zu erlangen und die Auferstehung von den Toten, ... sie sind den Engeln gleich und Gottes Kinder, dieweil sie Kinder sind der Auferstehung.“ [19] „Und werden hervorgehen, die da Gutes getan haben, zur Auferstehung des Lebens.“ [20] Die gerechten Toten werden erst nach dem Gericht auferweckt, in deren Verlauf sie der „Auferstehung des Lebens“ für würdig befunden werden. Sie werden also nicht persönlich am Gericht teilnehmen, wenn ihre Lebensberichte untersucht und ihre Fälle entschieden werden.

Jesus wird als ihr Verteidiger auftreten und vor Gott für sie Fürbitte einlegen. „Ob jemand sündigt, so haben wir einen Fürsprecher bei dem Vater, Jesum Christum, der gerecht ist.“ [21] „Denn Christus ist nicht eingegangen in das Heilige, so mit Händen gemacht ist (welches ist ein Gegenbild des wahrhaftigen), sondern in den Himmel selbst, nun zu erscheinen vor dem Angesicht Gottes für uns.“ „Daher kann er auch selig machen immerdar, die durch ihn zu Gott kommen, und lebt immerdar und bittet für sie.“ [22]

Wenn die Bücher aufgeschlagen werden, wird der Lebenslauf eines jeden, der an Jesus geglaubt hat, vor Gott untersucht. Unser Fürsprecher beginnt mit denen, die zuerst auf Erden lebten, prüft dann die nachfolgenden Geschlechter und schließt mit den Lebenden. Jeder Name wird erwähnt, der Fall jedes einzelnen genau untersucht. Es werden Namen angenommen, Namen verworfen. Finden sich bei manchen Namen Sünden in den Büchern verzeichnet, die nicht bereut und vergeben sind, so werden ihre Namen aus dem Buch des Lebens entfernt und das Verzeichnis ihrer guten Taten aus dem Gedächtnisbuch Gottes getilgt. Der Herr erklärte Mose: „Was? Ich will den aus meinem Buch tilgen, der an mir sündigt.“ [23] Und der Prophet Hesekiel

17 Pred. 12, 13. 14
18 Jak. 2, 12
19 Luk. 20, 35. 36
20 Joh. 5, 29
21 1. Joh. 2, 1
22 Hebr. 9, 24; 7, 25
23 2. Mose 32, 33

sagte: „Wo sich der Gerechte kehrt von seiner Gerechtigkeit und tut Böses . . ., sollte der leben? Ja, aller seiner Gerechtigkeit, die er getan hat, soll nicht gedacht werden.“ [24]

Bei den Namen aller, die ihre Sünden wahrhaft bereut und durch den Glauben das Blut Christi als ihr versöhnendes Opfer in Anspruch genommen haben, wird Vergebung in die Himmelsbücher eingeschrieben. Da sie Teilhaber der Gerechtigkeit Christi geworden sind und ihr Charakter in Übereinstimmung mit dem Gesetz Gottes gefunden wird, werden ihre Sünden ausgetilgt und sie selbst des ewigen Lebens für würdig angesehen. Der Herr erklärte durch den Propheten Jesaja: „Ich, ich tilge deine Übertretungen um meinetwillen und gedenke deiner Sünden nicht.“ [25] Jesus sprach: „Wer überwindet, der soll mit weißen Kleidern angetan werden, und ich werde seinen Namen nicht austilgen aus dem Buch des Lebens, und ich will seinen Namen bekennen vor meinem Vater und vor seinen Engeln.“ „Wer nun mich bekennet vor den Menschen, den will ich bekennen vor meinem himmlischen Vater. Wer mich aber verleugnet vor den Menschen, den will ich auch verleugnen vor meinem himmlischen Vater.“ [26]

Das regste Augenmerk der Menschen auf die Entscheidungen irdischer Gerichtshöfe ist nur ein schwaches Gegenstück zu der an dem himmlischen Gerichtshof herrschenden Anteilnahme, wenn die im Buch des Lammes eingetragenen Namen zur Untersuchung vor den Richter der ganzen Welt gebracht werden. Der göttliche Vermittler bittet darum, daß allen, die durch den Glauben an sein Blut überwunden haben, ihre Übertretungen vergeben werden, daß sie wieder in das Paradies eingesetzt und gekrönt werden als Miterben mit ihm für die „vorige Herrschaft“. [27] Satan hatte gehofft, die Menschen mit seinen Bemühungen versuchen und täuschen, den göttlichen Plan bei der Erschaffung des Menschen vereiteln zu können; Christus aber bittet nun, daß dieser Plan ausgeführt werde, als wäre der Mensch nie gefallen. Er bittet für sein Volk nicht nur um völlige Vergebung und Rechtfertigung, sondern auch um einen Anteil an seiner Herrlichkeit und um einen Sitz auf seinem Thron.

Während Jesus für diese Menschen Fürbitte einlegt, beschuldigt Satan sie vor Gott als Übertreter. Der große Betrüger suchte sie in

24 Hes. 18, 24 25 Jes. 43, 25 26 Offb. 3, 5; Matth. 10, 32. 33 27 Micha 4, 8

den Unglauben zu verstricken und zu veranlassen, ihr Gottvertrauen fahren zu lassen, sich von der Liebe Gottes zu trennen und dessen Gesetz zu brechen. Nun verweist er auf ihren Lebensbericht, auf ihre charakterlichen Unvollkommenheiten, auf ihre Unähnlichkeit mit Christus, womit sie ihrem Erlöser Schande bereitet haben, und auf alle Sünden, zu denen er sie verleitet hat, und beansprucht sie, indem er sich auf diese Vorkommnisse stützt, als seine Untertanen.

Jesus entschuldigt ihre Sünden nicht, verweist aber auf ihre Reue und ihren Glauben und bittet für sie um Vergebung; er hält seine verwundeten Hände vor dem Vater und den heiligen Engeln empor und ruft aus: „Ich kenne sie bei Namen, ich habe sie in meine Hände gezeichnet. ‚Die Opfer, die Gott gefallen, sind ein geängsteter Geist; ein geängstet und zerschlagen Herz wirst du, Gott, nicht verachten.‘ “[28] Und dem Ankläger seines Volkes erklärt er: „Der Herr schelte dich, du Satan; ja, der Herr schelte dich, der Jerusalem erwählt hat! Ist dieser nicht ein Brand, der aus dem Feuer errettet ist?“[29] Christus wird seine Getreuen mit seiner eigenen Gerechtigkeit kleiden, damit er sie seinem Vater darstellen kann als „eine Gemeinde, die herrlich sei, die nicht habe einen Flecken oder Runzel oder des etwas“.[30] Ihre Namen stehen im Buch des Lebens, und von ihnen ist geschrieben: „Sie werden mit mir wandeln in weißen Kleidern, denn sie sind's wert.“[31]

So wird die vollkommene Erfüllung der Verheißung des Neuen Bundes verwirklicht werden: „Ich will ihnen ihre Missetat vergeben und ihrer Sünde nimmermehr gedenken.“ „Zur selben Zeit und in denselben Tagen wird man die Missetat Israels suchen, spricht der Herr, aber es wird keine da sein, und die Sünden Judas, aber es wird keine gefunden werden.“[32] „In der Zeit wird des Herrn Zweig lieb und wert sein und die Frucht der Erde herrlich und schön bei denen, die erhalten werden in Israel. Und wer da wird übrig sein zu Zion und übrig bleiben zu Jerusalem, der wird heilig heißen, ein jeglicher, der geschrieben ist unter die Lebendigen zu Jerusalem.“[33]

Das Untersuchungsgericht und die Austilgung der Sünden muß vor der Wiederkunft des Herrn vollendet werden. Da die Toten gerichtet werden sollen nach dem, was in den Büchern geschrieben steht, so ist

28 Ps. 51, 19
29 Sach. 3, 2
30 Eph. 5, 27
31 Offb. 3, 4
32 Jer. 31, 34; 50, 20
33 Jes. 4, 2. 3

es unmöglich, daß die Sünden der Menschen vor Ablauf des Gerichts, das ihr Lebenswerk untersucht, ausgetilgt werden können. Der Apostel Petrus sagt deutlich, daß die Sünden der Gläubigen ausgetilgt werden sollen, „auf daß da komme die Zeit der Erquickung von dem Angesichte des Herrn, wenn er senden wird den, der euch jetzt zuvor gepredigt wird, Jesus Christus".[34] Wenn das Untersuchungsgericht beendet ist, wird Christus kommen und sein Lohn mit ihm, einem jeglichen zu geben, wie seine Werke sein werden.

Im sinnbildlichen Dienst trat der Hohepriester, nachdem er die Versöhnung für Israel erwirkt hatte, heraus und segnete die Gemeinde. So wird auch Christus nach Beendigung seines Mittleramtes „ohne Sünde erscheinen ... zur Seligkeit",[35] um sein harrendes Volk mit dem ewigen Leben zu segnen. Gleichwie der Priester die Sünden, als er sie aus dem Heiligtum entfernt hatte, auf das Haupt des noch lebenden Bocks (Asasel) bekannte, so wird Christus alle diese Sünden auf Satan, den Urheber und Anstifter der Sünde, legen. Dieser Asasel, der die Sünden Israels trug, wurde weggeführt „in die Wüste";[36] ebenso wird Satan, die Schuld aller Sünden tragend, zu denen er Gottes Volk verführte, tausend Jahre lang auf der Erde, die dann wüste und leer sein wird, gebannt sein und zuletzt die volle Strafe für die Sünde in dem Feuer erleiden, das alle Gottlosen vernichten wird. Auf diese Weise wird der große Erlösungsplan mit der endgültigen Ausrottung der Sünde und mit der Befreiung aller, die willens waren, dem Bösen zu widerstehen, vollendet werden.

Zu der für das Gericht vorhergesagten Zeit, mit dem Ablauf der zweitausenddreihundert Tage im Jahre 1844, begann die Untersuchung und die Austilgung der Sünden. Alle, die jemals den Namen Christi angenommen haben, werden einer genauen Prüfung unterzogen. Lebende und Tote sollen gerichtet werden nach der Schrift in den Büchern, nach ihren Werken.

Sünden, die nicht bereut und unterlassen wurden, werden nicht vergeben und nicht aus den Büchern ausgetilgt, sondern am Tage Gottes gegen den Sünder zeugen. Er mag seine bösen Taten am hellen Tage oder in finsterer Nacht begangen haben; sie waren „bloß und entdeckt" vor dem, in dessen Händen wir sind. Die Engel Gottes sahen

34 Apg. 3, 20 35 Hebr. 9, 28 36 3. Mose 16, 22

jede Sünde und verzeichneten sie in den untrüglichen Büchern. Man mag die Sünde verhehlen, verleugnen, vor Vater, Mutter, Weib, Kindern oder Freunden verdecken; kein einziger außer den schuldigen Tätern mag den allergeringsten Verdacht von dem Unrecht hegen; aber es ist offenbar vor den himmlischen Wesen. Das Dunkel der finstersten Nacht, die Heimlichkeit der täuschendsten Künste genügt nicht, um auch nur *einen* Gedanken vor der Allwissenheit des Ewigen zu verschleiern. Gott hat ein genaues Verzeichnis aller ungerechten Berichte, jeder unbilligen Handlung. Er ist nicht durch den Schein eines gottseligen Wesens zu täuschen. Ihm unterläuft kein Fehler bei der Beurteilung des Charakters. Die Menschen mögen von denen, die verderbten Herzens sind, betrogen werden; aber Gott durchdringt alle Verstellung und erkennt das innere Leben.

Wie ernst ist dieser Gedanke! Ein Tag nach dem andern vergeht und belastet die himmlischen Bücher mit seinen Berichten. Einmal gesprochene Worte, einmal begangene Taten lassen sich nie mehr ungeschehen machen. Die Engel haben beides eingetragen, das Gute und das Böse. Der gewaltigste Eroberer auf Erden ist nicht imstande, den Bericht auch nur eines einzigen Tages zurückzunehmen. Unsere Taten, unsere Worte, ja unsere geheimsten Gedanken tragen alle zur Entscheidung unseres Schicksals bei, sei es zum Leben oder zum Tode. Obgleich wir sie vergessen, wird ihr Zeugnis dazu dienen, uns zu rechtfertigen oder zu verdammen.

So wie die Gesichtszüge durch den Künstler mit untrüglicher Genauigkeit auf die glänzende Platte gebannt werden, so getreu wird der Charakter in den Büchern droben dargestellt. Doch wie wenig Sorge macht man sich um den Bericht, der dem Blick himmlischer Wesen ausgesetzt ist. Könnte der Schleier, der die sichtbare Welt von der unsichtbaren trennt, zurückgeschlagen werden, und könnten die Menschenkinder einem Engel zusehen, der jedes Wort und jede Tat verzeichnet, die im Gericht offenbar werden müssen, wie viele täglich ausgesprochene Worte blieben unausgesprochen, wie viele Taten ungetan!

Im Gericht wird die Anwendung jeder anvertrauten Gabe genau geprüft werden. Wie haben wir die uns vom Himmel verliehenen Güter verwendet? Wird der Herr bei seinem Erscheinen sein Eigentum mit Zinsen wiedernehmen? Haben wir die uns in Hand, Herz und

Hirn anvertrauten Kräfte zur Verherrlichung Gottes und zum Segen der Welt eingesetzt? Wie haben wir unsere Zeit, unsere Feder, unsere Stimme, unser Geld, unseren Einfluß verwertet? Was haben wir für Christus in Gestalt der Armen, der Heimgesuchten, der Witwen oder der Waisen getan? Gott hat uns beauftragt, sein heiliges Wort zu bewahren; was haben wir mit dem Licht und der Wahrheit getan, die uns verliehen wurden, damit wir die Menschen zur Seligkeit führten? Einem bloßen Glaubensbekenntnis an Christus wird kein Wert beigemessen; nur die Liebe, die sich in guten Werken erweist, wird als echt anerkannt. Und doch ist es die Liebe allein, die in den Augen des Himmels eine Tat wertvoll macht. Was immer aus Liebe geschieht, wird Gott annehmen und belohnen, wie gering es auch in der Menschen Augen scheinen mag.

Die verborgene Selbstsucht der Menschen ist in den Büchern des Himmels offenbart. Dort findet sich der Bericht unerfüllter Pflichten gegen die Mitmenschen, die Vernachlässigung der Ansprüche des Heilandes. Dort werden sie sehen, wie oft Satan die Zeit, die Gedanken und die Kraft gegeben wurden, die Christus gebührten. Traurig ist der Bericht, den Engel gen Himmel tragen. Vernunftbegabte Wesen, Menschen, die sich Nachfolger Christi nennen, sind gänzlich von dem Trachten nach weltlichen Besitztümern oder nach den Genüssen irdischer Vergnügungen in Anspruch genommen. Geld, Zeit und Kräfte werden dem Aufwand der Genußsucht geopfert; nur wenige Augenblicke sind dem Gebet, dem Schriftstudium, der Demütigung der Seele und dem Bekennen der Sünde geweiht.

Satan erfindet unzählige Pläne, um unsere Gedanken zu beschäftigen, damit sie sich nicht mit dem Werk befassen können, mit dem wir am besten vertraut sein sollten. Der Erzbetrüger haßt die großen Wahrheiten, die ein versöhnendes Opfer und einen allmächtigen Mittler erkennen lassen. Er weiß, daß für ihn alles davon abhängt, die Gedanken von Jesus und seiner Wahrheit abzulenken.

Wer die Wohltaten der Fürsprache Christi empfangen möchte, sollte sich durch nichts von seiner Pflicht abhalten lassen, die Heiligung in der Furcht Gottes zu vervollkommnen. Statt kostbare Stunden dem Vergnügen, dem Aufwand oder der Gewinnsucht zu opfern, wäre es besser, sie einem ernsten, andachtsvollen Studium des Wortes der

Wahrheit zu widmen. Das Wesen des Heiligtums und des Untersuchungsgerichts sollte das Volk Gottes klar und deutlich verstehen. Alle bedürfen einer persönlichen Erkenntnis der Stellung und des Werkes ihres großen Hohenpriesters; sonst wird es ihnen unmöglich sein, den in dieser Zeit so wesentlichen Glauben zu üben oder den Platz einzunehmen, den sie nach Gottes Willen ausfüllen sollen. Jeder Mensch hat eine Seele zu retten oder zu verlieren. Jeder harrt auf die Entscheidung über sein Leben im Gericht Gottes. Jeder muß dem großen Richter von Angesicht zu Angesicht gegenübertreten. Wie wichtig ist es daher für jeden, die ernste Tatsache zu erwägen, daß Gericht gehalten wird und die Bücher aufgetan werden, und daß ein jeder mit Daniel in seinem Erbteil stehen muß am Ende der Tage.

Alle, die über diese Dinge Licht erhalten haben, müssen von den erhabenen Wahrheiten, die Gott ihnen anvertraut hat, Zeugnis ablegen. Das himmlische Heiligtum ist der echte Mittelpunkt des Werkes Christi für die Menschen. Das geht jede Seele an, die auf Erden lebt. Es erschließt unseren Blicken den Erlösungsplan bis an das unmittelbare Ende der Zeit und offenbart den siegreichen Ausgang des zwischen der Gerechtigkeit und der Sünde stattfindenden Kampfes. Es ist von größter Wichtigkeit, daß wir alle diese Vorgänge gründlichst untersuchen und imstande sind, jeden, der uns fragt, einen Grund zu geben der Hoffnung, die in uns ist.

Die Fürsprache Christi im Heiligtum droben für den Menschen ist ein ebenso wesentlicher Teil des Heilsplanes wie sein Tod am Kreuz. Mit seinem Tode begann er das Werk, das zu vollenden er nach seiner Auferstehung gen Himmel fuhr. Wir müssen im Glauben „in das Inwendige des Vorhangs" eingehen, „dahin der Vorläufer für uns eingegangen".[37] Dort spiegelt sich das vom Kreuz auf Golgatha ausstrahlende Licht wider. Dort vermögen wir einen klareren Einblick in die Geheimnisse der Erlösung zu gewinnen. Die Seligkeit des Menschen ist mit unermeßlichen Kosten des Himmels erreicht worden; das dargebrachte Opfer entspricht allen Anforderungen des gebrochenen Gesetzes Gottes. Jesus hat den Weg zum Thron des Vaters gebahnt, und durch seine Vermittlung kann das aufrichtige Verlangen aller Menschen, die im Glauben zu ihm kommen, vor Gott gebracht werden.

37 Hebr. 6, 20

„Wer seine Missetat leugnet, dem wird es nicht gelingen; wer sie aber bekennt und läßt, der wird Barmherzigkeit erlangen.“ [38] Sähen doch alle, die ihre Fehler verbergen und entschuldigen, wie Satan über sie jubelt, wie er Christus und die heiligen Engel mit ihrem Wandel schmäht, so würden sie eilends ihre Sünden bekennen und ablegen. Indem Satan den Charakter schwächt, sucht er sich des ganzen Gemütes zu bemächtigen, und er weiß, daß es ihm gelingen wird, falls diese Schwächen genährt werden. Darum will er die Nachfolger Christi beständig mit seinen unheilvollen Vorspiegelungen täuschen, daß es ihnen unmöglich sei, zu überwinden. Aber Jesus bittet für sie mit seinen verwundeten Händen und seinem zerschlagenen Leib und sagt allen, die ihm nachfolgen wollen: „Laß dir an meiner Gnade genügen.“ [39] „Nehmet auf euch mein Joch und lernet von mir; denn ich bin sanftmütig und von Herzen demütig; so werdet ihr Ruhe finden für eure Seelen: Denn mein Joch ist sanft und meine Last ist leicht.“ [40] Keines Menschen Fehler sind unheilbar. Gott wird Glauben und Gnade verleihen, sie zu überwinden.

Wir leben in der Zeit des großen Versöhnungstages. Im Schattendienst mußten alle, während der Hohepriester für Israel die Versöhnung erwirkte, ihre Seele kasteien, indem sie ihre Sünden bereuten und sich vor dem Herrn demütigten, damit sie nicht von dem Volk ausgerottet würden. In gleicher Weise sollten jetzt alle, die ihren Namen im Lebensbuch erhalten wollen, in den wenigen noch verbleibenden Tagen ihrer Gnadenzeit ihre Sünden bereuen und ihre Seele durch wahrhafte Buße vor dem Herrn demütigen. Das Herz muß einer tiefgehenden, gewissenhaften Prüfung unterzogen werden. Der leichtfertige, oberflächliche Geist, den so viele bekenntliche Christen an den Tag legen, muß abgetan werden. Schwere Kämpfe stehen denen bevor, die üble, nach Vorherrschaft trachtende Neigungen überwinden wollen. Das Werk der Vorbereitung ist eine persönliche Aufgabe. Wir werden nicht scharenweise erlöst. Die Frömmigkeit und Reinheit des einen kann nicht das Fehlen dieser Eigenschaften bei einem andern ersetzen. Obgleich alle Völker vor dem Gericht Gottes erscheinen müssen, wird Gott doch den Fall jedes einzelnen so gründlich und genau untersuchen, als gäbe es keine andern Wesen auf

38 Spr. 28, 13 39 2. Kor. 12, 9 40 Matth. 11, 29. 30

Erden. Jeder muß bei seiner Prüfung ohne Flecken, ohne Runzel oder sonst etwas Derartiges gefunden werden.

Sehr ernst sind die mit dem Schlußwerk der Versöhnung zusammenhängenden Vorgänge, folgenschwer die damit verbundenen Tatsachen. Das Gericht geht jetzt im himmlischen Heiligtum vor sich. Schon viele Jahre wird dies Werk getan. Bald – niemand weiß wie bald – werden die Fälle der Lebenden behandelt werden. In der Ehrfurcht gebietenden Gegenwart Gottes wird unser Leben untersucht werden. Mehr denn je ist es jetzt am Platze, daß jede Seele die Ermahnung des Heilandes beherzige: „Sehet zu, wachet und betet; denn ihr wisset nicht, wann es Zeit ist."[41] „So du nicht wirst wachen, werde ich über dich kommen wie ein Dieb, und wirst nicht wissen, welche Stunde ich über dich kommen werde."[42]

Geht dann das Untersuchungsgericht zu Ende, so wird das Schicksal aller Menschen zum Leben oder zum Tode entschieden sein. Die Gnadenzeit endet kurz vor der Erscheinung des Herrn in den Wolken des Himmels. Christus erklärte im Hinblick auf diese Zeit: „Wer böse ist, der sei fernerhin böse, und wer unrein ist, der sei fernerhin unrein; aber wer fromm ist, der sei fernerhin fromm, und wer heilig ist, der sei fernerhin heilig. Siehe, ich komme bald und mein Lohn mit mir, zu geben einem jeglichen, wie seine Werke sein werden."[43]

Die Gerechten und Gottlosen werden dann noch in ihrem sterblichen Zustand auf Erden leben: sie werden pflanzen und bauen, essen und trinken und nicht wissen, daß die endgültige unwiderrufliche Entscheidung im himmlischen Heiligtum bereits gefallen ist. Vor der Sintflut, nachdem Noah in die Arche gegangen war, machte Gott hinter ihm zu und schloß die Gottlosen aus; sieben Tage lang setzten die Menschen ihre gleichgültige, vergnügungssüchtige Lebensweise fort und spotteten der Warnungen eines drohenden Gerichts, ohne zu wissen, daß ihr Schicksal entschieden war. „Also", sagte der Heiland, „wird auch sein die Zukunft des Menschensohnes."[44] Still, unbeachtet wie ein Dieb um Mitternacht wird die entscheidungsvolle Stunde kommen, in der sich das Schicksal jedes Menschen erfüllen und die den sündigen Menschen angebotene göttliche Gnade auf immer entzogen wird.

41 Mark. 13, 33 42 Offb. 3, 3 43 Offb. 22, 11. 12 44 Matth. 24, 39

„So wachet nun ..., auf daß er nicht schnell komme und finde euch schlafend."[45] Gefahrvoll ist der Zustand derer, die – des Wachens müde – sich den Verführungen der Welt zuwenden. In derselben Stunde, da der Geschäftsmann sich ganz dem Gewinnstreben hingibt, da der Vergnügungssüchtige seine Befriedigung sucht und die Modepuppe ihren Schmuck anlegt, kann der Richter der ganzen Welt den Urteilsspruch aussprechen: „Man hat dich in einer Waage gewogen und zu leicht gefunden."[46]

45 Mark. 13, 35. 36 46 Dan. 5, 27

Überwindung und Endsieg der Gottgetreuen

Der Ursprung des Bösen | 29

Vielen Menschen ist der Ursprung der Sünde und die Ursache ihres Daseins eine Quelle großer Verwirrung. Sie sehen das Werk der Sünde mit seinen schrecklichen Folgen, dem Kummer und der Verwüstung, und sie fragen sich, wie dies alles unter der Herrschaft des Einen bestehen kann, dessen Weisheit, Macht und Liebe unendlich ist. Das ist ein Geheimnis, für das sie keine Erklärung finden können. Und in ihrer Ungewißheit und ihrem Zweifel sind sie blind gegenüber den so deutlich in Gottes Wort offenbarten und zur Erlösung so wesentlichen Wahrheiten. Es gibt Menschen, die bei ihrem Forschen über das Dasein der Sünde Dinge zu ergründen suchen, die Gott nie offenbart hat. Daher finden sie auch keine Lösung ihrer Schwierigkeiten; und solche Menschen, die mit einem Hang zum Zweifeln oder zu Spitzfindigkeiten behaftet sind, führen diese Schwierigkeiten als Entschuldigung dafür an, daß sie die Worte der Heiligen Schrift verwerfen. Andern fehlt ein befriedigendes Verständnis der wichtigen Frage über die Sünde, weil herkömmliche Überlieferungen und falsche Auslegungen die Lehren der Bibel über das Wesen Gottes, die Art und Weise seiner Regierung und die Grundsätze seines Verfahrens mit der Sünde verdunkelt haben.

Es ist unmöglich, den Ursprung der Sünde so zu erklären, daß dadurch eine Begründung für ihr Dasein gegeben würde. Doch kann genug von dem Ursprung und dem endgültigen Schicksal der Sünde verstanden werden, um die Gerechtigkeit und die Güte Gottes in seinem ganzen Verfahren mit dem Bösen völlig zu offenbaren. Die Heilige Schrift lehrt nichts deutlicher, als daß Gott in keiner Hinsicht für das Eindringen der Sünde verantwortlich war, und daß zum Entstehen einer Empörung weder ein willkürliches Entziehen der göttlichen

Gnade noch eine Unvollkommenheit in der göttlichen Regierung Anlaß gab. Die Sünde ist ein Eindringling, für dessen Erscheinen wir keine Ursache angeben können. Sie ist geheimnisvoll, seltsam, sie zu entschuldigen, hieße sie zu verteidigen. Wäre ihr Dasein zu entschuldigen oder zu begründen, so hörte sie auf, Sünde zu sein. Unsere einzige Auslegung der Sünde entnehmen wir dem Worte Gottes: sie ist „Übertretung des Gesetzes", sie ist die Ausübung eines Grundsatzes, der mit dem großen Gesetz der Liebe, das die Grundlage der göttlichen Regierung bildet, in Feindschaft steht.

Ehe das Böse Eingang fand, walteten Friede und Freude im ganzen Weltall. Alles befand sich in vollkommener Harmonie mit dem Willen des Schöpfers. Die Liebe zu Gott war über alles erhaben, die Liebe zueinander rein in ihren Beweggründen. Christus, das Wort, der eingeborene Sohn Gottes, war eins mit dem ewigen Vater – eins in Natur, eins in seinem Wesen und eins in seinem Vorhaben –, das einzige Wesen im ganzen Weltall, das mit allen Ratschlüssen und Absichten Gottes vertraut war. Durch Christus wirkte der Vater bei der Erschaffung aller himmlischen Wesen. „Durch ihn ist alles geschaffen, was im Himmel . . . ist, das Sichtbare und Unsichtbare, es seien Throne oder Herrschaften oder Fürstentümer oder Obrigkeiten."[1] Und der ganze Himmel gelobte Christus und dem Vater Treue und Gehorsam.

Da das Gesetz der Liebe die Grundlage der Regierung Gottes war, so hing das Glück aller erschaffenen Wesen von ihrer vollkommenen Übereinstimmung mit den erhabenen Grundsätzen der Gerechtigkeit ab. Gott sieht bei allen seinen Geschöpfen auf den Dienst der Liebe, auf eine Huldigung, die einer einsichtsvollen Wertschätzung seines Charakters entspringt. Er hat kein Gefallen an erzwungener Treue. Er verleiht allen Menschen Willensfreiheit, damit sie ihm freiwillig dienen können.

Einer war jedoch da, der es vorzog, diese Freiheit zu verfälschen. Die Sünde hatte ihren Ursprung bei dem, der nächst Christus am meisten von Gott geehrt worden war, und der unter den Bewohnern des Himmels an Macht und Ehre am höchsten stand. Vor seinem Fall war Luzifer der erste der schirmenden Engel, heilig und unbefleckt. „So spricht der Herr Herr: Du bist ein reinliches Siegel, voller Weisheit

1 Kol. 1, 16

und aus der Maßen schön... Du bist wie ein Cherub, der sich weit ausbreitet und decket; und ich habe dich auf den heiligen Berg Gottes gesetzt, daß du unter den feurigen Steinen wandelst. Du warst ohne Tadel in deinem Tun von dem Tage an, da du geschaffen wurdest, bis sich deine Missetat gefunden hat." [2]

Von allen Engelscharen geliebt und geehrt, hätte Luzifer in der Gunst Gottes bleiben und seine ganze hohe Begabung zum Segen anderer und zur Verherrlichung seines Schöpfers anwenden können. Aber der Prophet sagt: „Dein Herz erhob sich wegen deiner Schönheit, du verlorest deinen Verstand wegen deines Glanzes." [3] Ganz allmählich kam in Luzifer die Neigung zur Selbsterhebung auf: „Weil sich denn dein Herz erhebt, als wäre es eines Gottes Herz." „Gedachtest du doch...: ‚Ich will meinen Stuhl über die Sterne Gottes erhöhen; ich will mich setzen auf den Berg der Versammlung ... ich will über die hohen Wolken fahren und gleich sein dem Allerhöchsten.'" [4] Anstatt danach zu trachten, Gott durch die Anhänglichkeit und Treue seiner Geschöpfe über alles zu erhöhen, war es Luzifers Bestreben, ihren Dienst und ihre Huldigung für sich zu gewinnen. Und indem ihn nach der Ehre gelüstete, die der unendliche Vater seinem Sohne gegeben hatte, strebte dieser Engelfürst nach einer Macht, die ausschließlich Christus vorbehalten war.

Der ganze Himmel hatte Freude daran gefunden, die Herrlichkeit des Schöpfers widerzustrahlen und seine Gerechtigkeit zu rühmen. Und während Gott auf diese Weise geehrt wurde, war alles von Friede und Freude erfüllt gewesen. Doch nun störte ein Mißton den himmlischen Einklang. Die Selbsterhebung und ihr Dienst, die dem Plan des Schöpfers zuwider sind, erweckten unheilvolle Vorahnungen in Gemütern, denen die Verherrlichung Gottes das Höchste bedeutete. Der himmlische Rat verhandelte die Angelegenheit mit Luzifer. Der Sohn Gottes stellte ihm die Größe, Güte und Gerechtigkeit des Schöpfers und das heilige und unveränderliche Wesen seines Gesetzes vor Augen. Gott selbst habe die Ordnung des Himmels eingeführt, und Luzifer werde seinen Schöpfer verachten und sich ins Verderben stürzen, wenn er von dieser Ordnung abweiche. Aber die in unendlicher Liebe und Barmherzigkeit erteilte Warnung erregte nur den

2 Hes. 28, 12–15 3 Hes. 28, 17, v. Eß 4 Hes. 28,.6; Jes. 14, 13. 14

Geist des Widerstandes. Luzifer ließ sich von der Eifersucht gegen Christus beherrschen und handelte um so entschlossener.

Der Stolz auf seine Herrlichkeit nährte das Verlangen nach der Oberherrschaft. Die Luzifer erwiesenen hohen Ehren wurden von ihm nicht als Gabe Gottes anerkannt und stimmten ihn nicht dankbar gegen den Schöpfer. Er brüstete sich mit seiner Herrlichkeit und erhabenen Stellung und strebte danach, Gott gleich zu sein. Die himmlischen Heerscharen liebten und ehrten ihn. Engel fanden Freude daran, seine Anordnungen auszuführen, und er war mehr als sie alle mit Weisheit und Herrlichkeit ausgestattet. Dennoch war der Sohn Gottes der anerkannte Fürst des Himmels, eins mit dem Vater in Macht und Gewalt. An allen Beratungen Gottes nahm Christus teil, während Luzifer nicht so tief in die göttlichen Absichten eingeweiht wurde. Warum, so fragte dieser gewaltige Engel, sollte Christus die Oberherrschaft haben? Warum wird er auf diese Weise höher geehrt als ich?

Luzifer verließ seinen Platz in der unmittelbaren Nähe Gottes und ging hin und säte den Geist der Unzufriedenheit unter die Engel. Während er sein Werk unter geheimnisvoller Verschwiegenheit betrieb und seine wahren Absichten eine Zeitlang unter dem Anschein der Ehrfurcht vor Gott verbarg, versuchte er, Unzufriedenheit über die den himmlischen Wesen gegebenen Gesetze zu erregen und bedeutete ihnen, daß diese unnötige Einschränkungen auferlegten. Er behauptete, die Engel dürften, da sie von Natur heilig seien, auch den Eingebungen ihres eigenen Willens gehorchen. Er versuchte, Mitgefühl für sich selbst zu gewinnen, indem er das Geschehen so darstellte, als behandelte Gott ihn ungerecht, da er Christus die höchste Ehre erzeigte. Er gab vor, nicht nach Selbsterhebung zu trachten, wenn er nach größerer Macht und Ehre suche, sondern daß er die Freiheit für alle Bewohner des Himmels sichern wolle, damit sie dadurch eine höhere Daseinsstufe erreichen möchten.

Gott trug Luzifer lange mit großer Barmherzigkeit. Er enthob ihn nicht sofort seiner hohen Stellung, als er begann, sich dem Geist der Unzufriedenheit zu ergeben, selbst dann noch nicht, als er seine falschen Ansprüche den getreuen Engeln unterbreitete. Gott duldete ihn noch lange Zeit im Himmel. Immer wieder wurde ihm unter der Bedingung, daß er bereute und sich unterwarf, Vergebung angeboten.

So große Anstrengungen, wie sie nur unendliche Liebe und Weisheit ersinnen konnten, wurden unternommen, um ihn seines Irrtums zu überführen. Bisher hatte man im Himmel den Geist der Unzufriedenheit nicht gekannt. Luzifer selbst sah anfangs nicht, wohin es ihn trieb; er erkannte die wahre Natur seiner Gefühle nicht. Als dann die Grundlosigkeit seiner Unzufriedenheit nachgewiesen wurde, kam er zu der Überzeugung, daß er sich im Unrecht befand, daß die göttlichen Ansprüche gerecht waren und er sie als solche vor dem ganzen Himmel anerkennen müßte. Wäre er dem gefolgt, so hätte er sich selbst und viele Engel retten können; denn zu dieser Zeit hatte er seine Unterwürfigkeit gegen Gott noch nicht ganz fahren lassen. Obgleich er seine Stellung als schirmender Engel verlassen hatte, wäre er doch wieder in sein Amt eingesetzt worden, hätte er zu Gott zurückgefunden, die Weisheit des Schöpfers anerkannt und sich begnügt, den ihm nach dem erhabenen Plane Gottes zugeordneten Platz zu bekleiden. Aber sein Stolz hinderte ihn, sich zu unterwerfen. Er verteidigte beharrlich sein Verhalten, behauptete, keiner Buße zu bedürfen, und überließ sich völlig dem großen Streit mit seinem Schöpfer.

Er richtete nun alle Kräfte seines gewaltigen Geistes auf Täuschungen, um bei den Engeln, die unter seinem Befehl gestanden hatten, Mitgefühl zu erregen; sogar die Tatsache, daß Christus ihn gewarnt und ihm Rat erteilt hatte, wurde verdreht, um sie seinen verräterischen Zwecken dienstbar zu machen. Denen, deren liebevolles Vertrauen sie am innigsten mit ihm verband, hatte er vorgehalten, daß man ihn ungerecht beurteile, daß man seine Stellung nicht achte und daß seine Freiheit beschränkt werden solle. Von falschen Darstellungen der Worte Christi ging er auf Verdrehungen und schroffe Unwahrheiten über und beschuldigte den Sohn Gottes, ihn vor den Bewohnern des Himmels demütigen zu wollen. Auch suchte er Streitigkeiten zwischen sich und den treuen Engeln hervorzurufen. Alle, die er nicht verführen und völlig auf seine Seite ziehen konnte, klagte er an, gegen das Wohl der himmlischen Wesen gleichgültig zu sein. Gerade das Werk, das er selbst betrieb, legte er denen zur Last, die Gott treu blieben. Und um seiner Klage über Gottes Ungerechtigkeit gegen ihn Nachdruck zu geben, stellte er die Worte und Handlungen des Schöpfers falsch dar. Es lag in seiner Absicht, die Engel mit spitzfindigen Beweisführungen hinsichtlich der Absichten Gottes zu verwirren. Alles, was einfach war, hüllte er ins Geheimnisvolle und erregte durch listige Verdrehung Zweifel gegenüber den deutlichsten Aussagen des Allerhöchsten. Seine hohe Stellung in solch enger Verbindung mit der göttlichen Regierung verlieh seinen Vorspiegelungen eine um so größere Kraft und veranlaßte viele Engel, sich ihm bei der Empörung gegen die Herrschaft des Himmels anzuschließen.

Der allweise Gott gestattete es Satan, sein Werk weiterzuführen, bis der Geist der Unzufriedenheit zu offenem Aufruhr heranreifte. Seine Pläne mußten sich völlig entwickeln, damit ihr wahres Wesen und Streben von allen erkannt werden konnte. Luzifer hatte als der gesalbte Cherub eine außerordentlich hohe Stellung eingenommen; er war von den himmlischen Wesen sehr geliebt worden und hatte großen Einfluß auf sie ausgeübt. Gottes Regierung erstreckte sich nicht nur über die Geschöpfe des Himmels, sondern über die aller Welten, welche er geschaffen hatte, und Satan glaubte, falls er die Engel des Himmels mit in die Empörung hineinziehen könnte, würde er das gleiche auch auf den andern Welten zustande bringen. Mit außerordentlichem Geschick hatte er seine Stellung in der Angelegenheit dargelegt und Scheingründe und Betrug angewandt, um seine Absichten zu erreichen. Seine Macht, zu täuschen, war sehr groß, und indem er sich in ein Lügengewand kleidete, hatte er einen großen Vorteil gewonnen. Sogar die treuen Engel vermochten nicht völlig seinen Charakter zu durchschauen oder zu erkennen, wohin sein Werk führte.

Satan war so hoch geehrt worden, und alle seine Handlungen waren so geheimnisumwittert, daß es seine Schwierigkeit hatte, den Engeln die wahre Natur seines Wirkens zu enthüllen. Bis zu ihrer völligen Entfaltung konnte die Sünde nicht so böse erscheinen, wie sie wirklich war. Vordem hatte sie keinen Platz in Gottes Weltall gehabt, und den heiligen Wesen war ihre Natur und Bösartigkeit unbekannt gewesen. Sie konnten die schrecklichen Folgen, die ein Beiseitesetzen des göttlichen Gesetzes nach sich ziehen würde, nicht erkennen. Satan hatte anfangs sein Werk unter einer scheinbaren Anhänglichkeit an Gott verborgen. Er gab vor, die Ehre Gottes, die Beständigkeit seines Reiches und das Wohl aller Himmelsbewohner fördern zu wollen.

Während er den ihm untergeordneten Engeln Unzufriedenheit einflößte, wußte er sich sehr geschickt den Anschein zu geben, als wolle er jede Unzufriedenheit beseitigen. Als er darauf drang, daß Veränderungen an den Gesetzen und Verordnungen der Regierung Gottes vorgenommen werden sollten, geschah es unter dem Vorwand, daß sie notwendig seien, um die Eintracht des Himmels zu bewahren.

In dem Verfahren mit der Sünde konnte Gott nur mit Gerechtigkeit und Wahrheit vorgehen. Satan handelte, wie Gott nicht handeln konnte: durch Schmeichelei und Betrug. Er hatte versucht, das Wort Gottes zu verfälschen, und hatte den Plan seiner Regierung den Engeln falsch dargestelllt, indem er behauptete, Gott sei nicht gerecht, wenn er den Bewohnern des Himmels Gesetze und Vorschriften auferlege; er wolle sich, indem er von seinen Geschöpfen Unterwürfigkeit und Gehorsam fordere, nur selbst erheben. Deshalb müsse sowohl den Bewohnern des Himmels als auch denen aller Welten klar gezeigt werden, daß Gottes Regierung gerecht und sein Gesetz vollkommen sei. Satan hatte sich den Anschein gegeben, als suchte er selbst das Wohl des Weltalls zu fördern. Alle sollten den wahren Charakter dieses Aufrührers und dessen eigentliche Absichten verstehen, und deshalb mußte er Zeit haben, sich durch seine gottlosen Werke zu offenbaren.

Die Uneinigkeit, die durch sein Verhalten im Himmel entstanden war, legte Satan dem Gesetz und der Regierung Gottes zur Last. Alles Böse, erklärte er, sei die Folge der göttlichen Regierung. Er wolle die Satzungen Gottes verbessern. Deshalb war es notwendig, daß er das Wesen seiner Ansprüche entfaltete und die Wirkung seiner vorgeschlagenen Veränderungen am göttlichen Gesetz praktisch zeigte. Sein eigenes Werk mußte ihn verdammen. Er hatte von Anfang an behauptet, er sei kein Empörer; daher mußte das ganze Weltall den Betrüger entlarvt sehen.

Selbst als es beschlossen war, daß Satan nicht länger im Himmel bleiben könnte, vernichtete ihn die unendliche Weisheit nicht. Da nur der Dienst der Liebe Gott angenehm sein kann, so muß sich die Treue seiner Geschöpfe auf die Überzeugung von seiner Gerechtigkeit und Güte gründen. Die Bewohner des Himmels und anderer Welten hätten, da sie unvorbereitet waren, das Wesen oder die Folgen der

Sünde zu begreifen, die Gerechtigkeit und die Barmherzigkeit Gottes bei der Vernichtung Satans nicht erkennen können. Wäre er unmittelbar aus dem Dasein ausgetilgt worden, so hätten sie Gott mehr aus Furcht denn aus Liebe gedient. Weder wäre der Einfluß des Betrügers völlig verwischt noch der Geist der Empörung gänzlich ausgetilgt worden. Das Böse mußte reifen. Zum Besten des gesamten Weltalls für ewige Zeiten mußte Satan seine Grundsätze ausführlicher entfalten, damit alle erschaffenen Wesen seine Anklagen gegen die göttliche Regierung in ihrem wahren Lichte sehen und die Gerechtigkeit und die Barmherzigkeit Gottes sowie die Unveränderlichkeit seines Gesetzes für immer ohne allen Zweifel feststellen konnten.

Satans Empörung sollte dem Weltall für alle künftigen Zeiten eine Lehre sein, ein beständiges Zeugnis für die Natur und die schrecklichen Folgen der Sünde. Die Auswirkung der Grundsätze Satans und ihre Folgen auf Menschen und Engel sollten die Frucht der Mißachtung der göttlichen Allmacht zeigen. Sie mußten bezeugen, daß mit dem Bestehen der Regierung Gottes und seines Gesetzes die Wohlfahrt aller von ihm erschaffenen Wesen verbunden ist. So sollte die Geschichte dieses schrecklichen Empörungsversuches für alle heiligen Wesen eine beständige Schutzwehr sein, um sie vor der Täuschung zu bewahren, das Wesen der Übertretung, das Begehen der Sünde und das Erleiden der Strafe zu verkennen.

Bis zum Ende des Streites im Himmel fuhr der große Aufrührer fort, sich zu rechtfertigen. Als angekündigt wurde, daß er mit allen seinen Anhängern aus den Stätten der Wonne ausgestoßen werden müsse, erklärte der Rädelsführer kühn, er verachte des Schöpfers Gesetz. Er wiederholte immer wieder seine Behauptung, daß die Engel keiner Aufsicht bedürften, sondern frei sein müßten, ihrem eigenen Willen zu folgen, der sie allezeit richtig führen werde. Er schmähte die göttlichen Satzungen als eine Beschränkung ihrer Freiheit und erklärte, daß es seine Absicht sei, das Gesetz abzuschaffen, damit die Heerscharen des Himmels, von diesem Zwang befreit, zu einem erhabeneren, herrlicheren Dasein gelangen möchten.

In völligem Einverständnis legten Satan und seine Scharen die Verantwortung für ihre Empörung gänzlich Christus zur Last und behaupteten, sie hätten sich niemals aufgelehnt, wenn sie nicht gerügt worden wären. Da der Erzempörer und alle seine Anhänger hartnäckig und herausfordernd in ihrer Treulosigkeit verharrten, da sie sich vergeblich bemühten, die Regierung Gottes zu stürzen, und sich dennoch Gott gegenüber lästernd als unschuldige Opfer einer ungerechten Macht hinstellten, wurden sie schließlich aus dem Himmel verbannt.

Derselbe Geist, der die Empörung im Himmel anstiftete, erregt noch immer Aufruhr auf Erden. Satan verfolgt bei den Menschen denselben Plan, den er bei den Engeln anwandte. Sein Geist herrscht jetzt in den Kindern des Ungehorsams. Gleich ihm versuchen auch sie die Schranken des Gesetzes Gottes niederzureißen und versprechen den Menschen Freiheit durch die Übertretung seiner Verordnungen. Wegen der Sünde gerügt worden zu sein, erweckt noch immer den Geist des Hasses und des Widerstandes. Wirken Gottes Warnungsbotschaften auf das Gewissen, so verleitet Satan die Menschen, sich zu rechtfertigen und bei andern Teilnahme für ihr sündiges Leben zu suchen. Statt ihre Irrtümer zu berichtigen, erregen sie Unwillen gegen den Mahnenden, als sei er die einzige Ursache ihrer Schwierigkeit. Von den Tagen des gerechten Abel bis in unsere Zeit hat sich dieser Geist denen gegenüber offenbart, die es wagten, die Sünde zu rügen.

Durch die gleiche falsche Darstellung des Wesens Gottes, deren Satan sich im Himmel bediente und die Gott als streng und herrschsüchtig abstempelte, verleitete er die Menschen zur Sünde. Und als er damit Erfolg hatte, behauptete er, Gottes ungerechte Einschränkungen hätten zum Fall der Menschen geführt, wie sie auch Anlaß zu seiner eigenen Empörung gewesen wären.

Aber der Ewige selbst verkündet sein Wesen als „Herr, Herr, Gott, barmherzig und gnädig und geduldig und von großer Gnade und Treue! der da bewahret Gnade in tausend Glieder und vergibt Missetat, Übertretung und Sünde, und vor welchem niemand unschuldig ist.“[5]

Durch die Verbannung Satans aus dem Himmel bekundete Gott seine Gerechtigkeit und behauptete die Ehre seines Thrones. Als aber der Mensch sündigte, weil er auf die Täuschungen dieses abgefallenen Engelfürsten einging, bewies Gott seine Liebe, indem er seinen eingeborenen Sohn für die gefallene Menschheit in den Tod gab. In der Versöhnung offenbart sich das Wesen Gottes. Das Kreuz ist für das

5 2. Mose 34, 6. 7

ganze Weltall der mächtigste Beweis, daß das sündige Verhalten Luzifers in keiner Hinsicht der Herrschaft Gottes zur Last gelegt werden kann.

In dem Kampf zwischen Christus und Satan wurde während des irdischen Wirkens Jesu der Charakter des großen Betrügers entlarvt. Nichts hatte Satan so gründlich von der Zuneigung der himmlischen Engel und des ganzen dem Gesetz ergebenen Weltalls trennen können wie dieser grausame Streit gegen den Erlöser der Welt. Die vermessene Lästerung in seiner Forderung, Christus solle ihn anbeten, seine anmaßende Dreistigkeit, ihn auf den Bergesgipfel und die Tempelzinne zu tragen, die heimtückische Absicht, die in dem Vorschlag kund wurde, Christus solle sich von dieser schwindelnden Höhe hinabstürzen, die nie ruhende Bosheit, die ihn von Ort zu Ort verfolgte und die Herzen von Priestern und Volk anfeuerte, seine Liebe zu verwerfen, und schließlich der Schrei: „Kreuzige ihn! Kreuzige ihn!" — dies alles erregte das Erstaunen und die Entrüstung des Alls.

Satan verführte die Welt, daß sie Christus verwarf. Der Fürst des Bösen wandte alle seine Macht und Verschlagenheit an, Jesus zu verderben; denn er sah, daß des Heilandes Barmherzigkeit und Liebe, daß seine mitleidsvolle Zärtlichkeit und Teilnahme der Welt das Wesen Gottes veranschaulichten. Satan bestritt jeden Anspruch des Sohnes Gottes und benutzte Menschen als seine Werkzeuge, um das Leben des Heilandes mit Leiden und Sorge anzufüllen. Die Spitzfindigkeiten und Unwahrheiten, durch die er das Werk Christi zu hindern trachtete, der durch die Kinder des Ungehorsams bekundete Haß, Satans grausame Anschuldigungen gegen den, dessen Leben ein beispielloser Liebesdienst war, alles entsprang einem tiefeingewurzelten Rachegelüste. Das zurückgehaltene Feuer des Neides und der Bosheit, des Hasses und der Rachsucht brach auf Golgatha gegen den Sohn Gottes los, während der ganze Himmel in stillem Entsetzen auf dieses Geschehen herabblickte.

Als das große Opfer vollbracht war, fuhr Christus auf zum Vater, weigerte sich jedoch, die Anbetung der Engel entgegenzunehmen, ehe er dem Vater die Bitte vorgelegt hatte: „Vater, ich will, daß, wo ich bin, auch die bei mir seien, die du mir gegeben hast." [6] Dann kam mit

6 Joh. 17, 24

unaussprechlicher Liebe und Macht die Antwort vom Throne Gottes: „Es sollen ihn alle Engel Gottes anbeten.“ [7] Kein Makel ruhte auf Jesus. Als seine Erniedrigung zu Ende war und er sein Opfer vollbracht hatte, wurde ihm ein Name gegeben, der über alle Namen ist.

Nun wurde ersichtlich, daß es für Satans Vergehen keine Entschuldigung gab. Er hatte seinen wahren Charakter als Lügner und Mörder offenbart. Es erwies sich, daß er denselben Geist, mit dem er die unter seiner Macht stehenden Menschenkinder regierte, auch im Himmel bekundet hätte, wäre es ihm gestattet gewesen, über dessen Bewohner zu herrschen. Er hatte behauptet, die Übertretung des Gesetzes Gottes bringe Freiheit und Erhebung; statt dessen zeigte es sich, daß Knechtschaft und Entartung die Folge waren.

Satans lügenhafte Anschuldigungen gegen den göttlichen Charakter und die göttliche Regierung erschienen in ihrem wahren Licht. Er hatte Gott beschuldigt, dieser fordere von seinen Geschöpfen um seiner eigenen Erhebung willen Unterwerfung und Gehorsam, und hatte erklärt, daß der Schöpfer, der doch von allen andern Selbstverleugnung erpresse, sie weder selbst übe noch Opfer bringe. Nun wurde offenbar, daß zum Heil der gefallenen und sündigen Menschen der Herrscher des Weltalls das größte Opfer gebracht hatte, das die Liebe zu bringen vermochte; „denn Gott war in Christo und versöhnte die Welt mit ihm selber“. [8] Man sah ferner, daß Luzifer durch sein Verlangen nach Ehre und Oberherrschaft der Sünde Einlaß verschafft hatte und daß Christus sich selbst demütigte und bis zum Tode gehorsam wurde, um die Sünde auszutilgen.

Gott hatte seinen Abscheu gegen die Grundsätze der Empörung deutlich bekundet. Der gesamte Himmel sah sowohl in der Verdammung Satans als auch in der Erlösung des Menschen eine Offenbarung seiner Gerechtigkeit. Luzifer hatte erklärt, daß jeder Übertreter auf ewig von der Huld des Schöpfers ausgeschlossen sein müsse, wenn das Gesetz Gottes unveränderlich und seine Strafe unerläßlich sei. Er hatte behauptet, daß das sündige Geschlecht nicht erlöst werden könne und deshalb seine rechtmäßige Beute sei. Aber der Tod Christi war ein Beweis zugunsten der Menschen, der nicht widerlegt werden konnte. Die Strafe des Gesetzes fiel auf den, der Gott gleich war, und

7 Hebr. 1, 6 8 2. Kor. 5, 19

der Mensch konnte die Gerechtigkeit Christi annehmen und durch einen bußfertigen und demütigen Wandel über die Macht Satans siegen, wie auch der Sohn Gottes gesiegt hatte. Somit ist Gott gerecht und macht gerecht alle, die an Jesus glauben.

Christus kam jedoch nicht nur auf diese Erde, um durch sein Leiden und Sterben die Erlösung des Menschen zu vollbringen; er kam, um das „Gesetz herrlich und groß" zu machen. Nicht allein, damit die Bewohner dieser Welt das Gesetz achten möchten, wie es ihm gebührt, sondern um allen Welten der ganzen Schöpfung zu beweisen, daß das Gesetz Gottes unveränderlich ist. Hätten seine Ansprüche beiseitegesetzt werden können, dann hätte der Sohn Gottes nicht sein Leben opfern müssen, um die Übertretung zu sühnen. Der Tod Christi beweist die Unveränderlichkeit des Gesetzes. Und das Opfer, zu dem die unendliche Liebe den Vater und den Sohn drang, damit Sünder erlöst werden möchten, zeigt dem ganzen Weltall — wie nichts Geringeres als dieser Erlösungsplan es hätte zeigen können —, daß Gerechtigkeit und Barmherzigkeit die Grundlage des Gesetzes und der Regierung Gottes sind.

Bei der endgültigen Vollstreckung des Gerichts wird es sich herausstellen, daß kein Grund für die Sünde besteht. Wenn der Richter der ganzen Erde Satan fragen wird: Warum hast du dich wider mich empört und mich der Untertanen meines Reiches beraubt? Dann wird der Urheber des Bösen keine Entschuldigung vorbringen können. Aller Mund wird verstopft werden, und die aufrührerischen Scharen werden stumm bleiben.

Während das Kreuz auf Golgatha das Gesetz als unveränderlich erklärt, verkündigt es der Welt, daß der Tod der Sünde Sold ist. Mit dem Todesruf des Heilandes: „Es ist vollbracht!" wurde Satans Vernichtung angekündigt. Der große, so lange währende Streit wurde entschieden und die endgültige Austilgung der Sünde sichergestellt. Der Sohn Gottes ging durch die Tore des Todes, „auf daß er durch den Tod die Macht nehme dem, der des Todes Gewalt hatte, das ist dem Teufel".[9] Luzifers Verlangen nach Selbsterhebung hatte ihn verleitet, zu sagen: „Ich will ... meinen Stuhl über die Sterne Gottes erhöhen, ... ich will ... gleich sein dem Allerhöchsten." Gott sprach:

9 Hebr. 2, 14

„Darum will ich ... dich zu Asche machen auf der Erde, ... daß du ... nimmermehr aufkommen kannst." [10] „Denn siehe, es kommt ein Tag, der brennen soll wie ein Ofen; da werden alle Verächter und Gottlosen Stroh sein, und der künftige Tag wird sie anzünden, spricht der Herr Zebaoth, und wird ihnen weder Wurzel noch Zweige lassen." [11]

Das ganze Weltall wird Zeuge des Wesens und der Folgen der Sünde geworden sein, und ihre gänzliche Ausrottung, die, wäre sie gleich am Anfang geschehen, die Engel in Furcht versetzt und Gott Schande gebracht hätte, wird nun seine Liebe rechtfertigen und seine Ehre vor allen Geschöpfen des Weltalls erheben, deren größte Freude es ist, seinen Willen zu tun, und in deren Herzen sein Gesetz geschrieben steht. Nie wird das Böse wieder auftreten. Das Wort Gottes sagt: „Es wird das Unglück nicht zweimal kommen." [12] Das Gesetz Gottes, das Satan als ein Joch der Knechtschaft geschmäht hat, wird als das Gesetz der Freiheit geehrt werden. Die geprüfte und bewährte Schöpfung wird nie wieder abfallen von ihrer Ergebenheit gegen den, dessen Wesen sich völlig in unergründlicher Liebe und unendlicher Weisheit offenbart hat.

10 Jes. 14, 13. 14; Hes. 28, 18. 19 11 Mal. 3, 19 12 Nah. 1, 9

30 Feindschaft zwischen dem Menschen und Satan

„Ich will Feindschaft setzen zwischen dir und dem Weibe und zwischen deinem Samen und ihrem Samen. Derselbe soll dir den Kopf zertreten, und du wirst ihn in die Ferse stechen.“ [1] Der göttliche Richterspruch, der nach dem Fall des Menschen über Satan ausgesprochen wurde, war gleichzeitig eine Weissagung, die alle Zeitalter bis zum Ende dieser Welt umschließt und auf den großen Kampf hinweist, an dem sich alle Menschengeschlechter, die auf Erden wohnen, beteiligen würden.

Gott erklärt: „Ich will Feindschaft setzen.“ Diese Feindschaft ist nicht von Natur aus gesetzt. Als der Mensch das göttliche Gesetz übertrat, wurde seine Natur böse, und er gelangte mit Satan in Übereinstimmung, nicht aber in Streit. Es besteht natürlicherweise keine Feindschaft zwischen dem sündigen Menschen und dem Urheber der Sünde. Beide wurden durch ihren Abfall böse. Der Abtrünnige gibt sich nie zufrieden, außer er erhält dadurch Mitgefühl und Stärkung, indem er andere veranlaßt, seinem Beispiel zu folgen. Aus diesem Grunde vereinen sich gefallene Engel und gottlose Menschen in verzweifelter Genossenschaft. Hätte sich Gott nicht ins Mittel gelegt, wären Satan und die Menschen ein Bündnis gegen den Himmel eingegangen, und statt Feindschaft gegen Satan zu hegen, würde sich die ganze menschliche Familie zum Aufstand gegen Gott vereint haben.

Satan versuchte den Menschen zur Sünde, wie er die Engel zur Empörung veranlaßt hatte, um sich dadurch Helfer in seinem Kampf gegen den Himmel zu sichern. Es bestand keine Uneinigkeit zwischen ihm und den gefallenen Engeln, was ihren Haß gegen Christus betrifft; wenn auch in allen andern Dingen Zwietracht herrschte, so waren sie

1 1. Mose 3, 15

doch fest vereint in ihrer Auflehnung gegen die Oberhoheit des Weltenherrschers. Als aber Satan die Erklärung hörte, daß zwischen ihm und dem Weibe, zwischen seinem Samen und ihrem Samen Feindschaft bestehen sollte, wußte er, daß seine Anstrengung, die menschliche Natur zu verderben, unterbrochen und der Mensch durch irgendein Mittel befähigt würde, seiner Macht zu widerstehen.

Satans Feindschaft wider die Menschen wurde dadurch erregt, weil diesen durch Christus die Liebe und Barmherzigkeit Gottes gehört. Er möchte den göttlichen Plan zur Erlösung des Menschen vereiteln und Schmach auf Gott häufen, indem er das Schöpfungswerk entstellt und verunreinigt; er möchte im Himmel Leid hervorrufen und die Erde mit Weh und Verwüstung erfüllen und dann auf all diese Übel hinweisen, die nur eine Folge davon seien, daß Gott den Menschen geschaffen habe.

Die dem Menschen von Christus verliehene Gnade erweckt im Menschen Feindschaft gegen Satan. Ohne diese bekehrende Gnade und erneuernde Kraft bliebe der Mensch ein Gefangener Satans; ein beflissener Diener, seine Befehle auszuführen. Aber das neue Element in der Seele schafft da Streit, wo bisher Friede gewesen war. Die Kraft, die Christus verleiht, befähigt den Menschen, dem Tyrannen und Thronräuber zu widerstehen. Wer bekundet, daß er die Sünde verabscheut, anstatt sie zu lieben, wer den ihn beherrschenden Leidenschaften widersteht und sie besiegt, offenbart die Wirksamkeit einer Kraft, die nur von oben kommt.

Der Gegensatz, der zwischen dem Geist Christi und dem Satans besteht, offenbart sich äußerst überraschend beim Empfang Jesu auf Erden. Nicht so sehr deshalb, weil er ohne weltlichen Reichtum, ohne Prachtentfaltung oder Größe erschien, verwarfen ihn die Juden; sie sahen wohl, daß er eine Macht besaß, die für den Mangel dieser äußerlichen Vorzüge mehr als einen Ersatz zu leisten vermochte. Aber die Reinheit und Heiligkeit Christi rief den Haß der Gottlosen gegen ihn hervor. Sein Leben der Selbstverleugnung und sündlosen Hingabe war für das stolze und sinnliche Volk ein beständiger Vorwurf und forderte die Feindschaft gegen den Sohn Gottes heraus. Satan und böse Engel vereinigten sich mit bösen Menschen. Alle Kräfte des Abfalls verschworen sich gegen den Verteidiger der Wahrheit.

Gegen die Nachfolger Christi offenbart sich der gleiche Geist der Feindschaft wie gegen ihren Meister. Wer das abschreckende Wesen der Sünde sieht und in der Kraft von oben der Versuchung widersteht, wird sicherlich den Zorn Satans und seiner Anhänger erwecken. Haß gegen die reinen Grundsätze der Wahrheit und Schmach und Verfolgung gegen deren Verteidiger wird es geben, solange es Sünde und Sünder gibt. Die Nachfolger Christi und die Knechte Satans können nicht übereinstimmen. Das Ärgernis des Kreuzes hat nicht aufgehört. „Alle, die gottselig leben wollen in Christo Jesu, müssen Verfolgung leiden.“ [2]

Satans Werkzeuge arbeiten beständig unter seiner Leitung, um seine Herrschaft zu festigen und sein Reich als Gegenstück zur Regierung Gottes aufzubauen. Zu diesem Zweck versuchen sie die Nachfolger Christi zu täuschen und sie von ihrer Untertanentreue abzuziehen. Gleich ihrem Anführer mißdeuten und verdrehen sie die Heilige Schrift, um ihren Zweck zu erreichen. Wie Satan zu schmähen suchte, so trachten seine Mittelsmänner danach, das Volk Gottes zu verleumden. Der Geist, der Christus ans Kreuz schlug, regt die Gottlosen an, seine Nachfolger zu verderben. Dies alles wird in jener ersten Weissagung angedeutet: „Ich will Feindschaft setzen zwischen dir und dem Weibe und zwischen deinem Samen und ihrem Samen.“ Diese Feindschaft wird bis zum Ende der Zeit fortdauern.

Satan bietet alle seine Kräfte auf und wirft sich mit ganzer Macht in den Kampf. Wie kommt es, daß er auf keinen größeren Widerstand stößt? Warum sind Christi Streiter so schläfrig und gleichgültig? Weil sie so wenig wirkliche Verbindung mit Christus haben; weil sie seines Geistes so gänzlich ermangeln. Die Sünde erscheint ihnen nicht, wie ihrem Meister, abschreckend und verabscheuungswürdig. Sie treten ihr nicht mit festem und entschiedenem Widerstand entgegen, wie Christus es tat. Sie erkennen nicht das außerordentlich Böse und Verderbliche der Sünde und sind sowohl hinsichtlich des Charakters wie auch der Macht des Fürsten der Finsternis verblendet. Es streiten nur wenige gegen Satan und seine Werke, weil über seine Macht und Bosheit und die weite Ausdehnung seiner Fehde gegen Christus und seine Gemeinde große Unkenntnis herrscht. Tausende werden hier betrogen.

2 2. Tim. 3, 12

Sie wissen nicht, daß ihr Feind ein mächtiger Feldherr ist, der die Gemüter böser Engel beherrscht und mit reiflich überlegten Plänen und kunstvollen Maßnahmen gegen Christus Krieg führt, um die Rettung von Seelen zu verhindern. Unter denen, die sich Christen nennen, und sogar unter den Dienern des Evangeliums hört man kaum eine Bemerkung über Satan, es sei denn vielleicht eine beiläufige Erwähnung von der Kanzel herab. Man übersieht die Zeichen seiner beständigen Tätigkeit und seines Erfolges; man vernachlässigt die vielen Warnungen vor seiner Verschlagenheit, ja man scheint selbst von seinem Dasein keine Notiz zu nehmen.

Während die Menschen von seinen listigen Anschlägen nichts wissen, stellt dieser wachsame Feind ihnen jeden Augenblick nach. Er verschafft sich Eingang in jeden Teil der Haushaltung, in jede Straße unserer Städte, in die Kirchen, Beratungsräume, Gerichtshöfe; er verwirrt, täuscht, verführt und richtet überall Männer, Frauen und Kinder an Leib und Seele zugrunde, er löst Familien auf, sät Haß, Neid, Streit, Empörung und Mord. Und die Christenheit scheint diese Dinge zu betrachten, als hätte Gott sie angeordnet und als müßten sie so sein.

Satan versucht beständig Gottes Volk zu überwinden, indem er die Schranken, die es von der Welt trennen, niederreißt. Die Israeliten des Alten Bundes wurden zur Sünde verleitet, als sie es wagten, mit den Heiden verbotenen Umgang zu pflegen. In ähnlicher Weise wird das Israel der Neuzeit irregeleitet. Es hat „der Gott dieser Welt der Ungläubigen Sinn verblendet, daß sie nicht sehen das helle Licht des Evangeliums von der Klarheit Christi, welcher ist das Ebenbild Gottes“.[3] Alle, die nicht entschiedene Nachfolger Christi sind, sind Knechte Satans. In dem verderbten Herzen herrscht Liebe zur Sünde und eine Neigung, sie zu pflegen und zu entschuldigen. In dem erneuerten Herzen dagegen leben Haß und entschlossener Widerstand gegen die Sünde. Begeben sich Christen in die Gesellschaft der Gottlosen und Ungläubigen, setzen sie sich der Versuchung aus. Satan verbirgt sich ihren Blicken und zieht heimlich seinen trügerischen Deckmantel über ihre Augen. Sie können nicht erkennen, daß eine solche Gesellschaft bestimmt ist, ihnen Schaden zuzufügen. Während sie sich in ihrem

3 2. Kor. 4, 4

Charakter, in ihren Worten und Taten der Welt ständig mehr angleichen, nimmt ihre Verblendung zu.

Indem sich die Kirche weltlichen Gebräuchen anpaßt, bekehrt sie sich zur Welt; niemals aber bekehrt sie dadurch die Welt zu Christus. Vertrautheit mit der Sünde läßt diese unvermeidlich weniger abschreckend erscheinen. Wer mit den Knechten Satans verkehrt, wird bald aufhören, deren Meister zu fürchten. Werden wir auf dem Wege der Pflicht in Versuchungen gebracht, wie Daniel am Hofe des Königs Nebukadnezar, so können wir sicher sein, daß Gott uns beschützt; begeben wir uns aber selbst in Versuchung, werden wir früher oder später fallen.

Der Versucher wirkt oft höchst erfolgreich durch diejenigen, die am wenigsten verdächtig sind, unter seiner Herrschaft zu stehen. Begabte und gebildete Menschen werden bewundert und geehrt, als könnten diese Eigenschaften den Mangel an Gottesfurcht aufwiegen oder auf Gottes Gunst Anspruch erheben. Bildung und Begabung sind an sich Gaben Gottes; werden sie aber an die Stelle der Frömmigkeit gesetzt, wenden sie die Seele von ihm ab, statt sie näher zu Gott zu bringen, dann werden sie den Menschen Fluch und Fallstrick. Bei vielen herrscht die Meinung, Höflichkeit oder feine Lebensart müsse in einem gewissen Sinne die Zugehörigkeit zu Christus bekunden. Kein Irrtum kann größer sein. Diese Eigenschaften sollten den Charakter jedes Christen zieren und würden einen gewaltigen Einfluß zugunsten wahrer Religion ausüben; aber sie müssen Gott geweiht sein, sonst sind sie eine Macht zum Bösen. Mancher Gebildete von gefälligem Benehmen, der sich zu nichts herablassen würde, was gewöhnlich als eine unsittliche Handlung betrachtet wird, ist nur ein auf Glanz geschliffenes Werkzeug in den Händen Satans. Der heimtückische, trügerische Charakter seines Einflusses und Beispiels macht ihn zu einem gefährlicheren Feind der Sache Christi als die Unwissenden und Ungebildeten sein können.

Durch ernstes Gebet und durch Vertrauen auf Gott erlangte Salomo die Weisheit, die das Erstaunen und die Bewunderung der Welt erregten. Als er sich aber von der Quelle seiner Stärke abwandte und, auf sich selbst vertrauend, vorwärts ging, fiel er der Versuchung zum Opfer, und die diesem weisesten der Könige gewährten wunderbaren

Gaben ließen ihn nur zu einem wirksameren Werkzeug des Seelenfeindes werden.

Während Satan beständig die Gemüter dieser Tatsache gegenüber zu verschließen sucht, sollten die Christen nie vergessen, daß sie nicht mit Fleisch und Blut zu kämpfen haben, „sondern mit Fürsten und Gewaltigen, nämlich mit den Herren der Welt, die in der Finsternis dieser Welt herrschen, mit den bösen Geistern unter dem Himmel".[4] Die von Gott eingegebene Warnung klingt durch die Jahrhunderte bis an unsere Ohren: „Seid nüchtern und wachet; denn euer Widersacher, der Teufel, geht umher wie ein brüllender Löwe und sucht, welchen er verschlinge."[5] „Ziehet an den Harnisch Gottes, daß ihr bestehen könnet gegen die listigen Anläufe des Teufels."[6]

Von den Tagen Adams an bis in unsere Zeit hat unser gewaltiger Feind seine Macht ausgeübt, um zu unterdrücken und zu verderben. Jetzt bereitet er sich auf den letzten großen Feldzug gegen die wahre Gemeinde vor. Alle, die Jesus nachfolgen, werden mit diesem hartnäckigen Feind zusammentreffen. Je sorgfältiger der Christ dem göttlichen Beispiel folgt, desto sicherer wird er ein Ziel der Angriffe Satans sein.

Alle, die für Gott wirken, die danach trachten, die Täuschungen des Bösen aufzudecken und den Menschen Christus vor Augen zu führen, können mit in das Zeugnis des Apostels Paulus einstimmen, in dem er davon spricht, dem Herrn in aller Demut des Geistes zu dienen mit vielen Tränen und Anfechtungen.

Satan bestürmte Christus mit den heftigsten und listigsten Versuchungen; aber er wurde bei jedem Treffen zurückgeschlagen. Jene Kämpfe wurden unsertwegen ausgetragen; jene Siege ermöglichen es uns, zu überwinden. Christus will allen Kraft geben, die danach verlangen. Kein Mensch kann ohne seine eigene Zustimmung von Satan überwunden werden. Der Versucher hat keine Macht, den Willen zu beherrschen oder die Seele zur Sünde zu zwingen. Er mag peinigen, aber er kann nicht beschmutzen. Er kann Seelenangst verursachen, aber keine Verunreinigung. Die Tatsache, daß Christus überwunden hat, sollte seine Nachfolger mit Mut erfüllen, mannhaft gegen Satan und die Sünde zu kämpfen.

4 Eph. 6, 12 5. 1. Petr. 5, 8 6 Eph. 6, 11

Die Wirksamkeit der bösen Geister | 31

Die Verbindung der sichtbaren mit der unsichtbaren Welt, der Dienst der Engel Gottes und die Wirksamkeit der bösen Geister werden in der Bibel deutlich offenbart und sind untrennbar mit der menschlichen Geschichte verwoben. Man neigt immer mehr dazu, die Existenz böser Geister anzuzweifeln, während die heiligen Engel, welche sind „ausgesandt zum Dienst um derer willen, die ererben sollen die Seligkeit",[1] von vielen als die Geister der Verstorbenen angesehen werden. Doch die Schrift lehrt nicht nur das Dasein guter und böser Engel, sondern bringt auch unbezweifelbare Beweise, daß diese nicht die entkörperten Geister toter Menschen sind.

Schon vor der Erschaffung des Menschen gab es Engel; denn als die Gründe der Erde gelegt wurden, lobten „mich [Gott] die Morgensterne miteinander ... und jauchzten alle Kinder Gottes".[2] Nach dem Sündenfall wurden Engel ausgesandt, um den Baum des Lebens zu bewachen, und dies geschah, noch ehe ein Mensch gestorben war. Die Engel stehen von Natur aus höher als die Menschen; denn der Psalmist sagt, der Mensch sei „ein wenig unter die Engel erniedrigt".[3]

Die Schrift gibt uns Aufschluß über die Zahl, die Macht und die Herrlichkeit der himmlischen Wesen sowie über ihre Verbindung zur Regierung Gottes und auch über ihr Verhältnis zum Erlösungswerk. „Der Herr hat seinen Stuhl im Himmel bereitet, und sein Reich herrscht über alles." Und der Prophet sagt: „Ich ... hörte eine Stimme vieler Engel um den Stuhl." Sie stehen in der Gegenwart des Königs aller Könige, starke Helden, die seine Befehle ausrichten und auf die Stimme seines Wortes hören.[4] Tausendmal tausend und zehntausendmal zehntausend zählte die Schar der himmlischen Boten, die der Prophet

1 Hebr. 1, 14 2 Hiob 38, 7 3 Ps. 8, 6, Elberf. Übers. 4 Ps. 103, 19; Offb. 5, 11

Daniel sah. Der Apostel Paulus erklärte, ihrer seien „Myriaden", eine Unzahl.[5] Sie ziehen dahin als Boten Gottes, verwirrend in ihrer Herrlichkeit und in ihrem Flug so schnell „wie der Blitz".[6] Beim Anblick des Engels, der am Grabe Christi erschien und dessen „Gestalt war wie der Blitz und sein Kleid weiß wie Schnee", erschraken die Wächter vor Furcht und „wurden, als wären sie tot".[7] Als Sanherib, der hochmütige Assyrer, Gott schmähte und lästerte und Israel mit Verderben drohte, fuhr „in derselben Nacht ... aus der Engel des Herrn und schlug im Lager von Assyrien 185 000 Mann". „Der vertilgte alle Gewaltigen des Heeres und Fürsten und Obersten im Lager des Königs von Assyrien [Sanherib], daß er mit Schanden wieder in sein Land zog."[8]

Es werden Engel mit Aufträgen der Barmherzigkeit zu den Kindern Gottes gesandt: zu Abraham mit Verheißungen des Segens; an die Tore Sodoms, um den gerechten Lot vor der Vernichtung der Stadt durch Feuer zu erretten; zu Elia, als er vor Ermattung und Hunger in der Wüste beinahe verschmachtete; zu Elisa mit feurigen Wagen und Rossen um die kleine Stadt herum, in der er von seinen Feinden eingeschlossen war; zu Daniel, als er am Hofe eines heidnischen Königs nach göttlicher Weisheit suchte und auch als er den Löwen vorgeworfen wurde; zu Petrus, als er zum Tode verurteilt in Herodes' Gefängnis lag; zu den Gefangenen in Philippi; zu Paulus und seinen Gefährten in der stürmischen Nacht auf dem Meer; zu Kornelius, um sein Gemüt für das Evangelium zu öffnen; zu Petrus, um ihn mit der Botschaft des Heils zu dem heidnischen Fremdling zu senden: auf diese Weise haben heilige Engel zu allen Zeiten dem Volke Gottes gedient.

Jedem Nachfolger Christi ist ein Schutzengel zur Seite gestellt. Diese himmlischen Hüter beschirmen die Gerechten vor der Macht des Bösen. Dies erkannte selbst Satan; denn er sagte: „Meinst du, daß Hiob umsonst Gott fürchtet? Hast du doch ihn, sein Haus und alles, was er hat, ringsumher verwahrt."[9] Der Psalmist schildert uns die Art und Weise, wie der Herr sein Volk beschützt: „Der Engel des Herrn lagert sich um die her, so ihn fürchten, und hilft ihnen aus."[10] Als der Heiland von denen redete, die an ihn glauben, sagte er: „Sehet zu, daß

5 Dan. 7, 10; Hebr. 12, 22, Parallelbibel
6 Hes. 1, 14
7 Matth. 28, 3. 4
8 2. Kön. 19, 35; 2. Chron. 32, 21
9 Hiob 1, 9. 10
10 Ps. 34, 8

ihr nicht jemand von diesen Kleinen verachtet. Denn ich sage euch: Ihre Engel im Himmel sehen allezeit das Angesicht meines Vaters im Himmel." [11] Die zum Dienst für die Kinder Gottes bestimmten Engel haben allezeit Zugang zu ihm.

So kann Gottes Volk, obwohl es der betrügerischen Macht und der nie erlahmenden Bosheit des Fürsten der Finsternis ausgesetzt ist und mit allen Gewalten des Bösen im Kampf steht, des immerwährenden Schutzes der himmlischen Engel sicher sein, und diese Gewißheit tut ihm auch not. Gott verhieß seinen Kindern darum Gnade und Schutz, weil sie mit mächtigen Werkzeugen des Bösen zusammentreffen würden, mit zahlreichen, entschlossenen und unermüdlichen Helfern Satans, vor deren Bosheit und Macht gewiß keiner unwissend oder verschont bleibt.

Die ursprünglich sündlos erschaffenen bösen Geister waren ihrer Natur, ihrer Macht und Herrlichkeit nach den heiligen Wesen gleich, die jetzt Gottes Boten sind. Doch gefallen durch die Sünde, sind sie miteinander verbündet, Gott zu schmähen und die Menschen zu verderben. Mit Satan bei seiner Empörung vereint und mit ihm aus dem Himmel verstoßen, haben sie während der ganzen folgenden Zeit mit ihm in seinem Streit wider die göttliche Gewalt zusammengewirkt. Die Heilige Schrift spricht von ihrem Bündnis, ihrer Führung und ihren verschiedenen Ordnungen, von ihren Fähigkeiten, ihrer Verschlagenheit und ihren heimtückischen Anschlägen gegen den Frieden und das Glück der Menschen.

Die alttestamentliche Geschichte erwähnt gelegentlich das Dasein und die Wirksamkeit böser Geister; besonders während der Zeit, als Christus auf Erden lebte, bekundeten diese ihre Macht in höchst auffallender Weise. Christus war gekommen, um den für die Erlösung der Menschheit entworfenen Plan auszuführen, und Satan war entschlossen, sein vermeintliches Recht, die Welt zu beherrschen, geltend zu machen. Es war ihm gelungen, in allen Teilen der Erde, außer in Palästina, Abgötterei einzuführen. Zu diesem einzigen Land, das sich nicht völlig der Herrschaft des Versuchers ergeben hatte, kam Christus, um dem Volke das Licht des Himmels scheinen zu lassen. Hier beanspruchten zwei gegeneinander wetteifernde Mächte die Oberherrschaft. Jesus

11 Matth. 18, 10

streckte seine Arme der Liebe aus und lud alle ein, in ihm Vergebung und Frieden zu finden. Die Scharen der Finsternis sahen, daß sie keine unbeschränkte Macht besaßen, und erkannten, daß ihre Herrschaft, falls Christi Mission erfolgreich war, bald enden müßte. Satan wütete gleich einem gefesselten Löwen und stellte herausfordernd seine Macht über die Leiber und über die Seelen der Menschen zur Schau.

Die Tatsache, daß Menschen von bösen Geistern besessen gewesen sind, spricht das Neue Testament klar aus. Die auf diese Weise gequälten Menschen waren nicht nur aus natürlichen Ursachen krank. Christus hatte vollkommenes Verständnis für die vorliegenden Fälle und erkannte die unmittelbare Gegenwart und Wirksamkeit böser Geister.

Ein treffliches Beispiel von ihrer Zahl, Macht und Bösartigkeit, aber auch von der Kraft und Barmherzigkeit Christi wird uns in dem biblischen Bericht von der Heilung der Besessenen in Gadara gegeben. Jene unglücklichen Wahnsinnigen, die alle Hemmungen von sich warfen, krümmten sich, schäumten und rasten, erfüllten die Luft mit ihrem Geschrei, taten sich selbst Gewalt an und gefährdeten alle, die sich ihnen nähern wollten. Ihre blutenden und entstellten Körper und ihr verwirrter Verstand boten dem Fürsten der Finsternis einen wohlgefälligen Anblick. Einer der bösen Geister, die die Leidenden beherrschten, erklärte: „Legion heiße ich; denn wir sind unser viele.“ [12] Im römischen Heer zählte eine Legion drei- bis fünftausend Mann. Satans Heere sind ebenfalls in Abteilungen aufgeteilt, und die Schar, zu der diese Dämonen gehörten, zählte nicht weniger als eine Legion.

Auf Jesu Befehl verließen die bösen Geister ihre Opfer, die sich ruhig, untertänig, verständnisvoll und friedlich zu des Heilandes Füßen setzten. Den Dämonen aber wurde gestattet, eine Herde Säue in den See zu stürzen. Für die Einwohner in Gadara überwog dieser Verlust die von Jesus gewährten Segnungen, und der göttliche Arzt wurde ersucht, von dannen zu gehen. Dies war der Erfolg, den Satan erreichen wollte. Indem er die Schuld für den Verlust Jesus zuschrieb, erweckte er die selbstsüchtigen Befürchtungen der Leute und hinderte sie, dessen Worten zu lauschen. Satan klagt die Christen beständig an, sie seien die Ursache von Verlusten, Unglück und Leiden, anstatt den

12 Mark. 5, 9

Vorwurf dorthin zu richten, wohin er gehört: auf sich selbst und seine Werkzeuge.

Aber Jesu Absichten wurden nicht vereitelt. Er gestattete den bösen Geistern, die Herde Säue zugrunde zu richten als Vorwurf gegen jene Juden, die diese unreinen Tiere um des Gewinnes willen gezüchtet hatten. Hätte Christus die Dämonen nicht zurückgehalten, so würden sie nicht nur die Schweine, sondern auch deren Hüter und Eigentümer in den See gestürzt haben. Daß beide, der Hüter und der Eigentümer, bewahrt blieben, war nur seiner Macht zu verdanken, mit der er sich barmherzig für deren Errettung eingesetzt hatte. Ferner sollten die Jünger durch dieses Ereignis die grausame Macht Satans über Menschen und über Tiere sehen. Der Heiland wünschte, daß seine Nachfolger den Feind genau kennen sollten, dem sie gegenübertreten mußten, damit sie dessen List nicht täuschen und überwinden möchte. Es war auch sein Wille, den Bewohnern jener Gegend seine Kraft zu zeigen, die die Fesseln Satans bricht und seine Gefangenen befreit. Und wenn Jesus auch selber von dannen ging, so blieben doch die so wunderbar befreiten Männer zurück, um die Barmherzigkeit ihres Wohltäters zu verkündigen.

Die Heilige Schrift berichtet noch andere Beispiele ähnlicher Art. Die Tochter des syrophönizischen Weibes wurde von einem Teufel übel geplagt, den Jesus durch sein Wort austrieb.[13] „Ein Besessener . . . der war blind und stumm";[14] ein Jüngling, der einen stummen Geist hatte, der ihn oft „in Feuer und Wasser geworfen, daß er ihn umbrächte";[15] der Wahnsinnige, der von „einem unsaubern Teufel"[16] gequält, die Sabbatruhe der Schule zu Kapernaum störte, sie alle wurden von dem barmherzigen Heiland geheilt. Fast jedesmal redete Jesus den bösen Geist als ein verständiges Wesen an und befahl ihm, aus seinem Opfer auszufahren und es nicht mehr zu quälen. Als die Anbetenden zu Kapernaum seine gewaltige Macht sahen, „kam eine Furcht über sie alle, und sie redeten miteinander und sprachen: Was ist das für ein Ding? Er gebietet mit Macht und Gewalt den unsaubern Geistern, und sie fahren aus".[16]

Die von Teufeln Besessenen werden meist so dargestellt, als hätten sie ungewöhnlich viel zu leiden, doch gab es auch Ausnahmen von

13 Mark. 7, 26–30 14 Matth. 12,22 15 Mark. 9, 17–27 16 Luk. 4, 33–36

dieser Regel. Um übernatürliche Macht zu erlangen, hießen manche den satanischen Einfluß willkommen. Diese hatten natürlich keinen Kampf mit den bösen Geistern zu bestehen. Zu ihnen gehörten die, welche den Geist des Wahrsagens besaßen: Simon Magus, Elymas der Zauberer und die Magd, die Paulus und Silas zu Philippi nachlief.

Keiner steht in größerer Gefahr, dem Einfluß böser Geister zu erliegen, als der, welcher ungeachtet des bestimmten und umfassenden Zeugnisses der Heiligen Schrift das Dasein und die Wirksamkeit des Teufels und seiner Engel leugnet. Solange wir ihrer List unkundig sind, haben sie einen fast unbegreiflichen Vorteil; viele achten auf ihre Einflüsterungen, während sie meinen, daß sie den Eingebungen ihrer eigenen Weisheit folgen. Weil wir uns dem Ende der Zeit nähern, da Satan mit größter Macht wirken wird, um zu betrügen und zu verderben, streut er überall die Meinung aus, daß es ihn überhaupt nicht gebe. Es ist seine listige Methode, sich und seine Wirkungsweise zu verbergen.

Nichts fürchtet der große Betrüger so sehr, als daß wir mit seinen Plänen bekannt werden. Um seinen wahren Charakter und seine Absichten besser zu tarnen, ließ er sich so darstellen, daß sein Name keine stärkere Erregung als Spott oder Verachtung erweckte. Es gefällt ihm sehr wohl, sich als ein lächerliches oder abscheuliches Wesen, als Ungestalt, halb Tier, halb Mensch, abgebildet zu sehen. Es ist ihm angenehm, seinen Namen in Spaß und Spott von denen nennen zu hören, die sich selbst für verständig und wohlunterrichtet halten.

Weil er sich mit größter Geschicklichkeit verstellt hat, erhebt sich so häufig die Frage: Ist solch ein Wesen wirklich vorhanden? Es ist ein Beweis seines Erfolges, daß man Ansichten, die von den deutlichsten Zeugnissen der Heiligen Schrift Lügen gestraft werden, in der religiösen Welt so allgemein annimmt. Und weil Satan die Gemüter, die sich seines Einflusses unbewußt sind, so leicht beherrscht, gibt Gottes Wort viele Beispiele von seinem boshaften Wirken und enthüllt seine geheimen Kräfte, damit wir uns vor seinen Angriffen in acht nehmen.

Die Macht und Bosheit Satans und seiner Scharen könnten uns mit Recht beunruhigen, wenn wir nicht Zuflucht und Befreiung in der überlegenen Macht unseres Erlösers fänden. Unsere Häuser sichern wir sorgfältig mit Riegeln und Schlössern, um unser Eigentum und unser Leben vor bösen Menschen zu schützen, denken aber selten an die bösen Engel, die ständig Zugang zu uns suchen und gegen deren Angriffe wir uns aus eigener Kraft nicht verteidigen können. Falls es ihnen erlaubt wird, können sie unseren Geist verwirren, den Körper krank machen und quälen, unser Besitztum zerstören und unser Leben vernichten. Ihre einzige Freude ist Elend und Verderben. Schrecklich ist der Zustand derer, die sich dem Einfluß Gottes entziehen und den Versuchungen Satans nachgeben, bis Gott sie der Herrschaft der bösen Geister überläßt. Die aber Christus nachfolgen, sind unter seiner Obhut stets sicher. Starke Engel werden vom Himmel gesandt, sie zu beschützen. Der Böse kann die Schutzwache nicht durchbrechen, die Gott um sein Volk gestellt hat.

Die Schlingen Satans | 32

Der große Streit zwischen Christus und Satan, der schon nahezu 6000 Jahre währt, wird bald zu Ende gehen. Der Boshafte verdoppelt seine Bemühungen, Christi Werk für die Menschen zu vereiteln und Seelen in seinen Schlingen zu verstricken. Das Ziel, wonach er strebt, heißt: die Menschen in Dunkel und Unbußfertigkeit zu halten, bis das Mittleramt Christi beendet ist und es für die Sünde kein Opfer mehr gibt.

Wird keine besondere Anstrengung unternommen, seiner Macht zu widerstehen, und herrscht in der Gemeinde und in der Welt Gleichgültigkeit, dann ist Satan unbekümmert; denn dann besteht nicht die Gefahr, die zu verlieren, die er nach seinem Willen gefangenführt. Wird aber die Aufmerksamkeit auf ewige Dinge gelenkt und fragen Seelen: „Was soll ich tun, daß ich selig werde?“,[1] so ist Satan da, sucht mit seiner Stärke der Macht Christi zu widerstehen und wirkt dem Einfluß des Heiligen Geistes entgegen.

Die Heilige Schrift sagt, daß bei einem bestimmten Anlaß, „da die Kinder Gottes kamen und vor den Herrn traten, kam der Satan auch unter ihnen“,[2] nicht etwa, um vor dem ewigen König anzubeten, sondern um seine böswilligen Anschläge gegen die Gerechten zu fördern. Mit derselben Absicht ist er dabei, wo Menschen sich zum Gottesdienst versammeln. Wenn auch dem Auge verborgen, wirkt er doch mit allem Fleiß, die Gedanken der Anbetenden zu beherrschen. Einem geschickten Feldherrn gleich legt er seine Pläne im voraus. Sieht er, daß Gottes Boten die Heilige Schrift durchforschen, so merkt er sich das Thema, das den Menschen vorgetragen werden soll. Dann wendet er alle seine List und Verschlagenheit an, um die Verhältnisse so

1 Apg. 16, 30 2 Hiob 1, 6

einzurichten, daß die Botschaft jene nicht erreichen kann, die er gerade über diesen Punkt täuschen will. Wer der Warnung am meisten bedarf, wird in irgendeine dringende Geschäftssache verwickelt, die seine Anwesenheit verlangt, oder durch irgendein anderes Mittel vom Anhören der Worte abgehalten, die sich für ihn als ein „Geruch des Lebens zum Leben“ erweisen könnten.

Satan sieht auch, wenn die Diener des Herrn wegen der geistlichen Finsternis, die das Volk umgibt, bedrückt sind. Er hört ihre ernsten Gebete um göttliche Gnade und um Kraft, den auf ihnen liegenden Bann der Gleichgültigkeit, der Sorglosigkeit und Trägheit zu brechen. Dann betreibt er mit erneutem Eifer seine Anschläge. Er versucht die Menschen, der Eßlust zu frönen oder sich irgendeiner andern Form der Genußsucht hinzugeben, und betäubt auf diese Weise ihr Feingefühl, so daß sie gerade die Dinge nicht hören, die zu lernen sie so sehr nötig haben.

Der böse Feind weiß wohl, daß alle, die er verleiten kann, das Gebet und das Forschen in der Heiligen Schrift zu vernachlässigen, durch seine Angriffe überwunden werden. Deshalb erfindet er alle möglichen Pläne, um den Geist in Anspruch zu nehmen. Es hat von jeher eine Klasse von Menschen gegeben, die vorgibt, gottselig zu leben, die aber, statt in der Erkenntnis der Wahrheit fortzuschreiten, es zu ihrer Religion macht, irgendeinen Charakterfehler oder einen Glaubensirrtum bei jenen zu suchen, mit denen sie nicht übereinstimmen. Solche Seelen sind Satans Hauptgehilfen. Es gibt viele Verkläger der Brüder; man findet sie stets tätig, wenn Gott wirkt und seine Diener ihm wahre Huldigung erweisen. Sie werfen ein falsches Licht auf die Worte und Handlungen derer, die die Wahrheit lieben und ihr gehorchen, und stellen die ernsten, eifrigen, selbstverleugnenden Diener Christi als Betrogene oder als Betrüger hin. Sie mißdeuten die Beweggründe jeder guten und edlen Tat, bringen Gerüchte in Umlauf und erwecken Argwohn in den Gemütern der Unerfahrenen. In jeder denkbaren Weise trachten sie danach, daß das Reine und Gerechte als verderbt und trügerisch angesehen werde.

Aber niemand braucht sich über sie einer Täuschung hinzugeben. Es läßt sich leicht ersehen, wessen Kinder sie sind, wessen Beispiel sie folgen und wessen Werke sie tun. „An ihren Früchten sollt ihr sie erkennen."[3] Ihr Benehmen gleicht dem Satans, des giftigen Verleumders, des Verklägers unserer Brüder.[4]

Der große Betrüger hat viele Vertreter, die bereitwillig alle und jede Art des Irrtums ersinnen, um Seelen zu verstricken: Ketzereien, die dazu angelegt sind, sich dem verschiedenen Geschmack und Fassungsvermögen derer anzupassen, die er verderben möchte. Es ist sein Plan, unaufrichtige, verderbte Personen in die Gemeinde zu bringen, die den Zweifel und Unglauben ermutigen und allen denen hindernd in den Weg treten, die Gottes Werk wachsen sehen und mit ihm vorwärtskommen möchten. Viele, die nicht wirklich an Gott oder an sein Wort glauben, stimmen gewissen Grundsätzen der Wahrheit zu und gelten als Christen und führen dadurch ihre Irrtümer als biblische Lehren ein.

Die Behauptung, daß es gleichgültig sei, was die Menschen glauben, ist eine der erfolgreichsten Täuschungen Satans. Er weiß, daß die in Liebe aufgenommene Wahrheit die Seele des Empfängers heiligt; deshalb sucht er beständig falsche Theorien, Fabeln, ja ein anderes Evangelium unterzuschieben. Von Anbeginn haben Gottes Diener gegen falsche Lehrer gekämpft, nicht nur, weil diese lasterhafte Menschen waren, sondern weil sie die Irrtümer verbreiteten, die der Seele zum Verderben gereichen. Elia, Jeremia, Paulus widersetzten sich furchtlos und entschieden denen, die die Menschen dem Worte Gottes abspenstig machten. Jener Freisinn, der einen echten religiösen Glauben als unwichtig betrachtet, fand keine Anerkennung bei diesen heiligen Verteidigern der Wahrheit.

Die leeren und überspannten Auslegungen der Heiligen Schrift und die vielen sich widersprechenden Ansichten über den religiösen Glauben, wie sie unter Christen bestehen, sind das Werk unseres großen Widersachers, der die Gemüter so verwirren will, daß sie die Wahrheit nicht unterscheiden können. Die Uneinigkeit und Spaltung, die sich in den christlichen Gemeinschaften kundtut, ist vorwiegend dem herrschenden Brauch zuzuschreiben, die Heilige Schrift zu verdrehen, um irgendeine Lieblingsansicht zu unterstützen. Statt Gottes Wort sorgfältig mit demütigem Herzen zu studieren, um seinen Willen kennenzulernen, suchen viele nur darin, um etwas Wunderliches oder Eigentümliches zu entdecken.

3 Matth. 7, 16 4 Offb. 12, 10

Um Irrlehren oder unchristliche Bräuche zu unterstützen, lösen manche bestimmte Schriftstellen aus ihrem Zusammenhang und führen vielleicht die Hälfte eines einzelnen Verses zur Bestätigung ihrer Behauptung an, obgleich der übrige Teil den entgegengesetzten Sinn hat. Mit der List einer Schlange verschanzen sie sich hinter unzusammenhängenden Äußerungen, die sie um ihrer fleischlichen Gelüste willen aufstellen. So verdrehen viele absichtlich das Wort Gottes. Andere, die eine lebendige Einbildungskraft besitzen, nehmen die Bilder und Sinnbilder der Heiligen Schrift auf, legen sie ihrer Phantasie gemäß aus, mit wenig Rücksicht auf das Zeugnis der Heiligen Schrift als ihr eigener Ausleger, und tragen dann ihre Einfälle als biblische Lehren vor.

Wird das Studium der Heiligen Schrift nicht in betendem, demütigem, lernbegierigem Geist durchgeführt, dann werden sowohl die einfachsten und deutlichsten als auch die schwierigeren Stellen in ihrer wahren Bedeutung entstellt. Die päpstlichen Würdenträger wählen solche Teile der Heiligen Schrift, die ihrer Absicht am besten dienen, legen sie aus, wie es ihnen paßt, und tragen sie dann dem Volk vor, während sie ihm die Freiheit, die Bibel selbst zu studieren und deren heilige Wahrheiten zu verstehen, versagen. Die ganze Bibel in ihrem vollständigen Wortlaut sollte dem Volk zugänglich sein. Es wäre besser, ihm überhaupt keinen biblischen Unterricht zu erteilen, als die Lehren der Heiligen Schrift auf so grobe Weise zu verfälschen.

Die Bibel war bestimmt, allen denen ein Führer zu sein, die mit dem Willen ihres Schöpfers vertraut werden wollten. Gott gab dem Menschen das feste prophetische Wort; Engel und sogar Christus selbst kamen, um Daniel und Johannes die Dinge kundzutun, die sich in Kürze zutragen müssen. Jene wichtigen Angelegenheiten, die unser Heil betreffen, blieben keineswegs Geheimnis, sie wurden auch nicht in einer solchen Weise offenbart, daß sie den aufrichtigen Forscher nach Wahrheit verwirren oder irreleiten konnten. Der Herr sagte durch den Propheten Habakuk: „Schreib das Gesicht und male es auf eine Tafel, daß es lesen könne, wer vorüberläuft.“[5] Das Wort Gottes ist allen verständlich, die darin mit betendem Herzen forschen. Jede wahrhaft aufrichtige Seele wird zum Licht der Wahrheit gelangen.

5 Hab. 2, 2

„Dem Gerechten muß das Licht immer wieder aufgehen."[6] Keine Gemeinde kann in der Heiligung zunehmen, es sei denn, ihre Gläubigen suchen nach der Wahrheit wie nach einem verborgenen Schatz.

Durch den Ruf: Nur nicht engherzig! werden die Menschen blind gegen die Pläne ihres Widersachers, während er beständig auf die Erreichung seiner Absicht hinwirkt. Gelingt es ihm, die Bibel durch menschliche Ansichten zu verdrängen, dann wird das Gesetz Gottes beiseitegesetzt, und die Kirchen stehen unter der Knechtschaft der Sünde, während sie den Anspruch erheben, frei zu sein.

Vielen ist die wissenschaftliche Forschung zum Fluch geworden. Gott hat der Welt viel Licht zu den Leistungen in Kunst und Wissenschaft gegeben; aber selbst die fähigsten Köpfe werden, wenn nicht der Geist Gottes sie leitet, verwirrt, sobald sie versuchen, die Beziehungen zwischen Wissenschaft und Offenbarung zu ergründen.

Die menschliche Erkenntnis, sowohl in materiellen als auch in geistlichen Dingen, ist Stückwerk und unvollkommen; deshalb sind viele nicht imstande, ihre wissenschaftlichen Ansichten mit schriftgemäßen Erklärungen in Übereinstimmung zu bringen. Manche nehmen bloße Theorien und Vermutungen als wissenschaftliche Tatsachen an und meinen, das Wort Gottes müsse an „der falsch berühmten Kunst" geprüft werden.[7] Der Schöpfer und seine Werke gehen über ihr Begriffsvermögen hinaus, und weil sie diese nicht durch natürliche Gesetze erklären können, wird die biblische Geschichte als unzuverlässig betrachtet. Und wenn sie die Berichte des Alten und Neuen Testaments bezweifeln, gehen sie nur zu oft noch einen Schritt weiter und stellen das Dasein Gottes in Frage und schreiben der Natur eine unendliche Macht zu. Haben sie ihren Anker losgelassen, werden sie an die Felsen des Unglaubens verschlagen.

Auf diese Weise irren viele vom Glauben ab und werden vom Teufel verführt. Die Menschen haben danach getrachtet, weiser zu sein als ihr Schöpfer; menschliche Weisheit hat versucht, Geheimnisse zu ergründen und zu erklären, die in Ewigkeit nicht offenbar werden. Wollten die Menschen doch untersuchen und verstehen, was Gott von sich selbst und seinen Absichten kundgetan hat, so würden sie einen solchen Eindruck von der Herrlichkeit, Majestät und Macht Gottes

6 Ps. 97, 11 7 1. Tim. 6, 20

gewinnen, daß sie ihre Bedeutungslosigkeit einsähen und zufrieden wären mit dem, was ihnen und ihren Kindern offenbart worden ist.

Es ist ein Meisterstück der Täuschung Satans, den Geist der Menschen bezüglich der Dinge, die Gott nicht kundgetan hat und von denen er nicht will, daß wir sie verstehen sollen, am Suchen und Vermuten zu erhalten. Auf diese Weise verlor Luzifer seinen Platz im Himmel. Er wurde unzufrieden, weil Gott ihm nicht alle Geheimnisse seiner Absichten anvertraute, und mißachtete völlig das, was dieser ihm über seine Aufgabe in der ihm zugewiesenen erhabenen Stellung offenbarte. Indem er die gleiche Unzufriedenheit in den Herzen der seinem Befehl unterstellten Engel erweckte, verursachte er ihren Fall. Jetzt versucht er den gleichen Geist auf die Menschen zu übertragen und sie ebenfalls zu verleiten, die klaren Gebote Gottes zu mißachten.

Die nicht willens sind, die deutlichen, tiefgreifenden Wahrheiten der Bibel anzunehmen, suchen beständig nach angenehmen Fabeln, die das Gewissen beruhigen. Je weniger geistlich, selbstverleugnend und demütigend die vorgetragenen Lehren sind, desto günstiger werden sie aufgenommen. Solche Menschen würdigen die Verstandeskräfte herab, um ihren fleischlichen Begierden zu frönen. In ihrer Selbstüberschätzung zu weise, um in der Heiligen Schrift mit bußfertigem Herzen und unter ernstem Gebet nach göttlicher Leitung zu suchen, haben sie keinen Schild gegen die Verblendung. Satan steht bereit, das Verlangen des Herzens zu stillen, und er setzt seine Täuschungen an die Stelle der Wahrheit. Auf diese Weise gewann das Papsttum seine Macht über die Menschen, und durch die Verwerfung der Wahrheit, weil diese ein Kreuz einschließt, gehen die Protestanten den gleichen Weg. Alle, die das Wort Gottes vernachlässigen, um Bequemlichkeit und Klugheit zu studieren, damit sie sich nicht von der Welt unterscheiden, werden verdammungswürdige Ketzereien für religiöse Wahrheit empfangen. Jede erdenkliche Form des Irrtums wird von denen angenommen werden, die die Wahrheit vorsätzlich verwerfen. Wer mit Schrecken auf eine Täuschung sehen mag, wird eine andere willig annehmen. Der Apostel Paulus spricht von Menschen, welche „die Liebe zur Wahrheit nicht haben angenommen, auf daß sie selig würden“, und sagt von ihnen: „Darum wird ihnen Gott kräftige Irrtümer senden, daß sie glauben der Lüge, auf daß gerichtet werden alle, die der Wahrheit nicht glauben, sondern haben Lust an der Ungerechtigkeit." [8] Mit solcher Warnung vor Augen ziemt es uns, bezüglich der Lehren, die wir annehmen, auf der Hut zu sein.

Zu den erfolgreichsten Werkzeugen des großen Betrügers gehören die trügerischen Lehren und lügenhaften Wunder des Spiritismus. Sich zu einem Engel des Lichts verstellend, wirft er seine Netze aus, wo es am wenigsten vermutet wird. Möchten die Menschen doch das Buch Gottes unter ernstem Gebet durchforschen, um seine Lehren zu verstehen, so blieben sie nicht in der Finsternis und nähmen keine falschen Lehren an. Weil sie aber die Wahrheit verwerfen, fallen sie Täuschungen zum Opfer.

Ein anderer gefährlicher Irrtum ist die Lehre, die die Gottheit Christi leugnet und behauptet, daß er vor seinem Kommen in diese Welt nicht existiert habe. Diese Ansicht wird von vielen, die angeblich an die Bibel glauben, günstig aufgenommen; dennoch widerspricht sie den eindeutigen Erklärungen unseres Heilandes über seinen göttlichen Charakter und sein Vordasein sowie über seine Verwandtschaft zum Vater. Man kann diese Ansicht nicht aufrechterhalten, ohne die Heilige Schrift auf die unverantwortlichste Weise zu verdrehen. Sie erniedrigt nicht nur unsere menschliche Vorstellung vom Erlösungswerk, sondern untergräbt auch den Glauben an die Bibel als einer Offenbarung Gottes. Je gefährlicher sie dadurch wird, desto schwieriger ist es, ihr entgegenzutreten. Verwerfen die Menschen das Zeugnis der von Gott eingegebenen Heiligen Schrift über die Gottheit Christi, so wird man darüber vergebens mit ihnen sprechen, denn kein noch so zwingender Beweis wird sie überzeugen können. „Der natürliche Mensch aber vernimmt nichts vom Geist Gottes; es ist ihm eine Torheit, und er kann es nicht erkennen; denn es muß geistlich gerichtet sein." [9] Wer in diesem Irrtum befangen ist, kann weder von dem Charakter und dem Werk Christi noch von dem großen Plane Gottes zur Erlösung der Menschen eine rechte Vorstellung haben.

Noch ein anderer geschickt angelegter und unheilvoller Irrtum liegt in der sich schnell verbreitenden Auffassung, Satan sei kein persönliches Wesen; diese Bezeichnung werde in der Bibel nur gebraucht, um die bösen Gedanken und Begierden der Menschen zu veranschaulichen.

8 2. Thess. 2, 10–12   9 1. Kor. 2, 14

Die von volkstümlichen Kanzeln herab so weithin ertönende Lehre, daß die Wiederkunft Christi darin bestehe, daß er zu jedem einzelnen bei dessen Tode komme, ist eine Erfindung, die die Gedanken der Menschen von seinem persönlichen Erscheinen in den Wolken des Himmels ablenken soll. Jahrelang hat Satan auf diese Weise gesagt: „Siehe, er ist in der Kammer"; [10] und viele Seelen sind verlorengegangen, weil sie diese Täuschung angenommen haben.

Auch lehrt weltliche Weisheit, das Gebet sei nicht wesentlich. Männer der Wissenschaft behaupten, daß es keine wirkliche Antwort auf ein Gebet geben könne; daß dies eine Verkehrung der Gesetze, ein Wunder wäre, und daß es keine Wunder gebe. Das Weltall, sagen sie, wird von feststehenden Gesetzen regiert, und Gott selbst tut nichts, was diesen Gesetzen entgegen ist. So stellen sie Gott dar, als ob er durch seine eigenen Gesetze gebunden sei; als ob das Wirken göttlicher Gesetze die göttliche Freiheit ausschlösse. Solche Lehre ist dem Zeugnis der Heiligen Schrift zuwider. Wurden nicht durch Christus und seine Apostel Wunder gewirkt? Derselbe erbarmungsvolle Heiland lebt heute noch, und er ist jetzt ebenso bereit, auf die Gebete des Glaubens zu hören, wie damals, als er sichtbar unter den Menschen wandelte. Das Natürliche wirkt zusammen mit dem Übernatürlichen. Es ist ein Teil des Planes Gottes, uns in Erhörung des im Glauben dargebrachten Gebetes das zu gewähren, was er uns nicht gewähren würde, wenn wir nicht in dieser Weise zu ihm beteten.

Unzählbar sind die irrtümlichen Lehren und die überspannten Vorstellungen in den Kirchen der Christenheit. Es ist unmöglich, die üblen Folgen abzuschätzen, die durch die Verrückung auch nur einer der durch das Wort Gottes festgesetzten Grenzen entstehen. Nur wenige von denen, die dies zu tun wagen, bleiben bei der Verwerfung einer Wahrheit stehen; die Mehrheit fährt fort, einen Grundsatz der Wahrheit nach dem andern zu verwerfen, bis sie tatsächlich ungläubig wird.

Die Irrtümer der allgemein verbreiteten theologischen Auffassungen haben manchen Menschen, der sonst bibelgläubig hätte werden können, der Zweifelsucht in die Arme getrieben. Es ist ihm unmöglich, Lehren anzunehmen, die seinen Auffassungen von Gerechtigkeit, Gnade und Güte Gewalt antun; und wenn solche Auffassungen als

10 Matth. 24, 23–36

Lehren der Bibel hingestellt werden, weigert er sich, sie als Gottes Wort anzuerkennen.

Das ist es, was Satan zu erreichen sucht. Nichts wünscht er mehr, als das Vertrauen zu Gott und seinem Wort zu zerstören. Satan steht an der Spitze des großen Heeres der Zweifler, und er arbeitet mit größter Anstrengung, um Menschen in seine Reihen zu ziehen. Das Zweifeln fängt an, Mode zu werden. Zahlreiche Menschen sehen das Wort Gottes aus demselben Grunde mit Mißtrauen an wie seinen Urheber, weil es die Sünde straft und verurteilt. Die nicht willens sind, seinen Anforderungen zu gehorchen, versuchen seine Autorität über den Haufen zu werfen. Sie lesen die Bibel oder lauschen deren Lehren, wie sie von der Kanzel herab verkündigt werden, nur um an der Heiligen Schrift oder an der Predigt etwas Tadelnswertes zu finden. Nicht wenige werden ungläubig, um sich für die Vernachlässigung ihrer Pflicht zu rechtfertigen oder zu entschuldigen. Andere nehmen aus Stolz und Trägheit zweifelhafte Grundsätze an. Zu sehr für ein bequemes Leben eingenommen, um irgend etwas zu vollbringen, was der Ehre wert wäre oder was Anstrengung und Selbstverleugnung erforderte, streben sie danach, sich einen Ruf höherer Weisheit zu verschaffen, indem sie die Bibel bekritteln. Es gibt darin vieles, was der von der göttlichen Weisheit unerleuchtete Verstand einfach nicht verstehen kann; auf diese Weise finden sie Anlaß zum Kritisieren. Viele scheinen anzunehmen, daß es eine Tugend sei, auf der Seite des Unglaubens und des Zweifels zu stehen. Aber man wird feststellen, daß solche Menschen unter einem Anschein von Aufrichtigkeit nur von Selbstvertrauen und Stolz angetrieben werden. Viele machen sich das größte Vergnügen daraus, etwas in der Heiligen Schrift zu finden, das andere in Verlegenheit bringt. Etliche kritisieren und diskutieren auf der Seite des Unrechts, nur aus Liebe zum Wortstreit. Sie werden nicht gewahr, daß sie sich auf diese Weise selbst in den Schlingen des Voglers verstricken. Da sie aber offen ihrem Unglauben Ausdruck gegeben haben, glauben sie, ihre Stellung behaupten zu müssen. Dadurch verbinden sie sich mit den Gottlosen und verbauen sich den Weg in das Paradies.

Gott hat in seinem Wort genügend Beweise von dessen göttlichem Ursprung gegeben. Die großen Wahrheiten, die sich auf unsere Erlösung beziehen, sind klar dargelegt. Mit Hilfe des Heiligen Geistes, der allen verheißen ist, die aufrichtig darum bitten, vermag jeder diese Wahrheiten zu verstehen. Gott hat den Menschen einen starken Grund verliehen, auf den sie ihren Glauben stützen können.

Doch der begrenzte Verstand der Menschen ist unzureichend, um die Pläne und Ratschlüsse des ewigen Gottes völlig zu erfassen. Wir können Gott nie durch Forschen ergründen. Wir dürfen es nicht wagen, mit vermessener Hand den Vorhang zu lüften, mit dem er seine Majestät verhüllt. Der Apostel ruft aus: „Wie gar unbegreiflich sind seine Gerichte und unerforschlich seine Wege!“ [11] Wir können seine Handlungsweise mit uns und die ihn leitenden Beweggründe so weit begreifen, daß wir unbegrenzte Liebe und Barmherzigkeit, verbunden mit unendlicher Macht, erkennen können. Unser himmlischer Vater ordnet alles in Weisheit und Gerechtigkeit, und wir dürfen nicht unzufrieden oder mißtrauisch sein, sondern müssen uns in ehrfurchtsvoller Demut beugen. Er wird uns soviel von seinen Absichten enthüllen, wie zu unserem Besten dient; darüber hinaus müssen wir dem vertrauen, der allmächtig und dessen Herz voller Liebe ist.

Während Gott dem Glaubenden genügend Beweise gibt, wird er niemals alles beseitigen, was den Unglauben entschuldigen könnte. Wer nach irgendeiner Stütze für seinen Zweifel sucht, wird sie auch finden. Wer sich weigert, Gottes Wort anzunehmen und zu befolgen, bis jeder Einwand beseitigt ist, so daß nicht länger Anlaß zum Zweifeln besteht, wird nie zum Licht kommen.

Das Mißtrauen gegen Gott ist eine natürliche Folge des nicht erneuerten Herzens, das Gott feind ist. Der Glaube wird von dem Heiligen Geist eingegeben und gedeiht, wenn er gepflegt wird. Niemand kann ohne entschlossenes Bemühen im Glauben wachsen. Der Unglaube verstärkt sich, je nachdem er ermutigt wird; und wenn Menschen zweifeln und kritteln, statt sich mit den Beweisen zu beschäftigen, die Gott zur Befestigung ihres Glaubens gegeben hat, werden sie ihre Zweifel immer mehr bestätigt finden.

Die an Gottes Verheißungen zweifeln und den Versicherungen seiner Gnade mißtrauen, entehren ihn. Ihr Einfluß neigt dazu, andere von Christus zu trennen, statt sie zu ihm zu ziehen. Sie sind unfruchtbare Bäume, die ihre dürren Zweige weit ausbreiten und dadurch an-

11 Röm. 11, 33

dern Pflanzen das Sonnenlicht wegnehmen, so daß diese in dem kalten Schatten verwelken und absterben. Ihr Lebenswerk wird unaufhörlich gegen sie zeugen. Sie säen den Samen des Zweifels und des Unglaubens, der unausbleiblich seine Ernte bringen wird.

Für diejenigen, die aufrichtig danach trachten, von Zweifeln frei zu werden, gibt es nur einen Weg: statt das anzuzweifeln und zu bekritteln, was sie nicht verstehen, müssen sie auf das ihnen bereits scheinende Licht achtgeben, dann werden sie größeres Licht empfangen. Erfüllen sie jede Aufgabe, die sie klar erkannt haben, dann werden sie fähig, auch jene Aufgaben zu verstehen und auszuführen, über die sie jetzt noch im Zweifel sind.

Satan vermag Fälschungen zu entwerfen, die der Wahrheit so gleichen, daß Seelen getäuscht werden, die das von der Wahrheit geforderte Opfer und die Selbstverleugnung umgehen möchten, und die willig sind, sich täuschen zu lassen. Es ist ihm jedoch unmöglich, eine Seele unter seiner Macht zu halten, die aufrichtig wünscht — koste es, was es wolle —, die Wahrheit zu erkennen. Christus ist die Wahrheit und „das wahrhaftige Licht, welches alle Menschen erleuchtet, die in diese Welt kommen".[12] Der Geist der Wahrheit ist gesandt worden, um die Menschen in alle Wahrheit zu leiten. Und mit Vollmacht des Sohnes Gottes steht geschrieben: „Suchet, so werdet ihr finden." „So jemand will des [Vaters] Willen tun, der wird innewerden, ob diese Lehre von Gott sei."[13]

Die Nachfolger Christi wissen wenig von den Anschlägen, die Satan und seine Scharen gegen sie schmieden. Aber der im Himmel thront, wird alle diese Absichten zur Erfüllung seiner unerforschlichen Pläne lenken. Der Herr läßt es zu, daß seine Kinder in die Feuerprobe der Versuchung geraten, nicht weil er an ihren Leiden und an ihrer Trübsal Freude empfindet, sondern weil dieses Verfahren zu ihrem endgültigen Sieg wesentlich ist. Er kann sie nicht entsprechend seiner eigenen Herrlichkeit vor der Versuchung schützen; denn es ist gerade der Zweck der Prüfung, sie zuzubereiten, allen bösen Lockungen widerstehen zu können.

Weder gottlose Menschen noch Teufel können Gottes Werk hindern oder seinem Volk Gottes Gegenwart entziehen, wenn es gebeugten,

12 Joh. 1, 9 13 Matth. 7, 7; Joh. 7, 17

reuigen Herzens seine Sünde bekennt und läßt und im Glauben seine Verheißungen beansprucht. Jeder Versuchung, jedem widerstreitenden Einfluß, ob offen oder geheim, kann man erfolgreich widerstehen, „nicht durch Heer oder Kraft, sondern durch meinen Geist ... spricht der Herr Zebaoth".[14]

„Die Augen des Herrn merken auf die Gerechten und seine Ohren auf ihr Gebet... Und wer ist, der euch schaden könnte, so ihr dem Guten nachkommt?"[15] Als Bileam, verlockt durch das Versprechen einer großen Belohnung, Zauberformeln gegen Israel anwandte und durch dem Herrn dargebrachte Opfer einen Fluch über Gottes Volk zu bringen versuchte, wandte Gottes Geist das Übel ab, das ausgesprochen werden sollte, und Bileam sah sich gezwungen auszurufen: „Wie soll ich dem fluchen, dem Gott nicht flucht? Wie soll ich den verwünschen, den der Herr nicht verwünscht? ... Möchte meine Seele des Todes der Gerechten sterben und mein Ende werden wie ihr Ende!" Als abermals geopfert worden war, erklärte der gottlose Prophet: „Siehe, zu segnen bin ich beauftragt, und hat Er gesegnet, so kann ich's nicht abwenden! Man schaut kein Unheil in Jakob und sieht keine Beschwerde in Israel. Jehova, sein Gott, ist mit ihm, und Königsjubel erschallt in ihm... So hilft denn keine Zauberei gegen Jakob und keine Wahrsagerei wider Israel. Zu seiner Zeit wird man von Jakob sagen: Wie Großes hat Gott getan!"[16] Dennoch wurden zum drittenmal Altäre errichtet, und abermals versuchte Bileam einen Fluch auszusprechen. Durch die unwilligen Lippen des Propheten erklärte der Geist Gottes jedoch das Gedeihen seiner Auserwählten und strafte die Torheit und Bosheit ihrer Feinde: „Gesegnet sei, wer dich segnet, und verflucht, wer dir flucht!"[16]

Zu dieser Zeit waren die Kinder Israel Gott treu, und solange sie seinem Gesetz treu blieben, konnte keine Macht der Erde oder der Hölle sie überwältigen. Aber schließlich gelang es Bileam doch, den Fluch, den er nicht über Gottes Volk aussprechen durfte, über dieses Volk zu bringen, indem er es zur Sünde verleitete. Als es Gottes Gebote übertrat, trennte es sich von ihm und mußte die Macht des Verderbers fühlen. Satan ist sich bewußt, daß die schwächste Seele, die in Christus bleibt, den Scharen der Finsternis überlegen ist, und daß

14 Sach. 4, 6 15 1. Petr. 3, 12. 13 16 4. Mose 23, 8. 10. 20. 21. 23; 24, 9, Schlachter

man, zeigt er sich offen, ihm begegnen und widerstehen wird. Deshalb versucht er die Streiter des Kreuzes aus ihrer gewappneten Stellung herauszulocken, während er mit seinen Streitkräften im Hinterhalt liegt, bereit, alle zu verderben, die sich auf sein Gebiet wagen sollten. Nur in demütigem Vertrauen auf Gott und im Gehorsam gegen alle seine Gebote können wir sicher sein.

Niemand ist auch nur einen Tag oder eine Stunde lang sicher ohne das Gebet. Wir sollten den Herrn besonders um Weisheit bitten, sein Wort zu verstehen. Hier werden die Anschläge des Versuchers offenbart sowie auch die Mittel, durch die er zurückgeschlagen werden kann. Satan ist sehr sachkundig, wenn es gilt, Bibelstellen anzuführen, denen er seine eigene Auslegung beifügt, um uns zu Fall zu bringen. Wir müssen die Bibel mit demütigem Herzen erforschen und dürfen nie unsere Abhängigkeit von Gott aus den Augen verlieren. Während wir vor den Anschlägen Satans beständig auf der Hut sein müssen, sollten wir ohne Unterlaß im Glauben beten: „Führe uns nicht in Versuchung.“ [17]

17 Matth. 6, 13

Die erste große Täuschung | 33

Von der frühesten Geschichte des Menschen an begann Satan seine Bemühungen, unser Geschlecht zu verführen. Der im Himmel Empörung angestiftet hatte, wollte die Bewohner der Erde veranlassen, sich mit ihm in dem Streit gegen die Regierung Gottes zu verbinden. Adam und Eva lebten im Gehorsam gegen das Gesetz Gottes vollkommen glücklich, und diese Tatsache war ein beständiges Zeugnis gegen die Behauptung, die Satan im Himmel vorgebracht hatte, daß Gottes Gesetz seine Geschöpfe knechte und ihrem Glück entgegenstehe. Auch war durch die schöne, dem sündlosen Paar bereitete Heimat Satans Neid gereizt worden. Er beschloß daher, die Menschen zu Fall zu bringen, um dann, nachdem er sie von Gott getrennt und unter seine eigene Macht gebracht hätte, die Erde einzunehmen und hier, dem Allerhöchsten zum Trotz, sein Reich aufzurichten.

Hätte er seinen wahren Charakter offenbart, so wäre er ohne weiteres zurückgewiesen worden; denn Gott hatte Adam und Eva vor diesem gefährlichen Feind gewarnt. Doch Satan wirkte im Verborgenen und verhüllte seine Absicht, um sein Ziel um so sicherer zu erreichen. Die Schlange, damals eine Kreatur von anziehendem Äußeren, als Werkzeug benutzend, wandte er sich an Eva: „Ja, sollte Gott gesagt haben: Ihr sollt nicht essen von allerlei Bäumen im Garten?“ [1] Hätte sich Eva nicht auf ein Gespräch mit dem Versucher eingelassen, so wäre sie bewahrt geblieben; doch sie wagte es, mit ihm zu sprechen und fiel seinen listigen Anschlägen zum Opfer. So werden noch immer viele Menschen überwunden. Sie bezweifeln und erwägen Gottes Anforderungen und nehmen, statt den göttlichen Geboten zu gehorchen, menschliche Theorien an, die nur die Pläne Satans verdecken.

1 1. Mose 3, 1

„Da sprach das Weib zur Schlange: Wir essen von den Früchten der Bäume im Garten; aber von den Früchten des Baumes mitten im Garten hat Gott gesagt: Esset nicht davon, rühret's auch nicht an, daß ihr nicht sterbet. Da sprach die Schlange zum Weibe: Ihr werdet mitnichten des Todes sterben; sondern Gott weiß, daß, welches Tages ihr davon esset, so werden eure Augen aufgetan, und werdet sein wie Gott und wissen, was gut und böse ist." [2] Satan erklärte, daß sie würden wie Gott, begabt mit größerer Weisheit als zuvor und zu einer höheren Daseinsstufe befähigt. Eva gab der Versuchung nach, und durch ihren Einfluß wurde auch Adam zur Sünde verführt. Sie glaubten den Worten der Schlange, daß Gott nicht meinte, was er sagte; sie mißtrauten ihrem Schöpfer und bildeten sich ein, daß er ihre Freiheit beschränke, daß sie aber große Weisheit und eine hohe Stellung erlangen könnten, wenn sie sein Gesetz übertreten würden.

Doch welchen Sinn fand Adam, nachdem er gesündigt hatte, hinter den Worten: „Welches Tages du davon issest, wirst du des Todes sterben?" [3] Fand er ihre Bedeutung dem entsprechend, was Satan ihn glauben gemacht hatte, daß er in eine erhabenere Daseinsstufe versetzt werden sollte? Dann wäre in der Tat durch die Übertretung ein großer Gewinn zu erzielen, und Satan erwiese sich als der Wohltäter unseres Geschlechts. Aber Adam stellte fest, daß dies keineswegs der Sinn des göttlichen Ausspruchs war. Gott hatte erklärt, daß der Mensch als Strafe für die Sünde wieder zu Erde werden müsse, von der er genommen war: „Du bist Erde und sollst zu Erde werden." [4] Die Worte Satans: „So werden eure Augen aufgetan", erwiesen sich als wahr nur in einem Sinne; denn nachdem Adam und Eva Gott ungehorsam waren, wurden ihnen die Augen geöffnet, damit sie ihre Torheit einsähen; sie erkannten das Böse und kosteten die bittere Frucht der Übertretung.

In der Mitte des Gartens wuchs der Baum des Lebens, dessen Frucht die Kraft hatte, das Leben immerwährend zu erhalten. Wäre Adam Gott gehorsam geblieben, so hätte er sich stets des freien Zugangs zu diesem Baum erfreuen dürfen und würde ewig gelebt haben. Als er aber sündigte, trennte Gott ihn von dem Baum des Lebens und unterwarf ihn dem Tode. Der göttliche Urteilsspruch: „Du bist Erde und

2 1. Mose 3, 2–5 3 1. Mose 2, 17 4 1. Mose 3, 19

sollst zu Erde werden" deutet auf eine gänzliche Austilgung des Lebens hin.

Die dem Menschen unter der Bedingung des Gehorsams verheißene Unsterblichkeit war durch die Übertretung verwirkt worden. Adam konnte seiner Nachkommenschaft nichts überlassen, was er selbst nicht besaß, und es hätte keine Hoffnung für die gefallene Menschheit gegeben, wenn Gott den Menschen durch die Hingabe seines Sohnes nicht den Weg zur Unsterblichkeit gewiesen hätte. Während „der Tod zu allen Menschen durchgedrungen" ist, „dieweil sie alle gesündigt haben", hat Christus „das Leben und ein unvergänglich Wesen ans Licht gebracht durch das Evangelium".[5] Durch Christus allein kann Unsterblichkeit erlangt werden. Jesus sagte: „Wer an den Sohn glaubt, der hat das ewige Leben. Wer dem Sohn nicht glaubt, der wird das Leben nicht sehen."[6] Jeder Mensch kann diesen unschätzbaren Segen erlangen, wenn er die Bedingungen erfüllt. Alle, „die mit Geduld in guten Werken trachten nach dem ewigen Leben", empfangen „Preis und Ehre und unvergängliches Wesen".[7]

Der große Betrüger versprach Adam Leben im Ungehorsam. Die Erklärung, die die Schlange der Eva im Paradiese gab – „Ihr werdet mitnichten des Todes sterben!" –, war die erste über die Unsterblichkeit der Seele gehaltene Predigt. Und doch hallt diese Erklärung, die auf der Autorität Satans beruht, von den Kanzeln der Christenheit wider und wird von der Mehrzahl der Menschen ebenso bereitwillig angenommen, wie sie von unseren ersten Eltern angenommen worden ist. Der göttliche Richterspruch: „Welche Seele sündigt, die soll sterben"[8] wird danach gedeutet: Die Seele, die sündigt, soll nicht sterben, sondern ewig leben. Wir können uns nur wundern über die seltsame Verblendung, die die Menschen hinsichtlich der Worte Satans so leichtgläubig und bezüglich der Worte Gottes so ungläubig macht.

Hätte der Mensch nach seinem Fall freien Zugang zu dem Baum des Lebens gehabt, so würde er ewig gelebt haben, und auf diese Weise wäre die Sünde unsterblich geworden. Aber „Cherubim mit dem bloßen hauenden Schwert" bewahrten „den Weg zu dem Baum des Lebens",[9] und keinem aus der Familie Adams war es gestattet worden, die

5 Röm. 5, 12; 2. Tim. 1, 10
6 Joh. 3, 36
7 Röm. 2, 7
8 Hes. 18, 20
9 1. Mose 3, 24

Schranke zu überschreiten und von der lebenspendenden Frucht zu genießen. Deshalb gibt es keinen unsterblichen Sünder.

Nach dem Fall gebot Satan seinen Engeln, besondere Anstrengungen zu machen, dem Menschen den Glauben an seine natürliche Unsterblichkeit einzuschärfen. Wenn sie das Volk zur Annahme dieses Irrtums verleitet hätten, sollten sie es zu der Schlußfolgerung führen, daß der Sünder ewig im Elend leben würde. Der Fürst der Finsternis stellt durch seine Diener Gott als einen rachsüchtigen Tyrannen dar und erklärt, dieser verstoße alle, die ihm nicht gefallen, in die Hölle, wo er sie auf ewig seinen Zorn fühlen lasse, und ihr Schöpfer blicke, während sie unaussprechliche Qualen erdulden und sich in den ewigen Flammen vor Schmerzen krümmen, mit Befriedigung auf sie nieder.

Auf diese Weise bekleidet der Erzfeind den Schöpfer und Wohltäter des Menschengeschlechts mit den Eigenschaften, die er selbst besitzt. Grausamkeit ist satanisch. Gott ist die Liebe, und alles, was er schuf, war rein, heilig und lieblich, bis durch den ersten großen Empörer die Sünde hereingebracht wurde. Satan selbst ist der Feind, der den Menschen zur Sünde verführt und ihn dann womöglich vernichtet. Hat er sein Opfer sicher, frohlockt er über das Verderben, das er bewirkte. Könnte er, wie er wollte, so würde er das ganze Menschengeschlecht in sein Netz einfangen. Legte sich nicht die göttliche Macht ins Mittel, ihm würde nicht ein Sohn, nicht eine Tochter Adams entrinnen.

Satan sucht die Menschen heute zu überwinden, wie er unsere ersten Eltern überwand, indem er ihr Vertrauen zu dem Schöpfer erschüttert und sie verleitet, die Weisheit seiner Regierung und die Gerechtigkeit seiner Gesetze anzuzweifeln. Satan und seine Sendlinge stellen Gott schlimmer dar, als sie selbst sind, um ihre eigene Bosheit und Empörung zu rechtfertigen. Der große Betrüger versucht, seinen schrecklich grausamen Charakter unserem himmlischen Vater unterzuschieben, damit er selbst als ein Wesen erscheine, dem durch die Verstoßung aus dem Himmel ein großes Unrecht zugefügt wurde, da er sich einem so ungerechten Herrscher nicht unterwerfen wollte. Er führt der Welt die Freiheit vor Augen, der sie sich unter seiner milden Herrschaft erfreuen könnte, im Gegensatz zu der durch die strengen Erlasse Gottes auferlegten Knechtschaft. Auf diese Weise gelingt es ihm, Seelen von ihrer Treue zu Gott abwendig zu machen.

Wie unvereinbar mit jeder Regung von Liebe und Barmherzigkeit, ja selbst mit unserem Sinn von Gerechtigkeit ist die Lehre, daß die gottlosen Toten mit Feuer und Schwefel in einer ewig brennenden Hölle gepeinigt werden, daß sie für die Sünden in einem kurzen irdischen Leben leiden müssen, solange Gott lebt! Und doch ist dies allgemein gelehrt worden, und diese Lehre findet sich noch heute in vielen Glaubensbekenntnissen der Christenheit. Ein angesehener Theologe sagte: „Der Anblick der Höllenqualen wird die Glückseligkeit der Heiligen für immer erhöhen. Wenn sie sehen, wie andere, gleicher Natur wie sie und unter den gleichen Umständen geboren, in solches Elend verstoßen sind, während sie selbst erhaben dastehen, werden sie innewerden, wie glücklich sie sind." Ein anderer sprach folgendes: „Während der Verdammungsbefehl ewig an den Gefäßen des Zornes ausgeübt wird, wird der Rauch ihrer Qual ewiglich vor den Gefäßen der Gnade aufsteigen, und diese werden, statt an dem Schicksal dieser Elenden Anteil zu nehmen, sagen: Halleluja! Lobt den Herrn!"

Wo finden sich im Worte Gottes solche Lehren? Werden die Erlösten im Himmel für alle Gefühle des Mitleids und des Erbarmens, ja selbst für die Empfindungen gewöhnlicher Menschlichkeit unzugänglich sein? Sollen diese gegen den Gleichmut des Stoikers oder die Grausamkeit des Wilden eingetauscht werden? – Nie und nimmer! Solches lehrt das Wort Gottes nicht! Männer, welche die in jenen Zitaten dargelegten Ansichten verkündigen, mögen Gelehrte und sogar aufrichtige Menschen sein, aber sie sind durch die Sophistereien Satans betrogen. Er verleitet sie, wichtige Ausdrücke der Heiligen Schrift zu entstellen und dem Wortlaut eine Färbung zur Bitterkeit und Bosheit hin zu geben, die ihm selbst, aber nicht unserem Schöpfer eigen ist. „So wahr als ich lebe, spricht der Herr Herr, ich habe keinen Gefallen am Tode des Gottlosen, sondern daß sich der Gottlose bekehre von seinem Wesen und lebe. So bekehret euch doch nun von eurem bösen Wesen. Warum wollt ihr sterben?" [10]

Könnte es zu Gottes Gunsten sein, wenn wir zugeben wollten, daß er sich beim Anblick unaufhörlicher Qualen ergötze, daß er erquickt werde durch das Stöhnen, das Geschrei und die Verwünschungen der leidenden Geschöpfe, die er in den Flammen der Hölle gefangenhält?

10 Hes. 33, 11

Können diese entsetzlichen Töne Musik sein in den Ohren unendlicher Liebe? Es wird behauptet, daß die Verhängung endlosen Elends über die Gottlosen den Haß Gottes gegen die Sünde bekunde, die den Frieden und die Ordnung im Weltall zerstöre. O schreckliche Gotteslästerung! Als ob Gottes Haß gegen die Sünde ein Grund sei, sie zu verewigen! Denn nach den Lehren dieser Theologen macht die fortgesetzte Qual ohne Hoffnung auf Erbarmen ihre elenden Opfer rasend; und da sich ihre Wut in Flüchen und Gotteslästerungen äußert, vergrößern sie ständig ihre Schuldenlast. Gottes Herrlichkeit wird nicht erhöht durch eine solche endlose Verewigung der beständig zunehmenden Sünde.

Es liegt außerhalb der Fähigkeit des menschlichen Geistes, das Übel abzuschätzen, das durch die falsche Lehre von der ewigen Qual geschaffen worden ist. Die Religion der Bibel, die voller Liebe und Güte und überaus reich an Erbarmen ist, wird durch den Aberglauben verfinstert und in Schrecken gehüllt. Ist es verwunderlich, daß unser gnadenreicher Schöpfer gefürchtet, gescheut und sogar gehaßt wird, wenn wir bedenken, in welchen falschen Farben Satan das Wesen Gottes gemalt hat? Die entsetzlichen Vorstellungen von Gott, wie sie durch jene Lehren von der Kanzel herunter über die Welt verbreitet wurden, haben Tausende, ja Millionen von Zweiflern und Ungläubigen hervorgerufen.

Die Ansicht von einer ewigen Qual ist eine der falschen Lehren, die zu dem Greuelwein des geistlichen Babylons gehören, mit dem es die Völker trunken macht.[11] Wie Diener Christi diese falsche Lehre annehmen und sie von geweihter Stätte herab verkündigen konnten, ist in der Tat unverständlich. Sie empfingen sie, wie auch den falschen Sabbat, von Rom. Wohl haben große und gute Männer diese Lehre auch gepredigt; aber ihnen war darüber nicht die Erkenntnis geworden wie uns heute. Sie waren nur für das Licht verantwortlich, das zu ihrer Zeit schien; wir müssen Rechenschaft ablegen über das Licht, das in unserer Zeit scheint. Wenden wir uns von dem Zeugnis des Wortes Gottes ab und nehmen wir falsche Lehren an, weil unsere Väter sie verbreiteten, so fallen wir unter die über Babylon ausgesprochene Verdammnis; wir trinken von dem Wein ihrer Greuel.

11 Offb. 14, 8; 17, 2

Sehr viele Menschen, denen die Lehre von einer ewigen Qual anstößig ist, werden zu dem entgegengesetzten Irrtum getrieben. Sie sehen, daß die Heilige Schrift Gott als ein Wesen der Liebe und der Barmherzigkeit darstellt, und sie können nicht glauben, daß er seine Geschöpfe dem verzehrenden Feuer einer ewig brennenden Hölle überlassen werde.

Durch die Behauptung, daß die Seele an und für sich unsterblich sei, kommen sie zu dem Schluß, daß alle Menschen schließlich gerettet werden. Die Drohungen der Bibel sind, nach ihrer Auffassung, nur dazu bestimmt, die Menschen durch Furcht zum Gehorsam zu bringen, aber nicht um buchstäblich erfüllt zu werden. Auf diese Weise kann der Sünder in selbstsüchtigem Vergnügen dahinleben, die Anforderungen Gottes mißachten und doch erwarten, schließlich in Gnaden angenommen zu werden. Eine solche Lehre, die auf Gottes Gnade pocht, aber seine Gerechtigkeit unbeachtet läßt, gefällt dem fleischlichen Herzen und macht die Gottlosen kühn in ihrer Ungerechtigkeit.

Um zu zeigen, wie die an eine allgemeine Erlösung glaubenden Menschen die Bibel verdrehen, um ihre seelenverderbenden Lehrsätze zu unterstützen, braucht man nur ihre eigenen Aussprüche anzuführen. Beim Begräbnis eines ungläubigen jungen Mannes, der durch einen Unfall plötzlich getötet worden war, wählte ein universalistischer Geistlicher als Text die auf David bezogene Aussage der Bibel: „Er hatte sich getröstet über Amnon, daß er tot war." [12]

„Man fragt mich häufig", sagte der Sprecher, „was das Schicksal jener sein werde, die in Sünden die Welt verlassen, die vielleicht in trunkenem Zustand sterben, mit den unabgewaschenen Scharlachflecken des Verbrechens an ihren Kleidern, oder die dahinfahren wie dieser junge Mann, ohne je nach Religion gefragt oder ihren Segen erfahren zu haben. Wir sind zufrieden mit der Heiligen Schrift; ihre Antwort soll die schwierige Aufgabe lösen. Amnon war überaus sündig; er war unbußfertig, er wurde trunken gemacht und in diesem Zustand umgebracht. David war ein Prophet Gottes; er muß gewußt haben, ob Amnon es in der zukünftigen Welt schlecht oder gut haben werde. Was waren die Äußerungen seines Herzens? ‚Er hatte sich getröstet über Amnon, daß er tot war.'

12 2. Sam. 13, 39

Welchen Schluß können wir aus diesen Worten ziehen? Ist es nicht dieser, daß die endlose Qual keinen Teil seines religiösen Glaubens ausmachte? So denken wir; und hier entdecken wir einen trefflichen Beweis als Stütze der angenehmeren, erleuchtenderen, wohltätigeren Annahme einer letzten allgemeinen Reinheit und eines dauernden Friedens. Er war getröstet darüber, daß sein Sohn tot war. Und warum? Weil sein prophetisches Auge vorwärts in die herrliche Zukunft blicken und sehen konnte, daß sein Sohn, nachdem er – von allen Versuchungen weit entfernt, der Knechtschaft entbunden, von der Verderbtheit der Sünde gereinigt – hinreichend geheiligt und erleuchtet worden war, in die Versammlung zum Himmel aufgefahrener, frohlockender Geister aufgenommen wurde. Sein einziger Trost war, daß sein geliebter Sohn, entrückt aus dem gegenwärtigen Zustand der Sünde und des Leidens, dorthin versetzt sei, wo die erhabensten Einflüsse des Heiligen Geistes sich in seine verfinsterte Seele ergießen würden, wo sein Gemüt der Weisheit des Himmels und dem süßen Entzücken unsterblicher Liebe geöffnet würde und er, auf diese Weise ausgerüstet mit einem geheiligten Wesen, die Ruhe und die Gemeinschaft des himmlischen Erbes genießen könne.

In diesen Gedanken möchten wir so verstanden werden, daß wir glauben, die Seligkeit des Himmels hängt von nichts ab, was wir in diesem Leben tun können, weder von einer gegenwärtigen Veränderung des Herzens noch von dem jetzigen Glauben oder einem gegenwärtigen Religionsbekenntnis."

Auf diese Weise wiederholte der angebliche Diener Christi die von der Schlange im Paradies ausgesprochene Lüge: „Ihr werdet mitnichten des Todes sterben. . . Welches Tages ihr davon esset, so werden eure Augen aufgetan, und werdet sein wie Gott." Er erklärte, daß der gröbste Sünder, ob Mörder, Dieb oder Ehebrecher, nach dem Tode vorbereitet wird, um in unsterbliche Wonne einzugehen.

Und woraus zieht dieser Verfälscher der Heiligen Schrift seine Schlüsse? Aus dem einzigen Satz, der Davids Unterwerfung unter die Fügung der Vorsehung ausdrückt. „David stand davon ab, auszuziehen wider Absalom; denn er hatte sich getröstet über Amnon, daß er tot war." Nachdem die Heftigkeit seines Schmerzes mit der Zeit nachgelassen hatte, wandten sich seine Gedanken von dem toten zu dem lebendigen Sohn, der aus Furcht vor der gerechten Bestrafung seines Verbrechens freiwillig in die Verbannung gegangen war. Und das wäre der Beweis, daß der blutschänderische, betrunkene Amnon unmittelbar nach dem Tode an den Ort der Wonne entrückt wurde, um dort gereinigt und zubereitet zu werden für die Gemeinschaft sündloser Engel! Eine angenehme Fabel in der Tat, wohl geeignet, das fleischliche Herz zufriedenzustellen! Dies ist Satans eigene Lehre, und sie wirkt erfolgreich für sein Werk. Dürfen wir uns wundern, daß bei solcher Belehrung die Gottlosigkeit überhandnimmt?

Das Verfahren dieses falschen Lehrers veranschaulicht das vieler anderer. Einige wenige Worte der Heiligen Schrift werden aus dem Zusammenhang gerissen, der in vielen Fällen zeigen würde, daß ihr Sinn gerade entgegengesetzt ist. Dann werden diese zerstückelten Stellen verdreht und als Beweis von Lehren gebraucht, die im Worte Gottes keine Grundlage haben. Das als Beweis angeführte Zeugnis, daß der betrunkene Amnon im Himmel sei, ist nichts als eine Schlußfolgerung, der die deutliche und bestimmte Erklärung der Heiligen Schrift, daß kein Trunkenbold das Reich Gottes ererben kann,[13] direkt widerspricht. Auf diese Weise verwandeln Zweifler, Ungläubige und Skeptiker die Wahrheit Gottes in eine Lüge; viele sind durch solche Sophistereien getäuscht und in fleischliche Sicherheit gewiegt worden.

Wenn es wahr wäre, daß die Seelen aller Menschen bei ihrem Tod sofort in den Himmel gingen, dann möchten wir wohl eher den Tod begehren als das Leben. Viele sind durch diesen Glauben dazu verleitet worden, ihrem Dasein ein Ende zu machen. Von Sorgen, Schwierigkeiten und Enttäuschungen überwältigt, scheint es ein leichtes zu sein, den schwachen Lebensfaden zu zerreißen und sich zur Wonne der ewigen Welt aufzuschwingen.

Gott hat in seinem Wort entschiedene Beweise dargelegt, daß er die Übertreter seines Gesetzes strafen will. Wer annimmt, daß Gott zu barmherzig sei, um an dem Sünder Gerechtigkeit zu üben, braucht nur auf das Kreuz von Golgatha zu schauen. Der Tod des makellosen Sohnes Gottes bezeugt, daß der Tod der Sünde Sold ist, daß jede Übertretung des Gesetzes Gottes ihre gerechte Vergeltung erfahren muß. Christus, der ohne Sünde war, wurde um unsertwillen zur Sünde ge-

13 1. Kor. 6, 10

macht. Er trug die Schuld der Übertretung; seines Vaters Angesicht war vor ihm verhüllt, bis sein Herz brach und das Leben in ihm erstickte. Dies Opfer wurde gebracht, damit Sünder erlöst werden könnten. Auf keine andere Weise war es möglich, den Menschen von der Strafe der Sünde frei zu machen. Jede Seele, die sich weigert, an der so teuer erkauften Versöhnung teilzuhaben, muß selbst die Schuld und Strafe der Übertretung tragen.

Wir wollen betrachten, was die Bibel weiter über die Gottlosen und Unbußfertigen lehrt, die der Universalist als heilige, glückliche Engel in den Himmel versetzt.

„Ich will dem Durstigen geben von dem Brunnen des lebendigen Wassers umsonst." Diese Verheißung gilt nur denen, die dürsten. Nur die nach dem Wasser des Lebens verlangen und es unter allen Umständen suchen, werden es erhalten. „Wer überwindet, der wird es alles ererben, und ich werde sein Gott sein, und er wird mein Sohn sein."[14] Hier werden ebenfalls Bedingungen aufgestellt. Um alles zu ererben, müssen wir der Sünde widerstehen und sie überwinden.

Der Herr erklärt durch den Propheten Jesaja: „Prediget von den Gerechten, daß sie es gut haben... Weh aber den Gottlosen! denn sie haben es übel, und es wird ihnen vergolten werden, wie sie es verdienen."[15] „Ob ein Sünder hundertmal Böses tut und lange lebt, so weiß ich doch, daß es wohl gehen wird denen, die Gott fürchten, die sein Angesicht scheuen. Aber dem Gottlosen wird es nicht wohl gehen", sagt Salomo.[16] Und Paulus bezeugt, daß der Gottlose sich selbst häufe „Zorn auf den Tag des Zorns und der Offenbarung des gerechten Gerichtes Gottes, welcher geben wird einem jeglichen nach seinen Werken ... denen, die da zänkisch sind und der Wahrheit nicht gehorchen, gehorchen aber der Ungerechtigkeit, Ungnade und Zorn".[17]

„Das sollt ihr wissen, daß kein Hurer oder Unreiner oder Geiziger, welcher ist ein Götzendiener, Erbe hat in dem Reich Christi und Gottes."[18] „Jaget nach — dem Frieden gegen jedermann und der Heiligung, ohne welche wird niemand den Herrn sehen."[19] „Selig sind, die seine Gebote halten, auf daß sie Macht haben an dem Holz des

14 Offb. 21, 6. 7
15 Jes. 3, 10. 11
16 Pred. 8, 12. 13
17 Röm. 2, 5. 6. 8
18 Eph. 5, 5
19 Hebr. 12, 14

Lebens und zu den Toren eingehen in die Stadt. Denn draußen sind die Hunde und die Zauberer und die Hurer und die Totschläger und die Abgöttischen und alle, die liebhaben und tun die Lüge." [20]

Gott hat den Menschen sein Wesen und seine Verfahrensweise mit der Sünde beschrieben: „Herr, Herr, Gott, barmherzig und gnädig und geduldig und von großer Gnade und Treue! der da bewahret Gnade in tausend Glieder und vergibt Missetat, Übertretung und Sünde, und vor welchem niemand unschuldig ist." [21] „Der Herr ... wird vertilgen alle Gottlosen." „Die Übertreter werden vertilgt miteinander, und die Gottlosen werden zuletzt ausgerottet." [22] Wohl wird die Macht und Autorität der göttlichen Regierung angewandt, um die Empörung niederzuschlagen, dennoch werden alle Bekundungen der vergeltenden Gerechtigkeit vollkommen mit dem Charakter Gottes, der barmherzig, langmütig und gütig ist, übereinstimmen.

Gott zwingt niemandes Willen oder Urteil. Er hat kein Gefallen an sklavischem Gehorsam. Er wünscht, daß seine Geschöpfe ihn lieben, weil er der Liebe wert ist. Er will, daß sie ihm gehorchen, weil sie seine Weisheit, Gerechtigkeit und Großmut würdigen können. Wer eine richtige Vorstellung von diesen Eigenschaften hat, wird ihn lieben, weil er in Bewunderung seines Wesens zu ihm gezogen wird.

Die Grundsätze der Freundlichkeit, Barmherzigkeit und Liebe, wie sie von unserem Heiland gelehrt und ausgelebt wurden, sind ein Abbild des Willens und Wesens Gottes. Christus erklärte, daß er nichts gelehrt habe, was er nicht von seinem Vater empfangen hätte. Die Grundsätze der göttlichen Regierung stimmen vollkommen mit dem Gebot des Heilandes überein: „Liebet eure Feinde!" Gott läßt den Bösen Gerechtigkeit widerfahren zum Besten des Weltalls, ja selbst zum Besten derer, die von seinen Gerichten heimgesucht werden. Er würde sie glücklich machen, wenn er dies in Übereinstimmung mit den Gesetzen seiner Regierung und der Gerechtigkeit seines Wesens tun könnte. Er umgibt sie mit Zeichen seiner Liebe, er schenkt ihnen die Kenntnis seines Gesetzes und geht ihnen nach mit dem Anerbieten seiner Gnade; aber sie verachten seine Liebe, übertreten sein Gesetz und verwerfen seine Gnade. Während sie beständig seine Gaben empfangen, entehren sie den Geber. Sie hassen Gott, weil sie wissen, daß

20 Offb. 22, 14. 15 21 2. Mose 34, 6. 7 22 Ps. 145, 20; 37, 38

er ihre Sünden verabscheut. Der Herr hat lange Geduld mit ihrer Bosheit; aber die Stunde wird schließlich doch kommen, da ihr Schicksal entschieden werden muß. Wird er dann die Empörer an sich ketten? Wird er sie zwingen, seinen Willen zu tun?

Seelen, die Satan zu ihrem Führer erwählten und sich von seiner Macht beherrschen ließen, sind nicht vorbereitet, in die Gegenwart Gottes zu treten. Stolz, Trug, Ausschweifung, Grausamkeit haben sich in ihrem Herzen eingewurzelt. Können sie in den Himmel eingehen, um ewig mit denen zusammenzuleben, die sie auf Erden verachteten und haßten? Die Wahrheit wird einem Lügner nie angenehm sein; Sanftmut kann Eigendünkel und Stolz nicht befriedigen, Reinheit wird von dem Verderbten nicht angenommen, und selbstlose Liebe erscheint dem Selbstsüchtigen nicht anziehend. Welche Freuden könnte der Himmel denen bieten, die hier völlig in irdischen und selbstsüchtigen Interessen aufgehen?

Könnten die Menschen, die ihr Leben in Empörung gegen Gott zugebracht haben, plötzlich in den Himmel versetzt werden und den hohen und heiligen Zustand der Vollkommenheit ertragen, der stets dort herrscht, wo jede Seele mit Liebe erfüllt ist, jedes Angesicht vor Freude strahlt; wo klangvolle Melodien zur Ehre Gottes und des Lammes ertönen und Ströme des Lichts, die ausgehen vom Angesicht dessen, der auf dem Stuhl sitzt, unaufhörlich über die Erlösten hinwegfluten? Könnten Seelen, deren Herzen mit Haß gegen Gott, gegen Wahrheit und Heiligkeit erfüllt sind, sich unter die himmlische Schar mischen und in ihren Lobgesang mit einstimmen? Könnten sie die Herrlichkeit Gottes und des Lammes ertragen? Nimmermehr! Jahre der Gnadenzeit waren ihnen gewährt, damit sie einen Charakter für den Himmel heranbildeten, aber sie haben sich nie darin geübt, das Reine zu lieben, haben niemals die Sprache des Himmels gelernt — nun ist es zu spät. Ein Leben der Empörung gegen Gott hat sie für den Himmel untauglich gemacht. Seine Reinheit, seine Heiligkeit und sein Friede wäre ihnen eine Qual, die Herrlichkeit Gottes ein verzehrendes Feuer. Sie würden sich danach sehnen, von jenem heiligen Orte zu fliehen. Sie hießen den Untergang willkommen, damit sie vor dem Angesicht Jesu, der starb, um sie zu erlösen, verborgen wären. Das Schicksal der Gottlosen wird durch ihre eigene Wahl besiegelt. Ihren

Ausschluß aus dem Himmel haben sie freiwillig herausgefordert; von seiten Gottes ist er gerecht und barmherzig.

Gleich den Wassern der Sintflut verkünden die Feuer des großen Tages das Urteil Gottes, daß die Gottlosen unheilbar sind. Sie wollen sich der göttlichen Autorität nicht unterwerfen. Ihr Wille hat sich in Empörung geübt, und wenn das Leben zu Ende ist, wird es zu spät sein, ihre Gedanken in die entgegengesetzte Richtung zu lenken, zu spät, um sich von der Übertretung zum Gehorsam, vom Haß zur Liebe zu bekehren.

Indem Gott den Mörder Kain am Leben erhielt, zeigte er der Welt, welche Folgen eintreten, wenn der Sünder am Leben bleibt und seinen Wandel in zügelloser Bosheit weiterführt. Durch den Einfluß von Kains Lehren und Beispiel wurden Tausende seiner Nachkommen zur Sünde verleitet, bis „der Menschen Bosheit groß war auf Erden und alles Dichten und Trachten ihres Herzens nur böse war immerdar... Die Erde war verderbt vor Gottes Augen und voll Frevels“.[23]

Weil er mit der Erde Erbarmen hatte, vertilgte Gott ihre verderbten Bewohner zur Zeit Noahs. Aus Barmherzigkeit vernichtete er die gottlosen Einwohner Sodoms. Durch die trügerische Macht Satans erlangen die Übeltäter Mitgefühl und Bewunderung und führen dadurch beständig andere zur Empörung. So war es in Kains und in Noahs Tagen, zur Zeit Abrahams und Lots; so ist es auch heute. Aus Erbarmen mit dem Weltall wird Gott die Verwerfer seiner Gnade vernichten.

„Der Tod ist der Sünde Sold; aber die Gabe Gottes ist das ewige Leben in Christo Jesu, unserm Herrn.“[24] Während Leben das Erbe der Gerechten ist, wird Tod das Teil der Gottlosen sein. Mose erklärte Israel: „Siehe, ich habe dir heute vorgelegt das Leben und das Gute, den Tod und das Böse.“[25] Der in dieser Schriftstelle erwähnte Tod ist nicht der über Adam ausgesprochene Tod, denn alle Menschen erleiden die Strafe der Übertretung, sondern es ist der „zweite Tod“, der dem ewigen Leben gegenübergestellt wird.

Der Tod ist infolge der Sünde Adams auf das ganze menschliche Geschlecht gekommen. Alle ohne Unterschied sinken ins Grab. Durch die Einsetzung des Erlösungsplanes werden alle wieder aus ihren Gräbern hervorgehen. Es gibt eine zukünftige „Auferstehung der

23 1. Mose 6, 5. 11 24 Röm. 6, 23 25 5. Mose 30, 15

Toten, der Gerechten und Ungerechten".[26] „Denn gleichwie sie in Adam alle sterben, also werden sie in Christo alle lebendig gemacht werden."[27] Dennoch wird ein Unterschied bestehen zwischen den beiden Klassen, die aus den Gräbern hervorgehen werden. „Alle, die in den Gräbern sind, werden seine Stimme hören, und werden hervorgehen, die da Gutes getan haben, zur Auferstehung des Lebens, die aber Übles getan haben, zur Auferstehung des Gerichts."[28] Die der Auferstehung des Lebens würdig befunden wurden, sind „selig ... und heilig. .. Über solche hat der andere Tod keine Macht".[29] Die Menschen hingegen, die nicht durch Buße und Glauben Vergebung erlangt haben, müssen die Strafe für ihre Übertretung, „der Sünde Sold", erdulden. Sie erleiden Pein nach ihren Werken, unterschiedlich in Dauer und Stärke, die mit dem andern Tod endet. Da es Gott in Übereinstimmung mit seiner Gerechtigkeit und Gnade unmöglich ist, den Sünder in seinen Sünden zu erretten, muß dieser sein Leben lassen, das er durch seine Übertretungen verwirkt hat und dessen er sich unwürdig erwies. Der Psalmist sagt: „Es ist noch um ein kleines, so ist der Gottlose nimmer; und wenn du nach seiner Stätte sehen wirst, wird er weg sein."[30] Ein anderer erleuchteter Schreiber erklärt: Sie „sollen sein, als wären sie nie gewesen".[31] Mit Schande bedeckt, versinken sie in hoffnungslose, ewige Vergessenheit.

So wird der Sünde mit allem Weh und Verderben, die aus ihr hervorgegangen sind, ein Ende gemacht. Der Psalmist sagt: „Du ... bringst die Gottlosen um; ihren Namen vertilgst du immer und ewiglich ... ihr Gedächtnis ist umgekommen samt ihnen."[32] In der Offenbarung hört Johannes, indem er auf den ewigen Zustand vorausblickt, einen allgemeinen Lobgesang, der von keinem einzigen Mißklang gestört wird. Alle Kreatur im Himmel und auf Erden gibt Gott die Ehre.[33] Es gibt keine verlorenen Seelen mehr, die Gott lästern, während sie sich unter Qualen krümmen; keine elenden Geschöpfe der Hölle werden ihre Schmerzensschreie mit den Gesängen der Erlösten vermischen.

Auf dem Grundirrtum der natürlichen Unsterblichkeit beruht die Lehre von dem Bewußtsein im Tode – eine Lehre, die gleich der von der ewigen Qual den Lehren der Heiligen Schrift, den Eingebungen der

26 Apg. 24, 15
27 1. Kor. 15, 22
28 Joh. 5, 28. 29
29 Offb. 20, 6
30 Ps. 37, 10
31 Obad. 16
32 Ps. 9, 6. 7
33 Offb. 5, 13

Vernunft und unsern Gefühlen der Menschlichkeit widerstrebt. Nach allgemein verbreiteter Auffassung sind die Erlösten im Himmel mit allem vertraut, was auf Erden stattfindet, besonders mit dem Leben der Freunde, die sie zurückgelassen haben. Wie könnte es aber für die Toten eine Quelle der Glückseligkeit sein, die Widerwärtigkeiten der Lebenden zu kennen, die von ihren Lieben begangenen Sünden wahrzunehmen und zu sehen, wie sie Leiden, Enttäuschungen und die Sorgen des Lebens erdulden? Wieviel würden jene, deren Gedanken bei ihren Freunden auf Erden verweilen, von der Wonne des Himmels genießen? Und wie außerordentlich empörend ist ferner der Glaube, daß die Seele des Unbußfertigen den Flammen der Hölle übergeben werde, sobald der Odem den Leib verläßt! Welch tiefe Angst müßten die Menschen erleiden, die ihre Freunde unvorbereitet ins Grab sinken sehen, um eine Ewigkeit der Pein und der Sünde anzutreten! Viele sind durch diesen qualvollen Gedanken zum Wahnsinn getrieben worden.

Was sagt die Heilige Schrift über diese Dinge? David erklärt, daß der Tote kein Bewußtsein besitzt: „Des Menschen Geist muß davon, und er muß wieder zu Erde werden, alsdann sind verloren alle seine Anschläge.“ [34] Salomo bezeugt das gleiche: „Die Lebendigen wissen, daß sie sterben werden; die Toten aber wissen nichts, sie haben auch keinen Lohn mehr — denn ihr Gedächtnis ist vergessen, daß man sie nicht mehr liebt noch haßt noch neidet — und haben kein Teil mehr auf der Welt an allem, was unter der Sonne geschieht. . . Denn bei den Toten, dahin du fährst, ist weder Werk, Kunst, Vernunft noch Weisheit.“ [35]

Als Hiskias Leben, in Erfüllung seines Gebets, um fünfzehn Jahre verlängert wurde, huldigte der dankbare König Gott mit Lob und Preis für seine große Barmherzigkeit. In diesem Lobgesang nennt er den Grund seiner Freude: „Denn die Hölle lobt dich nicht; so rühmt dich der Tod nicht, und die in die Grube fahren, warten nicht auf deine Wahrheit; sondern allein, die da leben, loben dich, wie ich jetzt tue.“ [36] Die allgemeine Theologie sagt von den gerechten Toten, daß sie im Himmel seien, wo sie, in Wonne lebend, Gott mit unsterblicher Zunge preisen; aber Hiskia konnte im Tode keine solche herrliche Erwartung sehen. Mit seinen Worten stimmt das Zeugnis des Psalmisten überein:

34 Ps. 146, 4 35 Pred. 9, 5. 6. 10 36 Jes. 38, 18. 19

„Im Tode gedenkt man dein nicht; wer will dir bei den Toten danken?" „Die Toten werden dich, Herr, nicht loben, noch die hinunterfahren in die Stille." [37]

Petrus sagte am Pfingsttag von dem Erzvater David: „Er ist gestorben und begraben, und sein Grab ist bei uns bis auf diesen Tag... Denn David ist nicht gen Himmel gefahren." [38] Die Tatsache, daß David bis zur Auferstehung im Grabe bleibt, beweist: Die Gerechten gehen beim Tode nicht in den Himmel ein. Nur durch die Auferstehung und kraft der Tatsache, daß Christus auferstanden ist, kann David schließlich zur Rechten Gottes sitzen.

Paulus erklärte: „So die Toten nicht auferstehen, so ist Christus auch nicht auferstanden. Ist Christus aber nicht auferstanden, so ist euer Glaube eitel, so seid ihr noch in euren Sünden. So sind auch die, so in Christo entschlafen sind, verloren." [39] Wären 4000 Jahre lang die Gerechten beim Tode sofort in den Himmel aufgenommen worden, wie hätte Paulus dann sagen können, daß, wenn es keine Auferstehung gäbe, „auch die, so in Christo entschlafen sind, verloren" seien? Es wäre dann überhaupt keine Auferstehung nötig.

Der Märtyrer Tyndale sagte über den Zustand der Toten: „Ich gestehe offen, ich bin nicht davon überzeugt, daß sie schon in der Herrlichkeit leben, wie Christus und die erwählten Engel Gottes. Auch ist diese Lehre kein Artikel meines Glaubensbekenntnisses; denn wenn dem so wäre, sähe ich die Predigt von der Auferstehung des Leibes als ganz vergeblich an." [40]

Es ist eine unleugbare Tatsache, daß die Hoffnung, beim Tode sofort in unsterbliche Seligkeit versetzt zu werden, zu einer weitverbreiteten Vernachlässigung der biblischen Lehre über die Auferstehung geführt hat. Dr. Adam Clarke stellte dies fest und sagte: „Die Auferstehungslehre scheint unter den ersten Christen von weit größerer Bedeutung gewesen zu sein, als es heute der Fall ist. Wie kommt das? Die Apostel betonten sie beständig und ermahnten durch sie die Gotteskinder zu Fleiß, Gehorsam und Freudigkeit. Ihre Nachfolger in der Gegenwart erwähnen sie nur selten! So predigten die Apostel und so glaubten die ersten Christen; so predigen wir, und so glauben unsere Zuhörer. Es

37 Ps. 6, 6; 115, 17
38 Apg. 2, 29. 34
39 1. Kor. 15, 16–18
40 Tyndale, Preface to „New Testament", 1534

gibt keine Lehre im Evangelium, auf die mehr Nachdruck gelegt wird, und es findet sich keine Lehre in der gegenwärtigen theologischen Verkündigung, die mehr vernachlässigt wird." [41]

Dies hat angedauert, bis die herrliche Wahrheit von der Auferstehung beinahe gänzlich verdunkelt und von der christlichen Welt fast völlig aus den Augen verloren worden ist. Ein führender religiöser Schriftsteller sagt in seinen Anmerkungen zu den Worten des Apostels Paulus in 1. Thessalonicher 4, 13–18: „Für alle praktischen Zwecke des Trostes nimmt die Lehre von der seligen Unsterblichkeit der Gerechten für uns die Stelle irgendeiner zweifelhaften Lehre von dem zweiten Kommen Christi ein. Bei unserem Tode kommt der Herr für uns. Darauf sollen wir harren, dafür wachen. Die Toten sind bereits in die Herrlichkeit eingegangen. Sie warten nicht auf die Posaune, ihr Urteil und ihre Seligkeit zu erlangen."

Aber als Jesus im Begriff stand, seine Jünger zu verlassen, sagte er ihnen nicht, daß sie bald zu ihm kommen würden. „Ich gehe hin", sprach er, „euch die Stätte zu bereiten. Und wenn ich hingehe, euch die Stätte zu bereiten, so will ich wiederkommen und euch zu mir nehmen." [42] Und Paulus sagt uns weiter, daß „er selbst, der Herr, wird mit einem Feldgeschrei und der Stimme des Erzengels und mit der Posaune Gottes herniederkommen vom Himmel, und die Toten in Christo werden auferstehen zuerst. Darnach wir, die wir leben und übrig bleiben, werden zugleich mit ihnen hingerückt werden in den Wolken, dem Herrn entgegen in der Luft, und werden also bei dem Herrn sein allezeit." Außerdem fügt er hinzu: „So tröstet euch nun mit diesen Worten untereinander." [43] Wie groß ist der Unterschied zwischen diesen Worten des Trostes und jenen eben angeführten Bemerkungen des Universalistenpredigers! Dieser tröstete die trauernden Freunde mit der Versicherung, daß der Tote, wie sündig er auch gewesen sein mag, unter die Engel aufgenommen worden sei, sobald er sein Leben hier auf Erden ausgehaucht hatte. Paulus weist seine Brüder auf das zukünftige Kommen des Herrn hin, da die Fesseln des Grabes gebrochen und „die Toten in Christo" zu ewigem Leben auferweckt werden sollen.

41 Clarke, „Commentary on the New Testament", Bd. II, über 1. Kor. 15

42 Joh. 14, 2. 3

43 1. Thess. 4, 16–18

Bevor irgendwelche Seelen die Wohnungen der Seligen betreten können, muß jeder Fall untersucht, müssen ihr Charakter und ihre Werke von Gott beurteilt werden. Alle werden nach den in den Büchern aufgezeichneten Berichten gerichtet; alle werden den Lohn empfangen nach ihren Werken. Dieses Gericht findet nicht beim Tode statt. Man beachte die Worte des Paulus: „Darum daß er einen Tag gesetzt hat, an welchem er richten will den Kreis des Erdbodens mit Gerechtigkeit durch einen Mann, in welchem er's beschlossen hat und jedermann vorhält den Glauben, nachdem er ihn hat von den Toten auferweckt." [44] Hier erklärt der Apostel deutlich, daß für das Gericht eine bestimmte, damals zukünftige Zeit festgesetzt sei.

Judas verweist auf denselben Zeitpunkt: „Die Engel, die ihr Fürstentum nicht bewahrten, sondern verließen ihre Behausung, hat er behalten zum Gericht des großen Tages mit ewigen Banden in der Finsternis." Ferner führt er die Worte Henochs an: „Siehe, der Herr kommt mit vielen tausend Heiligen, Gericht zu halten über alle." [45] Johannes erklärt, daß er „sah die Toten, beide, groß und klein, stehen vor Gott. . . Und die Toten wurden gerichtet nach der Schrift in den Büchern, nach ihren Werken." [46]

Wenn sich aber die Toten bereits der Wonne des Himmels erfreuen oder sich in den Flammen der Hölle winden, wozu ist dann noch ein künftiges Gericht notwendig? Die Lehren des Wortes Gottes über diese wichtigen Fragen sind weder dunkel noch widersprechend; sie können von einfachen Leuten verstanden werden. Welches aufrichtige Gemüt kann aber in der üblichen Lehre Weisheit oder Gerechtigkeit sehen? Sollen die Gerechten nach der Untersuchung ihrer Fälle im Gericht das Lob empfangen: „Ei du frommer und getreuer Knecht . . . gehe ein zu deines Herrn Freude!" [47], wenn sie vielleicht schon jahrhundertelang in seiner Gegenwart verweilt haben? Sollen die Gottlosen von dem Ort der Qual weggerufen werden, um von dem Richter der ganzen Erde das Urteil zu vernehmen: „Gehet hin von mir, ihr Verfluchten, in das ewige Feuer"? [48] Welch ein Spott! Welch schändliche Anklage gegen die Weisheit und Gerechtigkeit Gottes!

Die Theorie von der Unsterblichkeit der Seele war eine der falschen Lehren, die Rom dem Heidentum entlehnte und mit der christlichen

44 Apg. 17, 31 45 Jud. 6. 14. 15 46 Offb. 20, 12 47 Matth. 25, 21 48 Matth. 25, 41

Religion vermengte. Martin Luther reihte sie „den zahllosen Ausgeburten des römischen Misthaufens der Dekretalen an“.[49] In seinen Anmerkungen zu den Worten Salomos im Prediger, daß die Toten nichts wissen, sagt der Reformator: „Ein weiterer Beweis, daß die Toten bewußtlos sind. Salomo denkt deshalb, die Toten schliefen gänzlich, und dächten an nichts. Sie liegen, ohne Tage oder Jahre zu rechnen; doch wenn sie aufwachen, wird es ihnen vorkommen, als ob sie nur einen Augenblick geschlafen hätten.“[50]

Nirgends in der Heiligen Schrift ist die Erklärung zu finden, daß die Gerechten ihre Belohnung oder die Gottlosen ihre Strafe beim Tode erhalten. Die Erzväter und Propheten haben keine solche Zusicherung hinterlassen. Christus und seine Apostel haben nichts Derartiges angedeutet. Die Bibel lehrt deutlich, daß die Toten nicht unmittelbar in den Himmel eingehen, sondern bis zur Auferstehung schlafen.[51] An demselben Tag, an dem der „silberne Strick“ wegkommt und die „goldene Schale“ zerbricht,[52] werden des Menschen Gedanken zunichte. Die in das Grab hinunterfahren, verharren in Schweigen. Sie wissen nichts mehr von allem, was unter der Sonne geschieht.[53] Selige Ruhe für die müden Gerechten! Die Zeit, sei sie kurz oder lang, ist nur ein Augenblick für sie! Sie entschlafen und werden durch die Posaune Gottes zu einer herrlichen Unsterblichkeit auferweckt. „Denn es wird die Posaune schallen, und die Toten werden auferstehen unverweslich... Denn dies Verwesliche muß anziehen die Unverweslichkeit, und dies Sterbliche muß anziehen die Unsterblichkeit. Wenn aber dies Verwesliche wird anziehen die Unverweslichkeit, und dies Sterbliche wird anziehen die Unsterblichkeit, dann wird erfüllt werden das Wort, das geschrieben steht: ‚Der Tod ist verschlungen in den Sieg.‘“[54] Wenn sie aus ihrem tiefen Schlummer herausgerufen werden, fangen sie gerade da an zu denken, wo sie seinerzeit aufhörten. Das letzte Gefühl war die Todesangst, der letzte Gedanke, daß sie der Macht des Grabes anheimfielen. Nun, da sie auferstanden sind, wird ihr erster froher Gedanke in dem frohlockenden Ruf ausbrechen: „Tod, wo ist dein Stachel? Hölle, wo ist dein Sieg?“[54]

49 Petavel, „The Problem of Immortality“, S. 255
50 Luthers Werke, St. L., Bd. V, S. 1535 f.
51 1. Thess. 4, 14; Hiob 14, 10–12
52 Pred. 12, 6
53 Hiob 14, 21
54 1. Kor. 15, 52–55

Der Spiritismus | 34

Der Dienst der heiligen Engel, wie ihn das Wort Gottes darstellt, ist für jeden Nachfolger Christi eine besonders trostreiche und köstliche Wahrheit. Aber die biblische Lehre darüber ist durch die Irrtümer einer im Volke beliebten Theologie verdunkelt und verfälscht worden. Die Lehre von einer natürlichen Unsterblichkeit, anfangs der heidnischen Philosophie entlehnt und in der Finsternis des großen Abfalls mit dem christlichen Glauben verbunden, hat die in der Heiligen Schrift so deutlich gelehrte Wahrheit, daß die Toten nichts wissen, verdrängt. Sehr viele Menschen glauben heute, daß „dienstbare Geister, ausgesandt zum Dienst um derer willen, die ererben sollen die Seligkeit",[1] Geister der Toten seien, obgleich die Heilige Schrift das Dasein himmlischer Engel und ihre Verbindung mit der Geschichte des Menschen bezeugt, ehe noch ein menschliches Wesen gestorben war.

Die Lehre von dem Bewußtsein des Menschen im Tode, insbesondere die Überzeugung, daß die Geister der Verstorbenen zurückkehren, um den Lebenden zu dienen, hat dem modernen Spiritismus den Weg bereitet. Wenn die Toten in die Gegenwart Gottes und der heiligen Engel treten dürfen und mit weit mehr Erkenntnis begünstigt werden, als sie vorher besaßen, warum sollten sie dann nicht auf diese Erde zurückkehren, um die Lebenden zu erleuchten und zu unterweisen? Wenn die Geister der Toten, wie von den volkstümlichen Theologen gelehrt wird, ihre Freunde auf Erden umschweben, warum sollten sie dann nicht mit ihnen verkehren dürfen, um sie vor der Sünde zu warnen oder sie in ihrem Kummer zu trösten? Wie können Seelen, die an ein bewußtes Fortleben des Menschen nach dem Tode glauben, das verwerfen, was verklärte Geister ihnen als göttliches Licht mitteilen? Hier

1 Hebr. 1, 14

ist ein als heilig betrachtetes Mittel, durch das Satan auf das Erreichen seiner Absichten hinwirkt. Die gefallenen Engel, die seine Befehle ausführen, erscheinen als Boten aus der Geisterwelt. Unter dem Deckmantel, die Lebenden mit den Toten zu verbinden, übt der Fürst des Bösen seinen bestrickenden Einfluß auf ihre Gemüter aus.

Er hat die Macht, den Menschen die Erscheinung ihrer abgeschiedenen Freunde vor Augen zu führen. Die Nachahmung ist vollkommen; das bekannte Aussehen, die Worte, die Stimme werden mit unglaublicher Deutlichkeit wiedergegeben. Viele werden durch die Versicherung getröstet, daß ihre Lieben die Wonne des Himmels genießen, und schenken, ohne Gefahr zu argwöhnen, den „verführerischen Geistern und Lehren der Teufel“ [2] Gehör.

Sind sie dann verleitet worden zu glauben, daß die Toten tatsächlich zurückkommen, um mit ihnen zu verkehren, so läßt Satan Menschen erscheinen, die unvorbereitet starben. Diese behaupten jetzt, im Himmel glücklich zu sein und dort sogar gehobene Stellungen einzunehmen. Auf diese Weise wird die irrige Auffassung verbreitet, daß zwischen den Gerechten und den Gottlosen kein Unterschied gemacht werde. Die angeblichen Besucher aus der Geisterwelt äußern zuweilen Warnungen und Mahnungen zur Vorsicht, die sich als richtig erweisen. Haben sie dann Vertrauen gewonnen, bringen sie Lehren vor, die den Glauben an die Heilige Schrift geradezu untergraben. Mit dem Anschein großer Anteilnahme an der Wohlfahrt ihrer Freunde auf Erden flößen sie ihnen die gefährlichsten Irrtümer ein. Die Tatsache, daß sie einige Wahrheiten darlegen und zuweilen imstande sind, zukünftige Ereignisse vorauszusagen, gibt ihren Aussagen einen Anschein von Zuverlässigkeit. Ihre falschen Lehren werden von der Menge so bereitwillig angenommen und so blind geglaubt, als seien es die heiligsten Wahrheiten der Bibel. Das Gesetz Gottes wird beiseite geschoben, der Geist der Gnade verachtet, das Blut des Bundes als etwas Unheiliges angesehen. Die Geister verleugnen die Gottheit Christi und stellen sich sogar mit dem Schöpfer auf die gleiche Stufe. So führt der große Empörer unter einer neuen Maske weiterhin seinen Kampf gegen Gott, den er im Himmel begonnen und beinahe 6000 Jahre auf Erden fortgesetzt hat.

2 1. Tim. 4, 1

Viele bemühen sich, die spiritistischen Bekundungen dadurch zu erklären, daß sie diese gänzlich als Betrug hinstellen oder sie den Kunstgriffen des Mediums zuschreiben. Während es zwar wahr ist, daß Taschenspielerkünste oft als echte Offenbarungen ausgegeben werden, hat man auch außerordentliche Kundgebungen übernatürlicher Kräfte wahrgenommen. Das geheimnisvolle Klopfen, womit der moderne Spiritismus begann, war nicht das Ergebnis menschlicher Kunstgriffe oder Geschicklichkeit, sondern das unmittelbare Werk böser Engel, die auf diese Weise eine der erfolgreichsten seelenverderbenden Täuschungen einführten. Viele werden verstrickt durch die Annahme, daß der Spiritismus eine rein menschliche Betrügerei sei; werden sie aber Bekundungen gegenübergestellt, die sie nur als übernatürlich betrachten können, dann werden sie verblendet und verführt, sie als die große Macht Gottes anzunehmen.

Diese Leute übersehen das Zeugnis der Heiligen Schrift über die durch Satan und seine Engel gewirkten Wunder. Durch satanische Hilfe waren Pharaos Zauberer fähig, das Werk Gottes nachzuahmen. Paulus bezeugt, daß vor der Wiederkunft Christi ähnliche Offenbarungen der satanischen Macht stattfinden werden. Dem Kommen des Herrn muß die „Wirkung des Satans mit allerlei lügenhaftigen Kräften und Zeichen und Wundern und mit allerlei Verführung zur Ungerechtigkeit“ [3] vorausgehen. Der Apostel Johannes beschreibt die Wunder wirkende Macht, die in den letzten Tagen offenbart werden wird, mit folgenden Worten: „Und tut große Zeichen, daß es auch macht Feuer vom Himmel fallen vor den Menschen; und verführt, die auf Erden wohnen, um der Zeichen willen, die ihm gegeben sind zu tun.“ [4] Keine bloßen Betrügereien sind hier vorhergesagt. Die Menschen werden verführt durch die Wunder, die Satans Helfer ausüben können und nicht etwa nur vorgeben auszuüben.

Der Fürst der Finsternis, der so lange die Kräfte seines gewaltigen Geistes Täuschungen geweiht hat, paßt seine Versuchungen den Menschen aller Klassen und Stände geschickt an. Den Gebildeten stellt er den Spiritismus in seinen verfeinerten und verstandesmäßigen Gesichtspunkten dar, wodurch es ihm gelingt, viele in sein Netz zu ziehen. Die Weisheit, die der Spiritismus verleiht, ist, wie der Apostel Jakobus

3 2. Thess. 2, 9. 10 4 Offb. 13, 13. 14

sagt, „nicht die Weisheit, die von obenherab kommt, sondern irdisch, menschlich und teuflisch“.[5] Dies verbirgt der große Betrüger jedoch, wenn die Verstellung seinen Absichten am besten dient. Der in der Wüste der Versuchung vor Christus im Glanz der himmlischen Seraphim erscheinen konnte, kommt zu den Menschen in einer außerordentlich anziehenden Weise als ein Engel des Lichts. Er wendet sich an den Verstand, indem er gewichtige Themen vorbringt; er entzückt die Einbildungskraft durch hinreißende Darstellungen und erwirbt sich die Zuneigung durch beredte Schilderungen der Liebe und Menschenfreundlichkeit. Er reizt die Phantasie zu einem himmelstürmenden Aufschwung und verleitet die Menschen zu einer so hohen Meinung von ihrer Weisheit, daß sie in ihren Herzen den Ewigen verachten. Jenes mächtige Wesen, das den Erlöser der Welt auf einen sehr hohen Berg nehmen und ihm alle Reiche der Erde und ihre Herrlichkeit zeigen konnte, wird mit seinen Versuchungen den Menschen in einer Weise nahen, daß aller Sinne verwirrt werden, die nicht unter dem Schutz der göttlichen Macht stehen.

Satan beeinflußt jetzt die Menschen, wie er Eva in Eden beeinflußte, indem er ihnen schmeichelt, in ihnen das Verlangen nach verbotenen Kenntnissen weckt und ein ehrgeiziges Streben nach Selbsterhebung erregt. Weil er sich selbst diesen bösen Begierden hingab, kam er zu Fall, und nun versucht er, durch sie die Menschen ins Verderben zu stürzen. Ihr „werdet sein wie Gott“, erklärt er, „und wissen, was gut und böse ist“.[6] Der Spiritismus lehrt: „Der Mensch sei ein Geschöpf des Fortschritts; von Geburt an sei seine Bestimmung, sich zur Gottheit hinzuentwickeln bis in die Ewigkeit.“ Und abermals: „Jeder Geist wird sich selbst richten, und nicht ein anderer. . . Das Gericht wird ein richtiges sein, denn es ist ein Selbstgericht. . . Der Thron ist in dir selber.“ Ein spiritistischer Lehrer sagte, als das „geistige Bewußtsein“ in ihm erwachte: „Alle meine Mitmenschen waren nichtgefallene Halbgötter.“ Ein anderer behauptete: „Jedes gerechte und vollkommene Wesen ist Christus.“

So hat Satan an die Stelle der Gerechtigkeit und Vollkommenheit des ewigen Gottes, dem allein Anbetung gebührt, und an die Stelle der vollkommenen Gerechtigkeit seines Gesetzes, des wahren Maßstabes

5 Jak. 3, 15 6 1. Mose 3, 5

menschlichen Strebens, die sündhafte, irrende Natur des Menschen gesetzt, der die Verehrung gebühre, die die einzige Richtschnur des Gerichts sei, der einzige Maßstab des Charakters. Dies ist der Fortschritt, aber nicht aufwärts, sondern abwärts.

Es ist ein Gesetz der geistigen wie auch der geistlichen Natur, daß wir, indem wir uns mit einer Sache näher beschäftigen, umgewandelt werden. Das Gemüt paßt sich allmählich den Dingen an, bei denen man es verweilen läßt. Es wird dem ähnlich, was zu lieben und zu verehren ihm Gewohnheit geworden ist. Der Mensch wird nie über den von ihm gesetzten Maßstab von Reinheit, Güte oder Wahrheit hinauskommen. Ist das eigene Ich sein höchstes Ideal, so wird er niemals etwas Erhabeneres erreichen. Im Gegenteil, er wird beständig tiefer sinken. Die Gnade Gottes allein hat die Macht, den Menschen zu erheben. Bleibt er sich selbst überlassen, so muß sein Lauf unvermeidlich abwärts führen.

Den ihren Leidenschaften nachgehenden, vergnügungssüchtigen, sinnlichen Menschen tritt der Spiritismus unter einer weniger feinen Maske entgegen als den Gebildeten und Geistreichen; denn sie finden in seinen gröberen Formen gerade das, was mit ihren Neigungen im Einklang steht. Satan studiert jedes Anzeichen einer Gebrechlichkeit der menschlichen Natur, er merkt sich die Sünden, die zu begehen jeder einzelne geneigt ist, und gibt dann acht, daß es nicht an Gelegenheiten fehlt, die Neigung zum Bösen zu befriedigen. Er verleitet die Menschen, zu übertreiben, was an und für sich recht und gut ist, so daß sie durch Unmäßigkeit die körperliche, geistige und sittliche Kraft schwächen. Er verdarb und verdirbt Tausende durch die Befriedigung der Leidenschaften, wodurch die ganze Natur des Menschen auf die Stufe des Tieres absinkt. Um sein Werk zu vervollständigen, behauptet er durch die Geister, daß die wahre Erkenntnis den Menschen über alle Gesetze erhaben mache; daß alles, was bestehe, recht sei; daß Gott nicht verdamme und daß *alle* Sünden, die begangen werden, harmlos seien. Wenn Menschen auf diese Weise verleitet werden zu glauben, daß die Lust das höchste Gesetz sei, daß Freiheit vollständige Ungebundenheit bedeute und daß er nur sich selbst Rechenschaft zu geben habe, ist es dann verwunderlich, daß sich überall Verderbtheit und sittliche Verkommenheit breitmachen? Tausende nehmen begierig die

Lehren an, die ihnen die Freiheit geben, den Neigungen des fleischlichen Herzens zu willfahren. Die Zügel der Selbstbeherrschung werden der Lust überlassen, die Kräfte des Geistes und der Seele den tierischen Neigungen unterworfen, und Satan treibt frohlockend Tausende in sein Netz, die angeblich Nachfolger Christi sein wollen.

Niemand braucht durch die lügenhaften Ansprüche des Spiritismus getäuscht zu werden. Gott hat der Welt hinreichend Licht gegeben, die Schlinge entdecken zu können. Wie bereits dargelegt wurde, steht die Lehre, die die eigentliche Grundlage des Spiritismus bildet, in schroffem Widerspruch zu den deutlichsten Aussagen der Heiligen Schrift. Die Bibel lehrt, daß die Toten nichts wissen, daß ihre Gedanken dahin sind, daß sie keinen Teil haben an irgend etwas, das unter der Sonne geschieht, und nichts wissen von den Freuden und Schmerzen derer, die ihnen auf Erden am teuersten waren.

Ferner hat Gott ausdrücklich jeden angeblichen Verkehr mit den abgeschiedenen Geistern verboten. Unter den Hebräern gab es Leute, die wie die Spiritisten heutzutage behaupteten, Umgang mit den Toten zu haben. Aber die „Wahrsagegeister", wie man diese Besucher aus der andern Welt nannte, werden von der Bibel als „Geister der Teufel" bezeichnet.[7] Mit Wahrsagegeistern zu verkehren, wurde vom Herrn als Greuel angesehen und unter Todesstrafe feierlich verboten.[8] Schon der Name „Zauberei" wird jetzt verachtet. Die Behauptung, daß Menschen mit bösen Geistern in Verbindung stehen können, wird als eine mittelalterliche Fabel betrachtet. Der Spiritismus aber, der seine Anhänger nach Hunderttausenden, ja nach Millionen zählt, der sich seinen Weg in wissenschaftliche Kreise gebahnt, sich in Kirchen gedrängt hat, der in gesetzgebenden Körperschaften, ja sogar an den Höfen der Könige günstig aufgenommen wurde — diese Riesentäuschung ist nur eine Wiederbelebung der vor alters verdammten und verbotenen Zauberei in einem neuen Gewande.

Selbst wenn es kein anderes Kennzeichen für den wahren Charakter des Spiritismus gäbe, sollte es für den Christen genügen, daß die Geister keinen Unterschied zwischen Gerechtigkeit und Sünde, zwischen den edelsten und reinsten Aposteln Christi und den verkommensten Dienern Satans machen. Indem Satan die schlechtesten Men-

7 Vgl. 4. Mose 25, 1–3; Ps. 106, 28; 1. Kor. 10, 20; Offb. 16, 14

8 3. Mose 19, 31; 20, 47

schen in den Himmel versetzt und sie in dort gehobener Stellung darstellt, erklärt er der Welt: Gleichviel, wie gottlos ihr auch seid, ob ihr Gott und der Bibel glaubt oder nicht – lebt, wie es euch gefällt; der Himmel ist eure Heimat.

Die spiritistischen Lehrer behaupten tatsächlich: „,Wer Böses tut, der gefällt dem Herrn, und zu solchen hat er Lust', oder: ,Wo ist der Gott, der da strafe?'"[9] Gottes Wort aber sagt: „Weh denen, die Böses gut und Gutes böse heißen, die aus Finsternis Licht und aus Licht Finsternis machen!"[10]

Diese Lügengeister stellen die Apostel so hin, als widersprächen sie dem, was sie unter Eingebung des Heiligen Geistes schrieben, als sie noch auf Erden waren. Sie leugnen den göttlichen Ursprung der Bibel, vernichten dadurch die Grundlage der Hoffnung des Christen und löschen das Licht aus, das den Weg zum Himmel offenbart. Satan macht die Welt glauben, daß die Bibel nur ein erdichtetes oder wenigstens ein nur für unsere Vorfahren passendes Buch sei, das jetzt geringgeschätzt oder als veraltet beiseite geworfen werden sollte. Als Ersatz für das Wort Gottes weist er auf spiritistische Offenbarungen hin. Hier ist ein Weg, der völlig unter seiner Herrschaft steht; hierdurch kann er die Welt glauben machen, was er will. Das Buch, das ihn und seine Nachfolger richten wird, stellt er in den Schatten, wohin er es haben will; den Heiland der Welt würdigt er zu einem gewöhnlichen Menschen herab. Und wie die römischen Wachen, die das Grab Jesu bewachten, das lügenhafte Gerücht verbreiteten, das ihnen die Priester und Ältesten in den Mund gelegt hatten, um Christi Auferstehung zu widerlegen, so versuchen die Anhänger spiritistischer Offenbarungen den Anschein zu erwecken, daß an dem Leben unseres Heilandes nichts Wunderbares sei. Nachdem sie auf diese Weise versucht haben, Jesus in den Hintergrund zu drängen, lenken sie die Aufmerksamkeit ihrer Opfer auf ihre eigenen Wunder und erklären, daß diese die Werke Christi bei weitem übertreffen.

Wohl verändert der Spiritismus jetzt seine Form, verbirgt einige seiner verwerflicheren Züge und hängt sich ein christliches Mäntelchen um. Doch seine Aussprüche in öffentlichen Reden und in der Presse sind dem Volke schon seit Jahren bekannt; in ihnen offenbart sich sein

9 Mal. 2, 17 10 Jes. 5, 20

wirklicher Charakter. Diese Lehren können weder geleugnet noch verborgen werden.

Selbst in der gegenwärtigen Form ist die Täuschung weit davon entfernt, der Duldung würdiger zu sein als früher; in Wirklichkeit ist sie gefährlicher, weil sie weit verfänglicher ist. Während sie früher Christus und die Bibel verwarf, *gibt sie nun vor,* beide anzunehmen. Doch wird die Bibel in einer Weise ausgelegt, die dem nicht erneuerten Herzen gefällt, während ihre ernstesten und wichtigsten Wahrheiten als wertlos hingestellt werden. Man spricht von der Liebe als der Haupteigenschaft Gottes, erniedrigt sie aber zu einer schwachen Gefühlsseligkeit, die wenig Unterschied macht zwischen dem Guten und dem Bösen. Gottes Gerechtigkeit, seine Verdammung der Sünde, die Forderungen seines heiligen Gesetzes werden nicht beachtet. Das Volk wird gelehrt, die Zehn Gebote als toten Buchstaben zu betrachten. Angenehme, bezaubernde Fabeln nehmen die Sinne gefangen und veranlassen die Menschen, die Heilige Schrift als Grundlage ihres Glaubens zu verwerfen. Christus wird ebenso verleugnet wie ehemals; aber Satan hat die Augen der Menschen so geblendet, daß sie die Täuschung nicht wahrnehmen.

Es gibt nur wenige, die eine richtige Vorstellung haben von der täuschenden Macht des Spiritismus und von der Gefahr, seinem Einfluß zu unterliegen. Viele beschäftigen sich damit, nur um ihre Neugierde zu befriedigen. Sie glauben nicht wirklich daran und würden zurückschrecken vor dem Gedanken, sich unter die Herrschaft der Geister zu stellen. Sie wagen sich auf verbotenes Gebiet, und der gewaltige Verderber übt gegen ihren Willen seine Macht auf sie aus. Sind sie einmal bewogen worden, sich von ihm leiten zu lassen, so hält er sie gefangen. Es ist ihnen unmöglich, sich aus eigener Kraft von diesem bezaubernden, verlockenden Bann loszureißen. Nichts außer der Macht Gottes kann diese verstrickten Seelen in Erhörung eines ernsten, im Glauben gesprochenen Gebetes befreien.

Die sündhaften Neigungen frönen oder vorsätzlich einer bewußten Sünde nachgehen, fordern dadurch die Versuchungen Satans heraus. Sie trennen sich von Gott und der Fürsorge seiner Engel; tritt der Böse dann mit Täuschungen an sie heran, sind sie schutzlos und fallen ihm leicht zum Opfer. Die sich auf diese Weise in seine Macht begeben, ahnen kaum, wo ihr Leben enden wird. Nachdem der Versucher sie gestürzt hat, bedient er sich ihrer, um andere ins Verderben zu locken.

Der Prophet Jesaja sagt: „Wenn sie aber zu euch sagen: Ihr müsset die Wahrsager und Zeichendeuter fragen, die da flüstern und murmeln [so sprecht]: Soll nicht ein Volk seinen Gott fragen, oder soll man die Toten für die Lebendigen fragen? Ja, nach dem Gesetz und Zeugnis! Werden sie das nicht sagen, so werden sie die Morgenröte nicht haben." [11] Hätten die Menschen die in der Heiligen Schrift so deutlich dargelegte Wahrheit über die Natur des Menschen und den Zustand der Toten angenommen, so würden sie in den Behauptungen und Bekundungen des Spiritismus Satans Wirken mit Macht und Zeichen und betrügerischen Wundern erblicken. Aber statt die dem fleischlichen Herzen so angenehme Ungebundenheit aufzugeben und sich von den liebgewordenen Sünden loszureißen, verschließen viele ihre Augen vor dem Licht und wandeln unbekümmert um alle Warnungen weiter, während Satan ihnen Schlingen legt, denen sie zum Opfer fallen. „Dafür daß sie die Liebe zur Wahrheit nicht haben angenommen, ... wird ihnen Gott kräftige Irrtümer senden, daß sie glauben der Lüge." [12]

Die sich den Lehren des Spiritismus widersetzen, greifen nicht nur Menschen, sondern auch den Teufel und seine Engel an. Sie haben den Kampf aufgenommen mit Fürsten und Gewaltigen und mit den bösen Geistern unter dem Himmel. Satan wird auch nicht einen Zollbreit seines Bereiches preisgeben, es sei denn, daß er durch die Macht himmlischer Boten zurückgetrieben wird. Gottes Volk sollte imstande sein, ihm mit den gleichen Worten zu begegnen, mit denen unser Heiland ihm entgegentrat: „Es steht geschrieben." [13] Wie in den Tagen Christi führt Satan auch heute Schriftstellen an und verdreht ihre Aussagen, um seine Täuschungen zu unterstützen. Wer in dieser Zeit der Gefahr standhalten möchte, muß das Zeugnis der Heiligen Schrift verstehen.

Viele werden Geistern der Teufel gegenübergestellt, die in Gestalt lieber Verwandter oder Freunde erscheinen und die gefährlichsten Irrlehren verkünden. Diese Besucher werden unsere zärtlichsten Gefühle berühren und Wunder wirken, um ihren Behauptungen Nachdruck zu verleihen. Wir müssen bereit sein, ihnen mit der Bibelwahrheit entgegenzutreten, daß die Toten nichts wissen und daß alle, die auf diese

11 Jes. 8, 19, 20 12 2. Thess. 2, 10. 11 13 Matth. 4, 4. 7. 10

Weise erscheinen, Geister der Teufel sind. Die „Stunde der Versuchung, die kommen wird über den ganzen Weltkreis“,[14] steht unmittelbar bevor. Alle, deren Glaube nicht fest auf das Wort Gottes gegründet ist, werden hintergangen und überwunden werden. Satan wirkt „mit allerlei Verführung“, um die Menschenkinder unter seine Herrschaft zu bringen; seine Täuschungen nehmen ständig zu. Er kann jedoch sein Ziel nur erreichen, wenn die Menschen freiwillig auf seine Versuchungen eingehen. Wer ernsthaft nach der Erkenntnis der Wahrheit sucht und bestrebt ist, seine Seele durch Gehorsam zu läutern, und auf diese Weise alles in seinen Kräften Stehende tut, um sich auf den Kampf vorzubereiten, der wird in dem Gott der Wahrheit eine sichere Schutzwehr finden. „Dieweil du hast bewahrt das Wort meiner Geduld, will ich auch dich bewahren“, [15] lautet die Verheißung Jesu. Er würde eher alle Engel des Himmels senden, sein Volk zu beschützen, als einen, der ihm vertraut, preiszugeben, damit Satan ihn überwinde.

Der Prophet Jesaja weist auf die furchtbare Täuschung hin, die über die Gottlosen kommen wird, so daß sie sich vor den Gerichten Gottes sicher fühlen: „Wir haben mit dem Tod einen Bund und mit der Hölle einen Vertrag gemacht; wenn eine Flut dahergeht, wird sie uns nicht treffen; denn wir haben die Lüge zu unsrer Zuflucht und Heuchelei zu unserm Schirm gemacht.“[16] Zu der hier beschriebenen Menschenklasse gehören alle, die sich in hartnäckiger Unbußfertigkeit mit der Versicherung trösten, daß es keine Strafe für den Sünder geben wird, daß alle Menschen, wie verderbt sie auch sein mögen, in den Himmel erhoben werden sollen, um den Engeln Gottes gleich zu werden. Weit mehr aber verbinden sich diejenigen mit dem Tode und mit der Hölle, welche die Wahrheiten, die der Himmel als Schutzwehr für die Gerechten in den Tagen der Trübsal vorgesehen hat, verwerfen und zu den von Satan angebotenen Lügen, den betrügerischen Vorspiegelungen des Spiritismus, ihre Zuflucht nehmen.

Über alle Maßen erstaunlich ist die Blindheit des gegenwärtigen Menschengeschlechts. Tausende verwerfen das Wort Gottes als unglaubhaft und nehmen mit eifrigem Vertrauen die Täuschungen Satans an. Zweifler und Spötter verhöhnen den blinden Eifer derer, die für den Glauben der Propheten und Apostel kämpfen, und belustigen sich

14 Offb. 3, 10 15 Offb. 3, 10 16 Jes. 28, 15

damit, die ernsten Erklärungen der Heiligen Schrift über Christus, den Erlösungsplan und die Wiedervergeltung, die alle Verwerfer der Wahrheit heimsuchen soll, ins Lächerliche zu ziehen. Sie heucheln, großes Mitleid mit denen zu haben, die so beschränkt, schwach und abergläubisch sind, Gottes Ansprüche anzuerkennen und den Anforderungen seines Gesetzes zu gehorchen. Sie legen eine solche Gewißheit an den Tag, als hätten sie in der Tat einen Bund mit dem Tode und einen Vertrag mit der Hölle gemacht, ja als hätten sie eine unübersteigbare, undurchdringliche Schranke zwischen sich und der Rache Gottes aufgerichtet. Nichts kann ihre Furcht erwecken. So völlig haben sie sich dem Versucher hingegeben, so innig sind sie mit ihm verbunden, so gründlich von seinem Geist erfüllt, daß sie weder die Kraft noch die Neigung haben, sich aus seinen Schlingen zu befreien.

Lange hat sich Satan auf seine letzte Anstrengung, die Täuschung der Welt, vorbereitet. Die Grundlage zu seinem Werk wurde bereits durch die der Eva im Paradies gegebene Versicherung gelegt: „Ihr werdet mitnichten des Todes sterben ... welches Tages ihr davon esset, so werden eure Augen aufgetan, und werdet sein wie Gott und wissen, was gut und böse ist."[17] Nach und nach hat er die Vorbereitungen für sein Meisterstück des Betrugs in der Entwicklung des Spiritismus getroffen. Er hat sein Ziel noch nicht völlig erreicht, seine Bemühungen werden aber in der allerletzten Zeit von Erfolg gekrönt sein. Der Prophet sagt: „Und ich sah ... drei unreine Geister, ... gleich den Fröschen; denn es sind Geister der Teufel, die tun Zeichen und gehen aus zu den Königen auf dem ganzen Kreis der Welt, sie zu versammeln in den Streit auf jenen großen Tag Gottes."[18] Mit Ausnahme derer, die durch die Macht Gottes im Glauben an sein Wort bewahrt bleiben, wird die ganze Welt diesem Blendwerk in die Arme getrieben werden. Die Menschen werden in eine gefährliche Sicherheit eingelullt und erst durch die Ausgießung des Zornes Gottes aufgeweckt.

Gott der Herr sagt: „Ich will das Recht zur Richtschnur und die Gerechtigkeit zum Gewicht machen; so wird der Hagel die falsche Zuflucht wegtreiben, und Wasser sollen den Schirm wegschwemmen, daß euer Bund mit dem Tode los werde und euer Vertrag mit der Hölle nicht bestehe. Und wenn eine Flut dahergeht, wird sie euch zertreten."[19]

17 1. Mose 3, 4. 5 18 Offb. 16, 13. 14 19 Jes. 28, 17. 18

Bestrebungen des Papsttums | 35

Die Protestanten stehen gegenwärtig den Erscheinungsformen der römisch-katholischen Welt wohlwollender gegenüber als in den früheren Jahren. In den Ländern, in denen der Katholizismus nicht im Zunehmen begriffen ist und die Päpstlichen eine versöhnliche Haltung einnehmen, um Einfluß zu gewinnen, herrscht eine wachsende Gleichgültigkeit gegenüber den Lehren, die die protestantischen Kirchen von der päpstlichen Hierarchie trennen. Es setzt sich immer mehr die Ansicht durch, daß wir in den wichtigsten Punkten nicht so weit auseinandergehen, wie vermutet wurde, und daß uns ein geringes Zugeständnis in ein besseres Verhältnis zu Rom bringen werde. Es gab eine Zeit, da die Protestanten hohen Wert auf die Gewissensfreiheit legten, die so teuer erkauft worden war. Sie lehrten ihre Kinder, das Papsttum zu verabscheuen und waren der Auffassung, daß es der Untreue gegen Gott gleichkäme, nach Übereinstimmung mit Rom zu streben. Wie weit weicht die Gesinnung davon ab, die sich heute kundtut.

Die Verteidiger des Papsttums erklären, daß ihre Kirche verleumdet worden sei; und die protestantische Welt ist geneigt, diese Erklärung anzunehmen. Viele machen geltend, daß es ungerecht sei, die römische Kirche der Neuzeit nach den Greueln und Absurditäten zu richten, die ihre Herrschaft während der Jahrhunderte der Unwissenheit und der Finsternis kennzeichneten. Sie entschuldigen ihre entsetzliche Grausamkeit mit der Roheit der Zeiten und behaupten, daß die Einflüsse der modernen Kultur ihre Gesinnung gewandelt hätten.

Haben diese Menschen den Anspruch auf Unfehlbarkeit vergessen, der 800 Jahre lang von dieser anmaßenden Macht geltend gemacht wurde? Weit davon entfernt, diesen Anspruch fahren zu lassen, wurde er im 19. Jahrhundert mit größerer Bestimmtheit bestätigt als je zuvor.

Wenn Rom behauptet, daß die Kirche *nie geirrt* habe und auf Grund der Heiligen Schrift *nie irren werde,*[1] wie kann es sich dann von den Grundsätzen lossagen, die in vergangenen Zeiten sein Verhalten bestimmten?

Die päpstliche Kirche wird ihren Anspruch auf Unfehlbarkeit nie aufgeben. Sie besteht darauf, in allem, was sie bei den Verfolgungen derer, die ihre Glaubenssätze verwarfen, getan hat, recht gehandelt zu haben; und würde sie nicht die gleichen Taten wiederholen, falls sich Gelegenheit dazu bieten sollte? Beseitigte man die jetzt von weltlichen Mächten auferlegten Schranken und setzte man Rom wieder in seine frühere Machtstellung ein, dann würde sich sofort eine Wiederbelebung seiner Gewaltherrschaft und Verfolgung zeigen.

Ein bekannter Geschichtsschreiber äußert sich über die Haltung der päpstlichen Priesterherrschaft zu der Gewissensfreiheit und den Gefahren, die ganz besonders den Vereinigten Staaten drohen, wenn sie ihre Pläne durchsetzen kann:

„Es gibt viele, die geneigt sind, irgendwelche Furcht vor dem römischen Katholizismus in den Vereinigten Staaten als engherzig oder kindisch hinzustellen. Sie sehen eben in dem Charakter und der Stellung der römisch-katholischen Erscheinungswelt nichts, was unseren freien Einrichtungen gegenüber feindlich ist, oder finden nichts Unheilverkündendes in ihrem Wachstum. Wir wollen deshalb zuerst etliche der Grundregeln unserer Regierung mit denen der katholischen Kirche vergleichen.

Die Verfassung der Vereinigten Staaten sichert Gewissensfreiheit zu. Nichts ist teurer oder wesentlicher. Papst Pius IX. sagte in seiner Enzyklika vom 15. August 1854: ‚Die abgeschmackten und irrigen Lehren oder Faseleien zur Verteidigung der Gewissensfreiheit sind ein außerordentlich verderblicher Irrtum – eine Pest, die vor allem andern in einem Staat am meisten zu fürchten ist.‘ Derselbe Papst spricht in seiner Enzyklika vom 8. Dezember 1864 den Bannfluch aus über ‚diejenigen, die die Freiheit des Gewissens und des Glaubens behaupten‘, wie auch über ‚alle solche, die darauf bestehen, daß die Kirche nicht Gewalt üben dürfe‘.

1 Mosheim, „Institutiones historiae ecclesiasticae“, 3. Buch, 11. Jhdt., 2. Abschnitt, Sek. 9, Anm.: Dictates Hildebrandi

Der friedfertige Ton Roms in den Vereinigten Staaten schließt keineswegs eine Sinnesänderung in sich. Es ist duldsam, wo es ohne Hilfe ist. Bischof O'Connor sagte: ‚Die Religionsfreiheit wird nur geduldet, bis das Gegenteil durchgesetzt werden kann, ohne die katholische Welt zu gefährden'... Der Erzbischof von St. Louis sagte bei einer Gelegenheit: ‚Ketzerei und Unglaube sind Verbrechen; und in christlichen Ländern, wie zum Beispiel in Italien und Spanien, wo die ganze Bevölkerung katholisch ist und wo die katholische Religion einen wesentlichen Teil der Landesgesetze bildet, werden sie wie andere Verbrechen bestraft'...

Jeder Kardinal, Erzbischof und Bischof in der katholischen Kirche legt dem Papst den Treueid ab, der u. a. folgende Worte enthält: ‚Ketzer, Schismatiker und Rebellen wider unseren besagten Herrn (den Papst) oder seine vorerwähnten Nachfolger, will ich nach Kräften verfolgen und mich ihnen aufs äußerste widersetzen.'"[2]

Allerdings gibt es auch echte Christen in der römisch-katholischen Gemeinschaft. Tausende dienen Gott nach der besten Erkenntnis, die sie besitzen. Ihnen ist der Zugang zu seinem Wort nicht gestattet, und deshalb können sie die Wahrheit nicht erkennen. Sie haben nie den Unterschied zwischen einem lebendigen Herzensdienst und einer Reihe bloßer Formen und Zeremonien gesehen. Gott sieht mit zärtlichem Erbarmen auf diese Seelen, die in einem trügerischen und unbefriedigenden Glauben erzogen worden sind, und er wird es so führen, daß Lichtstrahlen die dichte Finsternis durchdringen, die sie umgibt. Er wird ihnen die Wahrheit, wie sie in Jesus ist, offenbaren, und viele werden sich noch zu seinem Volk bekennen.

Der Katholizismus als Religionssystem stimmt heute nicht mehr als zu irgendeiner früheren Zeit seiner Geschichte mit dem Evangelium Christi überein. Die protestantischen Kirchen befinden sich in großer Finsternis, sonst würden sie die Zeichen der Zeit wahrnehmen. Die römische Kirche ist weitblickend in ihren Plänen und in der Art ihres Wirkens. Sie bedient sich jeder List, um ihren Einfluß auszudehnen und ihre Macht zu mehren. Sie bereitet sich auf einen grimmigen und entschlossenen Kampf vor, um die Herrschaft der Welt wiederzugewinnen und alles zu vernichten, was der Protestantismus geschaffen

2 Strong, „Our Country", Kap. 5, 1.–3. Abschnitt

hat. Der Katholizismus gewinnt überall Boden. Man sehe auf die wachsende Zahl seiner Kirchen und Kapellen in protestantischen Ländern und betrachte die Volkstümlichkeit seiner von den Protestanten in so großer Zahl besuchten Hochschulen und Seminare in Amerika. Man achte auf das Wachstum des Ritualismus in England und die häufigen Übertritte zum Katholizismus. Diese Dinge sollten die Besorgnis aller erregen, die die reinen Grundsätze des Evangeliums wertschätzen.

Die Protestanten haben sich mit dem Papsttum eingelassen und es begünstigt; sie haben Verträge und Zugeständnisse gemacht, die selbst die Katholiken überraschten und die diese nicht verstehen konnten. Die Menschen verschließen sich dem wahren Charakter der römischen Kirche und den Gefahren, die von ihrer Oberherrschaft zu befürchten sind. Sie müssen aufgerüttelt werden, um dem Vordringen dieses so sehr gefährlichen Feindes der bürgerlichen und religiösen Freiheit zu widerstehen.

Viele Protestanten nehmen an, die katholische Religion sei reizlos und ihr Gottesdienst eine schale, bedeutungslose Aneinanderreihung von Zeremonien. Hierin irren sie. Der Gottesdienst der römischen Kirche ist ein sehr eindrucksvoller Vorgang. Die glänzende Prachtentfaltung und die feierlichen Gebräuche bezaubern die Sinne des Volkes und bringen die Stimme der Vernunft und des Gewissens zum Schweigen. Das Auge ist entzückt. Prachtvolle Kirchen, großartige Festzüge, goldene Altäre, mit Juwelen verzierte Reliquienschreine, auserlesene Gemälde und kostbare Skulpturen fesseln den Schönheitssinn. Auch das Ohr wird angesprochen. Die Musik ist unübertroffen. Wenn die vollen Klänge der feierlich tönenden Orgel, vermischt mit dem Gesang vieler Stimmen, durch die hohen Kuppeln und säulenreichen Chorgänge der großartigen Kathedralen schwellen, müssen sie unfehlbar die Gemüter mit Ehrfurcht und heiliger Scheu erfüllen.

Dieser äußerliche Glanz, dies Gepränge und diese Zeremonien sind ein Beweis ihrer inneren Verderbnis. Christi Religion bedarf zu ihrer Empfehlung solcher Reize nicht. In dem vom Kreuz ausstrahlenden Licht erscheint das Christentum so rein und lieblich, daß keine äußerlichen Zierden seinen echten Wert vergrößern können. Nur der heilige Schmuck eines sanftmütigen und stillen Geistes hat bei Gott Wert.

Ein glanzvoller Stil ist nicht notwendigerweise ein Ausdruck reiner, erhabener Gedanken. Eine hohe Auffassung von der Kunst und ein sehr kultivierter Geschmack finden sich häufig in einem irdischen und sinnlichen Gemüt. Sie werden oft von Satan benutzt, damit die Menschen die Bedürfnisse ihrer Seele vergessen, die Zukunft und das ewige Leben aus den Augen verlieren, sich von ihrem allmächtigen Helfer abwenden und ausschließlich für diese Welt leben.

Eine Religion der Äußerlichkeiten ist für das nicht erneuerte Herz anziehend. Das Gepränge und die Zeremonien der katholischen Kirche haben eine verführerische, bestrickende Kraft, durch die viele getäuscht werden, und zwar so sehr, daß sie die katholische Kirche als das wirkliche Tor zum Himmel ansehen. Nur solche, die ihre Füße fest auf den Grund der Wahrheit gestellt haben und deren Herzen durch den Geist Gottes erneuert sind, werden gegen ihren Einfluß gesichert sein. Tausende, die keine lebendige Erfahrung mit Christus gemacht haben, werden dahin geführt, daß sie den Schein der Gottseligkeit ohne die Kraft annehmen. Gerade eine solche Religion wünschen sich die meisten.

Durch den Anspruch der Kirche auf das Recht zur Sündenvergebung fühlt sich der Katholik berechtigt, zu sündigen, und die Einrichtung der Beichte, ohne die sie keine Vergebung gewährt, führt dahin, dem Bösen Spielraum zu geben. Wer vor einem sterblichen Menschen kniet und ihm beichtend die geheimen Gedanken und Triebe seines Herzens erschließt, erniedrigt seine Menschenwürde und setzt alle edlen Regungen seines Herzens herab. Wer seine Sünden vor einem Priester enthüllt – einem irrenden, sündigen Sterblichen, der nur zu oft durch Wein und Ausschweifung verdorben ist –, dessen rechtes Maß für den Charakter ist herabgewürdigt und er selbst infolgedessen verunreinigt. Seine Vorstellung von Gott wird zum Abbild der gefallenen Menschheit erniedrigt; denn der Priester gilt als Vertreter Gottes. Dieses erniedrigende Bekenntnis von Mensch zu Mensch ist die geheime Quelle, aus der viel Böses geflossen ist, das die Welt verderbt hat und sie zur endgültigen Vernichtung führen wird. Doch ist es dem, der gegen sich selbst nachsichtig ist, angenehmer, einem Mitmenschen zu beichten, als sein Herz vor Gott zu offenbaren; es sagt der menschlichen Natur mehr zu, Buße zu tun, als der Sünde zu entsagen. Es ist leichter, den Körper in Sacktuch mit Brennesseln und einschneidenden Ketten zu kasteien, als die fleischlichen Lüste zu kreuzigen. Schwer ist das Joch, welches das fleischliche Herz lieber trägt, als daß es sich unter das Joch Christi beugte.

Es besteht eine überraschende Ähnlichkeit zwischen der römisch-katholischen Kirche und der jüdischen Gemeinde zur Zeit Christi. Während die Juden insgeheim die Grundsätze des Gesetzes Gottes mit Füßen traten, achteten sie nach außen hin streng auf die Einhaltung dieser Verordnungen, die sie mit hohen Anforderungen und mit Überlieferungen beschwerten, die ihre Befolgung peinigend und lästig machten. Wie die Juden vorgaben, das Gesetz zu ehren, so behauptet die römische Kirche, das Kreuz zu verherrlichen. Sie erhöht das Symbol der Leiden Christi, während sie den, den es darstellt, in der Praxis verleugnet.

Die Katholiken bringen auf ihren Kirchen, Altären und Gewändern Kreuze an. Überall sieht man das Zeichen des Kreuzes; überall wird es nach außen hin verehrt und erhöht. Aber die Lehren Christi sind unter einer Fülle sinnloser Überlieferungen, falscher Auslegungen und strenger Vorschriften begraben. Des Heilandes Worte über die verblendeten Juden passen noch viel besser auf die Würdenträger der römisch-katholischen Kirche: „Sie binden aber schwere und unerträgliche Bürden und legen sie den Menschen auf den Hals; aber sie selbst wollen dieselben nicht mit einem Finger regen.“ Gewissenhafte Menschen werden ständig in Schrecken und Furcht vor dem Zorn eines beleidigten Gottes gehalten, während viele Würdenträger der Kirche in Luxus und Vergnügen leben.

Um den Untergang der Menschen zu erreichen, will Satan ihre Aufmerksamkeit von Christus abwenden, der allein sie erlösen kann. Er bietet allen möglichen Ersatz für den, der gesagt hat: „Kommet her zu mir alle, die ihr mühselig und beladen seid; ich will euch erquicken.“

Es ist Satans beständiges Bemühen, das Wesen Gottes, die Natur der Sünde und den wahren Ausgang des großen Kampfes verkehrt darzustellen. Seine Trugschlüsse verringern die Verpflichtung gegen das göttliche Gesetz und gestatten den Menschen zu sündigen. Gleichzeitig flößt er ihnen falsche Vorstellungen von Gott ein, so daß sie eher mit Furcht und Haß denn mit Liebe zu ihm aufblicken. Die seinem eigenen

Charakter anhaftende Grausamkeit schreibt er dem Schöpfer zu; sie ist in den Religionssystemen verkörpert und findet Ausdruck in den Gebräuchen des Gottesdienstes. So werden die Gemüter der Menschen verblendet, und Satan sichert sie sich als seine Werkzeuge, um Gott zu bekämpfen. Durch verkehrte Vorstellungen vom göttlichen Wesen wurden heidnische Völker zu der Annahme verleitet, menschliche Opfer seien notwendig, um sich die Gunst Gottes zu sichern; und fürchterliche Grausamkeiten wurden unter den verschiedensten Formen der Abgötterei verübt.

Die römisch-katholische Kirche, die die Bräuche des Heidentums mit denen des Christentums vereinigte, und gleich dem Heidentum das Wesen Gottes entstellte, hat zu nicht weniger grausamen und empörenden Gewohnheiten * Zuflucht genommen. In den Tagen der Oberherrschaft Roms gab es Folterwerkzeuge, mit denen es die Annahme seiner Lehren erzwang. Es gab den Scheiterhaufen für die, die dem Anspruch Roms nicht nachgeben wollten. Blutbäder wurden in einem solchen Umfang verübt, der erst im Jüngsten Gericht offenbar werden wird. Würdenträger der Kirche ersannen, beeinflußt von dem Geist Satans, Mittel, die die größtmöglichen Qualen verursachten, ohne doch dabei ihr Opfer zu töten. In vielen Fällen wurde dieses teuflische Verfahren bis zur äußersten Grenze des für Menschen noch Erträglichen wiederholt, bis die Natur den Kampf aufgab und der Leidende den Tod als angenehme Befreiung begrüßte.

So gestaltete sich das Schicksal der Gegner Roms. Für seine Anhänger hatte es das Zuchtmittel der Geißel, des Hungers und der körperlichen Kasteiung in jeder nur denkbaren, das Herz kränkenden Form. Um sich die Gunst des Himmels zu sichern, verletzten die Büßenden die Gebote Gottes, indem sie die Naturgesetze übertraten. Sie wurden gelehrt, das Band zu zerschneiden, das Er eingesetzt hatte, um des Menschen irdischen Aufenthalt zu segnen und zu erheitern. Die Friedhöfe bergen Millionen von Opfern, die ihr Leben mit fruchtlosen Bemühungen verbrachten, ihre natürlichen Neigungen zu unterdrücken und jeden Gedanken und jedes Mitgefühl für ihre Mitmenschen — als beleidigend für Gott — zurückzudrängen.

Wir können aus dem Leben Christi keine Beispiele anführen, daß Männer und Frauen sich in Klöster einschließen sollen, um sich auf den Himmel vorzubereiten. Er hat nie gelehrt, daß Liebe und Mitgefühl unterdrückt werden müssen. Das Herz des Heilandes floß von Liebe über. Je mehr sich der Mensch der sittlichen Vollkommenheit nähert, desto schärfer sind seine Empfindungen, desto genauer nimmt er die Sünde wahr, und desto mehr fühlt er mit den Leidenden. Der Papst behauptet zwar, der Stellvertreter Christi zu sein; aber wie hält sein Tun einen Vergleich aus mit dem unseres Heilandes? Hat Christus jemals Menschen dem Gefängnis oder der Folter überliefert, weil sie ihm als dem König des Himmels keine Huldigung erwiesen? Hat er seine Stimme erhoben, um die zum Tode zu verurteilen, die ihn nicht annahmen? Als die Bewohner eines samaritischen Dorfes seiner nicht achteten, entrüstete sich der Apostel Johannes und sagte: „Herr, willst du, so wollen wir sagen, daß Feuer vom Himmel falle und verzehre sie, wie Elia tat!" Jesus blickte mitleidig auf den Jünger; dessen Härte tadelnd, sagte er: „Des Menschen Sohn ist nicht gekommen, der Menschen Seelen zu verderben, sondern zu erhalten."[3] Wie grundverschieden von der durch Christus bekundeten Haltung ist die seines angeblichen Stellvertreters!

Die römische Kirche bietet heute der Welt ein äußeres Bild der Sauberkeit, indem sie über ihren Bericht schrecklicher Grausamkeit einen Mantel von Entschuldigungen breitet. Sie hat sich wohl in christliche Gewänder gehüllt; in ihrem Wesen jedoch ist sie unverändert. Jeder Grundsatz des Papsttums, der in vergangenen Jahrhunderten Geltung hatte, ist auch heute noch gültig. Die in finstersten Zeiten erlassenen Verordnungen und Lehren werden noch immer aufrechterhalten. Es täusche sich niemand! Das Papsttum, dem die Protestanten jetzt die Anerkennung nicht versagen wollen, ist das gleiche,* das zur Zeit der Reformation die Welt beherrschte, als Männer Gottes unter Einsatz ihres Lebens aufstanden, um die Bosheit der römisch-katholischen Kirche bloßzustellen. Es besitzt den gleichen Stolz, die gleiche hochmütige Anmaßung, die es sich über Könige und Fürsten erheben ließ und die die Vorrechte Gottes beanspruchte. Sein Geist ist jetzt nicht weniger grausam und willkürlich als zu der Zeit, da es die menschliche Freiheit niederwarf und die Heiligen des Allerhöchsten erschlug.

3 Luk. 9, 54. 56

Auf das Papsttum trifft genau das von der Prophezeiung gebrauchte Bild zu von dem „Abfall, der da kommen soll". Es gehört zu seinem diplomatischen Geschick, immer den Charakter anzunehmen, der am besten seinen Absichten dient. „Wir sind nicht gebunden, den Ketzern Treue und Glauben zu halten", erklärt die römische Kirche. Soll nun diese Macht, deren Geschichte während eines Jahrtausends mit dem Blut der Heiligen geschrieben wurde, zur Gemeinde Christi gerechnet werden?

Nicht ohne Grund ist in protestantischen Ländern die Behauptung aufgestellt worden, der Katholizismus unterscheide sich nicht mehr so sehr vom Protestantismus wie in früheren Zeiten. Wohl hat sich manches geändert, aber nicht das Papsttum. Der Katholizismus ähnelt in der Tat dem heutigen Protestantismus, weil dieser seit den Tagen der Reformation sehr entartet ist.

Indem die protestantischen Kirchen die Gunst der Welt gesucht haben, hat falsche Nächstenliebe ihre Augen verblendet. Sie können nicht einsehen, warum es unrecht sein sollte, von allem Bösen Gutes zu denken; und als unausbleibliche Folge werden sie schließlich Böses von allem Guten glauben. Anstatt den einst den Heiligen übergebenen Glauben zu verteidigen, entschuldigen sie sich nun sozusagen bei Rom wegen ihrer lieblosen Beurteilung dieses Glaubens und bitten darum, ihren blinden Eifer zu verzeihen.

Viele von denen, die der römisch-katholischen Erscheinungswelt nicht wohlwollend gegenüberstehen, fürchten nichts von deren Machteinfluß. Sie machen geltend, daß die geistige und sittliche Finsternis, die während des Mittelalters herrschte, die Ausbreitung ihrer Glaubenssätze, ihres Aberglaubens und ihrer Unterdrückungen begünstigte, und daß die Einsichten der Neuzeit, die allgemeine Verbreitung des Wissens und die zunehmende Freiheit in Glaubensdingen ein Wiederaufleben von Unduldsamkeit und Tyrannei unmöglich machen. Schon der Gedanke, daß ein solcher Zustand bestehen könne, wird verlacht. Es ist wahr, daß unserem Geschlecht große geistige, sittliche und religiöse Erkenntnisse aufgingen. Aus dem frei erschlossenen heiligen Wort Gottes hat sich himmlisches Licht über die Welt ergossen. Man sollte aber bedenken, daß, je größer das gewährte Licht, desto dunkler auch die Finsternis derer ist, die es verdrehen oder verwerfen.

Ein Studium der Heiligen Schrift unter Gebet würde den Protestanten den wahren Charakter des Papsttums zeigen; aber viele sind nach ihrer eigenen Meinung so weise, daß sie nicht das Bedürfnis haben, Gott demütig zu suchen, um in die Wahrheit geleitet zu werden. Obwohl sie sich mit ihrer Erleuchtung brüsten, wissen sie weder etwas von der Heiligen Schrift noch von der Kraft Gottes. Sie müssen irgendein Mittel haben, um ihr Gewissen zu beruhigen; und sie suchen das, was am wenigsten geistlich und demütigend ist. Sie möchten gern Gott vergessen, aber in einer Weise, daß es scheint, als gedächten sie seiner. Das Papsttum kann den Bedürfnissen dieser Menschen entsprechen. Es hat sich auf zwei Klassen der Menschheit eingestellt; und diese umfassen beinahe die ganze Erde: diejenigen, die durch ihre eigenen Verdienste gerettet werden möchten, und jene, die in ihren Sünden gerettet werden wollen. Hier liegt das Geheimnis seiner Macht.

Es hat sich erwiesen, daß eine Zeit tiefer geistiger Finsternis dem Erfolg des Papsttums günstig ist, und es wird sich noch zeigen, daß eine Zeit großen geistigen Lichtes sein Gedeihen nicht minder fördert. In vergangenen Zeiten, als die Menschen ohne Gottes Wort und ohne die Erkenntnis der Wahrheit lebten, wurden ihre Augen verblendet und Tausende gefesselt, weil sie das Netz nicht sahen, das für ihre Füße gelegt war. In diesem Geschlecht gibt es viele, deren Augen durch den Glanz menschlicher Spekulationen, fälschlich „Wissenschaft" genannt, geblendet werden, so daß sie das Netz nicht wahrnehmen und so bereitwillig hineinlaufen, als wären ihre Augen verbunden. Gott beabsichtigte, daß der menschliche Verstand als eine Gabe seines Schöpfers betrachtet und im Dienst der Wahrheit und Gerechtigkeit eingesetzt werden sollte; wenn aber Stolz und Ehrgeiz gepflegt werden, wenn Menschen ihre eigenen Ansichten über das Wort Gottes erheben, dann kann der Verstand größeren Schaden anrichten als die Unwissenheit. So wird die falsche Wissenschaft der gegenwärtigen Zeit, die den Glauben an die Heilige Schrift untergräbt, ebenso wirksam helfen, der Annahme des Papsttums mit seinen einnehmenden Gebräuchen den Weg zu bereiten, wie im Mittelalter das Vorenthalten von Erkenntnissen zu seiner Erhöhung beitrug.

Bei den in den Vereinigten Staaten vor sich gehenden Maßnahmen, für die Einrichtungen und Gebräuche der Kirche die Unterstützung des Staates zu erlangen, folgen die Protestanten in den Fußtapfen der Katholiken. Ja, noch mehr, sie öffnen dem Papsttum die Tore, damit es im protestantischen Amerika die Oberherrschaft gewinne, die es in der Alten Welt verloren hat. Was dieser Bewegung größere Bedeutung gibt, ist die Tatsache, daß der beabsichtigte Hauptzweck die Durchsetzung der Sonntagsfeier ist – einer Gewohnheit, die in Rom ihren Ursprung hat, und die, wie es geltend macht, ein Zeichen seiner Macht ist. Es ist der Geist des Papsttums – der Geist der Übereinstimmung mit weltlichen Sitten, die Verehrung menschlicher Überlieferungen statt der Gebote Gottes –, der die protestantischen Kirchen durchdringt und sie dahin führt, den Sonntag zu erheben, wie es das Papsttum vor ihnen getan hat.

Will der Leser die in dem bald anbrechenden Kampf wirkenden Kräfte verstehen, so braucht er nur den Bericht über die Mittel und Wege zu verfolgen, die Rom in der Vergangenheit für das gleiche Ziel angewandt hat. Möchte er wissen, wie Katholiken und Protestanten gemeinsam jene behandeln werden, die ihre Glaubenssätze verwerfen, dann achte er auf den Geist, den Rom gegen den Sabbat und dessen Verteidiger bekundet hat.

Kaiserliche Erlasse, allgemeine Konzilien und Kirchenverordnungen, unterstützt von weltlicher Macht, waren die Stufen, auf denen der heidnische Festtag zu seiner Ehrenstellung in der christlichen Welt emporstieg. Die erste öffentliche Maßnahme, die die Sonntagsfeier erzwang, war das von Konstantin erlassene Gesetz.* Dieses Gesetz verlangte von der Stadtbevölkerung, am „ehrwürdigen Tag der Sonne" zu ruhen, gestattete jedoch der Landbevölkerung, ihre landwirtschaftliche Arbeit fortzusetzen. Obgleich dies eine im Grunde genommen heidnische Verordnung war, so wurde sie doch vom Kaiser durchgeführt, nachdem er angeblich das Christentum angenommen hatte.

Da sich der kaiserliche Befehl nicht als genügendes Ersatzmittel für die göttliche Autorität erwies, stellte Eusebius, ein Bischof, der die Gunst der Fürsten suchte und ein besonderer Freund und Schmeichler Konstantins war, die Behauptung auf, daß Christus den Sabbat auf den Sonntag verlegt habe. Kein einziges Zeugnis der Schrift wurde als Beweis für die neue Lehre angeführt. Selbst Eusebius bekannte offen, daß sie falsch wäre, und wies auf den wirklichen Urheber dieser Veränderung hin, indem er sagte: „Alles, was man am Sabbat zu tun verpflichtet war, haben *wir* auf den Tag des Herrn übertragen."[4] Aber so unbegründet die Einsetzung des Sonntags auch war, diente sie doch dazu, die Menschen zu ermutigen, den Sabbat des Herrn mit Füßen zu treten. Alle, die von der Welt geehrt werden wollten, nahmen den volkstümlichen Festtag an.

Mit der festeren Verwurzelung des Papsttums bürgerte sich auch die Erhöhung des Sonntags ein. Eine Zeitlang befaßten sich die Leute mit landwirtschaftlichen Arbeiten, wenn sie nicht die Kirche besuchten, während der siebente Tag noch immer als Sabbat betrachtet wurde. Langsam aber sicher trat eine Änderung ein. Allen, die kirchliche Ämter bekleideten, wurde es untersagt, am Sonntag über zivile Streitigkeiten zu verhandeln. Bald darauf erging das Gebot, daß alle Menschen, gleich welchen Standes – bei Geldstrafe für die Freien und Rutenstreichen für die Dienenden –, sich am Sonntag gewöhnlicher Arbeit zu enthalten hätten. Später wurde angeordnet, Reiche mit dem Verlust der Hälfte ihres Vermögens zu bestrafen und schließlich, falls sie sich noch immer widersetzlich zeigten, sie zu Sklaven zu machen. Die Angehörigen niederer Klassen aber sollte lebenslängliche Verbannung treffen.

Angebliche Wunderzeichen wurden vorgebracht. Unter anderem wurde berichtet, daß ein Landmann, der im Begriff stand, am Sonntag sein Feld zu pflügen, vorerst den Pflug mit einem Eisen reinigte, wobei das Eisen fest in seiner Hand steckenblieb und er es zwei Jahre lang „unter großen Schmerzen und zu seiner Schande"[5] mit sich herumtragen mußte.

Später gab der Papst Anweisungen, daß Priester jeder Pfarrgemeinde die Übertreter des Sonntagsgesetzes ermahnen und bewegen sollten, in die Kirche zu gehen und zu beten, da sie sonst manch ein großes Unglück über sich und ihre Nachbarn bringen könnten. Eine Kirchenversammlung führte den seither so allgemein, sogar von Protestanten angewandten Nachweis an, daß der Sonntag der Sabbat sein müsse, weil Leute, die an diesem Tage arbeiteten, vom Blitz getroffen worden waren. „Es ist augenscheinlich", sagten die Prälaten, „wie groß das

4 Cox, „Sabbath Laws and Sabbath Duties", S. 538; Conradi, „Geschichte des Sabbats", S. 366
5 West, „Historical and Practical Discourse on the Lord's Day", S. 174

Mißfallen Gottes ist wegen der Vernachlässigung dieses Tages." Dann wurde ein Aufruf erlassen, daß Priester und Prediger, Könige und Fürsten und alle treuen Untertanen „ihre äußerste Anstrengung und Sorgfalt anwenden sollten, damit der Tag wieder zu seiner Ehre gelange und künftig zum Lobe der Christenheit andächtiger beachtet werde".[6]

Als sich die Beschlüsse der Kirchenversammlungen als unzulänglich erwiesen, wurden die weltlichen Behörden ersucht, ein Edikt zu erlassen, das die Herzen des Volkes mit Schrecken erfüllen und es zwingen würde, sich am Sonntag der Arbeit zu enthalten. Anläßlich einer in Rom abgehaltenen Synode wurden alle früher getroffenen Entscheide mit größerer Kraft und Feierlichkeit erneut bestätigt. Sie wurden auch dem Kirchengesetz hinzugefügt und von den zivilen Behörden in fast der ganzen Christenwelt durchgesetzt.[7]

Immer noch verursachte der Mangel an biblischen Beweisen für die Sonntagsfeier nicht geringe Bedenken. Das Volk bezweifelte die Berechtigung ihrer Lehrer, die bestimmte Erklärung des Herrn: „Der siebente Tag ist der Sabbat des Herrn, deines Gottes" beiseitezusetzen, um den Tag der Sonne zu ehren. Um den Mangel an biblischen Zeugnissen zu beheben, waren andere Hilfsmittel nötig. Einem eifrigen Verteidiger des Sonntags, der ungefähr Ende des zwölften Jahrhunderts die englischen Gemeinden besuchte, widerstanden treue Zeugen für die Wahrheit; seine Bemühungen waren so fruchtlos, daß er das Land eine Zeitlang verließ und versuchte, irgendein Mittel ausfindig zu machen, um seine Lehren durchzusetzen. Als er zurückkehrte, hatte er sich das Erforderliche verschafft, und er erntete bei seinem späteren Wirken größeren Erfolg. Er brachte eine Schriftrolle mit, die angeblich von Gott selbst kam und das für die Sonntagsfeier benötigte Gebot sowie auch schreckliche Drohungen enthielt, um die Ungehorsamen einzuschüchtern. Er gab vor, dies kostbare Schriftstück — eine ebenso niederträchtige Fälschung wie die ganze Einrichtung, die es unterstützie — sei vom Himmel gefallen und in Jerusalem auf dem Altar des heiligen Simeon auf Golgatha gefunden worden. In Wirklichkeit war der päpstliche Palast in Rom der Ort, woher sie kam. Betrug und Fäl-

6 Morer, „Discourse in Six Dialogues on the Name, Notion, and Observation of the Lord's Day", S. 271
7 Heylyn, „History of the Sabbath", 2. Teil, Kap. 5, 7. Abschnitt

schungen zur Förderung der Macht und des Ansehens der Kirche sind von der päpstlichen Hierarchie zu allen Zeiten als gesetzlich angesehen worden.

Das Schriftstück verbot alle Arbeit von der neunten Stunde an, von drei Uhr samstagnachmittags bis zum Sonnenaufgang am Montag, und es wurde behauptet, seine Echtheit sei durch viele Wunder bestätigt. Man berichtete, daß Menschen, die über die bestimmte Zeit hinaus gearbeitet hätten, vom Schlage getroffen worden seien. Ein Müller, der Korn gemahlen habe, hätte statt Mehl einen Blutstrom herauskommen sehen, und das Mühlrad wäre ungeachtet des starken Wasserstroms stehengeblieben. Eine Frau, die Teig in den Ofen gesetzt habe, hätte ihn noch roh gefunden, als sie ihn herausnahm, obgleich der Ofen sehr heiß war. Eine andere, deren Teig um die neunte Stunde zum Backen bereit war und die sich entschloß, ihn bis Montag stehenzulassen, hätte am nächsten Tag festgestellt, daß er durch göttliche Macht zu Laiben geformt und gebacken worden sei. Ein Mann, der nach der neunten Stunde am Samstag Brot gebacken habe, hätte, als er es am nächsten Morgen brach, die Feststellung machen müssen, daß Blut herausfloß. Durch solche lächerlichen und abergläubischen Fälschungen versuchten die Verteidiger des Sonntags dessen Heiligkeit zu begründen.[8]

In Schottland wie in England wurde eine größere Rücksichtnahme auf den Sonntag dadurch erreicht, daß man einen Teil des alten Sabbats damit vereinte. Aber die Zeit, die heiliggehalten werden sollte, war unterschiedlich. Ein Erlaß des Königs von Schottland erklärte, daß „der Samstag von zwölf Uhr mittags an heilig erachtet werden sollte", und daß niemand von dieser Stunde an bis Montag morgen sich an weltlichen Geschäften beteiligen dürfe.[9]

Aber ungeachtet aller Bemühungen, die Heiligkeit des Sonntags einzuführen, haben die Päpstlichen selbst öffentlich die göttliche Autorität des Sabbats und den menschlichen Ursprung der Einrichtung, durch die er ersetzt worden ist, zugegeben. Im 16. Jahrhundert erklärte ein päpstliches Konzil eindeutig, alle Christen sollten bedenken, daß der siebente Tag von Gott geheiligt und nicht nur von den Juden angenommen und beachtet wurde, sondern auch von allen andern, die

8 Hoveden, „Annals", Bd. II, S. 528–530

9 Morer, S. 290. 291

vorgaben, Gott zu verehren, obgleich wir Christen ihren Sabbat in den Tag des Herrn umgewandelt haben.[10] Die sich erdreisteten, Hand an das göttliche Gesetz zu legen, waren sich des Charakters ihres Werkes wohl bewußt. Sie erhoben sich absichtlich über Gott.

Die lange und blutige Verfolgung der Waldenser, von denen einige den Sabbat hielten, zeigt in auffallender Weise Roms Verfahren denen gegenüber, die nicht mit ihm übereinstimmten. Andere litten auf ähnliche Weise wegen ihrer Treue gegen das vierte Gebot. Die Geschichte der Christen in Abessinien * ist dafür besonders bezeichnend. Inmitten der Finsternis des Mittelalters verlor man die Christen in Mittelafrika aus den Augen; sie wurden von der Welt vergessen und erfreuten sich viele Jahrhunderte der Freiheit, ihres Glaubens leben zu können. Aber schließlich erfuhr Rom von ihrem Dasein, und der Kaiser von Abessinien wurde bald darauf gedrängt, den Papst als den Stellvertreter Christi anzuerkennen. Andere Zugeständnisse folgten. Es wurde ein Edikt erlassen, das die Sabbatfeier unter Androhung härtester Strafen verbot.[11] Aber die päpstliche Tyrannei wurde bald zu einem so drükkenden Joch, daß die Abessinier sich entschlossen, es von ihrem Nacken zu schütteln. Nach einem schrecklichen Kampf wurden die Römlinge von ihren Besitzungen verbannt und der alte Glaube wiederhergestellt. Die Gemeinden erfreuten sich abermals ihrer Freiheit und vergaßen nie die Lehre, die sie hinsichtlich des Betruges, des Fanatismus und der bedrückenden Macht Roms erfahren hatten. In ihrem abgeschlossenen Lande waren sie es zufrieden, der übrigen Christenheit unbekannt zu bleiben.

Die Gemeinden Afrikas hielten den Sabbat, wie er von der Kirche vor ihrem vollständigen Abfall gehalten worden war. Während sie den siebenten Tag im Gehorsam gegen Gottes Gebot feierten, arbeiteten sie in Übereinstimmung mit dem Gebrauch der Kirche auch am Sonntag nicht. Nachdem Rom zu höchster Macht gelangt war, trat es den Sabbat Gottes mit Füßen, um seinen eigenen Feiertag zu erhöhen; aber die nahezu ein volles Jahrtausend verborgen gebliebenen Gemeinden Afrikas hatten an diesem Abfall keinen Anteil. Als sie unter die Herrschaft Roms kamen, wurden sie gezwungen, den wahren Sabbat beiseitezusetzen und den falschen zu erhöhen; aber kaum hatten

10 Morer, S. 281. 282 11 „Church History of Ethiopia", S. 311. 312

sie ihre Unabhängigkeit wiedererlangt, so kehrten sie auch wieder zum Gehorsam gegen das vierte Gebot zurück.

Diese Berichte aus der Vergangenheit enthüllen deutlich die Feindseligkeit Roms gegen den wahren Sabbat und dessen Verteidiger sowie die Mittel, die es anwandte, um seine selbstgeschaffene Einrichtung zu ehren. Das Wort Gottes lehrt, daß sich diese Dinge wiederholen werden, wenn sich Katholiken und Protestanten zur Erhöhung des Sonntags zusammenschließen.

Die in Offenbarung 13 durch das Tier mit Hörnern „gleichwie ein Lamm" dargestellte Macht wird ihren Einfluß dahingehend ausüben, „daß die Erde und die darauf wohnen" das Papsttum anbeten. Das Tier mit den zwei Hörnern wird auch sagen „denen, die auf Erden wohnen, daß sie ein Bild machen sollen dem Tier"; und ferner wird es so wirken, daß „die Kleinen und Großen, die Reichen und Armen, die Freien und Knechte" das Malzeichen des Tiers annehmen.[12] Es wurde bereits dargelegt, daß die Vereinigten Staaten die Macht sind, die durch das Tier, „das hatte zwei Hörner gleichwie ein Lamm", versinnbildet ist und daß diese Weissagung in Erfüllung gehen wird, wenn die Vereinigten Staaten die Sonntagsheiligung, die Rom als die besondere Anerkennung seiner Oberherrschaft beansprucht, erzwingen werden. In dieser Huldigung dem Papsttum gegenüber werden die Vereinigten Staaten nicht alleinstehen; Roms Einfluß in den Ländern, die einst seine Herrschaft anerkannten, ist noch längst nicht abgetan. Die Weissagung sagt eine Wiederherstellung seiner Macht voraus: „Ich sah seiner Häupter eines, als wäre es tödlich wund; und seine tödliche Wunde ward heil. Und der ganze Erdboden verwunderte sich des Tieres."[13]

Das Beibringen der tödlichen Wunde weist auf den Sturz des Papsttums im Jahre 1798 hin. Auf die hierauf folgende Zeit weisend, sagt der Prophet: „Seine tödliche Wunde ward heil. Und der ganze Erdboden verwunderte sich des Tieres." Paulus sagt ausdrücklich, daß der Mensch der Sünde bis zur Zeit der Wiederkunft Christi fortbestehen werde. „Lasset euch niemand verführen in keinerlei Weise; denn er [der Tag Christi] kommt nicht, es sei denn, daß zuvor der Abfall komme und offenbart werde der Mensch der Sünde, das

12 Offb. 13, 11–16 13 Offb. 13, 3

Kind des Verderbens ... und alsdann wird der Boshafte offenbart werden, welchen der Herr umbringen wird mit dem Geist seines Mundes und wird durch die Erscheinung seiner Zukunft ihm ein Ende machen."[14] Bis ganz zum Ende der Zeit wird er sein Werk der Täuschung fortsetzen.

Der Schreiber der Offenbarung, Johannes, erklärt: Alle, die auf Erden wohnen, beten es an, deren Namen nicht geschrieben sind in dem Lebensbuch des Lammes."[15] In der Alten wie in der Neuen Welt wird dem Papsttum durch die Einführung der Sonntagsheiligung gehuldigt, da diese einzig und allein auf der Autorität der römischen Kirche beruht.

Schon länger als ein Jahrhundert haben Forscher der Weissagungen in den Vereinigten Staaten der Welt dies Zeugnis vor Augen gehalten. Die jetzt stattfindenden Ereignisse zeigen einen raschen Fortschritt zur Erfüllung der Weissagung. Protestantische Lehrer erheben den gleichen Anspruch auf göttliche Autorität der Sonntagsfeier, und es herrscht ihrerseits der gleiche Mangel an Beweisen aus der Schrift wie bei den päpstlichen Führern, die Wunder ersannen, um damit ein göttliches Gebot zu ersetzen. Die Behauptung, daß Gottes Gerichte die Menschen wegen der Übertretung des Sonntags heimsuchen, den man als den Sabbat hinstellt, wird wiederholt werden; man fängt bereits an, sie vorzubringen, und eine Bewegung, die Sonntagsheiligung zu erzwingen, macht schnelle Fortschritte.

Erstaunlich in ihrer Geschicklichkeit ist die römische Kirche. Sie spürt geradezu, was kommen wird. Sie wartet ruhig auf ihre Stunde, da sie sieht, daß die protestantischen Kirchen ihr durch die Annahme des falschen Sabbats huldigen und sie sich vorbereiten, seine Anerkennung mit den gleichen Mitteln zu erzwingen, deren sie sich selbst in früheren Tagen bedienten. Die das Licht der Wahrheit verwerfen, werden dennoch die Hilfe der nach eigener Aussage unfehlbaren Macht suchen, um eine Einrichtung zu erhöhen, die gerade von jener Macht ins Leben gerufen wurde. Wie bereitwillig diese Macht dabei den Protestanten zu Hilfe kommen wird, ist nicht schwer zu erraten. Wer versteht besser als die päpstlichen Führer mit denen umzugehen, die der Kirche ungehorsam sind?

14 2. Thess. 2, 3. 8 15 Offb. 13, 8

Die römische Kirche mit allen ihren Verzweigungen über die ganze Welt hin bildet eine riesige Organisation, die unter der Leitung des päpstlichen Stuhles steht und dazu bestimmt ist, ihre Interessen wahrzunehmen. Ihre Millionen Mitglieder in allen Ländern der Erde werden unterwiesen, dem Papst treue Untertanen zu sein. Welcher Nationalität oder Regierungsform sie auch angehören mögen, sie müssen die Autorität der Kirche über alles schätzen. Selbst wenn sie dem Staat den Treueid leisten, steht doch darüber das Gelübde des Gehorsams gegen Rom, das sie jedes Versprechens entbindet, das die Interessen Roms beeinträchtigen könnte.

Die Geschichte der römischen Kirche zeugt von ihren geschickten und hartnäckigen Bemühungen, sich in die Angelegenheiten der Nationen einzudrängen. Hat sie da erst einmal Fuß gefaßt, verfolgt sie ohne Rücksicht auf das Wohl von Fürsten und Volk ihre eigenen Ziele. Im Jahre 1204 zwang Papst Innozenz III. den König von Aragonien, Peter II., folgenden außergewöhnlichen Eid abzulegen: „Ich, Peter, König der Aragonier, bekenne und verspreche, meinem Herrn, Papst Innozenz, seinen katholischen Nachfolgern und der römischen Kirche stets treu und gehorsam zu sein und gewissenhaft mein Reich im Gehorsam gegen ihn zu bewahren, den köstlichen Glauben zu verteidigen und ketzerische Verderbtheit zu verfolgen.“[16] Dies stimmt mit den Ansprüchen bezüglich der Macht des römischen Oberpriesters überein, daß „es ihm gesetzlich zustehe, Kaiser abzusetzen“ und daß „er Untertanen von ihrer Pflicht ungerechten Herrschern gegenüber freisprechen kann“.[17]

Wir dürfen nicht vergessen, daß sich Rom damit brüstet, unveränderlich zu sein. Die Grundsätze Gregors VII. und Innozenz' III. sind noch immer die Grundsätze der römisch-katholischen Kirche. Und hätte sie heute die Macht, sie würde sie mit ebenso großer Energie ausüben wie in den vergangenen Jahrhunderten. Die Protestanten wissen kaum, was sie tun, wenn sie vorschlagen, bei der Erhöhung des Sonntags die Hilfe Roms annehmen zu wollen. Während sie entschlossen sind, ihr Vorhaben auszuführen, strebt Rom nach Wiederherstellung seiner

16 Dowling, „History of Romanism“, 5. Buch, Kap. 6, 55. Abschnitt
17 Mosheim, Institutiones historiae ecclesiasticae“, 3. Buch, 11. Jhdt., 2. Abschnitt, Kap. 2, Sek. 9, Anm. 1

Macht, um seine verlorene Oberhoheit wiederzugewinnen. Laßt in den Vereinigten Staaten erst den Grundsatz eingeführt sein, daß die Kirche die Macht des Staates beherrschen oder für sich einsetzen darf, daß religiöse Verordnungen durch weltliche Gesetze erzwungen werden können – kurz, daß die Autorität von Kirche und Staat über das Gewissen zu gebieten hat: der Triumph Roms in diesem Lande wird gesichert sein.

Das Wort Gottes hat vor der herannahenden Gefahr gewarnt; bleibt diese Warnung unbeachtet, so wird die protestantische Welt erfahren, was Roms Absichten wirklich sind; doch erst wenn es zu spät ist, den Schlingen zu entrinnen. Rom nimmt im stillen an Macht zu. Seine Lehren üben auf Parlamente, auf Kirchen und auf die Herzen der Menschen ihren Einfluß aus. Es türmt seine hohen und gewaltigen Bauwerke auf, in deren geheimen Verliesen sich die früheren Verfolgungen wiederholen werden. Heimlich und unverdächtig stärkt es seine Kräfte, um seine Endziele zu fördern, wenn die Zeit da ist, zum Schlag auszuholen. Alles, wonach es verlangt, ist eine günstige Angriffsposition, und diese ist ihm bereits zugestanden. Wir werden bald sehen und fühlen, wohin römischer Geist zielt. Wer dem Worte Gottes glauben und gehorchen will, wird sich dadurch Schmach und Verfolgung zuziehen.

Der kommende Kampf | 36

Seit Beginn des großen Streites im Himmel ist es Satans Plan, Gottes Gesetz umzustoßen. Um dieses Ziel zu erreichen, hat er sich gegen den Schöpfer empört; und obgleich er deshalb aus dem Himmel verstoßen wurde, hat er denselben Kampf auf Erden fortgesetzt. Die Menschen zu täuschen und sie zur Übertretung des Gesetzes Gottes zu veranlassen, ist das Ziel, dem er beharrlich nachjagt. Ob dies nun erreicht wird, indem man das ganze Gesetz umstößt oder nur eins seiner Gebote verwirft: die Folgen werden letzten Endes dieselben sein. Wer da „sündigt an einem", verachtet dadurch das ganze Gesetz; sein Einfluß sowie sein Beispiel stehen auf der Seite der Übertretung; er wird es „ganz schuldig".[1]

Indem Satan die göttlichen Gebote verächtlich zu machen suchte, hat er die Lehren der Bibel verfälscht und dadurch Tausenden, die bekennen, sich an die Schrift zu halten, Irrtümer in ihren Glauben gepflanzt. Der letzte große Kampf zwischen Wahrheit und Irrtum ist das entscheidende Ringen in dem langanhaltenden Streit über Gottes Gesetz. Wir sind jetzt im Begriff, diesen Kampf aufzunehmen: einen Kampf zwischen den Gesetzen der Menschen und den Geboten des Herrn, zwischen der Religion der Heiligen Schrift und der Religion der Fabeln und Überlieferungen.

Die Kräfte, die sich in diesem Streit gegen Wahrheit und Gerechtigkeit vereinen, sind nun an der Arbeit. Gottes heiliges Wort, das uns unter soviel Leiden und Blutvergießen überliefert ist, wird nur wenig geschätzt. Die Bibel ist allen erreichbar; aber nur wenige nehmen sie wirklich als Wegweiser zum Leben an. Der Unglaube nimmt in erschreckendem Maße überhand, nicht nur in der Welt, sondern auch in

1 Jak. 2, 10

der Kirche. Viele verleugnen Lehren, die die eigentlichen Grundpfeiler des christlichen Glaubens sind. Die erhabenen Tatsachen der Schöpfung, wie sie von durch Gottes Geist geleiteten Schreibern dargestellt werden, der Fall des Menschen, die Versöhnung und die ewige Gültigkeit des Gesetzes Gottes werden tatsächlich von einem großen Teil angeblicher Christen entweder ganz oder teilweise verworfen. Tausende, die sich mit ihrer Weisheit und Unabhängigkeit brüsten, betrachten es als ein Zeichen der Schwäche, unbedingtes Vertrauen in die Heilige Schrift zu setzen; sie halten es für einen Beweis der Überlegenheit und Gelehrsamkeit, die Heilige Schrift zu bekritteln und ihre wichtigsten Wahrheiten zu vergeistigen und zu entkräften. Viele Prediger lehren ihre Gemeinden und viele Professoren und Lehrer unterweisen ihre Schüler, daß Gottes Gesetz verändert oder aufgehoben worden sei und daß alle, die glauben, seine Anforderungen seien noch immer gültig und müßten buchstäblich beachtet werden, nur Spott und Schmach verdienen.

Durch die Verachtung der Wahrheit verwerfen die Menschen deren Urheber. Indem sie das Gesetz Gottes mit Füßen treten, leugnen sie die Autorität des Gesetzgebers. Es ist ebenso leicht, sich einen Götzen aus falschen Lehren und Theorien zu errichten, wie ein Götzenbild aus Holz oder Stein zu formen. Durch Satans lügenhafte Darstellung der Eigenschaften Gottes machen sich die Menschen einen falschen Begriff vom Wesen ihres Schöpfers. Von vielen wird ein philosophischer Götze an Stelle Gottes, des Allerhöchsten, auf den Thron erhoben, und der lebendige Gott, wie er in seinem Wort, in Christus und in seinen Schöpfungswerken offenbart ist, wird nur von wenigen verehrt. Tausende vergöttern die Natur, während sie den Gott der Natur leugnen. Obwohl sich die Form gewandelt hat, so besteht doch der Götzendienst in der heutigen christlichen Welt ebenso wirklich, wie er im alten Israel in den Tagen Elias ausgeübt wurde. Der Gott vieler angeblich weiser Männer, Philosophen, Dichter, Staatsmänner, Journalisten, der Gott vornehmer Kreise, vieler Hochschulen und Universitäten, ja sogar einiger theologischer Anstalten ist nicht viel besser als Baal, der Sonnengott der Phönizier.

Kein von der christlichen Welt angenommener Irrtum stößt kühner gegen die Autorität des Himmels vor, keiner geht so unmittelbar gegen die Vernunft oder ist verderblicher in seinen Folgen als die so rasch um sich greifende Lehre der Neuzeit, daß das Gesetz Gottes für die Menschen nicht mehr bindend sei. Jedes Land hat seine Gesetze, die Achtung und Gehorsam gebieten; keine Regierung könnte ohne sie bestehen. Wie kann man sich vorstellen, daß der Schöpfer des Himmels und der Erde kein Gesetz habe, um die Geschöpfe zu regieren, die er erschaffen hat? Wie lange würden hervorragende Geistliche auf der Kanzel geduldet werden, falls sie lehrten, daß die Gesetze zum Schutz des Landes und der Rechte seiner Bürger nicht verbindlich seien, daß sie die Freiheit des Volkes einschränkten und deshalb nicht befolgt werden sollten? Ist es jedoch ein schwereres Vergehen, die Gesetze von Staaten und Ländern zu mißachten, als jene göttlichen Verordnungen mit Füßen zu treten, die die sittliche Grundlage jeder Regierung sind?

Es wäre eher verständlich, daß Staaten ihre Gesetze aufhöben und den Menschen gestatteten, zu handeln wie es ihnen gefällt, als das Gesetz des Herrschers der Welt zunichte zu machen und die Erde ohne einen Maßstab zu lassen, um die Schuldigen verurteilen oder die Gehorsamen rechtfertigen zu können. Kennen wir die Folgen der Aufhebung des Gesetzes Gottes? Der Versuch ist gemacht worden. Schrecklich waren die in Frankreich sich abspielenden Vorgänge, als der Atheismus zur herrschenden Macht wurde. Damals wurde der Welt gezeigt, daß die Beschränkungen abzuschütteln, die Gott auferlegt hat, nichts anderes heißt, als die Herrschaft der grausamsten Wüteriche anzunehmen. Wenn die Richtschnur der Gerechtigkeit beiseitegesetzt wird, steht dem Fürsten der Finsternis der Weg offen, seine Herrschaft auf Erden aufzurichten.

Wo die göttlichen Vorschriften verworfen werden, hört die Sünde auf sündhaft oder die Gerechtigkeit wünschenswert zu erscheinen. Die sich weigern, der Herrschaft Gottes untertan zu sein, sind völlig unfähig, sich selbst zu regieren. Durch ihre verderblichen Lehren pflanzen sie den Geist der Zuchtlosigkeit in die Herzen der Kinder und der Jugend, die von Natur aus Beschränkungen nur mit Ungeduld ertragen, und ein gesetzloses, ungebändigtes Verhalten der Gesellschaft ist die Folge. Während viele über die Leichtgläubigkeit jener spotten, die den Anforderungen Gottes gehorchen, nehmen sie bereitwillig die

Täuschungen Satans an. Sie lassen der Lust freien Lauf und begehen Sünden, die einst Strafgerichte über die Heiden gebracht haben.

Wer das Volk Gottes lehrt, die Gebote Gottes geringzuachten, sät Ungehorsam, um Ungehorsam zu ernten. Beseitigte man völlig die durch das göttliche Gesetz auferlegten Beschränkungen, so würden alle menschlichen Gesetze bald mißachtet werden. Weil Gott unehrbare Handlungen, Begierden, Lügen und Betrug verbietet, wollen die Menschen seine Verordnungen als ein Hindernis für ihr weltliches Wohlergehen mit Füßen treten; aber die Folgen dieser Handlungsweise würden derartig sein, wie sie sie nicht erwarteten. Wäre das Gesetz nicht bindend, warum sollte sich irgend jemand fürchten, es zu übertreten? Das Eigentum wäre nicht mehr sicher. Die Menschen würden sich die Habe ihres Nächsten mit Gewalt aneignen, und die Stärksten würden die Reichsten werden. Selbst vor dem Leben hätte man keine Ehrfurcht. Das Ehegelübde sähe man nicht mehr als ein heiliges Bollwerk zum Schutz der Familie an. Wer die Macht hätte, würde, falls ihn danach verlangte, seines Nächsten Weib mit Gewalt nehmen. Das fünfte Gebot bliebe einschließlich des vierten unbeachtet. Kinder würden nicht davor zurückschrecken, ihre Eltern zu töten, wenn sie dadurch das Verlangen ihres verderbten Herzens stillen könnten. Die gesittete Welt führte sich auf wie eine Horde von Räubern und Mördern; und Friede, Ruhe und Glück wären von der Erde verbannt.

Die Lehre, daß die Menschen von dem Gehorsam gegen Gottes Forderungen entbunden seien, hat die Kraft der sittlichen Verpflichtung bereits geschwächt und der Welt die Schleusen der Ungerechtigkeit geöffnet. Gesetzlosigkeit, Verschwendung und Verderbtheit strömen auf uns ein gleich einer überschwemmenden Flut. In der Familie ist Satan am Wirken. Sein Banner weht sogar in angeblich christlichen Häusern. Man findet dort Neid, böse Mutmaßungen, Heuchelei, Entfremdung, Zwietracht, Streit, Verrat des heiligen Vertrauens, Befriedigung sinnlicher Begierden. Der ganze Bau religiöser Grundsätze und Lehren, die die Grundlage und das Gerüst des gesellschaftlichen Lebens bilden sollte, scheint ins Schwanken gekommen zu sein, bereit zu verfallen. Die gemeinsten Verbrecher, die wegen ihrer Vergehen ins Gefängnis geworfen sind, werden oft mit Gaben und Aufmerksamkeiten bedacht, als sei ihre Haft eine beneidenswerte Auszeichnung.

Ihr Charakter und ihre Verbrechen werden in sensationeller Weise der Öffentlichkeit zugänglich gemacht. Die Presse veröffentlicht die empörenden Einzelheiten eines Verbrechens und weiht auf diese Weise andere in die Ausübung von Betrug, Räuberei und Mord ein, während Satan über den Erfolg seiner höllischen Anschläge frohlockt. Das Liebäugeln mit dem Laster, die leichtfertigen Mordtaten, die schreckliche Zunahme der Unmäßigkeit und Bosheit jeder Art und jeden Grades sollten alle Gottesfürchtigen veranlassen zu forschen, was getan werden könnte, um der Flut des Übels Einhalt zu gebieten.

Die Gerichtshöfe sind verderbt. Herrscher werden von dem Verlangen nach Gewinn und Liebe zu sinnlichen Vergnügungen getrieben. Unmäßigkeit hat die Fähigkeiten vieler Menschen getrübt, so daß Satan eine nahezu vollständige Herrschaft über sie ausübt. Rechtsgelehrte werden verführt, bestochen, hintergangen. Trunksucht und Schwelgerei, Leidenschaft, Neid, Unehrlichkeit in jeder Weise werden von denen verübt, die die Gesetze handhaben. „Das Recht ist zurückgewichen und Gerechtigkeit fern getreten; denn die Wahrheit fällt auf der Gasse, und Recht kann nicht einhergehen.“ [2]

Die Bosheit und geistliche Finsternis, die unter der Oberherrschaft der römischen Kirche überhandnehmen, sind die unausbleibliche Folge ihrer Unterdrückung der Heiligen Schrift. Wo aber liegt die Ursache der weitverbreiteten Gottlosigkeit, der Verwerfung des Gesetzes Gottes und der daraus folgenden Verderbtheit unter dem vollen Licht des Evangeliums in einem Zeitalter religiöser Freiheit? Jetzt, da Satan die Welt nicht länger unter seiner Herrschaft halten kann, indem er ihr die Heilige Schrift entzieht, nimmt er zu anderen Mitteln seine Zuflucht, um dasselbe Ziel zu erreichen. Den Glauben an die Bibel zu zerstören, dient seiner Absicht ebensosehr, als die Bibel selbst zu vernichten. Durch die Auffassung, daß Gottes Gesetze nicht bindend seien, bringt er die Menschen ebenso erfolgreich dahin, sie zu übertreten, als wenn sie über deren Vorschriften überhaupt nichts wüßten. Auch gegenwärtig hat er, wie in früheren Zeiten, durch die Kirche gewirkt, um seine Absichten zu fördern. Religiöse Gemeinschaften haben sich geweigert, auf die in der Heiligen Schrift deutlich vor Augen geführten, beim Volke unbeliebten Wahrheiten zu achten. Indem sie diese

2 Jes. 59, 14

bekämpfen, nehmen sie eine Auslegung an und behaupten einen Standpunkt, durch den der Samen des Unglaubens gesät wird. Den päpstlichen Irrtum von der natürlichen Unsterblichkeit und dem Bewußtseinszustand des Menschen im Tode festhaltend, haben sie die einzige Schutzwehr gegen die Täuschungen des Spiritismus verworfen. Die Lehre von der ewigen Qual hat viele Menschen verleitet, die Aussagen der Heiligen Schrift anzuzweifeln. Und wenn die Ansprüche des vierten Gebotes dem Volk klargemacht werden und es zeigt sich, daß die Beachtung des Siebenten-Tag-Sabbats zur Pflicht gemacht wird, dann erklären viele volkstümliche Lehrer als einzigen Ausweg, sich von einer Pflicht zu befreien, die sie nicht erfüllen wollen, daß Gottes Gesetz nicht mehr bindend sei. Auf diese Weise verwerfen sie beides zusammen, das Gesetz und den Sabbat. Wenn sich die Sabbatreform ausdehnt, wird die Verwerfung des göttlichen Gesetzes, um die Ansprüche des vierten Gebotes zu umgehen, nahezu allgemein üblich werden. Die Lehren verantwortlicher religiöser Männer haben dem Unglauben, dem Spiritismus und der Verachtung des heiligen Gesetzes Gottes die Tore geöffnet. Auf diesen leitenden Männern liegt eine furchtbare Verantwortung für die Gottlosigkeit, die in der christlichen Welt vorhanden ist.

Dennoch erhebt gerade diese selbe Gruppe die Behauptung, daß die schnell überhandnehmende Verderbnis großenteils der Entheiligung des sogenannten „christlichen Sabbats“ zuzuschreiben sei, und daß die strikte Durchführung der Sonntagsfeier die Sitten des Volkes um vieles bessern würde. Diese Behauptung wird besonders in Amerika aufgestellt, wo die Lehre vom wahren Sabbat schon weit und breit gepredigt worden ist. Dort wird das Mäßigkeitswerk, eine der hervorragendsten und wichtigsten aller sittlichen Reformen, oft mit der Sonntagsbewegung verbunden, und ihre Anhänger treten auf, als wirkten sie für das höchste Wohl der Gesellschaft; und alle, die sich weigern, sich mit ihnen zu verbinden, werden als Feinde der Mäßigkeit und der Reform verschrien. Aber die Tatsache, daß mit einer an und für sich guten Maßnahme eine Bewegung verbunden ist, die einen Irrtum verkündigt, spricht nicht zu deren Gunsten. Wir können das Gift mit gesunder Nahrung vermischen und dadurch unkenntlich machen, aber auf diese Weise verändern wir seine Natur nicht. Im Gegenteil, es wird nur noch gefährlicher, da man es desto leichter unversehens nimmt. Es ist eine der Listen Satans, mit der Lüge gerade so viel Wahrheit zu verbinden, damit sie glaubwürdig erscheint. Die leitenden Männer der Sonntagsbewegung mögen Reformen vertreten, die das Volk nötig hat, und Grundsätze, die mit der Bibel übereinstimmen; und doch können sich des Herrn Knechte nicht mit ihnen vereinen, weil damit eine Forderung verbunden ist, die dem Gesetz Gottes zuwiderläuft. Nichts kann die Beseitigung der Gebote Gottes zugunsten menschlicher Vorschriften rechtfertigen.

Durch die zwei großen Irrtümer, die Unsterblichkeit der Seele und die Heiligkeit des Sonntags, wird Satan das Volk unter seine Täuschungen bringen. Während jener den Grund für den Spiritismus legt, schafft dieser ein Band der Übereinstimmung mit Rom. Die Protestanten der Vereinigten Staaten werden die ersten sein, die ihre Hände über den Abgrund ausstrecken, um die Hand des Spiritismus zu erfassen; sie werden über die Kluft hinüberreichen zum Handschlag mit der römischen Macht, und unter dem Einfluß dieser dreifachen Verbindung wird jenes Land den Fußtapfen Roms folgen und die Gewissensrechte mit Füßen treten.

Da sich der Spiritismus dem heutigen Namenschristentum anpaßt, hat er größere Macht, zu hintergehen und zu verstricken. Satan selbst hat sich zu der neuen Ordnung der Dinge bekehrt. Er wird als ein Engel des Lichts erscheinen. Durch die Wirksamkeit des Spiritismus werden Wunder geschehen; Kranke werden geheilt und viele unstreitig übernatürliche Taten vollbracht werden. Und da die Geister ihren Glauben an die Bibel beteuern und Achtung vor den Einrichtungen der Kirche bekunden, wird ihr Werk als eine Offenbarung göttlicher Macht angenommen werden.

Die Grenzlinie zwischen den bekennenden Christen und den Gottlosen ist gegenwärtig kaum erkennbar. Glieder der Kirche lieben, was die Welt liebt, und sind bereit, sich mit ihr zu vereinen. Satan ist fest entschlossen, sie zu *einer* Gemeinschaft zu verbinden und seine Sache dadurch zu stärken, daß er alle in die Reihen des Spiritismus treibt. Katholiken, die Wunder als ein Zeichen der wahren Kirche ansehen, werden durch diese Wunder wirkende Macht leicht getäuscht werden; und Protestanten, die den Schild der Wahrheit von sich geworfen haben, werden ebenfalls hintergangen. Katholiken, Protestanten und Weltmenschen werden den Schein eines gottseligen Wesens annehmen, während sie dessen Kraft verleugnen. Sie werden in dieser Vereinigung eine große Bewegung sehen, die die Welt bekehrt und die lang erwartete tausendjährige Regierung Christi ankündigt.

Durch den Spiritismus erscheint Satan als Wohltäter des Menschengeschlechts, indem er die Krankheiten des Volkes heilt und vorgibt, eine neue und erhabenere Religion einzuführen; gleichzeitig aber wirkt er als Zerstörer. Seine Versuchungen führen Scharen von Menschen ins Verderben. Die Unmäßigkeit entthront die Vernunft; sinnliche Befriedigung, Streit und Blutvergießen folgen. Satan ergötzt sich am Krieg; denn dieser erweckt die schlimmsten Leidenschaften der Seele und rafft dann seine in Laster und Blut untergetauchten Opfer hinweg in die Ewigkeit. Es ist daher Satans Absicht, die Völker gegeneinander zum Krieg aufzuhetzen; denn auf diese Weise kann er die Gedanken der Menschen von den Vorbereitungen ablenken, die sie befähigen würden, am Tage Gottes zu bestehen.

Satan wirkt auch durch die Elemente, um seine Ernte, die unvorbereiteten Seelen, einzusammeln. Er hat die Geheimnisse des Laboratoriums der Natur studiert, und er setzt seine ganze Macht darein, um die Elemente zu beherrschen, soweit Gott es zuläßt. Als es ihm gestattet war, Hiob heimzusuchen, da waren Herden, Knechte, Häuser, Kinder schnell hinweggerafft, ein Unglück folgte unmittelbar auf das andere. Gott behütet seine Geschöpfe und bewahrt sie vor der Macht des Verderbens. Die christliche Welt hat das Gesetz des Herrn verachtet, und der Herr wird genau das tun, was er angekündigt hat ausführen zu wollen: er wird der Erde seinen Segen entziehen und seinen fürsorgenden Schutz von denen nehmen, die sich gegen sein Gesetz empören und andere lehren und zwingen, dasselbe zu tun. Satan herrscht über alle, die nicht unter Gottes besonderem Schutz stehen. Er wird manche begünstigen und fördern, um seine eigenen Absichten voranzubringen; auf andere wird er Schwierigkeiten herabbeschwören und die Menschen glauben machen, es sei Gott, der sie peinige.

Während er den Menschenkindern als ein großer Arzt erscheint, der alle ihre Krankheiten heilen kann, wird er Gebrechen und Unheil bringen, bis volkreiche Städte in Trümmer und Einöden verwandelt sind. Gerade jetzt ist er am Wirken. In Unfällen und Not zu Wasser und zu Lande, in großen Feuersbrünsten, in wütenden Wirbelstürmen und schrecklichen Hagelwettern, in Orkanen, Überschwemmungen, Springfluten und Erdbeben, an allen Orten und in tausenderlei Gestalt übt Satan seine Macht aus. Er fegt die reifende Ernte hinweg, und Hungersnot und Elend folgen. Er erfüllt die Luft mit einer tödlichen Seuche, und Tausende kommen durch Pestilenz um. Die Heimsuchungen werden immer häufiger und unheilvoller werden. Das Verderben wird über Menschen wie über Tiere kommen. „Das Land steht jämmerlich und verderbt ... die Höchsten des Volks ... nehmen ab. Das Land ist entheiligt von seinen Einwohnern; denn sie übertreten das Gesetz und ändern die Gebote und lassen fahren den ewigen Bund."[3]

Alsdann wird der große Betrüger den Menschen einreden, daß diejenigen, die Gott dienen, diese Übelstände verursachen. Die Seelen, die das Mißfallen des Himmels herausgefordert haben, werden all ihr Unglück denen zur Last legen, deren Gehorsam gegen Gottes Gebote den Übertretern ein beständiger Vorwurf ist. Man wird erklären, daß die Menschen durch die Mißachtung der Sonntagsfeier Gott beleidigen, daß diese Sünde ein Elend herbeigeführt habe, das nicht aufhören werde, bis man die Heiligung des Sonntags streng einschärfe, und daß die, welche die Ansprüche des vierten Gebots aufrechterhalten und dadurch die Achtung vor dem Sonntag zugrunde richten, das Volk beschweren und seine Wiedereinsetzung in göttliche Gnade und zeitliches Wohlergehen verhindern. Auf diese Weise wird die einst gegen die Diener Gottes vorgebrachte Anklage, und zwar aus den gleichen Gründen, wiederholt werden: „Und da Ahab Elia sah, sprach Ahab zu ihm: Bist du, der Israel verwirrt? Er aber sprach: Ich verwirre Israel nicht, sondern du und deines Vaters Haus, damit daß ihr des Herrn Gebote verlassen habt und wandelt den Baalim nach."[4] Wenn der Menschen Zorn durch falsche Anschuldigungen erregt sein wird, werden sie gegen die Gesandten Gottes ähnlich verfahren wie damals das abtrünnige Israel gegen Elia.

Die Wunder wirkende, sich durch den Spiritismus offenbarende Macht wird ihren Einfluß gegen alle ausüben, die es vorziehen, Gott mehr zu gehorchen als den Menschen. In ihren Mitteilungen werden

3 Jes. 24, 4. 5 4 1. Kö. 18, 17. 18

Geister erklären, daß Gott sie gesandt habe, um die Verwerfer des Sonntags ihres Irrtums zu überführen und zu bestätigen, daß die Gesetze des Landes als Gottes Gesetze beachtet werden sollten. Sie werden die große Gottlosigkeit in der Welt beklagen und die Zeugnisse religiöser Lehrer unterstützen, daß die gesunkene Moral durch die Entheiligung des Sonntags verursacht werde. Tiefe Entrüstung wird sich gegen alle jene erheben, die sich weigern, ihr Zeugnis anzunehmen.

Satans Handlungsweise gegenüber dem Volke Gottes in diesem letzten Kampf ist die gleiche, die er zu Beginn des großen Streites im Himmel einschlug. Er gab vor, die Festigkeit der göttlichen Regierung fördern zu wollen, während er heimlich alle Anstrengung machte, sie zu stürzen. Gerade das Werk, das er auf diese Weise durchzuführen hoffte, legte er den treugebliebenen Engeln zur Last. Unter der Herrschaft Roms wurden die Menschen, die ihre Treue zum Evangelium mit dem Leben bezahlen mußten, als Übeltäter gebrandmarkt; man erklärte, sie seien mit Satan im Bunde, und wandte alle möglichen Mittel an, sie mit Schmach zu überhäufen, damit sie in den Augen des Volkes und sogar vor sich selbst als die gemeinsten Verbrecher erschienen. So wird es auch jetzt sein. Indem Satan danach trachtet, die Menschen umzubringen, die Gottes Gebote ehren, wird er veranlassen, daß sie als Übertreter des Gesetzes angeklagt werden, als solche, die Gott entehren und seine schrecklichen Gerichte über die Welt bringen.

Gott zwingt nie, weder den Willen noch das Gewissen; Satan hingegen nimmt, um jene in seine Gewalt zu bringen, die er auf keine andere Weise verführen kann, beständig seine Zuflucht zum Zwang durch Grausamkeit. Mit Furcht oder Gewalt bemüht er sich, das Gewissen zu beherrschen und Huldigungen für sich selbst zu gewinnen. Um dies durchzusetzen, wirkt er durch religiöse und auch weltliche Mächte, die er antreibt, den menschlichen Verordnungen – Gottes Gesetz zum Trotz – Gehorsam zu erzwingen.

Die den biblischen Sabbat ehren, werden verschrien werden als Feinde des Gesetzes und der Ordnung, die die sittlichen Schranken der Gesellschaft niederreißen, Anarchie und Verderbnis verursachen und Strafgerichte Gottes über die Erde hervorrufen. Ihre gewissenhaften

Bedenken wird man als Eigensinn, Hartnäckigkeit und Verachtung der Obrigkeit ansehen. Sie werden als Feinde der Regierung beschuldigt werden. Prediger, die die Verbindlichkeit des göttlichen Gesetzes leugnen, werden von der Kanzel herunter zu der Verpflichtung aufrufen, den zivilen Behörden, als von Gott eingesetzt, Gehorsam zu leisten. In gesetzgebenden Kreisen und an Gerichtshöfen werden die Menschen, die Gottes Gebote beachten, verleumdet und verurteilt werden. Ihre Worte wird man falsch deuten und ihren Handlungen die schlechtesten Beweggründe unterschieben.

Wenn die protestantischen Gemeinden die deutlichen, schriftgemäßen Beweise zur Verteidigung des Gesetzes Gottes verwerfen, werden sie danach verlangen, alle die zum Schweigen zu bringen, deren Glauben sie mit der Bibel nicht umstürzen können. Obwohl sie die Augen den Tatsachen gegenüber verschließen, schlagen sie dennoch ein Verfahren ein, das zur Verfolgung derer führen wird, die sich gewissenhaft weigern, dem nachzukommen, was die übrige christliche Welt tut, und sie erkennen ihrerseits die Ansprüche des päpstlichen Sonntags an.

Die Würdenträger der Kirche und des Staates werden sich vereinen, alle Menschen zu bestechen, zu überreden oder zu zwingen, den Sonntag zu ehren. Die mangelnden göttlichen Beweise werden durch gewalttätige Forderungen ersetzt werden. Die politische Verderbtheit untergräbt die Liebe zur Gerechtigkeit und die Achtung vor der Wahrheit. Selbst im freien Amerika werden Beamte und Gesetzgeber dem Verlangen des Volkes nach einem Gesetz, das die Sonntagsfeier erzwingt, nachgeben, nur um sich die öffentliche Gunst zu sichern. Die Gewissensfreiheit, die so große Opfer gekostet hat, wird nicht länger geachtet werden. In dem bald kommenden Kampfe werden uns die Worte des Propheten durch Taten veranschaulicht werden: „Und der Drache ward zornig über das Weib und ging hin, zu streiten mit den übrigen von ihrem Samen, die da Gottes Gebote halten und haben das Zeugnis Jesu Christi.“ [5]

5 Offb. 12. 17

Die Bibel eine Schutzwehr | 37

„Ja, nach dem Gesetz und Zeugnis! Werden sie das nicht sagen, so werden sie die Morgenröte nicht haben.“ [1] Dem Volke Gottes wird die Heilige Schrift als Schutz gegen den Einfluß falscher Lehrer und gegen die trügerische Macht der Geister der Finsternis vor Augen gestellt. Satan wendet jede mögliche List an, die Menschen zu hindern, sich Kenntnisse aus der Bibel anzueignen; denn deren deutliche Aussagen enthüllen seine Täuschungen. Bei jeder Wiederbelebung des Werkes Gottes wird der Fürst des Bösen zu größerer Betriebsamkeit angespornt; nun gelten seine äußersten Anstrengungen einem letzten Kampf gegen Christus und seine Nachfolger. Die letzte große Täuschung wird sich bald vor uns entfalten. Der Antichrist wird seine erstaunlichen Werke vor unseren Augen ausführen. Das Nachgebildete wird dem Echten so genau gleichen, daß es unmöglich sein wird, beide zu unterscheiden, außer durch die Heilige Schrift. Mit ihrem Zeugnis muß jede Behauptung und jedes Wunder geprüft werden.

Jene, die versuchen, allen Geboten Gottes zu gehorchen, werden angefeindet und verlacht werden. Sie können nur in Gott standhalten. Um die vor ihnen liegende Prüfung bestehen zu können, müssen sie den Willen Gottes verstehen, wie er in seinem Wort offenbart ist; sie können ihn nur ehren, wenn sie eine richtige Vorstellung seines Wesens, seiner Regierung und seiner Absichten haben und auch danach handeln. Nur wer seine Seele mit den Wahrheiten der Bibel gestärkt hat, wird den letzten großen Kampf überstehen. Jeder wird durch die an ihn gerichtete Frage geprüft: Soll ich Gott mehr gehorchen als den Menschen? Die entscheidende Stunde ist jetzt sehr nahe. Stehen unsere Füße auf dem Felsen des unveränderlichen Wortes

1 Jes. 8, 20

Gottes? Sind wir vorbereitet, fest zu bleiben bei der Verteidigung der Gebote Gottes und des Glaubens an Jesus?

Vor der Kreuzigung erklärte der Heiland seinen Jüngern, daß er getötet werden und aus dem Grabe wieder auferstehen würde, und Engel umgaben sie, um seine Worte ihren Herzen und Gemütern einzuprägen. Die Jünger aber erwarteten eine irdische Befreiung vom römischen Joch und konnten den Gedanken nicht ertragen, daß Jesus, der Mittelpunkt ihrer Hoffnung, einen schmachvollen Tod erleiden sollte. Die Worte, an die sie sich hätten erinnern sollen, entschwanden ihrem Gedächtnis, und als die Zeit der Prüfung kam, waren sie unvorbereitet. Jesu Tod zerstörte ihre Hoffnungen vollständig, als ob er sie nie auf sein Sterben hingewiesen hätte. So wird uns in den Weissagungen die Zukunft ebenso deutlich erschlossen, wie sie den Jüngern durch Christi Worte erschlossen wurde. Die Ereignisse, die mit dem Ende der Gnadenzeit und dem Vorbereitungswerk für die Zeit der Trübsal in Verbindung stehen, werden uns klar veranschaulicht. Aber Tausende haben ein Verständnis für diese wichtigen Wahrheiten, als wären sie ihnen nie offenbart worden. Satan wacht, um jeden Einfluß von ihnen abzulenken, der sie zur Seligkeit tauglich machen könnte. Dann wird die trübselige Zeit sie unvorbereitet finden.

Wenn Gott den Menschen so wichtige Warnungen sendet, daß der Prophet sie darstellt, wie heilige Engel sie verkündigen, die mitten durch den Himmel fliegen, dann verlangt er von jedem vernünftigen Wesen, die Botschaft zu beachten. Die furchtbaren Strafgerichte, die gegen die Anbetung des Tieres und seines Bildes ausgesprochen wurden,[2] sollten alle zu einem eifrigen Studium der Weissagungen antreiben, damit sie erführen, was das Malzeichen des Tieres ist, und wie sie vermeiden können, es anzunehmen. Aber die meisten Menschen haben taube Ohren für die Wahrheit und wenden sich den Fabeln zu. Der Apostel Paulus erklärte im Hinblick auf die letzten Tage: „Es wird eine Zeit sein, da sie die heilsame Lehre nicht leiden werden.“[3] Diese Zeit ist jetzt da. Die Menge wünscht keine Bibelwahrheit, weil diese sich mit den Begierden des sündigen, weltliebenden Herzens nicht verträgt; und Satan versorgt sie mit dem Blendwerk, das die Menschen lieben.

2 Offb. 14, 9–11 3 2. Tim. 4, 3

Aber Gott will ein Volk auf Erden haben, das die Heilige Schrift, und nur diese allein, beibehält als Richtschnur aller Lehre und als Grundlage aller Reformen. Die Meinungen gelehrter Männer, die Ergebnisse der Wissenschaft, die Glaubenssätze und Beschlüsse von Kirchenversammlungen, zahlreich und uneins wie die Kirchen, die sie vertreten, die Stimme der Mehrheit – weder das eine allein noch sie alle zusammen können als Beweis für oder gegen irgendeinen religiösen Glaubenspunkt betrachtet werden. Ehe wir irgendeine Lehre oder Vorschrift annehmen, sollten wir ein deutliches „So spricht der Herr!" als Beweis dafür verlangen.

Satan ist ständig bemüht, die Aufmerksamkeit auf Menschen statt auf Gott zu richten. Er verleitet das Volk, Bischöfe, Geistliche und Theologieprofessoren als Führer zu betrachten, statt die Heilige Schrift zu erforschen, um ihre Pflicht zu erfahren. Wenn er dann den Verstand dieser geistlichen Führer beherrscht, kann er die Menge nach seinem Willen beeinflussen.

Als Christus kam, um Worte des Lebens zu verkünden, hörte das gemeine Volk ihm gern zu; und viele, sogar Priester und Obersten, glaubten an ihn. Aber die führenden Köpfe der Priesterschaft und die tonangebenden Männer des Volkes waren entschlossen, seine Lehren zu verdammen und zu verschmähen. Obwohl alle ihre Anstrengungen, Anklagepunkte gegen ihn zu finden, scheiterten, obwohl sie den Einfluß göttlicher Macht und Weisheit, der seine Worte begleitete, fühlten, blieben sie doch bei ihren Vorurteilen; sie verwarfen die deutlichsten Beweise seines Messiasamtes, damit sie nicht gezwungen wären, seine Jünger zu werden. Die Widersacher Jesu waren Männer, die zu ehren das Volk von Kindheit an gelehrt worden, deren Autorität es sich bedingungslos zu beugen gewohnt war. Wie kommt es, fragten viele, daß unsere Obersten und weisen Schriftgelehrten nicht an Jesus glauben? Würden diese frommen Männer ihn nicht annehmen, falls er Christus wäre? Der Einfluß solcher Lehrer war es, der die Juden dazu verleitete, ihren Erlöser zu verwerfen.

Diesen Geist, der jene Priester und Obersten bewegte, bekunden auch jetzt noch viele, die von ihrer Frömmigkeit viel Aufhebens machen. Sie weigern sich, das Zeugnis der Heiligen Schrift hinsichtlich der besonderen Wahrheiten für diese Zeit zu prüfen. Sie verweisen auf ihre große Zahl, ihren Reichtum und ihre Volkstümlichkeit und blicken geringschätzig auf die Verteidiger der Wahrheit herab, die sie als wenige, arme und unbeliebte Leute ansehen, die einen Glauben haben, der sie von der Welt trennt.

Christus sah voraus, daß die ungebührliche Machtanmaßung, wie sie von den Schriftgelehrten und Pharisäern geübt wurde, mit der Zerstreuung der Juden nicht aufhören würde. Er hatte einen prophetischen Blick für die Geschichte menschlicher Machterhebung zur Beherrschung des Gewissens, die zu allen Zeiten ein schrecklicher Fluch für die Kirche gewesen ist. Seine furchtbaren Strafreden gegen die Schriftgelehrten und Pharisäer sowie seine Warnungen an das Volk, diesen verblendeten Führern nicht zu folgen, wurden als Mahnung für die künftigen Geschlechter aufgezeichnet.

Die römische Kirche beschränkt das Recht, die Heilige Schrift auszulegen, auf die Geistlichkeit. Gestützt darauf, daß diese allein imstande sei, Gottes Wort zu erklären, entzieht sie die Bibel dem gewöhnlichen Volk. Wenn auch die Reformation allen Menschen die Heilige Schrift gab, so hindert doch der gleiche Grundsatz, den Rom geltend machte, viele in den protestantischen Kirchen daran, die Bibel für sich selbst zu studieren. Sie werden unterwiesen, ihre Lehren anzunehmen, *wie die Kirche sie auslegt;* und es gibt Tausende, die es nicht wagen, irgend etwas anzunehmen, das ihrem Glaubensbekenntnis oder den bestehenden Lehrsätzen der Kirche entgegengesetzt ist, sei es auch noch so deutlich in der Schrift offenbart.

Obgleich die Bibel viele Warnungen vor falschen Lehrern enthält, überlassen doch viele auf diese Weise die Bewahrung ihrer Seele der Geistlichkeit. Es gibt heute Tausende von sogenannten Christen, die keinen andern Grund für ihren Glauben angeben können, als daß sie von ihren religiösen Führern so unterrichtet wurden. Sie lassen die Lehren des Heilandes beinahe gänzlich unbeachtet und setzen unbedingtes Vertrauen in die Worte der Prediger. Sind diese aber unfehlbar? Wie können wir unsere Seelen ihrer Führung anvertrauen, es sei denn, daß wir aus Gottes Wort wissen, daß sie Träger des Lichtes sind? Mangelnder moralischer Mut, den von der Welt eingeschlagenen Weg zu verlassen, verleitet viele, den Fußtapfen gelehrter Männer zu folgen; und durch ihre Abneigung, selbst zu forschen, werden sie hoffnungslos in den Ketten des Irrtums festgehalten. Sie sehen, daß die Lehren der gegenwärtigen Wahrheiten in der Bibel klar hervorgehoben sind, und sie fühlen die Macht des Heiligen Geistes, der ihre Verkündigung begleitet; und doch lassen sie sich durch den Widerstand der Geistlichkeit von dem Licht wegführen. Obwohl die Vernunft und das Gewissen überzeugt sind, wagen diese verblendeten Seelen nicht, anders zu denken als der Prediger. Ihr persönliches Urteil und ihr ewiges Wohl werden dem Unglauben, dem Stolz und Vorurteil eines andern geopfert.

Auf mannigfaltige Weise wirkt Satan mit Hilfe menschlichen Einflusses, um seine Gefangenen zu binden. Er sichert sich ganze Scharen, indem er sie mit den seidenen Banden der Zuneigung an jene bindet, die Feinde des Kreuzes Christi sind. Gleichviel mit wem man so verbunden sein mag, ob mit Eltern, Kindern, Ehegatten oder Freunden, die Wirkung ist die gleiche; die Gegner der Wahrheit üben ihre Macht aus und beherrschen das Gewissen, und die unter ihrer Gewalt stehenden Seelen haben nicht genügend Mut oder sind nicht unabhängig genug, ihrem eigenen Pflichtgefühl zu gehorchen.

Die Wahrheit und die Verherrlichung Gottes sind untrennbar miteinander verbunden; es ist unmöglich, Gott durch irrige Ansichten zu ehren, wenn wir die Bibel zur Hand haben. Viele behaupten, daß es nicht darauf ankomme, was man glaube, wenn man nur recht lebe; aber das Leben wird durch den Glauben geprägt. Wenn Licht und Wahrheit uns dargeboten werden, und wir machen uns die Gnadengabe, sie zu hören und zu erkennen, nicht zunutze, so verwerfen wir diese Gabe im Grunde genommen; wir ziehen die Finsternis dem Lichte vor.

„Manchem gefällt ein Weg wohl; aber zuletzt bringt er ihn zum Tode.“[4] Unwissenheit ist keine Entschuldigung für den Irrtum oder die Sünde, wenn man jede Gelegenheit hat, Gottes Willen zu erkennen. Ein Wanderer kommt an eine Weggabelung; ein Wegweiser zeigt, wohin jeder Weg führt. Läßt er ihn außer acht und schlägt er den Weg ein, der ihm der rechte zu sein scheint, so wird er sich doch höchstwahrscheinlich, mag er noch so aufrichtig dabei sein, auf dem verkehrten Weg befinden.

4 Spr. 16, 25

Gott hat uns sein Wort gegeben, damit wir mit dessen Lehren vertraut werden und selbst wissen, was er von uns verlangt. Als der Schriftgelehrte zu Jesus kam mit der Frage: „Was muß ich tun, daß ich das ewige Leben ererbe?", verwies ihn der Heiland auf die Schrift, indem er sagte: „Wie steht im Gesetz geschrieben? Wie liesest du?"[5] Die Unwissenheit kann weder alt noch jung entschuldigen, noch von der Strafe befreien, die die Übertretung des Gesetzes Gottes nach sich zieht, weil sie eine getreue Darstellung jenes Gesetzes sowie seiner Grundsätze und Anforderungen zur Hand haben. Gute Absichten genügen keineswegs; auch reicht es nicht hin, das zu tun, was man für recht hält oder was der Prediger für recht erklärt. Das Heil der Seele steht auf dem Spiel; jeder muß für sich selbst in der Schrift forschen. Wie stark auch seine Überzeugung sein, wie zuversichtlich er auch glauben mag, daß der Geistliche wisse, was Wahrheit ist: er hat damit keine sichere Grundlage. Er besitzt eine Karte, die ihm genau den Weg der Reise nach dem Himmel bezeichnet, und er sollte deshalb nichts zu erraten suchen. – Es ist die erste und höchste Pflicht jedes vernünftigen Wesens, aus der Heiligen Schrift zu lernen, was Wahrheit ist, und dann in diesem Licht zu wandeln und andere zu ermutigen, ihrem Beispiel zu folgen. Wir sollten Tag für Tag fleißig in der Bibel forschen, jeden Gedanken wägen und Text mit Text vergleichen. Mit Gottes Hilfe müssen wir uns selbst unsere Meinungen bilden, da wir auch für uns selbst vor Gott Rechenschaft abzulegen haben.

Die in der Bibel so eindeutig offenbarten Wahrheiten sind in Zweifel und Dunkelheit gehüllt worden von gelehrten Männern, die unter der Vorspiegelung, große Weisheit zu besitzen, lehren, daß die Heilige Schrift eine mystische, geheimnisvolle, geistliche Bedeutung habe, die in der angewandten Sprache nicht ersichtlich sei. Diese Männer sind falsche Lehrer. Solchen erklärte Jesus: „Ihr irret darum, daß ihr nichts wisset von der Schrift noch von der Kraft Gottes."[6] Die Sprache der Bibel sollte ihrer unverkennbaren Bedeutung gemäß erklärt werden, vorausgesetzt, daß nicht ein Symbol oder eine bildliche Rede gebraucht ist. Christus hat die Verheißung gegeben: „So jemand will des Willen tun, der wird innewerden, ob diese Lehre von Gott sei."[7] Wenn die Menschen die Heilige Schrift nehmen wollten, wie sie wirklich lautet,

5 Luk. 10, 25. 26 6 Mark. 12, 24 7 Joh. 7, 17

wenn es keine falschen Lehrer gäbe, dann könnte eine Aufgabe erfüllt werden, die die Engel erfreute und Tausende und aber Tausende, die jetzt im Irrtum wandeln, zur wahren Herde Christi brächte.

Wir sollten beim Studium der Bibel alle unsere Geisteskräfte anwenden und den Verstand anstrengen, die tiefen Dinge Gottes zu erfassen, soweit dies Sterblichen möglich ist; doch dürfen wir nicht vergessen, daß die Fügsamkeit und Unterwerfung eines Kindes der richtige Geist zum Lernen ist. Schwierigkeiten im Bibeltext können nie auf dieselbe Weise überwunden werden, die bei der Ergründung philosophischer Fragen angewandt wird. Wir dürfen uns nicht mit jenem Selbstvertrauen an das Studium der Bibel begeben, mit dem so viele das Gebiet der Wissenschaft betreten, sondern mit einem andächtigen Vertrauen auf Gott und dem aufrichtigen Verlangen, seinen Willen zu erkennen. Wir müssen mit einem demütigen und gelehrigen Geist kommen, um Erkenntnis von dem großen *Ich bin* zu erlangen; sonst werden böse Engel unseren Verstand so verblenden und unsere Herzen so verhärten, daß die Wahrheit keinen Eindruck mehr auf uns macht.

Mancher Teil der Heiligen Schrift, den gelehrte Männer als ein Geheimnis hinstellen oder als unwichtig übergehen, ist voller Trost und Unterweisung für den, der in der Schule Christi gelehrt worden ist. Ein Grund dafür, daß viele Theologen kein klareres Verständnis des Wortes Gottes haben, ist, daß sie vor den Wahrheiten, die sie nicht ausleben wollen, ihre Augen verschließen. Ein Verständnis der Bibelwahrheiten hängt nicht so sehr von der Stärke des Urteilsvermögens ab als von der Zielstrebigkeit seines Bemühens, dem ernsten Verlangen nach Gerechtigkeit.

Nie sollte die Bibel ohne Gebet studiert werden. Der Heilige Geist allein kann uns die Wahrheit der leichtverständlichen Teile einprägen und uns von dem Verdrehen schwerverständlicher Wahrheiten abhalten. Durch den Dienst himmlischer Engel werden die Herzen zubereitet, Gottes Wort so zu verstehen, daß wir von dessen Schönheit gefangen, durch seine Warnungen ermahnt oder durch die Verheißungen ermutigt und gestärkt werden. Wir sollten des Psalmisten Bitte: „Öffne mir die Augen, daß ich sehe die Wunder an deinem Gesetz“[8] zu unserer eigenen machen. Die Versuchungen erscheinen oft unwider-

8 Ps. 119, 18

stehlich, weil sich der Versuchte wegen der Vernachlässigung des Gebets und des Studiums der Bibel nicht gleich der Verheißungen Gottes zu erinnern und Satan mit den biblischen Waffen entgegenzutreten vermag. Aber Engel lagern sich um diejenigen, die willig sind, sich in göttlichen Dingen belehren zu lassen, und werden sie in der Zeit großer Not gerade an die Wahrheiten erinnern, deren sie bedürfen. Wenn der Widersacher kommen wird wie ein Strom, wird der Geist des Herrn das Panier gegen ihn aufrichten.

Jesus verhieß seinen Jüngern: „Aber der Tröster, der heilige Geist, welchen mein Vater senden wird in meinem Namen, der wird euch alles lehren und euch erinnern alles des, das ich euch gesagt habe." [9] Aber die Lehren Christi müssen zuvor dem Gedächtnis eingeprägt worden sein, damit Gottes Geist sie uns zur Zeit der Gefahr in Erinnerung bringen kann. David sagte: „Ich behalte dein Wort in meinem Herzen, auf daß ich nicht wider dich sündige." [10]

Alle, die ihr ewiges Heil schätzen, sollten vor der Zweifelsucht auf der Hut sein. Die eigentlichen Grundpfeiler der Wahrheit werden angegriffen werden. Es ist unmöglich, von den Spötteleien, Spitzfindigkeiten und den trügerischen, hinterlistigen Lehren des modernen Unglaubens verschont zu bleiben. Satan paßt seine Versuchungen allen Klassen an. Die Ungebildeten überfällt er mit Gespött oder Hohn, während er den Gebildeten mit wissenschaftlichen Einwänden und philosophischen Gedankengängen gegenübertritt, beides darauf berechnet, Mißtrauen oder Geringschätzung gegen die Heilige Schrift zu erwecken. Selbst die unerfahrene Jugend maßt sich an, auf Zweifel an den wesentlichen Grundsätzen des Christentums anzuspielen. Und dieser jugendliche Unglaube, oberflächlich wie er ist, hat seinen Einfluß. Viele werden auf diese Weise dazu verleitet, über den Glauben ihrer Väter zu spotten und den Geist der Gnade zu schmähen. [11] Manches Leben, das verhieß, Gott zur Ehre und für die Welt zum Segen gelebt zu werden, ist durch den giftigen Hauch des Unglaubens verderbt worden. Alle, die den prahlerischen Schlüssen menschlicher Vernunft vertrauen und sich einbilden, göttliche Geheimnisse erklären und ohne den Beistand der Weisheit Gottes zur Wahrheit gelangen zu können, sind in Satans Schlingen verstrickt.

9 Joh. 14, 26 10 Ps. 119, 11 11 Hebr. 10, 29

Wir leben in dem ernstesten Abschnitt der Geschichte dieser Welt. Das Schicksal der auf der Erde geschäftig dahintreibenden Menschenmassen steht im Begriff, entschieden zu werden. Unser eigenes zukünftiges Wohl und auch das Heil anderer Seelen hängt davon ab, welchen Weg wir jetzt einschlagen. Wir bedürfen der Leitung des Geistes der Wahrheit. Jeder Nachfolger Christi muß ernstlich fragen: Herr, was willst du, daß ich tun soll? Wir müssen uns vor dem Herrn demütigen mit Fasten und Beten und viel über sein Wort, besonders über die Gerichtsszenen, nachdenken. Es gilt jetzt nach einer tiefen und lebendigen Erfahrung in den göttlichen Dingen zu suchen. Wir haben keinen Augenblick zu verlieren. Rings um uns her geschehen Ereignisse von höchster Wichtigkeit; wir befinden uns auf Satans bestrickendem Boden. Schlaft nicht, Wächter Gottes; der Feind lauert in der Nähe, stets bereit, euch anzufallen und euch zu seiner Beute zu machen, falls ihr matt und schläfrig werdet.

Viele befinden sich hinsichtlich ihrer wahren Lage vor Gott im Irrtum. Sie schätzen sich glücklich, daß sie gewisse böse Handlungen nicht begehen und vergessen die guten und edlen Taten, die Gott von ihnen verlangt, die sie jedoch unterlassen haben. Es genügt nicht, daß sie Bäume im Garten Gottes sind. Sie müssen seinen Erwartungen entsprechen, indem sie Frucht tragen. Er macht sie verantwortlich für all das Gute, das sie durch seine sie stärkende Gnade hätten leisten können und nicht geleistet haben. In die Bücher des Himmels werden sie als solche eingetragen, die das Erdreich hindern. Doch selbst die Lage dieser Menschen ist nicht hoffnungslos. Für die, welche Gottes Barmherzigkeit geringgeachtet und seine Gnade mißbraucht haben, fleht noch immer das Herz des langmütigen Gottes der Liebe. Darum spricht er: „‚Wache auf, der du schläfst, und stehe auf von den Toten, so wird dich Christus erleuchten.‘ So sehet nun zu, wie ihr vorsichtig wandelt . . . und kaufet die Zeit aus; denn es ist böse Zeit.“ [12]

Wenn die Zeit der Prüfung kommt, werden die Menschen hervortreten, die Gottes Wort zu ihrer Lebensregel gemacht haben. Im Sommer erkennt man keinen wahrnehmbaren Unterschied zwischen den immergrünen Bäumen und den andern; wenn aber die Winterstürme kommen, bleiben die immergrünen Bäume unverändert, während die

12 Eph. 5, 14–16

andern ihren Blätterschmuck verlieren. So mag der Scheinchrist jetzt von dem wahren Christen nicht zu unterscheiden sein; aber die Zeit ist nahe, da sich der Unterschied zeigen wird. Laßt erst Widerstand sich erheben, religiösen Fanatismus und Unduldsamkeit wiederum das Zepter führen und Verfolgung aufs neue einsetzen, dann werden die Halbherzigen und Heuchler wanken und ihren Glauben aufgeben; der wahre Christ aber wird feststehen wie ein Fels mit einem stärkeren Glauben, einer größeren Hoffnung als in den Tagen des Wohlergehens.

Der Psalmist sagt: „Deine Zeugnisse sind meine Rede. . . Dein Wort macht mich klug; darum hasse ich alle falschen Wege.“ [13]

„Wohl dem Menschen, der Weisheit findet.“ „Der ist wie ein Baum, am Wasser gepflanzt und am Bach gewurzelt. Denn obgleich eine Hitze kommt, fürchtet er sich doch nicht, sondern seine Blätter bleiben grün, und sorgt nicht, wenn ein dürres Jahr kommt, sondern er bringt ohne Aufhören Früchte.“ [14]

13 Ps. 119, 99. 104

14 Spr. 3, 13; Jer. 17, 8

Die letzte Warnung | 38

„Darnach sah ich einen andern Engel niederfahren vom Himmel, der hatte eine große Macht, und die Erde ward erleuchtet von seiner Klarheit. Und er schrie aus Macht mit großer Stimme und sprach: Sie ist gefallen, sie ist gefallen, Babylon, die große, und eine Behausung der Teufel geworden und ein Behältnis aller unreinen Geister und ein Behältnis aller unreinen und verhaßten Vögel. .. Und ich hörte eine andere Stimme vom Himmel, die sprach: Gehet aus von ihr, mein Volk, daß ihr nicht teilhaftig werdet ihrer Sünden, auf daß ihr nicht empfanget etwas von ihren Plagen!“ [1]

Diese Schriftstelle weist vorwärts auf eine Zeit, da die Ankündigung des Falles Babylons, wie sie der zweite Engel[2] in Offenbarung 14 macht, wiederholt wird, erwähnt aber zudem die Verderbnisse, die in die verschiedenen Gemeinschaften, aus denen sich Babylon zusammensetzt, eingedrungen sind, seitdem jene Botschaft im Sommer 1844 zuerst verkündigt wurde. Ein schrecklicher Zustand der religiösen Welt wird hier beschrieben. Mit jeder Verwerfung der Wahrheit werden die Gemüter des Volkes finsterer und die Herzen hartnäckiger werden, bis sie hinter einer ungläubigen Dreistigkeit verschanzt sind. Den von Gott gegebenen Warnungen zum Trotz verhöhnen sie weiterhin eines der Zehn Gebote, bis sie dahin kommen, die zu verfolgen, die es heilighalten. Christus wird durch die Geringschätzung, mit der man sein Wort und sein Volk behandelt, für nichts geachtet. Wenn die Lehren des Spiritismus von den Kirchen angenommen werden, fällt die dem fleischlichen Herzen auferlegte Schranke, und das etwaige Religionsbekenntnis wird zum Deckmantel der niedrigsten Sünde. Der Glaube an spiritistische Offenbarungen öffnet verführerischen Gei-

1 Offb. 18, 1. 2. 4   2 Offb. 14, 8

stern und Lehren der Teufel die Tür, und auf diese Weise wird der Einfluß der bösen Engel in den Kirchen spürbar.

Von Babylon heißt es zu der Zeit, da es in der Weissagung uns vor Augen geführt wird: „Ihre Sünden reichen bis in den Himmel, und Gott denkt an ihren Frevel.“ [3] Sie hat das Maß ihrer Schuld angefüllt, und das Verderben wird sie schnell überfallen. Aber Gott hat noch ein Volk in Babylon, und vor der Heimsuchung durch seine Strafgerichte müssen diese Getreuen herausgerufen werden, damit sie nicht, wie erklärt, teilhaftig werden deren Sünden, damit sie nicht etwas empfangen von deren Plagen. Deshalb ist auch die Bewegung durch den Engel versinnbildet, der vom Himmel herabkommt, die Erde mit seiner Herrlichkeit erleuchtet und mit Macht und starker Stimme die Sünden Babylons verkündigt. In Verbindung mit seiner Botschaft erklingt der Ruf: „Gehet aus von ihr, mein Volk!“ Diese Ankündigungen bilden mit der dritten Engelsbotschaft die letzte Warnung an die Bewohner der Erde.

Furchtbar ist das Ende, dem die Welt entgegeneilt. Die im Kampf gegen die Gebote Gottes verbundenen Mächte der Erde werden verfügen, daß „die Kleinen und Großen, die Reichen und Armen, die Freien und Knechte“ [4] sich durch die Feier des falschen Sabbats nach den Gebräuchen der Kirche richten müssen. Alle, die sich weigern, diesen Gebräuchen nachzukommen, werden gesetzlich bestraft werden, und man wird schließlich erklären, daß sie des Todes schuldig sind. Dahingegen verlangt das Gesetz Gottes, das den Ruhetag des Herrn fordert, Gehorsam und bedroht alle Übertreter des Gesetzes mit Zorn.

Wem auf diese Weise der Ausgang des Kampfes deutlich vor Augen geführt worden ist, wer Gottes Gesetz mit Füßen tritt, um einer menschlichen Verordnung zu gehorchen, der empfängt das Malzeichen des Tieres; er nimmt das Zeichen der Untertanentreue gegenüber der Macht an, der er an Gottes Statt gehorchen will. Die Warnung vom Himmel lautet: „So jemand das Tier anbetet und sein Bild und nimmt das Malzeichen an seine Stirn oder an seine Hand, der wird von dem Wein des Zorns Gottes trinken, der lauter eingeschenkt ist in seines Zornes Kelch.“ [5]

3 Offb. 18, 5 4 Offb. 13, 16 5 Offb. 14, 9. 10

Niemand aber wird den Zorn Gottes erleiden, ehe nicht die Wahrheit vor der Tür seines Herzens und Gewissens Einlaß begehrt hat und verworfen worden ist. Es gibt viele, die nie Gelegenheit hatten, die besonderen Wahrheiten für diese Zeit zu hören. Die Verbindlichkeit des vierten Gebots ist ihnen nie im wahren Lichte gezeigt worden. Der in allen Herzen liest und jeden Beweggrund prüft, wird keinen, den nach Erkenntnis der Wahrheit verlangt, über den Ausgang des Kampfes im unklaren lassen. Der Erlaß soll dem Volk nicht blindlings aufgenötigt werden, sondern jeder wird hinreichend Licht empfangen, um seinen Entscheid einsichtsvoll treffen zu können.

Der Sabbat wird der große Prüfstein der Treue sein; denn er ist der besonders bekämpfte Punkt der Wahrheit. Wenn sich die Menschen der letzten endgültigen Prüfung unterziehen, dann wird die Grenzlinie gezogen werden zwischen denen, die Gott dienen, und denen, die ihm nicht dienen. Während die Feier des falschen Sabbats in Übereinstimmung mit den Landesgesetzen, jedoch im Widerspruch zum vierten Gebot, ein offenes Treuebekenntnis gegenüber einer Macht ist, die Gott feindlich gegenübersteht, wird das Halten des wahren Sabbats im Gehorsam gegen Gottes Gesetz ein Beweis der Treue gegen den Schöpfer sein. Während eine Klasse durch die Annahme des Zeichens der Unterwerfung unter irdische Mächte das Malzeichen des Tieres empfängt, nimmt die andere das Siegel Gottes an, indem sie das Zeichen der Treue gegen die göttliche Autorität erwählt.

Ehedem wurden Personen, die die Wahrheiten der dritten Engelsbotschaft verkündigten, oft nur als Schwarzseher betrachtet. Ihre Vorhersagen, daß religiöse Unduldsamkeit in den Vereinigten Staaten die Oberhand gewinnen, daß Kirche und Staat sich zusammenfinden würden, um die zu verfolgen, die Gottes Gebote halten, wurden als grundlos und lächerlich abgetan, und man hat zuversichtlich erklärt, jenes Land könne nichts anderes werden, als es gewesen ist: der Verteidiger der religiösen Freiheit. Da aber die Frage der Erzwingung der Sonntagsfeier überall erörtert wird, sieht man das so lange bezweifelte Ereignis näher kommen, und die dritte Engelsbotschaft wird eine Wirkung hervorrufen, die vorher nicht da sein konnte.

In jedem Zeitalter hat Gott seine Diener gesandt, um die Sünde zu bestrafen, nicht allein in der Welt, sondern auch in der Kirche. Das

Volk aber wünscht sanfte Reden zu hören, und die lautere, ungeschminkte Wahrheit ist nicht beliebt. Viele Reformatoren beschlossen bei Beginn ihres Wirkens, mit großer Vorsicht gegen die Sünden der Kirche und des Landes vorzugehen. Sie hofften durch das Beispiel eines reinen, christlichen Lebens das Volk zu den Lehren der Heiligen Schrift zurückzuführen. Aber der Geist Gottes kam über sie, wie er über Elia kam und ihn antrieb, die Sünden eines gottlosen Königs und eines abtrünnigen Volkes zu tadeln; sie konnten sich nicht zurückhalten, die deutlichen Aussagen der Bibel, selbst die Lehren, die sie vorzubringen zögerten, zu predigen. Sie mußten die Wahrheit und die Gefahr, die den Seelen drohte, eifrig verkündigen. Die Folgen nicht fürchtend, sprachen sie die Worte, die der Herr ihnen eingab, und das Volk war gezwungen, die Warnung anzuhören.

Auf diese Weise wird auch die dritte Engelsbotschaft verkündigt werden. Wenn die Zeit kommt, da sie mit größter Kraft verbreitet werden soll, wird der Herr durch demütige Werkzeuge wirken, indem er die Gemüter derer leitet, die sich ihm zum Dienst weihen. Die Mitarbeiter werden viel mehr durch die Salbung seines Geistes als durch die Ausbildung wissenschaftlicher Anstalten befähigt werden. Männer des Glaubens und des Gebets werden sich gedrungen fühlen, mit heiligem Eifer aufzutreten, um die Worte zu verkünden, die Gott ihnen anvertraut. Die Sünden Babylons werden offenbar werden; die furchtbaren Folgen der Erzwingung der kirchlichen Gebräuche durch den Staat, die Anmaßungen des Spiritismus, die heimliche aber rasche Zunahme der päpstlichen Macht, alles wird entlarvt werden. Durch diese ernsten Warnungen wird das Volk aufgerüttelt. Tausende und aber Tausende, die noch nie solche Worte gehört haben, lauschen diesen Warnungen. Mit Verwunderung hören sie das Zeugnis, daß Babylon die infolge seiner Irrtümer und Sünden gefallene Kirche ist, weil sie die ihr vom Himmel gesandte Wahrheit verworfen hat. Wendet sich das Volk dann mit der brennenden Frage, ob es wirklich so sei, an seine früheren Lehrer, so erzählen die Prediger Fabeln, prophezeien beruhigende Dinge, um die Besorgnis zu beschwichtigen und das erwachte Gewissen zu besänftigen. Da sich jedoch viele weigern, sich mit bloßer menschlicher Autorität zu begnügen und ein deutliches „So spricht der Herr“ verlangen, erklären die volkstümlichen Prediger, wie einst die

Pharisäer, zornerfüllt, weil ihre Vollmacht in Frage gestellt wird: die Botschaft sei von Satan. Und sie wiegeln die sündenliebende Menge auf, jene zu verunglimpfen und zu verfolgen, die die Botschaft verkündigen.

Sowie der Kampf sich auf neue Gebiete ausdehnt und die Aufmerksamkeit des Volkes auf das mit Füßen getretene Gesetz Gottes gelenkt wird, gerät Satan in Aufregung. Die Kraft, welche die Botschaft begleitet, wird jene rasend machen, die ihr widerstehen. Die Geistlichen werden mit beinahe übermenschlichen Anstrengungen das Licht zu verschließen suchen, damit es nicht auf ihre Herde scheine, und sie werden sich mit allen ihnen zu Gebote stehenden Mitteln bemühen, die Besprechung dieser wichtigen Fragen zu unterdrücken. Die Kirche wendet sich an den starken Arm der Staatsgewalt, und zwar werden sich Katholiken und Protestanten in diesem Bemühen vereinigen. Wenn die Bewegung, die Sonntagsfeier zu erzwingen, kühner und entschiedener wird, werden die Gesetze gegen diejenigen angerufen werden, die die Gebote Gottes halten. Man wird sie mit Geldstrafen und Gefängnis bedrohen; einigen wird man einflußreiche Stellungen und andere Belohnungen und Vorteile anbieten, damit sie ihrem Glauben entsagen. Ihre standhafte Antwort aber lautet: Beweist uns unseren Irrtum aus dem Worte Gottes – dieselbe Bitte, die Luther unter ähnlichen Umständen ausgesprochen hatte. Vor Gericht geführt, werden sie die Wahrheit eindeutig rechtfertigen, und manche Zuhörer werden sich entschließen, alle Gebote Gottes zu halten. So werden Tausende von Menschen das Licht sehen, die es sonst nie geschaut hätten.

Gewissenhafter Gehorsam gegen Gottes Wort wird als Empörung angesehen werden. Von Satan verblendet, werden die Eltern das gläubige Kind hart und streng behandeln; Herrschaften werden ihre Bedienten, die die Gebote halten, unterdrücken. Die Liebe wird erkalten; Kinder werden enterbt und aus dem Haus getrieben. Die Worte des Paulus: „Alle, die gottselig leben wollen in Christo Jesu, müssen Verfolgung leiden“ [6] werden buchstäblich in Erfüllung gehen. Da sich die Verteidiger der Wahrheit weigern, den Sonntag als Sabbat zu ehren, werden manche von ihnen ins Gefängnis geworfen, andere verbannt und etliche wie Sklaven behandelt werden. Dem menschlichen Ver-

6 2. Tim. 3, 12

stand scheint dies alles jetzt unmöglich; wenn aber der zügelnde Geist Gottes den Menschen entzogen wird und sie der Herrschaft Satans, der die göttlichen Verordnungen haßt, überlassen bleiben, dann werden sich ungewöhnliche Dinge enthüllen. Das Herz kann sehr grausam sein, sobald Gottesfurcht und Liebe verschwunden sind.

Wenn der Sturm herannaht, werden viele, die sich zur dritten Engelsbotschaft bekannt haben, aber nicht durch den Gehorsam gegen die Wahrheit geheiligt worden sind, ihren Standpunkt aufgeben und sich zu den Reihen der Gegner schlagen. Indem sie sich mit der Welt vereinigen und an ihrem Geist teilhaben, kommen sie dahin, die Dinge in nahezu dem gleichen Licht zu betrachten wie die Welt, und wenn die Prüfung an sie herantritt, wählen sie die leichte, allseits beliebte Seite. Talentvolle Männer von ansprechendem Benehmen, die sich einst der Wahrheit erfreuten, setzen ihre Kräfte ein, um Seelen zu täuschen und irrezuleiten, und werden die bittersten Feinde ihrer ehemaligen Brüder. Wenn jene, die den Sabbat halten, vor Gericht gestellt werden, um sich um ihres Glaubens willen zu verantworten, sind diese Abtrünnigen die wirksamsten Werkzeuge Satans, sie zu verleumden und anzuklagen und durch falsche Berichte und Einflüsterungen die Herrscher gegen sie aufzuhetzen.

In dieser Zeit der Verfolgung wird der Glaube der Diener des Herrn geprüft werden. Sie haben im Hinblick auf Gott und sein Wort die Warnung treulich verkündet; Gottes Geist wirkte auf ihre Herzen und zwang sie zu reden. Von heiligem Eifer angeregt und vom Geist Gottes mit Macht getrieben, gingen sie an die Ausführung der ihnen aufgetragenen Aufgaben, ohne die Folgen zu bedenken, die ihnen durch die Verkündigung des ihnen von Gott eingegebenen Wortes erwachsen könnten. Sie waren weder auf ihr irdisches Wohlergehen bedacht, noch haben sie danach getrachtet, ihren guten Ruf oder ihr Leben zu bewahren; dennoch werden manche, wenn der Sturm des Widerstandes und der Schmach über sie hereinbricht, von Bestürzung überwältigt, bereit sein auszurufen: Hätten wir die Folgen unserer Worte vorhergesehen, sie wären ungesagt geblieben. — Sie sind ringsum von Schwierigkeiten umgeben. Satan bestürmt sie mit grimmigen Versuchungen. Die Aufgabe, die sie in Angriff genommen haben, scheint ihre Fähigkeiten weit zu übersteigen, um sie vollenden zu können. Man droht ihnen, sie umzubringen. Die Begeisterung, die sie beseelte, ist dahin; sie können nicht mehr den Weg zurückgehen. Dann flehen sie, sich ihrer äußersten Ohnmacht bewußt, zu dem Allmächtigen um Kraft. Sie erinnern sich, daß die Worte, die sie gesprochen haben, nicht ihre eigenen Worte waren, sondern die Worte dessen, der ihnen befohlen hatte, die Warnung zu erteilen. Gott pflanzte die Wahrheit in ihre Herzen, und sie konnten nicht anders, sie mußten sie verkündigen.

Die gleichen Prüfungen haben Männer Gottes in den vergangenen Zeiten durchgemacht. Wiklif, Hus, Luther, Tyndale, Baxter, Wesley, sie verlangten, daß alle Lehren durch die Bibel geprüft werden sollten und erklärten, sich von allem lossagen zu wollen, was diese verdamme. Gegen diese Männer wütete die Verfolgung mit unerbittlichem Zorn, und doch hörten sie nicht auf, die Wahrheit zu verkündigen. Verschiedene Abschnitte der Kirchengeschichte zeichnen sich durch die Enthüllung irgendeiner besonderen Wahrheit aus, die den Bedürfnissen des Volkes Gottes zu jener Zeit angemessen war. Jede neue Wahrheit hat sich ihren Weg durch Haß und Widerstand hindurch gebahnt; wer mit ihrer Erkenntnis gesegnet war, wurde versucht und geprüft. Wenn es nottut, gibt der Herr dem Volke eine besondere Wahrheit. Wer wagt es, ihre Verkündigung zu verweigern? Er gebietet seinen Dienern, der Welt die letzte Gnadenbotschaft vor Augen zu führen. Sie können nicht schweigen, es sei denn unter Gefährdung ihrer eigenen Seele. Die Gesandten Christi haben mit den Folgen nichts zu tun. Sie müssen ihre Pflicht erfüllen und das übrige Gott überlassen.

Wird der Widerstand grimmiger, so werden Gottes Diener aufs neue verwirrt; denn es scheint ihnen, als hätten sie die Entscheidung herbeigeführt. Aber ihr Gewissen und das Wort Gottes geben ihnen die Sicherheit, daß ihr Verhalten richtig war; und wenn die Prüfungen fortdauern, werden sie gestärkt, sie zu ertragen. Der Kampf wird entschlossener und heftiger, aber ihr Glaube und ihr Mut steigen mit der Schwierigkeit ihrer Lage. Ihr Zeugnis lautet: Wir wagen es nicht, in Gottes Wort Änderungen vorzunehmen, indem wir sein heiliges Gesetz zertrennen und den einen Teil wesentlich und den anderen unwesentlich nennen, nur um die Gunst der Welt zu gewinnen. Der Herr, dem wir dienen, ist imstande, uns zu befreien. Christus hat die Mächte der Erde überwunden; sollten wir uns fürchten vor einer bereits besiegten Welt?

Die Verfolgung in ihren verschiedenen Formen ist die Entfaltung eines Grundsatzes, der so lange bestehen wird, solange Satan lebt und das Christentum Lebenskraft besitzt. Kein Mensch kann Gott dienen, ohne den Widerstand der Scharen der Finsternis zu erregen. Die bösen Engel, die beunruhigt sind, daß sein Einfluß ihren Händen die Beute entreißen möchte, werden ihn bestürmen, und böse Menschen, die sich durch sein Beispiel gestraft fühlen, werden sich mit jenen Engeln vereinen, ihn durch lockende Versuchungen von Gott zu trennen. Bleiben diese erfolglos, wird Gewalt angewendet, um das Gewissen zu zwingen.

Doch solange Jesus im himmlischen Heiligtum der Vermittler des Menschen bleibt, werden Herrscher und Volk den beschränkenden Einfluß des Heiligen Geistes spüren. Noch immer beherrscht er in einem gewissen Grade die Gesetze des Landes. Wäre es nicht um dieser Gesetze willen, der Zustand der Welt würde viel schlimmer sein, als er jetzt ist. Während viele unserer hohen Beamten wirksame Helfer Satans sind, hat Gott seine Mitarbeiter auch unter den führenden Männern des Volkes. Der Feind wirkt auf seine Knechte ein, Maßnahmen vorzuschlagen, die das Werk Gottes beträchtlich hindern würden; aber Staatsmänner, die den Herrn fürchten, werden von heiligen Engeln beeinflußt, sich solchen Vorschlägen mit unwiderlegbaren Beweisen zu widersetzen. Auf diese Weise werden wenige Männer einen mächtigen Strom des Übels aufhalten. Der Widerstand der Feinde der Wahrheit wird zurückgedrängt werden, damit die dritte Engelsbotschaft ihre Aufgabe erfüllen kann. Wird dann die letzte Warnung verkündigt, so ist die Aufmerksamkeit dieser führenden Männer, durch die der Herr nun wirkt, gefesselt, und manche von ihnen werden sie annehmen und sich während der Zeit der Trübsal dem Volke Gottes anschließen.

Der Engel, der der Verkündigung der dritten Engelsbotschaft folgt, soll die ganze Erde mit seiner Herrlichkeit erleuchten. Hier wird ein Werk von weltumspannender Ausdehnung und ungewöhnlicher Kraft vorhergesagt. Die Adventbewegung von 1840 bis 1844 war eine herrliche Offenbarung der Macht Gottes. Die erste Engelsbotschaft wurde zu jeder Missionsstation in der Welt getragen, und in einigen Ländern herrschte die größte religiöse Bewegung, die seit der Reformation des 16. Jahrhunderts in irgendeinem Lande gesehen wurde; aber noch weit größer wird die mächtige Bewegung sein, die durch die letzte Warnung des dritten Engels entstehen wird.

Diese Bewegung wird der des Pfingsttages ähnlich sein. Wie der „Frühregen" in der Ausgießung des Heiligen Geistes am Anfang der Apostelzeit fiel, um das Aufsprießen des köstlichen Samens zu bewirken, so wird der „Spätregen" am Ende der Tage ausgegossen werden, damit die Ernte reife. „Dann werden wir acht darauf haben und fleißig sein, daß wir den Herrn erkennen. Denn er wird hervorbrechen wie die schöne Morgenröte und wird zu uns kommen wie ein Regen, wie ein Spätregen, der das Land feuchtet." [7] „Und ihr, Kinder Zions, freuet euch und seid fröhlich im Herrn, eurem Gott, der euch Lehrer zur Gerechtigkeit gibt und euch herabsendet Frühregen und Spätregen." [8] „Und es soll geschehen in den letzten Tagen, spricht Gott, ich will ausgießen von meinem Geist auf alles Fleisch; und eure Söhne und eure Töchter sollen weissagen... Und soll geschehen, wer den Namen des Herrn anrufen wird, soll selig werden." [9]

Das große Werk des Evangeliums wird mit keiner geringeren Offenbarung der Macht Gottes schließen als derjenigen, die seinen Anfang kennzeichnete. Die Weissagungen, die in der Ausgießung des Frühregens am Anfang der frühchristlichen Zeit ihre Erfüllung fanden, werden sich am Ende der christlichen Geschichte im Spätregen erfüllen. Es ist die Zeit der Erquickung, der auch der Apostel Petrus entgegensah, als er sagte: „So tut nun Buße und bekehret euch, daß eure Sünden vertilgt werden; auf daß da komme die Zeit der Erquickung von dem Angesichte des Herrn, wenn er senden wird den, der euch jetzt zuvor gepredigt wird, Jesus Christus." [10]

Diener Gottes mit leuchtendem und vor heiligem Eifer strahlendem Angesicht werden von Ort zu Ort eilen, um die Botschaft vom Himmel zu verkündigen. Tausende werden die Warnung über die ganze Erde verbreiten. Erstaunliche Taten werden gewirkt, Kranke geheilt werden, Zeichen und Wunder werden den Gläubigen folgen. Auch Satan wird lügenhafte Wunder wirken und sogar Feuer vom Himmel fallen lassen

7 Hos. 6, 3 8 Joel 2, 23 9 Apg. 2, 17. 21 10 Apg. 3, 19. 20

vor den Menschen.[11] Auf diese Weise werden die Bewohner der Erde gezwungen, sich zu entscheiden.

Die Botschaft wird nicht so sehr durch Beweisführungen als durch die tiefe Überzeugung des Geistes Gottes verbreitet werden. Die Beweise sind vorgetragen worden. Der Same ist ausgestreut und wird nun aufsprießen und Frucht bringen. Die durch Missionsarbeiter verbreiteten Druckschriften haben ihren Einfluß ausgeübt; doch sind viele, deren Gemüter ergriffen waren, verhindert worden, die Wahrheit völlig zu verstehen oder ihr Gehorsam zu leisten. Nun dringen die Lichtstrahlen überall durch, die Wahrheit wird in ihrer Klarheit gesehen, und die aufrichtigen Kinder Gottes zerschneiden die Bande, die sie gehalten haben. Familienverhältnisse und kirchliche Beziehungen sind jetzt machtlos, sie zurückzuhalten. Die Wahrheit ist köstlicher als alles andere. Ungeachtet der gegen die Wahrheit verbündeten Kräfte stellt sich eine große Schar auf die Seite des Herrn.

11 Offb. 13, 13

Die trübselige Zeit | 39

„Zur selben Zeit wird der große Fürst Michael, der für die Kinder deines Volks steht, sich aufmachen. Denn es wird eine solche trübselige Zeit sein, wie sie nicht gewesen ist, seitdem Leute gewesen sind bis auf diese Zeit. Zur selben Zeit wird dein Volk errettet werden, alle, die im Buch geschrieben stehen.“ [1]

Sobald die dritte Engelsbotschaft abgeschlossen ist, bittet die Gnade Christi nicht länger für die sündigen Bewohner der Erde. Gottes Volk hat seine Aufgabe vollendet; es hat den „Spätregen“, „die Erquickung von dem Angesichte des Herrn“, empfangen und ist auf die bevorstehende schwere Stunde vorbereitet. Engel eilen im Himmel hin und her. Einer, der von der Erde zurückkehrt, verkündigt, daß sein Werk getan ist; die letzte Prüfung ist über die Welt gegangen, und alle, die gegen die göttlichen Vorschriften treu gewesen sind, haben „das Siegel des lebendigen Gottes“ empfangen. Dann beendet Jesus seinen Mittlerdienst im himmlischen Heiligtum. Er erhebt seine Hände und spricht mit lauter Stimme: „Es ist vollbracht!“, und die gesamte Schar der Engel legt ihre Kronen nieder, wenn er feierlich ankündigt: „Wer böse ist, der sei fernerhin böse, und wer unrein ist, der sei fernerhin unrein; aber wer fromm ist, der sei fernerhin fromm, und wer heilig ist, der sei fernerhin heilig.“ [2] Jeder Fall ist zum Leben oder zum Tode entschieden worden. Christus hat sein Volk versöhnt und dessen Sünden ausgetilgt. Die Vollzahl seiner Untertanen ist erreicht; „Reich, Gewalt und Macht unter dem ganzen Himmel“ sollen den Erben des Heils gegeben werden, und Jesus wird als König und Herr regieren.

Wenn er das Heiligtum verläßt, liegt Finsternis über den Bewohnern der Erde. In jener schrecklichen Zeit müssen die Gerechten ohne einen

1 Dan. 12, 1 2 Offb. 22, 11

Vermittler vor einem heiligen Gott leben. Die Macht, die bis dahin die Gottlosen zurückhielt, ist beseitigt, und Satan herrscht uneingeschränkt über die völlig Unbußfertigen. Gottes Langmut ist zu Ende. Die Welt hat seine Gnade verworfen, seine Liebe verachtet und sein Gesetz mit Füßen getreten. Die Gottlosen haben die Grenzen ihrer Gnadenzeit überschritten; der Geist Gottes, dem sie hartnäckig widerstanden, ist ihnen schließlich entzogen worden. Von der göttlichen Gnade nicht mehr beschirmt, sind sie schutzlos dem Bösen ausgeliefert. Satan wird dann die Bewohner der Erde in eine letzte große Trübsal stürzen. Wenn die Engel Gottes aufhören, die grimmigen Stürme menschlicher Leidenschaften im Zaum zu halten, werden alle Mächte des Streites entfesselt sein. Die ganze Welt wird in ein Verderben hineingezogen werden, das schrecklicher ist als jenes, das einst über das alte Jerusalem hereinbrach.

Ein einziger Engel brachte alle Erstgeborenen der Ägypter um und erfüllte dadurch das Land mit Wehklagen. Als sich David gegen Gottes Gebot verging, indem er das Volk zählte, erhob sich ein Engel zu jener schrecklichen Vernichtung, durch die seine Sünde bestraft wurde. Die gleiche zerstörende Macht, die die heiligen Engel ausüben, wenn Gott es befiehlt, wird von den bösen Engeln ausgeübt werden, wenn er es zuläßt. Jene Kräfte stehen jetzt bereit und warten nur auf die göttliche Erlaubnis, um überall Verwüstung anzurichten.

Die Gottes Gesetz ehrten, sind beschuldigt worden, Gerichte über die Welt gebracht zu haben. Sie werden als die Ursache des Streites und Blutvergießens unter den Menschen sowie der fürchterlichen Erschütterungen der Natur angesehen werden, die die Erde mit Leid erfüllen. Die die letzte Warnung begleitende Kraft hat die Gottlosen in Wut versetzt; ihr Zorn ist geschürt gegen alle, die die Botschaft angenommen haben, und Satan wird den Geist des Hasses und der Verfolgung zu noch größerer Stärke anfachen.

Als Gott sich schließlich vom jüdischen Volk zurückzog, wußten es weder die Priester noch das Volk. Obgleich sie sich unter der Herrschaft Satans befanden und von den schrecklichsten und abscheulichsten Leidenschaften geleitet wurden, betrachteten sie sich selbst noch immer als die Auserwählten Gottes. Den Dienst im Tempel setzten sie fort, die Opfer brachten sie auf seinen verunreinigten Altären dar, und täglich riefen sie den göttlichen Segen auf ein Volk herab, das an dem Blut des teuren Sohnes Gottes schuldig geworden war und versucht hatte, seine Diener und Apostel umzubringen. So werden auch die Bewohner der Erde nicht wissen, wann die unwiderrufliche Entscheidung im Heiligtum ausgesprochen und das Schicksal der Welt auf ewig bestimmt worden ist. Ein Volk, von dem sich der Geist Gottes endgültig zurückgezogen hat, wird weiterhin die Formen der Religion beachten; und der satanische Eifer, mit dem der Fürst des Bösen es zur Ausführung seiner boshaften Anschläge begeistern wird, trägt ähnliche Züge wie das Eifern für Gott.

Da der Sabbat in der ganzen Christenheit besonders umkämpft ist und Staat und Kirche sich vereinigt haben, die Beachtung des Sonntags zu erzwingen, wird die hartnäckige Weigerung einer kleinen Minderheit, der volkstümlichen Forderung nachzukommen, sie zum Ziel allgemeinen Fluches machen. Es wird hervorgehoben werden, daß die wenigen, die sich einer Verordnung der Kirche und den Verfügungen des Staates widersetzen, nicht geduldet werden sollten; daß es besser sei, diese leiden zu lassen, als daß ganze Nationen in Verwirrung und Gesetzlosigkeit gestürzt würden. Die gleiche Behauptung wurde vor mehr als 1800 Jahren von den Obersten des Volkes Israel gegen Christus aufgestellt. Der verschlagene Kaiphas sagte: „Es ist uns besser, ein Mensch sterbe für das Volk, denn daß das ganze Volk verderbe.“ [3]

Diese Beweisführung wird als entscheidend angesehen werden, und schließlich wird wider alle, die den Sabbat des vierten Gebots heiligen, ein Erlaß ergehen, worin sie als der härtesten Strafen würdig hingestellt werden und man dem Volke die Freiheit gibt, sie nach einer gewissen Zeit umzubringen. Der Katholizismus in der Alten und der abgefallene Protestantismus in der Neuen Welt werden in ähnlicher Weise gegen solche handeln, die alle göttlichen Gebote ehren.

Dann wird Gottes Volk in jene Tage der Trübsal und des Jammers geraten, die von dem Propheten Jeremia als die Zeit der Angst in Jakob beschrieben werden: „So spricht der Herr: Wir hören ein Geschrei des Schreckens; es ist eitel Furcht da und kein Friede. . . Wie geht es denn zu, daß . . . alle Angesichter so bleich sind? Es ist ja ein

3 Joh. 11, 50

großer Tag, und seinesgleichen ist nicht gewesen, und ist eine Zeit der Angst in Jakob; doch soll ihm daraus geholfen werden." [4]

Jakobs Nacht der Angst, als er im Gebet darum rang,[5] aus der Hand Esaus befreit zu werden, stellt die Erfahrung des Volkes Gottes in der trübseligen Zeit dar. Infolge der Täuschung, die von Jakob begangen worden war, um sich den Esau vorbehaltenen Segen seines Vaters zu verschaffen, hatte er, erschreckt durch die tödlichen Drohungen seines Bruders, fliehen müssen, um sein Leben zu retten. Nachdem er viele Jahre als freiwillig Verbannter gelebt, hatte er sich auf Gottes Geheiß auf den Weg gemacht, um mit seinen Weibern und Kindern und mit seinen Herden in seine Heimat zurückzukehren. Als er die Grenzen des Landes erreichte, wurde er durch die Nachricht von dem Herannahen Esaus an der Spitze einer Horde Krieger erschreckt, die ohne Zweifel Rache üben wollten. Es schien, als müsse Jakobs unbewaffnete und wehrlose Schar der Gewalt und dem Gemetzel hilflos zum Opfer fallen. Zu der Unruhe und Furcht kam noch die bedrückende Last der Selbstanklage; denn es war seine eigene Sünde, die diese Gefahr herbeigeführt hatte. Seine einzige Hoffnung lag in der Gnade Gottes; seine einzige Verteidigung mußte das Gebet sein. Doch ließ er seinerseits nichts ungetan, um das dem Bruder zugefügte Unrecht zu sühnen und die drohende Gefahr abzuwenden. So sollten die Nachfolger Christi beim Herannahen der trübseligen Zeit jede Anstrengung unternehmen, sich dem Volk gegenüber ins richtige Licht zu setzen, das Vorurteil zu entkräften und die der Gewissensfreiheit drohende Gefahr abzuwenden.

Nachdem Jakob seine Familie weggeschickt hat, damit sie seinen Jammer nicht sehe, bleibt er allein, um Gott zu bitten, sich für ihn ins Mittel zu legen. Er bekennt seine Sünde und anerkennt dankbar die Gnade Gottes gegen ihn, während er sich in tiefer Demut auf den mit seinen Vätern geschlossenen Bund und auf die ihm in jener Nacht zu Bethel und im Lande der Verbannung zuteil gewordenen Verheißungen beruft. Der Wendepunkt in seinem Leben ist gekommen; alles steht auf dem Spiel. In der Finsternis und Einsamkeit fährt er fort zu beten und sich vor Gott zu demütigen. Plötzlich legt sich eine Hand auf seine Schulter. Er glaubt, daß ein Feind ihm nach dem Leben trachte,

4 Jer. 30, 5–7 5 1. Mose 32, 25–31

und ringt mit der Kraft der Verzweiflung mit seinem Angreifer. Als der Tag zu dämmern beginnt, zeigt der Fremde seine übermenschliche Kraft; bei seinem Berühren scheint der starke Mann gelähmt, und er fällt seinem geheimnisvollen Widersacher als hilfloser, weinender Bittsteller um den Hals. Jakob weiß jetzt, daß er mit dem Engel des Bundes gerungen hat. Obwohl kampfunfähig und heftigste Schmerzen leidend, läßt er seine Absicht nicht fahren. Lange hat er Unruhe, Gewissensbisse und Leid um seiner Sünde willen erduldet; jetzt muß er die Versicherung haben, daß ihm verziehen ist. Der göttliche Besucher scheint ihn verlassen zu wollen; aber Jakob hängt sich an ihn und fleht um seinen Segen. Der Engel drängt: „Laß mich gehen; denn die Morgenröte bricht an." Aber der Patriarch ruft aus: „Ich lasse dich nicht, du segnest mich denn." Welches Vertrauen, welche Entschiedenheit, welche Ausdauer werden hier an den Tag gelegt! Wäre dies eine prahlerische, anmaßende Forderung gewesen, Jakob würde sofort vernichtet worden sein; aber er sprach mit der Zuversicht, die der besitzt, der seine Schwachheit und Unwürdigkeit kennt und doch auf die Gnade eines wahrhaftigen Gottes vertraut.

„Er kämpfte mit dem Engel und siegte." [6] Durch Demut, Reue und Selbstübergabe errang dieser sündhafte, irrende Sterbliche die Anerkennung der Majestät des Himmels. Zitternd hatte er sich an die Verheißungen Gottes geklammert, und das Herz der unendlichen Liebe konnte die Bitte des Sünders nicht abweisen. Als Beweis für seinen Sieg und zur Ermutigung für andere, seinem Beispiel zu folgen, wurde sein Name, der an die Sünde erinnerte, geändert, um das Gedächtnis seines Sieges wachzuhalten. Die Tatsache, daß er mit Gott gerungen und gesiegt hatte, war eine Bürgschaft, daß er auch bei den Menschen den Sieg davontragen würde. Er fürchtete den Zorn seines Bruders nicht länger, denn der Herr war sein Schutz.

Satan hatte Jakob vor den Engeln Gottes verklagt und das Recht beansprucht, ihn wegen seiner Sünde zu vernichten. Er hatte Esau beeinflußt, gegen Jakob zu ziehen; und während dieser die ganze Nacht hindurch rang, bemühte sich Satan, ihm das Gefühl seiner Schuld aufzudrängen, um ihn zu entmutigen und seinen Halt an Gott zu brechen. Jakob wurde beinahe zur Verzweiflung getrieben; aber er wußte, daß

6 Hos. 12, 5

er ohne Hilfe vom Himmel umkommen müßte. Er hat seine große Sünde aufrichtig bereut und berief sich nun auf die Gnade Gottes. Er wollte sich von seinem Ziel nicht abbringen lassen, sondern hielt den Engel fest und brachte seine Bitte mit ernstem, flehentlichem Schreien vor, bis er dessen Anerkennung errang.

Wie Satan Esau beeinflußte, gegen Jakob zu ziehen, so wird er in der trübseligen Zeit die Bösen aufwiegeln, Gottes Kinder umzubringen. Wie er Jakob anklagte, so wird er seine Anklagen auch gegen Gottes Volk vorbringen. Er zählt die Welt zu seinem Herrschaftsgebiet, aber die kleine Schar, die die Gebote Gottes hält, widersteht seiner Oberherrschaft. Könnte er diese von der Erde vertilgen, so würde sein Sieg vollkommen sein. Er sieht, daß heilige Engel sie bewahren und nimmt an, daß ihre Sünden verziehen worden sind; aber er weiß nicht, daß ihre Fälle im himmlischen Heiligtum entschieden wurden. Er kennt genau die Sünden, zu denen er sie verführt hat, und stellt diese Gott im grellsten Licht dar und behauptet, dieses Volk verdiene es ebensosehr, von der Gnade Gottes ausgeschlossen zu werden, wie er selbst. Er erklärt, der Herr könne von Rechts wegen ihre Sünden nicht vergeben, ihn und seine Engel jedoch vertilgen. Er beansprucht sie als seine Beute und verlangt, daß sie zur Vernichtung ihm überantwortet werden.

Während Satan Gottes Kinder wegen ihrer Sünden verklagt, gestattet ihm der Herr, sie bis zum äußersten zu versuchen. Ihr Gottvertrauen, ihr Glaube und ihre Entschiedenheit werden schwer geprüft. Wenn sie die Vergangenheit überblicken, sinkt ihre Hoffnung; denn in ihrem ganzen Leben können sie wenig Gutes entdecken. Sie sind sich ihrer Schwachheit und Unwürdigkeit völlig bewußt. Satan versucht sie mit dem Gedanken zu erschrecken, daß ihre Fälle hoffnungslos seien, daß der Makel ihrer Verunreinigung nie ausgewaschen werden könne. Er hofft damit ihren Glauben so zu vernichten, daß sie seinen Versuchungen nachgeben und ihre Treue gegen Gott aufgeben.

Obwohl die Kinder Gottes von Feinden umgeben sein werden, die es auf ihren Untergang abgesehen haben, so ist doch die Angst, die sie ausstehen, nicht eine Angst vor der Verfolgung um der Wahrheit willen; sondern sie fürchten, nicht jede Sünde bereut und durch irgendein Versehen ihrerseits die Erfüllung der Worte Christi versäumt zu haben, in denen er verheißt, sie zu „bewahren vor der Stunde der

Versuchung, die kommen wird über den ganzen Weltkreis".[7] Hätten sie die Gewißheit, daß ihre Sünden vergeben wären, so würden sie vor Marter und Tod nicht zurückschrecken; sollten sie sich aber unwürdig erweisen und wegen ihrer Charakterfehler ihr Leben verlieren, dann würde Gottes heiliger Name geschmäht werden.

Überall hören sie von den verräterischen Anschlägen und sehen das Wirken der Empörung; es erhebt sich in ihnen das heftige Verlangen, die ernste Sehnsucht der Seele, daß dieser große Abfall enden und die Bosheit der Gottlosen zum Abschluß kommen möge. Aber während sie Gott bitten, der Empörung Einhalt zu gebieten, machen sie sich selbst Vorwürfe, daß sie keine Kraft haben, der mächtigen Flut des Übels zu widerstehen und sie einzudämmen. Sie fühlen, daß Satans Heere weniger Macht haben würden, sie zu überwältigen, falls sie alle ihre Fähigkeit im Dienste Christi eingesetzt hätten und von Kraft zu Kraft vorangegangen wären.

Sie kasteien ihre Seelen vor Gott, wobei sie darauf hinweisen, daß sie ihre vielen Sünden bereut haben, und sich auf das Versprechen des Heilandes berufen: „Er . . . wird mir Frieden schaffen; Frieden wird er mir dennoch schaffen."[8] Ihr Glaube wankt nicht, weil ihre Gebete nicht augenblicklich erhört werden. Obwohl sie heftigste Angst, Schrecken und Not erleiden, hören sie doch nicht auf, zu Gott zu flehen. Sie ergreifen die Kraft Gottes, wie Jakob sich an den Engel des Bundes klammerte, und ihre Seelen sprechen: „Ich lasse dich nicht, du segnest mich denn!"

Hätte Jakob nicht zuvor seine Sünde, die Erlangung der Erstgeburt durch Betrug, bereut, so würde Gott sein Gebet nicht erhört und sein Leben nicht gnädig bewahrt haben. Ebenso würden auch die Kinder Gottes überwältigt werden, wenn in der trübseligen Zeit, da sie von Angst und Schrecken gepeinigt sind, noch nicht bekannte Sünden vor ihnen auftauchten; Verzweiflung würde ihren Glauben ersticken, und sie könnten kein Vertrauen haben, bei Gott um Errettung zu bitten. Aber während sie sich des tiefen Gefühls ihrer Unwürdigkeit bewußt sind, haben sie keine verborgenen Fehler zu enthüllen. Ihre Sünden sind schon vorher beurteilt und ausgetilgt worden, und sie gedenken ihrer nicht mehr.

7 Offb. 3, 10 8 Jes. 27, 5

Satan verleitet viele zu glauben, daß Gott ihre Untreue in geringeren Dingen des Lebens übersehe; aber der Herr zeigt in seiner Handlungsweise mit Jakob, daß er in keiner Weise das Böse gutheißen oder dulden wird. Alle, die sich bemühen, ihre Sünden zu entschuldigen oder zu verbergen und sie uneingestanden und unvergeben in den Büchern des Himmels stehen lassen, werden von Satan überwunden werden. Je größer ihr Anspruch auf Frömmigkeit und je ehrbarer die Stellung ist, die sie innehaben, desto ärger wird ihr Benehmen in den Augen Gottes sein und desto sicherer der Sieg ihres Gegners. Wer die Vorbereitung für den Tag Gottes aufschiebt, kann sie nicht in der trübseligen Zeit oder später erlangen. Sein Fall ist hoffnungslos.

Die Namenschristen, die unvorbereitet in den letzten schrecklichen Kampf gehen, werden in ihrer Verzweiflung ihre Sünden in Worten brennender Angst bekennen, während die Gottlosen über ihren Jammer frohlocken. Diese Bekenntnisse tragen den gleichen Charakter wie die Esaus oder Judas. Sie beklagen die *Folgen* der Übertretung, nicht aber ihre Schuld. Sie fühlen keine wahre Reue, keinen Abscheu vor dem Übel. Sie gestehen ihre Sünde aus Furcht vor der Strafe; doch wie einst Pharao würden sie dem Himmel wiederum Trotz bieten, sollten die Gerichte zurückgezogen werden.

Die Geschichte Jakobs enthält auch die Versicherung, daß Gott die nicht verwerfen will, die betrogen, versucht und zur Sünde verleitet worden sind, die sich aber in aufrichtiger Reue zu ihm gewandt haben. Während Satan versucht, diese Menschen zu vernichten, wird Gott seine Engel senden, sie in der Zeit der Gefahr zu trösten und zu beschützen. Die Anläufe Satans sind grimmig und entschlossen, seine Täuschungen schrecklich; aber das Auge des Herrn wacht über seine Kinder, und seine Ohren merken auf ihr Geschrei. Ihre Trübsal ist groß, die Flammen des Feuerofens scheinen sie verschlingen zu wollen; doch sie werden aus der Hand dessen, der sie läutert, hervorgehen wie im Feuer gereinigtes Gold. Gottes Liebe zu seinen Kindern ist in der trübseligen Zeit ihrer schwersten Prüfungen ebenso stark und gütig wie in den Tagen ihres glänzendsten Wohlergehens; aber es tut ihnen not, in den Feuerofen gebracht zu werden; das Irdische an ihnen muß vernichtet werden, damit sie das Bild Christi vollkommen widerstrahlen können.

Die uns bevorstehende Zeit der Trübsal und Angst wird einen Glauben erfordern, der Mühsal, Verzug und Hunger erdulden kann, einen Glauben, der nicht wankt, wenn er auch schwer geprüft wird. Die Gnadenzeit wird allen gewährt, um sich auf jene Tage vorzubereiten. Jakob siegte, weil er ausdauernd und entschlossen war. Sein Sieg ist ein Beweis von der Kraft anhaltenden Gebets. Alle, die sich wie er auf die Verheißungen Gottes stützen und ebenso ernst und standhaft sind, wie er es war, werden gleich ihm Erfolg haben. Wer aber nicht willens ist, sich selbst zu verleugnen, vor Gott Reue zu zeigen und lange und ernstlich zu beten, wird seinen Segen nicht erlangen. Mit Gott ringen – wie wenige wissen, was das ist! Wie wenige Seelen haben mit heftigem Verlangen vor Gott ausgeharrt, bis jede Kraft aufs äußerste angespannt war! Wie wenige halten sich in unerschütterlichem Glauben an die Verheißungen Gottes, wenn die Wogen der Verzweiflung, die keine Sprache beschreiben kann, über den Bittenden hereinbrechen!

Die jetzt nur wenig Glauben üben, sind in der größten Gefahr, der Macht satanischer Täuschungen und dem Gewissenszwang zu unterliegen. Und selbst wenn sie die Prüfung überstehen, werden sie in der trübseligen Zeit in tieferen Jammer und größere Angst geraten, weil sie es nie gewohnt waren, auf Gott zu vertrauen. Die Lehren des Glaubens, die sie vernachlässigt haben, werden sie unter einem schrecklichen Druck der Entmutigung lernen müssen.

Wir sollten uns nun mit dem Wesen Gottes vertraut machen, indem wir seine Verheißungen erproben. Engel berichten jedes Gebet, das ernst und aufrichtig ist. Wir sollten eher die selbstsüchtigen Befriedigungen aufgeben, als die Gemeinschaft mit Gott vernachlässigen. Die tiefste Armut, die größte Selbstverleugnung mit Gott sind besser als Reichtümer, Ehrungen, Bequemlichkeit und Freundschaft ohne ihn. Wir müssen uns Zeit nehmen zum Gebet. Lassen wir unsere Gemüter von weltlichen Angelegenheiten in Anspruch nehmen, so gibt Gott uns vielleicht dazu die Zeit, indem er uns unsere Götzen, die in Reichtum, in Häusern oder fruchtbaren Ländereien bestehen, wegnimmt.

Die Jugend würde nicht zur Sünde verführt werden, wenn sie sich weigerte, irgendeinen Pfad zu betreten, auf dem sie nicht Gottes Segen erbitten kann. Würden die Boten, die der Welt die letzte ernste Warnung zutragen, um den Segen Gottes bitten – nicht in einer kalten, gleichgültigen, nachlässigen Weise, sondern inbrünstig und im Glauben wie einst Jakob – so hätten sie oft Gelegenheit zu sagen: „Ich habe Gott von Angesicht gesehen, und meine Seele ist genesen." [9] Sie würden vom Himmel als Fürsten angesehen werden, da sie Macht haben, über Gott und Menschen den Sieg davonzutragen.

Eine trübselige Zeit, wie sie nie zuvor gewesen ist, wird bald über uns hereinbrechen. Wir werden dann einer Erfahrung bedürfen, die wir jetzt nicht besitzen und die zu erstreben viele zu träge sind. Es geschieht oft, daß die Trübsal in der Vorstellung viel größer erscheint als sie in Wirklichkeit ist; dies ist aber nicht der Fall bei den uns bevorstehenden entscheidenden Prüfungen. Die lebhafteste Vorstellung kann die Größe der Feuerprobe nicht ermessen. In jener Zeit der Prüfung muß jeder für sich selbst vor Gott stehen. Wenngleich Noah, Daniel und Hiob im Lande wären, „so wahr ich lebe, spricht der Herr Herr, würden sie weder Söhne noch Töchter, sondern allein ihre eigene Seele durch ihre Gerechtigkeit erretten". [10]

Während unser großer Hoherpriester jetzt die Versöhnung für uns vollbringt, sollten wir versuchen, in Christus vollkommen zu werden. Nicht mit einem Gedanken gab unser Heiland der Macht der Versuchung nach. Satan findet in menschlichen Herzen diesen oder jenen Makel, den er sich zunutze macht; manche sündhafte Neigung wird gepflegt, durch die seine Versuchungen ihre Macht behaupten. Christus aber erklärte von sich: „Es kommt der Fürst dieser Welt, und hat nichts an mir." [11] Satan vermochte nichts im Herzen des Sohnes Gottes zu finden, das ihm hätte helfen können, den Sieg davonzutragen. Christus hatte seines Vaters Gebote gehalten, und es war keine Sünde in ihm, deren sich Satan zu seinem Vorteil hätte bedienen können. Dies ist der Zustand, der jenen eigen sein muß, die in der trübseligen Zeit bestehen sollen.

Schon in diesem Leben müssen wir uns durch den Glauben an das versöhnende Blut Christi von der Sünde trennen. Unser mächtiger Heiland lädt uns ein, uns ihm anzuschließen, unsere Schwäche mit seiner Kraft, unsere Unwissenheit mit seiner Weisheit, unsere Unwürdigkeit mit seinem Verdienst zu verbinden. Gottes Vorsehung ist die

9 1. Mose 32, 31 10 Hes. 14, 20 11 Joh. 14, 30

Schule, in der wir die Sanftmut und Demut Jesu lernen sollen. Der Herr stellt uns stets das wahre Lebensziel vor Augen, nicht aber den Weg, den wir wählen möchten, der uns leichter und angenehmer erscheint. Es bleibt uns anheimgestellt, vereint mit den Kräften zu wirken, die der Himmel einsetzt, um unsere Charaktere nach dem göttlichen Vorbild zu gestalten. Niemand kann diese Aufgabe vernachlässigen oder aufschieben, ohne seine Seele in furchtbarer Weise zu gefährden.

Der Apostel Johannes hörte in einem Gesicht eine laute Stimme im Himmel, die ausrief: „Weh denen, die auf Erden wohnen und auf dem Meer! denn der Teufel kommt zu euch hinab und hat einen großen Zorn und weiß, daß er wenig Zeit hat."[12] Schrecklich sind die Ereignisse, die diesen Ausruf der himmlischen Stimme veranlassen. Der Zorn Satans nimmt zu, je weniger er Zeit hat. Seine Täuschungen und Zerstörungen erreichen ihren Höhepunkt in der trübseligen Zeit.

Furchtbare, übernatürliche Erscheinungen werden sich bald am Himmel bekunden als Zeichen der Macht Wunder wirkender Dämonen. Die Geister der Teufel werden hingehen zu den Königen der Erde und zu der ganzen Welt, um sie in Täuschung gefangenzuhalten und sie zu veranlassen, sich mit Satan in seinem letzten Kriegszug gegen die Regierung des Himmels zu vereinen. Durch diese Kräfte werden Herrscher und Untergebene in gleicher Weise betrogen werden. Menschen werden sich Christus nennen und den Titel und die Verehrung beanspruchen, die dem Erlöser der Welt zukommen. Sie werden erstaunliche Heilungen vollbringen und vorgeben, Offenbarungen vom Himmel empfangen zu haben, die jedoch dem Zeugnis der Heiligen Schrift widersprechen.

Als krönende Tat in dem großen Drama der Täuschung wird sich Satan als Christus ausgeben. Die Kirche hat lange Zeit bekannt, auf die Ankunft des Heilandes, das Ziel ihrer Hoffnung, zu warten. Nun wird der große Betrüger den Anschein erwecken, daß Christus gekommen sei. In verschiedenen Teilen der Erde wird sich Satan unter den Menschen als ein majestätisches Wesen von verwirrendem Glanz offenbaren, das der von Johannes in der Offenbarung gegebenen Beschreibung des Sohnes Gottes gleicht.[13] Die Herrlichkeit, die ihn um-

12 Offb. 12, 12 13 Offb. 1, 13–15

gibt, ist unübertroffen von allem, was sterbliche Augen je gesehen haben. Es ertönt der Jubelruf: „Christus ist gekommen! Christus ist gekommen!“ Das Volk wirft sich anbetend vor ihm nieder, während er seine Hände erhebt und es segnet, wie Christus seine Jünger segnete, da er auf Erden lebte. Seine Stimme ist weich und gedämpft, doch voller Wohlklang. In mildem, bemitleidendem Ton bringt er einige derselben gnadenreichen himmlischen Wahrheiten vor, die der Heiland einst aussprach; er heilt die Gebrechen des Volkes, behauptet dann in seinem angemaßten Charakter Christi, daß er den Sabbat in den Sonntag verändert habe, und gebietet allen, den Tag, auf dem sein Segen ruhe, zu heiligen. Er erklärt, daß alle, die bei der Feier des siebenten Tages bleiben, seinen Namen lästern, da sie sich weigern, auf seine Engel zu hören, die er mit Licht und Wahrheit zu ihnen sandte. Das ist die starke, beinahe überwältigende Täuschung. Gleich den Samaritern, die von Simon Magus hintergangen wurden, achtet die Menge, vom Geringsten bis zum Vornehmsten, auf die Zaubereien und sagt: „Der ist die Kraft Gottes, die da groß ist.“ [14]

Aber Gottes Volk wird nicht irregeleitet werden. Die Lehren dieses falschen Christus stimmen nicht mit der Heiligen Schrift überein. Dieser spricht seinen Segen über die Verehrer des Tieres und seines Bildes aus, gerade über die Klasse, von der die Heilige Schrift erklärt, daß der unvermischte Zorn Gottes über sie ausgegossen werden soll.

Es wird Satan auch nicht gestattet sein, die Art und Weise des Kommens Christi nachzuahmen. Der Heiland hat sein Volk vor einer derartigen Täuschung gewarnt und sein Kommen deutlich beschrieben: „Es werden falsche Christi und falsche Propheten aufstehen und große Zeichen und Wunder tun, daß verführt werden in den Irrtum (wo es möglich wäre) auch die Auserwählten... Darum, wenn sie zu euch sagen werden: Siehe, er ist in der Wüste! so gehet nicht hinaus, – siehe, er ist in der Kammer! so glaubt nicht. Denn gleichwie der Blitz ausgeht vom Aufgang und scheint bis zum Niedergang, also wird auch sein die Zukunft des Menschensohnes.“ [15] Es gibt keine Möglichkeit, dies Kommen vorzutäuschen. Es wird allgemein bekannt werden und der ganzen Welt sichtbar sein.

14 Apg. 8. 10
15 Matth. 24, 24–27. 31; Offb. 1, 7; 1. Thess. 4, 16. 17

Nur die, welche eifrig in der Bibel geforscht und die Liebe zur Wahrheit angenommen haben, werden vor der gewaltigen Täuschung, die die Welt gefangennimmt, geschützt sein. Durch das Zeugnis der Heiligen Schrift werden sie den Betrüger in seiner Verkleidung erkennen, zudem wird die Prüfungszeit anbrechen. Durch den Ausleseprozeß infolge der Versuchung wird der echte Christ offenbar werden. Ist Gottes Volk jetzt so fest auf sein Wort gegründet, daß es sich nicht auf seine Sinneswahrnehmungen verläßt? Wird es sich in einer solchen Entscheidungsstunde an die Heilige Schrift und nur an die Heilige Schrift halten? Satan wird mit allen Mitteln zu verhindern suchen, daß es sich darauf vorbereitet, an jenem Tage bestehen zu können. Er wird alles so anordnen, daß den Gotteskindern der Weg versperrt ist, er wird sie mit irdischen Schätzen bestricken, ihnen eine schwere, mühsame Last aufbürden, damit ihre Herzen mit den Sorgen dieses Lebens überladen werden möchten und der Tag der Prüfung wie ein Dieb über sie komme.

Da das von verschiedenen Herrschern der Christenheit erlassene Gesetz gegen die Gläubigen, die Gottes Gebote halten, diesen den Schutz der Regierung entzieht und sie denen ausliefert, die ihren Untergang wollen, wird Gottes Volk aus den Städten und Dörfern fliehen, sich in Gruppen sammeln und an den ödesten und einsamsten Orten wohnen. Viele werden in Bergfesten Zuflucht finden. Gleich den Christen der piemontesischen Täler werden sie die hohen Örter der Erde zu ihrem Heiligtum machen und Gott für den Schutz der Felsen danken.[16] Aber viele aus allen Völkern und Ständen, hoch und niedrig, reich und arm, schwarz und weiß, werden außerordentlich ungerechte und grausame Gefangenschaft zu erdulden haben. Die Geliebten Gottes müssen beschwerliche Tage verbringen: in Ketten gebunden, hinter Schloß und Riegel, zum Tode verurteilt, einige anscheinend dem Hungertode überlassen in finsteren und ekelerregenden Verliesen, kein menschliches Ohr steht ihren Wehklagen offen, keine menschliche Hand bereit, ihnen zu helfen.

Wird der Herr sein Volk in dieser schweren Stunde vergessen? Vergaß er den treuen Noah, als die vorsintflutliche Welt von den Gerichten Gottes heimgesucht wurde? Vergaß er Lot, als Feuer vom Himmel her-

16 Jes. 33, 16

abfuhr, um die Städte der Ebene zu verzehren? Vergaß er den von Götzendienern umgebenen Joseph in Ägypten? Vergaß er Elia, als der Eid Isebels ihn mit dem Schicksal der Baalspropheten bedrohte? Vergaß er Jeremia in der finsteren, schauerlichen Grube des Gefängnisses? Vergaß er die drei tapferen Jünglinge im Feuerofen, oder Daniel in der Löwengrube?

„Zion aber spricht: Der Herr hat mich verlassen, der Herr hat mein vergessen. Kann auch ein Weib ihres Kindleins vergessen, daß sie sich nicht erbarme über den Sohn ihres Leibes? Und ob sie desselben vergäße, so will ich doch dein nicht vergessen. Siehe, in die Hände habe ich dich gezeichnet." [17] Der Herr der Heerscharen hat gesagt, daß „wer euch antastet, der tastet seinen Augapfel an". [18]

Obgleich die Feinde sie ins Gefängnis werfen, so können die Kerkermauern den Verkehr zwischen ihnen und Christus doch nicht absperren. Einer, der ihre Schwachheit sieht und mit jeder Prüfung vertraut ist, thront über allen irdischen Mächten, und Engel werden sie in ihren einsamen Gefängniszellen besuchen und ihnen Licht und Frieden vom Himmel bringen. Das Gefängnis wird wie ein Palast sein, denn die reich sind im Glauben befinden sich dort; die düsteren Mauern werden von himmlischem Licht erhellt wie damals, als Paulus und Silas im Gefängnis zu Philippi um Mitternacht beteten und Loblieder sangen.

Gottes Gerichte werden die heimsuchen, die sein Volk unterdrücken und verderben. Seine große Langmut mit den Gottlosen macht die Menschen kühn in ihrer Übertretung; aber wenn ihre Strafe auch lange aufgeschoben wurde, ist sie ihnen nichtsdestoweniger gewiß, und sie wird schrecklich sein. „Denn der Herr wird sich aufmachen wie auf dem Berge Perazim und zürnen wie im Tal Gibeon, daß er sein Werk vollbringe auf eine fremde Weise und daß er seine Arbeit tue auf eine seltsame Weise." [19] Unserem barmherzigen Gott widerstrebt das Strafen. „So wahr als ich lebe, spricht der Herr Herr, ich habe keinen Gefallen am Tode des Gottlosen." [20] Der Herr ist „barmherzig und gnädig und geduldig und von großer Gnade und Treue ... und vergibt Missetat, Übertretung und Sünde", und doch läßt er nichts ungestraft. „Der Herr ist geduldig und von großer Kraft, vor welchem niemand unschuldig

17 Jes. 49, 14–16 18 Sach. 2, 12 19 Jes. 28, 21 20 Hes. 33, 11

ist."[21] Durch schreckliche Gerechtigkeit wird er die Autorität seines mit Füßen getretenen Gesetzes rechtfertigen. Die strenge Vergeltung, die den Übertreter erwartet, zeigt sich darin, daß der Herr zögert, das Gericht zu vollstrecken. Das Volk, mit dem er so lange Geduld geübt hat und das er nicht schlagen will, bis das Maß seiner Ungerechtigkeit gegen Gott voll ist, wird schließlich den Kelch des Zorns trinken, dem keine Gnade beigemischt ist.

Wenn Christus sein Mittleramt im Heiligtum niederlegt, wird der lautere Zorn ausgegossen werden, der denen angedroht wurde, die das Tier und sein Bild anbeten und sein Malzeichen annehmen.[22] Die Plagen, die über Ägypten kamen, ließen jene schrecklicheren und umfassenderen Gerichte vorausahnen, die die Welt gerade vor der endgültigen Befreiung des Volkes Gottes heimsuchen werden. Der Schreiber der Offenbarung sagt, indem er diese furchtbaren Geißeln beschreibt: „Es ward eine böse und arge Drüse an den Menschen, die das Malzeichen des Tieres hatten und die sein Bild anbeteten." Das Meer „ward Blut wie eines Toten, und alle lebendigen Seelen starben in dem Meer... Und der dritte Engel goß aus seine Schale in die Wasserströme und in die Wasserbrunnen; und es ward Blut". So schrecklich diese Plagen auch sein werden, Gottes Gerechtigkeit ist völlig gerechtfertigt. Der Engel erklärt: „Herr, du bist gerecht ..., daß du solches geurteilt hast, denn sie haben das Blut der Heiligen und der Propheten vergossen, und Blut hast du ihnen zu trinken gegeben; denn sie sind's wert."[23] Indem sie die Kinder Gottes zum Tode verurteilten, haben sie die Schuld ihres Blutes ebenso auf sich geladen, als wenn es von ihren eigenen Händen vergossen worden wäre. In gleicher Weise erklärte Christus die Juden seiner Zeit des Blutes der Heiligen schuldig, das seit den Tagen Abels vergossen worden war; denn sie besaßen den gleichen Geist wie diese Mörder der Propheten und wollten das gleiche Werk tun.

In der darauffolgenden Plage wird der Sonne Macht gegeben, „den Menschen heiß zu machen mit Feuer. Und den Menschen ward heiß vor großer Hitze".[24] Die Propheten schildern den Zustand der Erde zu dieser schrecklichen Zeit mit folgenden Worten: „Das Feld ist verwüstet ... das Getreide ist verdorben... Alle Bäume auf dem Felde

21 2. Mose 34, 6. 7; Nah. 1, 3 22 Offb. 14, 9. 10 23 Offb. 16, 2–6 24 Offb. 16, 8. 9

sind verdorrt; denn die Freude der Menschen ist zum Jammer geworden. . . Der Same ist unter der Erde verfault, die Kornhäuser stehen wüste. . . O wie seufzt das Vieh! Die Rinder sehen kläglich, denn sie haben keine Weide. . . die Wasserbäche sind ausgetrocknet und das Feuer hat die Auen in der Wüste verbrannt." „Die Lieder in dem Palaste sollen in ein Heulen verkehrt werden zur selben Zeit, spricht der Herr Herr; es werden viel Leichname liegen an allen Orten, die man in der Stille hinwerfen wird." [25]

Diese Plagen sind nicht allgemein, sonst würden die Bewohner der Erde vollständig ausgerottet werden. Doch sie werden die schrecklichsten Heimsuchungen sein, die Sterbliche je erfahren haben. Alle Gerichte, die vor Beendigung der Gnadenzeit über die Menschen kamen, waren mit Gnade vermischt. Das um Vergebung flehende Blut Christi hat den Sünder vor dem vollen Maß seiner Schuld verschont; aber im Endgericht wird der Zorn Gottes lauter, ohne Gnade ausgegossen werden.

An jenem Tage werden viele den Schutz der göttlichen Gnade begehren, die sie bis dahin verachtet haben. „Siehe, es kommt die Zeit, spricht der Herr Herr, daß ich einen Hunger ins Land schicken werde, nicht einen Hunger nach Brot oder Durst nach Wasser, sondern nach dem Wort des Herrn, zu hören; daß sie hin und her von einem Meer zum andern, von Mitternacht gegen Morgen umlaufen und des Herrn Wort suchen, und doch nicht finden werden." [26]

Gottes Volk wird nicht frei von Leiden sein; aber während man es verfolgt und bedrängt, während es Entbehrung erträgt und Hunger leidet, wird es doch nicht umkommen. Gott, der für Elia sorgte, wird an keinem seiner sich selbst aufopfernden Kinder vorübergehen. Der die Haare auf ihren Häuptern zählt, wird für sie sorgen, und zur Zeit der Teuerung werden sie genug haben. Während die Gottlosen verhungern und an Seuchen zugrundegehen, beschützen Engel die Gerechten und befriedigen deren Bedürfnisse. Für den, der in Gerechtigkeit wandelt, gilt die Verheißung: „Sein Brot wird ihm gegeben, sein Wasser hat er gewiß." „Die Elenden und Armen suchen Wasser, und ist nichts da; ihre Zunge verdorrt vor Durst. Aber ich, der Herr, will sie erhören; ich, der Gott Israels, will sie nicht verlassen." [27]

25 Joel 1, 10–12. 17–20; Amos 8, 3 26 Amos 8, 11. 22 27 Jes. 33. 16; 41, 17

„Denn der Feigenbaum wird nicht grünen, und wird kein Gewächs sein an den Weinstöcken; die Arbeit am Ölbaum ist vergeblich, und die Äcker bringen keine Nahrung; und Schafe werden aus den Hürden gerissen, und werden keine Rinder in den Ställen sein. Aber ich will mich freuen des Herrn und fröhlich sein in Gott, meinem Heil." [28]

„Der Herr behütet dich; der Herr ist dein Schatten über deiner rechten Hand, daß dich des Tages die Sonne nicht steche noch der Mond des Nachts. Der Herr behüte dich vor allem Übel, er behüte deine Seele." [29]

„Er errettet dich vom Strick des Jägers und von der schädlichen Pestilenz. Er wird dich mit seinen Fittichen decken, und deine Zuversicht wird sein unter seinen Flügeln. Seine Wahrheit ist Schirm und Schild, daß du nicht erschrecken müssest vor dem Grauen der Nacht, vor den Pfeilen, die des Tages fliegen, vor der Pestilenz, die im Finstern schleicht, vor der Seuche, die im Mittage verderbt. Ob tausend fallen zu deiner Seite und zehntausend zu deiner Rechten, so wird es doch dich nicht treffen. Ja du wirst mit deinen Augen deine Lust sehen und schauen, wie den Gottlosen vergolten wird. Denn der Herr ist deine Zuversicht; der Höchste ist deine Zuflucht. Es wird dir kein Übel begegnen, und keine Plage wird zu deiner Hütte sich nahen." [29]

Dennoch wird es nach menschlichem Dafürhalten den Anschein haben, als müsse Gottes Volk sein Zeugnis bald mit dem Blut besiegeln, wie vor ihm einst die Märtyrer. Das Volk befürchtet, der Herr habe es verlassen, damit es in die Hand seiner Feinde falle. Es ist eine Zeit schrecklicher Seelenangst. Tag und Nacht schreien die Bedrängten zu Gott um Befreiung. Die Gottlosen frohlocken, und man vernimmt den höhnenden Ruf: „Wo ist nun euer Glaube? Warum befreit euch Gott nicht aus unseren Händen, wenn ihr wirklich sein Volk seid?" Aber die Wartenden denken daran, daß die Hohenpriester und Obersten beim Tode Jesu am Kreuz auf Golgatha spottend ausriefen: „Andern hat er geholfen, und kann sich selber nicht helfen. Ist er der König Israels, so steige er nun vom Kreuz, so wollen wir ihm glauben." [30] Wie Jakob ringen alle mit Gott. In ihren Angesichtern spiegelt sich der innere Kampf wider. Blässe liegt auf ihren Zügen. Doch hören sie mit ihrer ernsten Fürbitte nicht auf.

28 Hab. 3, 17. 18 29 Ps. 121, 5–7; 91, 3–10 30 Matth. 27, 42

Würden den Menschen die Augen geöffnet, sie erblickten Scharen von starken Engeln, die um jene lagern, welche das Wort der Geduld Christi bewahrt haben. In mitfühlender Besorgnis haben die Engel ihren Jammer gesehen und ihre Gebete gehört. Sie hoffen auf das Wort ihres Gebieters, um sie aus der Gefahr herauszureißen. Sie müssen jedoch noch ein wenig warten. Die Kinder Gottes müssen den Kelch trinken und mit der Taufe getauft werden. Gerade die für sie so quälende Verzögerung ist die beste Antwort auf ihre Bitten. Indem sie vertrauensvoll auf den Herrn warten, daß er wirke, kommen sie dahin, Glauben, Hoffnung und Geduld zu üben, die sie in ihrem religiösen Leben zu wenig geübt haben. Dennoch wird um der Auserwählten willen die trübselige Zeit verkürzt werden. „Sollte aber Gott nicht auch retten seine Auserwählten, die zu ihm Tag und Nacht rufen, und sollte er's mit ihnen verziehen? Ich sage euch: Er wird sie erretten in einer Kürze."[31] Das Ende wird schneller kommen, als die Menschen es erwarten. Der Weizen wird gesammelt und in Garben gebunden für die Scheune Gottes, das Unkraut aber wird für das Feuer der Verwüstung gebunden werden.

Der ihnen anvertrauten Aufgabe getreu, wachen die himmlischen Wächter auch in Zukunft. Obwohl ein allgemeines Gebot die Zeit bestimmt hat, da diejenigen, die Gottes Gebote halten, umgebracht werden sollen, so werden doch ihre Feinde in manchen Fällen dem Erlaß zuvorkommen wollen und versuchen, sie zu töten. Aber niemand kann an den mächtigen Wächtern vorbeikommen, die jede Seele bewahren. Einige werden auf ihrer Flucht aus den Städten und Dörfern angegriffen; doch die gegen sie erhobenen Schwerter zerbrechen und fallen machtlos wie ein Strohhalm zu Boden. Andere werden von Engeln in der Gestalt von Kriegern verteidigt.

Zu allen Zeiten hat Gott für den Beistand und für die Befreiung seines Volkes durch heilige Engel gewirkt. Himmlische Wesen haben an dem Leben und Treiben der Menschen tätigen Anteil genommen. Sie sind erschienen in Gewändern, die wie der Blitz leuchteten, oder sind gekommen als Menschen in Wandertracht. Engel sind den Männern Gottes in menschlicher Gestalt erschienen. Sie haben des Mittags unter den Eichen geruht, als ob sie müde wären, haben bei Nacht

31 Luk. 18, 7. 8

verspäteten Reisenden als Führer gedient, mit ihren eigenen Händen das Feuer auf dem Altar angezündet und die Gastfreundschaft irdischer Wohnungen angenommen. Sie haben Gefängnistüren geöffnet und die Diener Gottes freigelassen. Mit der Waffenrüstung des Himmels angetan, kamen sie, um den Stein vom Grabe des Heilandes wegzurollen.

In Menschengestalt sind Engel oft in den Versammlungen der Gerechten anwesend und besuchen die Zusammenkünfte der Gottlosen, wie sie einst nach Sodom kamen, um einen Bericht von den Taten seiner Einwohner aufzunehmen und zu entscheiden, ob sie das Maß der Langmut Gottes überschritten hatten. Der Herr hat Wohlgefallen an der Barmherzigkeit; und um einiger weniger willen, die ihm wirklich dienen, hält er das Unglück zurück und verlängert die Ruhe der Menge. Wie wenig erkennen die Sünder, daß sie ihr eigenes Leben dem Häuflein Gottgetreuer verdanken, die sie verspotten und unterdrücken, um sich zu ergötzen!

Wenn die Herrscher dieser Welt es auch nicht wissen, so haben doch oft in ihren Versammlungen Engel das Wort geführt. Menschliche Augen haben auf sie geblickt, menschliche Ohren ihren Aufforderungen gelauscht; menschliche Lippen haben sich ihren Vorschlägen widersetzt und ihre Ratschläge verlacht; menschliche Hände haben sie beleidigt und mißhandelt. In der Ratsversammlung, an den Gerichtshöfen haben sich diese himmlischen Boten mit der menschlichen Geschichte sehr vertraut gezeigt; sie haben die Sache der Unterdrückten besser vertreten als deren fähigste und beredteste Verteidiger. Sie haben Absichten vereitelt und böse Taten aufgehalten, die das Werk Gottes sehr behindert und seinem Volk große Leiden verursacht hätten. In der Stunde der Gefahr und der Trübsal lagert „der Engel des Herrn . . . sich um die her, so ihn fürchten, und hilft ihnen aus“.[32]

Mit großer Sehnsucht erwartet das Volk Gottes die Anzeichen seines kommenden Königs. Wenn die Wächter angerufen werden: „Hüter, ist die Nacht schier hin?“, wird ohne Zögern die Antwort gegeben: „Wenn der Morgen schon kommt, so wird es doch Nacht sein.“[33] Licht erglänzt auf den Wolken über den Bergesspitzen. Bald wird sich seine Herrlichkeit offenbaren. Die Sonne der Gerechtigkeit wird bald

32 Ps. 34, 8   33 Jes. 21, 11. 12

hervorleuchten. Der Morgen und die Nacht, der Beginn des endlosen Tages für die Gerechten, der Anfang der ewigen Nacht für die Gottlosen, stehen nahe bevor.

Während die Ringenden ihre Bitten zu Gott emporsenden, scheint der Schleier, der sie von der unsichtbaren Welt trennt, fast weggezogen zu sein. Die Himmel erglühen von der Dämmerung des ewigen Tages, und gleich einem klangvollen Engelchor erschallen die Worte an das Ohr: Steht fest in eurer Treue! Die Hilfe kommt! Christus, der allmächtige Sieger, hält seinen müden Streitern eine Krone unvergänglicher Herrlichkeit bereit, und seine Stimme ertönt von den halbgeöffneten Toren: „Siehe, ich bin mit euch! Fürchtet euch nicht! Ich kenne all euren Kummer, ich habe eure Sorgen getragen. Ihr kämpft nicht gegen unbesiegbare Feinde. Ich habe den Kampf eurethalben ausgefochten, und in meinem Namen seid ihr unüberwindlich."

Der liebevolle Heiland wird gerade dann Hilfe senden, wenn wir sie brauchen. Der Weg zum Himmel ist durch seine Fußtapfen geheiligt. Jeder Dorn, der unseren Fuß verwundet, hat auch seinen Fuß verletzt. Jedes Kreuz, das zu tragen wir berufen werden, hat er vor uns getragen. Der Herr läßt Kämpfe zu, damit die Seele für den Frieden vorbereitet werde. Die trübselige Zeit ist eine schreckliche Feuerprobe für Gottes Volk; aber es ist auch für jeden Gläubigen die Zeit, emporzublicken, und er wird im Glauben über sich den Bogen der Verheißung sehen.

„Also werden die Erlösten des Herrn wiederkehren und gen Zion kommen mit Jauchzen, und ewige Freude wird auf ihrem Haupte sein. Wonne und Freude werden sie ergreifen; aber Trauern und Seufzen wird von ihnen fliehen. Ich, ich bin euer Tröster. Wer bist du denn, daß du dich vor Menschen fürchtest, die doch sterben, und vor Menschenkindern, die wie Gras vergehen, und vergissest des Herrn, der dich gemacht hat... Du aber fürchtest dich täglich den ganzen Tag vor dem Grimm des Wüterichs, wenn er sich vornimmt zu verderben. Wo bleibt nun der Grimm des Wüterichs? Der Gefangene wird eilends losgegeben, daß er nicht hinsterbe zur Grube, auch keinen Mangel an Brot habe. Denn ich bin der Herr, dein Gott, der das Meer bewegt, daß seine Wellen wüten; sein Name heißt Herr Zebaoth. Ich lege mein Wort in deinen Mund und bedecke dich unter dem Schatten meiner Hände...

Darum höre dies, du Elende und Trunkene, doch nicht von Wein! So spricht dein Herrscher, der Herr, und dein Gott, der sein Volk rächt: Siehe, ich nehme den Taumelkelch von deiner Hand samt den Hefen des Kelchs meines Grimmes; du sollst ihn nicht mehr trinken, sondern ich will ihn deinen Schindern in die Hand geben, die zu deiner Seele sprachen: Bücke dich, daß wir darüberhin gehen, und mache deinen Rücken zur Erde und wie eine Gasse, daß man darüberhin laufe." [34]

Das alle Zeiten überschauende Auge Gottes war auf die Entscheidungsstunde gerichtet, der die Kinder Gottes begegnen müssen, wenn die irdischen Mächte sich gegen sie aufstellen. Den gefangenen Verbannten gleich werden sie sich fürchten vor dem Tod durch Hunger oder Gewalt. Aber der Heilige, der das Rote Meer vor Israel teilte, wird seine gewaltige Macht offenbaren und ihre Gefangenschaft wenden. „Sie sollen, spricht der Herr Zebaoth, des Tages, den ich machen will, mein Eigentum sein; und ich will ihrer schonen, wie ein Mann seines Sohnes schont, der ihm dient." [35] Würde das Blut der treuen Zeugen Christi zu dieser Zeit vergossen, so könnte es nicht gleich dem Blut der Märtyrer wie ein Same sein, gesät, damit eine Ernte zu Gottes Ehre reife. Ihre Treue wäre kein Zeugnis, um andere von der Wahrheit zu überzeugen; denn die Wogen der Barmherzigkeit haben sich an den verhärteten Herzen gebrochen, bis sie nicht mehr wiederkehrten. Fielen die Gerechten jetzt ihren Feinden zum Opfer, so bedeutete das für den Fürsten der Finsternis einen Sieg. Der Psalmist sagt: „Er deckt mich in seiner Hütte zur bösen Zeit, er verbirgt mich heimlich in seinem Gezelt." [36] Christus hat die Worte gesprochen: „Gehe hin, mein Volk, in deine Kammer und schließ die Tür nach dir zu; verbirg dich einen kleinen Augenblick, bis der Zorn vorübergehe. Denn siehe, der Herr wird ausgehen von seinem Ort, heimzusuchen die Bosheit der Einwohner des Landes über sie." [37] Herrlich wird die Rettung jener Menschen sein, die geduldig auf seine Wiederkunft gewartet haben und deren Namen im Buch des Lebens geschrieben stehen!

34 Jes. 51, 11–16. 21–23 35 Mal. 3, 17 36 Ps. 27, 5 37 Jes. 26, 20. 21

Gottes Volk wird befreit | 40

Wenn man daran geht, den Schutz menschlicher Gesetze denen zu entziehen, die die Gebote Gottes ehren, wird in verschiedenen Ländern zu gleicher Zeit eine Bewegung entstehen, jene Gläubigen zu vernichten. Wenn die in dem Erlaß bestimmte Zeit herannaht, verschwört sich das Volk, die verhaßte Sekte auszurotten, und beschließt, in einer Nacht den entscheidenden Schlag zu führen, der jene abweichenden Stimmen und Kritiker für immer zum Schweigen bringen soll.

Gottes Kinder, deren etliche in Gefängniszellen leben, etliche in den einsamen Schlupfwinkeln der Wälder und Berge verborgen sind, erflehen noch immer göttlichen Schutz, während überall bewaffnete Männer, angetrieben von Scharen böser Engel, Vorkehrungen für das Werk des Todes treffen. Jetzt, in der Stunde äußerster Gefahr, wird der Gott Israels einschreiten, um seine Auserwählten zu erretten. Der Herr hat gesagt: „Da werdet ihr singen wie in der Nacht eines heiligen Festes und euch von Herzen freuen, wie wenn man mit Flötenspiel geht zum Berge des Herrn, zum Hort Israels. Und der Herr wird seine herrliche Stimme schallen lassen, daß man sehe seinen ausgereckten Arm mit zornigem Dräuen und mit Flammen des verzehrenden Feuers, mit Wetterstrahlen, mit starkem Regen und mit Hagel.“ [1]

Mit Siegesgeschrei, mit Spott und Verwünschungen sind Scharen gottloser Menschen im Begriff, sich auf ihre Opfer zu stürzen; aber siehe, eine dichte Finsternis, schwärzer als die dunkelste Nacht, senkt sich auf die Erde hernieder. Dann überspannt ein die Herrlichkeit des Thrones Gottes widerstrahlender Regenbogen den Himmel und scheint jede betende Gruppe einzuschließen. Die zornigen Scharen werden plötzlich aufgehalten. Ihre spöttischen Rufe ersterben. Das

1 Jes. 30, 29. 30

Ziel ihrer mörderischen Wut ist vergessen. Mit schrecklichen Ahnungen starren sie auf das Sinnbild des Bundes Gottes und möchten gern vor dessen überwältigendem Glanz geschützt sein.

Das Volk Gottes vernimmt eine helle, klangvolle Stimme, die ruft: „Sehet auf!" Und die Augen zum Himmel erhebend, erblickt es den Bogen der Verheißung. Die schwarzen, drohenden Wolken, die das Himmelsgewölbe bedeckten, haben sich zerteilt. Gleich Stephanus sieht das Volk Gottes unverwandt zum Himmel empor und erblickt die Herrlichkeit Gottes und des Menschen Sohn sitzend auf seinem Thron. An seiner göttlichen Gestalt erkennen die Auserwählten die Zeichen seiner Erniedrigung, und von seinen Lippen vernehmen sie die vor seinem Vater und den heiligen Engeln dargebrachte Bitte: „Ich will, daß, wo ich bin, auch die bei mir seien, die du mir gegeben hast."[2] Wiederum erklingt eine klangvolle und frohlockende Stimme, die sagt: „Sie kommen! Sie kommen! heilig, harmlos und makellos, sie haben das Wort meiner Geduld gehalten, sie sollen unter den Engeln wandeln." Und die blassen, zitternden Lippen derer, die an ihrem Glauben festgehalten haben, brechen in ein Siegesgeschrei aus.

Es ist mitten in der Nacht, da Gott seine Macht zur Befreiung seines Volkes offenbart. Die Sonne wird sichtbar und leuchtet in voller Kraft. Zeichen und Wunder folgen rasch aufeinander. Die Gottlosen schauen erschreckt und bestürzt auf diese Vorgänge, während die Gerechten mit feierlicher Freude die Zeichen ihrer Befreiung betrachten. In der Natur scheint alles außer der gewohnten Ordnung zu sein. Die Ströme hören auf zu fließen. Dunkle, schwere Wolken steigen auf und stoßen gegeneinander. Mitten an dem aufgerührten Himmel ist eine Stelle von unbeschreiblicher Herrlichkeit, von wo aus die Stimme Gottes dem gewaltigen Rauschen vieler Wasser gleich ertönt und spricht: „Es ist geschehen!"[3]

Jene Stimme erschüttert die Himmel und die Erde. Es erhebt sich „ein großes Erdbeben, wie solches nicht gewesen ist, seit Menschen auf Erden gewesen sind, solch Erdbeben also groß".[3] Der Himmel scheint sich zu öffnen und zu schließen. Die Herrlichkeit vom Thron Gottes blitzt hindurch. Die Berge erbeben gleich einem Rohr im Winde, und zerrissene Felsen werden überallhin zerstreut. Es erhebt

2 Joh. 17, 24 3 Offb. 16, 17. 18

sich ein Geheul wie von einem heranziehenden Sturm. Das Meer wird aufgewühlt. Man hört das Brüllen des Orkans, dem Schrei der Dämonen gleich, wenn sie sich zur Zerstörung aufmachen. Die ganze Erde hebt und senkt sich wie die Wogen des Meeres; ihre Oberfläche bricht auf; selbst ihre Grundfesten scheinen zu weichen. Bergketten versinken. Bewohnte Inseln verschwinden. Die Seehäfen, die an Lasterhaftigkeit Sodom gleichgeworden sind, werden von den stürmischen Wassern verschlungen. Babylon, der großen, wird „gedacht vor Gott, ihr zu geben den Kelch des Weins von seinem grimmigen Zorn".[4] Große Hagelsteine, schwer wie „ein Zentner", vollbringen ihr Zerstörungswerk. Die stolzesten Städte der Erde werden vernichtet. Die herrlichsten Paläste, an die die Großen der Welt ihre Reichtümer verschwendet haben, um sich selbst zu verherrlichen, zerfallen vor ihren Augen. Gefängnismauern stürzen zusammen, und Gottes Volk, das um seines Glaubens willen gefangengehalten worden war, wird frei.

Gräber öffnen sich, und „viele, so unter der Erde schlafen liegen, werden aufwachen: etliche zum ewigen Leben, etliche zu ewiger Schmach und Schande".[5] Alle, die im Glauben an die dritte Engelsbotschaft gestorben sind, kommen verklärt aus ihren Gräbern hervor, um mit denen, die Gottes Gesetz gehalten haben, den Friedensbund Gottes zu vernehmen. Auch „die ihn zerstochen haben",[6] die Christus in seinem Todesschmerz verspotteten und verlachten, und die heftigsten Widersacher seiner Wahrheit und seines Volkes werden auferweckt, um ihn in seiner Herrlichkeit zu schauen und die den Treuen und Gehorsamen verliehenen Ehren wahrzunehmen.

Dichte Wolken bedecken noch den Himmel; doch hier und da bricht die Sonne hindurch, wie das strafende Auge des Herrn; wütende Blitze zucken vom Himmel und hüllen die Erde in ein Flammenmeer. Lauter als das schreckliche Grollen des Donners ertönen geheimnisvolle, furchterregende Stimmen und verkünden das Schicksal der Gottlosen. Nicht alle erfassen diese Worte; aber die falschen Lehrer verstehen sie deutlich. Seelen, die kurz zuvor noch so sorglos, so prahlerisch und herausfordernd waren, so frohlockend in ihrer Grausamkeit gegen das die Gebote haltende Volk Gottes, sind jetzt vor Bestürzung

4 Offb. 16, 19. 20 5 Dan. 12, 2 6 Offb. 1, 7

überwältigt und beben vor Furcht. Ihre Wehrufe übertönen das Getöse der Elemente. Dämonen anerkennen die Gottheit Christi und zittern vor seiner Macht, während die Menschen um Gnade flehen und vor Schrecken im Staube kriechen.

Die Propheten des Alten Bundes sagten, als sie im Gesicht den Tag Gottes sahen: „Heulet, denn des Herrn Tag ist nahe; er kommt wie eine Verwüstung vom Allmächtigen.“ [7] „Gehe in den Felsen und verbirg dich in der Erde vor der Furcht des Herrn und vor seiner herrlichen Majestät. Denn alle hohen Augen werden erniedrigt werden, und die hohe Männer sind, werden sich bücken müssen; der Herr aber wird allein hoch sein zu der Zeit. Denn der Tag des Herrn Zebaoth wird gehen über alles Hoffärtige und Hohe und über alles Erhabene, daß es erniedrigt werde... Zu der Zeit wird jedermann wegwerfen seine silbernen und goldenen Götzen, die er sich hatte machen lassen, anzubeten, in die Löcher der Maulwürfe und der Fledermäuse, auf daß er möge in die Steinritzen und Felsklüfte kriechen vor der Furcht des Herrn und vor seiner herrlichen Majestät, wenn er sich aufmachen wird, zu schrecken die Erde.“ [8]

Durch die aufbrechenden Wolken hindurch strahlt ein Stern, dessen Glanz im Gegensatz zu der Finsternis viermal heller ist. Er spricht den Treuen Hoffnung und Freude zu, den Übertretern des Gesetzes Gottes aber Strenge und Zorn. Die alles für Christus geopfert haben, sind nun geborgen wie in der Hütte des Herrn. Sie sind geprüft worden und haben vor der Welt und den Verächtern der Wahrheit ihre Treue zu dem bewiesen, der für sie starb. Eine wunderbare Wandlung ist mit denen vorgegangen, die selbst angesichts des Todes ihre Rechtschaffenheit bewahrt haben. Sie sind plötzlich von der finsteren und schrecklichen Raserei der in Dämonen verwandelten Menschen befreit worden. Ihre vor kurzem noch blassen, ängstlichen und verstörten Angesichter erglühen nun vor Erstaunen, Glauben und Liebe. Siegesfroh singen sie: „Gott ist unsre Zuversicht und Stärke, eine Hilfe in den großen Nöten, die uns getroffen haben. Darum fürchten wir uns nicht, wenngleich die Welt unterginge und die Berge mitten ins Meer sänken, wenngleich das Meer wütete und wallte und von seinem Ungestüm die Berge einfielen.“ [9]

7 Jes. 13, 6 8 Jes. 2, 10–12. 20. 21 9 Ps. 46, 2–4

Während diese Worte des heiligen Vertrauens zu Gott emporsteigen, reißen die Wolken auf, und der sternenbesäte Himmel wird sichtbar, von unsagbarer Herrlichkeit im Gegensatz zu dem schwarzen und zornigen Firmament ringsherum. Der Glanz der himmlischen Stadt strahlt aus den offenstehenden Toren. Dann erscheint am Himmel eine Hand, die zwei zusammengelegte Tafeln hält. Der Prophet sagt: „Die Himmel werden seine Gerechtigkeit verkündigen; denn Gott ist Richter."[10] Jenes heilige Gesetz, die Gerechtigkeit Gottes, die unter Donner und Flammen vom Sinai herab als Richtschnur des Lebens verkündet wurde, wird nun den Menschen offenbart als Maßstab des Gerichts. Die Hand faltet die Tafeln auseinander, und die Zehn Gebote werden sichtbar, als wären sie mit einer feurigen Feder geschrieben. Die Worte sind so deutlich, daß alle sie lesen können. Die Erinnerung wird wach, die Finsternis des Aberglaubens und der Ketzerei ist von jedem Gemüt geschwunden, und die zehn kurzen, verständlichen und vollgültigen Worte Gottes stehen allen Bewohnern der Erde deutlich vor Augen.

Es ist unmöglich, den Schrecken und die Verzweiflung derer zu beschreiben, die Gottes heilige Forderungen mit Füßen getreten haben. Der Herr gab ihnen sein Gesetz; sie hätten ihren Charakter damit vergleichen und ihre Fehler erkennen können, als noch Zeit zur Buße und Besserung war; aber um die Gunst der Welt zu erlangen, setzten sie seine Verordnungen beiseite und lehrten andere, sie zu übertreten. Sie haben Gottes Volk zu zwingen versucht, den Sabbat des Herrn zu entheiligen. Jetzt werden sie durch jenes Gesetz verdammt, das sie mißachtet haben. Mit schrecklicher Deutlichkeit sehen sie, daß es für sie keine Entschuldigung gibt. Sie erwählten selbst, wem sie dienen und wen sie anbeten wollten. „Und ihr sollt dagegen wiederum sehen, was für ein Unterschied sei zwischen dem Gerechten und dem Gottlosen und zwischen dem, der Gott dient, und dem, der ihm nicht dient."[11]

Die Feinde des Gesetzes Gottes, vom Prediger an bis hinunter zu den geringsten unter ihnen, haben eine andere Vorstellung von Wahrheit und Pflicht. Zu spät erkennen sie, daß der Sabbat des vierten Gebots das Siegel des lebendigen Gottes ist; zu spät erkennen sie die wahre Natur ihres falschen Sabbats und den sandigen Grund, auf den

10 Ps. 50, 6 11 Mal. 3, 18

sie gebaut haben. Es wird ihnen klar, daß sie gegen Gott zu Felde gezogen sind. Religionslehrer haben Seelen ins Verderben geführt, während sie vorgaben, sie zu den Toren des Paradieses zu geleiten. Erst am Tage der endgültigen Abrechnung wird man begreifen, wie groß die Verantwortung der in heiligen Ämtern dienenden Menschen ist, und wie schrecklich die Folgen ihrer Untreue sind. Nur in der Ewigkeit können wir den Verlust einer einzigen Seele richtig einschätzen. Furchtbar wird dessen Los sein, zu dem Gott sagen wird: Gehe hinweg von mir, du gottloser Knecht!

Die Stimme Gottes erschallt vom Himmel, verkündigt den Tag und die Stunde der Wiederkunft Christi und spricht seinem Volk den ewigen Bund zu. Gleich den lautesten Donnerschlägen rollen seine Worte über die Erde. Das Israel Gottes lauscht, die Augen aufwärts gerichtet. Die Angesichter leuchten auf von dem Glanz seiner Herrlichkeit. Sie strahlen wie das Antlitz Moses, als er vom Sinai herabkam. Die Gottlosen können sie nicht anblicken. Wenn die Menschen gesegnet werden, die Gott dadurch ehrten, daß sie seinen Sabbat heilighielten, erschallt ein gewaltiges Siegesgeschrei.

Gegen Osten erscheint ein kleines schwarzes Wölkchen, ungefähr halb so groß wie eines Mannes Hand. Es ist die Wolke, die den Heiland umgibt und die in der Entfernung in Finsternis gehüllt zu sein scheint. Gottes Volk weiß, daß dies das Zeichen des Menschensohnes ist. In ernstem Schweigen blicken alle unverwandt auf diese Wolke, wie sie der Erde näher rückt und zusehends heller und herrlicher wird, bis sich eine große weiße Wolke entfaltet, deren Grund wie verzehrendes Feuer aussieht und über welcher der Regenbogen des Bundes schwebt. Jesus reitet als mächtiger Sieger voraus. Er kommt jetzt nicht als Schmerzensmann, den bitteren Kelch mit Schmach und Weh zu trinken, sondern als Sieger im Himmel und auf Erden, um die Lebendigen und die Toten zu richten. Er hieß „Treu und Wahrhaftig, und er richtet und streitet mit Gerechtigkeit. . . Und ihm folgte nach das Heer im Himmel“.[12] Mit Wechselgesängen himmlischer Melodien begleitet ihn ein zahlloses Gefolge heiliger Engel. Das Himmelszelt scheint mit leuchtenden Gestalten bedeckt zu sein, zehntausendmal zehntausend und tausendmal tausend. Kein Mensch vermag diesen Anblick zu be-

12 Offb. 19, 11. 14

schreiben, niemand seine Pracht zu erfassen. „Seines Lobes war der Himmel voll, und seiner Ehre war die Erde voll. Sein Glanz war wie Licht."[13] Da die Wolke noch näher kommt, sieht jedes Auge den Lebensfürsten. Keine Dornenkrone entstellt sein erhabenes Haupt, sondern das Diadem der Herrlichkeit ruht auf seiner heiligen Stirn. Sein Angesicht überstrahlt die blendende Mittagssonne. „Und er hat einen Namen geschrieben auf seinem Kleid und auf seiner Hüfte also: Ein König aller Könige und ein Herr aller Herren."[14]

In seiner Gegenwart sind alle Angesichter bleich, und die Verwerfer der Gnade Gottes befällt der Schrecken ewiger Verzweiflung. „Ihr Herz muß verzagen, die Kniee schlottern... und alle Angesichter [werden] bleich."[15] Die Gerechten rufen mit Zittern: Wer kann bestehen? Der Gesang der Engel verstummt, und es herrscht eine Zeitlang tiefes Schweigen. Dann hört man die Stimme Jesu sagen: „Meine Gnade ist für euch ausreichend." Die Gesichter der Gerechten hellen sich auf, Freude erfüllt jedes Herz. Die Engel singen im Chor und jubeln, indem sie der Erde noch näher kommen.

Der König aller Könige steigt auf der Wolke herab, in Feuerflammen gehüllt. Der Himmel entweicht wie ein zusammengerolltes Buch, die Erde bebt vor ihm, und alle Berge und alle Inseln werden aus ihren Örtern bewegt. „Unser Gott kommt und schweigt nicht. Fressend Feuer geht vor ihm her und um ihn her ein großes Wetter. Er ruft Himmel und Erde, daß er sein Volk richte."[16]

„Und die Könige auf Erden und die Großen und die Reichen und die Hauptleute und die Gewaltigen und alle Knechte und alle Freien verbargen sich in den Klüften und Felsen an den Bergen und sprachen zu den Bergen und Felsen: Fallet über uns und verberget uns vor dem Angesichte des, der auf dem Stuhl sitzt, und vor dem Zorn des Lammes! Denn es ist gekommen der große Tag seines Zorns, und wer kann bestehen?"[17]

Das höhnische Gespött hat aufgehört. Lügnerische Lippen sind zum Schweigen gebracht. Das Waffengeklirr und Schlachtgetümmel ist vorbei, alles Ungestüm und die blutigen Kleider sind verschwunden.[18] Nur Gebete, Weinen und Wehklagen sind jetzt vernehmbar. Von den

13 Hab. 3, 3. 4
14 Offb. 19, 16
15 Nah. 2, 11; Jer. 30, 6
16 Ps. 50, 3. 4
17 Offb. 6, 15–17
18 Jes. 9, 4

Lippen der jüngst noch Spottenden ertönt der Schrei: „Es ist gekommen der große Tag seines Zorns, und wer kann bestehen?" Die Gottlosen bitten, eher unter den Felsen der Berge verborgen zu werden, als dem Angesicht des Erlösers zu begegnen, den sie verachtet und verworfen haben.

Sie kennen jene Stimme, die ans Ohr der Toten dringt. Wie oft hat ihr sanfter, flehender Ton sie zur Buße gerufen! Wie oft ist sie in den rührenden Bitten eines Freundes, eines Bruders, eines Erlösers vernommen worden! Den Verwerfern seiner Gnade könnte keine andere Stimme so verdammend, so urteilsschwer sein als jene, die so lange gefleht hat: „So bekehret euch doch nun von eurem bösen Wesen. Warum wollt ihr sterben?"[19] Ach, daß es für sie die Stimme eines Fremdlings wäre! Jesus sagt: „Ich ... rufe, und ihr weigert euch, ich recke meine Hand aus, und niemand achtet darauf, und laßt fahren allen meinen Rat und wollet meine Strafe nicht."[20] Jene Stimme weckt Erinnerungen, die sie gern austilgen möchten: verachtete Warnungen, abgeschlagene Einladungen, geringgeschätzte Gnadengaben.

Dort sind jene, die Christus in seiner Erniedrigung verspottet hatten. Mit durchdringender Stärke kommen ihnen die Worte des Dulders ins Gedächtnis zurück, als er, von den Hohenpriestern beschworen, feierlich erklärte: „Von nun an wird's geschehen, daß ihr sehen werdet des Menschen Sohn sitzen zur Rechten der Kraft und kommen in den Wolken des Himmels."[21] Jetzt erblicken sie ihn in seiner Herrlichkeit, und sie müssen ihn sitzen sehen zur Rechten der Kraft.

Die über seinen Anspruch, er sei der Sohn Gottes, spotteten, sind nun sprachlos. Da ist der hochmütige Herodes, der Jesu königlichen Titel verlästerte und den höhnenden Soldaten befahl, ihn zum König zu krönen. Da sind ganz dieselben Männer, die mit verruchten Händen das purpurne Gewand um seine Gestalt legten und die Dornenkrone auf seine heilige Stirn setzten; die in seine widerstandslose Hand das Zepter des Spottes legten und sich unter gotteslästerlichen Hohnreden vor ihm verbeugten. Die Männer, die den Fürsten des Lebens schlugen und anspien, wenden sich nun von seinem durchdringenden Blick ab und versuchen, aus dem überwältigenden Glanz seiner Gegenwart zu fliehen. Die Knechte, die die Nägel durch seine Hände und Füße

19 Hes. 33, 11 20 Spr. 1, 24. 25 21 Matth. 26, 64

trieben, der Soldat, der seine Seite durchstach, sehen diese Male mit Furcht und Gewissensbissen. Mit entsetzlicher Deutlichkeit erinnern sich die Priester und Obersten der Ereignisse auf Golgatha. Mit Schaudern und Schrecken denken sie daran, wie sie, ihr Haupt schüttelnd, in fanatischem Frohlocken ausriefen: „Andern hat er geholfen, und kann sich selber nicht helfen. Ist er der König Israels, so steige er nun vom Kreuz, so wollen wir ihm glauben. Er hat Gott vertraut; der erlöse ihn nun, hat er Lust zu ihm; denn er hat gesagt: Ich bin Gottes Sohn." [22]

Lebhaft erinnern sie sich wieder des Gleichnisses Jesu von den Weingärtnern, die sich weigerten, ihrem Herrn die Frucht des Weinbergs zu geben, die seine Knechte mißhandelten und seinen Sohn erschlugen. Auch gedenken sie des Ausspruchs, der von ihnen selbst stammte: Der Herr des Weinbergs „wird die Bösewichte übel umbringen". [23] In der Sünde und Bestrafung jener untreuen Männer sehen die Priester und Ältesten ihr eigenes Verhalten und ihre eigene gerechte Verurteilung. Und jetzt schreien sie in Todesangst. Lauter als der Ruf: „Kreuzige ihn! kreuzige ihn!" in den Straßen Jerusalems ertönte, erschallt der schreckliche, verzweifelte Weheruf: „Es ist Gottes Sohn! Es ist der wahre Messias!" Sie bemühen sich, aus der Gegenwart des Königs aller Könige zu fliehen. In tiefen Erdhöhlen, die sich durch den Aufruhr der Elemente bildeten, suchen sie sich vergebens zu verbergen.

In dem Leben aller, die die Wahrheit verwerfen, gibt es Augenblicke, da das Gewissen erwacht, da ihnen ihr Gedächtnis qualvolle Erinnerungen an Worte und Taten der Heuchelei vorhält, da die Seele von Reue geplagt wird. Aber was sind diese, verglichen mit den Gewissensbissen jenes Tages, da „Angst und Not kommt", da das „Unglück als ein Wetter" offenbar wird! [24] Die Christus und seine Nachfolger gern umgebracht hätten, sehen nun die Herrlichkeit, die auf ihnen ruht. Inmitten des Schreckens hören sie die Heiligen freudig ausrufen: „Siehe, das ist unser Gott, auf den wir harren, und er wird uns helfen." [25]

Während die Erde schwankt, die Blitze zucken und der Donner grollt, ruft die Stimme des Sohnes Gottes die schlafenden Heiligen hervor. Er blickt auf die Gräber der Gerechten und ruft, seine Hand zum Himmel erhebend: „Erwachet, erwachet, erwachet! die ihr im

22 Matth. 27, 42. 43 23 Matth. 21, 41 24 Spr. 1, 27 25 Jes. 25, 9

Staube schlaft, und stehet auf!" Auf der ganzen Erde werden die Toten diese Stimme hören, und die sie hören, werden leben. Die Erde wird dröhnen von den Tritten der außerordentlich großen Schar aus allen Heiden, Geschlechtern, Völkern und Sprachen. Aus den Gefängnissen des Todes kommen sie, angetan mit unsterblicher Herrlichkeit, und rufen: „Tod, wo ist dein Stachel? Hölle, wo ist dein Sieg?"[26] Und die lebenden Gerechten und die auferstandenen Heiligen vereinen ihre Stimmen zu langem, fröhlichem Siegesjubel.

Alle kommen in derselben Größe aus ihren Gräbern, wie sie hineingelegt wurden. Adam, der mitten unter der auferstandenen Schar steht, ist von erhabener Höhe und majestätischer Gestalt, nur wenig kleiner als der Sohn Gottes. An ihm wird ein auffallender Gegensatz zu den späteren Geschlechtern deutlich; in dieser einen Beziehung sieht man die tiefgehende Entartung des Menschengeschlechts. Alle aber stehen auf in der Frische und Kraft ewiger Jugend. Im Anfang wurde der Mensch nach dem Bilde Gottes geschaffen, nicht nur in Charakter, sondern auch in Gestalt und Aussehen. Die Sünde hat das göttliche Bild entstellt und nahezu verwischt; aber Christus kam, um das, was verlorengegangen war, wiederherzustellen. Er wird unseren nichtigen Leib verwandeln und seinem verklärten Leibe ähnlich machen. Die sterbliche, vergängliche, anmutlose, einst mit Sünde befleckte Gestalt wird vollkommen, schön und unsterblich. Alle Fehler und Gebrechen bleiben im Grabe. Wieder zum Baum des Lebens in dem lange verlorenen Paradies zugelassen, werden die Erlösten zunehmen, bis sie zu der vollen Größe des Menschengeschlechts in seiner ursprünglichen Herrlichkeit herangewachsen sind. Die letzten noch verbliebenen Spuren des Fluches der Sünde werden beseitigt, und die Getreuen Christi erscheinen in der Herrlichkeit des Herrn, unseres Gottes, und werden an Leib, Seele und Geist das vollkommene Bild ihres Herrn widerstrahlen. Oh, wunderbare Erlösung, lange besprochen, lange erhofft, mit eifriger Erwartung betrachtet, aber nie völlig verstanden!

Die lebenden Gerechten werden „plötzlich, in einem Augenblick", verwandelt. Beim Ertönen der Stimme Gottes wurden sie verherrlicht; nun empfangen sie Unsterblichkeit und werden mit den auferstandenen Heiligen dem Herrn in der Luft entgegengerückt. Die Engel

26 1. Kor. 15, 55

werden „versammeln seine Auserwählten von den vier Winden, von dem Ende der Erde bis zum Ende des Himmels".[27] Kleine Kinder werden von den heiligen Engeln in die Arme ihrer Mütter getragen. Freunde, die der Tod lange Zeit getrennt hatte, werden wieder zusammengeführt, um nie mehr scheiden zu müssen, und gemeinsam steigen sie unter Freudengesängen auf zu der Stadt Gottes.

Auf jeder Seite des Wolkenwagens befinden sich Flügel, und unter ihm lebendige Räder, und wenn der Wagen aufwärts rollt, rufen die Räder: „Heilig!", und die Flügel rufen bei ihren Bewegungen: „Heilig!", und das Gefolge der Engel ruft: „Heilig, heilig, heilig ist Gott der Herr, der Allmächtige!" Und die Erlösten rufen: „Halleluja!", während sich der Wagen aufwärts nach dem neuen Jerusalem hin bewegt.

Vor dem Einzug in die Gottesstadt verleiht der Heiland seinen Nachfolgern die Auszeichnungen des Sieges und kleidet sie mit den Zeichen ihres königlichen Standes. Die glänzenden Reihen stellen sich in Form eines offenen Vierecks um ihren König herum auf, dessen Gestalt sich hoheitsvoll über die Heiligen und die Engel erhebt und dessen Antlitz allen voll gütiger Liebe strahlt. Der Blick jedes einzelnen dieser unzähligen Schar der Erlösten ist auf ihn gerichtet, jedes Auge schaut seine Herrlichkeit, dessen „Gestalt häßlicher ... denn anderer Leute und sein Aussehen denn der Menschenkinder" war.[28] Auf die Häupter der Überwinder setzt der Heiland mit eigener Hand die Krone der Herrlichkeit. Jeder erhält eine Krone, die seinen „neuen Namen"[29] trägt sowie die Inschrift „Heilig dem Herrn!" In jede Hand wird die Siegespalme und die glänzende Harfe gelegt. Dann gleitet jede Hand – die leitenden Engel geben den Ton an – geschickt über die Harfensaiten und entlockt ihnen liebliche Musik in reichen, klangvollen Melodien. Unsagbare Wonne entzückt jedes Herz, und jede Stimme erhebt sich in dankbarem Lobgesang: „Der uns geliebt hat und gewaschen von den Sünden mit seinem Blut und hat uns zu Königen und Priestern gemacht vor Gott und seinem Vater, dem sei Ehre und Gewalt von Ewigkeit zu Ewigkeit! Amen."[30]

Vor der erlösten Schar liegt die heilige Stadt. Jesus öffnet die Perlentore weit, und die Seligen, die die Wahrheit gehalten haben, ziehen

27 Mark. 13, 27 28 Jes. 52, 14 29 Offb. 2, 17 30 Offb. 1, 5. 6

ein. Dort schauen sie das Paradies Gottes, die Heimat Adams in seiner Unschuld. Und nun ertönt jene Stimme, klangvoller als irgendwelche Musik, die je an eines Sterblichen Ohr gelangte, und sagt: „Euer Kampf ist beendet! ‚Kommt her, ihr Gesegneten meines Vaters, ererbet das Reich, das euch bereitet ist von Anbeginn der Welt!' "

Jetzt ist das Gebet des Heilandes für seine Jünger erfüllt: „Ich will, daß, wo ich bin, auch die bei mir seien, die du mir gegeben hast." [31] Christus bringt dem Vater den Erlös seines Blutes „ohne Fehl ... vor das Angesicht seiner Herrlichkeit unsträflich mit Freuden" [32] und erklärt: „Hier bin ich und die Kinder, die mir der Herr gegeben hat." „Die du mir gegeben hast, die habe ich bewahrt." [33] O Wunder der erlösenden Liebe! O Wonne jener Stunde, da der ewige Vater, auf die Erlösten blickend, sein Ebenbild sieht, da der Mißklang der Sünde beseitigt, der Bannfluch hinweggenommen und das Menschliche wiederum mit dem Göttlichen in Einklang gebracht ist!

Mit unaussprechlicher Liebe heißt Jesus seine Getreuen zur „Freude ihres Herrn" willkommen. Des Heilandes Freude aber besteht darin, daß er in dem Reich der Herrlichkeit die Seelen sieht, die durch sein Leiden und seine Erniedrigung gerettet worden sind. Und die Erlösten werden an dieser Freude teilhaben, wenn sie unter den Seligen alle jene entdecken, die durch ihre Gebete, ihre Mitarbeit und ihre liebevollen Opfer für Christus gewonnen wurden. Wenn sie sich um den großen weißen Thron versammeln, wird unsagbare Freude ihre Herzen erfüllen, denn sie erblicken nicht nur die, welche sie zum Herrn gebracht haben, sondern erkennen auch, daß jene andere Seelen gewonnen haben, und diese wiederum andere, die nun alle, in den Hafen der Ruhe gebracht, ihre Kronen zu Jesu Füßen niederlegen und ihn in den endlosen Zeiten der Ewigkeit preisen werden.

Wenn die Erlösten in der Stadt Gottes willkommen geheißen werden, hallt die Luft wieder von dem frohlockenden Jubelruf der Anbetung. Der erste und der zweite Adam stehen kurz vor ihrer Begegnung. Der Sohn Gottes wartet mit ausgestreckten Armen, um den Vater unseres Geschlechts zu empfangen: das Wesen, das er schuf, das gegen seinen Schöpfer sündigte und um dessen Sünden willen der Heiland die Zeichen der Kreuzigung trägt. Wenn Adam die Spuren der grausamen

31 Joh. 17, 24 32 Jud. 24 33 Jes. 8, 18; Joh. 17, 12

Nägel erkennt, fällt er seinem Herrn nicht an die Brust, sondern er wirft sich demütig ihm zu Füßen und ruft: „Würdig, würdig ist das Lamm, das erwürget ist!“ Zärtlich hebt der Heiland ihn auf und bittet ihn, noch einmal seine Heimat in Eden zu schauen, aus der er so lange verbannt gewesen ist.

Nach seiner Vertreibung aus Eden war Adams Leben hier auf Erden voller Kummer: Jedes welkende Blatt, jedes Opfertier, jede Trübung in der schönen Natur, jeder Makel an der Reinheit des Menschen erinnerte ihn aufs neue an seine Sünde. Schrecklich war der Schmerz der Reue, als er die überhandnehmende Gottlosigkeit sah und auf seine Warnungen hin die Vorwürfe einstecken mußte, daß er die Veranlassung zur Sünde gegeben habe. Mit geduldiger Demut trug er fast tausend Jahre die Strafe der Übertretung. Aufrichtig bereute er seine Sünde, vertraute auf die Verdienste des verheißenen Heilandes und starb in der Hoffnung auf eine Auferstehung. Der Sohn Gottes machte des Menschen Vergehen wieder gut. Nun wird Adam durch das Werk der Versöhnung wieder in seine erste Herrschaft eingesetzt. –

Entzückt vor Freude betrachtet er die Bäume, die einst sein Ergötzen waren, ganz dieselben, von denen er in den Tagen seiner Unschuld und seines Glücks die Früchte genommen hatte. Er sieht die Reben, die seine Hände gezogen haben, dieselben Blumen, die er so gern gepflegt hat. Sein Verstand erfaßt die Wirklichkeit des Geschehens; er begreift, daß dies in der Tat das wiederhergestellte Eden ist, viel schöner jetzt als einst, da er daraus verbannt wurde. Der Heiland führt ihn zum Baum des Lebens, bricht die herrliche Frucht und bittet ihn, zu essen. Er blickt um sich und sieht viele Glieder seiner Familie erlöst im Paradiese Gottes. Jetzt legt er seine glänzende Krone Jesus zu Füßen, fällt an seine Brust und umarmt den Erlöser. Er greift in die goldene Harfe, und die Gewölbe des Himmels hallen wider von dem triumphierenden Gesang: „Würdig, würdig, würdig ist das Lamm, das erwürgt wurde und lebt wiederum!“ Adams Familie stimmt in den Gesang mit ein, und alle legen die Kronen zu des Heilandes Füßen nieder und beugen sich in Anbetung vor ihm.

Diese Wiedervereinigung sehen die Engel, die über Adams Fall weinten, und die sich freuten, als Jesus nach seiner Auferstehung gen Himmel fuhr, nachdem er das Grab für alle geöffnet hatte, die an seinen Namen glauben würden. Nun sehen sie das Erlösungswerk vollendet und stimmen mit in den Lobgesang ein.

Auf dem kristallenen Meer vor dem Thron, jenem gläsernen Meer, das so von der Herrlichkeit Gottes glänzt, als wäre es mit Feuer vermengt, steht die Schar derer, „die den Sieg behalten hatten an dem Tier und seinem Bilde und seinem Malzeichen und seines Namens Zahl".[34] Auf dem Berge Zion stehen mit dem Lamm die 144 000, die erlöst wurden; man hört eine Stimme wie das Gebrause eines großen Wassers und wie das Grollen eines großen Donners, die Stimme „von Harfenspielern, die auf ihren Harfen spielen".[35] Sie singen „ein neues Lied" vor dem Stuhl, ein Lied, das niemand lernen kann, ausgenommen die 144 000. Es ist das Lied Moses und des Lammes, ein Lied der Befreiung. Niemand außer den 144 000 kann dieses Lied lernen; denn es ist das Lied ihrer Erfahrung, und niemand sonst hat je eine solche Erfahrung gemacht wie sie. Diese sind's, die dem Lamm nachfolgen, wo es hingeht. Sie werden, da sie aus den Lebendigen der Erde heraus entrückt wurden, als Erstlinge Gottes und des Lammes[36] angesehen. „Diese sind's, die gekommen sind aus großer Trübsal",[37] sie haben die trübselige Zeit erfahren, eine Zeit, wie sie nie auf Erden war, seit Menschen darauf wohnen; sie haben die Angst in der Zeit der Trübsal Jakobs ausgehalten; sie sind während der letzten Ausgießung der Gerichte Gottes ohne Vermittler gewesen. Aber sie sind befreit worden, denn sie „haben ihre Kleider gewaschen und haben ihre Kleider hell gemacht im Blut des Lammes". „In ihrem Munde ist kein Falsch gefunden; denn sie sind unsträflich vor dem Stuhl Gottes." „Darum sind sie vor dem Stuhl Gottes und dienen ihm Tag und Nacht in seinem Tempel; und der auf dem Stuhl sitzt, wird über ihnen wohnen."[38] Sie haben gesehen, wie die Erde durch Hungersnot und Seuchen verwüstet wurde, wie die Sonne die Menschen mit großer Hitze quälte, und sie selbst haben Leiden, Hunger und Durst erduldet. Aber nun wird sie „nicht mehr hungern noch dürsten; es wird auch nicht auf sie fallen die Sonne oder irgend eine Hitze; denn das Lamm mitten im Stuhl wird sie weiden und leiten zu den lebendigen Wasserbrunnen, und Gott wird abwischen alle Tränen von ihren Augen".[39]

34 Offb. 15, 2
35 Offb. 14, 1–3; 15, 3
36 Offb. 14, 4
37 Offb. 7, 14
38 Offb. 7, 14; 14, 5; 7, 15
39 Offb. 7, 16. 17

Zu allen Zeiten sind die Auserwählten des Heilandes in der Schule der Prüfung erzogen und ausgebildet worden. Sie wandelten auf Erden schmale Wege; sie wurden im Feuerofen der Trübsal geläutert. Um Jesu willen ertrugen sie Widerstand, Haß und Verleumdung. Sie folgten ihm durch schmerzliche Kämpfe; sie ertrugen Selbstverleugnung und erfuhren bittere Enttäuschungen. Aus ihrer eigenen bitteren Erfahrung lernten sie das Übel der Sünde, deren Macht, Strafbarkeit und Weh kennen und sie mit Abscheu betrachten. Das Wissen um das unermeßliche Opfer, das zu ihrem Heil gebracht worden war, demütigte sie in ihren eigenen Augen und erfüllte ihre Herzen mit Lob und Dankbarkeit, was Menschen, die nie gefallen sind, gar nicht würdigen können. Sie lieben viel, weil ihnen viel vergeben worden ist. Da sie Teilhaber der Leiden Christi gewesen sind, haben sie jetzt auch an seiner Herrlichkeit Anteil.

Die Erben Gottes sind aus Dachkammern, aus Hütten, aus Gefängniszellen, vom Schafott, von den Bergen, aus Wüsten, aus Grüften und aus den Höhlen am Meer gekommen. Auf Erden sind sie „umhergegangen ... mit Mangel, mit Trübsal, mit Ungemach“.[40] Millionen sind schmachbedeckt ins Grab gestiegen, weil sie sich standhaft geweigert hatten, den trügerischen Ansprüchen Satans nachzugeben. Von irdischen Gerichten wurden sie zu den verkommensten Verbrechern gezählt. Aber jetzt ist Gott Richter.[41] Nun wird das irdische Urteil umgekehrt. „Er wird ... aufheben die Schmach seines Volks.“ „Man wird sie nennen das heilige Volk, die Erlösten des Herrn.“[42] Er hat verordnet, daß „ihnen Schmuck für Asche und Freudenöl für Traurigkeit und schöne Kleider für einen betrübten Geist gegeben werden“.[43] Sie sind nicht mehr schwach, betrübt, zerstreut und unterdrückt. Von nun an sollen sie immer beim Herrn sein. Sie stehen vor dem Thron mit reicheren Gewändern bekleidet, als die Vornehmsten auf Erden je getragen haben. Sie sind mit herrlicheren Kronen geschmückt als irdische Herrscher je geziert haben. Die Tage der Schmerzen und des Weinens sind für immer vorüber. Der König der Herrlichkeit hat die Tränen von allen Angesichtern abgewischt; jede Ursache des Kummers ist beseitigt worden. Unter dem Wehen der Palmzweige lassen die Erlösten einen hellen, frischen, harmonischen Lobgesang ertönen;

40 Hebr. 11, 37 41 Ps. 50, 6 42 Jes. 25, 8; 62, 12 43 Jes. 61, 3

alle Stimmen nehmen die Melodie auf, bis durch die Himmelsgewölbe der Chor braust: „Heil sei dem, der auf dem Stuhl sitzt, unserm Gott, und dem Lamm!" Und alle Bewohner des Himmels antworten mit dem Zuruf: „Amen, Lob und Ehre und Weisheit und Dank und Preis und Kraft und Stärke sei unserm Gott von Ewigkeit zu Ewigkeit!"[44]

In diesem Leben können wir nur zu einem geringen Teil den wunderbaren Vorgang der Erlösung verstehen. Mit unserem beschränkten Verstand können wir ernsthaft die Schande und die Herrlichkeit, das Leben und den Tod, die Gerechtigkeit und die Gnade, die sich im Kreuz begegnen, betrachten und ermangeln doch — trotz äußerster Anstrengung — der notwendigen Geisteskräfte, um deren volle Bedeutung zu erfassen. Die unermeßliche Größe der erlösenden Liebe wird nur dunkel begriffen. Der Erlösungsplan wird selbst dann nicht völlig verstanden werden, wenn die Erlösten sehen, wie sie gesehen, und erkennen, wie sie erkannt werden; sondern durch alle Ewigkeit hindurch werden dem staunenden und entzückten Gemüt stets neue Wahrheiten offenbart werden. Obwohl der Kummer, die Schmerzen und Versuchungen der Erde zu Ende sind und die Ursache entfernt ist, wird es Gottes Volk doch stets klar und deutlich bewußt sein, was seine Seligkeit gekostet hat.

Die Erlösten werden in alle Ewigkeit über die Kreuzestat Jesu nachsinnen und davon singen. In dem verherrlichten Christus werden sie den gekreuzigten Christus sehen. Nie werden sie vergessen, daß der, dessen Macht in dem unendlichen Bereich des Himmelsgewölbes die unzähligen Welten schuf und erhielt, der Geliebte Gottes, die Majestät des Himmels, der, den Cherubim und glänzende Seraphim freudig anbeteten, sich erniedrigte, um den gefallenen Menschen zu erheben; daß er die Schuld und Schande der Sünde erduldet hat, daß er ertrug, wie sich das Antlitz seines Vaters vor ihm verbarg, bis das Weh über eine verlorene Welt sein Herz brach und sein Leben am Kreuz von Golgatha verlöschte. Daß der Schöpfer aller Welten, der Richter aller Geschicke seine Herrlichkeit beiseite legte und sich aus Liebe zu den Menschen so sehr demütigte, wird stets das Erstaunen und die Verehrung des Weltalls wachrufen. Wenn die Scharen der Erretteten auf ihren Erlöser sehen und die ewige Herrlichkeit des Vaters auf seinem Ange-

44 Offb. 7, 10. 12

sicht erblicken, wenn sie seinen Thron schauen, der von Ewigkeit zu Ewigkeit gegründet ist, und wissen, daß sein Reich kein Ende nehmen soll, brechen sie in den begeisterten Gesang aus: „Würdig, würdig ist das Lamm, das erwürgt wurde und uns mit Gott versöhnt hat durch sein köstliches Blut."

Das Geheimnis des Kreuzes erklärt alle andern Geheimnisse. In dem Licht, das von Golgatha leuchtet, werden die Eigenschaften Gottes, die uns mit Furcht und Scheu erfüllten, erhaben und anziehend. Gnade, Zärtlichkeit und väterliche Liebe sieht man mit Heiligkeit, Gerechtigkeit und Macht vereint. Während wir die Majestät seines hohen und verehrungswürdigen Thrones betrachten, erkennen wir sein Wesen in seinen gnädigen Offenbarungen und verstehen wie nie zuvor die Bedeutung des teuren Namens: Unser Vater.

Man wird sehen, daß der an Weisheit Unendliche keinen andern Plan für unser Heil ersinnen konnte als die Opferung seines Sohnes. Der Lohn für dieses Opfer ist die Freude, die Erde mit erlösten, heiligen, glücklichen und unsterblichen Wesen bevölkert zu sehen. Die Folge des Kampfes unseres Heilandes mit den Mächten der Finsternis ist die Freude der Erlösten, die in alle Ewigkeit zur Verherrlichung Gottes widerhallt. Und der Wert jeder Seele ist so groß, daß dem Vater durch den bezahlten Preis Genüge getan ist und Christus selbst Genugtuung empfindet, wenn er die Früchte seines großen Opfers sieht.

„Ihre Sünden reichen bis in den Himmel, und Gott denkt an ihren Frevel... In welchem Kelch sie eingeschenkt hat, schenket ihr zwiefältig ein. Wieviel sie sich herrlich gemacht und ihren Mutwillen gehabt hat, so viel schenket ihr Qual und Leid ein! Denn sie spricht in ihrem Herzen: Ich sitze als Königin und bin keine Witwe, und Leid werde ich nicht sehen. Darum werden ihre Plagen auf *einen* Tag kommen: Tod, Leid und Hunger; mit Feuer wird sie verbrannt werden; denn stark ist Gott der Herr, der sie richten wird. Und es werden sie beweinen und sie beklagen die Könige auf Erden, die mit ihr gehurt und Mutwillen getrieben haben, wenn sie sehen werden den Rauch von ihrem Brand; und werden von ferne stehen vor Furcht ihrer Qual und sprechen: Weh, weh, die große Stadt Babylon, die starke Stadt! In *einer* Stunde ist dein Gericht gekommen." [1]

„Die Kaufleute auf Erden sind reich geworden von ihrer großen Wollust" und „werden von ferne stehen vor Furcht ihrer Qual, weinen und klagen und sagen: Weh, weh, die große Stadt, die bekleidet war mit köstlicher Leinwand und Purpur und Scharlach und übergoldet war mit Gold und Edelgestein und Perlen! denn in *einer* Stunde ist verwüstet solcher Reichtum." [2]

Derart sind die Gerichte, die am Tage der Heimsuchung durch den Zorn Gottes die Stadt Babylon treffen. Sie hat das Maß ihrer Ungerechtigkeit gefüllt, ihre Zeit ist gekommen, sie ist reif für die Zerstörung.

Wenn die Stimme Gottes die Gefangenschaft seines Volkes wendet, wird es ein schreckliches Erwachen für jene sein, die im Kampfe des Lebens alles verloren haben. Während der Gnadenzeit waren sie durch Satans Täuschungen verblendet und rechtfertigten ihren sünd-

1 Offb. 18, 5–10 2 Offb. 18, 3. 15–17

haften Lebenswandel. Die Reichen brüsteten sich mit ihrer Überlegenheit vor den weniger Begünstigten, obgleich sie ihre Reichtümer erworben hatten, indem sie das Gesetz Gottes übertraten. Sie hatten es unterlassen, die Hungrigen zu speisen, die Nackten zu kleiden, gerecht zu handeln und Barmherzigkeit zu lieben. Sie hatten versucht, sich selbst zu erheben und die Huldigung ihrer Mitmenschen zu erlangen. Nun sind sie alles dessen, was sie groß machte, beraubt, sind mittellos und wehrlos. Sie sehen mit Schrecken auf die Vernichtung der Götzen, die sie ihrem Schöpfer vorzogen. Sie haben ihre Seelen für irdische Reichtümer und Freuden verkauft und nicht danach getrachtet, reich zu werden in Gott. Die Folge: ihr Leben ist ein Fehlschlag; ihre Vergnügungen sind in Bitternis verwandelt, ihre Schätze in Fäulnis. Der Gewinn eines ganzen Lebens wird in einem einzigen Augenblick hinweggerafft. Sie bejammern die Zerstörung ihrer Häuser, die Zerteilung ihrer Gold- und Silberschätze. Doch ihre Klagen verstummen vor Furcht, daß sie selbst mit ihren Götzen umkommen müssen.

Die Gottlosen werden mit Reue erfüllt, nicht wegen ihrer sündhaften Vernachlässigung Gottes und ihrer Mitmenschen, sondern weil Gott gesiegt hat. Sie beklagen diese Folgen, aber bereuen nicht ihre Gottlosigkeit. Falls sie es könnten, würden sie kein Mittel unversucht lassen zu siegen.

Die Welt sieht gerade jene Menschen, die sie verspottete und verlachte und die sie ausrotten wollte, ohne Schaden durch Pestilenz, Stürme und Erdbeben gehen. Der den Übertretern seines Gesetzes als ein verzehrendes Feuer erscheint, ist seinem Volk eine sichere Hütte.

Der Prediger, der die Wahrheit preisgab, um Menschengunst zu gewinnen, erkennt jetzt den Charakter und den Einfluß seiner Lehren. Es wird offenbar, daß ihm ein allwissendes Auge gefolgt war, als er auf der Kanzel stand, in den Straßen ging oder unter den verschiedensten Lebensumständen mit den Menschen in Berührung kam. Jede Erregung der Seele, jede geschriebene Zeile, jedes gesprochene Wort, jede Tat, die Menschen in falsche Zuversicht wiegte, war ein ausgestreuter Same, und in den elenden, verlorenen Seelen um sich herum erblickt er nun die Ernte.

Der Herr sagt: Sie „trösten mein Volk in ihrem Unglück, daß sie es gering achten sollen, und sagen: ‚Friede! Friede!‘, und ist doch nicht

Friede". „Daß ihr das Herz der Gerechten fälschlich betrübet, die ich nicht betrübt habe, und habt gestärkt die Hände der Gottlosen, daß sie sich von ihrem bösen Wesen nicht bekehren, damit sie lebendig möchten bleiben." [3]

„Weh euch Hirten, die ihr die Herde meiner Weide umbringet und zerstreuet! ... Siehe, ich will euch heimsuchen um eures bösen Wesens willen." „Heulet nun, ihr Hirten, und schreiet, wälzet euch in der Asche, ihr Gewaltigen über die Herde; denn die Zeit ist hier, daß ihr geschlachtet ... werdet... Und die Hirten werden nicht fliehen können, und die Gewaltigen über die Herde werden nicht entrinnen können." [4]

Prediger und Volk sehen, daß sie nicht das richtige Verhältnis zu Gott aufrechterhielten. Sie erkennen, daß sie sich gegen den Urheber des vollkommen gerechten und rechtschaffenen Gesetzes empört hatten. Ihre Mißachtung der göttlichen Vorschriften gab tausende Male Ursache zum Bösen, zu Zwietracht, Haß und Ungerechtigkeit, bis die Erde ein weites Feld des Streites, ein Sumpf der Verderbnis wurde. Solch ein Anblick liegt jetzt vor denen, welche die Wahrheit verwarfen und den Irrtum pflegten. Keine Sprache vermag die Sehnsucht auszudrücken, die die Ungehorsamen und Treulosen nach dem empfinden, was sie für immer verloren haben: dem ewigen Leben. Menschen, die von der Welt wegen ihrer Gaben und Beredsamkeit verehrt wurden, sehen nun diese Dinge in ihrem wahren Licht. Sie erkennen, was sie durch Übertretung verwirkt haben, und sie werfen sich denen zu Füßen, deren Treue sie verachtet und verspottet haben, und bekennen, daß Gott sie geliebt habe.

Das Volk sieht, daß es hintergangen worden ist. Einer klagt den andern an, daß er ihn ins Verderben geführt habe; alle aber verdammen aufs bitterste die Prediger. Untreue Hirten haben angenehme Dinge geweissagt, haben ihre Zuhörer dazu verleitet, Gottes Gesetz beiseitezusetzen und die zu verfolgen, die es heilighalten wollten. In ihrer Verzweiflung bekennen sie jetzt vor der Welt ihr betrügerisches Werk. Die Menge wird mit Raserei erfüllt. Wir sind verloren! schreit sie, und ihr seid die Ursache unseres Untergangs. Und sie wendet sich gegen die falschen Hirten. Gerade jene, die sie am meisten bewunderten, werden die furchtbarsten Verwünschungen über sie aussprechen.

3 Jer. 8, 11; Hes. 13, 22 4 Jer. 23, 1. 2; 25, 34. 35

Dieselben Hände, die sie einst mit Lorbeer krönten, werden sich erheben, sie zu vernichten. Die Schwerter, die das Volk Gottes erschlagen sollten, werden nun dessen Feinde umbringen. Überall herrschen Streit und Blutvergießen.

Sein „Hall“ wird „erschallen ... bis an der Welt Ende. Der Herr hat zu rechten mit den Heiden und will mit allem Fleisch Gericht halten; die Gottlosen wird er dem Schwert übergeben“.[5] Sechstausend Jahre hat der große Kampf gedauert. Der Sohn Gottes und seine himmlischen Boten haben gegen die Macht des Bösen gestritten, um die Menschenkinder zu warnen, zu erleuchten und zu retten. Nun haben alle ihre Entscheidung getroffen; die Gottlosen haben sich ganz mit Satan vereint im Kampf gegen Gott. Für Gott ist die Zeit gekommen, die Autorität seines mit Füßen getretenen Gesetzes zu rechtfertigen. Der Streit herrscht jetzt nicht allein mit Satan, sondern auch mit Menschen. „Der Herr hat zu rechten mit den Heiden“, „die Gottlosen wird er dem Schwert übergeben“.

Das Zeichen der Befreiung ist denen aufgedrückt worden, „so da seufzen und jammern über alle Greuel, so ... geschehen“. Nun geht der Todesengel aus, der in dem Gesicht Hesekiels durch die mit mörderischen Waffen versehenen Männer dargestellt wird, die den Auftrag erhalten: „Erwürget Alte, Jünglinge, Jungfrauen, Kinder und Weiber, alles tot; aber die das Zeichen an sich haben, derer sollt ihr keinen anrühren. Fanget aber an an meinem Heiligtum!“ Der Prophet sagt: „Und sie fingen an an den alten Leuten, so vor dem Hause waren.“[6] Das Vernichtungswerk beginnt bei denen, die vorgaben, die geistlichen Hüter des Volkes zu sein. Die falschen Wächter sind die ersten, die fallen sollen. Keiner wird bemitleidet, keiner verschont. Männer, Weiber, Jungfrauen und Kindlein kommen miteinander um.

„Der Herr wird ausgehen von seinem Ort, heimzusuchen die Bosheit der Einwohner des Landes über sie ... die darin erwürgt sind.“[7] „Und das wird die Plage sein, womit der Herr plagen wird alle Völker, so wider Jerusalem gestritten haben: ihr Fleisch wird verwesen, dieweil sie noch auf ihren Füßen stehen, und ihre Augen werden in den Löchern verwesen und ihre Zunge im Mund verwesen. Zu der Zeit wird der Herr ein großes Getümmel unter ihnen anrichten, daß einer wird

5 Jer. 25, 30. 31 6 Hes. 9, 1–6 7 Jes. 26, 21

den andern bei der Hand fassen und seine Hand wider des andern Hand erheben." [8] In dem wilden Kampfe ihrer eigenen grimmigen Leidenschaften und durch das Schrecken verbreitende Ausgießen des unvermischten Zorns Gottes fallen die gottlosen Bewohner der Erde: Priester, Oberste und das Volk, reich und arm, hoch und niedrig. „Da werden die Erschlagenen des Herrn zu derselben Zeit liegen von einem Ende der Erde bis ans andere Ende; die werden nicht beklagt noch aufgehoben noch begraben werden." [9]

Bei der Wiederkunft Christi werden die Gottlosen von der ganzen Erde vertilgt, verzehrt von dem Geist seines Mundes und vernichtet durch den Glanz seiner Herrlichkeit. Christus führt sein Volk zu der Stadt Gottes, und die Erde wird unbewohnt sein. „Siehe, der Herr macht das Land leer und wüst und wirft um, was darin ist, und zerstreut seine Einwohner... Das Land wird leer und beraubt sein; denn der Herr hat solches geredet...; denn sie übertreten das Gesetz und ändern die Gebote und lassen fahren den ewigen Bund. Darum frißt der Fluch das Land; denn sie verschulden's, die darin wohnen. Darum verdorren die Einwohner des Landes." [10]

Die ganze Welt sieht aus wie eine öde Wüste. Ruinen der von dem Erdboden zerstörten Städte und Dörfer, entwurzelte Bäume, rauhe, vom Meer ausgestoßene oder aus der Erde herausgeworfene Felsen liegen auf der Oberfläche verstreut, während gähnende Abgründe die Stätten kennzeichnen, wo die Berge aus ihren Grundfesten gerissen wurden.

Jetzt findet das Ereignis statt, auf das die letzte feierliche Handlung des Versöhnungstages hinwies. Nachdem der Dienst im Allerheiligsten vollendet und die Sünden Israels kraft des Opferblutes aus dem Heiligtum entfernt worden waren, wurde der Sündenbock lebend vor den Herrn gebracht, und im Beisein des Volkes bekannte der Hohepriester „auf ihn alle Missetat der Kinder Israel und alle ihre Übertretung in allen ihren Sünden" und legte sie dem lebenden Bock auf das Haupt. [11] Auf die gleiche Weise werden, wenn das Versöhnungswerk im himmlischen Heiligtum vollendet ist, in der Gegenwart Gottes und der heiligen Engel und der Schar der Erlösten die Sünden des Volkes Gottes auf Satan gelegt; er wird all des Bösen schuldig erklärt

8 Sach. 14, 12. 13 9 Jer. 25, 33 10 Jes. 24, 1. 3. 5. 6 11 3. Mose 16, 21

werden, das er veranlaßt hat. Und wie der lebende Bock in eine unbewohnte Gegend gejagt wurde, so wird Satan auf die verwüstete Erde verbannt werden, in eine unbewohnte, öde Wildnis.

Christus sagt Satans Verbannung sowie das Chaos und die Verödung, die dann auf der Erde herrschen sollen, voraus und erklärt, dieser Zustand würde tausend Jahre lang bestehen. Nach der Schilderung der Ereignisse bei der Wiederkunft des Herrn und bei dem Untergang der Gottlosen fährt der Schreiber der Offenbarung fort: „Ich sah einen Engel vom Himmel fahren, der hatte den Schlüssel zum Abgrund und eine große Kette in seiner Hand. Und er griff den Drachen, die alte Schlange, welche ist der Teufel und Satan, und band ihn tausend Jahre und warf ihn in den Abgrund und verschloß ihn und versiegelte obendarauf, daß er nicht mehr verführen sollte die Heiden, bis daß vollendet würden tausend Jahre; und darnach muß er los werden eine kleine Zeit." [12]

Daß der Ausdruck „Abgrund" die Erde in einem Zustand der Verwirrung und der Finsternis bezeichnet, erhellt aus andern Schriftstellen. Über den Zustand der Erde „am Anfang" sagt der biblische Bericht: „Die Erde war wüst und leer, und es war finster auf der Tiefe." [13] Die Weissagung lehrt uns, daß die Erde wenigstens teilweise in diesen Zustand zurückversetzt werden wird. Im Hinblick auf den großen Tag Gottes erklärt der Prophet Jeremia: „Ich schaute das Land [Grundtext: die Erde] an, siehe, das war wüst und öde, und den Himmel, und er war finster. Ich sah die Berge an, und siehe, die bebten, und alle Hügel zitterten. Ich sah, und siehe, da war kein Mensch, und alle Vögel unter dem Himmel waren weggeflogen. Ich sah, und siehe, das Gefilde war eine Wüste; und alle Städte darin waren zerbrochen." [14]

Diese Einöde soll tausend Jahre lang die Heimat Satans mit seinen bösen Engeln sein. Auf die Erde beschränkt, wird er keinen Zugang zu andern Welten haben, um die zu versuchen und zu belästigen, die nie gefallen sind. In diesem Sinne ist er gebunden; niemand ist zurückgeblieben, an dem er seine Macht auslassen könnte. Er ist gänzlich von seinem betrügerischen und verderbenbringenden Werk

12 Offb. 20, 1–3
13 1. Mose 1, 2; das hier mit „Tiefe" übersetzte Wort ist in der Septuaginta das gleiche, wie das in Offb. 20, 3 mit „Abgrund" wiedergegebene
14 Jer. 4, 23–26

abgeschnitten, das so viele Jahrhunderte lang seine einzige Freude gewesen ist.

Der Prophet Jesaja ruft im Hinblick auf die Zeit des Sturzes Satans aus: „Wie bist du vom Himmel gefallen, du schöner Morgenstern! Wie bist du zur Erde gefällt, der du die Heiden schwächtest! Gedachtest du doch in deinem Herzen: ‚Ich will in den Himmel steigen und meinen Stuhl über die Sterne Gottes erhöhen; ich will ... gleich sein dem Allerhöchsten.' Ja, zur Hölle fährst du, zur tiefsten Grube. Wer dich sieht, wird dich schauen und betrachten [und sagen]: ‚Ist das der Mann, der die Welt zittern und die Königreiche beben machte? der den Erdboden zur Wüste machte und die Städte darin zerbrach und *gab seine Gefangenen nicht los?*' " [15]

Sechstausend Jahre lang ließ Satans empörerische Handlungsweise „die Welt zittern". Er ist es, „der den Erdboden zur Wüste machte und die Städte darin zerbrach". Und er „gab seine Gefangenen nicht los". Sechstausend Jahre hat sein Gefängnis das Volk Gottes aufgenommen, und er hätte es auf ewig gefangengehalten, doch Christus hat die Fesseln gesprengt und den Gefangenen zur Freiheit verholfen.

Selbst die Gottlosen befinden sich jetzt außerhalb der Macht Satans; und er kann allein mit seinen bösen Engeln die Wirkung des Fluches wahrnehmen, den die Sünde über die Erde brachte. „Alle Könige der Heiden miteinander liegen doch mit Ehren, ein jeglicher in seinem Hause [im Grabe]; du aber bist verworfen fern von deinem Grabe wie ein verachteter Zweig, bedeckt von Erschlagenen, die mit dem Schwert erstochen sind, die hinunterfahren zu den Steinen der Grube... Du wirst nicht wie jene begraben werden, denn du hast dein Land verderbt und dein Volk erschlagen." [16]

Tausend Jahre lang wird Satan auf der verwüsteten Erde umherwandern, um die Folgen seiner Empörung gegen Gottes Gesetz zu betrachten. Während dieser Zeit sind seine Qualen unermeßlich groß. Seit seinem Fall hat seine rastlose Tätigkeit das Nachdenken verbannt; aber nun, seiner Macht entblößt, bleibt ihm nur noch übrig, über seine Rolle nachzudenken, die er gespielt hat, seit er sich zuerst gegen die Herrschaft des Himmels empörte. Mit Zittern und Schrecken schaut er vorwärts in die furchtbare Zukunft, da er für sein abgrund-

15 Jes. 14, 12–17 16 Jes. 14, 18–20

böses Tun leiden und für die Sünden, die er verursacht, bestraft werden muß.

Dem Volke Gottes wird das Gebundensein Satans Freude und Frohlocken bringen. Der Prophet sagt: „Zu der Zeit, wenn dir der Herr Ruhe geben wird von deinem Jammer und Leid und von dem harten Dienst, darin du gewesen bist, so wirst du ein solch Lied anheben wider den König zu Babel [der hier den Satan vorstellt] und sagen: Wie ist's mit dem Dränger so gar aus... Der Herr hat die Rute der Gottlosen zerbrochen, die Rute der Herrscher, welche die Völker schlug im Grimm ohne Aufhören und mit Wüten herrschte über die Heiden und verfolgte ohne Barmherzigkeit."[17]

Während der tausend Jahre zwischen der ersten und der zweiten Auferstehung findet das Gericht über die Gottlosen statt. Der Apostel Paulus bezeichnet dieses Gericht als ein Ereignis, das der Wiederkunft Christi folgt. „Darum richtet nicht vor der Zeit, bis der Herr komme, welcher auch wird ans Licht bringen, was im Finstern verborgen ist, und den Rat der Herzen offenbaren."[18] Daniel erklärt, daß, als der Alte kam, „das Gericht gegeben wurde den Heiligen des Höchsten".[19] Um diese Zeit herrschen die Gerechten als Könige und Priester Gottes. Johannes erklärt in der Offenbarung: „Und ich sah Stühle, und sie setzten sich darauf, und ihnen ward gegeben das Gericht... Sie werden Priester Gottes und Christi sein und mit ihm regieren tausend Jahre."[20] Zu dieser Zeit werden, wie Paulus vorausgesagt hat, „die Heiligen die Welt richten".[21] Mit Christus richten die Gerechten die Gottlosen, indem sie deren Taten mit dem Gesetzbuch, der Bibel, vergleichen und jeden Fall nach den zu Lebzeiten geschehenen Werken entscheiden. Dann wird ihnen die Strafe, die sie erleiden müssen, nach ihren Werken zugemessen und ihrem Namen gegenüber in das Buch des Todes eingetragen.

Auch Satan und die bösen Engel werden von Christus und seinem Volk gerichtet. Paulus sagt: „Wisset ihr nicht, daß wir über die Engel richten werden?"[22] Und Judas erklärt: „Die Engel, die ihr Fürstentum nicht bewahrten, sondern verließen ihre Behausung, hat er behalten zum Gericht des großen Tages mit ewigen Banden in der Finsternis."[23]

17 Jes. 14, 3–6
18 1. Kor. 4, 5
19 Dan. 7, 22, Lange und Grundtext
20 Offb. 20, 4. 6
21 1. Kor. 6, 2
22 1. Kor. 6, 3
23 Jud. 6

Am Ende der tausend Jahre wird die zweite Auferstehung stattfinden. Dann werden die Gottlosen vom Tode auferweckt werden und vor Gott zur Vollstreckung des geschriebenen Urteils erscheinen. So heißt es in der Offenbarung, nachdem die Auferstehung der Gerechten beschrieben wurde, weiter: „Die andern Toten aber wurden nicht wieder lebendig, bis daß tausend Jahre vollendet wurden."[24] Und Jesaja erklärt hinsichtlich der Gottlosen, „daß sie versammelt werden als Gefangene in die Grube und verschlossen werden im Kerker und *nach langer Zeit wieder heimgesucht werden*".[25]

24 Offb. 20, 5 25 Jes. 24, 22

Des Kampfes Ende | 42

Am Ende der tausend Jahre kommt Christus wiederum auf die Erde. Die Schar der Erlösten und ein Gefolge von Engeln begleiten ihn. Während er in schreckenerregender Majestät herniedersteigt, befiehlt er den gottlosen Toten, aufzustehen, um ihr Urteil zu empfangen. Sie kommen hervor, eine mächtige Schar, zahllos wie der Sand am Meer. Welch ein Gegensatz zu denen, die bei der ersten Auferstehung erweckt wurden! Die Gerechten waren mit unsterblicher Jugend und Schönheit bekleidet; die Gottlosen aber tragen die Spuren der Krankheit und des Todes.

Jedes Auge in dieser ungeheuer großen Menge erblickt die Herrlichkeit des Sohnes Gottes, und einstimmig rufen diese gottlosen Scharen aus: „Gesegnet ist, der da kommt im Namen des Herrn!" Es ist nicht die Liebe zu Jesus, die sie diese Worte ausrufen läßt; die Kraft der Wahrheit nötigt die Worte ihren unwilligen Lippen ab. Wie die Gottlosen in ihre Gräber gingen, so kommen sie heraus, mit derselben Feindseligkeit gegen Christus, mit demselben Geist der Empörung. Ihnen wird keine neue Gnadenzeit zuteil, in der sie die Fehler ihres vergangenen Lebens wiedergutmachen können. Dadurch würde nichts gewonnen werden. Ein Leben voll Übertretung hat ihre Herzen nicht gelöst, und sie brächten eine zweite Gnadenzeit, falls sie ihnen gewährt würde, wie die erste zu, indem sie Gottes Gebote mißachteten und zur Empörung gegen ihn anstifteten.

Christus kommt auf den Ölberg hernieder, von wo er nach seiner Auferstehung gen Himmel fuhr, und wo die Engel die Verheißung seiner Rückkehr wiederholten. Der Prophet sagt: „Da wird dann kommen der Herr, mein Gott, und alle Heiligen mit dir." „Und seine Füße werden stehen zu der Zeit auf dem Ölberge, der vor Jerusalem liegt gegen Morgen. Und der Ölberg wird sich mitten entzwei spalten ... sehr weit voneinander... Und der Herr wird König sein über alle Lande. Zu der Zeit wird der Herr nur einer sein und sein Name nur einer."[1] Wenn das neue Jerusalem in seinem verwirrenden Glanz vom Himmel herniederkommt, liegt es auf dem dafür gereinigten und zum Empfang vorbereiteten Platz, und Christus zieht mit seinem Volk und den Engeln in die heilige Stadt ein.

Nun bereitet sich Satan auf den letzten mächtigen Kampf um die Oberherrschaft vor. Seiner Macht beraubt und von seinem Werk der Täuschung abgeschnitten, war der Fürst des Bösen elend und niedergeschlagen; sind jedoch die gottlosen Toten auferweckt und sieht er die ungeheuer große Schar auf seiner Seite, kehrt seine Hoffnung zurück, und er ist entschlossen, den großen Kampf nicht aufzugeben. Er will alle Heere der Verlorenen unter sein Banner rufen und mit ihrer Hilfe versuchen, seine Pläne auszuführen. Die Gottlosen sind Satans Gefangene. Durch die Verwerfung Christi haben sie die Herrschaft des rebellischen Anführers angenommen. Sie sind bereit, seinen Vorschlägen zu folgen und seine Befehle auszuführen. Seiner früheren Arglist getreu, gibt er sich jedoch nicht für Satan aus. Er behauptet, der Fürst, der rechtmäßige Eigentümer der Welt zu sein, dem das Erbe auf unrechtmäßige Weise entrissen wurde. Er stellt sich seinen betörten Untertanen als Erlöser vor und versichert ihnen, seine Macht habe sie aus ihren Gräbern hervorgebracht und er sei jetzt im Begriff, sie von der grausamsten Gewaltherrschaft zu befreien. Da Christus sich entfernt hat, wirkt Satan Wunder, um seine Ansprüche zu unterstützen. Er macht die Schwachen stark und beseelt alle mit seinem Geist und seiner Tatkraft. Er schlägt vor, sie gegen das Lager der Heiligen zu führen und die Stadt Gottes einzunehmen. In teuflischem Frohlocken zeigt er auf die unzähligen Millionen Menschen, die von den Toten auferweckt wurden, und erklärt, daß er als ihr Führer wohl imstande sei, die Stadt zu erobern und seinen Thron und sein Reich wiederzugewinnen.

Unter jener großen Menge befinden sich viele von dem langlebigen Geschlecht aus den Tagen vor der Sintflut; Menschen von stattlichem Körperbau und riesenhaftem Verstand, die, sich der Herrschaft gefal-

1 Sach. 14, 5. 4. 9

lener Engel überlassend, alle ihre Geschicklichkeit und Kenntnisse der Selbsterhebung widmeten; Männer, deren wunderbare Kunstwerke die Welt verleiteten, ihre Gaben zu vergöttern, deren Grausamkeit und teuflische Erfindungen jedoch, da sie die Erde befleckten und das Bild Gottes entstellten, den Herrn veranlaßten, sie auf ewig aus seiner Schöpfung zu vertilgen. Darunter sind Könige und Feldherrn, die Völker besiegten, tapfere Männer, die nie eine Schlacht verloren haben, stolze, ehrgeizige Krieger, deren Heranrücken Königreiche erzittern ließ. Der Tod hat sie nicht geändert. Dem Grabe entstiegen, nehmen sie ihren Gedankengang da wieder auf, wo er einst abbrach. Die Gier nach Eroberung beherrscht sie genauso wie damals, als sie fielen.

Satan berät sich mit seinen Engeln und dann mit diesen Königen, Eroberern und mächtigen Männern. Sie betrachten die zahlenmäßige Stärke ihrer Seite und erklären, daß das Heer innerhalb der Stadt, verglichen mit dem ihren, klein sei und daß es überwunden werden könne. Sie arbeiten Pläne aus, um die Reichtümer und Herrlichkeiten des neuen Jerusalem zu gewinnen. Sofort beginnen alle, sich auf den Kampf vorzubereiten. Geschickte Handwerker stellen Kriegsgeräte her. Militärische Führer, einst berühmt wegen ihres Erfolges, ordnen die Scharen kriegstüchtiger Männer in Bataillone und Regimenter.

Schließlich wird der Befehl zum Vorrücken gegeben, und die gewaltige Schar bewegt sich vorwärts, ein Heer, wie nie eins von irdischen Eroberern befehligt wurde, dem die vereinigten Kräfte aller Zeitalter, seitdem Krieg auf Erden begann, niemals gleichkommen könnten. Satan, der mächtigste der Krieger, führt die Vorhut, und seine Engel sammeln ihre Heere zu diesem letzten Kampf. Könige und Krieger umgeben Satan, und die Masse seiner Anhänger folgt in großen Abteilungen, jede unter ihrem bestimmten Anführer. Mit militärischer Präzision rücken die dichtgedrängten Reihen über den zerborstenen und unebenen Erdboden gegen die Stadt Gottes vor. Auf Jesu Befehl werden die Tore des neuen Jerusalems geschlossen. Die Heere Satans umgeben die Stadt und bereiten sich auf den Angriff vor.

Nun erscheint Christus wiederum angesichts der Feinde. Hoch über der Stadt auf einem Fundament aus schimmerndem Gold ist ein hehrer und erhabener Thron zu sehen. Auf diesem Thron sitzt der Sohn Gottes, umgeben von den Untertanen seines Reiches. Die Macht und Erhabenheit Christi vermag keine Sprache zu schildern, keine Feder zu beschreiben. Die Herrlichkeit des ewigen Vaters umhüllt seinen Sohn. Der Glanz seiner Gegenwart erfüllt die Stadt Gottes, scheint bis außerhalb der Tore und überflutet die ganze Erde mit ihrer Strahlenpracht.

Nächst dem Throne stehen die, welche einst eifrig die Sache Satans gefördert haben, die aber, wie Brände aus dem Feuer errettet, ihrem Heiland mit tiefer, inniger Hingabe gefolgt sind. Nächst diesen befinden sich jene, die inmitten von Betrug und Unglauben einen vollkommenen christlichen Charakter entwickelt haben, die das Gesetz Gottes ehrten, als die christliche Welt es für null und nichtig erklärte, und die Millionen aller Zeitalter, die um ihres Glaubens willen litten. Außerdem ist hier die „große Schar, welche niemand zählen konnte, aus allen Heiden und Völkern und Sprachen, vor dem Stuhl stehend und vor dem Lamm, angetan mit weißen Kleidern und Palmen in ihren Händen".[2] Ihr Kampf ist zu Ende, der Sieg erlangt. Sie sind nach dem Kleinod gelaufen und haben es gewonnen. Der Palmzweig in ihrer Hand ist das Sinnbild ihres Sieges, das weiße Kleid ein Zeichen der fleckenlosen Gerechtigkeit Christi, die nun ihnen gehört.

Die Erlösten stimmen einen Lobgesang an, der durch die Gewölbe des Himmels ertönt und widerhallt: „Heil sei dem, der auf dem Stuhl sitzt, unserm Gott, und dem Lamm!" Und Engel und Seraphim vereinen ihre Stimmen in Anbetung. Nachdem die Erlösten die Macht und Bosheit Satans erblickt haben, erkennen sie wie nie zuvor, daß keine andere Macht als die des Sohnes Gottes sie zum Siege führen konnte. In der ganzen glänzenden Schar findet sich niemand, der sich die Errettung selbst zuschreibt, als hätte er durch seine eigene Kraft und Tüchtigkeit überwunden. Nichts sagen sie von dem, was sie getan oder gelitten haben; aber der Hauptinhalt jedes Gesanges, der Grundton jedes Chores lautet: Heil unserm Gott und dem Lamm!

In Gegenwart der versammelten Bewohner der Erde und des Himmels findet die endgültige Krönung des Sohnes Gottes statt. Mit höchster Majestät und Macht angetan, spricht dann der König der Könige das Urteil über die Empörer gegen seine Regierung und übt Gerechtigkeit an denen, die sein Gesetz übertreten und sein Volk unterdrückt

2 Offb. 7, 9

haben. Der Prophet Gottes sagt: „Und ich sah einen großen, weißen Stuhl und den, der daraufsaß; vor des Angesicht floh die Erde und der Himmel, und ihnen ward keine Stätte gefunden. Und ich sah die Toten, beide, groß und klein, stehen vor Gott, und Bücher wurden aufgetan. Und ein anderes Buch ward aufgetan, welches ist das Buch des Lebens. Und die Toten wurden gerichtet nach der Schrift in den Büchern, nach ihren Werken.“ [3]

Sobald die Bücher geöffnet werden und Jesu Auge auf die Gottlosen schaut, sind sie sich jeder Sünde bewußt, die sie jemals begangen haben. Sie sehen dann, wo ihr Fuß vom Pfade der Reinheit und Heiligkeit abwich, wie weit Stolz und Empörung sie zur Übertretung des Gesetzes Gottes geführt haben. Die verführerischen Anfechtungen, die sie nährten, indem sie der Sünde nachgaben, die mißbrauchten Segnungen, die Verachtung der Boten Gottes, die verworfenen Warnungen, die Wogen der Barmherzigkeit, die an ihren hartnäckigen, unbußfertigen Herzen wirkungslos abprallten: alles steht vor ihnen wie mit feurigen Buchstaben geschrieben.

Über dem Thron wird das Kreuz sichtbar; und wie in einem Panorama erscheinen die Szenen der Versuchung und des Sündenfalles Adams sowie die aufeinanderfolgenden Schritte in dem großen Erlösungsplan. Des Heilandes Geburt in Niedrigkeit, die Einfachheit und der Gehorsam seiner Jugend; seine Taufe im Jordan; das Fasten und die Versuchung in der Wüste; sein öffentliches Lehramt, das den Menschen die köstlichen Segnungen des Himmels entfaltete; die mit Taten der Liebe und Barmherzigkeit gekrönten Tage und die Nächte des Gebets und des Wachens in der Einsamkeit der Berge; die Anschläge des Neides, des Hasses und der Bosheit, die seine Wohltaten vergalten; das furchtbare, geheimnisvolle seelische Ringen in Gethsemane unter der erdrückenden Last der Sünden der ganzen Welt; sein Verraten-werden in die Hände des mörderischen Haufens; die entsetzlichen Ereignisse jener Schreckensnacht, der widerstandslose Gefangene, verlassen von seinen geliebtesten Jüngern, gewaltsam durch die Straßen Jerusalems geschleppt; der Sohn Gottes, von frohlockenden Menschen vor Hannas geführt, im Palaste des Hohenpriesters vor Gericht gestellt, im Richthause des Pilatus und vor dem feigen und

3 Offb. 20, 11. 12

grausamen Herodes verhöhnt, geschmäht, gegeißelt, und schließlich zum Tode verurteilt – alles ist lebendig dargestellt.

Und dann werden der zitternden Menge die letzten Ereignisse offenbart: der stille Dulder auf dem Weg nach Golgatha, der Fürst des Himmels am Kreuz, die hochmütigen Priester und der höhnende Pöbel, die seinen Todeskampf verspotteten, die übernatürliche Finsternis, das Beben der Erde, die zerborstenen Felsen, die offenen Gräber, die den Augenblick bezeichneten, da der Erlöser der Welt starb.

Das schreckliche Schauspiel erscheint vor ihren Augen, wie es einst geschah. Satan, seine Engel und seine Untertanen haben keine Macht, sich von der Darstellung ihres eigenen Wirkens abzuwenden. Jeder Beteiligte erinnert sich dessen, was er ausgeführt hat. Herodes, der die unschuldigen Kinder Bethlehems ermorden ließ, um dabei den König Israels zu vernichten; die gemeine Herodias, deren schuldige Seele durch das Blut Johannes des Täufers verunreinigt ist; der schwache Mietling Pilatus; die spottenden Soldaten; die Priester und Obersten und die rasende Menge, die schrie: „Sein Blut komme über uns und über unsere Kinder!“[4] – alle erkennen die Ungeheuerlichkeit ihrer Schuld. Vergebens suchen sie sich vor der göttlichen Majestät seines Angesichtes, dessen Leuchten den Glanz der Sonne überstrahlt, zu verbergen, während die Erlösten ihre Kronen dem Heiland zu Füßen werfen und dabei ausrufen: „Er starb für mich!“

Unter der erlösten Schar befinden sich die Apostel Christi, der heldenmütige Paulus, der hitzige Petrus, der geliebte und liebende Johannes und ihre treugesinnten Brüder, und mit ihnen die große Schar der Märtyrer, während außerhalb der Mauern mit allem Gemeinen und Abscheulichen jene stehen, von denen sie verfolgt, eingekerkert und erschlagen wurden. Dazu gehört Nero, das Ungeheuer an Grausamkeit und Lasterhaftigkeit; er sieht die Freude und Erhöhung derer, die er einst marterte und an deren höchster Angst er satanisches Ergötzen fand. Seine Mutter ist dort, um die Folgen ihrer Machenschaften zu erkennen, um zu sehen, wie die üblen Charakterzüge, die sie auf ihren Sohn übertrug, und die durch ihren Einfluß und ihr Beispiel gestärkten und entwickelten Leidenschaften Früchte getragen haben in Verbrechen, die die Welt schaudern machten.

4 Matth. 27, 25

Es befinden sich dort päpstliche Priester und Prälaten, die behaupteten, Gesandte Christi zu sein, und dennoch Folter, Kerker und Scheiterhaufen anwandten, um die Gewissen der Gotteskinder zu beherrschen. Zu spät erkennen sie, daß der Allwissende für sein Gesetz eifert und niemand ungestraft läßt. Sie erfahren nun, daß Christus das Wohl seines Volkes seinem eigenen Wohl gleichstellt, und sie fühlen die tiefe Bedeutung seiner beziehungsvollen Worte: „Was ihr getan habt einem unter diesen meinen geringsten Brüdern, das habt ihr mir getan.“ [5]

Die ganze gottlose Welt steht vor den Schranken Gottes unter der Anklage des Hochverrats gegen die Regierung des Himmels. Niemand verteidigt ihre Sache; nichts kann sie entschuldigen, und das Urteil eines ewigen Todes wird über sie ausgesprochen.

Es wird nun allen deutlich, daß nicht edle Unabhängigkeit und ewiges Leben der Sünde Sold ist, sondern Sklaverei, Untergang und Tod. Die Gottlosen erkennen, was sie durch ihr empörerisches Leben verwirkt haben. Den alles bei weitem übersteigenden ewigen Wert der Herrlichkeit hatten sie verachtet, als diese ihnen angeboten wurde; doch wie begehrenswert erscheint sie ihnen jetzt! „Dies alles“, schreit die verlorene Seele, „hätte ich haben können; aber ich zog es vor, diese Dinge von mir zu stoßen. O seltsame Verblendung! Ich habe Frieden, Glückseligkeit und Ehre für Elend, Schmach und Verzweiflung eingetauscht!“ Alle sehen, daß ihr Ausschluß aus dem Himmel ein gerechtes Urteil ist; denn durch ihre Lebensführung haben sie erklärt: „Wir wollen nicht, daß dieser Jesus über uns herrsche!“

Wie im Traum erlebten die Gottlosen die Krönung des Sohnes Gottes. Sie sehen in seinen Händen die Tafeln des göttlichen Gesetzes, jene Verordnungen, die sie verachtet und übertreten haben. Sie sind Zeugen des Erstaunens, des Entzückens und der Anbetung der Heiligen, und indem ihre Rufe bis zu der Menge außerhalb der Stadt dringen, erklären alle einstimmig: „Groß und wunderbar sind deine Werke, Herr, Gott, Allmächtiger! gerecht und wahrhaftig deine Wege, o König der Nationen! Wer sollte nicht [dich], Herr, fürchten und deinen Namen verherrlichen?“ [6] Sich vor ihm niederwerfend, beten sie den Fürsten des Lebens an.

5 Matth. 25, 40 6 Offb. 15. 3. 4, Elberf. Übers.

Satan scheint beim Anblick der Herrlichkeit und Hoheit Christi wie gelähmt. Der einst ein schirmender Cherub war, erinnert sich, von wo er gefallen. Ein scheinender Seraph, ein „Morgenstern"; wie verändert, wie tief gefallen! Aus der Ratsversammlung, in der er einst geehrt war, ist er für immer ausgeschlossen. Er sieht einen anderen in der Nähe des Vaters stehen und seine Herrlichkeit verhüllen. Er hat gesehen, daß die Hand eines Engels von erhabener Gestalt und majestätischem Aussehen die Krone auf das Haupt Christi setzte, und er weiß, daß das hohe Amt dieses Engels sein Amt hätte sein können.

Er erinnert sich der Heimat seiner Unschuld und Reinheit, des Friedens und des Glückes, die sein waren, bis er gegen Gott murrte und Neid gegen Christus hegte. Seine Anklagen, seine Empörung, seine Täuschungen, um das Mitleid und die Unterstützung der Engel zu gewinnen, seine hartnäckige Weigerung, sich um seine Errettung zu bemühen, obwohl Gott ihm verziehen hätte: alles erscheint lebhaft vor seinen Augen. Er blickt zurück auf sein Werk auf Erden und dessen Folgen: auf die Feindschaft der Menschen untereinander, auf die schreckliche Vernichtung des Lebens, auf den Aufstieg und Untergang der Königreiche, auf den Sturz der Throne, auf die lange Reihe von Aufruhr, Kriegen und Revolutionen. Er erinnert sich seiner beständigen Anstrengungen, sich dem Werke Christi zu widersetzen und die Menschen immer tiefer sinken zu lassen. Er erkennt, daß seine teuflischen Anschläge machtlos waren, die zu vernichten, die ihr Vertrauen auf Jesus gesetzt hatten. Er sieht sein Reich, die Früchte seiner Arbeit, und erblickt nichts weiter als Mißerfolg und Verderben. Er hat die Menge zu der Annahme verleitet, daß die Stadt Gottes leicht einzunehmen sei, aber er weiß, daß dies nicht wahr ist. Immer und immer wieder ist er während des großen Kampfes geschlagen worden. Immer und immer wieder wurde er gezwungen, nachzugeben. Er kennt die Macht und Majestät des Ewigen nur zu gut.

Es war stets das Bestreben des großen Empörers, sich selbst zu rechtfertigen und die göttliche Regierung für die Empörung verantwortlich zu machen. Auf dieses Ziel hatte er alle Kräfte seines riesenhaften Verstandes gerichtet. Er hat vorsichtig, planmäßig und mit wunderbarem Erfolg gearbeitet und unendlich viele verleitet, seine Auffassung von dem großen, so lange währenden Kampf zu teilen.

Während Tausenden von Jahren hat dieser Oberste aller Verschwörung den Irrtum an die Stelle der Wahrheit gesetzt; aber nun ist die Zeit gekommen, da der Aufstand endgültig besiegt und die Geschichte und das Wesen Satans enthüllt werden sollen. Bei diesem letzten großen Bemühen, Christus zu entthronen, sein Volk zu vernichten und die Stadt Gottes einzunehmen, ist der Erzbetrüger völlig entlarvt worden. Alle, die sich mit ihm verbunden haben, erkennen das vollständige Mißlingen seiner Sache. Die Nachfolger Jesu Christi und die getreuen Engel begreifen den vollen Umfang seiner teuflischen Anschläge gegen die Herrschaft Gottes, und Satan ist das Ziel allgemeinen Abscheus.

Satan sieht, daß seine freiwillige Empörung ihn für den Himmel untauglich gemacht hat. Er hat seine Kräfte geschult, um Krieg gegen Gott zu führen; die Reinheit, der Friede und die Eintracht des Himmels würden ihm höchste Qual sein. Seine Anklagen gegen die Gnade und Gerechtigkeit Gottes sind verstummt. Der Vorwurf, den er dem Allmächtigen zu machen suchte, fällt völlig auf ihn selbst zurück. Und nun beugt Satan sich vor Gott und bekennt die Gerechtigkeit seiner Verurteilung.

„Wer sollte dich nicht fürchten, Herr, und deinen Namen preisen? Denn du bist allein heilig. Denn alle Heiden werden kommen und anbeten vor dir; denn deine Urteile sind offenbar geworden.“ [7] Jede Frage über Wahrheit und Irrtum in dem langanhaltenden Kampf ist nun klargestellt worden. Die Folgen der Empörung, die Früchte der Mißachtung der göttlichen Verordnungen sind vor den Augen aller geschaffenen Wesen offen dargelegt, und die Wirkung der Herrschaft Satans im Gegensatz zur Regierung Gottes ist dem ganzen Weltall gezeigt worden. Satans eigene Werke haben ihn verdammt. Gottes Weisheit, seine Gerechtigkeit und seine Güte sind völlig gerechtfertigt. Es zeigt sich, daß all sein Handeln in dem großen Kampf von der Rücksicht auf das ewige Wohl seines Volkes und zum Besten aller von ihm erschaffenen Welten bestimmt worden ist. „Es sollen dir danken, Herr, alle deine Werke und deine Heiligen dich loben.“ [8] Die Geschichte der Sünde wird ewig dafür zeugen, daß von dem Bestehen des Gesetzes Gottes die Glückseligkeit aller Wesen abhängt, die er geschaffen

7 Offb. 15, 4 8 Ps. 145, 10

hat. Mit all den Tatsachen des großen Kampfes vor Augen werden alle seine Geschöpfe, die treuen wie die rebellischen, einstimmig erklären: „Gerecht und wahrhaftig sind deine Wege, o König der Nationen!"

Dem ganzen Weltall ist das große Opfer, das von dem Vater und dem Sohn um des Menschen willen gebracht wurde, deutlich gezeigt worden. Jetzt ist die Stunde gekommen, da Christus die ihm gebührende Stellung einnimmt und über Fürstentümer und Gewalten und jeden Namen, der genannt werden mag, verherrlicht wird. Um der Freude willen, die ihm verheißen war – daß er viele Kinder zur Herrlichkeit bringen würde –, erduldete er das Kreuz und achtete die Schande gering. Waren auch die Schmerzen und die Schande unfaßbar groß, größer noch sind die Freude und die Herrlichkeit. Er schaut auf die Erlösten, die in sein Bild umgewandelt sind, bei denen jedes Herz das vollkommene Gepräge des Göttlichen trägt, jedes Antlitz das Bild ihres Königs widerstrahlt. Er sieht in ihnen den Erfolg der belastenden Arbeit seiner Seele und ist zufrieden. Dann erklärt er mit machtvoller Stimme, die zu allen versammelten Gerechten und Gottlosen dringt:

„Seht den Erlös meines Blutes! Für diese habe ich gelitten; für diese bin ich gestorben, damit sie auf ewig in meiner Gegenwart weilen!" Von den Weißgekleideten, die um den Thron herumstehen, steigt der Lobgesang empor: „Das Lamm, das erwürget ist, ist würdig, zu nehmen Kraft und Reichtum und Weisheit und Stärke und Ehre und Preis und Lob."[9]

Obgleich Satan gezwungen worden ist, Gottes Gerechtigkeit anzuerkennen und sich vor der Gewalt Christi zu beugen, bleibt sein Charakter doch unverändert. Der Geist der Empörung bricht abermals gleich einem mächtigen Strom hervor. Rasend vor Zorn, entschließt er sich, den großen Streit nicht aufzugeben. Die Zeit für das letzte verzweifelte Ringen mit dem König des Himmels ist gekommen. Er stürzt sich mitten unter seine Untertanen, versucht sie mit seiner eigenen Wut zu begeistern und zum sofortigen Kampf anzufeuern. Aber unter all den zahllosen Millionen, die er zur Empörung verführt hat, erkennt jetzt keiner seine Oberherrschaft an. Seine Macht ist zu Ende. Wohl

9 Offb. 5, 12

sind die Bösen von dem gleichen Haß gegen Gott erfüllt wie Satan; aber sie sehen, daß ihre Lage hoffnungslos ist, daß sie über Gott nicht die Oberhand gewinnen können. Ihr Zorn entbrennt gegen Satan und alle jene, die bei den Betrügereien seine Werkzeuge gewesen sind, und mit der Wut von Dämonen wenden sie sich gegen diese.

Der Herr sagt: „Weil sich denn dein Herz erhebt, als wäre es eines Gottes Herz, darum, siehe, ich will Fremde über dich schicken, nämlich die Tyrannen der Heiden; die sollen ihr Schwert zücken über deine schöne Weisheit und deine große Ehre zu Schanden machen. Sie sollen dich hinunter in die Grube stoßen... Darum will ich dich entheiligen von dem Berge Gottes und will dich ausgebreiteten Cherub aus den feurigen Steinen verstoßen... Darum will ich dich zu Boden stürzen und ein Schauspiel aus dir machen vor den Königen ... und will dich zu Asche machen auf der Erde, daß alle Welt zusehen soll. Alle, die dich kennen unter den Heiden, werden sich über dich entsetzen, daß du so plötzlich bist untergegangen und nimmermehr aufkommen kannst.“ [10]

„Denn alle Rüstung derer, die sich mit Ungestüm rüsten, und die blutigen Kleider werden verbrannt und mit Feuer verzehrt werden.“ „Denn der Herr ist zornig über alle Heiden und grimmig über all ihr Heer. Er wird sie verbannen und zum Schlachten überantworten.“ „Er wird regnen lassen über die Gottlosen Blitze, Feuer und Schwefel und wird ihnen ein Wetter zum Lohn geben.“ [11] Feuer fällt vom Himmel hernieder. Die Erde spaltet sich. Die in ihrer Tiefe verborgenen Waffen kommen hervor. Verzehrende Feuersbrünste brechen aus gähnenden Schlünden. Selbst die Felsen stehen in Flammen. Der Tag, „der brennen soll wie ein Ofen“, ist gekommen. Die Elemente schmelzen vor glühender Hitze; „die Erde und die Werke, die darauf sind, werden verbrennen“.[12] Die Oberfläche der Erde scheint eine geschmolzene Masse zu sein, ein ungeheurer kochender Feuersee. Es ist die Zeit des Gerichts und des Verderbens der gottlosen Menschen — „der Tag der Rache des Herrn und das Jahr der Vergeltung, zu rächen Zion“.[13]

Die Gottlosen erhalten ihre Belohnung auf Erden.[14] Sie werden „Stroh sein, und der künftige Tag wird sie anzünden, spricht der Herr

10 Hes. 28, 6–8. 16–19
11 Jes. 9, 4; 34, 2; Ps. 11, 6
12 Mal. 3, 19; 2. Petr. 3, 10
13 Jes. 34, 8
14 Spr. 11, 31

Zebaoth".[15] Manche werden wie in einem Augenblick vertilgt, während andere tagelang leiden. Alle werden „nach ihren Werken" gestraft. Da die Sünden der Gerechten auf Satan gelegt wurden, muß er nicht nur für seine eigene Empörung leiden, sondern für alle Sünden, zu denen er das Volk Gottes verführt hat. Seine Strafe wird weit größer sein als die Strafe derer, die er getäuscht hat. Nachdem alle, die er betört hat, vernichtet sind, muß er noch weiter leben und leiden. In den reinigenden Flammen werden die Gottlosen ausgetilgt, Wurzel und Zweige: Satan die Wurzel, seine Nachfolger die Zweige. Himmel und Erde sehen, daß die volle Gesetzesstrafe ausgeteilt worden und daß allen Forderungen des Rechtes nachgekommen ist, und sie anerkennen die Gerechtigkeit des Herrn.

Satans Zerstörungswerk ist auf immer beendet. Sechstausend Jahre lang hat er nach seinem Willen gehandelt, die Erde mit Weh erfüllt und Kummer über das ganze Weltall gebracht. Die ganze Schöpfung hat gestöhnt und sich geängstet. Jetzt sind Gottes Geschöpfe auf ewig von des Feindes Gegenwart und von den Versuchungen befreit. „Nun ruht doch alle Welt und ist still und [der Gerechte] jauchzt fröhlich."[16] Lobpreisungen und Freudenrufe steigen von der ganzen getreuen Menschheit empor. Die Stimme einer großen Schar, der Stimme eines großen Wassers und eines starken Donners vergleichbar, hört man sagen: „Halleluja! denn der allmächtige Gott hat das Reich eingenommen."

Während die Erde von dem Vernichtungsfeuer eingehüllt war, wohnten die Gerechten sicher in der heiligen Stadt. Über jene, die an der ersten Auferstehung teilhatten, hat der zweite Tod keine Macht. Während Gott für die Gottlosen ein verzehrendes Feuer ist, ist er für sein Volk „Sonne und Schild".[17]

„Und ich sah einen neuen Himmel und eine neue Erde; denn der erste Himmel und die erste Erde verging."[18] Das Feuer, das die Gottlosen verzehrt, reinigt die Erde. Jede Spur des Fluches ist beseitigt. Keine ewig brennende Hölle wird den Erlösten die schrecklichen Folgen der Sünde vor Augen führen.

Nur ein Erinnerungszeichen bleibt bestehen: Unser Heiland wird stets die Male seiner Kreuzigung tragen. An seinem verwundeten

15 Mal. 3, 19 16 Jes. 14, 7 17 Offb. 20, 6; Ps. 84, 12 18 Offb. 21, 1

Haupt, seinen Händen und Füßen zeigen sich die einzigen Spuren des grausamen Werkes, das die Sünde gewirkt hat. Der Prophet sagt, indem er Christus in seiner Herrlichkeit schaut: „Sein Glanz ist wie Licht; Strahlen sind ihm zur Seite, darin verbirgt sich seine Macht."[19] In jener Seite, die zerstochen wurde, aus welcher der blutige Strom hervorquoll, der den Menschen mit Gott versöhnte, dort liegt die Herrlichkeit des Heilandes, dort ist „seine Macht verborgen". Er war „ein Meister zu helfen" durch das Opfer der Erlösung und deshalb mächtig, Gericht zu üben an denen, die die Barmherzigkeit Gottes verachtet hatten. Diese Zeichen seiner Erniedrigung sind seine höchsten Ehren; von Ewigkeit zu Ewigkeit werden die Wunden von Golgatha ihn rühmen und seine Macht verkündigen.

„Und du, Turm Eder, du Feste der Tochter Zion, zu dir wird kommen und einkehren die vorige Herrschaft."[20] Die Zeit ist gekommen, auf die heilige Männer mit Sehnsucht gewartet haben, seit das Flammenschwert das erste Menschenpaar aus Eden verbannte: die Zeit „unsrer Erlösung, daß wir sein Eigentum würden".[21] Die Erde, ursprünglich dem Menschen als sein Reich anvertraut, von ihm in die Hände Satans verraten und von dem mächtigen Feind so lange im Besitz gehalten, ist durch den großen Erlösungsplan wiedergewonnen worden. Alles, was durch die Sünde verloren war, ist wiederhergestellt worden.

„Denn so spricht der Herr ... der die Erde bereitet hat und hat sie gemacht und zugerichtet – und sie nicht gemacht hat, daß sie leer soll sein, sondern sie bereitet hat, daß man darauf wohnen solle."[22] Gottes ursprüngliche Absicht bei der Erschaffung der Erde ist erfüllt, da sie zum ewigen Wohnort der Erlösten gemacht ist. „Die Gerechten erben das Land und bleiben ewiglich darin."[23]

Die Besorgnis, daß das zukünftige Erbe zu sinnlich erschiene, hat viele dahin gebracht, gerade die Wahrheiten zu vergeistigen, die uns veranlaßten, dieses Erbe als unsere wahre Heimat zu betrachten. Christus versicherte seinen Jüngern, daß er hingehe, ihnen in des Vaters Haus die Stätte zu bereiten. Wer die Lehren des Wortes Gottes annimmt, wird hinsichtlich der himmlischen Wohnungen nicht völlig unwissend sein, und doch erklärt der Apostel Paulus: „Was kein Auge

19 Hab. 3, 4, Henne 20 Micha 4, 8 21 Eph. 1, 14 22 Jes. 45, 18 23 Ps. 37, 29

gesehen hat und kein Ohr gehört hat und in keines Menschen Herz gekommen ist, was Gott bereitet hat denen, die ihn lieben."[24] Die menschliche Sprache reicht nicht aus, um den Lohn der Gerechten zu beschreiben. Nur die werden dazu in der Lage sein, die sie sehen. Kein sterblicher Verstand kann die Herrlichkeit des Paradieses Gottes begreifen.

In der Bibel wird das Erbe der Erlösten ein Vaterland genannt.[25] Dort führt der himmlische Hirte seine Herde zu Brunnen lebendigen Wassers. Der Baum des Lebens gibt seine Frucht jeden Monat, und die Blätter des Baumes dienen zur Gesundheit der Völker. Dort sind ewig fließende Ströme, hell wie Kristall, und an ihren Ufern werfen schwankende Bäume ihren Schatten auf die für die Erlösten des Herrn bereiteten Wege. Dort steigen die weit ausgedehnten Ebenen zu Hügeln der Schönheit an, und die Berge Gottes erheben ihre majestätischen Gipfel. Auf diesen friedlichen Ebenen, an diesen lebendigen Strömen wird Gottes Volk, bisher Pilger und Wanderer, eine neue Heimat finden.

„Daß mein Volk in Häusern des Friedens wohnen wird, in sicheren Wohnungen und in stolzer Ruhe." „Man soll keinen Frevel mehr hören in deinem Lande noch Schaden oder Verderben in deinen Grenzen; sondern deine Mauern sollen Heil und deine Tore Lob heißen." „Sie werden Häuser bauen und bewohnen; sie werden Weinberge pflanzen und ihre Früchte essen. Sie sollen nicht bauen, was ein anderer bewohne, und nicht pflanzen, was ein anderer esse...; und das Werk ihrer Hände wird alt werden bei meinen Auserwählten."[26]

„Die Wüste und Einöde wird lustig sein, und das dürre Land wird fröhlich stehen und wird blühen wie die Lilien." „Es sollen Tannen für Hecken wachsen und Myrten für Dornen."[27] „Die Wölfe werden bei den Lämmern wohnen und die Parder bei den Böcken liegen. Ein kleiner Knabe wird Kälber und junge Löwen und Mastvieh miteinander treiben... Man wird nirgend Schaden tun noch verderben auf meinem ganzen heiligen Berge", spricht der Herr.[28]

Schmerzen sind in der himmlischen Umgebung unmöglich. Dort werden keine Tränen mehr sein, keine Leichenzüge, keine Zeichen der

24 1. Kor. 2, 9
25 Hebr. 11, 14–16
26 Jes. 32, 18; 60, 18; 65, 21. 22
27 Jes. 35, 1; 55, 13
28 Jes. 11, 6. 9

Trauer. „Der Tod wird nicht mehr sein, noch Leid noch Geschrei ... denn das Erste ist vergangen." [29] „Und kein Einwohner wird sagen: Ich bin schwach. Denn das Volk, das darin wohnt, wird Vergebung der Sünde haben." [30]

Dort ist das neue Jerusalem, die Hauptstadt einer veredelten neuen Erde, „eine schöne Krone in der Hand des Herrn und ein königlicher Hut in der Hand seines Gottes". [31] „Ihr Licht war gleich dem alleredelsten Stein, einem hellen Jaspis. . . Und die Heiden [Völker], die da selig werden, wandeln in ihrem Licht; und die Könige auf Erden werden ihre Herrlichkeit in sie bringen." [32] Der Herr sagt: „Ich will fröhlich sein über Jerusalem und mich freuen über mein Volk." [33] „Siehe da, die Hütte Gottes bei den Menschen! und er wird bei ihnen wohnen, und sie werden sein Volk sein, und er selbst, Gott mit ihnen, wird ihr Gott sein." [34]

In der Stadt Gottes „wird keine Nacht da sein". Niemand wird der Ruhe bedürfen oder danach verlangen. Keiner wird müde werden, den Willen Gottes auszuführen und seinen Namen zu preisen. Wir werden beständig die Lebensfrische des Morgens fühlen, und nie wird sein Ende kommen. „Sie werden nicht bedürfen einer Leuchte oder des Lichts der Sonne; denn Gott der Herr wird sie erleuchten." [35] Das Sonnenlicht wird ersetzt durch einen Glanz, der nicht unangenehm blendet, aber doch die Helle des Mittags weit übertrifft. Die Herrlichkeit Gottes und des Lammes überflutet die heilige Stadt mit ungetrübtem Licht. Die Erlösten wandeln in der sonnenlosen Herrlichkeit eines ewigen Tages.

„Und ich sah keinen Tempel darin; denn der Herr, der allmächtige Gott, ist ihr Tempel, und das Lamm." [36] Gottes Volk genießt die Gnade, freie Gemeinschaft mit dem Vater und dem Sohn zu haben. „Wir sehen jetzt durch einen Spiegel in einem dunkeln Wort." [37] Gottes Bild erscheint hier auf Erden wie in einem Spiegel in den Werken der Natur und in seiner Verfahrensweise mit den Menschen; dann aber werden wir ihn von Angesicht zu Angesicht sehen, ohne einen trübenden Schleier dazwischen. Wir werden vor ihm stehen und die Herrlichkeit seines Angesichtes schauen.

29 Offb. 21, 4
30 Jes. 33, 24
31 Jes. 62, 3
32 Offb. 21, 11. 24
33 Jes. 65, 19
34 Offb. 21, 3
35 Offb. 22, 5
36 Offb. 21, 22
37 1. Kor. 13, 12

Die Erlösten werden dort erkennen, wie auch sie erkannt werden. Die Gefühle der Liebe und der Teilnahme, die Gott selbst in die Seele gepflanzt hat, werden sich dort in der edelsten und lieblichsten Weise betätigen. Der reine Umgang mit heiligen Wesen, das ungetrübte gesellige Leben mit den erhabenen Engeln und den Gottgetreuen aller Zeitalter, die ihre Kleider gewaschen und hell gemacht haben im Blut des Lammes, das heilige Band, das „alles, was da Kinder heißt im Himmel und auf Erden",[38] miteinander verbindet, wird zum Glück der Erlösten beitragen.

Dort werden unsterbliche Geister mit unermüdlicher Freude die Wunder der schöpferischen Macht und die Geheimnisse der erlösenden Liebe betrachten. Dort wird kein grausamer, betrügerischer Feind sein, um zur Gottvergessenheit zu verführen. Jede Anlage wird entwickelt werden, jede Fähigkeit zunehmen. Die wachsenden Kenntnisse werden weder das Gedächtnis ermüden noch die Tatkraft erschöpfen. Die größten Unternehmungen können ausgeführt, die erhabensten Bemühungen erreicht, das höchste Verlangen verwirklicht werden, und doch gibt es immer neue Höhen zu erklimmen, neue Wunder anzustaunen, neue Wahrheiten zu erfassen, und neue Aufgaben werden die Kräfte des Geistes, der Seele und des Leibes entwickeln.

Alle Schätze des Weltalls werden den Erlösten Gottes zur Erforschung offenstehen. Frei von den Banden der Sterblichkeit, erreichen sie in einem Flug, der sie nicht ermüdet, ferne Welten, die beim Anblick des menschlichen Wehs von Schmerz ergriffen wurden und bei der frohen Kunde von einer erlösten Seele von Jubelliedern widerhallten. Mit unaussprechlicher Wonne erfassen die Erdenkinder die Freuden und die Weisheit der nie gefallenen Wesen. Sie haben Anteil an den Schätzen des Wissens und der Erkenntnis, die jene durch die jahrhundertelange Betrachtung der Schöpferwerke Gottes gewonnen haben. Mit ungetrübtem Blick schauen sie die Herrlichkeit der Schöpfung: Sonnen und Sterne und Planetensysteme, wie sie alle in ihrem bestimmten Lauf den Thron der Gottheit umkreisen. Auf allen Dingen, von den geringsten bis zu den größten, steht der Name des Schöpfers geschrieben, und in allen ist der Reichtum seiner königlichen Macht entfaltet.

38 Eph. 3, 15

Und die dahingehenden Jahre der Ewigkeit werden ihnen reichere und immer herrlichere Offenbarungen Gottes und Christi bringen. Mit wachsender Erkenntnis wird auch die Liebe, Ehrfurcht und Glückseligkeit zunehmen. Je mehr die Menschen von Gott lernen, desto größer wird ihre Bewunderung seines Wesens sein. Und wenn Jesus ihnen die Reichtümer der Erlösung und die erstaunlichen Großtaten in dem erbitterten Kampf mit Satan erschließt, werden die Herzen der Erlösten immer mehr in Liebe erglühen; mit stürmischer Wonne greifen sie in ihre goldenen Harfen, und Tausende und aber Tausende von Stimmen vereinigen sich zu einem mächtigen Lobgesang.

„Und alle Kreatur, die im Himmel ist und auf Erden und unter der Erde und im Meer, und alles, was darinnen ist, hörte ich sagen: Dem, der auf dem Stuhl sitzt, und dem Lamm sei Lob und Ehre und Preis und Gewalt von Ewigkeit zu Ewigkeit!“ [39]

Der große Kampf ist beendet. Sünde und Sünder sind nicht mehr. Das ganze Weltall ist rein. Eintracht und Freude herrschen in der ganzen unermeßlichen Schöpfung. Von dem, der alles erschuf, fließt Leben, Licht und Freude über alle Gebiete des grenzenlosen Raumes. Vom kleinsten Atom bis zum größten Weltenkörper erklärt alle lebende und unbelebte Natur in ungetrübter Schönheit und vollkommener Freude: Gott ist die Liebe.

39 Offb. 5, 13

Anmerkungen

* S. 50: TITEL DER PÄPSTE. – In einem Abschnitt des bis 1918 gültigen römischen kanonischen Gesetzes, des *Corpus Juris Canonici,* erklärt Papst Innozenz III. (1198–1216): Der römische Papst ist „der Vizeregent auf Erden, nicht nur eines Menschen, sondern des wahren Gottes“. In einer Randbemerkung zu diesem Abschnitt wird ausgeführt, dies sei der Fall, weil er Christi Stellvertreter und Christus tatsächlich Gott und Mensch ist.

Quellen: Decretales Domini Gregorii Papae IX., liber 1, de translatione Episcoporum, Titel 7, Kap. 3; *Corpus Juris Canonici,* 2. Aufl., Leipzig, 1881, Sp. 99; Paris, 1612, Bd. II, „Decretales“, Sp. 205.

1582 wurde von Gregor XIII., der aus den hauptsächlichsten kirchlichen Rechtsquellen zusammengefaßte *Corpus Juris Canonici,* eine Vereinigung von Rechtssammlungen, herausgegeben. Dazu gehörten folgende in sich abgeschlossene Teile:

1. Das *Decretum Gratiani,* gesammelt um 1140 von dem Mönch Gratian, der an der Universität Bologna lehrte.
2. Die *Dekretalen Gregors IX.,* genannt *Liber Extra,* zusammengestellt von Raimund von Pennaforte. 1234 als erstes römisches Gesetzbuch veröffentlicht, enthielt die kirchenrechtlichen Verordnungen seit Gratian.
3. Die Sammlung Bonifaz VIII., *Liber Sextus* genannt. Herausgegeben 1298.
4. Die *Clementinae* Klemens V., 1314 als Gesetzbuch veröffentlicht.
5. Die zwei Sammlungen der *Extravaganten Johannes XXII.* und der *Extravagantes communes* von Jean Chappuis, 1500 in Paris herausgegeben.

1904 beauftragte Papst Pius X. eine Kardinalskommission mit der Erarbeitung eines einheitlichen, ausschließlichen und allgemein geltenden Rechtsbuches mit zeitgemäßer, klarer lateinischer Gesetzessprache und durchlaufender Zählung der Einzelgesetze. Es entstand der *Codex Juris Canonici,* der 1917 durch Benedikt XV. veröffentlicht und Pfingsten 1918 in Kraft gesetzt wurde.

Der Titel „der Herr Gott Papst“ ist zu finden in einer Anmerkung zu den „Extravagantes“ Papst Johannes XXII. im 14. Abschnitt des vierten Kapitels, das die Überschrift „Declaramus“ trägt. In der Antwerpener Ausgabe der „Extravagantes“ vom Jahre 1584 stehen die Worte: „Dominum Deum nostrum Papam“ in der 153. Spalte. In der Pariser Ausgabe vom Jahre 1612 kommen sie in der 140. Spalte vor. In verschiedenen späteren Ausgaben fehlt das Wort „Deum“ (Gott).

** S. 50: UNFEHLBARKEIT! – Ein Aufsatz in der römischen Jesuitenzeitschrift „Civilta Cattolica“ vom 9. 2. 1869 brachte zuerst nähere Angaben über die geplanten Verhandlungsgegenstände auf dem einberufenen Vatikanischen Konzil, worunter sich u. a. die Verkündigung der Unfehlbarkeit des Papstes befand (in der „Constitutio de ecclesia Christi“ vom 18. 7. 1870). Dieser Aufsatz löste eine starke Bewegung gegen das Konzil und gegen die päpstliche Unfehlbarkeitserklärung aus, die nach Meinung der Opponenten zu weittragenden Folgen führen mußte. Die Widerstandsbewegung erfaßte Frankreich, Deutschland, England, Österreich und die USA. 14 von 19 deutschen Bischöfen baten den Papst mit Rücksicht auf die gespannten Zeitverhältnisse und die in der Kirche herrschende Unruhe die Unfehlbarkeitserklärung von der Tagesordnung abzusetzen. Diesem Antrag wurde nicht stattgegeben. Eine erste Abstimmung ergab von 671 anwesenden Stimmen: 451 dafür, 88 dagegen, 70 enthielten sich der Stimme, 62 stimmten für eine bedingte Annahme. Mehr als ein Viertel aller Anwesenden hatten sich damit also gegen die Annahme der Unfehlbarkeitserklärung ausgesprochen. Bis zur zweiten Abstimmung wurde von den Gegnern der Erklärung nichts unversucht gelassen, das Vorhaben des Papstes abzusetzen. Vergebens! Vor der zweiten Abstimmung verließ deshalb eine große Anzahl von Abstimmungsberechtigten aus Gewissensgründen das Konzil, um nicht mit Nein stimmen zu müssen. Die Endabstimmung ergab 533 Ja-Stimmen und zwei Nein-Stimmen, selbst diese beiden unterwarfen sich noch vor Schluß der Sitzung am 18. 7. 1870.

Die Unfehlbarkeit ist nur mit dem Amte des Papstes verknüpft, nicht mit der Person ohne das Amt. Nach Algermissen (Konfessionskunde, 1950, S. 221) ist der Papst, wenn er eine derartige Lehrentscheidung ex cathedra fällt, nicht nur unfehlbar und irrtumslos, sondern irrtumsunfähig!

Die Unfehlbarkeitserklärung hat in den entscheidenden Sätzen folgenden Wortlaut: „Uns also der vom Anfange des christlichen Glaubens an erhaltenen Überlieferung getreulich anschließend, zur Ehre Gottes, unseres Heilandes, zur Erhöhung der katholischen Religion und zum Heile der Völker, lehren Wir unter Zustimmung des heiligen Konziles und erklären endgültig, daß es ein von Gott geoffenbarter Glaubenssatz sei: Wenn der römische Papst ex cathedra spricht, d. i., wenn er des Amtes als Hirte und Lehrer aller Christen waltet und kraft seiner höchsten Apostolischen Autorität endgültig entscheidet (definit), eine Lehre über Glauben oder Sitten sei von der ganzen Kirche festzuhalten, erfreut er sich auf Grund des göttlichen Beistandes, der ihm im heiligen Petrus verheißen ist, jener Unfehlbarkeit, mit welcher der göttliche Erlöser seine Kirche bei endgültiger Festsetzung einer Lehre über Glauben oder Sitten ausgerüstet haben wollte; deshalb sind derartige endgültige Festsetzungen (definitiones) des römischen Papstes durch sich selber, nicht aber durch die Zustimmung der Kirche unabänderlich (ex sese, non autem ex consensu ecclesiae irreformabiles).“ (Wortlaut bei Denzinger, *„Enchiridion symbolorum“*, 1839, herausgegeben von Karl Rahner, 1953, zitiert nach der 16./17. Aufl., 1928.)

Auch während des zweiten Vatikanischen Konzils ließ Papst Paul VI. nicht am Dogma der päpstlichen Unfehlbarkeit rütteln. Nachdem durch das 1. Vatikanum das Amt des Papstes mit einer einzigartigen Souveränität ausgestattet worden war, nachdem die Kurie sich als „Legislative“, als quasi gesetzgebende Instanz immer mehr in den Vordergrund gespielt hatte, war die Konstruktion der hierarchischen

Ordnung innerhalb der katholischen Kirche stark kopflastig geworden. Die Bischöfe fühlten sich in ihrer Entscheidungsfreiheit eingeengt, so daß unter ihnen schon geraume Zeit Bestrebungen im Gange waren, das Amt der Bischöfe aufzuwerten, sogenannte Bischofskonferenzen einzusetzen, die Kurie wenigstens teilweise zu entmachten und überhaupt eine Dezentralisierung zu erreichen. In zahlreichen Sitzungen und Abstimmungen des Konzils kristallisierte sich dann die Erkenntnis heraus, daß die Bischöfe gemeinsam mit dem Papst ein Kollegium bilden, das die höchste Funktion in der Kirche ausübt. Das wäre wenigstens formal einer bedeutenden Aufwertung des Bischofsamtes gleichgekommen, wenn die Konstitution „Über die Kirche" nicht ausdrücklich einschränkend erklärt hätte, daß das Bischofskollegium keinerlei Autorität besitze, es sei denn, es befinde sich in Gemeinschaft mit dem Papst. Der Papst besitze kraft seines Amtes als Stellvertreter Christi die volle, oberste und universale Gewalt über die Kirche, die er in voller Souveränität ausübt.

Man muß fragen, was bei einer solchen Einschränkung von der Kollegialität des Bischofsamtes und von der Gemeinsamkeit, mit der es mit dem Papst die Kirche regieren will, noch übrigbleibt, zumal Paul VI. ein von einem Jesuiten-Professor der päpstlichen Universität erstelltes Gutachten über das Verhältnis zwischen päpstlichem Primat und bischöflicher Kollegialität in Form einer Präambel der Konstitution „Über die Kirche" voranstellte. In dieser Erklärung kommt deutlich zum Ausdruck, daß nur der Papst darüber zu befinden habe, ob und wann das Bischofskollegium als solches wirksam werden kann. In seiner Schlußrede betonte denn auch Paul VI. die absolute Vorrangstellung des päpstlichen Primats und daß bei der Heranziehung der Bischöfe zur Mitverantwortung an der Kirchenführung keineswegs daran gedacht war, von der Autorität des Papstes auch nur ein Jota abstreichen zu lassen und ihn gewissermaßen zum Primus inter pares zu machen. Insofern kann von einer Parlamentarisierung der katholischen Kirche, wie man es zuweilen hörte, entfernt nicht die Rede sein. Der Primat des Papstes blieb unangetastet.

Auch Johannes Paul II., auf dem Papststuhl seit 1978, hat unmißverständlich deutlich gemacht, daß er an dem Anspruch des päpstlichen Amtes gegenüber der bischöflichen Kollegialität festzuhalten gedenkt.

Siehe auch die Anmerkung zu S. 564: „Anspruch auf Unfehlbarkeit".

Quellen: Aus katholischer Sicht: Diekamp, *Katholische Dogmatik I,* Münster, 1949, S. 63f.; *Enciclopedia Cattolica,* hrsg. von Paschini, Art. Unfehlbarkeit; Kardinal James Gibbons, *Der Glaube unserer Väter,* Kap. 7 und 11; Hettinger, *Lehrbuch der Fundamental-Theologie oder Apologetik,* 2 Bde.; *Der Große Herder, Bd. IX, Freiburg, 1956, Sp. 548. 549; Konzilstexte – Deutsch, Heft 1, Dogmatische Konstitution über die Kirche,* Trier, 1966.

Katholische Opposition: Ignaz von Döllinger, *Der Papst und das Konzil;* W. J. Sparren Simpson, *Roman Catholic Opposition To Papal Infallibility,* London.

Aus protestantischer Sicht: Walther von Loewenich, *Der moderne Katholizismus,* Erscheinung und Probleme, Witten, 1955, S. 44–59; *Die Geschichte der Kirche,* S. 395ff.; Hauck, *Realenzyklopädie,* Bd. XVI, Art. Vatikanisches Konzil, S. 320 bis 343; Philipp Schaff, *The Creeds of Christendom with a History and Critical Notes, Bd. II, Dogmatic Decrees of the Vatican Council, S. 234–271 (engl. und lat. Text);*

George Salmon, *Infallibility of the Church,* London, 1914; *Die Religion in Geschichte und Gegenwart,* Bd. V, Tübingen, 1931, Art. Vatikanum, Sp. 1448 bis 1453.

* S. 51: BIBELVERBOT. – In der alten Kirche wurde den Laien das Bibellesen sehr empfohlen. Die Kirchenväter haben sich, wie ihre Zeugnisse zeigen, eindeutig für das Lesen und Forschen in der Heiligen Schrift ausgesprochen.

Clemens von Rom (um 100) sagte: „Leset fleißig die heiligen Schriften, die wahren Aussprüche des Heiligen Geistes!“ „Ihr kennet, Geliebte, recht gut die heiligen Schriften, ihr habt gute Einsicht in die Aussprüche Gottes, behaltet sie, um euch daran zu erinnern.“

Polykarp (gest. um 155), der Gemeindevorsteher zu Smyrna: „Ich habe die Zuversicht zu euch, daß ihr in den heiligen Schriften wohl bewandert seid.“

Tertullian von Karthago (160–220): „Gott gab uns die Schrift, damit wir vollkommener und nachdrücklicher sowohl ihn selbst, als seinen Willen kennenlernen.“

Origenes (185–254): „Wollte Gott, wir erfüllten alle, was geschrieben steht: ‚Forschet in der Heiligen Schrift!‘ “ – „Wir wünschen, daß ihr euch ernstlich bemühet, nicht allein in der Kirche das Wort Gottes zu hören, sondern euch auch in euren Häusern darin übet und das Gesetz des Herrn Tag und Nacht betrachtet; denn da ist Christus, und allenthalben ist er dem nahe, der ihn suchet.“

Athanasius der Große (295–373): „Wir haben zu unserem Heil die göttlichen Schriften. . . Diese Bücher sind die Quellen des Heils, auf daß, wer Durst hat, ihn stille an den Offenbarungen, die sie enthalten; denn nur in diesen Büchern ist die Unterweisung in der Gottseligkeit dargelegt. Niemand wage es, etwas hinzu oder davon zu tun!“

Chrysostomus (354–407): „Ihr glaubt, das Lesen der Heiligen Schrift gehöre nur für die Mönche, da es doch vielmehr euch noch mehr nötig ist als ihnen. Denn die in freier Welt leben und denen es an täglichen Wunden nicht fehlt, bedürfen am meisten der Heilung; desto schlimmer und unverantwortlicher ist es, zu glauben, die heiligen Schriften seien unnütz . . . denn so etwas kann nur vom Bösen ersonnen werden. Hörst du nicht Paulus sprechen: Zu unserer Belehrung ist alles geschrieben, und du willst nicht einmal das Evangelium berühren, wenn es auch deinen, jawohl, ungewaschenen Händen übergeben wird! . . . Warum verachtest du also die heiligen Schriften? Das sind Gesinnungen vom Teufel, der verhindern will, daß wir in den Schatz hineinsehen und den reichen Nutzen erlangen.“

Hieronymus (347–420): „Du sollst sehr fleißig die heiligen Schriften lesen, ja, sie sollen fast niemals aus deinen Händen kommen.“

Augustin (354–430): „Es wäre gottlos von uns, wenn wir das nicht lesen wollten, was um unseretwillen geschrieben ist.“ – „Trachtet unter Gottes Beistand aus allen Kräften danach, daß die Heilige Schrift in euren Haushaltungen fleißig gelesen werde.“

Gregor der Große (um 600): „Was ist die Heilige Schrift anderes als ein Sendschreiben des allmächtigen Gottes an seine Geschöpfe? Wenn ein irdischer König an euch schriebe, so würdet ihr nicht ruhen und euch keinen Schlaf gönnen, bis ihr sein Schreiben gelesen. Nun hat der Herr des Himmels und der Erde einen für dein Leben wichtigen Brief geschrieben, und du solltest nicht begierig sein, denselben zu lesen?“

Trotz dieser Zeugnisse war das Lesen der Heiligen Schrift in der Landessprache lange Jahrhunderte verboten. Noch in den letzten zwei Jahrhunderten haben sich Päpste scharf gegen die Verbreitung und das Lesen der Bibel ausgesprochen. Gregor XIV. forderte 1844 in einer Bulle die Geistlichen auf, den Gläubigen die in die Volkssprache übersetzten Bibeln aus den Händen zu reißen!

Eine gewisse Wendung wurde erst unter Leo XIII. wahrnehmbar. Approbierte Bibelausgaben des Urtextes und der alten katholischen Übersetzung wurden jedem gestattet. Nichtkatholische Bibeln – und das gilt heute noch – durften nur zu wissenschaftlichen Studien benutzt werden, falls in den Vorreden und Anmerkungen nichts gegen die katholischen Glaubenssätze gesagt war. Katholiken durften die Bibel in der Volkssprache nur lesen, wenn sie vom Papst gebilligt, vom Bischof genehmigt und mit Anmerkungen versehen war. Den protestantischen Übersetzungen warf man Verfälschung vor! Diese Einschränkungen galten praktisch bis in das 20. Jahrhundert.

Trotz aller Hemmnisse und Widerstände kann man in der katholischen Kirche der letzten Jahrzehnte eine starke Bewegung zur Bibel hin beobachten. 1933 wurde eine katholische Bibelbewegung gegründet, und Pius XII. hat sich 1943 in seiner Enzyklika „De divino afflante spiritu“ zu den Bestrebungen der Bibelbewegung bekannt. Ziel der Bewegung ist die Verbreitung der Bibel und die Förderung ihres Verständnisses.

Auch nach dem zweiten Vatikanischen Konzil breitete sich die Bibelbewegung weiter aus. Zwar spielt die Bibel in der katholischen Kirche nicht die gleiche exklusive Rolle wie in den Kirchen der Reformation, doch war vor allem während des Konzils das Bestreben der meisten Konzilsväter unverkennbar, den Konzilstexten eine biblische Grundlage zu geben, ohne daß der Papst an der gültigen katholischen Auffassung hätte rütteln lassen, daß die Schrift nur durch die Kirche interpretiert werden kann, wiewohl eine Reihe von Konzilsvätern, wie zum Beispiel Kardinal Léger, gefordert hatten, daß das Lehramt eindeutig dem Wort Gottes unterzuordnen sei.

In der Konstitution über die Offenbarung Nr. 25, die auf dem zweiten Vatikanischen Konzil beschlossen wurde, heißt es unter anderem: „Darum müssen Kleriker, besonders Christi Priester und die anderen, die sich als Diakone oder Katecheten ihrem Auftrag entsprechend dem Dienste des Wortes widmen, in beständiger Lesung und gründlichem Studium sich mit der Schrift befassen, damit keiner von ihnen werde zu ‚einem hohlen und äußerlichen Prediger des Wortes Gottes, ohne dessen innerer Hörer zu sein’ (Augustinus), wo er doch die unübersehbaren Schätze des göttlichen Wortes ... den ihm anvertrauten Gläubigen mitteilen soll.“

Heute wird allgemein die Notwendigkeit anerkannt, Klerus und Laien mit der Bibel mehr vertraut zu machen. Die Bischofskonferenzen sind bestrebt, Bibelkurse für Priester zu veranstalten und für alle, die den Auftrag haben, das Wort Gottes zu verkündigen.

* S. 52: BILDERDIENST. – „Die Bilderanbetung war eine von jenen Verfälschungen des Christentums, die sich heimlich und fast ohne Aufsehen in die Kirche einschlichen. Diese verderbliche Gepflogenheit entfaltete sich nicht, wie andere Ketzereien, von heute auf morgen, denn in diesem Fall würde sie entschiedene Kritik und Zurückweisung erfahren haben, sondern indem sie anfangs unter einer an-

sprechenden Verkleidung auftrat, wurde so allmählich eine mißbräuchliche Gewohnheit nach der andern in Verbindung damit eingeführt, so daß die Kirche völlig in praktischem Götzendienst aufging, und das nicht nur ohne jeden wirksamen Widerstand, sondern auch nahezu ohne irgendeinen entschlossenen Einspruch. Als man endlich versuchte, die Bilderverehrung wieder auszurotten, war das Übel schon zu tief eingewurzelt, um es noch beseitigen zu können. . . Sie muß der götzendienerischen Neigung des menschlichen Herzens zugeschrieben werden und dessen Bestreben, der Kreatur mehr zu dienen als dem Schöpfer...

Anfangs wurden Bilder und Abbildungen in den Kirchen nicht aufgestellt, um sie anzubeten, sondern um entweder mit ihrer Hilfe als Ersatz für Bücher die zu belehren, die nicht lesen konnten, oder um die andern in eine andachtsvolle Stimmung zu versetzen. Wieweit sie jemals eine solche Absicht erfüllten, ist zweifelhaft; aber selbst wenn dies eine Zeitlang der Fall gewesen sein sollte, hatte es damit doch bald ein Ende; und es wurde offenbar, daß die Bilder und Abbildungen in den Kirchen die Gemüter der Unwissenden eher verdunkelten als erleuchteten und die Andacht der Anbetenden eher erniedrigten als erhoben. Wie auch immer sie sich bemühten, die Gemüter der Menschen auf Gott zu lenken, es endete damit, daß sich die Menschen von der Anbetung Gottes zur Anbetung der geschaffenen Dinge hinwandten.“ (J. Mendham, *The Seventh General Council, the Second of Nicea,* Einführung, S. 3–6.)

„Bilder, ursprünglich als Schmuck, dann zur Belehrung, hatte man von alten Zeiten her in den Grabstätten, Kirchen, Memorien, Häusern und an Gerätschaften aller Art. Widerspruch fehlte nicht, aber das konstantinische Zeitalter machte dem ein Ende. Man sollte aus den Bildern die Geschichten lernen, die sie darstellen; sie galten als die Bücher der Ungebildeten. Zugleich sollte das Bild die heiligen Orte schmücken. Aber allmählich wirkte hier noch ein anderes Interesse, dem sich das jugendliche Christentum einst auf das energischste widersetzt hatte. Reliquien und Bilder verehrter Wesen zu begehren, sie aus dem profanen Gebrauche auszuscheiden und mit inniger Pietät zu behandeln, ist dem Menschen natürlich. . . Bilder von Christus, von Maria und von Heiligen wurden schon seit dem 5. (4.) Jahrhundert durch Grüße, Küsse und Niederwerfen verehrt, ganz wie man es einst im Heidentum gehalten hatte. In der naiven und sicheren Überzeugung, daß die Idolatrie den Christen nicht mehr gefährlich werden könne, duldete die Kirche nicht nur das Eindringen des Heidentums, sondern leistete ihm Vorschub. . . Ein schwunghaftes Geschäft wurde im 7. und im Anfang des 8. Jahrhunderts mit Bildern, namentlich von Mönchen, getrieben; Kirchen und Kapellen steckten voll von Bildern und Reliquien: es war wie im Heidentum, nur der Schönheitssinn hatte sich verkehrt. . . Mit den Bildern beherrschte die mönchische, in stumpfem Anstarren sich bewegende Frömmigkeit das Volk und zog die Christenheit immer tiefer herunter.“ (Adolf v. Harnack, *Lehrbuch der Dogmengeschichte,* Bd. II, S. 452–454.)

„Die byzantinischen Bilderstreitigkeiten griffen nach dem Westen hinüber, und zwar dadurch, daß Papst Hadrian I. die Akten des nicänischen Konzils an Karl den Großen sandte. Dieser ließ durch seine Hoftheologen (Alkuin) eine die Bilderverehrung ablehnende umfangreiche Streitschrift (die Libri Carolini) anfertigen, welche die nicänischen Synodalakten Satz für Satz widerlegte und als Zweck religiöser Bilder nur die Belehrung des Volkes und die würdige Ausschmückung kirchlicher

Räume anerkannte. Die hier vertretenen Grundsätze wurden durch die fränkische Synode zu Frankfurt (794) bestätigt." *(Die Religion in Geschichte und Gegenwart,* Bd. I, Sp. 1106.)

Quellen: Ein Bericht über die Sitzungsprotokolle und Entscheidungen auf dem zweiten Konzil in Nizäa bei Baronius, *Ecclesiastical Annals,* Bd. IX, S. 391–407, Antwerpener Ausgabe, 1612; Ed. Stillingfleet, *Defense of the Discourse Concerning the Idolatry Practiced in the Church of Rome,* London, 1686; *A Select Library of Nicene and Post-Nicene Fathers,* second series, Bd. XIV, S. 521–587, New York, 1900; C. J. Hefele, *Konziliengeschichte,* 7 Bde.

** S. 52: SONNTAGSERLASS KONSTANTINS. – Der am 7. März 321 n. Chr. veröffentlichte Erlaß bezüglich eines teilweisen Ruhetages lautet wie folgt: „Alle Richter und Einwohner der Städte, auch die Arbeiter aller Künste, sollen am ehrwürdigen Tage der Sonne ruhen. Doch können sich die Landleute mit aller Freiheit auf den Ackerbau verlegen. Denn es trägt sich oft zu, daß an keinem andern Tage Acker und Weinberge so bequem bestellt werden können als an diesem. Es soll also dieser Vorteil, den die himmlische Vorsehung selbst darbietet, nicht bei Gelegenheit einer so kurzen Zeit verlorengehen." *(Corpus Juris Civilis Cod.,* lib. 3, tit. XII, de Feriis, Lex. 3.)

Quellen: Joseph Cullen Ayer, *A Source Book for Ancient Church History,* New York, 1913; *Codex Justiniani,* liber 3, tit. 12, lex. 3; Philipp Schaff, *History of the Christian Church,* Bd. III, Teil 3, Kap. 7, § 75, S. 380, Fußnote 1; James A. Hessey, *Bampton Lectures, Sunday,* Lektion 3, § 1, S. 58; A. H. Newman, *Manual of Church History,* Bd. I, S. 305–307, Philadelphia, 1933; L. E. Froom, *The Prophetic Faith of our Fathers,* Bd. I, S. 376–381, Washington, 1950.

* S. 54: PROPHETISCHE DATEN. – Ein wichtiger Grundsatz der prophetischen Auslegung in Verbindung mit Zeitweissagungen ist das Jahr-Tag-Prinzip, bei dem ein Tag der prophetischen Rechnung einem geschichtlichen Kalenderjahr entspricht. Ehe die Israeliten in das Land Kanaan eindrangen, sandten sie zwölf Späher aus, das Land zu erkunden. Vierzig Tage blieben die Späher fort, und nach ihrer Rückkehr weigerten sich die Hebräer, entmutigt durch deren Bericht, vorwärtszugehen und das verheißene Land in Besitz zu nehmen. Deshalb verhängte der Herr folgenden Urteilsspruch über sie: „Nach der Zahl der vierzig Tage, in denen ihr das Land erkundet habt – je ein Tag soll ein Jahr gelten –, sollt ihr vierzig Jahre eure Schuld tragen." (4. Mose 14, 34.) Eine ähnliche Methode zur Berechnung der zukünftigen Zeit wird von dem Propheten Hesekiel genannt. Vierzig Jahre der Strafe für ihre Missetaten erwartete das Königreich Juda. Der Herr sagte durch den Mund des Propheten: „Wenn du dies vollbracht hast, sollst du danach dich auf deine rechte Seite legen und sollst tragen die Schuld des Hauses Juda vierzig Tage lang; denn ich gebe dir hier auch je einen Tag für ein Jahr." (Hes. 4, 6.) Dieser Jahr-Tag-Grundsatz ist von großer Wichtigkeit für die Zeitbestimmung der Prophezeiung von den 2300 Abenden und Morgen (Dan. 8, 14) und der 1260-Tag-Periode, die verschiedentlich angegeben wird als „eine Zeit und [zwei] Zeiten und eine halbe Zeit" (Dan. 7, 25), als die „zweiundvierzig Monate" (Offb. 11, 2; 13, 5), als die „zwölfhundertsechzig Tage" (Offb. 11, 3; 12, 6) und als „drei Tage und einen halben" (Offb. 11, 9).

* S. 56: GEFÄLSCHTE URKUNDEN. – Die Schenkung Konstantins und die pseudoisidorischen Dekretalen sind die wichtigsten Schriftstücke, die heutzutage allgemein als Fälschungen anerkannt werden.

„Die ‚Konstantinische Schenkung' ist der seit dem späten Mittelalter übliche Name für eine Urkunde, die Kaiser Konstantin der Große an den Papst Sylvester I. sandte und die sich zuerst in einem Pariser Manuskript vermutlich zu Beginn des neunten Jahrhunderts fand (Codex lat. 2777). Vom elften Jahrhundert an benutzte man sie als einen nachdrücklichen Beweis zur Begünstigung päpstlicher Ansprüche. Sie wurde deshalb seit dem zwölften Jahrhundert Ursache heftiger Auseinandersetzungen." *(New Schaff-Herzog Encyclopedia of Religious Knowledge,* Bd. III, Art. *„Donation of Constantine"*, S. 484. 485.)

Die Konstantinische Schenkung (donatio Constantini) ist eine um 756 n. Chr. wahrscheinlich in Westfrankreich entstandene Fälschung einer Schenkung Kaiser Konstantins des Großen an Papst Sylvester I. aus Dankbarkeit für die Heilung vom Aussatz. Sie bestand aus einer großen Urkunde, worin der Kaiser den Vorrang Roms über alle Kirchen anerkannte, dem Papst kaiserliche Abzeichen verlieh und ihm außerdem den kaiserlichen Palast (Lateran) in Rom und die Herrschaft über die Stadt, Italien und alle westlichen Reichsprovinzen abtrat. Die vom Mittelalter für echt gehaltene Urkunde wurde in die pseudoisidorischen Dekretalen aufgenommen. Die Konstantinische Schenkung spielte eine bedeutende Rolle in den Auseinandersetzungen zwischen Papsttum und Kaisertum im Mittelalter. Der italienische Humanist Lorenzo Valla und Nikolaus von Cusa (Cues) haben diese Fälschung um 1440 nachgewiesen (De falso credita et ementita Constantini donatione declamatio).

Die in der „Schenkung" entwickelte Geschichtsauffassung ist, vollständig behandelt, zu finden bei Henry E. Kardinal Manning, *The Temporal Power of the Vicar of Jesus Christ,* London, 1862. Die Beweise für die Schenkung waren scholastisch. Die Möglichkeit einer Fälschung wurde bis zum Aufkommen der historischen Kritik im 15. Jahrhundert überhaupt nicht erwähnt. Nikolaus von Cusa gehörte zu den ersten, die zu dem Schluß kamen, daß Konstantin niemals irgendeine derartige Schenkung gemacht habe. Lorenzo Valla in Italien führte 1450 den brillanten Nachweis ihrer Fälschung. (Siehe: Christopher B. Coleman, *Treatise of Lorenzo Valla on the Donation of Constantine,* New York, 1927.) Dennoch wurde der Glaube an die Authentizität der Schenkung und der falschen Dekretalen noch ein Jahrhundert lebendig erhalten. Zum Beispiel erkannte Luther anfangs die Dekretalen an; doch bald danach sagte er zu Dr. Eck: „Ich bestreite diese Dekretalen!", und zu Spalatin äußerte er: „Er (der Papst) verfälscht und kreuzigt in den Dekretalen Christus, das heißt: die Wahrheit!"

Es gilt als nachgewiesen, 1. daß die Schenkung eine Fälschung; 2. daß sie das Werk eines Mannes oder einer Zeitperiode ist; 3. daß der Fälscher ältere Dokumente verwendet hat; 4. daß die Fälschung aus den Jahren zwischen 752 und 778 stammt.

Die Katholiken gaben die Verteidigung der Authentizität der Schenkung auf mit Baronius, *Ecclesiastical Annals,* 1592.

Weitere Quellen: K. Zeumer, *Festgabe für Rudolf von Gneist,* Berlin, 1888; *New Schaff-Herzog Encyclopedia of Religious Knowledge,* Bd. III, S. 484; F. Gregorovius, *Geschichte der Stadt Rom im Mittelalter,* Bd. I, S. 656 f., Dresden, 1926;

I. von Döllinger, *Die Papstfabeln des Mittelalters,* S. 72 ff., Stuttgart, 1890; S. Lähr, *Die Konstantinische Schenkung in der abendländischen Literatur bis zur Mitte des 14. Jahrhunderts,* 1926; H. Brunner/K. Zeumer, *Die Konstantinische Schenkungsurkunde; Die Religion in Geschichte und Gegenwart,* Bd. III, 1929, Sp. 1227 f.; *Der Große Brockhaus,* Bd. X, S. 412, 1931; *Der Große Herder,* Bd. V, S. 637 f., 1954; I. von Döllinger, *Der Papst und das Konzil,* S. 142, Leipzig, 1869.

Zu den im Text erwähnten falschen Urkunden gehören auch die Pseudoisidorischen Dekretalen sowie andere Fälschungen. „Die Pseudoisidorischen Dekretalen sind eine umfangreiche Sammlung angeblich sehr alter Quellen des Kirchenrechts, enthalten hauptsächlich erdichtete oder verfälschte Dekretalen, Papstbriefe (von Klemens I. bis Gregor I.), die Konstantinische Schenkung, ältere Konzilsbeschlüsse, Sätze der Kirchenväter, der Bibel und des römischen Rechts in mosaikartiger Darstellung. Als Vorarbeiten für die Pseudoisidorischen Dekretalen dienten teilweise drei andere kirchenrechtliche Fälschungen: die sog. *Capitula Angilramni,* eine Sammlung echter und unechter Beschlüsse römischer Synoden, Bischöfe und Kaiser, ferner eine verfälschte Neubearbeitung der alten *Collectio canonum Hispana* und der sog. *Benedictus Levita,* eine Sammlung angeblich fränkischer Kapitularien. Die Pseudoisidorischen Dekretalen sind um die Mitte des 9. Jahrhunderts wahrscheinlich in der Kirchenprovinz Reims entstanden; der Herausgeber nennt sich Isidorus Mercator. Unmittelbarer Zweck der Sammlung war, die Kirche von der Staatsgewalt zu befreien, die Macht der Erzbischöfe zu brechen und den Primat des Papstes zu festigen. Die Bischöfe sollten der Gerichtsbarkeit der weltlichen Gewalten sowie der Metropoliten und Provinzialsynoden enthoben werden. Die wichtigsten Sätze der Pseudoisidorischen Dekretalen sind in die späteren Kirchenrechtssammlungen und in das *Corpus Juris Canonici* übergegangen und haben besonders seit der Reformbewegung des 11. Jahrhunderts die kirchliche Rechtsentwicklung beeinflußt.

Das Mittelalter hat die Pseudoisidorischen Dekretalen für echt gehalten; aber bereits Nikolaus von Cusa (15. Jahrhundert) äußerte Bedenken. Als Fälschung wurde die Sammlung zum erstenmal in den Magdeburger Zenturien des Matthias Flacius 1559 aufgedeckt (erste protestantische Kirchengeschichte). Den umfassenden Nachweis der Unechtheit hat gegenüber dem Jesuiten Franz Torres der reformierte Theologe David Blondel 1628 erbracht." (*Der Große Brockhaus,* Bd. XV, S. 198.)

Isidor Mercator nahm als Grundlage seiner Fälschung eine Sammlung von gültigen Kanons, die *Hispana Gallica Augustodunensis.* Auf diese Weise schmälerte er die Gefahr der Aufdeckung, da Gesetzessammlungen gewöhnlich durch Hinzufügen neuer Gesetze zu den alten entstanden. Indem er seine Fälschung mit echtem Material verband, wurde sie als Fälschung weniger offenkundig. Die Unechtheit des pseudoisidorischen Machwerkes wird nun unstreitig zugegeben; denn sie ist durch innere Beweise, durch Untersuchung der Quellen und benutzten Methoden und durch die Tatsache, daß dieses Material vor 852 unbekannt war, eindeutig erwiesen. Historiker stimmen darin überein, daß das Jahr 850 oder 851 das wahrscheinlichste Datum für die Vollendung der Sammlung ist, da diese Urkunde zuerst in der *Admonitio* der Kapitulare von Quiercy um 857 erwähnt wird.

Der Verfasser dieser Fälschung ist nicht bekannt. Vermutlich rührte sie von der streitbaren neuen Kirchenpartei her, die sich im 9. Jahrhundert in Reims gebildet hatte. Es ist erwiesen, daß Bischof Hinkmar von Reims diese Dekretalen bei der Absetzung Rothads von Soissons benutzte. Dieser wieder brachte sie 864 nach Rom und legte sie dem Papst Nikolaus I. vor.

Unter denen, die ihre Authentizität anfochten, befanden sich Nikolaus von Cusa (1401–1464), Charles Du Moulin (1500–1566) und George Cassender (1513 bis 1564). Der unwiderlegbare Beweis ihrer Fälschung wurde von dem Theologen David Blondel 1628 erbracht.

Weitere Quellen: Migne, *Patrologiae cursus completus,* Bd. CXXX; P. Hinschius, *Decretales Pseudo-Isidorianiae et capitula Angilramni,* Leipzig, 1863; I. v. Döllinger, *Das Papsttum,* S. 35 ff., München, 1892; E. Seckel, *Pseudoisidorische Dekretalen* in *Realenzyklopädie für protestantische Theologie und Kirche,* Bd.XVI, 3. Aufl., 1905; E. Perels, *Eine Denkschrift Hinkmars von Reims im Prozeß Rothads von Soissons,* 1922; Maaßen, *Pseudoisidorstudien,* 1888; Kenneth Scott Latourette, *A History of the Expansion of Christianity,* Bd. III, 1938; H. H. Milman, *History of Latin Christianity,* Bd. III; *New Schaff-Herzog Encyclopedia of Religious Knowledge,* Bd. IX, S. 343–345, 1950; Fournier, *Etudes sur les Fausses Decretales* in *Revue d'Histoire Ecclésiastique,* Bd. VII und Bd. VIII; *Catholic Encyclopedia,* Bd. V, False Decretals; *Der Große Herder,* Bd. VII, Sp. 685; *Die Religion in Geschichte und Gegenwart,* Bd. IV, 1930, Sp. 1631. 1632.

* S. 57: VOLLKOMMENHEIT DER KIRCHE. – Im Jahre 1075 proklamierte Papst Gregor VII. die unumschränkte Herrschaft des Papstes in der Kirche und über die gesamte Welt (Dictatus Gregorii Papae).

Die Reformation der Kirche und die Emanzipation des Papsttums von weltlicher Macht ist das Werk Gregors VII. Heussi schreibt in seinem „Kompendium der Kirchengeschichte", § 73 a–c: „In Gregor VII. (1073–1085), einem der gewaltigsten und erfolgreichsten aller Päpste, erreichte die kirchliche Reformbewegung des 11. Jahrhunderts ihren Höhepunkt. Durch Erzwingung des Priesterzölibats und energische Bekämpfung der Simonie förderte Gregor die innerkirchliche Reform. Er gab der Idee des Papsttums ihre konsequente Fortbildung; Papsttum und Kirche begannen gleichbedeutende Begriffe zu werden. Romanisierung und Zentralisation der abendländischen Kirche machten bedeutende Fortschritte. Vor allem hat Gregor den Kampf um die Freiheit der Kirche von den weltlichen Gewalten mutig aufgenommen und mit der Beharrlichkeit des großen Politikers durchgeführt.

Seine Anschauungen (siehe seine Briefe und besonders die ‚Dictatus Gregorii Papae', 27 kurze Thesen über die päpstliche Macht, nicht von ihm selbst verfaßt) ruhen auf Augustins ‚De civitate Dei', Pseudo-Isidor und Nikolaus I. U. a. finden sich darunter folgende Thesen:

> Der Papst ist der unumschränkte Herr der Universalkirche. Er kann Metropoliten und Bischöfe absetzen und ernennen, ja für jede Kirche Kleriker konsekrieren; er allein darf eine allgemeine Synode berufen; seine Legaten stehen an Rang über den Bischöfen ...
>
> Der Papst ist der oberste Herr der Welt. Er trägt die kaiserlichen Insignien, nur ihm, nicht den übrigen Bischöfen, haben die Fürsten die Füße zu küssen, er darf sogar den Kaiser seiner Würde entsetzen und die Untertanen vom Treueid entbinden. Papsttum und weltliche Macht verhalten sich wie Sonne und Mond;

dieser empfängt von jener sein Licht. Der Papst steht unter dem besonderen Schutze des Petrus; der ‚canonice' gewählte Papst wird durch die ‚Verdienste' des Petrus ohne Zweifel heilig. Die römische Kirche hat niemals geirrt und wird niemals irren."

(Siehe auch Carl Mirbt, *Quellen zur Geschichte des Papsttums und des römischen Katholizismus*, S. 146, 4. Aufl., Tübingen, 1924.)

Quellen: Baronius, *Annales Ecclesiastici a Christo nato ad annum 1198*, Bd. 17, Ann. 1076, S. 405. 406, Paris, 1869; *Monumenta Germaniae Historica Selecta*, Bd. III, S. 17; F. A. Ogg, *Source Book of Medieval History*, Kap. 16, Abschn. 45, S. 262–264, New York, 1907; Oliver J. Thatcher/Edgar H. McNeal, *Source Book for Medieval History*, Abschn. 3, Punkt 65, S. 136–139, New York, 1905; James Bryce, *Holy Roman Empire*, Kap. 10; James W. Thompson/Edgar N. Johnson, *An Introduction to Medieval Europe*, 300–1500, S. 377–380; I. v. Döllinger, *Das Papsttum*, S. 40 ff., München, 1892; *Die Religion in Geschichte und Gegenwart*, Bd. II, 1928, Sp. 1438. 1439; Heussi, *Kompendium der Kirchengeschichte*, S. 205, § 73 b, 1913.

* S. 58: MARIENVEREHRUNG. – Die Heimat der Marienverehrung ist der Orient. Dort ist der Glaube an die „Ewige Jungfrau" entstanden; dort entwickelte sich auch ein Brauchtum, das die Verehrung Marias in die Liturgie mit einbezog. „Die weitere Entfaltung der Mariologie hängt mit der Entwicklung des christologischen Dogmas zusammen. Der entscheidende Wendepunkt ist hier das Konzil von Ephesus im Jahre 431. Auf ihm wurde die Lehre des Nestorius [Patriarch von Konstantinopel], Maria sei die ‚Christusgebärerin', zugunsten der Lehre des Cyrill [Patriarch von Alexandrien] von Maria, der ‚Gottesgebärerin', verdammt. Dadurch sollte zunächst das Bekenntnis zu der ewigen Gottheit Jesu Christi sichergestellt werden ... Jedenfalls war damit zugleich eine gewaltige Steigerung der Ehre Mariens verbunden. Maria wird zur ‚Gottesmutter'." (Loewenich, *Der moderne Katholizismus*, 1955, S. 225.)

Im Mittelalter erfuhr die Marienverehrung eine weitere Steigerung. Maria wird zur Hohen Frau, zur Madonna. Der Volksfrömmigkeit wird sie immer vertrauter als „Unsere liebe Frau". Als Jungfrau und Königin ist sie zugleich das Ideal echter Mütterlichkeit. Das Volk rief Maria als Helferin nicht nur in geistlichen, sondern auch in weltlichen Nöten an. Die verbreitetste Gebetsform war das Ave Maria, das mit dem Vaterunser eng verknüpft wurde. Die beliebteste Form dieses Mariengebetes wurde der Rosenkranz, bei dem „die Gottesmutter in enger Verbindung mit der Heilsgeschichte betrachtet wird".

„Als Förderer der Mariologie erscheinen Bernhard von Clairvaux und Thomas von Aquin. Bernhard verkündigt: Wer den Sohn fürchtet, nehme seine Zuflucht zu Maria! In seiner berühmten Auslegung deutete er das Hohelied auf das Verhältnis von Christus zu Maria. Bei Thomas ist Maria das Symbol der Kirche. Diese Anschauung hat sich in der Gegenwart als ungemein wichtig erwiesen. In der Tat versteht man die neuere Mariologie nur, wenn man bedenkt, daß in Maria die Personifikation der Kirche verehrt wird ... Wenn die Kirche Maria zur Sündlosen, zur Gnadenmittlerin, zur Himmelskönigin erhebt, so spricht sie damit ihr eigenes Selbstbewußtsein aus." (Loewenich, *Der moderne Katholizismus*, S. 228 f.)

Zwei Dogmen lenken den Blick in besonderer Weise auf die Marienverehrung. Das erste, am 8. 12. 1854 von Pius IX. proklamiert, verkündete die unbefleckte Empfängnis Mariä; das zweite, die leibliche Aufnahme Mariens in den Himmel, wurde am 1. 11. 1950 von Pius XII. verkündet. Das Bedeutsame dieser beiden Dogmen ist, daß sie in der Heiligen Schrift keinerlei Rückhalt haben, sie können sich lediglich auf die Tradition berufen. Das Dogma von der unbefleckten Empfängnis verkündigt die völlige Sündlosigkeit Marias. Es wird als eine Offenbarung Gottes gewertet; seine Nichtannahme bedeutet den Verlust der Seligkeit und den Ausschluß aus der Kirche.

Die Dogmatisierung erfolgte nicht durch Konzilsbeschluß, sondern kraft päpstlicher Vollmacht, womit schon das geplante Unfehlbarkeitsdogma vorbereitet wurde. Bei der Begründung des Dogmas von der leiblichen Himmelfahrt Mariens findet sich u. a. folgender Satz: „Wenn nach dem Tode der Gottesmutter Maria Gott, ihr Sohn, sie nicht unverzüglich auferwecken würde, nachdem er ihren Leib vor jeder Verwesung bewahrte, würde es ihm an Weisheit fehlen, und er würde sich selbst widersprechen; sein Verhalten wäre unzusammenhängend und ungeziemend." (Loewenich, *Der moderne Katholizismus,* S. 243.)

Nach katholischer Sicht ergeben die Zeugnisse des Evangeliums, ergänzt und erweitert durch die Tradition, von selbst den Begriff der tätigen Anwesenheit Marias in dem gesamten Erlösungswerk Jesu Christi. Sie bewirke zwar nicht die Erlösung selbst, aber sie sei das Mittel und teile die Gnaden aus. Christus ist hier nicht mehr ohne Maria zu denken, die ihren Platz in der Sphäre des Göttlichen behauptet, die das „Meisterwerk Gottes" ist und die „der Allmächtige nach seinem Willen neben Christus gestellt hat in allen Phasen des Heilswerkes" *(Osservatore Romano,* 26. 3. 58). Damit erhält die Erlösung gewissermaßen erst durch Maria ihre Krönung. Papst Benedikt XV. äußerte schon 1918, daß man mit Recht sagen könne, Maria habe zusammen mit Christus das Menschengeschlecht erlöst. Sein Nachfolger legte ihr sogar den Titel „Miterlöserin" bei. Angesichts dieser Sachlage nützt es wenig, wenn von katholischer Seite versichert wird, daß nichts, was Maria an Glauben zugewendet werde, Gott und Christus verlorengehe; sie beteten die Himmelskönigin nicht an, sondern brächten ihr nur „übermäßige Verehrung" dar. Dieser feine, nur rhetorische Unterschied wirkt sich jedoch in der praktischen Frömmigkeit überhaupt nicht aus; denn wie will man die Anbetung von der übermäßigen Verehrung trennen? Abgesehen davon bezeugen eine Reihe von Äußerungen gerade der letzten Zeit, daß eben doch die Anbetung Marias gemeint ist und nicht nur eine Verehrung. So wiederholte Johannes XXIII. ein bekanntes Rosenkranzgebet Pius XII., in dem es heißt: „Wendet euch mit immer größerem Vertrauen an die jungfräuliche Gottesmutter, zu der die Christen allezeit und vor allem in Widrigkeiten Zuflucht genommen haben, weil sie ja zur Quelle des Heils [!] für das ganze Menschengeschlecht bestellt ist."

Einer der entschiedensten Förderer der Marienfrömmigkeit war Pius XII. Als 18jähriger weihte er sich Maria, sein Priestertum brachte er der „Himmelskönigin" dar. Während seines Pontifikats veröffentlichte er 350 marianische Dokumente, darunter 19 von ihm verfaßte Mariengebete. Von ihm stammt auch der Ausspruch: „Der irrt gründlich von der Wahrheit ab, der glaubt, die Würde und Reinheit der heiligen Jungfrau völlig und richtig allein aus den Schriften des Alten und Neuen

Testaments definieren zu können." Die in der Regierungszeit Pius XII. entfaltete Aktivität in der Verehrung Mariens gipfelte vor allem in folgenden Bekundungen: 1942 Weihe der Kirche und der Menschheit an das unbefleckte Herz Mariens, 1946 Rundfunkbotschaft über das Königtum Marias anläßlich der Krönung der Jungfrau in Fatima, 1950 Dogma von der leiblichen Himmelfahrt Mariens, 1952 Weihe der Völker Rußlands an das Herz Mariens, 1953 Einsetzung des Marianischen Jahres, 1954 Weihe des deutschen Volkes [!] an das Herz Mariens und 1959 (unter Johannes XXIII.) Weihe Italiens an das Herz Mariens.

Papst Johannes XXIII. verteidigte die Marienverehrung gegen nichtkatholische Kritik. Außerdem sprach er die Hoffnung aus, daß Maria die „Wunden des mystischen Leibes" heilen werde, d. h. daß Maria den getrennten Brüdern den Weg der Rückkehr in den Schoß der alleinseligmachenden Kirche ebnen werde. Während des zweiten Vatikanischen Konzils wurde vor allem von spanischen Bischöfen gefordert, daß die „tätige Mitwirkung der Mutter Gottes" in der Heilsordnung der Kirche zusammen mit Christus hervorgehoben werden müsse.

Allgemeine Überraschung hatte es auf dem Konzil ausgelöst, daß Papst Paul VI. in der Schlußsitzung der dritten Sitzungsperiode, nachdem er die dogmatische Konstitution „Über die Kirche" verkündet hatte, in einer Würdigung dieser Konstitution Maria als „Mutter der Kirche" proklamierte. Die fortschrittlichen Bischöfe und Kardinäle zeigten sich von dieser Maßnahme des Papstes bestürzt, da die Konzilsmehrheit noch wenige Wochen zuvor eine solche Formulierung und Definition um des ökumenischen Gespräches willen abgelehnt hatte. Einige Kardinäle äußerten auch unverhohlen ihr Befremden über die Art, wie das Konzil hier überspielt wurde. Noch kurz zuvor hatten 1559 Konzilsväter eine Kompromißfassung des Marienkapitels gebilligt, in der Maria weder als „Mutter der Kirche" noch als „Mittlerin der Gnaden" noch als „Miterlöserin" genannt worden war.

Paul VI. dagegen ließ die dritte Sitzungsperiode mit einem Lobeshymnus auf Maria enden. Er sagte u. a. wörtlich: „Wir wünschen, daß die Jungfrau von nun an von allen [!] Christen noch mehr verehrt und angerufen werde."

Der polnische Papst Johannes Paul II. hat sich bisher als ein vehementer Verfechter der Mariologie erwiesen. Er kommt damit freilich einem weitverbreiteten Bedürfnis innerhalb der katholischen Kirche entgegen. So haben allein aus den fünf südamerikanischen Ländern Chile, Peru, Ecuador, Kolumbien und Venezuela 3 Kardinäle, 33 Erzbischöfe, 110 Bischöfe, 146 Prälaten, 938 Priester, 118 Ordensbrüder, 1684 Ordensschwestern und Tausende von Laien den Papst gebeten, das Dogma von Maria als Miterlöserin zu verkünden.

Zweifellos gebühren der Maria als Mutter des Herrn Liebe und Dankbarkeit. Sie ist das Gefäß, in dem das Wort Fleisch wurde. Was man jedoch in die Gestalt der Mutter Jesu hineinlegte, hat in der Heiligen Schrift keinen Grund. Das Neue Testament, das völlig christozentrisch orientiert ist, weiß wenig von Maria zu berichten, von ihrem Ende und von ihrer Himmelfahrt überhaupt nichts. Selbst unter den Zeugen der Auferstehung wird sie nicht genannt. Sie ist hier weder Gottesmutter noch Himmelskönigin, sondern schlichte Magd. Der biblische Bericht von der jungfräulichen Geburt will nichts anderes sein als ein Ausdruck für die einzigartige Bedeutung der geheimnisvollen Person Jesu Christi. Er ist mehr eine Aussage über Jesus selbst als über Maria. Christus ist auch der Heiland der Maria. Da aber Maria als Symbol der katholischen Kirche verstanden wird, ergibt sich die Folgerung: je mehr Maria in der Verehrung steigt, um so glorreicher sieht sich auch die katholische Kirche selbst.

Quellen: Walther von Loewenich, *Der moderne Katholizismus,* 1955; Hans Asmussen, *Maria, die Mutter Gottes,* 1950; P. Bernardus, „Katholische Kirche, wohin gehst du?" in *Ökumenische Einheit* II, 2, 88 ff.; Gerhard Ebeling, „Zur Frage nach dem Sinn des Mariologischen Dogmas" in *Zeitschrift für Theologie und Kirche,* 47, 1950, Heft 3, S. 383 ff.; Edmund Schlink, *Evgl. Gutachten zur Dogmatisierung der leiblichen Himmelfahrt Mariens,* München/Berlin, 1950; Walter Künneth, *Christus oder Maria,* Berlin-Spandau, 1950; Bernhard Ritter, „Das römische Mariendogma" in *Evangelische Jahresbriefe,* 16, 1951/52, S. 8 ff.; Hermann Volk, *Das neue Mariendogma,* Münster, 1951; Karl Rahner, *Das „Neue" Dogma,* Herder/Wien, 1951; Otto Semmelroth, *Das neue Dogma im Widerstreit,* Würzburg, 1951; Friedrich Heiler, „Assumptio" in *Theologische Literaturzeitung,* Januar 1954, Sp. 1–52; P. Sträter, *Katholische Marienkunde,* 3 Bde. 1947–51; R. Graber, *Die marianischen Weltrundschreiben der Päpste in den letzten 100 Jahren,* 1951; C. Feckes, *Die heilsgeschichtliche Stellvertretung der Menschheit durch Maria,* 1954; G. Miegge, „Die gegenwärtige Situation der katholischen Mariologie" in *Theologische Literaturzeitung* 82, 1957, S. 561 ff.; „Marienerscheinungen" in *Materialdienst des Konfessionskundlichen Instituts,* 1952, Nr. 2, S. 23 ff.; „Zum Kult von Fatima" in *Materialdienst des Konfessionskundlichen Instituts,* 1951, Nr. 2, S. 14 ff.; Nr. 4, S. 15 f.; „Das neue Mariendogma im Lichte der Geschichte und im Urteil der Ökumene" in *Ökumenische Einheit* II, 2. u. 3, München/Basel, 1950; „Mariologie und marianische Frömmigkeit" in *Herder-Korrespondenz* IX, 9. Juni 1955, S. 415 ff.; *Die Religion in Geschichte und Gegenwart,* Bd. III, 1929, Sp. 2014 ff.; *Lexikon für Theologie und Kirche,* VI, S. 895 ff.; George A. Lindbeck (Hrsg.), *Dialog unterwegs,* Eine evangelische Bestandsaufnahme zum Konzil, 1965.

** S. 58: FEGFEUER. – Das Fegfeuer ist nach dem römischen Einheitskatechismus ein Sühnort für die Seelen jener, welche, obwohl sie in der Gnade Gottes gestorben sind, der göttlichen Gerechtigkeit nicht vollständig Genugtuung geleistet haben. „Wir können die Strafen der Seelen im Fegfeuer lindern durch Gebete, Ablässe, Almosen und andere gute Werke, aber ganz besonders durch das heilige Meßopfer."

Quellen: K. R. Hagenbach, *Lehrbuch der Dogmengeschichte,* Bd. I, S. 197 ff., 344 ff.; Bd. II, S. 197 ff., 346 f., Leipzig, 1847; Schröckh, *Christliche Kirchengeschichte,* Bd. XX, S. 184 ff., Leipzig, 1794; *Catholic Encyclopedia,* Art. Fegfeuer; Charl. Elliott, *Delineation of Roman Catholicism,* 2. Buch, Kap. 12; Hefele, *Konziliengeschichte,* Bd. IX, S. 888; Wetzer, *Kirchenlexikon,* Art. Fegfeuer; *Der Große Herder,* Bd. III, Sp. 838; Bd. X, Sp. 1410–1412; *Die Religion in Geschichte und Gegenwart,* Bd. II, 1928, Sp. 533–535; *Realenzyklopädie für protestantische Theologie und Kirche,* Bd. IV, S. 514–517.

* S. 59: ABLASS. – Über die praktischen Auswirkungen der Lehre vom Ablaß während der Reformation siehe einen Beitrag von Dr. H. C. Lea, „Indulgences in Spain" (veröffentlicht in *Papers of the American Society of Church History,* Bd. I, S. 128–171). Über den Wert dieser geschichtlichen Aufschlüsse sagt Dr. Lea in

seinen einleitenden Ausführungen: „Ungeachtet des zwischen Luther einerseits und Eck und Silvester Prierias anderseits herrschenden Streites, ging Spanien ruhig seinen alten, ausgetretenen Pfad weiter und lieferte uns die unstrittigen offiziellen Dokumente, die uns in die Lage versetzen, diese Angelegenheit im klaren Licht der Geschichte zu untersuchen.“

Quellen: Eine genaue und umfassende Darstellung der Lehre vom Ablaß findet sich bei M. Creighton, *A History of the Papacy from the Great Schism to the Sack of Rome,* Bd. V, S. 56–65, 71, London, New York, Bombay, Calcutta, 1911; *Catholic Encyclopedia,* Bd. VIII, S. 783–789, Art. Ablaß von W. H. Kent; H. C. Lea, *A History of Auricular Confession and Indulgences in the Latin Church,* Philadelphia, 1896; Thomas M. Lindsay, *A History of the Reformation,* Bd. I, S. 216 bis 227, New York, 1917; A. H. Newman, *A Manual of Church History,* Bd. II, S. 53. 54. 62, Philadelphia, 1953; Preserved Smith, *The Age of the Reformation,* S. 23 bis 25. 66, New York, 1920; L. v. Ranke, *Deutsche Geschichte im Zeitalter der Reformation,* Bd. I, 2. Buch, S. 122. 157 f.; Walther Koehler, *Dogmengeschichte,* S. 319 ff., 1943; A. von Harnack, *Lehrbuch der Dogmengeschichte,* Bd. III, S. 292 f., 504 f., 511 ff., 603 f., 1890; Franz Beringer-Steiner, *Die Ablässe, ihr Wesen und Gebrauch,* 2 Bde., 1920; Fr. Heiler, *Der Katholizismus,* 1923; *Realenzyklopädie für protestantische Theologie und Kirche,* Bd. I, S. 90–92, 1877; *Die Religion in Geschichte und Gegenwart,* Bd. I, 1927, Sp. 59–64.

** S. 59: DIE MESSE. – „Das heilige Meßopfer ist im katholischen Gottesdienst die Feier der Kreuzopfers Christi. – Der Name Messe (von *missa,* der spätlat. Form von *missio* = Sendung, Entlassung) bezeichnet die liturgische Gesamthandlung von ihrem Schluß, der feierlichen Entlassung und Segnung her und besagt damit, daß das Meßopfer die wesentliche Mitte ist, aus der heraus das menschliche Leben gesegnet und geheiligt werden soll.

Das Wesen der Messe beruht darin, daß sie als Vergegenwärtigung des Kreuzopfers Christi (des Opfers des Neuen Bundes) weder nur dessen Erinnerung noch seine wiederholte Nachahmung oder Ergänzung ist (was der Vollgültigkeit und Einzigkeit des Kreuzopfers widerspräche). Vielmehr ist die Messe mit dem Kreuzopfer ihrem Wesen nach identisch und weist den gleichen Hohenpriester, die gleiche Opfergabe auf: Christus. Nur die Weise der sakramentalen Aufopferung in der Messe ist verschieden von der historischen am Kreuz; dort geschah sie blutig, in der Messe geschieht sie unblutig in der Gestalt von Brot und Wein . . . So ist die Messe im katholischen Glaubensverständnis die Mitte des Lebens, die wirklichste Gottbegegnung und damit der sichtbarste Einbruch der Gnade in das Dasein des Menschen.“ *(Der Große Herder,* Bd. VI, Sp. 451 ff.)

Walther von Loewenich schreibt in *Der moderne Katholizismus,* S. 28 ff.: „Luther hatte die Messe als ein Werk des Menschen verworfen. In der Messe bringt die Kirche Leib und Blut Christi als ihr Opfer dar. Damit ist die Einmaligkeit und Einzigkeit des Opfers Christi zunichte gemacht. Die Messe ist darum für Luther ein greulicher Götzendienst und eine vermaledeite Abgötterei. Hier erreicht für ihn die falsche Werkfrömmigkeit ihren furchtbaren Höhepunkt. Darum richtet sich sein ganzer Groll gegen diese Feier. Luthers Polemik wird vom heutigen Katholizismus als ein verhängnisvolles Mißverständnis bezeichnet. Man verweist dafür auf cap. 2

der 22. Sitzung des Tridentinums. Dort heißt es: ‚Es ist ein und dasselbe Opfer, das derselbe jetzt durch den Dienst der Priester darbringt, der sich selbst damals am Kreuze dargebracht hat, wobei nur die Art der Darbringung verschieden ist.‘

Nicht die Kirche, sondern Christus selbst ist also in der Messe das Subjekt des Opferns. Die Messe ist zwar ein wahres und eigentliches Opfer, aber es ist wesentlich identisch mit dem Opfer Christi am Kreuz. Die wesentliche Identität wird erläutert durch den Gedanken der Repräsentation. Christus hat sich selbst beim ersten Abendmahl geopfert und dieses Opfer zur Wiederholung eingesetzt, um so ein Opfer zu hinterlassen, durch das jenes einmalige blutige am Kreuz dargestellt würde und so sein Gedächtnis bis ans Ende der Welt dauern sollte. Aber das Meßopfer ist nicht eine bloße Abbildung oder Erinnerung an das Kreuzopfer, sondern es vollzieht sich ein wirkliches Opfer auf dem Altar. Die Theologen reden so zwar von einer ‚Wiederholung‘ des Kreuzopfers auf dem Altar: dadurch soll aber die Identität des Meßopfers mit dem Kreuzesopfer nicht angetastet werden. Wird nun Christus selbst als Subjekt des Opfers auf dem Altar verstanden, so läßt sich offenbar Luthers Vorwurf gegen das ‚Menschenwerk‘ nicht aufrechterhalten. Es ist in der Gegenwart wichtig, daß wir uns über diesen Punkt Klarheit verschaffen. Diese Klarheit läßt sich aber nicht leicht gewinnen, da hier auf der katholischen Seite selbst nicht alles klar zu sein scheint.

Zunächst kann man Luther nicht zum Vorwurf machen, daß er die Identität zwischen Kreuzesopfer und Meßopfer nicht beachtet hat; denn die Formulierung des Tridentinums ist erst nach seinem Tode erfolgt. Sie findet sich aber in keiner früheren offiziellen Lehrentscheidung klar ausgesprochen. Im *Canon missae,* also in der kirchlichen Liturgie, an die sich Luther in erster Linie halten mußte, ist sie keineswegs klar zum Ausdruck gebracht. Im Gegenteil, alle einschlägigen Stellen dort sprechen unumwunden von einem Opfer der Kirche und des Priesters. Mehrfach wird darum gebeten, Gott möge diese ‚heiligen, makellosen Opfergaben‘ gnädig annehmen. Diese Bitte wird bei einem Selbstopfer Christi schwer begreiflich. Die Opfergabe wird als eine solche bezeichnet, ‚die wir, deine Diener und deine ganze Gemeinde, darbringen‘. Der Priester bittet, Gott möge unser Opfer ebenso gnädig annehmen, wie einst die Opfer Abels, Abrahams und Melchisedeks. Auch diese Bitte setzt doch wohl voraus, daß die Kirche bzw. der Priester Subjekt des Opferns ist . . . Aus dem Canon missae konnte also Luther kein zwingendes Argument gegen seine Auffassung von der Messe als Opfer der Kirche gewinnen. Offenbar stand Luther mit seiner Auffassung nicht allein. Es gab im Mittelalter Stimmen, welche die Macht des Priesters über die Christi stellten; denn Christus habe sich nur einmal geopfert, der Priester aber tue dies täglich. Eine ähnliche Auffassung begegnet uns noch in dem Hirtenbrief des Erzbischofs Johannes Katschthaler von Salzburg vom 2. Februar 1905. Hier heißt es unter anderem: ‚Einmal hat Maria das göttliche Kind zur Welt gebracht. Und sehet, der Priester tut dies nicht einmal, sondern hundert- und tausendmal, so oft er zelebriert. Machen sie (die Priester) den Leib, das Blut des Herrn nur gegenwärtig? Nein. Sondern sie *opfern,* sie bringen dem himmlischen Vater das Opfer dar. Es ist dasselbe, was Christus blutigerweise auf Kalvaria und unblutigerweise beim letzten Abendmahl getan hat. Hier in der heiligen Messe tut Er dasselbe durch seine Stellvertreter, die katholischen Priester. Die Priester hat er an seine Stelle gesetzt, damit sie dasselbe Opfer, das Er dargebracht, fortsetzen. Ihnen hat Er das Recht über seine heilige Menschheit übertragen, ihnen gleichsam Gewalt über seinen Leib gegeben. Der katholische Priester kann ihn nicht bloß auf dem Altar gegenwärtig machen, ihn im Tabernakel verschließen, ihn wieder nehmen und den Gläubigen zum Genusse reichen, er kann sogar Ihn, den menschgewordenen Gottessohn, für Lebendige und Tote als unblutiges Opfer darbringen. Christus, der eingeborene Sohn Gottes des Vaters, durch den Himmel und Erde geschaffen sind, der das ganze Weltall trägt, ist dem katholischen Priester hierin zu Willen.' "

In dem Lehrschreiben der Katholischen Deutschen Bischofskonferenz von 1967 wird eine gewisse Modifizierung erkennbar: „Das Abendmahlshandeln Christi ist also von dem Kreuzestod nicht ablösbar; es enthält diesen und stellt ihn sakramental dar. Darum hat die heilige Messe auch Opfercharakter in dem vollen Sinn des Kreuzesopfers, welches sakramental, im Zeichen und geheimnisvoll, dargestellt und gegenwärtig wird. Der wahre und spezifische Opfercharakter der heiligen Messe darf nicht unterschlagen werden.

Die rechte Teilnahme am heiligen Opfer, welches die Kirche mit Christus darbringt und in welchem sie selbst dargebracht wird, ist die Vereinigung mit der Hingabe Christi an den himmlischen Vater. Sie erfordert daher, daß wir uns mit Christus in hochherziger Selbsthingabe ganz der göttlichen Majestät zu eigen geben."

Aber auch bei dieser Formulierung muß man fragen, ob hier nicht Wort Gottes und Antwort des Menschen in unzulässiger Weise verwechselt werden. Nicht nur wird die Sündenvergebung in falscher Weise mit der menschlichen Hingabe an Gott verbunden, auch Christus wird hier mit der Kirche identifiziert.

Quellen: Über die Lehre von der heiligen Messe, wie sie auf dem Konzil zu Trient festgesetzt wurde, siehe:

Aus katholischer Sicht: H. G. Schroeder, *Canons and Decrees of the Council of Trent,* St. Louis, 1941; *Catholic Encyclopedia,* Bd. V, S. 572ff.; Nikolaus Gihr, *Holy Sacrifice of the Mass, Dogmatically, Liturgically, Ascetically Explained,* 12. Aufl., St. Louis, 1937; Josef Andreas Jungmann, *Missarum Sollemnia,* Eine genetische Erklärung der römischen Messe, 2 Bde., Freiburg, 1952; K. Rahner, *Die vielen Messen und das eine Opfer,* 1951; B. Durst, *Das Wesen der Eucharistiefeier, . . .,* 1953; Thalhofer, *Handbuch der katholischen Liturgie,* 2 Bde., 1912; Fr. Heiler, *Der Katholizismus,* S. 373ff., 1923; M. Schmaus, *Katholische Dogmatik,* Bd. IV, S. 326 f., München, 1957.

Aus protestantischer Sicht: Philipp Schaff, *Creeds of Christendom,* Bd. II, S. 126 bis 139, Art. Canons and Decrees of the Council of Trent, engl. und lat. Text; John Calvin, *Institutes of the Christian Religion,* 4. Buch, Kap. 17 und 18; Edward B. Pusey, *The Doctrine of the Real Presence,* Oxford, 1855; K. R. Hagenbach, *Lehrbuch der Dogmengeschichte,* Bd. I, S. 214–223. 393–398; *Die Religion in Geschichte und Gegenwart,* Bd. III, 1929, Sp. 2135–2140; Th. Sartory, *Die Eucharistie im Verständnis der Konfessionen,* Recklinghausen, 1961.

*** S. 59: INQUISITION. – „Die alte katholische Kirche kannte zwar seit dem ausgehenden vierten Jahrhundert Zwangsmaßnahmen gegen Ketzerei, aber keine zur Aufsuchung der Ketzer eingerichtete Behörde. Die eigentliche Inquisition ist erst in dem schweren Kampf der katholischen Kirche gegen die großen volkstümlichen Sekten des 12. Jahrhunderts, die Katharer und Waldenser, erwachsen. 1183 verfügte Papst Lucius III. in Übereinstimmung mit Friedrich I. auf dem Konzil von Verona nicht nur die Verurteilung, sondern auch die Aufsuchung der Häretiker und führte dadurch die bischöfliche Inquisition ein. Papst Innozenz III. ergriff einschneidende Maßregeln. Um 1199 sandte er zwei Zisterziensermönche als päpstliche Legaten mit weitgehenden Vollmachten zur Unterdrückung der Katharer und Albigenser nach Südfrankreich, wozu auch die weltliche Macht aufgeboten wurde. Das vierte Laterankonzil (1215) machte die Aufsuchung und Bestrafung der Ketzer zu einer Hauptaufgabe der Bischöfe. Das Konzil zu Toulouse (1229) verschärfte diese Bestimmungen noch. Die geheimen Zufluchtsstätten der Ketzer sollten erforscht und entdeckte Ketzer gefangengenommen werden ... Die Namen der Ankläger und Zeugen wurden den Angeklagten verheimlicht ... Über ketzerische Gegenden wurde das Interdikt verhängt. Die leiblichen Strafen, namentlich die Todesstrafe, überließ die Kirche der weltlichen Obrigkeit." *(Der Große Brockhaus,* Bd. IX, S. 137 f.)

Papst Gregor IX. bestellte die Dominikaner zu ständigen päpstlichen Inquisitoren.

Die Inquisition war eine gerichtliche Institution zur Verfolgung von Häretikern, die in Mittelalter und Neuzeit erheblichen Einfluß besaß. Aufgabe des Inquisitionsprozesses war es, Rechtsabweichungen zu erfragen (inquirere). Eine Inquisition mit dem Ziel der strafrechtlichen Sühne wurde erst möglich, nachdem das Christentum Staatsreligion geworden war und der Staat die Abweichungen vom christlichen Glauben zu verfolgen begann. Staat und Kirche leisteten sich dabei gewissermaßen Rechtshilfe. Während die Inquisition anfangs von den Bischöfen ausgeübt wurde, trat seit dem Ende des 12. Jahrhunderts die vom Papst ausgehende Inquisition an deren Stelle (als Wandergerichte). Die päpstliche Inquisitionsbehörde nahm an Macht und Ansehen ständig zu. Sie erhielt später den Namen *„Sanctum Officium"*.

„Die Inquisition wurde zunächst in Italien eingeführt und entfaltete ihre Wirksamkeit vornehmlich hier sowie in Südfrankreich und Spanien. In Spanien wurde die Inquisition sogar Staatseinrichtung; die konfiszierten Gelder flossen in die Staatskasse. Die spanische Inquisition ist bekannt durch die mit großem Pomp gefeierten Autos-da Fé (Autodafés = actus fidei = Akte des Glaubens), durch welche die Urteile der Inquisition vollstreckt wurden. Ihre Intensität nimmt in Richtung auf die nordischen Staaten ab. Von den in Deutschland umherziehenden Inquisitoren ist Konrad von Marburg (13. Jh.) am bekanntesten, der aber nach nur zweijähriger Wirksamkeit von dem erregten Volk erschlagen wurde. Das Vorgehen der Inquisition gegen bestimmte Gruppen von Sektierern war häufig mit politischen Motiven vermischt: so im Kampf der Kirche gegen den Templerorden (Ritterorden) zusammen mit König Philipp IV. von Frankreich. Auch wirtschaftliche und Standesinteressen haben bisweilen das Eingreifen der Inquisition ausgelöst oder beschleunigt ...

Die Verbindung von Inquisition und Politik wurde seit der Reformation notwendigerweise noch stärker. Die Inquisition spielt in der Bewegung der Gegenreformation eine bedeutende Rolle und hat sich in katholischen Staaten bis ins 19. Jh. hinein gehalten ... Untersuchungsverfahren und Vollstreckung der Inquisition richteten sich naturgemäß nach dem weltlichen Strafrecht, das im späten Mittelalter und in der Renaissance besonders grausam war ...

Die Inquisition ist eine Einrichtung der katholischen Kirche, die am meisten zur *Kritik* herausgefordert hat und die das beliebteste Beispiel ist, wenn die katholische Kirche des Mittelalters gebrandmarkt werden soll. Von katholischer Seite verweist man dagegen auf den schweren Existenzkampf der Kirche gegen die Ketzer, auf die allgemeine Grausamkeit der damaligen Justiz und die psychopathischen Erscheinungen des Mittelalters. Doch gehen sowohl die Angriffe als auch z. T. die Verteidigung am Kern der Sache vorbei. Die Kritik macht es sich einfach, wenn sie sich unhistorisch auf den Boden des liberalen Staatsdenkens stellt. Das Mittelalter dachte anders; es nahm vor allem die Einheit von Staat und Kirche als vorgegeben hin. Die Staatskirche verfolgte deshalb natürlicherweise die kirchlichen Delikte genauso wie die weltlichen; stellte doch ein Angriff auf die Religion zugleich einen Angriff auf den Staat dar. Die Verfolgung des Religionsdeliktes war dem Mittelalter also eine Selbstverständlichkeit. Es ist weiter natürlich, daß die Inquisition sich der zeitgenössischen Mittel der Strafverfolgung bediente, und es muß auch darauf hingewiesen werden, daß ihr genau überliefertes Verfahren z. T. mit großem Ernst und juristischer Gewissenhaftigkeit durchgeführt wurde (so z. B. das gegen Hus). Nicht die Inquisition als solche, sondern die *Auswüchse,* zu denen diese Institution unter den verschiedensten politischen und soziologischen Einflüssen führte, könnten vom historischen Standpunkt aus kritisiert werden. Und selbst unter diesem Gesichtspunkt wird man nicht die Inquisition verdammen können, ohne das Mittelalter und die Renaissance überhaupt verurteilen zu müssen. Eine echte Beurteilung und vielleicht Verurteilung der Inquisition kann nicht auf historischer, sondern allein auf religionsphilosophischer Ebene erfolgen. Es geht um die Frage, ob die Kirche das Recht oder sogar die Pflicht hat, den irrenden Bruder um seiner Seligkeit und des Bestandes der heiligen Kirche willen notfalls mit Gewalt zu *überzeugen.* Kann der ‚Rechtgläubige' weiter so viel göttliche Erkenntnis und Erleuchtung beanspruchen, daß er die Autorität erhält, den ‚hartnäckigen Ketzer' aus der kirchlichen und menschlichen Gemeinschaft auszustoßen? Fordert die Liebe zu dem irrenden Mitchristen *Tolerierung* oder *Züchtigung?* So gesehen ist die Frage der Inquisition eine dauernd aktuelle Frage." *(Die Religion in Geschichte und Gegenwart,* Bd. III, Tübingen, 1959, Sp. 774. 775.)

In Deutschland verschwand die Inquisition unmittelbar nach der Reformation. Spanien hob sie erst 1834 auf, Italien 1859, Frankreich 1772.

1542 wurde die Inquisition reorganisiert und erhielt den Namen Sacra Congregatio Romana (Heiliges Offizium). Als oberste Instanz in Glaubenssachen besteht die Inquisition noch heute. Über die Reinheit des katholischen Glaubens wacht sie als Kardinalskongregation des heiligen Offiziums (Congregatio sancti Officii).

Es läßt sich heute ohne Übertreibung sagen, daß die Inquisition der größte Schandfleck ist, der auf der römischen Kirche lastet. Sie hat in hohem Maße dazu beigetragen, die Glaubwürdigkeit des Christentums zu untergraben. Noch im 19. Jahrhundert finden sich in der katholischen Presse positive Äußerungen über die Inquisition. Die *Analecta Ecclesiastica,* eine Zeitschrift, brachte 1895 den Abdruck eines Inquisitionsurteils vom 28. 2. 1484, dem sich ein überschwengliches Loblied auf die heilsame Einrichtung der Ketzerverbrennungen aus der Feder eines Kapuzinerpaters anschloß: „O ihr gesegneten Flammen der Scheiterhaufen, durch welche durch die Beseitigung ganz weniger und äußerst verworfener Menschen Hunderte und aber Hunderte von Seelen aus dem Rachen des Irrtums und der ewigen Verdammnis herausgerissen wurden!"

Der spanische Großinquisitor *Torquemada* (1420–1498) und der Inquisitor *de Epila,* unter denen Hunderte von Christen hingerichtet wurden, genießen heute hohe und höchste Verehrung in der katholischen Kirche. Bis in die Mitte des 20. Jahrhunderts hinein gibt es Urteile von katholischer Seite, die die Maßnahmen der Inquisition verteidigen, ja sie sogar für förderungswürdig halten. Zwar haben sich die Methoden römischer Zwangsmaßnahmen geändert, aber auch unsere moderne Zeit bietet noch eine Fülle von Repressalien, die gegenüber Andersgläubigen rücksichtslos eingesetzt werden.

Erst in allerjüngster Vergangenheit waren Versuche, den Protestanten z. B. in Spanien mehr Freiheiten zu verschaffen, erfolgreich. Darüber hinaus lassen gewisse, während des zweiten Vatikanischen Konzils sichtbar gewordene Tendenzen darauf hindeuten, daß die katholische Kirche bereit scheint, die Andersgläubigen nicht mehr pauschal als „Ketzer" zu diffamieren, sondern sie als Gesprächspartner anzuerkennen, wenn man auch hinter diesen Bestrebungen keineswegs vermuten darf, daß die protestantischen Kirchen als gleichberechtigt angesehen würden.

Wieviel Unbehagen an der Indizierungspraxis des Heiligen Offiziums selbst innerhalb der katholischen Kirche besteht, beweist ein Diskussionsbeitrag von Kardinal *Frings* auf dem Konzil, der die Methoden dieses höchsten Gremiums der katholischen Kirche scharf angriff und unter Beifall der Konzilsväter mißbilligte, daß das Heilige Offizium Menschen verurteile, ohne sie anzuhören oder ihnen die Möglichkeit der Verteidigung zu geben! Wieweit hier in Wirklichkeit eine echte Wandlung erfolgt ist, wird die Zukunft lehren. Der Widerstand der kurialen Gremien ist zäh und hinhaltend. Das beweist nichts deutlicher als der Fall Küng im Jahre 1973.

Quellen: Aus katholischer Sicht: *Catholic Encyclopedia,* Bd. VIII, Art. Inquisition; E. Vacandard, *The Inquisition: A Critical and Historical Study of the Coercive Power of the Church,* New York, 1908; *Der Große Herder,* Bd. IV, Sp. 1360. 1361; *Kirchenlexikon* von Wetzer u. Welte, Bd. VI, 1889.

Aus anglikanischer Sicht: Hoffman Nickerson, *The Inquisition: A Political and Military Study of Its Establishment.*

Aus protestantischer Sicht: Philipp v. Limborch, *History of the Inquisition;* H. C. Lea, *History of the Inquisition in the Middle Ages,* 3 Bde.; *History of the Inquisition in Spain,* 4 Bde.; *The Inquisition in the Spanish Dependencies;* H. S. Tuberville, *Medieval Heresy and the Inquisition,* London, 1920; *Die Religion in Geschichte und Gegenwart,* Bd. III, Tübingen, 1959, Sp. 769–772; L. v. Ranke, *Die Geschichte der Päpste,* Köln, 1955; H. Kübert, *Zauberwahn; die Greuel der Inquisition und Hexenprozesse,* 1913; P. Flade, *Das römische Inquisitionsverfahren in Deutschland bis zu den Hexenprozessen,* 1902; E. Schäfer, *Beiträge zur Geschichte des spanischen Protestantismus und der Inquisition im 16. Jahrhundert,* 3 Bde., 1902; Walther von Loewenich, *Der moderne Katholizismus,* Witten, 1955; *Materialdienst des Konfessionskundlichen Instituts,* 1964, Heft 1; Luis Padrosa, *Ich wählte die Wahrheit,* Zürich, 1954; *Die Lage der Protestanten in katholischen Ländern,* Zollikon/Zürich, 1953.

* S. 62: URCHRISTENTUM IN ENGLAND. – Vermutlich sind bereits vor Ende des 1. Jahrhunderts christliche Lehrer nach England gekommen. Man nimmt an, daß es griechische Lehrer waren, die etwa 50 Jahre nach der Himmelfahrt Jesu aus dem Osten nach England gekommen sind. (Robert Parsons, *Three Conversions of England.)*

Auch Tertullian und Origines bezeugen in ihren Schriften die frühe Evangelisation in England. (Tertullian, *Dei Fidei,* S. 179, engl. Ausgabe; Origines, *Psalm* 149.)

Sicher ist, daß 100 Jahre nach Tertullians Angaben England die ersten Märtyrer durch die diokletianische Verfolgung erhielt: Albanus von Verulam, Aaron und Julius von Caerleon und viele andere beiderlei Geschlechts. (Eduard Winkelmann, *Geschichte der Angelsachsen bis zum Tode König Aelfreds,* Berlin, 1883, in Onckens *Allgemeine Geschichte in Einzeldarstellungen,* 2. Hauptabtlg., Teil III.)

* S. 65: WALDENSER BIBELÜBERSETZUNG. – Über die Entdeckung waldensischer Manuskripte bei:

M. Esposito, „Sur quelques manuscrits de l'ancienne littérature des Vaudois du Piémont“ in *Revue d'Histoire Ecclésiastique,* S. 130 ff., 1951; F. Jostes, „Die Waldenserbibeln“ in *Historisches Jahrbuch,* 1894; D. Lortsch, *Histoire de la Bible en France,* Kap. 10, Paris, 1910.

Eine ausgezeichnete Schrift stammt von einem der waldensischen „Barben“, dem Prediger Jean Leger, *Histoire Générale des Eglises Evangeliques des Vallées de Piémont,* Leyden, 1669. Dieses Buch wurde zur Zeit der großen Verfolgungen geschrieben und enthält Informationen mit Skizzen aus allererster Hand.

Weitere Quellen: A. de Stefano, *Civilta Medioevale,* 1944; *Riformatori ed eretici del medioeve,* 1938; J. D. Bounous, *The Waldensian Patois of Pramol,* Nashville, 1936; A. Dondaine, *Archivum Fratrum Praedicatorum,* 1946; E. Comba, *Storia dei Valdesi,* 1930; E. Gebhart, *Mystics and Heretics,* Boston, 1927; G. Gonnet, *Il Valdismo Medioevale, Prolegomeni,* Torre Pellice, 1935; Jalla, *Histoire des Vaudois et leurs colonies,* Torre Pellice, 1935; *Realenzyklopädie für protestantische Theologie und Kirche,* Bd. III, S. 125–145; Walther von Loewenich, *Der moderne Katholizismus,* Erscheinung und Probleme, S. 195, Witten, 1955.

** S. 65: DER SABBAT BEI DEN WALDENSERN. – Es gab Geschichtsschreiber, die behaupteten, daß die Waldenser allgemein den Siebenten-Tag-Sabbat gefeiert hätten. Diese Auffassung entsprang Quellen, die in ihrem lateinischen Text die Waldenser als solche beschrieben, die den dem Herrn gehörenden Tag (dies dominicalis) oder den Tag des Herrn (des Herrn Tag – Sonntag) beginnen. Bei den Waldensern war es jedoch seit der Reformation üblich, das Wort „Sonntag“ mit „Sabbat“ zu übersetzen.

Dennoch gibt es historische Beweise für eine Siebenten-Tag-Sabbatfeier bei den Waldensern. Ein Bericht von einem Inquisitionsgericht, vor das einige böhmische Waldenser in der Mitte des 15. Jahrhunderts geschleppt wurden, erklärt, daß unter den Waldensern „in der Tat nicht wenige den Sabbat gemeinsam mit den Juden hielten“. (I. v. Döllinger, *Beiträge zur Sektengeschichte des Mittelalters,* München, 1890.) Fraglos weist diese Stelle auf die Feier des Siebenten-Tag-Sabbats hin.

* S. 76: DEKRETE GEGEN DIE WALDENSER. – Papst Lucius III. erließ 1183 mit Billigung des Kaisers Barbarossa das erste Dekret, dem 1192, 1220, 1229, 1236, 1243, 1253, 1332, 1380, 1400, 1476, 1487 und 1532 weitere päpstliche, kaiserliche und königliche Erlasse folgten.

Ein beträchtlicher Teil des Textes der päpstlichen Bulle von Innozenz VIII. (1487) gegen die Waldenser (das Original befindet sich in der Bibliothek der Universität Cambridge) ist in englischer Übersetzung enthalten in Dowlings *History of Romanism,* 6. Buch, Kap. 5, Abschn. 62, 1871.

Weitere Quellen: Hahn, *Geschichte der Waldenser,* Bd. II, S. 703–753; Hefele, *Konziliengeschichte,* Bd. V, S. 725. 914. 979f. 992; *Realenzyklopädie für protestantische Theologie und Kirche,* Bd. XVI, S. 610–638, Leipzig, 1885.

* S. 83: ABLASS. – Siehe Anmerkung zu S. 59.*

* S. 85: WIKLIF. – Die Historiker stellten fest, daß der Name „Wiklif" verschieden geschrieben wurde. Ausführlicher ist darüber zu lesen bei J. Dahmus, *The Prosecution of John Wyclyf,* S. 7, New Haven, 1952.

Der Originaltext der päpstlichen Bullen gegen John Wiklif ist zu finden bei J. Dahmus, *The Prosecution of John Wyclyf,* S. 35–49, New Haven, 1952; John Foxe, *Acts and Monuments of the Church,* Bd. III, S. 4–13, London, 1870.

Eine Zusammenfassung dieser an den Erzbischof von Canterbury, an König Edward und an den Rektor der Universität Cambridge gerichteten Bullen finden wir bei Merle d'Aubigné, *The History of the Reformation in the Sixteenth Century,* Bd. IV, S. 93, London, 1885 (deutsch: *Geschichte der Reformation im 16. Jahrhundert);* Neander, *Allgemeine Geschichte der christlichen Religion und Kirche,* Bd. 5; George Sargent, *History of the Christian Church,* S. 323, Dallas, 1948; Gotthard V. Lechler, *Johann v. Wiklif und die Vorgeschichte der Reformation,* 2 Bde., Leipzig, 1873; Philipp Schaff, *History of the Christian Church,* Bd. V, 2. Teil, S. 317, New York, 1915.

* S. 86: UNFEHLBARKEIT. – Siehe Anmerkung zu S. 50.**

* S. 97: HUS NACH PRAG. – Bis in die jüngere Zeit hinein war die Meinung vorherrschend, daß Hus' Mutter ihren Sohn nach Prag begleitet hätte. Neuere Darstellungen bringen auch die Lesart, daß Hus' Mutter Jan nicht nach Prag, sondern unter den geschilderten Begleitumständen nach der Kreisstadt Prachatitz gebracht habe.

Quellen: Melchior Vischer, *Jan Hus – Aufruhr wider Papst und Reich,* Frankfurt, 1941; Arnost Kraus, *Husitství v literatuře, zejména německé,* I. Teil, in *Rozpravy české akademie (Das Hussitentum in der Literatur, namentlich in der deutschen,* 1. Teil, in Abhandlungen der Tschechischen Akademie, III. Kl., Nr. 45, Prag, 1917, S. 223).

** S. 97: HUS' REKTORAT. – In einigen neueren Geschichtswerken findet sich auch die Version, daß Hus nicht Rektor der Universität, sondern nur Rektor der Betlehemskapelle gewesen ist.

Quellen: Melchior Vischer, *Jan Hus – Aufruhr wider Papst und Reich,* Seite 196 f., S. 248–252, Frankfurt, 1941; Schröckh, *Christliche Kirchengeschichte,* Teil XXXIV, S. 576 f., 1802; Gottfried Arnold, *Unparteiische Ketzer- und Kirchen-*

geschichte, S. 429f., 1697; Theobald, *Hussitenkrieg,* 1609/1621; *Neander, Allgemeine Geschichte der christlichen Religion und Kirche,* Bd. IX, 1865.

* S. 102: SPALTUNG DER KIRCHE. – Die Kirche, die schon in zwei Papstkirchen auseinandergebrochen war, traf ein noch größeres Übel. Auf dem allgemeinen Konzil zu Pisa 1409 wurden die beiden Päpste, Gregor XII. und Benedikt XIII., für abgesetzt erklärt und ein neuer Papst, Alexander V., ein Grieche, gewählt. Die beiden anderen Päpste weigerten sich jedoch, ihrer Würde zu entsagen, so daß die Kirche nunmehr drei Päpste hatte.

Zu *Alexander V.* hielten Frankreich und England; zu *Benedikt XIII.* die Pyrenäenhalbinsel und Schottland; zu *Gregor XII.* der deutsche König, zahlreiche deutsche Territorien, Rom und Neapel.

Erst auf dem Konzil zu Konstanz gelang es, das Schisma zu beseitigen.

* S. 102: MISSBRÄUCHE IN GEISTLICHEN DINGEN. – Ungefähr hundert Jahre nach Beendigung des Schismas zur Zeit des Konzils zu Pisa sagte Papst Hadrian VI. über die Zustände jener verworrenen Zeit: „Wir wissen, daß eine geraume Zeit daher viel Verabscheuungswürdiges bei dem Heiligen Stuhle stattgefunden hat: Mißbräuche in geistlichen Dingen, Überschreitung der Befugnisse; alles ist zum Bösen verkehrt worden. Von dem Haupte ist das Verderben in die Glieder, von dem Papste über die Prälaten ausgebreitet worden; wir sind alle abgewichen; es ist keiner, der Gutes getan, auch nicht einer."

Ranke schreibt über ihn: „Er dagegen versprach nun alles, was einem guten Papste zukomme: die Tugendhaften und Gelehrten zu befördern, die Mißbräuche, wenn nicht auf einmal, doch nach und nach abzustellen; eine Reformation an Haupt und Gliedern, wie man sie so oft verlangt hatte, ließ er hoffen. . . Wollte der Papst bisherige Gefälle der Kurie aufheben, in denen er einen Schein von Simonie bemerkte, so vermochte er das nicht, ohne die wohlerworbenen Rechte derjenigen zu kränken, deren Ämter auf jene Gefälle gegründet waren, Ämter, die sie in der Regel gekauft hatten . . . Um dem Unwesen des Ablasses zu steuern, hätte er gern die alten Büßungen wiederhergestellt." (L. v. Ranke, *Die Geschichte der Päpste,* S. 43, Köln, 1955.)

* S. 103: KONZIL ZU KONSTANZ. – Eine früheste Quelle zu dem Konzil zu Konstanz: Ulrich v. Richental, *Das Concilium so zu Constanz gehalten ist worden,* 1483. Ferner: H. Finke, *Acta Concilii Constanciensis,* Bd. I, 1896; Hefele, *Konziliengeschichte,* Bd. VI und VII; L. Mirbt, *Quellen zur Geschichte des Papsttums,* 1934; Milman, *Latin Christianity,* Bd. VII, S. 426–524; Pastor, *The History of the Popes,* Bd. I, S. 194 ff.

Neuere Veröffentlichungen über das Konzil: K. Zähringer, *Das Kardinal-Kollegium auf dem Konstanzer Konzil,* Münster, 1935; H. Finke, *Forschungen und Quellen zur Geschichte des Konstanzer Konzils,* 1889; Th. F. Grogau, *The Conciliar Theory as it manifested itself at the Council of Constance,* Washington, 1949; Fred A. Kremple, *Cultural Aspects of the Council of Constance and Basel,* Ann Arbor, 1955; John Patrick McGowan, *d'Ailly and the Council of Constance,* Washington, 1936.

Über *Jan Hus* siehe bei: Jan Hus, *Briefe;* E. J. Kitts, *Pope John XXIII. and Master John Hus,* London, 1910; D. S. Schaff, *John Hus,* 1915; Matthew Spinka, *John Hus and the Czech Reform,* 1941; Melchior Vischer, *Jan Hus – Aufruhr wider Papst und Reich,* Frankfurt/M., 1941; H. Prutz, *Staatengeschichte des Abendlandes im Mittelalter* (in Oncken, *Allgemeine Geschichte in Einzeldarstellungen,* Bd. II, S. 359–417, 1887); L. v. Ranke, *Weltgeschichte,* Bd. XIII, S. 125–138; F. Strunz, *Hus, sein Leben und sein Werk,* 1927; Richard Friedenthal, *Ketzer und Rebell, Jan Hus und das Jahrhundert der Revolutionskriege,* München, 1972.

* S. 106: SIGISMUNDS GELEITBRIEF. – Hus trat am 11. Oktober 1414 seine Reise nach Konstanz an, geschützt durch ein „lebendiges Geleite", wie Kaiser Sigismund selbst bezeugte: „Ich verlieh dir das sichere Geleit, ehe du von Prag wegreistest, und befahl daselbst dem Wenzel von Duba und Johann von Chlum, dich zu begleiten und zu beschützen." (Hefele, *Konziliengeschichte,* Bd. VII, S. 156.) – „Geleitet von drei böhmischen Edelleuten, deren Schutz ihn Sigismund befohlen hatte, erreichte er am 3. November Konstanz. Erst zwei Tage nachher traf der förmliche Geleitbrief für ihn ein: das hat Hus zu der unbedachten Äußerung veranlaßt, er sei ohne Geleit gekommen." (Oncken, *Allgemeine Geschichte in Einzeldarstellungen,* 2. Hauptabtlg., Teil VI., Bd. II, S. 377.)

* S. 116: HUSSITISCHE ANGRIFFSWEISE. – Darüber schreibt Hans Prutz in der *Staatengeschichte des Abendlandes im Mittelalter von Karl dem Großen bis auf Maximilian,* S. 398, in Onckens Allgemeiner Geschichte in Einzeldarstellungen, 2. Hauptabtlg., Teil VI, Bd. II: „Unwiderstehlich waren sie im Angriff, wenn sie einer wandelnden Mauer vergleichbar, mit dem eisenbeschlagenen Dreschflegel dreinhauend, mit jener Todesverachtung auf den Feind eindrangen, welche die des Paradieses gewissen Glaubenskämpfer zu erfüllen pflegt. Dabei wußten sie das Terrain vortrefflich zu benutzen und ihre Bewegungen den Anforderungen desselben anzupassen. Besonders eigentümlich für die hussitische Kriegsweise war die Verwendung des Trosses und namentlich der zur Fortführung des Kriegsgerätes, Gepäcks und Proviants dienenden Wagen. Den Anmarsch auf den Feind deckten diese in zwei Reihen geordnet zu beiden Seiten des Fußvolks fahrend; sie wirkten beim Angriff mit, indem sie, gleichsam ein Mittelding zwischen Reiterei und Artillerie, in den Feind hineinfuhren und erst sich trennend, dann wieder schließend eine Abteilung desselben umfuhren und isolierten, welche dann dem Fußvolk leicht erlag; die Wagen dienten, hinter der Schlachtreihe aufgefahren und mit Ketten verbunden, dem fechtenden Heere als Stütze und im Fall der Not als Zufluchtsort, der sich gelegentlich in eine förmliche Festung verwandelte, hinter deren primitiven Werken selbst Weiber und Kinder am Verteidigungskampf teilnahmen. Ohnmächtig stand die alte ritterliche Kriegskunst, so sehr auch sie sich schon gewandelt hatte, in Angriff und Abwehr dieser hussitischen Kampfesweise gegenüber: wo sie dieselbe zu bestehen suchte, erlag sie ruhmlos. Niederlage auf Niederlage traf sie schwer wie Gottesgericht; das Vertrauen auf die eigene Kraft, der Glaube an die Möglichkeit eines Sieges ging Rittern und Gemeinen verloren, und bald kam es dahin, daß, wo es die Hussiten zu bestehen galt, alle von panischem Schrecken ergriffen sich zur Flucht wandten."

* S. 117: PRAGER ARTIKEL. – Auf dem Konzil zu Basel 1433 wurden die Prager Kompakten abgeschlossen. Den Böhmen wurde die freie Predigt in der Landessprache gewährt sowie der Laienkelch. Die Geistlichen sollten der weltlichen Gerichtsbarkeit unterstellt werden. – Bis auf den Laienkelch blieben jedoch die anderen Forderungen nahezu unverwirklicht.

* S. 127: ABLASSHANDEL. – Leo X., der zur Vollendung der prunkvollen Peterskirche am 18. Oktober 1517 seine Ablaßbulle erlassen hatte, teilte die deutschen Gebiete unter drei Hauptbevollmächtigte auf, wovon der Erzbischof Albrecht von Mainz und Magdeburg einer war. Dieser ernannte als Unterbevollmächtigten den darin erfahrenen Dominikanermönch Tetzel aus Leipzig. (Hefele, *Konziliengeschichte,* Bd. IX, S. 11. 12.)

* S. 169: LUTHERS ABHANDLUNGEN WÄHREND SEINER WARTBURGZEIT.– Auf der Wartburg schrieb Luther seine Deutsche Postille, Flugschriften über das Wesen der Beichte und Schriften gegen Privatmessen, geistliche und Klostergelübde.

* S. 191: MÜNZER. – Über Thomas Münzer bei J. K. Seidemann, *Thomas Münzer,* Eine Biographie, Dresden/Leipzig, 1842; Joachim Zimmermann, *Thomas Münzer,* Ein deutsches Schicksal, Berlin, 1925.

* S. 200: RELIGIONSFREIHEIT. – Die Religionsfreiheit hat eine wechselvolle Geschichte hinter sich. In früheren Jahrhunderten war man nur selten bereit, den Glauben anderer Konfessionen zu tolerieren. Heute gehört die Religionsfreiheit zu den Grundrechten des Menschen. Sie ist seit dem 18./19. Jahrhundert in nahezu alle Staatsverfassungen eingegangen, und auch der Artikel 18 der „Allgemeinen Erklärung der Menschenrechte" der Vereinten Nationen hat die Religionsfreiheit zum Inhalt.

Historisch gesehen ist die Religionsfreiheit das Ergebnis heftiger Auseinandersetzungen der christlichen Konfessionen untereinander sowie zwischen den christlichen Kirchen und der säkularisierend wirkenden Aufklärung. Daß heute die Religionsfreiheit für die Christen weitgehend eine Selbstverständlichkeit ist, verdanken wir jedoch nicht den Theologen oder den Kirchen, sondern dem Staat und dem weltlichen Recht.

Besonders schwer tat sich die katholische Kirche mit der Religionsfreiheit. Noch 1864 hatte Pius IX. im „Syllabus errorum" die Religionsfreiheit zusammen mit der Gewissensfreiheit, dem Liberalismus und anderen heute Selbstverständlichkeiten verdammt.

Pius XII. hat im Jahre 1953 in seiner sogenannten „Toleranzansprache" die Religionsfreiheit abgelehnt, wobei er vom Primat der Wahrheit gegenüber der Freiheit ausging und die traditionelle Auffassung wiederholte, nur die Wahrheit, nicht aber der Irrtum besitze Rechte. „Was nicht der [katholischen] Wahrheit und dem Sittengesetz entspricht, hat objektiv kein Recht auf Dasein, Propaganda und Aktion." Die harte Diskussion um die Religionsfreiheit während des zweiten Vatikanischen Konzils spiegelt noch diese älteren Ansichten wider.

Die Auseinandersetzungen während des Konzils hatten sich zuletzt im wesentlichen auf die Frage der Staatsreligion zugespitzt. In den Ländern, in denen die katholische Kirche Staatskirche ist, sollte deren Stellung unantastbar bleiben, den anderen Religionsgemeinschaften aber die Freiheit der Religionsausübung zugesichert sein. Zwar heißt es im Eingangskapitel der „Erklärung über die Religionsfreiheit", daß die einzige wahre Religion ihre konkrete Existenzform in der katholischen, apostolischen Kirche erhalten habe, in den weiteren Texten aber bekennen sich die Konzilsväter eindeutig zur Freiheit der Religionsausübung. Das Konzil betonte feierlich, daß das Recht zu äußerer Betätigung der religiösen Gewissensfreiheit unter Wahrung des Gemeinwohls immer und überall gilt und von allen anzuerkennen ist. „Das Vatikanische Konzil erklärt, daß die menschliche Person das Recht auf religiöse Freiheit hat. Die Freiheit besteht darin, daß alle Menschen frei sein müssen von jedem Zwang sowohl von seiten einzelner wie von gesellschaftlichen Gruppen wie von jeglicher menschlichen Gewalt, so daß in religiösen Dingen niemand gezwungen wird, gegen sein Gewissen zu handeln, noch daran gehindert wird, privat und öffentlich, als einzelner oder in Verbindung mit anderen – innerhalb der gebührenden Grenzen – nach seinem Gewissen zu handeln."

Besonders aufschlußreich ist in diesem Zusammenhang der Beitrag, den der lange Jahre in Haft gewesene Erzbischof von Prag, Kardinal Beran, zu diesem Thema beisteuerte. Beran stellte sich in seinen eindrucksvollen Ausführungen ganz auf den Boden der Heiligen Schrift, und er bekannte sich dazu, daß alles, was nicht aus gläubiger Überzeugung, aus aufrichtigem Gewissen geschieht, Sünde sei wider Gott. Das Wort aus Jakobus 2, 12 sollte aller Leitspruch sein: „Redet so und handelt so wie Leute, die dereinst durchs Gesetz der Freiheit gerichtet werden." Kardinal Beran wies darauf hin, daß die Unterdrückung der Gewissensfreiheit zur Heuchelei führe, und er schloß mit der bemerkenswerten Selbstbesinnung: „So scheint die katholische Kirche meiner Heimat heutzutage eine schmerzhafte Buße für jene Sünden zu tun, die in der Vergangenheit gegen die Gewissensfreiheit in ihrem Namen begangen wurden, wie z. B. die Verbrennung des Priesters Johannes Hus oder der äußere Zwang zur Wiederaufnahme des katholischen Glaubens, der im 17. Jahrhundert auf das tschechische Volk ausgeübt wurde."

Es war überhaupt höchst beeindruckend zu hören, wie offen, dynamisch und substanzreich viele Konzilsväter für die Religions- und Gewissensfreiheit stritten. Dabei scheuten sie auch nicht davor zurück, Fehler und Irrtümer der katholischen Kirche in der Vergangenheit an den Pranger zu stellen. Natürlich blieben diese Thesen nicht unwidersprochen. So vertrat z. B. der spanische Kardinal *Bueno y Monreal* die Auffassung, daß er nichts gegen die Religionsfreiheit einzuwenden habe, wohl aber „viel dagegen, daß ein anderes Evangelium verkündigt werde als das katholische". Aber bei den Abstimmungen zeigte es sich doch, daß eine eindrucksvolle Mehrheit der Bischöfe die Zeichen der Zeit verstanden hatte. Ob die Praxis immer und überall schon diesen Erwartungen entspricht, ist allerdings eine Frage, die heute noch nicht endgültig beantwortet werden kann.

* S. 234: JESUITISMUS. – In der 31. Regel der Konstitutionen der Gesellschaft Jesu heißt es: „Zum Fortschritt ist es vor allem ersprießlich, daß sich alle einem vollkommenen Gehorsam hingeben, indem sie den Oberen, wer immer es sei, als

den Stellvertreter unseres Herrn Christi ansehen und ihm mit innerer Ehrfurcht und Liebe zugetan sind."

„In einem berühmt gewordenen Brief an die Ordensmitglieder schreibt Ignatius einmal: ‚Sehen Sie auf Den, dem Sie in dem Menschen Gehorsam leisten, also auf Christus, die höchste Weisheit, die unendliche Güte und Liebe, auf den Herrn, von dem Sie wissen, daß Er weder irren noch Sie täuschen kann.'

Eben weil der Jesuit in seinem Vorgesetzten stets die göttliche Person erblickt, bedeutet für ihn der Gehorsam eine Art ‚unio mystica' mit dem Willen Gottes. Darum erinnert, wenn von diesem Gehorsam die Rede ist, die Sprache der Jesuiten in manchem an die Terminologie der Mystik: ‚Wer den Zustand des wahren Gehorsams erreichen will, der muß seinen Willen ausziehen und den göttlichen Willen, der ihm von seinem Oberen aufgelegt wird, anziehen.' ...

Sorgfältig unterscheidet Ignatius verschiedene Grade des Gehorsams: Die unterste Stufe, der rein äußerliche ‚Gehorsam der Tat', besteht darin, daß der Untergebene sich darauf beschränkt, die ihm aufgetragene Handlung zu vollführen; diesen Gehorsam bezeichnet Ignatius als ‚sehr unvollkommen'. Die zweite Stufe ist dadurch gekennzeichnet, daß der Untergebene auch den Willen des Oberen zu dem seinen macht; ‚diese Stufe verleiht bereits Freude am Gehorchen'. Wer sich aber ganz dem Dienst Gottes opfern will, muß ‚außer dem Willen auch noch die Einsicht darbringen'. Er muß dahin gelangen, ‚daß er nicht nur das gleiche wolle, sondern auch das gleiche denke wie der Obere, daß er sein Urteil dem seines Vorgesetzten unterwerfe, soweit nur der ergebene Wille den Intellekt überhaupt beugen kann'.

Ignatius fordert somit nichts Geringeres als die Aufopferung des eigenen Verstandes, den ‚schrankenlosen Gehorsam bis zum Opfer der Überzeugung' ...

Der Jesuit soll, von äußerem Widerstand ganz zu schweigen, nicht einmal innerlich irgendwelche Bedenken darüber aufkommen lassen, ob der Vorgesetzte auch recht habe; er soll im vorhinein davon überzeugt sein, daß das ihm Befohlene ‚zur höheren Ehre Gottes' diene, und soll es freudig, mit innerer Begeisterung ausführen.

Die Unbedingtheit des jesuitischen Gehorsams mußte aber alsbald zu einem schweren Bedenken führen: Was soll geschehen, wenn der Vorgesetzte die Ausführung einer sündhaften Handlung befiehlt; ist seinen Weisungen auch dann Folge zu leisten? ...

Wie alle übrigen Ordensverfassungen gewähren auch die Konstitutionen der Gesellschaft Jesu dem Untergebenen das Recht, ‚bescheidene Vorstellungen zu erheben', wenn die Gefahr einer Sünde droht. Dies hat schon Ignatius ausdrücklich gestattet, und in ähnlichem Sinne hat später der Ordensgeneral Aquaviva verfügt, daß der Vorgesetzte dem Untergebenen stets Gelegenheit geben müsse, seine Einwendungen vorzubringen, ‚damit alles in mildem, väterlichem Geiste geleitet werde'.

Diese Hinweise haben jedoch nicht genügt, die Gegner des Ordens zu beruhigen, die vielmehr behaupten, für den Jesuiten höre eben mit der grundsätzlichen Unterdrückung des eigenen Urteils von vornherein jede Möglichkeit auf, einen Befehl ernstlich zu überprüfen; warnt doch Ignatius geradezu vor jedwedem Bedenken oder Zweifel, ob eine Anordnung zweckmäßig sei und zu Recht erfolge. Im übrigen bilden auch die Formeln ‚ad quos potest cum caritate se oboedientia extendere' und einige ähnliche Vorbehalte wirklich die einzigen Einschränkungen des Gebotes zu ‚blindem Gehorsam'. Die Konstitutionen des Ordens hingegen verlangen ausdrücklich, dem

Untergebenen habe ‚Wille und Urteil des Oberen als Maßstab für den eigenen Willen und das eigene Urteil‘ vorzuschweben; der vollkommene Gehorsam sei blind, und ‚in dieser Blindheit‘ bestehe ‚seine Weisheit und Vollkommenheit‘.

‚Mögen die übrigen religiösen Genossenschaften‘, schreibt Ignatius, ‚uns durch Fasten und Nachtwachen sowie durch andere Strenge in Nahrung und Kleidung übertreffen, so müssen unsere Brüder durch wahren und vollkommenen Gehorsam, durch den freiwilligen Verzicht auf eigenes Urteil, hervorleuchten.‘

Große Berühmtheit hat jener Ausspruch Loyolas erlangt, der sich in ähnlicher Form in den Exerzitien wiederfindet und von welchem gemeiniglich das Wort vom ‚Kadavergehorsam‘ der Jesuiten abgeleitet wird: ‚Überhaupt darf ich nicht mir gehören wollen, sondern meinem Schöpfer und dessen Stellvertreter. Ich muß mich leiten und bewegen lassen, wie ein Wachsklümpchen sich kneten läßt, muß mich verhalten wie ein Toter ohne Willen noch Einsicht, wie ein kleines Kruzifix, das sich ohne Schwierigkeit von einem Platz zum andern stellen läßt, wie ein Stab in der Hand eines Greises, auf daß er mich hinstelle, wo er will und wo er mich am besten brauchen kann. So muß ich immer zur Hand sein, damit sich der Orden meiner bediene und mich in der Weise verwende, die er für gut hält ...‘

Insbesondere aber hat Franz von Assisi seine Ordensbrüder (Franziskaner) zu bedingungslosem Gehorsam angehalten. Von ihm rührt der Satz her, der Mönch müsse sich betrachten ‚gleich einem Leichnam, der durch den Geist Gottes die Seele und das Leben empfängt, indem er den Willen Gottes gehorsam in sich aufnimmt‘." (René Fülöp-Miller, *Macht und Geheimnis der Jesuiten,* S. 34 ff., 1947.)

Ursprung, Grundsätze und Absichten der Gesellschaft Jesu behandelt René Fülöp-Miller in seinem nebenstehend genannten Werk.

Weitere Quellen: A. Boehmer, *Die Jesuiten,* 1921; H. Becher, *Die Jesuiten,* 1951; E. Gothein, *Ignatius v. Loyola und die Gegenreformation,* Halle, 1895; L. v. Ranke, *Die Geschichte der Päpste,* Köln, 1956; P. v. Hoensbroech, *Der Jesuitenorden,* 2 Bde., 1926/28; F. Wiegand, *Die Jesuiten,* 1926; B. Duhr, *Geschichte der Jesuiten in den Ländern deutscher Zunge,* 4 Bde., 1907–1928; *100 Jesuitenfabeln,* 1904; Johannes Huber, *Der Jesuitenorden nach seiner Verfassung und Doktrin, Wirksamkeit und Geschichte charakterisiert,* 1873; M. Heimbucher, *Die Orden und Kongregationen der katholischen Kirche,* 3 Bde., 1908; M. Meschler, *Die Gesellschaft Jesu, ihre Satzungen und ihre Erfolge,* 1911; *Der Große Herder,* Bd. IV, Sp. 1246–1249, 1954; *Die Religion in Geschichte und Gegenwart,* Bd. III, 1929, Sp. 104–109; *Realenzyklopädie für protestantische Theologie und Kirche,* Bd. VI, S. 608–642, 1879; John Gerard, S. J., *Concerning Jesuits,* London, 1902; L. E. Dupin, *A Compendious History of the Church,* Bd. IV, Kap. 33, S. 132–135, London, 1713; *Encyclopedia Britannica,* Art. Jesuiten; C. Paroissien, *The Principles of the Jesuits, Developed in a Collection of Extracts from Their Own Authors,* London, 1860; W. C. Cartwright, *The Jesuits, Their Constitution and Teaching,* London, 1876; E. L. Taunton, *The History of the Jesuits in England* (1580–1773), London, 1901; T. Campbell, *The Jesuits* (1534–1921), New York, 1922; E. Schoell, *Der jesuitische Gehorsam,* Halle, 1891; Th. Weber, *Der Gehorsam in der Gesellschaft Jesu,* Breslau, 1872; J. G. Dreydorff, *Die Moral der Jesuiten,* 1893; F. W. Nippold, *Der Jesuitenorden von seiner Wiederherstellung bis auf die Gegenwart.*

* S. 266: URSACHEN DER FRANZÖSISCHEN REVOLUTION. – Über die weittragenden Folgen der Verwerfung der Bibel und des biblischen Glaubens durch das französische Volk siehe bei:

H. v. Sybel, *Geschichte der Revolutionszeit 1789–1800,* 10 Bd.; H. T. Buckle, *History of Civilisation in England,* Bd. I, Kap. 8. 12, S. 364–366. 369–371. 437. 450. 540. 541, New York, 1895; *Blackwood's Magazine,* Bd. XXXIV, Nr. 215, November, 1833; J. G. Lorimer, *An Historical Sketch of the Protestant Church in France,* Kap. 8; Oncken, *Das Zeitalter der Revolution, des Kaiserreichs und der Befreiungskriege,* 2 Bde. (in Oncken, Allgemeine Geschichte in Einzeldarstellungen); Carlyle, *The French Revolution,* 3 Bde., 1837; Thiers, *Histoire de la Révolution française,* 10 Bde., 1855.

** S. 266: VERBOT DES BIBELLESENS IN FRANKREICH. – „Das Papsttum hat, um seine Herrschaft über die Christenheit auszubreiten, den Gottesdienst in lateinischer Sprache auch den dieser Sprache nicht kundigen Völkern aufzudringen gesucht . . . Papst Johann VIII. verbot in einem Brief an Methodius im Jahre 879 den Gebrauch der slawischen Sprache bei der Messe. Und dem Herzoge Wratislaw von Böhmen antwortete Gregor VII. auf sein Gesuch um allgemeine Freiheit des slawonischen Gottesdienstes im Jahre 1080, daß er dieser Bitte nicht stattgeben könne; denn es habe dem allmächtigen Gott gefallen, daß in etlichen Orten die göttliche Schrift unbekannt bleibe, damit sie nicht etwa, wenn allen verständlich, in Verachtung gerate oder, von gewöhnlichen Leuten falsch verstanden, zu Irrtum verleite. Als aber im 12. Jahrhundert die Waldenser die Heilige Schrift in ihrer Muttersprache erhielten und sie mit neuem Eifer lasen und in Volkskreisen verbreiteten, erklärte Innozenz III. in einem Schreiben an den Bischof von Metz vom Jahre 1199, daß, obgleich das Verlangen, die göttlichen Schriften zu lesen und zum Studium derselben zu ermuntern, nicht zu tadeln, vielmehr zu empfehlen sei, doch das Lesen derselben in Konventikeln [heimlichen Zusammenkünften] nicht geduldet werden könne . . . Im Jahre 1229 erließ dann das Konzil zu Toulouse das Gebot, daß den Laien Bücher des Alten oder Neuen Testaments zu besitzen nicht gestattet sei; außer wenn einer den Psalter oder das Brevier oder die Horen der heiligen Maria zur Andachtsübung haben wolle, aber auch diese nicht in der Volkssprache übersetzt . . . Der Besitz von Büchern Alten und Neuen Testaments in romanischer Sprache wurde den Laien auch von dem Konzil zu Tarragona 1234 untersagt. Wer solche habe, solle sie binnen acht Tagen nach Veröffentlichung dieser Verordnung dem Bischofe des Orts ausliefern, damit sie verbrannt würden; wer das nicht tue, er sei Kleriker oder Laie, solle als der Ketzerei verdächtig erachtet werden . . . 1486 erklärte der Erzbischof von Mainz, daß die deutsche Sprache nicht geeignet sei für den Ausdruck der tiefen Religionswahrheiten . . .

Erneuert und verschärft wurde das Verbot des Bibellesens gegenüber dem Jansenismus [Reformationsrichtung in Frankreich], besonders nach dem Erscheinen der französischen Übersetzung des Neuen Testaments von Pater Quesnel (Paris 1693) mit Erklärungen, in welchen gelehrt wird, daß die Bibel für alle Christen gegeben worden sei, ja, daß sie ihnen nützlich, ja notwendig sei . . . Diesen Lehrsätzen trat Clemens XI. in der berüchtigten Bulle *Unigenitus* 1713 mit 101 Propositiones entgegen, in welchen nicht bloß Sätze aus Quesnels Neuem Testament, sondern auch solche, die beinahe buchstäblich in der Heiligen Schrift sich finden, . . . kurz als Ausbund alles Schlechten verdammt wurden . . . Nach heftigen Kämpfen gelang es den Jesuiten, bei dem Parlamente ihre Eintragung in die Reichsgesetze durchzusetzen." (Meusel, *Kirchliches Handlexikon,* Bd. I, S. 417 f.)

* S. 268: DIE UNTERDRÜCKUNG UND VERNICHTUNG DER HEILIGEN SCHRIFT. – Das Konzil zu Toulouse, das zur Zeit des Kreuzzuges gegen die Albigenser tagte, entschied: „Wir untersagen auch, daß man den Laien gestatte, die Bücher des Alten und des Neuen Testaments zu besitzen . . . Wir verbieten ihnen auf das nachdrücklichste, die oben erwähnten Bücher in der Volkssprache zu besitzen." – „Die Wohnungen, die elendesten Hütten und selbst die verborgensten Zufluchtsstätten jener Menschen, bei denen man derartige Schriften findet, sollen vollständig vernichtet werden. Diese Leute sollen bis in die Wälder und Höhlen verfolgt werden, und wer ihnen Obdach gewährt, hat strenge Strafe zu erwarten." *(Concil. Tolosanum,* Pope Gregory IX., Anno chr. 1229, Decree 2, 14.)

Das Konzil zu Tarragona (1234) bestimmte: „Niemand darf das Alte oder Neue Testament lesen oder verbreiten . . . oder . . . er würde der Ketzerei angeklagt werden."

Auf dem Konzil zu Konstanz 1415 wurde Wiklif nachträglich noch durch den Erzbischof von Canterbury, Arundel, verdammt als „jener giftige Bube einer verdammungswürdigen Ketzerei, der eine neue Übersetzung der Heiligen Schrift in seiner Muttersprache eingeführt hat".

Der Kampf der katholischen Kirche gegen die Bibel zieht sich durch alle Jahrhunderte hindurch und entfaltete sich besonders zur Zeit der Gründung der Bibelgesellschaften. Am 8. Dezember 1866 veröffentlichte Papst Pius IX. in dem der Enzyklika *Quanta cura* beigefügten *Syllabus errorum* ein Verzeichnis von 80 „Irrtümern". Hier sind unter Hinweis auf frühere päpstliche Verlautbarungen die Bibelgesellschaften zusammen mit Sozialismus, Kommunismus, heimlichen Vereinigungen und Vereinigungen liberaler Geistlicher als „Pest" verdammt, nachdem bereits 1864 Pius IX. in der Enzyklika *Qui pluribus* von den „überaus verschmitzten Bibelgesellschaften, die den alten Kunstgriff der Häretiker erneuert und die Bücher der göttlichen Schriften, entgegen den allerheiligsten Vorschriften der Kirche, in alle Landessprachen übersetzen und mit oft verdrehten Erklärungen versehen", gesprochen hat.

Erst in neuerer Zeit ist in dieser Hinsicht eine gewisse Wendung wahrnehmbar, wenn auch das Verbot, protestantische oder vom Heiligen Stuhl nicht genehmigte Übersetzungen zu lesen, noch fortbesteht und seine Übertretung unter Kirchenstrafe steht. Immerhin ist es gelungen, die hindernden Einflüsse so weit zurückzudrängen, daß sich eine sogenannte Katholische Bibelbewegung entfalten konnte, zu der sich auch Papst Pius XII. in seiner Enzyklika *De divino afflante spiritu* (1943) bekannt hat.

Über die gegenwärtigen Bestrebungen der Bibelbewegung in der katholischen Kirche siehe auch die letzten Abschnitte der Anmerkung zu Seite 51: „Bibelverbot".

* S. 279: DIE SCHRECKENSHERRSCHAFT. – Eine knappe, zuverlässige Einführung in die Geschichte der Französischen Revolution bei:

L. Gershoy, *The French Revolution,* 1932; G. Lefebvre, *The Coming of the French Revolution,* 1947; H. v. Sybel, *Geschichte der Revolutionszeit 1789–1800,* 1869.

Die Pariser Zeitung *Le Moniteur Universal* (Gazette nationale ou le Moniteur universal) war die halbamtliche Zeitung zur Zeit der Revolution und ist eine erstklassige Quelle, die einen authentischen Bericht der von der Nationalversammlung gefaßten Beschlüsse sowie den vollständigen Text der Dokumente u. a. enthält. Sie wurde wiederholt abgedruckt.

Siehe auch: A. Aulard, *Christianity and the French Revolution,* London, 1927, eine ausgezeichnete Studie; W. H. Jervis, *The Gallican Church and the Revolution,* London, 1882, eine sorgfältige Arbeit eines Anglikaners mit einer gewissen Vorliebe für den Katholizismus.

Über das Verhältnis zwischen Kirche und Staat in Frankreich während der Revolution bei: Henry A. Walsh, *The Concordate of 1801:* A study of nationalism in relation to Church and State, New York, 1933; Charles Ledre, *L'Eglise de France sous la Révolution,* Paris, 1949.

Einige zeitgenössische Studien über die religiöse Bedeutung der Revolution sind: G. Chais de Sourcesol, *Le Livre des Manifestes,* Avignon, 1800, in dem der Autor versucht, den Ursachen der Revolution nachzuspüren; James Bicheno, *The Signs of the Times,* London, 1794; James Winthrop, *A Systematic Arrangement of Several Scripture Prophecies Relating to Antichrist; with Their Application to the Course of History,* Boston, 1795; Lathrop, *The Prophecy of Daniel Relating to the Time of the End,* Springfield, 1811.

Über die Kirche während der Revolution siehe: W. M. Sloane, *The French Revolution and Religious Reform,* 1901; P. F. La Gorce, *Histoire Religieuse de la Révolution,* Paris, 1909.

Über das Verhältnis zum Papsttum siehe: G. Bourgin, *La France et Rome de 1788–1797,* Paris, 1808, basierend auf geheimen Dokumenten des römischen Stuhles; A. Latreille, *L'Eglise Catholique et la Révolution,* Paris, 1950, mit besonders interessanten Einzelheiten über Pius VI. und die religiöse Krise zwischen 1775 und 1799.

Über die Protestanten während der Revolutionszeit siehe: E. de Pressencé, *The Reign of Terror,* Cincinnati, 1869.

* S. 281: DIE MASSEN UND DIE BEVORZUGTEN. – Hierüber schreibt Dr. Philippson in *Das Zeitalter Ludwigs XIV.* (in Onckens Allgemeiner Geschichte, 3. Hauptabteilung, 5. Teil, S. 521): „In der äußern und innern Politik hatte das System Ludwigs schließlich Schiffbruch gelitten und nur die Reaktion hervorgerufen; kaum weniger war dies in der kirchlichen Politik der Fall. Die von ihm so lange verfolgte und unterdrückte Gewissensfreiheit erhob sich in der Gestalt des Jansenismus von neuem wider ihn, ohne daß er sie dieses Mal zu vernichten vermocht hätte. Wenn dies die einzige Sache war, die den König auf seinem Todesbette beunruhigte, so betrog ihn hierin seine Ahnung nicht: der Jansenismus wurde ein gefährliches Ferment der Opposition gegen das mit dem Papsttum verbündete Königtum, und so trugen die religiösen Verfolgungen Ludwigs in vollem Maße ihre bittere Frucht für ihn und seine Nachfolger." –

Von der überaus traurigen Lage des sogenannten dritten Standes zur Zeit des Ausbruchs der Französischen Revolution berichtet Oncken ausführlich in *Das Zeitalter der Revolution, des Kaiserreichs und der Befreiungskriege,* 4. Hauptabteilung, 1. Teil, Bd. I, S. 120. 123. 125. 130.

Weitere Quellen: H. v. Holst, *Lowell Lectures on the French Revolution,* Lektion 1; H. Taine, *Les origines de la France contemporaine,* Bd. I (L'ancien régime), 1875; A. Young, *Travels in France.*

* S. 284: SCHRECKLICHE ERNTE EINER BLUTIGEN AUSSAAT. – Siehe bei: H. Gill, *The Papal Drama, 10. Buch; E. de Pressencé, The Church and the French Revolution,* 3. Buch, Kap. 1; G. de Cassagnac, *Histoire des Girondins et des massacres de septembre,* 2 Bde., 1860.

* S. 285: DIE ABSCHEULICHKEITEN DER TERRORHERRSCHAFT. – Siehe bei: L. A. Thiers, *Histoire de la Révolution française,* 10 Bde. (History of the French Revolution, Bd. III, S. 42–44. 62–74. 106, New York, 1890); F. A. Mignet, *Histoire de la Révolution française jusqu' en 1814,* Kap. 9, § 1 (History of the French Revolution, 1894); A. Alison, *History of Europe from the commencement of the French Revolution to the restoration of the Bourbons,* Bd. I, Kap. 14, S. 293–312, New York, 1872.

* S. 288: VERBREITUNG DER HEILIGEN SCHRIFT. – Nach den Aussagen von William Canton von der Britischen und Ausländischen Bibelgesellschaft belief sich im Jahre 1804 die Zahl der in der Welt verbreiteten Bibeln, im Manuskript und gedruckt, einschließlich der verschiedenen Auflagen in allen Ländern, auf nicht viel mehr als vier Millionen. Die verschiedenen Sprachen, in denen diese vier Millionen geschrieben waren, die toten Sprachen wie das Möso-Gotische des Ulfilas und das Angelsächsische Bedas mitgerechnet, wurden auf ungefähr 50 geschätzt. *(What is the Bible Society?,* S. 23, 1904.)

Die Amerikanische Bibelgesellschaft hat in der Zeit von 1816 bis 1980 weit über eine Milliarde Bibeln, Neue Testamente und Teile aus dem Alten und Neuen Testament verbreitet. Allein 1980 verteilte sie 76 Millionen Bibeln, Testamente und Bibelteile in der ganzen Welt.

Allein im Jahre 1980 wurden in der ganzen Welt 440 054 483 Bibeln, Neue Testamente, Bibelteile und Auswahlhefte verbreitet.

Die Bibel, vollständig oder Teile daraus, wurde bis Ende 1980 in 1660 Sprachen von den rund 3000 Sprachen der Erde gedruckt, und neue Sprachen kommen ständig hinzu. Die vollständige Bibel gibt es in 268 Sprachen.

Die Deutsche Bibelgesellschaft, Stuttgart, hat allein im Jahre 1980 fast 2,5 Millionen Bibeln und Bibelteile verbreitet; seit ihrem Bestehen sind es schon weit mehr als 50 Millionen.

** S. 288: ÄUSSERE MISSION. – Die missionarische Aktivität der frühen Christenheit hat sich bis heute nicht ein zweites Mal in solchem Umfang gezeigt. Sie erlosch im Grunde genommen um das Jahr 1000. An ihre Stelle traten die militärischen Unternehmen der Kreuzzüge. Das Reformationszeitalter kennt kaum eine äußere Mission, ausgenommen die ersten Jesuiten. Die pietistische Erweckung brachte manchen Missionar hervor. Die Tätigkeit der Herrnhuter im 18. Jahrhundert war bemerkenswert; und von den Briten wurden einige Missionsgesellschaften gegründet, damit im kolonisierten Nordamerika das Evangelium verkündigt würde. Doch erfuhr die äußere Mission eine große Belebung um das Jahr 1800, in der letzten Zeit (Dan. 12, 4). 1792 wurde die Missionsgesellschaft der englischen Baptisten gegründet, die William Carey nach Indien sandte. 1795 folgte die Londoner Missionsgesellschaft. Eine andere, 1799 gegründete Gesellschaft erhielt 1812 den Namen Kirchliche Missionsgesellschaft *(Church Missionary Society).* Kurz darauf wurde die Wesley-Missionsgesellschaft *Wesleyan Methodist Missionary Society)* ins Leben gerufen. In den USA erfolgte 1810 die Gründung des *American Board of Commissioners for Foreign Missions.* 1812 wurde Adoniram Judson nach Calcutta gesandt. Ein Jahr später ließ er sich mit seiner Frau in Burma nieder. 1814 trat die *American Baptist Missionary Union* auf den Plan, und 1837 nahm der *Presbyterian Board of Foreign Missions* seine Tätigkeit auf.

„Am Ende des 18. Jahrhunderts hatte das Christentum eine im Vergleich zu anderen Religionen einzigartige Verbreitung in allen fünf Erdteilen gefunden. Mit dem 19. Jahrhundert begann seine größte geographische Ausbreitung überhaupt. In Gebieten, in denen es bereits Fuß gefaßt hatte, wurden neue Stützpunkte gewonnen, in Ländern, auf Inseln, unter Völkern und Stämmen, die bislang mit dem Christentum nicht in Berührung gekommen waren, fand es Eingang. In Nord-, Mittel- und Südamerika nahmen Missionare ihre Arbeit unter Eingeborenen auf, denen man sich bisher nicht genähert hatte; auch wurde die Mehrzahl der Neger jetzt zu Christen. Auf den Inseln im Großen Ozean hatte das Christentum ein ungewöhnliches Wachstum zu verzeichnen . . . Auch in Asien und Sibirien, in Indien, Burma, Siam, auf Ceylon und dem Malaiischen Archipel, in Französisch-Indochina, in China, Korea und wohl auch in Japan nahm die Zahl der Christen schneller zu als je zuvor. Auf die Kultur dieser Länder wirkte das Christentum stärker ein, als nach dem Umfang der Kirchen hätte erwartet werden können . . .

Der neuen Ausbreitung, die dem Christentum im 19. Jahrhundert beschieden war, waren in der zweiten Hälfte des 18. Jahrhunderts schwere Rückschläge vorausgegangen, die im Gegensatz zu früheren fast ausschließlich inneren Faktoren zuzuschreiben waren. Dies könnte als ein Anzeichen dafür gedeutet werden, daß dem Christentum die Kraft fehlte, sich anderen geistigen Strömungen gegenüber durchzusetzen. In Hinblick auf die Entwicklung jedoch, die das Christentum im 19. Jahrhundert nahm, erscheinen diese Rückschläge, verglichen mit denen in den zwei vorausgehenden Hauptperioden des Christentums, nicht als folgenschwer. Dies um so weniger, als trotz der Weiterwirkung jener Strömungen während des 19. Jahrhunderts und trotz der Verstärkung, die sie in anderen antireligiösen Bewegungen fand, das Christentum eine Stoßkraft entfaltete wie nie zuvor.“ (Kenneth Scott Latourette, *Geschichte der Ausbreitung des Christentums,* gekürzte Ausgabe, S. 120 ff., Göttingen, 1956.) *Ferner:* Walther v. Loewenich, *Der Weg des Evangeliums durch die Welt,* S. 130, 131; Martin Schlunk, *Die Weltmission des Christentums,* Hamburg, 1925.

* S. 308: ERDBEBEN ZU LISSABON. – Wohl hat es an Vernichtungsgewalt, an Zahl der Toten und sonstigen Schäden größere und entsetzlichere Erdbeben ge-

geben, aber keines hat so tiefgreifend auf die geistige und auch seelische Verfassung der Menschen gewirkt wie das von 1755. Gerade weil in der Zeit der Aufklärung, des Verstandes und der Vernunft der Autorität heischenden Macht Gottes und der Religion der Kampf angesagt worden war, glaubte man die so plötzlich und schrecklich hereinbrechende Erschütterung als ein nachdrückliches Zeichen für das Wirken Gottes werten zu müssen, der sich durch sein Strafgericht menschlicher Anmaßung entgegenstellte. Deshalb griffen die geistigen Auswirkungen dieses Erdbebens unendlich tiefer in das Bewußtsein des Volkes ein als die materiellen Verluste. Man erinnerte sich, daß es einen Gott als Herrn der Geschichte gab! Der Vernunftglaube war erschüttert.

* S. 320: WILLIAM MILLER. – Er wurde am 15. Februar 1782 in Pittsfield, Mass., geboren. Am 20. Dezember 1849 starb er in Low Hampton, N. Y., wohin seine Eltern im Jahre 1786 gezogen waren. Eine ausführliche Lebensbeschreibung wurde von seinem Biographen Sylvester Bliß herausgegeben: *Memoirs of William Miller*, Boston, 1853.

* S. 330: PROPHETISCHE DATEN. – Der jüdischen Zählung gemäß fiel der fünfte Monat (Ab) des siebenten Jahres der Regierung des Artaxerxes in die Zeit vom 23. Juli bis zum 21. August 457 v. Chr. Nach der Ankunft Esras in Jerusalem im Herbst jenes Jahres trat der Befehl des Königs in Kraft. Für die Bestimmung des Datums 457 v. Chr. als das siebente Jahr des Artaxerxes siehe bei: S. H. Horn und L. H. Wood, *The Chronology of Ezra 7*, Washington, 1953; E. G. Kraeling, *The Brooklyn Museum Aramaic Papyri*, S. 191–193, New Haven or London, 1953; *Seventh-day Adventist Bible Commentary*, Bd. III, S. 97–110, Washington, 1954.

* S. 337: DER FALL DES OSMANISCHEN REICHES. – Der Vormarsch der mohammedanischen Türken gegen Europa nach dem Fall von Konstantinopel im Jahre 1453 war ebenso ernst und heftig wie eineinhalb Jahrhunderte nach Mohammeds Tod die verhängnisvollen Eroberungszüge der mohammedanischen Sarazenen gegen das Oströmische Reich. Während des ganzen Reformationszeitalters waren die Türken an den östlichen Toren der europäischen Christenheit eine ständige Bedrohung; die Schriften der Reformatoren enthalten eine Fülle von Verdammungsurteilen gegen die osmanische Macht. Christliche Schreiber haben sich seitdem immer wieder mit der Rolle der Türken im zukünftigen Weltgeschehen befaßt, und Ausleger der prophetischen Schriften haben die türkische Macht und ihren in der Schrift vorausgesagten Niedergang erkannt.

Für diese Schlußentwicklung erarbeitete Josia Litch auf Grund der Zeitangaben in der Weissagung von der sechsten Posaune („Stunde, Tag, Monat, Jahr") eine Deutung der Zeitweissagung und nannte für das Ende der türkischen Unabhängigkeit den August des Jahres 1840. Litchs Thesen findet man ausführlich dargestellt in seinem Buch *The Probability of the Second Coming of Christ About A. D. 1843* (veröffentlicht im Juni 1838); in *An Address to the Clergy* (veröffentlicht im Frühjahr 1840; eine zweite Auflage mit historischen Daten, die die Genauigkeit der gemachten Voraussagen über die Dauer der prophetischen Periode bis zum Fall des Osmanischen Reiches unterstützten, wurde 1841 herausgegeben); das gleiche Thema behandelt ferner ein Beitrag in der Zeitschrift *Signs of the Times and Expositor of Prophecy* vom 1. August 1840. Ebenso ein Beitrag in der gleichen Zeitschrift vom 1. Februar 1841.

Siehe auch: J. N. Loughborough, *The Great Advent Movement,* S. 129–132, 1905; U. Smith, *Thoughts on Daniel and the Revelation,* S. 506–517, rev. Ausgabe, 1944.

Die frühe Geschichte des Osmanischen Reiches und der Niedergang der türkischen Macht bei: William Miller, *The Ottoman Empire and Its Successors, 1801 bis 1927,* Cambridge, 1936; George G. S. L. Eversley, *The Turkish Empire from 1288 to 1914,* London, 1923; Joseph v. Hammer-Purgstall, *Geschichte des Osmanischen Reiches,* 10 Bde.; Herbert A. Gibbons, *Foundation of the Ottoman Empire, 1300 bis 1403,* Oxford, 1916; Arnold J. Toynbee/Kenneth B. Kirkwood, *Turkey.* London, 1926; J. W. Zinkeisen, *Geschichte des Osmanischen Reiches in Europa,* 7 Bde.

* S. 343: BIBELVERBOT IN DER LANDESSPRACHE. – Seit etwa 30 Jahren gibt es auch eine katholische Bibelbewegung, zu deren Bestrebungen sich die letzten Päpste bekannt haben. Ziel der Bewegung ist die Verbreitung der Bibel in der Landessprache und die Förderung ihres Verständnisses. Diese Bibelbewegung konnte in dem Augenblick einsetzen, als feststand, daß die Bibel nach katholischer Auffassung *nicht* die maßgebliche Quelle der Wahrheit sei, sondern die Kirche und ihr Lehramt. Gestattet sind jedoch nur katholische Bibelübersetzungen.

Über die Stellung der römisch-katholischen Kirche zur Verbreitung der Heiligen Schrift in der Landessprache unter der Laienschaft siehe bei: G. P. Fisher, *The Reformation,* Kap. 15, § 16, S. 530– 532, 1873; *Catholic Encyclopedia,* Artikel „Bibel"; J. Kardinal Gibbons, *Der Glaube unserer Väter,* Kap. 8; J. Dowling, *History of Romanism,* 7. Buch, Kap. 2, und 9. Buch, Kap. 3; L. F. Bungener, *History of the Council of Trent,* S. 101–110, Edinburgh, 1853 *(Histoire du concile de Trente,* 2 Bde.); G. H. Putnam, *Books and Their Makers during the Middle Ages,* Bd. I, 2. Teil, Kap. 2.

Ferner: William Muir, *The Arrested Reformation,* S. 37–43; 1912; Harold Grimm, *The Reformation Era,* S. 285, 1954; *Index of Prohibited Books,* S. IX f., 1930; Timothy Hurley, *A Commentary on the Present Index Legislation,* S. 71, New York, 1908; *Translation of the Great Encyclical Letters of Leo XIII.,* S. 413, New York, 1903; Walther von Loewenich, *Der moderne Katholizismus,* Witten, 1955, S. 69. 147. 194–218; *Realenzyklopädie für protestantische Theologie und Kirche,* Bd. II, S. 375–381; Meusel, *Kirchliches Handlexikon;* Zeller, *Theologisches Handwörterbuch; Materialdienst des Konfessionskundlichen Instituts,* 1953, Nr. 6, S. 88 f.; Hermann Strathmann, „Der Geist der modernen katholischen Bibelbewegung" in *Protestantische Rundschau,* 1943, Heft 2; *Die Religion in Geschichte und Gegenwart,* Bd. I, Tübingen, 1957, Sp. 1224–1226; W. Auer, *Katholische Bibelkunde,* 1956.

Siehe auch die Anmerkungen zu S. 51: „Bibelverbot".

* S. 376: HIMMELFAHRTSKLEIDER. – Die Fabel, daß die Adventisten sich Kleider angefertigt hätten, um dem Herrn „in der Luft" zu begegnen, ist von solchen

erdichtet worden, die die Sache verunglimpfen wollten. Sie wurde so eifrig verbreitet, daß viele daran glaubten; aber eine sorgfältige Untersuchung erwies ihre Unrichtigkeit. Viele Jahre hindurch ist für einen Beweis, daß jene Behauptung zutreffe, eine ansehnliche Belohnung ausgesetzt gewesen, aber nicht einer ist erbracht worden. Keiner, der die Erscheinung des Herrn liebte, war der Lehren der Heiligen Schrift so unkundig, daß er hätte annehmen können, für diese Gelegenheit Kleider anfertigen zu müssen. Das einzige Kleid, welches die Heiligen nötig haben, um dem Herrn entgegenzugehen, ist die Gerechtigkeit Jesu (Offb. 19, 8).

Siehe: Francis D. Nichol, *Midnight Cry,* Kap. 25. 26. 27 und Anmerkungen H, I, J, Washington, 1944; LeRoy E. Froom, *The Prophetic Faith of Our Fathers,* Bd. IV, 2. Teil, Washington, 1954.

** S. 376: PROPHETISCHE ZEITRECHNUNG. – Dr. G. Bush, Professor für hebräische und orientalische Literatur an der New York City-Universität, schrieb einen Brief an William Miller, der am 6. und 13. März 1844 in den Zeitschriften *Advent Herald* und *Signs of the Times Reporter,* Boston, veröffentlicht wurde. Er machte darin bedeutsame Zugeständnisse bezüglich dessen Berechnung der prophetischen Zeiten. Prof. Bush äußerte sich: „Nach meinem Dafürhalten kann weder Ihnen noch ihren Freunden der Vorwurf gemacht werden, daß sie auf das Studium der Zeitrechnung der Weissagung viel Zeit und Aufmerksamkeit verwandt und sich viel Mühe gegeben haben, das Anfangs- und Schlußdatum der großen prophetischen Zeitspannen festzustellen. Falls diese Perioden tatsächlich durch den Heiligen Geist in den prophetischen Büchern niedergelegt sind, dann unzweifelhaft zu dem Zweck, daß sie studiert und schließlich auch völlig verstanden werden sollten; man kann niemandem vermessene Torheit zur Last legen, der ehrfurchtsvoll den Versuch macht, dies zu tun . . . In der Annahme, daß ein Tag nach prophetischem Sprachgebrauch ein Jahr bedeutet, glaube ich, daß Sie sich auf die sicherste Bibelauslegung stützen und auch bestärkt werden durch die angesehenen Namen von Mede, Newton, Kirby, Scott, Keith und vielen anderen, welche in diesem Punkt schon längst auf wesentlich dieselben Schlüsse wie Sie gekommen sind. Sie stimmen alle darin überein, daß die von Daniel und Johannes erwähnten maßgebenden Perioden tatsächlich ungefähr in unserer Zeit ablaufen, und es müßte eine seltsame Logik sein, welche Sie der Ketzerei bezichtigen wollte, weil Sie in Wirklichkeit dieselben Ansichten hegen, die in den Angaben dieser hervorragenden Gelehrten so sehr hervortreten . . . Ihre Ergebnisse auf diesem Gebiet der Forschung dünken mich bei weitem nicht so sehr abweichend, als daß sie irgendwie die großen Grundsätze der Wahrheit und der Pflicht beeinträchtigen könnten . . . Ihr Irrtum liegt nach meiner Auffassung in einer andern Richtung als derjenigen der Zeitrechnung . . . Sie haben *die Natur der Ereignisse,* die sich beim Ablauf der Zeitperioden zutragen sollen, gänzlich mißverstanden. Dies ist der Kern und die Summe Ihres Fehlers in der Auslegung."

Siehe auch: LeRoy E. Froom, *The Prophetic Faith of Our Fathers,* Bd. I, Kap. 1 u. 2, Washington, 1950.

* S. 401: PROPHETISCHE DATEN. – Siehe Anmerkung zu Seite 330.

* S. 436: EINE DREIFACHE BOTSCHAFT. – Offenbarung 14, 6. 7 sagt die Verkündigung der ersten Engelsbotschaft voraus. Dann fährt der Prophet fort:

„Ein anderer Engel folgte nach, der sprach: Sie ist gefallen, sie ist gefallen, Babylon, die große Stadt . . . und der dritte Engel folgte diesem nach.“ Das hier mit „folgte nach“ wiedergegebene Wort aus dem griechischen Grundtext hat in Zusammenstellungen wie den vorliegenden den Sinn von „mitgehen, begleiten“. Siehe hierzu: Henry George Little/Robert Scott, *Greek English Lexikon,* Bd. I, S. 52, Oxford, 1940; George Abbott-Smith, *A Manual Greek Lexicon of the New Testament,* S. 17, Edinburg, 1950. – Es ist das gleiche Wort, das in Markus 5, 24 gebraucht ist. „Und er ging hin mit ihm; und es folgte ihm viel Volks nach, und sie drängten ihn.“ Es wird auch angewandt, wo von den 144 000 Erlösten die Rede ist: „Diese . . . folgen dem Lamme nach, wo es hingeht.“ (Offb. 14, 4.) – In diesen beiden Stellen gibt sich der Sinn des Wortes deutlich als „begleiten, mitgehen“ zu erkennen. Desgleichen in 1. Kor. 10, 4, wo wir von den Kindern Israel lesen, daß sie „tranken . . . von dem geistlichen Fels, der mitfolgte“, das im Grundtext das gleiche Wort ist. Hieraus ersehen wir, daß der Sinn in Offb. 14, 8. 9 nicht einfach der ist, daß der zweite und dritte Engel dem ersten zeitlich folgten, sondern daß sie mit ihm gingen. Die drei Botschaften sind nur eine dreifache Botschaft. Sie sind nur drei Botschaften in der Reihenfolge ihres Beginns. Dann gehen sie miteinander und sind unzertrennlich.

* S. 447: DIE OBERHERRSCHAFT DER RÖMISCHEN BISCHÖFE. – *Quellen:* Aus katholischer Sicht: Robert F. Kardinal Bellarmin, *Power of the Popes in Temporal Affairs,* Washington; Henry Edward Kardinal Manning, *The Temporal Power of the Vicar of Jesus Christ,* London, 1862; James Kardinal Gibbons, *Der Glaube unserer Väter,* Kap. 5, 9, 10 und 12.

Aus protestantischer Sicht: Trevor Gervase Jalland, *The Church and the Papacy,* London, 1944; R. F. Littledale, *Petrine Claims,* London, 1899; James T. Shotwell/ Louise R. Soomis, *The See of Peter,* New York, 1927; Christopher B. Coleman, *The Treatise of Lorenzo Valla on the Donation of Constantine,* New York, 1914.

* S. 565: ANSPRUCH AUF UNFEHLBARKEIT. – Ungeachtet der Tatsache, daß die katholische Kirche heute versucht, durch eine Neuformulierung ihrer Wahrheiten die Kluft gegenüber den Protestanten zu überbrücken, bleibt bestehen, daß sie ihren Anspruch auf Unfehlbarkeit unverrückbar aufrechterhält. Die römische Kirche kann sogenannte „Verhaltensirrtümer“ in bestimmten geschichtlichen Situationen eingestehen, aber sie muß darauf beharren, bis in die Gegenwart uneingeschränkt in der Lehre recht gehabt zu haben. Die Autorität des Lehramtes und die Autorität des Papstes sind nach katholischer Auffassung unantastbar. Der Verlauf des zweiten Vatikanischen Konzils hat diese Unantastbarkeit während der Diskussion um die Stellung der Bischöfe zum Papst bestätigt, obwohl Versuche im Gange waren, den päpstlichen Primat und die päpstliche Unfehlbarkeit durch eine Stärkung des Bischofskollegiums „auszubalancieren“.

Papst *Pius XII.* hatte es durch seine autokratische Regierungsausübung verstanden, sein Amt mit einer einzigartigen Machtfülle auszustatten. Der Papst war nicht mehr nur der höchste Stellvertreter Christi auf Erden, sondern er sah sich auch als Stellvertreter Christi schlechthin. Sein Primat ist ein Rechtsprimat; er ist durch Beschluß des ersten Vatikanums nicht menschliches, sondern göttliches Recht. Der Papst kann heute mit voller Berechtigung sagen: *Die Kirche bin ich!* Wer diese Stellung des Papstes bestreitet, greift die Substanz der Kirche an. Dieses bezeugt nichts deutlicher als die Verlautbarung Pius XII. in seiner Enzyklika „Mystici corporis" aus dem Jahre 1943, in der es heißt: „In einem gefährlichen Irrtum befinden sich also jene, die meinen, sie könnten Christus als Haupt der Kirche verehren, ohne seinem Stellvertreter auf Erden die Treue zu wahren. Denn wer das sichtbare Haupt außer acht läßt und die sichtbaren Bande der Einheit zerreißt, der entstellt den mystischen Leib des Erlösers zu solcher Unkenntlichkeit, daß er von denen nicht mehr gesehen noch gefunden werden kann, die den sicheren Port des ewigen Heils suchen."

Im Mittelalter war z. B. das Konzil noch mitregierendes Gremium, seit der Unfehlbarkeitserklärung des Papstes hat es diese Funktion verloren. Dem Konzil sind, trotz aller Rede- und Diskussionsfreiheit, Grenzen gesetzt, die durch das heute noch geltende kirchliche Gesetzbuch, den *Codex iuris canonici,* der seit Pfingsten 1918 in Kraft ist, bestimmt werden.

Es heißt dort u. a.: „Der römische Papst, der Nachfolger des heiligen Petrus im Primat, hat nicht nur einen Ehrenprimat, sondern die höchste und vollständige juristische Gewalt über die gesamte Kirche, sowohl in den Sphären, die Glaube und Sitte, wie auch in denen, die Disziplin und Regierung der Kirche in der ganzen Welt vertreten." (can. 218 § 1.)

Angesichts dieser unmißverständlichen Formulierung will es wenig besagen, daß es in can. 228 § 1 heißt, daß die höchste Gewalt über die gesamte katholische Kirche beim Konzil liege. Eine zweite höchste Gewalt kann es nicht geben. In Wirklichkeit gibt es auch nur eine, den Papst; die andere, das Konzil, ist ihm untergeordnet. Nur vom Papst ist gesagt, daß er die höchste und vollständige Rechtsgewalt hat. Die Verlautbarungen des Konzils erhalten auch nur dadurch Rechtskraft, daß der Papst ihnen zustimmt und sie veröffentlichen läßt. Das absolute, unfehlbare, „von Christus eingesetzte" Papsttum ist heute das entscheidende Wesensmerkmal der katholischen Kirche. Über diese Tatsache kann auch die von Papst Paul VI. vorgetragene „Bitte um Vergebung" nicht hinwegtäuschen.

Quellen: Diekamp, *Katholische Dogmatik I,* Münster, 1949, S. 63 f.; *Enciclopedia Cattolica,* Art. Unfehlbarkeit; Hettinger, *Lehrbuch der Fundamental-Theologie oder Apologetik,* 2 Bde.; Walther von Loewenich, *Der moderne Katholizismus,* Witten, 1955; *Die Religion in Geschichte und Gegenwart,* Bd. III, Tübingen, 1959, Sp. 748, 749; J. Bäumer „Sind päpstliche Enzykliken unfehlbar?" in *Theologie und Glaube* 42, 1952, S. 262–269; Chr. Butler, *The Church and infallibility,* London, 1954; *Materialdienst des Konfessionskundlichen Instituts,* Jgg. 1961–1964.

* S. 566: WORT GOTTES. – Siehe die Anmerkungen zu S. 51: „Bibelverbot", zu S. 268: „Die Unterdrückung und Vernichtung der Heiligen Schrift" und zu S. 343: „Bibelverbot in der Landessprache."

* S. 570: ZWANGSMASSNAHMEN DER RÖMISCHEN KIRCHE. – Siehe die Anmerkung zu S. 59: „Inquisition".

* S. 571: MACHTANSPRUCH ROMS. – Das katholische Lehramt, repräsentiert in der Gestalt des Pontifex maximus, bestimmt, was Wahrheit ist, entscheidet, was zu glauben ist, und beansprucht darin nicht nur Unfehlbarkeit, sondern

Irrtumsunfähigkeit! Die Tradition der Kirche tritt als erste Wahrheitsquelle auf. Gegen das reformatorische Prinzip „sola scriptura", allein die Schrift, stellte das Tridentiner Konzil (Konzil zu Trient 1545–1563) die Heilige Schrift *und* die apostolische Tradition, wozu auch die Traditionen der Kirche zählen. In den Schriftsätzen jenes Konzils lesen wir: „Die apostolischen und kirchlichen Traditionen und die übrigen Bräuche und Satzungen dieser Kirche nehme ich mit Festigkeit an und umfasse sie." – „Ebenso nehme ich die Heilige Schrift an in dem Sinne, den die heilige Mutter Kirche festhielt und hält, deren Sache (!) es ist, über den wahren Sinn und die Auslegung der Heiligen Schrift zu urteilen; nie werde ich sie anders auffassen und erklären, als nach der einmütigen Auffassung der Väter." –

Nach dieser Verlautbarung wird die kirchliche Tradition zum Ausleger der Heiligen Schrift bestellt. Was geglaubt werden muß und wie die einzelnen Texte auszulegen sind, entscheidet die katholische Kirche. Die persönliche Auffassung des einzelnen Katholiken hat sich selbst wider bessere Erkenntnis dieser Entscheidung zu beugen. Bei der Auseinandersetzung zwischen Bibel und Tradition wird nach Lage der Dinge die Tradition immer den Vorrang erhalten, indem man sie einfach in die Schrift hineininterpretiert. Es gibt heute nur noch wenige Gebiete des täglichen Lebens, auf denen die katholische Kirche nicht die Grenzen der noch zulässigen „Erkenntnis" abgesteckt hat.

Die katholische Kirche hat sich mit dem Recht, zu entscheiden, was Wahrheit ist und was nicht, absolut gesetzt; sie steht damit nicht mehr unter dem Evangelium, sondern herrscht und regiert über das Evangelium! Damit aber hat sich die katholische Kirche von den Grundlagen des Evangeliums entfernt und ist selbst an die Stelle der Wahrheit getreten.

Alle Äußerungen von katholischer Seite zeigen, daß die katholische Kirche in der Wahrheitsfrage nicht gewillt ist, ihren Ausschließlichkeitsanpruch aufzugeben. Es ist römisch-katholische Auffassung, daß die Wahrheit niemals mit der katholischen Kirche zusammen, sondern nur *in* der katholischen Kirche zu verwirklichen sei.

Alle noch so freundlichen Gesten gegenüber den Protestanten, die im Verlauf des Konzils und auch danach sichtbar wurden, können nicht darüber hinwegtäuschen, daß sich an dem Anspruch der katholischen Kirche, allein die Kirche Christi zu sein, nichts geändert hat; ihre Gesten sind bisher nur Gesten. Gewiß sind die Verlautbarungen, die von katholischer Seite an protestantische Ohren dringen, verbindlicher geworden. Gewiß ist das Wort „Ketzer" aus dem offiziellen Umgangston verschwunden. Dennoch kommt in den „Angeboten" der katholischen Kirche mit unmißverständlicher Klarheit zum Ausdruck, daß die katholische Kirche unter der Einheit Rückkehr versteht.

In der Eröffnungsansprache Papst *Paul VI.* zur zweiten Sitzungsperiode des Konzils sprach er u. a. von „anderen Christen", und er meinte diejenigen, „die wir, obwohl sie ‚in Christo' glauben, doch nicht – o daß uns diese Freude nicht vergönnt ist! – unter diejenigen zählen können, die mit uns durch das Band der vollkommenen Einheit Christi verbunden sind. Diese Einheit, an der sie durch die Kraft der Taufe Anteil haben müßten, kann ihnen nur von der katholischen Kirche geboten werden und wird von ihnen ja auch durch die Kraft und das Wesen des Einheitsgedankens eifrig erstrebt". (Zitiert nach *Materialdienst des Konfessionskundlichen Instituts,* 1963, Heft 6.)

Auch die Reden, die Papst Paul VI. während seiner spektakulären Palästinareise gehalten hat, zielen in die gleiche Richtung. Durch die wiederholt gebrauchten Wendungen vom „römischen Christus“ und von der „Einladung an die getrennten Brüder“ finden wir erneut bestätigt, daß das „extra ecclesiam nulla salus“ (außerhalb der Kirche ist kein Heil) eindeutig für die katholische Kirche beansprucht wird. Der evangelische Konzilsbeobachter Prof. Edmund *Schlink* hat in einem stark beachteten Vortrag in Rom am Ende der zweiten Sitzungsperiode des Konzils diese römische Exklusivität beklagt.

In der Tat wird von katholischer Seite stets nur von christlichen Brüdern oder nichtkatholischen Christen gesprochen, nie von nichtkatholischen Kirchen. Prof. *Schlink* wies darauf hin, daß die Sehnsucht nach Einheit als Sehnsucht nach der vom Papst geleiteten römischen Kirche verstanden wird. „Es ist selbstverständlich, daß sich die nichtrömische Christenheit durch diese Aussage verkannt fühlen muß. Denn sie besteht nicht aus einzelnen Christen, sondern aus Kirchen. Die nichtkatholischen Christen sind der Gnade und des Heils gewiß als Glieder ihrer Kirche . . . Sie sehnen sich nicht danach, Glieder der römischen Kirche zu werden, sondern als Glieder ihrer Kirche ersehnen sie die Gemeinschaft ihrer Kirche mit den anderen Kirchen . . . Wenn ihnen aber bestritten wird, daß sie Christi Leib und Blut in den Abendmahlsfeiern ihrer Kirche empfangen, so sehen sie darin nicht nur eine Verkennung ihrer selbst, sondern eine Leugnung Christi, der sich in ihrer Mitte kräftig erweist.“

Will die katholische Kirche Heimkehr oder Partnerschaft? Die Antwort kann nicht mehr zweifelhaft sein. Die „offenen Arme“, von denen der Papst sprach – sind sie etwas anderes als eine Fortsetzung der Gegenreformation mit neuen Mitteln? Es ist nicht zu verkennen, daß vieles innerhalb der römischen Kirche in Bewegung geraten ist, und es mag auch für ernste und überzeugte Katholiken ungewiß sein, wohin es die Kirche treiben wird, aber eines können wir jetzt schon sagen: Der Ökumenismus Roms ist etwas völlig anderes als die ökumenische Bewegung. Die katholische Kirche erwartet Unterwerfung oder Heimkehr in die „sichere Hürde“.

Darüber sollte man nicht im unklaren sein, auch wenn das vom Konzil verabschiedete „Dekret über den Ökumenismus“ Formulierungen enthält, die für die katholische Kirche tatsächlich in Neuland weisen. So enthält dieses Dekret u. a. das Eingeständnis, daß die Schuld für die Kirchenspaltungen des Ostens wie des Westens auf beiden Seiten liege. Die evangelischen Gemeinschaften werden als „Kirchen“ apostrophiert, wenn diese Anrede vermutlich auch nur ein formales Entgegenkommen sein dürfte, um den „Dialog“ nicht von vornherein schon unmöglich zu machen. Es finden sich Hinweise auf das Gute in den nichtkatholischen Religionen, das die Katholiken mit Freude und Achtung sähen. Ferner heißt es, daß diejenigen Christen, die in getrennten Gemeinschaften leben, nicht der Sünde angeklagt werden dürfen, wenn es auch wahr bleibe, daß die Fülle der Heilsmittel nur in der katholischen Kirche zu finden sei. Urteile und alles Handeln, was geeignet ist, die „getrennten Brüder“ zu beleidigen, sollen vermieden werden. Auch seien Dialoge zwischen den Theologen beider Konfessionen zum Kennenlernen der gegenseitigen Auffassungen nützlich. Selbst gemeinsame Gebete für die Sache des Ökumenismus sowie – unter Aufsicht der Bischöfe unter Wahrung bestimmter Voraussetzungen – gemeinsame Gottesdienste könnten gestattet werden. Diese Formulierungen des Dekrets gehen gewiß weit über das hinaus, was bisher üblich und erwünscht war. Dennoch – die katholische Kirche wird es sich gefallen lassen müssen, daß man sie weniger an ihren Worten als an ihren Taten mißt.

Im „Dekret über den Ökumenismus“ heißt es unter anderem: „In dieser einen und einzigen Kirche Gottes sind schon von den ersten Zeiten an Spaltungen entstanden, die der Apostel aufs schwerste tadelt und verurteilt; in den späteren Jahrhunderten sind ausgedehntere Verfeindungen entstanden, und es kam zur Trennung recht großer Gemeinschaften von der vollen Gemeinschaft der katholischen Kirche, oft nicht ohne Schuld der Menschen auf beiden Seiten. Den Menschen jedoch, die jetzt in solchen Gemeinschaften geboren sind und in ihnen den Glauben an Christus erlangen, darf die Schuld der Trennung nicht zur Last gelegt werden – die katholische Kirche betrachtet sie als Brüder, in Verehrung und Liebe. Denn wer an Christus glaubt und in der rechten Weise die Taufe empfangen hat, steht dadurch in einer gewissen, wenn auch nicht vollkommenen Gemeinschaft mit der katholischen Kirche...

Dennoch erfreuen sich die von uns getrennten Brüder sowohl als einzelne wie auch als Gemeinschaften und Kirchen betrachtet, nicht jener Einheit, die Jesus Christus all denen schenken wollte, die er zu einem Leibe und zur Neuheit des Lebens wiedergeboren und lebendig gemacht hat, jener Einheit, die die Heilige Schrift und die verehrungswürdige Tradition der Kirche bekennt. Denn nur durch die katholische Kirche Christi, die das allgemeine Hilfsmittel des Heiles ist, kann man Zutritt zu der ganzen Fülle der Heilsmittel haben. Denn einzig dem Apostelkollegium, an dessen Spitze Petrus steht, hat der Herr, so glauben wir, alle Güter des Neuen Bundes anvertraut, um den einen Leib Christi auf Erden zu konstituieren, welchem alle völlig eingegliedert werden müssen, die schon auf irgendeine Weise zum Volke Gottes gehören.“

Der in der ersten Zeit nach dem Konzil in protestantischen Kreisen wach gewordene Euphorismus in Sachen Wiedervereinigung der getrennten Kirchen ist mittlerweile einer sachlich-nüchternen Betrachtungsweise dieses Problems gewichen. Man hält die Gräben, die beide Konfessionen trennen, gewiß nicht für unüberwindlich, eine Vereinigung der beiden Großkirchen in absehbarer Zeit aber für höchst unwahrscheinlich.

* S. 574: DER KATHOLIZISMUS IN DEN USA. – In den USA hat die katholische Kirche in den letzten Jahrzehnten ein rapides Wachstum zu verzeichnen. Ihr Einfluß und ihre Bedeutung nahmen immer mehr zu, was vor allem auch daran sichtbar wurde, daß im Jahre 1960 zum ersten Male, was bis dahin als undenkbar galt, ein Katholik (J. F. Kennedy) als Präsident in das Weiße Haus einzog.

Die Entwicklung der katholischen Kirche wird an folgenden Vergleichszahlen deutlich: Nach dem „Yearbook of the American and Canadian Churches“ von 1977 stieg die Zahl der Katholiken von 18 605 003 im Jahre 1926 über 28 634 878 im Jahre 1950 bis auf 49 836 000 im Jahre 1977. Die Zahl der Protestanten stieg von 31 511 701 im Jahre 1926 über 51 080 000 im Jahre 1950 auf 72 383 000 im Jahre 1977.

Die zahlenmäßige Überlegenheit der Protestanten täuscht insofern, da sich diese über 70 Millionen Gläubigen auf mehr als 250 protestantische Gemeinschaften verteilen, während die fast 50 Millionen Katholiken einen einzigen, einheitlichen, festgefügten Block bilden. Die katholische Kirche ist heute bereits die stärkste Kirche der Vereinigten Staaten.

** S. 574: KONSTANTINS SONNTAGSGESETZ. – Siehe Anmerkung zu S. 52.**

* S. 578: DIE ÄTHIOPISCHE KIRCHE UND DER SABBAT. – Bis in die jüngste Zeit hinein hielt die koptische Kirche den Sabbat. Die Äthiopier feierten daneben auch während ihrer ganzen Geschichte als christliches Volk den Sonntag, den ersten Tag der Woche. Diese Tage waren durch besondere gottesdienstliche Handlungen in den Kirchen gekennzeichnet. Die Beachtung des Siebenten-Tag-Sabbats hat jedoch praktisch im modernen Äthiopien aufgehört. Augenzeugenberichte über die religiösen Feste der Äthiopier bei: Pero Gomes de Teixera, *The Discovery of Abyssinia in 1520,* ins Engl. übersetzt, 1938, S. 79; Father Francisco Alverez, Narrative of the Portuguese Embassy to Abyssinia during the Years 1520 bis 1527 (in den Berichten der Hakluyt-Gesellschaft, Bd. 64, S. 22–49), London, 1881; Michael Russell, *Nubia and Abyssinia,* S. 226–229, New York, 1837; S. Giacomo Baratti, *Late Travels into the Remote Countries of Abyssinia,* S. 134 bis 137, London, 1670; Job Ludolphus, *A New History for Ethiopia,* S. 234–357, London, 1682; Samuel Gobat, *Journal of Three Years' Residence in Abyssinia,* S. 55–58. 83–98, New York, 1850; Peter Heylyn, *History of the Sabbath,* Bd. II, S. 198–200, 1636; Arthur P. Stanley, *Lectures on the History of the Eastern Church,* Lecture 1, § 1, New York, 1882; C. F. Rey, *Romance of the Portuguese in Abyssinia,* S. 59, 253–298, London, 1929.

* S. 597: BIBELVERBOT. – Siehe die Anmerkungen zu S. 343: „Bibelverbot in der Landessprache“ und zu S. 51: „Bibelverbot“.

Stichwortverzeichnis

Inhalt

Überwindung und Endsieg der Gottgetreuen

ORIENTIERUNGSHILFEN

in den wichtigsten Fragen des Lebens

Patriarchen und Propheten
Durch die Ereignisse unserer Zeit und durch die Erfüllung vieler Weissagungen der biblischen Propheten wieder aktuell geworden.
760 Seiten, in 17 Sprachen übersetzt

Propheten und Könige
Unvergessene Gestalten und Ereignisse aus der Geschichte Israels. Was sicherte ihnen ihre Bedeutung in der Geschichte? Darüber nachzudenken lohnt sich, besonders heute.
540 Seiten, in 8 Sprachen übersetzt

Das Leben Jesu
Wundertäter, Revolutionär, Idealist, Religionsstifter, Vertröster auf die Zukunft, Sohn Gottes? Wer war dieser Jesus wirklich?
870 Seiten, in 19 Sprachen übersetzt

SAATKORN-VERLAG
D-2000 HAMBURG 13

ADVENT-VERLAG
CH-3704 KRATTIGEN

WEGWEISER-VERLAG
A-1090 WIEN

Vollständige Taschenbuchausgabe im Format 12,2 × 17,5 cm

Das Wirken der Apostel
Ein packendes, lebendiges Bild aus frühchristlicher Zeit. Apostel und Evangelisten tragen das Evangelium in die Welt. Das Zeugnis der ersten Christen – ein Modell für moderne Gemeindearbeit.
620 Seiten, in 12 Sprachen übersetzt

Der große Kampf
Ein eindrucksvoller Aufriß der Geschichte und prophetische Vorausschau auf die Zukunft. Die politischen und religiösen Spannungen unserer Zeit – wie sie entstanden sind und wie sie überwunden werden können.
730 Seiten, in 45 Sprachen übersetzt

Gebundene, bebilderte Ausgabe im Format 14,5 × 21 cm

Hoffnung ohne Illusion

von Winfried Noack

265 Seiten, über 50 ein- und mehrfarbige Abbildungen, vierfarbiger Umschlag

Der Mensch hofft, solange er lebt. Ohne Hoffnung leben, das ist kein Leben. Eine befriedete Welt ohne Angst, Hunger und Seuchen – die große Hoffnung des Menschen. Oft war sie das einzige, woran einer festhalten konnte.

Aber Hoffnung ist nicht nur Kraft, die uns beflügelt; sie ist oft auch trügender Schein. Viele Hoffnungen haben den Menschen getrogen. Warum? Weil sie auf Wunschvorstellungen und Mutmaßungen, auf Illusionen beruhten. Stellt sich dann Einsicht ein, ist es oft zu spät.

Echte Hoffnung zeigt nicht nur das Ziel. Sie führt auch auf den Weg, auf dem sich unsere Hoffnung verwirklicht. Hoffnung ohne Illusion.

Aus dem Inhalt:

Dunkle Wolken – heitere Zukunft? • Unser Planet wird geplündert • Müllkippe Meer • Die Hoffnung wird geboren • Warum ich an Gott glaube • Christus kommt wieder • Die Toten stehen auf • Du kannst zweimal leben • Verantwortlich leben: Ehe, Familie, Zeit, Eigentum

SAATKORN-VERLAG GMBH · HAMBURG 13

ZEICHEN DER ZEIT ist so vielseitig wie das Leben selbst

ZEICHEN DER ZEIT ist eine Zeitschrift, die dem Leser hilft, unsere Zeit und das Schicksal der Welt besser zu verstehen. Sie greift Fragen auf, denen sich heute jeder stellen muß.

ZEICHEN DER ZEIT zeigt, daß es sich schon in dieser Welt lohnt, als Christ zu leben. Jeder soll das erfahren.

ZEICHEN DER ZEIT berichtet über alle Lebensbereiche: Familie, Beruf, Gesundheit, Erziehung, Sport, Zeitgeschehen. Berichte und Interviews zeigen unser Leben im Spiegel der Bibel.

ZEICHEN DER ZEIT erscheint zweimonatlich im handlichen Format 13 × 19 cm und kommt direkt per Post zu Ihnen ins Haus.

ZEICHEN DER ZEIT ist zu beziehen durch:

Saatkorn-Verlag GmbH, Postfach 13 22 15, D-2000 Hamburg 13
Advent-Verlag, CH-3704 Krattigen
Wegweiser-Verlag GmbH, Nußdorfer Straße 5, A-1090 Wien